El Imperio español

Planeta Historia y Sociedad

R· FER·

Hugh Thomas

El Imperio español

De Colón a Magallanes

Planeta

Thomas, Hugh
El imperio español.- 1ª ed.– Buenos Aires : Planeta, 2004.
880 p. ; 23x15 cm. (Historia y sociedad)

Traducción de Víctor Pozanco

ISBN 950-49-1187-0

1. Historia de España I. Título
CDD 946

Título original: *Rivers of Gold*

Realización de la sobrecubierta: Departamento de Diseño de Editorial Planeta
Ilustración de la sobrecubierta: detalle de «La expedición a Las Islas Terceras» de Nicolás Granello, Real Monasterio de San Lorenzo del Escorial, Madrid (foto Oronoz)
Primera edición: octubre de 2003
ISBN 84-08-04951-8
ISBN 0-297-64563-3 editor Weidenfeld & Nicolson, Londres, edición original

1ª edición argentina: 8.000 ejemplares

ISBN 950-49-1187-0

Impreso en Grafinor S. A.,
Lamadrid 1576, Villa Ballester,
en el mes de febrero de 2004.

Hecho del depósito que prevé la ley 11.723
Impreso en la Argentina

Índice

Fernada
hyspana
ysabella
saluatorie
Conceptoio
marie

Lista de ilustraciones

Libro Noveno: La isla de Utopía. Grabado atribuido a Hans Holbein, Thomas More, *Republicae Statu, deque-Nova Insula Utopia*, Basilea, 1518 (Princeton University Libraries: Mary Evans Picture Library).
Libro Décimo: Una visión alemana de Sevilla en 1522, G. Braum, *Civitatis Orbis Terrarum* (Archivo Iconográfico, S.A./Corbis).

En el cuadernillo de ilustraciones:
Nuestra Señora de los Reyes Católicos, anónimo, *c.* 1490 (Museo del Prado, Madrid: Bridgeman Art Library).
El Rey Fernando. Detalle de *Nuestra Señora de los Reyes Católicos*, anónimo, *c.* 1490 (Museo del Prado, Madrid: Bridgeman Art Library).
La Reina Isabel. Detalle de *Nuestra Señora de los Reyes Católicos*, anónimo, *c.* 1490 (Museo del Prado, Madrid: Bridgeman Art Library).
La Reina Isabel, anónimo, *c.* 1500 (Palacio Real, Madrid: Oronoz).
Retrato de Germana de Foix, anónimo (Museo Provincial, Valencia: Oronoz).
La tumba del Infante Juan, esculpida por Domenico Fancelli (Iglesia de Santo Tomás, Ávila: Oronoz).
Felipe el Hermoso por Juan de Flandes, *c.* 1500 (Kunsthistorisches Museum, Viena: Erich Lessing/Album).
La princesa Juana «la Loca» por Juan de Flandes, *c.* 1500 (Kunsthistorisches Museum, Viena: Erich Lessing/Album).
Busto de Carlos I de España por Konrad Meit (Gruuthusmuseum, Brujas: Erich Lessing/Album).
La Archiduquesa Margarita, por Bernaert van Orley (Monasterio Real, Brou).
Jacob Fugger, por Alberto Durero, 1518 (Staatsgallerie, Augsburg: Erich Lessing/Album).
Dos paneles que muestran el encuentro en Remesal entre Felipe el Hermoso y el Rey Fernando, y un festival en honor de Felipe el Hermoso (Chateau de la Follie, Ecaussinnes).
La conquista de Orán. Fotografía de un fresco de Juan de Borgoña (Capilla mozárabe, Catedral de Toledo: Oronoz).
Las armas de la conquista: espada de caballero, pica y ballesta (Museo del Ejército, Madrid).
Los reyes de España y el cardenal Mendoza entran en Granada en 1492. Fotografía de un grabado del altar (en la Capilla Grande, Granada: Oronoz).
Íñigo López de Mendoza, obra de Jorge Inglés (Palacio del Infantado, Guadalajara: Oronoz).
Fadrique Álvarez de Toledo, duque de Alba, obra de Christophe Amberger (Palacio de Liria, Madrid: Oronoz).
Nuestra Señora de Granada, Cristi II, *c.* 1500 (Museo del Castillo, Gerona: AISA).
Un auto de fe, obra de Pedro Berruguete, *c.* 1490 (Museo del Prado, Madrid: Gianni Dagli Orti/Corbis).

AMERICI VESPVC
AQVILO
ZEPHIR
CHOR
ASIA
EVROHOTVS
LYBONOTH
UNIVERSALIS COSMOGRAPHIA SECVNDVM PTHOLOMEI TRADITIONEM ET AMERICI VESPVCII ALIORVQVE LVSTRATIONES

Lista de mapas

A
Mariluz

Para llevar a cabo la conquista de tantos países, cruzar tantos mares, tantos ríos, valles, bosques y montañas; para seguir el curso del Amazonas, desde su nacimiento, en Perú, hasta el Atlántico, como hizo el asombroso Orellana; para desafiar a Moctezuma y a Atahualpa en su propia tierra, como hicieron Cortés y Pizarro; para sobrevivir a las marchas a lo largo del cauce del maravilloso río Magdalena, era preciso atesorar una gran idea, además de la voluntad humana «la voluntad humana mitiga el cálculo»; se precisaba algo que centrase la mente, al igual que también era precisa alguna idea para sostener a los españoles durante los setecientos años que duró su lucha contra el islam.

Américo Castro

¡Cuantos valles e flores, llanos y deleitosos! ¡Cuantas costas de mar con muy extendidas playas y muy excelentes puertos! ¡Cuantas fuentes frías y calientes, muy cercanas de otras...![1]

Gonzalo Fernández de Oviedo

No puedo por menos que ensalzar la paciente virtud de los españoles. Pocas naciones, o acaso ninguna, han soportado tantas desdichas y padecimientos como los españoles durante su descubrimiento de las Indias. Y, sin embargo, persistiendo en sus empresas, con indomable constancia, han anexionado a su reino tantas extraordinarias provincias como para enterrar el recuerdo de todos los peligros afrontados. Tempestades y naufragios, hambre, derrocamientos, motines, el frío y el calor, la peste y todo tipo de enfermedades, antiguas y nuevas, junto a una extrema pobreza y carencia de lo más necesario, han sido los enemigos que han tenido que afrontar, en un momento u otro, todos y cada uno de sus más nobles descubrimientos.[2]

Sir Walter Raleigh, *History of the World*

Introducción

Este libro trata de las hazañas de las dos primeras generaciones de exploradores, colonizadores, gobernadores y misioneros que abrieron el camino al enorme imperio americano de España, que permaneció durante mucho tiempo incontestado y que duró más de trescientos años, más que el Imperio británico, el francés, el holandés o el ruso. Muchos países tuvieron posteriormente momentos de colosal energía; Francia, en el siglo XVIII; el Reino Unido, en el XIX; Alemania, a principios del XX, y Estados Unidos en la segunda mitad del siglo XX. La era más extraordinaria de España abarca desde finales del siglo XV hasta principios del XVI.

Cada uno de los capítulos de este libro se centra en acontecimientos que hicieron época y de perdurable importancia mundial: la caída de Granada; la formación de la España unida; la expulsión de los judíos españoles; el descubrimiento del Nuevo Mundo a cargo de Colón; las conquistas españolas de la mayoría de las islas del Caribe; el principio de la colonización del continente en Darién; las primeras protestas de los dominicos por los malos tratos a que era sometida la población indígena; el inicio de la incansable labor del padre Bartolomé de Las Casas en nombre de la población indígena; el comienzo de la trata de esclavos negros; la elección de Carlos V como emperador del Sacro Imperio Romano de Occidente; la conquista de Cuba y de México por Diego Velázquez de Cuéllar y de Hernán Cortés, y el viaje de Magallanes alrededor del mundo.

He viajado a prácticamente todos los lugares mencionados en el libro. He visto la tierra natal de Diego Velázquez, en Cuéllar, y el lugar en el que tenía sus tertulias en Santiago de Cuba. He estado en Madrigal de las Altas Torres, donde nació la reina Isabel, y en la iglesia de San

Miguel, de Segovia, donde fue proclamada reina. He pasado momentos muy felices en Sevilla y en Sanlúcar de Barrameda, y he paseado desde Moguer hasta Palos, antes de visitar el monasterio de La Rábida. He estado en Sos, donde nació Fernando el Católico, en Madrigalejo, donde murió, y en Molins de Rei, donde el padre Las Casas habló tan elocuentemente con el emperador Carlos I. Conozco Santa Fe y el puente donde Colón fue alcanzado, en enero de 1492, por un mensajero real durante su camino a Granada. He visitado la casa donde Ponce de León vivió en lo que actualmente es la República Dominicana, y he visto la bahía donde desembarcó por primera vez en Puerto Rico. Conozco Cozumel, Isla Mujeres y Veracruz, y he recorrido el camino desde allí hasta México/Tenochtitlan, que recorrieron Cortés y sus quinientos hombres en 1519. He visitado la costa norte de Sudamérica y Cartagena de Indias. He visto desde el aire el cabo Gracias a Dios, donde Colón se entrevistó con los mercaderes mayas, y también la bahía de Santa Ana (Nueva Sevilla), donde pasó un triste año en Jamaica en 1503. La principal excepción a mis viajes a los lugares de los que trata este libro ha sido la primera colonia continental española en Darién, en el golfo de Urabá, en el norte de Colombia y cerca de la frontera con Panamá. Este territorio se halla en manos de la guerrilla, que no creo que estuviese muy interesada en ayudar a un historiador de visita. Para compensarlo he tenido en mis manos la primera edición del *Amadís de Gaula* (1508).

Quiero agradecer aquí la ayuda que me han prestado numerosos amigos para escribir este libro: Homero y Betty Aridjis (México); Ricardo Artola, de la Editorial Planeta; Rafael Atienza (Ronda); Guillermo Baralt (Puerto Rico); Mariluz Barreiros (Tenerife); Anthony Cheetham; el profesor Eduardo Cooper; Jonathan Doria (Roma); David Jones (bibliotecario de la Cámara de los Lores); sir John Elliott; Antonia Fraser; Felipe Fernández-Armesto; Carlos y Silvia Fuentes; Manuel Antonio García Arévalo (Santo Domingo); Ian Gibson; Juan Gil (Sevilla); Gloria Gutiérrez, de la agencia Carmen Balcells; Mauricio González (Jerez); John y Sukie Hemming; David Henige; Eusebio Leal (Cuba); Vicente Lleó, Carmen Mena; Francisco Morales Padrón (Sevilla); Benzion Netanyahu; Mauricio Obregón (el Caribe); Gerarda de Orléans; Juan Pérez de Tudela (Madrid); Richard e Irene Pipes (islas Vírgenes); Marita Martínez del Río de Redo (México); Óscar y Annette de la Renta (República Dominicana); Arthur Ross (Jamaica); fray Vicente Rubio; Ignacio y María Gloria Segorbe (Sevilla); Santiago e Isabelle Tamarón; Consuelo Varela; Enriqueta Vila Villar (Sevilla); Andrew Wylie, y los directores de la British Library, del London Library, de la Bibliothèque Nationale de París, de la Biblioteca Nacional de Madrid, del Archivo Histórico Nacional de Simancas, del Archivo Histórico de Indias de Sevilla y del Archivo Histórico de Madrid. Mi esposa, Vanessa, también ha leído el original y me ha hecho numerosas sugerencias útiles. También les estoy muy agradecido a Lucrecia Herrera y a Teresa Velasco por mecanografiar una y otra vez el manuscrito. Debo dar mis gracias a Mercedes Villena por toda su ayuda en el verano caliente de 2003, completando la traducción.

HUGH THOMAS, 15 de febrero de 2003

Notas

En la España del siglo XVI, la gente elegía sus apellidos de cualquiera de sus cuatro abuelos. Así, dos hermanos podían tener nombres muy diferentes: un Las Casas podía ser hermano de un Peñalosa.

He equiparado las referencias monetarias, de manera que todo esté expresado en maravedís.

LIBRO PRIMERO

El pasado español

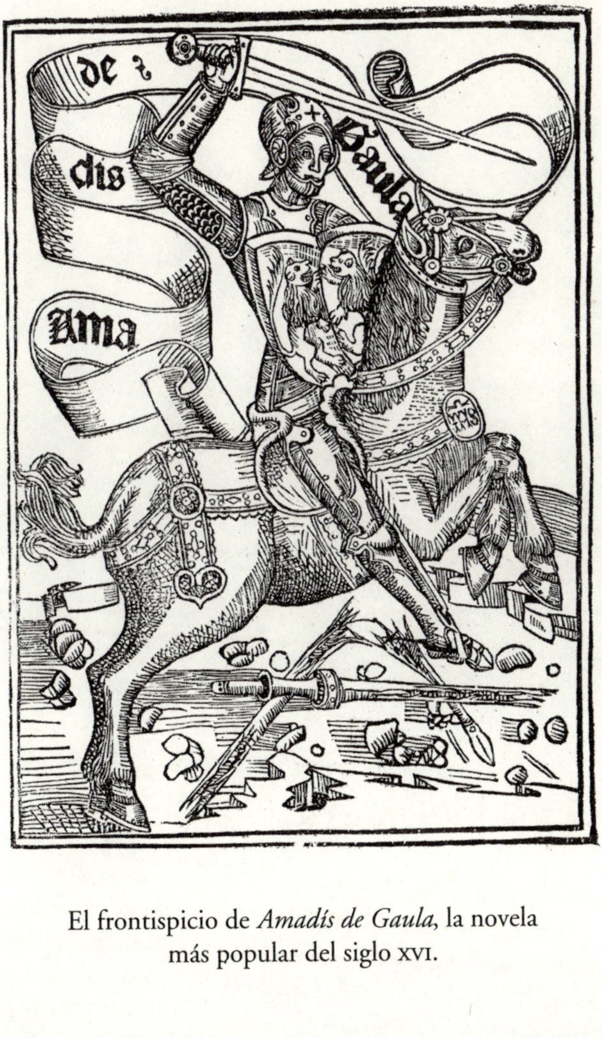

El frontispicio de *Amadís de Gaula*, la novela más popular del siglo XVI.

CAPÍTULO 1

Esta ciudad es una esposa, cuyo esposo es la sierra

> Quédate un momento en la terraza de la Alhambra y mira a tu alrededor. / Esta ciudad es una esposa, cuyo esposo es la sierra. / Rodeada está de agua y de flores que resplandecen en su garganta, / ensortijada de arroyos, y contempla cómo los árboles de los bosquecillos son los invitados de la boda, cuya sed es saciada por los canales de agua.
> La Alhambra se asienta como una guirnalda en la frente de Granada, / entretejida de estrellas, y la Alhambra, ¡Dios la guarde!, / es el rubí que corona la diadema.
> Granada es la novia y la Alhambra su tocado / y las flores son sus joyas y adornos.
>
> Ibn Zamrak, 1450[1]

El ejército español y la corte se hallaban en Andalucía, en Santa Fe, una nueva población de casas encaladas que los Reyes Católicos habían mandado construir como apoyo para el sitio de Granada, la última ciudad islámica de la Península que aún resistía a los cristianos. Transcurría el otoño de 1491. Quienes hayan visto en esa estación la fértil llanura, la vega de Granada, en la que se asienta la ciudad, recordarán el cielo azul del mediodía, el ligero fresco de las hermosas mañanas y los destellos de la alta sierra que se alza al sur, con sus nieves semiperpetuas.

Santa Fe la construyeron soldados, en tan sólo ocho días, a base de piedra y argamasa, una retícula en forma de cruz de cuatrocientos pasos de longitud y trescientos de anchura. Casualmente, cuando Fernando ya había tomado la decisión de construir la población, un incendio destruyó en las inmediaciones un antiguo enclave español.[2] La reina estuvo a punto de morir carbonizada en su tienda, y tuvo que cambiar sus vestiduras por las de una amiga. Varios pueblos habían sido saqueados por los soldados para proveerse de los materiales necesarios para la construcción de la nueva población. Pero Santa Fe tenía ahora establos para mil caballos e incluso alcalde, un cortesano que había sido uno de los héroes en una fase anterior de la guerra contra Granada, Francisco de Bobadilla, comendador de la orden militar de Calatrava, una de las hermandades semirreligiosas que representaron un papel importantísimo en la

reconquista cristiana de España. Era también maestresala de los monarcas, y hermano de la mejor amiga de la reina, Beatriz, marquesa de Moya.[3] El temor a que el enclave fuese una base permanente y la celeridad con que Santa Fe fue construida (tardaron menos de tres meses en terminarla) constituyeron un arma psicológica contra los musulmanes.[4]

Santa Fe sigue siendo en la actualidad una pequeña, blanca y resplandeciente población. Si nos situamos en el centro de la plaza, frente a la iglesia de Santa María de la Encarnación, construida en el siglo XVI, veremos en todas direcciones calles de casas encaladas. En el centro de cada uno de los cuatro lados de lo que fue muralla, se abren sendas puertas que conducen a pequeñas capillas que, con su reluciente pintura, parecen a la vez nuevas e inmortales. En el dintel de la entrada de la iglesia han sido esculpidas una lanza y las palabras «Ave María», en memoria del caballero cristiano Hernán Pérez del Pulgar, *el de las hazañas*,[5] que, una noche del invierno anterior a la conquista, entró secretamente en Granada a través de un canal subterráneo para clavar con su daga un pergamino con ese lema en lo alto de la mezquita principal.[6]

Su acción fue un recordatorio de que, para muchos, el conflicto en el que se hallaban enzarzados cristianos y musulmanes era una guerra noble en la que unos hombres valientes querían demostrar su valor. La mayoría de los nobles españoles estaban allí y competían en la conquista no sólo de Granada, sino también de la fama.

Granada se encuentra situada a más de ochocientos metros de altitud y a diez kilómetros al este de Santa Fe. Desde el campamento español, la población parecía una acumulación de palacios y casitas que, en su mayoría, disponían de agua de la cercana sierra Nevada a través de los ríos Darro y Genil que, como entonces decían, se «casaban» casi al lado de la ciudad. «¿Por qué alardeará tanto El Cairo de su Nilo si Granada tiene mil Nilos?», se preguntaban conmovedoramente los poetas musulmanes. Desde altas torres, el muecín llamaba a los fieles a la oración; desde lo alto de las mezquitas que los cristianos esperaban convertir pronto en iglesias. Porque, ocho años antes, los monarcas españoles habían obtenido del tolerante papa genovés Inocencio VIII, Giovanni Battista Cibo, el derecho de patrocinio sobre todas las iglesias y conventos que fundasen en los territorios conquistados.[7]

Los soldados españoles que realizaban operaciones de reconocimiento podían ver la ciudad sitiada: posar la mirada en la Bibarambla, barrio de artesanos, y en el Albaicín, zona residencial densamente poblada. La población guardaba más similitud con las del norte de África que con las de la España cristiana, como más de un veterano soldado español comentaría. La belleza de los azulejos de Granada no podía verse desde la lejanía; ni tampoco podían ver los cristianos los lemas y proverbios en árabe, como «No seáis indolentes», «No hay más conquistador que Dios» o «Bendito sea Él, que le concedió al imán Muhammad la más hermosa de las moradas». Pero, aunque no pudiesen verlo, en el campamento cristiano todos se hacían lenguas del lujo de Granada. Muchos castellanos creían que había oro en el Darro. Pero los jefes militares españoles más realistas sabían que el principal producto de Granada era la seda, que en parte importaban cruda de Italia pero que, básicamente, procedía de los morelades del valle de Las Alpujarras, que se abre al sur, al otro lado de sierra Nevada, y que vendían en muchos colores —sobre todo sábanas— en el mercado que entonces llamaban la «alcaicería».

En lo alto señoreaba el maravilloso palacio musulmán de la Alhambra, construido casi en su totalidad en el siglo XIV, aunque gran parte de los trabajos más duros fueron realizados en el siglo XIII por esclavos cristianos. Desde el campamento tampoco era posible ver la multitud de arcos que conducían de unos espacios bonitos a otros, a cual más hermoso. Pero sí se podían entrever las sólidas torres y algunas galerías de madera que las comunicaban. Más arriba, al final de un sendero flanqueado de arrayanes y laureles, se extienden los hermosos jardines del Generalife, rebosantes de frutos deliciosos entre espléndidas fuentes, como aseguraban los espías.[8]

Los sitiadores también podían entrever con regocijo una multitud de hombres y mujeres con la indumentaria musulmana. Las mujeres tenían un extraño aspecto, porque con sus *burkas* parecían vestir sudarios que les cubrían el cuerpo y gran parte del rostro; por la noche, parecían espectros.[9] Allí vivían no sólo refugiados que habían huido de los cristianos en anteriores batallas, sino también hombres y mujeres que se habían negado a vivir como musulmanes sometidos, o mudéjares, de acuerdo con las condiciones de rendición que se les ofrecieron en poblaciones como Huéscar, Zahara, Málaga, Alcalá de los Gazules y Antequeruela.[10]

Por entonces había en Granada pocos mozárabes (cristianos que sobrevivieron a las generaciones de gobierno musulmán). Los demás habían sido deportados, porque los gobernantes de la ciudad los consideraban una amenaza militar. En Granada también vivían judíos, pero sus costumbres y su alimentación eran musulmanas, y su idioma oficial, el árabe.

Granada era la capital de un emirato fundado en el siglo XIII, tras el colapso de otras monarquías musulmanas en Córdoba, Valencia, Jaén y Sevilla. Los emires pertenecían a la familia de los nazarís, que ascendieron en los años cuarenta del siglo XIII cuando un avispado general de la pequeña ciudad de Arjona, situada a doce kilómetros al sur de Andújar, se autoproclamó rey con el nombre de Muhammad I; firmó la paz con los cristianos en Jaén, envió quinientos hombres para ayudar a la campaña de Fernando III para tomar Sevilla y pagó tributo a los castellanos. Esta relación prosiguió y Granada estuvo pagando tributo en oro a Castilla hasta 1480, a cambio de que se le permitiese seguir con su estatus de emirato, aunque no está muy claro que fuese en virtud de lo que los cristianos llamaban vasallaje.

La ciudad sitiada en 1491 fue el último reducto de la España musulmana que, en otros tiempos, se extendía hasta más allá de los Pirineos y abarcaba regiones del norte de España como Galicia y, durante cierto tiempo, Asturias. En otra época, la civilización musulmana en España había sido rica, refinada y culta y, al igual que otros cristianos, los castellanos habían aprendido mucho de ella. Pero ya no era así. La civilización europea ya no se inspiraba en el mundo musulmán. Granada había sido elegida como reducto militar y religioso. Aunque la política de Granada había sido escandalosa, ya que el asesinato y la traición eran frecuentes entre los nazarís, la familia gobernante (llamados así porque el fundador de la dinastía era hijo de Yusuf ibn Nasr, o Nazar, según las antiguas transcripciones del apellido), sus *mullahs* eran severos.[11] Los musulmanes que vivían en otros lugares eran animados por el estamento religioso a huir y a refugiarse allí: «¡Por Dios, oh, musulmanes, Granada no tiene igual, y no hay nada como servir en la frontera durante la guerra santa... Al-Andalus, donde los vivos son felices y los muertos son mártires, es una ciudad a la que, en tanto perdure, los cristianos serán conducidos como prisioneros...»[12]

A pesar de tan firmes consejos, muchos musulmanes siguieron viviendo en ciudades de la España cristiana, en las morerías; unos treinta mil en Aragón, principalmente en el valle del Ebro; 75 000 en Valencia, y entre 17 000 y 25 000 en Castilla.[13] Su situación era la misma tanto si eran víctimas de recientes conquistas como si sus antepasados se rindieron a la España cristiana en el siglo XIII o incluso antes. Cuando los cristianos tomaban una ciudad musulmana, solían expulsar a los musulmanes, pero si la ciudad se rendía pasaban a ser mudéjares.[14] Esta última opción parecía muy peligrosa para el islam. Un jurista musulmán escribió: «Hay que estar muy alerta acerca del profundo efecto de su modo de vida [cristiano], de su lenguaje, de su indumentaria, de sus objetables hábitos y de su influencia en quienes viven con ellos durante un largo período de tiempo, como ha ocurrido en el caso de los habitantes [musulmanes] de Ávila y otros lugares, porque han olvidado el árabe, y cuando la lengua árabe muere, muere también su devoción.»[15] Pero, por otro lado, era contrario a la ley islámica que un Estado pagase tributo al rey cristiano, como hizo el emirato de Granada durante casi toda su existencia.

Las normas cristianas variaban. En algunos lugares eran más tolerantes que en otros. En Navarra, un país que teóricamente todavía era independiente, a horcajadas de los Pirineos, eran más indulgentes que en el sur. En Valencia se toleró el uso del árabe durante más tiempo que en cualquier otro lugar de la Península, y, la mayoría de las autoridades cristianas de Castilla, permitían las costumbres musulmanas.

El código de *Las siete partidas* de Alfonso X el Sabio prescribía que «deben vivir los moros entre los cristianos en aquella misma manera que... lo deben hacer los judíos, guardando su ley y no denostando la nuestra... en seguridad de ellos no les deben tomar ni robar lo suyo por fuerza».[16]

Muchos de los cristianos que eran jefes militares del ejército español acantonado en Santa Fe conocían bien el mundo árabe. Algunos tenían sus lealtades divididas. Varios de los caballeros del ejército cristiano eran de ascendencia musulmana. Y, conversos y traidores, representaron un papel importante en estas guerras durante generaciones. Los conflictos surgidos durante la última generación habían propiciado, entre ambos bandos, contactos de dudosa respetabilidad. Una famosa familia musulmana, los abencerrajes, tan citados en las baladas, se había refugiado en los dominios del duque de Medina Sidonia en los años sesenta del siglo XV.[17]

En la propia Granada, un monarca reciente, Abu-I-Hasan, convirtió en su esposa favorita a una hermosa cristiana, Isabel de Solís, a la que llamó Zoraya, lo que dio lugar a muchos odios dinásticos entre las familias de las dos esposas de Abu Hasan; el enfrentamiento se produjo entre los partidarios de la favorita, Zoraya, y la sultana Aisa, madre de Boabdil.

La suerte de la guerra contra Granada había parecido a veces incierta. Los españoles habían sufrido varias derrotas pero ahora parecía seguro que el emirato no tardaría en claudicar y que la guerra terminaría con el triunfo cristiano. Después de casi ochocientos años, toda la Península quedaría libre del gobierno musulmán. En el caso de producirse, la victoria se debería a dos factores: por un lado, la agricultura musulmana de la vega de Granada había sido arruinada por las reiteradas incursiones españolas, llevadas a cabo a partir de 1482 desde la recién conquistada ciudad de Alhama, que habían destruido trigales y olivares; por otro, la presión castellana fue muy eficaz, y las ciudades musulmanas habían ido cayendo una tras otra, incluso la bien amurallada Ronda, que tenía fama de inexpugnable. Además, la rendición de la ciudad portuaria de Málaga en 1487 ante Castilla pareció decidir la guerra. Miles de musulmanes fueron hechos prisioneros y centenares reducidos a la esclavitud.[18]

Granada conservaba todavía salida al mar a través de las montañas que se alzan al sur de la población, por el pueblo pesquero de Adra. De ahí que, en teoría, pudiesen llegarle refuerzos desde el norte de África. Pero la ayuda no llegó. Los emiratos musulmanes del Magreb mantenían relaciones amistosas con los nazarís pero eran ineficaces. Sólo un pueblo fuera de Granada, Alfacar, situado a ocho kilómetros al este de la ciudad, en las estribaciones de la sierra de Huétor, seguía suministrando fruta y verduras. El vacilante emir de Granada, Boabdil, había sido prisionero de los cristianos y, aunque había incumplido, por lo menos en una ocasión, los acuerdos que su familia concertó con los cristianos, su lealtad a su propio pueblo era por entonces puesta en tela de juicio. Las divisiones internas en el seno del emirato de Granada representaron un importante papel en las victorias cristianas, especialmente a partir de 1485, cuando los ejércitos españoles dividieron el emirato en dos mitades.

No estaba muy clara la razón por la que la campaña contra Granada hubiese empezado a principios de los años ochenta. En el emirato vivían medio millón de musulmanes, a cuyos gobernantes sin duda se podría haber presionado para que volviesen a pagar el tributo que, durante doscientos cincuenta años, habían satisfecho con bastante regularidad. No cabe duda de que los cristianos ansiaban borrar el recuerdo de 1481, cuando Muley Hasan, tío del rey Boabdil, se apoderó de la población cristiana de Zahara (mientras su gobernador, Gonzalo Saavedra, se divertía en Sevilla) y pasó a cuchillo a gran parte de los habitantes. Pero ese recuerdo ya se había logrado borrar mediante victorias como las de Alhama, Lucena y Ronda. La decisión de anexionar Granada a Castilla fue tomada en las Cortes de Toledo en 1480. El cronista Alonso de Palencia, que tuvo ocasión de conocer bien a la reina Isabel, estaba convencido de que ella y su esposo el rey Fernando decidieron poner fin a la independencia de Granada al principio de su reinado. Concertaron treguas con el emirato en los años setenta, porque tenían problemas internos que atender, pero una vez solucionados dieron instrucciones a Diego Merlo, un burócrata sevillano, para que organizase una ofensiva contra Granada.[19] Lo cierto es que, a lo largo del siglo XIII y durante la mayor parte del siglo XIV, los cristianos habían considerado Granada como poco más que un señorío musulmán dentro de Castilla, a cuya monarquía pagaban tributo los emires granadinos. Los gobernantes de Granada habían enviado en ocasiones soldados para luchar al lado del rey de Castilla. Pero, acaso aprovechando la ventaja de las guerras civiles en Castilla, y al amparo de una de las treguas concertadas con la reina Isabel, habían roto los viejos lazos. Había llegado el momento de restablecer antiguos acuerdos (ésa fue la explicación que Fernando les dio a los gobernantes de Egipto).[20] La riqueza de Granada, aunque sobrevalorada, era un atractivo adicional, a pesar de que gran parte de esa riqueza dependía de los mercaderes genoveses (los Centurión, los Palavicini y los Vivaldi), así como de Datini de Prato, cuyo comercio había vinculado Granada al norte de África y, por tanto, a Italia, y que podía no perdurar después de la derrota militar de los últimos nazarís. Los genoveses eran cristianos, claro está, pero muchos de ellos profesaban su fe de un modo bastante superficial.

Fernando e Isabel anhelaban sin duda complacer al papa, y el nuncio de Sixto IV, Niccoló Franco, comentó en los años setenta el peligro de la supervivencia de un enclave musulmán en España, además de hablar negativamente de los judíos de Castilla. El papa había publicado una bula de la Santa Cruzada llamando a la guerra contra Granada en 1479, y repitió este llamamiento en la bula *Orthodoxae fidei* de 1482. El cristianismo era un factor básico del ejército castellano. En las batallas, los soldados de Castilla iban precedidos por una cruz de plata, regalo del papa Sixto IV; iba por delante de la enseña de Santiago, patrón de España. El ejército portaba siempre la espada de san Fernando, el rey que conquistó Sevilla en el siglo XIII, así como el estandarte de san Isidoro, el sabio arzobispo de Sevilla del siglo VII. Los sacerdotes estaban siempre dispuestos a entonar un *Te Deum*, y los arzobispos y obispos solían estar presentes en las batallas. La rápida conversión de las mezquitas en iglesias, con profusión de cruces y campanas ornamentales, era característica indefectible de la toma de toda población por los cristianos. En aquellos tiempos, los papas y los cardenales aspiraban a ganar las batallas por sí mismos. Los obispos estaban rodeados por sirvientes que incluían contingentes armados, y rivalizaban por el esplendor de sus tropas. Cuando era necesario, no sólo podían luchar, sino que de hecho luchaban, con tropas que, en ocasiones, eran reforzadas con mercenarios. El obispo de Jaén, Luis Ortega, fue un competente gobernador de Alhama después de su conquista en 1482, y el arzobispo Carrillo condujo tropas en la batalla de Toro de 1475. Los obispos de Palencia, Ávila y Salamanca condujeron 200, 150 y 120 lanceros respectivamente, pagados por ellos, en la guerra contra Portugal.[21]

Uno de los propósitos de la guerra contra Granada era estratégico: librar la costa sureste de España de un poder vinculado a la temida amenaza internacional de los turcos.[22] Por lo menos en dos ocasiones, el rey de Navarra había tratado de conseguir una alianza con Granada, con objeto de enfrentar a Castilla a la perspectiva de una guerra en dos frentes.[23] En tales circunstancias, podía parecer, como se lo pareció al nuncio Franco, que era un ultraje que aún subsistiese una monarquía musulmana en la España continental. Los musulmanes del Magreb podían recobrar la confianza y ayudar a Granada en el futuro. Además, a lo largo de los casi cien años anteriores, hubo muchas escaramuzas sobre la frontera cristianoislámica. Temerarias e incluso absurdas incursiones perturbaban cada tregua y amenazaban el comercio —aunque inspirasen hermosas baladas acerca de valientes jefes militares de ambos bandos que montaban espléndidos corceles a la jineta, al estilo árabe, y cortejaban a hermosas damas con elegancia o picardía—, porque tales incursiones no solían reportar a la postre más que la captura de un rebaño de vacas. En estas baladas, cristianos y musulmanes eran presentados con las mismas virtudes admirables, y no había villanos.

Esta indisciplina de la vida en la frontera les parecía peligrosa a los monarcas imbuidos del espíritu de la eficiencia, a quienes, además, desagradaba la idea de que determinados aristócratas se labrasen gran fama en conflictos que no podían controlar. También existía siempre el riesgo de que incursiones menores desembocasen en una guerra importante por accidente, en momentos que, por otras razones, no fuesen convenientes.

También es posible que el rey Fernando, que en guerras anteriores demostró ser un buen estratega y jefe militar victorioso, temiese que la ventaja militar de que disfrutaban los cristianos debido a su artillería pudiese ser en el futuro equilibrada por similares innovaciones musulmanas.[24]

El florentino Maquiavelo, gran admirador del rey, daba una explicación más cínica: veinticinco años después, en *El Príncipe*, al referirse concretamente a Fernando, señalaría que «nada aporta más prestigio a un soberano que grandes campañas militares y asombrosos alardes de sus habilidades personales». De modo que tal vez la campaña de Granada no fue sino la definitiva respuesta a un reto nacional, algo en lo que enemistados nobles pudieran unirse lealmente en un acuerdo. Maquiavelo creía que Fernando había utilizado el conflicto «para comprometer las energías de los "barones" de Castilla que, al concentrar su mente en la guerra, no tendrían tiempo para causar problemas en casa. De este modo, sin reparar en lo que acontecía, aumentó su ascendiente y su control sobre ellos».[25] El duque de Medina-Sidonia, jefe de la familia Guzmán, se había reconciliado con su enemigo, el marqués de Cádiz, jefe de los Ponce de León, cuando aportó sus refuerzos para salvar al marqués ante las murallas de Alhama. El servicio común a una causa nacional condujo a estos aristócratas a colaborar, de una manera que jamás hubiesen imaginado en tiempos de paz. Juan López de Pacheco, marqués de Villena, viejo enemigo de la reina y que en otros tiempos fue valedor de su hermanastra Juana, que aún vivía, aunque recluida en un convento, se había mostrado muy activo, hacía apenas un año, contra los musulmanes en las Alpujarras, la fértil comarca montañosa que se alza al sur de la ciudad. Y Rodrigo Téllez Girón, maestre de la Orden de Calatrava, que en los años setenta apoyó a la Beltraneja en la guerra civil, murió por la causa de la reina Isabel en Loja, en 1482. Una nobleza nacional, con lealtades nacionales, estaba en proceso de creación.

CAPÍTULO 2

El único país feliz

> España es el único país feliz.
>
> Pedro Mártir, acerca de España, 1490

La corte española que había organizado la guerra contra Granada era itinerante. Sus desplazamientos anuales semejaron durante generaciones a los de los rebaños de merinas, que en verano partían en busca de mejores pastos y luego regresaban al lugar del que habían salido. Recientemente, los desplazamientos regios habían tenido lugar todos ellos en la zona sureste, a causa de las exigencias de la guerra. Pero, antes de las hostilidades, el centro del poder español y del estamento judicial y administrativo habían sido nómadas.[1] En 1490, por ejemplo, los monarcas se detuvieron en veinte ciudades distintas, así como en muchos pueblos en donde ellos y su séquito pasaban noches poco confortables entre dos poblaciones importantes. Habían estado en las regiones productoras de cereales del sur y del oeste, así como en la cuenca del Ebro, pero no habían olvidado los territorios que importaban cereales, como Galicia y el País Vasco. Fueron a las tierras vinícolas, como la rica comarca que se extiende alrededor de Sevilla pero también al valle medio del Duero y a la zona sur de Galicia. Sabían tanto de los feudos de los grandes señoríos como de las propiedades del clero y de la Corona, los tres grandes sectores en que estaba dividida la propiedad de la tierra.

En 1488, la corte había pasado el mes de enero en la tradicional Zaragoza, cruzaron Aragón hasta la ilustrada ciudad portuaria de Valencia a finales de abril, y luego fueron a Murcia, una ciudad con unas impresionantes murallas que guardaban poco interés. Los monarcas siguieron itinerarios distintos; el rey se dirigió a un campamento militar cerca del mar, en Vera, y la reina se quedó en Murcia. Pero, en agosto, la corte volvió a reunirse, regresó a Castilla, pasó algunos días en Ocaña, cerca de Toledo, que con sus numerosos manantiales, era uno de los lugares de recreo favoritos de la reina, antes de llegar a la austera Valladolid en septiembre, donde Isabel pasó el resto del año, mientras Fernando se dirigía a las ricas diócesis de Plasencia y Tordesillas, a orillas del Duero.[2]

Tales viajes marcaron los quince años de reinado de los Reyes Católicos, al igual que caracterizaron el gobierno de sus antepasados.[3] Para los soberanos de entonces, gobernar implicaba tener que cabalgar durante miles de horas, y la silla de montar era el verdadero trono de España.[4] Armarios y cajas que contenían documentos y registros, cofres repletos de tapices y pinturas flamencas, lujosas prendas de los Países Bajos, en cada parada, archivos y lacre para sellos, iban cargados a lomos de mulos, que luego habría que descargar y desembalar.[5] Todos los viernes, tanto si estaban en Sevilla como en Segovia, en Murcia o en Madrid, los monarcas reservaban tiempo para audiencias públicas en las que ellos mismos impartían justicia.[6]

Los palacios, los conventos y los castillos en los que se instalaba la corte guardaban mucha semejanza entre sí. Solían alzarse alrededor de patios abiertos, y el exterior no estaba diseñado para fines decorativos, sino para la defensa que, indefectiblemente, se instalaba en el muro de la entrada. Desde el exterior nada permitía entrever cuántas plantas tenía el edificio. En la mayoría de ellos, en cada esquina había unas torres circulares, rematadas por sillares, que contrastaban con el diseño rectangular del recinto. Los monarcas españoles vieron así muchas construcciones burdas en estas moradas de los nobles en las que pasaban tanto tiempo.

Por entonces, Valladolid, la ciudad más grande de Castilla después de Sevilla, era más visitada por los monarcas y la corte que cualquier otra población. Lo cierto es que prácticamente era la capital y sacaba partido de ello: la nueva Cancillería, o Tribunal Supremo, de Castilla tenía allí su sede permanente desde 1480. El primoroso edificio del Colegio de San Gregorio, fundado por el ex confesor de la reina, el culto Alonso de Burgos, que después fue obispo de Palencia, era una de las joyas arquitectónicas de la época. Aunque, al igual que el no menos primoroso edificio del Colegio de Santa Cruz, encargado por el cardenal Mendoza al destacado arquitecto español Enrique de Egas, aún no estaba completamente terminado. Estos nuevos «colegios» eran considerados por la nueva generación de obispos y profesores fundamentales para la cultura. Los reyes españoles no envidiaban —y menos aún tenían intención de establecer— una capital fija, como hicieron mucho tiempo atrás sus sedentarios vecinos de Portugal, Francia e Inglaterra y, por supuesto, Granada. ¿Acaso no fueron también itinerantes los emperadores romanos?[7] Estos interminables viajes eran duros tanto para la corte como para los consejeros, y también para los propios monarcas (sobre todo para aquellos aquejados de gota). Fernando de Rojas puso en boca de la sabia alcahueta Celestina la siguiente observación: «Quien vive en muchas partes no descansa en ninguna»; y citaba a Séneca diciendo: «los errantes tienen muchas moradas pero pocos amigos». Es cierto que Isabel, que por entonces estaba encinta, había permanecido bastante tiempo en Sevilla, mientras que su esposo Fernando volvía a Barcelona y a Zaragoza para afrontar lo que se consideraban amenazas del islam y de Francia. Asimismo, en ocasiones, el rey elegía un lugar en el que poder quedarse unos días, porque había buena caza en los alrededores, y ambos monarcas se alojaban a veces en monasterios de los jerónimos,[8] como el enclavado en la hermosa finca La Mejorada, cerca de Medina del Campo; o en dependencias de los franciscanos, como la de El Abrojo, cerca de Valladolid, con objeto de apartarse temporalmente del mundo.[9]

Sin embargo, estos viajes tenían sus ventajas. Fernando e Isabel habían visitado casi toda España e impartido justicia en muchos pleitos. Algunos monarcas ingleses pasaban casi toda su vida en su condado natal, y los franceses rara vez salían de la región de Île de France. De manera que los monarcas españoles conocían sus reinos mejor que la mayoría de los soberanos. Cuando trataban de establecer un equilibrio entre las conflictivas pretensiones de obtener tierras, sabían perfectamente de lo que hablaban. Se reunían con destacadas personalidades de provincias que, como señalaron, podían convertirse en buenos servidores públicos.[10] Estos viajes eran tanto más importantes debido a la fragmentación de sus reinos. Fernando e Isabel se reunían siempre que era necesario con sus cuatro cortes o parlamentos, las de Cataluña, Aragón, Valencia y Castilla. Incluso habían estado en la remota Galicia, en 1486, básicamente para reprimir la insurrección del conde de Lemos, aunque, una vez allí, no sólo supervisaron la destrucción de veinte castillos de los nobles, sino que visitaron Santiago para rezar ante la tumba del apóstol en la catedral, al lado de un edificio en el que esperaban instalar una escuela para la formación de doctores de la Iglesia, así como un refugio para los peregrinos.[11]

Los monarcas visitaron también Bilbao, en dos ocasiones, mientras Fernando estaba en Guernica en 1476, donde juró respetar los fueros de Vizcaya. La única región del país que no visitaron fue Asturias, pese a ser la cuna del reino. La antigua capital, Oviedo, seguía aislada tras las montañas, que un antepasado común de Fernando e Isabel, el rey García de Asturias, cruzó en 912, para nunca regresar.[12]

Los viajes de los monarcas fueron emulados, aunque no igualados, por sus nobles más destacados, porque también ellos solían tener propiedades en diferentes partes del reino.[13]

Las ciudades de Castilla en las que los monarcas permanecían algún tiempo pueden verse en los dibujos del pintor flamenco Anton Van den Vyngaerde. Ciertamente, el artista trabajó dos generaciones después, y algunas de las poblaciones que él plasmó fielmente crecieron mucho en los años transcurridos, algo que, a mediados del siglo XVI, indujo a fray Ignacio de Buendía a escribir su curiosa obra teatral *El triunfo de la llaneza*, protestando contra la migración de campesinos a la ciudad en busca de dinero. Mientras que en 1512 Barcelona tenía 25 000 habitantes, en tiempos de Vyngaerde tenía ya 40 000.[14] En tiempos de Buendía, la despoblación asolaba las zonas rurales, y también cambió el aspecto de algunas ciudades. En 1490 aún no se había terminado la catedral de Sevilla, que no se completó hasta 1522. Pero no hay guía más detallada que la de este pintor flamenco, y muchas de las torres, los palacios, las calles y las murallas eran en 1490 muy parecidas a como las representó él en sus meticulosas obras.

El pintor alemán Christoph Weiditz, de Estrasburgo, plasmó el aspecto de los españoles. También en este caso, su excelente «libro de indumentaria» fue compilado un poco después, pero en aquellos tiempos las modas no cambiaban tan rápidamente, y los caballeros, las damas, los capitanes de barco y los esclavos negros y musulmanes de 1528 hubiesen sido perfectamente reconocibles para los monarcas en 1490 durante sus viajes. ¿Son caricaturas los mercaderes que ríen, las condesas de generosos senos, los pensativos capitanes de barco, los criados y los esclavos que trabajan duramente y los pomposos caballos?[15] Basta una lectura superficial de una obra maestra española de la época, *La Celestina*, de Fernando de Rojas —que conserva todo su encanto en la actualidad— para reparar en que los hombres y las mujeres de 1490 tenían un aspecto muy similar al que plasmó Weiditz.

La corte significaba, principalmente, la presencia de la reina y del rey, y conviene mencionarlos en este orden, porque la reina era la más poderosa de ambos. La colaboración con el rey Fernando fue considerada una maravilla en su tiempo, y es difícil pensar en otro ejemplo de un matrimonio de soberanos que actuase conjuntamente con tanto éxito. ¿Guillermo y María de Inglaterra? Guillermo tenía muchísimo más poder que la reina. Hubo en Esparta un reino bicéfalo y un consulado bicéfalo en Roma, pero tales precedentes parecen inadecuados. Tal vez lo sorprendente sea que su éxito no haya inducido a repetir la experiencia.

En 1491 se veía mucho a los monarcas en Santa Fe, generalmente a caballo. Podemos imaginar la resuelta expresión de Isabel, mirando su estatua, rezando en la capilla real de la catedral de Granada, diseñada por Felipe de Bigarny.[16] Rubia, de ojos azules y piel blanca, al igual que la mayoría de los miembros de su familia, los Trastámara, la vemos también así en sus retratos.[17]

La reina tenía cuarenta años en 1491, ya que nació en 1451, en un palacio de su padre, el rey Juan II de Castilla, convertido posteriormente en convento de las monjas agustinas, en la pequeña pero fortificada población de Madrigal de las Altas Torres, que se encuentra a un día a caballo de la ciudad e importante mercado de Medina del Campo. No se trataba de un edificio monumental, sino simplemente de una residencia ocasional para alojarse en los viajes reales. Al morir el rey Juan en 1454, y ser sucedido por el hermanastro de Isabel, Enrique IV, Isabel se trasladó a Arévalo, situada a 32 km al este, donde vivió durante siete años con una madre cada vez más senil. Había muchos edificios mudéjares y otros vestigios de lo que los cristianos habían conquistado y, por supuesto, población mudéjar. En Arévalo, mudéjares y judíos eran minorías toleradas, y el rabino y su hijo eran famosos por su elocuencia. De pequeña, Isabel también acudía con frecuencia al monasterio franciscano que se encuentra a las afueras de la población y que, según la tradición, fundó el propio san Francisco, y se hizo muy devota de esta orden, hasta el punto de expresar su deseo de ser enterrada con el hábito franciscano. Su educación y la de su hermano Alfonso, al principio, fue confiada a López de Barrientos, un dominico tolerante que llegó a ser obispo de Segovia. Posteriormente, su educación contó con la participación del culto Rodrigo Sánchez de Arévalo, obispo de Palencia, que había sido representante de Castilla en Roma. Se trataba de un teórico que había propugnado la idea de la supremacía de la monarquía castellana en Europa, y en su *Historia hispánica* aseveraba que, en la Antigüedad, Castilla no sólo era preponderante respecto a Portugal, Navarra y Granada, sino también respecto a Francia e Inglaterra. Sus altisonantes afirmaciones acerca del papel de España, así como de la monarquía, debieron de influir extraordinariamente en su alumna.

De uno u otro de estos tutores, Isabel aprendió a admirar asimismo la memoria de Juana de Arco. Al casarse le regalaron una crónica de un poeta anónimo acerca de la famosa doncella de Orleans, lo que alentó a Isabel a pensar que quizá también ella podría, en el futuro, recuperar los reinos perdidos por sus antepasados y, en su caso, concretamente Granada.

Isabel y su hermano Alfonso no tardaron en ir a vivir a la corte con el séquito de la reina Juana en Segovia; su madre. La reina Isabel, ya apenas cuerda, se quedó en Arévalo durante el resto de su vida.[18] A pesar de los encantos de Segovia, que por entonces estaba siendo reconstruida merced al patrocinio real, debió de ser una mala época, porque la reina, aunque hermosa, era indisciplinada e impredecible.[19] El rey Enrique fingía adoptar las costumbres musulmanas, el cristianismo era objeto de mofas y la guerra contra el islam se había descartado. Se propusieron varios matrimonios para Isabel, todos ellos por intereses políticos: con el duque de Guyenne, hermano del rey de Francia, que sería útil para la política respecto al reino transpirenaico de Navarra; con el viejo rey Alfonso de Portugal, que evitaría todo riesgo de guerra en el oeste de la Península; y acaso con Ricardo, duque de York, el célebre Ricardo III, el futuro monarca asesino inmortalizado por Shakespeare, y también con el poderoso noble Pedro Girón, hermano del marqués de Villena, que tenía autoridad para hacer que gran parte de la aristocracia terrateniente se sometiese a la Corona. Pero tampoco había que descartar al prometedor heredero de la Corona de Aragón, su primo segundo Fernando, que además tenía una buena base para reivindicar el trono de Castilla, y cuyo matrimonio con Isabel podía significar la unión de los reinos de España.

Entretanto, la causa de Isabel como potencial reina era propagada por los enemigos de su hermanastro el rey. La guerra civil entre dos grupos de nobles castellanos empezó con un bajo perfil en 1468, después de que Alfonso, hermano de Isabel, murió en su presencia, en Cardeñosa, cerca de Ávila, y ella se convirtió en la candidata al trono para los enemigos del rey Enrique. Apostaron por Isabel porque creían que podrían manipularla. Pero ella, por su parte, parecía resuelta a conquistar la Corona de Castilla, y a hacer lo que fuese necesario para garantizar el éxito de su objetivo.

A partir de entonces, y durante algunos años, la vida de Isabel fue muy compleja, y quizá sólo comprensible para un genealogista, un notario o un chismoso. Sin embargo debemos hacer un esfuerzo para comprender lo que se cocía, ya que tales acontecimientos explican el resto de la vida de Isabel. Fue una historia que se desarrolló en ciudades como Segovia, Madrigal de las Altas Torres, Arévalo, Ocaña y, hasta cierto punto, Madrid, llamada a convertirse en la ciudad del futuro.

El rey Enrique era un personaje singular, acaso homosexual y, por lo menos durante ciertos períodos, impotente (su primer matrimonio con Blanca de Navarra había sido anulado por esta razón). Era un hombre impulsivo, negligente, a veces activo y otras indolente, aunque no era nada tonto,[20] pero los aristócratas lo consideraban manipulable. El clérigo dominante, el turbulento arzobispo de Toledo, Alfonso Carrillo de Acuña, quería que Isabel fuese proclamada reina de inmediato, mientras que un amigo de la infancia del rey y poderosísimo noble, Juan Pacheco, marqués de Villena y mayordomo del reino, quería que se limitasen a nombrarla heredera. Alfonso Carrillo confiaba en que Isabel contrajese matrimonio con Fernando de Aragón. Pero el candidato que Pacheco prefería para ella era Alfonso de Portugal, y él y el rey Enrique urdieron un meticuloso plan para lograr este objetivo.[21] Al final, Isabel se postuló a sí misma como heredera, no como reina, y titubeó aún más acerca de su matrimonio, algo nada sorprendente porque apenas contaba diecisiete años.

El rey Enrique aceptó a Isabel como heredera, convencido de que, por lo menos durante cierto tiempo, aunque joven, sería una candidata más convincente que su propia hija Juana, que entonces tenía cinco años (apodada la Beltraneja, del apellido Beltrán, duque de Alburquerque, «el buen caballero» (—hay fundamentos para pensar que él podría ser el padre—).[22] Siguió una ceremonia de reconciliación de todos los bandos en el monasterio que los jerónimos tenían en Guisando, en las estribaciones de la cordillera de Gredos. Convertida formalmente en princesa de Asturias, fue a vivir al balneario de Ocaña, cerca de Toledo, una fortaleza de Pacheco, donde el rey también pasaba mucho tiempo. La infanta disponía ya del mecanismo esencial para el poder político, una buena «casa». La casa de Isabel la dirigía el esposo de su dama de honor, Gonzalo Chacón, ex camarero de Álvaro de Luna, que durante mucho tiempo fue primer ministro del rey Juan I, y su primo Gutierre de Cárdenas,[23] el maestresala, hábilmente situado por la casa del arzobispo Carrillo. Ocaña se convirtió en el cuartel general de Cárdenas, que tenía allí su palacio, cuya estructura y escudo de armas son todavía visibles, y allí fue donde Isabel tuvo sus aposentos. Tanto Cárdenas como Chacón eran muy jóvenes en 1469 y estaban resueltos a alcanzar las rutilantes recompensas del éxito en la vida pública. El culto Alfonso de Palencia,[24] historiador y humanista, además de excelente latinista, tenía ya cincuenta años y era el secretario de Isabel. Su manual *Tratado de la perfección del triunfo militar* fue muy leído por los futuros soldados. Había trabajado para Alonso de Cartagena, un converso que llegó a ser obispo de Burgos y que, durante su estancia en Italia, había conocido a los hombres más brillantes y mejores de la generación del papa Eugenio IV. Un historiador lo saluda como «lo más parecido a un humanista italiano que produjo España» en la época.[25]

La distinción de los consejeros de Isabel fue una de las razones básicas de su éxito como reina. Beatriz de Bobadilla, que posteriormente sería marquesa de Moya, y Mencía de la Torre fueron sus principales damas de honor. El rey Enrique le regaló a Isabel la ciudad e importante mercado de Medina del Campo, con objeto de que pudiese contar con unos ingresos además de autoridad sobre la casa de la moneda de Ávila.[26]

Isabel se decidió finalmente por Fernando de Aragón para contraer matrimonio. Era el único varón de la casa real de los Trastámara, a la que pertenecía la propia Isabel, y muchos lo consideraban su heredero. Fernando era aguerrido y bien parecido. Isabel aún no lo conocía, pero comprendió las ventajas que tenía para Castilla casarse con él. Probablemente, el matrimonio con Fernando le garantizaría su control del reino. Además, con la Corona de Aragón fortalecería a Castilla, en lugar de comprometer a la nación a apoyar aventuras en el Atlántico, como hubiese ocurrido de haber contraído matrimonio con el rey de Portugal.

La corte de Aragón había apostado fuerte por esta solución. Ciertamente, la boda fue un triunfo sobre todo para Aragón, pese al hecho de que la unión sólo pudo ser legal mediante un documento falsificado por Antonio Veneris, el legado pontificio en España, que permitía a Fernando contraer matrimonio con una prima hasta el tercer grado de tal parentesco. Un documento secreto previo al matrimonio fue firmado en 1469. Isabel aún no había cumplido los dieciocho años y Fernando tenía sólo dieciséis.[27]

Aragón significaba mucho más que la región interior de ese nombre. La Corona agrupaba a Cataluña, Valencia y Baleares, además de Sicilia y Cerdeña. Aragón tenía un sistema constitucional en el que el orden y la libertad estaban equilibrados y en cuya elaboración intervinieron los mercaderes del sector textil. Barcelona tenía un buen servicio postal, la Confederación de Marcus y había importantes organizaciones profesionales. El Parlamento, las Cortes de los territorios aragoneses, era poderoso, y el Justicia de Aragón era un magistrado independiente que representaba un importante papel en la observancia de las leyes. Los parlamentarios de Cataluña, los *diputats,* velaban asimismo para garantizar la libertad política. El rey Alfonso el Magnánimo, tío de Fernando, que reinó antes que el padre de Fernando, se aseguró el control aragonés del sur de Italia, aunque sus largas ausencias de España debilitaron su posición allí.[28]

A primera vista, el reino de Aragón parecía más dinámico y más diversificado que el de Castilla. Pero Cataluña se encontraba en declive económico. Los prósperos tiempos en los que dominaba económicamente el Mediterráneo oriental habían tocado a su fin, aunque el floreciente comercio valenciano compensara en parte. Además, Castilla tenía buenos mercados en el norte de Europa, como Flandes e Inglaterra, a través de sus importantes exportaciones de lana. Esto aportó prosperidad a la costa norte de España, especialmente a las ciudades portuarias de La Coruña, Santander, Laredo y San Sebastián, cuyos comerciantes fundaron en el siglo XIII la Hermandad de las Marismas para proteger sus intereses. Las ferias de Medina del Campo, los comerciantes de Burgos, los capitanes de barco y los comerciantes de Sevilla eran cada vez más famosos fuera de España.[29] Las Cortes de Castilla eran menos importantes que las de Aragón, porque la Corona dependía menos de ellas, ya que tenía recursos financieros alternativos. Las Cortes eran inadecuadas como poder legislativo,[30] pero Castilla estaba en pleno crecimiento económico.

El rey, al conocer los planes de matrimonio de su hermanastra Isabel, dijo que la detendría si no dejaba que tales decisiones las tomase él. Fue una reacción razonable, pero la de Isabel fue disponer que el arzobispo Carrillo enviase tropas para escoltarla hasta Valladolid, donde estaría a salvo en el palacio de Juan de Vivero, casado con una Enríquez y sobrino del arzobispo, que fue en otro tiempo tesorero real. Luego envió a fray Alonso de Palencia y a Gutierre de Cárdenas a buscar a Fernando de Aragón. No fue necesaria mucha persuasión para convencer al príncipe de que fuese con ellos, algo que hizo románticamente y sin escolta, lo que le costó resultar herido por una piedra que le lanzaron a él y a su séquito en Burgo de Osma.[31] En el rectangular castillo de Dueñas, una población perteneciente a Pedro de Acuña (conde de Buendía y hermano del arzobispo), que se encuentra entre las ciudades de Valladolid y Palencia, Cárdenas presentó a Fernando y a Isabel, el 14 de octubre de 1469, y dijo al referirse al príncipe: «Ése es, ése es», una frase que a partir de entonces figuró en su escudo de armas como un acrónimo fonético: «SS». Isabel y Fernando quedaron favorablemente impresionados; un notario dejó constancia escrita de sus votos, e Isabel escribió a su hermano, el rey Enrique: «Por mis cartas y mensajes, notifico a Vuestra Alteza mi decidida voluntad respecto a mi matrimonio.» Isabel profesó gran devoción a Fernando a partir de entonces, y se dolía de sus continuas infidelidades;[32] también él parecía entusiasmado.[33] El arzobispo presidió la ceremonia nupcial en el palacio de Vivero de Valladolid, y a ella acudieron pocas personalidades nacionales, salvo Fadrique Enríquez, almirante de Castilla y tío de Fernando. También asistieron los hijos ilegítimos de Fernando, Alfonso y Juana de Aragón.[34] Fray Pero López de Alcalá leyó una discutible bula del papa Pío II que eximía de todo pecado por la consanguinidad de los consortes; aunque posteriormente llegó otro documento, más auténtico, de Roma.

El hecho de que Castilla tuviese una población de unos cuatro millones de habitantes y Aragón probablemente menos de medio millón daba ventaja a Isabel.[35] Pese a ello, el matrimonio fue calurosamente apoyado, y puede que incluso planeado, por el rey Juan II de Aragón y sus amistades entre los aristócratas y clérigos de Castilla.[36] Y Fernando, seguramente, engendraría una familia de reyes. A Fernando le gustaba cazar, jugar y participar en justas y, sobre todo, cortejar a las mujeres.[37]

Fernando de Aragón nació en 1452, un año después que Isabel, en un palacio de la familia Sada, en Sos, en el alto Pirineo aragonés, donde su madre, Juana Enríquez, la segunda esposa de su padre, acudió a dar a luz por los sanos aires de la comarca. En aquellos tiempos, los nobles aragoneses solían viajar al valle del Ésera, que conducía a Benasque, para veranear, y allí pueden verse vestigios de sus palacios. El historiador Hernando del Pulgar dijo del joven Fernando que «E habia una gràcia singular, que cualquier que con el fablase, luego le amaba e le deseaba servir».[38] Un historiador moderno escribió que era «el más simpático de los gobernantes del Renacimiento».[39] Era afable, hábil y gallardo, pero su lema era «como el yunque, guardo silencio a causa de los tiempos». En comparación con su padre, fue un hombre frugal, y de ahí que algunos lo considerasen tacaño.

Al igual que en el caso de Isabel, podemos ver su aspecto en distintos retratos. Tenía la tez más bien oscura, el pelo castaño y la barba recia, como en el retrato que se conserva en el real monasterio de las Huelgas de Burgos. En el Prado los vemos rezar quedamente en una pintura de la Virgen de los Reyes Católicos, y en la colegiata de Santa María Daroca, lo vemos con su hijo, el precoz infante Juan.[40]

Era primo segundo de Isabel por parte de padre, porque durante casi cien años Aragón había sido gobernado por una rama menor de los Trastámara castellanos, y él y su familia tenían extensas propiedades en Castilla. Fernando había pasado toda su vida en los aledaños del poder. Había sido adjunto de su padre en Cataluña a los nueve años y se convirtió en teniente del reino a los dieciséis. Eran aquéllos años de guerra civil. Fernando se habituó a tomar decisiones conjuntamente con su resuelta madre, Juana Enríquez, hermana del almirante de Castilla,[41] pero su madre murió de cáncer en 1469 y el joven príncipe les dijo a los notables de Valencia: «Señores, sabéis las muchas penalidades con que mi madre ha sostenido la guerra para conservar Cataluña en el seno de la Corona de Aragón. Veo a mi padre viejo y a mí demasiado joven. Por lo tanto, a vosotros me encomiendo y me pongo en vuestras manos, y os pido que me consideréis vuestro hijo.»

Como es natural, Fernando era consciente de que su matrimonio podía conducir a la unión de los reinos de Aragón (con Valencia y Cataluña) y Castilla, una perspectiva que lo entusiasmaba. Su abuelo paterno, el rey Fernando, llamado Fernando de Antequera a causa de su victoria contra los musulmanes en esa población, había predicho y deseado esa unión.

El futuro rey pensaba introducir en Castilla innovaciones que en Aragón y en Cataluña habían sido eficaces, pero se comprometió, respecto a cualquier autoridad que pudiera ejercer en Castilla, a respetar las normas tradicionales y a firmarlo todo conjuntamente con la reina Isabel.

Después de su inteligente matrimonio, Isabel envió una conciliadora embajada ante su hermanastro el rey Enrique, en la que le aseguraba su lealtad y la de Fernando. Pero el matrimonio real tuvo que retirarse de Valladolid porque la ciudad no tardó en ser sitiada por un noble leal al rey, el conde de Benavente. En 1470 parecía que ellos sólo controlaban Medina del Campo y Ávila, y tampoco allí se sentían seguros. Enrique desheredó a Isabel y declaró a su hija Juana su heredera, rompiendo así el compromiso de Guisando. Isabel se trasladó a Medina de Río Seco, sede de la familia Enríquez, y en marzo de 1471 redactó una denuncia contra el rey. Estallaron disturbios, y ambos bandos parecían perder el control de sus territorios en favor de los nobles rebeldes.

Los disturbios no cesaron hasta 1473, tras largas negociaciones. Un representante de Isabel, su contador, el meticuloso Alonso de Quintanilla,[42] realizó, al parecer, treinta y seis visitas a la corte del rey Enrique en Alcalá. Otro que se distinguió por su prudencia fue Andrés de Cabrera,[43] comandante del alcázar de Segovia, que se casó con la amiga de Isabel Beatriz de Bobadilla. Otro personaje apaciguador fue el astuto Pedro González de Mendoza, el joven cardenal y obispo de Calahorra que (bajo presión papal) cambió de bando junto al resto de la familia Mendoza, para iniciar un período de veinte años al servicio de Isabel.[44] El caso fue que el rey y su hermanastra pasaron juntos la festividad de la Epifanía de 1474 en el remodelado alcázar de Segovia; Enrique cantó e Isabel bailó.[45] Pero ésa sería la última fiesta que celebrasen juntos porque, casi un año después, en diciembre de 1474, el rey Enrique murió de repente en Madrid. Cuando Isabel recibió la noticia, en Segovia, tuvo la audacia de ir, de inmediato, de luto (con sarga blanca) a misa a la iglesia de San Martín. Luego partió hacia el alcázar y, a la mañana siguiente, a la más pequeña y más cercana iglesia de San Miguel, en donde, con un deslumbrante vestido brocado en oro y sobre un estrado, fue proclamada reina de Castilla.[46] Prestó juramento, y su pequeña corte (Andrés Cabrera, Gonzalo Chacón, Gutierre de Cárdenas y Alonso de Palencia) se arrodilló, al igual que el concejo municipal de Segovia, ciudad que fue básica para hacerse con el poder. Cárdenas cabalgó al frente del cortejo con la espada desenvainada, para recordar que la autoridad real podía castigar a los malhechores.[47] El joven historiador Hernán del Pulgar, que había sido instruido en la escuela por secretarios reales, se ocupó de confeccionar una lista de las reinas que habían accedido al trono de Castilla desde el siglo VIII (no podría haber hecho lo mismo respecto a Aragón, cuya ley Sálica privaba a las mujeres del derecho a gobernar). La reina también podía felicitarse de que el tesoro real siguiera en el alcázar de Segovia y que, por tanto, estuviese vigilado por sus íntimos amigos, los Moya. Entretanto, Fernando, que estaba en Aragón cuando murió Enrique, salió de inmediato hacia Segovia y, después de lo que al parecer fueron algunas disensiones, sus consejeros y los de Isabel redactaron un nuevo acuerdo entre ambos, que firmaron el 15 de enero de 1475.

En virtud de este acuerdo, la Corona de Castilla recaía en la reina.

Pero se acordó que Fernando e Isabel podrían firmar cédulas conjuntamente, y aprobar la acuñación de moneda y la impresión de sellos. El nombre de Fernando precedería al de la reina en los documentos de Estado, pero sería el escudo de armas de Isabel el que aparecería en primer lugar. Se le juraría lealtad a Isabel, las guarniciones de los castillos la obedecerían, y ella sería la única que podría nombrar a todos los cargos oficiales en Castilla. Aunque Fernando podría, al igual que ella, aportar ingresos, Isabel sería la única que tendría la capacidad de conceder subvenciones. La reina nombraría a los comandantes de las fortalezas (a los alcaides), aunque su esposo, debido a su demostrada competencia castrense, nombraría a los altos jefes militares del ejército. Todas las órdenes que diese Fernando en relación con la guerra serían automáticamente cumplidas, pero no las de la reina. Ambos administrarían justicia conjuntamente cuando estuviesen juntos, pero podrían hacerlo a título propio cuando no lo estuviesen, y esto sería válido en ambos reinos, aunque siempre deberían tener en cuenta la opinión del Consejo Real, la influyente institución de Castilla cuyos miembros eran nobles, clérigos y algunos letrados. Ambos serían considerados reyes de Castilla, León y Sicilia, y príncipes de Aragón. En el caso de que Fernando muriese antes que la reina, Isabel heredaría la Corona de Aragón, a pesar de que las mujeres nunca habían gobernado allí. Se daba por sentado que, en caso de que fuese la reina quien muriese antes, el heredero no sería Fernando, sino uno de los hijos del matrimonio.

Fernando aceptó este acuerdo, pero, contrariado por las concesiones que los consejeros de Isabel lograron que aceptasen los suyos, hizo planes para abandonar Segovia. El arzobispo Carrillo, furioso por no haber sido consultado, reprendió duramente a Isabel y a Fernando, y anunció que también él se marchaba. Isabel hizo caso omiso del anuncio del arzobispo, pero le rogó a Fernando que se quedase. Éste accedió, e Isabel aceptó algunas modificaciones menores como, por ejemplo, que tendrían un escudo de armas conjunto, que sólo se utilizaría un sello real y que en todas las monedas aparecería la efigie de ambos. También compartirían la casa real. Estos acuerdos institucionales, con Castilla como *primus inter pares*, ya no se modificaron durante su reinado.

Isabel fue asesorada a partir de entonces, además de por su astuto esposo, por otras dos personalidades. En primer lugar, por Mendoza,[48] el cardenal arzobispo de Sevilla (y, posteriormente, de Toledo), y en segundo lugar, por Hernando de Talavera, su confesor desde 1475, prior del monasterio de los jerónimos de Nuestra Señora del Prado, en Valladolid.

El competente, sutil y apuesto cardenal Pedro González de Mendoza, el aristócrata de la Iglesia española, el «tercer rey de España», como dieron en llamarlo, con su capelo y su capa púrpura, presidía el Consejo de Castilla y cabalgaba junto a la reina en las batallas. En 1491 tenía sesenta y dos años y era el noveno y más joven hijo del ilustrado Íñigo Hurtado de Mendoza, marqués de Santillana, poeta, humanista y aristócrata, un hombre que podía rivalizar en cultura con cualquier soberano italiano. El padre Las Casas, en su historia, se refirió a su «gran virtud, prudencia, fidelidad a los reyes y generosidad de linaje y de ánimo».[49] No eran muchos más quienes subrayaban sus virtudes personales, pero sus otras características eran difícilmente discutibles. La familia Mendoza era la más poderosa de Castilla y muchos de sus miembros ocupaban cargos influyentes en diversos estamentos.

Cuando todavía era muy joven, enviaron a Mendoza a vivir con su primo Gutierre Gómez de Toledo, obispo de Palencia, aunque él vivía en Toledo, ciudad de la cual fue nombrado arzobispo en 1442. El futuro cardenal fue primero párroco de Hita, a veinticinco kilómetros al norte de Guadalajara, de donde fue luego archidiácono. Fue a la Universidad de Salamanca y estudió leyes. Aprendió griego y latín tan bien que su ilustre padre le pidió que le tradujese la *Ilíada*, la *Eneida* y algunos poemas de Ovidio. En 1454, fue nombrado obispo de Calahorra, que de hecho era una sede familiar. Luego se trasladó a la corte, negoció un acuerdo entre su familia y el rey, ahora que su padre, que había sido un rebelde, había muerto, y bautizó a la presunta hija del rey Enrique, la desdichada Juana. Buscó un compromiso en el enfrentamiento entre los nobles y Enrique, y les advirtió que quienes no obedecían a un mal rey era cismáticos. Gracias a la amistad del inteligente y hedonista legado del Vaticano, Rodrigo Borgia, que ya era cardenal y que estaba en Castilla en 1472, fue nombrado «cardenal de España», luego arzobispo de Sevilla y después de Toledo. A partir de 1474, Mendoza pasó a ser la mano derecha de la reina, un ministro de talante más moderno que el formidable arzobispo Carrillo, que había ayudado extraordinariamente a la reina diez años antes. Asimismo, Mendoza luchó en la batalla de Toro, donde resultó herido. En 1485 fue nombrado arzobispo de Toledo y primado de España.

Mendoza era muy proclive a conceder cargos a sus protegidos que, sin embargo, solían ser los mejores para el cargo que les asignase. Se mostró activo en la guerra contra Granada hasta el punto de actuar como comandante de campo en una ocasión. Tras la rendición de Guadix y Almería, ordenó que se grabasen escenas de la rendición de cincuenta y cuatro poblaciones musulmanas para el coro de Toledo. Esta obra se debe a muchos artistas, pero una buena parte la realizó Rodrigo Alemán. La obra, al igual que la campaña, estaba aún incompleta en 1491. En ella se ve al cardenal en un bajorrelieve de Felipe de Borgoña, a caballo, con talante de resuelto obispo-guerrero, con cota de malla sobre la sobrepelliz, junto a los monarcas. También lo vemos representado en piedra, ante el altar mayor de la catedral de Granada, a lomos de un mulo, con guantes, nariz aguileña y rostro demacrado que contrastaba con las facciones más bien llenitas de los monarcas.[50] Más castrense aún es el retrato del cardenal Mendoza en el techo del colegio de San Gregorio, en Valladolid.[51]

El cardenal Mendoza profesaba una lealtad a la doctrina religiosa que podríamos llamar «selectiva». Su mesa era la más suculenta de España. Tuvo hijos ilegítimos con Mencía de Lemos, por ejemplo, una de las alocadas damas de honor de la libertina reina Juana, que fueron concebidos mientras era obispo de Sigüenza. La reina Isabel, aunque puritana, le preguntó en cierta ocasión a su confesor, fray Hernando, si «no le parecía que los pecados del cardenal eran bastante guapos».[52] El cardenal Mendoza dispuso la legitimación de estos hijos, y el mayor, Rodrigo, fue conde del Cid y marqués de Cenete.

Por entonces, Mendoza contaba con un competente y muy cercano colaborador, Hernando de Zafra, principal instrumento de los monarcas en sus negociaciones con los musulmanes. También podía contar en todo momento con Hernando de Talavera, el confesor de la reina, que tenía sangre judía y que, en el futuro, se vería en un serio aprieto a causa de ello.

Pero en los años setenta, él, Talavera, un protegido de Mendoza, reescribió su sermón sobre el tema «cómo todos los cristianos leales deben renovar su espíritu durante Adviento» como «un espejo de príncipes» para Isabel, instando al poder real a ser virtuoso, argumentando que «si sois reina, debéis ser un modelo y una inspiración para vuestros súbditos. Elevaos, elevaos y contemplad la corona de gloria... porque, a través de estas obras y consideraciones, preservaréis, como el águila [el símbolo de san Juan Evangelista, que Isabel había adoptado para inspirarse],[53] la fuerza y el vigor de vuestra juventud. Renovad a través de Dios vuestro noble espíritu y acceded a la perfección, porque vos tenéis un rango de dama y señora tan perfecto y tan lleno de virtud y bondad como el del águila entre las aves».[54]

Hernando de Talavera ingresó en el Consejo Real a propuesta del cardenal Mendoza, y siguió ejerciendo desde su cargo una poderosa influencia en Isabel durante veinticinco años, haciendo todo lo que podía por ella, hasta el punto de redactarle un programa para que pudiese organizar su tiempo lo mejor posible. Se daba por cierto que, mientras que los confesores solían escuchar de rodillas las confesiones de las personas reales, Talavera permanecía en pie y era Isabel quien se arrodillaba. En 1475 escribió una guía para la vida espiritual de sus frailes, e Isabel le pidió que le explicase lo mismo a ella. Él titubeó, aduciendo que lo que estaba bien para los religiosos no era aplicable al mundo laico, pero ella insistió en que fray Hernando le recomendase nueve libros para su orientación espiritual.[55]

Isabel era seria, decidida, inflexible y resuelta. Era también muy franca. No solía sonreír, pero tenía el don de la ironía. Admiraba la cultura, sabía leer el latín cuando era sencillo, adoraba la música y solía viajar con un coro de veinticinco o más personas. Escuchaba a menudo la vihuela, la antigua guitarra, y posteriormente el *Cancionero de palacio* de Juan del Encina, cantado, como la mayoría de sus poemas, a los sones de la viola de seis cuerdas o del laúd. Cabe preguntarse cómo hubiese interpretado ella estos versos:

Más vale penar
sufriendo dolores
qu'estar sin amores.[56]

Isabel consideraba el ceremonial y la música una útil ayuda para gobernar, y de ahí que aumentase el lujo del estilo de vida de la corte. Por esta razón, gastaba mucho en ropa, aunque en tiempos de Granada solía vestir de negro y con cierto desaliño.[57] Pero también le gustaban los bailes de gala. Admiraba a los pintores flamencos y compró por lo menos un Memling (actualmente, en la capilla Real de Granada). También le gustaban los perros y los loros, y a menudo iba acompañada de gatos. Podía ser vengativa, pero casi siempre se mostraba piadosa. Era más culta que Fernando, su esposo, y tenía una biblioteca de cuatrocientos volúmenes que, en aquellos tiempos, eran muchos. Fomentó el nuevo arte de la imprenta. Su capellán italiano, Lucio Marineo Sículo, decía que, en los años noventa, oía misa a diario y que rezaba en las horas canónicas como si fuese una monja. Recordaba el adagio «los monarcas que no tienen temor de Dios tienen temor a sus súbditos». Es posible que llegase a ser hermana seglar de la orden franciscana en el convento de San Juan Pablo de Valladolid. Otro italiano, Pedro Mártir, escribió: «Hasta la misma Reina —según dices—, a quien el mundo entero, en parte respeta, en parte teme y admira, cuando se te ha permitido el libre acceso a ella, la has encontrado herméticamente entristecida.» ¿Acaso se debía —se preguntaba él— a que pensaba que las muchas muertes habidas en la familia (tres de sus hijos murieron antes que ella) se debían a que Dios la había abandonado?[58]

La obra de Isabel en los diez primeros años de su época, como heredera y luego como reina de Castilla, fue sin embargo muy notable desde cualquier punto de vista. Ninguna mujer en la moderna era del feminismo ha superado sus logros.

Una canción popular decía:

Flores de Aragón, flores de Aragón
dentro de Castilla son.
Flores de Aragón en Castilla son.

Al ingresar en la orden borgoñona del Vellocino de Oro, Fernando adoptó como emblema el yugo y las flechas; el yugo simbolizaba la unión de los reinos, la F de flechas simbolizaba a Fernando, y la Y, a Isabel.

Los conflictos en Castilla no terminaron cuando Isabel se hizo con el poder. Aunque en la mayor parte del norte de España apoyasen a Isabel con festejos, gran parte del sur se mostró ambivalente. El rico marqués de Villena, hijo de Pacheco, era un decidido partidario de Juana, la hija del difunto rey Enrique, que estaba bajo su control y a quien los amigos de Isabel se referían con la ambigua designación de «la hija de la reina». La población de sus tierras en el sur y el este bastaba para formar un ejército. Además, Pacheco contaba ahora con el apoyo del descontento arzobispo Carrillo, conde de Benavente, muy poderoso en el noroeste de Castilla; de Rodrigo Ponce de León, en Sevilla, y de Álvaro de Stúñiga, duque de Béjar, en Extremadura. El rey Alfonso de Portugal anunció su intención de casarse con Juana y, al declararse muchas otras poblaciones partidarias de ella, estalló la guerra. Un ejército portugués penetró en Castilla por el noroeste; según algunos, aquélla fue una guerra frívola.[59] Pero, de haber vencido los portugueses y la Beltraneja, el futuro de la Península habría sido muy distinto y, en lugar de una unión castellanoaragonesa, se habría producido una unión castellano-portuguesa, que hubiera cambiado la historia no sólo de la península sino del mundo.

Tras muchas escaramuzas y maniobras, algunas incursiones en

Portugal y esfuerzos por parte de Isabel y Fernando para negociar la paz, Fernando se enfrentó a Alfonso en marzo de 1476, en Peleagonzalo, a las afueras de Toro, la fronteriza ciudad fortificada que se alza a orillas del Duero. Aunque sus hombres estaban cansados y su artillería no llegó, la victoria de Fernando fue abrumadora. La guerra continuó durante cierto tiempo en Extremadura y frente a la costa de África, pero la causa de Juana era ya una causa perdida.[60] Alfonso había abdicado del trono de Portugal a favor de su hijo, e intentó convencer a Francia de que lo ayudase, aunque sin éxito.

Al año siguiente, Fernando sucedió a su padre en el trono de Aragón, y se mostró tan incansable en la prosecución de los intereses de su reino como en servir a los de su esposa.

Como hombre de sangre castellana pero criado en Aragón, Fernando era idóneo para representar su complejo papel. Aportó el conocimiento de todas aquellas prácticas que en Aragón y en Cataluña habían tenido éxito, para servir a Castilla. Era más indolente que la reina, pero era también más implacable, más calculador y más cínico. Estas características encajaban bien con lo profetizado por algunos frailes de que sería el rey que reconquistaría Tierra Santa para la cristiandad.[61] Fernando era un hombre muy trabajador y eficiente, y tenía un sentido del humor del que carecía su esposa. Tendió a buscar soluciones moderadas para los problemas, con la esperanza de que así fuesen más duraderas.[62]

Cuando lo creía necesario, el rey no dudaba en hacer afirmaciones categóricas: «En todos mis reinos tengo la costumbre de pensar en el bien público más que en mi interés personal», le escribió una vez a su mejor general, Gonzalo Fernández de Córdoba, el Gran Capitán, que le había sugerido hacer concesiones especiales acerca del abastecimiento de trigo en Sicilia.[63] A pesar de las afectuosas palabras que prodigaba a su esposa, era mucho más calculador que apasionado. Sin embargo, el viajero alemán Münzer lo llamó «el rey más sereno».[64] En tiempos de los Reyes Católicos, España empezaba a mirar hacia afuera, no hacia el Mediterráneo, donde Aragón tuvo gran actividad durante generaciones, sino hacia el Atlántico. La conquista de las islas Canarias puede parecer una conquista menor; sin embargo, del mismo modo que en invierno un rayo de sol a veces señala la proximidad de la primavera, el interés español por el archipiélago canario prometía una auténtica vocación mundial. El cortesano italiano Pedro Mártir pensaba que, como consecuencia de ello, España era «el único país feliz».[65]

CAPÍTULO 3

Gran orden y tranquilidad

> Los Reyes Católicos eran muy elogiados en aquellos tiempos por su sabiduría y por haber aportado gran orden y tranquilidad a sus reinos.
>
> Guiccardini, *Historia de Italia*

Durante los años que compartieron el poder, Isabel y Fernando tuvieron un gran éxito. Resulta difícil detectar cuestiones importantes acerca de las que disintiesen. Su lema: «Tanto monta, monta tanto, Isabel como Fernando» indicaba su igualdad; que ambos monarcas podían gobernar en ambos reinos e, indistintamente, en el de su cónyuge. Pero empezaría con una personal alusión de Fernando acerca de que, si algo era complicado, era mejor «cortarlo», como hizo Alejandro Magno con el nudo gordiano.[1] Tanto Isabel como Fernando heredaron de sus antepasados la fe en una justicia real que protegiese al débil sin dejar de recompensar al triunfador. Tenían un sentido tan serio de sus obligaciones como de su gloria, y poseían asimismo el don de inspirar confianza, incluso entre sus súbditos más pobres. Acabaron con las crónicas guerras civiles que habían caracterizado las relaciones entre la Corona y los nobles en ambos reinos. Todos los cronistas de la época daban testimonio de la violencia de los viejos tiempos, aunque cargasen un poco las tintas en este sentido para complacer a los nuevos reyes.[2] Sus logros han sido comparados a los de sus contemporáneos en Francia e Inglaterra. Los monarcas de estos dos países restauraron el orden civil después de años de guerra civil. Pero en esos dos reinos no hubo la unificación que se produjo entre Castilla y Aragón.

Mediante sus continuos viajes, la dura represión de las revueltas y la sabia concesión de títulos y recompensas, los dos monarcas empezaban a reducir a la nobleza a un estamento del reino, mientras que anteriormente ésta había sido rival de la Corona. Los nobles castellanos podían seguir dominando la política local, pero ya no imponían su opinión en cuestiones de alcance nacional. Por ejemplo, en otros tiempos, habían tenido mayoría en el supremo consejo del reino, el Consejo Real.[3] Pero, a partir de las Cortes de 1480, celebradas en Toledo, la institución tuvo un prelado como presidente (el cardenal Mendoza fue el primero) y ocho o nueve letrados entre sus miembros, además de tres caballeros. Los nobles y los altos cargos de la Iglesia podían seguir asistiendo pero no tenían derecho a voto. Era una institución que empezó siendo judicial pero que se estaba convirtiendo en el elemento rector de la administración del Estado.[4] La Audiencia Real, cuyos jueces (oidores) se reunían en Valladolid, realizaba cada vez más trabajo jurídico.

La potenciación de las corregidurías,[5] que ahora existían en la mayoría de las grandes ciudades, fortaleció el poder real, porque los corregidores representaban a la Corona, a menudo eran miembros de la baja nobleza y presidían las reuniones de los concejos municipales. Un típico corregidor (el de Toledo) fue un poeta, Gómez Manrique, cuyo hermano fue maestre de la Orden de Santiago.[6] Por entonces había cincuenta corregidores en distintas poblaciones de todo el reino, portavoces del poder real —es decir, del poder centralizador—, incluso en territorios poco propicios, como el marquesado de Villena.

El historiador florentino Francisco Guiccardini, un diplomático enviado a España en 1512, escribió que ambos soberanos eran «muy celebrados por entonces» —se refería a su propio tiempo—, «muy reputados por su sabiduría y por haber aportado gran tranquilidad y orden a sus reinos que, anteriormente, habían sido muy turbulentos».[7]

Hasta los tiempos de Isabel y Fernando, la mayoría de los ingresos de la Corona procedían de los impuestos sobre las ventas (alcabala) o de los derechos aduaneros (almojarifazgo) pero, aunque la monarquía unida no desdeñó estos ingresos, nuevos hombres concibieron nuevos medios para ingresar un dinero que, en teoría, estaba destinado a la guerra contra el islam, pero que esperaban seguir ingresando después (un impuesto conocido como «cruzada», una parte de los diezmos y subsidios de asambleas eclesiásticas, así como gravámenes directos sobre obispados y ciudades). La Corona llegó a provechosos acuerdos con la Mesta, la cámara que controlaba los dos millones y medio de ovejas merinas de Castilla y sus movimientos trashumantes.[8]

En 1488, la Corona había tratado de armonizar los distintos métodos de pesos y medidas, ya que había innumerables discrepancias entre las distintas onzas, decretando que los pesos de todos los productos debían ajustarse a las recientemente difundidas normas para los metales preciosos.[9]

Fernando quería llegar a ser Gran Maestre de las tres órdenes militares importantes (Santiago, Alcántara y Calatrava), ya que ello reportaba riquezas y poder, porque tales organizaciones poseían una gran cantidad de tierras y en el pasado habían constituido la base de la influencia de los nobles más destacados, como Álvaro de Luna y Juan Pacheco.

La Corona de Castilla pudo permitirse no convocar las Cortes durante largos períodos de tiempo. Entre 1480 y 1498 no se convocaron, aunque, como ya hemos comentado anteriormente, dicha institución era menos influyente que en los reinos de Fernando. No se requería la asistencia de representantes del clero y de la nobleza y, por tanto, rara vez asistían. Las ciudades que enviaban procuradores a las Cortes eran sólo diecisiete,[10] y durante gran parte del siglo XV, los representantes de las ciudades se habían limitado a dos por cada una. Esto significaba que, cuando la reina tenía que convocar las Cortes —como ocurrió en los años ochenta, gracias a la necesidad de recaudar dinero para la guerra—, sólo tenía que afrontar y convencer a treinta y seis hombres, muchos de los cuales eran amigos suyos, y otros podían ser inducidos a serlo.

El rey de Portugal permanecía apaciguado después de la derrota del rey Alfonso en los años setenta, y ya no era un rival para la autoridad de Castilla, ni, por supuesto, en las islas Canarias, que ya prácticamente estaban bajo control español, al igual que la costa africana paralela al archipiélago, si bien en 1491 Tenerife y La Palma no habían sido todavía conquistadas del todo.[11] También reinaba la paz con Francia, aunque el futuro de Perpiñán y del Rosellón (conquistado por Francia en los años sesenta del siglo XV) parecía incierto. Inglaterra estaba ligada a Castilla en virtud de un tratado de protección mutua contra Francia firmado en Medina del Campo en 1489. Estos éxitos internacionales se debieron, en parte, a que Fernando nombró embajadores permanentes en cinco capitales europeas, lo cual le permitió estar mejor informado que los monarcas coetáneos. Pero el éxito se debió también a que ahora Castilla y Aragón, aunque muy distintas internamente, hablaban con un sola voz en la esfera internacional.

El desarrollo, a instancias del consejero de Isabel, Quintanilla, en las Cortes de Madrigal de las Altas Torres de 1476, de una versión nacional de las hermandades armadas, fundadas para mantener el orden a nivel local, creó una especie de policía castellana, con funciones jurídicas y policiales: toda ciudad debía aportar un jinete armado por cada cien vecinos, y estas fuerzas estarían al mando del hermano bastardo de Fernando, Alfonso de Aragón, duque de Villahermosa.[12]

Finalmente los monarcas se embarcaron en una reforma de la Iglesia española, impulsada para hacer innecesaria una «reforma» o «contrarreforma».[13]

Como de costumbre, cuando los monarcas parecen ser los responsables de los grandes cambios, no faltan quienes afirman que la transformación empezó mucho antes del reinado de los Reyes Católicos. Por ejemplo, Tarsicio de Azcona, considera a la familia de los Trastámara y a sus valedores como revolucionarios.[14] Pero el logro de aquellos dos últimos Trastámara, Isabel y Fernando, fue más que notable.

Es difícil precisar cuántos soldados se concentraron en Santa Fe en 1491 para la batalla final contra el islam. Quizá quepa estimar que los efectivos totales fueron de 80 000 hombres,[15] entre los que debieron de integrarse entre 6 000 y 10 000 de caballería y entre 10 000 y 16 000 de infantería.

Fernando se había mostrado muy prudente como comandante en jefe del ejército, una característica que había quedado patente en las campañas contra Portugal y contra los rebeldes castellanos. La destrucción de Tájara, el sitio de Málaga, la toma de la supuestamente inexpugnable Ronda y la de plazas menores como Setenil (donde su abuelo Fernando había sido derrotado) y Álora, «la bien cercada, tú que estás en par del río», habían sido triunfos personales, y el rey había aprendido a improvisar con eficacia en circunstancias adversas.

También la reina, durante sus preparativos en Córdoba en 1484, así como en el sitio de Burgos, había demostrado su eficiencia. Fundó hospitales militares y organizó los pertrechos, el aprovisionamiento y la recluta para proporcionar al ejército artillería, forraje y alimentos para los soldados. También precisaron del concurso de ingenieros, constructores de caminos, herreros y bueyes. Organizar todo esto no era una tarea menor, ya que el ejército de Castilla consumía trescientos quintales de trigo y cebada al día.[16]

Entre los jefes militares españoles destacaba el pelirrojo Rodrigo Ponce de León, marqués de Arcos, un hombre impetuoso, héroe del cronista coetáneo Bernáldez y del historiador estadounidense del siglo XIX Prescott. Rodrigo Ponce de León encarnaba las virtudes caballerescas, y veneraba, o por lo menos amaba, virtudes tales como el honor, el valor, la lealtad al monarca, la cortesía y la generosidad. David Hume comentó que «en el siglo XV en España la caballerosidad y lo caballeresco se elevaron, debido a la desbordante imaginación popular, al nivel de culto».[17] Pese a que en otros tiempos había apoyado a Juana la

Beltraneja y a los portugueses, y había roto la tregua real con Granada en 1477 para tomar dos pequeños pueblos musulmanes, al año siguiente, don Rodrigo Ponce de León había salvado la vida a Fernando.[18]

Era un consumado jefe militar. En 1482 reunió un contingente formado por 2 500 hombres a caballo y 3 000 de a pie en la población de Marchena, y los condujo sin ser detectados a través de un terreno difícil para tomar por sorpresa la población de Alhama. Fue la gesta más notable de la guerra. También mandó construir un fuerte de madera capaz de albergar a 14 000 hombres de infantería y 2 500 de caballería para servir a las fuerzas sitiadoras a las afueras de Málaga en 1487.

Un militar más cosmopolita era Íñigo López de Mendoza, el magnífico conde de Tendilla, sobrino del cardenal que fue el primer gobernador de Alhama después de su caída. Había sido nombrado embajador en Roma y había asombrado al Vaticano por el boato de su conducta.[19] También formaba parte del ejército castellano Juan Ortega de Prado, un leonés que fue otro de los héroes de la toma de Alhama. Tampoco podemos olvidar al condestable de Castilla Pedro Fernández de Velasco, conde de Haro, que fue herido en la cara en Loja (la condestablía pasó a ser hereditaria en su familia en 1472, al igual que el almirantazgo de Castilla lo fue para la familia Enríquez, algo que constituía un medio eficaz de asegurar lealtades). El duque de Medina-Sidonia, el monarca sin corona de Sevilla, había ofrecido cien galeras llenas de provisiones al ejército real para el sitio de Málaga.

Estos y muchos otros nobles intervinieron en la guerra como si por lo menos hubiesen hojeado obras tales como el *Tratado de la perfección del triunfo militar*, obra del secretario de la reina, Alonso de Palencia, o *Doctrinal de los caballeros*, del ex obispo de Burgos Alonso de Cartagena.

En otros tiempos los historiadores solían tratar de la indumentaria utilizada en aquella itinerante y belicosa corte. Por entonces, tanto los hombres como las mujeres se vestían para impresionar. Así, por ejemplo, consta que, el caballero inglés sir Edward Woodville iba «enfundado en malla» sobre la que llevaba «un manto francés de seda oscura brocada». También los caballos llevaban sedas en su enjaezado, y las mulas sobre las que cabalgaban las damas de la reina iban «ricamente engualdrapadas». A veces, la reina llevaba una falda brocada. Su amiga, Felipa de Portugal, lucía unos bordados tan pesados en su vestido que desviaron la daga de un presunto asesino en Málaga. Muchas de estas prendas procedían del extranjero; de Flandes, Venecia e incluso de Inglaterra.

La mayoría de los cortesanos de la época llevaban el pelo largo pero no barba; la moda de la barba no surgió hasta después de la muerte de Fernando.[20]

Los hombres que mandaban estos jefes militares procedían de todas las regiones de España. El ejército lo formaban ocho contingentes distintos. El grueso estaba formado por fuerzas enviadas por multitud de municipios, tanto de caballería como de infantería, aunque con predominio de la caballería. Todas las regiones españolas enviaron hombres, incluso Galicia y Vizcaya. En segundo lugar, estaban las tres órdenes militares más importantes, es decir, las de Santiago, Alcántara y Calatrava, que habían representado un importantísimo papel en las anteriores guerras contra el islam; fueron movilizadas por última vez para la guerra contra Granada. La Orden de Santiago aportó unos mil quinientos jinetes y unos cinco mil hombres de a pie, y las otras dos órdenes algo menos cada una de ellas.[21] Pero no siempre su intervención fue eficaz. El comandante de la Orden de Santiago, Alonso de Cárdenas, que estuvo al mando de las tropas en Écija en 1483, condujo un ataque a Málaga desde Antequera, pero se perdió en la sierra de La Ajarquía y sufrió una dura derrota, aunque logró salvar la vida.

En tercer lugar, los monarcas disponían de una guardia real de mil lanceros a caballo al mando de Gonzalo Fernández de Córdoba, miembro de una de las grandes familias cordobesas. En su juventud había sido paje del arzobispo Carrillo, luchó sin cesar en la guerra contra Granada desde la toma de Alhama en adelante, resultó herido en Zumia y fue sumamente eficaz en la nada romántica operación de la tala, o sea, la destrucción de la agricultura de la vega de Granada. Lo consideraban ya «espejo de cortesía», señor entre los señores, soldado entre los soldados, desenvuelto en palacios y entre los cortesanos, capaz de conservar el equilibrio en cualquier circunstancia, especialmente en combate. Su dominio del árabe lo convertía en buen negociador, además de buen guerrero, y era el más temido de los jefes militares castellanos. Fue un Aquiles sin su adusta vanidad y, ciertamente, sin su talón.[22]

Todo monarca de Castilla contaba, además, con una guardia personal de cincuenta hombres, llamados los monteros de España, que tradicionalmente procedían del pintoresco pueblo castellano de Espinosa, situado en un bonito valle al sur de las estribaciones de la cordillera Cantábrica, armados con ballestas; su misión era velar día y noche por la vida del rey.[23] En cuarto lugar, había tropas procedentes de la Santa

Hermandad, la fuerza policial fundada a nivel nacional en 1476 pero que, debido a la guerra, se convirtió en un contingente militar de unos mil quinientos lanceros y unos cincuenta arcabuceros divididos en capitanías. Estas tropas solían ir al mando de nobles, y se utilizaban como guarniciones de las poblaciones conquistadas.

Sería temerario ignorar el ejército de criados y esclavos que servía a los monarcas y a todos los miembros distinguidos de la corte, incluidos los clérigos. Posiblemente habría en total unos mil al servicio de la casa real.[24] Entre los esclavos había isleños de Canarias, musulmanes hechos prisioneros en guerras anteriores y negros de África.

Los miembros de la corte española, la nobleza y los comerciantes, los miembros del clero y los panaderos poseían, generalmente, uno o dos esclavos cada uno y, en el caso de los nobles, muchos más. El duque de Medina-Sidonia, por ejemplo, tenía noventa y cinco esclavos en 1492, muchos de los cuales eran musulmanes y casi cuarenta eran negros. En España, en el año 1490, debe de haber habido aproximadamente 100 000 esclavos. Sevilla era la ciudad con mayor número. Algunos esclavos podrían haber sido los descendientes de los muchos esclavos de Europa del Este, que habían sido vendidos en Europa occidental durante la Edad Media, dándole así, seguramente, a la palabra *slav* el significado de servidumbre o servicio en lugar de la antigua palabra latina *servus*.

Los esclavos de la España medieval eran de una extraordinaria diversidad: eran circasianos, bosnios, polacos y rusos. Algunos habrían sido capturados en batallas contra Granada y podrían haber sido musulmanes. Otros habrían sido comprados en los florecientes mercados de esclavos del Mediterráneo occidental, tal vez en Barcelona o en Valencia, en Génova o en Nápoles. Algunos esclavos eran hombre o mujeres capturados en las Islas Canarias, incluso en la no conquistada Tenerife o en las ya sometidas La Palma o La Gomera. Algunos otros, principalmente bereberes, provenían del pequeño puesto fronterizo español, en la costa noroeste de África, Sahara, donde casi se divisa la isla canaria de Lanzarote. Algunos pocos esclavos negros fueron comprados probablemente a mercaderes de Lisboa, aquellos que durante las dos últimas generaciones habían estado traficando con personas que habían adquirido en la costa oeste de África, en algún punto entre Senegal y el Congo, tal vez en Guinea. Muchos eran vendidos por mercaderes florentinos o genoveses en Portugal, o por sus representantes en Sevilla.

El número de esclavos no era sorprendente. La esclavitud en el

Mediterráneo nunca desapareció desde los días de la antigüedad, y quizá fue incrementada por los siglos de guerra en España entre cristianos y musulmanes. Los cristianos acostumbraban a esclavizar a los musulmanes cautivos y los musulmanes hacían lo mismo con los prisioneros cristianos, a los que en ocasiones llevaban al norte de África para trabajar en empresas públicas, del mismo modo que los cristianos empleaban a sus esclavos musulmanes en la construcción. Muchos esclavos eran empleados como servidores domésticos, pero otros trabajaban en los molinos de azúcar en las islas del Atlántico (las Azores, Madeira o en las Islas Canarias). Algunos eran alquilados por sus dueños a cambio de dinero. La ley cristiana, como se aprecia en la obra medieval *Las Siete Partidas* del rey Alfonso, y la ley musulmana, como se conserva en el Corán, indicaban detalladamente el lugar que un esclavo debía ocupar en la sociedad. Algunas veces los esclavos podrían tener propiedades y en ocasiones podían comprar su libertad. A veces eran tratados mejor que meros sirvientes por sus amos. Los señores ejercían absoluto poder sobre sus esclavos, con la excepción de que no podían matarlos ni mutilarlos, y ningún judío ni musulmán, en los reinos cristianos, podían poseer esclavos cristianos. La esclavitud se aceptaba como tal y no se contemplaba ninguna clase de protesta. Era obligatorio tratar a los esclavos humanamente, pero nadie pensaba que debiera abolirse la institución.

Es cierto que en el norte de Europa la esclavitud parecía haberse convertido en poco lucrativa. Los ingleses, los franceses del norte y los flamencos consideraban ya que era mejor pagar por el trabajo, cuando el pago de las obligaciones feudales disminuyó. Sin embargo, el mundo musulmán, sobre todo, el Imperio Otomano, dependía absolutamente de la esclavitud para su buen funcionamiento, y, en este momento, el negocio de esclavos a través del Sahara aún superaba en volumen y valor el comercio costero manejado por los portugueses.

Además, la Corona de Castilla tenía sus propios vasallos feudales, que recibían tierras u otras formas de compensación a cambio de sus servicios. Unos mil de estos hombres solían cobrar un salario diario. Y a éstos había que añadir algunas tropas, tanto de caballería como de infantería, procedentes de ciudades de los dominios reales.

Algunos nobles aportaron importantes contingentes de tropas. Los señores concernidos no deseaban que sus hombres se integrasen en una estructura de mando nacional, como se diría ahora. Pese a ello, los monarcas solían dar a tales nobles un rango específico para alentarlos a aportar hombres. Así, por ejemplo, al duque de Alba lo nombraron capitán general. Los nobles de Castilla no se mostraban muy entusiastas, pero sí los de Andalucía y, a menudo, cabalgaban al frente de varios centenares de hombres de caballería e infantería.[25]

Asimismo, algunos hombres se integraron en el ejército por la oportunidad que se les ofrecía de purgar sus culpas por algunos delitos a condición de que se alistasen.

El cortesano italiano Pedro Mártir de Anglería le escribió al arzobispo de Milán en los siguientes términos: «¿Quién jamás creería que los astures, gallegos, vizcaínos, guipuzcoanos y los habitantes de los montes cántabros, en el interior de los Pirineos, más veloces que el viento, revoltosos, indómitos, porfiados que siempre andan buscando discordias entre sí por la más leve causa como rabiosas fieras se meten entre sí en su propia tierra, pudieran mansamente ayuntarse en una misma formación? ¿Quién pensaría que pudieran jamás unirse los oretanos del reino de Toledo con los astutos y envidiosos andaluces? Sin embargo, unánimes, todos encerrados en un sólo campamento, practican la milicia y obedecen las órdenes de los jefes y oficiales de tal manera, que creerías fueran todos educados en la misma lengua y disciplina».[26] La misma reflexión se haría el historiador Gonzalo Fernández de Oviedo en Panamá una generación después.[27] Existía la necesidad de presentar un frente común contra el enemigo que unió a los españoles. Ya en el siglo XIII, los catalanes lucharon en la batalla de las Navas de Tolosa contra los musulmanes al mando del rey de España.

También se integraron en el ejército español contingentes extranjeros. ¿Acaso no era aquello una cruzada? Un capitán portugués integrado en el ejército castellano fue Francisco de Almeida, que quince años después se convertiría en el primer virrey de las posesiones portuguesas en la India. Años antes, el rey de Portugal, don Enrique el Navegante, antes de empezar a patrocinar expediciones al oeste de África, quiso tomar la iniciativa respecto a la conquista de Granada. El duque italiano de Gandía, hijo del cardenal Rodrigo Borgia, hizo un *acte de présence* en la guerra en los años ochenta del siglo XV. También intervino un grupo de mercenarios suizos al mando de Gaspar del Frey;[28] y, en una guerra anterior, en el sitio de Loja, participó sir Edward Woodville, hermano de Isabel, la reina consorte de Eduardo V de Inglaterra,[29] que aportó trescientos hombres, algunos del propio norte del país y otros de Escocia, Irlanda, Bretaña y Borgoña, casi todos ellos armados con hachas y arcos largos. Intervinieron además hombres procedentes de Brujas y uno de ellos, Pierre Alimané, capturado por el enemigo, escapó de Fez y conquistó el corazón de una princesa musulmana. Además, naves genovesas de Giuliano Grimaldi y de Pascual Lomellini protegieron el estrecho de Gibraltar.

El ejército estaba organizado para combatir en grandes contingentes llamados batallas; la vanguardia solía estar dirigida por el Gran Maestre de la Orden de Santiago; la retaguardia, por el condestable de Castilla, Pedro Fernández de Velasco, o por el jefe de los pajes reales, el «alcaide de los Donceles», Diego Fernández de Córdoba, hermano mayor de Gonzalo Fernández de Córdoba. El rey cabalgaba justo por delante de la retaguardia, flanqueado por dos compañías de soldados de los municipios de Sevilla y Córdoba, respectivamente. Aproximadamente un millar de carros de artillería avanzaban por detrás del monarca.[30]

La mención de la artillería recuerda que los cristianos combatieron en aquella guerra entre dos mundos. La caballería con su sentido religioso de la hermandad recordaba los tiempos de la Edad Media. Pesadas picas, lanzas, espadas y alabardas, así como arcos y ballestas, fueron utilizados con eficacia. Los castellanos disponían también de artefactos inventados en la Edad Media para utilizarlos en los sitios, como las bastidas que permitían a los atacantes encaramarse hasta lo alto de las murallas; las escaleras reales, mediante las que la infantería podía ser izada mediante poleas hasta las almenas de los defensores; parapetos cubiertos de piel que permitían a los castellanos acercarse a las murallas a nivel del suelo, y catapultas. Los zapadores asturianos solían ser los encargados de cavar un hoyo por debajo de las murallas de las ciudades sitiadas.

Pero los carros de la artillería que iban por detrás del rey pertenecían a una nueva época. Las nuevas armas incluían el arcabuz, inventado hacia 1470, que por primera vez permitía a un solo soldado disponer de un arma de fuego.[31] Las lombardas[32] eran nuevos y decisivos ingenios. Eran de hierro o de bronce y medían casi cuatro metros de longitud y cinco centímetros de grosor, reforzadas con pernos o anillos de hierro. Podían lanzar piedras o bolas de hierro a un ritmo de hasta 140 por día; proyectiles que a veces medían treinta centímetros de diámetro y que podían pesar hasta setenta kilos. También podían lanzar amasijos, de forma esférica, de ingredientes inflamables mezclados con pólvora. ¿Habría caído Ronda sin la utilización de las lombardas? ¿Hubiesen tomado los cristianos Alcalá la Real sin ellas? Así pues, aquella guerra fue una guerra moderna, en la que la artillería lograba que los sitios se convirtiesen en la toma de la población sitiada. Este hecho permitió a los castellanos organizar el ataque de una ciudad tras otra, tomando «uno a uno» los granos de aquella «granada».

Algunas de las nuevas armas, tales como las doscientas piezas de artillería, la mayoría fabricadas en Écija, entre Córdoba y Sevilla, necesitaban no sólo pólvora, sino también costosos artilleros borgoñones, alemanes y franceses. Aunque Francisco Ramírez, uno de los mejores nuevos soldados que tan graves daños habían causado al volar las murallas de Málaga, era de Madrid. Muchos de los proyectiles de cañón procedían de sierra Morena, especialmente de la ciudad de Constantina.

Y habría otro signo de modernidad, por lo menos entre los jefes militares del ejército castellanoaragonés, algo que distinguía a hombres y mujeres de la corte de Fernando e Isabel de sus antecesores en aquel mismo siglo. Muchos de ellos sabían leer, y algunos incluso tenían libros, aquellos nuevos «preciados objetos» surgidos en 1450 en Alemania, tras inventar Gutenberg la imprenta y, a partir de 1470, de los talleres de impresores españoles, principalmente de Sevilla, Valencia y Segovia (parece ser que la primera imprenta la instaló en Segovia Juan Parix de Heidelberg, en 1471). Muchos impresores eran alemanes, reflejo de un creciente comercio con Alemania, sobre todo con la capital de la imprenta, Nuremberg, aunque Castilla también importaba de allí piezas metálicas, lino y fustán.[33]

Sin embargo, había pocos libros para entretenimiento. Pero había libros eruditos que pronto incluirían grabados, y se hicieron ediciones de los clásicos. Se editó *Cartas de Cicerón* a sus amigos, así como las obras de Ovidio y de Plinio. También se editó la *Geografía* de Ptolomeo; *La ciudad de Dios,* de san Agustín, y poco después se publicaron novelas entre las que sin duda una de las mejores fue *Tirant lo Blanc*, de Joanot Martorell, publicada en 1490 en Valencia en una edición de setecientos ejemplares.[34] Aunque acaso concebida como una especie de manual de caballerías, derivó hacia lo que Cervantes llamó «el mejor libro del mundo...», porque «los caballeros que en él aparecen son seres humanos, no marionetas...». Es un libro lascivo, sobre todo en los últimos capítulos. Además refleja la mezcla de salvajismo y caballerosidad de las guerras de la época, cuyo componente internacional puede verse por la aparición en él de sir Anthony Woodville (un hermano mayor de la esposa del sir Eduardo de Inglaterra), al que Joanot Martorell llama «*senyor d'Escala Rompuda*», mientras que la primera parte de la novela está dominada por una invasión sarracena de Inglaterra que es derrotada por el conde de Warwick.

Tirant lo Blanc fue una de las primeras obras «de caballerías», muy vendidas en los cien años siguientes. La lectura pasó a ser una costumbre más que un ritual erudito como hasta entonces, y se solía leer en voz alta. Los largos relatos de gestas extraordinarias, de los héroes caballerescos en extrañas tierras, ofrecían un ideal de coraje, virtud, fortaleza y pasión.[35] Consta que la reina Isabel tenía en su biblioteca *La balada de Merlín* y *La búsqueda del Santo Grial.*

Estas novelas de caballerías reflejan un mundo en el que las fronteras de los Estados eran imprecisas. Y mientras que los lectores se sentían transportados por aventuras en «Gran Bretaña» o Constantinopla, numerosos extranjeros podían verse en la corte de los reyes y de los nobles. De Flandes procedían varios arquitectos: Juan de Guas, que diseñó la iglesia de San Juan de los Reyes de Toledo, un convento franciscano que fue el supremo logro artístico de tiempos de Fernando e Isabel, así como el palacio del duque del Infantado en Guadalajara. Uno de los pintores de la corte era el estonio Michael Littow; escritores italianos como Pedro Mártir de Anglería o Marineo Sículo enseñaban a los nobles y, pronto, el escultor florentino Domenico Fancelli realizaría notables obras en muchos sepulcros.[36] Las baladas y las historias románticas también ignoraban las fronteras entre los Estados. De tal manera que los caballeros españoles conocían a Roldán y al rey de Francia:

Cata Francia, cata París la ciudad
Cata las aguas del Duero, do van a dar en el mar.

La mayoría de los consejeros de los monarcas se encontraban en 1491 en Santa Fe, porque el enclave era en aquellos momentos tanto la corte como el cuartel general de los ejércitos; así pues, estaban allí presentes los más expertos consejeros de Isabel (Chacón, Alonso de Quintanilla, Gutierre de Cárdenas, Andrés de Cabrera, Beatriz de Bobadilla). También Fernando tenía a su lado a sus consejeros más allegados: además del experto tesorero de Aragón, Alonso de la Caballería, había unos dieciséis secretarios «fernandinos».[37] El secretario para asuntos internacionales, Miguel Pérez de Almazán, representó un papel de la mayor importancia. Asimismo, Juan Cabrero, camarero del rey e inseparable compañero que dormía en sus aposentos y que era su más estrecho confidente; Gabriel Sánchez, banquero y tesorero personal de Fernando, un judío converso, al igual que Alonso de la Caballería. El rey también contó con Juan de Coloma, un secretario particular muy competente que llevaba trabajando para él desde 1469. Fernando lo había heredado de su padre y, a pesar de su origen rural, este secretario se había casado con una nieta del Justicia Mayor de Aragón, Martín Díaz de Aux. También se encontraba en Santa Fe Luis Santángel, por entonces tesorero de la hermandad, otro judío converso y astuto empresario emparentado con Gabriel Sánchez y con Alonso de la Caballería. Además de estos expertos miembros de la casa del rey, había numerosos hombres jóvenes, a algunos de los cuales sólo conocemos porque su nombre aparece reflejado al pie de documentos reales; en algunos casos, eran hombres de futuro, conscientes de que, si se labraban la reputación de sirvientes eficientes y leales, podrían a no tardar alcanzar cargos o destinos de importancia. Podemos imaginar a todos estos hombres cenando juntos a diario, cimentando un entendimiento común, mientras daban cuenta de diversas raciones de garbanzos, bizcocho y estofado regado con vino reforzado con aguardiente, tal vez de Cazalla de la Sierra, en sierra Morena.

Algunos de estos funcionarios eran clérigos, obispos, monjes o priores y, muchos de ellos, personas cultas que, diez o veinte años antes, no habían sido más que prometedores estudiantes de leyes en la Universidad de Salamanca; otros eran jueces. Un funcionario público muy representativo de la época fue Lorenzo Galíndez de Carvajal, un joven extremeño que acababa de empezar su impresionante ascensión a través de las comisiones que rodeaban a las personas de los monarcas. Aunque tuviesen que acomodarse en estancias atestadas y mal situadas que, en algunos casos, no tenían más suelo que la pura tierra, o sumamente calurosas, aquellos burócratas debieron de celebrar que la corte se estableciese en Santa Fe, puesto que eso implicaba un respiro en sus continuos viajes.

Una amplia minoría de estos burócratas era descendiente de judíos convertidos al cristianismo cien años antes, tras los brutales pogromos de finales del siglo XIV. La mayoría de ellos —y eso era también cierto respecto a los comerciantes con quienes estaban asociados, bien a través del parentesco o la amistad— eran en 1490 verdaderos cristianos serios que habían olvidado la antigua fe judía de sus antepasados, aunque algunos, por tradición familiar, o por indolencia, conservasen algunas costumbres judías, como por ejemplo lavar a los muertos antes de enterrarlos, comer ajo frito con aceite, o volverse hacia la pared al agonizar. Una minoría seguía considerándose judía y, en privado, observaba el sabbat, comía carne los viernes e incluso acariciaba la esperanza de que el Mesías no tardaría en revelarse, acaso en Sevilla, donde la reina, durante su larga estancia en 1478, había reparado en lo que consideró una asombrosa laxitud litúrgica.[38] El prior del convento dominico fray Alonso de Hojeda le había dicho a la reina que muchos judíos conversos, especialmente en Sevilla, estaban volviendo a su fe judía, y que amenazaban la supervivencia del cristianismo. La orden de los dominicos organizó una eficaz campaña de propaganda contra los judíos conversos. De manera que, en 1478, los monarcas españoles le pidieron al papa Sixto IV poder crear en España un Santo Oficio o Inquisición, para afrontar el problema. El procedimiento de tal indagación organizada tenía una larga historia en la Edad Media. Así, en el reino del hermanastro de Isabel, el rey Enrique, se había fundado un organismo bastante ineficaz con los mismos propósitos.

Los judíos habían constituido una importante minoría en España desde los tiempos de los romanos. Muchos habían desempeñado un papel importante en la administración en el siglo XIV. En 1391 se produjeron muchos ataques violentos contra ellos, sobre todo en las ciudades más grandes. La mayoría huyeron y se refugiaron en pueblos, donde podían ser protegidos por poderosos señores locales que valoraban sus virtudes tanto como solían valorarlas los reyes. Al mismo tiempo, miles de judíos, quizá unos dos tercios del total, abrazaron el cristianismo con objeto de evitar más persecuciones. La Iglesia urgió activamente a que se produjesen tales bautizos y facilitó que se llevasen a cabo. Muchos de esos judíos conversos se incorporaron a la administración del Estado o al profesorado de universidades, además de seguir siendo dominantes en el comercio. Un rabino de gran cultura, ha-Levi, llegó a ser obispo de Burgos con el nombre de Alonso de Santa María.

Los judíos conversos realizaron una gran labor, y fueron pioneros en la introducción del humanismo italiano en España, pero resultaba tan obvio que seguían siendo un estamento endógamo en el seno de la sociedad, y en el seno de la Iglesia, que se atrajeron envidias y enemistades (desde, por lo menos, 1449 se produjeron disturbios contra los «nuevos cristianos» en Toledo, donde el odio entre cristianos viejos y conversos estaba muy arraigado).[39] En otro lugares, este odio se mezcló con la tradicional enemistad entre grupos familiares. Un caso especial fue el de Córdoba, donde, en 1473, se produjeron disturbios especialmente lamentables y una matanza de conversos.[40] Con todo, los conversos seguían accediendo a la dignidad de obispo, ocupando altos cargos en la secretaría de los reyes, en la banca, y ejerciendo de agentes de cambio de divisas, además de convertirse en priores de conventos y de casar a los nobles.

¿Se propuso la Inquisición simplemente introducir una manera de decidir qué conversos eran falsos cristianos?[41] Parece obvio que la mayoría de las acusaciones de secreta herejía formuladas contra los conversos eran creídas sin vacilar por los monarcas y por la opinión pública.[42] ¿Se propuso la Inquisición acabar con los «marranos» (es decir, con los conversos)? ¿Acaso llegaron los Reyes Católicos, tradicionales protectores de los judíos, así como de los conversos, a la conclusión de que «seguir protegiéndolos podía costarles demasiado caro, en términos de sus relaciones con la mayoría de la población, y de que, pese a todo, la presencia de los judíos era más una atadura que una ventaja?».[43] El principal historiador de la Inquisición, Lorente, marxista antes que Marx, opinaba que los motivos de organizar la Inquisición fueron básicamente financieros, mientras que el gran Von Ranke opinaba que fue un medio de afirmar la autoridad absoluta de los monarcas. El filólogo y medievalista español Menéndez Pidal pensaba que el objetivo había sido la extirpación de una auténtica herejía que realmente tendía a la derrota del cristianismo, mientras que Américo Castro opinaba que la Inquisición había sido una idea típicamente judía, concebida por conversos, y, según él, muy alejada de las tradiciones españolas.

¿Fue el objetivo de la Corona, al establecer el Santo Oficio, acallar el creciente movimiento popular contra los conversos? Porque un elevado porcentaje de los cristianos viejos creía que la mayoría, o acaso todos los conversos o sus descendientes, eran judíos en secreto; o que, por lo menos, volvían a las costumbres judías debido a la excesiva tolerancia de la Iglesia; y que muchos judíos, en los días de la persecución popular de finales del siglo XIV, se habían convertido por puro miedo. Esta opinión no estaba exenta de base, ya que los rabinos consideraban que todos los judíos obligados a convertirse al cristianismo debían ser considerados siempre como judíos, al igual que sus hijos.

Fueran cuales fuesen los motivos en España, el papa Sixto IV promulgó la bula *Exigit sincere devotionis*, e instauró la Inquisición. Dos inquisidores, ambos destacados dominicos, fueron nombrados en Sevilla en 1480, y se inspiraron en textos medievales que, por ejemplo, habían utilizado los cátaros. Los inquisidores se aplicaron a la labor con energía, y establecieron su cuartel general y su prisión en el castillo de San Jorge en el pueblo sevillano de Triana, a orillas del Guadalquivir. Las investigaciones eran secretas y los acusados podían permanecer en prisión durante meses, e incluso años, mientras se instruía la causa contra ellos. Tenían derecho a ser defendidos por abogados, pero esos abogados eran elegidos por la propia Inquisición. Los judíos que practicaban su fe en secreto eran condenados a la hoguera, «entregados al brazo secular», que se levantaba a las afueras de la población tras cada auto de fe, y aquellos que conseguían huir antes de ser ejecutada la sentencia eran quemados en efigie. Otros eran condenados a penas menores *(reconciliados)* como, por ejemplo, recorrer descalzos las calles llevando el famoso sambenito, un capotillo o escapulario que se les ponía sobre el jubón. Otras penas menores consistían en el arresto domiciliario, o la asistencia obligatoria a misa en determinados días festivos.

Muchos conversos huyeron de Sevilla, algunos a Roma, donde Sixto IV los protegió, hasta el punto de escribir a Isabel y a Fernando en 1482 acerca de los excesos de los inquisidores. Además, anuló las sentencias contra los conversos que se reafirmaron en su declaración de inocencia.

Pero la Inquisición no tardó en ser establecida en casi todas las poblaciones importantes de Castilla. La instauración del Santo Oficio en los reinos de Aragón fue más problemática, ya que implicaba la disolución de instituciones ya existentes que tenían el mismo propósito. Además, en Aragón había especial hostilidad ante la idea de que interviniesen inquisidores castellanos. Hubo muchas protestas por parte de los tradicionalistas, así como de los nuevos cristianos, y no parece aventurado afirmar que el asesinato del inquisidor Pedro Arbués en 1485, en la catedral de Zaragoza, fue responsabilidad de estos últimos.

El número de ejecutados a causa de las denuncias de la Inquisición, seguidas del encarcelamiento y los juicios secretos, y luego la entrega del «culpable» al poder civil, pudo ascender a unos seis mil al producirse el sitio de Granada.[44] La mayoría de los acusados que lograron ser declarados inocentes no recobraron sus propiedades, que eran confiscadas al principio de la investigación. La Inquisición actuaba contra los conversos, no contra los judíos, pero, por supuesto, existía una conexión, como demostrarían los acontecimientos.

Muchos judíos destacados estuvieron en Santa Fe. Por ejemplo, Abraham Señor, un financiero que desempeñó muchos papeles; Isaac Abravanel, un gran recaudador de impuestos que había huido de Portugal tras una supuesta conspiración en 1485. También estuvieron allí el médico de la reina, Lorenzo Badoz, y el del rey, David Abenacarga.[45]

Por entonces la Iglesia española tenía cuarenta y ocho obispos,[46] y muchos se desplazaron con la corte a Granada. Administraban *ex officio* enormes propiedades, especialmente el arzobispo de Toledo, y todas ellas estaban libres de impuestos. Diez catedrales castellanas, incluyendo la sede del primado de Toledo, controlaban en conjunto más de treinta ciudades y más de dos mil trescientos vasallos.[47] Los obispos estaban encabezados por Mendoza, el cardenal y arzobispo, pero había otros tan belicosos y activos como él, aunque no tan ricos. En el pasado, la regla había sido la siguiente: si un obispo moría en Roma, su sede sería cubierta por el papa, pero en todos los demás casos, el cabildo propondría un nombre, aunque deberían tener en cuenta cualquier propuesta hecha por el monarca, cuyos deseos eran cada vez más determinantes.

También estuvieron en el sitio de Granada representantes de órdenes contemplativas, como los benedictinos y los jerónimos, y de órdenes activas, como los dominicos, así como los franciscanos y sus familias de observantes, que eran miembros reformadores en busca de una vida más espiritual. La orden de los jerónimos, fundada hacía sólo un siglo, cuya noble sede principal se hallaba en Guadalupe, tenía un lugar especial en el corazón de la reina.[48]

En Santa Fe estuvieron asimismo miembros más jóvenes de la familia real, como el infante don Juan, el heredero de los monarcas, que entonces tenía trece años, y que era su orgullo y su esperanza. También se encontraban allí los miembros de su casa, que eran una mezcla de consejeros maduros, compañeros de juegos y condiscípulos de escritura, aritmética, geometría y latín. La corte del infante don Juan en Almazán, en la frontera entre Aragón y Castilla, estaría posteriormente formada por una brillante combinación de personas, algunas de las cuales (Ovando, Cristóbal de Cuéllar, Gonzalo Fernández de Oviedo) serían posteriormente vistas en cargos destacados de lo que sería el imperio español.[49]

En las filas del ejército que Castilla destacó a Granada figuraban aristócratas del reino, la mayoría ricos, duques y condes, nobles cuyo linaje lo era desde hacía sólo unas pocas generaciones porque, al igual que en Inglaterra, las guerras civiles habían destruido a la mayoría de las familias que dominaron en España en la Alta Edad Media.[50] El poderoso primer ministro de Juan II, Álvaro de Luna, que gobernó España desde 1420 hasta 1453, había otorgado muchos nuevos títulos nobiliarios, empezando en 1438 con el conde de Alba de Tormes, antepasado de los Alba. Estos nuevos títulos eran hereditarios y se concedían a aquellos que no eran miembros de la familia real. La concesión de un título hereditario —«a vos y a vuestros descendientes a perpetuidad»— concedía también derechos a la hacienda de la que el título tomase su nombre. Así pues, la concesión del primer marquesado hereditario (el de Santillana, en 1445) otorgaba a los Mendoza la ciudad y las tierras de Santillana, en Cantabria. En Granada, se reconocía fácilmente a los nobles, porque llevaban espadas de plata o de oro, y relucientes petos.

Un historiador moderno ha escrito que la nobleza española a finales del siglo XV constituía una gran familia encabezada por el rey;[51] quizá sería más apropiado decir que esa gran familia, que tenía unas veinte ramas, estaba encabezada por los Mendoza, con el duque del Infantado como miembro de mayor rango. Pero incluso este título tenía menos de veinte años de antigüedad. El título del ducado de Medina-Sidonia databa de 1444; el ducado de Alba, sólo de 1472, y el de Nájera, de 1482. El duque de Medinaceli era de sangre real pero su ducado databa sólo de 1479.

Estos nobles estaban en Santa Fe porque, siendo quienes eran, estaban obligados por la costumbre a ayudar al monarca en momentos de necesidad. A lo largo de toda la Edad Media, los reyes habían concedido tierras a los nobles a cambio de su aportación de hombres para la guerra, o a miembros de la baja nobleza en compensación a su servicio personal. En 1491 se esperaba que los grandes nobles aportasen contingentes armados a las guerras. Los nobles, a su vez, esperaban obtener compensaciones a cambio de sus servicios, especialmente en forma de tierras. Pero estas prácticas se estaban transformando gradualmente en compensaciones en dinero. Las familias nobles tenían sus haciendas garantizadas por una concesión real de un mayorazgo, en virtud del cual una hacienda no podría ser nunca reducida en extensión, pero el cabeza de familia estaba obligado a velar por sus hermanos menores y descendientes, así como a dotar a sus hermanas. Estas familias solían disponer de cortes propias, y en muchas de ellas vivían poetas, eruditos, músicos y bibliotecarios.

Junto a los grandes nobles estaban los caballeros, algunos de los cuales eran propietarios de señoríos que les conferían rango, pero no un desahogado medio de vida. Por tanto, todo caballero con ambiciones procuraba trabajar en la corte, empezando como continuo, de los que había un centenar que cobraban unos pocos miles de maravedís; o podían integrarse en la corte de algún señor, donde se cobraba menos. En la guerra, estos caballeros solían agruparse en mesnadas de entre 150 y 350 hombres, algunos de los cuales eran los llamados «caballeros armados» o, simplemente, escuderos no armados.

Otra clase vinculada a la corte era la de los hidalgos, caballeros pobres que eran buenos combatientes o guerreros y, por lo general, tan leales a sus señores como al rey. Algunos trabajaban en la administración y solía considerárselos tan valientes como «ingeniosos». La hidalguía era, según se decía, «tanto una clase como una mentalidad, pero no bastaba con ser aguerrido, sino que había que demostrarlo».[52] Un acto de valor, como el de Hernán del Pulgar en la mezquita de Granada, era una acción característica de un hidalgo.

El ansia por alcanzar la fama no era todavía tan acusada en España como en Italia. Eran pocos los españoles que habían leído a Plutarco, Suetonio o Petrarca. Pero, desde hacía cien años, se profesaba un culto a las baladas escritas en castellano que hablaban de héroes históricos como César, Alejandro Magno y Carlomagno, como si fuesen contemporáneos; y los hombres cultos acostumbraban a salpicar sus conversaciones con alusiones a la Antigüedad.

Sin embargo, la guerra no siempre había sido caballeresca. Los musulmanes solían envenenar las puntas de sus flechas con acónito o matalobos, que crecía en Sierra Nevada. Cuando el clérigo musulmán Ibrahim al-Jarbi, de Túnez, atacó a Álvaro de Portugal y a su esposa en el sitio de Málaga, creyendo que se trataba de Fernando e Isabel, fue descuartizado, y sus restos catapultados a la ciudad sitiada. Los restos fueron recompuestos uniéndolos con retales de seda, y recibieron un solemne funeral, antes de que un prisionero fuese ejecutado y su cuerpo montado en un asno y soltado para que vagase por el campamento cristiano.[53] Por último, pero no menos importante, la guerra había resultado cara. El coste total fue quizá de unos ochocientos millones de maravedís, recaudados mediante varias fuentes, entre las que se incluía un impuesto especial a la comunidad judía de ochenta millones de maravedís.

Tanto si estaban en Santa Fe como en Santiago de Compostela, a la corte de la España cristiana bajo Fernando e Isabel, al igual que a todas las cortes en todas las épocas, acudían muchísimas personas, desde casi pordioseros que tocaban la vihuela, y que no aspiraban más que a recibir unas monedas para pagarse un plato de garbanzos, a hombres doctos ansiosos por recibir una sonrisa o un gesto de reconocimiento por parte de un secretario.

Uno de éstos era un hombre alto, resuelto y prematuramente cano (antes pelirrojo) de ojos azules, nariz aguileña y altos pómulos a menudo enrojecidos y rostro alargado. Contaba a todo aquel que quisiera oírlo curiosidades geográficas. Llevaba en la corte unos cinco años y solía asombrarse de que los demás no le prestasen más atención. Pero, con el fin de la guerra ya próximo, ¿qué podía esperar? No daba la impresión de ser una persona muy sensata ni con sentido del humor y nunca bromeaba acerca de sí mismo. Era un hombre piadoso y los domingos no hacía otra cosa sino rezar. Ciertamente, a juzgar por su respeto del ayuno, de los rezos y de su condena de la blasfemia, podría haber sido perfectamente miembro de una orden religiosa. Sin embargo, era un hombre afable y cordial. Su único juramento era «¡Por san Fernando!», y su único exabrupto «¡Que os lleve Dios!» Hablaba bien español pero con un acento que nadie acababa de reconocer. Nunca había dicho de dónde procedía exactamente, pero la mayoría lo consideraban genovés. Había estado en Guinea y en las islas de Cabo Verde y, por tanto, conocía los asombrosos logros de los navegantes que partían de Lisboa y recorrían la costa occidental de África desde los tiempos del tío abuelo de Isabel, don Enrique el Navegante. Decían de él que había vendido azúcar en las Canarias por cuenta de mercaderes florentinos. Tenía amigos poderosos. Contaba con la simpatía del duque de Medinaceli, e incluso el cardenal Mendoza se interesaba personalmente por él de vez en cuando. Era un personaje exótico en una corte que, pese a sus alianzas y matrimonios con extranjeros, tenía un talante básicamente peninsular. En 1488, Pedro Mártir había escrito que España era el último rincón de un enorme palacio, mientras que Italia era el salón principal, el emporio del mundo.[54] Aquel extranjero era muy conocido por todos porque llevaba mucho tiempo aguardando un gesto de ánimo por parte de los reyes. Era un hombre respetado, y aspiraba al apoyo de la Corona para realizar un viaje que deseaba hacer a las «Indias» cruzando lo que entonces llamaban la mar Océana. Su nombre era Cristóbal Colón.[55]

LIBRO SEGUNDO

Cristóbal Colón

Colón llega a la costa y los indios huyen. Una ilustración de la primera Carta de Colón narrando sus descubrimientos, publicada en 1493.

CAPÍTULO 4

Sólo propio de monarcas

Tal empresa como aquélla no era sino para reyes.

La reina Isabel al duque de Medinaceli[1]

Colón era ciudadano de Génova, y esa ciudad marítima parecía por entonces el centro del mundo:

Son tantos los genoveses,
y se asientan tan seguros en cualquier parte,
que van a donde les place
y allí recrean su ciudad.[2]

Porque los mercantes genoveses dominaban el comercio mediterráneo. El papa Inocencio VIII era genovés. Se llamaba Giovanni Battista Cibo y pertenecía a una familia famosa por sus importaciones marítimas de cereales desde Túnez a Europa. Uno de los Cibo fue gobernador de Chios en el siglo XIV. Giovanni Battista había sido el protegido del austero cardenal Calandrini, hermanastro del papa Nicolás V, fundador de la Biblioteca Vaticana, y era originario de la bonita población fronteriza genovesa de Sarzana. Después de que otro genovés, Francesco della Rovere, fuese elegido papa con el nombre de Sixto IV, Cibo ascendió fácilmente hasta que, en 1484, fue elegido papa con el nombre de Inocencio VIII. Pero no tuvo excesivo éxito como pontífice, y el historiador Guiccardini lo describió como inoperante por lo que se refiere a mejorar el bienestar público.[3] La Iglesia y su magisterio tuvieron en Cibo, su cabeza visible, a ojos de todos los cristianos, desde el rey al último campesino, desde arzobispos a simples monjes o sacerdotes, a un inepto representante. Sin embargo, hay que reconocerle la iniciativa para que se construyera una doble fuente en la plaza de San Pedro, así como un templo para la Lanza Sagrada, aparte de que era del dominio público que cualquiera que conversara con él salía consolado.[4]

Los aristócratas romanos se referían al papa Inocencio como el «marinero genovés». Esto podía sonar a insulto en la Ciudad Santa, pero difícilmente podían considerarlo insultante en cualquier otro lugar. Puede que los genoveses no gozasen de simpatías, pero eran respetados. En *Tirant lo Blanch* leemos que se encarece al héroe que «derrote a esos malvados genoveses, porque cuanto más crueles sean sus muertes, más glorioso será vuestro nombre».[5] El poeta Petrarca, que por entonces era el centro de todos los afectos, consideraba que Génova era «una ciudad realmente regia».[6]

San Fernando concedió a los genoveses para su uso exclusivo un sector de Sevilla, con su propia capilla, un muelle y unos baños públicos. La familia genovesa de los Centurione era la más importante de las que se dedicaban a los negocios en Málaga, tanto antes como después de su caída ante los cristianos; y Málaga había sido el centro del comercio del oro africano. Otro de los miembros de la familia Centurione importaba azúcar de Madeira, y uno de sus hermanos vendía seda en Granada. La familia Doria vendía aceite de oliva procedente del valle del Guadalquivir, mientras que Francesco Pinelli de Génova (a quienes sus amigos españoles llamaban Pinelo) fue uno de los que financiaron la conquista de Gran Canaria en el archipiélago, donde mandó construir el primer molino de azúcar. Francesco Pinelli se convirtió también en tesorero de la Santa Hermandad, que fue el embrión de la policía nacional castellana. Francesco Ripparolo comerciaba con tintes, especialmente con urchilla, en las Canarias. Años después se dedicó a vender jabón en Sevilla, en atención a lo cual consiguió posteriormente un valioso monopolio. Los Grimaldi de Génova estaban interesados en el comercio del trigo, mientras que sus parientes, los Castiglione, comerciaban con la lana. Entre otras familias de comerciantes genoveses que veían buenas oportunidades en España se encontraban los Vivaldi (de los cuales dos hermanos que se adentraron en el Atlántico en 1291 en busca de «las regiones de la India a través del océano» nunca se volvió a saber más), y la extensa familia de los Fornari, dedicada a la trata de esclavos en Chios. El genovés Lanzarotto Malocello había descubierto (o redescubierto) las islas Canarias hacia 1330, e izó un estandarte castellano en la isla cuyo nombre deriva del suyo: Lanzarote. Otro genovés, Antonio Usodimare, que también pertenecía a una familia de mercaderes, fue el primer europeo en navegar hacia el curso alto del Senegal y el

Gambia. Y otro ciudadano genovés, Antonio Noli, fue el primero en establecer, en nombre de Portugal, un sólido enclave en las islas de Cabo Verde. La armada portuguesa había sido fundada por un genovés y había estado al mando de sus descendientes, que adoptaban el nombre de almirante, durante varias generaciones. Los empresarios genoveses fueron pioneros en el cultivo de la caña de azúcar en el Algarbe. La familia Lomellini controlaba el comercio portugués del oro, y parientes suyos dominaban el comercio de la sal y de la plata en Cerdeña, y de la resina en Chios.[7] Los genoveses dominaron el comercio en Ceuta, después de su toma por parte de Portugal en 1415, y la mayoría del oro que llegaba desde el África negra en caravanas terminaba allí.[8] La soberanía de las islas atlánticas había sido dividida entre los reyes de Castilla y de Portugal mediante un tratado (Madeira, las Azores y las islas de Cabo Verde quedaron en manos portuguesas, y las Canarias en las de los españoles), pero, al margen de que estuviesen bajo bandera española o portuguesa, había genoveses en todas esas islas.

Los genoveses estaban especializados en la trata de esclavos, y, a diferencia de los portugueses, cuyos líderes solían sentirse impulsados por la necesidad de imponer la conversión a los cautivos, no se interesaban por tales cuestiones. En cambio, los de Génova esclavizaban y vendían —en Crimea, Chios, Túnez, Ceuta, Málaga, Granada y otras poblaciones— a hombres, mujeres y niños de todas las razas y colores: circasianos, etíopes, eslavos, bosnios, bereberes y negros africanos, isleños de Canarias y griegos, que subastaban en el mercado.[9] Las familias conservaban enclaves en sus ciudades de origen, y aún hoy en día podemos ver algunos de sus palacios, como el de los Doria, que se alza triunfante por encima de las ruinas del siglo XX; y, otros, el de los Centurione, apenas discernible entre los ruinosos edificios cercanos al puerto. Estas suntuosas mansiones eran a menudo embellecidas por tesoros acumulados por la participación en las aventuras españolas, en las que los genoveses se habían adelantado a sus rivales, como los otrora predominantes catalanes, aunque Génova no era una ciudad con mentalidad imperial como Venecia. Los mercaderes genoveses actuaban a su aire, sin consideración de los intereses de su tierra. Su importante papel en la empresa europea en el Atlántico no fue una decisión colectiva ni estatal; se debió al cálculo realista de las ventajas financieras de una cincuentena de familias o asociaciones muy dinámicas.[10]

Ciertamente, los genoveses no fueron los únicos italianos en establecerse en el sur de España y en Portugal. Así, por ejemplo, Bartolomeo Marchioni, de Florencia, era el tratante de esclavos más importante de Lisboa, y prosperó tanto gracias a la trata de esclavos negros que era considerado portugués honorario. Entre sus socios en Sevilla figuraban Juanotto Berardi y Américo Vespucio, también florentinos, que no sólo traficaban con esclavos africanos comprados en Lisboa, sino también con los suyos propios de las islas Canarias. Y fue un veneciano, Alvise Ca' da Mosto, quien descubrió las islas de Cabo Verde para el rey de Portugal en los años cincuenta del siglo XV.

La Iglesia de Roma no estaba todavía representada en España en aquellos tiempos por un nuncio permanente, pero de Roma llegaban muchos clérigos y otros italianos que compensaban la ausencia de un embajador permanente, incluso en el campamento español de Santa Fe ante Granada. Entre ellos se encontraba Pedro Mártir de Anglería, un hombre culto nacido en un pueblo a orillas del lago Mayor, que había llegado a España con el conde de Tendilla, ex embajador en Roma. Le habían pedido a Mártir que educase a los hijos de los nobles españoles. Éste escribió expresivas cartas en latín vulgar a sus benefactores italianos, como el cardenal Ascanio Sforza, hermano de Ludovico el Moro, el astuto duque de Milán y también a varios papas. Un capellán humanista y profesor de lengua siciliano, Lucio Marineo Sículo, se encontraba también en la corte, animado a acudir a España por Fadrique Enríquez, hijo del almirante de Castilla.[11] Diversos artistas italianos como Nicolás Pisano se aplicaban a revitalizar el carácter y el colorido de los azulejos de Sevilla, y Domenico Fancelli, un inspirado escultor florentino, trabajaría pronto en España en la decoración de los sepulcros.

Pero el intercambio no fluía sólo en una dirección. Había castellanos en Italia, en Bolonia y otras ciudades italianas, y se abrieron consulados catalanes en las ciudades del reino de Nápoles, así como en Venecia, Florencia, Pisa y Génova, donde también había cónsules castellanos. El segoviano Lorenzo Vázquez, «el Brunelleschi español», formado como arquitecto en Roma y Bolonia, estuvo en los años noventa del siglo XV remodelando o reformando el colegio de Santa Cruz, en Valladolid, y trabajó también en el palacio del duque de Medinaceli en Cogolludo, así como en la nueva residencia arzobispal en Guadalajara para el cardenal Mendoza.[12]

Estos hombres propiciaron las relaciones españolas con el centro de la cultura europea. Aún no había acabado de llegar el momento en el que, gracias a la influencia de la imprenta, Petrarca inspiraría la métrica e incluso los temas de la mayoría de los poemas españoles. Sin embargo, los escritores españoles más ambiciosos de los años noventa se proponían pasar cierto tiempo en Italia, al igual que los ingleses ilustrados harían en el siglo XVIII. Fernando e Isabel no tardarían en enviar allí a sus ejércitos, para apoyar sus pretensiones o reivindicaciones sobre Nápoles, al mando del mejor de sus generales, Gonzalo Fernández de Córdoba, el Gran Capitán, que exclamaría: «¡España, las armas! ¡Italia, la pluma!»[13]

España valoraba a Italia por algo más que por su literatura. Cuando, encontrándose en Sevilla, le ofrecieron a la reina una lujosa capa para su virgen favorita, ella pidió una de fino brocado italiano, confeccionada por su diseñador favorito, el veneciano Francesco del Nero.[14]

A pesar del papel de Venecia, Florencia y Roma en la España de Fernando e Isabel, no dejaba de ser una ventaja que el papa de aquellos tiempos fuese genovés por ambas ramas de su familia. También fue oportuno que el eterno suplicante en la corte, el marino de pelo blanco Cristóbal Colón, también hubiese nacido en Génova.

Colón no parecía sentirse muy a gusto en compañía de los grandes mercaderes genoveses, aunque lo cierto es que no se sentía a gusto en ningún ambiente. Ésta es la razón de que unos afirmen que era gallego, otros judío y otros mallorquín.[15] Un autor opinaba que Colón hablaba castellano porque, «aunque su familia era medio judía» (como aseguraba dicho autor), emigró de Galicia en 1391. Pero Génova no acogía de muy buen grado a los judíos y todo esto parece una pura fabulación. Colón se había mostrado a menudo hostil con judíos y conversos, tanto de palabra como en sus cartas,[16] pero eso no demuestra nada, porque algunos de los antisemitas más acérrimos eran conversos. No cabe duda de que era un verdadero cristiano, de los que preferían no trabajar los domingos.[17]

El propio Colón recordó que era genovés al tratar de conseguir un mayorazgo en España para su familia en 1497. También por entonces explicó que siempre había deseado tener una casa en Génova.[18] En un codicilo a su testamento, redactado poco antes de su muerte, en 1506, mencionó sólo a sus amigos genoveses, sin más excepción que «a un judío que morava a la puerta de la judería en Lisboa».[19]

El misterio que Colón fomentó acerca del lugar de su nacimiento puede explicarse por el hecho de que se avergonzase de su origen. Porque su padre, Domenico Colombo, que era de Moconesi, en el valle de Fontanabuona, en la parte alta de la ciudad, parece que no fue más que un modesto tejedor, al igual que su madre, Susana Fontanarossa. Es probable que, posteriormente, su padre fuese propietario de una venta en Savona (situada a 56 km al oeste de Génova y pueblo natal del papa Sixto IV), pero eso no constituía un gran ascenso en la escala social. Colón no hablaba nunca de sus padres ni, ciertamente, tampoco de su hermana, Binachinetta, que se casó con un comerciante de quesos, ni de su hermano Giovanni Pelegrino, que permaneció en el hogar paterno. Pero otros dos hermanos, Bartolomeo y Diego, estuvieron siempre con él, tanto en España como en el Nuevo Mundo, y dos de sus sobrinos fueron también a reunirse con él en América. Colón dijo una vez que «no era el primer almirante» en su familia, pero quizá se refiriera a los antepasados de su esposa. El modo de expresarse de Colón y el deje con que al parecer hablaba español han llamado la atención de muchos autores. El padre Las Casas, que lo conoció personalmente, decía que hablaba como si su lengua materna no hubiese sido el castellano.[20] Siempre salpicaba la conversación con términos portugueses, lo cual hace pensar, según algunos, que aprendió español durante los años que estuvo en Lisboa, entre 1474 y 1485. Prácticamente nunca escribía en italiano, quizá porque lo que él conocía era el dialecto genovés, que apenas se escribía.

Podemos hacernos una idea de cómo era la vida de joven de Colón a través de sus propios comentarios y de los de su hijo Fernando, que escribió una biografía, muy meritoria en muchos aspectos. Así, por ejemplo, en 1501, les dijo a los reyes que había empezado a navegar a muy temprana edad.[21] Según Fernando, su padre había estudiado en la Universidad de Pavía,[22] lo cual ha confirmado el padre Las Casas, que dejó constancia de que, efectivamente, Colón había estudiado en Pavía los rudimentos de las «letras» y, especialmente, gramática y latín.[23] Pero, de acuerdo con el testimonio del clérigo e historiador Andrés Bernáldez, con quien Colón estuvo una vez en su casa de las afueras de Sevilla, Colón era un «hombre de alto ingenio sin saber muchas letras».[24] Lo cierto es que parece dudoso que estudiase en la Universidad de Pavía.

La primera experiencia marítima positiva de Colón tuvo lugar en 1472, cuando tenía veintiún años. Por entonces era un simple marinero, embarcado a bordo de una nave que era propiedad conjunta de Paolo di Negro y Niccoló de Spinola, ambos miembros de famosas familias de mercaderes genoveses. Al parecer, fueron a la posesión aragonesa en Túnez, donde la familia Cibo era poderosa, y capturaron una nave que pertenecía a mercaderes de Barcelona. Colón se embarcó luego en la *Roxana,* una nave propiedad del mismo Paolo di Negro, hasta la colonia genovesa de Chios, frente a Esmirna, en el Egeo, un puerto isleño especializado no sólo en la venta de esclavos, sino de azúcar del Atlántico en Oriente, así como de resina para elaborar barniz en Occidente. Parece que después, en 1476, se dirigió a Lisboa por primera vez, donde naufragó, después de una batalla naval, presumiblemente contra los castellanos, mientras se encontraba a bordo de la *Bechalla,* nave perteneciente a otro genovés, Ludovico Centurione. Luego, en 1477, Colón zarpó rumbo a Irlanda, y tal vez recaló en Islandia, a bordo de otra de las naves de Paolo di Negro y de Spindola, y también en esta ocasión como simple marinero.[25] Al año siguiente, Centurione le ofreció trabajar para él vendiendo azúcar en Madeira, «una tierra de muchas cañas», como lo expresó el veneciano Alvise Ca' da Mosto en 1460, y parece ser que Colón aceptó el trabajo, con lo que tuvo ocasión de conocer una nueva colonia de plantadores que ya empleaba a esclavos negros africanos, así como isleños esclavizados de las Canarias (el primer molino de caña de azúcar en Madeira se había instalado en 1452). Colón debió de conocer la compleja red de canales y túneles, algunos de argamasa y otros excavados en la roca, conocidos como «levadas», que llevaban el agua a las aterrazadas parcelas de tierra. Gran parte del azúcar que vendió Colón debió de ir a parar a los Países Bajos, donde a menudo era cambiado por lujosas telas. Pero se desconoce dónde y cuándo realizaba estas ventas, ya que no hay constancia escrita de ello.

Antes de ir a Madeira, quizá en 1477, Colón se casó con Felipa Palastrelli (llamada Perestrelo en portugués), hermana del gobernador hereditario de Porto Santo, la menor de las dos islas del archipiélago de Madeira pero la primera en ser colonizada.

El padre de Felipa, Bartolomeo, que ya había muerto, fue gobernador de Porto Santo antes que su hijo y procedía de una familia de Piacenza, en el norte de Italia. La madre de Felipa, Isabel Muñiz, descendía de un capitán que, en 1147, ayudó a la toma del castillo de San Jorge, que estaba en poder de los musulmanes. Hoy en día existe todavía un barrio lisboeta que lleva por nombre Puerta de Martim Muñiz. El padre de Isabel Muñiz, Gil Ayres Muñiz, tenía una buena hacienda en el Algarbe, y formó parte de la expedición portuguesa para el victorioso sitio de Ceuta en 1420. Pues Colón entró a formar parte, por su matrimonio, de una familia con muchos y muy útiles contactos.

Después de la caída de Ceuta, Portugal llevó a cabo durante medio siglo una asombrosa actividad marítima. Colón debió de estar al corriente de ello incluso antes de llegar a Lisboa, aunque sólo fuese por el papel que los genoveses y otros italianos desempeñaran en esa actividad. La expansión fue auspiciada por don Enrique el Navegante, hermano del rey, y uno de los jefes militares de Ceuta.[26] Su primera aventura fue la ocupación, aproximadamente a partir de 1425, del hasta entonces deshabitado archipiélago de Madeira (la isla principal fue llamada así por los frondosos bosques de árboles de buena madera) y, hacia 1431, de las Azores (que en portugués significa «halcones»). Ambos archipiélagos fueron colonizados por los portugueses pero también tuvieron una importante intervención los flamencos y los italianos. Estos archipiélagos producían cera, miel, y tintes de las resinas de sangre de drago y de urchilla, de los que había cada vez más demanda por parte de quienes gustaban de las telas de color violeta. Colón debió de impresionarse por lo lejos que estaban ambos archipiélagos del continente (a mil seiscientos y mil kilómetros respectivamente de Lisboa). Porto Santo, a 47 km de la isla principal, era la más fácilmente cultivable de las dos islas del archipiélago de Madeira. Era fácil de colonizar porque carecía de árboles, era llana y sus aguas rebosaban de peces. La montañosa isla principal del archipiélago estuvo cubierta de bosques hasta que un voraz incendio los destruyó.

Don Enrique el Navegante envió expediciones a lo largo de la costa occidental de África. Probablemente, su propósito era encontrar una ruta marítima hasta los yacimientos de oro africano en el nacimiento de los ríos Níger y Volta. En 1434, uno de sus capitanes, Gil Eannes, bordeó el cabo Bojador, que se había considerado infranqueable, aunque uno de los conquistadores franceses de las Canarias lo había bordeado anteriormente.

Es probable que los musulmanes, para desalentar a los que pretendiesen aventurarse por allí, fomentaran la patraña de que quienes bordeaban el cabo Bojador se convertían en negros y que su barco «hervía».

En años sucesivos, la mayor parte del África occidental fue recorrida por marinos portugueses: Mauritania, los ríos Senegal y Gambia, las islas de Cabo Verde (en 1455), Costa de Oro, Costa de Marfil, costas de la Pimienta, y luego el reino de Benín, la desembocadura del Níger y Camerún fueron descubiertos antes de que Colón llegase a Lisboa.

Un segundo motivo para estas aventuras africanas era estrategicorreligioso. Los miembros de la familia real portuguesa, como buenos soldados cristianos, pretendían atacar al islam desde su retaguardia. En 1470, la captura de indígenas negros para esclavizarlos se había convertido en un objetivo importante de estas expediciones. Lisboa era el principal mercado y allí se vendían y desde allí se enviaban a los mercados mediterráneos tanto cristianos como musulmanes. Muchos italianos habían vuelto a emprender estas operaciones. Uno de ellos, el genovés Luca Cassano, se había establecido como tratante de esclavos en la isla de Terzeira, en las Azores, y el veneciano Alvise Ca' da Mosto trajo esclavos del curso alto del Gambia. Los Lemollini prosiguieron con sus importantes actividades bancarias en Lisboa. Y el florentino Marchioni, que procedía de una familia conocida en la Crimea portuguesa como tratante de esclavos, estaba empezando en 1470 a afirmarse en este tipo de comercio en la capital.

Desde el punto de vista histórico, los viajes de los portugueses habían parecido menos importantes que los de Colón. Pero, como señaló un viajero holandés en el siglo XVIII, los portugueses sirvieron «para hacer que los perros levantasen la liebre» en la era de la expansión europea.[27] Estos viajes de los portugueses iniciaron efectivamente una era de descubrimientos, de los que Colón se convertiría en el héroe principal, y fueron de una asombrosa audacia innovadora, especialmente notable para una pequeña nación que nunca había destacado especialmente en la historia.

Durante un tiempo, Colón y Felipa, su esposa, vivieron en Lisboa, en la casa de su madre, Isabel Muñiz. Luego se trasladaron a Porto Santo y posteriormente a Funchal, en Madeira, donde Felipa murió al dar a luz a su hijo Diego. Colón regresó entonces a Lisboa y trabajó allí como librero y como cartógrafo. Su hermano Bartolomeo, que sentía por él una gran devoción, se reunió con él en Génova. Allí entabló amistad con marineros y mercaderes que conocían la mar Océana, como llamaban entonces al Atlántico, porque la mayoría de las personas cultas seguían creyendo, de acuerdo con las teorías del geógrafo griego Ptolomeo, que aquella gran superficie de agua rodeaba una sola masa de tierra.

Se contaban muchas historias curiosas en el extranjero por aquellos años acerca de navegar hacia el oeste para encontrar más islas atlánticas, como por ejemplo «Antilla», y «Brasil», o las islas de Santa Úrsula y St. Brendan. El mar parecía un espacio mágico, y la curiosidad por la idea de los «Antípodas» se acrecentó por la publicación en 1469 en español de la geografía del griego Estrabón, el geógrafo del siglo I que incluso había llegado a hablar de la posibilidad de «navegar directamente desde España hasta las Indias».[28] Los portugueses enviaron aproximadamente una docena de expediciones marítimas hacia el oeste entre 1430 y 1490. Quizá algunos marineros portugueses hubiesen oído hablar de las expediciones de los noruegos a Groenlandia, Vinland y al norte de América. Al fin y al cabo, el último groenlandés de origen noruego no murió hasta el siglo XV.[29]

Ya hacía muchas generaciones que se había comprobado que la Tierra era esférica. Los astrónomos griegos de Mileto ya aventuraron, hacia el año 500 a. J.C., que el mundo era una esfera. Esta idea la desarrolló Pitágoras poco tiempo después. Aunque gran parte del saber griego se perdiese posteriormente, la Iglesia católica había aceptado la hipótesis hacia el año 750 de nuestra era y, en el siglo XV, la «esfericidad» de la Tierra era generalmente aceptada. Sólo los más ignorantes seguían manteniendo que la Tierra era plana.

Colón embarcó con una expedición portuguesa a lo largo de la costa de África occidental hasta la nueva fortaleza de El Mina, en Costa de Oro, y recaló en las islas de Cabo Verde que eran, en mayor medida aún que Madeira, bastante más que una colonia de plantadores, muy dependiente del trabajo de los esclavos de la cercana África. Por otra parte, parece evidente que Colón se enroló como marinero, aunque quizá ahora con mayor rango. Parece que se detuvo en la «costa de la Pimienta», donde dijo haber visto sirenas. Este viaje debió de tener lugar bien en 1481, cuando la fortaleza de El Mina aún se estaba construyendo, o bien en 1485, cuando el cartógrafo José Vizinho estuvo allí enviado por el «perfecto príncipe», el rey Juan, para calcular la altitud del sol en la perpendicular del ecuador. Parece que Colón estuvo acompañado en este viaje por su hermano Bartolomeo.[30] En estos viajes debió de familiarizarse mucho con el tipo de nave que había permitido a los portugueses hacer tantas expediciones, la carabela, una pequeña embarcación de vela latina con una velocidad, maniobrabilidad y pequeño calado que les permitía navegar con viento en contra más eficazmente que las antiguas naves de vela cuadra.[31]

Colón leía tanto como viajaba. Probablemente a través de sus lecturas tuvo conocimiento de la sorprendente afirmación de Séneca de que era posible navegar desde España hasta las Indias en unos pocos días.[32] Examinó la resumida información de Marco Polo, fijada en lo alto del puente Rialto de Venecia para orientar a otros viajeros, y también su «memoria», dictada a un compañero de cautiverio cuando estuvo en una cárcel genovesa. El libro de este último rebosaba de historias apasionantes, entre las que se incluían relatos protagonizados por amazonas y por hombres con cabeza de perro. Marco Polo dijo que Japón estaba a 1 500 millas al este de China y que había 1 378 islas frente a las costas de Asia.[33]

Otro libro que leyó Colón, por entonces o quizá un poco después, fue *Imago Mundi*, de Pierre d'Ailly, un cosmógrafo de principios del siglo XV que fue asimismo obispo de Cambrai y cardenal y confesor del rey de Francia. D'Ailly había tratado no sólo de astronomía, sino también de las dimensiones de la Tierra. Aventuró que el Atlántico era estrecho, y que Séneca estaba en lo cierto al decir que, con vientos favorables, era posible cruzarlo en pocos días, y que los Antípodas existían. Junto a la primera de estas proposiciones, Colón anotó en su ejemplar: «No hay que creer que el océano cubra la mitad de la tierra.»[34] Otra obra estudiada por Colón fue *La descripción de Asia*, escrita por el papa sienés Pío II («Aeneas Silvius», Piccolomini), que señaló que todos los mares eran navegables y todas las tierras habitables. Pío II también creía que era posible viajar desde Europa hasta Asia a través de las Indias.

Como es lógico, Colón examinó también una nueva edición de la geografía de Ptolomeo, su *Cosmographiae*, el libro más famoso sobre el tema, conocido a través de una traducción latina a partir de 1406, publicada en Vicenza en 1475 y de la que se hicieron innumerables reediciones. Esta obra, que había sido escrita hacia el año 150 de nuestra era por un erudito de Alejandría, nombraba unos ocho mil lugares e incluía mapas y tablas. La idea más importante de la obra era que «el principio fundamental de la geografía era la exacta fijación de la posición mediante la latitud y la longitud astronómicamente determinadas».[35] Gran parte de la información procedía de lo que el autor había oído decir pero, pese a ello, fue considerada en su época una obra con base científica. Probablemente, Colón vio la segunda edición, publicada en Bolonia en 1477, que incluía veintiséis mapas de Asia, África y Europa. También leyó la curiosa obra, de gran éxito, del viajero imaginario) sir John Mandeville, que inventaba relatos de sus aventuras y de cuya obra no tardaron en publicarse varias ediciones. Quizá consultase también mapas pertenecientes a su suegro, porque parece posible que Perestrelo (Palastrelli) se encontrase entre quienes aconsejaban a don Enrique el Navegante acerca de la exploración del océano.[36]

Finalmente, Colón encontró varias cartas de un viejo erudito y humanista florentino, Paolo del Pozzo Toscanelli que, en una carta de 1474 dirigida a un canónigo portugués llamado Fernando Martins, uno de los capellanes del rey Alfonso V de Portugal, comentaba que era totalmente posible establecer una ruta hasta China por el oeste: «Envío a Su Majestad este mapa trazado por mí... y en el que he marcado las costas e islas que pueden servir de punto de partida al emprender esa travesía navegando siempre en dirección oeste.»[37] Toscanelli era el director de una empresa florentina que comerciaba con pieles y especias, y comentó también haber hablado con el rey de Portugal de «la ruta más corta desde aquí a las islas de las Indias, donde crecen las especias, una ruta más corta que la de Guinea». El viaje podía interrumpirse en «Antilla» o Japón. Colón escribió una copia de esta carta en su ejemplar del libro del papa Pío II. En otra carta, Toscanelli añadía que el emperador de China pensaba que esta ruta occidental desde Europa hasta su país debía de tener unas 3 900 millas náuticas pero que, personalmente, él creía que era más probable que tuviese 6 500. Toscanelli le envió a Colón una copia de esta última carta, tal vez en 1481.[38] Posteriormente le comentaría también al genovés: «Y estoy persuadido a que habréis visto por mi carta que el viaje que deseáis emprender no es tan difícil como se piensa.»[39]

Como consecuencia de ello, Colón empezó a hacer planes. Partió de aceptar la opinión de Pierre d'Ailly de que el Atlántico no era tan ancho como parecía,[40] y la de Toscanelli, de que podía ser cruzado. Fernando Colón escribió que su padre empezaba a pensar que «de la misma manera que algunos portugueses navegaron hasta tan lejos hacia el sur, podría uno navegar hacia el oeste, y que era lógico encontrar tierra a lo largo de esa ruta».[41] Fernando añadía que su padre anotaba toda idea útil que los mercaderes pudiesen aportar, hasta «convencerse de que al oeste de Canarias y de las islas de Cabo Verde había muchas islas y muchas tierras a las que se podía llegar».

Toscanelli fue la decisiva influencia en Colón, y lo menciona una y otra vez en sus cartas. En el diario de su primer viaje habla de «Paolo Físico» más a menudo que de sus compañeros españoles. Sin embargo, Toscanelli era también muy fantasioso y, al estimar la distancia entre las Canarias y Japón se equivocaba en un 300 por ciento.[42]

Desde el siglo XV en adelante, empezó a circular la historia de que, para llegar a sus conclusiones, Colón se inspiró en un «piloto desconocido», acaso un portugués o un andaluz que, en su lecho de muerte, le contó haber sido arrastrado por una tormenta hasta las Indias Occidentales mientras se dirigía desde Portugal a Inglaterra. Se decía que el piloto le había hablado de gente desnuda que vivía amistosamente al sol de lo que pudiera ser el Caribe. La mayoría de los historiadores del siglo XVI (como, por ejemplo, Fernández de Oviedo, López de Gómara y Fernando Colón) descalificaron la idea, que era contraria a lo que esperaba Colón, que nunca aventuró que podían encontrar pueblos primitivos en su nuevo mundo. Por el contrario, esperaba encontrar a los refinados shoguns Ashikaga de Japón y a los emperadores Ming de China. Pero la historia se siguió propagando e incluso en el siglo XX, varios distinguidos escritores han dado credibilidad a la historia del «piloto desconocido».[43] Por ejemplo, un historiador ha escrito que Colón supo a través de «él», «no sólo la existencia de islas oceánicas en el oeste, pertenecientes según él a las Indias Orientales, sino la distancia exacta desde el Viejo Mundo, así como su posición exacta en el inmenso mar».[44] Pero «el piloto desconocido» es innecesario para explicar la determinación de Colón porque, con las opiniones de Pierre d'Ailly y de Toscanelli, un francés y un florentino, su plan estaba prácticamente hecho.

En 1484, Colón elaboró un proyecto para navegar rumbo oeste hacia Japón y China en nombre del rey Juan, que había prestado más atención que ningún otro soberano a la idea de los descubrimientos geográficos. Los exploradores portugueses ya habían descubierto desarrollados principados, como el de Benín, y habían explorado grandes ríos africanos como el Senegal, el Gambia, el Níger e incluso el Congo. A principios de los años ochenta del siglo XV, Diego Cão llegó al cabo de Buena Esperanza, de ahí que no fuese muy probable que el rey se entusiasmara por ningún plan que ofreciese una ruta occidental hacia China. Sin embargo, Juan sometió el plan de Colón a una comisión de expertos (la primera que tendría que afrontar el genovés en los diez años siguientes). Por entonces, era una práctica común, al igual que en nuestros tiempos, que los gobiernos se asesorasen por comisiones de expertos acerca de cualquier proyecto importante.

Esta comisión, constituida en Lisboa y llamada Junta dos Matemáticos, estaba formada por el cartógrafo José Vizinho, con quién probablemente Colón viajó hacia el África occidental; por el obispo de Ceuta, Diego Ortiz de Vilhegas (un castellano natural de Calzadilla, cerca de Coria, en la provincia de Cáceres),[45] y por el excéntrico astrónomo Maestre Rodrigo, con quien Colón ya había comentado anteriormente la delicada cuestión de la altura a la que se encontraba el sol en la vertical del ecuador.

La junta decidió que Japón debía de estar mucho más lejos de lo que Colón (y Toscanelli) pensaban, y estaban en lo cierto. Por tanto, concluyeron que no era posible aprovisionar de agua y alimentos a una expedición que implicaba cruzar tan enorme superficie del océano. No sería posible mantener la disciplina de una tripulación durante un viaje tan largo y precario. Pero en cuanto el rey Juan rechazó el plan de Colón, parece que, por consejo del obispo Diego Ortiz, envió una carabela rumbo oeste desde las islas de Cabo Verde para explorar el Atlántico. Regresó al cabo de muchos días sin aportar ninguna novedad.[46]

Al ver rechazado su plan en Portugal, Colón decidió probar suerte en España, país que aún no había visitado. España, al igual que Portugal, tenía ya enclaves en el Atlántico, concretamente, las islas Canarias, en cuya colonización los genoveses estaban representando un papel muy importante. Colón debió de ser consciente de ello y debió de comprender, a raíz de una carta de Toscanelli, que las Canarias eran el mejor lugar desde donde embarcar para una travesía transatlántica.

El archipiélago canario estaba formado por islas de muy distinta extensión. La más próxima se encontraba a cincuenta millas de la costa noroccidental de África y a setecientas cincuenta del suroeste de España lo que, en circunstancias normales, significaba una travesía de trece días desde Cádiz. El archipiélago, que era probablemente lo que en otros tiempos llamaban «las islas afortunadas», fue, como ya hemos comentado antes, visitado por primera vez en el siglo XIV por una flota castellana encabezada por el genovés Lanzarotto Malocello; otra expedición castellana dirigida en 1402 por los aventureros franceses, Jean de Béthencourt, señor de Grainville, en Normandía, y Gadifer de la Salle, de Poitou. Béthencourt fundó una especie de principado en Lanzarote y otras dos islas menores, Fuerteventura y Hierro. La oposición de la población indígena fue allí menos fuerte que en Gran Canaria y en Tenerife. Béthencourt repartió la tierra de la que se apoderó entre sus seguidores, especialmente castellanos aunque también normandos. Pero se

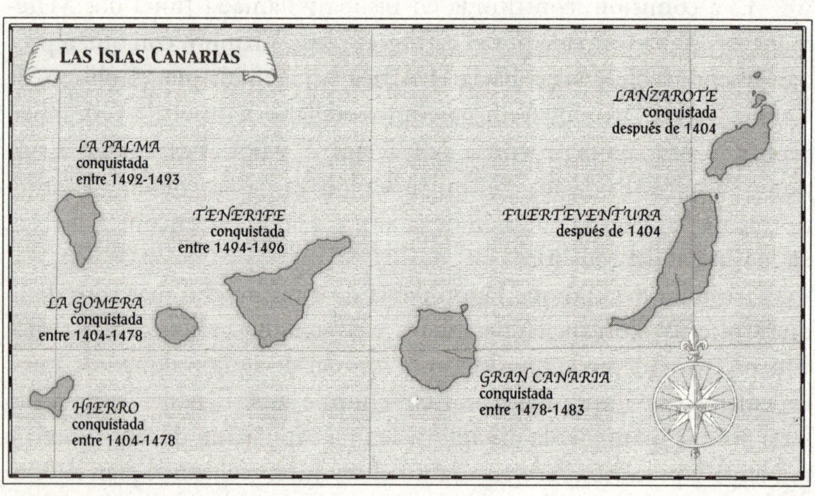

produjeron protestas y los portugueses plantearon reivindicaciones. Don Enrique el Navegante ambicionaba las islas y luchó sin éxito para hacerse con ellas. A la postre, las autoridades dominantes serían los miembros de la familia Medina-Sidonia, los nobles de Sevilla, y los Peraza, también de origen sevillano. Los misioneros trataron de convertir a la población indígena incluyendo a los de las islas aún no conquistadas, mientras que los capitanes de barco capturaban a muchos otros para venderlos como esclavos en España.[47]

Los portugueses terminaron por aceptar el control castellano de las islas Canarias en virtud del Tratado de Alcáçovas de 1479, así como de una franja de territorio continental que se encontraba frente al archipiélago, el actual desierto del Sahara y, por tanto, del «mar Pequeño», que era una de las mejores zonas pesqueras. A cambio, Castilla aceptó el dominio portugués de las Azores y de Madeira y su monopolio del comercio con el resto de África occidental.[48] Posteriormente los castellanos, dirigidos por el jerezano Pedro de Vera, lograron tras una fuerte lucha dominar Gran Canaria en 1487. También conquistaron La Palma, a principios de 1491, de modo que sólo Tenerife seguía en poder de la población indígena.

El origen de la población canaria era un misterio. ¿Eran bereberes, africanos o europeos? Probablemente fuesen de origen bereber, aunque no se sabe con certeza, ni tampoco qué aspecto tenían. Los comentarios de Colón al respecto no ayudan mucho, ya que se limita a decir que «no eran de color claro ni oscuro», y en los registros de la venta de los isleños como esclavos aparecen tantos de «piel clara» como de «piel oscura».[49] A principios del siglo XV los franceses se refirieron a ellos como «altos y formidables». No parece que los isleños conociesen la navegación (o tal vez la habían olvidado) y, por tanto, no habían salido nunca del archipiélago, y ni siquiera habían viajado de una isla a otra. Tampoco conocían el pan, no tenían caballos y la caballería castellana los aterrorizó. Hablaban muchas lenguas y estaban gobernados por numerosos reinos pequeños e independientes. Eran buenos guerreros combatiendo con piedras y palos, pero la población estaba diezmada por el contacto con las enfermedades europeas. Las islas estaban muy poco pobladas, por lo que los españoles pudieron actuar allí a su antojo. Gran Canaria tenía probablemente unos seis mil habitantes, Tenerife unos catorce mil y el resto unos mil quinientos.[50]

Las islas Canarias se convirtieron en una fuente de ingresos para Castilla. En los años ochenta del siglo XV, numerosos indígenas fueron secuestrados y vendidos como esclavos en Andalucía. Como no habían tenido el menor contacto con el islam, se los consideraba más fiables que los bereberes (los musulmanes eran notoriamente conflictivos, porque solían permanecer fieles a su religión). Varios miembros de la corte española, como el primer consejero Gutierre de Cárdenas, tenían saneados ingresos gracias a la venta de urchilla, de cuya comercialización tenían el monopolio. Otro consejero, compañero de Cárdenas, Alonso de Quintanilla, había logrado la ayuda de genoveses sevillanos para la financiación de estas conquistas. Ludovico Centurione tenía un molino de caña de azúcar en Gran Canaria en 1484, pese a que la conquista de la isla aún estaba incompleta, y Juan de Frías fue nombrado obispo de Rubicón.

No parece que Colón hubiese visitado las Canarias antes de ir a España,[51] porque si lo hubiera hecho, lo habría comentado. El hecho de que supuestamente hubiese tenido un romance con quien posteriormente sería gobernadora de hecho de La Gomera, Beatriz de Bobadilla, no significa nada, porque la conoció en Córdoba. Pero, tal como hemos comentado, antes de ir a España, Colón sabía que cualquier capitán español que navegase hacia occidente haría bien en recalar en las Canarias como base porque, tal como Toscanelli había sugerido, dicha travesía debía empezar lo más al sur posible, con objeto de aprovechar los vientos dominantes. Los vientos del Atlántico soplan en el sentido de las agujas del reloj, en lo que semejan grandes ruedas. El carácter latitudinal de este régimen de vientos sería la clave para navegar al Nuevo Mundo durante generaciones, y Colón debió de comprenderlo así a través de sus conversaciones con marineros portugueses en Lisboa.

Colón llegó a Huelva en la segunda mitad de 1485 y se dirigió al monasterio franciscano de La Rábida, cerca de la desembocadura en el Atlántico del río Tinto, llamado así por el color rojizo del lodo de sus aguas. Los monjes del convento no sólo estaban interesados en las necesidades de los marineros, sino que tenían muchos conocimientos y ofrecían ayuda técnica. Por ejemplo, sabían que avistar una bandada de pájaros debía indicarle a un capitán de barco la cercanía de tierra. Entre quienes habían estado en La Rábida se hallaba fray Francisco (Alfonso) de Bolaños, que se había consagrado a la evangelización de las islas Canarias y de Guinea, e incluso había conseguido que el papa se pronunciara tibiamente en favor de los esclavos y que criticase la trata.[52] Fray Juan Pérez le habló a Colón de astronomía, y Colón trabó además amistad con fray Antonio de Marchena. Por entonces, La Rábida era

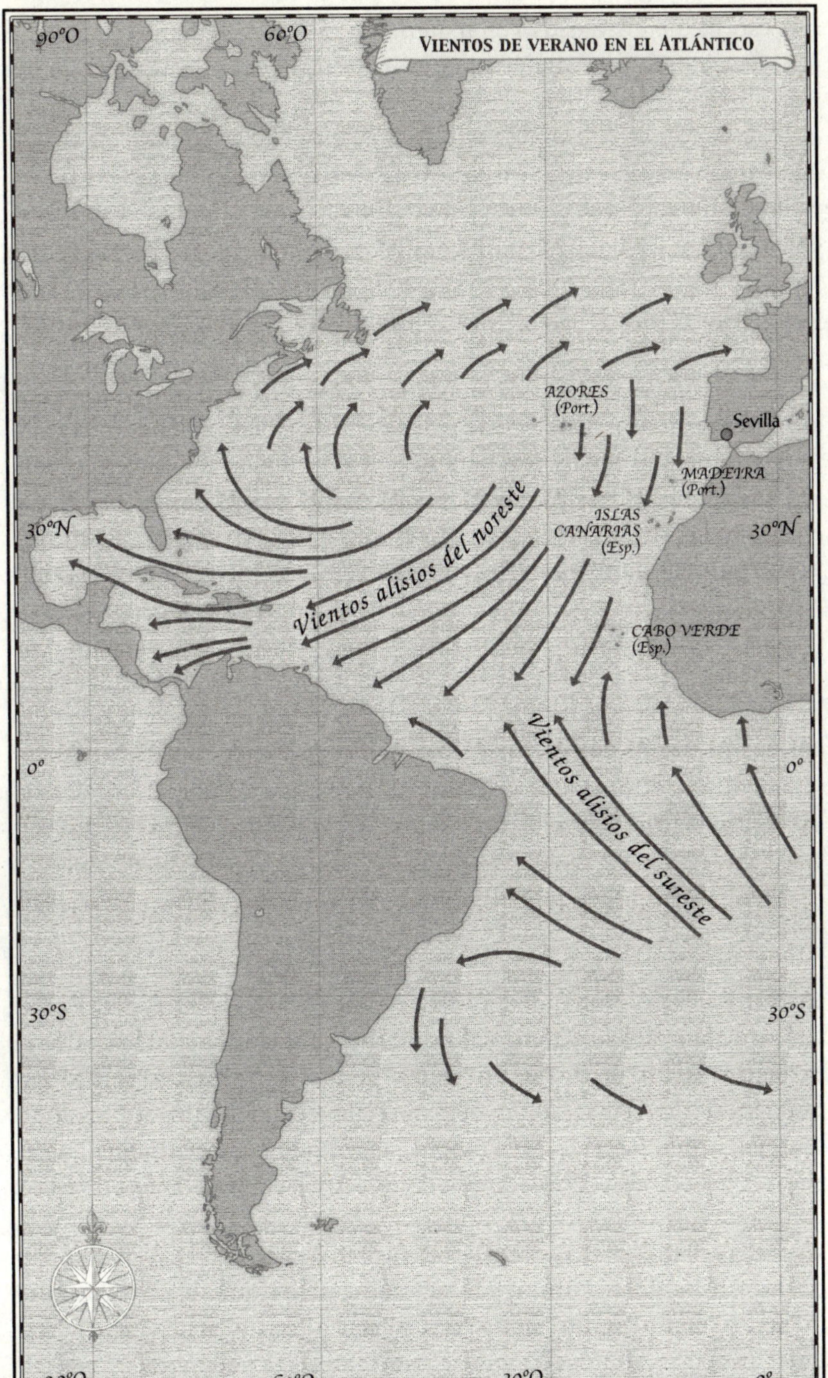

VIENTOS DE VERANO EN EL ATLÁNTICO
90ºO
60ºO
AZORES
(Port.)
Sevilla
MADEIRA
(Port.)
ISLAS
CANARIAS
(Esp.)
30ºN
30ºN
Vientos alisios del noreste
CABO VERDE
(Esp.)
0º
0º
Vientos alisios del sureste
30ºS
30ºS
90ºO
60ºO
30ºO
0º

una especie de universidad en materia marítima.[53] Un hermano lego de la orden que se encontraba en el monasterio, Pedro de Velasco, había sido en su juventud piloto de Diego de Teive, que sirvió a don Enrique el Navegante y fue uno de los primeros en plantar caña de azúcar en Madeira. También en su juventud Velasco buscó la Atlántida, y a menudo comentaba que cuando se avistaban bancos de nubes al atardecer en el mar era señal de que podían estar cerca de tierra. Porque en el mar también había espejismos, «ya que una neblina caprichosa todo lo tapa y muchas veces se confunde con unas nubes bajas que parecen formar montañas, colinas y valles».

Años después, algunos recordarían el momento en que Colón llegó al monasterio, un resplandeciente edificio bajo un esplendoroso cielo azul, y que pidió agua y pan para su hijo Diego, que por entonces tenía seis años.[54] El jardín es sin duda mucho más bonito en la actualidad que entonces: las buganvillas y los cipreses que ahora lo embellecen tanto no pudieron estar allí en los años ochenta del siglo XV, pero el vivo color amarillo de las losas del patio, las paredes blancas y las tejas de torres y tejados son en la actualidad muy similares a como eran en la época.

Marchena y Pérez urgieron a Colón a ir a la corte de Castilla. Ambos estaban bien relacionados y Pérez había sido confesor de la reina. Le entregaron cartas de presentación a modo de credenciales. De manera que, después de rezar ante el hermoso Cristo de La Rábida, Colón partió hacia Sevilla y luego a Córdoba, donde se encontraba la corte. Dejó a su hijo Diego con su cuñada Briolanja Muñiz, casada con el aragonés Miguel Muliart y que, por entonces, vivía cerca de Huelva, en San Juan del Puerto.[55]

Colón llegó a Córdoba en el verano de 1485. Allí conoció a Beatriz Enríquez de Arana, una joven de Santa María de Trasierra, localidad situada pocos kilómetros al norte de la ciudad. La muchacha estaba bajo la tutela de su tío, un vecino poderoso en esa tierra, Rodrigo Hernández de Arana. Colón vivió con ella y con ella tuvo un segundo hijo, ilegítimo, llamado Fernando. Colón pudo contar también con el apoyo de consejeros de los monarcas, como Talavera, confesor de Isabel; Santángel, el tesorero; Quintanilla, el más eficiente de los cortesanos de la reina; Juan Cabrera, el más íntimo amigo del rey, e incluso del cardenal Mendoza, cuya ayuda era sumamente deseable.[56] Probablemente, Colón hizo estas amistades gracias a fray Marchena y a Pérez. Pero, aunque Colón los conociese, estos hombres poderosos no podían garantizarle una audiencia con la reina, y tuvo que seguir a la corte, en el otoño de 1485, a través de Castilla, en sus usuales peregrinaciones, más allá de Andújar y de Linares, y luego Valdepeñas, Ocaña y Alcalá de Henares, a las afueras de Madrid.

Alcalá era una ciudad de los Mendoza, a media jornada hacia el oeste de su palacio principal de Guadalajara. Allí, en un lujoso palacio episcopal, donde estuvo el destruido alcázar musulmán que todavía alza su mole gigantesca al borde de la ciudad, y gracias al apoyo del cardenal, al fin Colón logró ver a la reina.[57] Parece que Mendoza le dijo a Isabel que el genovés era astuto, inteligente, competente y versado en cosmografía, y sugirió que la Corona debería ayudarlo con algunas naves; podían costar poco y aportar grandes beneficios.

Mendoza seguía siendo la personalidad más poderosa en España después de los monarcas, y fue el primer hombre público influyente, tanto en España como en Portugal, en comprender la importancia de las ideas de Colón. Por su parte, Quintanilla debió de pensar que sería conveniente que España explorase más allá del cabo Bojador para no dejarle a Portugal en exclusiva la labor de explorar el océano.

La primera conversación entre Colón y los monarcas, celebrada el 20 de enero de 1486 en el palacio del cardenal, no fructificó.[58] El rey Fernando se había hecho con un ejemplar de la *Geografía* de Ptolomeo de antemano y, por lo visto, no le pareció que dicha obra apoyase la propuesta de Colón. El rey estaba interesado en las islas Canarias, como puesto avanzado en la ruta hacia los yacimientos de oro africanos.[59] Ciertamente, los monarcas parecían sentir curiosidad acerca de la ruta de la que hablaba Colón, y se interesaron por un mapa del mundo que Colón les mostró y que tal vez trazó su hermano Bartolomeo («el mapamundi [...] [les] puso en deseo de saber de aquellas tierras»),[60] y Colón «les fizo relación de su imaginación»[61] y lo peor fue que debió de dejarles claro que él quería ser almirante del océano, virrey y gobernador. (Probablemente había hecho lo mismo en Portugal.)[62] Todos estos títulos tenían implicaciones para la Corona española. Aunque la designación de «almirante» podía tener para Colón connotaciones con el significado que le daba al título la familia genovesa Pessagho en la armada portuguesa, en España se prestaba a comparaciones con el «almirante de Castilla», un cargo declarado recientemente hereditario para los miembros de la familia Enríquez, primos del rey Fernando.[63] Además, sólo había un precedente de que Castilla hubiese nombrado un virrey, el de Galicia (aunque el rey de Aragón tenía facultades para nombrar virreinatos). Es probable que a Fernando lo irritasen especialmente estas exigencias. ¿Gobernador? Era un término que, respecto a un cargo, sólo se había utilizado en relación a Galicia, el marquesado de Villena, y las islas Canarias. Por lo demás, el término era desconocido.

Por supuesto, tanto Fernando como Isabel eran herederos de reyes que, en sus tiempos, habían fomentado mucha actividad en el extranjero. La civilizada casa real de Aragón siempre se había interesado por el mundo exterior, y el tío de Fernando, el rey Alfonso el Magnánimo, había pasado mucho más tiempo en Nápoles que en España. Túnez había sido casi una posesión aragonesa en el siglo XIII, y las conquistas africanas seguían siendo consideradas muy deseables. De modo que Colón no estaba tratando con aislacionistas.

Sin embargo, las pretensiones personales de Colón ignoraban las preocupaciones de los reyes a causa de la guerra contra Granada. Como señaló el padre Las Casas, «porque esto es regla general, que cuando los reyes tienen guerra poco entienden ni quieren entender en otras cosas».[64]

Las relaciones de los Reyes Católicos con la república de Génova no eran por entonces muy buenas. De ahí que diese la impresión de que las ideas de Colón se dejaban a un lado. Unos treinta años después, el abogado Tristán de León escribió que la dificultad estaba en que «la única certeza era la palabra de Colón».[65] Pero Colón les dijo a los monarcas que les presentaría a una persona que creía en él, y recurrió a fray Antonio de Marchena, de La Rábida, que aseguró que lo que Colón afirmaba era básicamente cierto. Marchena escribió para sugerir que, por lo menos, se hiciese una investigación, como se había hecho en Lisboa.[66] Su monasterio había apoyado la conquista de las islas Canarias, con objeto de aumentar el número de cristianos; Colón parecía ofrecer la oportunidad de ampliar la evangelización.

Los monarcas accedieron a la idea de formar la comisión, cuyo miembro más importante, el «presidente», fue el confesor de la reina, Talavera, a quien se pidió que reuniese «personas que estuviesen sumamente versadas en cosmografía, que no abundaban mucho en Castilla».[67] Durante los trabajos de la Comisión, se accedió a pedir a Colón que permaneciese en la Corte, estuviese donde estuviese, y que se le pagase una pequeña «ración» de doce mil maravedís.[68]

Pero los trabajos de la comisión se retrasaron debido a los reveses en la guerra de Granada. Colón tuvo que esperar, pero empleó su tiempo bastante bien. Ganó algún dinero trazando mapas, y conoció a personas influyentes, como sus paisanos genoveses Pinelo y Rivarolo Francesco, que habían ayudado a financiar la conquista de Canarias y del aún más poderoso Gutierre de Cárdenas. Puede que estas personalidades pensaran que, como mínimo, Colón podía proporcionarle a Castilla nuevas islas como las Canarias. Pero lo más importante fue la amistad que Colón trabó con el teólogo dominico Diego de Deza, que hasta hacía poco había sido profesor de Teología en Salamanca y que por entonces era prior del colegio de San Sebastián en la misma ciudad, así como principal tutor del heredero del trono, el infante Juan, a quien daba clase diaria de latín. No está claro qué propició que Colón y Deza trabasen tan íntima amistad, pero el caso es que se hicieron muy amigos, en lo que quizá influyeron sus afinidades. Esta amistad hizo que Colón mantuviese una buena posición.[69]

Deza le proporcionó alojamiento en el convento dominico de Salamanca y le presentó a sus amigos, incluida la niñera del infante, Juana Velázquez de la Torre, y al primo de ésta, Juan Velázquez de Cuéllar, tesorero del príncipe. El infante estaba muy encariñado con Juana y, en cierta ocasión, antes de cumplir los diez años, le dijo: «Debéis casaros conmigo y con nadie más.» También Colón le cogió afecto y se convirtió en su confidente.[70] El cardenal Mendoza siguió interesándose por Colón y a veces lo invitaba a cenar, como hacía el contador Quintanilla. Además, Talavera seguía pagando a Colón regularmente ciertas cantidades de dinero, tal como habían decidido los monarcas.

La comisión investigadora, en la que Talavera era el miembro más influyente, se reunió en el invierno de 1486 en Salamanca; sus conclusiones fueron tan negativas como las de la comisión formada en Lisboa. Aquellos grandes hombres, sin duda bienintencionados, concluyeron al igual que sus homólogos portugueses que, sencillamente, lo que Colón aseguraba respecto a la distancia hasta China y a la facilidad de viajar hasta allí no podía ser cierto. La comisión pensó que la Corona no tenía nada que ganar apoyando a Colón y que, si le prestaba su ayuda, la autoridad real se vería mermada.[71]

La decisión le fue comunicada a Colón en agosto de 1487. La comisión dulcificó la brutalidad de su conclusión diciendo que no excluía la posibilidad de que, algún día, cuando la guerra de la Corona contra Granada se hubiese ganado, pudieran reconsiderar su decisión. Es posible que el predispuesto Deza insistiera en que se incluyese este matiz en la respuesta de la comisión. Aun así, Colón se desanimó y, tras un tiempo de reflexión, decidió regresar a Portugal. Su hermano Bartolomeo le había escrito hacía poco que en Portugal volvía a respirarse optimismo, pues Bartolomeu Díaz se disponía a partir aquel mismo mes de agosto para llevar a cabo una nueva tentativa de llegar al extremo más meridional de África (el padre Las Casas escribió que Bartolomeo llegó a tomar parte en el heroico viaje).[72] Aquel año, otro viajero portugués, Pero de Covilhan, llegó a Calicut, en la India, a bordo de una nave de peregrinos musulmanes procedente del mar Rojo. A principios de 1488, el rey Juan envió a Colón un salvoconducto para Lisboa, que Colón mostró a Fernando y a Isabel en Murcia.[73] Pero por entonces los Reyes Católicos seguían preocupados por la guerra contra Granada.

De vuelta en Lisboa en octubre de 1488, Colón tuvo un nuevo fracaso. El rey Juan había cambiado de opinión acerca del valor de la ruta atlántica hasta China, pero había enviado una pequeña expedición hacia el oeste al mando del flamenco Ferdinand Van Olmen (Fernao d'Ulmo) con dos carabelas —aportadas por él mismo— para descubrir «una gran isla o islas donde se dice que pudiese haber siete ciudades». Pero nadie volvió a oír hablar de aquel viaje. El jefe de la expedición, Van Olmen, al que daban por desaparecido o por muerto, tuvo que partir de las Azores que, como Colón sabía bien, era un punto de partida menos favorable que las Canarias.

Probablemente Colón se encontraba en Lisboa, aunque en diciembre de 1488, al regresar Bartolomeu Díaz, volvió a Lisboa, quizá acompañado por Bartolomeo Colón, después de bordear el extremo meridional de África, que optimistamente llamó cabo de Buena Esperanza.[74] Después de haber encontrado una buena ruta por el sur hacia la India, el rey de Portugal no estaba interesado en una ruta por occidente.

Tras un nuevo fracaso en lograr el apoyo que necesitaba, Colón pensó tantear a los reyes de Francia e Inglaterra. España y Portugal no eran los únicos países marineros, de modo que envió a su hermano Bartolomeo a Londres.[75] Pero su mala suerte persistió, puesto que Bartolomeo aparentemente fue capturado durante la travesía por piratas que lo tuvieron dos años encarcelado. Colón no se enteró de inmediato de su nuevo revés, y regresó al monasterio de La Rábida que, por entonces, parecía ser el único lugar que tenía tiempo para él y sus ideas. Fray Antonio de Marchena le mostró el mismo entusiasmo de siempre, al igual que fray Juan Pérez. Marchena le sugirió a Colón que podía ser muy beneficioso para él hablar con el duque de Medina-Sidonia, cuyas naves dominaban el estrecho de Gibraltar, y que desde su palacio blanco, que señoreaba frente a Sanlúcar de Barrameda, en la desembocadura del Guadalquivir, controlaba la pesca local. El duque era popularmente conocido como «el rey de los atunes». Había realizado grandes inversiones en azúcar en las islas Canarias y no tardaría en tener importantes propiedades en Tenerife; sin duda iba sobrado de naves. Pero el duque de Medina-Sidonia había comprometido su flota en la guerra contra Granada, y el encanto y persistencia de Colón no hicieron mella en él.[76]

Los siguientes pasos de Colón son un misterio. Lo que sabemos es que los monarcas enviaron cartas a los concejos municipales de Andalucía, ordenándoles que proporcionasen alimentos y alojamiento a Colón porque estaba llevando a cabo «algunas cosas cumplideras a nuestro servicio».[77] Quizá les prestaba algún tipo de asesoramiento acerca de la guerra, aunque es difícil concretar de qué se trataba. Fuera lo que fuese, debió de propiciar otra entrevista con la reina; en esta ocasión la vio a solas, en el castillo de Jaén, porque Fernando se hallaba en el campamento militar de Baza.

Parece que Isabel habló largo y tendido con Colón, a quien dejó con la impresión de que quizá podría ayudarlo cuando Granada cayese. Por entonces, la reina tenía un ejemplar de las descabelladas historias de «sir John Mandeville» y, aunque era muy realista, siempre había tenido debilidad por los soñadores. Por ejemplo, su principal aliado, el arzobispo Carrillo, le presentó en los años setenta a un tal Fernando Alarcón, que había prometido convertir todo su hierro en oro. Es posible que, en aquella nueva conversación, Colón le refiriese su nuevo viaje a África en los años ochenta, y quizá también le expresara su convencimiento de que tenía el apoyo divino, y de que Jerusalén y su liberación estaban siempre en su mente. Al final de aquella conversación, Isabel le dio a Colón más dinero para sus gastos y lo invitó a estar presente con su séquito en la esperada rendición de la ciudad musulmana de Baza a finales de 1490.

Al no tener noticias de su hermano Bartolomeo, pero quizá sabedor de que se había encontrado con dificultades, Colón decidió ir a Francia, pero el teólogo Deza lo convenció para que no fuese.[78]

Al poco, Colón tuvo un golpe de suerte: conocer a Luis de la Cerda, que entonces tenía casi cincuenta años y era el primer duque de Medinaceli. Podría haber sido rey, pero sus antepasados abandonaron sus reivindicaciones, pese a que éstas tenían una buena base. Sin embargo, el rey Fernando había reconocido que, si la familia real se extinguía —como podía suceder—, el duque podría heredar el trono.[79] Al igual que la mayoría de los nobles, el duque era nieto del famoso marqués de Santillana y, por tanto, sobrino del cardenal Mendoza y primo del duque de Alba. El duque compartía jurisdicción sobre El Puerto de Santa María y controlaba Huelva. Aunque no era un guerrero, tomó parte en todas las guerras contra Granada, y en una ocasión rechazó destacar tropas propias para ponerlas al mando del conde de Benavente: «Decidle a vuestro señor que he venido aquí al frente de mis hombres para servirlo y no van a ir a ninguna parte sin mí.»[80]

El duque tenía por entonces su residencia principal en El Puerto de Santa María y, con una de sus criadas, Catalina del Puerto, tuvo varios hijos, entre ellos Juan, que lo sucedería. Su mayordomo, un tal Romero, posiblemente judío, le habló de Colón, de modo que el duque mandó llamar al genovés para hablar con él.[81] Quedó impresionado; es más: convencido. Le proporcionó dinero, alimentos y alojamiento. Colón habló largo y tendido no sólo con el duque, sino también con varios marineros y, probablemente, con el corregidor de El Puerto, el historiador Diego de Valera, que era ya setentón y que había escrito varias historias de Castilla. Había adoptado una posición monárquica: «Recordad que reináis en este mundo en nombre de Dios —le dijo al rey después de la toma de Ronda—. Está claro que Nuestro Señor desea que se cumpla lo que ha sido el propósito durante siglos, o sea, que no sólo deberéis poner todos los reinos de España bajo el supremo cetro real, sino dominar o subyugar regiones allende los mares.» También había escrito al rey Fernando, en 1482, acerca de sus ideas para lograr la victoria frente a Granada.[82] Era de la clase de personas con las que, sin duda, le hubiese gustado hablar in extenso a Colón. El duque y su hijo Carlos habían tenido un excelente comportamiento en la guerra naval contra Portugal en los años setenta, y se habían ganado la confianza de los reyes. No cabe duda de que Colón habló también con Carlos, que había estado al mando de una flota frente a las costas de África.

El duque de Medinaceli quería ayudar a Colón, pero como un duque leal cercano al trono, no se sentía libre para actuar sin la aprobación de los monarcas. De manera que le escribió a la reina insinuando su disposición a apoyar a Colón.[83] Ésta le contestó agradeciéndole sus comentarios, y diciéndole que era un verdadero placer tener en su reino a personas tan maravillosas como él, dispuestas a actuar con dicho espíritu de servicio público. Pero «tal empresa como aquella no era sino para reyes».[84] La reina no quería que los nobles pretendiesen conseguir territorios independientes para sí mismos, ni en las Indias ni en ninguna otra parte. Sin embargo, pidió que ordenasen a Colón presentarse de nuevo en la corte sin demora.

El duque se sintió contrariado pero aceptó que la voluntad de la reina era la voluntad de Dios. Y uno o dos años después le escribió a su tío, el cardenal Mendoza, en estos términos:[85] «No sé si sabe vuestra señoría cómo yo tuve en mi casa mucho tiempo a Cristóbal Colomo, que se venía de Portugal y se quería ir al Rey de Francia para que emprendiese de ir a buscar las Indias con su favor y ayuda, e yo lo quisiera probar y enviar desde el puerto que tenía buen aparejo con tres o cuatro carabelas que no me demoraba más; pero como sí que era esta empresa para la Reina nuestra Señora, escrebilo a su Alteza desde Rota y respondióme que se lo enviase.»[86]

De modo que el hastiado genovés regresó una vez más a la corte, que entonces se encontraba a las afueras de Granada. Sin embargo, se detuvo cierto tiempo en Medinaceli, porque no apareció en la vega de Granada hasta mediados del verano de 1491. Y, como tantas otras veces, llegó en un momento inoportuno. El campamento se incendió justo después de que Colón llegó. Nadie estaba interesado en sus ideas y Colón decidió una vez más ir a Francia. Pero antes de partir decidió ir de nuevo a La Rábida y, de camino, se detuvo en Córdoba para, quizá por última vez, despedirse de su amante Beatriz Enríquez y de su hijo Fernando.

Colón llegó a La Rábida en octubre. Los monjes comprendieron que estaba dispuesto a conseguir el apoyo francés, y le rogaron que se quedase allí algunas semanas, mientras volvían a comunicarse con la reina. Fray Juan Pérez, ex confesor de Isabel y «guardián del monasterio», le escribió a la soberana diciéndole que, si no cambiaba de opinión acerca de Colón, sería demasiado tarde. Su carta la llevó a Santa Fe un piloto de Lepe, Sebastián Rodríguez. La reina contestó que recibiría a Colón de inmediato, y envió veinte mil maravedís para que se comprase ropa adecuada para comparecer en la corte y un mulo para desplazarse. De nuevo se dispuso Colón a cruzar Andalucía, muy esperanzado.

El papel representado por fray Juan Pérez fue importante. Pertenecía a la rama de la orden franciscana que había sido influida por el «milenarista» cisterciense Joaquín de Fiore, abad de dos monasterios de Calabria en el siglo XII. Fray Juan quería que la Corona apoyase a Colón, convencido de que lo que el abad Joaquín había llamado premonitoriamente «la última época de la humanidad» estaba a punto de empezar.

Sin embargo, una vez más, las esperanzas de fray Juan Pérez y de Colón fuesen desalentadas. Por lo pronto, Colón tuvo que volver a someter su proyecto a una comisión de «personas de rango eminentísimo»; tampoco en este caso se sabe quiénes eran exactamente, aunque es probable que la comisión la presidiese Talavera; también cabe aventurar que participasen el duque de Medinaceli, así como Alesandro Garibaldi, un humanista recién llegado de Génova que era uno de los profesores del infante Juan. Es de suponer que Colón volvió a desplegar sus mapas, a mostrarles las cartas de Toscanelli, su interpretación de las ideas de D'Ailly, sus notas sobre Ptolomeo, las que había tomado sobre Mandeville y el papa Pío II, y los recuerdos de sus viajes por el Atlántico. Posiblemente volvió a mencionar la posibilidad de poder financiar una campaña para recuperar Jerusalén: «[...] protesté a Vuestras Altezas que toda ganançia d'esta mi empresa se gastase en la conquista de Hierusalem, y Vuestras Altezas se rieron, y dixeron que les plazía, y que sin esto tenían aquella gana.»[87]

Pero en aquellas semanas Granada estaba a punto de rendirse, y la mente de los monarcas, de los cortesanos y de sus cultos consejeros estaba centrada en el Viejo Mundo. La comisión no tomó ninguna decisión de inmediato y Colón aguardó durante todo aquel otoño, sin otra cosa que hacer que observar cómo los musulmanes de Granada empezaban a considerar rendirse sin lucha.

CAPÍTULO 5

Por el amor de Dios, decidme qué cantáis

¡Por Dios te ruego, marinero, digasme ora ese cantar!
Yo no digo esa canción
sino a quien conmigo va.

El conde Arnaldos al marinero de la nave mágica

En noviembre de 1491 se debatió en Granada la posibilidad de rendirse ante los cristianos. Un relato árabe refiere cómo se desarrollaron los acontecimientos en una asamblea consultiva, en la que participaron personalidades del emirato, nobles y ciudadanos corrientes, además de juristas islámicos, representantes de los gremios, ancianos, hombres doctos y aquellos valientes caballeros que aún seguían con vida (y, ciertamente, todo aquel que en Granada tuviese cierto criterio sobre los asuntos del emirato).[1] Todos ellos se dirigieron a ver al emir, Boabdil, y le explicaron que la población se hallaba en un estado lamentable. Granada era una ciudad grande, e incluso en tiempos de paz el abastecimiento de alimentos era precario. ¿Cómo iban a componérselas cuando apenas recibiesen aprovisionamiento? La ruta por la que llegaban los alimentos desde los ricos pueblos del valle de las Alpujarras por el sur había sido cortada. Los mejores guerreros musulmanes habían muerto, y los que seguían con vida estaban debilitados por las heridas. La población no podía salir de la ciudad en busca de alimento ni tampoco para cultivar la tierra.

Pocos de los hermanos musulmanes del norte de África habían cruzado el mar para ayudarlos, pese a habérselo pedido. El enemigo cristiano era cada vez más fuerte y estaba reforzando todas las estructuras para afirmar el sitio. Sin embargo, con la llegada del invierno, gran parte del ejército enemigo se había dispersado y las operaciones militares se habían suspendido. Si los musulmanes querían iniciar conversaciones con los cristianos en aquellos momentos, la iniciativa sería sin duda bien recibida. Probablemente, los cristianos accederían a lo que se les pidiese. Pero si aguardaban a la primavera, los ejércitos cristianos atacarían, los musulmanes estarían más débiles y el hambre se habría recrudecido. Quizá los cristianos no aceptasen las condiciones que los musulmanes pusieran, en cuyo caso ni ellos ni la ciudad se salvarían de la conquista. Algunos musulmanes que habían huido al campamento cristiano probablemente estarían dispuestos a indicarles a sus nuevos amigos cuáles eran los puntos vulnerables de las defensas. Una rendición honorable parecía más conveniente que una brutal derrota militar.

De modo que se convino en que «debían enviar un emisario para hablar con el rey cristiano. Algunos [musulmanes] pensaban que, secretamente, Boabdil y sus ministros ya habían convenido en entregarle la ciudad a Fernando pero que, temerosos de la reacción de su pueblo, lo habían engañado. Sea como fuere, el caso es que cuando los líderes de Granada enviaron un mensaje a Fernando se encontraron con que el monarca estaba encantado en acceder a sus peticiones...».[2]

Los detalles de la rendición los concretaron el Gran Capitán, Gonzalo Fernández de Córdoba, que hablaba árabe y era la estrella ascendente en el ejército español, y Al Mulih, el gobernador árabe de la ciudad, que preguntó: «¿Qué seguridad puede tener Boabdil de que el rey y la reina permitirán que mi señor conserve las Alpujarras [los territorios que se encuentran entre la ciudad y el mar que los musulmanes insistieron en que debían seguir en su poder], que es la primera cláusula de nuestras negociaciones y de que lo tratarán como a un pariente?» «La obligación se respetará, señor gobernador —repuso Gonzalo Fernández de Córdoba—, mientras su excelencia Boabdil siga al servicio de Sus Altezas.»[3]

El 28 de noviembre de 1491, las condiciones de la rendición, llamadas capitulaciones, fueron ratificadas por ambas partes.[4] Eran unas condiciones generosas, y ambos monarcas las firmaron con el eterno secretario Hernando de Zafra como testigo. El artículo principal estipulaba que el rey musulmán rendiría a Isabel y a Fernando la fortaleza de la Alhambra y el Albaicín, «al objeto de que Sus Altezas puedan ocuparlos con sus tropas». Los monarcas cristianos aceptarían a todos aquellos que viviesen en Granada como vasallos y «súbditos naturales». Los musulmanes podrían conservar sus casas y sus tierras para siempre. Boabdil y su pueblo vivirían «de acuerdo a su propia religión y no se permitiría que se les arrebatasen sus mezquitas». El pueblo conquistado también seguiría «rigiéndose por sus leyes». A quienes optasen por marchar a Berbería (al Norte de África), se les permitiría vender sus propiedades y obtener con ello todo el beneficio que pudiesen. Se pondría a su disposición desplazamiento gratuito a donde quisieran, en grandes naves, durante tres años. Los musulmanes que permaneciesen en Granada no tendrían que vestir una indumentaria que los distinguiese, y pagarían los mismos impuestos que hubiesen pagado hasta entonces. Los cristianos no podrían entrar en las mezquitas sin permiso. Los judíos no podrían ser nombrados recaudadores de impuestos de los musulmanes, ni tener ninguna autoridad sobre ellos. Los musulmanes podrían seguir celebrando sus ritos. Los litigios entre musulmanes serían juzgados por sus propias leyes, y todo litigio entre personas de distinta religión tendría dos jueces, uno musulmán y otro cristiano. Todo musulmán cautivo que lograse huir a Granada sería declarado libre.

Ningún musulmán sería obligado a convertirse al cristianismo contra su voluntad. No se les exigiría devolver los bienes de los que se hubiesen apoderado durante la guerra. Los jueces, alcaldes y gobernadores nombrados por Fernando e Isabel serían personas que respetasen a los musulmanes y que los tratasen «amorosamente». A nadie se le pediría cuentas por nada de lo ocurrido durante la rendición. Todos los prisioneros serían liberados; los que estuviesen en Andalucía antes de cinco meses, y los que estuviesen en Castilla antes de ocho. Las leyes musulmanas sobre la herencia serían respetadas, así como todas las donaciones que se hubiesen hecho o se hiciesen a las mezquitas. Los musulmanes no serían reclutados para servir a Castilla contra su voluntad, y los mataderos cristianos y musulmanes serían independientes.

Estas condiciones eran similares a las que los antecesores aragoneses de Fernando negociaron varias generaciones antes para la rendición de Valencia. En la novela *Amadís de Gaula* se aludía a la conquista en estos términos: «Aquella santa conquista que el nuestro muy esforçado rey hizo del reino de Granada.»[5] Ciertamente fue una conquista benigna, a tenor de los datos; recuerda la sentencia de Clausewitz de que la mayor victoria es aquella en la que una ciudad se rinde sin lucha. También fue un precedente de lo que ocurriría en América, donde tuvieron lugar innumerables rendiciones de pueblos no cristianos a los españoles.

Cuando los prisioneros de Granada fueron entregados hubo gran entusiasmo y un clérigo santo empezó a gritar que los musulmanes seguían seguros de vencer con sólo invocar el nombre de Mahoma. Se produjo una sublevación y Boabdil estuvo detenido en la Alhambra durante cierto tiempo. El emir escribió a Fernando diciéndole que pensaba que la ciudad debía serles entregada de inmediato, sin aguardar a la

Epifanía, tal como se había previsto, con objeto de evitar que se recrudeciesen protestas de la misma naturaleza.[6]

El 1 de enero de 1492, Gutierre de Cárdenas, el mismo mayordomo de Isabel que la había proclamado reina dieciocho años antes en Segovia, fue escoltado a caballo por Al Mulih e Ibn Kumasha al palacio de la Alhambra para aceptar la rendición de la última ciudad musulmana de Europa occidental. Allí recibió las llaves de la ciudad y entregó un escrito a modo de recibo. El 2 de enero, él y sus hombres tomaron los puntos fuertes de Granada y colocaron campanas en las mezquitas. Colón recordó posteriormente haber visto los pabellones de Castilla y Aragón ondear en las torres de la Alhambra. Entretanto, Boabdil entregó formalmente las llaves de la ciudad a Fernando, que a su vez se las entregó a la reina, que se las regaló al infante Juan. El infante se las entregó al conde de Tendilla, que, por supuesto, era miembro de la familia Mendoza y que sería el nuevo gobernador cristiano.[7] De ahí que el granado que era el emblema de Granada pasara a formar parte del escudo de armas de Castilla.[8]

El conde de Tendilla, nuevo gobernador, y Hernando de Talavera, recién nombrado arzobispo de Granada, entraron en su ciudad con Cárdenas. El 6 de enero lo hicieron solemnemente los monarcas, aunque siguieron viviendo en Santa Fe.[9] La Alhambra les pareció a todos una maravilla: Pedro Mártir le escribió al cardenal Arcimboldi de Roma exclamando: «¡Oh, dioses inmortales, qué palacio! [...] Es único en el mundo.»[10]

La conquista se celebró en toda Europa. En Roma, el cardenal Rafaelo Riario encargó una representación escénica de los acontecimientos de Granada y, el 1 de febrero, el cardenal Borgia, entonces decano del colegio cardenalicio, ofreció una corrida de toros en Roma (algo jamás visto hasta el momento),[11] y presidió una procesión entre la iglesia de Santiago de los Españoles y el palazzo Navona, donde el papa Inocencio celebró una misa al aire libre para festejar la victoria. La caída de Granada fue un acontecimiento que a Roma le pareció que compensaba por la caída de Constantinopla en 1453. Ciertamente, compensaba por la pérdida de Otranto en 1480, cuando doce mil de sus habitantes murieron a manos de los musulmanes, que los sometieron a horribles torturas. Muchos fueron echados a fosos, donde fueron devorados por perros, y el anciano arzobispo que había permanecido en su templo hasta el último momento fue descuartizado.[12]

La labor de incorporar Granada a Castilla quedó en manos del gobernador, el conde de Tendilla, y del arzobispo Hernando de Talavera, ayudados por el secretario real Hernando de Zafra. Descendiente de judíos, Hernando de Talavera se mostró tolerante con los musulmanes. Aprendió árabe y preparó un sencillo catecismo que permitiría a los nuevos cristianos conocer su fe. Además, contrató predicadores para que explicasen a los musulmanes en qué consistía el cristianismo. Su entusiasmo era contagioso, y llegaron a llamarlo el «alfaquí santo» («el amado líder»). Como consecuencia de ello, logró la conversión de miles de musulmanes. El conde de Tendilla, igualmente tolerante, permitió que, en general, las mezquitas siguiesen funcionando, aunque transformó la principal en catedral, posteriormente reconstruida por Egas y Siloe al estilo renacentista.[13] Entre doscientos y trescientos mil musulmanes, entre los que se encontraban aquellos que se habían rendido desde 1481 en otras ciudades, se unieron a Castilla. La mayor parte de la tierra del valle se había repartido ya entre los conquistadores y entonces se repartió el resto, y gran parte de la ciudad a continuación. Aún podemos ver por los topónimos vestigios de estas particiones. Así, por ejemplo, las estribaciones de sierra Nevada, al sur de Guadix, son conocidas aún como el «marquesado de Cenete», aunque el marqués no existe.[14]

En estas nuevas y dramáticas circunstancias, la comisión designada para reconsiderar los planes de Colón se reunió en Santa Fe y, como de costumbre, llegó a una conclusión negativa. Isabel y Fernando aconsejaron a Colón que abandonase Granada lo antes posible. Y, ciertamente, se marchó furioso a Córdoba, y no a La Rábida, «con determinada voluntad de pasarse a Francia».[15] Es posible que ya hubiese tenido noticias de su hermano Bartolomeo, que por entonces estaba libre y en Inglaterra, acerca de que varios capitanes de barco habían zarpado desde Bristol con carabelas en busca de «la isla de Brasil», como informó años más tarde el embajador español en Londres Pedro Ayala.[16]

Pero el tesorero aragonés Luis Santángel intervino y, según Fernando Colón, convenció a la reina para que cambiase de opinión.[17] Al parecer, Deza y Cabrero actuaron de manera similar con Fernando.[18] Santángel le dijo a Isabel que el riesgo que corría era pequeño en comparación con la gloria que podía aportarle aquella oportunidad. Si otro rey patrocinaba a Colón, y el viaje resultaba un éxito, la reina sería muy criticada. Según Santángel, Colón era «un hombre sabio y prudente y de excelente inteligencia». Apeló a su deseo de destacar entre los monarcas y de «haber intentado saber las grandezas y los secretos del universo».[19] Santángel añadió que era consciente de que su mediación excedía «las reglas o límites de su oficio» de tesorero, pero que tenía «animo notifarle lo que en mi corazón siento».[20] Al contable jefe de Castilla, Quintanilla, siempre le había agradado Colón, y volvió a hablar de él en consonancia,[24] mientras Beatriz de Bobadilla, que seguía siendo la primera dama de honor de la reina y la mujer más influyente de la corte después de Isabel, parece que habló con ella a favor de Colón.[21] También el socio de Santángel, Pinelo, apoyó al genovés.

De modo que finalmente convencieron a la reina, que dijo que aguardaría hasta que las reparaciones de guerra le permitiesen disponer de fondos suficientes aunque, si Santángel lo consideraba necesario, estaba dispuesta «a empeñar sus joyas para costear la expedición».[22] Santángel dijo secamente que no sería necesario; que él encontraría fácilmente el dinero, dos mil quinientos ducados, o más, si era necesario; al fin y al cabo, era poco dinero en comparación con lo que podían obtener.[23] En la práctica, el dinero lo aportaron en parte Santángel y en parte Pinelo.[24] Quizá pensaran cínicamente que, al margen de lo que decía Colón respecto a China y a la India, por lo menos encontraría más islas como las Canarias. Algunas de las joyas de Isabel estaban ya en el banco de Santángel en Valencia, entre las que se incluía un collar de oro con rubíes, en prenda por 25 000 florines que pidió prestados para la campaña de 1490 que sirvió para la toma de Baza. También le entregó a Santángel en prenda una corona a cambio de 35 000, y otra, con más joyas, por 50 000 florines que fueron gastados en la catedral de Barcelona.[25]

En abril de 1492, los monarcas enviaron a un alguacil de la corte como mensajero para que mandase comparecer a Colón. Pero el enfurecido genovés ya había abandonado Santa Fe y se encontraba en Pino, a unos ocho kilómetros al norte. Colón se proponía viajar hasta Francia, y se dice que el mensajero lo alcanzó en el viejo puente.[26] El mensajero debió de dejarle muy claro que la opinión de los monarcas había cambiado completamente, pues de no darle seguridades de que esta vez lograría su propósito, Colón no habría regresado.

En Santa Fe, Santángel y luego los monarcas recibieron a Colón y dieron instrucciones al experimentado secretario aragonés, Juan de Coloma, para que redactase unos documentos que encomendaban a Colón hacer los descubrimientos que siempre había deseado. Al fin había vencido.

Una balada española refiere que un tal conde Arnaldos, un día de San Juan, el 24 de junio, en pleno verano, fue a cazar con halcón. Desde lo alto de un acantilado vio una nave con una vela de seda. Un marinero estaba cantando una canción que calmó el mar, aplacó los vientos e hizo que los peces asomasen a la superficie y que las aves marinas se posaran en el mástil. «¡Por Dios te ruego, marinero —exclamó el conde—, digasme ora ese cantar!» Pero era una canción mágica y el marinero contestó: «Yo no digo esa canción sino a quien conmigo va.» El marinero era seguramente una encarnación de Colón. A diferencia de los monarcas, los nobles y los secretarios, que habían vivido siempre en Castilla o en Aragón, Colón había viajado a lejanas tierras: África, las islas del Atlántico, del Egeo, a Argel e incluso a Irlanda. Había estado buscando ayuda por todas partes. Su vida era propia de una novela de caballerías, porque en tales obras los héroes estaban siempre pidiendo audiencia a los reyes, halagando a las reinas y solicitando su ayuda. Pero sus grandes viajes no habían hecho más que empezar.

Los reyes de Castilla y Aragón fundaron el Imperio español en las Américas cuando, el 17 de abril de 1492, en Santa Fe, se comprometieron a apoyar la expedición de Colón, aceptando sus extraordinarias condiciones. Ambos monarcas, y sus respectivas secretarías, fueron partes contratantes en las llamadas capitulaciones.[27] Posiblemente, el secretario Juan de Coloma utilizó un borrador de Colón que, a su vez, probablemente redactó fray Juan Pérez, como texto de partida. Eso explicaría el énfasis puesto en las cuestiones que afectaban al estatus de Colón.[28]

El documento del 17 de abril incluía cinco artículos. En el primero se nombraba a Colón almirante de «las dichas mares oceanas» y de todas «aquellas islas e tierra firmes» que «ha descubierto», título equivalente al del tío del rey, Fadrique Enríquez, que era «almirante de Castilla». Por lo que se refiere a Enríquez (aunque sólo a partir de 1472), el título sería hereditario. Colón sería nombrado también virrey y gobernador general de todas las islas y territorios que descubriese en el futuro. Estos títulos también serían considerados hereditarios, en contra de todos los precedentes. Además sería nombrado «don», que por entonces era un título específico que designaba a un hidalgo con privilegios (como, por ejemplo, no pagar impuestos). Respecto a todos los cargos públicos en los territorios recién descubiertos, Colón tendría el derecho de nombrar tres candidatos (una terna), de entre los cuales el rey nombraría a uno; se trataba de una antigua costumbre castellana. Colón tendría también el derecho a una décima parte de todo aquello (perlas, oro, plata, otros metales preciosos, especias, etc.) que encontrase en los nuevos territorios. En todas las naves que tomasen parte en el comercio con esos nuevos territorios, Colón podría cargar una octava parte de todas las mercancías. Finalmente, Colón debería ser informado de todo litigio que pudiera producirse como consecuencia del comercio en esos o con esos nuevos territorios.[29]

La expedición proyectada por Colón no exigiría una gran inversión, sólo dos millones de maravedís en total. En contraste, la boda de la infanta Catalina en Londres con el príncipe Arturo costó sesenta millones de maravedís, y los ingresos anuales del duque de Medinaceli, sólo de El Puerto de Santa María, eran superiores a los cuatro millones.[30] Los monarcas habían gastado mucho más de lo que precisaban para el viaje de Colón en la espectacular boda que organizaron en 1490, cuando su hija Isabel se casó con el príncipe Alfonso de Portugal: «Quien podría contar el triunfo, las galas, las justas, las músicas», escribió el cronista Bernáldez, que posteriormente sería anfitrión de Colón en aquella ocasión.[31]

Los dos millones de maravedís necesarios para financiar el viaje de Colón se obtuvieron por varias vías. Santángel y Pinelo, tesoreros de Aragón y de Castilla, respectivamente, judío converso el primero y genovés el segundo, recaudaron algo más de la mitad de lo necesario, 1 140 000 maravedís, procedentes de la venta de indulgencias en la provincia de Extremadura.[32] Por otra parte, el pequeño puerto de Palos, junto al río Tinto, en la provincia de Huelva, le debía a la Corona desde hacía un año el servicio de dos naves, porque Diego Rodríguez Prieto, que era de allí, había robado naves portuguesas. Se acordó que Palos cancelase esta deuda, que había sido asumida por la Corona de Castilla, aportando dos naves para ponerlas al servicio de Colón. El concejo de Palos e incluso los marineros del lugar se opusieron a la idea. Pero fueron convencidos por un renombrado capitán de barco de la localidad, Martín Alonso Pinzón, que les aseguró que habría beneficios para ellos.

El resto del dinero necesario para el viaje lo reunió el propio Colón, en parte prestado por un amigo suyo florentino, Juanotto Berardi, un mercader que comerciaba en Sevilla con distintos productos y también con esclavos. Era socio del rico florentino afincado en Lisboa Bartolomeo Marchionni, que tenía intereses en muchas empresas. Además, desde 1489, Berardi había sido el principal representante de la rama más joven de los Medici en Sevilla. Quizá otros mercaderes italianos invirtieron algo, y probablemente también el duque de Medinaceli.[33]

El acuerdo con Colón se plasmó en otro documento del 30 de abril en forma de «carta de privilegios» firmada por los monarcas, por el secretario Juan de Coloma y otro grupo de secretarios.[34] A partir de entonces, Colón sería considerado «almirante, virrey y gobernador», no «gobernador general». No está claro que esto fuese una «degradación», pero en caso de serlo fue muy leve. Ciertamente, en otro documento del 30 de abril, en el que se pedía a los municipios de Andalucía que asistiesen a Colón proporcionándole vino, carne, leña, pescado y pólvora, los monarcas se referían a él simplemente como su «capitán».[35] Pero se trataba de un escrito de carácter más informal. Lo más importante era que el principal documento del 30 de abril fue redactado —es de suponer que deliberadamente— en forma de concesión real y que, por tanto, era revocable. Incluía la disposición adicional de que Colón podría entender en todo tipo de litigios, civiles o criminales. Podría imponer castigos a quienes resultasen culpables, incluso la pena de muerte, aunque también él podía ser castigado si cometía abusos en el desempeño de dicha función. Podría juzgar casos incluso en Castilla, si tenían que ver con el comercio con los territorios que él hubiese descubierto.

Las concesiones que se hicieron a Colón eran asombrosas, y los títulos especialmente curiosos. No cabe duda de que fueron aceptados porque los monarcas sabían desde 1487 que aquel insistente peticionario no se conformaba con menos. Y eso debió de retrasar el acuerdo. Los funcionarios debieron de ser conscientes de que la autoridad otorgada a Colón contrastaba con el deseo de los monarcas de afirmar su autoridad en todos sus departamentos. Es posible que esta discrepancia, en caso de existir, pueda explicarse porque los poderes que se le concedían a Colón eran sobre territorios que, de momento, no eran sino algo imaginario. Con todo... ¡virrey, gobernador, almirante! ¡Menudos títulos! Parecían mucho más pomposos que el de adelantado, un título recientemente concedido a Alonso Fernández de Lugo, en Tenerife.

¿Qué territorios esperaba conquistar Colón para España? Esperaba encontrar varias islas, incluida Japón, además de «tierra firme», es decir, China. Sin embargo, en las capitulaciones no se mencionaban las Indias, ni tampoco Cathay, aunque Colón llevaría consigo cartas para el Gran Kan y a un intérprete que conocía algunas de las lenguas orientales. ¿Es posible que esperase encontrar un territorio «atrasado» frente a China o Japón del que pudiera apoderarse sin dificultad? No está claro, ni tampoco lo está lo que la Corona pensaba de ello.

Obviamente, había una mezcla de motivaciones. Es evidente que uno de los objetivos era el económico. Los monarcas sabían que, después de la conquista de Granada, perderían dinero a corto plazo, porque ya no recibirían tributos de los musulmanes. Las tierras patrimoniales de los nazarís —el principal botín de la Corona por la conquista de Granada— eran de poca extensión y habían sido asoladas. De manera que habría sido insensato desdeñar lo que podía ser otra fuente de ingresos para la Corona. Cabrero, Santángel, Pinelo y otros banqueros genoveses debieron de expresar esta opinión a los reyes.

Un segundo motivo fue adelantarse al rey de Portugal. Este hecho pudo haber sido considerado menos necesario en los años noventa que en los ochenta pero, pese a ello, Isabel no quería que Colón fuese apoyado por otros reyes. En el siglo XV, al igual que en el XX, los gobernantes planteaban sus reivindicaciones imperialistas en función de la actitud de sus vecinos.

Los portugueses habían aventurado que una de las ventajas de sus propias expediciones al África occidental era que les permitiría desbordar el flanco del islam desde la retaguardia. Este motivo no podía existir con respecto a los viajes desde España por la ruta de occidente. Colón había insistido siempre en que uno de sus objetivos era liberar Jerusalén. Pero, por lo menos en principio, nadie más planteó propósitos evangelizadores.[36]

Quizá una de las razones de que Fernando e Isabel quisieran apoyar a Colón era que ahora tenían mayor confianza en sí mismos, hasta el punto de alimentar un verdadero sentido de destino histórico. Los monarcas albergaban el ferviente deseo de «abrir las puertas de la geografía», como lo expresó grandilocuentemente el padre Las Casas;[37] conviene recordar aquí la elevada educación recibida por la reina Isabel. Este talante lo puso de manifiesto aquel verano el famoso gramático Antonio de Nebrija (Elio Antonio Martínez de Cala), que en la introducción a su gramática del español, fechada el 18 de agosto de 1492, escribió que «la lengua fue siempre compañera del imperio».[38] Nebrija tenía entonces unos cincuenta años y era profesor en Salamanca, un gran erudito de la época, y se encontraba en aquellos momentos en la cúspide de su influencia (de la que no dudaba en alardear).

Pero otro factor importante que explicaba el reciente entusiasmo mostrado por los monarcas respecto a Colón fue su preocupación aquella primavera de 1492 por otro asunto distinto: la decisión, que tomaron inmediatamente después de la caída de Granada, de poner a los judíos de Castilla ante una dura disyuntiva: convertirse al cristianismo o abandonar el país. La decisión para adoptar estas medidas debieron de tomarla en el mes de marzo, y los decretos correspondientes, uno para Castilla y otro para Aragón, fueron promulgados el 31 de marzo, aunque no se les comunicaron a los judíos, ni a nadie más, hasta finales de abril. De modo que el momento de adoptar la nueva política en relación con los judíos castellanos estaba vinculado a su actitud respecto a Colón, aunque lo primero debió de parecerles más importante a los monarcas. Colón fue interceptado en Pino días después de que se hubo redactado el decreto acerca de los judíos. Las capitulaciones firmadas con Colón llevaban fecha del 17 de abril, un martes de Semana Santa, y el decreto que planteaba la disyuntiva a los judíos fue publicado el 29 de abril, el Domingo de Cuasimodo, o segundo domingo de Pascua.

El decreto, redactado por el inquisidor Torquemada,[39] estipulaba que «la santa fe evangélica y católica» debía ser predicada a todos los judíos de Castilla, y que había que darles tiempo hasta finales de julio para ser bautizados o abandonar el país. Quienes, temerariamente, en opinión de los monarcas, decidieran marcharse podrían llevar consigo todos sus bienes muebles, pero no dinero, oro, plata, armas ni caballos; quienes decidieran convertirse al cristianismo serían aceptados en la comunidad cristiana. El decreto añadía que, en los últimos años, se había demostrado que había en España muchos malos cristianos —un eufemismo para referirse a los conversos que no lo eran del todo— y que eso había sido consecuencia de su continua posibilidad de comunicación con los judíos.[40] Pedro Mártir escribió que los judíos, que solían ser más ricos que los cristianos, estaban bien situados para corromper y seducir a los conversos.[41] (Conviene recordar que los rabinos no aceptaban que los judíos convertidos a la fuerza pudieran ser considerados verdaderos cristianos.)

El decreto debe ser contemplado con el trasfondo de la fundación del Santo Oficio, la Inquisición, en 1480. Desde entonces, unas trece mil personas habían sido declaradas culpables de profesar en secreto el judaísmo y, tal como hemos mencionado anteriormente, murieron unas nueve mil. Esta desviación espiritual se debía, según las autoridades pensaban o fingían pensar, a las permanentes tentaciones ofrecidas por la presencia de los judíos y sus sinagogas, bibliotecas y, a menudo, elocuentes rabinos. En las Cortes de Toledo de 1480, la Corona había tratado de segregar a los judíos mediante una política de «apartamiento», pero parecía obvio que los judíos habían seguido reuniéndose, predicando, circuncidando a los conversos igual que a los judíos, y acaso proporcionando libros con plegarias hebreas a los conversos. Además, seguían sacrificando el ganado a la manera tradicional judía y comiendo pan sin levadura. La Corona pensaba que una de las razones de que algunos conversos (muchos, pensaban ellos) siguiesen practicando las costumbres y los ritos judíos era la posibilidad de comunicación con los judíos ortodoxos.

Los monarcas y sus consejeros también opinaban que, debido a las flaquezas humanas, las «diabólicas tretas y seducciones» amenazaban con conquistar a la cristiandad si «la principal causa del peligro», los propios judíos, no era erradicada.[42] En 1483 los inquisidores habían tratado de expulsar a los judíos que vivían en las diócesis de Sevilla y de Córdoba y, ciertamente, muchos de ellos huyeron a otras ciudades, aunque por lo general sin abandonar España. Esto provocó que el hasta entonces barrio de Triana quedase vacío, y habilitado para alojamiento de marineros. Además, se produjeron varios escándalos en los que judíos y conversos estuvieron presuntamente conchabados. El caso más notorio fue, al parecer, el de Benito García y el «Niño Jesús de la Guardia» en 1490, que culminó en un auto de fe en Ávila en noviembre de 1491; sin embargo, no se tienen pruebas de ello.[43]

El propósito del nuevo decreto de 1492, por lo que a los monarcas se refiere (y especialmente a Fernando), era acabar con el judaísmo, aunque claramente no con los propios judíos, porque ambos monarcas confiaban en que se convirtiesen al cristianismo. ¿Acaso no propuso el piadoso místico mallorquín Ramon Llull, en el siglo XIII, una gran catequesis para liberar a los judíos de la influencia de los rabinos y expulsar a los judíos recalcitrantes?[44] Los monarcas estaban asimismo dispuestos a librar a sus consejeros conversos de la «ira popular», como por ejemplo a Talavera, confesor de la reina hasta aquella misma primavera; Cabrera, el marqués de Moya; el tesorero, Alonso de la Caballería; el ascendente joven secretario, Miguel Pérez de Almazán, que hacía las veces de ministro de asuntos internacionales; Hernando del Pulgar, cronista de la corte, que había escrito una carta de protesta al cardenal Mendoza contra las actuaciones del Santo Oficio,[45] e incluso Luis Santángel, el tesorero de la Santa Hermandad, que había tomado la iniciativa respecto al apoyo a Colón.

La disminución de la influencia de Talavera después de la victoria de Granada quizá pueda explicar muchas cosas. Por supuesto, había sido nombrado arzobispo de Granada, algo que, en las circunstancias de 1492, no era magra prebenda. El nombramiento se debió a que lo consideraban hombre capaz de afrontar una difícil tarea. Pero ya no mantenía contacto diario con la reina. Y, por recomendación del cardenal Mendoza, fue sucedido por el formidable franciscano Francisco (Gonzalo) Jiménez de Cisneros, que entonces tenía cincuenta y siete años.

Cisneros pertenecía a una familia noble pero pobre. Había nacido en 1436 en Torrelaguna, cerca de Madrid, una ciudad controlada por los Mendoza. De modo que tenía casi sesenta años. Su padre había sido recaudador del diezmo para la Corona. Alto, enjuto y huesudo, con el rostro alargado, labio superior prominente, nariz larga y cejas pobladas, tenía cierto aspecto de galgo, siempre cubierto por una capa de tela basta; tenía los ojos negros, pequeños y vivaces y una voz estridente, corregida por una cuidadosa dicción. Comía mucho pero bebía poco. Egoísta, austero, discreto, devoto y amante de la cultura, era físicamente fuerte y resuelto. Odiaba la corrupción. Trabajaba dieciocho horas diarias hasta el punto de extenuar a sus consejeros. Aunque sin duda exagerando, como era su costumbre, Pedro Mártir afirmaba que Cisneros tenía la agudeza de san Agustín, la austeridad de san Jerónimo y la severidad de san Ambrosio.[46] Se decía que llevaba una camisa de pelo, que solía flagelarse, que entraba en trance y que, a menudo, parecía hablar con los santos.

Cisneros había estudiado en la Universidad de Salamanca y había vivido en Roma, había sido arcipreste de Uceda, al norte de Madrid, y estuvo durante cierto tiempo en la prisión clerical de Santorcaz, debido a un litigio acerca del nombramiento para el arciprestazgo de Uceda, por lo que fue castigado por el arzobispo Carrillo. Luego trabajó en Sigüenza a las órdenes del cardenal Mendoza, que lo consideraba un hombre con futuro, porque demostraba ser un ejemplar administrador de la diócesis. En 1484 ingresó en la orden franciscana, en el nuevo monasterio de San Juan de los Reyes, en Toledo, y cambió su nombre de pila, Gonzalo, por el de Francisco. Ingresó en los observantes, la familia más austera de la orden franciscana, en el convento de La Salceda, en Segovia, fundado por fray Juan de Villacreces. Pronto accedió al rango de superior del convento. Temeroso, según Mártir, «los vaivenes del mundo y las insidias del demonio, lo abandonó todo para no verse enredado en los perniciosos halagos y delicias del siglo».[47] Trató de llevar a cabo la reforma de las familias observantes a través de la orden franciscana, y acabó con celo con la laxitud conventual. Sin embargo, aunque Cisneros perteneciese a una orden mendicante, había nacido para mandar y no para pedir.[48]

Mendoza dio instrucciones a su protegido, Cisneros, para que aceptase el nombramiento de confesor de la reina, temeroso de que, si no se lo ordenaba, no lo aceptaría. Isabel en seguida se apegó a él. Tanto es así que, como le escribió Mártir a su antiguo señor, el conde de Tendilla, Isabel encontró en Cisneros aquello que «tan ardientemente deseaba: el hombre a quien poder descubrir con toda tranquilidad los secretos de su pecho, si alguna vez casualmente incurre en alguna falta. Y ésta es la causa de su extraordinario contento».[49] Cisneros era un decidido reformador que aportó a la Iglesia española tanta fortaleza como a la reina. Pronto fundó una nueva universidad, en Alcalá, la «Complutense», especializada en Teología e instalada en una casa de estudio de observantes franciscanos, establecida veinte años antes. Volvió a publicar las normas de su propia orden. Estaba muy interesado en mejorar la música y la liturgia de la Iglesia, y sentía también gran preocupación por preservar el rito mozárabe, que había sobrevivido durante el largo período de dominación musulmana. Aunque el decreto de expulsión de los judíos promulgado en 1492 fue probablemente redactado por Torquemada, Cisneros pudo haber influido en el léxico, sencillo y tajante. Y fue sin duda él quien insistió ante los monarcas tras la toma de Granada sobre que en sus reinos no debía haber más infieles.[50]

Aquel decreto de marzo de 1492 asombró a los judíos que vivían en España. Las normas que regulaban la vida judía se habían ido endureciendo, y las Cortes de Toledo insistieron en que se estableciesen guetos, una separación física entre judíos y cristianos.[51] Después tuvo lugar la expulsión de los judíos de Andalucía. Prácticamente, los judíos habían dejado de vivir en las grandes ciudades y se habían establecido en pueblos y poblaciones menores, pero no esperaban nada semejante a una expulsión generalizada, ya que los monarcas siempre los habían defendido. Entonces comprendieron que el decreto tenía por objeto básicamente la conversión, no la exclusión. Pero también vieron claro que los monarcas habían cometido un error de cálculo.

Tres de los judíos más destacados apelaron al rey, concretamente, Isaac Abravanel, Abraham Señor y Meir Mehamed. Abravanel procedía de una familia de judíos castellanos que había huido a Portugal después de las persecuciones de 1391. Había sido tesorero del rey Alfonso V de Portugal y era por entonces jefe del Departamento de Recaudación de Impuestos y asesor financiero del duque de Viseu, de quien se decía que había tratado de derrocar a la monarquía portuguesa en 1484 y que por ello fue ejecutado. Al igual que los descendientes del duque, los Braganza, Abravanel había ido a España y había prosperado, convirtiéndose en responsable del Departamento de Recaudación de Impuestos del jefe de los Mendoza, el duque del Infantado. Prestó a los monarcas importantes sumas para la prosecución de la guerra contra Granada; a menudo, se había expresado con gran firmeza a favor de los conversos, y había afirmado que, si se acusara a los conversos, como clase, de practicar en secreto el judaísmo, él, siendo judío, lo hubiese sabido.[52] Abravanel tenía firmes convicciones hebraicas, creía que el Mesías ya había nacido y que no tardaría en manifestarse, probablemente en 1503.[53] En cuanto a Abraham Señor, había sido tesorero de la Santa Hermandad antes que Luis Santángel y recaudó dinero en tiempos del sitio de Málaga para rescatar a los judíos de la ciudad. Meir Mehamed era su yerno, rabino y recaudador de impuestos.

Los tres le rogaron al rey que revocase el decreto. Parece ser que Fernando les dijo que lo reconsideraría y, alentados por su actitud, los tres judíos le ofrecieron trescientos mil ducados (es decir, 112 millones de maravedís) si declaraba nulo el decreto, cincuenta veces más de lo presupuestado para la expedición de Colón. Fernando se sintió tentado de aceptar pero finalmente rehusó, aduciendo que dicha decisión había sido tomada conjuntamente con la reina.

Según Abravanel, habló con el rey en tres ocasiones, pero en vano. Él y Señor se dirigieron entonces a ver a la reina y le dijeron que, si creía que los judíos podían ser inducidos a abjurar por aquella medida, estaba equivocada. Los judíos habían existido desde el principio de los tiempos y siempre habían sobrevivido a quienes habían tratado de deshacerse de ellos, y destruirlos estaba fuera del alcance de las fuerzas humanas; quien lo intentaba siempre se atraía el castigo divino. Abravanel le pidió a la reina que influyese en Fernando para retirar el decreto, pero ella contestó que nunca se le ocurriría hacer nada semejante aunque lo desease: «¿Creéis que esto proviene de mí? El Señor ha puesto este pensamiento en el corazón del rey. —Y añadió—: El corazón del rey está en las manos del Señor, como los ríos de agua. Él los dirige donde quiere.» Y les rogó que se convirtiesen al cristianismo.[54]

Los dos líderes judíos concluyeron entonces que la reina —¿o fue Cisneros?— había sido más responsable que el rey de que se promulgase el decreto. Pero en esto se equivocaban. No hay pruebas de que los monarcas disintiesen en éste ni en ningún otro asunto importante. Con todo, la larga estancia de Isabel en Sevilla entre 1477 y 1478 fue una amarga experiencia para ella, porque fue testigo de tal laxitud que llegó a la conclusión de que era necesario adoptar medidas radicales si quería salvar a la Iglesia. De ahí la Inquisición, y de ahí la fracasada segregación de los judíos, así como el trágico decreto que imponía tan triste disyuntiva.

Abravanel y sus compañeros se separaron. Abraham Señor se convirtió al cristianismo, al igual que su yerno Meir Mehamed, junto al rabino más destacado, Rabí Abraham. Los monarcas actuaron de padrinos y la ceremonia del bautismo tuvo lugar en junio en la iglesia del monasterio de los jerónimos en Guadalupe. Señor pasó a llamarse Fernán Núñez Coronel, y Mehamed, Fernán Pérez Coronel. Pero Abravanel marchó a Nápoles, donde escribió continuamente. Su casa fue desvalijada por el ejército francés en 1495 y posteriormente se dirigió a Venecia, donde murió.[55]

La resistencia de los judíos a convertirse al cristianismo fue mucho mayor de lo que los monarcas esperaban, y muchos de ellos perseveraron en su fe «pertinaz e increíblemente; y muchos rabinos hicieron cuanto pudieron para fortalecer su fe». Miles de judíos optaron por abandonar España. También partieron algunos conversos, pese a que se veía a los frailes por todas partes tratando de convencer a los judíos para que se convirtiesen, y algunos lo lograron. Por ejemplo, fray Luis de Sepúlveda fue a Maqueda y a Torrijos, y logró la conversión de casi todos los judíos de estas poblaciones. Parece que también los cien judíos que vivían en Teruel se convirtieron, pero se produjo una gran conmoción: la emigración provocó la apresurada venta de casas y muebles, de joyas familiares y de ganado, de fincas y viñedos. La mayoría de los judíos que emigraron se dirigieron a Marruecos y a Portugal, y los relatos de los malos tratos de que fueron objeto en el primer puerto son estremecedores.

Se barajan cifras muy distintas respecto a cuántos judíos había en Castilla, cuántos emigraron y cuántos se convirtieron. Según un historiador, de los ochenta mil judíos que había en España en 1492, la mitad optaron por emigrar.[56] Otro historiador que escribió prácticamente en la misma época considera que, en 1492, había unos doscientos mil judíos y que la mitad de ellos se convirtieron. El mayor erudito sobre sociología del judaísmo sitúa el número de judíos en doscientos mil en 1490, de los cuales cincuenta mil se habrían convertido.[57] De modo que sólo podemos hacer conjeturas. En 1474 había en Castilla 216 aljamas en las que vivían probablemente unas quince mil familias. No hay datos respecto a Aragón. Pero, sin duda, emigraron entre cincuenta mil y más de setenta mil.

Así terminó la brillante cultura sefardita española, en la misma época en que España estaba a punto de embarcarse en innumerables nuevas conquistas en el Nuevo Mundo. En adelante, no habría en teoría ni legalmente judíos españoles, sólo conversos; algunos descendientes de quienes se convirtieron a raíz de las persecuciones de finales del siglo XIV, y otros de quienes se convirtieron en 1492, como Rabí Abraham y Señor. Muchos de éstos, decepcionados de Castilla, desempeñaron un importante papel en el Nuevo Mundo. Sus viajes fueron en algunos casos ilegales, pero no por ello dejaron de producirse. Los demás, bien recibidos en el Imperio otomano y en Italia, sobrevivieron para adornar las vidas de sus nuevos países, aunque a menudo sumidos en una profunda nostalgia por las aljamas que tan precipitadamente habían tenido que abandonar.[58]

Esta expulsión no fue un holocausto, sino un destierro deliberado de judíos intransigentes. Los monarcas desearon y supusieron que éstos serían pocos, pero quedaron sorprendidos. Sin embargo, su proceder debe ser comparado con otros llevados a cabo en Inglatrra en el siglo XIII y no con los brutales sucesos acaecidos en Alemania en la década de 1940.

Al mismo tiempo comenzó otra emigración. En 1492, todos aquellos que hablaban castellano vivían en la península, que Castilla y Aragón compartía con Portugal. Esto nunca más volvería a ser así. Los hombres y mujeres de esas tierras pronto se encontrarían en la América tropical y subtropical y allí establecerían una sociedad nueva e ingeniosa, cuya oportunidad puede que todavía esté por llegar.

CAPÍTULO 6

Una franja blanca de tierra

Una cabeza blanca de tierra.

Juan Rodríguez Bermejo vio una franja blanca de tierra y exclamó: «¡Tierra, tierra!» en San Salvador, en octubre de 1492

A principios del verano de 1492, con aquel trasfondo de intolerancia, Colón partió de Granada en dirección a Palos de la Frontera, cerca de Huelva. En la actualidad, Palos es una pequeña y plácida localidad, situada a pocos kilómetros del río Tinto. Hay campos de fresales en lo que fue el puerto en el siglo XV, porque el río se encenagó y luego se secó. Pero en 1492 Palos era una población portuaria, pequeña pero activa, que tenía unos tres mil habitantes, con cierta importancia en el comercio con Portugal, las islas Canarias y la zona española de la costa africana. Estaba cerca del monasterio de La Rábida, que Colón debió de utilizar como base.[1]

Antes de que Colón llegase allí, había conseguido otro honor: el hijo que tuvo con Felipa Muñiz, Diego Colón, a la edad de doce años, entró al servicio del infante Juan en calidad de paje, y se unió a una célebre «guardería» en Almazán, donde entabló amistad con diversos hombres que conservaría el resto de su vida.[2] Probablemente entró al servicio del infante Juan por recomendación de fray Diego de Deza.

El decreto real que requería los servicios de la ciudad portuaria de Palos fue leído allí el 23 de mayo, en la nueva iglesia de San Jorge, que da al puerto, por el notario Francisco Fernández: «Sabed que, por ciertas cosas hechas y cometidas por vos contra nuestros intereses, fuisteis condenados y obligados por nuestro consejo a aprovisionarnos para un año con dos naves equipadas a vuestra costa.» Estuvo presente Colón, su mentor fray Juan Peres, el alcalde y los magistrados de la ciudad, así como los regidores y el procurador.[3] También estuvieron presentes los hermanos Martín Alonso Pinzón y Vicente Yáñez Pinzón, destacados ciudadanos de Palos y muy conocidos navegantes. Participaron en la organización del viaje y, según el padre Las Casas, esperaban hacerse ricos y poderosos.[4]

Las naves aportadas por Palos, la *Pinta* y la *Niña*, eran pequeñas carabelas de entre 55 y 60 toneladas, de 21 m de eslora, 8,5 de manga y 3,3 m de profundidad. Ambas eran de tres palos. La *Pinta* era propiedad de Gómez Rascón, de una familia de conversos que ya había sufrido a causa de la Inquisición, y de Cristóbal Quintero, miembro de otra familia de navegantes de la ciudad. Colón embarcó en la *Pinta*. La *Niña* era propiedad de Juan Niño —de ahí el nombre de la embarcación—, natural de la población portuaria de Moguer, algo más grande, situada a unos pocos kilómetros río arriba, aunque, como Palos, a cierta distancia del río.[5] Estas dos naves irían al mando de los hermanos Pinzón. Una tercera nave fue alquilada por el propio Colón: la *Santa María*,[6] también conocida como *María Galante*. Desplazaba unas cien toneladas, tenía el casco oblongo, había sido construida en Galicia y llevaba velas cuadras. Colón se la alquiló a Juan de la Cosa, un capitán oriundo de un pueblo cercano a Santoña, en Cantabria, pero que había vivido casi siempre en El Puerto de Santa María. Había servido en la casa del duque de Medinaceli, donde probablemente lo conoció Colón.

En cuanto pudo disponer de las naves, Colón empezó a enrolar tripulantes con la decisiva ayuda de los hermanos Pinzón, que contrataron a la mayoría de los, aproximadamente, noventa hombres que embarcaron. Casi todos tenían experiencia, por haber viajado a las Canarias.

La ayuda de los Pinzón debieron de conseguirla fray Antonio Marchena o fray Juan Pérez, frailes de la cercana La Rábida, amigos de Colón. Fernán Pérez Camacho, un marinero, declaró posteriormente que fray Antonio le había dicho a Martín Pinzón que complacería a Dios si encontraban muchas tierras.

La mayoría de los tripulantes procedían de las poblaciones portuarias del río Tinto, Moguer y Huelva, así como de Palos, pero también hubo algunos de Sevilla. En Moguer hubo una aljama judía hasta 1486, y Palos había tenido ciertos problemas con un reciente comandante de su fortaleza.[7] De modo que es posible que parte de los tripulantes que zarparon con Colón fuesen judíos. También había varios vascos entre la tripulación que, probablemente, aportaron su experiencia de pescadores en el Atlántico. Unos diez marineros eran de Cantabria. No embarcaron sacerdotes pero sí dos portugueses, muy pocos, teniendo en cuenta el constante intercambio de marineros castellanos y portugueses en aquellos tiempos en los puertos atlánticos.[8] Cuatro o cinco tripulantes eran delincuentes a quienes se permitió escapar de la justicia al enrolarse. Uno de estos hombres era Bartolomé de Torres, que había matado a un hombre en una pelea. Otro Torres, Luis, un converso que conocía el árabe y el hebreo, se embarcó como intérprete, pero sus dones incluían, naturalmente, la posibilidad de hablar las lenguas del Nuevo Mundo. En la expedición también tomaron parte varios funcionarios reales, entre ellos, Diego de Arana, primo de la amante que Colón tenía en Córdoba, que fue nombrado alguacil mayor, y Pedro Gutiérrez, que había sido camarero mayor del rey y que fue nombrado supervisor real. También participó Juan de Peñalosa, otro converso y cortesano, cuyo papel era convencer a los tripulantes de que se uniesen a las órdenes de Colón; una labor difícil porque el Almirante, como ya siempre lo llamaban, era genovés. Además, Juan de Peñalosa era tío del padre Bartolomé de Las Casas, el futuro apóstol de las Indias. El piloto de la *Pinta* era Cristóbal García Sarmiento, el de la *Niña*, Sancho Ruiz de Gama, y el de la *Santa María,* Peralonso Niño, hermano del propietario de la *Niña*.[9] Lo curioso del viaje es que no había ningún cura ni fraile.

Martín Alonso Pinzón, un capitán muy experimentado de casi cincuenta años, algo mayor que Colón, fue el máximo responsable de todos los preparativos. Después de su muerte, sus amigos y familiares hicieron exorbitantes reivindicaciones en su nombre. Su hijo, Arias Pérez, escribió que, encontrándose en Roma por cuestiones de negocios en 1491, Alonso Pinzón estaba convencido, tras haber estudiado «las cartas de marear de la Biblioteca Vaticana», de que Colón estaba en lo cierto en sus ideas. También se dijo que Pinzón encontró en aquella biblioteca un documento escrito en tiempos de Salomón que aseguraba que, si navegaba uno en dirección oeste desde el Mediterráneo, no tardaría en llegar a Japón. Francisco García Vallejo, un ciudadano de Moguer, adujo que, de no ser por la labor de Pinzón, Colón no podría haberse hecho nunca a la mar; un primo de Pinzón, Juan de Ungría, vino a decir lo mismo.[10] Todas estas afirmaciones pueden ser puras invenciones; nada sabemos que vincule consultas en la Biblioteca Vaticana con documentos coetáneos de la expedición. Pero parece obvio, a juzgar por sus subsiguientes acciones, así como por su conducta antes de que partiesen las naves, que Pinzón albergaba la esperanza de hacerse con el control de la expedición.

El examen de la lista de aquellos que zarparon primero, hacia lo que se convertiría en el Imperio español de las Indias, no depara muchas sorpresas. En la lista figuran un Vélez de Mendoza; otros dos Mendoza, uno de Guadalajara —el corazón del poder de la familia—, y acaso otro que era hijo ilegítimo de un miembro de la familia. También encontramos un Godoy y un Patiño, así como un Foronda, un Vergara, un Baraona y un Talavera. Todos ellos son apellidos tan corrientes que podríamos encontrarlos en cualquier gabinete ministerial español contemporáneo. Sin embargo, también había apellidos extranjeros, una característica, a pesar de las prohibiciones, del Imperio español durante muchas generaciones.

Antes de partir, le fue concedida a Colón una pensión de diez mil maravedís al año, procedentes de los ingresos reales en Córdoba, y fue allí, en Córdoba, donde en aquel primer año, la amante de Colón, Beatriz Enríquez Arana, recibió el dinero.[11]

Las naves zarparon «media hora antes del amanecer», el 3 de agosto de 1492. A bordo de la *Pinta* iban veintiséis hombres, veinticuatro en la *Niña*, y cuarenta en la *Santa María.* Recibirían una paga de mil maravedís al mes en el caso de los marineros expertos; seiscientos si eran novatos (aunque ninguno de ellos cobraría hasta después de 1513, cuando la Corona pudo empezar a disponer del oro llegado de las Indias).[12] Llevaban a bordo objetos propios para aquel tipo de viaje, como los que habría visto Colón en sus expediciones con los portugueses por la costa occidental de África: cascabeles, cuentas de vidrio de Venecia y otros objetos de vidrio para comerciar, así como provisiones: bacalao salado, tocino y bizcocho. También llevaban harina, vino, aceite de oliva y, por supuesto, agua, lo suficiente para un año. Es posible que el vino fuese manzanilla de Sanlúcar de Barrameda, o un tipo de oporto de Cazalla de la Sierra, o algún vino similar fortificado con coñac, el gran invento medieval de los benedictinos sin el que ninguna de las expediciones posteriores podría haber llevado a cabo su misión.[13] A pesar de las muchas quejas, y de algunos incidentes que tuvieron lugar durante la travesía, parece que nunca llegó a haber verdadera escasez de alimentos.

Probablemente, Colón llevaba además varios relojes de arena, quizá hechos en Venecia.[14] Sólo duraban unos quince minutos (treinta a lo sumo), lo que implicaba una gran responsabilidad para aquellos cuya misión era anotar el tiempo transcurrido. Colón llevaba, por supuesto, una brújula, al igual que los otros dos capitanes, de un tipo que medía en cuartas (ángulos de 11 grados). La brújula, inventada por los chinos en el siglo XII, se venía utilizando en Italia desde 1400, y los portugueses habían demostrado que había sido un instrumento esencial para sus descubrimientos frente a las costas de África. Todos los pilotos llevaban consigo piedras que les permitían magnetizar las agujas defectuosas. Es posible que Colón llevase también un astrolabio, pese a lo poco precisos que eran por entonces; permitían calcular aproximadamente la latitud en función de la altitud del sol sobre el horizonte. Su astrolabio era probablemente una versión del que construyó Martín Behaim,[15] un brillante alemán natural de Nuremberg. Colón llevaba también un mapa, quizá basado en el que le regaló Toscanelli. Todos estos objetos los guardaba en un pequeño camarote de la *Santa María*, donde escribía en su diario de a bordo, lo que en sí mismo constituía toda una novedad, porque no se había hecho hasta entonces.[16]

Con el tiempo, aquellas tres carabelas se han convertido en naves legendarias. Las vemos siempre con la imaginación, las tres con tres mástiles con sus velas blancas y sus cruces rojas agitadas por el viento. Aunque quizá sea innecesario precisarlo, una carabela era una pequeña nave que no solía desplazar más de cien toneladas. Las galeras de Venecia y Florencia, por ejemplo, tenían hasta trescientas toneladas de desplaza-

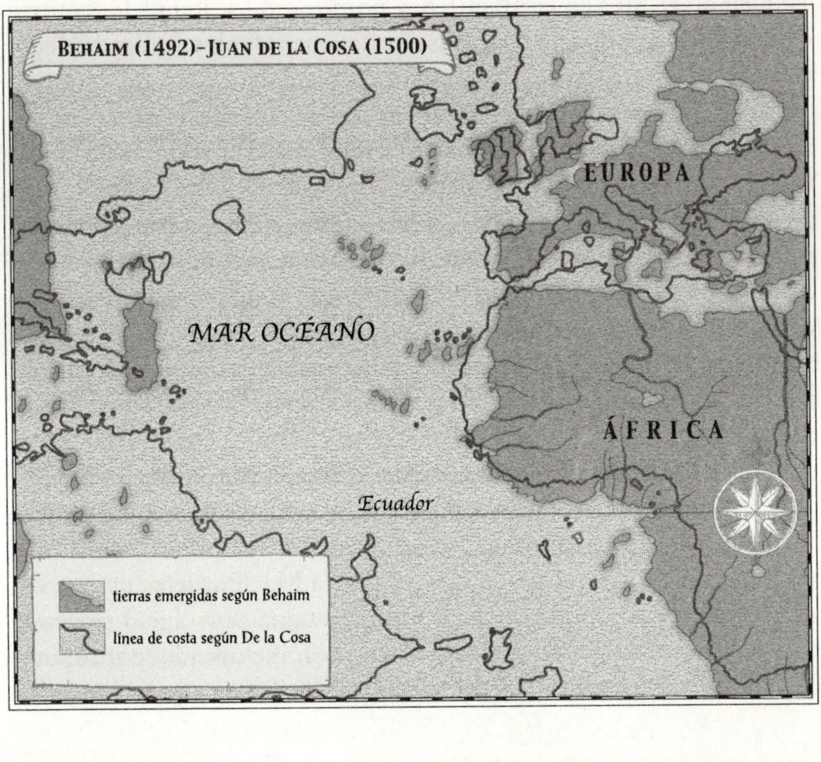

miento; las de Barcelona y Marsella, hasta cuatrocientas; mientras que las naves mercantes genovesas, que Colón debió de ver de niño, llegaban a tener hasta mil toneladas de desplazamiento. Las carabelas estaban concebidas para viajes largos, o para la piratería, más que para llevar pesados cargamentos. Eran ligeras y tenían un casco prácticamente circular.[17]

El viaje de Colón, de agosto a octubre de 1492, se ha descrito tantas veces que casi parece superfluo añadir nada más. Sin embargo, tal vez podamos arrojar nueva luz sobre la travesía. El primer tramo, desde el río Tinto, duró una semana. Aquel tramo siempre había sido fácil debido a las corrientes y a los vientos favorables. Era el regreso desde Canarias el que, en tiempos de la navegación a vela, siempre obligaba a virar de bordo a menudo durante muchos días. Aquel tramo condujo a Colón hasta Gran Canaria, donde permaneció con sus tres naves durante casi un mes. Allí tuvieron que reparar el timón de la *Pinta*, el velamen de la *Niña* dejaba mucho que desear, y parecía necesario embarcar más provisiones y pertrechos, y una buena cantidad del famoso queso de cabra de la más occidental isla del archipiélago, La Gomera, que tenía un excelente puerto natural de aguas profundas. Colón eligió Canarias como punto de partida porque tenía cierto conocimiento del régimen de vientos en el Atlántico, y porque eso fue lo que le aconsejó Toscanelli. Tuvo que partir de un puerto español, prescindiendo de los archipiélagos portugueses de las Azores y Madeira.

Por entonces, todo el archipiélago, salvo Tenerife, la isla más grande, estaba bajo el gobierno directo español. La Palma fue ocupada en 1491. Además, los monarcas habían aprobado recientemente un plan de Alonso Fernández de Lugo, un jefe militar y empresario castellano, para invadir Tenerife, con su mágico pero a menudo oculto volcán, el Teide. Para ello llevó consigo mil doscientos hombres y un rebaño de veinte mil cabezas, entre cabras y ovejas. Fernández de Lugo conocía bien las islas Canarias, porque allí había instalado el primer molino de caña de azúcar, en Agaete, en Gran Canaria, pero lo vendió para financiar la conquista de Tenerife. Probablemente contó con mucha ayuda de la brillante labor misionera llevada a cabo anteriormente por la indígena cristiana Francisca de Gazmira. Entretanto, el Tratado de Alcáçovas de 1479 había permitido a los castellanos dirigidos por Jofre Tenorio construir una fortaleza, Santa Cruz de la Mar Pequeña, en la costa africana frente a Lanzarote. Esta fortaleza tenía por objeto servir de punto de partida para el comercio con África, incluyendo, por supuesto, el tráfico de esclavos. Éste fue el origen del Sahara español.

La gobernadora de hecho de La Gomera era por entonces Beatriz de Bobadilla (que no hay que confundir con su prima, la amiga de la reina, del mismo nombre, la marquesa de Moya). Beatriz era conocida como «la cazadora», «tan cruel como hermosa», según la leyenda. Había acompañado a su esposo Hernán Peraza a la isla y luego, al ser asesinado éste en 1488, contraatacó y restableció el control español tras un gran derramamiento de sangre.[18] Se rumoreó que había tenido un romance con el rey, y, en Córdoba, con Colón,[19] pero estas delicadas cuestiones nunca han sido aclaradas. Sea como fuere, Beatriz no fue en modo alguno una ayuda para la expedición de 1492.

Fue provechoso que Colón permaneciese tanto tiempo en el archipiélago, porque allí pudo observar por sí mismo una interesante combinación de empresa privada y control estatal, una combinación que se había producido también, y con eficacia, en el siglo XIV en las islas Baleares. Ciertamente, Mallorca fue una conquista real, al igual que Menorca. Pero Ibiza y Formentera fueron conquistadas por contingentes privados que actuaban con la aprobación real. También en Canarias varios personajes, mitad militares mitad empresarios, financiaron viajes, después de haber recibido la aprobación real. Esta combinación debió de parecerle interesante a Colón. Por lo que tenía de eco de la Reconquista y de adelanto de lo que ocurriría en el Nuevo Mundo, la técnica de la conquista de Canarias puede considerarse como un «ensayo» de los fundamentos coloniales de España.[20] Incluso en la actualidad una visita a Canarias ofrece al viajero un símil de lo que puede esperar encontrar en Sudamérica: la luz, la arquitectura, el colorido, incluso el acento con el que hablan los isleños.

Las Canarias eran siempre rentables. La urchilla era buscada con empeño por el consejero real Gutierre de Cárdenas y por su esposa Teresa para venderla a los mercaderes genoveses por su uso como tinte. Los molinos de caña de azúcar, en los que trabajaban esclavos negros traídos de África, habían sido construidos en muchos casos con dinero genovés (en 1515 había unos treinta, y su producción era probablemente superior por entonces a la de Madeira). Ya habían aparecido las primeras denuncias de malos tratos a la población indígena de Canarias, por parte, por ejemplo, de fray Juan Alfonso de Idularen y fray Miguel López de la Serna, en un informe enviado a la reina, en el que Pedro de Vera, el conquistador de Gran Canaria, tratante de esclavos y brutal jefe militar, era el principal acusado. Asimismo, este hecho fue un precedente de similares acusaciones que se harían después en el

Nuevo Mundo. El rápido descenso de la población indígena a causa de las enfermedades contagiadas por los españoles también anunciaba lo que ocurriría en Sudamérica, así como la enemistad entre los propios pueblos nativos, hasta el punto de que algunas poblaciones de Gran Canaria ayudaron a los españoles a conquistar Tenerife (algo de lo que se beneficiarían también los conquistadores de todo el continente americano).

Colón y sus tres naves partieron de La Gomera el 6 de septiembre, después de rezar en la nueva iglesia parroquial de San Sebastián, un templo de considerables dimensiones que aún señorea frente al océano. Colón puso rumbo oeste, con una ligera deriva hacia el suroeste. Los vientos alisios impulsaban el velamen, la mejor manera de navegar hacia las Indias occidentales. Al poco, aquella porción de mar daría en llamarse el golfo de las Damas. Antes de zarpar, el Almirante se enteró, a través de un marinero que acababa de llegar de la isla canaria de El Hierro, de que había algunas carabelas portuguesas en el Atlántico oriental, con la idea de obstaculizar su viaje. Es posible que el rey de Portugal estuviese realmente ansioso por vengarse de Colón por haber puesto su lealtad al servicio de España. Pero el genovés eludió este peligro, en caso de que fuese real. Sea como fuere, desde el primer momento pensó que sus verdaderos enemigos podían estar a bordo de sus propias naves. De ahí que, a partir del cuarto día, empezase a llevar dos diarios: uno exacto, y otro en el que deliberadamente hacía constar muchas menos millas de las recorridas, con objeto de no inquietar demasiado a la tripulación. Es posible que su intención fuese mantener la ruta en secreto porque quienes entonces eran compañeros podían ser rivales en el futuro. Lo último que vería la expedición, al igual que ocurriría con muchas otras en el futuro, será el perfil del Teide.

El 22 de septiembre, Colón le mostró a Pinzón su mapa, «en el que el Almirante «tenía pintadas algunas islas». Según el padre Las Casas se trataba del mapa de Toscanelli. Pero Colón no se orientó a partir de ese mapa para su travesía; debió de ser otro.[21]

El 24 de septiembre hubo gran tensión a bordo de las naves: ninguno de los marineros había estado nunca tanto tiempo sin avistar tierra. Algunos opinaban que «era gran locura y ser homicidas de sí mismos aventurar sus vidas por seguir la locura de un hombre extranjero, que por hacerse gran señor, se había puesto a morir».[22] Otros creían que lo mejor sería matar a Colón echándolo por la borda. Pero la crisis fue superada, y la flotilla siguió navegando durante otras dos semanas. Sin

embargo, seguían sin avistar tierra. Colón no trató de afirmarse en su causa comparándose con Moisés.[23]

El 5 de octubre, Pinzón y el Almirante discutieron. Pinzón sugirió virar hacia el sur con objeto de poner rumbo más directo a Japón. Pero Colón pensaba que debía mantener el rumbo y navegar lo más de prisa posible hacia China. Su conocimiento del Lejano Oriente era, como puede verse, bastante precario. Posteriormente, los amigos de Pinzón comentaron que el incidente tuvo lugar tras preguntarle el genovés a Pinzón qué convenía hacer.[24] El marinero Francisco García Vallejo comentó que Colón reunió a los capitanes de las otras dos naves —y quizá también a los pilotos— y les pidió consejo acerca de lo que debía hacer con su tripulación, que lo estaba pasando muy mal. Vicente Yáñez, el capitán de la *Niña*, repuso: «Avancemos dos mil leguas y entonces, si no encontramos lo que buscamos, podemos dar media vuelta.» Pero su hermano, Martín Alonso Pinzón, no fue de la misma opinión y apoyó a Colón. «¡Bendito seáis», exclamó el Almirante. Y fue por la opinión de Martín Alonso Pinzón por lo que siguieron adelante.[25]

Al día siguiente se produjeron quejas, en esta ocasión entre los marineros vascos de la *Santa María*. Al parecer, Colón convenció a Martín Alonso para que los tranquilizase. Pero, al cabo de unos días, «los hombre no parecían capaces de resistir más».[26] En una conversación mantenida en el camarote de Colón en la *Santa María,* los hermanos Pinzón y Peralonso Niño le dieron a Colón tres días más para descubrir tierra; si para entonces no la habían descubierto, pondrían rumbo a España. Por lo menos un historiador afirma que Colón le contó entonces a Martín Alonso su relato del «piloto desconocido».[27]

El 10 de octubre, Colón anunció que regalaría una capa de seda al primer hombre que avistase tierra, pero la idea fue acogida con silencio. ¿De qué iba a servirles una capa de seda en el océano? Pero aquel mismo día Colón y Martín Alonso vieron pájaros. Y Martín Alonso dijo sabiamente: «Esos pájaros no vuelan así sin ninguna razón.» Aquella misma noche, Colón, Pero Gutiérrez y el veedor Rodrigo Sánchez creyeron ver luz que supusieron que procedía de tierra. Al día siguiente, dos horas después de la medianoche, con luna llena, Juan Rodríguez Bermejo, un marinero sevillano de la *Pinta,* vio «una cabeza blanca franja de tierra», gritó «¡Tierra! ¡Tierra!», y disparó una lombarda.[28] Al día siguiente, el 12 de octubre, Colón desembarcó.[29]

Es fácil imaginar el entusiasmo de los noventa miembros de la expedición de Colón al anclar frente a la orilla en las tranquilas y azules aguas mientras las olas batían la borda de la carabela, cuando por primera vez en la historia una nave europea se detenía en lo que ahora debemos considerar aguas «americanas».

Probablemente, Colón había llegado a las Bahamas, a lo que en la actualidad conocemos como San Salvador, llamada entonces por los indígenas Guanahaní. Colón bautizó el lugar como San Salvador, la primera de las innumerables islas a las que, por lo general, puso nombres de santos.[30] Vio indígenas a los que desde el principio llamó «indios»; parecían gentes sencillas, aunque los regalos que les hicieron (loros, jabalinas, bolas de algodón) eran, en su mundo, tan refinados como los regalos españoles (sombreros, pelotas y cuentas de vidrio). Aquellos indígenas de las Bahamas serían posteriormente aniquilados por el contacto con los españoles. Estaban muy estrechamente emparentados con los taínos, a los que Colón no tardaría en encontrar en el Caribe.[31] Lo que más llamó la atención del genovés en cuanto al aspecto de los indígenas fue que iban desnudos.

Colón tomó posesión de San Salvador en nombre del rey y de la reina de España,[32] e izó el pabellón de los monarcas: una cruz verde sobre fondo blanco con la F y la Y que simbolizaban a Fernando e Isabel (Ysabel). Sin embargo, no pareció pensar que aquello podía constituir un acto de guerra con el emperador Ming de China, el shogun Hosokawa de Japón o el emperador Mongol; debió de suponer que aquélla era una de las innumerables islas que Marco Polo había referido que estaba frente a la costa de Asia, sin que estuviesen bajo la protección de ningún país.

Los nativos se asombraron de las barbas de los europeos, especialmente de la del Almirante. Ellos parecían ser del mismo color que los guanches, los nativos de las islas Canarias, llevaban el pelo largo y eran bien parecidos. Algunos iban pintados de negro o de blanco (unos todo el cuerpo y otros sólo la cara). Todos parecían tener menos de treinta años y portaban espadas de madera. Algunos llevaban colmillos de peces a modo de puñal. Era obvio que algunos de aquellos «indios» habían sido heridos en batallas con poblados vecinos que habrían tratado de capturarlos. Sorprendentemente, Colón pensó que aquellos indígenas «ligeramente se harían cristianos». Poseían largas canoas «maravillosamente grabadas» y hechas con troncos.

Algunos nativos de San Salvador llevaban colgantes de oro que pendían de orificios practicados en la nariz. Mediante señas, le dijeron a Colón que, al sur, había un rey que tenía mucho oro, e incluso barcos hechos con ese metal. Pero el Almirante trató sin éxito de convencer a los indígenas de San Salvador para que los guiasen hasta allí. Al fin y al cabo, no había navegado más de tres mil millas en difíciles circunstancias para encontrar una isla de gesticulantes salvajes. La actitud de los nativos fue inteligente: era el mejor modo de deshacerse de aquellos extraños, un recurso utilizado por muchas otras poblaciones en las siguientes generaciones.

El 14 de octubre Colón bordeó «la isleta», vio otros poblados y se encontró con otros «indios» que «según creímos entender nos preguntaban si procedíamos del cielo». Colón capturó a siete indígenas y les propuso viajar con ellos a Castilla para aprender español, con objeto de que después pudiesen hacer de intérpretes. Dos de ellos lograron escapar al día siguiente, pero en las semanas siguientes otros indígenas fueron asimismo capturados. Uno de ellos, a quien llamaron «Diego Colón», permaneció junto al Almirante como intérprete durante dos años.[33]

El Almirante llegó a pensar incluso en enviar a toda la población a Castilla —presumiblemente como esclavos—, porque consideraba que, con cincuenta hombres armados, podría dominarlos a todos.[34] Dijo de ellos que eran «gente harto manso» y «muy símplice de armas», y que estaba seguro de que serían «buenos servidores».[35]

El Almirante, que durante cierto tiempo estaría al mando de las tres naves, recaló en varias islas más, en lo que en la actualidad conocemos como archipiélago de las Bahamas. A una de ellas la llamó Santa María de la Concepción, y a otras dos Fernandina e Isabela, respectivamente. Pero no está claro de qué islas se trataba. Todas ellas eran llanas y no ofrecían mucho atractivo para la colonización o la agricultura. Colón no tomó posesión de todos estos territorios formalmente, porque debió de suponer que haber anexionado una equivalía a haberlas anexionado todas.[36] En cambio, les puso nombre a todas, aunque como es natural ya tenían su nombre indígena. Los nativos le regalaron algodón, y él correspondió con cuentas de vidrio y baratijas que fueron muy bien recibidas. Colón escribió de forma entusiasta en su diario acerca de los árboles, los aromas de las flores que llegaban de la orilla, como en Córcega, y de la limpieza de las casas, de las hamacas y de los perrillos, así como de los taparrabos de algodón que llevaban las mujeres. Hablaba constantemente de oro, que con el mayor optimismo suponía que iba a encontrar en la siguiente isla, y no se decidió a salir de las Bahamas hasta que se convenció de que «aquí no ay mina de oro». Colón lamentaba no poder identificar todas las plantas que encontraba en su exploración, aunque creyó encontrar aloes. Hacía constantes comparaciones con el paisaje de Andalucía en abril. Los trinos de los pájaros de Long Island (Isla Larga) «eran tan dulces que nadie hubiese querido abandonar el lugar».[37]

El 24 de octubre el Almirante partió hacia lo que creía que debía de ser Japón, o parte de él: «otra gran isla [...] que llaman Colba [...] Pero sigo decidido a adentrarme en tierra hasta la ciudad de Quinsay para entregar las cartas de Vuestras Altezas al Gran Kan». «Colba» era la actual Cuba. Los nativos de Guanahaní decían que no era posible bordearla entera en veinte días, un comentario que sugiere que podían circunnavegarla en algunos días más; una lección que Colón no aprendió. El Almirante dijo que la isla «era mayor que Inglaterra y Escocia juntas», aunque, en realidad, es menor que Inglaterra.[38] Ciertamente creyó al principio que se trataba de una isla y sólo después insistió en que era un continente.

Cuando llegó a Cuba el 28 de octubre, Colón supuso que era parte del continente asiático,[39] y la llamó «Juana». Remontó lo que creyó que era un hermoso río que debía de tratarse de la bahía de Bariay, no lejos de lo que llamó Río de Mares: «Nunca he visto nada tan bonito.»

El paisaje le recordó al de Sicilia. Había magníficas palmeras diferentes de las de España y Guinea. Vio perros que no ladraban y aparejos de pesca.[40] En otra población encontró chozas con techumbres de hojas de palmera, figuritas femeninas e interesantes adornos de junco, el río era tan apacible como el de Sevilla, y estaba lleno de ranas. También vio adornos de plata que los indígenas llevaban colgados de la nariz.

¿Había en aquella costa los cocoteros, las anémonas, las lavandas, las ipomeas, los cedros y la strumpfia marítima que admiramos actualmente al llegar a la costa oriental de Cuba? Sin duda la respuesta es sí. Colón también debió de ver los manglares y los mahoe.

A principios de noviembre, el Almirante envió tierra adentro a Rodrigo de Xerez, de Ayamonte, y a Luis de Torres, de Murcia, con dos indios, uno de San Salvador y otro local (Luis de Torres «había vivido con el adelantado de Murcia [Fajardo] y era de origen judío, de modo que, presumiblemente, ya no lo era, y conocía el hebreo y un poco el árabe»).[41] A juzgar por su apellido, es muy probable que Xerez también fuese un converso.[42] Regresaron al cabo de cuatro días después de haber encontrado un gran poblado de cincuenta grandes chozas de madera en forma de tienda, con techumbres de hojas de palmera, en las que vivían muchas personas como si se tratase de residencias dormitorio.[43] Aquélla fue la primera población de cierta importancia que encontraron los españoles en el Nuevo Mundo; la habitaban los taínos.[44]

El jefe de los indígenas se acercó a saludar a los españoles y los hizo sentar en dúhos (sillas de madera, con cola, ojos y orejas de oro), y los nativos les besaron las manos y los pies («creyendo que habían llegado del cielo». Torres y Xerez encontraron tabaco («ciertas hierbas cuyo humo inhalan»), una planta cuyo papel en la historia ha sido tan importante como controvertido. También encontraron algodón que extraían de las ceibas, y parece ser que el Almirante pensó que los mercaderes españoles podían organizar un comercio con este producto.

Como se trataba de un viaje de descubrimientos, Colón ansiaba ver todo lo posible. El 12 de noviembre zarpó hacia lo que resultó ser Inagua Grande, donde, en una loma, vio cruces que eran utilizadas para ver si se acercaba un huracán, pero a los europeos les pareció que debían de estar cerca de una población cristiana. Luego enfilaron hacia el oeste hasta un lugar cercano a Puente Malagueta y regresaron a Gibara, Cuba, donde pasaron otras dos semanas y secuestraron a varios indios más para llevarlos a España. Encontraron cera que posteriormente el padre Las Casas creyó que debía de proceder de Yucatán, lo que podía indicar que había contacto con el continente.[45] Colón envió buceadores en busca de perlas, pero resultó que las ostras que allí había estaban vacías.

Por entonces, el Almirante tuvo que afrontar otra rebelión: el ambicioso Martín Alonso Pinzón se había hecho a la mar sin permiso el 21 de noviembre con la *Pinta*, con la intención de encontrar oro por su cuenta. Su acción, consecuencia de una creciente sensación de frustración por tener que seguir las órdenes de Colón, fue un flagrante acto de indisciplina. Pero, prudentemente, Colón no perdió la calma, hizo como si no le diese importancia, pospuso lo que pudiera ser su reacción para un momento más oportuno y, al parecer, logró que el hermano de Pinzón, Vicente, siguiese lealmente a su lado.[46]

Con sólo dos naves, la *Santa María* y la *Niña*, el Almirante se vio en el extremo más oriental de Cuba, en Baracoa, que llamó Puerto Santo, y que describió exultante de entusiasmo. Tras reanudar la travesía, el 5 de diciembre, encontró un viento que lo llevó hasta «Haití», como lo llamaban los indígenas, y que Colón bautizó de inmediato con el nombre de La Española, debido a su vegetación. Incluso lo que se pescaba frente a la costa se parecía mucho a los peces que se conocían en España.[47] La Española le pareció a Colón «la mejor tierra del mundo»; estaba convencido de que se trataba de Japón y de que allí había oro, en la arena o piedras de los ríos. Sólo por eso su viaje parecía haber merecido la pena. Por otra parte, la población de La Española parecía más cultivada que la de Cuba. Estaba organizada en varios «principados» y en todos ellos trabajaban la piedra y la madera y construían campos para jugar a pelota, y fabricaban collares y colgantes de piedra. Colón pensó: «Crean Vuestras Altezas qu'estas tierras [...] son así suyas como Castilla, que aquí no falta salvo asiento y mandarles hazer lo que quisieren, porque yo con esta gente que traigo, que no son muchos, correría todas estas islas sin afrenta [...] y así son buenos para les mandar y les hazer trabajar y sembrar y hazer todo lo que fuera menester, y que hagan villas y se enseñen a andar vestidos y a nuestras costumbres».[48] Colón hablaba continuamente de que había visto naves del Gran Kan y otras señales de la civilización china, pero no parece que se parara a pensar cómo podía apoderarse impunemente de aquellas tierras y de aquella poderosa población soberana.[49]

De no haber encontrado oro u adornos hechos de oro, el interés español por las Indias se hubiese evaporado. Pero, como lo encontraron, el interés se acrecentó y ya nunca remitiría.[50]

Sin embargo, junto a aquel pueblo amistoso, los taínos, resultó que en el Caribe también había belicosos antropófagos. La palabra «caribe» o «caníbal» (ambas se consideraron durante mucho tiempo como sinónimas) apareció por primera vez el 26 de diciembre de 1492 en el diario de a bordo de Colón: el Almirante y sus capitanes estaban cenando con uno de los príncipes locales, que llamaban «caciques», y «después de cenar el cacique condujo al Almirante a la playa y Colón mandó a por un arco y unas flechas e hizo que uno de sus acompañantes disparase las flechas; y al cacique, que no había visto nunca nada semejante, le pareció maravilloso y dijo que quería hablar de los "caniba", a quienes llamarían "caribes" [...] y luego el Almirante le indicó por señas que los monarcas de Castilla destruirían a los caribes [...] e hizo que sus hombres disparasen también una lombarda y una espingarda».[51]

La lombarda fascinó y al mismo tiempo aterró a los indios. El cacique sintió un gran alivio al decirle el Almirante que utilizaría aquellas armas para defenderlo y, en agradecimiento, el cacique le regaló varias máscaras con ojos y orejas de oro.[52] Colón opinaba que los nativos eran «tan afectuosos, generosos y tratables ["convenibles"], que aseguro a Vuestras Altezas que no hay pueblo mejor en ninguna tierra ni en todo el mundo. Aman a sus vecinos como a sí mismos y su lengua es la más dulce y gentil del mundo [...] van desnudos [...] pero [...] tienen muy buenas costumbres y su príncipe tiene tal porte y dignidad que es un placer verlo».[53] Colón también pensaba que los pimientos que encontró en la isla eran superiores a los que había llevado consigo desde Guinea y Alejandría.[54]

La Nochebuena de 1492, la más grande de las naves de Colón, la *Santa María*, con la que había cruzado el Atlántico, embarrancó absurdamente al chocar con un arrecife de coral frente a la costa septentrional de La Española, cerca de lo que actualmente es cabo Haitien, en Haití. En aquellos momentos, el Almirante estaba durmiendo e informó de que el accidente fue culpa del vigía de guardia. Luego lo achacó a la mala fe de «los hombres de Palos» que, según él, le habían proporcionado una mala nave. El lugarteniente de Colón, Diego de Arana, primo de su amante cordobesa, dispuso con el cacique Guacanagari, con quien habían cenado, que enviase hombres para ayudar a los españoles a desembarcar las provisiones que estaban a bordo antes de que la nave se hundiese. Y así lo hicieron, pero Colón se quedó con una sola nave.

El Almirante tomó entonces una medida que posteriormente tendría una importancia decisiva. Al salir de Palos no pensó en ningún momento en ocupar territorio, pero ahora, ante la imposibilidad de regresar con todos sus hombres a España en una pequeña nave, tuvo que hacerlo. Fundó un enclave que llamó «fuerte Navidad» (ya que era el día de Navidad), para treinta y nueve hombres que pensó que convendrían en seguir allí recogiendo muestras de oro y aguardarían a que llegara una nueva expedición española. Colón justificó el establecimiento del enclave de Navidad como producto de una revelación, no de que la *Santa María* se hubiese hundido: «Está claro que Dios quería que hubiese aquí una guarnición», comentó, y con las planchas de la nave construyó el fuerte con una torre de madera y un foso.

El 4 de enero de 1493, Colón dejó aquella primera población europea de las Américas en manos de Diego de Arana, junto a treinta y nueve hombres más.[55] Uno de ellos era el médico, maestre Juan, además de Luis de Torres, el converso que hacía las veces de intérprete y que fue uno de los primeros hombres en ver fumar tabaco a los taínos. También dejó allí algunos efectos personales. Al cacique que conoció en Tórtola le regaló una colcha que había utilizado en su cama, «algunas cuentas de ámbar muy buenas», unos zapatos rojos, «un frasco de agua de flor de naranjo» y una cuenta en la que había grabado las cabezas del rey y de la reina copiándolas de un excelente, moneda corriente por entonces en Castilla.[56]

CAPÍTULO 7

Qué alegría bañó los corazones de todos

> Que jubilo, que gozo, que alegría bañó los corazones de todos.
>
> Comentario del padre Bartolomé de Las Casas acerca de lo ocurrido cuando el rey y la reina recibieron a Colón en Barcelona en 1493.

Colón decidió entonces regresar a España. Fue una decisión valiente, e incluso temeraria, teniendo en cuenta el mal tiempo que suele hacer en primavera en aquellas regiones. A bordo de la *Niña* junto a quince de sus hombres, Colón puso rumbo este a lo largo de la costa norte de La Española y al fin encontró al errante Alonso Pinzón y a la *Pinta* cerca de la actual Montecristi, en la República Dominicana. Pinzón, con su tripulación de veintitrés hombres, volvió a integrarse en la expedición, con un cargamento de oro que valía unos novecientos pesos y que, según él, había conseguido mediante trueque. Puso varias excusas por haber desertado, y Colón fingió creerlo.

En una investigación llevada a cabo en 1513, varios testigos[1] afirmaron que Pinzón había llegado a Maguana. Allí había visitado la casa de varios príncipes, uno de ellos llamado Behechio y otro Canoabo, «por donde anduvo e falló grandes muestras de oro».[2] También encontró chile, canela, perlas, piña tropical y tabaco, además de muchas canoas y hamacas. Colón llevó consigo en la *Niña* a seis indios, según Pedro Mártir, uno de los cuales murió durante la travesía.[3] Y, según una entrada en su diario de a bordo, fechada el 1 de enero, había encontrado aquello que buscaba.[4]

El viaje de regreso a España no estuvo exento de incidentes. El 13 de enero, cuando la reunificada expedición de la *Pinta* y la *Niña* llegó a una península llamada Samaná, frente a La Española, los españoles tuvieron su primer choque armado con pueblos indígenas del Nuevo Mundo. Es posible que, con objeto de hacerse con esclavos, fuesen los europeos quienes atacaran y que los indios se defendiesen. Los taínos, con profusión de pintura en su cuerpo, utilizaron largos arcos de junco y flechas con la punta —de madera y a veces de diente de pez— muy afilada y algunas impregnadas de veneno. Esta resistencia convenció al Almirante de que aquellos hombres debían de ser «los caribes antropófagos».[5] Según le dijeron sus amigos indígenas, «los caníbales asaltan habitualmente sus islas para robarlos con continuas acometidas, no de otro modo que en los bosques los cazadores persiguen a las fieras con violencia y con trampas. A los niños que cogen, los castran como nosotros a los pollos o cerdillos que queremos criar más gordos y tiernos para comerlos; cuando se han hecho grandes y gordos, se los comen; pero a los de edad madura cuando caen en sus manos, los matan y los parten; los intestinos y las extremidades de los miembros se las comen frescas, y los miembros los guardan para otro tiempo, salados como nosotros los perniles de cerdo. El comerse las mujeres es entre ellos ilícito y obsceno; pero sí cogen algunas jóvenes las cuidan y conservan para la procreación, no de otra manera que nosotros las gallinas, ovejas, terneras y demás animales. A las viejas las tienen por esclavas para que les sirvan [...] I la isla que habitaban aquellos monstruos [se referían en realidad a la península] se encuentra hacia el sur y equidista de las otras islas...».[6] Es posible que se tratase de Guadalupe. Y de ahí partió el mito, pues durante la siguiente generación todo nativo que se resistiese a los españoles era llamado caníbal, propio para ser esclavizado. Colón llamó a la bahía y al cabo «de las flechas».

Por lo pronto, Colón tuvo dificultades para capear los vientos desfavorables que soplaban del este. Puso rumbo noreste a través del mar de los Sargazos, con tan densas capas de algas que algunos de sus hombres temieron no poder seguir avanzando. Luego pusieron rumbo este, hacia las Azores. Durante la travesía los sorprendió una tormenta y de nuevo las dos naves se separaron. El 14 de febrero Colón escribió dos cartas: una a Luis Santángel,[7] el tesorero y su mejor apoyo, y otra al tesorero aragonés Gabriel Sánchez. En la carta a Santángel describía que, en treinta y tres días, había llegado a las Indias y había encontrado muchas islas densamente pobladas que bautizó con los nombres de San Salvador, Santa María de la Concepción, Fernandina, Isabela, Juana (Cuba) y La Española. Durante la travesía de regreso había encontrado otras seis islas, pero no tierras continentales. Colón introdujo su carta en un barril con una nota que decía que quienquiera que la encontrase debía entregarla a los reyes.

El objeto de estas cartas fue que «si se perdiese con aquella tormenta los reyes hobiesen noticia de su viaje...».[8] Pero estas precauciones resultaron innecesarias porque, el 17 de febrero de 1493, la *Niña* llegó al puerto de Santa María en las Azores. La *Pinta*, con Martín Pinzón, había desaparecido.

Diez de los hombres de Colón desembarcaron en las Azores el Miércoles de Ceniza para dar gracias a la Virgen, pero fueron detenidos casi de inmediato por Juan de Castañeda, el capitán portugués que estaba al mando de la isla. El Almirante tuvo dificultades para rescatarlos, porque las relaciones entre Portugal y España eran por entonces bastante malas. Sin embargo, logró su propósito. Mostró a las autoridades portuguesas «desde lejos» su privilegio del 30 de abril de 1492.[9] Colón dejó las Azores el 20 de febrero y desde allí llegó, el 4 de marzo,[10] a Lisboa, la ciudad portuaria europea más cercana. Aquel mismo día, el genovés añadió una posdata a su carta para Santángel, diciendo que se detenía en Portugal a causa del mal tiempo.[11] Reiteraba que había llegado a las Indias «en treinta y tres días», y explicaba que para la travesía de regreso había empleado sólo veintiocho.[12]

Con aquella misma fecha Colón escribió también una carta a los reyes en la que les anunciaba el descubrimiento. Era una carta muy parecida a la que escribió a Santángel. En la misiva les hacía la interesante petición de que el rey recomendase a su hijo Diego, que seguía siendo paje del infante, para que el papa le concediese la dignidad cardenalicia cuando (tal como Colón esperaba) Fernando escribiese a Inocencio VIII acerca de los descubrimientos, «suplico que, en la carta que escriva d'esta victoria, que le demanden un cardenalgo para mi hijo y que, puesto que no sean en hedad idónea, se le dé, que de poca diferencia ay en el tiempo d'él y del hijo del Oficio de Medizis de Florencia a quien se dió el capelo sin que aya servido ni tenga propósito de tanta honra de la christiandad».[13] Pero esta carta no la envió hasta haber llegado a España. Colón escribió varias cartas más relatando sus logros; una de ellas a su amigo de 1490, el duque de Medinaceli, y otra a Juanotto Berardi, el mercader florentino de Sevilla.

Antes de llegar a España, el Almirante visitó al rey Juan de Portugal el 6 de marzo, en el convento de Santa María das Virtudes, en el valle del Paraíso, a unos cincuenta kilómetros de Lisboa. El rey había ido allí debido a la epidemia que se había declarado en la capital. Como es natural, posteriormente, esta visita suscitó recelos en Castilla. Ciertamente, fue recibido de forma entusiasta por el rey Juan que, como era de prever, adujo que las nuevas tierras descubiertas por Colón debían pertenecer a Portugal y no a España, en virtud de los tratados entre ambos países.[14]

Colón visitó también a la reina Isabel de Portugal, hija mayor de Fernando e Isabel, en el convento de San Antonio, en Vila Franca de Silva.[15] El rey Juan le ofreció caballos al Almirante para viajar hasta Castilla, si quería hacerlo por tierra, pero Colón prefirió hacerlo por mar. Cuando hubo partido, el 13 de marzo, el rey Juan sometió a un largo interrogatorio a los dos portugueses que habían estado con Colón y que se quedaron en Portugal. De inmediato decidió enviar una flota al mando de Francisco de Almeida, para localizar las tierras descubiertas por el genovés.[16] Un cronista portugués, Rui de Pina, comentaría que algunos cortesanos del rey Juan sugirieron que Colón debía ser asesinado antes de que llegase a España para poder aprovecharse de las noticias de la expedición.[17]

Los Reyes Católicos recibieron la noticia del regreso de Colón el día 9 de marzo, en Barcelona. Un empresario milanés, Anibal Zennaro, establecido en la Ciudad Condal, le escribió acerca de la expedición a su hermano, que era embajador en Milán. Zennaro escribió aquel mismo día que Colón había regresado y que, tras desembarcar en Lisboa, le había escrito al rey, que lo había mandado llamar a Barcelona.[18] El texto es interesante: «El pasado agosto, estos monarcas, como consecuencia de las peticiones de un tal Columbus [Colón] accedieron a que fletase cuatro [sic] carabelas para navegar por la mar Océana y viajar rumbo oeste [...] hasta llegar a Oriente, porque siendo el mundo redondo devía forzosamente dar la vuelta y encontrar la parte oriental. Y así lo hizo, [...] y en treinta y tres días, llegó a una gran isla donde había habitantes cuya piel era de color oliva, iban desnudos y no mostraban disposición a luchar.»[19]

A finales de marzo, la noticia se había propagado por todas partes. El florentino Tribaldo de Rossi difundió la noticia del descubrimiento de las Indias en su *Libro di Conti*, una hoja informativa, presumiblemente tras obtener la información de uno de los muchos compatriotas que vivían en Sevilla.[20]

Durante los diez meses que Colón estuvo ausente de la corte, los monarcas habían abandonado Granada y Santa Fe, a finales de mayo de 1492. Primero fueron a Córdoba y después viajaron hacia el norte, deteniéndose de vez en cuando hasta llegar a Barcelona, el 18 de octubre, donde permanecieron hasta finales de enero de 1493, básicamente para supervisar la negociación diplomática para recuperar el Rosellón y la Cerdaña, que el padre de Fernando, Juan II, había hipotecado al rey Luis XI de Francia en los años sesenta de esa centuria.[21] Entretanto, la reina preparó su reforma de los monasterios. No sería sorprendente que la reina hubiese leído el bestseller de aquel año, *Cárcel de amor* de Diego de San Pedro, ya que estaba dedicado a uno de sus más queridos amigos, el jefe de los pajes reales, el «alcaide de los Donceles», Diego Fernández de Córdoba.

En diciembre de 1492, Fernando había sido atacado por un hombre con un cuchillo en la plaza del Rey de la capital catalana. Por suerte, el rey llevaba una gruesa cadena de oro que desvió el arma y le permitió sobrevivir al ataque. El agresor era un perturbado mental, «el payés Juan de Cañamares», que confesó que el demonio le había dicho que matase al rey, porque el reino le pertenecía a él por derecho. La reina «fue de inmediato junto a su esposo», tras ordenar que cuatro galeras de guerra se situasen frente al muelle para proteger al infante. «Llamaron a un batallón de médicos y cirujanos —escribió Mártir—, y oscilamos entre el miedo y la esperanza.»[22] Tras varios días con fiebre, Fernando se recuperó. El agresor tuvo una muerte espantosa, cuyos detalles le fueron ocultados a la reina Isabel hasta que se hubo producido.[23] Isabel le escribió a su confesor Talavera: «Pues vemos como los reyes pueden morir en cualquier desastre. Razón es aparejar a bien morir.»[24]

El 19 de enero de 1493, los dos monarcas firmaron un tratado con Francia en virtud del cual Francia devolvía a Aragón las disputadas regiones del Rosellón y de la Cerdaña de las que se habían apoderado en los años sesenta del siglo xv. A cambio, los soberanos españoles accedieron a que el rey Carlos VIII fuese a Italia para desafiar en combate singular al sobrino de Fernando, Ferrante, rey de Nápoles. Fernando e Isabel se dirigieron a Perpiñán para asistir al acto de restitución de las citadas regiones. La reina escribió una larga carta lamentándose de lo tedioso que era tener que cenar tan a menudo con los embajadores franceses.

Durante todos aquellos meses, los monarcas habían permanecido aparentemente tan desinteresados por los posibles logros de Colón como por noticias tales como las de las tragedias sufridas por sus ex súbditos, los indomables judíos. Muchos de ellos fueron apresados por corsarios, y vendidos como esclavos en el mismo puerto del que habían partido, mientras que otros fueron trasladados a los mercados de esclavos de Fez y de Tánger. Algunos regresaron y consintieron en convertirse al cristianismo.

Sin embargo, los monarcas no echaron en saco roto las noticias —posteriores a la muerte del papa Inocencio VIII, a finales de julio de 1492, y de su apresurado entierro en un sepulcro diseñado por Pollaiulo— de que el cónclave había votado al cardenal Borgia, de la misma familia valenciana que Calixto III (su tío), que ascendió al papado con el nombre de Alejandro VI a la edad de sesenta y un años. «Una victoria lograda —dijo Guiccardini—, porque compró abiertamente muchos votos, en parte con la promesa de cargos y prebendas.»[25]

Todo el mundo sabía que Alejandro VI no iba a ser «un papa angelical», como algunos predijeron en 1493, un hombre que no ambicionase el poder temporal, sino únicamente el bien de las almas. Por más pródigo, simoníaco, hedonista y encantador que Alejandro VI pudiera ser, un hombre con un gran don de gentes, descaradamente sensual y amante de las cosas del mundo, sobre todo de las mujeres, además de un gran promotor de su familia (incluyendo a su criminal hijo César), tuvo la ventaja adicional, por lo que a los monarcas se refiere, de ser medio español. Pedro Mártir comentó sarcásticamente que si, cuando sólo era cardenal, el actual papa Borgia había conseguido que a su hijo mayor le concediesen el título de duque de Gandía, ahora sin duda podría convertirlo en rey.[26] Temía que, aunque fuese español, los monarcas detestaban la idea de un papa «perverso, lascivo y con desmedida ambición para sus hijos».[27]

Por otro lado, el hecho de que Alejandro Borgia fuese papa tenía claras ventajas para los monarcas españoles: el lenguaje que se usaba allí era el valenciano y lo siguió siendo durante todo su pontificado.[28] Fernando simpatizaba con Alejandro y no era persona proclive a criticar a nadie por cuestiones morales. Sin embargo, como vicecanciller del papa Sixto IV, Alejandro Borgia había influido en la política de Roma de apoyo a Fernando e Isabel, desde su visita a España en 1492 como legado pontificio, confiando en garantizar el activo apoyo español contra los turcos. Fue Alejandro Borgia quien convenció al joven cardenal Mendoza para que estuviese de parte de Fernando e Isabel y dejar solo al rey Enrique; fue él quien consiguió la verdadera bula que permitía el matrimonio entre primos segundos, y fue también él quien aprobó que Fernando se hiciese con la dignidad de Maestre de la Orden de Santiago en 1476 tras la muerte de Rodrigo Manrique. Además —por lo menos de acuerdo con las reflexiones del historiador florentino Francesco Guiccardini—, Alejandro «poseía una astucia y sagacidad singulares, gran criterio, y excepcionales dotes de persuasión, así como una increíble capacidad de concentración y habilidad para afrontar las cuestiones más arduas». Sin embargo, Guiccardini opinaba que, todas estas virtudes pesaban mucho menos que «su obsceno comportamiento, su hipocresía, desvergüenza, falsedad, impiedad, ambición insaciable y descontrolada, una crueldad propia de un bárbaro y su desmedida ambición para encumbrar a sus numerosos hijos».[29] El historiador Infessura comentó que, nada más ser elegido papa, Alejandro regaló todos sus bienes a los pobres, es decir, a los cardenales que le habían votado, con Ascanio Sforza a la cabeza.[30]

Los monarcas enviaron una generosa carta de felicitación a Colón cuando éste iba de camino a Barcelona. Se congratulaban «... y de haberos dado Dios tan buen fin en vuestro trabajo, y encaminado bien en lo que comenzasteis, en que él será mucho servido, y nosotros asimismo y nuestros reinos recibir tanto provecho».[31] Le pedían que se apresurase a llegar a Barcelona y se referían a él con todos los grandes títulos que les había solicitado: «Almirante del mar Océano, visorey e governador de islas que se han descubierto en las Indias.»

No obstante, Colón recaló primero en Palos y luego en Sevilla, donde fue aclamado por las calles y por el joven Bartolomé de Las Casas, el futuro historiador, agitador y apóstol de las Indias. Luego se dirigió a Barcelona, en un viaje triunfal a través de Córdoba, Murcia, Valencia y Tarragona. Llevaba consigo su pequeña banda de indios para exhibirlos en Barcelona.[32]

Martín Alonso Pinzón también había llegado a España, con la *Pinta.* Recaló en Bayona, cerca de Vigo, pocos días antes de que Colón llegase a Sevilla. Estaba dispuesto a plantear un serio litigio en contra del genovés y, ciertamente, podría haber alegado que él había regresado primero a Europa. Escribió a los monarcas que había descubierto lo que creía que eran tierras continentales (¿China?), así como islas, mientras que Colón creía haber descubierto sólo islas. Pero Pinzón murió nada más llegar a Sevilla, posiblemente de sífilis y, en cualquier caso, a quien los monarcas deseaban dar la bienvenida era a su Almirante. Con todo, de haberse dado ciertas circunstancias, América podría haberse llamado «Pinzonia».

Colón llegó a Barcelona probablemente el 21 de abril. Según el padre Las Casas, las calles estaban llenas, y los monarcas recibieron a Colón como a un héroe, permitiéndole sentarse en su presencia y cabalgar junto a ellos durante sus recorridos. Las Casas añadía que el Almirante «parecía un senador del pueblo romano».[33] Pedro Mártir, que estuvo presente, escribió que «Colón fue recibido con honores por el rey y la reina, que lo hicieron sentar en su presencia, una muestra de gran afecto y honor entre los españoles», y añadía que Colón era como «uno de esos personajes a quienes en la Antigüedad convertían en dioses».[34] El cartógrafo Jaume Ferrer, que también estuvo allí, pensaba que el Almirante era «como un apóstol que hacía por Occidente lo que santo Tomás había hecho en la India».[35] Se rezó un *Te deum* en la capilla y, según el padre Las Casas, «Que jubilo, que gozo, que alegría bañó los corazones de todos» al arrodillarse emocionados.[36] Colón le regaló a la reina hutías (mamífero roedor abundante en las Antillas, de pelaje espeso y suave), guindillas, boniatos, monos, loros, oro y seis hombres que llevaban pendientes de oro y aros en la nariz, unos hombres que no eran blancos, sino «del color del membrillo».[37] Aquellos taínos fueron bautizados y apadrinados por la familia real, y uno de ellos, «Juan de Castilla», fue nombrado paje, aunque lamentablemente «Dios lo llamó pronto a su lado».

Estos acontecimientos tuvieron lugar en el salón del trono del Tinell, el palacio Real, en lo que en la actualidad se conoce como plaza del Rey, donde había tenido lugar el intento de asesinato de Fernando muy poco tiempo atrás. El salón había sido diseñado por Guillem Carbonell a mediados del siglo XIV y no se había modificado; el descubridor de América sin duda debió de ver los curiosos murales góticos en las paredes del abovedado salón.

Pocos días después, Pedro Posse publicó una copia de la carta que Colón envió a Gabriel Sánchez a Barcelona. No tardó en aparecer en Roma una edición en latín a cargo de Leandro del Cosco, reimpresa no menos de ocho veces en 1493 (tres en Barcelona, tres en París, una en Amberes y otra en Basilea).[38] Tan amplia difusión de la carta no hubiese sido posible de no ser por el nuevo invento de la imprenta que, a lo largo de la siguiente generación, alentó en todas partes el entusiasmo por los descubrimientos geográficos.

En todas sus cartas de la época, Colón hablaba del regalo que Dios le había hecho a Castilla. ¡Qué conveniente era tener tal regalo tan cerca de las Canarias! ¡Qué ideal era que los indios fuesen a recibir la fe cristiana![39] Colón comentó que en Cuba había oído el canto del ruiseñor por todas partes. Dijo que, en La Española, los indígenas no tenían religión, sino que creían que el poder y la bondad moraban en el cielo;[40] que no había encontrado monstruos, sino personas bien formadas, y que todos hablaban la misma lengua, algo que sería útil cuando tratasen de convertirlos al cristianismo. También dijo que había dejado allí un enclave (el fuerte Navidad), y que había tomado posesión de una gran ciudad, donde había establecido buenas relaciones con el rey local.[41] (No está claro a qué ciudad se refería.) También mencionó a los caribes que, según dijo, recorrían la costa en canoas llevando a cabo violentas incursiones, así como complaciendo a las mujeres de «Matinino» (probablemente, Martinica, que aún no había avistado ni visitado) una vez al año.

Colón concluía que, como resultado de su descubrimiento, «yo les daré oro cuanto ovieren menester con muy poquita ayuda que Sus Altezas me darán agora». Y añadía: «[Les daré] speciería y algodón cuanto Sus Altezas mandarán cargar, y almástica cuanta mandarán cargar [...] y lignáloe cuanto mandarán cargar, y esclavos cuantos mandarán cargar e serán de los idólatras. Y creo haver fallado ruibarvo y canela [...] Esto es harto y... eterno Dios nuestro Señor, el cual da a todos aquellos que andan su camino victoria de cosas que parecen imposibles. [...] Así que, pues nuestro Redentor dio esta victoria a nuestras illustrísimas Rey e Reina e a sus reinos famosos de tan alta casa, adonde toda la christiandad deve tomar alegría y fazer grandes fiestas y dar gracias solemnes a la Santa Trinidad con muchas oraciones solemnes, por el tanto enxalçamiento que havrán en tornándose tantos pueblos a nuestra sancta fe, y después los bienes temporales que no solamente a España, mas a todos los christianos tenían aquí refrigerio y ganancia.»[42]

Colón creía haber estado en Asia. Pero la mayoría de los «sagaces» comentaristas italianos dieron por sentado de inmediato que Colón había descubierto las Antípodas; que había llevado el nombre de Cristo a las Antípodas, que «anteriormente ni siquiera creíamos que existiesen». En Florencia se llegó a hablar del descubrimiento «del mundo opuesto al nuestro».[43] Esto se debió a que la idea encajaba en la corriente general de pensamiento entre los humanistas italianos de los años noventa del siglo XV, porque el escritor eclesiástico Macrobio (siglo V), había escrito comentarios sobre Cicerón que sugerían que «una masa de tierra antípoda puede que exista en los hemisferios norte y sur», y había sido publicado recientemente; y un «enciclopedista» del norte de África, Marciano Capella, había sugerido lo mismo en su curiosa novela alegórica *De Nuptis Mercurii et Philologia*, una obra que por entonces también era ya accesible. (Pierre d'Ailly creía que las Antípodas podían ser una masa de tierra sin solución de continuidad con los continentes conocidos.) Pedro Mártir también pensaba que Colón había estado en las Antípodas: «Ha regresado de las Antípodas occidentales un tal Colón, de Liguria, que sólo ha conseguido de mis soberanos tres naves para el viaje, porque consideraban que lo que decía era quimérico.» (Como

Antípodas significa lo directamente opuesto, habría sido difícil encontrar Antípodas occidentales.)

Mártir dijo también que Colón había estado «en lugares desconocidos», con lo que presumiblemente quería decir que consideraba que no se trataba de lugares que estuviesen en Asia.[44] En septiembre le escribió a su benefactor, el conde de Tendilla, y al arzobispo Talavera, sin cuyo consejo (decía obsequiosamente, aunque inexactamente), Colón no hubiese logrado su propósito: «¡Levantad el espíritu, mis dos sabios ancianos, escuchad el nuevo descubrimiento! Recordad, porque conviene recordarlo, que Colón, el de Liguria estuvo en los campamentos tratando con los Reyes acerca del recorrido por las antípodas occidentales de un nuevo hemisferio de la tierra.»[45] Un mes después escribió, más adecuadamente, al arzobispo de Braga que, por lo que se refería a que Colón hubiese llegado a las Indias, «no lo niego del todo, aunque la magnitud de la esfera parece indicar otra cosa».[46] En noviembre, Mártir utilizó la adecuada expresión «nuevo mundo» *(novi orbis)* para referirse a los lugares donde Colón había estado, en una carta a su benefactor, el cardenal Ascanio Sforza, fechada el 1 de noviembre de 1493.[47]

El propio Almirante, en su carta a Luis Santángel, comentó «cómo en treinta y tres días pasé a las Indias con la armada de los ilustrísimos Rey e Reina Nuestro Señor me dieron».[48] Y, ¿por qué no dijo «la India»? Porque, presumiblemente, Colón quiso utilizar «el término más vago y abarcador que se le ocurrió para sugerir la India, sin contradecir la imaginación popular en España».[49] Fernando Colón, el inteligente hijo del Almirante, comentó que su padre había utilizado la expresión «las Indias» «porque eran la parte más oriental de la India, más allá del Ganges, a la que ningún geógrafo ha señalado el límite oriental...».[50] Colón seguía pensando en términos de «las Indias», y nadie lo contradijo. Pero, por supuesto, decía otra cosa. Fernando e Isabel, así como la corte, sabían cuál era la realidad, y pronto empezaron a actuar como Pedro Mártir hubiese deseado.

CAPÍTULO 8

Aman a sus vecinos como a sí mismos

> Eran afectuosos y exentos de codicia.
> Aman a sus vecinos como a sí mismos.
>
> Colón acerca de los taínos de La Española

Los dos continentes que actualmente conocemos con el nombre de «América», y las muchas islas que se encuentran frente a sus costas, fueron colonizados por primera vez, antes del año 15000 a. J.C., por ciertos asiáticos que llegaron a la actual Alaska, a lo largo de una lengua de hielo que entonces la unía a Siberia.[1] El mar no fluyó a través de lo que actualmente conocemos como el estrecho de Bering hasta después de la era glacial, hacia el 8000 a. J.C.

Estos pueblos asiáticos viajaban en grupos de unos cincuenta hombres, de una manera característica en los tiempos de los cazadores. Quizá fuesen primero en dirección este, persiguiendo animales como los mamuts, al igual que Colón fue hacia occidente en busca de oro y de especias.

Por su aspecto físico, aquellos pueblos semejan a los mongoles o a los tártaros. Puede que algunos se pareciesen a los ainos de Japón. La mujer más antigua, cuyo esqueleto fue encontrado cerca de México capital en 2002, tenía la cabeza alargada, más europea que asiática. No cabe duda de que los arqueólogos tardarán mucho tiempo en precisar la importancia del hallazgo. Pero, en cualquier caso, está claro que muchos pueblos de origen asiático fueron desplazándose lentamente por las Américas, viviendo como nómadas.

Nuevos hombres y mujeres siguieron llegando de Asia hasta que la apertura del estrecho de Bering dificultó el viaje. Pero ni siquiera eso los detuvo a todos. Así, por ejemplo, los esquimales no llegaron hasta su actual hábitat hasta el año 100 de nuestra era. Algunos de estos nómadas llegaron a México hace más de diez mil años.

Varios focos de distintas culturas terminaron por asentarse, en el valle de México, en el Yucatán y en Perú. Este hecho fue posible gracias al descubrimiento de la agricultura que, a su vez, debió de surgir como una necesidad, a causa de la extinción de grandes mamíferos cuya preponderancia debió de ser lo que, en principio, atrajo al hombre hacia América.

En México, la época de la agricultura empezó hacia el año 5000 a. J.C., sin duda cuando alguna familia descubrió que plantando semillas podía asegurarse unas cosechas regulares. Lo primero que cosecharon fue probablemente maíz, una gramínea autóctona de México que ha sido la aportación más importante del continente a la prosperidad del mundo; incluso en la actualidad, en el siglo XXI, el maíz constituye la mitad de la dieta mexicana. Otras plantas que se cultivaban en el antiguo México eran el aguacate, las alubias y los pimientos, aunque los frutos silvestres, el pescado y la carne procedente de la caza fuesen también una parte importante de la dieta. La cerámica empezó no mucho después del 5000 a. J.C., y hacia el 3000 a. J.C. ya se utilizaban telas de algodón.

Todos estos acontecimientos son muy posteriores a los equivalentes en el Viejo Mundo (en Próximo Oriente ya plantaban semillas para obtener cosechas en el año 10000 a. J.C., o incluso antes). Por otra parte, la revolución que introdujo la agricultura no estuvo acompañada en las Américas por la domesticación de animales, como ocurrió en Asia. El primitivo perro americano siguió siendo cazado para comerlo. Los caballos eran autóctonos de las Américas, pero en el 8000 a. J.C. se habían extinguido. En América no había animales de carga salvo, de manera muy limitada, las llamas del Perú, hasta que los europeos los introdujeron.

Al igual que en Asia, la llegada de la agricultura a las Américas hizo que sus habitantes se concentraran en ciudades. Allí surgieron religiones organizadas, complejos sistemas políticos y, por lo menos en lo que actualmente se llama Mesoamérica (Centroamérica y México), también el comercio. Entre los primeros materiales que fueron objeto de comercio en el actual México destacaba una piedra fina y negra, la obsidiana, que tuvo similar importancia en Mesopotamia.

Cuando Colón y sus compañeros españoles llegaron al Caribe en septiembre de 1492, encontraron a unos indígenas llamados taínos en las Bahamas (conocidas entonces como las Lucayas); en la isla que llamaron La Española, pero que los indígenas llamaban Haití o Qusiquet (que significa «de tamaño sin igual»); en Cuba, que ha conservado su nombre indígena; en Puerto Rico, que entonces llamaban Boriquen; en

Jamaica (una palabra que significa «tierra de bosques y agua»), y en las islas septentrionales de las Pequeñas Antillas.

Los taínos habían sido llamados arawaks, pero se trata de una denominación impropia. Habían existido ciertos pueblos con este nombre, pero vivían en las Guayanas y en la isla de Trinidad. La palabra «taíno» significa bueno en la lengua de esos pueblos, por lo que varios taínos insistieron en llamarse así ante Colón para subrayar que no eran caribes «malos».[2]

En las Pequeñas Antillas, al sur de Guadalupe, los españoles encontraron un pueblo menos refinado y más feroz: los caribes.

Todos los pueblos del Caribe llegaron en canoa procedentes de Sudamérica a lo largo de la cadena de islas conocidas como las Antillas o Indias Occidentales, vía Trinidad y Tobago. Los vientos de la región favorecían la navegación de sur a norte y de este a oeste. La fuerte corriente provocada por del río Orinoco pudo hacer que, en principio, estos pueblos derivasen hacia las Indias Occidentales. Los alisios, que soplan en sentido noreste, lo hacen casi durante todo el año. Sin embargo, según los mitos de los taínos, todos habían surgido de una cueva mágica de La Española.

En la región más occidental de Cuba, más allá de Pinar del Río, los españoles encontraron también algunos individuos de otra etnia, los guanahatabueys, llamados por algunos siboneys, de los que se sabe muy poco. Eran nómadas, todavía salvajes, que vivían en cuevas, sin poblados fijos ni organización política, y comían pescado, y carne de tortuga y de ave.[3] Probablemente se trataba de unos primeros pobladores empujados hacia el oeste por los taínos cuando llegaron de las Pequeñas Antillas, pero parece ser que desaparecieron al principio de la ocupación española. Al igual que los siboneys, los taínos también han desaparecido, aunque la sangre de algunos de ellos fluye por las venas de los emigrantes negros y de la población blanca de La Española, Puerto Rico y Cuba, especialmente en algunos pueblos cubanos cerca de Bayano y en ciertas familias de aristócratas cubanos (como los Recio); también hay caribes en reservas de la actual Dominica. Por otra parte, algunas palabras de origen taíno sobreviven en el español actual: hamaca, canoa, huracán, sabana, caníbal, barbacoa, cacique...

Estos taínos y las civilizaciones del continente tenían poco contacto. El estrecho entre Cuba y Yucatán mide poco más de doscientos kilómetros, pero la corriente impedía la comunicación regular, aunque los mayas utilizaron embarcaciones robustas para navegar por la zona.[4]

Tobago y Granada se encuentran a unas sesenta millas del continente hacia el sur, pero la travesía se puede realizar fácilmente en canoa, mientras que el centenar de millas que separan San Vicente de Guadalupe se puede cruzar también con facilidad. La población de Mesoamérica[5] estaba mucho más avanzada que la de los taínos, pero en sus leyendas y escritos (reunidos por los españoles después de la conquista) no se menciona ningún viaje hacia el este, salvo por lo que se refiere a la creencia de los aztecas de que uno de sus dioses, Quetzalcoatl, desapareció en el golfo de México en una balsa de serpientes.

La relación entre Mesoamérica y las islas caribeñas era escasa. En la isla mexicana de Cozumel, los españoles encontraron a una mujer de Jamaica que había llegado allí tras naufragar.[6] El tambor horizontal de los aztecas, el tepontzol, era conocido en Cuba cuando Colón llegó a la isla en 1492. El propio Colón afirmó haber encontrado también en Cuba un aro nasal de plata labrada, algo que, de ser cierto, sólo podía proceder de Michoacán, la zona de yacimientos de plata más cercana, en el actual México.[7] Posteriormente, en 1514, el primer gobernador español de Cuba[8] le escribió al rey de España que le habían dicho los isleños que los indios habían llegado al norte de Cuba desde una tierra que se encontraba a cinco o seis jornadas en canoa;[9] estos indios podían proceder de Yucatán o del territorio de los aztecas.[10] De no haber encontrado oposición (lo que es mucho suponer), los taínos, en pocos siglos, podrían haber dominado el estrecho y empezar a comerciar con Yucatán. Pero lo cierto es que podrían haber sido conquistados por los aztecas tan fácilmente como por los españoles.

Los historiadores difieren enormemente en cuanto al número de estos primeros americanos: desde estimar que, en las islas que estaban «en contacto» con los europeos, vivían unos ocho millones de taínos,[11] a estimar que vivían sólo doscientos mil.[12] El escritor, agitador, obispo, cautivador y predicador Bartolomé de Las Casas aventuraba, exageradamente, que tres millones de indios murieron en La Española entre 1494 y 1508, y, en 1519, los dominicos afirmaron que Bartolomé Colón, hermano del Almirante, contó un millón cien mil en La Española en 1494.[13] Las cifras más bajas son las más probables; la mayoría coincide en que en el año 1509 sólo había sesenta mil indígenas en La Española.[14] Pese a que existe mucha documentación acerca de los primeros tiempos de la colonización en Santo Domingo, hasta 1511 no aflora la menor preocupación por el descenso de la población. Los españoles no se mostraron muy sentimentales, pero no eran tan insensibles como para no haber reparado en un 90 por ciento de descenso de la población entre 1493, cuando llegaron los primeros colonizadores, y 1511. En 1499, Colón seguía creyendo que era posible exportar desde la isla cuatro mil esclavos anualmente. De modo que digamos que debía de haber unos cien mil en La Española, y otros cien mil entre Puerto Rico, Jamaica, Cuba y otras islas.[15]

Estos indígenas solían vivir en grandes poblados de entre mil y dos mil personas. Colón les dijo a los Reyes Católicos que los taínos estaban menos civilizados que los japoneses y los chinos. No cabe duda de que era cierto, aunque el conocimiento que Colón tenía de Oriente era limitado. En el mundo taíno cada poblado estaba gobernado por un cacique. Sus viviendas, todas ellas con suficiente espacio para varias familias, estaban hechas con troncos y tenían la techumbre de paja, con el suelo de tierra o barro, similar a los bohíos que aún existen en Cuba, aunque en la actualidad son más pequeños. Estas chozas solían estar dispuestas de manera irregular, formando una especie de plaza. La vivienda del cacique era más grande que las demás. Los caciques tenían, entre otras, la misión de almacenar los excedentes de alimentos en almacenes especiales. Estos jefes podían ser indistintamente hombres o mujeres, lo cual resulta insólito entre los pueblos primitivos. Tanto la ascendencia como la descendencia se determinaban por vía matrilineal, aunque existía la poligamia, y por eso el papel de la mujer en el Caribe antiguo era mucho más fuerte que en los demás países.[16]

En el interior de estas viviendas había hamacas hechas de algodón, una de las pocas plantas que podían encontrarse a ambos lados del Atlántico antes de los viajes de Colón. En estas chozas también había cestas colgadas de la pared. Los caciques recibían a los visitantes sentados en un dúho, un taburete de madera labrada (y así recibieron a los conversos Luis de la Torre y Rodríguez de Xerez en el primer viaje de Colón). Los taínos trabajaban bien la madera y otros materiales (a veces llevaban calaveras grabadas como colgantes). En 1494, una reina de La Española le envió catorce de estos taburetes al hermano de Colón que, a su vez, envió a España algunos de ébano, y que Pedro Mártir tuvo ocasión de admirar. A los caciques los transportaban en hamacas siempre que tenían que desplazarse por tierra. Parece que los poblados se agrupaban en distritos, y los distritos en regiones, sobre las que reinaba un «supercacique». Sin embargo, éste no tenía poder sobre la vida de su pueblo, algo que sí tenía el cacique de un poblado (un extraordinario ejemplo del principio de subsidiaridad a la inversa).

Los nombres de varios monarcas regionales en La Española nos han llegado a través de los cronistas españoles. Es el caso de Canoabo, que reinó en la región montañosa del centro de la isla, conocida como La Maguna por los españoles y por los indios como Cibao, lugar en el que, supuestamente, había minas de oro que Colón consideraba inagotables. Este cacique estaba casado con Anacana, hermana de Behechio, que gobernaba en la región oeste. También nos ha llegado el nombre de Cayaca, una reina que dominó en el este. El último rey importante fue Guarionex, en la extensa y fértil vega real, al norte de la isla. Cada uno de estos reyes tenía entre setenta y ochenta caciques subsidiarios. El rey Guacanagari, que siguió en relaciones amistosas con los cristianos, dominaba en el territorio en el que Colón fundó el enclave del fuerte Navidad y, según el propio Colón, protegió a sus hombres, por lo que, en consecuencia, era odiado por otros caciques como Behechio y Canoabo, que le robaron sendas esposas. Parece ser que todos estos reyes o jefes se atenían al principio de la herencia como si fuesen europeos. Pero no sabemos nada sobre sus antepasados ni tampoco sobre el origen de sus reinos.

Uno de los amigos de Colón, un clérigo de la orden de los jerónimos, el padre Ramón Pané, que lo acompañó en su viaje de vuelta a La Española en 1493, escribió un trabajo sobre la religión de aquellos pueblos. Tenían dos dioses supremos o *zemis*; Yucahu, dios del agua del mar y de la yuca, y Atabey, su madre, diosa del agua dulce y de la fertilidad. Además, tenían otros dioses menores. Todos ellos eran a menudo representados en forma de estatuillas de hueso, madera o cerámica, y los jefes tenían estas imágenes en dependencias especiales, a la manera de templos primitivos, guardados por sacerdotes que, sin embargo, no constituían una clase. Los chamanes, cuya misión era curar a los enfermos, invocaban a los *zemis* en sus ceremonias.

Todos los años se celebraban festejos en honor de los caciques, durante los que danzaban al compás de tambores y recorrían el poblado en procesión. Los hombres y las mujeres taínos jugaban con pelotas de goma (separadamente), y competían en recintos especiales en los que se enfrentaban regiones o poblados. (Puede que ésta fuese otra señal de contacto con el continente, porque las sociedades de Mesoamérica practicaban juegos de pelota en espléndidas canchas valladas.) La pelota de goma tiene una larga historia, pero sus orígenes deberían buscarse en América.

La sociedad taína estaba dividida en dos clases. La inferior, formada por los obreros, tenía pocos derechos. Sin embargo, no había esclavos, lo cual era una característica casi única de esta sociedad. No obstante, el padre Las Casas, que conocía Cuba, diría que los siboneys eran «sencillos y amables, a quienes tenían como si fuesen esclavos».[17]

Los taínos tenían ciertos conocimientos de metalurgia, porque extraían oro de los ríos y lo batían para hacer láminas. No sabían fundir los metales, pero comerciaban con los pueblos de la costa septentrional de Sudamérica, donde sí conocían la fundición. Con objeto de obtener un oro más barato, lo aleaban con cobre *(guanin)*, con el que fabricaban objetos que los jefes llevaban como adorno. Hacían fuego frotando ramas secas, conocían la cerámica y tejían el algodón para fabricar telas.

En general, los hombres iban desnudos, pero a veces llevaban taparrabos de algodón; las mujeres llevaban faldas de algodón y, las solteras, una cinta que les rodeaba la cabeza a la altura de la frente. A los jefes les gustaba llevar tocados de plumas, a veces muy elaborados, al igual que en otras regiones de las Américas antes de la llegada de Colón.

Los taínos habían creado una eficaz forma de agricultura, cuya característica principal era la formación de montículos de tierra *(conucos)* de casi un metro de altura y tres de circunferencia, en los que plantaban tubérculos. Sus únicos aperos eran palos para excavar. La cosecha principal era la yuca, y después, la batata. Del jugo de la yuca hacían una harina que, a su vez, servía para hacer un pan plano sin levadura que duraba mucho tiempo. Colón comentó que la yuca era «su vida».[18] Y así era. La batata la comían también a modo de verdura. Asimismo, cultivaban el maíz, a pequeña escala, pero el pan que hacían con él no duraba demasiado. Otros productos importantes eran la piña tropical, el cacahuete, la calabaza, el pimiento, la alubia y el tabaco. Este último lo fumaban en forma de cigarro por placer, un hábito que en seguida adquirieron los españoles. Sin embargo, no conocían las bebidas alcohólicas. Los taínos también practicaban la pesca con red. Comían iguana, loro y hutía, un roedor ya extinto. Las tortugas las tenían en corrales de cerca baja, sobre todo en el sur de Cuba. Estas tortugas eran, según Michele Cuneo —uno de los compañeros genoveses más observadores que viajaron con Colón en 1493—, «infinitisime, grandisime».[19] No poseían animales domésticos, salvo una raza de perrillos que no ladraban y que tenían como animales de compañía y también para comerlos. Los taínos utilizaban canoas y, para comerciar, se hacían a la mar con mucha mayor frecuencia que los modernos habitantes del Caribe. Fabricaban las canoas vaciando troncos, a veces de ceiba, utilizaban herramientas de piedra y, a menudo, hacían bonitos grabados y adornos. Los taínos conocían y utilizaban los remos, pero no las velas. Algunas de estas canoas podían llegar a transportar hasta ciento cincuenta personas, según Colón.[20]

Estos indios no eran belicosos y, según el Almirante, eran «afectuosos y exentos de codicia». «Aman a sus vecinos como a sí mismos —subrayó—, y su lengua es la más dulce del mundo.» Pero, aunque no se hubiese producido la intervención de los españoles, los taínos probablemente se acercaban a su fin como pueblo aislado, porque tenían que afrontar de continuo las incursiones de los caribes del este, que les robaban a sus jóvenes para convertirlas en sus esposas. Para ahuyentar tales ataques, los taínos solían pintarse el cuerpo de rojo y llevaban imágenes de sus dioses en sus tocados. Luchaban con palos, arcos y flechas, y con lanzas hechas de ramas. Pero, aunque fuesen pacíficos, sufrían de una endémica sífilis. Una de las leyendas de los taínos habla de un legendario remero que partió rumbo al sur de África en busca de una curación para esta enfermedad.[21] Algunos autores afirman que en Brasil existía la endemia de la sífilis antes de entrar en contacto con la civilización. Parece que había muchas variantes de la lengua taína, así pues, quienes vivían en el norte de La Española tenían una lengua distinta de la que se hablaba en el sur.

Las principales islas de los enemigos de los taínos, los caribes, eran Guadalupe y Martinica. Estos indígenas, de los que poco se sabe, han dado su nombre al mar y a la región injustamente. Los hombres y las mujeres caribes vivían en dependencias separadas, como si se tratase de antiguos internados. Cultivaban los mismos productos que los taínos, pero hacían vino con la piña tropical.[22] También criaban patos, algo que los taínos no hacían. Realizaban incursiones en todas las islas a su alcance para apoderarse de jóvenes y convertirlas en sus esposas pero, al igual que los taínos, comerciaban sobre todo con la costa septentrional de Sudamérica. Su arma principal era el arco y las flechas. Comían las partes de los guerreros que capturaban, pero no por placer, sino para fortalecerse con su valor. Su lengua era el arawak, una lengua sudamericana distinta del taíno.

En Guadalupe y Martinica vivieron unos indígenas llamados *ingeris* antes que los caribes, que los conquistaron y asimilaron. Los españoles tendían a llamar caribes a todos aquellos que se les oponían, con lo que creaban una confusión pues, aunque los caribes realizaban incursiones en otras islas, no establecieron ningún poblado más allá del norte de Guadalupe.

Por todas estas razones, en las que me extenderé más adelante, estos pueblos indígenas del Caribe, al igual que los de las islas Canarias, han desaparecido. Por tanto, nos es imposible saber qué eran exactamente; viven sólo en la historia. De no ser por las invasiones españolas, es probable que los caribes hubiesen aniquilado a los taínos, y los taínos a los siboneys. Algunos han escrito del antiguo Caribe como si hubiesen sido los Campos Elíseos; en todo caso, habrían sido unos Campos Elíseos rodeados de salvajismo.

CAPÍTULO 9

Os concedemos las islas y territorios descubiertos

> [Y por ello] os concedemos a vos y a vuestros herederos y sucesores las tierras e islas descubiertas [...], los mismos derechos, privilegios, facultades e inmunidades...
>
> El papa Alejandro VI a los Reyes Católicos, en 1493

El rey Juan de Portugal no tardó en percatarse de lo que había perdido por mostrarse tan negativo en sus conversaciones con Colón en 1485 y 1488. Allegretto Allegretti, un político sienés, le dijo al rey que América no era más que otra de las islas Canarias.[1] El 5 de abril de 1493, antes de que Colón llegase a Barcelona, el rey Juan envió a España a Rui de Sande, alcalde mayor de Torres Vedras, la pequeña población vinícola donde la corte portuguesa había pasado la Semana Santa. Debería decirle a la reina Isabel y al rey Fernando que, tras hablar con Colón en el mes de marzo en Lisboa, el rey Juan consideraba que las tierras descubiertas por el Almirante eran portuguesas. Todos los tratados relevantes confirmaban su impresión. Había enviado secretamente una nave en dirección oeste en cuanto tuvo conocimiento de la gesta de Colón y, según algunos eruditos fantasiosos, la nave trajo noticias de la existencia de Brasil.[2, 3]

Fernando e Isabel enviaron a Lisboa a su emisario Lope de Herrera, que debería decir, por lo pronto, que los monarcas españoles pensaban que debían hablar con los portugueses acerca de cualquier problema que pudiera surgir entre ambos países como consecuencia de los descubrimientos de Colón. Debería añadir que la Corona española aplicaría represalias a quienquiera que se hiciese a la mar rumbo a las Indias sin su permiso, de la misma manera que, desde el Tratado de Alcáçovas, los españoles habían respetado el monopolio portugués de la ruta de El Mina, en Costa de Oro, y de otros lugares de África.[4] Lope de Herrera debería informar —o pedir— a Lisboa de que ningún portugués hiciese nada en aquellas nuevas Indias españolas de Colón.[5]

La petición era razonable. Porque, a finales de abril, el nuevo duque de Medina-Sidonia, Juan de Guzmán (el duque Enrique, que se mostró reacio a ayudar a Colón, había muerto en el verano de 1492), comunicaría a los monarcas que había llegado a su conocimiento que el rey Juan quería enviar a Francisco de Almeida (un ex combatiente de la guerra de Granada) con naves para investigar los descubrimientos de Colón.[6] En su respuesta, fechada el 2 de mayo, los monarcas le pedían al duque que organizase sus carabelas en el sur de España para evitar que Portugal llevase a cabo sus propósitos.[7] Una flota real (seis naves con un total de casi novecientos hombres), al mando del vasco Íñigo de Artieta, recibió la orden de dirigirse a la costa de Cádiz.[8] (Otra de sus misiones sería escoltar al pobre rey Boabdil a África.)[9] Todos estos movimientos fueron pronto conocidos en Lisboa debido a la red de espías que Portugal tenía en Sevilla.[10]

Los inteligentes monarcas españoles estaban también en contacto con el Vaticano. El agente español en Roma, Bernardino de Carvajal, era sobrino del cardenal Juan Carvajal que, en otros tiempos, había sido uno de los más fieles legados pontificios, especialmente en Europa central: «*Animo pectore Caesar erat*», rezaba el epitafio de su tumba. Pero, aunque Bernardino no era de su misma talla, tuvo mejores oportunidades. Los Carvajal procedían de Plasencia, y estaban relacionados con todas las grandes familias de la región extremeña: los Bejarano, los Orellana y los Monroy. Le pidieron a Bernardino Carvajal que le dijese al papa que, si las nuevas islas descubiertas por Colón resultaban estar en la misma latitud que Canarias, serían naturalmente españolas. ¿Y si resultaban ser la misteriosa «Antillia» o «Atlántida», de la que hablaban tantos marineros? Por lo menos la leyenda concedía esas «islas» a Portugal. ¿Dónde podía uno trazar seriamente una línea entre los intereses españoles y los portugueses? El propio Colón propuso una línea de cien leguas al oeste de las Azores, donde le pareció notar un cambio de clima. Más allá de esa línea, Carvajal aduciría que debía empezar la influencia española.[11]

Carvajal y Diego López de Haro, el embajador de Fernando e Isabel en Roma, se hallaban con el papa en el Vaticano. López de Haro, un poeta menor procedente de una gran familia, había criticado en privado al papa por fomentar la guerra en Italia, y por encubrir la corrupción en la curia, y acaso también a conversos que, en realidad, seguían siendo judíos, además de por simonía.[12] Carvajal insistió en que, por la voluntad de Dios, las Canarias se habían sometido a España, al igual que «muchas otras [islas] hacia la India, hasta ahora desconocidas [...] y es de esperar que no tardarán en convertirse al cristianismo a través de personas que los monarcas están enviando allí. Sin embargo, para esto último serán necesarias bulas del papa que les confirmen las Indias. También solicitan el permiso papal para destinar los ingresos de las bulas de indulgencia, que hasta entonces se habían dedicado a financiar la guerra contra Granada, a la conversión de los nuevos pueblos descubiertos».[13]

Pese a que el papa Alejandro VI parecía estar ya de vuelta de todo, se entusiasmó con la noticia de la expedición de Colón: «viendo que se le habían abierto tan amplísimas puertas del Océano y parecido el mundo encubierto, rebosante de naciones, tantos siglos atrás escondidas, infinitas, por las cuales se esperaba ser ampliado y dilatado gloriosamente el imperio de Cristo».[14] El 3 de mayo de 1493 publicó «un informe» sobre la cuestión de las nuevas islas que, al día siguiente, se convirtió en la bula *Intercaetera divinae*. En virtud de la misma, concedía todo lo descubierto por Colón a la Corona de Castilla, con la condición de que los monarcas se dispusieran a propagar la fe cristiana, y siempre y cuando los territorios afectados no estuviesen ya ocupados por otra potencia cristiana, es decir, Portugal. De tal manera, le eran concedidos a España los mismos derechos que a Portugal para la explotación de África. Posiblemente, la rapidez con que se hizo esta declaración estuviese propiciada por un regalo en forma de oro español, parte del que Colón trajo y regaló a los monarcas en Barcelona. Ciertamente, parece que el primer oro traído a Roma desde las Américas fue pronto utilizado para decorar paneles en Santa Maria Maggiore de Roma, las obras más primorosas de este tipo en Roma.[15]

En segundo lugar, el papa Alejandro VI describía con detalle los derechos concedidos a España, y abordaba la cuestión de cómo debían ser las recién descubiertas «naciones bárbaras» iniciadas en la fe cristiana. Se expresó con entusiasmo acerca de la victoria de Fernando e Isabel sobre los sarracenos, y expuso la necesidad de propagar el «imperio cristiano». También dijo que «nuestro querido hijo Colón, no sin grandes fatigas, peligros y gastos, logró que las naves y hombres adecuados para la misión encontrasen remotas y desconocidas tierras a lo largo de los mares por los que nadie había navegado antes. En consecuencia, tras haberlo considerado todo y, por encima de todo, pensando en la exaltación y propagación de la fe católica como es lo natural para reyes y soberanos católicos, vos [es decir, Fernando e Isabel] habéis decidido, de acuerdo a las costumbres de vuestros progenitores, reyes de ilustre memoria, someternos las mencionadas tierras, islas y sus habitantes y a aquellos que allí moran y convertirlos con la ayuda de la divina misericordia a la fe católica [...] al igual que algunos reyes de Portugal descubrieron y adquirieron las regiones de África, Guinea, El Mina en Costa de Oro, y otras islas [...] de igual manera os concedemos [...] los mismos derechos, privilegios, libertades, facultades e inmunidades...».[16]

Quizá porque algunas de estas afirmaciones parecían vagas y, posiblemente, por sugerencia de Carvajal, el 4 de mayo el papa añadió otra declaración que omitía la mención de Portugal, y se extendía más en la felicitación a Colón. Alejandro declaró que «... con mas libertad é atrevimiento tomeis el cargo de tan importante negocio [...] todas las islas é tierras firmes halladas é que se hallaren descobiertas é que se descobrieren hacia Occidente é mediodia, fabricando é componiendo una linea del Polo ártico [...] al Polo antártico [...] la cual linea diste de cada una de las islas que vulgarmente dicen de las Azores é Cabo Verde».[17]

Estas declaraciones conferían a Fernando e Isabel prioridad con respecto a los territorios descubiertos por su almirante. «Al igual que hoy en día se conceden patentes de los inventos, y derechos de autor sobre la producción literaria —ha escrito un especialista en historia de Roma—, una bula papal, aplicada por los censores de la Iglesia, protegía al esforzado descubridor para que el fruto de su esfuerzo no le fuese arrebatado por alguien más poderoso.»[18]

Esta decisión, como lo expresó unos años después el juez castellano Alonso de Zuazo, «dividía el mundo en dos, como si fuese una naranja, entre los reyes de Portugal y los de España». De no haber sido el papa Alejandro VI de origen español, y de haber tenido Portugal un negociador más firme en Roma, la decisión podría haber sido distinta.

Pero ¿qué quería decir exactamente el pontífice con «concedemos»? ¿Preveía una labor misionera, o bien que los monarcas debían tener «una autoridad y jurisdicción plena, libre, amplia y absoluta»? Además, cabía aventurar, como hizo posteriormente Magallanes, que esta arbitraria división del mundo no sólo afectaba al hemisferio occidental, sino que también podía interpretarse como el reparto del hemisferio oriental entre España y Portugal. De ahí que las islas de las Especias, las actuales Molucas, en lo que daría en llamarse archipiélago de las Indias Orientales, quedarían también en la región del globo que pertenecía a los españoles.[19]

El rey Juan de Portugal fingió ignorar estas concesiones del papa, y trató de negociar directamente con Isabel y Fernando. Sin embargo, estas cuestiones se dejaron a un lado mientras la Corona de Castilla animaba a Colón a organizar un nuevo viaje a las nuevas Indias.

Después de mostrar sus tesoros y a los nativos que había traído a España consigo, y de explicar que había dejado a colonos españoles en su «fortaleza» de La Española, el Almirante regresó a Sevilla desde Barcelona, llevando consigo una «patente» fechada el 23 de mayo, que decretaba que nadie debía ir al Nuevo Mundo, ni llevar ninguna mercancía allí, sin permiso del rey y de la reina, de Colón o del archidiácono Juan Rodríguez de Fonseca.[20]

Este asesor de los reyes acababa de ser ordenado sacerdote, y era de buena familia, descendiente de la casa real de Hungría, según los genealogistas. ¿Un matrimonio real en España en el siglo XI? A los Fonseca parecía haberles ocurrido de todo. Nuestro Fonseca era primo de un generoso, aunque notorio absentista, arzobispo de Santiago. Una tía suya se había casado en Castilla con uno de los bastardos del rey y, por tanto, era primo del difundo amante de la reina Juana. Su padre, Fernando, había muerto en la batalla de Toro, luchando por Castilla, mientras que un tío suyo, Alonso, había sido un poderoso arzobispo de Sevilla en los años setenta del siglo XV. El enorme castillo familiar de Coca, cerca de Medina del Campo, merece una visita incluso en la actualidad.

Juan Rodríguez Fonseca (alumno del gran gramático Antonio de Nebrija, en Salamanca, así como protegido del confesor real, Talavera) cruzó Francia en 1492, disfrazado, para organizar el matrimonio del infante Juan con la princesa Margarita de Habsburgo, así como la boda de la infanta Juana con el príncipe Felipe de Habsburgo. En 1492, Talavera destinó a Fonseca, en calidad de provisor, a Granada, ciudad de la que fue arzobispo, y se propuso adoctrinarlo tan bien que, según se decía, «estando a su servicio aprendiese a ser santo». Pero lo que en realidad aprendió fue que, tras la santidad, lo más importante eran las dotes administrativas.

El archidiácono era, pues, un diplomático de probada experiencia. Había sido ordenado en marzo de 1493, aunque había nacido en 1451, en el mismo año que Colón y la reina. La reina le asignó tan grandes responsabilidades y, por tanto, lo obligó a tanto trabajo y dedicación, que Rodríguez Fonseca dominó las relaciones de España con las Indias durante una generación.[21] Esencialmente, fue más un funcionario que un hombre de iglesia. Su hermano Antonio también representó un papel importante en Castilla, y después de la conquista de Ronda, en la que participó, le fueron concedidas tierras en Granada y desempeñó, entre otros cargos, el de contador mayor de Castilla.

En virtud de las nuevas medidas o acuerdos, la posición de Colón resultó reforzada. Por ejemplo, se le concedió un nuevo escudo de armas, coronado por un castillo y un león, cuyos colores y rango serían minuciosamente y solemnemente descritos.[22] Tendría que pagar 12 000 maravedís al año por haber sido el primero en ver y descubrir las nuevas tierras.[23] Le fueron confirmados sus títulos, sus derechos y sus poderes, de acuerdo con las capitulaciones y los privilegios del 17 y del 30 de abril de 1492, y fue comparado con «los visoreyes y gobernadores que han sido e son de los dichos nuestros reynos de Castilla y León». Al Almirante le fue confirmado asimismo el título de don. El dominio del genovés, se especificaba, empezaría «por una línea o raya que hemos hecho marcar que pasa desde las islas de los Azores a las islas Cabo Verde, de septentrión al austro, de polo a polo»,[24] lo que constituía una versión más generosa de lo que propusieron los diplomáticos españoles en Lisboa. En otra carta se hacía referencia a Colón como «capitán general».[25]

Además, los monarcas se dirigían al Almirante por sus grandes y nuevos títulos, y aceptaban como propios sus hallazgos «de las islas que ha descubierto en las Indias». En opinión de los monarcas, era esencial explorar más «tierra firme», más de aquellos «nuevos territorios continentales asiáticos». Con todo, documento tras documento, decreto tras decreto, como ha señalado un historiador contemporáneo, los monarcas estaban sentando las bases de un nuevo gobierno colonial, nombrando altos cargos públicos, reclutando campesinos y obreros y asentando su monopolio de las Indias.[26] Nada podemos aventurar acerca de si se habían percatado de que Colón había descubierto un nuevo mundo y no la región más oriental del Viejo Mundo.

El 23 de mayo de 1493, Fernando e Isabel publicaron varias instrucciones adicionales. En virtud de las mismas, Colón debería organizar, con la ayuda de Rodríguez Fonseca, una flota y colaborar con Juan de Soria, que había sido nombrado contable de la expedición. Juan de Soria había sido un eficiente secretario del infante Juan, y el magistrado encargado de investigar cómo habían huido a Portugal los judíos de Zamora y León, llevándose consigo sus posesiones, lo cual iba contra la ley.[27]

A Hernando de Zafra, el primer secretario real que había sido responsable de velar por la aplicación de las condiciones de la rendición de Granada, le fue ordenado asimismo elegir, entre los miembros de la nueva Santa Hermandad de la ciudad, «veinte lanzas jinetas a caballo», cinco de las mismas con caballos de refresco (yeguas). Deberían cobrar lo mismo que los tesoreros de la Santa Hermandad pagaban a sus colegas, aunque esto constituía una novedad para ellos.[28] Los caballeros «a la jineta» eran modernos caballeros, una caballería ligera, podríamos decir, cuya armadura se reducía a una coraza y un morrión, similar a la caballería que intervino en Granada, con objeto de tener mayor movilidad. Estas instrucciones sorprendieron a Colón, que empezó a ver que su mando independiente se desmoronaba.

Zafra buscó, también, 20 hombres de campo de Granada que supieran cómo hacer acequias.[29]

Aquel mismo 23 de mayo, el rey y la reina ordenaron al paisano de Colón, el experto genovés Francisco Pinelo, actuar como pagador de la expedición.[30] Pinelo accedió también a pagar un salario de doscientos mil maravedís anuales al archidiácono Fonseca.[31] La actitud de los monarcas hacia el banquero genovés fue, de hecho, casi humilde. Así, por ejemplo, el 4 de agosto de 1493, le escribieron dándole las gracias por sus servicios[32] que, ciertamente, fueron considerables.

Asimismo, el 23 de mayo, los reyes ordenaron a Fernando de Villareal y a Alonso Gutiérrez, los nuevos tesoreros de la Santa Hermandad, ambos jóvenes banqueros y probablemente conversos, que entregasen quince mil ducados de oro, que habían recaudado para la Santa Hermandad, a Francisco Pinelo para sufragar los gastos de la nueva flota.[33] Alonso Gutiérrez, cuya esposa era sobrina de dos grandes maestres de la Orden de Calatrava, tuvo durante mucho tiempo una importante participación en el comercio atlántico. Los monarcas decidieron utilizar también 1 545 millones de maravedís, confiscados a un judío expulsado, Iya Benemiste, que se encontraba ya en Portugal para apoyar la expedición, que otros banqueros genoveses, Octavio Calvo y Bernardo Pinelo (pariente de Francisco Pinelo), enviaron en nombre del mercader toledano Alonso de Castro. Finalmente, al amigo florentino de Colón Juanotto Berardi, el agente que Bartolomeo Marchionni tenía en Sevilla, se le pidió que comprase una nave de entre cien y doscientas toneladas y que la preparase para el Almirante.[34]

El 29 de mayo, Colón recibió instrucciones formales para su nueva expedición. Este documento trataba de la organización de la nueva flota y de la colonia de La Española. El Almirante controlaría todas las naves y sus tripulaciones, y podría enviarlas a donde quisiera para descubrir territorios o comerciar con ellos. Debería nombrar alcaldes y alguaciles.[35] Esencialmente, los colonos serían en su mayoría obreros, pagados por la Corona y supervisados por Colón. Habría unos cuantos funcionarios pero no mujeres, ya que Isabel temía que, si se enviaban mujeres, se convirtiesen en prostitutas. Las consecuencias no planificadas causarían, por supuesto, que los españoles buscasen mujeres indias (de ahí la no planificada creación de una población mestiza en todo el Nuevo Mundo).[36] Los monarcas aspiraban a que se los considerase, tanto en el viaje como en la colonia, «emperadores soberanos sobre todos los reyes y príncipes y reinos de todas estas Indias, islas y tierra firme, descubiertas y por descubrir».[37] La fraseología era nueva, pero pasaba inadvertida. La conversión de los nuevos pueblos al cristianismo se planteaba como algo ardientemente deseado por Colón.[38] Las instrucciones dejaban claro que la Corona esperaban que Colón y sus lugartenientes tratasen a los indios «muy bien e amorosamente» (la misma expresión que utilizaron tras la rendición de Granada), sin causarles ningún tipo de molestia. Todo aquel que tratase mal a los indios debería ser castigado con severidad.

El fondo de estas instrucciones era, después de las dedicadas a las necesidades de evangelización, la organización disciplinada de la futura colonia, e incluían tomar medidas para garantizar el monopolio económico de la Corona, así como la lealtad y obediencia a la misma. La palabra «rescate» sintetizaba la vida económica. Nadie debería traer mercadería de «rescate», ni oro ni ninguna otra cosa; sólo podría hacerlo el propio Almirante o el tesorero real, en presencia de un contable real. En las Indias habría una oficina aduanera, en la que se almacenarían todos los productos que el gobierno mandara desde Castilla, y se abriría otra oficina en Cádiz, en la que se almacenaría todo lo enviado desde las Indias. Todos los expedicionarios cobrarían. Presumiblemente, Fonseca fue el verdadero autor de estas palabras.[39] Éste es el origen del sistema comercial español y de su evolución a lo largo de los cien años siguientes.

El 7 de junio se decretó el nombramiento de Bernal Díaz de Pisa como adjunto del contable real en las Indias y de Juan de Soria.[40] Sus instrucciones eran muy minuciosas: debería confeccionar listas de todo aquello que se enviase en las naves, así como de las personas que fuesen a viajar. También estaba obligado a hacer listas de todo aquello que se embarcase durante la travesía, enumerar lo que se enviaba a la metrópoli y cuándo. También sería responsabilidad suya el establecimiento de la oficina aduanera en las Indias. El objetivo principal de la expedición era la agricultura y el comercio, aunque no olvidaban el oro.

El 12 de junio, los monarcas escribieron a Colón para comunicarle las buenas intenciones del rey de Portugal.[41] En un discurso pronunciado en Roma el 19 de junio, el diplomático Bernardino Carvajal confirmaba estas opiniones: «Plugo a Nuestro Señor Jesús Cristo sujetar al imperio de los reyes de España las Islas Afortunadas cuya admirable fertilidad es tan notoria. Y hasta ahora mismo les ha dado otras muchas hacia la India hasta aquí desconocidas, que se juzga no las hay más preciosas y ricas en todo lo que del mundo se conoce.»[42] Habló de la profecía bíblica de que el león yacería con el buey, recordando que un emblema de los Borgia era este último; este discurso fue ampliamente distribuido.

Poco después, el hermano de Carvajal, García López Carvajal, que hasta entonces no había tenido un papel importante en la diplomacia, y el protonotario Pedro de Ayala se presentaron ante Juan II en Lisboa con una contraoferta castellana a la que Rui de Sande había presentado en Barcelona. Esta contraoferta se basaba en una idea de Colón, algo modificada: se trazaría una división latitudinal en el océano que partiría del oeste de Canarias. Al norte, quedarían las posesiones de la Corona española, y al sur, las de Portugal, a excepción de los territorios anteriormente concedidos. Sólo Norteamérica hubiese sido española. Pedro de Ayala se enfureció al ver el contenido de la propuesta que le habían encomendado hacer, ya que implicaba entregarle una gran parte del Nuevo Mundo a Portugal, cuyas posesiones, según confiaban él y muchos otros, quedaban limitadas a África. Por otro lado, el rey Juan II estaba irritado por la obstinación de los españoles y declaró: «Esta delegación no tiene ni pies ni cabeza.» Tomó a Carvajal por un estúpido y se lamentó de que Ayala se expresase tan mal. Pese a todo, los negociadores tuvieron éxito, ya que concluyeron que Colón no regresaría a través de aguas portuguesas. Como consecuencia de ello se constituyó en Portugal una comisión para estudiar los derechos de ambos países.

Rodríguez Fonseca, el burócrata-archidiácono, ya había abandonado Sevilla para «ayudar a Colón» a preparar el nuevo viaje.[43] Probablemente logró que se le encomendase tal misión gracias al apoyo de Talavera, para quien había trabajado anteriormente. Los preparativos provocaron muchas discusiones, y no sólo el archidiácono, sino también Juan de Soria, estaban cada día más irritados con el Almirante, hasta tal punto que los monarcas tuvieron que escribirles y decirles que tratasen a Colón con respeto, porque era él, en definitiva, el comandante de la flota.[44]

Los monarcas tenían sus representantes en esta segunda expedición de Colón, en las personas de monjes y sacerdotes, a quienes deberían conferírseles todos los poderes que necesitasen.[45] Los monarcas tuvieron la suerte de conseguir la atención de Su Santidad en aquellos momentos, porque el papa estaba muy ocupado con la boda en el Vaticano de su hija, la hermosa Lucrecia, con Giovanni Sforza.[46] Con todo, tuvo tiempo para redactar el borrador de la bula *Pius fidelium*, que llevaría fecha del 25 de julio de 1493, y que sirvió de base para el reclutamiento de misioneros. La bula autorizaba a fray Boil a formar parte de la expedición de Colón y revocaba cualquier prohibición de fundar monasterios sin licencia de la Santa Sede.[47] Aquel mismo día, los monarcas escribieron a Fonseca urgiéndolo a que acelerase la partida.[48] Rui de Pina y Pero Dias, embajadores de Portugal, les habían propuesto a los monarcas en Barcelona una nueva raya que dividiese las posesiones españolas de las portuguesas. Adujeron que, a menos que Colón suspendiese su segundo viaje, el rey de Portugal enviaría sus naves hacia el oeste, lo que equivalía a la amenaza de que algún capitán portugués fuese, pongamos por caso, a Cuba y se apoderase del territorio. Pero la flota española que se encontraba en Vizcaya parece que ya estaba preparada para afrontar esa amenaza.[49]

Por esta razón, el 18 de agosto de 1493, los monarcas le escribieron a Colón pidiéndole que se hiciese a la mar lo antes posible, porque un retraso de un día en aquellos momentos equivalía a veinte de tiempo atrás, y porque «se acercaba el invierno...». Existía verdadera ansiedad acerca de lo que pudiese hacer Portugal. Colón tuvo conocimiento de que el rey Juan iba a enviar una carabela de Madeira a España. Los monarcas pensaron que sería conveniente que Colón estuviese alerta con varias de sus carabelas, aunque no debería recalar en Guinea (una orden que indica una comprensión muy limitada de las implicaciones geográficas del viaje de Colón).[50]

El 5 de septiembre de 1493, Isabel le escribió de nuevo al Almirante, expresándole su preocupación acerca de Portugal y pidiéndole, en un tono amistoso, que no dejase de mantenerla al corriente de todo lo que hiciese.[51] Aquel mismo día los monarcas urgieron a Fonseca a que acelerase la partida.[52] Y aún le dirigieron los reyes otra carta a Colón, rogándole que zarpase cuanto antes. Lo informaron del estado de las negociaciones en Lisboa acerca de la línea que dividiría las zonas de influencia, y le comentaron los recientes descubrimientos de los portugueses. Bastaba esa razón, según le dijeron en otra carta fechada el 5 de septiembre, para que les fuese «menester saber los grados en que están las islas y tierra que fallastes y los grados del camino por donde fuisteis».[53] No todas estas cartas llegaron o, al menos, no lo hicieron a tiempo, ya que el 25 de septiembre Colón ya había partido en su segundo viaje, con diecisiete barcos.

CAPÍTULO 10

Como en su propia tierra

> Fascinados por la facilidad de tomar posesión de aquellas islas y por la riqueza del botín [...] Muchos españoles empezaron a vivir allí como en su propia tierra.
>
> Guiccardini

La reina Isabel y el rey Fernando pasaron casi todo el otoño de 1493 en Barcelona, sin más interrupción que un viaje que hicieron en septiembre a Gerona, Figueras y Perpiñán. Como de costumbre, fueron acompañados por duques, condes, secretarios, confesores, obispos, soldados y archiveros, y llevaron consigo cofres y tapices.

El Almirante, exultante por su triunfo, iba ya al mando de otra expedición. Su armada incluyó la *Niña*, la *San Juan* y la *Cordero* estaban bajo su mando directo. Estas tres naves fueron cuidadosamente elegidas por Colón por su maniobrabilidad, ya que no quería volver a embarcar en una nave grande y engorrosa como la *Santa María*. La flota estaba formada por cinco naves grandes y doce pequeñas; quince de ellas llevaban velas cuadras, y dos, velas triangulares.

Probablemente, entre mil doscientos y mil quinientos hombres y unas pocas mujeres embarcaron en aquella expedición. No ha llegado hasta nuestros días una relación completa de las tripulaciones,[1] pero sabemos que se reclutaron prácticamente del mismo modo que las de 1492 y que, como entonces, cada tripulante cobraba mil maravedís al mes, si tenía experiencia, y seiscientos si no la tenía. La mayoría de los tripulantes procedían de Niebla y de Palos, aunque había más vascos que en 1492. Algunos de los marineros eran genoveses, y entre ellos se encontraban el hermano de Colón, Diego (Giacomo), que siempre iba vestido como si fuese un sacerdote; un amigo de la infancia, Miguel Cuneo, que escribiría un testimonio del viaje,[2] y otro genovés, Tenerin, que sería nombrado contramaestre de la *Cárdena*. Otros viejos amigos de Colón ocuparon cargos de una u otra índole. Por lo menos veintidós de quienes lo acompañaron en el primer viaje estuvieron con él en el segundo.[3]

También formó parte de la expedición un contable, Bernal Díaz de Pisa, un compañero de la infancia del infante Juan, que había sido prácticamente elegido por los monarcas, al igual que Sebastián de Olano, que posteriormente lo sustituiría como contable. Las finanzas de la expedición las controlaba la Corona, al margen de la autoridad que creyese tener Colón en este aspecto; empezaban, por así decirlo, a segarle la hierba bajo los pies. Otros amigos de los monarcas eran Antonio de Torre, hermano de la niñera del infante Juan, Juana Velázquez de la Torre, una de las personas que más tiempo había estado al servicio del infante, así como también un cortesano maduro. Colón pensaba ponerlo al mando de la «fortaleza» de La Española, pero tenía instrucciones concretas de los monarcas de regresar a España con alguna de las naves en cuanto llegasen.[4] Su misión consistía en ver La Española con sus propios ojos, como si fuesen los ojos de los monarcas. El hijo de Colón, Fernando, lo tenía en gran estima y lo consideraba «hombre de gran prudencia y nobleza».[5]

El veedor era Diego Márquez, un hidalgo de Sevilla que había sido paje del archidiácono Fonseca (otro nombramiento que debilitaba la posición de Colón).

También formaron parte de la expedición doscientos voluntarios, que no recibieron salario alguno. Entre ellos estuvieron, probablemente, algunos aristócratas como Diego de Alvarado, hijo del comendador de Hornachos, en Extremadura, y tío de los hermanos Alvarado, que tan importantes serían posteriormente para la historia de México, América central y Perú; Diego Velázquez de Cuéllar, futuro gobernador de Cuba; Juan de Rojas, futuro fundador de La Habana y que, al igual que Diego Velázquez era también de Cuéllar, en Castilla, así como Jaime Cañizares, un joven abogado que años después sería chambelán del emperador Carlos I. Otro de los aristócratas de la expedición, que había sido embajador en Roma, era Melchor Maldonado, de Sevilla. También eran de Sevilla Pedro de Las Casas y sus hermanos Gabriel y Diego de Peñalosa, ambos escribanos, así como su otro hermano Francisco de Peñalosa (un criado de la reina que era jefe de armas).[6] Éstos eran, respectivamente, el padre y los tíos de Bartolomé de Las Casas. Todos ellos eran conversos. Otro de los caballeros era Juan Ponce de León, hermano de Rodrigo, marqués de los Arcos y futuro conquistador de Puerto Rico; y Sebastián Ocampo, de Galicia, que sería el primero en circunnavegar Cuba. Estos hombres serían los verdaderos fundadores del vasto imperio.

Otro continuo del rey al mando de una nave era Pedro Margarit, que procedía de una familia de la nobleza catalana, cuya *casa* solariega estaba en Montgrí, un castillo situado en una zona montañosa que se puede ver desde muchos kilómetros de distancia en el Ampurdán. Era sobrino segundo de un famoso obispo de Gerona, el cardenal Joan Margarit, quien durante muchos años había trabajado en la curia de Roma, en representación de los reyes Alfonso V y Juan II de Aragón, había protegido a la reina Juana Enríquez y a su hijo Fernando en 1461 y, en cierta ocasión, comentó que la administración de una monarquía exigía prudencia, no moralidad. El obispo había sido un elocuente humanista, interesado en la idea de la unidad hispánica.[7] Un primo suyo lo sucedió como obispo de Gerona. Otro primo suyo, Luis Margarit, fue en los años ochenta del siglo XV consejero del rey para Cataluña. Pedro Margarit debió de ser uno de los expedicionarios de mayor edad, y también uno de los mejor relacionados, porque, ya en 1477, estuvo en Zaragoza como magistrado de la Inquisición y, en 1478, luchó en el famoso torneo de Sevilla, en honor de los monarcas durante su estancia allí. También prestó algunos servicios a la Corona en la guerra contra Granada, por los que el rey le concedió el derecho de cobrar montazgo en la ciudad aragonesa de Daroca.[8]

Un personaje más ambiguo entre los capitanes del segundo viaje fue Alonso de Hojeda, un joven de unos veinticinco años, natural de Cuenca, a quien Colón había conocido en casa del duque de Medinaceli en El Puerto de Santa María, en 1490. Era un joven despierto y apuesto, de complexión menuda, grandes ojos, siempre el primero en herir al contrincante en cualquier duelo y que, según el padre Las Casas, reunía en su persona todas las perfecciones físicas que un hombre pueda poseer,[9] a pesar de su pequeña talla. Colón lo admiraba pero tendría muchos problemas por su causa en el futuro, en parte porque el joven en cuestión trasladaría la lealtad que le profesaba al duque de Medinaceli al archidiácono Fonseca. La reina también lo admiraba porque, en su presencia, Alonso de Hojeda había caminado por una larga viga del andamiaje que rodeaba la Giralda, durante la construcción de la catedral de Sevilla, sin el menor síntoma de vértigo.

La mayoría de estos hombres tenían más experiencia en la corte de España que Colón y, como es natural, tendían a ser más leales a la Corona que al genovés que estaba al mando de la expedición.

También tomaron parte en el viaje veinte caballeros o jinetes, con sus caballos, dos de los cuales llevaban dos monturas de Granada. Habían sido miembros de la Santa Hermandad de esa ciudad y habían luchado contra el emirato. Todos ellos parecían conectados con otros hombres cuyos apellidos figurarían profusamente en la historia de los primeros tiempos del Imperio español: Coronado, Cano, Arévalo, Osorio, Leyva, Sepúlveda y Olmedo.[10] La presencia de estos hombres de armas, no requerida por Colón, así como la de doscientos caballeros voluntarios, preocupó al Almirante, pues eran hombres distintos de los que él estaba acostumbrado a tratar.

En la expedición se integraron asimismo dos médicos. El principal era Diego Álvarez Chanca, de Sevilla, que había sido consejero médico de los reyes y que subestimó las incomodidades de un viaje con Colón. Parece ser que los monarcas le pagaban un salario al médico, que además había sido miembro de la casa del caballero Rodrigo Ponce de León y que, posteriormente, escribiría una carta importante acerca de lo que vio. El otro médico era Guillermo Coma, de Barcelona, que también escribió acerca de sus experiencias.[11] La mayoría de estos hombres eran personas desconocidas para Colón y, probablemente, consideraban a su almirante genovés un jefe algo curioso; era un extraordinario marinero, sin duda, pero con muchas fantasías que expresaría en su extraña mezcla de español y portugués. «Habían acudido tantos caballeros e hidalgos y otra gente noble, que fue necesario disminuir el número [...]», escribió Fernando, el hijo de Colón.[12]

Colón llevó consigo a varios monjes y sacerdotes (lo cual no hizo en su primer viaje), aunque algunos de ellos parece ser que eran agentes de los monarcas. Sobre todo, el padre Juan Boil, un aragonés que empezó su vida religiosa ingresando en la orden benedictina y que había sido amigo de la infancia y secretario del rey Fernando, embajador en Francia y en Roma, y que luego se unió a los mínimos de la orden fundada en torno a Francisco de Paula, un santo de Cosenza de mediados del siglo XV. Boil había negociado también con Francia, en nombre de Fernando e Isabel, el futuro de Cerdeña y del Rosellón en 1490, una tarea sumamente delicada. Por tanto, era un hombre importante y reputado. Boil se convirtió en un «vicario apostólico para las Indias» un tanto sui géneris. Su misión no estaba demasiado clara. Quizá los monarcas quisieron contar con una supervisión permanente de su protegido, el Almirante. Fernando e Isabel le habían escrito a Colón en estos términos: «Enviamos al padre Boil, junto a otros religiosos para que [...] los indios puedan estar bien informados acerca de nuestra fe y entiendan nuestra lengua.»[13] Es difícil imaginar cómo podría comunicarse el religioso con los indios. De manera que quizá su larga experiencia de la vida en la órbita del poder hubiese hecho de él más un comisario político de la expedición que un sacerdote.[14] Además, Boil no admiraba ni estimaba a Colón, y las condiciones de vida en el mar (como luego también en tierra firme) se le hicieron insoportables, por más austero que se proclamase. Sea como fuere, la presencia en la expedición de Margarit y de Boil significaba que el rey Fernando tenía a dos de sus protegidos en puestos clave de la segunda expedición de Colón.[15]

Entre otros religiosos que realizaron aquel segundo viaje figuran fray Pedro de Arenas, que celebraría la primera misa en las Indias;[16] fray Jorge, comandante de los caballeros de Santiago;[17] un jerónimo anacoreta, fray Ramón Pané, un catalán que hablaba imperfectamente el español: «Un hombre bastante simple —escribió de él el padre Las Casas—, solía decir cosas confusas y de escasa importancia.»[18] Pese a ello, fray Ramón Pané escribió el primer trabajo sobre los taínos de La Española.[19] También se integraron en la expedición fray Juan de la Deule y fray Juan de Tisin, ambos belgas, hermanos franciscanos legos, de la conexión de Picardía, así como Juan de Borgoña, otro franciscano, de Dijón.[20] Por tanto, la expedición tenía una base muy cosmopolita.

En el viaje tomaron también parte algunas mujeres. Tenemos noticia de ellas a través del diario del Almirante: «Y le ordené entregarle un muchacho nativo que encontramos en las Pequeñas Antillas a una muger que de Castilla acá benia.»

Colón llevó también consigo a tres indios que capturó en 1492 y a quienes intentó que enseñasen en España para actuar como intérpretes. Pedro Mártir dice que estos indios representaron un papel importante durante el viaje: «Todo ello fue referido a través de los intérpretes nativos que fueron llevados a España en el primer viaje...»[21] Colón había raptado a diez indios para este propósito, pero el resto habían muerto. Puede que el Almirante también hubiese incorporado a la expedición esclavos africanos, bereberes, mulatos o negros de África occidental, ya que en Sevilla había muchos esclavos que, en su mayoría, vendía en la ciudad el mercader florentino Marchionni, establecido en Lisboa, a través de sus agentes sevillanos, como Juanotto Berardi, amigo de Colón.[22] El padre Las Casas creía que hubo esclavos negros a bordo. Por su parte, Bernáldez estimaba que Colón se llevó veinticuatro caballos, diez yeguas y tres mulos, aunque presumiblemente entre éstos se incluían las monturas de los jinetes.[23] También llevaron consigo cerdos, cabras y ovejas.

La mayoría de los expedicionarios eran labradores que se proponían labrar la tierra de La Española y extraer el oro que allí hubiese. Aspiraban a ganar dinero, a llegar a ser alguien en la vida, aunque no hidalgos. Al secretario real, Hernando de Zafra, le habían pedido buscar en Granada «veinte hombres de campo, e otro que sepa hacer las dichas acequias que non sea moro...».[24] Estos hombres deberían llevar consigo también «caballos, yeguas y mulas y todas las otras vestias, y simientes de trigo y cevada y todos arboles y de suerte de frutas.»[25] Las Casas escribiría posteriormente que dudaba de que si estos hombres hubiesen sabido cómo iba a ser el trabajo, hubiese venido alguno.[26] Pero lo que Colón se proponía era establecer una colonia comercial al estilo genovés, como las que había visto en Chios y en Guinea, desde la que poder enviar a la metrópoli resina (de un gomero que creía haber visto en su primer viaje), algodón y oro, así como esclavos caníbales.

Quizá veamos en esto una divergencia entre las expectativas de los reyes y las de Colón. Al fin y al cabo, Colón quería que estuviesen con él padres de familia que diesen estabilidad a la colonia, así como artesanos y técnicos en prospecciones. «Las flautas y las arpas mantenían en mudo asombro a las nereidas y hasta las mismas sirenas con sus modulaciones» cuando zarpó la flota, escribió el médico Guillermo Coma.[27] En este aspecto, y en muchos otros, la Corona quiso llevar a cabo en las Indias lo que se realizó con éxito en las Canarias.[28]

El 2 de octubre, la flota de Colón llegó a Gran Canaria, donde repararon una de las naves, que tenía una grieta.[29] También se detuvieron en La Gomera, donde Colón compró ocho cerdos a setenta maravedís cada uno, tres mulas y algunas gallinas, animales que al cabo de unos años transformarían el nuevo Caribe de una manera que asombró a los europeos. En la isla se organizó un festejo en honor de la gobernadora de hecho, Beatriz Bobadilla.[30] La escala sirvió para que aquello que Fonseca no previó suficientemente (la necesidad de alimentos para dos mil personas para un año) quedara compensado con creces.

El 13 de octubre de 1493, la expedición reanudó la travesía de las Canarias. Colón decidió esta vez realizar la maniobra de aproximación a las islas del Caribe en dirección sureste, en lugar de nordeste, pero no parece que hubiese comentado su plan con los monarcas ni con Fonseca, ni con nadie que tuviese un cargo importante. En aquellos momentos, su buena estrella le sonreía de tal manera que su voluntad era aceptada sin discutir. Y su voluntad era tratar de visitar algunas de las otras islas de las que había oído hablar, aunque en gran medida se tratase de

fantasías que hablaban de gigantes y amazonas que el resto de los expedicionarios españoles no tenían especial interés por conocer.

Después de sólo veinte días, la expedición encontró varias islas que el almirante creyó que eran las de los caribes. A la primera la llamó La Deseada, por la simple razón de que él y sus hombres deseaban mucho volver a ver tierra; a la segunda la llamó Dominica, porque el día que la vieron era domingo, y a la tercera la llamó María Galante (en honor de una nave con este nombre), donde pronto encontraron un lugar adecuado para fondear: «deçendió el Almirante e mucha gente con él, con la vandera real en las manos adonde tomó posesión» del lugar.[31] Allí, el veedor Diego Márquez fue tierra adentro con once hombres y estuvo varios días sin dar señales de vida. Entonces Colón decidió enviar a Alonso de Hojeda con cuarenta hombres para buscarlos, y éstos capturaron a doce gordas pero hermosas muchachas y a dos muchachos que, según ellos, parecían haber sido castrados por los caníbales. Todos ellos serían posteriormente enviados a España.[32]

Estas islas maravillosas y frondosas están, aproximadamente, en el centro de las Pequeñas Antillas y, por tanto, Colón no pudo visitar

Martinica en este viaje. De acuerdo con lo que Antonio de Torres le dijo a Pedro Mártir, alguien volvió a asegurarle a Colón que había amazonas en Martinica, que era visitada regularmente a lo largo del año por hombres, pero no en las demás islas. Cuando las visitaban o las atacaban, las amazonas se ocultaban en cuevas secretas donde se defendían con arcos y flechas. Esto no era una buena noticia, porque, por entonces, existía la creencia de que las amazonas eran el mayor peligro al que podían enfrentarse los viajeros.[33] Las amazonas eran conocidas, por así decirlo, ya en la mitología griega, y siempre se las había presentado como un pueblo que vivía al margen del mundo civilizado. Incluso se decía que Alejandro Magno conoció a la reina de las amazonas más allá del río Jaxartes, que desemboca en el mar de Aral. Así pues, Colón estaba en «buena compañía».

La expedición se dirigió entonces a Guadalupe (bautizada así en evocación del monasterio jerónimo y extremeño del mismo nombre), y fondearon en la bahía que actualmente lleva el nombre de La Grande Anse. Encontraron una hermosa cascada y también viviendas con techumbre de paja, en las que había loros y esqueletos humanos: la primera señal de antropofagia. De modo que la idea que se tenía de los caribes como devoradores de hombres salió reforzada. Capturaron a algunos nativos, incluido un muchacho, y veinte mujeres taínas capturadas en la actual Puerto Rico. En la isla encontraron calabazas, gansos y loros, así como almacenes de provisiones, además de telas bien tejidas. También encontraron canoas, pero los españoles descubrieron en seguida que diez de estas embarcaciones habían salido para llevar a cabo incursiones en otras islas porque, en palabras del médico Álvarez Chanca, «estos nativos se tratan con gran cordialidad, como en una gran familia, y no se atacan. Pero sí guerrean con los nativos de las islas vecinas. Se llevan tantas mujeres como pueden. En cincuenta viviendas no encontramos más varones que dos jóvenes castrados. Más de veinte de las personas apresadas eran mujeres, que contaron haber sido tratadas con una crueldad increíble».

Según Álvarez Chanca, los caribes «dizen que la carne del ombre es tan buena que no ay tal cosa en el mundo, y bien pareçe, porque los huesos que en estas casas hallamos, todo lo que se puede roer todo lo tenían roydo, que no abía en ellas sino la que por su mucha dureza no se podía comer. Allí se halló en una casa, coziendo en una olla, un pescueço de un ombre. Los muchachos que cativan córtanlos el miembro e sírvense de ellos fasta que sean ombres y después, quando quieren facer fiesta, mátarlos e cómerselos, porque dizen que la carne de los muchachos e de las mugeres no es buena para comer».[34]

Antonio de Torres, el designado alcaide de la fortaleza de La Española, vino a decir posteriormente más o menos lo mismo: «tenían vasijas de barro de toda clase [...] y en sus cocinas carnes humanas coçidas con carne de papagayo y de pato, y otras puestas en los asadores para asarlas. Rebuscando lo interior y los escondrijos de las casas, se reconoció que guardaba cada una con sumo cuidado los huesos de las tibias y los brazos humanos para hacer las puntas de las saetas, pues las fabrican de hueso porque no tienen hierro [...]. Hallaron también la cabeza de un joven recién matado colgada de un palo con la sangre aún húmeda.»[35]

En esta isla, Colón le regaló una hermosa muchacha a su paisano genovés, Cuneo, que posteriormente escribió que tuvo que pegarle a la chica para que aceptase sus requerimientos pero que, «al final nos encontramos de acuerdo de tan manera que os digo que eso parecio amaestrada en una escuela de rameras».[36] Ésta es la primera referencia a la cópula en el Nuevo Mundo.

Estos hallazgos produjeron cierta aprensión. Puede que la conquista no fuese fácil, pero las pruebas de que aquellos huesos y aquella carne fuesen humanos son escasas: ¿conocían los marineros sevillanos la diferencia entre la carne de los hombres y los monos?

Después de pasar seis días en Guadalupe, el 4 de noviembre de 1493, Colón zarpó hacia Santa María de Montserrat, llamada así porque su montaña central semejaba la del famoso monasterio catalán, donde los cautivos dijeron que los caribes habían acabado con toda la población. Cerca de allí, en Santa María la Redonda, llamada así por el redondeado contorno de sus montañas, echaron el ancla pero, de nuevo, tampoco desembarcaron. Siguieron después hasta Santa María de Antigua, llamada así por Colón en honor de la virgen de la catedral de Sevilla, y, finalmente, desembarcaron en lo que Colón llamó San Martín, que parecía bastante poblada. Vieron una canoa inmóvil junto a la orilla («a dos tiros de lombarda»), y sus siete tripulantes se quedaron estupefactos al ver a los castellanos, que los capturaron tras una dura lucha. Dos de los españoles resultaron heridos y uno de ellos, probablemente gallego, murió; él fue la primera baja de la expedición. El 14 de noviembre reanudaron el viaje, hacia Santa Cruz (la actual Saint-Croix) «muy alta y escarpada. Daba la impresión de ser un lugar en el que abundasen los metales, pero no desembarcamos. Parecía deshabitada».[37] Tampoco lo hicieron en las innumerables y bonitas islas que Colón bautizó como islas Vírgenes, en honor a santa Úrsula, que, según la leyenda, sufrió martirio junto a otras once mil vírgenes en el siglo III.

Al día siguiente llegaron a Puerto Rico o Boriquen, palabra que significa «cangrejo» en taíno, y que Colón llamó entonces San Juan Bautista. No se llamaría Puerto Rico hasta al cabo de aproximadamente una generación; la actual capital sigue llamándose San Juan. A Álvarez Chanca le pareció «muy hermosa y muy fertyl. A pareçer a ésta vienen los de Caribe a conquistar, de la qual llevaron mucha gente. Estos no tienen fustas ningunas nin saber andar por mar [no era cierto], segund dizen estos caribes que tememos, usan arcos como ellos. E si per caso cuando los vienen a saltear los pueden prender, también se los comen como los de Caribe a ellos. En un puerto desta Ysla estuvimos dos días, donde saltó mucha gente en tierra, pero jamás podimos aver lengua, que todos se fuyeron como gente temorizada en los caribes».[38] El puerto en cuestión debió de ser Aguadilla, en la costa occidental frente a lo que posteriormente se llamaría isla de Mona y de los apacibles pasos del mismo nombre. Colón se limitó a decir que los nativos comían carne humana, pero no hay pruebas que confirmen su acusación.[39]

Durante aquel viaje, Colón les dio nombre a otras islas: Nuestra Señora de las Nieves (posteriormente, Nevis), Santa Anastasia (la actual Saint Eustatius) y San Cristóbal (la actual Saba), todos ellos nombres de evocación española.

Al fin llegó a La Española la expedición, engrosada con treinta prisioneros de las islas menores que acababan de visitar. No en vano, la trata de esclavos era algo que Colón llevaba en su sangre genovesa.[40]

El Almirante recaló primero en Samana Bay o cabo Engaño, el 22 de noviembre,[41] y luego en Monte Cristi, donde estuvo desde el 25 hasta el 27 y, finalmente, el 28 de noviembre llegó a su colonia del viaje anterior, el fuerte Navidad, que tantas expectativas había despertado. Pues bien: el enclave había sido destruido.[42] La expedición encontró Navidad «reducido a cenizas y que todo estaba en silencio. Esto conturbó al Almirante y demás varones graves; pero juzgando que viviera alguno, aunque era equivocada la conjetura, descargaron todos a un mismo tiempo las bombardas y mosquetes a fin de que, retumbando su estruendo en las playas y los montes, si algunos estaban acaso, ora entre los hombres, ora por miedo en los escondrijos de las fieras, por medio de estas señales conocieron que habían vuelto los de España. Fue en vano, pues no quedaba ninguno con vida.»[43] En un poblado de siete u ocho chozas junto a la costa, los hombres de Colón encontraron muchas pertenencias de sus compatriotas, entre las cuales había una capa árabe que no había sido desdoblada desde que se compró en España, calzas, piezas de tela y el ancla de la *Santa María*.

Así pues, la primera batalla librada en el Nuevo Mundo la ganaron los indígenas. Nunca se llegó a saber la verdad pero un hermano de Guacanagari, el cacique local, dijo posteriormente que los españoles, dirigidos por Arana, habían realizado una incursión para capturar nativas y encontrar oro. Se encontraron muchos cuerpos, y el propio Guacanagari resultó herido. La batalla había tenido lugar hacía dos meses, a juzgar por el estado de los cuerpos que encontraron, y Colón pensó que los responsables pudieron haber sido caribes de otras islas. Algunos integrantes del grupo, entre los que se encontraba el austero fraile mínimo Bernardo Boil, propusieron vengar a los muertos apresando al cacique, pero Colón se limitó a visitarlo y a intercambiar oro por baratijas.[44]

A principios de diciembre,[45] probablemente el 7 o el 8, el Almirante «decidió que debíamos regresar costeando por donde habíamos venido desde Castilla porque era por allí por donde se decía que había oro... [pero] a causa del tiempo tardamos muchas semanas en desembarcar».[46] Según Las Casas, «la gente, que venía muy cansada y fatigada y los caballos muy perdidos»;[47] probablemente algunos de los animales nunca se recuperaron.[48]

Después de una difícil travesía, a principios de enero el Almirante y sus amigos llegaron cerca de Monte Cristi. Colón desembarcó a unos sesenta y cinco kilómetros al este, cerca de lo que se convirtió en la fortaleza de la Isabela. Hizo desembarcar prácticamente a toda la expedición, además de veinticuatro caballos, diez yeguas y tres mulos (hasta entonces no habían perdido a ningún hombre ni a ninguna montura).[49]

Los expedicionarios españoles no tardaron en recuperarse alimentándose de boniatos y de pescado. En el lugar había una considerable población de taínos que, según Álvarez Chanca, tenían tan buena disposición «que podían ser convertidos fácilmente con sólo que tuviésemos un intérprete, porque imitan todo aquello que hacemos. Hacen la genuflexión frente al altar a la hora del Ave María y se santiguan. Todos dicen querer ser cristianos, aunque en sus viviendas tienen todo tipo de ídolos que aseguran que pertenecen al cielo».[50]

Colón se dispuso entonces a fundar un enclave, que llamó Isabela en honor de la reina. Eligió aquel lugar porque estaba cerca del valle de Cibao, donde creía que había minas de oro,[51] debido al esperanzador informe de Martín Alonso respecto al viaje anterior. En poco tiempo construyeron unas doscientas chozas formando un rectángulo que habría complacido o divertido a Vitrubio. El agua era potable, aunque, como de costumbre, Colón exageraba al decir que procedía de «un poderoso río de agua mejor que Guadalquivir, del cual por açequia se puede traer dentro en la villa en la plaza, el cual pasa por una vega grandísima que ba al sueste, de la cual hasta oy no e podido saver el cavo. La cual es de tierras maravillosas sin comparaçión en ninguno de Castilla, que agora ay en toda ella la hierva alta y berde y buena más que alcaçar en España en el mejor tiempo. Desde la villa al poniente grandes dos leguas es toda playa muy fermosa, y al cavo un puesto de los mejores del mundo».[52] En realidad, el puerto de Isabela dejaba bastante que desear y la elección del emplazamiento se hizo sin pensar, porque el río no era apropiado para construir molinos de agua.

Colón demostró ser incompetente como gobernador, e incapaz de controlar la pertinaz rapacidad de sus hombres. Carecía de experiencia en la administración civil y no había aprendido ninguna de las habilidades de la política. Los españoles que estaban con él habían sido elegidos al azar, o se habían elegido a sí mismos. La mayoría no tenían ni idea de lo que debían hacer, y esperaban cobrar, pero Colón no encontró suficiente oro para pagarles de inmediato. Su objetivo había sido, en principio, explotar el oro que hubiese en La Española, haciendo a los jefes locales responsables de reunirlo y entregarlo a modo de tributo. El plan partía del convencimiento de que había mucho oro (lo cual no era cierto) y de que los indios eran débiles, aunque en realidad distaban mucho de serlo y eran, simplemente, amables. Algunos de los colonos quisieron regresar de inmediato a la metrópoli. Unos se comportaron con brutalidad con los taínos, mientras que otros (entre los que había enemigos de Colón como fray Bernardo Boil y Pedro Margarit) reprobaban todo maltrato de que fuesen objeto los indios.

Cuando empezaron las hostilidades con los taínos, como consecuencia del creciente deterioro de las relaciones —debido en buena parte al rapto de mujeres indias—, los españoles hicieron prisioneros que convirtieron en esclavos. Y Colón empezó a pensar en iniciar un comercio de esclavos con Sevilla. (Lo mismo pensaron los portugueses cuando sus capitanes destacados en África descubrieron que los nativos predispuestos a dejarse esclavizar, o que ya eran esclavos, eran más fáciles de conseguir que los metales preciosos.)

Una semana después del desembarco español en La Isabela, «a mediados de enero», el Almirante envió a Alonso de Hojeda, el apuesto capitán de Cuenca, con Ginés de Corbalán en calidad de lugarteniente, en dirección sur, tierra adentro, con quince hombres para buscar oro. Pero esto le acarreó al Almirante inmediatas dificultades con los jinetes aportados por la Santa Hermandad de Granada: Colón quería sus caballos para Hojeda, pero se negaron a cedérselos. Incluso aquellos que enfermaron tras la travesía rehusaron desprenderse de sus monturas. Esta insubordinación (porque eso es lo que fue) indujo a Colón, en un arrebato de ira, a privar a los caballos del forraje que necesitaban. Y con estas mezquinas actitudes empezó la conquista del Nuevo Mundo.[53]

Hojeda se dispuso, pues, a partir a pie con sus quince hombres, y recorrió cien kilómetros hacia la actual población de San José de las Matas. Pero tuvieron suerte y, al regreso, dijeron con excesivo optimismo: «Mires por donde mires en esta provincia hay oro por todas partes.» Según Hojeda, «había mucho oro en tres o cuatro lugares». El doctor Álvarez Chanca se dejó llevar por el entusiasmo y escribió a la metrópoli que «nuestros soberanos pueden ciertamente considerarse a partir de ahora los gobernantes más ricos y prósperos de la Tierra, porque nada comparable se ha visto ni leído nunca en todo el mundo. En el próximo viaje que hagan las naves podrán transportar tales cantidades de oro que quienes lo sepan se asombrarán».[54] De lo que no cabe duda es de que la expedición descubrió lo que más necesitaba: la atracción que ejercía el oro en la mente de los hombres en aquel tiempo y que en la actualidad difícilmente podríamos concebir.

Miguel Cuneo comentó que la búsqueda del oro fue lo que en el fondo inspiró el viaje en el que se embarcó Colón.[55] Recordaba que el Almirante les dijo a los monarcas que podía encontrar tanto oro en La Española como hierro había en el País Vasco. Cuneo comentó también que, aunque las condiciones eran malas en la primera penetración de Colón en la isla en 1494, la codicia los mantuvo unidos.[56]

El historiador Gonzalo Fernández de Oviedo, que en 1494 no era más que un simple paje de la corte del infante Juan, diría posteriormente al referirse a la mayoría de los conquistadores que conoció: «Son de la clase de hombres que no tienen la menor intención de convertir a los indios, de colonizar el territorio y permanecer en él. Sólo los mueve el deseo de conseguir oro o cualquier otro tipo de riqueza. Subordinan el honor, la moralidad y la honestidad a este fin y cometen todo tipo de fraudes y crímenes, así como otros innumerables delitos...»[57]

La avidez de oro de los conquistadores no era tan material como la que indujo al pillaje a cristianos y musulmanes durante la Edad Media;

no pretendían tanto el prestigio y la riqueza en abstracto como el oro en sí. Un historiador contemporáneo se refirió a estas cuestiones en los siguientes términos: «El incentivo aportado por el oro de las Indias ejerció sin duda un gran influjo, y el sueño de alcanzar un logro personal [...] quedaba más en un segundo plano...»[58]

El 2 de febrero de 1494, Antonio de Torres, el hombre de los monarcas en La Española, y a quien Colón pensó encomendar el mando del fuerte de La Isabela, zarpó rumbo a España con doce de las naves que formaban parte de la expedición (dejando a Colón con cinco), portando una carta a modo de memoria formal del Almirante; una carta de Álvarez Chanca, que también embarcó, así como oro por valor de treinta mil ducados, canela, pimientos, leña, un grupo de indios que habían esclavizado y sesenta papagayos. Torres también llevó consigo a varios centenares, ahora decepcionados, de aquellos que partieron en 1493. Aquél fue aparentemente el viaje que introdujo la sífilis en el Viejo Mundo (la única aportación negativa del Nuevo Mundo).[59]

La «memoria» de Colón, dirigida a los monarcas, que Torres llevó a la metrópoli, era un documento incoherente en el que el almirante subrayaba que Hojeda y Ginés de Corbalán (que estuvo entre quienes regresaron a España) habían encontrado grandes filones de oro. Explicaba que la añoranza que afligía a quienes se hallaban en el nuevo territorio —acerca de la que sin duda hablaría Torres—, se debía al cambio de aires. Colón explicaba también que enviaba esclavos caníbales para que sus altezas pudieran ponerlos en manos de quienes les enseñasen español. El Almirante se mostraba ambiguo acerca de los caníbales, porque también dijo, en relación al pago de las cuentas por ganado y otros suministros, que esperaba que en adelante les enviasen todos los años desde Castilla, que pudiesen pagarlas en esclavos, que parecían feroces pero que estaban bien proporcionados («gentes [...] adecuadas para tal propósito»). Estaba seguro de que, si lograban desprenderse de su salvajismo, demostrarían ser los mejores esclavos. Por entonces Colón hablaba de los «indios» en estos términos sin el menor rubor.[60]

Esta carta incluía también el reconocimiento de que algunas de sus predicciones —acerca del oro, del clima y de los indios— habían sido exageradas. Pese a ello, se atrevió a pronosticar de nuevo y aseguró que, en el futuro, podrían plantar trigo, caña de azúcar y viñedos en la isla, «el trigo como el vino nacen muy bien», y que el ganado castellano se criaría allí muy bien. Urgió a que le enviasen mineros que hubiesen trabajado en las minas de mercurio de Almadén, hombres dispuestos a esperar beneficios a largo plazo, y que algún empresario de Sevilla fletase dos naves todos los años para enviarles trigo y vino. Se quejó de la insubordinación de los jinetes, que se negaron a aportar sus monturas para las necesidades generales de la expedición, y de que, en el último momento, el contable, Juan de Soria, le hubiese «colocado» algunos caballos en los barcos que no pudo inspeccionar y que no estaban en buenas condiciones. Es evidente que Colón tenía, por así decirlo, sentimientos encontrados respecto a los jinetes, ya que, por un lado, los necesitaba para defender el campamento de Isabela pero, por otro, no quería que se considerasen al margen de su autoridad.

De ahí que, en adelante, veamos al pobre Almirante tratando de afrontar en vano los problemas de la administración del territorio, algo para lo que no estaba dotado, y no cabe duda de que debía de anhelar volver a la mar, que era donde se encontraba a sus anchas.

CAPÍTULO 11

Tierra firme y no isla

Yo tenía esta tierra por firme, y no isla.

Colón, acerca de su viaje por el litoral de Cuba[1]

El 12 de marzo, Colón partió con quinientos hombres para explorar lo que creía que era «la tierra del oro» de La Española.[2] Pasó por Puerto de los Hidalgos, hacia la cuenca del río Yaque (en lo que posteriormente llamarían Vega Real); luego hacia el río Moa, Valverde, el río Verde (Artima), el puerto de Cibao (cerca de San José de las Matas) y Santo Tomás, junto al río Jámico. Todos aquellos hombres que se encontraban en buen estado físico y que no eran imprescindibles para proteger las dos naves y las tres carabelas (todo cuanto quedaba de la flota), se encaminaron tierra adentro a pie o a caballo. El viaje fue muy duro pero la codicia les dio fuerzas para seguir adelante.[3] Utilizaron a los indios como bestias de carga, para que portasen el equipaje y las armas, y ayudasen a cruzar los ríos a quienes no sabían nadar.

El supervisor real, Bernal de Pisa, tuvo varios enfrentamientos con Colón, sin percatarse de que «nunca conseguirían el oro sin sacrificio, esfuerzo y privaciones».[4] Bernal de Pisa se apoderó de dos barcos con la intención de regresar a España en cuanto el genovés hubiese partido hacia el interior de la isla, el 12 de marzo, pero no llegó a salir del puerto y fue encarcelado por el hermano de Colón, Diego, junto a varios cómplices, acusados de traición.[5]

Para explorar la isla, el Almirante no sólo llevó consigo a los soldados de a pie que precisaba, sino también «los necesarios jinetes», lo que significaba que aceptó la aportación de algunos de ellos y, en adelante, permitió a regañadientes que sus caballos tuviesen todo el forraje español que hiciese falta.[6]

Al cabo de cuatro días, el 16 de marzo, Colón llegó a lo que confiaba que fuese la «dorada» Cibao. Le pareció un pedregal inhóspito, aunque bañado por ríos. Y, al descubrir indicios de oro, mandó construir un fuerte en un lugar que llamó Santo Tomás.[7] El catalán Pedro de Margarit y fray Boil, representantes de la Corona y de la Iglesia, respectivamente, se quedaron allí como comandantes locales. Cuneo dejó constancia de que en aquel viaje varios traidores fueron desenmascarados, al delatarse unos a otros, y el Almirante no tuvo dificultades para reducirlos. A unos los mandó azotar, a otros les cortó las orejas, y a otros la nariz, de tal manera que, como escribió Cuneo, «daba compasión verlos».[8] Colón ahorcó a un aragonés, Gaspar Ferriz.

Colón regresó entonces a La Isabela, adonde llegó el 29 de marzo. Dos días después, el 1 de abril, acudió al enclave un mensajero de Margarit para comunicarle que «los indios de las inmediaciones habían huido» y que el rey Caonabó parecía disponerse a atacar el fuerte. De manera que, al día siguiente, Colón envió a Santo Tomás setenta hombres con municiones.[9] (Parece que aprovechó la ocasión para deshacerse de algunos de los jinetes predispuestos a desafiarlo.) El Almirante le ordenó también a Margarit que secuestrase al cacique Caonabó, a quien consideraba autor de las muertes de los españoles del fuerte Navidad. El secuestro debería llevarse a cabo haciendo que uno de los hombres de Margarit (Contreras) lo agasajase para confiarlo y apresarlo. Sin embargo, Margarit se negó a tomar parte en este plan, no por consideraciones morales, sino porque creía que perjudicaría las relaciones de los españoles con los indios. De modo que, al cabo de una semana, el 9 de abril, Colón envió más refuerzos a Santo Tomás, un contingente formado por todos los hombres que se hallaban en buenas condiciones, salvo los funcionarios y los artesanos, un total de 360 hombres de a pie y catorce de a caballo; al mando iría Alonso de Hojeda, con Luis de Arriaga como lugarteniente.

Esto iba en menoscabo de Margarit, a quien, sin embargo, se le pidió que dirigiese una expedición alrededor de la isla. La orden implicaba responsabilizarlo de la intendencia de unos quinientos hombres, convirtiéndolo, como lo expresó un historiador contemporáneo, en «el capitán del hambre».[10] Margarit debería llevar a cabo una operación de «reconocimiento de las provincias, los nativos y las tierras y lo que contengan»; asimismo debería «proteger a los indios y velar por que no se les causase daño alguno, ni se los apresase contra su voluntad. Por el contrario, deberían tratarlos honorablemente y tenerlos a salvo para que no se rebelasen». Pero «si hallardes que alguno d'ellos furten, castigadlos también cortándoles las narizes y las orejas, porque son miembros que no podrán esconder».[11] El Almirante le ordenó también a Margarit que se asegurase de que «la justicia española sea mucho temida». Si los españoles no podían comprar comida, tendrían que requisarla tan honestamente como pudiesen.

Alonso de Hojeda no tuvo escrúpulos morales y, al llegar a las inmediaciones de Santo Tomás, engañó a Caonabó, lo apresó junto a dos o tres miembros de su familia y los envió atados a La Isabela.[12] Uno de estos príncipes fue conducido a la nueva plaza del enclave, en presencia de todos, y allí le cortaron las orejas. Colón decidió entonces enviar a Caonabó a España como una especie de trofeo, pero la nave en la que lo subieron a bordo se hundió mientras embarcaban esclavos, y Caonabó se ahogó.[13] Por entonces, el Almirante decidió que era necesario enviar indios a España, con objeto de aportar algún tipo de riqueza, aunque esos mismos indios fuesen la mano de obra con la que se proponía contar. El derecho de los cristianos a actuar así derivaba de la creencia de Colón, compartida por los sacerdotes que estaban con él, de que, al no haber sido bautizados, los indios se hallaban en pecado mortal.[14]

Las consecuencias eran previsibles. Los nativos dejaron de mostrarse inclinados a colaborar con los europeos. Dejaron de abastecerlos de pescado, y la harina que los expedicionarios habían traído de España se había terminado, al igual que otras provisiones. Todavía no era posible cosechar las frutas y las hortalizas europeas, aunque el hijo del Almirante, Fernando, informó de que no tardarían en poder cosechar garbanzos, trigo, caña de azúcar, melones, pepinos y uvas cerca de La Isabela. Pero, de momento, tuvieron que racionar la comida. El clima no parecía muy adecuado para los cultivos europeos y las enfermedades proliferaron de manera galopante. Además, no encontraban oro de manera regular.

Colón se negó a afrontar la crisis. Se consideraba antes que nada «almirante de la mar Océana» y marino explorador, y optó por dejar su papel de «gobernador» y «virrey» en manos de otros. El 24 de abril emprendió un viaje de exploración hacia el oeste, rumbo a territorios en los que, como en Cuba, había hecho breves escalas en su primer viaje. Dejó su nueva colonia en manos de su hermano Diego y del padre Boil, que presidirían un consejo de gobierno en el que se integrarían también Pero Hernández Coronel, el alguacil mayor; Alonso Sánchez Carvajal, un amigo de Colón que era de Baeza, y el ex miembro de la Casa Real Juan de Luján.[15] Antes de partir, Colón explicó que no tardarían en llegar más suministros desde España, pero no aguardó a ver si su predicción se cumplía, lo cual les pareció una traición a la mayoría de los hombres que se quedaron allí. Al fin y al cabo, sólo les dejó dos naves, porque el resto de la flota había regresado con Torres o se había hundido con Caonabó. A partir de entonces, Colón no volvió nunca a recuperar su autoridad.

Antes de emprender el viaje, el Almirante les escribió a los monarcas una carta que estaba llena de interesantes exageraciones: el río Yaquí era más grande que el Ebro; la provincia de Cibao era mayor que Andalucía y, en ella, había más oro que en cualquier otra parte del mundo. El Almirante volvió a afirmar que lo único que le impedía convertir a los indios al cristianismo era no saber predicar en su lengua. (En realidad, «Diego Colón», un indio a quien capturó en su primer viaje, conocía ya los rudimentos del castellano, de modo que por lo menos el genovés tenía un intérprete para comunicarse con los taínos.)

Esta carta de Colón no pudo ser enviada a España de inmediato, ya que no disponían de ninguna nave en condiciones para navegar. De manera que, por el momento, la memoria que Colón dirigía a los monarcas, llevada por Torres, fue la base de la información más reciente que la corte tendría acerca de las nuevas Indias.

Con su flota de doce naves, Torres tardó treinta y cinco días en llegar a Cádiz, el 7 de marzo de 1494.[16] Parte del contingente que regresó con él traía malas noticias: además de que las afirmaciones de Colón resultaban risibles de puro exageradas, había escasez de alimentos en La Isabela; Colón había encarcelado injustamente al supervisor real, Bernal de Pisa, y su sistema de tributos impuesto a los indios no funcionaba; había poco oro y no habían encontrado minas.

Los reyes se hallaban por entonces en Medina del Campo, una población que tenía un importante mercado, y se alojaban en el castillo de La Mota, construido hacía sesenta años. Los cortesanos se alojaban en las grandes mansiones de la ciudad, cuyos propietarios se habían enriquecido gracias al comercio de la lana con Flandes. Una de estas mansiones pertenecía a la familia del novelista Garci Rodríguez de Montalvo, autor o renovador del *Amadís de Gaula,* que justo por entonces trabajaba en su asombrosa obra maestra; otra de las mansiones pertenecía a la familia del futuro cronista de la conquista de México, Díaz del Castillo. A la reina siempre le había gustado Medina del Campo, que no estaba lejos del lugar de su nacimiento, Madrigal de las Altas Torres, y cerca de Arévalo, donde se crió.[17]

Los dos gobernantes de España tenían por entonces muchas preocupaciones, al margen de su creciente inquietud por las Indias. El inquisidor general, el fraile dominico Tomás de Torquemada, los urgía a utilizar el antiguo cementerio judío de Ávila para construir un nuevo convento, que llevaría el nombre de Santo Tomás.[18] Se celebraron varios autos de fe y se aplicaron extraños castigos a quienes se confesaron culpables.[19] A raíz de un juicio celebrado aquel mes, el papa Inocencio VIII confirmó que su opinión de la Inquisición era, lamentablemente, cercana a la de la reina.[20]

Torres trajo sólo oro por valor de un poco más de once millones de maravedís de las Indias, algunas especias de escaso interés y peticiones para el envío de suministros.[21] Fernando se sintió decepcionado, porque necesitaba dinero en Europa, sobre todo para favorecer su política en Italia. Cuando, en abril, Torres llegó a la corte, Pedro Mártir y un cortesano de Sevilla, Melchor Maldonado, hablaron con él.[22] También lo hicieron Peralonso Niño, el piloto, y Ginés de Corbalán, que acompañó a Hojeda en su expedición en busca de oro. Sorprendentemente, todos hablaron bien del Almirante, y Mártir le escribió a un amigo italiano, Pomponio Leto, acerca de la gran cantidad de oro que podían encontrar en el Nuevo Mundo.

Diez días después, el 13 de abril, los monarcas le escribieron a Colón dándole ánimos y ordenaron que el hermano del Almirante, Bartolomeo Colón, se preparase para ir a las Indias con tres carabelas cargadas con provisiones, ya que Bartolomeo había regresado ya de sus decepcionantes viajes a Francia e Inglaterra y ansiaba ir a reunirse con su hermano mayor. La reina vio también con buenos ojos que el segundo hijo del Almirante, Fernando, ingresara en la corte del infante Juan en calidad de paje junto a su hermano Diego.[23] El amigo florentino de Colón, Berardi, le adelantó a Bartolomé lo que necesitaba para su viaje.[24]

Bartolomeo zarpó hacia La Gomera, donde cargó cien ovejas y, en mayo, reanudó la travesía por el Atlántico.[25] Entretanto, uno de los secretarios reales, Fernando Álvarez, en nombre de la Corona, replicó a todos los apartados de la memoria enviada por Colón a través de Torres y, al hacerlo, planteó algunas peticiones un tanto exigentes de Fonseca, que por entonces era sin duda el principal representante de los reyes en la administración de las Indias, como, por ejemplo, que la carne que le enviasen fuese de buena calidad.[26]

Sin embargo, en el verano de 1494, los monarcas estaban más acuciados por sus negociaciones con Portugal acerca de sus mutuos derechos sobre los territorios del Nuevo Mundo. En abril llegaron a Medina del Campo varios cortesanos portugueses, entre los que se encontraba Ruy de Sousa, señor de Sagres, confidente del rey Juan, diplomático y experto marino. No sólo había sido embajador en Inglaterra, sino comandante de la flota que zarpó hacia el Congo, y fue él quien, en 1475, entregó a la reina Isabel la declaración de guerra en nombre del rey Alfonso V. Formaban parte de la delegación su hijo Pedro, almotacén mayor de Portugal, y Aires de Almeda, que también había sido embajador en Inglaterra y que, por entonces, era corregidor de «los fechos civiles». Estas tres personalidades eran miembros del consejo real portugués. También formaban parte de la delegación cuatro «expertos»: Duarte Pacheco, famoso marino y cartógrafo, que había estado en Guinea y que, con su libro *Esmeraldo de Situ Orbis* (que apareció entre 1505 y 1508), hizo una gran aportación a la geografía de África; Rui de Leme, que se había criado en Madeira y cuyo padre, Antonio de Leme, fue uno de los que afirmó haber hablado del Atlántico con Colón en los años setenta; Joao Soares de Siquieira, y Estavao Vaz, un secretario de Juan II que se había congraciado con los monarcas españoles proporcionándoles un cargamento de pólvora para ayudarlos en el sitio de Málaga. Posteriormente estuvo en Castilla como embajador encargado de poner orden en los asuntos del duque de Braganza, después de la ejecución de este último en Lisboa por traición. Todos ellos conocían bien el Atlántico oriental.

Castilla, en contraste, estuvo representada por «grandes de España» que quizá supiesen mucho de Castilla, pero que conocían muy poco del Atlántico. Entre ellos se encontraba Enrique Enríquez, mayordomo mayor de la corte, tío del rey y, a pesar de su título de almirante de Castilla, un aristócrata que apenas sabía nada de los mares. Su presencia sólo se explica porque era el padre de María, novia de uno de los hijos del papa, e incluso se escribía, desde Tordesillas, con su consuegro, Alejandro Borgia.[27] Otro de los negociadores españoles fue Gutierre de Cárdenas, el contador mayor, el veterano cortesano que presentó a Isabel y a Fernando en 1474, y que se había enriquecido, especialmente en Canarias, con la importación de urchilla, pero cuyos conocimientos de las cuestiones marítimas no iba, probablemente, más allá de lo que pudo aprender durante las travesías entre Cádiz y Canarias. Uno más de los negociadores fue Rodrigo Maldonado de Talavera, abogado y miembro del Consejo del Reino. Participaron también tres expertos en cuestiones geográficas: los comendadores Pedro de León, Fernando de Torres y Fernando Gamarro. Y es posible que también tomara parte en las negociaciones Jaime Ferrer, el geógrafo catalán, tal como comentó el cardenal Mendoza. Considerados individualmente, los representantes portugueses eran superiores a los españoles, y la historia del mundo reflejaría este hecho en todo momento desde entonces.

Las negociaciones tuvieron lugar en el convento de Santa Clara, en Tordesillas. El 8 de mayo de 1494, la reina Isabel, el rey Fernando y la corte llegaron allí desde Medina del Campo, que estaba a menos de media jornada a caballo, a unos veinticinco kilómetros. La corte permanecería allí hasta el 9 de junio. Los monarcas se reunieron formalmente con los capítulos de las órdenes de Santiago y Calatrava;[28] luego, empezaron las negociaciones. Se ha conservado una pintura de la discusión o, por lo menos, de su conclusión, en el museo de la Marinha de Lisboa, en la que está representado un grupo de hombres doctos frente a un desordenado montón de mapas, bajo los escudos de ambos reinos. También pueden verse todavía «las casas del tratado».

Tras un mes de conversaciones, el 7 de junio se llegó a un acuerdo entre Castilla y el rey de Portugal, acerca de los derechos de las dos co-

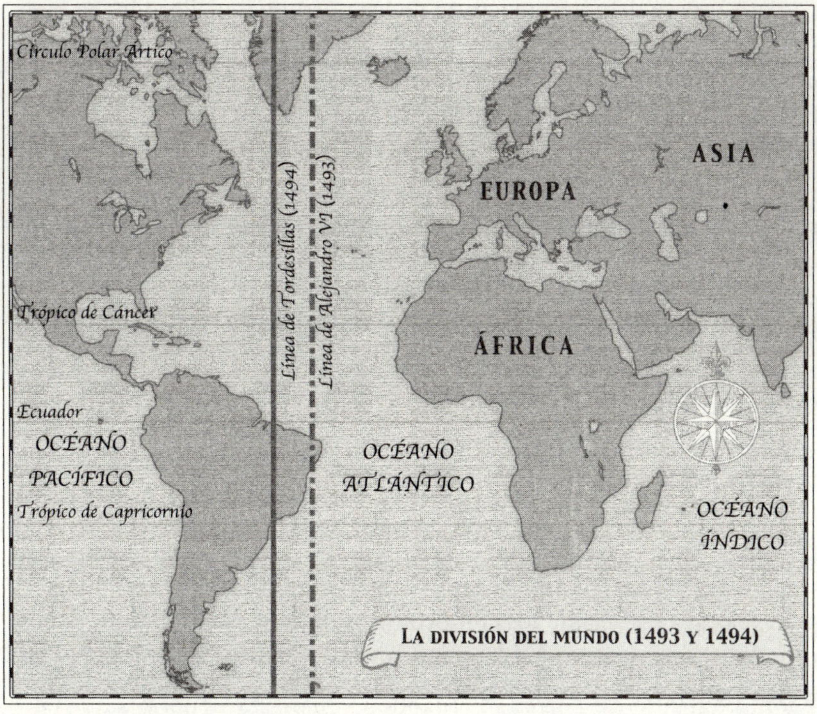

LA DIVISIÓN DEL MUNDO (1493 Y 1494)

ronas respecto a la navegación y el comercio, así como sobre la pesca y los enclaves en Canarias y en la costa de África. Estos acuerdos no eran más que una confirmación del Tratado de Alcáçovas de 1479.[29] Pero aquel mismo día se firmó otro tratado acerca de la «partición del mar». Los portugueses habían conseguido un cambio sustancial en su favor, en relación con los acuerdos refrendados por el papa el año anterior. Se concretó otra línea imaginaria de demarcación «una raya, o linea derecha de polo a polo, del polo arctico al polo antartico, que es del norte al sur, la cual raya o linea e señal se haya de dar y de derecha como dicha es, a 370 leguas de las islas de cabo verde para la parte de poniente por grados o por otra manera...».[30] Los territorios que quedasen al oeste de esta línea serían españoles, pero los que quedasen al este, a excepción de las islas Canarias y del territorio africano frente al archipiélago, serían portugueses. «Cortar el aire con un sable o cortar el mar con un cuchillo», así rezaba una de las definiciones del tratado. En virtud del tratado se le concedía a Portugal una amplia zona de lo que posteriormente sería Brasil. Una comisión mixta, como se diría ahora, dotada con una o dos carabelas por ambos bandos, debía establecer la línea en «el océano», pero tal comisión nunca llegó a formarse.

¿A qué se debió esta victoria de los portugueses? Porque, en cuestiones internacionales, los gobernantes de España estaban acostumbrados a salirse con la suya. La primera derrota de España en Tordesillas fue aceptar que hubiese necesidad de concertar un nuevo tratado. Los monarcas españoles o, por lo menos, sus consejeros, parecían estar injustificadamente preocupados por la posibilidad de que los portugueses enviasen una flota a las Indias. Colón no fue consultado, ni tampoco Antonio de Torres, que pudo haber sido un asesor idóneo, y que estaba en Castilla. ¿Pudo deberse la insistencia de Portugal a que hubiese descubierto secretamente Brasil?[31] Quizá esto sea aventurar demasiado. Lo que preocupaba a los portugueses era la ruta de África, pues querían garantizarse la comunicación con las lucrativas islas de las Especias, tal como Bartolomeu Dias las cartografió. La ampliación de la franja portuguesa hasta las 370 leguas (270 más que en 1493) significaba que sus naves podrían navegar hacia el sur, describiendo un amplio arco con objeto de evitar los vientos y las corrientes de la costa africana. No está claro cómo llegaron a fijar la ampliación en 270 leguas, pero ésa es la esencia de los compromisos diplomáticos. Un cínico historiador opina que, probablemente, ambos bandos creyeron haber engañado al otro.[32]

Mientras se tomaban estas importantes decisiones, Colón, que era quien había creado la necesidad de las negociaciones, estaba frente a Cuba con sus tres carabelas, una, la *San Juan*, de setenta toneladas, y las otras dos mucho menores. Junto a él se encontraban varios amigos, como Miguel Cuneo, de Génova, Fernán Pérez de Luna y Diego de Peñalosa, ambos notarios de Sevilla; Juan de la Cosa, el montañés que conoció a Colón en casa del duque de Medinaceli, en El Puerto de Santa María, patrón y copropietario de la infortunada *Santa María* en el primer viaje de Colón, y que embarcó entonces como simple marino, aunque la experiencia le sirviese para cimentar su fama como gran cartógrafo; Bartolomé Pérez, de Rota, piloto de la *San Juan*; Alonso Pérez Roldán, de Málaga, patrón de la *San Juan*; Alonso Rodríguez, contramaestre de la *San Juan*; Cristóbal Pérez Niño, de Palos, patrón de la *Cárdena*, pariente de los Niño, que tan importante participación tuvieron en el primer viaje; Fenerin Ginovés, contramaestre de la *Cárdena*; Gonzalo Alonso Galeote, de Huelva; Pedro Romero de Terreros, e Íñigo López de Zúñiga, uno de sus ayudantes.[33] Hubo además una misteriosa incorporación: «el rico y piadoso abad de Lucerna», el primer turista del Nuevo Mundo, que fue al Caribe exclusivamente por placer y por ver algo nuevo.[34]

Lo primero que descubrió Colón en aquella expedición fue una hermosa isla a la que llamaron Tortuga, por la obvia razón de que vieron allí un enorme ejemplar de dicha especie animal. Luego cruzaron el canal de Barlovento y siguieron navegando a lo largo de la costa meridional de Cuba durante unas mil millas. Una simple isla no podía tener semejante longitud: «Yo tenía esta tierra por firme, y no isla.»[35] El Almirante encontró huellas de lo que aseguró que se trataba de un grifón, y otros animales grandes que Colón consideró una prueba de que se hallaban en un continente.

La flota del Almirante pasó frente a la bahía de Guantánamo y vio allí cinco canoas grandes. Luego enfilaron hacia la isla de Jamaica y, el 5 de mayo, llegaron a la actual bahía de Saint Anna, en la costa norte. Desembarcaron y Colón llamó al lugar Santa Gloria, «a causa de su extraordinaria belleza», y posteriormente le comentaría al historiador fray Andrés Bernáldez que los huertos de Valencia «... ninguna comparación tienen a ella...».[36] Los taínos que habitaban la zona parecían pacíficos, porque no sabían lo que era la guerra, ya que los caribes no habían llegado nunca allí. Después de pasar la noche fondeados, la expedición zarpó rumbo oeste hacia la «bahía del Descubrimiento», donde tuvieron que hacer frente a un grupo de taínos hostiles. Colón los ahuyentó utilizando ballestas y tomó formalmente posesión de la isla, que llamó Santiago. Más tarde, los taínos se acercaron de nuevo, y les ofrecieron un festín. El 9 de mayo zarparon rumbo oeste para llegar al golfo de Buen Tiempo y prosiguieron hacia lo que llamó cabo Cruz, en Cuba, el día 18 y, después de cruzar Los Jardines de la Reina, como los llamó él, llegó a San Juan Evangelista, hacia el 13 de junio.[37] Los españoles pasaron allí diez días y descubrieron la iguana.

Justo antes de llegar allí, mientras se hallaban en la desembocadura del río Sabaló,[38] Colón hizo redactar a Fernán Pérez de Luna, notario de la flotilla, una declaración firmada por sus marineros y por sus pasajeros (incluido Juan de la Cosa) de que habían visto tierras continentales, la «tierra firme», al principio de las Indias, probablemente la provincia de Mangi (China), o el Golden Chersonese (Malasia). (La isla seguiría llamándose Terra de Cuba Asiae Patris, en un mapa de 1516.)[39] Juraron que, de haber seguido avanzando, habrían visto China, y prometieron mantener su opinión y, si incumplían su promesa, se les cortaría la lengua y serían multados con diez mil maravedís.[40] Casi todos firmaron. A Miguel Cuneo se le permitió no prestar juramento (aunque este dato no aparecía en su relato), y «el rico y piadoso abad» de Lucerna se negó a prestarlo, aduciendo que no sabía dónde se encontraba. Colón estaba decidido a decir que había descubierto el continente asiático, pese a que los taínos del norte del país le dijeron, en su primer viaje, que Cuba era una isla. Al insistir en su afirmación, Colón pretendía complacer a los Reyes Católicos, que siempre pensaron que «la tierra firme debía contener mayores bienes, riquezas y más secretos que ninguna de las islas».[41]

A finales de junio o principios de julio de 1494, Colón había regresado a la costa oriental de Cuba y, el 16 de julio, llegó a cabo Cruz. Luego bordeó Jamaica, que le pareció «sumamente fértil y populosa» y comentó, un tanto extrañamente, que «los nativos tienen una inteligencia más aguda y son más hábiles en las artes mecánicas y más belicosos [que los nativos de La Española]...».[42] El 20 de agosto avistó el extremo occidental de La Española, que llamó cabo San Miguel, el actual cabo Tiburón, en honor a Cuneo. Costeó a lo largo del litoral sur de la isla y puso rumbo a Saona (que llamó así en recuerdo de la ciudad que conoció en su infancia, Savona). El 29 de septiembre llegó de nuevo a La Isabela, donde estuvo enfermo durante cinco meses (acaso de gota, de disentería, o de ambas cosas).[43] Según comentó su hijo Fernando,

Colón encontró la isla «en un estado lamentable», porque sus compañeros cristianos habían cometido tropelías. Los indios los odiaban, y se negaban a obedecerlos.[44]

Durante la ausencia de Colón se habían producido varios conflictos en la colonia. Los suministros que el Almirante había prometido no habían llegado. En La Isabela escaseaba la comida, y más aún en Cibao. Las cosechas de los nuevos cultivos españoles fueron decepcionantes. Muchos, casi la mitad de los hombres de Margarit, habían muerto de sífilis contagiada por las mujeres indias.[45] Diego Colón era muy impopular, y apenas sabía hablar español. Y a los comentarios sobre su incompetencia se añadían historias de fantasmas, de hombres bien vestidos que se quitaban la cabeza a la vez que el sombrero al saludar a los hambrientos supervivientes.[46] Además, los indios tenían que soportar que los españoles fuesen de un lado para otro en su territorio, y les robaran mujeres y comida, aunque también hubo momentos de confraternización, como cuando un indio le regaló dos tortugas a Margarit que, a su vez, le entregó «ciertas cuentas de vidrio». (Margarit terminó por liberar a las tortugas, porque no había bastantes para todos y no quería comer solo.)[47] Poco después decidió retirarse de Cibao y dirigirse a Vega Real, que está a sólo cincuenta kilómetros de La Isabela, tratando de subvertir, o lograr formar parte del consejo dejado por Colón. Se había convertido en el líder de aquellos que deseaban insistir en que los indios debían ser tratados como seres humanos.[48]

Con todo, se produjo una sublevación india. Un fuerte que estaban construyendo junto al río Yaque, entre Cibao y La Isabela, fue atacado, y doce españoles murieron en el enfrentamiento; ésta fue la primera batalla importante de Colón en La Española. Como es natural, los españoles enviaron de inmediato una expedición de castigo desde La Isabela. Capturaron a muchos indios, que engrosarían el mercado de esclavos de la metrópoli.

Lo único positivo que Diego Colón pudo apuntarse, durante el tiempo que actuó como gobernante de la colonia, fue la construcción en La Isabela de un molino de agua que empezó a moler trigo cosechado el año anterior.

Al fin, el 24 de junio, Bartolomé Colón partió desde España con tres carabelas, llevando consigo alimentos y otros suministros. Lo acompañaron el noble aragonés Miguel Díaz de Aux y, probablemente, Juan Ponce de León, seguramente un veterano del segundo viaje de Colón. Díaz de Aux había nacido en Barbastro y probablemente fue el primer aragonés en llegar a las Indias. Procedía de una familia que tenía mucho prestigio en la administración pública del reino. Además estaba emparentado por matrimonio con Juan de Coloma, el poderoso secretario de los monarcas que redactó las capitulaciones para Colón en 1492.[49]

Bartolomé asumió de inmediato el mando de la colonia que, interinamente, había ejercido su hermano Diego. Aunque no los cogiese por sorpresa, muchos españoles empezaron a ver con malos ojos esta «invasión» genovesa. Pero Bartolomé era más competente como administrador que su hermano Cristóbal, y casi tan bueno como él como marino; también era un excelente cartógrafo. La hostilidad hacia él tenía poco que ver con su competencia; era consecuencia del orgullo nacional de sus críticos.[50]

La llegada de Bartolomé Colón coincidió con el regreso de Margarit a La Isabela, de los jinetes rebeldes y del resto de sus hombres, lo cual significó un inmediato desafío entre dos grupos hambrientos (algunos de los hombres de Margarit habían llegado al extremo de comer perros salvajes que encontraron en la isla). Bartolomé intentó que los jinetes lo ayudasen a terminar el molino de agua de su hermano, una labor que consideraban por debajo de su categoría: «que no sea sardinero ni pase puerto». Consideraban que sus atesorados caballos no debían trabajar en un molino. ¿Acaso fue un conflicto entre los italianos, interesados en el desarrollo tecnológico, y los españoles, interesados en el honor? Lo peor fue que Margarit, aunque siguiese al mando del ejército en Cibao, no fue invitado a formar parte del consejo establecido por Colón para el gobierno de la colonia. De modo que no fue tan sorprendente que, unas semanas después, a mediados de septiembre, con el Almirante todavía enfermo y Bartolomé Colón al mando de la colonia, Margarit y el problemático y resentido padre Boil optaran por «desertar». Se apoderaron de las tres carabelas con las que Bartolomé Colón había venido y pusieron rumbo a España. En parte, justificaban su actitud por la crueldad del Almirante (por ejemplo, por haber hecho colgar meses atrás al aragonés Gaspar Ferriz);[51] y, en parte, por el problema del abastecimiento de provisiones. «Todos sus principales males eran de hambre», escribió Las Casas, que comentó asimismo que, quienes por entonces se encontraban en La Isabela empezaban a implorar «¡Así Dios me lleve a Castilla!».[52] Acompañaron a Margarit y al padre Boil varios de los monjes que habían llegado a la colonia en 1493, así como algunos de los jinetes (de los que habían muerto tres). El único clérigo que quedó en la colonia fue el monje catalán fray Ramón Pané.

Los españoles que Margarit dejó en Santo Tomás o Cibao parece que se desperdigaron en varias comunidades indias y, como consecuencia de ello, Colón escribió: «Cada uno fue a donde se le antojó entre los indios, robándoles sus propiedades y sus esposas, e infligiéndoles tales heridas que los indios decidieron vengarse con todo español que encontrasen solo o en pequeños grupos. El cacique de Magdalena, Guatiganá, mató a diez cristianos y ordenó incendiar una choza en la que se alojaban cuarenta hombres enfermos...».[53]

Lo único positivo de todo ello fue que fray Ramón Pané llevó a cabo con éxito su misión de proselitismo. En primer lugar se dirigió al fuerte del interior que Colón había llamado Magdalena (que por entonces estaba al mando de un castellano de nombre Arteaga), donde había indios convertidos al cristianismo, súbditos del cacique Cuanóbocon, que fue martirizado.[54] Pané apadrinó al cacique Guaicavanú, que fue bautizado con el nombre de Juan. El monje fue entonces a La Concepción (capitán Juan de Ayala) y allí instruyó en el cristianismo al cacique Guarionex, que empezó siendo un buen discípulo, pero que luego se retiró, y Pané se concentró en un cacique llamado Maviatué, cuya familia aseguró querer ser cristiana. Pero Guarionex lo impidió.[55] Sin embargo, la expedición demostró que la conversión al cristianismo era posible como alternativa a la conquista. El informe de Pané fue, quizá, la primera literatura escrita en el Nuevo Mundo.[56]

Bartolomé Colón conservó el control de la colonia después del regreso de Cristóbal, que seguía enfermo. El Almirante lo nombró adelantado, un título que se daba en Castilla a un general con poderes administrativos en una provincia ocupada.

El hecho más alentador durante aquellos meses en La Española fue el regreso de Antonio de Torres desde España con cuatro naves cargadas de suministros en octubre de 1494. Trajo consigo cartas de los monarcas para Colón, fechadas el 16 y el 17 de agosto, ambas escritas en Segovia y redactadas por Fernando Álvarez de Toledo, un inteligente converso que, por entonces, pasaba la mayor parte de su tiempo dedicado a asuntos internacionales.[57] En la primera carta, los monarcas le decían a Colón lo que se había acordado con Portugal.[58] También le comentaban, un tanto sorprendentemente, que «una de las principales cosas porque esto nos ha placido tanto, es por ser inventada, principiada e habida por vuestra mano, trabajo e industria y parécenos que todo lo que al principio nos dixistes que se podía alcanzar, por la mayor parte, todo ha salido cierto, como si lo hobiérades visto antes...».[59] La reina añadía que estaba considerando enviar a las Indias un barco con suministros todos los meses, y Fernando daba muestras de que se tomaba muy en serio el imperio, al pedirle a Colón que le enviase tantos halcones como pudiese.[60]

A juzgar por estas cartas, los reyes parecían muy satisfechos con sus nuevos dominios. El 22 de octubre convinieron con Andrés Quemada y Juan de Cartaya, ambos de Jerez de la Frontera, que fuesen a La Española a examinar la tierra, a localizar las mejores tierras cultivables y a plantar los cultivos que les pareciesen más apropiados.[61] Los monarcas pasaron aquel otoño básicamente en Madrid, con breves visitas a Guadalajara (a finales de septiembre), en parte para visitar al cardenal Mendoza en su lecho de muerte, y la cercana Chinchón, en diciembre. Su estancia en Madrid fue un anticipo de que, a la postre, la ciudad resultaría ser el mejor lugar para establecer la capital de España.[62]

Pero los reyes no se llamaron a engaño por los informes de Colón, lo cual resultó evidente por una carta, de primeros de diciembre de 1494, que le escribieron a Fonseca expresando su satisfacción al saber que Margarit y el padre Boil habían regresado de las Indias. Ni ellos ni los escuderos hicieron ningún reproche, y le pidieron a Boil que se presentase en la corte.[63] Así lo hizo el clérigo y, según el padre Las Casas, Boil informó a los monarcas en términos inequívocos y, obviamente, de un modo mucho más gráfico que Antonio de Torres, «que era burla» todas las historias de riquezas de la Indias, que no había mucho oro y que la inversión de los reyes era irrecuperable.[64]

Los reyes de Castilla y Aragón tenían que afrontar por entonces un problema más arduo. El primo de Fernando, Ferrante, rey de Nápoles, murió en enero de 1494. Lo sucedió su hijo Alfonso, que se casó con una hija de Ludovico el Moro, duque de Milán. Ésta fue la señal para el rey Carlos de Francia para reavivar su vieja, aunque sumamente problemática, reivindicación al trono, y el 3 de septiembre de 1494, tal como había prometido, Carlos cruzó la frontera entre Francia y Saboya con treinta mil hombres y otros diez mil a bordo de una flota.[65] Aquel enorme contingente militar fue el asombro de sus coetáneos. Contaba con una considerable artillería. El objetivo del rey de Francia era una amenaza para el dominio español en Sicilia y, por supuesto, para el primo de Fernando, el rey Alfonso.[66]

Durante siglos se dijo que con esta expedición había empezado la historia moderna. El historiador Guiccardini describe alarmantes presagios en Italia: una noche aparecieron en Puglia tres soles en el cielo, entre una horrible tormenta de rayos y truenos, y en Arezzo, un infinito número de hombres montando enormes caballos se vieron en el cielo, con un terrible clamor de trompetas y tambores. Muchas imágenes sagradas empezaron a sudar; aparecieron hombres y animales monstruosos, y la gente se aterrorizó al ver el poderío francés.[67] Sin embargo, Fernando ya había sacado partido de estos acontecimientos.

El 22 de febrero de 1495, el rey Carlos irrumpió victorioso en Nápoles. Entró en la catedral portando el orbe imperial en su mano izquierda y el cetro (de Nápoles) en la derecha, aunque, al cabo de algunos días, empezó a retirarse con la mitad de su ejército; dejó la otra mitad al mando de su primo, el duque de Montpensier.

Lo más sorprendente de estos acontecimientos de la historia europea fueron los medios que empleó Carlos VIII durante la guerra: en Monte Giovanni, los franceses cometieron verdaderas carnicerías. Según Guiccardini, después de entregarse a todo tipo de salvajadas, incendiaron las viviendas. Este método de hacer la guerra no se había utilizado en Italia durante generaciones e hizo que cundiese el pánico en todo el reino.[68] La batalla de Taro, en 1495, fue un buen ejemplo. Los franceses perdieron doscientos hombres; los italianos, varios miles. Era la primera vez que tenían lugar en Italia tales batallas desde hacía generaciones.

Fernando comprendió que la guerra debía sustituir a la diplomacia y, en septiembre, envió una flota de unas cuarenta carabelas al mando de Garcerán de Requesens. Al llegar a Sicilia, el héroe de las últimas fases de la guerra contra Granada, Gonzalo Fernández de Córdoba, el Gran Capitán, embarcó de inmediato rumbo a Calabria, donde empezó una carrera larga y legendaria. La flota de Requesens había sido organizada por el omnipresente Fonseca.[69]

Por otra parte, tuvo lugar en Italia otro acontecimiento relacionado con los logros de Colón. Guiccardini dice lo siguiente: «Por aquel entonces apareció por primera vez la enfermedad que los franceses llamaban "enfermedad napolitana" y los italianos enfermedad francesa o "furunculosis". La razón es que se manifestó primero entre los franceses cuando estaban en Nápoles y, luego, durante su marcha de vuelta a Francia, la propagaron por toda Italia.

»La enfermedad se manifestaba en forma de diviesos del más feo aspecto que, a menudo, se convertían en llagas incurables o con muy intensos dolores en todo el cuerpo. Y, como los médicos desconocían la enfermedad, aplicaban remedios inadecuados y, en realidad, a menudo muy perjudiciales, porque solían inflamar la infección. De ahí que la enfermedad acabase con la vida de muchas personas de todas las edades, y que muchos quedasen horriblemente deformados y prácticamente inútiles, víctimas de una tortura casi continua.» Se trataba de la sífilis, que los hombres de Colón ya padecieron en el Nuevo Mundo y que iniciaría ahora un período largo de dominio en la cultura europea.[70]

La palabra «sífilis» fue acuñada por Girolamo Fracastoro, que publicó su poema *Syphilis Morbus Gallicus* en 1530. Por entonces, la enfermedad ya era bien conocida, y las incapacitadoras llagas que causaba ensombrecieron la vida de emperadores y bufones, franceses y turcos, obispos y empresarios, así como de soldados y misioneros. La enfermedad tuvo mayor incidencia entre las clases altas, como si se tratase de un castigo para quienes más pecaban.

CAPÍTULO 12

Si podemos vender o no esos esclavos

> «Nos queríamos informarnos de letrados, teólogos e canonistas si [...] se pueden vender éstos [los esclavos].
>
> Fernando e Isabel a Juan Rodríguez de Fonseca,
> 16 de abril de 1495

En 1495 los reyes de España se percataron de que los descubrimientos de Colón imponían nuevas responsabilidades, a la par que les ofrecían nuevas oportunidades, y de ahí que empezasen a abordar una política imperial. Una decisiva influencia en este aspecto, así como en otros, fue la de Francisco Jiménez de Cisneros, el nuevo confesor de la reina y, a partir de enero de 1495, sucesor del cardenal Mendoza como primado de España y arzobispo de Toledo.[1] Como arzobispo, aquel competente, austero y eficiente clérigo siguió viviendo como un ermitaño. Caminaba descalzo y siguió consagrado a sus reformas de la orden franciscana, que provocaron una gran conmoción (sobre todo por su insistencia en que los frailes debían llevar una vida ascética.) Al parecer, algunos emigraron al norte de África para convertirse al islam con tal de no prescindir de sus amantes.[2]

Sin embargo, el funcionario ejecutivo que velaba por que las decisiones de la corte itinerante sobre las Indias se cumpliesen en Sevilla y en Cádiz era por entonces otro hombre de la Iglesia, Juan Rodríguez de Fonseca, el archidiácono de Sevilla que en aquellos años fue «ministro» para las Indias, aunque sin nombramiento oficial. En 1494 fue nombrado obispo de Badajoz, pese a que nunca llegó a vivir allí, ya que su trabajo para la Corona le impedía abandonar Sevilla. Cobraba un sueldo anual de doscientos mil maravedís. También fue nombrado miembro del consejo de Castilla, lo que le aportaba otros cien mil maravedís. Era muy competente, pero su eficiencia estuvo viciada por una marcada antipatía hacia Colón, en quien no veía talento alguno, sino sólo defectos.

Esto fue algo que todos notaron por entonces, y así, por ejemplo, Las Casas escribió de él: «Era mucho más experimentado el señor obispo en hacer armadas que en decir misas de pontificial...»[3] y añadía: «[...] cierto yo siempre oí y creí y algo vi al dicho obispo, haber sido y ser contrario a las cosas del Almirante, que no sé con qué espíritu ni por qué causa... quiero decir que pudo ser no ser aquella causa con mal espíritu, pero de que justa o injustamente el obispo le desfavoreciese, yo no dudo; y también que el Obispo, como era hombre de linaje y de generoso ánimo, y de los Reyes muy privado [...]».[4] Fernando Colón se mostró más duro en sus críticas y dejó constancia de que Fonseca odiaba al Almirante y detestaba sus actividades, y estuvo al frente de quienes hablaban mal de él en la corte.[5]

Antonio de Guevara, un franciscano que en 1495 fue paje del infante Juan y, posteriormente, predicador y cronista de la corte, así como autor secreto de *El libro dorado de Marco Aurelio*, uno de los libros de mayor éxito del siglo XVI, le escribiría ingenuamente: «Me pedís, señor, que os comente qué dicen de vos aquí, y en la corte todos convienen en que puede que seáis un buen cristiano pero que sois un obispo muy desabrido. También dicen que estáis gordo, y que sois prolijo, negligente y dubitativo en los contratos que tenéis en vuestras manos, como con los peticionarios que se presentan ante vos y, lo que es peor, muchos de ellos regresan a casa ignorados y exhaustos. También dicen que sois pendenciero, así como orgulloso, impaciente y altanero [...]; otros añaden que sois hombre veraz, que decís la verdad, que sois ciertamente amigo de la verdad, que ningún mentiroso os tendrá nunca por vuestro amigo. Dicen que sois muy directo en cuanto hacéis, así como en el modo en que se cumplen vuestras decisiones y que, para ser honesto, no tenéis prejuicios en cuanto a favorecer ni afecto por nadie. También comentan que sois compasivo, piadoso y caritativo. Pero no os asombréis por lo que os digo ya que me asombra lo que hacéis. No hay virtud más necesaria en un hombre que gobierna una república que la paciencia. Tanto si sois prelado como presidente tenéis que vivir con modestia y ser muy sufrido.»[6]

Con todo, al igual que otros miembros de su ilustre familia, Fonseca era un entusiasta de las artes, especialmente de la pintura flamenca, como puede verse por su piadosa representación en las catedrales de Badajoz y Palencia, sobre todo en esta última, donde el flamenco Juan Joest de Clacar lo pintó en el retablo.[7]

La necesidad de una nueva política respecto al imperio le vino impuesta a la Corona española por las medidas adoptadas por Colón en La Española, especialmente respecto a la esclavización de los indios. Porque, en 1495, desesperando de encontrar oro en cantidades sustanciales, Colón decidió compensar por la ausencia de metales preciosos con el envío de esclavos a la metrópoli. El propio Colón, su hermano Bartolomé y el apuesto Alonso de Hojeda llevaron a cabo crueles incursiones militares prácticamente en toda La Española, con objeto de secuestrar indios. Pero los nativos no estaban dispuestos a resignarse a que los secuestrasen sin oponer resistencia. Y tampoco los españoles sabían distinguir claramente entre los indios amantes de la paz, que podían llegar a ser buenos cristianos, y los caribes, a quienes se suponía ateos, caníbales y brutales.

La campaña de Colón para conseguir esclavos indios dio lugar a uno de los episodios más lacerantes de la conquista, tal como lo reflejaron las obras del padre Las Casas, que afirmó que los españoles exterminaron a dos tercios de la población. Sin embargo, esto fue una exageración muy característica del padre Las Casas, aunque su enemigo, el historiador Fernández de Oviedo, habló también de innumerables víctimas.[8] Este hecho, a su vez, condujo a la espontánea decisión de muchos nativos de huir a las montañas. Esta «rebelión», como la llamaron equivocadamente, condujo a que Colón apresara a unas 1 660 «almas entre machos y hembras», tal como lo expresó Miguel Cuneo, de las que 550 fueron enviadas a Castilla, voluntariamente o forzadas, en la segunda flota que al mando de Antonio de Torres partió de La Isabela el 24 de febrero de 1495. La trata de esclavos comenzó así en dirección oeste este, no desde África, sino desde el Caribe a Europa.

En este segundo viaje de regreso, acompañaron a Torres el hermano menor del Almirante, Diego Colón, y su amigo de la infancia Miguel Cuneo. El viaje estuvo lejos de ser triunfal, pero en cambio fue rápido: según Cuneo, hicieron la travesía entre Puerto Rico y Madeira en veintitrés días.

Unos doscientos de los indios que embarcaron con Torres murieron al entrar en aguas españolas a causa del frío, según Cuneo.[9] Al resto los desembarcaron en Cádiz, la mitad de ellos, enfermos. Cuneo nos dice que «no son hombres de fatiga, temen mucho el frío y no tienen larga vida».[10] Nueve «cabezas de Indias» le fueron entregadas al florentino Juanotto Berardi, con objeto de ponerlas en manos de alguien que les enseñase castellano y pudiesen actuar como intérpretes. El resto de los prisioneros fueron conducidos a Sevilla para ser vendidos allí, aunque varios de ellos lograron escapar.

Pero antes de su llegada, los catalanes Margarit y el padre Boil, que habían abandonado a Colón sin despedirse, expresaron en la corte su convencimiento de que los indios eran potencialmente buenos cristianos y súbditos de los reyes y que, por tanto, no debían ser esclavizados.[11] No cabe duda de que su opinión se debía, en parte, a haber observado que las manifestaciones religiosas de los taínos, desde la ofrenda de alimentos a los dioses, el modo de vestirse, las procesiones, las danzas, los cánticos y la distribución de pan a los cabezas de familia, tenían algo en común con las prácticas cristianas.[12]

Bernal de Pisa, el contable a quien encarceló Colón, fue también llamado a la corte para contribuir al conocimiento común de lo que ocurría en La Española. Varios jinetes se lamentaron de que el hermano de Colón les hubiese arrebatado sus caballos.[13] Otros comentaron que el Almirante les había dicho a algunos de los caballeros voluntarios que quienes no trabajasen no comerían, cosa que ningún caballero español podía aceptar sin rebelarse, sobre todo viniendo de un genovés de linaje desconocido.[14]

Colón no estaba al corriente de tales intrigas, aunque, al haber pasado mucho tiempo en la corte, podía imaginarlas. Cuando Torres llegó a la Península, el Almirante estaba de nuevo en el centro de La Española, ya que su propósito era ocupar toda la isla en nombre de la Corona de España. Su idea originaria de limitarse a establecer enclaves comerciales para el envío de mercancías, metales preciosos y esclavos, al estilo de las colonias portuguesas de África, fue dejada a un lado en favor de una interpretación más al estilo castellano de la expansión, para ocupar territorios y someter poblaciones, un estilo de comportamiento con el que se familiarizaron tanto durante la reconquista como durante la conquista de las islas Canarias.[15]

Colón dejó La Isabela el 25 de marzo con doscientos hombres, veinte caballos y muchos perros para «ocupar» la parte central de La Española, no para comerciar. Lo acompañaron su hermano Bartolomé y su aliado indígena el cacique Guacanagari con varios de sus hombres. Dividió el contingente en dos cuerpos y atacó a unas hordas indígenas de unos cien mil hombres, según dijeron. Los derrotaron con facilidad y Fernando Colón escribió que se dispersaron «como una bandada de pájaros».

Colón decidió entonces que sus hombres erigieran fuertes en cuatro sitios distintos: Concepción de la Vega (Santo Cerro), Esperanza, Santiago y Santa Catalina. Como es natural, los construyeron de madera, basados más en la carpintería que en la albañilería. Concepción se convirtió en centro de peregrinación (y de milagros). En su testamento, Colón citó aquel lugar y expresó su esperanza de que se celebrase misa allí todos los días. Sin embargo, cuando él murió, Concepción ya había sido devorada por la jungla.[16]

Gran parte de la pequeña población de españoles que quedaba en La Isabela se trasladó tierra adentro para establecer guarniciones en los fuertes recién construidos. Y, a lo largo de aquella primavera y del verano, Colón acordó con muchos caciques que todos los indios de entre diecisiete y setenta años pagasen regularmente tributo a la Corona española, en forma de los productos propios de cada localidad. Así, por ejemplo, los indios de Cibao y de Vega Real convinieron en entregarle al genovés sesenta mil pesos de oro en tres pagos. Quienes vivían en las comarcas productoras de algodón aportarían una bala de algodón. Todos los obligados a pagar tributo llevarían un colgante en forma de disco como prueba de que habían pagado. A cambio, Colón se comprometía a impedir que sus hombres vagasen por sus tierras sin control.[17] Entretanto, algunos de sus compañeros expedicionarios habían empezado a establecerse tierra adentro con mujeres indias.

Los caciques satisficieron los tributos como pudieron, pero luego rogaron que se los eximiese de ellos si no producían aquello que se les había pedido. Guarionex incluso ofreció plantar una enorme extensión cultivable (un *conuco*) desde el norte hasta el sur de la isla, si liberaban a su pueblo de la obligación de entregar oro. Colón consideró la oferta; como es natural, hubiese preferido el oro. La pesca era fácil y el pescado excelente, como siempre ha sido en el Caribe. Los cultivos de algodón, de lino y de otras plantas rendían satisfactoriamente bajo la dirección española, al igual que otros de origen europeo, como el trigo y otros cereales, varias clases de verduras, la vid e incluso la caña de azúcar. Por otra parte, tanto la cría de ganado porcino como la de diversas aves se desarrollaba perfectamente.

No es posible aventurar si, a la larga, Colón hubiese sobrevivido como comandante en jefe, gobernador o virrey de aquel pequeño mundo, porque, a finales de 1495, se enteró de que la actitud de la Corona hacia él estaba cambiando. A principios de abril de ese mismo año, los monarcas empezaban a considerar La Española y otras islas del Caribe como si fuesen —y en cierto modo lo eran— prolongaciones de Andalucía.[18]

Este cambio se debió, en parte, al envío a España de numerosos indios, o esclavos, que es como Colón creía que debían considerarlos. En febrero, sería fácil venderlos en España.[19] No en vano Andalucía estaba acostumbrada a la subasta y compra de esclavos de distinta procedencia (isleños de Canarias, bereberes y nativos de África occidental, e incluso bosnios y eslavos). Los mercaderes valencianos, como Juan Abelló y Antonio Viana, podrían haberse encargado fácilmente de estos indios, al igual que los mercaderes genoveses como, por ejemplo, Domenico de Castellón y Francisco Gato.

En principio, la Corona no pareció ver estas operaciones con malos ojos y, el 12 de abril, los monarcas le escribieron a Fonseca, que estaba en Sevilla, en los siguientes términos: «[...] cerca de lo que nos escribisteis de los indios que vienen en las carabelas, paréscenos que se podrán vender allá mejor que en esa Andalucía que en otra parte, debéislo hacer vender como mejor os paresciere...».[20] Pero la Corona no tardó en cambiar de actitud. No cabe duda de que esto se debió a la influencia de Margarit y del padre Boil, y es probable que Cisneros también tuviera algo que ver. Su actitud frente a los indígenas del Nuevo Mundo (que no conocía) era siempre más humana que su política frente a los judíos y musulmanes con quien había trabajado. Sea como fuere, cuatro días después, el 16 de abril, los monarcas le enviaron otra carta a Fonseca para que pospusiera la venta de esclavos: «Nos querríamos informarnos de letrados, teólogos e canonistas si con buena conciencia se pueden vender éstos [esclavos] por solo vos o no; y esto no se puede facer fasta que veamos las cartas que el Almirante nos escriba [...] y [que] tiene Torres que non las envió; por ende en las ventas que ficiéredes destos indios sufincad [se afirme] el dinero dellos por algún breve término, porque en este tiempo nosotros sepamos si los podemos vender o no, e no paguen cosa alguna los que los compraren, pero los que los compraren no sepan cosa desto; y faced a Torres que dé priesa en su venida e que si se ha de detener algún día allá que nos envíe las cartas.»[21]

Pero las doctas opiniones tardaron en llegar. Y no está claro de quién las recabaron formalmente, si es que llegaron a hacerlo. Lo que parece que ocurrió es que cincuenta de estos esclavos le fueron entregados con prisa al almirante Juan Lezcano Arriarán, para que fueran utilizados en las galeras reales, y Fonseca autorizó a que otro grupo le fuese vendido a Berardi. El resto murieron en Sevilla mientras aguardaban la decisión.[22] Por su parte, los monarcas seguían pensando que era posible establecer una distinción entre indios «buenos», es decir, aptos para ser esclavizados, y el resto, o sea, «condenados». En una carta que le escribió a un amigo de Sevilla en el otoño de 1495, Miguel Cuneo menciona esta distinción, y comenta que, nada más llegar a Santa María Galante, en el segundo viaje de Colón,[23] encontraron caníbales. Esto provocó un largo debate acerca de la identidad de los caribes y de la posibilidad de esclavizar a los taínos. Pero lo más destacable, acerca de estas dudas de los reyes, es que ambos eran conscientes de que también ellos debían acatar las leyes y de que no podían inventárselas. Pese a ser autócratas, eran respetuosos con la ley.

Cada vez estaba más claro para los soberanos que no tardarían en tener que recortar las concesiones hechas a Colón. Fernando e Isabel no habían impulsado la unificación de la Península para luego permitir que un aventurero genovés estableciese una soberanía bajo su control. Entretanto, el 10 de abril de 1495, publicaron en Madrid un decreto que autorizaba a cualquiera —léase a todo castellano— a equipar expediciones y descubrir islas, incluso continentes, en las Indias o en la mar Océana. Las reglas que debían respetar quienes fuesen a las Indias eran: «Al tener conocimiento de que varias personas, súbditos nuestros, desean ir a descubrir nuevas islas y partes de continentes distintas a las que, por mandato nuestro, ya han sido descubiertas en la dicha parte de la mar Océana, y para traer oro, otros metales y mercancías; y puesto que otros querrían ir a establecerse en La Española, descubierta por mandato nuestro, y recordando que nadie debe ir a las Indias sin nuestra autorización [...] decretamos que, primero, todo barco que zarpe hacia las Indias debe partir de Cádiz, y de ningún otro puerto, y que aquellos que partan deben registrarse ante los funcionarios competentes; segundo, todo aquel que desee ir y vivir en las Indias sin salario puede hacerlo libremente y recibir suministros para un año y quedarse con un tercio del oro que descubran, quedando los otros dos tercios para nosotros, mientras que de cualquier otra mercancía deberán reservarnos una décima parte; tercero, todo aquel que lo desee puede ir a descubrir nuevas islas o tierra firme, distintas de La Española, pero deberán registrarse y partir de Cádiz;[24] y cuarto, todo aquel que lo desee podrá transportar los suministros que quiera a La Española pero, en todas las naves, una décima parte de la carga deberá ser de mercancías nuestras, etc.» Además, Colón podría embarcar mercancías propias hasta una octava parte del total.

Este documento era importante, porque, en la práctica, ponía fin al monopolio de Colón.[25] El principal beneficiario pudo ser su amigo florentino Berardi, que, en virtud de otro decreto, fue autorizado a alquilar doce naves para transportar novecientas toneladas de mercancías para venderlas al precio de dos mil maravedís por tonelada. Tendría la decisiva ventaja de poder destinar la mitad de su flota a quienes desearan embarcar para encontrar sitios desconocidos, con lo que se garantizaba un beneficio de antemano. Era el único medio eficiente para costear las expediciones ya que, además, podrían cobrar por los pasajes de regreso.[26] Pero, como es natural, Colón protestó al conocer el contenido del decreto, aunque demasiado tarde, y sus quejas fueron en vano. El decreto aseguraba seis años de libertad para los mercaderes y emigrantes, unas libertades que no volverían a conocerse hasta dentro de doscientos cincuenta años.[27]

Estas decisiones se tomaron tras una abundante correspondencia acerca de las Indias que tuvo lugar a principios de aquel año. Así, por ejemplo, en febrero, los monarcas le ordenaron a Fonseca enviar cuatro naves cargadas con suministros para las Indias.[28] El 14 de febrero, Sebastián Olano, un continuo que embarcó con Colón en 1493, escribió a los monarcas diciendo que, lejos de haber prohibido distribuir mercancías y recibir oro, en ausencia de los comendadores, como supuestamente adujo, Colón había ordenado lo contrario.[29] En marzo, Juan de Aguado, repostero de la corte que estuvo con Colón en 1493, y que había regresado con Torres, proyectó una expedición con una flotilla de tres naves rumbo a Santo Domingo. Colón lo había considerado siempre un amigo pero, por lo visto, Aguado estuvo resueltamente de parte de Fonseca en asuntos poco claros. Pedro de Mata, alguacil de la Inquisición de Sevilla, le entregó a Juan Lucero, de Moguer, cuarenta mil maravedís procedentes de los fondos de la Inquisición para esta carabela con destino a las Indias.[30] Luego, en abril, la Corona encargó a Juanotto Berardi que reabasteciese a la colonia de La Española, y suscribieron un contrato en virtud del cual el florentino aceptaba enviar doce naves con suministros en tres viajes. Pero se retrasaron. La Corona seguía por entonces convencida de poder comerciar con el Nuevo Mundo como un monopolio exclusivo de Colón y los monarcas.[31]

Berardi les escribió explicándoles que el verdadero problema consistía en que todos, o casi todos, los expedicionarios de La Española deseaban volver a casa, y las deudas de quienes deseaban regresar ascendían a diez o doce millones de maravedís. Propuso un acuerdo arbitrario para zanjar estos problemas: amortizando dos de estos doce millones, la Corona podría comprar diez o doce carabelas con objeto de que la población de La Española pudiese descubrir o instalarse en otras islas. Y con otras carabelas podrían comprar todos los alimentos que quisieran. Con los cinco millones de maravedís restantes podrían invertir en mercancías para venderlas a los residentes en La Española. Podrían abastecer a toda la población de la isla adecuadamente durante dos años, aunque aquellos que encontrasen perlas o metales nobles le pagarían una quinta parte a la Corona. En cada nave embarcaría un notario. Todos los barcos que emprendiesen una exploración deberían regresar a La Española y, por expreso deseo de los monarcas, todos deberían ser construidos en España, no en las Indias. El plan se desarrollaría paulatinamente. Primero enviarían cuatro carabelas con provisiones y otras mercancías, y luego saldrían más carabelas de dos en dos. Al cabo de seis meses, el montante de los quintos bastaría para sufragarlo todo.[32] En estas medidas podemos ver los rudimentos de una burocratización de los descubrimientos que, posteriormente, dominaría en las Indias.

Poco después, los monarcas enviaron su primera reprimenda seria a Colón. El 1 de junio de 1495 le escribieron desde la ciudad castellana de Arévalo en estos términos: «A Nos es fecha relación que en los días pasados, especialmente en cuanto vos estovisteis ausente desa isla Española, no se repartieron los mantenimientos a la gente que ha estado y está en ella, como debía [...], [por eso], Nos vos mandamos que de aquí adelante fagáis repartir los dichos mantenimientos al respeto [...], salvo si los tales delitos fueren tales porque merezcan pena de muerte, que es igual el quitar de los mantenimientos.»[33] Resultó que los responsables de las pasadas «reducciones» no fueron Colón y su hermano, sino los lugartenientes a quienes encomendaron el control de las provisiones, Alonso Sánchez de Carvajal y su sucesor, el sevillano Juan de Oñate. Al margen de esta cuestión, esta carta fue para Colón el primer indicio de que la Corona tenía ideas propias acerca de las Indias.[34]

Durante el resto de aquel año, los monarcas trataron de diseñar una política respecto a Nápoles, y también respecto a las Indias. Promulgaron una serie de decretos que afectaban a las Indias, que no apuntaban a una política coherente, salvo por lo que se refiere a que la responsabilidad la asumía la Corona. Colón era considerado cada vez más como un funcionario público y, además, conflictivo. Por otro lado, la Inquisición le entregó a Fonseca sumas sustanciales requisadas a los judíos que emigraron o fueron condenados, para invertirlas en la explotación de los nuevos territorios.[35] Los soberanos promulgaron otras normas; todo aquel que quisiera embarcar con destino al Nuevo Mundo debería hacerlo con un comandante autorizado, que tendría que solicitar la licencia para «conquistar y establecerse» en una determinada isla o franja del continente. Dicha persona debería obtener el dinero necesario para financiar el viaje. Los funcionarios reales deberían depender de él. Sin embargo, a menudo obtendría su título (pongamos por caso el de «gobernador») no sólo vitalicio, sino transmisible a sus hijos. Debería aportar misioneros y sacerdotes y, por supuesto, acatar las cédulas reales. No sólo asumiría la obligación de desarrollar su colonia, sino también de explorarla, fundar enclaves para la prospección de minas de oro y convertir a los nativos en buenos cristianos. La Corona, que no aportaba protección, seguiría quedándose con una quinta parte del valor bruto de todos los productos, sin gastos dignos de mención. Si el botín procedía de una tumba, la Corona se quedaría con la mitad. Quienquiera que obtuviese una de esas licencias tenía que ser un jugador o un visionario, y a menudo debía empeñarlo todo para poder embarcar al frente de un grupo de hombres ávidos de riquezas y que, en buena parte, eran rufianes. La mayoría de sus acompañantes no cobrarían un salario y nadie podía contar confiadamente en su lealtad.

El 5 de agosto de 1495, Juan de Aguado, el repostero real, salió de Sevilla rumbo a La Española con cuatro naves con provisiones, pero también con la explícita misión de llevar a cabo una residencia (investigación del mandato) contra Colón.[36] Ésta era una corriente práctica castellana, utilizada a menudo respecto a los corregidores, pero la propuesta constituía un cambio sorprendente de la política real respecto a Colón, y significó el fin de su sueño de tener un imperio propio.[37]

Aguado llevó consigo la acreditación de una serie de exenciones y derechos, que le indicarían a Colón que su monopolio se limitaba a La Española y que el resto de las Indias, incluyendo lugares que había descubierto, serían gobernados por un sistema diferente. Incluso en La Española, la Corona impondría restricciones: parecía que el número de personas que recibían un salario era excesivo; sería deseable reducirlo para dejarlo en quinientos hombres.

Los oficiales y los marineros que iban al mando de Aguado en sus cuatro naves tenían orden de regresar a la metrópoli tras sólo un mes de estancia en las Indias. Pero las cuatro naves naufragaron fondeadas frente a La Isabela, poco después de llegar, a causa de un huracán en el otoño de 1495. No se conservan los informes de Aguado, pero al tener conocimiento de los mismos, el Almirante empezó a pensar que sólo podría hacer frente con éxito a su creciente grupo de enemigos regresando a España.[38] El 15 de octubre, el Almirante escribió a los reyes desde Vega de la Maguana. No se trata de una carta interesante, pues habla básicamente de Caonabó y de sus delitos; de las naves de Aguado y de cómo se habían hundido. Pero en ella Colón sugería que los monarcas enviasen «algunos frailes debotos y fuera de cobdiçia de cosas del mundo» (algo que, presumiblemente, insinuaba un reproche al padre Boil, a quien por entonces consideraba al frente de sus enemigos).[39] Ciertamente, la corte era un hervidero de sarcasmos acerca de las afirmaciones del Almirante de haber encontrado «las Indias». El 9 de agosto de 1495, Pedro Mártir le escribió desde Tortosa una carta al nuevo cardenal español, Bernardino de Carvajal, preguntando si La Española no sería en definitiva el Ofir de Salomón.[40] Sin embargo, los descubrimientos de Colón empezaban a desbordar la imaginación de los intelectuales de Castilla. Así, por ejemplo, Juan del Encina, poeta salmantino, hijo de un zapatero, que ingresó en la casa del duque de Alba como actor, cortesano y poeta, escribió una introducción a su *Cancionero* titulada «Arte de la poesía castellana», dedicada al infante Juan, acerca de la pureza de la lengua.[41]

Finalmente, Colón decidió regresar a Castilla para defenderse ante los monarcas. El 10 de marzo de 1496 partió de La Isabela con treinta esclavos indios y doscientos veinticinco españoles desilusionados, entre los que figuraban la mayoría de los que embarcaron con Aguado y que no habían podido regresar antes. Regresaron en dos naves construidas en las Indias.[42]

Poco antes de partir, Colón encontró una nueva mina de oro al sur de Vega, a la que llamó San Cristóbal. El almirante volvió a dejar a su hermano Bartolomé como gobernador; Diego Colón sería su lugarteniente.

En una carta dirigida a Fernando y a Isabel dos años después, en 1498, el Almirante explicó que por entonces «se difundieron en España malévolos comentarios que menoscababan la empresa que se había empezado, so pretexto de que yo no había enviado barcos cargados de oro, sin tener en cuenta el escaso tiempo transcurrido ni los muchos problemas que yo había referido [...] y por mis pecados, o por mi salvación, fui objeto de aborrecimiento y se me pusieron obstáculos a todo aquello que yo decía o pedía. Por lo tanto, decidí acudir ante Vuestras Altezas y mostrar mi incredulidad acerca de ello y mostrarle clara razón que en todo avía». El Almirante recordaba también que Salomón había enviado barcos a los confines de Oriente para explorar Ofir, y Alejandro Magno, sus naves para observar el gobierno de Tapobrana; lo mismo hizo también Nerón para encontrar las fuentes del Nilo, e incluso los reyes de Portugal, «que tuvieron corazón para sostener Guinea y el descubrir de ella».[43]

CAPÍTULO 13

Malévolas burlas de la diosa Fortuna

Esas carcajadas y maldientes burlas de la Fortuna.

Pedro Mártir, *Epistolario*[1]

Colón regresó a España vía las Pequeñas Antillas. El 10 de abril hizo escala en Guadalupe, donde apresó a varios caribes, y el día 20 del mismo mes reanudó la travesía. No visitó ninguna isla que no conociese. El 11 de junio llegó a Cádiz.

El Almirante realizó la travesía hacia Sevilla extrañamente vestido con un hábito gris de franciscano. La verdad es que siempre tuvo aspecto de fraile y excelentes relaciones esta orden antes de su estancia en La Rábida. Pero estuvo una temporada en casa de Andrés Bernáldez, el sacerdote de Los Palacios, posteriormente autor de *La historia del reinado de los Reyes Católicos*, cuyo capítulo acerca del Descubrimiento y del segundo viaje estuvo muy influido por lo que Colón le dijo entonces. La parroquia de Bernáldez se encontraba a veinticinco kilómetros al sur de Sevilla. Pero, pese a ello, era capellán y protegido de fray Diego de Deza, amigo de Colón en la corte del infante Juan. Era un antisemita y sus burlas de los sufrimientos de los judíos que dejaron España con destino a Marruecos en 1492 son lamentables.[2]

Al llegar a Sevilla, Colón debió de reparar en que su antiguo compañero del primer viaje Peralonso Niño se disponía a partir hacia las Indias, como efectivamente hizo el día 16 de junio; embarcó en la nueva flotilla de Fonseca, formada por dos carabelas, una nave bretona y un bergantín con catorce remos, comprado en Cádiz. Al igual que los jefes de la mayoría de las expediciones, Peralonso Niño se proponía adquirir un centenar de cabezas de ganado ovino en La Gomera.[3] Deberían dirigirse a La Española y regresar. Nada se decía acerca de ulteriores viajes. Se trataba de un viaje no autorizado por el Virrey Almirante y, probablemente, no tuvo conocimiento de los preparativos hasta que la flotilla hubo zarpado. Sin embargo, el Almirante debió de estar al corriente de que, en 1496, Alonso de Lugo logró completar al fin la conquista de Tenerife, y de que, en junio, hizo desfilar a los jefes guanches cautivos ante los monarcas en Almazán, en la frontera entre Castilla y Aragón, que se convertiría en la efímera sede de la corte del infante Juan.[4] Colón debió de haber sabido que, a pesar de lo importante que su empresa hubiera sido en 1492, cuatro años más tarde, ésta sólo constituía una actividad más de los monarcas; tal vez, tan interesante como las Islas Canarias, pero no tan atractiva como Italia.

Sin embargo, Colón no tardó en descubrir que, aparentemente, el apoyo que los monarcas le dispensaban no se había debilitado, pues le escribieron una amistosa carta desde Almazán.[5] A principios de octubre, el Almirante, que seguía llevando el hábito franciscano, fue al encuentro de los reyes, que se hallaban en Burgos. Isabel y Fernando lo recibieron en la Casa del Cordón, un espléndido palacio cuya construcción se debió a la iniciativa del difunto condestable de Castilla, Pedro Fernández de Velasco y que su viuda, Mencía, mandó terminar. Colón les regaló a los monarcas «un buen presente de oro por fundir [...] presentóles muchas guaycas o carátulas... [...] con sus ojos y orejas de oro y muchos papagayos».[6] Les presentó a «Diego», el hermano del difunto cacique Caonabó, que llevaba un collar de oro que pesaba seiscientos castellanos.[7]* Este implícito indicio de que había más oro fue sumamente alentador para los monarcas. La leyenda, aunque no la documentación, asegura que el oro de 1496 le fue regalado a Diego de la Cruz para adornar el retablo de la capilla del monasterio cartujo de Miraflores, a las afueras de Burgos, donde al poco tiempo sería enterrada la madre de la reina Isabel, que murió en 1496.

El Almirante deseaba regresar a las Indias con prisa y los soberanos pensaron que debería ir con ocho naves (dos para suministros y seis para descubrir más tierra firme, es decir, presumiblemente Cuba y Sudamérica). Colón debió de referir sus logros con elocuencia ya que, pese a las críticas que los monarcas habían oído de boca de Margarit y del padre Boil, le fueron confirmados sus privilegios de 1492. Pedro Mártir estaba como de costumbre en la corte y le escribió a Bernardino de Carvajal, de nuevo de forma entusiasta, acerca de Colón.[8] El hermano del Almirante, el impopular Bartolomé, fue confirmado como adelantado, un alto cargo que le concedió personalmente Colón.

* 2760 gramos. *(N. del t.)*

Pero el viaje se retrasó. A Fonseca no le entusiasmaba la idea de autorizar otro viaje de Colón, y recurrió a varios pretextos para obstaculizarlo. Nada sentimental, era consciente de que una cosa era descubrir y otra administrar. Pensaba que era mejor que se quedara en Castilla. Mientras aguardaba en la corte y seguía a los monarcas por Castilla (Burgos, Valladolid, Tordesillas y Medina del Campo), el Almirante tuvo mucho tiempo libre que, al parecer, destinó a la lectura y, probablemente, leyó en aquellos años los libros más importantes. En 1496 le enviaron desde Inglaterra un ejemplar de *Los viajes de Marco Polo*, y compró *Philosophia Naturalis*, de san Alberto Magno, así como el *Alamanach Perpetuum*[9] de Abraham Zacuto. Estas compras son un feliz recordatorio de que, por entonces, cualquier persona corriente podía comprar sus propios libros. Al año siguiente Colón pidió que le enviasen información acerca de la reciente travesía desde el Atlántico norte a Terranova, desde Bristol, realizada por el veneciano John Cabot (un viaje que probablemente se emprendió a raíz de las noticias del éxito de Colón).[10]

El Almirante hizo nuevos cálculos acerca de las dimensiones del mundo, que comparó con una nuez cuya cáscara sería el mar. El Almirante tenía, por supuesto, muchas cosas que contar, pero también que escuchar y, probablemente, debió de llegar a su conocimiento que, en diciembre de 1496, el papa Alejandro les había concedido a Isabel y a Fernando el título conjunto de «Reyes Católicos», una concesión que enfureció al rey Carlos de Francia, que era conocido como «el rey más cristiano». El gesto del pontífice no fue sólo consecuencia de la guerra contra Granada, sino también del compromiso de los monarcas de enviar un ejército a Nápoles para ayudar al papa contra Francia (así interpretó Alejandro VI el desembarco del Gran Capitán y de sus hombres en mayo de 1495).[11]

Presumiblemente, Colón participó también, a principios de 1497, en los actos para celebrar la llegada a España de «la tan deseada Margarita» de Habsburgo (en palabras de Pedro Mártir), hija del emperador Maximiliano, que tenía diecisiete años y unos pálidos ojos azules, para casarse con el infante. El matrimonio suponía la culminación de la política dinástica de los monarcas, complementada por el matrimonio de su hija Juana con Felipe, hermano de Margarita: «Las blancas gargantas de la Reina y de todas sus damas estaban rodeadas de joyas», escribió Pedro Mártir, con el mismo exagerado estilo del que hizo alarde Colón al describir el paisaje caribeño.[12]

El Almirante debió de ser también testigo del dolor de la corte tras la triste muerte del infante en brazos de su padre, en octubre de aquel mismo año, en Salamanca. El fallecimiento no sólo acabó con la pequeña pero brillante corte de Almazán, organizada el año anterior por fray Diego de Deza, sino también con la antigua familia real española.[13] No había ningún varón que fuese legítimo heredero de la casa de Trastámara, y entonces parecía seguro que la Corona pasaría a los Habsburgo descendientes de la infanta Juana. Al contemplar en la actualidad la tumba de «la esperanza de toda España» en el convento dominico de Santo Tomás en Ávila, diseñada por el florentino Fancelli (su encargo más importante), podemos imaginar el pesar que produjo aquella muerte.

Los reyes no lograron recuperarse de aquella tragedia, agravada al año siguiente, 1498, por la muerte de su hija mayor, Isabel, reina de Portugal, y luego de su hijo pequeño, el infante Miguel, en 1500.

Tras la muerte del infante Juan, los monarcas se retiraron al palacio episcopal del cardenal Cisneros, en Guadalajara, donde permanecieron prácticamente recluidos hasta abril de 1498. Fue por entonces cuando Cisneros, pese a estar muy ocupado con sus planes para la nueva Universidad de Alcalá de Henares (la Universidad Complutense),[14] se reafirmó en el cargo de primer ministro de la Corona. Cabe suponer que debió de confortar a los monarcas con sus oraciones. O acaso les levantó más el ánimo recordar los versos de Jorge Manrique evocando la muerte de su padre:

Papas y emperadores y perlados
Así los trata la muerte
Como a los pobres pastores
De ganados.

O:

Nuestras vidas son los ríos
Que van a dar a la mar
Que es el morir:
Allí van los señoríos.[15]

La familia Habsburgo sostuvo siempre que el príncipe murió agotado de tanto hacer el amor con Margarita. Otros lo atribuyeron a haber comido una ensalada en mal estado en la feria de Salamanca.[16]

Como es natural, la pequeña pero brillante corte del infante se dispersó a su muerte. El amigo de Colón, fray Diego de Deza, fue nombrado obispo de Salamanca y luego arzobispo de Sevilla, además de concedérsele otros muchos honores. Los jóvenes hermanos de Colón, Diego y Fernando, que habían sido asignados a la corte del infante en calidad de pajes, pasaron entonces a servir en casa de la reina. La mayoría de los demás miembros de la corte del infante Juan alcanzaron cargos relevantes, algunos en las Indias, alardeando de sus experiencias con el infante durante el resto de sus vidas, como Cristóbal de Cuéllar, el tesorero del infante, que solía decir, tanto en las Indias como en Castilla, que a causa de los curiosos acontecimientos de Almazán «daría dos o tres tumbos en el infierno».[17]

Por entonces, aquel mismo otoño, Peralonso Niño regresó a la Península desde La Española. Se rumoreó que había traído mucho oro, pero, en realidad, su principal cargamento era de esclavos, enviados por Bartolomé Colón, así como un poco de palo de Brasil. Le entregó unos trescientos esclavos a Nicolás Cabrero, un mercader de Sevilla.[18] Peralonso Niño no trajo muchas noticias de La Española, salvo que Bartolomé Colón había mandado ejecutar a varios de los hombres del cacique Guarionex por haber destruido imágenes cristianas.[19]

Colón trataba de volver a organizarse para otro viaje a las Indias, que sería el tercero. La Corona lo apoyó financieramente con seis millones de maravedís, pero al Almirante le pareció poco. ¿Acaso no habían gastado los monarcas seis millones sólo para defender Perpiñán de los franceses?

¿Hubo titubeos respecto de aquel viaje? ¿Tenía algún sentido que Colón no desease volver a La Española a resolver los problemas de la colonia? Sólo podemos hacer conjeturas al respecto. De lo que no cabe duda es de que ahora le resultaba difícil enrolar voluntarios para que lo acompañasen, ya que se habían propagado demasiadas historias sobre lo dura que era la vida en las Indias. Quienes habían estado en La Española solían hacer mala propaganda de la isla. En palabras del historiador Fernández de Oviedo, «cuando tornaban a España algunos de los que venían en esta demanda del oro, si allá volvían, era con la misma color del [oro] pero no con aquel lustre».[20] Por entonces, los Reyes Católicos le pidieron a Antonio de Torres que sustituyese a Fonseca como jefe de organización de las expediciones a las Indias, lo cual significó un efímero triunfo para Colón ya que, a diferencia de Fonseca, Torres conocía las Indias. Los reyes escribieron también para decir que debía permitírsele a Colón comprar cuanto quisiera.[21]

Pero, aunque Fonseca y Torres fuesen su brazo ejecutivo, los monarcas seguían resueltos a imponerle condiciones a Colón. La colonia debía forjarse como una colaboración entre peones de guerra y hombres de trabajo, y la Corona quería estar en condiciones de elegir cuántos y quiénes debían ser. Por lo que se refiere a la política respecto a los nativos, debía estar presidida por el propósito de la conversión: los indígenas deberían ser inducidos pacíficamente a servir a la Corona «[...] animar e atraer a las naturales en las dichas Indias a toda paz e quietud e que nos hayan de servir e estar so nuestro señorio benignamente e principalmente que se conviertan a nuestra santa fe católica».[22] Deberían enviar a varios monjes y sacerdotes, «buenas personas, para que allá administren los Santos Sacramentos a los que allá estarán, e procuren de convertir a nuestra santa fe católica a los dichos indios naturales de las dichas Indias, e lleven para ello los aparejos e cosas que se requieren para el servicio del culto divino e para la administración de los sus sacramentos».[23] En virtud de un decreto especial, determinados delincuentes serían deportados desde España para tomar parte en la nueva experiencia colonial. Deberían trabajar durante dos años, si habían sido condenados a muerte, y de no ser así, sólo un año. Pero los asesinos, falsificadores, incendiarios, «sodomitas» (presumiblemente, todo tipo de homosexual), traidores, herejes o cualquiera que hubiese sacado dinero fuera de Castilla estaban excluidos de estas posibilidades.

A lo largo del verano de 1497, los reyes promulgaron otros decretos, a veces desde el castillo de Medina del Campo, otras desde el monasterio de La Mejorada y que, en ocasiones, iban dirigidos a Colón y otras a Torres. Al leer los textos de los decretos, tenemos la sensación de que constituyen el esbozo de una política imperial, trabajosamente elaborada por los monarcas, que no tenían más remedio que tantear el terreno al paso de las nuevas circunstancias. Por supuesto la reconquista y la conquista de las Canarias establecían un cierto precedente aunque no completamente. Ciertamente, Fonseca no tardaría en volver a dirigir los asuntos de las Indias, porque Torres trató de imponer tantas condiciones que acabó enojando a los monarcas,[24] aunque no por ello dejaron de promulgar un decreto tras otro.

En uno de ellos, la Corona se desdijo de la concesión de un permiso generalizado a los castellanos para equipar expediciones con destino al Nuevo Mundo y aceptaron el monopolio de Colón. Pero el propio Colón cambió también de parecer a este respecto: «Paresceme —escribió— se deba dar licencia a todos los que quisieren yr.» Puede que este cambio de opinión se debiese a haber comprendido que estaba perdiendo dinero a causa de su insistencia en el monopolio, recordando que tendría una octava parte de todo cargamento enviado al Nuevo Mundo.[25] La consecuencia de estas nuevas actitudes fue que en pocos años «muchos capitanes» obtuvieron permisos y es posible que algunos descubriesen nuevos territorios sin dejar constancia de ello.[26]

Mayor significación tuvo aún el hecho de que, el 22 de julio de 1497, se concediese a Colón autoridad para distribuir la tierra en La Española, en parcelas que podrían ser valladas, siempre y cuando los nuevos propietarios se comprometiesen a trabajarla durante cuatro años, cultivasen trigo, algodón o lino y construyesen molinos de azúcar. Todas aquellas tierras en las que hubiese minerales o palo de Brasil quedarían reservadas a la Corona; las restantes tierras serían consideradas propiedad común si no estaban valladas. Los beneficiarios deberían comprometerse a permanecer en la colonia durante cuatro años,[27] lo cual significaba que, en teoría, Colón estaría en condiciones de crear algo parecido a una oligarquía terrateniente.[28] También le pidieron a Colón que fundase un nuevo enclave cerca de la zona de las minas de oro.[29] Tales disposiciones eran muy similares a las que los monarcas españoles habían promulgado durante la Reconquista y en las islas Canarias. Esta política no se implantó de inmediato en La Española, pero la posibilidad de una nueva estructura ya tenía una base.

El tercer viaje de Colón siguió retrasándose. El Almirante pasó parte del verano en La Mejorada, el monasterio de los jerónimos favorito de los reyes, cerca de Medina del Campo.[30] Isabel y Fernando también se alojaban por entonces en el monasterio. Podemos imaginar sus encuentros en el enorme patio o en el claustro. Colón escribió, sin fecha, un memorial de La Mejorada, quizá con la intención de que fuese un breve informe para apoyar a los soberanos en la protesta que proyectaban presentar, por considerar que se había incumplido el Tratado de Tordesillas. El documento refiere que el Almirante «pasó a las dichas islas y tierras firmes de India», y afirma haberlo comunicado a Lisboa al final de su primer viaje. El serenísimo rey don Juan de Portugal, al ser informado del viaje, «se movió con mucha priesa a enbiar una armada suya a esas islas e tierras firmes [con la ayuda de] marineros y gentes que venían con el dicho Almirante». Pero no aparece que llegara al Caribe

Colón escribió también un interesante resumen de los acontecimientos que condujeron al Tratado de Tordesillas. En él señalaba que, puesto que el mundo era redondo («si se dixesse qu'el mar Océano comprende y congela todo el mundo a la redonda...»), había muchas dudas acerca de Oriente. ¿Por qué punto del «Lejano» Oriente (no se le llamaba así por entonces) pasaba la línea divisoria entre las zonas española y portuguesa?[31] Las dudas a este respecto estuvieron a punto de provocar una guerra entre España y Portugal al cabo de una generación.

Precisamente aquel verano, las posesiones españolas se ampliaron por otra vía, pero no en las Indias, sino en África. Porque, aquel mismo año, Pedro de Estopiñán, capitán de la casa del duque de Medina-Sidonia, sitió y ocupó la ciudad portuaria norteafricana de Melilla, ya que estaba cerca de Tafilat, centro del comercio del oro entre la costa y el Sahara.[32] Los monarcas seguían, por supuesto, muy ocupados con los asuntos corrientes. Así, por ejemplo, en 1497, presidieron la asamblea de arrieros y muleros de la Cabaña Real de Carretas, que tenía un privilegiado rango para la circulación por los caminos reales españoles, ya que estaban exentos de pagar pontazgos y demás derechos de tránsito. El objetivo de la asamblea era la mejora de los caminos. En otro orden de cosas, los monarcas crearon una nueva moneda y coordinaron la situación monetaria en Castilla, que había sido tan desordenada como desafortunada desde el reinado de Enrique IV.[33]

Durante el invierno de 1497, Colón estuvo en Sevilla convencido de que no tardaría en partir de nuevo hacia las Indias. Su hijo Fernando escribió posteriormente que el responsable de los retrasos fue Fonseca, que parecía confiar en que el orgulloso e imprevisible Almirante no volviese nunca a La Española.[34] Los barcos asignados a Colón estaban siendo utilizados por Pedro de Estopiñán. Posteriormente, el Almirante comentaría que emprendió su tercer viaje con objeto de proporcionarle a la reina un poco de consuelo por el pesar que la afligía, a causa de la muerte del infante.[35] Por entonces, Colón trabó amistad con su compatriota fray Gaspar Gorricio, cartujo de Novara que se encontraba en el monasterio de Las Cuevas, a las afueras de la ciudad. Parece que aquel invierno Colón escribió por primera vez sus ideas acerca de las dimensiones de la Tierra: creía que la circunferencia del planeta era de unos siete mil kilómetros, tal como había «confirmado» José Vizinho, el cosmógrafo portugués (en realidad, la circunferencia de la Tierra mide 40 076 km).[36] Colón seguía empeñado en demostrar que había llegado a Asia, recordando la afirmación de Pierre d'Ailly en *Ymago Mundi* (que atribuía a Aristóteles) acerca de que «el mar es pequeño entre la parte occidental de España y la parte oriental de la India y se puede navegar en muy pocos días».[37]

Pero el tercer viaje de Colón seguía postergándose. En enero de 1498, su amigo Pedro Fernández Coronel, que fue alguacil mayor en el segundo viaje, partió hacia La Española con dos naves cargadas con suministros. Una de las naves era la *Vaquina*, «la mitad propiedad de Sus Altezas y la otra mitad de una viuda de Palos».[38] Se sobreentendía que estas naves eran una avanzadilla de la flota de Colón. Pero el Almirante seguía empantanado, pues aún no había conseguido el apoyo financiero que necesitaba, aparte de que había tenido que atender varios asuntos personales. Por ejemplo, en febrero, redactó el mayorazgo de su hacienda, una muestra del renovado favor.[39] Sus títulos pasarían a su hijo Diego, y si Diego no tenía herederos, pasarían a su hijo Fernando. Sus hermanos Bartolomé y Diego serían herederos residuales.

En el documento hablaba calurosamente de Génova como «ciudad noble y poderosa por el mar» y se comparaba al almirante de Castilla.[40] «Recordaba» que fue la Santísima Trinidad «la que puso en mi mente la idea, que luego se convirtió en perfecto conocimiento, de que yo podría navegar desde España hasta las Indias, cruzando la mar Océana por el oeste». Subrayaba que le había sido concedido el 25 por ciento de los beneficios del Nuevo Mundo (la Corona nunca le concedió más que una décima parte del quinto real). En este documento Colón afirmaba que su parte de las Indias empezaba a cien leguas al oeste de las islas de Cabo Verde. El Almirante se expresaba como si nunca hubiese oído hablar de la nueva partición acordada en el Tratado de Tordesillas.[41]

El 29 de abril de 1498 Colón pudo al fin escribirle a su hijo Diego para despedirse. Su carta terminaba con estas palabras: «Tu padre que te ama como a sí.»[42] El 12 de mayo, después de haber surcado el Guadalquivir con cinco naves, y encontrándose ya en Sanlúcar de Barrameda, el Almirante le escribió a su nuevo amigo fray Gaspar Gorricio, diciéndole que ya había embarcado su carga pero que eran tantas las personas que querían viajar con él que necesitaba otro barco, lo cual produjo un nuevo retraso.[43] El 28 de mayo, el Almirante volvió a escribir a Gorricio comunicándole que había comprado en Palos la nave que necesitaba, pero que seguía sin poder emprender la travesía, ya que los franceses habían atacado a varios barcos en alta mar y se habían apoderado de un barco español cargado de trigo.[44]

Finalmente, el 30 de mayo de 1498, Colón partió de Sanlúcar de Barrameda, según él, en nombre de la Santísima Trinidad, con cinco carabelas: la *Castilla*, la *Rábida*, la *Gorda*, la *Garza* y la *Santa María de Guía*, todas ellas construidas en Palos.[45] A bordo de estas naves embarcaron en total más de doscientos hombres, entre los que se encontraban ocho hombres de armas, cuarenta y siete ballesteros y sesenta marineros. También formaban parte de la expedición veinte funcionarios, diez jardineros, treinta mineros y unas veinte mujeres (por lo menos, dos de ellas, de etnia gitana). También embarcaron cincuenta agricultores, varios sacerdotes y otras personas especializadas en diversos menesteres. Colón había visto confirmados sus antiguos derechos: estaba autorizado a repartir la tierra entre sus seguidores; nada se decía, sin embargo, de los derechos de los nativos.

Este «tercer viaje» fue financiado en gran parte por los Centurione, los banqueros genoveses para quienes Colón había trabajado en los años setenta, una familia cada vez más importante en Sevilla. Otro genovés vinculado a los Centurione, llamado Bernardo Grimaldi, también contribuyó. Estos primeros viajes no habrían llegado a realizarse de no ser por la ayuda de estos emprendedores genoveses, de mentalidad tan independiente.[46]

El Almirante y la Corona seguían teniendo criterios distintos acerca del propósito de la colonización del Caribe. Para Colón, lo ideal era

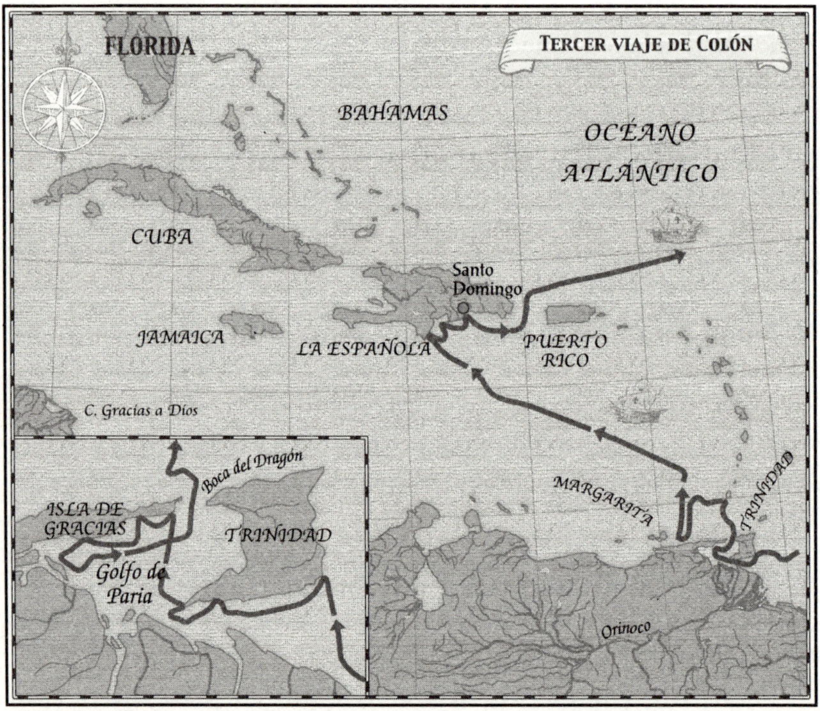

que La Española se convirtiese en una colonia comercial en la que, aunque se fomentasen los cultivos castellanos para alimentar a los colonos, la misión principal fuese la explotación de los productos primarios, yacimientos de oro, el algodón, los tintes, las especias y los esclavos. Pero los monarcas, al comentar este nuevo viaje ante representantes de distintas ciudades, justificaban la colonización de La Española y de las otras islas «que están en las llamadas Indias, porque así se sirve a Nuestro Señor, propagamos su Santa Fe y ampliamos nuestros reinos».[47] Los monarcas seguían queriendo que Colón distribuyese las tierras entre los colonos, tal como se hizo en las Canarias. También querían que se implantase en las Indias una nueva agricultura al estilo de la del archipiélago (con cultivos de caña de azúcar) y que se explotasen los yacimientos de metales nobles y el palo de Brasil (para tintes). En cuanto a los indios, urgieron a Colón a que «[...] procuréis con toda diligencia de animar e atraer a los naturales de las dichas islas a toda paz e quietud, e que nos hayan de servir e estar so nuestro señorío e sujeción benignamente, e principalmente que se conviertan a nuestra santa fe católica y que a ellos y a los que han de ir a estar en las dichas Indias sean administrados los Santos Sacramentos por los religiosos e clérigos que allá están [...]»[48] Las instrucciones dadas al Almirante no se referían en ningún momento al hallazgo de nuevas tierras, aunque no tardó en resultar obvio que lo que Colón se proponía era realizar más descubrimientos.

El Almirante dividió su flotilla en dos grupos de dos y tres naves, respectivamente. Uno de ellos iría al mando de Alonso Sánchez de Carvajal, el amigo de Colón que había sido regidor de Baeza y que había prestado muchos pequeños servicios al Almirante. Uno de los barcos iría al mando del sobrino del genovés, Juan Antonio Colón, que sería mayordomo del Almirante y que quizá fuese hijo ilegítimo de Bartolomé o de Diego.[49] Otro barco iba al mando de Pedro de Arana, primo de Beatriz, la amante cordobesa del Almirante. Estos primeros barcos se dirigirían directamente a La Española, vía a lo que pronto se conocería como el estrecho Dominicano.

Los otros barcos, al mando del propio Colón, irían primero a las islas de Cabo Verde, y desde allí enfilarían hacia La Española por el sur. Con el Almirante iba un antiguo compañero, Alonso de Hojeda. El objetivo de Colón era comprobar la veracidad de lo que se contaba en Lisboa, acerca de que entre las Indias y Europa había un nuevo continente «en el sur».[50]

Durante la travesía hacia el Nuevo Mundo, Colón hizo escala en todas las islas atlánticas. El 7 de junio estuvo en las Azores, en Funchal, donde su esposa Felipa había muerto al dar a luz a su hijo Diego. Luego fue a Madeira, que recordaba bien por haber trabajado allí vendiendo azúcar en representación de la misma familia Centurione que ahora lo financiaba, y después estuvo en las Canarias, que conocía bien por haberlas visitado en otros viajes. Por entonces todo el archipiélago había quedado anexionado a Castilla después de la conquista de Tenerife por Alonso Fernández de Lugo, que seguía siendo gobernador de Tenerife y de La Palma. No era muy amigo de Colón pero venía siendo acusado de favorecer a los genoveses y a los portugueses en lugar de a sus compatriotas castellanos. El hecho es que tales genoveses disponían del capital que Canarias necesitaba, y los agricultores y granjeros portugueses también eran bienvenidos, sobre todo si habían tenido experiencia en la producción de azúcar en Madeira. Pero, como empresarios, siempre eran los genoveses quienes destacaban.[51] La población nativa, los guanches, no tardó en desaparecer de la historia, pero cabe aventurar que algunos esclavos pudieron tener descendencia en España.

Finalmente, Colón se dirigió a las islas de Cabo Verde, y llegó a Fogo el 1 de julio. Por entonces, había allí unos cincuenta colonos que, en su mayoría, eran delincuentes. El gobernador portugués, Alvaro da Caminha, se dedicaba a un activo comercio de compraventa de esclavos, objetos de cobre y azúcar. También tenía en su poder dos mil niños y niñas judíos, separados de sus padres en Lisboa después de la promulgación por parte del rey Manuel, el año anterior, de la ley de expulsión de los judíos, y tras su matrimonio con Isabel de España. Los padres de estos niños no tenían el dinero suficiente para pagar la multa y poder garantizar su residencia permanente en Portugal. El panorama debía de ser de lo más abigarrado en Fogo: leprosos empobrecidos buscando sangre de tortuga, mezclados con optimistas recolectores de urchilla para tintes. En la isla de Boa Vista había cabras salvajes. El Almirante había estado allí en los años ochenta, pero en esta ocasión pensó que aquellas islas eran «tan áridas que no he visto vegetación por ninguna parte». Sin embargo, le impresionó que «el más ruin» de los esclavos africanos podía venderse por ocho mil maravedís, y quizá esto fue lo que lo indujo a comprar algunos esclavos.[52]

El 5 de julio de 1498, Colón zarpó en dirección oeste. Los barcos se toparon con una calma chicha y un calor que echó a perder parte de las provisiones. El 31 de julio llegaron a una isla que no figuraba en los mapas y que llamó Trinidad (quizá porque vio allí tres colinas y por haber dedicado su viaje a la Santísima Trinidad). Colón fondeó frente al este de la isla, punta Galeta, para cargar agua. De pronto apareció una canoa con veinticuatro nativos a bordo, «todos mançebos y muy ataviados de armas, arcos y flechas y tabla chinas, y ellos, como dixe, todos marçebos de muy linda dispusiçión y no negros, salvo más blancos que otros que aya visto en las Yndias», según comentó el Almirante con su habitual y conmovedor entusiasmo. Llevaban lo que parecían almaizares (tocados moros). Colón trató de llamar su atención con el resplandor del filo de sus espadas e incluso de las cacerolas. Juan de Guadalajara comenzó a tocar la pandereta y varios españoles se pusieron a bailar, pero entonces los indios empezaron a disparar sus flechas. Colón ordenó a los ballesteros que disparasen y los nativos se alejaron remando.[53]

Luego el Almirante puso rumbo sur hasta un cabo que llamó puente de Arenal, que debía de estar cerca de la actual punta Araguapiche. Allí vio la colosal desembocadura del Orinoco, lo cual le sugirió que debía de estar frente a tierra firme, algo que le confirmó la aparición de una gigantesca ola que temió que fuese a hundir la nave.

En 1513, en el curso de la investigación sobre las actividades de Colón, a la que ya nos hemos referido anteriormente, se les preguntó a los testigos si, en su opinión, cuando el Almirante dijo haber descubierto Paria, junto a la actual Venezuela, acaso no había llegado más que a la isla de Trinidad. Alonso de Hojeda dijo que el Almirante había zarpado hacia el sur, esperando encontrar varias islas de las que le habían hablado los indios, y afirmó que había pasado entre Trinidad y un estrecho que pronto llamarían «la Boca del Dragón», frente al golfo de Paria. Asimismo, Pedro de Ledesma, que fue piloto en la expedición de 1498, testificó en 1513 que Colón no descubrió ningún territorio que pudiera considerarse Asia, sino que vio (aunque sin llegar a desembarcar) la isla Margarita antes de virar hacia el norte rumbo a La Española. Otros marinos, como Juan Quintero, además de otros pilotos, como Juan Rodríguez, vinieron a decir lo mismo.

De hecho, la flota ancló frente a lo que sin duda era Sudamérica, y Pedro Romero de Torreros tomó posesión del territorio en nombre de los Reyes Católicos.[54] El sevillano Hernando Pacheco, que por entonces tenía quince años, estuvo entre quienes saltaron a tierra y ayudaron a levantar una gran cruz, que maravilló a los nativos. «El Almirante demandó a los pilotos el punto del viaje que llevaban, e unos decían que estaban que en la mar de España e otros en la mar de Escocia»; en lo que todos los marinos convinieron, desesperados, en que «el diablo los había traído con el Almirante».[55] Hojeda dijo también que «Vido en Paria gatos... e patadas grandes como de una yegua e como de cabras e puercos».[56] A algunos de los españoles les pareció que los árboles eran «tan preciosos como los huertos de Venecia en abril», una comparación un tanto extraña, sin duda.

Los nativos que encontró Colón se mostraron amistosos, y «llevaban brazaletes de perlas y colgantes de oro. Fuimos a verlos a una choza muy grande, con doble techumbre. Bebimos lo que llaman pulque o chichi». Algunas de estas bebidas debían de prepararlas obviamente con maíz, del que Colón había llevado ya a la metrópoli, y por entonces «ya había mucho en Castilla».

El descubrimiento del alcohol de las Indias —desconocido en La Española y en Cuba— pareció tan interesante como el del oro.[57]

Uno de los nativos y su hijo les ofrecieron a los españoles sendos banquetes, y contaron que las perlas y el oro procedían de unas islas que estaban más al oeste, pero les aconsejaron que no fuesen allí, porque los nativos eran caníbales. Y entonces el Almirante llegó a la conclusión de que la Tierra no era redonda, «sino que tenía forma de pera, redonda por todas partes menos por el pedúnculo donde se alarga bastante y que aunque sea generalmente redonda tenía algo parecido a un pezón». El Almirante pensó que tal protuberancia estaba por debajo del Ecuador y en el océano Atlántico, «en el punto más oriental». (Hay que señalar, sin embargo, que el primero en imaginar la esfericidad de la Tierra fue Anaximandro, en el siglo VI a. J.C.)

Colón y sus compañeros estimaron que, como el delta del Orinoco tenía cuatro brazos, semejaba al Paraíso Terrenal. Y como en la Edad Media se aseguraba que el Paraíso Terrenal estaba en el este de Asia, Colón estaba convencido de que el Orinoco era uno de los cuatro ríos que regaban el Jardín del Edén y que había encontrado el Paraíso Terrenal, «adonde no puede llegar nadie salvo por voluntad divina [...]. Yo tomo qu'el Paraíso Terrenal no sea en forma de montaña áspera, como el escrecir d'ello nos amuestra, salvo qu'el sea en el colmo, allí adonde dice la figura del pezón de la pera y que poco a poco andando fazia allí desde muy lejos se ba subiendo a él, e creo que nadie podría llegar al colmo. [...] Y si de allí del Paraíso no sale, paresçe aún muy maya maravilla, porque no creo que sepan en el mundo de río tan grande y tan fondo».[58]

Todos los nativos que Colón encontró por entonces, tanto en Trinidad como en el continente, formaban parte de lo que en la actualidad los antropólogos llaman, de un modo bastante tosco, «familia de tribus caribeñas». Era un pueblo avanzado, puesto que vivía de una desarrollada horticultura. La mandioca amarga era el producto básico y el arbusto de la coca, que cultivaban por sus hojas, era el más apreciado. También cultivaban un árbol para aprovechar su resina. El maíz, la mandioca dulce, el boniato, la calabaza, la guindilla, la piña tropical y la guaba eran objeto, asimismo, de intenso cultivo. Los caribes utilizaban un sistema de canales y acequias, y dejaban las tierras en barbecho al cabo de dos años. También recolectaban muchos frutos silvestres. Cazaban venados, puercoespines, conejos, ardillas, tapires, ratas y tortugas, que formaban parte de su dieta, así como diversas aves, como la codorniz, la paloma, el pato y la perdiz. Parece que también abundaban los pavos. Su principal arma era un largo arco y flechas de caña. Los cazadores utilizaban redes y fuego. Destilaban una especie de vino de palma y cerveza del maíz.

En los poblados solía haber unas doscientas chozas de forma redondeada, con techumbre de corteza de árbol, hojas de palmera, juncos o paja, dispuestas alrededor de una plaza. Los caciques disponían de un gran número de chozas, entre otras cosas para albergar un harén de unas doscientas mujeres, como en el caso del cacique Guaramental, que habitaba en un enclave junto al río Urare. Dentro de las viviendas tenían hamacas para dormir y, a veces, encendían fuego por la noche, pero no para calentarse, sino para ahuyentar a los mosquitos. En muchas de las chozas había taburetes de ébano grabados.

Los hombres se decoraban el pene con tiras de algodón. Algunos llevaban taparrabos de algodón que les llegaban hasta las rodillas; otros llevaban delantales, como las mujeres, que solían ceñirse los pechos con láminas de metal. Tanto los hombres como las mujeres se adornaban con collares de dientes o garras de animales que hubiesen cazado, tobilleras, brazaletes, pendientes, perlas, cuentas de coral y flores. Unos y otros se pintaban el cuerpo y a veces se lo untaban de resina, a la que fijaban plumas.

Al igual que los taínos, todos los pueblos del litoral septentrional de Sudamérica tenían canoas que propulsaban a remo con gran destreza.

Las costumbres de estos indios resultaban sorprendentes: aceptaban la homosexualidad; las viudas eran «heredadas» por un hermano del difunto, y las mujeres cosechaban, tejían y fabricaban las piezas de cerámica. Pero, además, participaban en la guerra y, al parecer, manejaban con destreza el arco y las flechas.

Estos pueblos respetaban a los ancianos. El cargo de cacique era a veces hereditario y otras electo. La justicia la administraba la persona perjudicada. A diferencia de lo que prevalecía en el Caribe, era frecuente tener esclavos y la guerra se anunciaba con gran ceremonial. La ebriedad estaba permitida, fumaban tabaco y tocaban el tambor, la flauta y los cascabeles para acompañar las danzas. Dividían el año en meses lunares.[59]

Colón navegó a lo largo de la costa norte de la actual Venezuela hasta una isla que llamó Margarita, porque allí encontró perlas. Poco tiempo después, Colón escribió que aquél era «otro mundo». Y así era, en efecto, aunque nunca llegase a reparar, o a aceptar, que era algo totalmente nuevo para él.[60]

El descubrimiento de las perlas fue el resultado más importante del tercer viaje; modificó la opinión de los españoles respecto a lo que podía ofrecer el Nuevo Mundo y propició que se despertase un gran interés por la región en los años siguientes, un interés que el Almirante no pudo controlar.[61] El desembarco de Colón, el 1 de agosto, al sur de la península de Paria significó también el descubrimiento del «nuevo» continente de Sudamérica, por más que muchos hayan negado tanto el desembarco como su importancia, que Colón tampoco apreció.

El 13 de agosto de 1498 escribió: «[...] yo estoy creído que esta es tierra firme grandíssima, de que hasta oy no se a sabido.»[62] Sin embargo, el Almirante seguía pensando que se hallaban en Oriente. Pocos días después, puso rumbo norte con destino a La Española, ya que tenía una afección en los ojos que, al parecer, había contraído en Cuba unos años antes.

Al llegar a Santo Domingo, a finales de agosto, Colón descubrió que, si bien las dos naves que había enviado al mando de Hernández Coronel en enero habían llegado a la colonia y los delincuentes que iban en la primera de estas naves ya trabajaban en las minas de oro de la zona central de la isla, las otras naves, las de Sánchez Carvajal, acababan de llegar al oeste con sus cargamentos de provisiones echados a perder. Además, una vez allí, se habían enzarzado en una disputa con Bartolomé Colón, en ausencia de su hermano.

Bartolomé había ejercido el poder en La Española. El momento cumbre de su mandato tuvo lugar en 1497, al aceptar la concesión de tierras y de indios para que las trabajasen, mediante la fórmula que llamaban «repartimiento» de la tierra entre los conquistadores. Con objeto de explotar las nuevas minas de oro de la zona central de la isla, Bartolomé fundó una nueva población, que llamó Bonao, españolizando una palabra indígena, y, con autorización de los monarcas y el respaldo de Colón, por carta,[63] empezó a construir Santo Domingo, en la costa meridional de La Española, en unas tierras fértiles y muy pobladas, como centro administrativo y capital alternativa a La Isabela.[64] La mayoría de los españoles que permanecían en La Isabela se trasladaron al sur, a esta nueva población, cuya construcción empezó en la tradicional forma de parrilla. Estaba previsto construir una iglesia, una casa consistorial, el palacio del gobernador y una cárcel; todos estos edificios darían a la plaza. Los encargados de este nuevo intento de «poblar» un territorio fueron el vasco Francisco de Garay, que era notario, y Miguel Díaz de Aux, el aragonés que acompañó a Bartolomé.

Pero este cambio provocó una rebelión encabezada por el alcalde mayor de La Isabela, Francisco Roldán, un jienense natural de Torredonjimeno que, al parecer, se enfureció al temer que su nueva ciudad perdiese importancia. Denunció a Bartolomé, acusándolo de ser «un hombre duro y esquinado, tan cruel como codicioso».[65]

La verdadera causa de la rebelión sigue siendo un misterio. Roldán había sido un favorito, un «criado» del Almirante, pero de la noche a la mañana se convirtió para él y para su hermano «en ese ingrato [...] a quien tuve en mi casa».[66] ¿Cuál era la razón del resentimiento de Roldán? ¿Acaso fue Bartolomé demasiado lejos al reprocharle que hubiese seducido a la esposa del cacique Guarionex? O, sencillamente, ¿se interpuso en un romance?[67] Posteriormente, Roldán le dijo que Bartolomé había gobernado con «tal rigor» y que «provocó tal temor en la población, que perdió la estima de todos». Parece probable que, simplemente, se mostrase hostil a la superior autoridad que Bartolomé no dudada en ejercer sobre él.

Sea como fuere, la rebelión de Roldán tuvo lugar cuando Bartolomé se encontraba al oeste de la isla, cerca de Jaragua, tras dejar a aquél como lugarteniente, bajo la autoridad de Diego Colón. Roldán decidió entonces que era necesario enviar una nave de vuelta a España para que trajese refuerzos. Diego se opuso a la idea, aduciendo que andaban escasos de provisiones y de otros suministros. Roldán acusó a Diego y a Bartolomé de limitar su libertad para actuar, y de utilizar a los indios a su antojo. Luego, cuando Bartolomé hubo regresado, encarceló a un amigo de Roldán, llamado Barahona, sin ningún motivo.

Los rebeldes eran setenta.[68] Roldán se enfrentó a los hermanos de Colón por sus diferencias de criterio, acerca de la mejor manera de utilizar la tierra y de explotar a los indígenas; no le gustó la idea de que los nativos tuviesen que pagar tributos y, al parecer, pensaba que en lugar de construir fuertes era mejor confraternizar y trabajar conjuntamente con los indios. Puede que, a la postre, Roldán hubiese tenido una influencia beneficiosa para la colonia.

Diego Colón envió a Roldán con cuarenta hombres para pacificar a los indios cerca de Concepción. Roldán creía poder convertir aquella población fantasma en su cuartel general y dominar toda la isla. Pero el comandante del fuerte, un venerable catalán de Tarragona llamado Miguel Ballester, permaneció leal a los Colón y le contó a Bartolomé lo que ocurría. Entonces Bartolomé fue a Concepción, y Roldán se enfrentó con él y le exigió que permitiese que una carabela regresara a España. Bartolomé se negó, aduciendo que Roldán no sabía nada de barcos, ni sus hombres tampoco. Rechazó zanjar sus diferencias y rehusó dimitir de su cargo de alcalde mayor.[69]

Roldán se dirigió entonces a La Isabela donde, al comprobar que no iba a poder enviar la nave, desvalijó el arsenal y el almacén y se dirigió luego a Jaragua, al oeste, que según él era «la parte de la isla más placentera y fértil y con los nativos más civilizados, así como las mujeres más bonitas y amables».[70] Durante el curso de su viaje liberó a todos los indios que encontró de los tributos que aceptaron pagar a Bartolomeo.

A la postre, Bartolomeo permitió a los rebeldes (cuyo número podemos elevar a cien si contamos a sus criados y concubinas indias) vivir en el oeste, en Jaragua, prácticamente independientes de su autoridad. Y Roldán logró garantizarse que «sus» indios no pagasen tributos a Bartolomé. Pero éste fue el principio de una verdadera catástrofe. La imposición de éste y otros tributos, pagaderos en alimentos, y la perturbación de los suministros regulares desde España provocó primero la desnutrición y luego la hambruna.

Roldán dio un paso importante al implantar un sistema de reparto de la tierra, concediendo tierras e indios a sus seguidores, pero tomó la decisión sin el consentimiento del virrey, y menos aún de los monarcas. Como alcalde mayor, Roldán actuó como supervisor de toda transacción comercial y dejó que se sobreentendiese que las propiedades eran hereditarias.[71]

Liberado de estos molestos colegas, Bartolomé se volcó en la conclusión de una línea de fuertes entre la costa norte y la costa sur de la isla y luego se dirigió al oeste, buscando palo de Brasil. Fue bien recibido por el cacique Behechio y por Anacoana, la viuda del desdichado

Caonabó. Behechio les regaló a los españoles algodón y pan de mandioca. Pero, otros jefes indios (como Guarionex y Mayobenix) fueron apresados, y Guarionex fue retenido como esclavo hasta poder enviarlo a España. Sin embargo, este hecho fue un error, ya que el montante de los tributos descendió, al no haber caciques que pudiesen entregarlo.

Bartolomé logró hacer de Santo Domingo, en la costa sur, una buena capital administrativa, empezando lo que se convirtió en unos eficientes astilleros, y construyendo un almacén para las provisiones. Completó su cadena de fuertes, que iban de norte a sur de la isla, con una dotación de diez hombres en cada uno y al mando de un alcaide. También formó un contingente armado móvil, bajo las órdenes del propio adelantado, con objeto de garantizar el pago de los tributos que, básicamente, se pagaban en algodón y en pan de mandioca, y una pequeña parte en oro y palo de Brasil.[72]

A su regreso en La Española por tercera vez, Colón dio por sentado que el poder revertía en él y, por tanto, procedió a tantear el terreno con Roldán. Pero tuvo que llegar a un compromiso, porque tenía muy pocos seguidores para hacer otra cosa. El 12 de septiembre promulgó un decreto prometiendo provisiones y pasaje gratuito hasta España a todo aquel que lo deseara.[73] Posteriormente, Miguel Ballester informó desde Concepción de que Roldán y dos líderes rebeldes (Pedro de Riquelme y Adrián de Mújica) se encontraban en las inmediaciones. Colón trató de persuadirlos para que volviesen con él, ofreciéndoles pasaje gratuito a España, si así lo deseaban. Es muy probable que, de haber podido, habría mandado apresar a Roldán. Pero esta estratagema no funcionó: Roldán se había apoderado de la mayoría de las armas de la colonia y su poder se vio reforzado por recientes llegadas. Dijo que sólo negociaría con Hernández de Carvajal, a quien conocía, lo cual no hizo sino acrecentar los recelos de los Colón respecto a Carvajal que, al igual que Ballester, no veía más salida que tratar con los rebeldes porque, en definitiva, eran los vencedores.

Dos meses después del regreso de Colón, una nueva flotilla de cinco carabelas zarpó rumbo a España desde Santo Domingo. Con gran sorpresa por parte de Colón, trescientas personas aceptaron su ofrecimiento de regresar. El Almirante les permitió a todos ellos llevar consigo un esclavo indio, aparte del grupo de esclavos que también enviaron. La reina no se sintió muy complacida cuando la flotilla llegó a Cádiz el 10 de diciembre: «¿Qué poder tiene mío el Almirante para dar a nadie mis vasallos?», exclamó, y ordenó que todos los esclavos fuesen liberados.[74] Porque la cuestión acerca de la licitud de tener, comprar o vender esclavos aún no se había aclarado.

Los colonos que regresaron también trajeron consigo cartas de Colón para los monarcas, en las que el Almirante comentaba que era posible obtener veinte millones de maravedís al año de La Española sólo cortando palo de Brasil, y añadía que el comercio de esclavos también podría ser rentable. Señalaba que toda Europa deseaba tener esclavos, y aunque muchos esclavos de las Indias habían muerto en España, se había producido una mortandad similar entre los bereberes, los negros de África y los isleños de Canarias. Según Colón, podrían enviar cuatro mil esclavos a la península todos los años,[75] que venderían a mil quinientos maravedís. El Almirante alardeaba de que, en su colonia, «no hay carencia de nada, salvo vino y colonos».[76] Y añadía: «[...] nuestra gente en ella no ay bueno ni malo que no tenga dos o tres indios que lo sirvan y perros que le caçen y bien que no sea pa dezir y mugeres atán fermosas, que es maravilla.» Respecto a esta última cuestión [sobre prácticas que no son de buenos cristianos] [...] «[...] estoy sumamente disgustado, pero no puedo impedirlo.»

Colón sugirió que se enviasen frailes «para reformar la fe en no» y luego convertir a los indios. Proponía que embarcasen cincuenta hombres buenos en cada flota y que, a cambio, él devolvería a España a cincuenta hombres perezosos e insubordinados.[77] «y con esto un letrado, persona experimentada para la justicia», aunque no está claro si se proponía que tal persona lo asesorase o lo sustituyese.[78]

Entretanto, Hernández de Carvajal estaba negociando con éxito con el rebelde Roldán, y ya casi lo había convencido para que fuese a ver a los hermanos Colón. Pero sus amigos lo impidieron, y la guerra verbal entre Roldán y los hermanos de Colón continuó. En su nuevo papel de amigo de los indios, Roldán dijo que Colón tenía que liberar a todos los nativos que había capturado. Y, el 10 de octubre de 1498, escribió al arzobispo Jiménez de Cisneros acusando al Almirante de querer ceder La Española a los genoveses.[79] Una semana después, él y sus amigos enviaron a Colón una carta acusando a Bartolomé de sus actos, pero pidiendo que se les permitiese establecer un «principado» independiente.[80] Colón les contestó en tono condescendiente, diciéndoles que «cada uno pudiese venir a mí y dezir lo que les plazía».[81]

Roldán terminó finalmente por entrevistarse con Colón, después de haberse asegurado un salvoconducto. Algunas semanas después, envió una lista de artículos para la redacción de un acuerdo. Colón promulgó una amnistía a las puertas de la iglesia de Concepción, y concedió salvoconducto a todo aquel que no quisiera regresar a Castilla. En compensación por el renovado, aunque formal, sometimiento de Roldán a Colón como representante de la Corona, se convino que Roldán y sus amigos, los ex rebeldes, podrían establecerse prácticamente donde quisieran. La mayoría eligió la zona central de la isla, aunque Roldán, nombrado alcaide mayor, permaneció en la zona occidental, en Jaragua. Como consecuencia de la rebelión de Roldán, se convino, casi imperceptiblemente, en una nueva forma de concesión de las tierras. En adelante, se le pediría a cada cacique y a su pueblo que sirviesen a un determinado conquistador. La concesión de estos hombres se llamaría encomienda, tal como había existido en una forma distinta en España durante la reconquista del territorio a los musulmanes. (La diferencia estribaba en que, en la España medieval, la población no era entregada a nadie, ni tampoco existía la obligación por parte de un terrateniente de velar por la formación religiosa del pueblo conquistado.)[82] La mayoría de los indios supervivientes en las zonas conquistadas fueron incluidos en el sistema. En definitiva, cabría decir que Roldán se sometió a Colón dando por sentado que él y sus amigos recibirían tierras, y tendrían derecho a que los indios trabajasen para ellos.[83]

Pero Colón no pudo disfrutar durante mucho tiempo de la relativa paz que él y su amigo Hernández Carvajal lograron con tantas dificultades, porque entre los colonos españoles surgieron otros rebeldes. (El detalle de estos enfrentamientos sería demasiado prolijo, y no merece la pena referirlo.) Luego, el 21 de marzo de 1499, Francisco de Bobadilla, miembro de la Orden de Calatrava, camarlengo de los Reyes Católicos, hermano de la mejor amiga de la reina, Beatriz, y durante cierto tiempo, alcalde de la nueva ciudad de Santa Fe, fue elegido para averiguar quiénes se habían alzado contra la justicia en La Española y proceder contra ellos.

No en vano, el propio Colón pidió que le enviasen un letrado, alguien conocedor de las leyes, y el elegido fue Francisco de Bobadilla.[84]

LIBRO TERCERO

Bobadilla y Ovando

Felipe el Hermoso saluda a su novia la princesa Juana a su llegada a Flandes en 1498.

CAPÍTULO 14

Para surcar aguas mejores

Per correr miglor acqua alza le vele ormai la navicella del mio ingegno che lascia retro a sè mar si crudele.

Dante, *Divina Comedia, Purgatorio,*
citado por Vespucio en 1499
cuando se encontraba frente a Guayana

Francisco de Bobadilla era un funcionario público con experiencia, y unos contactos excelentes. Fue un eficaz líder durante la guerra contra Granada y luego alcalde de Santa Fe, tras la rendición de la ciudad musulmana. Su padre y su abuelo ya habían servido a los reyes de Castilla.[1] Por todo esto, su nombramiento para un cargo importante en las Indias parecía apropiado. Para la corte era una señal de que las nuevas conquistas serían consideradas igual que las antiguas. A los amigos de Colón el nombramiento debió de parecerles una confirmación de la importancia de los logros del Almirante.[2]

Los términos del nombramiento de Bobadilla no sugerían nada negativo contra el Almirante. La regia orden decía así: «Sepades que don Cristóbal Colón, nuestro Almirante del mar Océano, de las islas y tierra firme de las Indias, nos envió a hacer relación, diciendo que estando él ausente de las dichas islas en nuestra corte, diz que algunas personas que estaban en ellas, se levantaron en las dichas islas contra el dicho Almirante y las justicias que en nuestro nombre tiene puestas en ellas, y que no embargante que fueron requeridas las tales personas y el dicho alcalde [Roldán] que no hiciesen el dicho levantamiento y escándalo, diz que no lo quisieron dejar de hacer, antes se estuvieron y están en la dicha rebelión, y andan por la dicha isla robando y haciendo otros males y daños en deservicio de Dios Nuestro Señor y nuestro: lo cual por Nos visto, porque fué y es cosa de mal ejemplo y digno de punición y castigo [...] [en consecuencia] vos mandamos que luego vades a las dichas islas y tierra firme de las Indias, y hayáis vuestra información [...] y sepáis la verdad de todo lo susodicho, quién y cuáles personas fueron las que se levantaron contra el dicho Almirante y nuestras justicias [...], prendedles los cuerpos y secuestradles los bienes; y así presos, procedades contra ellos [...].»[3]

Esto debió de quedar bastante claro. Ciertamente, los monarcas no se referían a Colón como virrey ni gobernador, sino sólo como «almirante». Pero el decreto aceptaba que lo que él había descubierto eran las «Indias», y el término siguió utilizándose tanto oficiosa como oficialmente. Tampoco parecía caber ninguna duda para la Corona acerca de que los culpables eran Roldán y sus amigos, no Bartolomé y los suyos.

Pero documentos posteriores modificaron las órdenes para Bobadilla. Así, por ejemplo, el 21 de mayo de 1499 se promulgó otro decreto en el que no se mencionaba a Colón, sino que se limitaba a resolver que, en adelante, sería Bobadilla quien dirigiese el gobierno del Nuevo Mundo. Todos los fuertes, las armas, los caballos, las naves e incluso las viviendas deberían ser entregadas al nuevo gobernador.[4] Otro documento, fechado el 26 de mayo de 1499, fue una breve carta de los reyes a Colón, en la que le pedían que acatase las instrucciones que le habían dado a Bobadilla.[5]

Y así llegó a su fin la época de Colón. Según Pedro Mártir, los monarcas, cansados de recibir quejas desde todos los bandos y, como quiera que hasta entonces se había encontrado muy poco oro, decidieron nombrar a un nuevo gobernador para que impusiera orden.[6] Quizá el hecho de que Colón hubiese seguido enviando esclavos a la metrópoli sin autorización real fuese una de las razones de su sustitución:[7] cinco barcos con un total de seiscientos esclavos llegaron a Sevilla aquel mismo mes de mayo;[8] también pudo influir la oleada de xenofobia que invadía la corte española, y que hacía que todos los males se achacasen a los extranjeros.[9] Esta actitud tuvo especial incidencia en las islas Canarias, donde se decretó que a ningún extranjero se le permitiese comprar propiedades por un valor superior a quinientos mil maravedís.[10] Los genoveses negociaron entonces un compromiso, excluyéndose a sí mismos de la regla, pero siguieron sintiéndose amenazados. El padre Bernáldez informó de que, en Sevilla, se rumoreaba que Colón se estaba quedando con todo el oro que encontraba, y que insistía en la vieja historia de que pensaba ceder la isla de La Española a sus compatriotas genoveses.[11]

Sin embargo, se produjo un interminable retraso entre la promulgación del decreto que incluía las instrucciones para Bobadilla y la partida de éste. En parte, probablemente esto se debió a que, el cada vez más poderoso Jiménez de Cisneros, que seguía siendo confesor de la reina, quería subrayar y asegurarse el papel evangelizador de España en las Indias. Con esta idea eligió frailes para que acompañasen a Bobadilla y dispuso que formasen parte de la expedición el benedictino fray Alonso de Viso y cinco franciscanos.[12] La misión de estos religiosos consistiría en convertir a los paganos y construir iglesias, pero también deberían actuar como funcionarios al mando de Bobadilla. La personalidad más interesante de este grupo era el abulense fray Francisco Ruiz, que por entonces tenía veintitrés años y era hijo de un vendedor de aceite de oliva en Toledo, que empezó como miembro del coro de la catedral de esta ciudad, y luego fue secretario de Cisneros y profesor en el convento franciscano de Alcalá. Por recomendación de Cisneros, le pidió la reina Isabel que averiguase qué estaba ocurriendo realmente en el Nuevo Mundo con Colón.[13]

Otra razón del retraso de la partida de Bobadilla desde Sevilla fue que el rey estaba muy ocupado en la comarca montañosa del sur de Granada, en Las Alpujarras, dirigiendo las operaciones contra los rebeldes musulmanes, que se negaban a aceptar la alternativa entre convertirse al cristianismo o abandonar el país. Tanto Cisneros, que aseguraba haber convertido a no menos de cuatro mil musulmanes en Granada en 1499, como el rey no debían tener por entonces mucho tiempo para ocuparse de los asuntos de las Indias.

El cardenal Cisneros era por aquellos años el hombre más influyente en España. Al respecto, Mártir comentó: «Este hombre [Cisneros] es el que influye con su consejo en todo lo que ocurre en España. A través del dinamismo de su talento, de su seriedad, de su sabiduría, superando en santidad a todo cenobita, eremita y anacoreta, tiene ante los monarcas un prestigio que jamás tuvo nadie. Los reyes consideran pecado discrepar de su consejo, porque no creen que lo que él dice salga de la boca de un simple hombre...»[14]

Además, a la reina le parecía «maravillosamente decidido en todo lo que hacía, sin titubear en ningún momento, e impresionaba a todos por su capacidad para combinar fácilmente una reflexiva espiritualidad con la administración eficiente, una combinación de cualidades que tanto impresionó al cardenal Mendoza cuando era joven». El historiador Jerónimo Zurita dijo de él mucho más tarde que su impopularidad en la corte —fuera del círculo de los monarcas— era comprensible porque «su mente se elevaba con grandes pensamientos de un modo más propio de un rey que de un simple fraile».[15] Sus conversiones en masa fueron un anticipo de las llevadas a cabo con igual fervor por otros franciscanos en el Nuevo Mundo. Era ciertamente un contraste con las prácticas medievales castellanas, en las que los «tres pueblos del Libro» habían vivido a menudo en distritos separados pero vecinos.

Francisco de Bobadilla seguía en Sevilla en el verano de 1500. Poco antes de partir rumbo a Santo Domingo, el 20 de junio, los monarcas decidieron liberar a algunos de los esclavos enviados por Colón, y le pidieron a Bobadilla que los llevase consigo de nuevo a La Española.[16] El cortesano Pedro de Torres fue el encargado de entregar tantos esclavos como encontrase al corregidor de El Puerto de Santa María, Gómez de Cervantes, que estaba organizando la pequeña flota de Bobadilla. Torres consiguió enviar veintiún indios a Gómez de Cervantes. Uno de ellos estaba demasiado enfermo y decidieron que no podía viajar. Una joven india insistió en que no sólo deseaba continuar su educación en casa de Diego de Escobar, un sevillano que acompañó a Colón en su segundo viaje, sino también en que, cuando hubiese terminado su educación, deseaba quedarse en España (quizá temiese el viaje). Los diecinueve indios restantes, dieciséis hombres y tres mujeres, fueron entregados a fray Francisco de Ávila, que debería garantizar su seguridad.

Estos veintiún indios no eran, obviamente, más que una minoría de los esclavos caribes que sobrevivían en España;[17] debieron de quedar unos quinientos después de que Bobadilla hubo zarpado. Presumiblemente, la reina, Cisneros y Fonseca consideraban que habían sido justamente esclavizados, ya que se los suponía caníbales, o capturados por alguna buena razón. Sin embargo parece ser que, en 1501, también había esclavos taínos en Granada, puestos a la venta por los tratantes genoveses. No todos los esclavos taínos traídos por otros aventureros del Nuevo Mundo fueron incluidos en la orden de liberarlos.[18]

Mientras Bobadilla realizaba los preparativos para la travesía, otras expediciones partieron rumbo al Nuevo Mundo; fue un fenómeno tan nuevo como sensacional. La primera iba al mando de Peralonso Niño, de Palos, que, a principios de mayo de 1499, partió de Palos rumbo a la «costa de las perlas», la costa septentrional de Sudamérica; la segunda expedición zarpó de Cádiz aquel mismo mes, al mando de Alonso de Hojeda, acompañado por Juan de la Cosa y por el florentino Américo Vespucio; la tercera expedición salió de Palos en diciembre de 1499, al mando de Vicente Yáñez Pinzón y Juan Díaz de Solís; la cuarta, al mando de Diego de Lepe, partió de Sevilla aquel mismo año, aunque no está claro en qué mes. Posteriormente, Rodrigo de Bastidas, un joven mercader converso de Triana, obtuvo la autorización para zarpar rumbo a la costa septentrional de Sudamérica. Y, en julio del año 1500, Alonso Vélez de Mendoza obtuvo el permiso para hacerse a la mar hacia lo que era Brasil, en la zona de influencia portuguesa convenida en el Tratado de Tordesillas y, por tanto, tuvo que regresar sin reclamaciones, ya que los comandantes de estas expediciones no sólo tenían órdenes de no adentrarse en los territorios ya descubiertos por Colón, sino también de respetar el tratado.

No podemos dejar de mencionar la magnífica expedición portuguesa que partió de Belén, a las afueras de Lisboa, el 9 de marzo de 1500, y que, al mando de Pedro Alvares Cabral, se dirigió a la verdadera India, describiendo una amplia curva hacia el oeste, se detuvo en Brasil y fue la pionera en la penetración en territorio brasileño.

Todos estos viajes fueron de primordial importancia, y no parece que los comandantes de estas expediciones tuviesen ninguna dificultad para enrolar marineros que se embarcasen en tan formidables aventuras; hombres que, de no ser por estos viajes, hubiesen pasado sus vidas aguardando una oportunidad en Canarias o en la guerra contra los musulmanes, se vieron aupados, por el ejemplo de Colón, a un lugar relevante en la historia. Así, por ejemplo, Peralonso Niño, que acompañó al Almirante en su primer viaje al mando de la *Santa María*, y que participó en el segundo viaje como marinero, vio en el tercer viaje la promesa de las perlas en la zona de la isla Margarita. Al regresar a España, pidió y obtuvo el permiso para realizar un viaje a título personal, y consiguió la ayuda del financiero de Triana Luis Guerra. Partió de Palos en junio de 1499, con una sola nave y unos treinta hombres, y realizó la travesía en compañía del hermano menor de Luis Guerra, Cristóbal, así como de Juan de Veragua, amigo de Colón.[19]

Posteriormente, surgió la polémica acerca de lo que Colón vio realmente en aquel territorio, y de si Peralonso Niño y sus compañeros tenían un derecho prioritario sobre el mismo. En realidad, recalaron prácticamente en los mismos lugares que Colón, pero llegaron hasta unos centenares de millas más al oeste que el Almirante. Desde Cubagua o Curiana, en la península de Paraguaná, al sur de Aruba, consiguieron una sustancial cantidad de perlas. Visitaron varios mercados en la costa septentrional de Sudamérica, y también descubrieron que, en la actual Colombia, se comerciaba libremente con el oro. Según Pedro Mártir, Peralonso Niño comentó que «en esta permuta trabajan replicando, regateando y dejándolo igual que lo hacen nuestras mujeres cuando se enredan con los vendedores».[20]

Peralonso regresó convencido de que aquella tierra era «un tierra-continente»,[21] volvió «tan cargado de perlas como otros cargados de paja». Los españoles cambiaron cascabeles, cuentas de vidrio y paños de color escarlata por todo tipo de frutos, mandioca, maíz y oro; lo cierto es que fue un viaje sumamente provechoso. Parece que Peralonso Niño trató de eludir el pago del quinto real, y regresó a España por el puerto de Bayona, en la desembocadura del Miño, como hizo Martín Pinzón en 1493. Como consecuencia de ello, fue arrestado por Hernando de Vega, el virrey, que era pariente político del monarca y que había asumido varias labores administrativas en la provincia tras la visita real en los años ochenta. Parece ser que Guerra informó a los funcionarios de la Corona de los planes de Peralonso Niño, que llevó a la Península y vendió en distintas ciudades andaluzas varios esclavos indios, algo que los reyes criticaron aduciendo que «eran nuestros súbditos». Los monarcas volvieron una vez más a intentar que tales esclavos fuesen devueltos con la siguiente expedición a La Española, donde deberían ser liberados.[22] Sin embargo, no se pudieron probar los cargos contra Peralonso Niño, que fue puesto en libertad.

El segundo de estos viajes independientes, el de Hojeda, De la Cosa y Vespucio, fue el más interesante, aunque oscuro en sus detalles. Hojeda era por entonces el capitán más famoso después de Colón, y aunque impetuoso y cruel, tenía bastante experiencia con los indios.[23] Juan de la Cosa, de Santoña, era también un veterano de los dos primeros viajes de Colón. Durante el segundo, el Almirante le pidió que trazase varios mapas. En cambio, Vespucio no había estado nunca en las Indias, aunque durante muchos años —siglos, en realidad— se vino diciendo que había estado allí en 1497 y que incluso había descubierto México.[24]

Este florentino tenía por entonces cuarenta y cinco años y trabajaba en Sevilla desde 1494.[25] Él y Hojeda, junto con Juan de la Cosa, zarparon con cuatro carabelas desde Cádiz el 18 de mayo de 1499 vía las Canarias, y cruzaron el Atlántico siguiendo el rumbo habitual.[26] No parece que Vespucio estuviese al mando de ninguno de los barcos. Los líderes de esta expedición fueron a Margarita para intercambiar algunos productos por perlas, pero también recalaron en varias islas que se hallaban más al oeste y que llamaron las «Frailes» y las «Gigantes»; luego se detuvieron en Coquibacoa, la actual península de Guajiro. Fueron acercándose a los límites de las actuales Colombia y Venezuela, y lograron traer oro y perlas. Hojeda reivindicaría posteriormente haber descubierto Maracaibo, en el llamado golfo de Venezuela.

Vespucio envió un informe a su patrón florentino, Lorenzo di Pier Francesco de Medici, acerca de su viaje. Parece ser que fue separado, o que se separó voluntariamente, de la expedición principal, con dos naves, pero no se dirigió al oeste, sino al sur, cerca de la isla de Trinidad hacia el Demerara, el Berbice y otros ríos de Guayana.[27] Allí vio bosques de árboles de aroma delicioso, así como un lago de agua dulce.[28] También vio aves maravillosas y árboles exuberantes. Y, al igual que Colón, creyó estar en el Paraíso Terrenal.[29] Surcó ríos «cuyo curso era tal que, en comparación, los estrechos de Messina y Gibraltar parecían una pecera» (puede que se tratase del Corentin o del Marouini). Al contemplar las estrellas y tratar de interpretar su cambiante aspecto, Vespucio recordó con ternura el primer verso del «Purgatorio» de la *Divina Comedia* de Dante que aparece como título de este capítulo.[30]

Vespucio puso luego rumbo norte y llegó a Trinidad, donde encontró nativos desnudos y lampiños. Eran caníbales; no se comían entre sí, pero embarcaban en largas travesías para encontrar víctimas apropiadas. «No se comen a las mujeres, que convierten en esclavas. Tenían arcos y flechas y eran excelentes arqueros. Nos condujeron a un poblado y nos proporcionaron comida, más por temor que por buena voluntad y, después de pasar el día con ellos, nos marchamos. Seguimos la travesía y vimos el golfo de Paria y el Orinoco, a cuyas orillas encontramos lo que nos pareció una gran población en la que nos recibieron afectuosamente. Allí bebimos un vino hecho de frutos, y muy bueno por cierto. Los nativos nos regalaron perlas, once grandes y el resto pequeñas.» Al igual que Colón, Vespucio seguía creyendo que Sudamérica debía de estar en «los confines de Ásia».[31] Escribió con el mayor entusiasmo de las mujeres que vio en la zona, un hecho que contribuyó a que su carta, publicada en 1502, tuviese un gran éxito.

«Después de viajar a lo largo de 400 leguas —proseguía Vespucio—, empezamos a encontrar nativos que no deseaban nuestra amistad. Es más: nos aguardaban con armas, tratando de impedirnos desembarcar y tuvimos que combatir. A menudo, una docena de nosotros tenía que enfrentarse a dos mil de ellos. En cierta ocasión, un marinero portugués de cincuenta y cinco años evitó que huyésemos en desbandada gritando: "¡Hijos míos, dad la cara a vuestros enemigos que Dios os dará la victoria!" Esta simple arenga hizo que se volviesen las tornas y al poco fueron ellos quien huyeron y matamos a ciento cincuenta nativos e incendiamos 180 chozas.»[32]

Todo indica que, poco después, Vespucio se reunió con Hojeda y Juan de la Cosa. Siguieron juntos la travesía y trajeron varias esmeraldas de las que han hecho famosa a Colombia. Desembarcaron en las islas de Curaçao (donde vieron indios muy altos) y en Aruba, donde muchos nativos se alojaban en viviendas plantadas en el mar «como en Venecia»; de ahí que bautizasen la tierra firme con el nombre de «Venezuela» o «pequeña Venecia». El único de los capitanes que pudo estar en Venecia era Vespucio, aunque tampoco esto es seguro, pero el caso es que siempre se ha considerado que fue Hojeda quien bautizó así el territorio.

Decidieron entonces regresar, porque las tripulaciones estaban cansadas de «tentar el mar y la fortuna». Hicieron escala en La Española, pese a que les habían advertido que no lo hiciesen porque estaba bajo el control de Colón. Hojeda desembarcó en Yaquino, cerca de Jaragua, en septiembre de 1499, e inmediatamente se reveló como el hombre de Fonseca en las Indias. El Almirante ordenó entonces a Roldán marchar contra él. Pero, tras ciertos enfrentamientos verbales, Hojeda convenció a Roldán para que no lo atacase; por lo visto eran viejos amigos. Vespucio, que capturó a 232 nativos a los que esclavizó en varios lugares para ser vendidos en Cádiz, regresó vía las Azores. Les dijo a los Medici que habían empleado trece meses en el viaje de regreso, algo que muchos ponen en duda y aseguran que, a finales de noviembre o principios de diciembre, ya había regresado;[33] otros creen que debió de regresar en junio.[34] (En el capítulo XV trataré de la misteriosa historia de Vespucio y de las dudas que suscita.) Al margen de cuándo regresase, le trajo unas perlas a la reina.[35] En aquel viaje, Vespucio sólo perdió dos hombres a manos de los indios.

Vespucio concluyó el relato que le hizo a Lorenzo de Pier Francesco de Medici, acerca de lo que había visto, diciéndole que esperaba realizar pronto otro viaje y acaso llegar a Ceilán (Taprabana).[36] Añadió que enviaría un mapa y un globo terrestre a Toscana con un florentino, Francesco Loti, que estuvo con él en Sevilla. También le escribió acerca del viaje de Vasco de Gama, y le explicó que, cuando se encontraba en las islas de Cabo Verde, oyó hablar del de Cabral.[37] Tras desembarcar en Lisboa le escribió a Florencia: «Llegamos a un nuevo territorio que, por muchas razones que enumeramos en lo que sigue, observamos que era un continente.» Y le describió lo que había considerado un nuevo territorio, no sólo una prolongación oriental de Asia.[38] Esta sola observación permite considerar a Vespucio como un innovador.

Juan de la Cosa trazó un mapa a su regreso que posteriormente ha sido muy valorado.

El tercer viaje de por entonces fue el de Juan Díaz de Solís en compañía de Vicente Yáñez Pinzón y el sobrino de éste, Arias. Díaz de Solís pertenecía a una antigua pero empobrecida familia de Asturias. Había nacido en Lebrija y había estado al servicio de los portugueses. Se decía que había huido de Portugal para no ser acusado del asesinato de su esposa, aunque se trata de una historia de las que se difundían a menudo en las ciudades portuarias, y no se tiene confirmación de ella. Yáñez Pinzón, que formó parte de las dos primeras expediciones de Colón, procedía de una familia de grandes marineros de Palos. Los dos capitanes mandaron construir cuatro carabelas en esta ciudad, de donde zarparon el 18 de noviembre de 1499 con Pedro de Ledesma como primer piloto.[39] Pusieron rumbo a las Canarias y desde allí a las islas de Cabo Verde, y, finalmente, tras ser desviados de su ruta a gran velocidad por una galerna, a finales de enero de 1500, se encontraron en Brasil, cerca de San Martín en el estuario del Amazonas, en el extremo oriental del continente sudamericano, y que bautizaron como Santa María de la Consolación.

Allí Pinzón y Solís tomaron posesión del territorio en nombre de los Reyes Católicos, pese a saber que estaban en zona de influencia portuguesa. Los nativos mataron a ocho de sus hombres, entre los cuales había un piloto, y vieron huellas «el doble que los pies de un hombre regular de nosotros». Creyeron estar «por el continente de la India del Ganges». Encontraron mucho palo de Brasil y muchos árboles de la canela («cuentan que esta no es inferior a la que los calenturientos piden a los farmacéuticos») y árboles tan enormes que dieciséis hombres cogidos de la mano no podían rodearlos.[40] Le dieron a un gran río el nombre de Marañón, presumiblemente por alguna olvidada razón personal.[41] Tras sobrevivir a fuertes tormentas, pusieron rumbo norte, hacia La Española, adonde llegaron el 23 de junio del año 1500.[42] El 30 de septiembre regresaron a Palos con un cargamento de veinte esclavos y palo de Campeche. El viaje fue importante, ya que la colaboración entre dos marinos tan expertos fue un éxito, y se repetiría, pese a que perdieron muchos hombres.

Otra expedición la dirigió Diego de Lepe, que, al parecer, les dijo a los hermanos Pinzón que había nacido en Palos. Sin embargo, este viaje fue menos importante que el de sus predecesores. Lepe partió en diciembre de 1499 con dos naves, puso rumbo a las islas de Cabo Verde y luego en dirección suroeste, a lo largo de unas mil quinientas millas, hasta llegar a una bahía de Brasil a la que llamó San Julián, y en donde no encontró a nadie con quien poder tratar, ni tampoco hablar. Siguió el curso de un río extraordinario, el Amazonas (el Santa María de la Mar Dulce, como dieron curiosamente en llamar al río) a lo largo de cien millas. Tras regresar a la costa, Lepe puso rumbo sur hasta el río Marañón y luego más al norte hasta Paria, donde apresó a varios indios que, al regresar a España, le regaló al obispo Fonseca.[43]

Un mercader de Triana, probablemente converso, Rodrigo de Bastidas,[44] estuvo en uno de los cuatro viajes de 1499 (seguramente, en el de Alonso de Hojeda). En 1500 obtuvo el permiso para dirigir por su cuenta una expedición a la costa norte de Sudamérica, con dos naves, la *Santa María de Gracia* y la carabela *San Antón*.[45] La mitad de sus marineros eran sevillanos y la otra mitad, vascos. Eran diecinueve los que financiaban la expedición, todos sevillanos, excepto cierto Alfonso de Villafranca, de Valladolid. Lo acompañaron Juan de la Cosa, que también había formado parte de la expedición de Alonso de Hojeda, y el aventurero Vasco Núñez de Balboa, que tendría un gran protagonismo en el futuro. No está claro dónde desembarcaron exactamente, pero descubrieron Río de la Hacha, la actual Cartagena de Indias, y el golfo de Urabá, que resultó ser un centro del comercio indio. Probablemente, a Bastidas y a Juan de la Cosa se deba la evangelización de Cartagena de Indias.[46] Permanecieron en la zona varias semanas y encontraron oro y algunas esmeraldas —la primera vez que descubrieron estas hermosas piedras—. Parece que también llegaron a Nombre de Dios, en el istmo de Panamá, donde uno de los hombres de Bastidas, Núñez de Balboa, llegó a ser «primer caudillo de las Américas». Luego, al poner rumbo a La Española, porque sus naves estaban siendo comidas por las termitas, naufragaron frente a Jaragua.

Bastidas y sus compañeros (incluidos Juan de la Cosa y Núñez de Balboa) recorrieron a pie las doscientas millas que los separaban de Santo Domingo, presumiblemente llevando consigo, con porteadores indios, los tesoros que habían encontrado. Bastidas y Juan de la Cosa regresaron a España en 1501, en la nave *Aguja*, que sobrevivió al huracán de 1502.[47] Pese a haber perdido dinero, entregaron religiosamente un quinto de lo conseguido a los monarcas en Alcalá, incluidos esmeraldas, perlas y oro, que despertaron un gran interés. Al fin parecía que las Indias eran productivas. Sin embargo, sus descubrimientos geográficos no parecían tan notables, aunque habían recorrido toda la costa norte de

Sudamérica. En cualquier otro período histórico, este viaje habría tenido una gran trascendencia.[48]

La última de esta serie de primeras expediciones españolas independientes la emprendió el 20 de julio de 1500 (la fecha de la «capitulación») el comendador Alonso Vélez de Mendoza, un hidalgo de Moguer. Lo acompañó Luis Guerra. La expedición la formaban dos naves, una era propiedad de otro ciudadano de Triana, Luis Rodríguez de la Mezquita, y la otra de la familia Ramírez. Los monarcas le impusieron la condición de pagar el salario de los veedores, además del armamento. Sus instrucciones eran similares a las que dieron a Bastidas, salvo que las tierras que no podía visitar no eran sólo las descubiertas por Colón, el rey de Portugal y Cristóbal Guerra, sino también las de Alonso de Hojeda. Asimismo, los monarcas deberían recibir una quinta parte de los beneficios.[49] Con el tiempo, Vélez de Mendoza contribuyó a ampliar considerablemente el conocimiento que se tenía en Europa del litoral brasileño, donde desembarcó cerca del cabo Santo Agostinho, y posiblemente llegase después muy al sur, en la actual São Francisco, hacia Navidad.[50]

La flota portuguesa de Pedro Alvares Cabral partió de Belén el 9 de marzo de 1500. No tenía nada que ver directamente con el Imperio español, pero lo afectó extraordinariamente. Era una expedición de gran envergadura, con trece naves (las más grandes que Portugal había construido en el Atlántico). La expedición iba destinada a la India, tras el éxito del viaje que había realizado hasta allí Vasco de Gama. A bordo de las naves iban mil quinientos hombres, entre los cuales había un obispo (fray Henrique Suárez de Coímbra, que había sido obispo de Ceuta), nueve sacerdotes y ocho frailes franciscanos.[51] Recalaron primero en las islas Canarias, el 14 de marzo, sin llegar a desembarcar, y luego en las de Cabo Verde, de donde partieron el 22 de marzo. Posteriormente, el día 2 de mayo, pusieron rumbo a la India, describiendo un amplio arco, pero más escorados al suroeste que al sureste. El 22 de mayo llegaron a Brasil. Nicolás de Coelho, que había viajado con Vasco de Gama, desembarcó frente a una empinada montaña que llamaron monte Pascual.[52] Cabral tomó posesión de este territorio en nombre del rey de Portugal y lo llamó *Terra Sanctae Crucis.* Permaneció allí diez días y luego envió una nave de vuelta a Portugal para anunciar el descubrimiento; la nave era la *Anunciada*, que pertenecía al empresario florentino, radicado en Lisboa, Bartolomeo Marchionni, lo cual no era sorprendente, porque se trataba de un hombre que parecía estar en todas las salsas.[53]

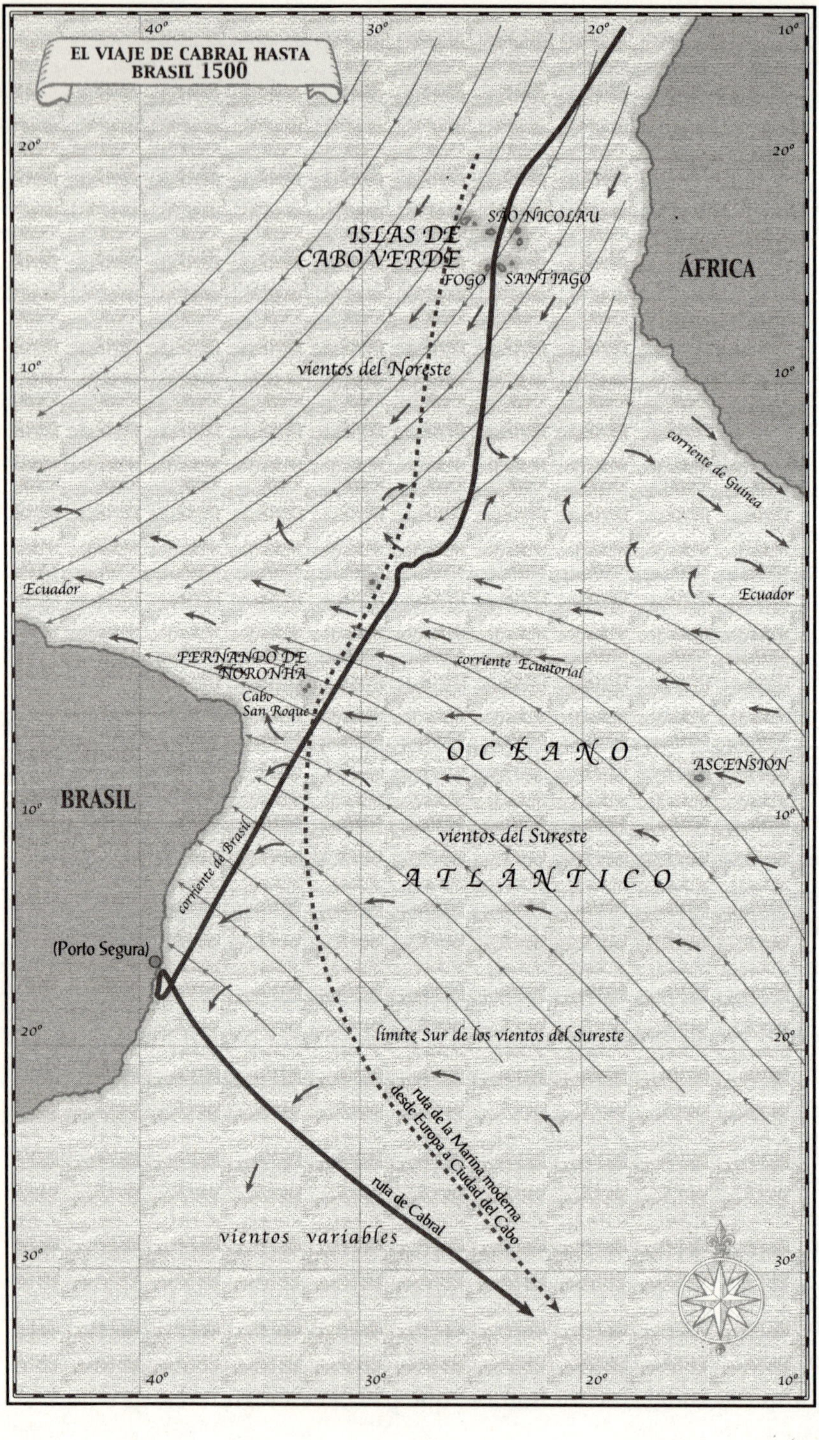

EL VIAJE DE CABRAL HASTA BRASIL 1500
40°
30°
20°
10°
ISLAS DE CABO VERDE
SÃO NICOLAU
FOGO
SANTIAGO
ÁFRICA
vientos del Noreste
corriente de Guinea
Ecuador
Ecuador
FERNANDO DE NORONHA
Cabo San Roque
corriente Ecuatorial
OCÉANO
ATLÁNTICO
ASCENSIÓN
BRASIL
vientos del Sureste
corriente del Brasil
(Porto Segura)
límite Sur de los vientos del Sureste
ruta de la Marina moderna desde Europa a Ciudad del Cabo
ruta de Cabral
vientos variables

En comparación con estos viajes heroicos, el de Bobadilla, para hacerse con las riendas del gobierno en el único lugar colonizado por los europeos en el Nuevo Mundo (La Española), se nos antoja un viaje de placer. Sin embargo, arrebatarle el control a Colón fue algo extraordinario. Bobadilla partió en julio del año 1500 de Sevilla con cuatro naves. A bordo iban sus sacerdotes y sus liberados esclavos indios. Llegó a Santo Domingo al cabo de un mes, el 25 de agosto de 1500, y se encontró con que Diego Colón controlaba el pequeño enclave. El cuerpo de Adrián Mújica colgaba en un cadalso y se balanceaba con la brisa, en la margen derecha del río Ozama, y el de otro español, cuyo nombre ignoramos, en la margen izquierda. La semana anterior habían sido ahorcados otros siete españoles, y otros dos, Pedro Riquelme y Hernando de Guevara, estaban en el fuerte de Santo Domingo condenados a muerte. El propio Colón y su hermano Bartolomé se habían adentrado en el territorio a la caza de rebeldes. El Almirante se hallaba en los alrededores de Concepción, y el adelantado cerca de Jaragua, al oeste.

Aproximadamente a lo largo del último año, desde el regreso del Almirante a La Española, y con la relativa paz que había concertado con Roldán, los Colón habían gobernado la colonia entre clamorosas quejas, cuando no con abiertas sublevaciones. Además, los problemas que tenían con Roldán no llegaron nunca a resolverse satisfactoriamente. Se habían intercambiado muchas cartas en las que Colón no sólo había aceptado que quince de los ex rebeldes amigos de Roldán regresaran a Castilla con la primera nave que fuese a partir, sino que nombró a Roldán alcalde vitalicio de Jaragua. Asimismo, Colón aceptó la idea de Roldán de que la tierra de La Española y de otros territorios se entregase a los colonos en forma de repartimientos, cuyo régimen consistía en que el colono era responsable de organizar la seguridad y la protección de los indios frente a los caribes, así como de educarlos en la religión cristiana. A cambio, los indios trabajarían para el colono, dirigidos por sus propios caciques, que serían responsables de sus actos. Parece que Roldán tenía el apoyo de cien colonos cuyas tierras abarcaban la parte occidental y más rica de la isla de Santo Domingo, es decir, la actual Haití. La palabra «repartimiento» era bien conocida en la vieja Castilla, pues así llamaron a las concesiones de tierras de Andalucía tras la Reconquista.[54] Ciertamente, el franciscano belga fray Juan de la Deule, que viajó con Colón en 1493, aseguró que en el año 1500 fueron bautizados dos mil indios en La Española. Pero seguía siendo una minoría de la población taína.[55]

El Almirante había enviado recientemente a España varias naves, una de ellas al mando de Miguel Ballester, a quien confió cartas, esclavos y algunos productos. Colón seguía confiando en desarrollar el comercio de esclavos de La Española; también confiaba en ganar dinero concediendo monopolios. Así, por ejemplo, concedió al sevillano Pedro de Salcedo el derecho exclusivo de la venta de jabón en la isla.[56]

Colón afirmaría posteriormente que el período entre 1498 y 1500 fue decisivo para el desarrollo de la colonia. Subrayaría, asimismo, haber logrado terminar la línea de fuertes que cruzaba la isla de La Española, desde La Isabela, en el norte, a Santo Domingo, en el sur. En el centro de esta línea, en Cibao, que fue bautizada Vega Real, encontraron oro. El Almirante también había fundado una cuadra para la cría de caballos, de ganado vacuno y porcino. Convino con Roldán que dos novillos y dos yeguas, así como veinte cerdos, serían permanentemente mantenidos para este propósito. Sin duda, adujo Colón, se trataba de logros considerables. En una carta fechada en mayo de 1499, Colón le decía al rey que el fracaso de la colonia en producir más oro era achacable a la codicia de quienes habían ido a las Indias para tratar de enriquecerse rápidamente, convencidos de que iban a encontrar oro y especias por arrobas, sin pararse a pensar que, aunque sin duda había oro, había que extraerlo de las minas. También creían que encontrarían las especias colgadas de los árboles, pero las especias debían ser cosechadas y tratadas.

Colón estaba convencido de que su sistema habría funcionado de no haber permanecido tanto tiempo en España, desde 1496 a 1497. Y, tratando de buscar chivos expiatorios, acusó a los conversos de subvertir su autoridad; aunque nada indica que Roldán, Margarit y Boil fuesen conversos, sí lo eran algunos de los secretarios reales que, sin embargo, no actuaron contra él. Colón añadía en su carta que no pensaba preocuparse en exceso, porque ninguno de los que había mostrado malevolencia contra él había quedado sin el castigo de Dios.[57] Luego, en febrero de 1500, el Almirante escribió a los monarcas una carta más amarga: «Parece que mis comunicaciones no llegan a Vuestras Altezas.» En su carta se expresaba con vehemencia acerca de lo deseable que era restaurar el templo de Jerusalén con oro de Ofir. Recordaba la gran labor de su valedor, el ya difunto fray Juan Pérez de La Rábida, para ayudar a los Reyes Católicos no sólo acerca del Nuevo Mundo, sino también en la conquista de Granada y en la expulsión de los judíos.[58]

Toda aparente negligencia de los monarcas respecto a los asuntos de Colón era, por entonces, bastante natural, ya que Isabel y Fernando no sólo estaban planeando la guerra contra Francia en Nápoles, sino que seguían teniendo que afrontar problemas con los musulmanes de Granada. Se habían producido rebeliones en el Albaicín y en Las Alpujarras, en octubre de 1500, así como en Ronda, en 1501, que estallaron por temor a una forzada conversión masiva. El rey tuvo que dirigir una guerra que terminó en 1502 con un decreto en virtud del cual se daba a los musulmanes que vivían en Castilla dos meses de tiempo para convertirse al cristianismo. Quienes se negasen serían enviados a África con sus bienes. Por otro lado, la reina se encontraba en Sevilla, pero también estaba preocupada por los rebeldes musulmanes y no por los asuntos del Almirante en La Española.[59]

Bobadilla desembarcó en Santo Domingo de acuerdo con lo previsto. Él y su séquito fueron directamente a la casa en la que se alojaba Diego Colón, y le mostraron las credenciales reales con su nombramiento. Parece ser que el secretario de Colón, Diego de Alvarado, y el alcaide del fuerte, Rodrigo Pérez, se mostraron dispuestos a luchar contra el recién llegado, pero ambos se contuvieron.[60] Diego Colón abandonó el lugar y envió mensajeros a sus hermanos, que respondieron a su llamada y acudieron de inmediato. El 15 de septiembre, Bobadilla volvió a presentar sus credenciales, en esta ocasión al Almirante. Colón dijo que estaba en posesión de una carta real que estipulaba lo contrario de lo que decía la carta de Bobadilla. Puede que pensara que, como había ocurrido tantas veces, habría un largo debate del que saldría victorioso. Pero, por lo visto, le dijo a Bobadilla que sólo lo consideraba uno de tantos expedicionarios andaluces. Sea como fuere, el caso es que Bobadilla ordenó de inmediato que Colón y sus hermanos fuesen encadenados y encerrados en una mazmorra. Con los hermanos de Colón se encontraba Miguel Díaz de Aux, un aragonés que se había convertido en alcaide del fuerte de Santo Domingo.

Bobadilla inició entonces una investigación de los actos de Colón y sus hermanos y oyó innumerables quejas.[61] La acusación más grave consistía en haber ejecutado a diversos españoles sin la autorización del Consejo de Castilla. De no ser por la lealtad que un cocinero llamado Espinosa le profesaba a Colón, el Almirante lo habría pasado muy mal. Con todo, la indignidad que se cometió con él parece insultante. Al cabo de unas semanas, Bobadilla envió a los ilustres prisioneros a la nave en la que él había viajado a las Indias y le pidió a su capitán, Andrés Martín de la Gorda, que entregase a los hermanos Colón, encadenados, al obispo Fonseca.[62] Y, en octubre, partieron hacia España.

Bobadilla adoptó entonces decisiones más radicales. Por lo pronto, reactivó la extracción del oro de las minas de la zona central de la isla, y permitió que pudiese explotarlas todo el que quisiera, sin más que un modesto requisito: pagar un 9 por ciento de lo que encontrasen a la Corona. Las minas de San Cristóbal fueron ampliadas y, sólo en 1501, se extrajeron 276 kilos de oro.[63] Luego, Bobadilla publicó un decreto en el que se afirmaba que los indios de La Española era vasallos libres de la reina. En la práctica, esto significaba que cualquier colono podía utilizar a los taínos, siempre y cuando pudiese convencerlos de que trabajasen para él a cambio de un salario. Los rebeldes condenados a muerte por Colón fueron indultados. Roldán fue tratado severamente pero con respeto.

Debido a estas y a otras medidas, renació la confianza en la colonia, que había descendido alarmantemente durante el enfrentamiento entre Roldán y los hermanos Colón. Bobadilla demostró ser un hombre eficaz, aunque implacable. La colonia —porque eso es lo que ya era— estaba mucho mejor gobernada por él que por los hermanos Colón, cuyas dotes eran de otra índole. La sangría de colonos que regresaban a España decepcionados se detuvo, se puso fin a los secuestros de indios para esclavizarlos, aunque los hiciesen trabajar mucho en las minas y les pagasen poco. Convencido de que la prudencia era la mejor parte del valor, Bobadilla no interfirió en los repartimientos de Roldán en Jaragua. Ciertamente, alentó a todos los colonos a buscar un cacique distinto para sus propios fines, basando su poder primero en el acto de la conquista y en la amenaza del castigo. Pero también tuvo en cuenta cómo se asentaron los españoles con las hijas de los líderes nativos. Según el padre Las Casas «los trescientos hombres que en esta isla quedabban [...] [en 1502] utilizaron la seducción o la fuerza para conseguir a las mujeres principales de los poblados o a sus hijas como concubinas, o sirvientas, como las llamaban, y vivían con ellas en pecado. Sus parientes o vasallos creían que habían sido tomadas por esposas legítimas y, en esta creencia, fueron entregadas a los españoles, que se convirtieron en objeto de generalizada adoración».[64] Y así empezó la tradición del mestizaje que, a partir de entonces, caracterizó al Imperio español, a diferencia de lo que ocurrió en el mundo anglosajón. Este mestizaje se vio propiciado, además, porque a las mujeres indias les atraían más los españoles que los indios.

Por entonces, Colón llegó a España a bordo del barco de Andrés Martínez. Él y sus hermanos habían permanecido encadenados durante toda la travesía. Iban acompañados por fray Francisco Ruiz, el inteligente secretario de Cisneros, que no había podido soportar el clima caribeño. Tras desembarcar en Cádiz el 20 de noviembre de 1500, el Almirante escribió a los monarcas comunicándoles que acababa de llegar. Tras decirles que Bobadilla lo había enviado allí encadenado, afirmó: «Fago yo juramento que non sey ni puedo pensar por qué salvo que Dios nuestro señor quiere (hazer) en Vuestra Alteza y en mí y en España y en los christianos como hizo Abraam de Ysac y con Moisés del pueblo de Ysrael en Egipto, cuando los sacó...»[65]

Los monarcas, que se hallaban en Granada, reaccionaron con desaliento al saber que Bobadilla había ido tan lejos. A pesar de sus preocupaciones con el problema de los musulmanes, el 17 de diciembre escribieron una carta ordenando que lo liberasen de las cadenas y que se presentase en Granada. Colón se negó a que le quitasen las cadenas y se presentó con ellas ante los monarcas, que le aseguraron que no había sido su intención que lo encadenasen y lo encarcelasen.[66]

Colón escribió entonces a su vieja amiga, Juana de Torres, hermana de Antonio de Torres y ex institutriz del infante Juan: «si mi quexa del mundo es nueva, su uso de maltratar es de antiguo»,[66] empezó diciendo. A continuación contaba que todos aquellos que habían visto su situación no podían creerlo: «En todos ovo incredulidad, y a la Reina, mi Señora, dio d'ello espíritu de intelligençia y esfuerço grande [...] Siete años me passaron en la plática y nueve executando cosas señaladas [...] Llegué yo y estoy que no ay nadie tan vil que no piense de ultrajarme». Recordó, faltando bastante a la verdad, que su única intención al emprender el tercer viaje había sido aportar un poco de consuelo a la reina por la muerte del infante. Aseguró que, a menudo, «rogó a Sus Altezas que enviasen a alguien a mi costa para que se hiciese cargo de la administración de justicia; y cuando vi que el alcalde mayor [Roldán] se había sublevado, les rogué de nuevo que enviasen a algunos hombres o, por lo menos, un criado que portase sus cartas».[67]

Entre 1500 y 1501, los monarcas estuvieron casi permanentemente en Granada, porque sus preocupaciones principales eran por entonces las que afectaban a la población musulmana. La administración musulmana de la ciudad sería abolida en 1501 y se formaría un único gobierno municipal, sin más que algunas concesiones al carácter islámico de la población. El Tribunal Supremo que se estableció en Ciudad Real no tardaría en ser trasladado a Granada. La mayoría de los musulmanes accedieron a ser bautizados, aunque algunos optaron por trasladarse a las montañas o huir del país, convencidos de que los monarcas habían violado las capitulaciones de 1491. En la sierra seguía activa una guerrilla de bajo perfil, con cierto apoyo de los musulmanes del otro lado del Mediterráneo, que atacaba por igual a los cristianos y a los moriscos y que provocó el declive de la industria granadina de la seda. Los musulmanes de España, en general, dejaron de ser los hasta hacía poco confiados ciudadanos y se convirtieron en moriscos resentidos. La Inquisición de Córdoba empezó sus actividades en Granada, y provocó un gran resentimiento y la enemistad del benévolo gobernador de la ciudad, el conde de Tendilla.

Pese a este panorama, Isabel y Fernando tuvieron que volver a centrar su atención en las Indias. Era evidente que Colón había sido maltratado y que Bobadilla se había excedido. Ciertamente, la llegada de nuevos cargamentos de oro (cien libras en dos meses, ocho onzas cada una) indicaba que «la empresa de las Indias» empezaba finalmente a merecer la pena. Al fin y al cabo, los monarcas necesitaban dinero, entre otras cosas por su enfrentamiento contra los turcos en el Mediterráneo. Necesitaban una flota y había que costearla. Las Indias aportarían parte del dinero, aunque no tanto como el Almirante prometió al principio. La amenaza del Imperio otomano a la cristiandad no se había desvanecido con la caída de Granada. El Mediterráneo y los Balcanes seguían siendo un escenario bélico. Y estas consideraciones estaban en la mente de todos en las cortes europeas, incluido el Vaticano.

Por tanto, los monarcas decidieron que era esencial nombrar un nuevo «procónsul», serio, leal y eficiente, que pudiese poner fin a las divisiones en la colonia, que Bobadilla no parecía haber hecho sino ahondar. Quizá les resultase más fácil tomar esta decisión en aquellos momentos, en el verano de 1501, cuando su funcionario de asuntos Indios más experto, el obispo Fonseca, que fue responsable del nombramiento de Bobadilla, había marchado a Flandes para ayudar al príncipe Felipe, el esposo de la infanta Juana. Debió de ser un destino difícil para Fonseca, acostumbrado a la sobriedad de España. Allí se encontró en una corte en la que el amor y el matrimonio no iban siempre de la mano, y en la que las amantes desempeñaban un papel importante en la vida de los nobles y de los miembros de la familia real. Durante cierto tiempo lo sustituyó en España un hombre menos ambicioso, Diego Gómez de Cervantes, el corregidor de Cádiz, con quien Colón había tenido, al parecer, buenas relaciones a través de Alonso de Vallejo, que lo acompañó a Santo Domingo.[68] Además, Pedro Mártir, el cortesano italiano que tanto se interesó en los asuntos de las Indias, se había trasladado a Egipto como embajador de España. En estas circunstancias, los monarcas siguieron adelante con su idea y el 3 de septiembre de 1501 nombraron a fray Nicolás de Ovando, comendador de Lares en la orden de Alcántara, gobernador de las Indias. Aunque Bobadilla creyese haberlo hecho bien, por haber ganado dinero para la Corona, fue relevado de su cargo. Probablemente el que por entonces era presidente del Consejo del Reino, Álvaro de Portugal, influyó en el nombramiento, al igual que Cisneros. Este nombramiento fue seguido por una bula papal, fechada en noviembre, a petición de los reyes, que decretaba que la Corona sería quien cobrase todos los diezmos eclesiásticos en el Nuevo Mundo, con la condición de que los gobernadores se responsabilizasen de la formación y de la conversión de los indios, así como del mantenimiento de las iglesias.[69]

Antes de que se hiciese oficial el cese de Bobadilla, se aprobaron algunos viajes más a las Indias. En febrero de 1501, dos barcos con suministros fueron enviados discretamente a Santo Domingo por Francisco Riberol, de Génova,[70] y Juan Sánchez de Tesorería. El primero procedía de una famosa familia de mercaderes genoveses, y el segundo era un empresario aragonés de origen converso, muy bien relacionado y sobrino de Gabriel Sánchez, tesorero de Aragón desde 1479, y Alonso Sanchís, tesorero de Valencia.[71] También participaron en esta expedición Francisco de' Bardi, de Florencia, cuñado de Colón (estaba casado con Briolanja, hermana de Felipa, la esposa de Colón). Este viaje fue probablemente la primera expedición comercial privada a las Indias y, al parecer, obtuvo unos beneficios de entre el 300 y el 400 por ciento.[72] Su cargamento era básicamente de ropa, pero también incluía caballos y cabezas de ganado ovino y vacuno.

También desde Lisboa se emprendieron viajes. El más interesante fue el de Gaspar Corte-Real con su hermano Miguel, y se llevó a cabo con dos naves que partieron desde Lisboa o desde las Azores —o de ambos puertos— en el verano de 1500. Gaspar Corte-Real había zarpado en busca de nuevas islas, o acaso de un nuevo continente, antes del año 1500. Era hijo de Joam Vaz Corte-Real, capitán general de Terceira, en las Azores, y de una gallega a la que habían raptado. Se decía que Joam había sido «un gran ladrón de tierras».[73] Parece que sus hijos habían llegado a Labrador, y luego a Terranova, «muy cerca de Inglaterra», según comentó un tanto extrañamente el padre Las Casas.[74] En 1501 dirigió otra expedición con tres naves y, al parecer, descubrió Groenlandia, volvió a Labrador y probablemente murió en el estrecho de Hudson. Su hermano Miguel fue a buscarlo, pero murió también en una zona ártica de Canadá.[75] El interés de estos viajes radica en que permitieron comprobar que los marineros portugueses estaban decididos a descubrir nuevas tierras, pero que, al mismo tiempo, se mostraban reacios a penetrar en las zonas de influencia española. Gaspar Corte-Real no dejó ningún testimonio, como tampoco Cabot, de haber creído que estaba frente a Asia. Otros viajes emprendidos o, por lo menos, financiados por otros miembros de la familia de Corte-Real continuaron hasta los años ochenta.

Finalmente, parece cierto que, en aquellos años, se emprendieron otros viajes al Nuevo Mundo, no autorizados por el gobierno, desde puertos españoles y portugueses, y algunos desde Inglaterra y Francia. Así, por ejemplo, en una declaración jurada, fechada el 19 de junio de 1505 y firmada en Ruán por un tal Binot Paulmier de Gonneville, se menciona a «marinos de Dieppe y St. Malo, así como otros normandos y bretones que, desde hace años, han ido a las Indias Occidentales en busca de maderas para tintes, algodón, monos, papagayos y otros artículos». No fue el primer pirata francés en desafiar el Tratado de Tordesillas, ni tampoco el único en hacer uno de aquellos primeros viajes a la estela de los de Colón. Al mundo moderno debió de parecerle curioso que, en teoría, ningún capitán pudiese levar el ancla en ningún puerto europeo sin autorización. Pero así era, ya que todos los países obligaban a pagar impuestos a los barcos que zarpaban y a los que llegaban. La consecuencia era inevitable: viajes ilegales.

CAPÍTULO 15

El mayor bien que quepa desear

> Deseamos que los indios sean convertidos a nuestra santa fe católica, y que se salven sus almas, porque ese es el mayor bien que quepa desear.
>
> Instrucciones a Nicolás de Ovando,
> Gobernador de las Indias, 1501

Fray Nicolás de Ovando, comendador de Lares en la orden de Alcántara, tenía cincuenta y dos años cuando, en 1501, fue elegido por los Reyes Católicos para suceder a Bobadilla como jefe de España en las Indias. La Orden de Alcántara, al igual que las de Santiago y Calatrava, había sido la vanguardia de los ejércitos castellanos en la Reconquista y, por razones obvias, posteriormente había perdido importancia. Pero todas las órdenes seguían conservando su prestigio y se aprovechaban de ello. Era todo un símbolo que el nuevo gobernador de las Indias fuese un oficial de una orden fundada para la guarnición de los puestos avanzados cristianos en la antigua España.

Ovando tenía fama de ser una persona honesta y franca y un «de cudicia y avaricia muy grande enemigo».[1] Su rango en la Orden de Alcántara le otorgó una elevada posición en la corte. Además, era un hombre de ilustre linaje. Al parecer, sus antepasados, los Blázquez, descendían de un hijo bastardo del rey Alfonso IX. A uno de los Blázquez, natural de León, le fue concedida la ciudad de Cáceres al ser liberada de los musulmanes. El padre de Nicolás, Diego de Cáceres Ovando, *el Capitán*, había recibido muchas concesiones durante la visita de la reina Isabel a Extremadura en 1477, durante la guerra contra Juana la Beltraneja y los portugueses. Era también famoso por haber tomado la fortaleza de Benquerencia (un castillo situado entre Trujillo y Cáceres).

La madre de Ovando, Isabel de Flores Gutiérrez, fue camarera mayor de la reina Isabel de Portugal, madre de Isabel la Católica. Procedía de Brozas, una población del noroeste de Extremadura, cercana a Alcántara, donde Ovando se crió y donde tuvo su casa y su hogar hasta 1502.

Fray Nicolás fue miembro de la casa del infante Juan y era uno de los diez caballeros que siempre estuvieron a su lado. Fue el primero de los muchos extremeños que tuvieron un papel decisivo en la historia de España en América. Tras el tumultuoso período de los hermanos Colón y el aparente fracaso de Bobadilla, los monarcas creyeron necesitar en La Española «un hombre maduro, competente, legal y discreto».[2] Ovando fue nombrado gobernador el 3 de septiembre de 1501, cuando la corte estaba aún en Granada.

Merece la pena detenerse en el contenido del nombramiento de Ovando:[3] se le encomendaba el gobierno y la magistratura de las nuevas islas españolas y se le concedía el derecho a nombrar jueces, alcaldes y condestables,[4] pero no se le pedía que gobernase en la zona continental de Sudamérica controlada por Alonso de Hojeda y Vicente Yáñez Pinzón.

También se encomendaba a Ovando que comprobase si había extranjeros en su nuevo feudo y, en caso de haberlos, que los enviase a España; el Nuevo Mundo sólo debía ser explotado por Castilla. Pese a ello, si algunos extranjeros habían llegado a las Indias por decisión del Almirante, considerarían la cuestión de su estatus. Se le permitió a Ovando que lo acompañasen cinco portugueses.[5] Tenía específicamente prohibido llevar a las Indias «musulmanes, herejes y judíos que hubiesen sido castigados por fingir que no lo eran [reconciliados] y conversos». Pero podría llevar negros y «otros esclavos que hubiesen nacido en poder de cristianos nuestros súbditos y naturales». Aunque algunos esclavos africanos negros pudieron haber sido introducidos antes en el Nuevo Mundo,[6] pues, como hemos visto, Colón llevó por lo menos uno en su cuarto viaje, ésta parece ser la primera referencia explícita a ellos en un documento oficial.

Ninguna de estas disposiciones fue secreta, sino que, el 2 de octubre de 1500, las proclamó desde las famosas gradas de la catedral de Sevilla el pregonero Francisco de Mesa en presencia de diversos notarios de la ciudad. Y lo mismo se haría en Gran Canaria.[7]

Las instrucciones para Ovando fueron complementadas mediante otro documento real fechado el 16 de septiembre de 1500,[8] y firmado por Gaspar de Gricio, el secretario de los monarcas para asuntos internacionales, que había sucedido en el cargo a Fernán Álvarez de Toledo.

Estas instrucciones conferían a Ovando poderes inequívocamente absolutos: nadie podría buscar oro u otros metales sin su permiso y, en caso de encontrarlos, la mitad del producto sería para la Corona, aunque posteriormente la parte de la Corona se redujo a un tercio y luego a un quinto. Con todo, Ovando debería estimular la producción. Los mineros formarían brigadas de diez hombres, dirigidos por un jefe de confianza. Nadie cobraría de la Corona en la isla salvo que hubiese nuevos hombres nombrados por Ovando. Todas las concesiones hechas por Bobadilla quedaban revocadas.[9]

Otra de las órdenes para Ovando rezaba así: «Deseamos que los indios sean convertidos a nuestra santa fe católica, y que se salven sus almas, porque ése es el mayor bien que quepa desear, y por esta causa deben ser informados de los detalles de nuestra fe. Deberéis velar por que el clero los informe y sancione, con mucho amor y sin utilizar la fuerza, al objeto de que puedan convertirse lo más rápidamente posible.» Ovando debería garantizar la protección de la Corona a los caciques, que estarían obligados a pagar tributo, al igual que todos los súbditos. Este tributo debería ser convenido con los caciques, con objeto de que supiesen que no iban a ser tratados injustamente.[10]

Ovando tendría que llevar a cabo una investigación acerca del gobierno de Bobadilla y de sus funcionarios, y enviar el resultado a España con la misma flota con la que él había ido hasta allí.[11] El nuevo gobernador cobraría el doble que su antecesor (360 000 maravedís al año, en lugar de los 180 000 que cobraba Bobadilla), y podría nombrar un centenar de nuevos funcionarios.

Las instrucciones las firmaron, además de los reyes y de Gricio, el arzobispo de Granada, ex confesor de la reina (Talavera) y el licenciado Luis Zapata, un madrileño intrigante, un converso de complexión menuda a quien no tardarían en llamar, como a Boabdil, «el rey chiquito», y que pronto se hizo célebre por su corrupción y por su manera de hablar, meliflua y quejumbrosa. Este funcionario se convirtió en protector de la «mafia aragonesa», que no tardaría en tener gran implantación en La Española.[12]

La expedición de Ovando la organizó Diego Gómez de Cervantes, el corregidor de Cádiz, es decir, uno de los funcionarios que fueron esenciales para las reformas isabelinas, que acrecentaron la autoridad de la Corona en los concejos municipales. El converso Jimeno de Briviesca, que había colaborado con Rodríguez de Fonseca en la administración de las Indias, fue el contable de todos los gastos realizados en Sevilla para la expedición. La Corona pagaría el transporte del armamento, pero no el de los suministros que se embarcasen, que correrían por cuenta de los emigrantes, quienes, además, tendrían que pagar el pasaje si eran solteros. Sin embargo, los funcionarios podrían llevar criados consigo.

Antes de que Ovando partiese se promulgaron otros decretos importantes. Así, por ejemplo, el del 3 de septiembre de 1501, el mismo día en que Ovando fue nombrado gobernador, se prohibió todo viaje al Nuevo Mundo sin autorización. Quienquiera que viajase sin permiso sería severamente castigado. En adelante, sería imprescindible contar con una licencia.[13] Esta medida se debía a que la Corona no sólo quería cobrar tasas portuarias, sino controlar el nivel de población del nuevo imperio, lo cual equivalía a dar marcha atrás respecto a la política iniciada en 1495. No cabe duda, al igual que respecto a tantas otras leyes, de que, pese a todo, se realizaron muchos viajes ilegales. Pero la legislación perduraría.[14]

Por entonces se aprobaron muchos otros viajes. Así, por ejemplo, a Luis de Arriaga, un hidalgo de la población castellana de Berlanga de Duero que formó parte de la expedición que Colón dirigió en 1493, y que fue posteriormente adjunto de Margarit, así como alcaide de La Magdalena (donde rechazó fuertes ataques de los indios mandados por un cacique a quien los españoles llamaron Juatinango), le fue ordenado poblar La Española con familias.[15] El proyecto consistía en fundar cuatro poblaciones con cincuenta colonos en cada una, es decir, doscientas personas en total.[16] Estas personas no recibirían ningún tipo de ingresos, pero podrían viajar gratuitamente y, después de cinco años, las tierras que les hubiesen sido asignadas pasarían a ser de su propiedad. Los colonos correrían con el coste de las semillas, del ganado, etc. Por otra parte, se les permitiría explorar otras costas.[17] Esta expedición partió en febrero de 1502, casi al mismo tiempo que la de Ovando. Pero Arriaga sólo consiguió enrolar a setenta de los doscientos vecinos que había pensado llevar consigo.

El perseverante aventurero Alonso de Hojeda emprendió otro viaje en enero de 1502. Partió de Cádiz con cuatro naves, pero dos de ellas naufragaron en Bahía Honda o en la bahía de Santa Cruz, en Cuba, a principios de mayo. Con una de las dos restantes, Juan de Vergara, que se insubordinó, partió sin permiso rumbo a Jamaica. Hojeda fue en su persecución con el otro barco, la carabela *Magdalena*, pero fue capturado por sus enemigos. Lo condujeron maniatado ante Ovando, que por entonces se encontraba en Santo Domingo.[18] De pronto el Caribe empezó a parecerse a Extremadura antes de la llegada de los Reyes Católicos.

El Almirante seguía aún en España propugnando un nuevo enfoque para la reconquista de Jerusalén que, según pensaba Colón insensatamente, no tardaría en ser la corte del «último emperador del mundo».[19] Al fin y al cabo, pronto llegaría el fin del mundo, como había predicho san Agustín. Colón mantuvo correspondencia sobre la cuestión con fray Gaspar Gorricio, pero a finales de 1501, Colón sabía también que no tardaría en regresar al Nuevo Mundo y estaba enfrascado en la tarea de conseguir dinero de sus amigos genoveses. La producción de oro en La Española también estaba aumentando. Colón abrumaba a los monarcas con las exigencias que planteaba en sus cartas: «Yo querría ser cabsa de plazer y holgura a Vuestras Altezas que no de pesadumbre y hastío.» Esta carta estaba llena de reflexiones dudosamente científicas acerca de las consecuencias de que el mundo fuese una esfera.[20] En enero, el Almirante obtuvo la autorización para llevar a cabo «otro viaje en nombre de la Santísima Trinidad», tal como él lo expresó en su carta al papa y al Banco de Génova. El 14 de marzo de 1502, los monarcas le escribieron en términos sumamente cordiales desde Valencia de la Torre: «Vuestro encarcelamiento nos disgustó sobremanera, tal como os expresamos con toda claridad a vos y a todos los demás, y, en cuanto tuvimos conocimiento de ello, ordenamos vuestra liberación. Ya sabéis el favor con que siempre os hemos tratado, y ahora estamos aún más resueltos a honraros y trataros con la mayor consideración. Todo aquello que os hemos concedido deberá permanecer intacto, según los privilegios que habéis recibido de nosotros y vos y vuestros herederos deberéis disfrutar de los mismos, como es de justicia [...] Os rogamos que no demoréis vuestra partida.»[21] Obviamente los reyes se dieron cuenta de que Colón era tan buen descubridor como incompetente administrador.

Durante aquellos meses, el papa Alejandro confirmó su interés en las actividades de los españoles y, el 16 de diciembre de 1501, promulgó la bula *Sinceritas Eximie Devotionis*, que confirmaba los privilegios concedidos en 1493. El papa confirmó también la concesión para que fuesen los Reyes Católicos quienes cobrasen los diezmos en las Indias, y no la Iglesia.[22] En febrero de 1502, el Almirante le escribió al papa diciéndole que deseaba acudir «y hablar personalmente con él acerca de los descubrimientos». Aunque se le había advertido que no lo hiciese, a causa de los problemas entre los monarcas españoles y el rey de Portugal, él quiso que el papa supiese que había descubierto mil cuatrocientas islas y que existían no menos de 333 lenguas en la tierra firme de Asia, donde había todo tipo de metales precisos, sobre todo oro y cobre. En cuanto a La Española, era indudablemente «Tharsis, Cethia, Ofir, Ophis y Cipanga». Recordaba que también había estado al sur de estos territorios y visto el Paraíso Terrenal, donde, como era lo propio, había enormes bancos de ostras perlíferas. Pero Satanás había perturbado la adecuada explotación, y añadía el Almirante: «La gobernación de todo esto me habían dado perpetua, ahora con furor fuí sacado de ella [...].»[23]

Por su parte, Ovando partió de Sanlúcar de Barrameda a bordo de la *Santa María de la Antigua* el 13 de febrero de 1502, al mando de una flota de veintisiete naves, la más importante de las enviadas hasta entonces al Nuevo Mundo. Formaban la expedición dos mil quinientas personas, entre colonos, sacerdotes, frailes franciscanos, mujeres y artesanos. Transportaba suficientes brotes de morera para fundar una industria de la seda, además de caña de azúcar.[24] Luego, el día 20 del mismo mes, partió la flotilla de Arriaga, formada por tres naves, a bordo de las cuales viajaron setenta y tres de las doscientas familias que había proyectado que embarcasen. Fonseca le concedió el derecho a cobrar diezmos en La Española. El día 15 de febrero, Alonso Vélez de Mendoza, el hidalgo de Moguer, partió con una tercera expedición que pretendía ser una reedición de la de Arriaga.[25]

Entre los dos mil quinientos colonos que partieron con Ovando, mil doscientos procedían de Extremadura, y varios de ellos de Brozas, la población natal de Ovando. Algunos eran hidalgos, como el secretario Francisco de Lizaur,[26] y Sebastián de Ocampo que, al parecer, formó también parte de la segunda expedición de Colón.[27] Muchos de ellos eran hombres muy pobres inducidos a considerar la emigración como alternativa a un incierto futuro económico en España, consecuencia de las malas cosechas y de los privilegios concedidos por la Corona a la Mesta, el célebre monopolio de la lana.* El lugarteniente de Ovando, Antonio de Torres, era un marino de extraordinaria experiencia que había navegado con mucha frecuencia por el Atlántico. (Había sido gobernador de Gran Canaria durante aproximadamente un año, antes de esta nueva misión.) El contable de la expedición fue Cristóbal de Cuéllar, otro castellano a quien Ovando conoció en la casa del infante Juan en Almazán, con sus seis criados. El veedor era Diego Márquez, un sevillano que fue paje de Fonseca y supervisor en la segunda expedición de Colón. El fundidor, encargado de la fundición del oro, era Rodrigo de Alcázar, miembro de una rica familia de conversos sevillanos, que llevó consigo a siete criados.[28] Un pariente de Ovando, Francisco de Mon-

* Asociación de los grandes ganaderos trashumantes (de oveja) en Castilla. Funcionó entre el siglo XIII y el XIX.

roy, miembro de una inteligente pero indisciplinada familia extremeña, viajó como factor y llevó a seis criados consigo.[29] Rodrigo de Villacorta, del pueblo castellano de Olmedo, célebre a causa de las guerras civiles del siglo anterior, fue el tesorero. Estuvo con Colón durante su segundo viaje, con ese mismo cargo. El Almirante lo consideraba que había «[...] mucho servido en esta negociaçión e con muy buena voluntad».[30] El salmantino Alonso de Salamanca fue con Ovando en calidad de primer magistrado (alcalde mayor) y demostraría ser el mejor de los primeros jueces que tuvo el Nuevo Mundo, tanto de acuerdo con la opinión del historiador Oviedo como del padre Las Casas que, por una vez, coincidieron en sus opiniones.[31] Llevó consigo a dos criados.

Al mando de la flota iba el almirante Andrés Velázquez, que también llevó a dos criados, y que, presumiblemente, pertenecía a la extensa familia de los Velázquez que tan importante papel representaron en los primeros años de la historia de la América española. El factor del Almirante, Alfonso Sánchez de Carvajal, regresó a La Española con Ovando, para hacerse cargo de las posesiones de la familia Colón. También formaron parte de la expedición Cristóbal Tapia, un sevillano que gozaba del favor del obispo Fonseca; Rodrigo de Alburquerque, de Salamanca, y Francisco Puértola, que tenían la misión de ponerse al mando de sendos fuertes, proyectados a lo largo de una línea imaginaria que iba desde La Isabela a Santo Domingo.[32] Otros expedicionarios eran Gabriel de Varela, Cristóbal de Santa Clara, un mercader converso, y otro converso sevillano llamado Pedro de Las Casas y su hijo Bartolomé, el futuro apóstol de las Indias, sacerdote, agitador, dominico e historiador. El veinteañero Hernán Cortés, otro pariente lejano de Ovando, natural de Extremadura, proyectaba ir también pero, en el último momento, se hizo daño en una pierna al saltar por la ventana de la casa de una dama de Sevilla a quien había tratado de seducir, y no viajó.[33]

También formaron parte de la expedición diecisiete franciscanos[34] y cuatro sacerdotes.[35] Los frailes fundaron la primera casa de la orden en el Nuevo Mundo. De manera que estos diecisiete franciscanos marcarían un cambio de rumbo, un verdadero nuevo principio, tan importante, sin duda, como el comienzo del comercio Atlántico. Iba a ser aquél un importante viaje en busca de almas. También embarcaron cincuenta y nueve caballos.[36] En un exceso de «optimismo», los monarcas prohibieron a todo aquel que viajase con Ovando revender los esclavos que transportaban a su propio país después de sus años en España, cuando llegasen a la otra orilla del océano.

Ovando fue despedido con música y festejos, como era habitual cuando estas expediciones salían de España. La población portuaria de Sanlúcar de Barrameda, desde la que partió, se había convertido en el enlace de Sevilla respecto a su comercio con las Indias, ya que la mayoría de los cargamentos eran embarcados allí y los pasajeros preferían ir a caballo, o en barca, hasta Sanlúcar en lugar de embarcar en Sevilla. Uno de los principales beneficiarios de este comercio era Juan de Guzmán, duque de Medina-Sidonia, cuyo palacio se alzaba en una loma contigua a la ciudad. No es difícil imaginar ahora, situados en la playa de Sanlúcar, junto al grupito de casas de Las Paletas, en la desembocadura del Guadalquivir, a la flota de Ovando desapareciendo mar adentro al ponerse el sol.[37]

Tras remitir la música, durante unos días todo estuvo tranquilo y en calma pero, al cabo de ocho días, a mitad de la travesía hacia Canarias, el 21 de febrero, la flota de Ovando se vio sorprendida por una terrible tormenta. Una de las naves, la *Rábida*, naufragó con ciento veinte pasajeros a bordo, y la tripulación de muchas de las naves restantes se vio obligada a lanzar el cargamento por la borda. Todos los barcos se dispersaron y gran parte de los cofres aparecieron en la costa andaluza. Al poco llegó a la corte la noticia de que la flota podía darse por perdida. Temiendo lo peor, los monarcas estuvieron ocho días sin hablar con nadie.[38] Sus vidas, tan victoriosas en el terreno político, habían sido tan tristes en lo personal que esta nueva tragedia se les antojó una maldición.[39]

Pero poco tiempo después supieron que sólo se había perdido un barco. Las embarcaciones que estaban desperdigadas podían ser recuperadas. El rey y la reina, a partir de aquí, continuaron con sus viajes. Ellos abandonaron Sevilla y se dirigieron al norte, cruzaron sierra Morena y llegaron a Toledo, donde pasaron el verano. El estado de ánimo de los reyes mejoró un poco con la llegada a Fuenterrabía de su hija y heredera, Juana, en compañía de su esposo, el apuesto aunque libertino Felipe de Habsburgo. Habían partido de Flandes en julio de 1501 y habían realizado el viaje por tierra, lo que implicó numerosos actos de cortesía hacia el rey de Francia, incluido el regalo de monedas en muestra de vasallaje.[40] Juana y Felipe eran ahora herederos del reino. Fueron recibidos en España por Fernando y luego Isabel se reunió con ellos en Toledo. Se celebró un banquete, torneos y, el 22 de mayo, las Cortes y distintas personalidades les tomaron juramento a Juana y a Felipe como príncipes de Asturias.[41] Algunos se lamentaron de que Felipe no hablase español, pero al comprender que, a través de él, los monarcas tenían ahora nietos, incluyendo descendientes varones (Carlos, el hijo mayor de Juana había nacido en 1500), olvidaron sus reservas. Para la corte española era más preocupante la incapacidad del príncipe Felipe para ignorar a cualquier hermosa jovencita que diese en posar en él sus ojos azules, así como la incapacidad de la infanta Juana para ignorar las veleidades de su esposo.[42]

Entretanto, Ovando reagrupó a la mayor parte de su flota en Gran Canaria y comprobó que había mucha actividad en la isla. Batista de Riberol había estado construyendo un importante molino de azúcar, y su paisano genovés Mateo Viña estaba haciendo lo mismo en Garachio, en Tenerife.[43] Muchos granjeros y agricultores portugueses habían sido bien recibidos como colonos (varios de ellos tras haber pasado cierto tiempo en Madeira). Aprovechando los buenos servicios con que contaba la isla, Ovando volvió a hacerse a la mar. Llegó a Santo Domingo con la mitad de su flota el 15 de abril de 1502. El resto de su expedición, con la triste excepción de la *Rábida*, siguió dos semanas después, al mando del veterano Antonio de Torres.

Ovando comprobó que, a su llegada, la población española de la colonia era de unos trescientos habitantes, la mayoría concentrados en Santo Domingo; otros, los menos, se habían asentado en Concepción de la Vega, Santiago y Bonao, y algunos en Jaragua. Muchos se habían establecido con amantes nativas y varios de ellos tenían hijos mestizos. Habían construido rudimentarias capillas con techumbres de paja, tanto en La Isabela como en Santo Domingo. El poder entre los indios seguía eufemísticamente en manos de los caciques, pero la realidad era que Guacanagari y Guationay habían sido sometidos y que Caonabó estaba muerto. En Higuey, al este de la isla, Cotubano pagaba tributo en especie —de distinta índole— a los españoles, al igual que el cacique Behechio en Jaragua, en el oeste, en la actual Haití. En el valle de San Cristóbal seguían extrayendo oro. Otros productos de valor eran el algodón y el palo de Brasil.

Dos de los amigos de Colón, el vasco Francisco de Garay y Miguel Díez de Aux, un polémico aragonés, se habían enriquecido con el oro.[44] El Almirante había enviado a sus emprendedores amigos a las frondosas laderas de las colinas de Bonao y allí, a orillas del río Hayna, una mujer que descansaba cerca de un arroyo encontró una pepita de más de quince kilos que hizo ricos a los dos españoles. Francisco de Garay mandó entonces construir la que sería la primera casa de piedra de la ciudad de Santo Domingo.

Nada más llegar, Ovando llevó a cabo la investigación que se le ordenó acerca de las actividades de Bobadilla. En España era norma que, después de la destitución o la dimisión de un magistrado, sobre todo si se trataba de un magistrado de alto rango, permaneciese en su residencia «treinta días y non más», de acuerdo con lo aprobado por las Cortes en 1480 en Toledo, mientras se presentaban quejas o elogios acerca de su actuación durante el tiempo que hubiese permanecido en el cargo (de ahí el nombre de «residencia» que se daba a la investigación). A veces estas investigaciones se hacían eternas, y otras terminaban rápidamente. Ocasionalmente, si quien fuese objeto de la investigación resultaba haberse conducido impropiamente, podía ser procesado por la vía penal.

La residencia que se siguió respecto a Bobadilla concluyó dentro del período prescrito de treinta días; sin duda, Ovando deseababa enviar a su predecesor a España lo antes posible. Bartolomé de Las Casas se hallaba en La Española por primera vez y se asombró de cuántas personas parecían rivalizar para atacar a Bobadilla. Sin embargo, el gobernador saliente se había comportado con rectitud y no parecía haberse enriquecido indebidamente. A finales de junio, las naves que iban al mando de Antonio de Torres estaban preparadas para emprender el viaje de regreso. Los documentos relativos a la residencia fueron puestos a buen recaudo en una de las naves, y Bobadilla y sus subalternos se dispusieron a embarcar. Otros quisieron regresar a España, sobre todo ante la inquietante noticia de que Colón, el odiado faraón, se encontraba frente a la costa con una flotilla de cuatro naves.

Como recordaremos, el Almirante había sido animado por los monarcas a llevar a cabo un cuarto viaje destinado a la exploración, sin proponerse administrar lo que descubriese. Pero debería tratar de explorar más territorios de Sudamérica. Confiaban en que encontrase un paso que condujese a Asia y, concretamente, él esperaba llegar a las islas de las Especias. El 21 de marzo, Colón le escribió a Niccoló Oderigo, embajador de Génova en España, diciéndole que había dejado una copia de sus recién confirmados privilegios en manos de Francisco de Ribarol; otra en las de su nuevo amigo cartujo, fray Gaspar de Gorricio, y otra en su propia casa de Santo Domingo. Una cuarta copia la envió al propio Oderigo. Esto indica cuál era la postura de estos amigos. Ribarol era uno de los empresarios genoveses más ricos, con grandes intereses en velas para embarcaciones, jabón, plantaciones de azúcar y trigo. Francisco de Ribarol explotaba el monopolio de los tintes canarios, como la urchilla, en nombre de Gutierre de Cárdenas, el cortesano, y tenía también intereses en el molino de azúcar más antiguo de Canarias, el de Agaete.[45]

El 2 de abril, Colón escribió a la Banca de San Jorge de Génova asegurando que, aunque su cuerpo pudiese viajar a muchos lugares, su corazón estaba siempre con ellos. Dios le había concedido los mejores dones que había concedido a nadie desde la llegada del rey David, y ahora el Almirante iba a regresar a las Indias en nombre de la Santísima Trinidad.[46] También le escribió a su hijo Diego diciéndole que esperaba que utilizase todo aquello que le perteneciese en Santo Domingo, y que velase por Beatriz Enríquez, su amante cordobesa, enviándole diez mil maravedís al año (poca cosa, porque era la mitad de lo que ganaría cada uno de los tres alcaides de los fuertes de La Española que acompañaban a Ovando). A su cuñada Briolanja Muñiz debería enviarle otros diez mil maravedís.

También le mencionó a Diego a cuatro amigos de Génova: Francesco Ribarol; Francesco Doria, que vendía más trigo y compraba más olivas en Sevilla que ningún otro comerciante; Francesco Cataña (Cattaneo), miembro de una familia dedicada la exportación de azúcar a Milán, otro de cuyos miembros, Rafael, había llevado la contabilidad del tercer viaje de Colón[47] y, finalmente, Gaspar d'Espinola, que hasta entonces se había dedicado a la comercialización de frutos secos en Granada. Estos comerciantes proporcionaron a Colón las provisiones que llevaría a las Indias.[48]

Colón partió con cuatro carabelas, con sus dos hermanos, Bartolomeo y Diego, y con Fernando, el inteligente hijo ilegítimo que su amante Beatriz Enríquez le había dado. Su primera misión era «explorar el territorio de Paria». El Almirante les había dicho a los monarcas que era muy probable que encontrase a Vasco de Gama, el marino portugués que se había dirigido hacia el este. En su respuesta, los reyes le comentaron: «Nos escrebimos sobrello al Rey de Portugal [Manuel I], nuestro hijo, lo que conviene, y vos enviamos aquí la carta nuestra que decís para su capitán, en que le hacemos saber vuestra ida hacia el Poniente, y que habemos sabido su ida [de Vasco de Gama] hacia el Levante; y si en camino os topáredes os tratéis los unos a los otros como amigos [...]»[49] La perspectiva era atrayente, pero la posibilidad, ilusoria.

Las cuatro carabelas de la flotilla de Colón eran la *Santa María*, la *Santiago de Palos*, la *Gallega* y la *Vizcaína*. La *Santa María*, la nave insignia, o nave capitana, como se decía entonces, iba al mando de Diego Tristán, que formó parte de la expedición de 1493 y que procedía de una familia sevillana de comerciantes en pieles; el patrón era Ambrosio Sánchez, un capitán de barco que emprendió entonces una larga carrera de marino cruzando el Atlántico.[50] La *Santiago de Palos*[51] iba al mando de Francisco de Porrás y en ella viajaba también su hermano, el notario Diego de Porrás. Ambos pertenecían a una familia de conversos[52] y habían sido funcionarios en la expedición a Paria que dirigieron los Guerra y Peralonso Niño. Fueron destinados al cuarto viaje de Colón a petición del tesorero de Castilla, el canónigo Alonso de Morales, que, según se decía, estaba enamorado de su tía, aunque nada indica si su insistencia se debió a querer que le dejasen el camino expedito o a proporcionarles una oportunidad para la gloria. El tercer barco era la *Gallega*, que iba al mando de Pedro de Terreros, que, al igual que el patrón, Juan Quintero, formó parte de las tres expediciones anteriores de Colón.

Quintero era miembro de una conocida familia de marinos de Palos, y hermano de Cristóbal Quintero, propietario de la *Pinta,* una de las tres naves del viaje de 1492. La cuarta carabela, la *Vizcaína*, iba al mando de Bartolomeo Fieschi, que pertenecía a una famosa familia genovesa, y el único genovés que sirvió como capitán al mando de Colón. El piloto era Pedro de Ledesma, que formó también parte de la anterior expedición del Almirante. En conjunto, las cuatro carabelas llevaban una dotación de 140 tripulantes.[53]

Los pilotos seguirían navegando por una u otra zona del Caribe durante la siguiente generación. Así, por ejemplo, Antonio de Alaminos, pionero del aprovechamiento de la corriente del golfo, que entonces empezó como grumete,[54] y Juan Bono de Quejo, natural de San Sebastián.[55] El veedor de la flota era Méndez, viejo aliado de Colón, un sevillano de origen portugués que, después de luchar con el bando de los perdedores durante la guerra civil desatada entre partidarios y detractores de la Beltraneja, acompañó a Lope de Alburquerque, conde de Peñaflor, durante un largo exilio en Francia, Flandes y Portugal.[56] Con la expedición viajó por lo menos un esclavo negro, un tal Diego, que embarcó con su amo, Diego Tristán.[57]

Colón tenía orden de no ir a Santo Domingo, aunque estaba autorizado a hacer una breve escala allí «en el viaje de regreso, si lo consideraseis necesario». El Almirante había proyectado poner rumbo oeste a lo largo de la costa de Sudamérica desde Paria. Pero el 15 de junio, desde Martinica, se dirigió al norte con la idea de cambiar un barco lento y pesado como el *Santiago de Palos* por una nave mejor en Santo Domingo. (Martinica era, probablemente, la Matininó famosa por sus amazonas, pero el Almirante no vio a ninguna.) Se dirigió entonces a la isla de San Juan (Puerto Rico) el 24 de junio y a Santo Domingo, donde, el 29 de junio, mandó desembarcar a Pedro de Terreros, el capitán de la *Gallega*, para comunicarle a Ovando cuáles eran sus necesidades. También quiso aconsejarle a Ovando que no permitiese zarpar a la flota de Torres, que iba a partir con destino a la Península, porque se avecinaba tormenta. Ovando leyó la carta del Almirante en tono burlón ante un grupo de colonos, rechazó su petición y no retrasó la partida de las treinta naves de la flota de Torres. La actitud inesperada de Ovando estuvo claramente influida por el resentimiento que seguían albergando, respecto a la familia Colón, la mayoría de los colonos de Santo Domingo.

Antonio de Torres, Bobadilla (y los documentos relativos a la investigación de sus actividades), el cacique indio Guarionex, la famosa pepita de oro «encontrada» por Francisco de Garay y Díez de Aux, y el rebelde Roldán, con muchos de sus seguidores, se hicieron a la mar alegremente el 30 de junio con destino a España. En el último momento, el joven comerciante converso de Triana, Rodrigo de Bastidas, que había recorrido a pie más de trescientos kilómetros para llegar a Santo Domingo, al naufragar su barco frente a las costas de Jaragua, se unió también a la flota de regreso en una pequeña nave llamada *Aguja*,[58] con el agente de Colón, Sánchez de Carvajal, que estaba con Ovando.

El Almirante, comprensiblemente furioso porque se le negase la entrada en lo que consideraba su isla, se refugió en el litoral en lo que daría en llamarse bahía de Azua de Compostela: «¿Quién nació, sin quitar a Job, que no muriera desesperado que por mi salvaçión y de su hijo y hermano y amigos me fuese en tal tiempo defendido la tierra y las puertas que yo, por boluntad de Dios, gané a España sudando sangre?»[59] El Almirante ordenó navegar ceñidos a la orilla. Y allí estaba cuando se desató el huracán.[60]

La tormenta causó graves daños. La ciudad de Santo Domingo, mandada construir por Bartolomé Colón en la orilla oriental del Ozama, quedó prácticamente arrasada.[61] Colón lo comentó en estos términos: «La tormenta hera terrible y en aquella noche me desmembró los navíos; a cada uno levó por su cavo sin esperança salvo la muerte; cada uno d'ellos tenía por cierto que los otros que heran perdidos...»[62] Pero gracias a la habilidad marinera del Almirante y de su hermano Bartolomé, sus cuatro naves sobrevivieron, en cierto modo.

La flota de Antonio de Torres que se hizo a la mar tuvo menos suerte. Probablemente, entre los peligrosos y profundos estrechos de Mona, entre Santo Domingo y Puerto Rico, entre veintitrés y veinticuatro de las treinta naves, incluyendo las que transportaban al propio Antonio de Torres, al ex gobernador Bobadilla, al ex rebelde Francisco Roldán y a muchos de sus amigos, e incluso el cacique Guarionex, naufragaron.[63] Veinte de las naves se hundieron en los estrechos de Mona. Sólo tres barcos lograron llegar a duras penas al destrozado puerto de Santo Domingo. Se perdieron doscientos mil pesos, al igual que la famosa pepita de oro y todos los documentos de la investigación acerca de Bobadilla. Sólo una de las naves de la flota, precisamente la más pequeña, la *Aguja*, con Bastidas y Sánchez Carvajal a bordo, logró llegar a España con cuatro mil pesos del oro del Almirante. Las perlas de Bastidas causaron gran impresión,[64] pero no compensaban por las pérdidas.

A pesar de este mal comienzo, el gobierno de Ovando en La Española fue afirmándose. Devolvió a los delincuentes a España. La desaparición de Roldán y de muchos de sus seguidores facilitó las cosas. Ovando empezó la reconstrucción de Santo Domingo en la orilla occidental del Ozama, en lugar de en la oriental, donde siempre había estado la población, y en la que una hermosa estatua le rinde homenaje. El propio Ovando diseñó los planos de la nueva capital; mandó construir un fuerte y doce casas de piedra. Introdujo un nuevo impuesto, que se sumaría al que se venía pagando desde 1498, de una onza de oro por cada tres que se extrajesen, una proporción especialmente dura para quienes se dedicaban exclusivamente a la minería. Esto coincidió con un aumento de los precios de los alimentos y de las herramientas, debido a la precariedad de la comunicación con Castilla. Ovando se creó un enemigo en la persona de Cristóbal Tapia, el protegido de Fonseca, que antes de la construcción de la nueva ciudad había comprado tierras en la orilla occidental del Ozama, donde se alzaría en gran parte la nueva Santo Domingo. Pero no recibió compensación alguna por su pérdida.[65]

La mayoría de los hombres de Ovando se apresuraron a ir a la zona de los yacimientos auríferos del centro de la isla, en la región de Cibao que, por entonces, ya era tratada como una provincia española. Pero estos nuevos colonos, tan entusiastas como codiciosos, empezaron a morir casi tan rápidamente como los indios a los que obligaban a trabajar para ellos (especialmente de disentería causada por la nueva dieta). A menudo, los buscadores de oro regresaban a Santo Domingo sin más que una minúscula partícula de la mina que creían haber encontrado. No se hacían a la idea de que «el oro no era el fruto de árboles, para que llegando lo cogiesen».[66] Más duro resultaba aún comprobar que, cuando los indios huían, «tenían que ser ellos quienes trabajasen rodilla en tierra, cargando carretillas con lo que acaso no fuesen más que piedras y portando fardos».[67] La euforia inicial duró poco. El calor, la fatiga e incluso el hambre les pasaron factura. Luego, una epidemia de sífilis, o de una variante de la misma, se propagó en Cibao. De manera que, a finales de 1502, mil de los recién llegados a La Española habían muerto; quinientos estaban enfermos, y los colonos de Ovando habían quedado reducidos a poco más de mil.[68] La mayoría de estos últimos no tardaron en abandonar las minas de oro, por falta de mano de obra indígena, o por una falta de conocimientos técnicos que les impedía dirigir con éxito los trabajos.[69]

Como consecuencia de ello, trescientos veteranos —hombres como Diego de Alvarado o Diego Velázquez de Cuéllar— que llegaron a la isla en el segundo y tercer viaje de Colón, se hicieron dueños de la situación, porque no sólo tenían experiencia y acceso a las provisiones, sino que contaban con indios que trabajaban para ellos y les prestaban distintos servicios.

La prospección, el descubrimiento y la extracción o el lavado del oro se convirtieron a la larga en una labor sistemática. Se construyeron instalaciones oficiales para fundir todos los años el oro extraído; dos en la nueva zona aurífera de Buenaventura, cerca de Santo Domingo, que producían entre cincuenta y sesenta millones de maravedís anualmente, y dos en el primer campo aurífero descubierto, en Concepción de la Vega, donde se obtenían un poco más.

Tras los reveses iniciales, la política de Ovando dio sus frutos. Pero, aunque parte del oro pudo ser ilegalmente repartido entre Santo Domingo, La Isabela y Sevilla, estos datos parecen exagerados, porque Sancho de Matienzo, un funcionario de Sevilla, estimó que la cantidad de oro que llegó a la ciudad en los años 1504, 1506 y 1507 fue sólo de quince millones y medio, diecisiete millones y medio de maravedís y dieciséis millones setecientos cincuenta mil maravedís respectivamente.[70] Con todo, parece que la colonia se organizó durante aquellos años como «un gran campo minero donde toda la población vivía prácticamente recluida», como ha señalado un historiador moderno.[71] En realidad, la agricultura resultaba rentable, y puede que incluso más que la minería. La mandioca, los ajos y los cerdos eran por entonces los productos principales. Después del desafortunado reinado del «faraón» Colón y sus hermanos, seguido de los crueles tiempos de Bobadilla, parecía como si esa conversión del Caribe en un puesto de Extremadura, por fray Nicolás de Ovando, estuviese creando, por lo menos, una fuente de riquezas comparable a la que Colón había predicho.

España seguía sin dominar más que el centro de la isla que Colón bautizó como La Española. Sin embargo, los españoles ocuparon una amplia franja del territorio, desde la antigua población de La Isabela, en franca decadencia, hasta Santo Domingo. Al oeste y al este sobrevivían poblados indígenas regidos por caciques, con un grado más o menos amplio de independencia. Pero Ovando puso fin a esta cohabitación con caciques indígenas. Tal como hemos visto, Bartolomé de Las Casas escribió que su comandante era «prudente, sosegado, humilde y justo», aunque sus actos parecen desmentir estas características. Porque, desde el principio, Ovando tuvo malas relaciones con los indios, a quienes nunca llegó a entender.

A finales de 1502, decidió explorar el territorio al este de Vega Real, la zona de yacimientos mineros de la franja norte del centro de la isla, donde apenas había habido lucha en el tiempo de Colón, y donde creyó poder convencer a la población indígena para que trabajase para los españoles. También empezó a construir un puerto en el norte de la isla, Puerto Plata, que actualmente sigue llamándose así. Se encuentra en una bahía que ofrece el mejor abrigo de la costa septentrional de La Española, y que era superior para el tráfico marítimo que La Isabela. Su nombre se debe a que Colón, al haber navegado frente a su costa en el primer viaje, tuvo la impresión de que las montañas que avistaba resplandecían como la plata.

Luego, al regreso de una avanzadilla de ocho hombres, Ovando envió una expedición para bordear el extremo oriental de la isla. La expedición siguió mar adentro hasta la isla de Saona, donde Colón acudió en 1493 a comprar mandioca. Uno de los perros de los españoles, quizá un mastín o un *lurcher*, aunque lo llamasen lebrel, mató a un cacique local. Como consecuencia de ello, se produjo una sublevación durante la que resultaron muertos ocho españoles. Ovando envió entonces un contingente de cuatrocientos hombres al mando de Juan de Esquivel, un sevillano implacable, para pacificar el territorio.[72]

Esquivel, como muchos de los colonos de primera generación, procedía de una familia de conversos y era hijo de Pedro de Esquivel y de Constanza Fernández de Arauz, a su vez hija de Gabriel Sánchez, un converso que había sido inspector de aduanas en Sevilla. Pedro de Esquivel había sido apresado por los musulmanes en las montañas de La

Ajarquía, al norte de Málaga, cuando la Orden de Santiago sufrió una estrepitosa derrota en 1483, y tras lograr escapar, se ganó el favor real por su hazaña. Pero los Esquivel nunca lograron librarse completamente del estigma de conversos.[73]

Juan de Esquivel tenía orden de concertar la paz con los indios. Pero el cacique Cotubanamá, que gobernaba en el este de la isla, desde su cuartel general que se hallaba aproximadamente donde se encuentra la actual Higuey, no quiso la paz y toda la población que gobernaba —mujeres incluidas— se preparó para la guerra. Sin embargo, su armamento era inadecuado; fueron derrotados y Saona quedó despoblada. Se hicieron muchos prisioneros, legalmente esclavizados por haber sido apresados en «una guerra justa».[74] Esquivel y Cotubanamá acordaron que el puerto contiguo a Higuey suministraría a todos los españoles que recalasen allí la mandioca que necesitaran. Y de este modo Cotubano aceptó una posición de vasallaje.

En el oeste de la isla, en el otoño de 1503, Ovando dispuso una operación de pacificación aún más dura. Algunos españoles desafectos, residuos de los hombres de Roldán, seguían conservando sus ilegales encomiendas y se mostraron reacios a aceptar el control de Santo Domingo. Además, hubo malentendidos con los indios. La máxima autoridad indígena era por entonces la reina Anacoana, hermana de Behechio y viuda de Caonabó. Hizo cuanto pudo para congraciarse con los españoles, pero no logró controlar a su pueblo, que llevaba a cabo incursiones contra los colonos e interfería en sus intentos de crear una nueva agricultura a semejanza de la española.

Ovando decidió acabar con lo que consideraba un doble desorden y partió hacia Jaragua con trescientos soldados de a pie y setenta a caballo. Se proponía introducir allí un sistema de vasallaje a semejanza del que imponían las órdenes militares españolas,[75] lo cual implicaba una experta gestión de la tierra por parte de una clase alta desinteresada: una forma de nacionalización, cabría decir. También parece que se proponía conquistar toda la isla y someter a los indios a su control. Estaba convencido de que los indígenas vivirían mejor bajo la dirección española que bajo la de sus propios caciques, a quienes consideraba crueles e inútiles. Las Casas escribió de él que, ciertamente, «era varón prudentísimo y digno de gobernar mucha gente, pero no indios».[76] Al parecer, Ovando tomó su decisión de acabar con la vieja política sin consultar con los monarcas y, desde luego, con nadie más en Santo Domingo. Como gobernador —un gobernador sin telégrafo—, su palabra era ley, aunque tal vez, antes de partir, habló del futuro de la colonia con Fernando e Isabel en privado.

Sin reparar en la inminencia del desastre, Anacoana dio una fiesta en honor de Ovando. Convocó a casi cien de sus nobles y a muchos otros súbditos y recibió al gobernador. Hubo entretenimientos y danzas, y un complicado juego llamado «de cañas». La música de las guitarras españolas y el desfile de los caballos se mezcló con las danzas y los juegos de los indios. Parecía haberse creado un ambiente amistoso; los festejos duraron tres días.

Pero, de pronto, empezó a circular el rumor de que los indios planeaban una conspiración. Esta clase de rumores iban a representar un importante papel en la conquista española de las Américas,[77] y no eran del todo injustificados, porque, en 1503, al igual que en muchas otras ocasiones, los españoles estaban en franca inferioridad numérica. Y, en aquellos momentos, temieron que, por la noche, serían atacados y pasados a cuchillo hasta el último hombre. Ovando optó por proponer una exhibición del armamento de ambos bandos y a los indios les encantó la idea. Pero los hombres de Ovando abrieron fuego en cuanto su comandante posó la mano en la cruz de oro de la Orden de Alcántara que llevaba colgada del cuello. La caballería rodeó la amplia dependencia en la que estaban reunidos los caciques, y los hombres de a pie impidieron que nadie huyese. Luego, prendieron fuego a la vivienda. Anacoana fue apresada y ahorcada en la plaza de Santo Domingo, por «rebelión». La resistencia de los indios supervivientes en Jaragua fue encarnizada pero ineficaz y, aunque murieron cuarenta españoles, la victoria fue total.[78] España tenía el oeste de la isla bajo su control.[79]

Ovando nombró subgobernador del territorio a Diego Velázquez de Cuéllar que, en 1493, viajó con Colón por primera vez a las Indias. Estuvo presente en la matanza pero la responsabilidad hay que achacarla a Ovando. Pese a ello, Velázquez había participado en lo ocurrido sin expresar en ningún momento que no estaba dispuesto a cometer tales atrocidades.

Nadie discutía la autoridad del gobernador de la isla, descubierta once años antes. Todos los caciques que conoció Colón en 1492 y entre 1493 y 1494 habían muerto. Ovando se estaba construyendo una casa que, en la actualidad, es el hostal Nicolás de Ovando. La iglesia construida en esta nueva población tenía la techumbre de paja, pero se proyectaba construir una catedral, aunque los trabajos no se iniciarían hasta veinte años después. Previamente se construyó la capilla de los

Remedios. También se iniciarían pronto las obras del convento de San Francisco.[80]

Otros edificios del actual centro de Santo Domingo fueron construidos por iniciativa de Ovando, incluyendo el llamado palacio del Gobernador, en cuyas dependencias se encuentra ahora el museo de las Casas Reales. Ovando fundó también el hospital de San Nicolás de Bari, que durante muchos años fue un hospital, pese a que, hasta 1508, no se diferenciaba mucho de un simple bohío con techumbre de paja.[81] Otra de las primeras casas fue la del comerciante genovés Jerónimo Grimaldi, que se estableció con su tío Bernardino como el más poderoso empresario de las Indias. (Bernardino había contribuido a financiar el tercer viaje de Colón.) Los Grimaldi se dedicaban originariamente al flete de cargamentos de lana, pero ahora tocaban todas las teclas. Ovando mandó asimismo construir un fuerte muy espacioso, descubierto y con tres torres (la Fortaleza de Santo Domingo) sobre un risco que da a la desembocadura del Ozama en el Caribe.

Estos edificios, algunos de los cuales aún se conservan hoy en día, fueron las primeras obras arquitectónicas españolas en el Nuevo Mundo. Colón no dejó nada tras de sí. El trabajo de Ovando señaló el principio de una gran tradición. En el enorme territorio que España no tardaría en reivindicar y luego gobernar se habían producido ya grandes cambios en la población, el paisaje y las circunstancias económicas. Posteriormente, surgirían países independientes, accederían al poder gobiernos excéntricos, revolucionarios, intransigentes, militaristas, brutales e incluso liberales. Pero la sombra de muchos edificios, como los que mandó construir Ovando, aún señorea en el centro de algunas capitales decadentes. Los cerrojos de sus puertas y sus piedras evocan lejanos recuerdos, mitos y leyendas.

CAPÍTULO 16

Enseñadles y adoctrinadlos con buenas costumbres

> Nuestro principal objetivo fue disponer la introducción de nuestra Santa Fé Católica y garantizar que las gentes del lugar la aceptasen, y también enviar prelados, monjes y sacerdotes y otras personas doctas y temerosas de Dios para instruir en la fé y enseñar y adoctrinarlas con buenas costumbres.
>
> Codicilo al testamento de la reina Isabel, 1504

Uno de los testigos presenciales de la matanza de Jaragua, en La Española, fue Diego Méndez, que estuvo con Colón en el cuarto viaje como escribano mayor y que había regresado ahora a Santo Domingo en canoa desde Jamaica después de vivir extraordinarias aventuras. Esto le permitió informar a Ovando de que el Almirante no estaba lejos de Jamaica, pero la noticia dejó indiferente a Ovando. Al igual que la mayoría de los hidalgos españoles, no sentía el menor respeto ni la menor simpatía por el «faraón», y no hizo nada por echarle una mano, pese a que, en aquellos momentos, Colón estaba muy necesitado de ayuda.

Al negarle Ovando la entrada a Colón en Santo Domingo, el Almirante y sus cuatro naves se refugiaron de la tormenta de 1502 en la bahía de Azúa, que se encuentra a ochenta kilómetros al oeste de la capital.[1] Allí, el Almirante no sólo afrontó el temporal y lo capeó, sino que también pudo ver los mapas de Bastidas, que se disponía a regresar a España (Las Casas asegura haber presenciado su encuentro).[2] Colón partió de allí el 14 de julio, primero hasta Yaquimoi, en la costa occidental de La Española, un lugar conocido por la abundancia de palo de Brasil, y luego más al oeste. Su objetivo era, aparentemente, dirigirse en primer lugar a Jamaica y después desembarcar en un lugar cercano, en el que Bastidas había estado recientemente. Pero, por la razón que fuese, navegó entre las islas que llamó Jardines de la Reina, frente a Cuba, y luego, más allá de Cayo Largo y de la isla de Pinos, hasta otras islas cercanas a Centroamérica, conocidas en la actualidad como las islas de la Bahía, frente a Honduras. Eran las islas que estaban más al oeste que cualesquiera de las que hubiese visitado hasta entonces.

La travesía del Caribe fue espantosa. En palabras del propio Almirante: «[...] tormenta, agua del çielo, trobones y relampagos de continuo, que pareçía el fin del mundo [...] Ochenta y ocho días avía que no me avía desado espantable tormenta, atanto que non vide el sol ni estrellas por marca; los navíos tenía yo aviertos; las velas rotas y perdidas anclas y jarçias, cables con las barcas y muchos bastimentos; la gente muy enferma y todos contritos y muchos com promesa de religión, y no ninguno sin otros botos y romerías. Muchas veces avían llegado a se confesar los unos a los otros. Otras tormentas se an visto, mas no durar tanto ni con tanto espanto. Muchos esmoreçieron harto y hartas bezes que teníamos por esforçados. El dolor del fijo que yo tenía allí me arrancava el ánima, y mas por berle de tan nueva hedad de treze años en tanta fatiga y durar él en ello tanto. Nuestro Señor le dio tal esfoerço, qu'el abibaba los otros, y en las obras hazía él como si oviera navegado cincuenta años, y él me consolaba. Yo avía adoleçido y llegado hartas vezes a la muerte; de una camerilla que yo mandé hazer sobre cubierta mandava la vía. Mi hermano estava en el peor navío y más peligroso. Gran dolor hera el mío, y mayor porque le truxe [lo traje] contra su grado.»[3]

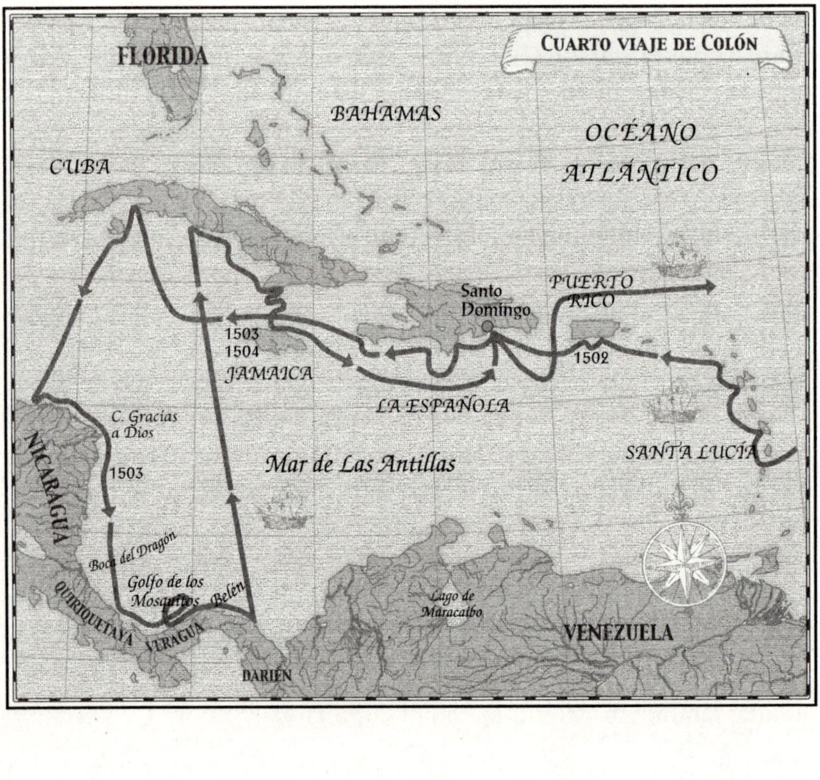

Finalmente, tras la penosa travesía, Colón y sus compañeros llegaron a la costa septentrional de la actual Honduras, probablemente a la isla llamada Guanaja, a unos sesenta y cinco kilómetros del continente. Una vez allí, Colón mandó reparar las naves y reunió provisiones mientras los nativos le indicaban por señas que había minas de oro en el sur, al igual que los nativos de San Salvador habían hecho en 1492. El Almirante dedujo que estaba en la tierra que Marco Polo llamó Cochinchina. También oyó hablar de una provincia muy rica que probablemente era Yucatán.[4] Estaba convencido de encontrarse a sólo diez días del Ganges.[5]

Aquellos nativos eran indios jicaques o, más probablemente, payas. Practicaban una agricultura de rozas y quema, y eran las mujeres quienes se ocupaban de labrar la tierra con palos y plantar. La piña tropical y la mandioca dulce y la amarga eran los productos principales. Utilizaban la mandioca amarga para molerla y hacer con la harina una masa que luego cocían. Los varones de la región utilizaban arcos de más de un metro de longitud y flechas con punta de obsidiana para cazar. Hombres y mujeres pescaban utilizando anzuelos de hueso. A algunos peces los pescaban lanzándoles flechas con la punta envenenada, y a los más grandes, clavándoles arpones. Empleaban miel y savia de liana para fabricar una bebida alcohólica ligera. Criaban tortugas en viveros vallados de agua poco profunda. Los poblados de los indios payas tenían entre cien y quinientos habitantes que se alojaban en viviendas comunales de forma elíptica, con chimenea y camas dispuestas sobre plataformas. La indumentaria solía reducirse a un taparrabos y a un poncho. Las mujeres acostumbraban a llevar una falda de tela hecha de corteza de árbol que les llegaba hasta la rodilla. Los payas llevaban el pelo corto. Los hombres se pintaban el cuerpo de negro y las mujeres de rojo, tanto con fines decorativos como para ahuyentar a los insectos. Fabricaban cestos de mimbre, piezas de cerámica que pulían con guijarros, cucharas y taburetes de madera, y cerbatanas.

Parece ser que los líderes políticos eran elegidos por los ancianos del poblado. Como en la mayoría de las poblaciones indias, la danza y la música iban juntas, nunca disociadas. Tanto los payas como los jicaques creían en dos deidades benevolentes y en una diosa del mal. Los payas creían que, después de la muerte, el alma emprendía un viaje hacia el este, hasta un inframundo rebosante de bienes. Todos creían que el mundo de la naturaleza estaba lleno de espíritus.[6]

En líneas generales, estos indios llevaban una vida equilibrada y plácida, raramente interrumpida por conflictos armados.

El choque entre el mundo indio y el español ocurrió de este modo. Uno de los marinos del Almirante, Ramiro Ramírez, recordaría que «los yndios dejaron en una playa dos mozas, y el Almirante les fizo meter en una náo, y les hizo vestir y calzar, y las mandé volver allí donde las habían dejado [...] y los yndios volvieron por ellas y las desnudaron y las llevaron...».[7] Lo más interesante de aquel viaje de Colón fue el encuentro, en las islas de la Bahía, con «una canoa larga como una galera y de 2,5 m de manga, hecha de un solo tronco [...] cargada con productos procedentes de las regiones occidentales de Nueva España [...] Llevaba una enorme hoja de palmera a modo de marquesina, a la manera de las que llevan las góndolas venecianas, que protegía de la lluvia y del oleaje».[8]

A bordo de la canoa viajaban veinticinco refinados mercaderes, procedentes al parecer del territorio maya de Yucatán. Llevaban capas y faldas bordadas de algodón teñido, taparrabos, largas espadas de madera con una ranura en ambas caras en las que engastaban afiladas lascas de pedernal, hachas de cobre y lo que parecían cascabeles, también de cobre, para halcones, además de «una bebida alcohólica hecha de maíz, como la cerveza inglesa».[9] Se refiere, como sabemos, al pulque. Las mujeres y los niños viajaban bajo la «marquesina» de palma, rodeados de instrumentos de ónice y de cestos con granos de cacao, que los mayas utilizaban como moneda. Los indios daban muestras «de admirable pudor», porque «si le arrebataban a uno el taparrabos de inmediato se cubría los genitales con las manos [...] mientras que las mujeres se tapaban la cara, como las musulmanas de Granada».[10]

Este encuentro impresionó mucho a los españoles y es de suponer que, sobre todo, a uno de los grumetes, Antonio Alaminos, que, durante gran parte del resto de su vida, sería pionero de muchas exploraciones por la región. Los indios de la zona eran mucho más refinados que los taínos y los caribes y, cabe aventurar que, con gran alivio de los españoles, los nativos tomaban bebidas alcohólicas. Colón tomó a un hombre viejo, cierto Yumbe, para que hiciese de traductor para ellos y lo retuvo consigo hasta que los barcos alcanzaron la Costa de las Ovejas, porque más allá de ellas no se hablaba su lengua, así que lo mandó a casa.[11]

Colón tomó entonces una decisión que posteriormente se le reprocharía. En lugar de poner rumbo noroeste, hacia Yucatán, habitado por los mayas, más evolucionados, siguió rumbo este y luego hacia el sur, más allá del cabo Gracias a Dios, Nicaragua, Caray (la actual Puerto Limón costarricense) y de la bahía de Chiriqui, que llamó Portobelo, en la actual Panamá, adonde ya habían llegado Bastidas y Hojeda, desde el este.

Colón siguió esta ruta porque los nativos que los españoles encontraron en Guanajay le mencionaron un estrecho que Colón pensó que, vía Malasia, debía de conducir a la India.[12] (Dejó testimonio de este viaje con la profusión de superlativos habitual en él.) Oyó misa en la costa septentrional de Honduras, en un lugar que llamó Costa de las Orejas, y luego descubrió Caray (Puerto Limón), «la mejor tierra y la mejor gente que hasta ahora hemos visto». En el sur, Veragua (un territorio que, probablemente, se llamó así por una mala transcripción de un nombre indígena), en el oeste de la actual Panamá, se encontró oro. En 1537 el nieto del Almirante, Luis Colón, fue distinguido con el ducado de Veragua, y sus descendientes aún lo conservan.[13] Colón escribió desde allí a los Reyes Católicos en un tono optimista. Estaba convencido de que «eran tan dueños de aquellas tierras como de Jerez y Toledo».[14] En Veragua vio un edificio de piedra y cal y extensos maizales. Siguiendo por el litoral encontró vino de palma y vino de piña tropical. Y dedujo alegremente que estaba en Indochina.

Otra tormenta desvió a su pequeña flota hacia la desembocadura del río Culebra, cuya peligrosidad exageró mucho el Almirante. Entraron en una bahía que llamó Portobelo y que, a lo largo de los siglos siguientes, sería centro de un activo comercio y escenario de muchas batallas navales. Siguieron hasta otro sitio que llamaron Nombre de Dios y luego regresaron a Portobelo y a Veragua, a tiempo de celebrar la festividad de la Epifanía en 1503, en un lugar que Colón llamó Belén. Empezaron a comerciar con los indios guaimí. Una expedición dirigida por Bartolomé Colón encontró oro río arriba, pero las numerosas cascadas imposibilitaron que las embarcaciones llegasen a los yacimientos. El Almirante pensó dejar a Bartolomé cerca de Portobelo y regresar a La Española, con objeto de organizar otra expedición en toda regla para buscar oro. Pero, al observar que la actitud de los indios se tornaba inamistosa, lo pensó mejor.[15] Por si fuera poco, el Almirante observó que todas sus naves estaban seriamente dañadas por la broma.[16]

Desesperado, se encaramó a la torre del vigía de su nave y habló con Dios largo y tendido y, por lo visto, eficazmente,[17] porque, al poco, pudo poner rumbo a Santo Domingo, aunque con todos los barcos afectados por la depredación de los moluscos y por otros desperfectos. Llegaron a Jardines de la Reina a principios de mayo de 1503, recalaron en Macaca, Cuba, cerca del actual cabo Cruz y, finalmente, llegaron a Jamaica a finales de junio, lo cual castigó aún más las naves, que quedaron inservibles para la navegación. Fondearon frente a Puerto Bueno y luego en Santa Gloria, donde Colón había estado en 1494.

Los españoles no tuvieron más remedio que construir refugios con la madera de las naves destrozadas, unas construcciones precarias, con techumbre de paja. Cuando hubieron repartido las últimas raciones de vino y bizcocho, Diego Méndez, íntimo amigo de Colón, se adentró en el territorio y consiguió pan de mandioca y pescado de los nativos. Además, logró llegar a un acuerdo para que éstos les llevasen comida todos los días. Pero ¿cómo iba a regresar la expedición a España? Por lo pronto, tendrían que recorrer unos doscientos kilómetros en canoa para llegar a Santo Domingo. Pero sólo Diego Méndez se ofreció voluntario, pese a que en un primer momento afirmó que el viaje era imposible. No obstante, le dijo a Colón: «Mi señor, tengo una vida y sólo una. Estoy dispuesto a aventurarme en vuestro servicio y por el bien de los presentes, porque confío en que Dios Nuestro Señor, al ver mi buena intención, me permitirá salir con bien, como tantas otras veces. Al oír el Almirante mi decisión, se levantó, me abrazó y me besó en una mejilla diciendo: "Ya sabía yo que seríais el único que se atrevería a semejante empresa."»[18]

En julio de 1503, Méndez partió con Bartolomeo Fieschi, capitán de una de las cuatro carabelas de Colón, en una canoa con seis indios.[19] Llevó consigo varias cartas; una del Almirante al cartujo fray Gaspar Gorricio, así como una «relación» para los monarcas que concluía así: «[...] soy perdido, sin Dios no me socorre presto. Yo he llorado fasta aquí a otros; aya misericordia agora el çielo y llore por mí la tierra [...] no tengo oy día en Castilla una teja y, si quiero comer o dormir, no tengo adónde salvo al mesón [...].»[20] Con estas palabras, Colón subestimaba exageradamente su situación financiera en Santo Domingo, aunque es evidente que él se sentía tal como se expresó.

Méndez y Fieschi partieron pero, amenazados por un ataque de indios hostiles cerca de Port Antonio, regresaron a Santa Gloria (la actual St. Ann's Bay) a reunirse con Bartolomé, que los escoltó hasta el extremo oriental de la isla. El plan consistía en que, una vez ambos llegasen a La Española, Fieschi regresaría para decir que Méndez ya había llegado y que trataría de conseguir un barco para trasladar a toda la expedición a España.

Méndez y Fieschi, con los indios, remaron durante toda la noche a lo largo del actual canal de Barlovento, turnándose ambos a los remos. Los indios se bebieron toda la provisión de agua que llevaban, sin pensar que podrían necesitarla más adelante. Al día siguiente hizo mucho calor, y los indios se refrescaron de vez en cuando nadando. Uno de los indios murió de sed. La expedición terminó por encontrar una peña desnuda en la que, milagrosamente, pudieron recoger agua de lluvia y encontraron algunos moluscos. Llegaron agotados a cabo San Miguel, en el extremo occidental de La Española, cuatro días después de haber partido. Fieschi propuso regresar de inmediato a Jamaica, para comunicarle su éxito a Colón, pero los indios se negaron: no querían tener que remar de nuevo. De manera que Méndez y Fieschi optaron por ir a Santo Domingo a pie, al igual que había hecho Bastidas el año anterior. Pero, nada más llegar a Azúa, en la costa sur de La Española, en la bahía en la que Colón se refugió de la tormenta el anterior mes de junio, se enteraron de que Ovando estaba en Jaragua, 250 km al oeste.[21] Méndez dejó que Fieschi fuese solo hasta Santo Domingo, volvió a Jaragua y se reunió con el gobernador, que «me tuvo con él durante varios meses».[22] Ovando no prometió nada; no tenía la menor prisa por ayudar a Colón. Así pues, Méndez acabó por tomar el camino de vuelta y de nuevo recorrió los 250 km para llegar a Santo Domingo. Una vez allí, aguardó a que llegase alguna nave desde España. No recaló allí ninguna durante más de un año, pero en mayo de 1504 llegaron tres, y Méndez compró una de ellas para enviarla a Jamaica con suministros.

En Jamaica cundía el descontento y proliferaban las acusaciones. La escasez de comida era preocupante. El Almirante y sus compañeros comían conejos, ratas y pan de mandioca. Terminó por estallar una rebelión, encabezada por el capitán Francisco de Porrás (que estuvo en otro tiempo al mando de la *Santiago*) y por su hermano el notario.

El Almirante no vio con buenos ojos a los hermanos De Porrás desde el principio. Se los impuso Morales, el tesorero real, como se recordará. Un día, en Santa Gloria, Francisco fue a ver a Colón y le dijo: «Señor, ¿qué pretendéis al no hacer nada por volver a Castilla? ¿Queréis que sigamos aquí y perezcamos?» El Almirante interpretó estas palabras como un desafío, pero se limitó a contestar que no sabía cómo iban a poder volver si no les enviaban una nave; que si ellos, los De Porrás, tenían una buena idea, podían exponerla en el siguiente consejo de capitanes. De Porrás replicó que no había tiempo para hablar y que el Almirante debía decidir entre embarcar o quedarse. Se dio entonces la vuelta hacia los presentes y gritó: «¡Yo vuelvo a Castilla! ¿Quién está conmigo?» Todos respondieron: «Estamos contigo.» De inmediato se dispersaron y no tardaron en ocupar las torres de vigía de los barcos averiados mientras algunos gritaban desaforadamente «¡A Castilla, a Castilla!», o «¡Muerte a ellos!», o «¿Y ahora qué, señor capitán?».

El pobre Almirante se hallaba por entonces tan enfermo de gota que apenas se tenía en pie. Pese a ello, avanzó cojeando hacia los rebeldes. Pero sus criados lo disuadieron de luchar, y convencieron también a su belicoso hermano para que soltase la lanza. De Porrás y sus amigos se apoderaron de las canoas que Colón había logrado reunir —no sólo para utilizarlas ellos mismos, sino para evitar que las utilizasen los indios—, y enfilaron hacia Santo Domingo tan alegremente como si se tratase de una regata. Muchos desesperados que, en realidad, no eran rebeldes se amontonaron en las canoas. Al poco, apresaron a un grupo de indios y los obligaron a remar. Sólo los enfermos y los más leales al Almirante se quedaron.

La expedición de De Porrás tuvo que dar media vuelta cuando apenas había recorrido doce millas desde el este de Jamaica. Al reparar en que llevaban exceso de carga, y en que el viento cambiaba continuamente de dirección, los amotinados se asustaron y optaron por echar lastre. Y como la solución más obvia era matar a los indios y echarlos por la borda, eso es lo que hicieron. Mataron a dieciocho de ellos. Luego desembarcaron en el poblado indio de Aomaquique, en el este de Jamaica, cerca del actual Port Antonio. Desde allí hicieron dos nuevos intentos de cruzar a La Española, pero volvieron a fracasar al encontrar viento en contra. De manera que se resignaron a recorrer casi cien kilómetros a pie y volver junto a Colón, capturando indios por el camino.[23] Todos «se entregaron», escribió Colón con justificada complacencia.

Mientras los hermanos De Porrás y sus amigos estuvieron ausentes, Colón abortó una protesta de los indios locales, que se negaban a entregarles más alimentos; lo consiguió, tras consultar sus libros, diciéndoles que tal día y a tal hora habría un eclipse lunar.[24] La acertada predicción impresionó mucho a los taínos y durante un tiempo todo lo que hacía el Almirante les pareció bien. Finalmente, en mayo de 1504, el sevillano Diego de Escobar llegó de La Española en nombre de Ovando para comprobar hasta qué punto era difícil la situación de Colón. Escobar fue uno de los cabecillas de la rebelión de Roldán contra Bartolomé Colón, pero había viajado como caballero voluntario en el segundo viaje del Almirante. Le llevó un barril de vino y un jamón (muy poca cosa para una expedición en situación tan precaria), así como una carta de Ovando. Casi de inmediato, zarpó portando una respuesta para Ovando en la que el Almirante afirmaba su «Concluyo que mi esperança era y es que para mi salvación gastaríades, Señor, fasta la persona».[25] Colón explicaba que había aconsejado a Escobar regresar en seguida, porque el barco era demasiado pequeño para poder embarcar todos. Los hermanos De Porrás siguieron intrigando, haciendo la vida cotidiana al margen de los demás y propagando la especie de que la llegada de la carabela de Escobar había sido una patraña; aducían que una verdadera carabela no habría regresado tan pronto. Bartolomé fue a negociar con ellos, pero los hermanos De Porrás lo atacaron. Sin embargo, en lugar de lograr la rápida victoria que esperaban, Bartolomé y sus amigos mataron a varios de los amotinados, entre los que se encontraba el primer piloto, Juan Sánchez de Cádiz. Francisco de Porrás fue apresado y, el 20 de mayo de 1504, él y sus compañeros pidieron la paz.

Finalmente, en junio de 1504, llegaron dos barcos a La Española, gracias a Diego Méndez, aunque éste había considerado mejor regresar a España para poner en conocimiento de los monarcas lo que ocurría en el Nuevo Mundo. El 28 de junio todos los españoles abandonaron Jamaica. Tuvieron una travesía difícil al cruzar el estrecho de Barlovento, pero el 13 de agosto llegaron a Santo Domingo. Ovando optó finalmente por mostrarse generoso y alojó a Colón y a sus hermanos en su casa durante unos días. Pero, según escribió Fernando Colón, fue como «un beso de escorpión», porque Ovando se apresuró a poner en libertad a De Porrás y juró castigar a los responsables de su encarcelamiento.

El 12 de septiembre, Colón, en compañía de su hermano Bartolomé y de su hijo Fernando, partió rumbo a España. Ya en alta mar, la mesana del barco que iba en cabeza se partió, y luego, a causa de una tormenta, se partió otro mástil. Sin embargo, la pericia marinera de los hermanos Colón era tal que llegaron sanos y salvos a Sanlúcar de Barrameda, donde se enteraron de que la reina, benefactora de Colón durante tanto tiempo, se encontraba en su lecho de muerte en su ciudad favorita, Medina del Campo.

Durante los dos años que Colón estuvo ausente, los monarcas seguían interesándose de vez en cuando por el nuevo Imperio de las Indias. Pero nadie lo llamaba aún «imperio» y los intereses españoles en Nápoles —a los que el rey Fernando prestaba más atención— parecían más «imperiales» y más importantes. Sin embargo, la Corona consideraba ya el Nuevo Mundo como algo suyo, no de Colón ni, por supuesto, de los nativos. Ese nuevo mundo seguía siendo considerado como «las Indias». (Es difícil aventurar si, por entonces, existía la creencia de que las Indias estaban cerca de la verdadera India.) Ya en 1494, Francisco Jiménez de Cisneros (un clérigo de Sevilla, no el cardenal) creía que «las islas que agora nuevamente son falladas... non son en India, sinon en el mar Oçéano Atlántico Ethiópico e son llamadas Hespérides y Hesperion casas».[26] Pedro Mártir fue prácticamente siempre de la misma opinión. Sin embargo, Colón no dejaba de afirmar que había estado en la India, Malasia, China y Japón, y seguía disfrutando de su fama de gran explorador, aunque como administrador había resultado ser un desastre. Una bula de 1504 mencionaba las conquistas de España como «partes de Asia» y el pontífice llegó a crear tres nuevas sedes episcopales «asiáticas».[27]

La comunicación de la metrópoli con La Española era ahora bastante regular. A pesar del retraso de 1504, que tanto enojó a Colón, entre veinte y treinta barcos salían anualmente, desde Sevilla o desde Sanlúcar de Barrameda, con destino a Santo Domingo o Puerto Plata.[28] A veces, Ovando enviaba caciques a España para que aprendiesen español. Eran recibidos por un amigo suyo, Juan Vázquez, y permanecían en España unos dos años. A algunos los devolvió posteriormente Juan Bermúdez, que fue capitán de la *Santa Cruz* en el tercer viaje de Colón, y que pronto daría nombre a la solitaria isla que se encuentra al este de lo que sería Georgia.

El comercio aumentaba todos los años. El 12 de septiembre de 1502 se concedió una licencia a Juan Sánchez de la Tesorería, el destacado empresario aragonés (un converso) y principal comerciante en olivas de España, y a Alonso García Bravo, mencionado como mensajero de la reina, para pertrechar cinco carabelas y dirigirse a La Española con un cargamento de distintos productos. Los dos empresarios tuvieron que dar al secretario real, Jimeno de Briviesca, una relación detallada de todos los productos y de su coste, para poder calcular exactamente a cuánto ascendía, una vez vendida la mercancía, la cuarta parte de los beneficios que correspondía a la Corona.[29] Colón o sus representantes en España seguían teniendo derecho a transportar una octava parte de las mercancías, y el gobernador Ovando podía transportar setenta toneladas libres de aranceles. Una de las naves de esta expedición trasladó un retablo en el que estaban representadas escenas de España y Flandes, pintado por los sevillanos Diego de Castro y Francisco de Villegas. Pero los artículos más importantes que convenía llevar a las Indias eran telas, la mayoría tejidas en el norte de Europa y algunas en Londres, lino de

Holanda y terciopelo de Flandes. Ciertamente, aquella flota transportó la gama de productos más completa «que quepa imaginar».[30]

Durante los primeros meses de 1502, los monarcas permanecieron en Toledo. Posteriormente, Fernando pasó parte del verano en Aragón, donde convenció a las Cortes reunidas en Zaragoza para que aceptasen a su hija Juana como su heredera si, como ya parecía inevitable, no tuviese un heredero varón. Los monarcas se dirigieron después al alcázar de Madrid, donde se quedaron el resto del año. Esporádicamente les llegaban noticias de las Indias, pero los Reyes Católicos estaban más preocupados por cuestiones más cercanas, como la hambruna causada por la pérdida de las cosechas. Debió de llegar a su conocimiento que, en Aznalcóllar, a cuarenta kilómetros del noreste de Sevilla, la población había ido a ver al alcalde para exigirle la entrega del trigo que el mayordomo de la parroquia tenía en un almacén, diciéndole «sy no fuera porque el mayordomo de la iglesia d'este lugar tenía cierto trigo de la fábrica, en cantidad de cient fanegas, poco más o menos, e para esto todo el pueblo se juntó e le requirieron que les diese el dicho trigo pues que el pueblo muría de hanbre, sy no, que de hecho entrarían y lo tomarían por no ver morir sus hijos delante de sí [...]».[31] Los monarcas aprobaron un decreto aparentemente inocuo, en virtud del cual los autores deberían obtener una licencia y pagar una tasa a los magistrados antes de imprimir libros. La importación de libros también exigiría en adelante la obtención de una licencia del Consejo de Castilla.[32] La sombra de la censura empezaba a cernerse sobre la vida española, pero era todavía tenue, en un mundo en el que los libros eran todavía algo muy novedoso.

Los problemas de los judíos y de los conversos llegaron asimismo a conocimiento de la reina, que tuvo que oír el rumor de que el arzobispo Talavera, su viejo amigo, consejero y ex confesor, así como los obispos de Jaén y Almería, el provisor Juan Álvarez Zapata y el secretario real Juan de Zafra, además del tesorero Ruy López, eran «criptojudíos», confabulados para enviar predicadores de la ley mosaica a la corte y anunciar que el Mesías había llegado.[33] (No hay constancia de cuál fue la reacción de la reina a este respecto.)

Es muy probable que también llegase a oídos de la reina qué clase de castigos imponía el Santo Oficio. Así, por ejemplo, en julio de 1502, en la población de Tablada, a las afueras de Sevilla, cinco personas fueron quemadas en la hoguera. Tres eran mujeres condenadas por herejía, y «una de ellas era la madre de Diego de la Muela, uno de los contables reales [...] *Deo gracias...*».[34] No obstante, era impensable que la reina interviniese en tales cuestiones. Además, en el verano de 1502 su salud empezó a deteriorarse a causa de una grave enfermedad que, probablemente, era una variedad de cáncer. Con todo, siguió activa durante varios meses y, en octubre de 1502, ordenó al corregidor de Toledo y al tesorero de Madrid, Alonso Gutiérrez, que iniciasen una investigación acerca de por qué salía tanto oro de su reino a causa de las actividades de los banqueros.

Gutiérrez era otra de las personalidades de origen converso cercanas a la corte. Pese a ser tesorero de Madrid, era también concejal «veinticuatro» de Sevilla, donde vivió a partir de 1510. Fue también tesorero de la Casa de la Moneda y de la Santa Hermandad. En el desempeño de su cargo, resolvió la cuestión del pago a los caballeros cuyos caballos llevó Colón a La Española en 1493. Él y Fernando de Villareal recibieron la orden de pagar quince mil ducados que, de otro modo, hubiesen ido a parar a la tesorería de la Santa Hermandad, para sufragar el coste de la flota de Ovando con destino a las Indias.[35] En veinte años acumuló una fortuna y se convirtió en un personaje tan polémico como importante.[36]

La investigación sobre la fuga del oro español se inició en los primeros meses de 1503. Se indagó especialmente en el Banco de Valencia que, debido a su fácil acceso a Italia y a otros mercados mediterráneos, era sospechoso. Después de la investigación, los documentos pasaron al Consejo del Reino, que inició un proceso. Se decretó una fianza de diez millones de maravedís para Francisco Palmaro y Pedro Sánchez.[37] En realidad, por entonces, la reina tenía contraída con ambos una deuda personal de no menos de doce millones de maravedís. El fiscal pidió que se los procesase por la vía penal, los acusó de haber sacado de España oro por valor de ciento cincuenta millones de maravedís en los últimos cuatro años, y pidió para ellos la pena de muerte, a la que fueron condenados, aunque la sentencia no llegó a ejecutarse. Sin embargo, la razón de la «fuga» de oro español era debida, simplemente, a que los italianos, sobre todo los genoveses, vendían más productos en España de los que exportaban.[38]

El rey Fernando pasó la mayor parte del año 1503 en Aragón, tratando de fortalecer su posición en Italia, debilitada tras el acuerdo de su imprevisible yerno, Felipe, de que Nápoles pasaría a su hijo Carlos (el futuro Carlos I) y a la princesa francesa Claudia, hija del heredero de la corona de Francia, Luis, duque de Orleans, con quien se esperaba que

Carlos se casase. Entretanto —un ínterin que podía alargarse mucho—, Nápoles tendría un gobierno conjunto francoflamenco. Fernando no estaba dispuesto a aceptar este acuerdo y pronto envió más tropas a su general en el sur de Italia, el brillante Gran Capitán. Este conflicto entre suegro y yerno fue un mal presagio para su futura colaboración en España.

Mientras tanto, en 1502, los monarcas se vieron obligados a pensar en las Indias cuando, uno de los amigos de Colón en Sevilla, Francisco Pinelo, a cuya intensa actividad comercial ya nos hemos referido ampliamente, redactó un escrito titulado «Lo que parece se debe proveer, para poner en orden el negocio y contratación de las Indias»;[39] era el esbozo de un plan para fundar lo que sería Casa de Contratación de las Indias. Esta institución sería, hasta cierto punto, una réplica de la Casa de Guiné, organismo lisboeta que se fundó para organizar el comercio exterior de Portugal. Además, Lisboa disponía desde 1498 de una «Casa de India». La institución se inspiró también en el Consulado de Burgos, fundado en 1494. Existían instituciones similares en Valencia, Palma de Mallorca y Barcelona, como el Consolat de Mar. Burgos era por entonces la ciudad lanera más importante de Castilla y, aunque dista más de 160 km del mar, organizaba fletes de lana desde puertos vascos y cantábricos, como San Sebastián y Laredo.

La Casa de Contratación, con sede en Sevilla, estaría dirigida por un factor, un tesorero y dos contables, encargados de inspeccionar los barcos para asegurarse de que no llevaban sobrecarga y, cuando lo considerasen necesario, dar instrucciones a las tripulaciones con destino a las Indias acerca de la mejor ruta que podían seguir. Estos funcionarios españoles deberían estar en contacto con sus homólogos del Nuevo Mundo.

Como consecuencia del memorándum de Pinelo, el 20 de enero de 1503, los Reyes Católicos ordenaron fundar la Casa de Contratación en Sevilla.[40] La institución se ciñó estrechamente a las sugerencias contenidas en la propuesta del año anterior, aunque sólo habría un contable. El propio Francisco Pinelo sería el primer factor, y el canónigo sevillano Sancho de Matienzo, natural de Villasana de Mena, una población situada al pie de los montes cántabros, donde fundó un monasterio, sería el primer tesorero. Es posible que el hecho de tener antepasados burgaleses influyese en su elección. Jimeno de Briviesca, secretario converso de Fonseca, sería el primer notario y contable. La Casa de Contratación tuvo su primera sede en unas dependencias del alcázar de Sevilla, conocido como las Atarazanas, pero no tardó en ser trasladada al Cuerpo de Almirantes, que da al río. En marzo de 1503, Pinelo y Matienzo ya se habían instalado allí para desempeñar su cargo, y Briviesca no tardaría en llegar. La plaza a la que daba la sede daría en llamarse plaza de la Contratación, nombre que se ha conservado hasta nuestros días. Matienzo, era un funcionario competente y un estudioso de la institución, ha comentado: «Su labor superó a la de todos los tesoreros y supervisores que lo sucedieron.»[41]

En parte inspirada por el Consulado de Burgos, la relación con los antecedentes aragoneses hizo de la Casa de Contratación una institución española de carácter más nacional de lo que pudo parecer al principio. Sus competencias no tardaron en ser ampliadas para abarcar las islas Canarias y el litoral del norte de África, y la Casa de la Moneda de Sevilla fue encargada, en julio de 1502, de acuñar todo el oro que la Casa de Contratación le enviase, si bien a partir del año siguiente sólo una tercera parte del oro de esta última sería acuñado en Sevilla; el resto se acuñaría en Granada y en Toledo.[42]

La Casa de Contratación empezó a funcionar oficialmente el 25 de febrero de 1503. A pesar de haberse inspirado en el plan de Pinelo, fue sin duda la energía de Fonseca —cuya capacidad de trabajo y dotes administrativas fueron determinantes—, la que imprimió de gran vigor a la institución.[43] El hecho de que la sede se estableciese en Sevilla confirmaba a la ciudad andaluza como capital de las Indias. Un decreto del 20 de enero de 1503 centralizaba las relaciones del gobierno con el Nuevo Mundo en la recién creada institución, que venía a ser mercado, magistratura, centro de información y oficina para el registro de barcos y capitanes.[44] También se organizó a través de esta institución un servicio postal, para garantizar que la corte estuviese informada de todo lo que le afectase en cuarenta y ocho horas. Toda la actividad comercial con el Nuevo Mundo debería pasar por la institución, aunque al principio los barcos pudiesen embarcar la carga en otros puertos y luego recalar en Sevilla para el registro. Pero este procedimiento no tardó en revelarse impracticable, y se decidió que todas las naves deberían empezar su singladura en Sevilla. Apenas uno o dos años después se empezó a trazar un mapa oficial del Nuevo Mundo, el llamado «Padrón Real», regularmente revisado por el cosmógrafo de la institución. De este mapa se imprimieron copias que se pusieron a la venta.

Las competencias de la Casa de Contratación fueron definidas en julio de 1503[45] por la reina, que aún se hallaba en Alcalá de Henares.

En adelante, la institución podría imponer multas, encarcelar a los malhechores, pedir fianzas e ignorar las exigencias de la ciudad de Sevilla. Un decreto de 1504 autorizaba a los funcionarios de la institución a otorgar licencias imponiendo las condiciones que considerasen oportunas, de manera que la Casa de Contratación concentraba un gran poder.[46] Pero la redacción del decreto resultaba tan amplia como vaga. Los conflictos de competencias entre la institución y Sevilla menudearon y, hasta 1508, no se acordó que las autoridades judiciales sevillanas no deberían intervenir en cuanto afectase a la institución. En 1503, los conflictos fueron continuos, como era de prever, con una nueva institución cuyos funcionarios aún no se habían acoplado a sus competencias.

En su profunda bahía, Cádiz tenía un puerto más accesible que Sevilla. Los barcos que partían de Sevilla tenían que pasar por Sanlúcar de Barrameda, cuyo banco de arena era peligroso, aparte de que la travesía río arriba hasta Sevilla era difícil. Pero Sevilla tenía muchos valedores. Era más fácil de defender de los ataques de los piratas que Cádiz y estaba más cerca de las comunicaciones internas. Las provisiones que los colonos del Caribe necesitaban —vino, harina, aceite de oliva— se obtenían con mucha mayor facilidad en Sevilla que en Cádiz. Además, Cádiz no tenía un verdadero comercio interior. Los puertos del río Tinto, como Palos y Moguer, eran demasiado pequeños y estaban demasiado cerca de la frontera portuguesa, y el oro que tanto trabajo costaba conseguir podría haber pasado fácilmente de allí a Lisboa, de haberse establecido la sede de la Casa de Contratación en la ciudad gaditana. De manera que, durante más de doscientos años, la institución permaneció en Sevilla y, durante doscientos años salvas de cañón darían la señal de que, seis horas después, carabelas con importantes cargamentos con destino a las Indias soltarían amarras y emprenderían la travesía por el Guadalquivir hasta Sanlúcar de Barrameda y el mar.[47]

La primera nave fletada rumbo a las Indias bajo el control de la Casa de Contratación zarpó en noviembre de 1503, cuando Pedro de Llanos, un viejo amigo de Colón, viajó hasta Santo Domingo para sustituir como factor a Francisco de Monroy, que había fallecido. En adelante, todo aquel que quisiera emigrar al Nuevo Mundo debería registrarse previamente en la Casa de Contratación.

Meses antes, en marzo de 1503, se promulgó un decreto en virtud del cual ningún esclavo bereber, negro o musulmán de África debía ser enviado a La Española; la razón era que algunos esclavos enviados desde España se habían rebelado y habían ayudado a similares rebeliones de los nativos.[48] La cuestión de la esclavitud en las Américas quedó aparcada hasta que la abordó un decreto posterior. No está claro cuántos esclavos negros se habían enviado ya a La Española; no existen documentos que hayan dejado constancia de ello, pero sería sorprendente que el número excediese de cincuenta.

A finales de aquel mismo mes de marzo de 1503, los monarcas promulgaron un decreto detallado con respecto a la educación de los indios para que llevasen una civilizada vida cristiana. El decreto se titulaba «De inocencia y confusión»[49] y, al parecer, era una réplica a un informe de Ovando que se ha perdido; el cardenal Cisneros debió de colaborar en la redacción. Los indios de las islas del Nuevo Mundo no estaban autorizados a dispersarse; tenían que vivir en familia en los poblados, para que así pudiesen ser adoctrinados más fácilmente. Cada familia debía tener una vivienda. Cada poblado debía contar obligatoriamente con una iglesia, un capellán y un hospital, bajo la autoridad del encomendero español, con objeto de evitar las injusticias de los caciques. El capellán enseñaría a los indios a respetar la propiedad de los demás, y el encomendero los protegería de la explotación. Los niños indios serían educados en la fe cristiana y se les enseñaría a leer y a escribir. Asimismo, la Corona alentaba el mestizaje a través de matrimonios entre españoles e indias.

Todos los nativos serían alentados a vestir con recato, y estaba prohibido blasfemar (una medida que, por supuesto, estaba más dirigida a los españoles que a los indios). Todos pagarían diezmos e impuestos. Todas las festividades serían las propias del mundo cristiano, y se prohibía bañarse desnudo. Todos los indios serían bautizados e instruidos acerca de la mejor manera de renunciar a las costumbres paganas. Con objeto de protegerlos, se prohibía a los indios vender sus propiedades a los cristianos.[50]

Otro decreto de marzo de 1503 complementaba estas leyes. En él se estipulaba que «en cada uno de estos pueblos, y junto a las mencionadas iglesias, deberá construirse una casa a la que los niños del pueblo puedan ir dos veces al día y en la que, el capellán, no sólo les enseñe a leer y escribir, sino también a santiguarse y aprender el padrenuestro, el avemaría, el credo y la salve».[51] No cabe duda de que estas instrucciones explican por qué 138 cartillas fueron enviadas a las Indias en 1505, probablemente escritas por Hernando de Talavera, que todavía era arzobispo de Granada, pensadas para los indios, no para los españoles.

Sin embargo, las normas que deberían aplicar respecto a los indios que trabajaban en las minas contradecían este utópico enfoque. Otra serie de instrucciones para Ovando urgía a que los pueblos para los indios se construyesen junto a las minas.[52] Parece obvio que, como no sería la primera vez ni la última en la historia imperial, el gobierno utilizaba un doble discurso. Dos personajes distintos aconsejaban a los monarcas. Esencialmente, las nuevas leyes legalizaban el trabajo forzoso de los indios, pero trataban de protegerlos de la explotación incontrolada.

El consejero de los monarcas para asuntos económicos era Fonseca, pero quien velaba por asegurar la paz de las almas de los nativos era Cisneros, guía y sostén de la reina. Respecto a los musulmanes, el cardenal se había mostrado inflexible, pero su historial respecto al Nuevo Mundo se caracterizó por la indulgencia. Y, por el mismo tenor, los dominicos fueron duros respecto a los judíos en España y benévolos con los indios en ultramar.[53]

El 30 de octubre de 1505, la reina hizo en Segovia una importante declaración respecto a españoles e indios en el Nuevo Mundo, mediante un mandato[54] dirigido a los futuros monarcas, Felipe y Juana. Este mandato tenía por objeto que «el rey, mi señor, y yo, para garantizar que todo aquel que viva en las islas y en la tierra firme de la mar Océana [un modo bastante extraño de expresarlo] llegue a ser cristiano y se convierta a nuestra fe católica, hemos enviado una carta estipulando que ningún miembro de nuestra administración se atreva a hacer prisionero a ningún indio que habite en esos territorios, ni a traerlo a nuestros reinos ni a ningunos otros». Y añadía la reina: «[...] por les más convencer e animar a que fuesen cristianos porque viviesen como hombres razonables, hobimos mandado que algunos nuestros capitanes fuesen a las dichas islas e tierra firme del dicho mar Océano, e enviamos con ellos algunos religiosos que les predicasen e dotrinasen en las cosas de nuestra santa fe católica [...] donde estaba una gente que se dice caníbales, nunca los quisieron oír nin acoger, antes se defendieron dellos con sus armas, e les resistieron [...], y aun en la dicha resistencia mataron algunos cristianos, e después acá han estado e están en su dureza e pertinancia faciendo guerra a los indios que están a mi servicio, e prendiéndolos para los comer; [...] [será justo que] los dichos caníbales sean castigados por los delitos que han cometido contra mis súbditos.»

Así pues, Isabel pensaba que era conveniente considerar qué debía hacerse, y dijo haber recabado la opinión de su consejo («los del mi Consejo que lo viesen e platicasen»), y el consejo fue de la opinión de que, debido a los muchos crímenes de los caníbales y a su resistencia a oír la propagación de la doctrina cristiana, «los puedan cautivar e cautiven para los llevar a las tierras e islas donde fueren» para ser convertidos al cristianismo eficazmente.[55]

Esta declaración era ambigua. Los indígenas serían bien tratados, siempre y cuando se mostrasen sumisos y aceptasen el cristianismo, así como la autoridad española. Pero, si resistían y luchaban, serían llamados caníbales y denunciados por comerse a sus prisioneros y, por tanto, esclavizados. Sin embargo, la mentalidad de los españoles no hacía distinciones raciales entre unos y otros: un taíno rebelde, como los que los españoles encontrarían en Puerto Rico, podía ser considerado un caníbal, mientras que un caribe dócil, si es que había alguno, podía ser un indio bueno. Las contradicciones implícitas en estas declaraciones tardaron años en resolverse.

Tras estos decretos, hubo cierto debate en la corte, mientras estuvo en Medina del Campo, acerca de cuál debía ser la base del gobierno español de las Américas. Tomaron parte en el debate miembros del Consejo del Reino, juristas y teólogos; Fray Diego Deza, que por entonces era inquisidor general de Castilla y obispo de Salamanca estuvo también presente. Pero hicieron escasos progresos. Una de las decisiones que adoptaron fue que «todo indio que huyese de los cristianos y del trabajo sería tratado como un vagabundo». Consideraron detenidamente las afirmaciones del papa Alejandro VI y, al parecer, acordaron en presencia del arzobispo de Sevilla que era conforme a las leyes divinas y humanas que los indios sirviesen a los españoles.[56] Todo hace suponer que los presentes se percataron de que la cuestión estaba lejos de poder darse por zanjada.

Otro decreto, promulgado en Medina del Campo por la reina el 20 de diciembre de 1503, regulaba la idea del repartimiento de los taínos entre los españoles, y convertía a los caciques supervivientes en responsables del reclutamiento de obreros.[57] Quienes trabajaban en las minas no deberían hacerlo durante más de seis u ocho meses seguidos. Luego, en virtud de una ley llamada *la demora*, debían ser enviados a sus poblados para cuidar de sus parcelas *(conucos)*. Sería nombrado un visitador para cada pueblo, con objeto de asegurarse de que el trabajo se llevaba a cabo correctamente. Es posible que, para la normativa de estas encomiendas, Ovando se inspirase en sus conocimientos como comendador de la Orden de Calatrava.

Esto supuso un perfeccionamiento de la idea de encomienda

propuesta anteriormente por Colón y Roldán, porque el plan era ahora que todo nativo fuese entregado a un español a título individual para que lo explotase, a menos que el nativo en cuestión estuviese asignado a la Corona para trabajar en las minas o en la agricultura. En teoría, en tanto que súbditos de la Corona, los taínos sólo podían trabajar a cambio de un salario. No deberían ser considerados esclavos, sino naborías (criados), una palabra derivada del taíno.[58] En la práctica eran tratados como esclavos o incluso peor, ya que sus señores tenían escasos incentivos para tratarlos bien.[59] Se ha sugerido que el estatus asignado a los indios era el de pupilos de la Corona, con derechos y deberes. El Estado se comprometía, a través del encomendero, a proteger, alimentar y «civilizar» al indio, velando por su bienestar físico, así como por su alma eterna. Pero, a cambio, el encomendero tenía derecho al trabajo del indio.

Durante la Edad Media, las encomiendas implicaban en España la concesión de una jurisdicción, así como derechos señoriales, y los encomenderos castellanos tenían derecho a los servicios de las personas afectadas. En La Española y, posteriormente, en los demás territorios de las Indias, la encomienda incluía la obligación de instruir a los indios que trabajaban en las tierras, en las que los hacendados empezaban a explotar la cría de ganado vacuno y porcino, así como cultivos de mandioca, boniato y azúcar.

Los indios debieron de ver su estatus con ojos muy distintos, porque, en la práctica, trabajaban hasta la extenuación y, si huían, eran tratados como esclavos fugitivos. Pronto se empezó a reparar en un descenso de la población, aunque no está claro a partir de cuándo.

Por muchas razones, fueron aquéllos años difíciles para España, entre otras cosas por las malas cosechas, el hambre y un elevado índice de mortalidad en la Península. Los monarcas estaban mucho más preocupados por estas cuestiones que por lo que pudiera ocurrirles a algunos miles de emigrantes en el Nuevo Mundo. En 1504 la cosecha de trigo fue tan mala que su precio por fanega subió a seiscientos maravedís.[60] Galicia, Asturias y Vizcaya nunca habían sido autosuficientes para alimentarse, y ahora era Castilla la que debía depender de la importación de cereales. No cabe duda de que esto fue, en parte, una consecuencia de leyes como la de 1501 que estipulaba que todas las tierras en las que pacían las ovejas en sus migraciones quedaban reservadas a la Mesta con carácter vitalicio. Esto provocó que grandes extensiones de Andalucía y Extremadura quedasen inutilizadas para la agricultura. El impulso real a la producción lanera significó la ruina de las tierras de labranza. (Irónicamente, 1504 fue el año en el que apareció el poema pastoril la *Arcadia*, de Sannazaro, acerca del encanto de la vida campestre.)[61]

Pero no todo lo que ocurrió por entonces fue negativo.[62] Los monarcas pudieron disfrutar de las asombrosas victorias que logró el Gran Capitán, que en mayo de 1503 entró victorioso en Nápoles tras vencer a los franceses en la batalla de Cerignola. El 28 de diciembre de 1503, el propio Gonzalo Fernández de Córdoba volvió a derrotar a los franceses en Garigliano, y el 1 de enero de 1504 capituló Gaeta. Los franceses reconocieron haber perdido Nápoles para siempre. El sur de Italia quedó confirmado como el bastión oriental de las posesiones españolas. Nápoles y Sicilia pasaron en adelante a formar parte del Imperio español,[63] que, al igual que la Casa de Contratación de Indias, perduraría durante generaciones.

Estas victorias fueron la consecuencia de la transformación impulsada por el Gran Capitán para dotar a su ejército de una poderosa infantería, lo que a su vez fue posible gracias al uso de una buena indumentaria, como la coraza y el casco ligeros. El ejército se reorganizó eficazmente en regimientos (llamados antiguamente coronelías) de cuatro compañías apoyadas por caballería y artillería. Las nuevas armas, como las lombardas y los arcabuces, se unieron a las espadas, las lanzas y las jabalinas del pasado. En adelante, Nápoles, al igual que Sicilia y Cerdeña, sería gobernada por virreyes nombrados por la Corona de Aragón.

Estas victorias compensaron en parte por la muerte de un amigo que España tenía en el Vaticano: Alejandro VI.

Después del breve pontificado de Pío III, que murió a los diez días de su elección, el cardenal Giuliano della Rovere, el espléndido genovés sobrino del papa Sixto IV, lo sucedió con el nombre de Julio II (un príncipe de la Iglesia resuelto a «jugar el juego del mundo», tal como lo expresó el embajador veneciano Domenico Treviano (la verdad es que lo jugó a fondo).[64]

En mayo de 1504, la reina tuvo que guardar cama en Medina del Campo, presa de intensos dolores. Pedro Mártir nos dejó el siguiente testimonio: «Los médicos han perdido toda esperanza respecto a la salud de la Reina. El humor se ha extendido por las venas y poco a poco se va declarando la hidropesia. No la abandona la fiebre, ya adentrada hasta la médula. Día y noche la domina la sed insaciable mientras la comida le da náuseas. El mortífero tumor va corriéndose entre piel y carne...»[65]

Pero fue probablemente un cáncer. Isabel dejó de ver los documentos ordinarios y se limitó a firmar los importantes. A partir de junio, ella y su esposo pasaron la mayor parte del tiempo en su monasterio favorito, La Mejorada. Desde el 14 de septiembre en adelante, la reina no firmó ya más que su testamento. El documento, fechado el 4 de octubre, empezaba rogando a su hija y a su esposo —en este orden— que se consagrasen sin descanso a la conquista de África y a la cruzada contra el islam. Al fin y al cabo, el reino visigodo de España incluía Marruecos. Dispuso ser enterrada con el hábito franciscano en el monasterio de Santa Isabel. Sus herederos no podrían nunca enajenar el enorme marquesado de Villena, que Isabel consiguió para la Corona, ni tampoco Gibraltar. Su hija Juana sería por supuesto su heredera: «De acuerdo con lo que debo hacer y a lo que estoy obligada a hacer por ley, ordeno y dispongo para ella, mi heredera universal [...] que sea aceptada como la verdadera reina y propietaria natural.» Isabel expresó en su testamento su gratitud al rey Fernando por lo que había hecho por Castilla, y reafirmó sus derechos a participar en las empresas de Castilla.[66] Fernando debería recibir la mitad de los ingresos que se obtuviesen de las Indias.

En un codicilo fechado el 23 de noviembre de 1504, Isabel añadía una alusión al Nuevo Mundo: «Cuando nos fueron concedidas, por la Santa Sede Apostólica, las islas y la tierra firme de la mar Océana [...] nuestro principal objetivo fue disponer la introducción de nuestra Santa Fé Católica y garantizar que las gentes de allí la aceptasen, y también enviar prelados, monjes, sacerdotes y otras personas doctas y temerosas de Dios para instruir en la fé y enseñar y adoctrinarlas con buenas costumbres y poner en ello la diligencia debida [...]»[67] Este codicilo sugiere que ella consideraba su título sobre las Indias seguro.[68] Posteriormente, los dominicos utilizaron estos párrafos para afirmar que la Corona había aceptado la misión de convertir a los indios como la base para la posición española en el Nuevo Mundo.

Las últimas medidas de Isabel en relación a las Indias fueron la aprobación de una nueva expedición a la costa septentrional de Sudamérica, dirigida por Juan de la Cosa y Juan de Ledesma,[69] y nombrar, el 30 de septiembre de 1504, al ambicioso conquense Alonso de Hojeda gobernador de la bahía colombiana de Urabá y su alrededores. Ésta fue una de las misiones más inútiles que encomendó nunca la Corona, porque entonces, como ahora, Urabá no era un territorio adecuado para la vida humana. El calor y la humedad son intolerables. Aun así sería la primera colonia en tierra firme. El tributo a la Corona se pagaría con la sexta parte de todo lo que se vendiera. Habría una guarnición permanente de cincuenta hombres. Los valedores o protectores de Hojeda formaban una abigarrada combinación: el comerciante converso Juan Sánchez de la Tesorería; Lorenzo de Ahumada, un abogado que es muy probable que fuese también de origen judío; los herederos de Juan de Vergara, que habían navegado con Hojeda y cuya madre fue condenada a cadena perpetua en 1494 acusada de ser una falsa cristiana, y García de Ocampo, un extremeño que era al parecer el único cristiano viejo. Pero la expedición no partió hasta después de la muerte de la reina.

La lista de los albaceas de la reina no contenía ninguna sorpresa: el rey Fernando; el inevitable cardenal Cisneros; Antonio de Fonseca, contador mayor y hermano «del ministro para las Indias», el obispo Fonseca; Juan Velázquez de Cuéllar, el principal contable de la reina y miembro de la famosa familia de funcionarios públicos, primo de Diego Velázquez, que por entonces era delegado de Ovando en la zona occidental de La Española; fray Diego Deza, principal preceptor del infante Juan, que acababa de ser nombrado arzobispo de Sevilla, sucesor del cardenal Hurtado de Mendoza y amigo de Colón, y Juan López de Lazarraga, secretario de los monarcas desde 1503.

Según Colón, que acababa de llegar a España tras su terrible cuarto viaje, «los nobles del reino se afilaban las garras como osos salvajes, ante la perspectiva de una gran mutación en el Estado». En una carta dirigida a su hijo Diego, el Almirante comenta que «Satán» había alterado su destino, e insiste en haber servido a sus altezas «con tanta diligencia y amor como y más que por ganar el Paraíso».[70] Colón ya no volvería a ver a la reina, porque, el 26 de noviembre, Isabel entró en «el tenebroso reino de Plutón», como lo expresaría Joanot Martorell, autor de *Tirant lo Blanc.* Isabel recibió la extremaunción de manos del prior de La Mejorada, en presencia de Fernando. La reina concedió la libertad a todos sus esclavos personales —entre los que sin duda había negros de África, bereberes, isleños de Canarias y hombres y mujeres musulmanes apresados en Málaga y en Granada.[71] Su cuerpo fue llevado a Granada y enterrado allí en la capilla real la nueva catedral el 18 de diciembre. Su ex confesor, el arzobispo Talavera, presidió la ceremonia. Posteriormente, el brillante artista florentino Domenico Fancelli esculpió su efigie para su magnífica tumba.

Isabel fue una gran reina. Con la ayuda de su esposo Fernando logró la paz en el interior del país, y apaciguó a la nobleza. Bastarían sus reformas eclesiásticas para que fuese recordada por su inteligencia y su visión de futuro. Eligió a sus consejos inteligentemente. La Castilla de 1504 hubiese sido irreconocible para cualquiera que recordase la de 1474. Su reputación contribuyó a la unidad del reino. Su apoyo a Colón fue esencial para hacer posible la «empresa» de las Indias. Con la ayuda de su esposo, fundó instituciones duraderas. Para ella, la Iglesia y el cristianismo equivalían a la verdad misma. Pedro Mártir la llamó «este espejo de virtudes, refugio de los buenos, azote de los malos que en el transcurso de tantos años acometían a toda España [...]», y añadió que «bajo el cuerpo de mujer, llevó siempre un espíritu viril».[72]

Pero las grandes reinas, al igual que los grandes hombres, cometen grandes errores. El hecho de que, en sus últimos años, desde 1493 hasta 1504, se apoyase en el cardenal Cisneros, se tradujo en tanta intolerancia como virtud. De ahí que apoyase a la Inquisición y la expulsión de judíos y musulmanes. La efigie de su tumba de Granada refleja una tranquilidad que no logró en toda su vida. La muerte de su único hijo, de una de sus hijas y de su nieto, así como la impredecible conducta de Juana la Loca ensombrecieron su ánimo. Tuvo tantos motivos para el sufrimiento como para la celebración.

CAPÍTULO 17

Los hijos deben obedecer siempre a sus padres

> Rey Fernando: «A ti, hija mía, como la señora del reino, debes elegir el lugar donde prefieres que vayamos.» La reina le replicaba: «Los hijos deben obedecer constantemente a sus padres.»
>
> Pedro Mártir, 1507

La muerte de la reina Isabel en noviembre de 1504 sumió a sus reinos en la confusión y durante casi dos años cundió el temor de que volviesen los aciagos días anteriores a su reinado. El problema radicaba en que Fernando de Aragón había sido también rey de Castilla mientras su esposa vivió. Pero tras su muerte no podía reivindicar la Corona de España, que estaba en manos de Felipe y Juana.

Sin embargo, parte de las dificultades las originó la propia Isabel, porque su testamento era confuso. Respecto a la regencia de Castilla después de su muerte, el codicilo dictado por la reina contradecía el testamento. ¿Quién debía gobernar en nombre de Juana, a la que se consideraba incapaz de hacerlo?, ¿Fernando, Felipe de Flandes o el cardenal Cisneros?[1] Fernando había alzado sus banderas por Juana como «la reina propietaria», como fue proclamada. Pero él, a su vez, había sido nombrado «gobernador» y «administrador».

El rey regresó al monasterio de La Mejorada, cerca de Medina del Campo, el 10 de diciembre y luego se dirigió a Toro, donde permaneció hasta el 19 de abril de 1505, con objeto de asistir a las Cortes de Castilla. Entretanto, Felipe y Juana se encontraban en Flandes, el principado, rebosante de riquezas y creatividad, de los Habsburgo, que el emperador Maximiliano, el padre de Felipe, heredó de su difunta esposa María de Borgoña.

En la confusión, sin que nadie supiese a ciencia cierta quién reinaría en Castilla, se produjeron disturbios en las ciudades; los nobles se apoderaron de poblaciones a las que no tenían derecho; los concejos municipales, escindidos en facciones, quedaron paralizados; la gente trató de influir en Juana y Felipe, y ni siquiera los hombres más honestos sabían qué postura adoptar.[2] Durante unos pocos meses, pareció que el país estuviese repleto de hombres fuertes. De repente, parecía estar poblado de enanos vacilantes. El gran cortesano Juan Manuel, ex embajador de Fernando e Isabel ante Maximiliano, y aristócrata español de sangre real, fue el organizador en Flandes de un bando favorable a Felipe, mientras que el duque de Alba y el conde de Tendilla se posicionaron firmemente del lado de Fernando, que contó también con el respaldo de su primo, el marqués de Denia, del conde de Cifuentes y de Pedro Fajardo, el adelantado de Murcia. Pero Felipe no tardó en contar con el apoyo del conde de Benavente, del marqués de Villena y de los duques de Nájera y de Medina-Sidonia, que temían a Fernando (el «viejo catalán», como lo llamaban) como un rey potencialmente fuerte que, si podía, recortaría su poder aún más. El condestable Velasco, el almirante Enríquez y el duque del infantado, jefe de los Mendoza, adoptaron una calculada posición de neutralidad, aliándose entre sí e invocando el nombre de Isabel, pero sin comprometerse con Fernando ni con Felipe.[3] Juan Manuel envió un representante, el señor de Veyere, con objeto de captar más miembros de la nobleza para su bando y, por medio de promesas y concesiones, y utilizando el argumento de que Fernando podía ser un rey fuerte —perspectiva nada deseada—, consiguió importantes adhesiones.

El 11 de enero de 1505, se leyó el testamento de Isabel ante las Cortes reunidas en Toro, que declararon ley la voluntad de la reina y tomaron juramento a Fernando como «administrador y gobernador» y acordaron que, si Juana era declarada incapacitada por enfermedad, Fernando sería nombrado regente permanente, e informaron a Felipe de la decisión. De inmediato se acuñaron monedas con el lema: «Fernando y Juana, rey y reina de Castilla, León y Aragón.»[4] Pese a ello, muchas personalidades, al ver el sesgo que tomaban los acontecimientos, fueron a Flandes o enviaron mensajeros para recabar el favor de Felipe y Juana, que expresaron su enojo por el fortalecimiento de la posición de Fernando. El cambio fue completamente inesperado, porque eso no era lo que Isabel hubiese deseado (detestaba a su yerno Felipe), y el movimiento de tantos aristócratas hacia el bando de Felipe sólo se explica a la luz del odio que sentían desde hacía mucho tiempo hacia Fernando. A finales de abril, Fernando partió hacia Segovia (pasando por Arévalo), donde permaneció casi ininterrumpidamente hasta mediados de octubre.

De nuevo, la cosecha fue desastrosa. En Castilla el trigo se vendía a 375 maravedís la fanega, mientras que en Extremadura volvió a subir hasta los 600 maravedís. Como quiera que Fernando seguía albergando el deseo de tener un hijo varón, decidió contraer nuevo matrimonio —para asombro de unos y escándalo de otros—, con la sobrina del rey Luis de Francia, Germana de Foix. La boda se celebró el 22 de marzo de 1506, en Valladolid.[5]

Este matrimonio supuso un giro de ciento ochenta grados en la habitual política de alianzas de Fernando contra Francia. Fernando parecía albergar la esperanza de que, por lo menos, la Corona de Aragón pudiera salvarse de caer en manos de una familia extranjera, los Habsburgo, como sucedería si no tenía un heredero varón. Germana era por entonces una bonita joven de dieciocho años y Fernando tenía cincuenta y cuatro, por lo que parecía probable que pudiesen tener herederos. Además, Germana era navarra, un hecho que ayudaría a Fernando en su política respecto al reino de su pretendida esposa, un reino que ambicionaba conseguir. Fernando impuso la condición de que las capitulaciones matrimoniales incluyesen la renuncia de Luis a toda reivindicación sobre Nápoles, de modo que Nápoles vino a ser la dote de Germana. Si Germana moría sin descendencia, los franceses podrían replantear su reivindicación. Dicho esto, el matrimonio ponía en peligro la unión de los reinos de Aragón y Castilla, que con tanto celo habían logrado los Reyes Católicos. Sin embargo, un heredero varón hubiese garantizado que, por lo menos Aragón, siguiese en manos de un soberano español, y no en las de un Habsburgo. Para el patriotismo español de Fernando, la apuesta debió de merecer la pena.

Con nuestra actual perspectiva, no parece aventurado suponer que debió de producirse un grave enfrentamiento entre el rey Fernando y su yerno Felipe sobre determinados aspectos de política general (la cuestión de Nápoles ya los había dividido). Pero, en septiembre de 1505, Felipe, que seguía en Flandes y deseoso de romper con el pasado, suspendió la Inquisición en Castilla, y Fernando cursó de inmediato una queja al papa.[6]

Fernando consiguió llegar a un acuerdo (la llamada Concordia de Salamanca) con el señor de Veyre y Andrea del Burgo, representantes de Felipe. Las Cortes juraron en Toro acatamiento a Juana y a Felipe como «reyes propietarios» en su ausencia, y a Fernando como «gobernador perpetuo».[7] El 7 de enero de 1506, Felipe y Juana embarcaron en Flessinga rumbo a España. Teniendo en cuenta que los Países Bajos eran el primer comprador de lana de Castilla, y Castilla uno de los mejores mercados para la exportación de productos de los Países Bajos, el acuerdo era lógico.

En cuanto a la Inquisición, el nuevo inquisidor general (Cisneros había dejado el cargo), el arzobispo Deza, viejo amigo de Colón, escribió al año siguiente a Felipe y a Juana que suspendía «todos los procedimientos pendientes aquel año en Sevilla y otras ciudades hasta que Vuestras Altezas hayan considerado qué desean hacer en relación con este negocio de la Santa Inquisición», que «placiendo a Dios, se hará en breve tiempo».[8] Con todo, en junio de 1506, Deza dijo en Astorga que la suspensión del Santo Oficio sólo afectaba a los procesos penales, y que los civiles continuarían.[9]

Felipe y Juana naufragaron frente al litoral inglés y no llegaron a La Coruña hasta el 26 de abril de 1506. Permanecieron en la ciudad gallega durante un mes, recuperándose del viaje, hasta el 28 de mayo. Probablemente desembarcaron allí para evitar encontrarse con Fernando en Laredo o en cualquier otra población de la costa norte de Castilla. La Coruña era ya por entonces una ciudad importante que disponía de un excelente puerto. Con su habitual tendencia a la exageración, Pedro Mártir comentó que «su puerto no conoce igual. Tiene capacidad para todas las naves que surcan por los mares».[10] Muchos nobles acudieron a saludar a aquellos monarcas —si es que cabe considerarlos así—, como el duque del Infantado, el almirante Fadrique Henríquez, e incluso el condestable Velasco, que había estado dudando acerca de a quién apoyar. Muchos obispos, incluyendo a Cisneros, expresaron también su lealtad a Felipe. Colón escribió una obsequiosa bobada para explicar por qué no había ido a saludarlos.[11] La posición de Fernando como gobernante de Castilla parecía estar desmoronándose con gran rapidez.

Según Pedro Mártir, Felipe era «más duro que el diamante»,[12] algo que, en su opinión, no era un defecto tratándose de un rey. También opinaba que no había en este mundo nadie más agradable que Felipe, ni tan valiente ni apuesto. Su porte era maravilloso y su sutileza impresionante.[13] Además, todo rey de España podía contar con la lealtad de sus nobles. Ya hacía tiempo que Felipe había afirmado, con gran pesar por parte de Juana, «la acostumbrada libertad del soberano respecto de su esposa».[14] Por otra parte, Felipe soñaba con someter Portugal al dominio español, una ambición que podía albergar cualquier flamenco de sangre caliente que ignorase las diferencias que existían entre ambos países.

El rey Fernando hizo por entonces un curioso viaje. Resuelto a entrevistarse con Juana y Felipe, el 28 de abril salió de Valladolid hacia Dueñas, Torquemada, Palencia, Carrión de los Condes, Sahagún y León, desde donde envió emisarios a su yerno y a su hija. Uno de los emisarios fue Pedro Mártir, quien, según su propio relato, trató de convencer a Felipe de que no se enfrentase a su suegro.[15] Siguió un complicado periplo a lo largo del cual Fernando visitó muchos lugares que ningún monarca había visitado anteriormente, ni volvería a visitar.[16] Finalmente, en la zona más occidental de Castilla, el 20 de junio, en una alquería de Remesal, en el valle de Sanabria, cerca de la frontera portuguesa, se entrevistó con Felipe, quien por su parte había llegado hasta allí tras un viaje más lento pero más directo, desde La Coruña, cruzando Galicia, pasando por la espléndida Betanzos, la soberbia Santiago, la curiosa Ribadavia, con su desierta judería, la agradable Orense, con sus sagradas aguas termales, junto al Miño, y Sanabria.[17]

Felipe llegó al remoto lugar del encuentro, en Remesal, con un ejército, y Fernando con paciencia. Es posible que Juana, que hablaba francés, ya que había pasado diez años en Bruselas, actuase como intérprete como hizo en 1502 durante su primer viaje con Felipe a España.[18] Fernando y Felipe convinieron que, contrariamente a lo estipulado por Isabel en su testamento, no sería prudente esperar que Juana gobernase. Fernando aceptó que, en adelante, su yerno Felipe fuese quien ejerciese todo el poder en Castilla; se dirigió a Villafáfila, un pueblo de Zamora, donde el 27 de junio accedió a abandonar la regencia de Castilla en favor de sus «queridísimos hijos», Felipe y Juana, y a abandonar el reino. Incluso el conde de Tendilla en Granada empezó, por interés propio, a decantarse del lado de Felipe. Fernando se dirigió entonces a Tudela del Duero y Renedo, donde el 5 de julio volvió a reunirse con Felipe y Juana, que habían llegado hasta allí pasando por Benavente y Mucientes. Fernando aceptó retirarse a Aragón donde, de inmediato aunque en secreto, denunció el acuerdo de Villafáfila.[19] Su retirada fue un acto de realismo y no lo que él había querido. Quizá tuvo la intuición de que podía ser depuesto. Sin embargo el movimiento de tantos nobles hacia el otro bando debe de haber sido para él difícil de soportar. Viajó protegido por los lanceros del duque de Alba, un servicio que nunca olvidó; en adelante, el duque podría contar con el rey para cuanto quisiera.

Felipe asumió el poder como Felipe I de Castilla. Fue a Valladolid, que por entonces era prácticamente la capital, y el 12 de julio fue confirmado por las Cortes. Los procuradores juraron lealtad a Juana como «reina titular»; a Felipe, como su esposo, y a su hijo de seis años, Carlos, que estaba en Flandes, como su heredero. Juan Manuel, que con tanto afán se había procurado el favor de Felipe en Flandes, y que era un maestro de la intriga, sería su privado. «Tan astuto como enérgico», afirmó de él el historiador del papado.[20] Fonseca no había desertado nunca del bando de Fernando y optó entonces por abandonar su cargo al frente de los asuntos de las Indias y se retiró a su obispado de Burgos. Su secretario, López Conchillos, a quien Mártir consideraba «bondadoso y hábil, de lealtad probada a la familia real», fue encarcelado y torturado en el castillo de Vilvorde.[21] Había sido secretario de la reina Juana y, con Fonseca, se confabuló para impedir que Felipe ascendiese al poder.

Felipe y Juana permanecieron en Valladolid hasta el 31 de julio y fueron entonces hasta Cogeces de Iscar, un pueblo situado entre Valladolid y Segovia, y permanecieron allí hasta el 8 de agosto. Juana temía que, si se quedaba en el castillo de la población, la encerrasen, y se negó a quedarse. Juana y su esposo se dirigieron entonces a Tudela de Duero, donde pasaron tres semanas (esta población había tenido un bonito barrio judío ahora vacío). Felipe ordenó al arzobispo Deza volver a Sevilla y delegar sus poderes como inquisidor general en el obispo de Catania, Diego Ramírez Guzmán.[22] La joven pareja real fue entonces a Burgos. Fernando, por su parte, se encontraba ya en Barcelona; permaneció allí un mes y el 4 de septiembre marchó a Italia, donde, pese a los muchos desvelos que le dedicaba, nunca había estado. Quería reorganizar la estructura política de Nápoles y evitar que el Gran Capitán, de quien, según se decía, sentía celos por sus asombrosos logros, siguiese conservando tanto poder. Además, tenía el propósito de sustituir a varios funcionarios aragoneses de Nápoles. En adelante, el Consejo Colateral de Nápoles quedaría en principio formado por dos juristas, los *reggenti*, ambos aragoneses.[23]

Han quedado pocos testimonios de la temporada que Felipe y Juana pasaron en Burgos. El rey Felipe jugaba a la pelota en el monasterio cartujo de Miraflores. Solía esforzarse demasiado y, el 25 de septiembre, bebió agua helada después de jugar y, al cabo de unas horas, empezó a sufrir unos temblores que se agravaron. Antes de anochecer había muerto. Tal como lo expresó un biógrafo de Juana, el conquistador fue conquistado.[24] Su funeral se celebró al día siguiente en el propio monasterio de Miraflores, un lugar demasiado austero para que un dandi fuese a morir allí. Se difundió la especie de que el rey había muerto envenenado por un tal Luis Ferrer, un caballero asignado al servicio personal de Felipe, siguiendo órdenes de Fernando. Pero eso resulta inconcebible. A pesar de su entusiasmo por sus posesiones italianas, Fernando era un cristiano.

La noticia de la muerte del joven rey provocó nuevos disturbios y muchas dificultades, porque Juana, que entonces tenía veintisiete años, enloqueció de dolor —al margen de cuál fuese realmente su estado anterior—, y su padre, el rey Fernando, se encontraba de viaje por distintas poblaciones (Palamós, Port Vendres, Colliure y Toulon). Cuando Felipe murió se hallaba en Savona, cerca de Génova, la población portuaria en la que el padre de Colón, Domenico, había tenido una posada.

Juana no estaba por entonces clínicamente loca. Pero procedía de una familia que había sufrido muchas depresiones, y el recuerdo de su abuela, Isabel de Portugal, que vivió tanto tiempo sola en Arévalo, debió de asaltarla a menudo. Juana padecía lo que Pedro Mártir llamó «turbulencia mental» y, ciertamente, se había comportado en ocasiones de manera incontrolable, como cuando insistió en quedarse en el patio del castillo de la Mota por temor a que la encarcelasen, o cuando le hizo cortar a una bonita joven su melena rubia por sospechar, acaso acertadamente, que su esposo se interesaba por ella.[25] Además, había rehusado los ofrecimientos de su hermana, Catalina de Aragón, para procurarle un tratamiento, cuando estuvo en Inglaterra. Con todo, durante los años que pasó en los Países Bajos, se mostró como una persona resuelta. Era culta, y aprendió mucho con el humanista Geraldini, que fue nombrado su tutor por la reina Isabel. Aprendió francés. Fue una buena enfermera para Felipe, y le dio seis hijos, que llegaron todos a adultos (aunque quizá esto no fue para ella un consuelo tan grande como su hijo menor, Fernando, pudo pensar).[26]

Pero tras la muerte de Felipe, Juana cayó en la apatía, la indecisión, el mutismo, el descuido de su persona, y pasaba días sin comer. Nadie conseguía entablar con ella una conversación coherente. Puede que no estuviese loca en el sentido moderno del término, si es que tiene alguno. Pero en 1506 era incapaz de gobernar, y el hecho de que, tras el traslado del cadáver de su esposo desde el monasterio cartujo de Miraflores a Granada aquel invierno, fuese recluida en un monasterio parece comprensible, aunque el trato que le dispensaron, por ejemplo, el «odioso» guardián aragonés Luis Ferrer, el hombre de quien se sospechaba que había sido un asesino, e incluso el marqués de Deza, primo de Fernando, parece que fue cruel e inhumano.[27] La vida de Juana la Loca es una de las más trágicas de la historia. Una princesa bonita y culta, hija y potencial heredera de la más grande de las reinas, casada con el heredero de un imperio, pareció elegir la soledad, el silencio y la enajenación.

El Consejo del Reino de Castilla afrontó la crisis de la muerte de Felipe y de la incapacidad de Juana con inesperada serenidad. Se nombró una regencia provisional bajo la presidencia de Cisneros, apoyado por el condestable Velasco, el duque de Alba, el más íntimo amigo de Fernando, y el duque del infantado. Pensaron dejar la administración del reino en manos del Consejo. Por otro lado, los «flamencos», los antiguos valedores de Felipe —el duque de Nájera, el marqués de Villena y Juan Manuel— apelaron al emperador del Sacro Imperio Romano de Occidente, Maximiliano, el padre de Felipe, para que asumiese la regencia en nombre de Carlos de Gante, hijo mayor de Felipe y Juana, el heredero varón de la Corona de Castilla (y, a la larga, de la Corona de Aragón, salvo que la reina Germana tuviese un heredero). Estos intrigantes trataron de secuestrar al segundo hijo de Felipe y Juana, el infante Fernando, que se encontraba en el castillo de Simancas, pero no lo lograron.

La ya anciana marquesa de Moya, Beatriz de Bobadilla, entretanto, tomó el alcázar de Segovia, y el viejo rebelde de los años ochenta en Galicia, el conde de Lemos, sitió Ponferrada. El cardenal Cisneros destacó entonces un contingente de cien jinetes a Burgos para proteger a Juana, que se hallaba en el castillo, porque, dadas las circunstancias, era más una prisionera que una reina. El duque de Medina-Sidonia, por ejemplo, sitió Gibraltar, población de la que había sido desposeído por la Corona en 1502 y que estaba defendida por el alcaide Garcilaso de la Vega, quien, a su vez, pidió ayuda a los nobles de las inmediaciones. Desde Granada, el conde de Tendilla organizó una expedición para romper el cerco, pero el marqués de Priego se negó a ayudarlo hasta que Juana se lo ordenó. Dicha orden fue difícil de cumplir pero Tendilla logró su objetivo. El marqués de Medina-Sidonia formó entonces una alianza con el arzobispo de Sevilla (Deza), Priego y los condes de Ureña y Cabra, que anunciaron su propósito de liberar a Juana del control de Cisneros. El arzobispo Deza volvió a desempeñar el cargo de inquisidor general (incluso defendió al cruel inquisidor, Lucero, contra quien se habían producido disturbios en Córdoba. El imperio de la ley de la Corona estaba en precario en todas partes. Pero entonces, Juana, en un momento de lucidez y aconsejada por el cardenal, anuló todos los decretos de su esposo, sobre todo respecto al tema de la Inquisición.

Por si fuera poco, aquél fue de nuevo un año desastroso para la producción de alimentos en España. El trigo se vendía a casi 250 maravedís por fanega en comparación a los menos de cien que costaba en 1501.[28] Parece ser que, sólo en el mes de octubre, llegaron a España ochenta barcos con cereales procedentes de Flandes, Bretaña, norte de África, Sicilia e Italia.[29] Luego, varios navieros vascos fletaron trigo desde Flandes, y siguieron otros, como los mercaderes genoveses Bernardo Grimaldi, Giuliano Lomellini, Francesco Doria, Gaspare Spinola y Cosmo Ripparolo (Riberol), grandes nombres del comercio genovés, muchos de ellos vinculados ya al comercio con las Indias o que pronto lo estarían.[30] (Bernardo Grimaldi, viejo valedor de Colón, le entregó al rey treinta mil ducados, en enero de 1507, a cambio del derecho a ser considerado castellano y poder comerciar libremente con América. Fue el único extranjero a quien se le concedió este privilegio, aunque en la práctica le sirviese de poco.)[31]

La confusión económica y política favoreció a Fernando, que viajó tranquilamente desde Savona a Génova, y luego a Portofino, en cuya encantadora bahía recibió un mensaje urgente del Consejo de Regencia de España pidiéndole que regresara de inmediato para ejercer como gobernador. Pero, con la calma que lo caracterizaba, Fernando continuó hacia Nápoles, y prometió incorporarse en el futuro al gobierno de Castilla si es que era considerado necesario y aprobar aquellas medidas que el Consejo pudiese adoptar. Dirigió al alto organismo una declaración en la que aceptaba que Cisneros fuese el regente hasta que él regresase. Asimismo, nombró al conde de Tendilla virrey de Andalucía y al duque de Alba su lugarteniente en Castilla. Estas dos personalidades, junto al duque del infantado y a Velasco, se comprometieron entonces plenamente con Fernando. Sin embargo, fue Cisneros quien hizo posible superar la crisis. Juana permaneció en Burgos hasta finales de año. El gran cardenal hizo por entonces gala de todo su talento. Nunca se inhibió de tomar decisiones, se sentía a sus anchas en el ejercicio de toda autoridad, y disfrutó con el desempeño del cargo.

Fernando llegó a Nápoles el 27 de octubre, aunque aguardó hasta el 1 de noviembre para hacer su entrada oficial solemnemente con la reina Germana, y fue honrado por el Gran Capitán, a quien no tardaría en destituir.[32] El rey permaneció en Nápoles hasta el 31 de mayo de 1507, quizá porque comprobó que todos los elogios que había oído acerca de la ciudad eran justificados. Claramente, estaba muy satisfecho de ser el monarca del lugar. Creía que se debía concentrar en los asuntos mediterráneos, y no en los atlánticos.

Entretanto, el duque de Alba y el condestable Velasco fueron sofocando paulatinamente distintas rebeliones. De nuevo, los ex lanceros fueron una fuerza decisiva para Fernando. Y, en el invierno de 1506, el duque del infantado logró, en Toledo, concertar la paz entre distintas facciones. El conde de Tendilla consiguió lo mismo en Andalucía, tras asegurarse la lealtad a Fernando de las ciudades portuarias de Málaga, Gibraltar y Cádiz. La reina nominal, Juana, empezó a viajar por sus supuestos dominios, pero sin consecuencias de ningún tipo.

Fernando aguardó hasta que sus aliados hubieron restablecido su posición y, el 5 de junio, salió de Nápoles. Pasó por Gaeta, Portovenere, Génova, Savona (donde se entrevistó con el rey Luis XII de Francia), y desde allí se dirigió a Cadaqués, Tarragona, Salou y, finalmente, el 20 de julio recaló en el Grao de Valencia. Lo acompañó el Gran Capitán, a instancias del conde de Ribagorza, sobrino del rey por vía materna (debido al matrimonio de su padre con Juana Enríquez, Fernando tenía muchos parientes de talento a quienes podía confiar cargos de responsabilidad). Fernando abrazó al Gran Capitán como si fuese «su parigual».[33] pero esta actitud adulatoria duró poco, y la Corona no volvió nunca más a encomendar una misión al célebre jefe militar. Fernando no se detuvo en Ostia para entrevistarse con el papa Julio II, pese a que éste se había desplazado hasta allí con el único objeto de entrevistarse con él.[34] Lo que sí hizo Fernando fue organizar una entrada solemne en Valencia, el 25 de julio.[35] El adelantado de Murcia, el más espléndido noble de la región, fue a recibirlo con quinientos jinetes. Luego Fernando volvió a entrar en Castilla, por Monteagudo, el 21 de agosto, donde reanudó las tareas de gobierno en nombre de Juana. La mayoría de la población lo aceptó como regente. Luego se dirigió a Burgos y se detuvo en Aranda de Duero, Tortolés, en donde se encontró con Juana el 29 de agosto, Santa María del Campo (donde permaneció desde el 4 de septiembre hasta el 10 de octubre), y Arcos (donde Fernando volvió a ver a Juana y le presentó a su nueva esposa, la reina Germana). Llegó a Burgos el 11 de octubre, donde permaneció hasta principios de febrero de 1508. En el curso de la única conversación relevante que, al parecer, mantuvieron padre e hija, Fernando le dijo: «A ti, hija mía, como la señora del reino, corresponde elegir el lugar donde prefieras que vayamos.» Juana se limitó a contestarle: «Los hijos deben obedecer constantemente a sus padres.»[36]

Todos estaban de acuerdo entonces en que Juana nunca sería capaz de gobernar y en que Fernando debía ser regente durante la minoría de edad de su nieto Carlos. Los secretarios aún se referían a la hija de Fernando como «la reyna Dña Juana», pero las cartas eran escritas por orden de Fernando y su hija seguía recluida en Tordesillas. Los nobles tuvieron entonces que elegir entre volver a apoyar a Fernando o, al igual que Juan Manuel, tratar de congraciarse con los flamencos que, muy probablemente, representarían en el futuro un papel importante en la política española, ya que el heredero, tanto de Juana como de Fernando, era Carlos de Gante, que entonces estaba siendo educado por la inteligente e interesante ex nuera Margarita, hermana del difunto Felipe y viuda del infante Juan.[37]

Fernando revitalizó entonces su grupo de consejeros para asuntos de las Indias. Decretó que toda comunicación acerca de sus dominios en las Américas pasara primero por el obispo Fonseca, que había mantenido las distancias eficazmente durante el reinado de Felipe; o por Conchillos, que ya había salido de la cárcel, donde había sufrido tanto. Fonseca era miembro del Consejo de Castilla, que tenía carácter colegiado, pero acerca de las Indias actuaba con gran autoridad e independencia.

¿Cabría aventurar que Fonseca y Conchillos formaban ya un incipiente Consejo de las Indias? No realmente, porque los otros miembros del Consejo de Castilla, García de Múgica, Francisco de Sosa, obispo de Almería, Fernando Tello, un abogado sevillano, y el abogado Juan López de Palacios Rubios[36] eran responsables de asuntos judiciales, tanto de Castilla como de las Indias. Sin embargo, Fonseca y Conchillos eran esenciales para la administración y, mientras el rey Fernando vivió, actuaron con una independencia casi absoluta. Aunque se saltaban muy a menudo las normas (como demostraría la lista de las encomiendas en La Española en 1514),[37] fueron eficientes. Así, por ejemplo, crearon un nuevo servicio postal con correos a caballo, diseñado según las innovaciones introducidas en la Casa de Contratación entre Sevilla y la corte, que tardaba sólo cuatro días, inspirando una medida en virtud de la cual toda ciudad debería disponer de una embarcación lista para cruzar el río «a cualquier hora que llegue [el correo], sin ninguna dilación».[38] El rey confiaba en ellos; tenía el don de saber delegar con eficacia.

A principios de 1508 se había restablecido la normalidad en Castilla, pero el período que medió desde la muerte de Isabel fue largo y rico en acontecimientos. El primero, y el más importante, respecto a la historia de las Indias, fue la muerte de Colón. Sus últimos meses resultaron muy duros. Como se recordará, había vuelto a Sevilla después de su cuarto viaje a las Américas, pocos meses antes de la muerte de la reina. Había pensado dirigirse a la corte que suponía que, tarde o temprano, estaría en Valladolid. Para llevarlo hasta allí, fue autorizado a utilizar la misma camilla en la que fue transportado el cuerpo del cardenal Hurtado de Mendoza a la catedral de Sevilla para ser enterrado: «Si viajo en la misma camilla, espero que sea por el camino de plata [el camino real del norte de Sevilla]», le escribió Colón a su hijo Diego, diciéndole, unas semanas después, que no le habían pagado nada por su último viaje y que, por consiguiente, era tan pobre que «vivía de préstamos» (una exagerada subestimación de su situación económica). Confiaba en que Diego pudiese informar en la corte, al arzobispo Deza y a Cabrera, de sus dificultades.

Como de costumbre, Colón retrasó el viaje. Hasta mayo de 1505, seis meses después de la muerte de Isabel, no partió hacia la corte, acompañado de su hermano Bartolomé y llevando mucho equipaje. El rey y la corte habían salido a su vez de viaje y fue difícil darles alcance. Pero el Almirante no abandonó su objetivo. En junio de 1505 le escribió al rey diciéndole: «El gobierno y las posesiones que tenía eran el caudal de mi honor; fui injustamente expulsado de ellas; muy humildemente supplico a Vuestra Alteza que ordenéis que le sea entregado a mi hijo el gobierno que yo tuve.»[39] El rey recibió a Colón cortésmente en agosto, pero, según Fernando Colón, fue una cortesía traicionera, porque era obvio que estaba decidido a establecer su propio control de las Indias. Fernando propuso a Colón unas nuevas capitulaciones. No obstante, durante un tiempo, la idea se dejó a un lado debido a la necesidad que tenía Fernando de preparar la visita de su yerno Felipe.[40] El Almirante escribió también a Felipe y a Juana rogándoles que lo considerasen su leal vasallo y servidor.[41]

El 20 de mayo de 1506 Colón murió en Valladolid a la edad de cincuenta y siete años. Quizá de agotamiento, aunque no parece probable. Su gota lo debilitó. Su testamento, en el que básicamente mencionaba a sus amigos genoveses, al lado de sus hijos, llevaba fecha del día anterior. En el codicilo volvió a referirse a que los territorios que le correspondían empezaban a «cien leguas» del oeste de las Azores y de las islas de Cabo Verde.[42] Cualquiera hubiese dicho que jamás había oído hablar del Tratado de Tordesillas.

El cuerpo de Colón fue enterrado en Valladolid. Pero, en 1509, fue trasladado al monasterio cartujo de Las Cuevas, en Sevilla; posteriormente, a Santo Domingo; luego a La Habana y desde allí de nuevo a Sevilla, donde probablemente reposa en su grandioso sepulcro del siglo XIX, en la catedral.[43]

Los éxitos de Colón fueron «maravillosos», por usar su palabra favorita. Había convencido a la Corona española para que apoyase una expedición concebida por él, y que condujo a la conquista y la colonización de la mitad del continente americano por parte de España. Murió todavía convencido de que el vasto continente que se encuentra al sur del Caribe, y que Américo Vespucio llamó el Nuevo Mundo, era parte de Asia. Pero tampoco creía que Norteamérica existiera. Además de un marino excepcional fue un hombre de gran visión y determinación. Consiguió convencer a los monarcas de Castilla para que llevasen a cabo algo que, en principio, no tenían la menor intención de hacer. Es fácil aventurar que, de no haber sido Colón, cualquier otro hubiese descubierto el Nuevo Mundo, ya que nada era más natural que navegar hacia el oeste, una vez que se supo que la Tierra era redonda. Pero no siempre se hace lo más obvio.

Durante gran parte del último período de su vida, Colón estuvo preocupado por lo que imaginaba que iba a suceder tras la esperada llegada a la Tierra del anticristo y del día del Juicio Final. En 1498, mientras planeaba que le fuese concedido a su hijo un mayorazgo, institución del derecho civil que tenía por objeto perpetuar en la familia la propiedad, expresó su esperanza de reconquistar Jerusalén, una esperanza que aparecía como un «mandato» al comienzo de uno de sus libros favoritos: *Los viajes de Mandeville*. En su *Libro de las profecías*, de 1501, escribió a los Reyes Católicos que Jerusalén y el monte Sión en esta ciudad santa serían reconstruidos por manos cristianas y que, tal como profetizó el abad calabrés Joachim del Fiore, tales tierras estaban destinadas a ser españolas.[44] Colón fue un soñador. Si hubiera vivido más años, probablemente se habría consagrado más a sus planes sobre Jerusalén que los que tuviese respecto a las Indias. Pero su magnetismo atrajo el apoyo de los Reyes Católicos, en parte porque era un visionario. En su época se dispensó un gran favor a sor María de Santo Domingo, la «beata de Piedrahíta», hermana tercera de la orden dominica y que, gracias a Cisneros, se convirtió en visitadora de los monasterios de los monjes dominicos de Castilla. Colón debió de parecerles un personaje comparable.

A pesar de sus propias dificultades, Fernando escribió a Ovando para asegurarse de que el oro y otros ingresos que correspondían a Diego Colón le fuesen entregados. Al fin y al cabo, era el nuevo almirante y había formado parte de la corte durante casi toda su vida.[45] Colón no murió pobre, por más que se quejase: sus propiedades en La Española eran considerables, y había disfrutado de saneados ingresos procedentes de muchas concesiones. El 26 de noviembre de aquel mismo 1506, Fernando le escribió al joven Diego lamentando las dificultades que había tenido y reiterándole su amistad;[46] una amistad que no tardaría en revelarse muy útil, y de un modo sorprendente.

CAPÍTULO 18

Deberíais enviar cien esclavos negros

> El gobernador me escribió que le habíais enviado diecisiete esclavos negros y que deberíais enviarle más. Paresceme que se deben enviar a complimento de cien esclavos negros y una persona de vuestra confianza.
>
> El rey Fernando, en 1507

La confusión política en Castilla dejó a Ovando con las manos libres en La Española. El gobernador se comunicaba regularmente con Fonseca, pero sólo con él. Encontró un amigo y aliado en Cristóbal de Santa Clara, al que nombró primer contable de la colonia después de la muerte de Pedro de Villacorta. Santa Clara era un converso reciente. Su padre, David Vitales, había sido un conocido comerciante judío de Zaragoza, y el cadáver de su madre, Clara, fue enterrado como perteneciente a una hereje en 1495.[1] Pero este dudoso origen no le impidió —como tampoco a sus hermanos Bernardo y Pedro— llevar una próspera vida profesional en las Indias. Cristóbal era conocido por sus extravagancias: en cierta ocasión ofreció una cena en Santo Domingo e hizo disponer saleros llenos de polvo de oro.

El éxito del brutal pero eficaz gobierno de Ovando propició que la población española de la isla pasase de trescientas a varios millares de personas, lo cual se debió, en parte, a lo que le Corona había dicho en febrero de 1504: «Nuestra voluntad era, y sigue siendo, poblar y ennoblecer esas islas con cristianos.» Esto, a su vez, permitió a los residentes llevar a la isla, libres de impuestos, todo tipo de prendas de vestir, ganado, animales de tiro, semillas, alimentos y bebidas necesarios para el mantenimiento y el desarrollo de la colonia. Sólo estaban excluidos de esta concesión los esclavos, los caballos, las armas, y los objetos de plata u oro.[2] Andalucía era la principal fuente de esta emigración. Ovando no tardaría en pedir que cesase la llegada de nuevos colonos porque, por el momento, no había más trabajo. Dos procuradores, Diego de Nicuesa y Antonio Serrano, regresaron a Castilla para tratar de desalentar la colonización y la población. Un procurador era, supuestamente, en el Nuevo Mundo igual que en el viejo, el representante de los ciudadanos en las deliberaciones del Consejo y el responsable de garantizar que, lo que allí se tratase, fuese por el «bien común». Nicuesa y Serrano tenían asimismo el encargo de los colonos de pedir la autorización del rey para importar esclavos de las islas vecinas como, por ejemplo, las Bahamas, llamadas entonces las Lucayas o «islas inútiles de las que ningún provecho se espera». Se consideraban «inútiles sólo porque no había oro, pero los nativos que las habitaban eran de la misma etnia que los taínos de La Española.

Ovando ya había empezado a organizar la isla, en la que entonces era la suprema autoridad, como si fuese una enorme hacienda. La cabaña de vacuno crecía rápidamente en los pastos que el descenso de la población india había dejado accesibles. Y también aumentó el número de caballos y el de cabezas de ganado de cerda. La yuca aportaba todo el pan de mandioca necesario. Ovando consiguió bueyes para ayudar a los nativos a transportar minerales desde su yacimiento a los barcos y se preocupó por el trazado de caminos.[3] Envió a España una sustancia semejante al caucho, así como raíces de rubia para la producción de tintes. A su vez, la Corona mandaba semillas confiando en que se desarrollase la producción de seda, gracias a las moreras plantadas.[4] Ovando creía también haber encontrado cobre cerca de Puerto Real, y no tardó en tener a «un industrioso extranjero» (probablemente, italiano) dedicado a trabajar en la prospección.[5]

Por entonces, los taínos apresados en las guerras de Higuey y Jaragua eran considerados esclavos y propiedad de quienes los capturasen. Ovando había conseguido la aprobación de esta interpretación en virtud de un decreto del 2 de febrero de 1504.[6] El gobernador convenció también a la Corona de que obtendrían más riquezas, a la larga, si se conformaban con sólo una quinta parte de los beneficios de las cosechas y de la producción de las minas de la colonia. Este «quinto» fue aceptado con carácter permanente en 1508.[7]

En La Española, a la conquista de Jaragua, en el oeste, siguió una nueva guerra en el este, cerca de Higuey, debido al incendio que se declaró en un fuerte de madera y a la muerte de ocho españoles de los nueve que allí había. Ovando envió una expedición de castigo al mando del sevillano Juan de Esquivel, que llevó como lugarteniente a Diego de Escobar, que llegó desde Concepción, y como segundo en el mando a Juan Ponce de León, miembro bastardo de la gran familia sevillana del mismo apellido y sobrino del pelirrojo Rodrigo, gran héroe de la guerra contra Granada.[8] Las fuerzas dirigidas por estos hombres se concentraron en Yayagua, cerca de Higuey (un total de cuatrocientos hombres además de algunos indios como porteadores o criados). Las batallas fueron desiguales debido a la superioridad de las armas españolas, sobre todo las espadas. Los cristianos trataron de acorralar a los indios como si de toros se tratase, para luego matarlos. Pero menudearon las escaramuzas. Algunos indios saltaban a los barrancos para tentar a los españoles a hacer lo mismo y muchas mujeres indias se mataron. Los españoles apresaron a Cotubanamá, el último de los caciques, y fue ahorcado en Santo Domingo. La mayoría de los prisioneros fueron reducidos a la condición de esclavos y utilizados como los conquistadores consideraron oportuno. Pero una quinta parte de los prisioneros fueron enviados a España como esclavos de la Corona.[9]

Con Higuey y el este de la isla aplastados y aparentemente tan sometidos a España como el oeste, Ovando se consagró a fundar ciudades, pues complacía a la Corona que «los cristianos que vivan en dicha isla no vivan dispersos». Ovando hizo suya esta aspiración, pues era consciente de que la dispersión que caracterizó a la época de Colón frustró toda esperanza de aplicar cualquier política de los monarcas.

Las nuevas comunidades españolas se construyeron en su mayoría cerca de los antiguos poblados taínos, y fueron llamadas villas, para diferenciarlas de «poblados». Las nuevas poblaciones, fundadas o confirmadas, fueron Bonao, Concepción de la Vega y Buenaventura, como sendos cuarteles generales para la búsqueda de oro; Puerto de la Plata (posteriormente Puerto Plata), la nueva población portuaria en la costa norte; Salvaleón de Higuey y Santa Cruz de la Haniguayana, cuarteles generales en el este de Ponce de León y Esquivel respectivamente; Puerto Real, cerca del enclave de fuerte Navidad, fundado por Colón; Lares de Guahaba, en el noroeste, y San Juan de la Maguana, cerca de la antigua capital del cacique Caonabó. También se fundaron las poblaciones de Azua de Compostela, a unos diecisiete kilómetros al suroeste de la actual Azua, la bahía donde se resguardó Colón en 1502. Santa María de la Vera Paz, Villanueva de Yaquimao, ambas cercanas a Jaragua, y, finalmente, en el oeste, Salvatierra de la Sabana, cuartel general del lugarteniente de Ovando, Diego Velázquez de Cuéllar.

Todas estas poblaciones fueron dotadas de consejeros, jueces, notarios y escudos de armas, como si de antiguas ciudades españolas se tratase. Dos de las poblaciones citadas, Concepción de la Vega y Buenaventura, tenían dos fundiciones en cada una de ellas. Como de costumbre,

Ovando trataba de implantar una versión revisada de la tradición peninsular. El principal elemento en la recuperación de la tierra de los musulmanes en España había sido la fundación de ciudades, por lo general enclaves cristianos edificados sobre los cimientos de los musulmanes. Ovando y otros conquistadores posteriores solían fundar una población cristiana en un poblado indígena, otorgarle cierto estatus jurídico y situar a los amigos en cargos municipales. Al igual que en Castilla, las poblaciones se construían en forma de rejilla, salvo en el centro, donde en la plaza principal se alzaban la casa del gobernador, el ayuntamiento, la iglesia y probablemente la cárcel. La ciudad dominaba el campo circundante. Las personalidades de la ciudad podían cultivar o utilizar (aunque no poseer) parcelas en los alrededores, pero debían vivir en familia cerca de la plaza principal.[10] No tardarían en verse, por toda la América española, poblaciones basadas en estos principios. A Ovando le fue concedido también el derecho de nombrar a todos los oficiales de las ciudades.

Entretanto, Santo Domingo tenía cada vez más aspecto de capital. La construcción de la ciudad, situada ahora en la orilla occidental del Ozama, casi había terminado. En 1507 se alzaba ya una fortaleza de piedra, la torre del Homenaje, diseñada por el arquitecto italiano Juan Rabé. Cuando, en agosto de 1508, un huracán de los que azotan Santo Domingo destruyó la mitad de la flota transatlántica y provocó grandes destrozos en la ciudad, el gobernador decidió sustituir las casas de techumbre de paja por casas de piedra: «Es nobleza desta villa e bien de la república hazer edificios de piedra», escribió Juan Mosquera, notario y concejal de la población. El artífice de las victorias en el este de la isla, Juan Esquivel, dijo lo mismo: «Es honra del pueblo.»[11] En 1509 había en Santo Domingo por lo menos cuatro palacios de piedra privados, propiedad del vasco Francisco de Garay; de fray Alonso del Viso, de la Orden de Calatrava; del piloto Bartolomé Roldán, y del comerciante sevillano converso Juan Fernández de las Varas.[12]

Los españoles de las nuevas poblaciones necesitaban entretenimientos, y para proporcionárselos se importaron libros, aquellas nuevas joyas. Así, por ejemplo, sabemos que, en enero de 1505, partió de Sanlúcar de Barrameda la nave *Santa María de la Antigua*, propiedad de Alonso Núñez y Juan Bermúdez, el descubridor de las Bermudas, con «138 hojas de papel para lectura; cincuenta libros de Horas; treinta y cuatro novelas, todas encuadernadas, y dieciséis obras en latín».[13] Entre las novelas debieron de enviar probablemente una primera versión de la más famosa: el *Amadís de Gaula*.[14]

Esta romántica novela de caballerías fue el mayor éxito literario del siglo XVI, y no tardó en ser publicada en las principales lenguas europeas: francés, alemán, italiano, inglés, holandés, portugués, y también en hebreo. Probablemente escrita a finales del siglo XIII, el *Amadís* fue rehecha por Garci Rodríguez de Montalvo, concejal de Medina del Campo, la famosa ciudad comercial de Castilla. Seguramente se publicó por primera vez en los años noventa del siglo XV, aunque la primera edición que se ha conservado es la del impresor Coci, de Zaragoza, de 1508.[15] Pero existieron ediciones anteriores y podemos aventurar que en el envío de libros que se realizó a Santo Domingo en 1505 debieron de incluirse ejemplares de las mismas.

El libro presentaba a los lectores, durante la travesía y en el Nuevo Mundo, a un caballero heroico, Amadís, «hijo del amor» del rey de Gaula, enamorado de Oriana, hija de Lisuarte, rey de Gran Bretaña, y constituye el epítome no sólo de las siete virtudes cardinales, sino del guerrero victorioso. Amadís mata a todo aquel con quien se enfrenta, ya sea como caballero andante o como jefe militar; es fiel a su encantadora dama Oriana, con quien hace el amor y de quien tiene un hijo, Esplandián. Como Amadís es de cuna desconocida, ha de demostrar su valía y viajar por el mundo —es decir, por Europa—, librando combates singulares, rescatando doncellas, matando monstruos y caballeros malvados y tomando islas encantadas.

En el *Amadís* encontramos deliciosas escenas amatorias, aunque su autor no entra en los detalles de la seducción. Sin embargo, los personajes principales aparecen pasando noches de amor con sus amadas, de una manera que, a causa de la influencia de la Reforma y de la Contrarreforma, sería sorprendente volver a encontrar en la literatura española antes del siglo XIX. Sin embargo, estas escenas quedan en un plano secundario en relación con los tremendos combates.

Amadís sigue siendo hoy día un libro maravilloso que conserva su atractivo. No cabe duda de que los aventureros españoles que viajaban con un ejemplar del libro en el equipaje se dejaron influir por él. Puede que algunos incluso llegasen a creer que, si Amadís podía matar a cien mil hombres sin dificultad, lo mismo podrían hacer ellos. De ahí, sin duda, las enormes exageraciones del famoso libro de Bernal Díaz acerca de la conquista de México. Probablemente algunos se trastornaron tanto a causa del libro como Cervantes hace que se trastorne don Quijote y, ciertamente, su gran novela fue a su manera un tributo al *Amadís.* (Cervantes incluye en su novela epígrafes con poemas de personajes del *Amadís.*)

El nombre de una de las ciudades del Nuevo Mundo fundada por los portugueses en Brasil, Olinda, procede del nombre de una princesa del *Amadís de Gaula*. La mágica palabra «California», reino de la reina Califia, procede de episodios relativos a las amazonas en la continuación del *Amadís, Sergas de Esplandián,* publicada en 1510. La palabra «Patagonia», el más meridional de todos los dominios españoles en las Américas, procede de otra novela, mientras que el gran río Amazonas debe su nombre al hecho de que el explorador extremeño Orellana identificó el río con un lugar en el que vivían amazonas.[16]

El éxito del *Amadís* indujo a muchos a copiarlo y pronto aparecieron otras continuaciones e historias paralelas, como el *Palmerín de Oliva*, publicada en 1511. Su autor fue quizá un tal Francisco Vázquez, pero fuera quien fuera, probablemente también fue autor de la secuela, *Palmerín*, que fue publicada en 1512.

Los lectores del siglo XVI estaban obsesionados por las novelas de caballerías. Estos lectores formaron la primera generación de hombres y mujeres capaces de leer libros como una forma de entretenimiento. El brillante jefe militar español de la siguiente generación, destinado a Italia, Fernando de Ávalos, leyó el *Amadís* cuando era un muchacho y le inspiró gloriosas gestas.[17] También otros militares españoles destinados a Italia lo leyeron con provecho.[18] Al Inca Garcilaso, que escribió la primera historia americana, *Comentarios reales*, le encantaba leer estas novelas en su juventud.[19] No eran sólo los aventureros quienes, durante el tiempo que les dejaban sus travesías por el Atlántico, se obsesionaban con estas obras. Así, por ejemplo, santa Teresa de Jesús escribió que, de pequeña, también ella empezó a habituarse a leerlos, «[...] y no tan malo tomaba este pasatiempo, como yo lo tomé para mí; porque no perdía su labor, sin desenvoliémonos para leer en ellos», aunque lo hacía a escondidas de su padre. «Me absorbía tanto que, si no tenía ningún nuevo libro que leer, no me sentía feliz».[20] San Ignacio tuvo una experiencia similar en cierta ocasión cuando, después de resultar herido en el sitio de Pamplona en 1521, pidió que le llevasen una de aquellas novelas, que acaso influyeron en su vida como el fundador de la orden de los jesuitas. Ciertamente, el hecho de congregar a su alrededor en París a sus primeros seguidores tenía mucho en común con la formación de una orden de caballeros andantes.

Otro de los entretenimientos a los que podían dedicarse los españoles en el Nuevo Mundo era la bebida. Así, por ejemplo, el veterano de la expedición de 1501, Rodrigo de Bastidas, de Triana, ahora más un mercader que un explorador, no sólo vendía vino —sin duda el entonces popular aguardiente de Cazalla de la Sierra— a Santo Domingo, sino que obtenía del orden de un 300 por ciento de beneficio.[21] En 1508, el alcalde de Espera le diría al cómitre Diego Rodríguez que los productos que le había entregado, por valor de seiscientos ducados, los habían vendido por dos mil, es decir, un beneficio de un 233 por ciento.[22]

Ovando se dijo por entonces que sus éxitos eran ya de tal calibre que se había ganado poder volver a España. El 20 de mayo de 1505 le escribió a su hermano Diego, que estaba en Castilla: «Alabado sea Dios por que esta isla sea ahora tan pacífica y tenga tal deseo de servir a Su Alteza [...] Creo realmente que esto me autoriza [a regresar a casa]...»[23] Pero tardó muchos meses en recibir la autorización.

El 18 de septiembre de 1505, tras recibir informes favorables acerca de la posibilidad de encontrar cobre en La Española, Fernando ordenó que partiesen tres carabelas desde Sevilla,[24] con todo el equipo necesario para tal empresa. Pero no sólo envió equipo, sino también cien esclavos africanos.[25] Ovando se mostró al principio contrario a la idea de utilizar dicha mano de obra porque había comprobado que los africanos creaban problemas entre los indios, pero finalmente cambió de opinión y se dijo que los esclavos africanos contribuirían sustancialmente a las prospecciones proyectadas. En La Española todos habían reparado en que los pocos esclavos africanos que había trabajaban más que los indios, que utilizaban todo tipo de hábiles artimañas para eludir el duro trabajo que los españoles les exigían. Dos días antes, el propio rey Fernando había escrito a los funcionarios de la Casa de Contratación que «el gobernador me escribió que le habíais enviado diecisiete esclavos negros y que deberíais enviarle más. Paresceme que se deben enviar a complimento de cien esclavos negros y una persona de vuestra confianza».[26] Algunos esclavos fueron enviados en los primeros años del siglo XVI. Pero anteriormente se enviaban de dos en dos o de tres en tres, nunca un contingente de un centenar. De modo que 1507 marcó una nueva fase en la historia de las Indias, de África, de Europa y de la humanidad.[27]

La isla de La Española había quedado por entonces dividida entre los conquistadores. Estaba bien organizada respecto a la prospección de yacimientos de oro, que era su principal preocupación. Los beneficios obtenidos por quienes explotaban yacimientos eran considerables. Baste decir que sólo el quinto de la Corona ascendió en 1505 a más de veintidós millones de maravedís, por lo que el total superó los cien millones. La producción no tardaría en ascender a trescientos mil pesos al año.[28] Durante el período de 1503 a 1510, la producción total alcanzó los cinco millones de gramos de oro, lo cual impresionó al rey.[29] Por aquellos años, Ovando mandó llevar ganado a la colonia, un ganado que costeó él, para asegurarse de que se utilizaba para aumentar la cabaña de vacuno.[30] En 1507 estuvo en condiciones de escribirle al rey diciéndole que no era necesario enviar más yeguas, porque ya tenían suficientes caballos para poder conquistar las islas vecinas.[31] También confió al experto piloto Andrés de Morales la misión de trazar un mapa de las costas de las Antillas conocidas (estos mapas no tardaron en ser considerados los mejores y más interesantes). Morales fue asimismo el primer hombre que describió metódicamente las corrientes oceánicas de las Indias occidentales. Probablemente era sevillano, y en 1508 debía de tener poco más de treinta años.

Ovando empezó a ser criticado por las medidas que adoptaba. Por ejemplo, se equivocó respecto al caso de Cristóbal Rodríguez, un andaluz que en 1497 había aprendido la lengua de los taínos, después de pasar varios años sin hablar con ningún español. Fue él quien acudió a tratar con Roldán, a petición de Colón, y el primero en llegar hasta el puerto de Santo Domingo en nombre del Almirante para ver a quiénes traía la flota de Bobadilla. Actuó de intérprete en la boda, celebrada en 1505, entre el español Juan Garcés y una india en Concepción. Ovando le impuso una multa de cien mil maravedís y lo devolvió a España, por actuar sin su permiso. Pero el rey lo recibió cordialmente y volvió a mandarlo a La Española, con un caballo y una yegua, para tratar de elaborar un estatus constitucional para los indios. Ovando se enfureció, pero el rey creía que Rodríguez sería valioso para la colonia. Rodríguez desafió entonces a Ovando acerca de los beneficios de una reciente división de los indios.[32]

Más grave fue el enfrentamiento de Ovando con los hermanos Tapia de Sevilla. Cristóbal de Tapia, apoyado por el obispo Fonseca (de quien era pariente lejano), informó al rey de que Ovando «no cumplía las instrucciones contenidas en las cartas que Sus Altezas enviaban para que se diesen indios a algunas personas e que no trataban bien a los buenos». Por otro lado, el gobernador trataba a sus amigos extremeños tan bien que «los moços de los moços de los cocineros tienen indios en mucha cantidad».[33] Además, Ovando había nombrado a su primo Diego de Cáceres alcaide de la fortaleza de Santo Domingo para sustituir a Cristóbal de Tapia, que se había visto privado de su solar en la orilla occidental del Ozama. La verdad es que Ovando favorecía más a los extremeños, como a quienes procedían de su pueblo natal, Brozas, que a los sevillanos. Incluso nombró a un desconocido y joven escribano de Medellín, Hernán Cortés, que era primo lejano suyo, escribano de la nueva población de Azua, poco después de llegar a La Española en octubre de 1506.[34]

Los Tapia fueron apoyados en sus acusaciones por Miguel Pasamonte, un converso aragonés de Judes, cerca de Ariza, que llegó a la colonia en 1508 y que en adelante representaría los intereses de Fonseca en las Indias.[35] Llegó a ser muy poderoso en La Española y fue el responsable de otorgar muchas concesiones y franquicias a los indios que le aportaron dinero.

Un síntoma del renovado interés del rey por las Indias fue su determinación de asegurarse el control de los nombramientos de obispos en el Nuevo Mundo. Éste fue un cambio importante, porque ahora tenía más autoridad acerca de estos nombramientos que la que había tenido jamás ningún otro monarca. No obstante, pasaron tres años antes de que se nombrasen nuevos obispos.[35] Para entonces se proyectaron tres conventos, uno de los cuales, el de los franciscanos, estaba ya casi terminado en Santo Domingo. Las iglesias no eran todavía de piedra, pero sí los hospitales construidos en Buenaventura y en Concepción, además de uno provisional, el de San Nicolás, en la propia Santo Domingo. La autoridad de la religión era algo en lo que los monarcas podían apoyarse cada vez más para controlar a los indios y a los colonos.

En el verano de 1508, Cristóbal de Tapia creyó disponer ya de suficientes argumentos que utilizar contra Ovando para regresar a España y defender su propuesta de que fuese destituido ante el obispo Fonseca. Este último propuso que Francisco de Tapia, hermano de Cristóbal, lo sucediese como alcaide. Cristóbal regresó a Santo Domingo exultante para reunir más pruebas contra el gobernador; incluso se rumoreó que planeaba una rebelión de colonos. Ovando esgrimió una carta que supuestamente demostraba la existencia del plan y que interceptó al ser enviada al rey. Encarceló a Tapia y confiscó a sus indios. Fonseca ordenó a Ovando que pusiese en libertad a Tapia. Conchillos se enteró de lo de la carta censurada e indujo al rey a declarar liberalmente: todo aquel que quiera «facer e decir e rresponder e tratar e procurar e abtusar e alegar, ansi en xuicio como fora dél [...], que combengam e menester sean de se face que yo mismo faría e fazer podría».[36] Esto fue, por parte del rey, toda una proclama a favor de la libertad de expresión, pero no se convirtió en norma.

El rey, que viajó con gran pompa a Sevilla en 1508 con su nueva esposa, Germana, decidió sustituir a Ovando, ya que no estaba dispuesto a tolerar más intrigas. En Arévalo, donde el futuro san Ignacio aprendía por entonces el arte de la vida y de la caballería como miembro de la casa de Juan Velázquez de Cuéllar, el rey explicó el 9 de agosto de 1508 que había pedido a Diego Colón, almirante de las Indias como sucesor de su padre, que gobernase en el Nuevo Mundo.[37] Su nombramiento formal tuvo lugar el 29 de octubre de 1508. El decreto ordenaba a todos los funcionarios del Nuevo Mundo que prestasen juramento al «Almirante de las dichas Indias» y «que tenga por mí la gobernación e oficio de juzgado dellas».[38] Diego quedaba así confirmado en su título hereditario de almirante, pero nada se decía del rango de virrey. Además, el decreto lo llamaba almirante, de las Indias, pero no de la mar Océana. ¿Fue por error?[39] Por supuesto que no; Fonseca y Conchillas no cometían esa clase de errores. Los poderes de Diego Colón estaban siendo limitados.

La razón de este nombramiento fue, sin duda, que el rey —sensible a la opinión de la corte—, comprendió, debido a las quejas que recibía acerca de su comportamiento, que el ciclo de Ovando se había terminado. Al fin y al cabo, había sido gobernador durante siete años, desde 1501. Por lo que se refiere al nombramiento de Diego Colón, hay que tener en cuenta que Fernando lo tenía en gran estima, porque había pasado mucho tiempo en la corte, primero como compañero de juegos del infante Juan y luego como miembro de la casa de la reina Isabel. También Fonseca debió de mostrarse favorable al nombramiento.[40] Pero quizá el factor más determinante fuese que Diego Colón se había casado recientemente con María de Toledo y Rojas, sobrina del duque de Alba (era hija de Fernando de Toledo, comendador de León), y, por entonces, los deseos del duque de Alba eran inmediatamente atendidos por el rey, agradecido por su apoyo en momentos de peligro.

Fernando dio sus instrucciones a Diego Colón el 3 de mayo de 1509, y aquel mismo día autorizó a Ovando a regresar a España, algo que el «procónsul» había solicitado a menudo (pero, llegado el caso, como suele suceder, parece que se sorprendió de que le fuese concedido el permiso).

Ovando dejó la isla de La Española castellanizada pero muy desanimado. Toda la autoridad estaba en manos del gobernador español; no sobrevivía ningún poder alternativo. Pero, en parte debido a esa desaparición de los gobiernos indígenas y en parte debido a la melancolía colectiva, la población nativa empezó a descender. Nadie se detuvo a pensar seriamente en este fenómeno mientras Ovando estuvo en el cargo, pero no tardaría en convertirse en la principal preocupación de los colonos.

CAPÍTULO 19

Y saltaron a tierra

> Todos fueron muy alegremente y contentos y saltaron a tierra.
>
> Francisco Rodríguez, un testigo

> Fueron a ver a los caciques de los indios y hablaron con ellos hasta la puesta de sol.
>
> Juan González Ponce de León, en 1532

El 24 de abril de 1505, encontrándose en Toro, el rey Fernando accedió a nombrar al antiguo compañero de Colón Vicente Yáñez Pinzón, de Palos, corregidor y capitán de la isla de San Juan. Puerto Rico, como pronto se llamaría (los indios la llamaban «Boriquen»), era una isla cercana a La Española que, en opinión de muchos, podía convertirse en una nueva colonia si un suficiente número de castellanos mostraban interés por ir allí. La isla, de 250 km de longitud por 125 km de anchura, sería repartida entre los nuevos colonos, que se comprometerían a permanecer allí por lo menos cinco años. Yáñez debería construir una fortaleza de la que sería alcaide.[1] Antes de 1492, los taínos del oeste de La Española navegaban a diario hasta Boriquen, que está a sólo noventa kilómetros, y aunque el estrecho de Mona es profundo, no es difícil cruzarlo.[2]

Vicente Yáñez visitó la isla, probablemente la costa meridional, y mandó construir cercas para el ganado, pero no hizo nada más. Es posible que ni siquiera viese la cordillera central que constituye un elemento tan distinto de los habituales paisajes caribeños. Por entonces, nadie expresó interés en establecerse en aquel lugar; La Española ya parecía suficientemente grande. Además, al igual que Colón, Yáñez era un gran marino, no un administrador colonial, aunque, también al igual que el genovés, se sintiese tentado por las concesiones de tierras. Para un aventurero, la tierra era siempre un atractivo. Por otra parte, algo había quedado claro: La Española daría en ser considerada como el centro de la expansión imperial.

Nada destacable ocurrió en Boriquen hasta 1508, cuando Juan Ponce de León partió desde Higuey, en la costa oriental de La Española, una población que había conquistado y en la que había estado viviendo, y desembarcó el 12 de agosto con cuarenta y dos colonos potenciales y ocho marineros en la bonita bahía de Guánica, en la costa suroccidental de Puerto Rico.

Ponce de León, como había explicado, era sobrino de Rodrigo Ponce de León, duque de Arcos, pero también era Ponce de León por vía materna.[3] Había luchado contra los musulmanes en Granada y fue paje de Pedro Yáñez de Guzmán en la corte. Aparentemente voluntario en la expedición de Bartolomé Colón de 1494, es posible que también acompañase a Colón en su segundo viaje, en 1493.[4] Era un protegido del obispo Fonseca. Ayudó al sevillano Esquivel en su campaña para conquistar Higuey y, una vez establecido allí, obtuvo una encomienda. Durante cierto tiempo, ganó bastante dinero vendiendo pan de mandioca a las tripulaciones de las naves que hacían escala allí procedentes de Salvaleón de Higuey, probablemente en una casa que aún existe.[5] Ponce de León era propietario, o copropietario, de por lo menos un barco, la *Santa María de Regla*, conjuntamente con Alfonso Sarmiento.[6] Convenció a Ovando para que lo autorizase a conquistar Puerto Rico, algo que hizo durante el período 1506-1507, tras duros combates.

La personalidad de Ponce se nos escapa. Lo único que se aventuró a decir Las Casas es que era «hombre muy hábil y que le había servido en las muchas guerras».[7] Oviedo se extendió más, diciendo que era «animoso, sagaz y diligente en todas las cuestiones de guerra» y «un hidalgo y hombre de pensamiento refinado y elevado».[8] El especialista en historia naval Samuel Morrison, el orgullo de Harvard, afirma que era un típico andaluz, pero no cita ninguna fuente para sustentar tan inocente comentario.[9] A juzgar por sus actos, no cabe duda de que fue un hombre fuerte y tenaz pero con escasa imaginación.

Entre los conquistadores que fueron con él se encontraba su propio hijo, Juan González Ponce de León (que ya había aprendido la lengua de los taínos, y que acudió como intérprete), y otros capitanes, como Miguel de Toro, que había estado en La Española con Colón, y el vasco Martín de Ysasaga. También viajaron con él varios criados de la familia Ponce de León. El rey nombró a Ponce gobernador interino de la isla. También se le otorgó el viejo título de adelantado, un título que le fue concedido por Colón a su hermano Bartolomeo y que significaba que quien lo ostentaba tenía deberes políticos y militares. (La larga lista de otras responsabilidades y poderes que el título llevaba aparejados no es en este caso relevante.)[10]

Uno de los que acompañaron a Ponce de León fue un negro libre de origen portugués, Juan Garrido.[11]

La invasión no tenía más justificación que la conquista, pero las instrucciones de Ponce de León parece ser que se han perdido. Quizá se refiriesen a la necesidad de evitar tener una isla tan cercana a La Española como una base potencial para los caribes. No cabe duda de que incluían lo deseable que era la conversión de los indios. Pero el deseo de Juan Ponce de León de poseer una colonia propia probablemente representó un papel decisivo. Es posible que Ovando desease ver al aventurero Ponce de León en otra isla.

La mejor descripción de la lucha en Puerto Rico procede de un relato de Juan González, el hijo de Ponce de León.[12] En él sugiere que la expedición de su padre fue, desde el principio, orientada a «la conquista y colonización» de la isla. Tras desembarcar en Guánica, la expedición partió de nuevo rumbo a Aguadilla, en el extremo occidental de Puerto Rico, cerca de un río que los indígenas llamaban Guarabo, donde Colón probablemente estuvo en 1493, acaso con Ponce de León. Juan González desembarcó allí, habló con un grupo de indios armados con arcos y flechas, aparentemente con éxito, y llevó consigo a dos de los indios hasta la flota para ver a su padre, que les regaló peines, camisas, cuentas de vidrio y espejos (Andrés López, sirviente de la casa de Ponce de León, diría posteriormente que entre los regalos se incluyeron diamantes, pero este hecho no parece probable). Al día siguiente, Juan González regresó, y su padre y la mayoría de sus seguidores lo acompañaron. Un testigo, Francisco Rodríguez, recuerda que todos fueron «muy alegremente y contentos y saltaron a tierra...». Juan González iba con ellos: «Fueron a ver a los caciques de los indios y hablaron con ellos hasta la puesta de sol y se dispusieron a embarcar. Muchos indios fueron con él hasta la nave». Juan González le contó a su padre que «había hablado con muchos caciques y señores y que estaban muy contentos de que hayamos llegado.»

Aquél era el territorio del cacique Agueybana, un jefe indio que impresionó a todos los españoles que lo vieron por primera vez a causa de «su humanidad y virtud». Le dio la bienvenida a Ponce, le ofreció intercambiar nombres y llegó a varios acuerdos con él; incluso explicó dónde podían encontrar oro.[13] También, según Andrés López, este oro era utilizado por los indios «por guanines [pendientes y aros] colgando de las orejas y de las naryzes».[14]

El intérprete Juan González y veinte españoles trataron entonces de encontrar un puerto mejor, y lo encontraron, a cien millas al este, en la actual bahía de San Juan. Luego transbordaron el equipo y el equipaje con la ayuda de los indios. Efectivamente encontraron oro en varios arroyos cercanos, pero entonces los indios los atacaron.

El historiador Oviedo ha referido que la población indígena de la isla creía que un hombre blanco montado a caballo no podía morir. Un pequeño grupo de indios convenció a un tal Salcedo para que los acompañase a un hermoso paraje y, una vez allí, lo hundieron bajo el agua sin dejarlo emerger. Comprobaron que los españoles podían morir y que, al cabo de tres días, empezaban a oler mal. Esto convenció a los nativos de que su información anterior era errónea. Y, por tanto, se prepararon para la guerra contra los colonos.[15]

El intérprete Juan González Ponce de León se disfrazó convincentemente de nativo, se pintó la piel y se tiñó el pelo y, según su propio relato, escuchó a hurtadillas los planes de los indios. Luego se dirigió en canoa hacia el este, más allá de Culebra y de Vieques, hasta llegar a las minúsculas pero bonitas islas Vírgenes (como las bautizó Colón) y apresó a varios caribes que más tarde condujo hasta Santo Domingo en calidad de esclavos. Según él, oyó a los indios decir que se proponían matar a todos los españoles.[16]

Los indios destruyeron con facilidad el enclave español de Aguadilla, y mataron a muchos colonos. Juan González huyó con treinta y seis heridas de flecha. Esto significó la ruptura total con los indígenas, porque los españoles no perdonarían nunca una reacción tan violenta. Fue el principio de una guerra brutal.

Al parecer, durante un año se produjeron muchas escaramuzas e incursiones en las que Juan González entraba y salía de continuo de distintos territorios enemigos con uno u otro disfraz. Un nuevo enclave se estableció en San Germán, en el suroeste, bautizado en recuerdo de la nueva esposa de Fernando. Juan González logró asimismo apresar a unos diecisiete caciques, que fueron enviados a Santo Domingo por su padre, lo cual parece ser que marcó el final de la resistencia. Ponce de León se estableció cerca de San Juan, en Caparra, un suburbio de San Juan que aún conserva este nombre y en el que los azulejos de Triana, la población portuaria situada frente a Sevilla, a orillas del Guadalquivir, traídos en los primeros tiempos del imperio aún pueden identificarse.

Otras proclamaciones confirmaron la posición de Ponce de León en la isla, aunque la Corona le prohibió específicamente utilizar a los indios para trabajar en las minas. Finalmente se estableció en una hacienda en Toa, donde cultivó diversos productos.[17]

La llegada de Diego Colón a Santo Domingo en 1508 cambió la situación en Boriquen. Al parecer, el nuevo gobernador no había sido informado de que el rey había nombrado a Ponce de León gobernador y de que quería instalar allí a sus propios hombres. De modo que el nuevo almirante nombró gobernador a Julio Cerón, y a un viejo amigo de su padre, Miguel Díez de Aux, uno de los pocos aragoneses interesados en las Indias, como alguacil mayor. Al mismo tiempo, otro amigo del ex almirante, Francisco Garay, viejo colaborador de Díez de Aux, obtuvo el permiso para conquistar Guadalupe, la más extensa de las Pequeñas Antillas.

Cerón expulsó a Ponce de León de Puerto Rico, e incluso de Toa, su hacienda. Pero Ponce hizo que el documento que daba fe de su nombramiento para el cargo fuera enviado a la isla y, con la consiguiente confusión, apresó a Cerón y a Díez de Aux. Los acusó de «excesos» y los envió en calidad de prisioneros a España en una nave propiedad de Juan Bono de Quejo, un patrón vasco amigo suyo. Con una astuta maniobra política, Ponce de León nombró asimismo a uno de los amigos de Diego Colón, Cristóbal de Sotomayor, aristócrata de origen portugués (hermano del conde de Camina y pariente del primer gobernador de la colonia de São Tomé, Álvaro Camina), que había sido secretario del difunto rey Felipe, como su «alcalde mayor» y lugarteniente.

Ponce de León hizo cuanto pudo por ver confirmada su autoridad en la colonia, y un fundidor, Jerónimo de Bruselas, presumiblemente flamenco, protegido de Conchillos, fue autorizado a llevar indios procedentes de otras islas hasta San Juan. Una autorización similar se le concedió a Cristóbal de Sotomayor.[18] Pero quien más indios importaba a la colonia era el empresario de Triana que inició el comercio de las perlas, Rodrigo de Bastidas, establecido por entonces en Santo Domingo, que estaba sentando los cimientos de lo que sería una gran fortuna.[19] Ponce de León hizo entonces cuanto pudo para lograr la conquista definitiva de la isla.[20]

Las numerosas sublevaciones y la consiguiente incertidumbre indujeron a los indios de Puerto Rico a protestar y, a principios de 1511, el cacique Agueybana, que hasta entonces había sido considerado dócil y amistoso, organizó la rebelión de unos tres mil hombres, entre los que, al parecer, había caribes de Santa Cruz, probablemente traídos a Puerto Rico por Sotomayor tras criminales incursiones en las Pequeñas Antillas. Estos indios incendiaron el enclave de Aguadilla y la hacienda de Sotomayor, y lo mataron a él y a su hermano Diego; un episodio que condujo a una cruel «pacificación», llevada a cabo por el capitán Juan Gil, en nombre de Ponce.

Los españoles se vieron empujados a la guerra contra los nativos y los caribes, en gran parte debido al deseo de los colonos de contar con esclavos de las Pequeñas Antillas y, por lo tanto, Puerto Rico se vio en grave peligro.[21]

El Consejo del Reino en Castilla decidió en favor de Cerón y de Díez de Aux, y Ponce de León fue relegado. Fue sustituido por Rodrigo de Moscoso y éste, a su vez, por Cristóbal de Mendoza, otro aristócrata a quien Oviedo tenía en gran estima: «Un hombre de buena sangre y casta, e virtuosa persona e conveniente para el cargo, e aun por otro que era mucho mayor.»[22] Sin embargo, Mendoza no tardó en dimitir como gobernador, y fue sustituido por Pedro de Moreno, que impuso una tranquilidad efectiva en la isla. Con sus jefes muertos o esclavizados, los indios estaban amedrentados.

En 1514, Ponce de León, de regreso de otras aventuras, principalmente en Florida, fue al fin nombrado formalmente de nuevo gobernador de Puerto Rico.[23]

A finales de 1515, los dos únicos caciques que quedaban en San Juan, Humaco y Daguao, volvieron a sublevarse contra los españoles, debido al intento de Íñigo de Zúñiga de apoderarse de diez indios para que lo ayudasen a luchar contra los caribes. Un ambiguo intrigante, Francisco Lizaur, ex protegido de Ovando, fue nombrado contador en San Juan. Los combates contra los caribes fueron los más encarnizados de los que se libraron contra los nativos en el Caribe, durante los cuales el gran perro rojo del gobernador, *Becerrillo*, representó un importante papel; cobraba un salario de ballestero. Un hijo suyo intervino también con éxito en las conquistas españolas en Panamá.[24] Hacia finales de 1516 la hermosa isla de San Juan (Borinquen) estaba finalmente en manos españolas.

En mayo de 1494, Colón descubrió Jamaica y recorrió casi todo el litoral, y entre 1503 y 1504 pasó una pésima temporada en la actual Saint Ann's Bay. Estos hechos hicieron que, en 1508, Diego Colón se exasperase porque el rey la hubiese concedido para ser utilizada como base a Alonso de Hojeda y Diego de Nicuesa, dos aventureros con quienes prácticamente no se hablaba. Tal como él lo veía, lo que su padre había descubierto le pertenecía. ¿Acaso no se había referido el Almirante al lugar como «la más hermosa de las muchas islas que he visto en las

Indias»?[25] (Ciertamente, acerca de Cuba había dicho prácticamente lo mismo.) Esto indujo a Diego Colón a optar por conquistar Jamaica bajo sus propios auspicios. Le pidió a Juan Esquivel que lo hiciese.[26]

Esquivel es un personaje de quien sabemos casi tan poco como de Ponce de León. No disponemos de ninguna semblanza que se hiciese de él en la época, y apenas sabemos nada de su vida. Tal como ya hemos sugerido, era un converso, descendiente de una familia que se convirtió a finales del siglo XIV. Probablemente fue al Nuevo Mundo con la segunda expedición de Colón y, tal como hemos visto, fue quien sometió el este de La Española, con Ponce de León como su lugarteniente.

Pánfilo de Narváez, lugarteniente de Esquivel, fue una figura que se agigantó con el tiempo. Probablemente era natural del pueblo de Navalmanzano, que se encuentra entre Cuéllar y Segovia. Parece que llegó al Nuevo Mundo con una de las expediciones menores, en 1498, acaso con Peralonso Niño. Bernal Díaz lo describió como un hombre que tenía autoridad moral, alto, con el pelo y la barba de color rubio rojizo, honorable, a veces sensato y otras imprudente, buen conversador, de voz grave y un buen combatiente aunque a menudo descuidado. Como quedó demostrado en un episodio durante la conquista de Cuba, era alarmantemente capaz de conservar la serenidad en las dificultades.[27]

A petición de Diego Colón y, de nuevo, sin que conste que tuviesen instrucciones de la Corona, Esquivel y Narváez establecieron el enclave que llamaron Sevilla la Nueva en el norte de la isla, cerca de la bahía de Santa Gloria y del lugar donde naufragó Colón en 1503.

Conviene referirse a dos relatos distintos acerca del sometimiento de la isla de Jamaica. Las Casas escribió que, como de costumbre, los conquistadores trataron a los indios con brutalidad justificada con falsedades, y los asignaron a encomiendas con objeto de producir mandioca, maíz y algodón para las demás islas.[28] En cambio, Oviedo, consideraba que Esquivel había llevado a cabo su misión como «un buen caballero», poniendo la isla bajo la soberanía española utilizando la fuerza pero también la persuasión, sin un innecesario derramamiento de sangre.[29]

En 1510 el rey Fernando fue informado de que era imprudente permitir que indios de Jamaica fuesen capturados por españoles de otras islas, porque, a diferencia de las Lucayas (las Bahamas), no era una «isla inútil», ya que era relativamente grande y, por tanto, prometedora.[30]

Esquivel permaneció en la isla unos tres años después de conquistarla, hasta que cayó en desgracia tanto respecto a la Corona como respecto a Diego Colón. Lo sustituyó un hidalgo amigo de Diego Colón, un capitán llamado Perea, y, poco tiempo después, un capitán burgalés llamado Camargo. Pero ambos duraron poco en el cargo, ya que el rico alguacil mayor de Santo Domingo, Francisco de Garay, tenía otros planes. Ambicioso y competente, Francisco de Garay se casó con una tía de Diego Colón, Ana Muñiz de Perestrelo, hermana de Felipa, la esposa portuguesa de Colón. Al igual que Esquivel, es probable que Francisco de Garay llegase al Nuevo Mundo en 1493 con la segunda expedición de Colón. Optó por regresar a España y convenció al rey para que lo nombrase gobernador de la isla. Garay, que no logró establecer un enclave en Guadalupe, era vasco. Fundó otros dos enclaves en Jamaica que llamó Melilla y Oristán. Después mandó traer ganado vacuno y de cerda, y también caballos, aunque muchos de ellos huyeron y vagaron por la isla en estado salvaje. Pedro Mártir, que pronto sería nombrado abad de Nueva Sevilla, describió la isla de oídas —porque nunca estuvo allí— y dijo que era un paraíso.[31]

Entretanto, Ponce de León llegó desde el Viejo Mundo y trató de apoderarse de la más extensa de las Pequeñas Antillas. Pero sufrió un duro revés. Según Pedro Mártir, «cuando [los caribes] atisbaron los barcos españoles, se ocultaron en un lugar desde el que podían vigilar todos los movimientos de los hombres que iban a bordo. Ponce envió a varias mujeres a la orilla para lavar camisas y ropa blanca y un grupo de soldados de a pie para que trajesen agua fresca, porque no habían desembarcado desde que dejaron Hierro en las Canarias [...] Los caníbales atacaron entonces por sorpresa y apresaron a las mujeres y dispersaron a los hombres, aunque algunos lograron escapar. Ponce no se atrevió a atacar a los caribes por temor a las flechas envenenadas que aquellos bárbaros antropófagos utilizaban con un efecto letal. El eximio Ponce, que mientras estuvo en lugar seguro fanfarroneaba diciendo que exterminaría a los caribes, se vio obligado a abandonar a las lavanderas y a retirarse ante el ataque de los isleños».[32] Entre los colaboradores de Ponce de León estaba el veterano portugués de raza negra Juan Garrido, que ya había luchado junto a él en Puerto Rico y en Florida, y que también había estado en Cuba.[33] Las mujeres que tuvieron que abandonar eran, con casi toda seguridad, isleñas de las Canarias.

Pero no fueron sólo las islas las que atrajeron la atención de la nueva generación de conquistadores-exploradores; también los atraía la tierra firme, el misterioso continente que muchos empezaban ya a percatarse, «con permiso» de Colón, de que no tenía nada que ver con la India ni con Asia.

Juan de la Cosa, con Juan de Ledesma como alguacil, zarpó en 1505 con cuatro carabelas rumbo a la costa norte de Sudamérica, que ya había visitado, en 1499, cuando estuvo allí con Hojeda y Vespucio. Fue el cuarto viaje de De la Cosa a través del Atlántico, porque, ya antes de 1499, había formado parte de las dos primeras expediciones de Colón.[34] Financiaron el viaje Ledesma y el sevillano Martín de los Reyes.

Tal como era ya de rigor, la expedición hizo escala en las Canarias. Desde allí partió rumbo a Guadalupe y desembarcó en La Margarita, la isla de las perlas. Allí ofrecieron los habituales regalos de cuentas de vidrio y espejos a varios caciques que correspondieron con papagayos, cochinillas, perlas y un nuevo gran lujo: patatas, cuyo valor parece que los españoles no apreciaron. Luego siguieron hasta la cercana isla de Cubagua y, en el golfo de Cumaná, encontraron algunas perlas, pero sobre todo, palo de Brasil. Capturaron a muchos indios a los que retuvieron como esclavos. Después prosiguieron el viaje hasta lo que se convertiría en Cartagena de Indias, en cuya amplia bahía coincidieron —sorprendentemente para ellos— con una flotilla de cuatro naves al mando de Luis Guerra de Triana. Su hermano mayor, el comerciante Cristóbal, acababa de morir a manos de los indios, y Luis ansiaba volver a España. Su expedición había partido el año anterior hacia la Costa de las Perlas y Darién. De la Cosa le entregó para que lo llevase a España dos terceras partes de su cargamento de palo de Brasil, así como la mitad de los esclavos que había capturado.[35]

De la Cosa y Ledesma prosiguieron viaje y llegaron a la bahía de Urabá, en lo que en la actualidad se considera el límite entre Colombia y Panamá. Un indio deseoso de complacerlos les mostró una población recientemente abandonada por un cacique local, que había dejado allí en un cesto varios *atabales* (timbales) de oro puro y seis máscaras de oro.

Al regresar a Cartagena descubrieron que una de las naves de Luis Guerra, que iba al mando de un tal Monroy —que seguramente procedía de una rama bastarda de la desenfrenada familia extremeña del mismo apellido—, había naufragado. Luis Guerra hacía mucho que había dejado España. De la Cosa y sus amigos acudieron en su ayuda, pero también ellos se encontraron pronto con dificultades, y las propias naves de De la Cosa embarrancaron. El comandante ordenó que todo aquello que mereciese la pena fuese llevado a la orilla, donde establecieron un enclave de unos doscientos castellanos. Trataron de conseguir un medio de subsistencia, pero ni siquiera en aquellas circunstancias abandonaron la búsqueda de oro. Como dijo Oviedo, «porque aunque [el oro] no es de comer se holgaban con ello y les parescía que les acompañaba una esperança de tener adelante más reposo».[36]

Aquellos involuntarios pioneros españoles de la colonización de Sudamérica sufrieron las consecuencias de la escasez de alimentos, y tuvieron que pasar muchos meses sin que la situación se aliviase. Al final, Juan de la Cosa y Juan de Ledesma partieron hacia el este con dos bergantines, en los que embarcó toda la colonia, y algunas barcas en las que viajaron los enfermos, al mando de Martín de los Reyes. Antes de dejar Urabá, los españoles enterraron su equipo más pesado (anclas, lanzas, varias lombardas y ballestas).

Con viento en contra, la travesía fue lenta, las muertes numerosas, la moral baja y los alimentos escasos, hasta tal punto que, según Oviedo, tres españoles capturaron y mataron a un indio al que luego hirvieron. De la Cosa les soltó una reprimenda pero no los castigó.[37] Un fuerte temporal dividió a la flotilla y una de las barcas fue a parar a Cuba, y los bergantines a Jamaica. De la Cosa envió una de sus naves con los enfermos a Santo Domingo al mando del capitán Juan de Queicedo y del piloto Andrés de Morales, mientras un grupo de unos veinticinco españoles que se encontraban más o menos bien de salud se quedaron en Jamaica para ser posteriormente rescatados, aunque no sin graves percances. (Morales formó parte de la tercera expedición de Colón, y con Bastidas en 1500, y no tardaría en revelarse como un excelente cartógrafo.) Así, por ejemplo, con objeto de asustar a los indios que los acosaban, Juan de la Cosa accedió a incendiar una casa en un poblado indígena, pero el viento propagó las llamas y se incendió todo el enclave.

Estos aventureros castellanos sufrieron mucho físicamente en las pequeñas y bonitas islas del Caribe. Encontraron poco oro y menos gloria. Tampoco convirtieron a muchos nativos indígenas al cristianismo. Pero su confianza y su capacidad para aguantar tantos desafíos fue admirable, al igual que su valor en circunstancias totalmente nuevas y antes desconocidas. Los vemos como héroes, héroes magullados, como consecuencia de su actitud hacia los indígenas, como los héroes de Homero, pero héroes de todas formas.

CAPÍTULO 20

Llamad a esta parte América

> Como Europa y Asia han recibido nombres de mujer, no veo razón por la que no podamos llamar a esta parte Amerige [...] o América, en honor al sabio hombre que la descubrió.
>
> El cartógrafo Waldseemüller, en 1508

Con objeto de tratar acerca de la mejor manera de aprovechar aquellas tierras, que ya empezaban a parecer inmensas, en 1508 tuvo lugar una reunión en Burgos, probablemente en el palacio del obispo. A ella asistieron el rey, el obispo Fonseca y varios navegantes, como el experimentado Juan de la Cosa; Juan de Solís de Lepe (que en otro tiempo navegó hacia el este al servicio de Portugal), Vicente Yáñez Pinzón de Palos, el gran superviviente de las expediciones de Colón, y el sevillano florentino Amerigo Vespucci (a quien, por tradición, se le llama en español Américo Vespucio).

Vespucio había realizado un largo viaje desde la última vez que estuvo en la corte española en 1501, ya que, en 1502, navegó hasta Brasil al servicio del rey Manuel de Portugal, aparentemente por sugerencia de su compatriota florentino, el empresario Bartolomeo Marchionni.

Los Vespucci eran una de las familias florentinas más boyantes, dueños de una gran hacienda a las afueras de la ciudad, en Peretola, un pueblo que ahora está destrozado debido a la construcción de un aeropuerto internacional. Labraron su fortuna con el comercio de la seda. Los Vespucci tenían un palacio en Florencia, muy bien situado, al noroeste, cerca de Porta del Prato (llamada por entonces Porto della Cana), en el distrito de Santa Lucia di Ognissanti. Diversos miembros de la familia habían ostentado cargos importantes en Florencia a lo largo de varias generaciones. Así, por ejemplo, otro Amerigo fue canciller de la Signoria a mediados del siglo xv, cargo que también desempeñó su hijo Nastagio, que en 1472 encargó al joven Domenico Ghirlandaio la realización de una pintura dedicada a santa Isabel de Portugal (según Vasari fue la primera obra que le encargaban a Ghirlandaio). En el centro de la pintura está representada la Virgen de la Misericordia, y alrededor, los retratos de los donantes, miembros de la familia. La pintura estaba destinada a la capilla de los Vespucci que, posteriormente, se convirtió en la iglesia de San Salvatore d'Ognissanti. En dicho cuadro podemos ver al hermano de Nastagio, el sacerdote Giorgio, «espejo de probidad y piedad florentinas», coleccionista de libros, erudito y humanista, y a los hijos de Nastagio, incluido Antonio que, de acuerdo con la tradición familiar, fue funcionario de la Signoria; al notario Girolamo; al futuro comerciante en lanas, Bernardo; y mirando al frente, como si fuese el autor de un autorretrato, un joven que por entonces tenía dieciocho años y se llamaba igual que uno de sus abuelos: Amerigo.

El joven Vespucio estudió bajo la dirección de su tío Giorgio, que le hablaba de Ptolomeo y de Aristóteles, y probablemente conoció a Toscanelli, el geógrafo florentino y comerciante que se carteaba con el rey de Portugal y con Colón.

Varios Vespucci ya habían estado vinculados al mar: un primo de Américo, Bernardo, fue capitán de una galera florentina; otro primo, Piero, estuvo al mando de una flota florentina que luchó contra los corsarios del norte de África), y un tal Marco, primo también de Américo, se casó con la hermosa Simonetta, la novia de Giuliano de Medici y acaso la modelo de Botticelli para el *Nacimiento de Venus* y *La primavera*.

El joven Américo empezó su carrera en París como secretario particular de un primo suyo, Guidantonio Vespucci, que ejercía de embajador de Florencia en la capital francesa, y después se dirigió a Roma y Milán con el mismo empleo. Posteriormente Guidantonio fue nombrado magistrado o confaloniero jefe de Florencia. Pero Américo empezó a trabajar para la joven rama de la familia Medici, que por entonces dirigían el joven Lorenzo di Pier Francesco dei Medici y su hermano Giovanni. Viajó por motivos laborales a diferentes partes de Italia y visitó varias veces España, hasta establecerse en Sevilla en el otoño de 1492, mientras Colón ya había partido para realizar su primer viaje. Seguía trabajando para los Medici.[1] En años siguientes colaboró con Juanotto Berardi, su «amigo especial», que ayudaba a los Medici desde 1489. Según uno de los biógrafos de Américo, su ambición «había sido alentada por lo que Colón había intentado» —y, según él, no había logrado—, es decir, encontrar una ruta a la India por el oeste. De ahí su participación (a la que ya nos hemos referido) en la expedición de Alonso de Hojeda entre 1499 y 1500, y de ahí su aceptación de un encargo para seguir el litoral del continente sudamericano, por orden del rey de

Portugal, entre mayo de 1501 y el verano de 1502, cuando recorrió el litoral brasileño desde lo que llamó cabo San Rocco (donde estuvo el 16 de agosto), más allá de Bahía y Río de Janeiro, hasta Cananor (adonde llegó en enero de 1502). Aquél era, según él, el punto más occidental al que, en virtud del Tratado de Tordesillas con España, podían aspirar los portugueses. Luego continuó su viaje rumbo sur hacia el río de la Plata y la zona de influencia española.

Cuando Vespucio regresó de Brasil, declaró que el territorio frente al que había navegado se extendía demasiado hacia el sur para tratarse de la India. Desde Lisboa le escribió a Pier Francesco diciéndole: «Llegamos a una nueva tierra que, por muchas razones que enumero en lo que sigue, observamos que se trata de un continente». Estaba seguro de haber descubierto un territorio totalmente nuevo, no simplemente una prolongación del este de Asia.[2] Por lo mismo pudo haber argumentado que lo que Colón había descubierto era un nuevo hemisferio que bloqueaba el camino a Asia por el oeste, a menos que se encontrase un paso que hiciese innecesario rodearla. Esta asombrosa observación se hizo por primera vez en Lisboa, y la corte, los cartógrafos y los comerciantes de la ciudad no tardaron en tenerla muy en cuenta. El excelente mapa de Portolano, que data de 1502, muestra el nuevo continente en dos partes no unidas. Asia terminaba con otro océano que podía encontrarse en el continente asiático y el Nuevo Mundo. También mostraba que Cuba, al margen de que fuese una isla o parte de un continente, no formaba en absoluto parte de Asia.

Vespucio regresó entonces a Sevilla. Su amigo florentino el empresario Bartolomeo Marchionni escribió que «había cargado con un duro trabajo y recogido escaso beneficio».

Posteriormente se dijo que Vespucio escribió por entonces otras dos cartas. Una de ellas, titulada *Mundus Novus*, iba dirigida a Lorenzo de Media: Fue publicada en enero de 1504 y tenida por un relato de las actividades de Vespucio en el Nuevo Mundo. Era un cúmulo de inexactitudes y falsas afirmaciones, junto a algunas observaciones científicamente peculiares. Contiene, además, algunos vulgarismos que es improbable que puedan encajar con el estilo de Vespucio. El hecho de que la carta estuviese dirigida a alguien que Américo Vespucio sabía que había muerto hacía tiempo debería haber puesto a la gente en guardia. Al fin y al cabo, por entonces Vespucio era famoso. La Signoria de Florencia había ordenado que la casa en la que había nacido estuviese iluminada durante tres noches, y que a la familia Vespucci se le permitiese en adelante instalar un faro en sus residencias. Una carta del gran navegante sin duda se vendería bien. Y, ciertamente, así ocurrió con *Mundus Novus.*

Un mes después, en septiembre de 1504, se publicó otra falsificación. Consistía en una supuesta carta dirigida a Piero Soderini, un nuevo confaloniero de Florencia, y llevaba fecha del 4 de septiembre de 1504. Soderini era un advenedizo «débil y timorato, que no estaba a la altura de las circunstancias», y celoso de los Medici, con quienes Vespucio había estado asociado.[3]

En sus anteriores cartas a Lorenzo, Américo había hablado de realizar dos viajes al Nuevo Mundo. Pero se decía que a Soderini le había hablado de cuatro. La nueva carta fue pronto publicada como *Quatuor Americi Vesputti Navigationes,* en 1497 y 1498, 1499, 1501 y 1503. Pero el primero y el último viaje eran falsos. La carta de septiembre de 1504 estaba llena de inexactitudes, absurdos, errores gramaticales y algunas palabras que sonaban a hispanismos. También había pasajes relativos a defecaciones más propios de un periódico inglés popular del siglo XXI que del Renacimiento. Su autor fue probablemente un farsante florentino, Giovanni Gicondoco, que se prestaba a todo tipo de fraudes. Pero nadie reparó por entonces en que las cartas eran falsificaciones y que Vespucio no había tenido nada que ver con ellas.

La segunda de estas falsificaciones tuvo una historia extraordinaria. A principios de 1505 fue regalada, entre otros, a René II, duque de Lorena, un mecenas interesado en la geografía. Este duque era sobrino del famoso Bon Roi René, rey nominal de Sicilia que había vivido en Francia, concretamente en Angers y en Chanzé. Al igual que su sobrino, se había interesado siempre por la geografía y, ciertamente, tenía un mapamundi pintado en una de las paredes de su castillo. Estaba orgulloso de su ejemplar de una traducción latina del libro del geógrafo Estrabón que había acabado de culminar Guarino de Verona.[4]

El duque René, a su vez, regaló su ejemplar de la última carta de Vespucio a un grupo de hombres doctos conocidos como Gimnase Vosgien, en Saint-Dié, una pequeña población alsaciana de los Vosgos.[5] Formaban un grupo de pensadores que se reunían regularmente. Uno de estos hombres, Gauthier Lud, era secretario del duque, y poseía una imprenta. Otro de los miembros del grupo, Martín Waldseemüller, ya había decidido publicar una nueva edición de la *Cosmographia* de Ptolomeo (otro de los miembros del grupo era un profesor de latín llamado Mattheus Ringman). Waldseemüller había estado trabajando en estas ideas desde hacía muchos años y escribió una introducción, *Cosmographia Introductio*, en la que insertó las *Navegationes* de Vespucio, después de que el canónigo de Saint-Dié se las tradujo del italiano al latín. Waldseemüller escribió: «En la actualidad estas partes de la Tierra, Europa, Asia y África, han sido completamente exploradas, y otra parte ha sido descubierta por Amerigo Vespucci, como puede verse en los mapas adjuntos. Y como Europa y Asia han recibido nombres de mujer, no veo razón por la que no podamos llamar a esta parte Amerige, es decir, la tierra de Amerigo, o América, en honor al sabio hombre que la descubrió.»

Que Asia y Europa se llamen así en honor a quién sabe qué mujeres parece dudoso. Se ha dicho que Asia significa tierra «del sol naciente» o «tierra de la luz», pero es más probable que proceda de «Assiuva», topónimo hitita para designar el noroeste de Asia Menor, mientras que Europa no corresponde sólo al nombre de la hermosa hija de Agenor, rey de Tiro, de la que Zeus se enamoró, sino, para la mentalidad griega, Grecia central, luego la Grecia continental y, finalmente, la masa de tierra que se encuentra detrás. «África» es, por otra parte una aparente derivación de un topónimo fenicio, o cartaginés, y la provincia romana llevaba ese nombre.

Pero Waldseemüller estaba convencido de que todas estas palabras derivaban de nombres de mujer y por eso eligió un nombre de varón para el Nuevo Mundo. Su nueva *Cosmographia* de Ptolomeo incluía un planisferio trazado por él mismo junto a un grabado que representaba a Ptolomeo mirando al este y a Vespucio mirando al oeste: «Con este pequeño libro nos hemos propuesto escribir una especie de introducción [...] que hemos representado en un globo y en un mapa, muy sucintamente, por supuesto, en el globo, por falta de espacio, pero con más detalle en el mapamundi.» En este mapa el nuevo hemisferio situado al otro lado de la mar Océana fue llamado «América» por primera vez.

Esta nueva edición de la *Geografía* de Ptolomeo fue publicada por Gauthier Lud el 25 de abril de 1507. Las xilografías para el mapa se hicieron a ochenta kilómetros de Estrasburgo y se imprimieron en Saint-Dié.[6] Esta edición influyó en otros cartógrafos, como Mercator, de los años cuarenta del siglo XVI.[7]

Waldseemüller no tenía la menor intención de disminuir los logros de Colón, y así lo expresó en su prólogo a la obra de Ptolomeo. En la sección dedicada al Caribe en su extenso mapa escribió: «Estas islas fueron descubiertas por Colón, como almirante de Génova, al servicio del rey de España.» En la sección que trata de Sudamérica dijo: «Hay una tierra descubierta por Colón, un capitán del rey de Castilla, y por Americus Vespucius, ambos muy capaces, y que, aunque gran parte de ella se encuentra por debajo de la trayectoria del año y del sol y los trópicos, se extiende unos diecinueve grados más allá del Trópico de Capricornio hacia el polo antártico.»

El mapa incluía algunos elementos asombrosos: así, por ejemplo, un encarte presentaba gran parte de la zona septentrional de lo que actualmente conocemos como las Américas, así como el sur. Sudamérica está muy bien cartografiada. Ambas Américas aparecen conectadas, aunque en el mapa a mayor escala (no en el encarte) los dos continentes aparecen separados por un hipotético estrecho situado aproximadamente en el actual canal de Panamá. Tan interesante o más es que tanto el encarte como el mapa incluyen un gran océano entre Asia y el Nuevo Mundo (un océano mayor que el Atlántico). Fue un extraordinario logro que, en 1507, se incluyese lo antedicho porque el Pacífico no había sido visto aún por ningún europeo y menos aún cruzado.[8]

Pedro Mártir no tardaría en escribir acerca del continente de Sudamérica que «este continente se adentra en el mar exactamente igual que Italia, pero no es igual porque no tiene la forma de una pierna humana. Además, ¿por qué vamos a comparar un pigmeo con un gigante? La parte del continente que empieza en ese extremo oriental situado junto al Atlas que los españoles han explorado es, por lo menos, ocho veces mayor que Italia; y su costa occidental no ha sido aún descubierta».[9]

El biógrafo de Vespucio, Frederick Pohl, señala que la palabra «América» tiene tal eufonía y guarda tan afortunado paralelismo con las palabras «Asia» y «África» que la idea de utilizarla sedujo de inmediato.[10] En 1509 apareció en un globo terrestre, y a partir de entonces la mágica palabra apareció en otros.

Es toda una ironía que la carta titulada *Los cuatro viajes*, de la que el duque René estaba tan orgulloso y que tanto influyó en los sabios del círculo de Saint-Dié, fuera... ¡una falsificación! El primer viaje que supuestamente realizó Vespucio en 1497 jamás tuvo lugar, y Colón descubrió efectivamente el continente sudamericano en su tercer viaje, en 1498. Waldseemüller parece haberse percatado de la verdad y en otra edición de Ptolomeo, editada por él en 1513, concedía mayor crédito al Almirante. Pese a ello, el cartógrafo Mercator, en su primer mapamundi, el llamado «Orbis Imago» de 1538, dio también el nombre de pila de Américo al continente septentrional o Norteamérica.

El fraude de *Los cuatro viajes* no se intuyó hasta 1879 y, en 1926, el catedrático Alberto Magnaghi, de Milán, en un estudio de Vespucio, no demostró que tanto esa obra como *Mundus Novus* eran falsificaciones.[11]

Vespucio merecía dejarnos este legado de «América». En septiembre de 1503, tras regresar de su viaje por la costa de Brasil al servicio del rey de Portugal, afirmó haber estado en un nuevo mundo,[12] y que lo llamaría *Novus Orbis* porque los antiguos lo desconocían.[13] Añadía que deseaba volver algún día al Nuevo Mundo, para llegar al este a través del sur aprovechando los vientos australes.[14] Pero nunca lo hizo.

La comisión de consejeros reales (Vespucio, Juan de la Cosa, Vicente Yáñez Pinzón y Juan Díaz de Solís) reunida en Burgos en 1505 decidió fundar la Casa de Contratación, y crear el cargo de piloto mayor, un geógrafo y cartógrafo de primer orden que trazase las cartas de marear de las expediciones al Nuevo Mundo.

El nombramiento recayó en Vespucio, que en seguida alquiló una casa a Fonseca en Sevilla, desde la que desempeñaría sus nuevas funciones. Cobraría 75 000 maravedís al año, una suma nada despreciable para la época, si bien el gobernador Ovando cobraba 360 000. El cargo fue creado para Vespucio que, según lo que el rey esperaba, prepararía e impartiría sus grandes conocimientos a todos los pilotos españoles, y trataría de convencerlos para que utilizasen métodos astronómicos con objeto de determinar la longitud en el mar en lugar de dejarlo todo en manos de su vieja costumbre de la estima.[15] Antes de poder cobrar un anticipo de dinero para financiar un viaje a las Indias, todo patrón de un barco debía presentarse en la Casa de Contratación con detalles acerca de la propiedad y la capacidad de la nave, para que los funcionarios pudiesen determinar el valor y la cantidad de lo que podían transportar.[16]

El 8 de agosto, el rey extendió una patente que especificaba los derechos de Vespucio y le otorgaba la autoridad sobre todos los pilotos. El texto era taxativo: «Nadie podrá pretender pilotar [nuestras] naves, ni cobrar salario de piloto, ni patrón alguno podrá aceptarlos a bordo, hasta que hayan sido examinados por vos, Amerigo Vespucci, nuestro piloto mayor, y sin que les hayáis expedido un certificado de examen y aprobación. Ordenamos que aquellos que obtengan certificados sean aceptados y considerados pilotos capacitados por aquellos a quienes se los muestren, porque nos place que seáis el examinador de todos los pilotos. Con objeto de que los ignorantes puedan aprender más fácilmente, ordenamos que les enseñéis, en vuestra casa de Sevilla, todo aquello que precisen saber, por cuya labor recibiréis como pago [...]

»Además, hemos sabido que existen muchas cartas de marear debidas a diversos patrones en las que se han trazado las tierras e islas de nuestras Indias, descubiertas recientemente bajo nuestro mandato, y que tales cartas pueden prestarse a confusión porque difieren mucho entre sí, tanto por lo que se refiere a las rutas de navegación como a los contornos de las costas [...] Ordenamos que se mande hacer un padrón general y para que sea más exacto ordenamos a nuestros funcionarios de la Casa de la Contratación de Sevilla que reúnan a los pilotos más capacitados que encuentren en España y que, en vuestra presencia, Amerigo Vespucci, nuestro piloto mayor, se trace un mapa de todas las islas y tierra de las Indias [...] y que queden en poder de los citados funcionarios y del vuestro, nuestro piloto mayor, y que ningún piloto navegue guiándose por ningún otro mapa [...].

»Además, ordenamos a todos los pilotos [...] que en adelante viajen a dichas islas de nuestras Indias, descubiertas o por descubrir, que cuando encuentren nuevas tierras, islas, bahías, puertos o cualesquiera otros territorios tomen nota de ello para el mencionado padrón general real y que, al regreso a Castilla, os presenten un informe a vos, piloto mayor, y a los funcionarios de la Casa de Contratación, con objeto de que todo pueda ser correctamente incluido en el susodicho padrón general real [...] Ninguno de nuestros pilotos podrá navegar sin cuadrante y astrolabio y sin las normas para utilizarlos bajo pena de ser declarado incompetente para ejercer el citado empleo...»[17]

El piloto mayor debería, por tanto, ser una especie de profesor que dirigiese una escuela de capitanes de barco en su casa de Sevilla. Por entonces, Vespucio ya gozaba de buena reputación en Sevilla, no sólo por ser un gran navegante, sino también por ser un cartógrafo «muy capacitado».[18] Se instaló en la casa de la plaza del Postigo del Carbón que le alquiló al obispo Fonseca, y no parece que volviese a cambiar de domicilio.[19] Vivían con él su sobrino Giovanni y su esposa María Cerezo, además de cinco esclavos, dos de ellos negros y una canaria, Isabel, con quien Vespucio probablemente tuvo dos hijos ilegítimos.[20] Al igual que Colón y que Isabel la Católica, al morir, en 1512, Vespucio fue enterrado con el hábito franciscano.

Otra de las decisiones adoptadas en Burgos en 1508 se debió a la determinación de encontrar un estrecho entre las Américas que permitiese concretar la verdadera ruta occidental hasta la isla de las Especias. Dado que Vespucio había recorrido casi toda la costa de Brasil, y que Juan de la Cosa había navegado a lo largo de la costa del norte de Sudamérica hasta Darién, mientras que Colón lo hizo desde Darién hasta las islas de la Bahía, parecían caber sólo tres posibilidades: una en la región más meridional; otra en el centro, más allá, aunque cerca, de las islas de la Bahía, y una tercera en la región más septentrional, donde Cabot trató de establecer una zona de influencia inglesa. A la postre, Pinzón y Solís viajaron sin gran convencimiento con dos naves hacia la zona central, hasta cerca de donde Colón viró hacia el sur en 1502 después de encontrarse con los mercaderes mayas. En este viaje llegaron con casi toda seguridad a Yucatán y, probablemente, siguieron navegando por lo que actualmente conocemos como el litoral mexicano.[21] Este viaje fue más importante de lo que se ha querido reconocer.

Una vez que las dificultades surgidas a raíz de la muerte de la reina Isabel y del rey Felipe se hubieron superado, y Diego Colón fue restablecido como gobernador de La Española, parecía totalmente posible nombrar a Alonso de Hojeda y a Diego de Nicuesa primeros gobernadores de nuevas provincias del continente, como Urabá y Veragua; tendrían su base en Jamaica. Este hecho disgustó a Diego Colón, porque consideraba que ambos nombramientos y la utilización de Jamaica constituían una violación de sus derechos. Sin embargo, se hizo caso omiso de su opinión. Urabá incluiría Cartagena de Indias y Hojeda construiría allí dos fortalezas. Veragua correspondería a la región oriental de la actual Panamá. Sin embargo, ninguno de estos lugares pudo ser especificado con mucha precisión en Valladolid. Era bien sabido que Hojeda y Nicuesa eran «muy amigos», por lo menos desde que ambos embarcaron con Colón en 1493, y esto parecía augurar el éxito de lo que en Castilla se consideraba un ejercicio conjunto.

De Hojeda baste decir que era una pequeña y singular fuente de energía, crueldad y ambición. Nicuesa era un caballero de Baeza. Fue miembro de la casa del tío del rey, Enrique Enríquez, almirante de Castilla y, presumiblemente, de no ser por el descubrimiento de América, hubiese permanecido en el cargo durante toda su vida. Era un hombre amable y de talento, buen jinete, diestro tañedor de vihuela, un hombre rico y recto. Pero, también él ambicionaba tener una colonia propia. Y ése fue su error. Al regresar a España como procurador de Santo Domingo, le pidió al rey que lo nombrase gobernador de Veragua, y Fernando accedió.[22]

Hojeda zarpó rumbo a la costa norte de Sudamérica el 18 de diciembre de 1508, acompañado por Juan de la Cosa y varios hombres jóvenes, como los hermanos Pedro y Diego de Ordaz, de Castroverde del Campo, cerca de Benavente. Hicieron escala en Canarias y en La Española, donde recogieron a más hombres, entre ellos a Francisco Pizarro, hijo ilegítimo de un valiente hidalgo extremeño famoso por sus gestas en las guerras de Italia. Pizarro llegó a las Indias con Ovando. Hojeda fondeó luego en Turbaco, cerca de Cartagena, donde los indios tenían muy mal recuerdo de la brutal visita de Cristóbal Guerra. Hojeda pensó en recalar en el cercano puerto de Calamar, para capturar a más indios, reducirlos a la condición de esclavos y enviarlos a La Española para saldar varias deudas que tenía allí. Juan de la Cosa, como capitán general del cuerpo expedicionario, recordaba los dardos envenenados, y advirtió del peligro que corría. Pero Hojeda se obstinó en seguir con su plan, atacó el lugar por sorpresa y capturó a sesenta nativos. Quienes lograron huir se refugiaron en Turbaco.

Hojeda los persiguió y llegó al enclave, pero no encontró a nadie. Sus hombres habían quedado detrás de las montañas y los indios, reagrupados, atacaron hábilmente. Los españoles fueron exterminados. Hojeda luchó valientemente pero, al final, se resignó a huir y se refugió en las naves. Juan de la Cosa, héroe o villano en tantos viajes al Nuevo Mundo, se vio rodeado en una choza y, el 28 de febrero de 1510, murió atravesado por las flechas de los indios junto a unos setenta hombres. Tenía por entonces sesenta años.[23]

Los hombres que habían quedado en las embarcaciones acudieron en botes a rescatar a sus compañeros. Encontraron a Hojeda extenuado en un manglar. También Diego de Ordaz y Pizarro salvaron la vida. Esta batalla de Turbaco fue la primera derrota seria de los españoles desde 1493.

De pronto, Diego de Nicuesa, con dos carabelas, tres bergantines y varios centenares de hombres de refresco apareció, por el horizonte. De modo que, al ver llegar los refuerzos, Hojeda volvió al combate, marchó hacia Turbaco y la destruyó. Incendió las chozas y degolló a todos los indígenas que capturó. Luego se dirigió a la bahía de Urabá, donde estableció un rudimentario enclave, San Sebastián. Y envió una nave a Santo Domingo con un cargamento de indios capturados, algunos de los cuales procedían de la isla de Fuerte, que estaba justo frente a la costa.

Por su parte, Nicuesa zarpó hacia lo que posiblemente creyó que era Veragua. Su vieja amistad con Hojeda no parece que sobreviviese a este acto de amabilidad por su parte.

Dada la situación en el enclave de San Sebastián, en Urabá, este primer intento de establecer una colonia en el continente fue desalentador. Hojeda se quedó sin suministros; los indios lo persiguieron a él y a sus hombres, con flechas envenenadas, y, como de costumbre, las enfermedades los diezmaron. Por suerte para los españoles, un barco en el que viajaban setenta delincuentes fugitivos de la justicia de La Española no tardó en aparecer, al mando de Bernardino de Talavera; les había robado el barco a los comerciantes genoveses de Punta Tiburón, pero ayudaron a Hojeda.[24]

Sin embargo, el contingente de Hojeda acabó pronto con los suministros traídos por Talavera. Hojeda decidió entonces regresar a Santo Domingo en el barco robado con aproximadamente la mitad de los expedicionarios. Quienes quedaron allí tenían instrucciones de que, si antes de cincuenta días no llegaba ayuda, los supervivientes, al mando de Francisco Pizarro, que había sido un eficaz lugarteniente de Hojeda desde la muerte de Juan de la Cosa, tratarían de salvarse cada uno por su cuenta.

Hojeda y Talavera, su nuevo aliado, se dirigieron entonces a Cuba y en la bahía que posteriormente se llamaría «bahía de Cochinos» fueron atacados por taínos, aunque su cacique los recibió bien. Pedro de Ordaz salió de Cuba en canoa rumbo a Jamaica en busca de ayuda y, desde allí, el nuevo gobernador, Juan de Esquivel, envió una carabela con suministros al mando de su lugarteniente, Pánfilo de Narváez, que condujo a Hojeda y a sus compañeros a Santo Domingo. Pero Hojeda nunca llegó a recobrar la salud y murió empobrecido en 1515, tras haber ingresado poco antes en la orden franciscana.

Hojeda había cruzado el Atlántico unas siete veces y había explorado casi toda la costa norte de Sudamérica. Su gratuita crueldad ensombrece sus notables logros. Las Casas se expresó con gran dureza acerca de él: «Si no hubiese nacido, el mundo nada hubiere perdido.»[25] Sin embargo, era un hombre indomable y fue el primer aventurero de verdad que empezó a navegar por el Nuevo Mundo.

Entretanto, Diego de Nicuesa había zarpado hacia lo que Colón llamó Veragua y sus supuestos yacimientos de oro. Tras muchas tribulaciones, su grupo se estableció a unos siete kilómetros al oeste de la bahía de Urabá, en Las Misas, así llamada porque allí se celebró el primer acto litúrgico en el continente del Nuevo Mundo. Una vez allí, Nicuesa dividió en dos su expedición, una medida siempre desacertada. Nicuesa dejó el grueso de sus hombres y la mayoría de las embarcaciones al mando de su primo, Cueto, otro caballero de Baeza. Embarcó en una carabela, junto a un solo bergantín al mando del vasco Lope de Olano, que fue uno de los hombres de Roldán que se rebeló contra Colón en los lejanos días de los años noventa, y con un contingente de noventa hombres se dirigió hacia el norte tratando de encontrar Veragua. La travesía resultó muy problemática, pese a que Nicuesa tenía con él a algunos de los pilotos que, como Pedro de Umbría, habían navegado con Colón en su cuarto viaje por aquellas mismas aguas.

Pasaron dos meses sin que Cueto y los hombres de Las Misas supiesen nada de Nicuesa. Enviaron un grupo en su búsqueda tras haber encontrado un mensaje de Nicuesa en un árbol diciendo que se encontraba bien y se toparon con Lope de Olano, que dijo que Nicuesa se había marchado en una canoa tras una fuerte discusión con uno de los pilotos acerca de dónde se encontraba realmente Veragua. El piloto dijo que esperaba que, si no decía la verdad, le cortasen la cabeza.

Cueto y Olano se dirigieron entonces al norte, pero no en busca de Veragua, sino de Nicuesa, y durante el viaje encontraron un enclave junto a un río que Colón había bautizado como Belén. Al poco tuvieron noticias de Nicuesa, a través de Diego Ribera, que lo había abandonado en una isla situada a pocas millas de la costa que llamó El Escudo. Regresó en un bergantín y, aunque Olano albergaba por entonces ambiciones de poder personal y arrestó a Nicuesa al llegar éste cubierto de harapos, hambriento y enfermo, Gonzalo de los Reyes, un benevolente capitán, lo llevó a una loma que daba al lugar que daría en llamarse Nombre de Dios para que se recuperase. Estos viajes fueron, lógicamente, experiencias totalmente nuevas para los europeos.

Como se recordará, Alonso de Hojeda les había dado a los hombres que quedaron en el enclave de San Sebastián en Urabá cincuenta días después de partir a Santo Domingo.[26] El comandante que quedó al mando de estos hombres, el rudo extremeño Francisco Pizarro, permaneció en el enclave más tiempo del acordado y luego, en septiembre de 1510, zarpó hacia Santo Domingo. Pero en la bahía de Calamar, cerca de lo que luego sería Cartagena de Indias, encontró por casualidad un barco a bordo del cual viajaba el geógrafo Martín Fernández de Enciso, de Santo Domingo.

Fernández de Enciso había formado parte de la expedición de Hojeda. Pizarro y Fernández regresaron entonces juntos al enclave de San Sebastián, pero al llegar vieron que los indios lo habían arrasado. Por sugerencia de Vasco Núñez de Balboa, un inteligente conquistador de

Jerez de los Caballeros que embarcó como polizón en la nave de Enciso para huir de sus acreedores en Santo Domingo,[27] zarparon rumbo a Darién, donde Balboa había estado en 1501 con Rodrigo de Bastidas. A pesar de la resistencia de los indios sinú, los tres conquistadores, Pizarro, Núñez de Balboa y Fernández de Enciso, fundaron la población de Nuestra Señora de la Antigua en el golfo de Urabá, en la desembocadura del Atrato, en la actual Colombia.[28]

El establecimiento de este nuevo enclave fue un error. Pedro Mártir, basándose en conversaciones con quienes fueron allí, escribió: «La situación del lugar es enfermiza y pestífera, más perniciosa que el clima de Cerdeña; todos [los colonos] se ponen pálidos como los que tiene ictericia. Y no consiste en la naturaleza de la región, puesto que en muchos lugares, bajo los mismos grados de latitud, de los signos, encuentran saludable y benigna clemencia del aire, es a saber, donde la tierra cría sus fuentes cristalinas, o donde los ríos tienen cauces corrientes y no cenagosos; y principalmente, cuando habitan los collados y no en los valles; pero el sitio aquel que está en la zona del río Darién, está colocado en un valle profundo, rodeado por ambas partes de ásperos collados por lo cual recibe los rayos meridionales del sol casi perpendiculares sobre la cabeza, y les molestan gravemente [...]; pues el ardor de los rayos solares lo produce su repercusión [...]. También es pestilente el lugar por la naturaleza del suelo, por pantanoso que es, y rodeado de fétidas lagunas. Más aún: la misma población es un estanque, donde las gotas que corren de las manos de los esclavos cuando riegan el pavimento de la casa, de seguida se crían sapos [...]. No tiene puerto aquel lugar, que dista de las gargantas del golfo tres leguas, y es un camino arduo y áspero [...].»[29]

Con todo, era un enclave español en un lugar remoto y desconocido. ¡Cuánto valor y cuánta determinación hacían falta para establecer semejante enclave!

Una vez instalado el enclave, un grupo de expedicionarios dirigidos por Rodrigo Enríquez de Colmenares, y acompañados por Diego del Corral y Diego Albítez, fueron a Nombre de Dios en busca de Nicuesa. Lo encontraron «en el estado más lamentable que quepa imaginar, reducido a un esqueleto y cubierto de harapos». Se abrazaron y Nicuesa regresó con ellos a Urabá. Una vez allí, con la confianza recobrada y alentado por Colmenares y los demás, se mostró dispuesto a restablecer su autoridad. Afirmó que el nuevo enclave estaba dentro de la zona a su mando. Pretendió confiscar los bienes de Balboa y de sus amigos, pero Balboa actuó con gran habilidad: lo dejó dormir en su alcoba y, al cabo de tres semanas, Nicuesa fue conducido a bordo de uno de sus propios bergantines y le ordenó zarpar de nuevo hacia Veragua. Nicuesa se marchó furioso el 1 de marzo de 1511, y al mando de dos pequeñas naves se dirigió hacia el este en lugar de hacia el norte, y nunca se le volvió a ver; posiblemente murió a manos de los indios en Cartagena, donde desembarcó para cargar agua fresca. Dos de sus hombres, un hermano lego llamado Jerónimo de Aguilar, natural de Écija, entre Sevilla y Córdoba, y Juan Guerrero, se perdieron en una pequeña embarcación que naufragó frente a la costa de Yucatán. Pero ambos sobrevivieron y Aguilar tomó parte más tarde en la expedición de Hernán Cortés a México.[30]

Lope de Olano, que también desafió la autoridad de Balboa, fue castigado de otra manera: fue obligado a moler maíz en las calles de Darién al estilo de los indios. En cuanto a Fernández de Enciso, Balboa lo hizo expulsar. Nunca habían sido amigos ya que Fernández de Enciso amenazó con dejar a Balboa en una isla desierta al descubrir que había embarcado como polizón en su barco al zarpar de Santo Domingo. Balboa logró un temporal apaciguamiento pero se creó un enemigo en la persona de un individuo poderoso que podía perjudicarlo gravemente. Balboa asumió entonces el mando de la colonia, con Francisco Pizarro como lugarteniente.[31]

Balboa envió a dos de sus seguidores, Valdivia y Martín de Zamudio, para explicar su conducta a Diego Colón y, el 23 de diciembre de 1510, fue confirmado en el mando por el propio rey. Zamudio fue a España pero Valdivia regresó a Darién. Su barco naufragó y varios de sus hombres fueron capturados por los mayas en Yucatán.[32]

Balboa fue el primer caudillo de las Américas en el sentido de que se aupó al liderazgo a base de determinación y fortaleza de carácter. Siguió una política relativamente amistosa con los indígenas que, en general, funcionó bien (aunque hubo excepciones, como cuando el cacique Pacra fue descuartizado por los perros). Los jefes indios de Urabá eran similares a los de La Española, en el sentido de que eran caciques reconocibles. Pero en la mayoría de los demás aspectos, con sus vinos de palma y de piña tropical, su cerveza hecha de maíz y su reluciente oro, eran mucho más refinados. Las viviendas de los jefes eran rectangulares, algunas estaban construidas sobre los árboles, y sus adornos de oro (en muchos casos acumulados de generación en generación) solían estar muy elaborados. Al igual que todos los pueblos refinados, tenían esclavos. No cultivaban la yuca amarga como en el Caribe y, por tanto, no tenían pan de mandioca, pero sí disponían de importantes productos como el maíz, los boniatos y la yuca dulce. También criaban pavos y perros para la alimentación.

Balboa los amenazó y consiguió que le proporcionasen a él y a sus trescientos hombres comida y mujeres. Viajó mucho por la región, acompañado por Colmenares, y encontró oro en las estribaciones de los Andes, los orígenes del mito de El Dorado. En cierta ocasión, los caciques planearon asesinar a los españoles, pero la hermana de uno de ellos era la amante de Balboa y traicionó a sus parientes.[33]

Balboa había tenido también enfrentamientos con el hijo mayor del cacique Comogre, que golpeó las balanzas con las que los conquistadores estaban pesando el quinto real de oro y preguntó: «¿Qué es esto, cristianos? ¿Cómo es posible que concedáis tanto valor a tan pequeña cantidad de oro y, sin embargo, destruís la belleza artística de estos colgantes convirtiéndolos en lingotes? Si vuestra ansia de oro es tal que, para satisfacerla, aniquiláis a pueblos pacíficos y traéis la desgracia y la calamidad sobre ellos, si abandonáis vuestro propio país en busca de oro, yo os mostraré una tierra donde abunda y donde podréis saciar la sed de oro que os atormenta. Pero, para emprender tal expedición, necesitaréis muchas fuerzas, porque tendréis que conquistar a poderosos gobernantes que defenderán su territorio hasta la muerte. Sobre todo, el rey Tumanamá se opondrá a vuestro avance [...] Una vez que lleguéis al otro lado de esas montañas, veréis otro mar que vuestras pequeñas embarcaciones nunca han surcado. Los nativos van desnudos y viven como nosotros, pero utilizan velas y remos [...] y toda la vertiente sur de las montañas es muy rica en minas de oro.»

El joven indio se extendió diciendo que el rey Tumanamá incluso utilizaba una cocina de oro, y que allí al oro no se le daba más valor que al hierro en Europa. Comogre se ofreció como guía y añadió: «Reunid mil guerreros, bien armados para el combate, para que, ayudados por guerreros de mi padre [...] podamos destruir el poder de nuestros (y vuestros) enemigos [...] De esta manera, conseguiréis el oro que deseáis.»

«La codicia y la esperanza de conseguir oro embelesó a nuestros hombres», comentó un marinero que habló con Mártir.[34] Naturalmente, algunas partes de esta historia deben mucho a la imaginación.

Hacia 1512, el Caribe era gobernado por cinco hombres: Diego Colón en La Española; Juan Ponce de León en Puerto Rico; Diego Velázquez en Cuba; Juan de Esquivel en Jamaica, y Vasco Núñez de Balboa en Darién. Un italiano de madre portuguesa, dos sevillanos, un nativo de Castilla la Vieja y un extremeño. Diego Colón creía tener una superioridad formal sobre los demás, pero ellos no se mostraban proclives a ningún tipo de subordinación.

En 1513 se organizó una expedición hacia la actual Florida, que los españoles llamaron Bimini. Los nativos eran más duros que los taínos del Caribe; envenenaban sus flechas, a diferencia de los indios del Caribe y de los de México. Eran cazadores, pero también cultivaban maíz. Parece que eran semejantes a los guanahatabueys de Cuba, con quienes quizá tuviesen contacto.[35]

El experimentado aventurero Juan Ponce de León fue el comandante de la expedición española[36] (presumiblemente esto fue una compensación por haber sido destituido como gobernador de Puerto Rico). Partió con tres naves: la *Santiago*, al mando de Diego Bermúdez, hermano del Juan Bermúdez que descubrió la isla de Bermudas; Antonio Alaminos fue el piloto, un destacado marino que posteriormente sería el gran piloto de la conquista de México;[37] otra de las naves fue la *Santa María de la Consolación*, al mando de Juan Bono de Quejo, un do-

nostiarra que tendría asimismo una larga historia como marino en el Caribe, que terminó con la conquista de México, en la que participó; la tercera nave era un bergantín, el *San Cristóbal*.

A bordo de la *Santiago* viajaron Beatriz y Juana Jiménez, aunque no está nada claro en calidad de qué. También formaron parte de la expedición Juan Garrido, un portugués de raza negra, un hombre libre que estuvo con Ponce en Puerto Rico y Guadalupe y que combatió en Cuba. Posteriormente se embarcó con Cortés y sería el primer europeo que plantó trigo en el Nuevo Mundo.[38] Ponce de León llevó consigo a su hijo Juan González Ponce de León, que actuó como intérprete cuando su padre conquistó Puerto Rico.

La expedición de Ponce de León desembarcó cerca de la actual Palm Beach, siguió viaje rumbo sur, más allá de famosas poblaciones actuales como Cabo Cañaveral, Datona Beach y Miami, y luego viró hacia el norte y se adentró en el golfo de México. Según nos dice Pedro Mártir, buscaban especialmente la «fuente de la juventud»,[39] una fuente con propiedades milagrosas para devolver a los hombres sus mermadas facultades. Esta idea la encontramos en los viajes de sir John Mandeville, el mítico viajero del siglo XIV. La idea se exponía también en *Primaleon de Grecia*, una novela que había aparecido el año anterior, algo que podía encontrarse en una montaña mágica que pertenecía al rey de Inglaterra. Pero Ponce de León no encontró el manantial ni el oro; lo que sí encontró (aunque fuera por casualidad) fue la corriente del Golfo, algo tan importante como el propio descubrimiento de Florida.[40] Durante el viaje de regreso a Puerto Rico, se detuvo en Yucatán (probablemente cerca de Progreso, Mérida), y el piloto Alaminos regresó vía las Bahamas. Parece ser que Ponce de León no exploró ninguna zona de Yucatán[41] y llegó a Puerto Rico el 10 de octubre de 1513. El viaje había sido mucho más importante de lo esperado o de lo que Ponce, frustrado por no haber encontrado su fuente, informó.

Bautizó la «isla» que había descubierto con el nombre de la festividad en que la vio, Pascua, pues era la Pascua Florida. Luego, en 1514, Ponce de León volvió a España a recibir el codiciado título de adelantado.[42]

LIBRO CUARTO

Diego Colón

Un capitán orando en su barco con su tripulación.

CAPÍTULO 21

Una voz que clama en el desierto

> *Ego vox clamantis in deserto.*
> Aquí, yo que soy voz de Cristo en el desierto desta isla, y por tanto, conviene que con atención, no cualquiera, sino con todo vuestro corazón y con todos nuestros sentidos, la oigáis; la cual voz os será la más nueva que nunca oísteis, la más aspera y dura y más espantable y peligrosa que jamás no pensasteis oír.
>
> Fray Antonio de Montesino, 4 de diciembre de 1511

El hijo legítimo y mayor del Almirante, Diego Colón, llegó a Santo Domingo desde España tras una feliz travesía, a bordo del *Que Dios Salve*, con «mucha casa»[1] y con su elegante esposa, María de Toledo, sobrina del duque de Alba, el 9 de julio de 1509 con veinte barcos. María llevaba como doncellas a varias jóvenes de buena familia dignas de la esposa de un virrey.[1]

Diego tenía por entonces treinta años. Al igual que todos los gobernadores españoles, se incorporó a su nuevo cargo con nuevos amigos, incluidos su hermano menor, Fernando, y sus tíos, el famoso Bartolomeo, con el cargo de alguacil mayor, y Diego, además de varios de sus primos, como Juan Antonio y Andrea. Una buena muestra del éxito de la administración de Ovando la aporta el hecho de que el regreso de estos viejos partidarios del Almirante no provocase ninguna revolución en la isla. A Diego lo acompañaba también un experimentado juez, Marcos de Aguilar, de Écija, a quien nombró alcaide mayor de la isla. Destacados comerciantes de Castilla embarcaron sus productos, como Alonso de Nebreda, un boyante comerciante de Burgos, emparentado con todos los comerciantes conversos de la ciudad. Uno de los que acompañó a Colón fue el empresario burgalés García de Lerma, considerado como uno de los pioneros del capitalismo en el Caribe.[2]

Diego era un cortesano, no un marino. Había pasado toda su vida entre la corte del infante Juan, la casa de la reina y posteriormente la del rey. Su padre le escribía a menudo y solía terminar sus cartas con estas palabras: «Tu padre, que te quiere más que a sí mismo.» Cifraba muchas esperanzas en su hijo. Recordaremos que, en 1493, pidió que le fuese concedido el capelo cardenalicio; luego confió en que Diego se casase con Mencía, una hija del duque de Medina-Sidonia, muy poderoso en la zona cercana a Gibraltar. Pero el rey le negó la autorización para casarse. Y, a la postre, haría un matrimonio más ventajoso, en 1508, con María de Toledo, sobrina del duque de Alba.

Las Casas escribió de Diego Colón que «[...] más fué heredero de las angustias e trabajo e disfavores de su padre, que del estado, honras y preeminencias que con tantos sudores, y aficiones ganó».[3] Y era cierto. Diego era reconocido como heredero del Almirante, pero nada se decía acerca de su virreinato. Había otros privilegios vinculados a su padre, incluidos en las famosas capitulaciones de Santa Fe, de 1492, que en 1509 fueron omitidos en la designación de Diego. De ahí que se aventurase a presentar una demanda contra la Corona, curiosamente coincidiendo con su partida para incorporarse a su nuevo cargo.

Diego Colón recibió detalladas instrucciones;[4] por lo pronto se le encarecía que delegase en el tesorero Miguel de Pasamonte para todo lo que tuviese que ver con la Iglesia en La Española. En una segunda cláusula se expresaba una opinión muy positiva acerca de Ovando: «Soy informado de que Frey Nicolás [...] ha tenido muy buena manera, ansí en esto como en todo lo otro que toca a la buena gobernación.» También se le pedía a Diego que obtuviese una memoria de su predecesor acerca de cómo había llevado el gobierno de la isla.[5] Asimismo, se emplazaba al nuevo gobernador a que velase por el buen funcionamiento de los hospitales instalados en Buenaventura y La Concepción.

El rey añadía que su principal deseo respecto a La Española era convertir a los indios y que fuesen buenos cristianos; y, para este fin, debería haber en todas las poblaciones «una persona eclesiástica», no necesariamente un sacerdote, con casa cerca de la iglesia. El gobernador también debería decirles a los caciques indios que deseaba que fuesen bien tratados, pues era necesario asegurarse de que los indios «recibiesen un buen trato y no se les robase». Los caciques, a su vez, deberían tratar bien a sus indios. Estos últimos no deberían celebrar fiestas ni ceremonias salvo al estilo de «las demás gentes de nuestros reinos». Todos, españoles e indios por igual, deberían vivir en poblaciones. Aquellos indios que vagabundeasen serían obligados a trabajar, y quienes heredasen propiedades no podrían venderlas por debajo de su valor. Nadie podría vender armas ni ninguna otra cosa a los indios.

El gobernador y el tesorero Pasamonte deberían garantizar que se obtuviese de las minas la mayor cantidad de oro posible. Éste deberían fundirlo brigadas de diez hombres, o formadas por cualquier otro número de personas que se considerase conveniente, y estarían dirigidas por una persona de confianza. Diego Colón debería averiguar cuántos indios vivían en la isla y llevar a cabo un censo (aunque, ciertamente, el censo ya lo había realizado Gil González Dávila, un continuo de la Casa Real que había sido nombrado contador de la isla. El censo tendría que reflejar en qué zonas aumentaba la población y en cuáles descendía. El gobernador tendría que velar asimismo por que nadie permaneciese ocioso, ya que «la ociosidad era peligrosa». Fernando esperaba que una tercera parte de los indios varones de la isla de La Española trabajasen en las explotaciones auríferas, bien en el lavado de la arena de los ríos o en la extracción de vetas.

Diego Colón debería garantizar que ningún extranjero se estableciese en las islas. Tampoco los musulmanes, los judíos, los herejes ni cualquiera que hubiese sido castigado por la Inquisición (reconciliados), ni personas recién convertidas deberían ir a las Indias, aunque si eran esclavos negros u otros nacidos en el seno del cristianismo podrían hacerlo, siempre y cuando se obtuviese una licencia explícita para ellos. Los descendientes de quienes hubiesen sido condenados a la hoguera por la Inquisición también tenían prohibido viajar a las Indias. Por otra parte, deberían construir dos fortalezas aprobadas en tiempos de Ovando: una en Concepción, y la otra en Santiago. Y nadie podría explorar la isla sin permiso de la Corona.

El gobernador debería escribir, con detalle y a menudo, acerca de lo que ocurriese.[6]

Estas instrucciones causaban una mejor impresión de lo que la Corona esperaba que ocurriese en La Española que de aquello que realmente haría Diego Colón. Pero sí mostraban que la Corona de España asumía que gran parte del poder lo ejercería el tesorero Pasamonte y que el gobernador podía convertirse en una mera figura decorativa.[7] Quizá se dio por sentado en España que no le importaría quedarse tranquilamente en su nueva casa de piedra construida para Ovando y dedicarse a leer, porque él y sus amigos habían zarpado con muchos libros; incluso el nuevo boticario llevó consigo cinco libros de medicina en la *San Miguel*; Cristóbal de Sotomayor llevó nueve libros, de los cuales ocho estaban encuadernados en oro, un mapamundi y varios volúmenes sin encuadernar (posteriormente le regalaría a Fernando dos manuscritos, como indudable muestra de amistad). Los abogados también se llevaron sus libros; Álvaro de Sandoval llevó consigo las *Siete Partidas*, y Marcos de Aguilar se llevó tres cajas sin especificar.[8] Uno o dos ejemplares del *Amadís de Gaula,* en su nueva edición publicada en 1508 en Zaragoza, figuraban sin duda entre estos libros.

En línea con la serie de desastres que sufrieron la mayoría de los gobernadores de La Española, casi todos los barcos con los que llegó Diego Colón fueron destruidos por una tormenta en la bahía de Santo Domingo durante la noche del 29 al 30 de julio. Como consecuencia de ello, la colonia no pudo comunicarse con España hasta octubre. A Diego no le importó, porque estaba decidido a controlar todos los movimientos de sus compatriotas en la región del Caribe. No permitiría ninguna nueva expedición, a menos de que tanto la expedición como su jefe obtuviesen su aprobación, por lo menos mientras durase su litigio acerca del destino del Nuevo Mundo que creía haber heredado.

A pesar de la coartadora presencia del tesorero Pasamonte, Diego Colón se dispuso a aplicar sus propias soluciones para los problemas de la isla. Lo asesoraban tres franciscanos: fray Alonso de Espinar, que había llegado a La Española con Ovando, y que había logrado el derecho a poseer tierras en el Nuevo Mundo, pese a su voto de pobreza; el sevillano fray Pedro de Melgarejo, que participaría más adelante en la segunda fase de la expedición de Cortés a México, y fray Pedro Mejía, un extremeño. Con estos colaboradores, Diego Colón se dispuso a organizar una nueva división general de la tierra en la isla. Pudo adoptar medidas sin temor a que los jefes indígenas interfiriesen en sus decisiones porque, simplemente, habían dejado de existir, pero el descenso de la población nativa creaba a su vez otros problemas. El plan consistía en que el gobernador entregaría un centenar de indios a los funcionarios y a los alcaides de las poblaciones que decidiese la Corona. Todo caballero que fuese a las Indias con su esposa recibiría ochenta indios, y todo escudero o soldado de a pie que llevase a su esposa recibiría sesenta indios, mientras que los meros trabajadores acompañados también por sus esposas recibirían treinta indios.

Dos siglos más tarde el historiador Muñoz, que estudió los archivos sobre esta cuestión, precisó que este reparto afectó a 33 528 taínos. Pero no se han conservado los detalles, de manera que no hay modo de saber hasta qué punto esta estimación de la población india quedaba por debajo de los datos de 1492 ni cuántos esclavos indios había. Todos los cálculos (que sugieren un descenso catastrófico) adolecen de haber sido hechos por personas interesadas. Sin embargo, parece cierto que este número era inferior al que se estimó en el momento del contacto con los europeos. No obstante, en 1509 esta cuestión preocupaba poco a los europeos. Este hecho permite aventurar que la población no pudo haber descendido mucho por debajo de las cifras de 1492. Los españoles de vez en cuando eran duros, pero si las cifras hubiesen sido del orden de las que apuntó el padre Bartolomé de Las Casas, o de las que en el siglo XX han aventurado historiadores de la escuela californiana como Lesley Byrd Simpson, Woodrow Wilson Borah y Friendly Cook, en la época hubiese cundido una ostensible alarma, cuando no consternación.[9] En lugar de ello, en virtud de un decreto de 1510, los cien indios que se concedían a funcionarios y alcaides pasaron a ser doscientos. El rey, ávido de oro, expresó la esperanza de que una tercera parte de quienes trabajasen en la isla lo hiciesen en las minas.[10] Y, caso de ser necesario, accedió a que se trajesen esclavos de las islas cercanas.

La esclavitud, de características similares a como se entendía en Europa, era bien conocida en las Américas antes de la llegada de los europeos, aunque no en el mundo de los taínos. Ésta fue una de las tranquilizadoras similitudes que los conquistadores encontraron entre ambos mundos. Las dos principales monarquías perfectamente implantadas, la de los mayas y la de los incas, tenían sustanciales poblaciones de esclavos.[11] También los caribes utilizaban a sus prisioneros taínos y de otras etnias como esclavos.

En agosto de 1509, una docena de colonos de La Española obtuvieron el permiso para construir carabelas con las que realizar incursiones en las islas vecinas para capturar indios y esclavizarlos.[12] Aquel mismo mes, el gobernador aceptó una oferta de un grupo de comerciantes para proporcionar indios de las Bahamas o del continente a bajo precio. Si los cautivos aceptaban de buen grado ir a Santo Domingo, serían llamados naborías (criados forzosos), pero si se resistían, serían considerados esclavos.[13] Sin embargo, a diferencia de los naborías de La Española, estos nativos de las Bahamas no tenían parcelas propias en Santo Domingo, de modo que serían naborías a perpetuidad (en la práctica, la diferencia entre ellos y los esclavos era casi inapreciable).

El orquestador de los intereses de estos aventureros era el avispado tesorero Miguel de Pasamonte.[14] Era funcionario, pero ni él ni ningún otro consideraban que el funcionariado debiese interferir en los tratos comerciales. En esto contó con el apoyo del contable Gil González de Ávila. La realidad era que, tal como argumentaría en un juicio contra el protegido del obispo Fonseca en Santo Domingo, Cristóbal Tapia, «las haziendas de esta tierra no son nada sin indios».[15]

El rey estaba interesado en la cuestión. A principios de 1510 le escribió a Diego Colón en los siguientes términos: «Vi vuestra letra que embiasteis con vuestro hermano Fernando [...]. Ahora solo respondo a lo que decís de las minas, de do se saca mucho oro. Y pues el Señor lo da, y yo no le quiero sino por su servicio en esta guerra de Africa [contra los magrebís], no quede por descuido el sacar lo que más se pudiera. Y porque los indios son flojos para romper las piedras, métanse todos los esclavos [negros] en las minas, que yo mando a los oficiales de Sevilla que os embien cincuenta esclavos.»[16] El 10 de febrero de 1510, el rey, que por entonces se encontraba en el pueblo de Guadarrama, otorgó la autorización para que doscientos esclavos africanos fuesen enviados al Nuevo Mundo.

Parte de estos esclavos africanos eran negros que, en su mayoría, fueron llevados a Lisboa o a Sevilla por los portugueses desde el golfo de Guinea o de las islas de Cabo Verde. También había bereberes. Unos pocos, o por lo menos sus padres, habían pasado mucho tiempo en Europa. Doscientos esclavos eran muchos, y esta decisión del rey fue, tanto más que la medida adoptada en 1507, a la que ya nos hemos referido, un punto de inflexión en la historia del comercio de esclavos africanos en las Américas. Por entonces, a nadie le preocupaba la situación de estos africanos que, en tanto que esclavos, eran admirados dondequiera que fuesen. Ciento cincuenta de ellos, comprados en Portugal por los comerciantes genoveses de la familia Salvago, Balian y Antonio, parece que fueron enviados a La Española en aquel año de 1510, a bordo de embarcaciones propiedad del rey.[17]

En lo único que reparaba el rey era en que, año tras año, la importación de oro de La Española aumentaba sustancialmente. Durante los tres años del período 1503-1505 se importaron 445 000 pesos de oro, de los que 116 000 fueron producidos directamente en las minas de propiedad real. Pero entre 1506 y 1510 la producción ascendió a 979 000 pesos de oro, de los que la aportación a la Corona fue de 256 000.[18]

A tenor de estos cambios el comendador Ochoa de Isásaga, el nuevo factor de la Casa de Contratación, que había sucedido al genovés Francisco Pinelo, muerto en 1509, propuso algunos cambios en la organización de la institución sevillana. En Monzón, donde la corte pasó el mes de marzo, Isásaga propuso las modificaciones. Las treinta y seis disposiciones, aprobadas el 15 de junio de 1510 por el rey, Fonseca y Conchillos, eran importantes, pero no mencionaban a los indios. Todas las transacciones deberían ser reflejadas en un libro.

El horario de oficina sería de 10 a 11 y de 17 a 18 horas, salvo en verano, durante el cual el horario de mañana sería de 9 a 10. La Casa de Contratación debería ocuparse también de la administración de todos los bienes de quienes hubiesen muerto en las Indias, que deberían ser guardados en cofres con tres cerraduras, al igual que el oro. Ningún condenado por razones religiosas o cualquier otro motivo podría ir a las Indias. Pero cualesquiera otros ciudadanos de Castilla y Aragón podrían viajar allí, si así lo deseaban, siempre y cuando se registrasen en la Casa de Contratación.[19] A bordo de toda nave grande debería viajar un escribano. La Casa de Contratación debería contar con un factor «que sea hábil e inteligente», un tesorero, un contable y con un escribano. Quienquiera que desease partir a las Indias debería pasar la inspección de su nave.[20]

Otras mejoras se incorporaron al año siguiente a partir de la promulgación de un decreto que concedía a la Casa de Contratación jurisdicción civil y penal, y tanto tiempo como fuese necesario para entender en todo lo relativo al comercio con Santo Domingo. Los prisioneros deberían ingresar en la cárcel de Sevilla.

Más importante a largo plazo que estas disposiciones burocráticas fue la llegada, en agosto de 1510, de seis frailes dominicos a Santo Domingo, en virtud de un decreto promulgado por el rey Fernando en noviembre de 1509. Estos frailes pertenecían a la «provincia de San Gabriel de Extremadura», una sección reformada de la orden.[21] Pero la idea de enviar a estos dominicos a las Indias fue de fray Domingo de Mendoza, un docto y piadoso predicador que sabía cómo poner en práctica los nuevos planes.[22] Al principio, la llegada de estos dominicos pareció un desafío a los franciscanos, que por entonces estaban bien implantados en La Española. Pero, al cabo de unos meses, su presencia se convirtió en un desafío no sólo para los franciscanos, sino también para el orden establecido, ya que estos dominicos fueron los grandes reformadores de los primeros tiempos del gobierno español. Sus magníficos monasterios, construidos en el Nuevo Mundo durante la siguiente generación, resultan ahora puntos de referencia tan importantes como las ciudades.

Los dominicos no hicieron una gran labor de inmediato, y durante años de 1510 y 1511 pasaron casi inadvertidos. El litigio de Diego Colón acerca de su herencia se solucionó tras una sentencia del Consejo del Reino, reunido en Sevilla el 5 de mayo de 1511. Los derechos hereditarios del nuevo almirante fueron reconocidos, no sobre todos los territorios situados al oeste de la línea de Tordesillas, tal como él reivindicaba, pero por lo menos sobre la isla de La Española y sobre las otras tierras descubiertas por su padre.[23] Todo ello equivalía a un archipiélago nada despreciable.

La decisión del Consejo no fue la que Diego esperaba, porque se limitaba a reconocer que era gobernador y no restablecía sus derechos como virrey.[24] Pese a ello, la sentencia bastó para animarlo a fomentar nuevas exploraciones, y de ahí que mandase a su amigo Juan de Agramonte a explorar el noroeste del continente.[25]

En 1511 se creó en el Nuevo Mundo la primera audiencia, o Tribunal Supremo, con sede en Santo Domingo, lo cual propició que, durante varias generaciones, la ciudad siguiese siendo de manera efectiva la capital del Imperio español en el Nuevo Mundo. Los primeros magistrados nombrados fueron Lucas Vázquez de Ayllón, que había sido adjunto del juez Maldonado en Santo Domingo, y que aprovechaba el cargo para comerciar incluso fuera de la isla, Juan Ortiz de Matienzo y Marcelo Villalobos. Vázquez de Ayllón pertenecía a una familia de conversos de Toledo, donde su padre fue regidor. Ortiz de Matienzo era hijo del tesorero de la Casa de Contratación, Sancho de Matienzo, a quien debía su nombramiento, y Villalobos era un sevillano casado con Isabel de Manrique, emparentada con los duques de Nájera. Todos estos jueces consideraban que sus nombramientos los autorizaban a comerciar en la isla, especialmente Vázquez de Ayllón. Además, esperaban intervenir en gran medida en la administración de la colonia. Las audiencias españolas eran más judiciales. Diego Colón protestó, pero no acerca de la cuestión comercial; simplemente creía ver recortadas sus competencias en tanto que gobernador. Puesto que los jueces estaban allí, ¿por qué no actuaban como un consejo asesor de su gobierno?[26]

Pero antes de que los jueces arribasen a La Española, llegaron más dominicos.[27] Había por entonces veinte frailes de la orden, más que franciscanos. Entre ellos se encontraba fray Pedro de Córdoba, un hombre piadoso, prudente y muy versado en teología. Era cordobés, de buena familia, y tenía muy buena presencia. Estudió en Salamanca y estuvo en el monasterio de Torquemada de Santo Tomás en Ávila. Fue bien recibido por el virrey y por su esposa María. Durante varias semanas los dominicos gozaron de la simpatía de los colonos. Fray Pedro de Córdoba se mostraba como un elocuente predicador y el virrey estaba encantado. Luego, fray Pedro animó a fray Antonio de Montesino para que pronunciase el sermón del cuarto domingo de Adviento, el 4 de diciembre, en la cabaña de madera, espaciosa pero todavía con techumbre de paja, que hacía las veces de iglesia de los dominicos. Anunció que su sermón versaría sobre el versículo del capítulo III del Evangelio de san Mateo: «Soy una voz que clama en el desierto.»

Un predicador dominico era todavía una novedad en Santo Domingo, de manera que aquel día la iglesia se llenó de colonos, entre los que figuraban algunos veteranos que estuvieron en la isla con Cristóbal Colón, otros que llegaron con Ovando y otros con Diego Colón. Los dominicos tenían fama de ser grandes predicadores. Sin embargo, el sermón fue un extraordinario desafío para los colonos. Fray Antonio de Montesino dijo: «Para os los dar a cognoscer [nuestros pecados contra los indios] me he sabido aquí, yo que soy voz de Cristo en el desierto desta isla, y por tanto, conviene que con atención, no cualquiera, sino con todo vuestro corazón y con todos nuestros sentidos, la oigáis; la cual será la más nueva que nunca oísteis, la más áspera y dura y más espantable y peligrosa que jamás no pensastéis oír.»

Montesino habló con tal energía que algunos de los presentes creyeron estar oyendo ya la voz del Juicio Final. El dominico prosiguió en estos términos: «Esta voz, dijo él, que todos estáis en pecado mortal y en él vivís y morís, por la crueldad y tiranía que usáis con estas inocentes gentes. Decid, ¿con qué derecho y con qué justicia tenéis en tan cruel y horrible servidumbre aquestos indios? ¿Con qué autoridad habéis hecho tan detestables guerras a estas gentes que estaban en sus tierras mansas y pacíficas? [...] ¿Cómo los tenéis tan opresos y fatigados, sin dadles de comer ni curallos en sus enfermedades, que de los excesivos trabajos que les dais incurren y se os mueren, y por mejor decir, los matáis, por sacar y adquirir oro cada día? ¿Y qué cuidado tenéis de quien los doctrine, y conozcan a su Dios y criador, sean baptizados, oigan misa, guarden las fiestas y domingos? ¿Estos, no son hombres? ¿No tienen ánimas racionales? ¿No sois obligados a amallos como a vosotros mismos? ¿Esto no entendéis? ¿Esto no sentís? ¿Cómo estáis en tanta profundidad de sueño tan letárgico dormidos? Tened por cierto, que en el estado que estáis no os podéis más salvar que los moros o turcos...[28]

Fray Montesino salió entonces de la iglesia con orgullo, con «la cabeza no muy baja» y dejando a los colonos atónitos.[31] Nunca se habían parado a pensar demasiado en los indios que estaban a su cargo ni creían estar haciendo nada malo con ellos. Varios destacados colonos (cabe imaginar que entre ellos estuvieron Diego de Alvarado, el secretario de Colón, Rodrigo de Moscoso, Juan Mosquera, Juan de Villoria y Pedro de Atienza, por mencionar a algunos de los más ricos encomenderos) fueron a ver al gobernador a su palacio para pedirle que el predicador fuese castigado por escandalizar o como propagador de una nueva doctrina. Luego se dirigieron al monasterio dominico, donde fray Pedro de Córdoba les aseguró que Montesino había hablado en nombre de todos los dominicos. Diego Colón se quejó asimismo ante fray Pedro. Puesto que se había expresado con tal dureza, lo lógico era que los dominicos no pudiesen tener criados indios, le comentó. Le pidió al fraile que invitase a Montesino a retirar sus afirmaciones pues, de lo contrario, recibiría un apropiado castigo. Fray Pedro se limitó a replicar que Montesino volvería a predicar el domingo siguiente, y Diego Colón dio por sentado que se retractaría. Pero Fray Antonio volvió a hablar con dureza, al hilo de unas palabras del Libro de Job: «Volveré a repetir lo que dije la semana pasada.» Declaró que él y sus hermanos dominicos se negarían en adelante a confesar a colonos y conquistadores, igual que harían con los salteadores de caminos. Y que podían escribir a España, a quienes considerasen oportuno, si querían quejarse. La iglesia estaba atestada de airados colonos que, sin embargo, se abstuvieron de adoptar ninguna otra medida.[29] Pero el Imperio español ya no volvería a ser el mismo.

CAPÍTULO 22

Los infieles pueden defenderse

> Los infieles no podrán ser convertidos en esclavos a menos que se obstinen en negar obediencia al soberano.
>
> Matías de Paz, hacia 1512

Los sermones de los dominicos en Santo Domingo no surtieron un efecto inmediato. La isla de Trinidad siguió siendo utilizada para abastecer de esclavos a La Española, siempre y cuando las operaciones de los tratantes de esclavos no afectasen a las islas donde había perlas. Los nativos de Trinidad fueron declarados caníbales el 23 de diciembre de 1511 y, por tanto, fue autorizada su captura.[1] Al día siguiente, víspera de Navidad de 1511, el rey promulgó en Burgos un decreto que dictaminaba que era lícito luchar y hacer esclavo a los que se «resistiesen o no quisiesen recibir e acoger en sus tierras a los capitanes e gentes que, por mi mandato fuesen a facer los dichos viajes e oyrlos para ser adoctrinados en las cosas de nuestra Santa Fe Católica e estar a mi servicio e so mi obedencia».[2] Esto era aplicable a los caribes de todas las Antillas y a la costa norte de Sudamérica, desde Martinica a Cartagena.[3] Los colonizadores de Santo Domingo acogieron el decreto exultantes. Sabían muy bien, fuera lo que fuera lo que suponía la gente en Castilla, que prácticamente cualquier nativo podía ser considerado un caribe y, por tanto, susceptible de ser esclavizado.[4]

Al poco, llegaron los jueces de la Audiencia a Santo Domingo. No apoyaron la postura de Montesino y de los dominicos, sino que, por el contrario, los tres Vázquez de Ayllón, Matienzo y Villalobos se convirtieron en los más activos tratantes de esclavos y de perlas, sentando así un precedente de actividad comercial de los miembros de la judicatura que, en adelante, afectó a la credibilidad imperial española. En 1512 partieron de Santo Domingo dos expediciones en busca de esclavos. Una de ellas estaba formaba por seis naves y cuatrocientos hombres, al mando de Diego Méndez, el valiente colono que salvó al Almirante en 1502; la otra iba al mando de Juan Fernández de las Varas, un comerciante converso de Sevilla bien relacionado con todos los altos funcionarios. Dos de esas naves iban destinadas a las islas Vírgenes y a Dominica.[5]

El rey Fernando, al tener conocimiento del sermón de Montesino, le dijo a Diego Colón que razonase con el predicador. Si él y sus hermanos dominicos persistían en su error (que, según el rey dijo a la ligera, había sido denunciado como tal error hacía diez años), el gobernador recibiría instrucciones de devolver a todos los dominicos a España.[6] Pocos días después, el 23 de marzo, fray Alonso de Loaysa, el superior de la orden dominica en España, reprendió a fray Pedro de Córdoba y a Montesino y exigió a este último que dejase de predicar una doctrina tan escandalosa. No se enviarían más frailes si persistían en dichos sermones.[7] Pero la reprimenda del superior no podía considerarse realmente un castigo que pudiese ser mínimamente eficaz.

Siguió un largo debate en España acerca de lo que Montesino había planteado en sus sermones. Tanto los colonos como los dominicos enviaron emisarios a la corte (los dominicos mandaron al propio Montesino, y los colonos al franciscano Alonso de Espinal).[8] Los debates acerca de cuestiones jurídicas relativas a las conquistas no eran raros en España, no en vano la conquista de Canarias fue precedida por una declaración de justificación jurídica hecha por el obispo Alonso de Cartagena, que afirmaba que las islas habían formado parte del reino de los visigodos.[9]

En agosto de 1512, fray Antón de Montesino apeló al Consejo del Reino en Burgos y le dijo al rey: «Señor, suplico a Vuestra Alteza que tenga por bien de mi dar audiencia, porque lo que tengo que decir son cosas muy importantes a vuestro servicio.» A lo que el rey respondió: «Decid, padre, lo que quisiéredes.»[10] El dominico le entregó entonces una larga lista de los agravios cometidos contra los indios. El rey se impresionó, incluso se horrorizó, y ordenó que una comisión formada por teólogos y funcionarios mediase en la cuestión. La formación de una comisión real de esta naturaleza era, como se recordará, lo que la Corona española decidió hacer acerca de Colón. La comisión se reunió más de veinte veces en Burgos, probablemente en casa del condestable de Castilla, llamada la Casa del Cordón, un edificio de estilo mudéjar, con una soga grabada sobre el portón. Allí recibieron Fernando e Isabel a Colón en 1496, y allí murió el rey Felipe en 1506. El «Cordón» evocaba el cinto de san Francisco que conectaba los escudos de armas de los Velasco con el de la Corona. Parecía emblemáticamente adecuado. Era un edificio relativamente nuevo, que se empezó a construir en 1482.

En las reuniones de la comisión se dijeron algunas cosas insólitas, aunque debemos reconocer que este debate fue único en la historia de los imperios. ¿Inspiraron Roma, Atenas o Macedonia semejante debate acerca de sus conquistas? ¿Lo inspiraron Francia o Rusia? ¿Hubiese optado la Corona británica por organizar tan docto debate en Oxford para especular sobre si era jurídicamente justa la guerra contra los ashanti o los afganos? La sola idea resulta risible.

Estos debates fueron precedidos por un obra titulada *The Commentaries on the Second Book of Sentences*, escrita en París por el filósofo escolástico escocés John Major en 1510, y fue el primer tratado teórico extenso acerca del papel de España en América. Major no concedía el poder temporal al papa ni al emperador, y afirmaba que la mera ignorancia de la fe no privaba a los hombres de su autonomía, pero sí la oposición armada a la predicación de la fe.[11] La comisión ordenada por el monarca estaba formada por el obispo Fonseca; el docto cortesano y virrey de Galicia Hernando de Vega; Luis Zapata; el secretario real, el licenciado Santiago, y el doctor Palacios Rubios (ambos hombres doctos); el licenciado Música; el licenciado Sosa, y dos frailes dominicos, Tomás de Durán y Pedro de Covarrubias, así como un destacado jurista de Salamanca, Matías de Paz.[12]

La conferencia de Burgos empezó con la presentación, por parte de fray Bernardo de Mesa, el predicador favorito del rey, miembro de una familia de nobles toledanos, de una tesis en la que probaba o, por lo menos, eso creía él, que los indios del Nuevo Mundo eran hombres libres, pero que tenían propensión a la pereza, y era el deber del rey ayudarlos a superar esta limitación. La libertad absoluta era mala para ellos, por lo que era deseable una forma de servidumbre, «para domeñar esas torcidas inclinaciones». Mesa justificó la reducción de los nativos a la condición de esclavos con argumentos que, básicamente, procedían del *Regimiento de Príncipes*, un escrito que por entonces se solía atribuir a santo Tomás de Aquino, pero que fue escrito por Tolomeo de Luca,[13] uno de sus discípulos.

Por su parte, fray Matías de Paz, un joven catedrático de Teología que enseñó durante muchos años en la Universidad de Salamanca, afirmó que los indios no debían ser sometidos a la esclavitud, ya que no respondían a la definición aristotélica de la ley natural.[14] En quince días, Paz escribió en Valladolid un extenso tratado sobre «los orígenes del gobierno del rey de España en las Indias». El tratado planteaba y respondía tres preguntas. Primera: ¿podía el rey gobernar a aquellos indios despótica o tiránicamente? A lo que respondía: «No es justo que los soberanos cristianos hagan la guerra contra los infieles simplemente por el deseo de dominarlos o apoderarse de sus riquezas. Sólo pueden hacerlo para propagar la fe. Si los habitantes de esas tierras (que nunca han sido cristianos) desean escuchar y recibir la fe, los soberanos cristianos no deben invadir su territorio...»

Segunda: ¿puede el rey de Castilla ejercer la dominación política? A lo que respondía: «De no mediar una invitación a aceptar el cristianismo, los infieles pueden con toda justificación defenderse, aunque el rey, movido por su celo cristiano y apoyado por la autoridad papal, libre una guerra justa. Tales infieles no podrán ser convertidos en esclavos a menos que se obstinen en negar obediencia al soberano o a aceptar el cristianismo.»

Y tercera: ¿podrían quienes se benefician de duros servicios personales de estos indios, a los que tratan como esclavos, estar obligados a indemnizarlos? A lo que respondía que sólo por la autoridad papal sería legítimo que el rey gobernase políticamente a esos indios y los asimilase a la Corona. Por tanto, los colonos españoles que hayan oprimido a los indios después de que éstos se hayan convertido deberán indemnizarlos taxativamente. Una vez convertidos, será legítimo, como es lo propio de todas las instancias políticas, requerir servicios de ellos. Al fin y al cabo, servicios mayores aún se les exigían a todos los cristianos de España, siempre y cuando fuesen razonables como, por ejemplo, los impuestos para sufragar los viajes y otros gastos vinculados al mantenimiento de la paz y a la buena administración de aquellas lejanas provincias.

Paz citaba también, elogiosamente, a Enrique de Susa, obispo de Ostia («Ostiensis») del siglo XIII, que argumentaba que cuando los paganos son atraídos al conocimiento de Cristo todos los poderes y derechos de estos paganos pasan a Cristo, que se convierte en su Señor en lo temporal, así como en lo espiritual. Sus derechos pasaban después al papa. Y Paz añadía indulgentemente: «Me dicen que también existen en esas tierras [indias] gentes amables, no ambiciosas ni avariciosas ni maliciosas, sino dóciles y potencialmente sumisas a nuestra fe, si son tratadas con caridad. Algunos observan la ley natural, y otros rinden tributo al demonio, con quien se comunican. Quizá fue esto lo que indujo a Dios a inspirar a nuestro rey para que enviase a quienes mostrasen a estas personas el camino de la salvación.»[15] Esta interpretación tan liberal no sería igualada y menos aún superada durante tres siglos.

El siguiente en intervenir fue Juan López de Palacios Rubios, un inteligente abogado que era miembro del Consejo del Reino. Era natural de Santander y mostraba la tranquila eficiencia de los naturales de esa región. Había sido catedrático de leyes en Valladolid, embajador de España en el Vaticano y presidente del Consejo de la Mesta. Nadie estaba mejor informado ni más preparado para intervenir en el debate, aunque... sabía mucho más de ovejas que de indios americanos.[16]

Palacios Rubios consideraba obvio que Dios había creado a todos los hombres iguales y que eran las guerras las que cambiaban la situación. Quienes caían prisioneros en una guerra justa podían ser considerados como esclavos. Había escrito una apología acerca de la reciente reivindicación de Navarra planteada por Fernando, en la que argumentaba que todos los bienes adquiridos en la «muy santa y muy justa guerra» contra Navarra pasarían a ser «propiedad de los conquistadores», aunque se abstuvo de señalar que los pamploneses y pamplonesas capturados pudiesen ser esclavizados. En su *De las Islas Oceánicas*, de 1512, aduciría que el derecho de España a las Indias procedía de la concesión que el papa Alejandro VI le hizo en 1493 a la Corona. Los indios debían ser instados a abrazar la fe, pero quienes los maltratasen deberían indemnizarlos. Se refirió cariñosamente a los indios y llegó a decir que debían ser tratados como si fuesen jóvenes plantas. Asimismo, aceptaba la idea de que el papa tenía sobre ellos autoridad temporal y espiritual.[17]

Otro catedrático de leyes, el licenciado Gregorio, se mostró desdeñoso. Se refería a los indios como «animales que hablan», y citaba profusamente a Aristóteles, santo Tomás de Aquino, Duns Scoto y Augustinus de Ancona para probar semejante calificación.[18] Pero fray Antonio de Montesino no se atrajo muchos valedores al afirmar que «replicaría a un estúpido de acuerdo a su estupidez, no vaya a ser que su agudeza se confunda con sabiduría». Pero su elocuencia fue en vano. El franciscano Alonso de Espinal (con quien Montesino tuvo un altercado en Burgos, en plena calle) también tomó la palabra, al igual que Martín Fernández de Enciso, que había tenido la ventaja de haber estado en las Indias como lugarteniente de Alonso de Hojeda.

En conclusión, esta comisión de Burgos decidió que los indios deberían ser tratados como seres libres e instruidos en la fe católica. Pese a ello, podrían ser sometidos a coerción con objeto de adoctrinarlos en el cristianismo. Estarían obligados a trabajar en su propio beneficio, y se les pagaría para que pudieran comprar ropas y otros enseres. Se les reconocerían las encomiendas a los colonos «en virtud de la gracia apostólica y de la donación y, por tanto, de acuerdo con las leyes humanas y divinas». Pero «nadie podría pegar ni flagelar a un indio ni llamarlo perro, ni ningún otro insulto, salvo que así se llame el aborigen».[19]

Estos debates condujeron a la aprobación de las llamadas «Leyes de Burgos», promulgadas el 27 de diciembre de 1512. Las disposiciones más importantes eran: que todos los indios debían vivir en pueblos, y en casas nuevas especialmente construidas para ellos, y que sus viejas chozas deberían ser incendiadas «con objeto de que no anhelen regresar a ellas aunque, en esta operación, no deberá recurrirse a la violencia, sino que se deberá proceder con suma gentileza» (esto recordaba una ordenanza de tiempos de Ovando que nunca se había aplicado); los encomenderos españoles deberían prestar verdadera atención a la instrucción religiosa, enseñarles el Credo, la importancia de la oración y de la confesión, y deberían construir iglesias y dotarlas de las adecuadas imágenes y ornamentos; cuando un indio muriese, los demás habitantes del pueblo deberían asistir al funeral presididos por la Santa Cruz; todos los niños indios tendrían que ser bautizados antes de cumplir los ocho días, y los hijos de los caciques deberían ser entregados a los franciscanos para que permaneciesen con ellos durante cuatro años y les enseñasen a leer y a conocer el cristianismo; en Santo Domingo, Hernán Juárez les enseñaría latín;[20] un tercio de todos los indios tendrían que trabajar en las minas, pero se debería velar por que no fuesen maltratados ni sometidos a un trabajo excesivo; las mujeres que estuviesen encinta no deberían ser requeridas para realizar trabajos manuales, y todos los indios tendrían que ser alentados a casarse.

Junto a estas disposiciones se dictaron otras impopulares entre los indios: no se les permitiría entregarse a sus danzas, ya que esto podría inducirlos a volver a sus antiguas ceremonias y religiones; por la misma razón no se les permitiría pintarse el cuerpo ni emborracharse. En cada población dos inspectores velarían para que se cumpliesen las leyes.[21]

Fray Pedro de Córdoba, superior de los dominicos en La Española e inspirador de su valiente desafío a los colonos, regresó a España, estudió estas leyes y sugirió numerosas enmiendas. Impresionado por su labor, el rey Fernando accedió a introducirlas. Se formó una nueva comisión con la incorporación de fray Tomás de Matienzo, por entonces confesor del rey, y fray Alonso de Bustillo.[22] (Matienzo estuvo en Bruselas en 1498 como confesor de la infanta Juana y para informar sobre su vida en la ciudad.)[23] De ahí la llamada «clarificación» de las Leyes de Burgos, promulgada el 28 de julio de 1513.[24] El nuevo texto contenía más disposiciones para la protección de los niños indios e insistía en que los nativos debían ir vestidos. A los niños se les permitiría aprender oficios, si así lo deseaban. Se exigiría a los indígenas que durante nueve meses al año prestasen sus servicios a los encomenderos españoles, «para evitar que viviesen en la ociosidad», pero durante los tres meses restantes serían libres para trabajar en sus propias granjas.

Con objeto de explicarles a los indios de los nuevos territorios lo que les aportaban los españoles, Juan López Palacios escribió entonces el famoso *Requerimiento,* al parecer influido por las experiencias de Alonso de Hojeda, que había sentido la necesidad de hacer algo así en Cartagena de Indias (Caramari) en 1509.[25] El procedimiento estaba muy asentado en la Península: un concejo municipal que litigase contra un señor podía leer en voz alta un requerimiento contra un potentado respecto a los límites de sus tierras. En Canarias se había utilizado un requerimiento más agresivo cuando el gobernador exigió que los nativos debían aceptar la soberanía de Castilla y el cristianismo. El texto definitivo, de 1513, para ser aplicado en las Indias fue el resultado de un debate que tuvo lugar en el monasterio dominico de San Pablo, en Valladolid, un edificio de la generación anterior construido por Juan y Simón de Colonia, dos arquitectos de Colonia, padre e hijo, que habían trabajado anteriormente en Burgos. Palacios Rubios aducía que Dios había concedido las Indias a los españoles, igual que Josué les concedió la tierra de Caná a los judíos. Por tanto, «el rey puede con pleno derecho enviar hombres para instar a esos indios idólatras a que les entreguen sus tierras, porque le fueron otorgadas a Él por el papa. Si los indios se mostraban reacios a hacerlo, el rey podría librar una guerra justa contra ellos, y matar o esclavizar a quienes fuesen apresados en combate, al igual que Josué hizo con los habitantes de la tierra de Caná». Pero a aquellos indios que entregasen sus tierras pacíficamente se les permitiría vivir en ellas como vasallos.[25] Algo similar a un requerimiento se había utilizado en Canarias y también las «capitulaciones» de la guerra contra Granada guardaban cierta semejanza.

En estos debates estuvieron presentes Conchillos y el confesor del rey, así como la mayoría de los dominicos de San Pablo.

Pero en virtud de este requerimiento se instaría a los nativos a reconocer a la Iglesia católica y al papa como supremos gobernantes del mundo y, en nombre del papa, al rey y a la reina Juana, como «superiores» de estas islas y de la tierra firme. Además, deberían permitir que les fuese predicada la fe católica; en caso de no aceptarlo, los españoles amenazaban con «tomar[é] vuestras personas e de vuestras mujeres e hijos, e los haré esclavos, e como tales los vendré, e dispondré dellos como Sus Altezas mandasen [...] como a vasallos que no obesdecen ni quieren recibir su Señor, e le resisten e contradicen, e queremos subrayar que toda muerte e toda pérdida que pueda resultar dello será por vuestra culpa [...], e requerimos al notario aquí presente que preste testimonio por escrito, e pedimos a los demás aquí presentes que sean testigos de este requerimiento».[26] El documento empezaba con una sucinta historia del mundo hasta que el papa Alejandro VI concedió las Américas a los Reyes Católicos.

Sin embargo, el requerimiento daba a los españoles acantonados junto a las orillas de los ríos de las Indias, frente a contingentes de nativos mal armados, o frente a bosques en los que sospechaban que se escondían «caníbales» armados, la ilusión de que habían negociado y pactado con una autoridad superior cualesquiera acciones que decidiesen adoptar.

Pero ¿qué medidas podían adoptar en el conquistado territorio de La Española, cuya población parecía descender? En 1514, Rodrigo de Alburquerque, un metódico jurista salmantino, con la colaboración de Pasamonte, se dispuso a elaborar otro repartimiento general de la tierra y de la población de la isla. Alburquerque era pariente del secretario real, Zapata, que tal vez fue quien consiguió su nombramiento; estuvo por primera vez en La Española con Ovando en 1502, todavía muy joven, y fue el primer alcaide de la nueva fortaleza de La Concepción.

El nuevo repartimiento concebido por Alburquerque reflejaba la correlación de fuerzas entre los distintos poderes en la Península. Así, por ejemplo, al rey Fernando le fueron asignados mil indios; al virrey Diego Colón, trescientos; otros tantos a su esposa María de Toledo, y a los hermanos Diego y Bartolomé Colón, doscientos y trescientos respectivamente; a los nuevos jueces y otros funcionarios se les asignaban doscientos a cada uno. Los alcaldes, procuradores, regidores y otros funcionarios recibirían menos. Y así se procedió, aunque de hecho el rey recibió 1 503 indios en lugar de los mil asignados en un principio. Además, un primo del rey, el cortesano Hernando de Vega, virrey de Galicia y miembro del Consejo del Reino, recibió trescientos. El obispo Fonseca y Conchillos recibieron doscientos in absentia (podían obtener similares asignaciones en Cuba, Jamaica y Puerto Rico). Ninguna orden religiosa recibió indios. Por lo demás, en la práctica, la distribución se hizo de acuerdo con lo estipulado. En total había 738 encomiendas entre las que se repartieron algo más de 26 000 indios.[27] Esto no incluía a todos los indios, ya que los esclavos eran considerados propiedad privada y, por tanto, estaban excluidos del repartimiento. Un decreto de 1514 muestra que cundió cierta preocupación acerca de la escasa población española en la isla, hasta el punto de que se ofrecieron 250 pasajes gratuitos y lo imprescindible para la subsistencia durante cierto tiempo en Santo Domingo.[28]

Pero esto no afectaba a los indios. El exceso de trabajo y el colapso de la agricultura tradicional contribuyeron a que la población nativa resultase diezmada, y aniquilada la fe de los indios en el futuro. La tasa de natalidad había caído en picado y los suicidios —bebiendo el jugo de la yuca amarga, que tan fácil era de obtener— también influyeron. El desplome de la antigua organización política bajo caciques aceptados también tuvo cierta influencia. No hay datos que permitan afirmar que las enfermedades fuesen un factor determinante antes de 1518, cuando se declaró la primera epidemia de viruela, pero tal vez la fiebre tifoidea y la tuberculosis también influyesen. Trasladar a los taínos desde sus tradicionales poblados familiares a pueblos nuevos fue otra de las causas de su pérdida de fe en el futuro. La destrucción del pasado parecía necesaria para el triunfo español; un éxito demasiado aplastante.

Muchas jóvenes taínas se unieron a colonos españoles, en parte porque había muy pocas mujeres europeas en la isla. El repartimiento de 1514 sugería que aproximadamente la mitad de los españoles tenían esposas indígenas, de modo que el descenso de la población india quedó en parte limitado por este hecho.

La importación de ganado europeo destruyó gran parte de la agricultura nativa, porque se permitía que las cabezas de ganado vagasen por las tierras paciendo a sus anchas. No cabe duda de que estas consideraciones hicieron que Tomás Moro, en su *Utopía*, publicada en 1516, escribiese: «Por lo visto a estas apacibles criaturas [las ovejas], que solían necesitar muy poco alimento, se les ha abierto un apetito voraz, convertidas en antropófagas; porque se lo tragan todo: los campos, las casas, y las ciudades.» Probablemente, *Utopía* estaba ambientada en Brasil, pero podía reflejar la realidad de cualquier otra zona del Nuevo Mundo.

Ésta fue la catástrofe demográfica de la que se ha venido acusando a los españoles; se los acusó en la época, y la acusación partió de los propios españoles. Pedro de Córdoba, superior provincial de los dominicos en La Española, afirmó: «[...] gentes tan mansas, tan obedientes y tan buenas (...) los han puesto en tan estraños trabajos corporales, no siendo usados á ellos [...] que Pharaon y los egiptios aun no cometieron tanta crueldad contra el pueblo de Israel.»[29] Considerando la cuestión fríamente, la escasez de mano de obra pareció durante cierto tiempo poder ser compensada por esclavos traídos de otras tierras. El 6 de enero de 1514, Diego Colón, junto a los jueces de Santo Domingo y a otros funcionarios, decidió financiar una expedición para capturar indios en las tres islas de Los Gigantes, es decir, Curaçao, Aruba y Bonaire, que el 29 de julio de 1513 fueron declaradas, al igual que las Bahamas, «islas inútiles». La expedición la organizó Jerónimo Grimaldi, un genovés sevillano, despachador de la armada, con la ayuda de Diego Caballero, su criado, de los comerciantes Juan de Ampiés y Lope Bardeci (que ejercía de escribano y de factor real), y del juez de la Audiencia, Marcelo Villalobos, interesado también en la operación. Pedro de Salazar, que tenía experiencia en conseguir esclavos en las Bahamas, fue nombrado capitán. La dotación de las naves se reclutó en las calles de Santo Domingo tras el anuncio del pregonero, y se reunió en casa de Salazar. El rey aprobó la expedición e incluso ordenó a sus representantes que contribuyesen a sufragarla.[30]

Inicialmente, los nativos de las desdichadas islas recibieron a los españoles pacíficamente. Pero en cuanto los verdaderos propósitos de la flota resultaron evidentes, optaron por luchar, aunque en vano, y la mayoría fueron capturados. En agosto de 1514, doscientos de ellos fueron enviados a La Española. El capitán Salazar permaneció en Curaçao y, en los meses siguientes, envió entre quinientos y dos mil indios. Pero dos terceras partes murieron durante la travesía o al llegar a su destino. La mayoría de los supervivientes fueron recluidos en la casa que Grimaldi acababa de comprar en el centro de Santo Domingo, y un pequeño grupo fue retenido en la delegación de la Casa de Contratación; posteriormente fueron vendidos mediante subasta por unos cien pesos cada uno. Todos ellos eran marcados por los compradores con letras en la cara. Uno de los compradores fue el juez Vázquez de Ayllón.[31]

Mientras tanto, la oposición a la situación del Nuevo Mundo había ganado un nuevo líder. Bartolomé de Las Casas, uno de los españoles más destacados de los cincuenta años que siguieron al descubrimiento de América, era sevillano. Es probable que fuese de origen converso y era nieto del bachiller Diego Calderón, ajusticiado en la hoguera en 1491 en Sevilla por ser judío.[32] Era hijo de Pedro de Las Casas, que en 1493 acompañó a Colón en su segundo viaje. De acuerdo con el repartimiento concebido por Alburquerque, Pedro recibió una encomienda de siete naborías y cincuenta y tres indios.[33] Bartolomé nació hacia 1484.[34] Varios de sus tíos eran destacadas personalidades: Juan de Peñalosa, un continuo real a quien, en 1492, se pidió que leyese a la población de Palos el decreto que instaba a los habitantes a servir con Colón; Francisco de Peñalosa, que también era continuo real que gozaba del favor de Isabel y que estuvo al mando del contingente militar que acompañó a Colón en su segundo viaje, y posteriormente muerto en la población africana de Azamer; Diego de Peñalosa, un notario, y Luis de Peñalosa, canónigo de la catedral de Sevilla.

Parece ser que Bartolomé de Las Casas estudió en el colegio sevillano de San Miguel. Posteriormente asistió a las clases de Nebrija en la escuela de la catedral y llegó a ser «un buen latinista».[35] En 1493 vio a Colón y su botín de las Indias: oro, perlas y papagayos.[36] También parece ser que se enroló en el contingente militar enviado a sofocar la rebelión de las Alpujarras.

Cuando contaba dieciocho años de edad, Las Casas fue al Nuevo Mundo con Ovando, en 1502, acompañando a su padre, que regresaba a una colonia que ya conocía. No parece que fuese en absoluto en calidad de religioso, sino más bien interesado en las minas de metales preciosos, acaso en las más cercanas a Santo Domingo, o en las de la provincia de Cibao, que eran más ricas.[37] Al llegar, escribió posteriormente, los colonos de Santo Domingo le dijeron que todo iba bien en la isla y que una reciente guerra les había proporcionado muchos esclavos. La noticia desató un gran entusiasmo a bordo.[38]

Es probable que Las Casas no tomase parte en la brutal expedición a Jaragua, aunque posteriormente escribiría que estaba unido a Diego Velázquez «por la amistad que en esta isla habíamos tenido pasada».[39] Sin embargo, en el verano de 1504, participó con Juan Esquivel en el sometimiento de Higuey: «Todas estas obras y otras, extrañas de toda naturaleza humana, vieron mis ojos [...].»[40] También parece ser que fue uno de los cincuenta hombres que Esquivel llevó consigo a Saona para acabar con el monarca indígena Cotubanamá. Posteriormente, se dedicó durante cierto tiempo al negocio de abastecer de provisiones y ropas a la población.

En 1506 salió de La Española con la intención de abrazar el sacerdocio. A principios de enero de 1507 estuvo en Roma y asistió al concierto de flautas que se celebraba allí el día 30 de cada mes, una fiesta «con gran licencia de lasciva [...] andando los hombres vestidos de mujeres, enmascarados, bailando...».[41]

Las Casas regresó a Santo Domingo en 1509, ya sacerdote, probablemente con Diego Colón, porque dejó constancia de haber visto partir a Nicuesa hacia el continente. Puede que durante cierto tiempo volviese a dedicarse a la agricultura, en la hacienda que su padre tenía junto al río Yasica. Posteriormente, acaso en 1510, celebró misa en Concepción de la Vega. Fue la primera vez que un sacerdote celebró en el Nuevo Mundo una misa, y por eso fue «muy festejada del Almirante».[42] A partir de entonces trabó amistad con Diego, y también con los dominicos que llegaron en 1510. También es probable que, en noviembre, conociese a fray Pedro de Córdoba en Concepción de la Vega, En 1511 estuvo en Cuba con Pánfilo de Narváez.

Entre agosto y septiembre de 1515, Las Casas fue desde Cuba a Santo Domingo y, desde allí, regresó a España, a bordo de una nave pilotada por Diego Rodríguez Pepiño, la *Santa María del Socorro*, en compañía de fray Gutiérrez de Ampudia, que acababa de dirigir una reciente misión de religiosos en Cuba. Llegó a Sevilla el 6 de octubre y, provisto de una carta del arzobispo Deza, vio al rey en Plasencia, adonde Fernando llegó el 28 de noviembre.[43] Las Casas le dijo al soberano que los indios del Nuevo Mundo morirían todos si no se hacía algo para salvarlos. El secretario Conchillos trató de desviar la cuestión con el apoyo del obispo Fonseca. Sin embargo, el rey prometió a Las Casas volver a concederle audiencia en Sevilla, y con ello tuvo que conformarse quien ya por entonces podía considerarse apóstol de las Indias.[44] Pero el solo hecho de haber visto al rey era ya un gran paso adelante.

Es difícil averiguar hasta qué punto siguió el rey personalmente el debate que tuvo lugar a partir de entonces acerca de cómo tratar a los indios. Fernando estuvo presente en algunas de las sesiones de la conferencia de Burgos, pero luego siguió con sus habituales viajes por España, como habían hecho siempre él y su esposa. Así, por ejemplo, en 1510 estuvo varios meses en Córdoba, y luego se trasladó a Écija, Carmona, la Rinconada y Sevilla, donde permaneció desde octubre hasta principios de diciembre. Siempre iban con él sus secretarios y hombres de confianza, especialmente Pérez de Almazán y Conchillos, así como los consejeros Zapata y Galíndez de Carvajal, y un grupito de consejeros-cortesanos, en el que figuraban Fonseca y Hernando de Vega. Por aquellos años se hicieron pagos sustanciales a los cortesanos y a otras personas por distintos servicios, como por ejemplo al duque de Alba, a quien se pagó un millón de maravedís.[45]

Gracias a estos y a otros hombres, Fernando tuvo la mente más ocupada en cuestiones distintas de la del trato que se debía dispensar a los indios. Las guerras en Navarra e Italia, por ejemplo, le absorbían gran parte del tiempo.

Por otro lado, el hecho de no conseguir tener un heredero con su segunda esposa, Germana, lo tenía muy preocupado. (En realidad, Germana dio a luz a un hijo en 1509, pero sólo vivió unas horas.) Ni a Fernando ni a nadie en España le seducía la idea de que el trono del país unido, que Isabel y él tanto hicieron por afirmar, uniendo a Castilla y Aragón el reino de Granada, pasase a una dinastía extranjera: los Habsburgo. Sin embargo, sus dos únicos nietos varones, Carlos y Fernando, hijos de la incapacitada Juana, eran Habsburgo.

Fernando tenía que pensar también en la guerra en África, donde el cardenal Cisneros había iniciado una campaña para extender la influencia española en el Magreb occidental. Esto era una consecuencia de su deseo de cumplir con los términos del testamento de Isabel, que abogaba por que España estuviese presente en África y no sólo en América. En mayo de 1509, en Ascensión, el cardenal, asesorado por un comandante genovés, Girolamo Vianello, entró en Orán con un ejército, tras reunir el dinero y los hombres necesarios para la expedición en el territorio de su arzobispado. El principal jefe militar era Pedro Navarro, conocido como el conquistador de Vélez de la Gomera, otro bastión en la costa norte de África. Al entrar en Orán, el cardenal recitó exultante el salmo 115: «*Non nobis, Domine, non nobis, sed nomini tuo da gloriam...*»[46] En la capilla mozárabe de la catedral de Toledo se conserva un hermoso fresco de Juan de Borgoña que representa la escena. Posteriormente, Diego Fernández de Córdoba, pariente del Gran Capitán, fue nombrado gobernador militar del nuevo territorio.

Cisneros regresó a Alcalá con muchos esclavos musulmanes y con una caravana de camellos cargados con oro y plata, además de una colección de libros árabes, entre los que figuraban textos sobre astrología y medicina, así como varias bañeras, llaves y candeleros utilizados en la mezquita. Muchos de estos objetos se pueden ver aún en la iglesia de San Ildefonso de Alcalá.[47] Pero al poco se produjo un desastre militar en Las Gerbes, y Fernando decidió construir una flota para atacar a los musulmanes. Le tentaba la idea de ir personalmente a África para desquitarse del revés. Pero llegado el momento no lo hizo, porque seguía mucho más preocupado por Italia. Nunca llegó a concebir una estrategia para la colonización del norte de África, y se mostró contrario al plan de Cisneros para conquistar el Magreb hasta el límite con el desierto del Sahara.

Estas cuestiones suscitaron dificultades con el papa Julio II. Así, por ejemplo, en diciembre de 1510 se presentaron varias bulas ante el Consejo Supremo de la Inquisición, en virtud de las cuales Julio II autorizaba a que Pedro López de Águila, de Sevilla, quedase libre de las restricciones impuestas a los conversos, pese a haber sido condenado por el Santo Oficio.[48]

Además, la economía también debió de darle al rey muchos quebraderos de cabeza, ya que entre 1510 y 1515 se produjo una caída de los precios, el único caso a lo largo de todo el siglo, seguida, en 1515, de una fuerte alza.

Ciertamente, a veces daba la impresión de que Fernando se interesaba más que antes por las Indias. Así, por ejemplo, en diciembre de 1509 ordenó la redacción de un informe acerca de todas las instrucciones, normas y otras estipulaciones dirigidas a la Casa de Contratación con objeto de dictar nuevas medidas si era necesario. Esta orden fue repetida el 4 de febrero de 1510.[49] Y, como ya hemos señalado anteriormente, Fernando sentía un creciente interés por las minas de oro.

El 30 de julio de 1512 fue promulgada una orden real dirigida a Diego Colón en la que se nombraba a Bartolomé Ortiz «representante de los pobres [españoles] en el Nuevo Mundo». Su salario se fijó en el servicio de setenta indios, unos emolumentos nada generosos, dadas las circunstancias.[50] El 26 de septiembre de 1513, el rey pasó revista a las concesiones y otros privilegios que hasta entonces se les habían otorgado a los colonos de La Española, y comentó que la isla había sido poblada por cristianos viejos, no por los nuevos, y que ningún hijo ni nieto de un hereje quemado en la hoguera ni tampoco ningún hijo de reconciliado, ni siquiera un hijo o nieto de un judío o de un musulmán tenía derecho a recibir indios en la citada isla.[51] En realidad, en 1512, se había concertado un acuerdo entre la Corona y las comunidades de conversos de Córdoba, Jaén y León. ¡Los conversos podrían ir a las Indias si pagaban 55 000 ducados![52]

Pero todas estas órdenes las redactaron el obispo Fonseca y Conchillos, y se limitaron a presentárselas al rey para que las firmase. Podemos aventurarlo así aunque, como parece probable, tales órdenes coincidían con los deseos de Fernando incluso cuando, sin duda por consejo de Fonseca, en julio de 1513 el rey le pidió al embajador en

Roma, Jerónimo de Vich, que estableciese un «patriarcado universal» en las Indias para Fonseca («universal patriarca de toda ella»).[53]

En mayo de 1512, el rey empezó a sufrir de una grave enfermedad de la que nunca llegaría a recuperarse totalmente.[54] Sin embargo, esto no le impidió enviar un ejército al mando de su amigo el duque de Alba para que ocupase Navarra, cosa que hizo en julio de 1512. Fue una medida propia de la *realpolitik* que Fernando justificaba aduciendo que un tratado secreto suscrito entre Francia y la familia Albret incluía un plan para la invasión de Castilla. La supresión de este protectorado francés (que es lo que parecía) del sur de los Pirineos fue la consumación de la estrategia de Fernando para sus ambiciones a largo plazo. El papa Julio II ratificó solícitamente la invasión, la subsiguiente ocupación y la transferencia de soberanía. (Esto sólo afectaba a la Navarra del sur o española; la Navarra del norte o francesa seguiría como estado independiente, aunque francés, bajo los Albret.)[55]

En junio de aquel mismo año, el papa Julio II, aliado ahora de Fernando, triunfó al final en Italia, al conseguir la retirada de todas las tropas francesas, y que Francia perdiese todas sus posesiones en la península.

Fernando permaneció durante casi todo el año 1513 en Valladolid, hasta el 3 de octubre, sin más que algunos viajes a Tordesillas, Medina del Campo y a los monasterios de Abrojo y de La Mejorada, adonde fue de montería, y posteriormente a León. Pero su enfermedad persistía. En adelante se agravó tanto que le impidió cumplir con su trabajo habitual, y eso permitió que sus secretarios aumentasen su poder. Viejos aliados, como el conde de Tendilla, perdieron su derecho a mantener correspondencia directa con el monarca, ya que ahora todas sus cartas eran redactadas por sus secretarios. En estas circunstancias, Fernando trató de disponer que el duque de Alba fuese el regente, en caso de que él muriese, lo que constituía una violación del testamento de Isabel, que estipulaba que fuese el cardenal Cisneros quien ocupase la regencia tras la muerte de Fernando. Tendilla apoyó al duque de Alba pero otros nobles poderosos, como por ejemplo el duque del Infantado y el condestable Velasco, de cuya aprobación seguían dependiendo muchas cosas, apoyaron a Cisneros. Esta contraposición ilustra claramente las limitaciones del poder de incluso los más poderosos monarcas. De nuevo se permitió que el Imperio de las Indias se desarrollase a su aire debido a que las preocupaciones de España se centraban en el interior.

Tras la reprimenda que el provincial de la orden dominica, Alonso de Loaysa, le propinó a fray Pedro de Córdoba, éste criticó con éxito al franciscano Alonso de Espinar, y el 10 de junio de 1513 consiguió convencer al rey para que le permitiese encabezar una misión de trece dominicos con el fin de convertir a los indios del verdadero continente sudamericano, entre el golfo de Paria y lo que ya se conocía como «Venezuela tierra firme». Pedro de Córdoba fue efectivamente autorizado a encabezar la misión, pero no se le hicieron concesiones territoriales específicas.[56] Sin embargo, con objeto de evitar enfrentamientos con los cazadores de esclavos de la colonia, Córdoba también logró convencer a Fernando para que ordenase que ninguna flota armada partiese de Santo Domingo ni de España sin su consentimiento con destino a la costa continental, entre Cariaco, al sur de la isla Margarita, hasta lo que entonces llamaban Coquibacoa, la actual península Guajira; una franja de unos ochocientos kilómetros de costa que abarcaba la mayor parte de la mitad occidental de la actual Venezuela.

El rey Fernando le pidió a Diego Colón que proporcionase a los frailes todo aquello que necesitaran, lo que se tradujo en el equivalente a 400 000 maravedís en distintos productos, así como muchas imágenes y cuadros de santos y de la sagrada familia. Algunas de las pinturas eran obra de Alejo Fernández, y parte de las esculturas, de Jorge Fernández, ambos sevillanos. También les proporcionaron a los frailes treinta ejemplares de la gramática de Antonio de Nebrija. (Las pinturas incluían representaciones de Nuestra Señora del Rosario, de Santo Domingo y del santo del siglo XII Pedro Mártir.)[57]

Fray Pedro de Córdoba cayó enfermo y no pudo llegar a encabezar el grupo de misioneros y le pidió al famoso predicador Montesino que lo sustituyese. Pero aunque éste aceptó el reto que implicaba una misión tan ardua, también él enfermó en San Juan y, al final, sólo un fraile dominico, Francisco de Córdoba, y un hermano lego, Juan Garcés,[58] partieron en una nave desde Santo Domingo rumbo a su heroica misión de desembarcar a barlovento del valle de Chichiriviche, en Cumana, al este del territorio en el que tenían previsto hacerlo. Fueron bien recibidos por el cacique «Alonso», que había sido bautizado por Alonso de Hojeda varios años antes.

Meses después, Gómez de Ribera, natural de la población extremeña de Zafra, llegó a Chichiriviche con tres naves. Había sido notario en Santo Domingo y, en 1500, Francisco de Bobadilla le pidió en cierta ocasión que llevase a cabo una residencia contra los hermanos Colón. Había permanecido en Santo Domingo y, en el repartimiento que llevó a cabo Alburquerque en 1514, le correspondieron siete naborías y veinticinco esclavos. Ahora estaba interesado sobre todo en conseguir perlas y más esclavos. Durante varios días tuvieron lugar festejos y amistosas charlas entre los recién llegados y los indios, en presencia de los dos misioneros. Uno de los miembros de la flota de Ribera invitó al cacique y a su esposa a visitar la nave. Alonso aceptó, seguido de diecisiete indios, que de inmediato fueron confinados a las bodegas mientras el barco levaba el ancla y zarpaba rumbo a Santo Domingo.

Los nativos que quedaron en tierra apresaron a los dos dominicos, que explicaron que le dirían al capitán de la próxima nave que llegase que enviara un mensaje a Santo Domingo informando de que Alonso y sus compañeros debían ser devueltos si querían salvar la vida de los dominicos. Y así se hizo. La carta que contenía el mensaje llegó a manos de fray Pedro de Córdoba. Pero, para entonces, los «esclavos», incluido el propio Alonso, habían sido vendidos y separados. Montesino denunció estos hechos y Gómez de Ribera huyó a un nuevo convento que los mercedarios tenían en Santo Domingo, donde fue protegido por su pariente, el juez Vázquez de Ayllón. Montesino exigió en vano la devolución de los indios. Como consecuencia de ello, cuatro meses después, en enero de 1515, ambos dominicos fueron ejecutados. Posteriormente, una comisión investigadora presidida por Francisco Vallejo, que había llegado al Nuevo Mundo con Ovando, dictaminó que los dominicos habían sido asesinados por los caribes y que, por tanto, no era delito seguir esclavizándolos.[59] Con todo, la orden dominica fue culpada de la muerte de los dos religiosos, puesto que se les había advertido que no fuera a territorio de los caribes. Sin embargo, se aseguró que los indios que fueron secuestrados eran guatiaos, un pueblo que vivía con los caribes. Algunos de los apresados por Gómez de Ribera fueron devueltos.

Esta desafortunada conclusión oculta el hecho de que el fraile dominico Francisco de Córdoba y el hermano laico Juan Garcés fueron los primeros colonos de la costa norte de Sudamérica, los precursores de las grandes olas de inmigrantes que acudirían allí y, al final, de dos grandes estados independientes.

CAPÍTULO 23

Sin parcialidad, amor ni odio

> Yten si saben que el dicho adelantado Diego Velázquez en la materia de los indios cerca de encomendarlos aya guardado toda igualdad, dándolos a personas que más lo merecen, y syn parcialydad, ni amor, ny odio alguno...
>
> Cuestión 22 de la Residencia acerca de Diego Velázquez, en 1525[1]

La extensa, alargada y hermosa isla de Cuba que, en aquellos primeros tiempos era llamada a veces «Juana» y otras «Fernanda», la circunnavegó en 1508 durante ocho meses Sebastián Ocampo, un caballero de Noia (localidad gallega cercana a Padrón donde, en el siglo IX, milagrosamente apareció el féretro que contenía el cuerpo del apóstol Santiago), que había llegado a formar parte de la casa de la reina Isabel.[2]

El logro de Ocampo estuvo a la altura de su experiencia geográfica. Había llegado a las Indias en 1493, con la segunda expedición de Colón.[3] Aparte de una misteriosa pelea que tuvo en Jerez en 1501, parece que en adelante no se movió de La Española.[4] En 1507, el gobernador Ovando quiso asegurarse de que Colón estaba en lo cierto al afirmar que Cuba era parte de un continente, o si era Pedro Mártir quien acertaba al decir, en 1505, «no faltan quienes como, por ejemplo, Vicente Yáñez Pinzón, afirman haberla circunnavegado».[5]

Con dos naves, Ocampo se dispuso a recorrer el litoral de Cuba, fondeó en la bahía de La Habana, el excelente puerto desconocido aún para los españoles. Se dirigió luego a Punta de San Antón, visitó un vivero de salmonetes y demostró que, en realidad, Cuba era una isla, con una longitud equivalente a la de Gran Bretaña. En Cuba parecía haber también cobre, y Ocampo detectó algunos indicios de oro en la sierra que se alza al este. También informó de que la bahía de «Xagua», la actual Cienfuegos, podía ofrecer un abrigo seguro para mil naves.[6] También vio Baracoa y Manatí, el último lugar visitado por Colón en la isla, donde, durante su primer viaje, reparó sus naves.

En realidad, en Cuba no sólo había algunos yacimientos de oro, sino también níquel, cobalto, hierro, manganeso y cromita. El níquel era especialmente importante. Las Casas diría que en Cuba el tiempo era más fresco y apacible que en La Española.[7]

A principios de 1511, Diego Velázquez de Cuéllar llevó a cabo la conquista de Cuba. Era un hidalgo castellano «corpulento y pelirrojo» y, al igual que Ovando, procedía de una familia importante para la historia medieval. El cofundador de la Orden de Calatrava fue Diego Velázquez, un monje que se ofreció a defender la ciudad de La Mancha (Calatrava) contra los musulmanes al decir los templarios que no podían hacerlo. Y un tal Ruy Velázquez compuso algunas de las mejores baladas en español. Otro Ruy Velázquez fue el tío en la historia de los infantes de Lara. El tío de Diego fue consejero del rey Juan II de Castilla, y un primo suyo, Cristóbal de Cuéllar, que estaba en Santo Domingo con Ovando en calidad de tesorero, había sido contador mayor del infante don Juan, el malogrado heredero de los Reyes Católicos.[8] Otro primo, copero del infante, comandante del castillo de Arévalo, fue nombrado pronto preceptor del prometedor joven vasco Íñigo de Loyola, que posteriormente fundó la Compañía de Jesús. Sancho Velázquez de Cuéllar, oidor de la Audiencia, fue miembro del primer consejo nacional de la Inquisición en 1484. También era pariente de Antonio Torres, uno de los capitanes que formó parte de la segunda expedición de Colón, fue lugarteniente de Ovando y, prácticamente, el organizador de flotas regulares para viajes de ida y vuelta a las Indias.[9]

La población de Cuéllar, de donde era natural Diego Velázquez, y de la que tomó su segundo apellido, está situada a mitad de camino entre Segovia y Valladolid. Se encuentra demasiado lejos de Madrid para servir de lugar donde pasar el fin de semana y su entorno natural, aunque abunden los pinares, es demasiado austero para atraer a los turistas. Los diez mil habitantes que viven en Cuéllar en la actualidad trabajan en la industria maderera, en la agricultura y en la ganadería. El viajero inglés del siglo XIX Richard Ford explicó que las calles de Cuéllar eran muy empinadas y estaban mal adoquinadas, y dicha descripción podría aplicarse en la actualidad. Pero la población tiene plazas encantadoras, varias iglesias y conventos (algunos en ruinas), un colosal castillo y algunos palacios en ruinas en los que, pese a ello, aún se distinguen los escudos de armas en los dinteles de las puertas.[10] Uno de estos palacios, situado en la calle San Pedro, a la que se llega cuesta abajo desde la plaza Mayor, perteneció en otros tiempos a la familia Velázquez.

El castillo de Cuéllar lo construyó Beltrán de la Cueva, duque de Alburquerque, favorito del rey Enrique IV y de su segunda esposa, la reina Juana. Aunque Cuéllar parezca ahora un lugar remoto, a finales del siglo XV se concertaron allí muchos complejos acuerdos políticos. Su actual estado ruinoso lo simbolizan el castillo y la iglesia de San Francisco. Incluso las hermosas tumbas de los Alburquerque se encuentran ahora en el museo de la Hispanic Foundation, en el norte de la ciudad de Nueva York. Los impuestos que se pagaban en Cuéllar a finales del siglo XV formaron parte de los ingresos de la que sería reina Isabel, cuando era niña.

Diego Velázquez nació hacia 1464, el año en que la Corona cedió la ciudad de Cuéllar al duque de Alburquerque. A causa de las guerras civiles que dividieron a la nobleza castellana, la infancia del conquistador debió de ser turbulenta. La familia tuvo problemas por razones religiosas, ya que en Cuéllar había una importante alhama judía, uno de cuyos rabinos era tan elocuente que atraía a cristianos viejos a su sinagoga para escuchar sus sermones y, en los años setenta del siglo XV, al propio gobernador de la ciudad. Sin embargo, es de suponer que en la formación de Diego Velázquez en aquellos años setenta influyeron más las historias de caballerías que los relatos judíos, aparte de muchas baladas en las que abundaban los temas clásicos, porque estaban de moda.

En una historia de Cuéllar, Diego Velázquez figura en la lista de quienes lucharon en la guerra contra Granada. Al parecer, volvió de aquella guerra «enfermo y pobre», pero debió de recuperarse muy bien, pues en 1493 fue uno de los aproximadamente doscientos caballeros colonos que acompañaron al Almirante en su segundo viaje a La Española. Nunca regresó a Europa.[11]

Diego Velázquez se enriqueció en Santo Domingo y no tardó en ser considerado el líder de la nueva colonia española. Debió de ser físicamente fuerte, porque la mayoría de los compañeros que viajaron con él en la segunda expedición de Colón murieron, y casi todos los supervivientes no tardaron en regresar a España al comprobar que en la isla no había demasiado oro. Velázquez de Cuéllar intimó con su tocayo, el hermano de Colón. Debió de ser un hombre con el don de la supervivencia política, porque muy pocos líderes lograron permanecer tras el desorganizado gobierno del «Faraón» (como llamaban a Colón los enfurecidos colonos) y las reformas de sus sucesores.

El papel de Diego Velázquez como subgobernador, que tenía a su cargo el oeste de la isla, o sea, la zona de la actual Haití, es muy confuso. El padre Las Casas, juez riguroso, decía de Diego Velázquez que era un hombre apacible y de buen carácter, y aunque dado a los arranques de ira, lo era también a perdonar. A Diego Velázquez le gustaban los sermones de Las Casas, según afirmaba éste. Pero debió de estar presente en los brutales hechos de la traición de Anacoana y de su ejecución.

Diego Velázquez tenía magnetismo. Hablar con él, cuando era gobernador de Cuba, conducía indefectiblemente a una serie de baladronadas, como solía ocurrir entre los indisciplinados hijos de buena familia que tenían confianza entre sí. Le gustaban los banquetes y se mostraba muy orgulloso de su apellido, como quedó claro en su testamento, y transmitió ese orgullo a los muchos parientes empobrecidos que lo acompañaron a las Indias.

Después de la pacificación de Santo Domingo surgió el debate sobre si era conveniente o no extender el gobierno español a otros lugares cercanos, como Puerto Rico, Jamaica y Cuba. Ponce de León fue a Puerto Rico, Esquivel a Jamaica. Al parecer, Velázquez tenía mucho interés, tras derrotar a los jefes taínos en la actual Haití, en ir a Cuba; uno de aquellos caciques, Hatuey, había huido a la isla tras cruzar las sesenta millas del estrecho de Barlovento. La idea de Velázquez la secundó el influyente tesorero real de Santo Domingo, Pasamonte. El rey consideraba a Hatuey un rebelde, porque durante un tiempo pareció estar a «nuestro servicio».[12]

Cuba es una isla grande, y la idea de que Castilla absorbiese un nuevo territorio tan extenso debió de ser motivo de debate en el Consejo de Castilla. Pero no parece que la cuestión se llegase a debatir. El Imperio español se extendía como si de un vasto cultivo se tratase, impulsado localmente y localmente motivado. Diego Colón le expuso sus planes al rey, que terminó por aprobarlos (el monarca se opuso a la idea inicial de Diego de que su tío Bartolomé dirigiese la expedición a Cuba).

En 1509, Diego Colón le otorgó a Velázquez autoridad para llevar a cabo la conquista de Cuba (las instrucciones no se han conservado). Es probable que, a través de Pasamonte, Velázquez estuviese en contacto directo con la Corona, que orilló la dependencia formal respecto a Diego Colón. Parece ser que Fernando consideraba a Velázquez un jefe militar independiente y, en ocasiones, Velázquez escribía al rey directamente, no a Diego Colón.[13]

Velázquez reunió una flotilla de tres o cuatro naves y unos trescientos hombres en Salvatierra de la Sabana, en la actual bahía haitiana de Les Cayes; esta expedición la financió el propio Velázquez. Su secretario, que debió de representar un papel importante en los preparativos y que había sido un protegido de Ovando, era Hernán Cortés, un extremeño de treinta años que hasta entonces había sido escribano y dueño de una plantación en Azúa, una de las poblaciones fundadas por Ovando. Del mismo modo que Ovando aceptó a Velázquez, pese a ser castellano, Velázquez empleó a Cortés, pese a ser extremeño. El hecho de que Ovando se retirase quizá le hizo pensar a Cortés que ya no tenía futuro en La Española.

Bartolomé de Las Casas formó también parte de la expedición. Aunque, tal como hemos visto, fue ordenado sacerdote en 1508 —el primer sacerdote en ser ordenado en el Nuevo Mundo—, parece que seguía más interesado en participar en la conquista que en la salvación de las almas de los indios. También se incorporaron a la expedición cuatro franciscanos, y el hijo de Ponce de León, Juan González Ponce de León, que servía a su padre como intérprete, viajó también con Velázquez.[14]

Velázquez se estableció en seguida en la región más oriental de Cuba, en Baracoa que, con el nombre de Asunción de Baracoa, fue la primera capital. Los nativos se resistieron pero sus arcos y sus flechas no podían contra las espadas de acero, y Velázquez no tardó en capturar a Hatuey de Santo Domingo.

Lo que ocurrió a continuación forma parte de la mitología cubana. Todo jefe enemigo capturado debía ser ejecutado; nadie lo discutía. Un franciscano ofreció a Hatuey una muerte y un entierro cristianos, siempre y cuando se convirtiese al cristianismo. Hatuey escuchó al franciscano y luego dijo que, si el cristianismo significaba tener que pasar la eternidad en compañía de españoles, prefería que no lo bautizasen. Así pues, murió en la hoguera, por pagano.[15]

La conquista de la isla empezó de manera entusiasta. No era difícil, pues aunque Cuba es mucho más grande que La Española, tenía menos población. En Cuba existían varias instituciones políticas, pero los cubanos no estaban acostumbrados a la guerra y sólo combatían cuando tenían que defenderse de las ocasionales incursiones de los caribes que, además, eran menos frecuentes que en Santo Domingo. Los taínos habían llegado allí más tarde que a la isla vecina, y sus tierras eran menos adecuadas para ser labradas con palos.

Al igual que en el resto de América, los arcos, las flechas y las piedras lanzadas con honda nada podían hacer contra las armas de los españoles, que disponían de arcabuces, una primitiva artillería, caballos e incluso perros pero, sobre todo, largas espadas de acero que, incluso en la actualidad, producen un escalofrío de temor al verlas en los museos militares. Resulta curioso imaginar a aquellos caballeros de la vieja Castilla, y especialmente a Cuéllar, recorrer a caballo la hermosa isla.[16]

Velázquez contó pronto en Cuba con la ayuda de Pánfilo de Narváez, el gigante rubio que fue lugarteniente de Esquivel en Jamaica. Probablemente se conocían desde la infancia, porque era natural de Navalmanzano, una pequeña población situada entre Cuéllar y Segovia. Ovando dijo de él que era un buen hombre y un buen soldado, pero Las Casas negaba sus cualidades.[17]

Narváez llegó a Cuba con un contingente de treinta arqueros bien pertrechados. Desembarcó en Guacanaybo y en seguida unió sus fuerzas a las de Velázquez que, desde Baracoa, se dirigió hacia el oeste con cien hombres de a pie y una veintena a caballo. Ambos avanzaron por la actual provincia de Oriente, hacia Bayamo, donde Narváez, que iba en vanguardia, informó de que los nativos organizaban la resistencia. Velázquez envió entonces otros cincuenta hombres, diez de ellos a caballo. Narváez debería decirles a los nativos que sólo estaba allí para visitar el lugar, informarles del acatamiento que le debían a España y explicarles que la intención de los cristianos era convertirlos, no causarles daño.[18]

Pero Narváez no pudo ceñirse a sus instrucciones, como él mismo informó. En una ocasión, le tendieron una emboscada y, según dijo, no tuvo más remedio que matar a cien taínos y luego someter Bayamo al control español. Siguió a los nativos que huían hacia Camagüey y mató a un cacique llamado Caguas durante la persecución. Los naturales de Camagüey no recibieron a los recién llegados con entusiasmo. Sin embargo, los nativos de Bayamo se sometieron a los españoles y les regalaron collares de hueso.

Narváez regresó entonces a Bayamo, pero Velázquez ya había partido hacia Baracoa dejando a su joven sobrino, Juan de Grijalva, otro natural de Cuéllar, al mando con Las Casas como capellán. Los conquistadores volvieron a avanzar hacia el oeste pero ahora con varios centenares de hombres, apoyados por curiosos pero voluntariosos criados indios, y encontraron indicios de oro en Camagüey. Al cruzar el poblado de Cueyba tuvieron la insólita y alentadora experiencia de ver que varios nativos adoraban una imagen de la Virgen que, por lo visto, habían dejado allí unos náufragos españoles. Los nativos se mostraron reacios a intercambiarla por otra imagen que les ofreció el padre Las Casas.

La estrategia española era avanzar hacia un poblado nativo, donde Las Casas intentaría convencer a los nativos de que cediesen la mitad del lugar a los españoles y siguiesen allí. También se les pediría a los indios que proporcionasen alimentos, sobre todo carne, pescado y pan. Las Casas enviaría por delante a un intérprete para que les explicase todo esto.

Pero en Caonabo, un poblado grande con dos plazas, cerca de la actual Camagüey, las cosas se torcieron. Como consecuencia de la petición de Las Casas, los nativos prepararon pan de cazabe y mucho pescado para los invasores. Dos mil nativos se congregaron mirando asombrados a los españoles, ya que para ellos era algo extraordinario, y más asombrados aún por sus caballos, mientras quinientos nativos permanecían en el interior de una amplia construcción en una de las plazas. Los nativos le dijeron al religioso que los españoles querían entrar en aquella vivienda pero les ofrecieron más pollo para inducirlos a quedarse fuera. Mientras los jefes militares españoles decidían qué hacer, un español (Las Casas no da el nombre) tuvo un arrebato de locura y empezó a matar nativos. Su acción fue contagiosa y los capitanes de Narváez irrumpieron en la enorme vivienda e hicieron una carnicería. Las Casas salvó a cuarenta indios en la plaza pero sus compañeros huyeron para unirse a la lucha en otros lugares. Mientras tenían lugar estos hechos, Narváez permaneció a lomos de su caballo, inmóvil «más que si fuera un mármol», y al ver a Las Casas le preguntó: «¿Qué parece a vuestra merced destos nuestros españoles, qué han hecho?» Las Casas contestó: «Que os ofrezco a vos y a ellos al diablo.»[19] Las Casas escribió amargamente: «No recuerdo con cuánto derramamiento de sangre se marcó ese camino.»

Después de esta carnicería, los españoles no encontraron oposición. Todos los nativos huyeron a las islas situadas frente a la costa, aunque posteriormente regresaron. Las Casas lo describió en estos términos: «[...] hombres y mujeres, como unos corderos, con sus carguillas de sus cosillas y pobreza a cuestas [...] Verlos por una parte causaban gozo, por venir a poblar sus casas, que era la que entonces se deseaba, y por otra lástima y compasión grande, considerando su mansedumbre, humildad, su pobreza, su trabajo, su escándalo, su destierro, su cansancio, que tan sin razón alguna se les había causado, dejado ya aparte, como olvidado, el estrago y mortandad que en sus padres y hijos, hermanos y parientes y vecinos, tan cruelmente se había perpetrado.»[20]

Este episodio provocó un cambio en la actitud personal del padre Las Casas respecto a la política seguida por los españoles. Pese a ello, hizo instalar un vivero de tortugas verdes en una laguna cercana a Cienfuegos y parece que permaneció allí durante un año, entre 1512 y 1513. Pero, al poco tiempo, siguió el ejemplo de fray Antonio de Montesino, el dominico de Santo Domingo, probablemente después de la llegada a Cuba de tres dominicos de Santo Domingo: Gutierre de Ampudia, Bernardo de Santo Domingo y Pedro de San Martín. Uno de ellos, como se ha explicado, rechazó la comunión de Las Casas mientras poseyó esclavos. El 14 de agosto de 1514, Las Casas denunció la conquista de los colonos en Sancti Spiritus (Camagüey): «[...] comenzó a declararles su ceguedad, injusticias y tiranías y crueldades que cometían en aquellas gentes inocentes y mansísimas [...]»[21] Las Casas renunció en 1513 a sus propiedades, dejándolas en manos de Velázquez, y consagró el resto de su vida a trabajar por el bien de los indios. Y otro tanto hizo su amigo y colaborador Pedro de Rentería en el vivero que fundó. El hecho de que presenciasen el salvajismo con que se llevó a cabo la conquista de Cuba determinó sus opiniones.

Entretanto, Narváez se estableció en la costa norte, donde se habían encontrado algunos pequeños yacimientos de oro, probablemente en Santa Clara («Casaharta», llamada así porque los españoles pudieron alimentarse allí bastante bien, por lo visto a base de papagayos).

Los nativos les hablaron de un español y de dos mujeres que llevaban mucho tiempo prisioneros de los taínos. Narváez informó a Velázquez de que envió un bergantín a lo largo de la costa norte de Cuba para buscarlos. Las Casas mandó mensajeros que enarbolaron papeles blancos en lo alto de unos palos. Cerca de Cojimar encontraron a dos mujeres españolas desnudas, que reconocieron a un jefe que, según ellas, había ahogado a sus compañeros a traición. Los españoles fueron a quemarlo vivo, pero Las Casas protestó y logró que se limitasen a tenerlo prisionero y encadenarlo, y luego fueron al río del que parecía proceder el oro.[22]

Al poco apareció otro cacique que se apresuró a darles la bienvenida y a entregarles a García Mexía, un extremeño que llevaba prisionero varios años. Prácticamente había olvidado el español y gesticulaba como los taínos. Luego resultó que él y las dos mujeres eran supervivientes del contingente que Alonso de Hojeda había enviado a Urabá y que se habían separado del grupo durante la marcha a Santo Domingo.

Narváez y sus hombres fueron al encuentro de Velázquez en Xagua/Cienfuegos en la Navidad de 1513. Velázquez envió entonces a Narváez de vuelta a La Habana con sesenta hombres para que desde allí se dirigiesen a la actual Pinar del Río. Regresó por la costa meridional donde, en enero de 1514, fundó Trinidad, de la que sería primer alcalde uno de sus cuñados, Francisco Verdugo, natural de la población castellana de Cogeces de Íscar. Luego envió una nave a Jamaica para cargar pan de mandioca y otra a Santo Domingo para traer ganado vacuno, yeguas y maíz. La conquista, por lo que se refiere al establecimiento de los castellanos en los lugares que eligieron en la isla, estaba prácticamente terminada.

Diego Velázquez fue gobernador de Cuba durante once años, hasta 1524. Durante este período, secundado por Cortés, fundo las principales ciudades de Cuba —enclaves que corresponden a las actuales capitales de provincia de Cuba: San Salvador de Bayamo (fundada en noviembre de 1513, aunque no exactamente en el mismo emplazamiento de la actual Bayamo); Trinidad, fundada en enero de 1514; Sancti Spiritus, y Puerto Príncipe, fundadas ambas también en 1514, así como Asunción de Baracoa (1511), La Habana y Santiago. La Habana no se fundó en su espléndida bahía sino al sur de Cuba, cerca de la pequeña población actual de Batabanó. Posteriormente, fue trasladada, con su nombre incluido, a su actual emplazamiento, en lo que primero se llamó Carenas, probablemente con objeto de facilitar la escala de las naves que regresaban desde Nueva España vía las Bahamas. Quienes viajen en la actualidad a Batabanó no encontrarán vestigios de la primera La Habana, ni siquiera se conserva en la memoria colectiva. La fecha del traslado no está clara; probablemente empezó en 1519 y terminó en 1526.[23]

Al igual que en La Española, todas estas ciudades se construyeron cerca de donde estuvieron los poblados taínos. Los trámites burocráticos para fundar estas ciudades (que los españoles nunca dejaban a un lado) probablemente los realizó Hernán Cortés, que, al margen de ser secretario del gobernador, era un notario con experiencia. Estas poblaciones fueron planificadas como de costumbre con idénticas plazas de estructura cuadrangular, iglesia, ayuntamiento, cárcel y el palacio del gobernador que caracterizó a las ciudades de La Española y cuyos contornos son en muchos casos perfectamente reconocibles hoy en día.[24] Como es de suponer, fueron los indios quienes trabajaron como mano de obra para levantar los edificios. Velázquez le dijo al rey que en Cuba, los indios se mostraban «mucho plascer de ver que los yndios desa isla, son más ynclinados a las cosas de vuestra Feé que los de la Española e Sant Xoan», y el rey le contestó expresando su satisfacción por ello.[25] No está claro por qué Velázquez expresó esta opinión, aunque quizá se debiera a que siempre tendía a ver el lado positivo de las cosas. Por otra parte, todo indica que, tras los primeros días, se mostró mucho más tolerante de lo que pudo parecer al principio.[26]

Mientras se concentraba en la labor de fundar poblaciones en la nueva colonia, Velázquez se vio desafiado por Francisco Morales, un sevillano protegido por Diego Colón, a quien se había asignado la población de Manzanillo. Morales era un ferviente partidario del sistema de encomiendas instituido en La Española, y que Velázquez aún no había utilizado en Cuba. Parece ser que Morales capturaba nativos con objeto de presionar para la implantación del sistema en la isla, pero estos nativos terminaron por sublevarse y mataron a varios cristianos. Velázquez mandó entonces detener a Morales y lo envió encadenado a Santo Domingo.[27] Entre quienes, al parecer, secundaban a Morales se encontraba el secretario del gobernador, Hernán Cortés. Velázquez se sintió tentado de hacerlo ahorcar pero finalmente se contuvo y se limitó a destituirlo.

Velázquez obtuvo luego la autorización de la Corona para repartir a los indios de Cuba de manera similar a como se había hecho en La Española. De modo que, en definitiva, lo que Morales propuso se llevó a cabo tras su encarcelamiento. Sin embargo, el sistema de encomiendas aplicado en Cuba fue algo distinto del implantado en La Española. Por lo pronto, el gobernador asignó nativos a los castellanos para que trabajasen sólo durante un mes, a cuyo término deberían regresar a sus hogares. Además, Velázquez envió grupos expedicionarios de unos veinte hombres a diferentes puntos de la isla con un intérprete para traer a los nativos a las poblaciones, en donde deberían concentrarse. Ordenó que fuesen bien tratados y nombró inspectores para garantizar que así se hiciese, y, una vez transcurrido el mes estipulado, fueron enviados a sus hogares con provisiones para el camino. Por su parte, el rey les hizo llegar instrucciones para que los cubanos fuesen tratados con menor dureza que la que habían aplicado a los nativos de La Española y Puerto Rico, diciendo que los tenía «en especial estima» y que deseaba convertirlos a la fe cristiana. Fernando vio con claridad que, si se trataba a los indios como enemigos, no iban a producir mucho oro. El gobernador informó al rey con su habitual optimismo de que los españoles se mostraban en consecuencia «satisfechos y exentos de la malevolencia mostrada al principio...».[28]

Poco después, mientras Velázquez se encontraba de nuevo en Bayamo, recibió un mensaje del rey que lo autorizaba a llevar a cabo un reparto general de indios, sin necesidad de consultar con Diego Colón, el gobernador de todas las Indias.

Como primera medida, Velázquez limitó el repartimiento a Baracoa y Bayamo. Su amigo y tesorero, Cuéllar, recibió doscientos indios. Velázquez asignó también a cada español un cacique específico que, junto a sus hombres, estaba obligado a servirlo a cambio de comida, ropa y adoctrinamiento cristiano. Cada encomienda podría consistir, como máximo, en trescientos indios, que sólo serían asignados a los funcionarios. Los ciudadanos más importantes recibirían cien, y los siguientes «escalafones» sesenta y cuarenta, respectivamente. El secretario real Conchillos y Diego Colón estuvieron entre los «absentistas» que obtuvieron sustanciales encomiendas. Por lo general, los encomenderos eran «vecinos», lo que significaba que los españoles tenían asimismo derecho a las tierras en las que vivían y se asentaba la encomienda.[29]

Además de los indios naborías y de los encomendados, había también nativos esclavos, es decir, aquellos capturados en combate. En Cuba, al igual que en La Española, la población indígena empezó a descender. Probablemente se transportaron desde África algunos esclavos negros para sustituir a parte de los indios como mano de obra. Pero, al igual que en Santo Domingo, la trata de esclavos caribeños precedió a la llegada masiva de africanos, y muchos de estos esclavos indios procedían de las llamadas islas «inútiles», como las Bahamas y otras similares, y de la zona de Darién/Panamá, así como de otros lugares de esta desventurada región.

Velázquez fomentó el cultivo de productos autóctonos. Otros gobernadores, de otras zonas, vacilaron en hacer lo mismo, pero el gobernador de Cuba no titubeó en ordenar que se plantase cazabe, maíz, boniato, malanga y también arroz. Además, introdujo en la isla ovejas y ganado vacuno y de cerda, animales que se reproducían con gran rapidez. Y Velázquez pudo presumir ante el rey de que la piara que había hecho traer a la isla se había convertido en una cabaña de treinta mil cabezas en tres años. También fomentó la cría caballar. Para los conquistadores, el aumento del número de cabezas de ganado pareció empezar a compensar el descenso de la población indígena.

Los españoles lograron asimismo un cierto nivel de producción de oro. El secretario de Velázquez (Cortés) y un amigo suyo llamado Francisco Dávila, por ejemplo, hicieron una pequeña fortuna cerca de Baracoa, en los primeros años de la ocupación española. También se encontró oro en la actual Cienfuegos, en el valle del río Arimao, un descubrimiento que fue como un imán para la emigración de muchos colonos de La Española que se sentían frustrados.

Finalmente, poco antes de abril de 1515, Velázquez trasladó la capital desde Baracoa a un enclave que él y Cortés ya habían bautizado con el nombre de «Santiago de Cuba», junto a una excelente bahía situada en la costa meridional. Aunque luego renunció a ella, inicialmente consideró la idea de establecer su cuartel general hacia el centro de la isla, cerca de Trinidad, en la bahía de Xagua, por ejemplo. Pero en lugar de ello improvisó una residencia de madera en Santiago. Sin embargo, no tardó en ordenar que construyesen una casa de piedra, que sigue asociada a su nombre. También empezaron a construir otras casas de piedra destinadas a viviendas permanentes. Muchos hombres casados reclamaron a sus esposas, que permanecían en España. El rey declaró que era su deseo que aquel enclave fuese permanente. Velázquez mandó asimismo construir un almacén para guardar todo aquello que correspondiese al rey (el quinto real). En adelante, Velázquez tuvo en Santiago el equivalente a una pequeña corte, integrada básicamente por conquistadores que, en muchos casos, eran paisanos o parientes, entre los que se encontraban otros tres Velázquez. Un destacado miembro de su corte era Cristóbal de Cuéllar, el tesorero de la colonia.

Cuéllar había sido suegro de Velázquez, ya que el gobernador se había casado con María de Cuéllar poco después de llegar a Cuba. A su vez, ella había llegado a las Indias como una de las doncellas de la esposa de Diego Colón. Su boda con Velázquez fue la primera que se celebró en la isla, pero María de Cuéllar murió al cabo de una semana.

También participaba en las charlas que, durante las veladas, tenían lugar entre Velázquez y sus amigos en Santiago de Cuba un tal Andrés del Duero, un hombre menudo de Tudela del Duero que había sido nombrado nuevo secretario del gobernador para sustituir a Cortés, que por entonces consagraba todo su tiempo a buscar oro, y también Amador de Lares, el contable del gobernador, que siempre que le preguntaban —y a menudo sin que se lo preguntasen— recordaba los días en que había sido uno de los hombres de confianza en Italia del Gran Capitán, Fernández de Córdoba. A menudo Velázquez solía bromear diciendo que, cuando regresara a España, volvería a casarse, y esta vez, con una de las dos ricas sobrinas, María y Mayor, de su protector, el obispo de Burgos (parece ser que nadie se atrevía a decirle a Diego Velázquez que tales sobrinas, por entonces ya talluditas, llevaban casadas mucho tiempo, aunque quizá él ya lo supiese). A veces también aparecía en sus tertulias Hernán Cortés que, tras ser perdonado por Velázquez, fue nombrado alcalde ordinario de Santiago. Amable, aunque hipócrita y de espíritu independiente, «Cortesito», como lo llamaban en Cuba sus enemigos, se mostraba muy prudente al intervenir en aquellas tertulias.

De vez en cuando, algunos de los grandes empresarios genoveses, un Riberol o un Centurione, que tenían intereses en Cuba al igual que los habían tenido en Santo Domingo y Puerto Rico, participaba también en aquellas tertulias. Es posible que alguno de estos empresarios consiguiese el permiso para vivir en las Indias, aunque no faltaban quienes consideraban que tal formalidad no era necesaria. También varios conversos, como Bernardino de Santa Clara, que probablemente llegó al Nuevo Mundo con la esperanza de escapar de las sospechas de la Inquisición, pudieron estar presentes. Su hermano había sido tesorero en Santo Domingo, aquel que, en cierta ocasión, llenó los saleros del servicio de mesa de un banquete con polvo de oro en lugar de sal. Como correspondía a un monarca tropical, Velázquez tuvo también un bufón llamado «Francesillo» para que le cantase las verdades del barquero en son de broma.

Casi todas las noches, éstos y otros amigos de Velázquez se reunían para fumar la nueva hierba americana, el tabaco, que compraban a los indios, y comentaban los problemas cotidianos. La planta del tabaco no tardaría en ser utilizada para fumar también en España y sus famosos nombres, el cigarro y el cigarrillo, irían asociados a él, acaso porque se fumaban en los cigarrales de las afueras de Toledo, las casitas de veraneo así llamadas porque, después de cenar, se oía siempre el insistente canto de la cigarra.

Velázquez tuvo descendientes colaterales a través de su hermana y en el apartamento madrileño de un Velázquez actual se conserva una mesa de madera que, según asegura la tradición familiar, perteneció a Diego. No se sabe si el pintor Diego Velázquez estaba emparentado con su homónimo, pero no parece probable.[30]

Velázquez y sus amigos se acostumbraron al trópico, cuyos principales alimentos (tortuga, pan de mandioca, iguana y cotorra) empezaron a gustarles, lo cual nunca llegó a ocurrir en Santo Domingo. Parece ser que Velázquez empezó a desentenderse de lo que ocurría en el resto de la isla, pese a haber establecido una decena de haciendas propias en diferentes zonas, desde Baracoa, en el este, hasta La Habana en el oeste, haciendas cuya propiedad compartía en la mayoría de los casos y que regentaba un capataz que recibía, según los casos, una tercera, quinta o séptima parte de los beneficios. Estas haciendas estaban dedicadas básicamente a la cría de ganado porcino, de tortugas y de algunas aves.[31]

Al igual que en La Española, ya se había advertido allí también del descenso de la población nativa, pero a nadie —excepto a Las Casas, que había regresado ya a España— se le ocurría una solución, salvo importar más mano de obra africana. No cabe duda de que el problema se planteó en las deliciosas veladas en Santiago de Velázquez con sus contertulios. Cuatro dominicos enviados desde Santo Domingo por fray Pedro de Córdoba tuvieron escasa influencia, por más que predicasen contra la injusticia con que se trataba a la población indígena.[32] La escasez de mano de obra obsesionaba a los colonos, hasta el punto de que cualquier indio que huyese hacia la selva era de inmediato perseguido por los perros, porque un esclavo era casi tan importante como un colono.

La primavera era la época elegida para fundir el oro en Cuba, antes de que las lluvias dificultasen la labor. También por entonces se reunían en Santiago los procuradores de las ciudades y, a veces, enviaban un procurador general a Castilla para exponer al rey lo que consideraban necesario hacer. El gobierno de la colonia no era precisamente una democracia, sino una oligarquía liberal, por lo que a los colonos se refiere.

Una de las cuestiones que probablemente aflorasen en las tertulias de Santiago de Cuba fue la de qué había al oeste y al noroeste de la isla.

El conquistador de Puerto Rico, Ponce de León, descubrió, como ya hemos visto, un territorio que llamó la tierra de la Pascua Florida. Al oeste, él y antes que él Pinzón y Díaz de Solís recalaron en territorios que les parecieron prometedores; se trataba sin duda del Yucatán. Ya el propio Cristóbal Colón se topó en 1504 con refinados mercaderes mayas frente a la zona central del continente americano,[32] pero nadie sabía de dónde procedían exactamente. En 1514, Velázquez, en lo que parece haber sido su primer informe completo enviado a España, le escribió al rey que sus amigos indios le habían hablado de que habían venido otros indios desde islas situadas más allá de Cuba, «hacia el norte, navegando durante cinco o seis días en canoa, y dieron noticia de otras islas más lejanas». Era un informe de gran importancia al que, sin embargo, se prestó escasa atención, y que sugiere un contacto entre el continente y Cuba en el que, por lo general, no han creído los arqueólogos.[33] Velázquez y sus amigos contertulios no podían saber que aquéllas eran muestras de la civilización de Mesoamérica, pero sí sospechaban que seguir explorando podía aportarles más beneficios; por lo menos, podrían conseguir más esclavos que ayudasen a compensar la escasez de mano de obra en el Caribe. Sin embargo, estaban muy lejos siquiera de imaginar la magnitud de las riquezas de todo tipo que aguardaban a sus compatriotas en México y en Perú.

En La Habana, en la plaza de las Armas, se conserva una pequeña capilla que conmemora la fundación de la ciudad en 1519, en la costa norte de la isla. Las pinturas de un pintor francés del siglo XIX sugieren que Velázquez estuvo presente y que Bartolomé de Las Casas celebró allí la primera misa. Pero apenas hay nada de cierto en ello: probablemente La Habana no fue trasladada desde el sur al norte hasta 1526. Velázquez no estaba allí en 1519, ni tampoco Las Casas. La confusión indica los numerosos equívocos que han rodeado la historia de Cuba ya desde el principio. Una cosa sí es cierta: Colón no exageraba mucho al asegurar, en su primer viaje, que la isla era un paraíso. Pero los españoles del siglo XVI querían fortuna, no flores, y ríos llenos de oro, y no sólo riachuelos que lo llevasen.

LIBRO QUINTO

Balboa y Pedrarias

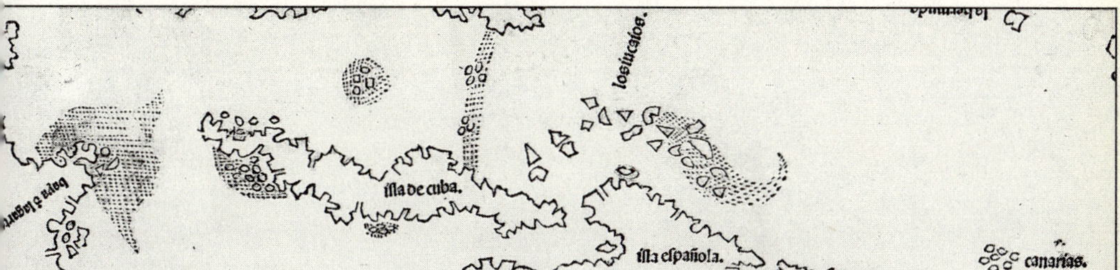

Una de las tareas del «piloto oficial» de Sevilla era preparar una mapa del Nuevo Mundo, mostrado los últimos descubrimientos. Aquí está el primero de tales mapas, de 1511, diseñado por Américo Vespucci.

CAPÍTULO 24

Tomaron posesión de todo ese mar

> Tomaron posesión de todo el mar y de las tierras que lo bordeaban.
>
> Pedro Mártir, acerca de la visión de Balboa del Pacífico, en 1513

Vasco Núñez de Balboa reinó en Darién, la primera colonia permanente en el continente. Cometió la torpeza de enviar a España un informe sobre sus descubrimientos, un informe que adoptó la forma de una carta dirigida al rey, sumamente entusiasta, en la que hablaba de un lago de oro que se encontraba a tres días de marcha y en el que también había perlas.[1]

Al mismo tiempo, envió a Juan de Quevedo y a Rodrigo de Colmenares como procuradores a La Española con el ruego de que se les proporcionasen refuerzos y un juez. Según Mártir, estos procuradores fueron elegidos, pero es más probable que los designase el propio caudillo.[2] A Balboa le hubiese gustado ir también a Santo Domingo, pero sus seguidores le negaron sus votos, quizá por temer que no regresase, o por creer que necesitaban su liderazgo. Este viaje de regreso fue accidentado porque naufragaron frente a Cuba, donde encontraron los restos de la expedición de Valdivia, y rastros de Hojeda, que había pasado varias semanas en aquella costa sumido en la mayor de las penurias y cuyo viaje a La Española le costó la vida.

El 20 de enero de 1513, Balboa volvió a escribirle al rey, pero la carta lo conduciría al desastre. Porque le dijo al soberano: «En esta provincia de Darién hay descubiertas muchas y muy ricas minas, hay oro en gran cantidad; están descubiertos veinte ríos, y treinta que tienen oro salen de una sierra que está a dos leguas de esta villa [...]. Están allí en aquellas sierras ciertos caciques que tienen oro en mucha cantidad en sus casas [...] en las barbacoas como maíz porque es tanto el oro que tienen que no lo quieren tener en cestas; dicen que todos los ríos de aquellas sierras tienen oro, e que hay granos muy gordos en

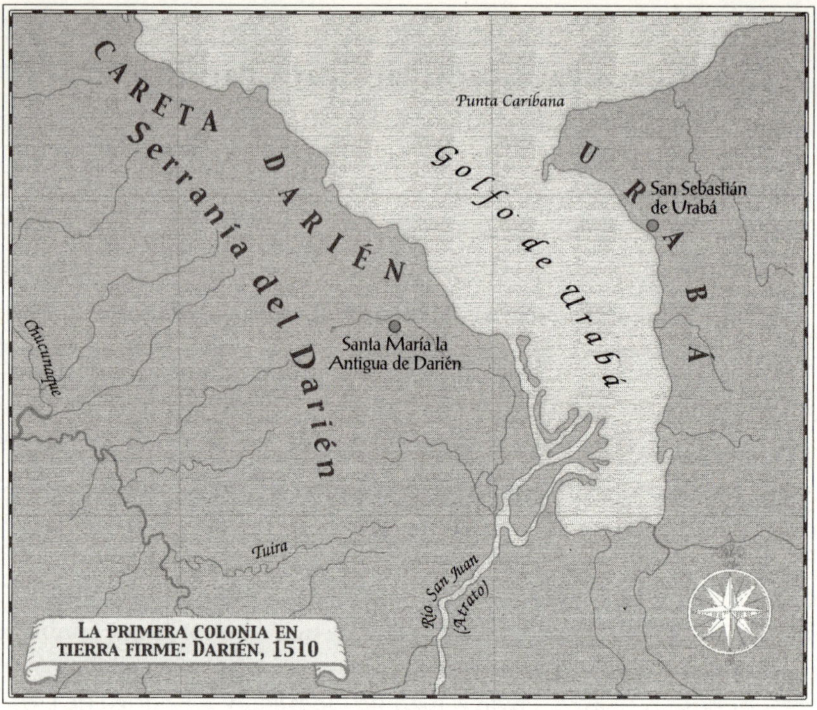

LA PRIMERA COLONIA EN TIERRA FIRME: DARIÉN, 1510

mucha cantidad [...].»[3] Aquellas tierras pertenecían al gran cacique Dabeiba. Balboa pidió los mil hombres, tal como le sugirió Comogre, «para conquistar mucha parte del mundo». También pidió varias naves.

La carta para el rey Fernando la llevó a España Sebastián Ocampo, que había circunnavegado Cuba. Pero Ocampo se entretuvo en Santo Domingo y murió nada más llegar a Sevilla, en junio de 1514, y, aunque transfirió sus poderes a su primo Alonso de Noya, otro gallego, en mayo de 1513 también partieron rumbo a España dos procuradores: Juan Caicedo, ex veedor de Nicuesa, y Rodrigo Enríquez de Colmenares, a quienes Fonseca no tardó en presentar al rey. Según Mártir «[...] sus caras atestiguan lo malo que es el aire del Darién, pues están amarillos como los que tienen ictericia, e hinchados [...]».[4]

Mártir informó también de que una de las cosas que trajeron fue una piña tropical —porque sólo una resistió el viaje en la bodega—, y el rey la comió. Mártir añadía: «Hay unas raíces que los nativos llaman batatas [...]; cuando yo las vi, las juzgué nabos de Lombardía o criadillas de tierra [...], asadas o cocidas no hay [...] otro manjar de más suavidad y dulzura: la piel es más fuerte que en las patatas y los nabos, y tienen color de tierra, pero la carne es muy blanca [...]. También se comen crudas, y entonces imitan el gusto de la castaña verde, pero son más dulces».[5]

Balboa envió también a España al emisario Martín de Zamudio, para que le hablase de sus méritos al rey, pero llegó demasiado tarde. Las informaciones, primero de Fernández de Enciso y luego de los procuradores, habían sido hostiles a Balboa, y, según el historiador Oviedo, Zamudio tuvo que huir en secreto de la corte, ya que el Consejo del Reino llegó a ordenar que fuese detenido.[6]

Antes de que llegasen los procuradores, ya sabían mucho acerca de Darién en la corte española. Estaban convencidos de que los pocos colonos supervivientes «vivían en la anarquía, desentendidos de convertir al cristianismo a las tribus de la región, así como de reunir información...». Pero también se extendió por Castilla la patraña de que «se pescaba el oro con redes». La idea de ríos de oro era embriagadora de modo que un sinfín de hombres y mujeres se dispusieron a ir a las Américas a «pescar».[7] Pedro Mártir escribió poco después irónicamente: «España ya no necesita labrar la tierra hasta las profundidades infernales ni abrir grandes caminos, ni dedicarse a la penosa labor de perforar las montañas, corriendo miles de peligros para extraer la riqueza de la tierra. Encontrará las riquezas a flor de tierra, con sólo excavar un poquito [...] Y también las perlas las podrá extraer sin gran esfuerzo.»[8]

El creativo entusiasmo de Balboa fue su perdición. El rey y el obispo Fonseca rebautizaron Darién como «Castilla del Oro», y de inmediato planearon una expedición que debería ser dirigida por «una persona importante». El 4 de agosto de 1513, el rey nombró como jefe de la expedición a Diego de Ávila, que era comendador de la ciudad abulense y que no aceptó el nombramiento, sin que nadie entendiese por qué. Luego, por recomendación de Fonseca, el veterano soldado, ya entrado en años, Pedrarias Dávila fue nombrado gobernador de la nueva colonia, con claras instrucciones de que potenciase el enclave para darle carácter permanente. No se hacía mención a ninguna dependencia jerárquica respecto a Diego Colón. Pedrarias podría actuar con total independencia respecto al Almirante. Se redactaron las instrucciones para Pedro Arias Ávila, *Pedrarias*, en calidad de capitán general y gobernador, «así por mar como por tierra, a la Tierra firma, que solíamos llamar e ahora la mandamos llamar Castilla aurífera».[9] Las instrucciones concretaban que «[...] los navíos que lleváredes no vayan sobrecargados [...].

Habéis de tocar en Canaria, [...] en las islas de los caníbales [Pequeñas Antillas] [...]. Yo tengo de haber mi quinto ordinario [de todo botíny cosecha], poner nombre general a [...] las ciudades e villas e lugares [de acuerdo con el obispo] Juan de Quevedo [...], [no] tomarles las mujeres e hijas [nativas] contra su voluntad [...], que ninguno juegue dados ni naipes, ni otro juego prohibido [...]».[10] Ésta fue, desde 1492, la segunda expedición sufragada por la Corona; las demás las costearon particulares. El acuerdo permitió a la Corona empezar una nueva era en la conquista española, con el consiguiente menoscabo de los derechos de la familia Colón.

Tanto los críticos de Balboa como sus amigos trataron de que se revocase el nombramiento, pero Fonseca le dijo al rey: «Pedro Arias, oh, Rey católico, ha ofrecido su vida a Vuestra Majestad entre peligros de dudosa salida; supuesto que conocemos por larga experiencia su aptitud para mandar tropas, y principalmente se ha visto en las batallas de África, en que se portó cual cumple a denodado militar, y se mostró sagaz general de milicia; me parecería una iniquidad el que se le quitara el mando sin más motivo que la avaricia de algún otro. Vaya allá con la bendición de Dios este hombre honrado; vaya este fiel discípulo de Vuestra Majestad, educado en la corte desde niño.»[11]

Sin embargo, Pedrarias no zarpó de Sanlúcar de Barrameda hacia «Castilla aurífera» hasta el 11 de abril de 1514. Su expedición se retrasó hasta que se hubo completado la redacción del requerimiento, algo que enfureció, por lo menos, a Fernández de Enciso, que proyectaba acompañar a Pedrarias para ajustar cuentas con Balboa.

Los preparativos de la expedición de Pedrarias corrieron a cargo de la Casa de Contratación, que no era más que un organismo ejecutivo. La facultad de abordar una política seguían conservándola los consejeros del rey, sobre todo Fonseca y Conchillos. El monarca estaba muy interesado en la expedición, y durante todo el verano de 1513 hubo gran preocupación en Sevilla. Un pequeño grupo de soldados acababa de regresar de Italia y algunos de los que lucharon a las órdenes del Gran Capitán volvieron a enrolarse. El 28 de julio se promulgó un curioso decreto ordenando que se moderase todo aspecto lujoso en la expedición de Pedrarias.[12]

Al tener conocimiento del proyectado viaje de Pedrarias, Balboa decidió adelantarse a buscar la tierra del oro de la que le había hablado el hijo de Comogre, para cuya conquista, según le dijo al rey, «necesitaría mil hombres». Partió, sin embargo, con sólo 190 hombres por mar y desembarcó en el territorio de Careca, cacique de Coiba. Marchó entonces hacia las montañas a través de un territorio de un cacique llamado Pomcha, que huyó. Balboa envió mensajes y ofreció una alianza que al final logró. Se intercambiaron regalos. Balboa le regaló hachas de hierro: «Es el instrumento que más aprecian los nativos, porque no tienen», escribió Mártir.[13] Pero a los nativos también les gustaban los collares de cuentas de vidrio, los espejos y las campanillas de cobre. A cambio de todo ello, les regalaron a los españoles 110 pesos de oro. El rey Pomcha les ofreció a los españoles guías para cruzar «desfiladeros inaccesibles habitados por bestias feroces». Balboa «escaló escarpadas montañas, cruzó varios ríos improvisando puentes o lanzando cabos de una a otra orilla». Tuvieron que hacer frente al desafío de Quarequa, señor de un territorio de su mismo nombre, que se irguió frente a su horda de nativos desnudos y, al parecer, les dijo: «Dejad que retrocedan si no quieren morir todos.» Pero él y sus hombres se vieron de pronto sorprendidos por el fuego de los mosquetes, que los convencieron de que los españoles dominaban el rayo y el trueno, y «seiscientos de ellos fueron masacrados como animales». Cuando Balboa descubrió que el hermano del rey y varios cortesanos eran travestidos, mandó que los echaran a los perros para que los descuartizasen. (Algunos conquistadores eran muy mojigatos.[14] Como los indios llevaban poca ropa, el travestismo implicaba un gran esfuerzo de imaginación.)

Balboa decidió entonces cruzar la península de Panamá y entró en contacto con «una bella india» que le sirvió de intérprete. Guiado por los indios, cruzó las jungla más densa que hubiesen visto jamás él y sus hombres y, a finales de septiembre de 1513, en un monte raso de la actual Panamá, vio por primera vez el anhelado «mar del Sur», el océano Pacífico. Balboa subió hasta la cima acompañado de fray Andrés de Vera, del licenciado Valderrábano y de su viejo compañero el coriáceo bastardo de Trujillo Francisco Pizarro.[15] Un guía quarequa les mostró un pico desde el que se veía el mar, y Balboa «[...] ocupó el vértice primero que ninguno. Postrándose en tierra, hincado de rodillas y alzando al cielo las manos, saludó al mar austral, [...] dio infinitas gracias a Dios y a todos los santos del cielo, que le habían guardado la palma de una empresa tan grande a él, que no era hombre de gran ingenio, ni de letras, ni de la nobleza. Hechas las oraciones sagradas a su modo de soldado, llamó a sus camaradas; y señalando con la mano derecha, les hizo ver el deseado mar [...]». Se decía que Balboa iba flanqueado por un esclavo negro y un perro. Sus compañeros gritaron exultantes de alegría y estaba más «orgulloso que Aníbal cuando mostró a todos sus soldados la Italia y promontorios de los Alpes, [...] prometió a sus compañeros grandes riquezas. "He aquí el mar deseado, ved aquí, ¡oh compañeros de armas y de tantos trabajos!, el que de tantas y tan grandes cosas nos dijeron el hijo de Comogro y los demás indígenas".» Como símbolo de toma de posesión, amontonó piedras en forma de altar y «para que la posteridad no los acuse de mentirosos [...], haciendo incisiones en la corteza de muchos árboles escribía el nombre del rey de Castilla [...].[16] El escribano Valderrábano levantó acta del descubrimiento, firmada por el sacerdote Andrés de Vera y por todos los españoles presentes.[17] Siempre se ha creído que además estuvieron presentes un esclavo negro y un perro.

Embriagados por un momento tan extraordinario, Balboa y sus amigos emprendieron el regreso y derrotaron al cacique Chiapes, que intentó bloquearles el camino. Pero los españoles soltaron una jauría de perros de combate y dispararon sus aterradores mosquetes. Las detonaciones de las armas reverberaban en las montañas y «el humo de la pólvora parecía lanzarles las llamaradas, y cuando los indios olieron el azufre que el viento proyectaba hacia ellos, huyeron aterrados». Pero los

españoles los persiguieron, mataron a unos e hicieron prisioneros a otros. Luego accedieron a concertar la paz con Chiapes, que le entregó a Balboa 400 pesos y recibió a cambio «artículos de fabricación europea...». Los españoles fueron entonces hasta la orilla del anhelado océano «y, en presencia de los nativos, tomaron posesión de todo el mar y de las tierras que lo bordeaban».[18]

Balboa dejó a algunos de sus hombres con Chiapes y partió con canoas hechas en troncos vaciados, acompañado por ochenta hombres y algunos indios, y navegó curso arriba de un río que lo condujo hasta el territorio del cacique Coquera. Una vez allí se repitió el patrón habitual: el intento de resistencia del cacique fue inútil y, aconsejado por un hombre de Chiapes, se resignó e intercambió regalos con los españoles. Balboa visitó y bautizó el golfo de San Miguel, el arcángel que supuestamente luchaba a favor de sus hombres. Luego zarpó de nuevo pero, al poco, él y sus hombres estuvieron a punto de naufragar, se refugiaron en una isla y, aunque lograron sobrevivir durante aquella noche, por la mañana encontraron sus canosas perforadas y llenas de arena. Con todo, las repararon y cruzaron el territorio de un cacique llamado Tumaco, que les regaló casi dos kilos de perlas, algo que los españoles recibieron «exultantes de satisfacción» (un vasco llamado Arbolante llevó estas perlas a España y trató de ablandar el corazón de Fernando ensalzando las virtudes de Balboa,[19] pero ya era demasiado tarde).

Balboa se hizo con más perlas, que guardó para sí. Tuvo otros enfrentamientos con otros caciques, que en algunos casos se resolvieron estableciendo buenas relaciones con ellos, pero en otras acabó matándolos con perros. Estos caciques casi siempre se comportaban de la misma manera y regalaban oro a cambio de collares de cuentas y de hachas, que valoraban mucho. La situación de los españoles era un tanto curiosa, porque «iban cargados de oro, pero pasaban tantas penalidades y tanta hambre que apenas podían viajar...».[20]

Eran expediciones extraordinarias en territorio totalmente desconocido llevadas a cabo con determinación e imaginación a pesar de su penuria acusada por el calor, los insectos, las bestias de la jungla y las incertidumbres sobre la ruta.

No es fácil identificar a las tribus de este territorio, pero la región estaba habitada por indígenas que hablaban coiba o cuera, o dialectos de ellas. Por otro lado, los nativos recibían el nombre de cuna o de choco, ambos cultivaban muchos vegetales, especialmente el maíz y la mandioca. Conservaban la carne ahumándola (de venado, de iguana, de tortuga y de pato), y cazaban pájaros con red. El pescado y los mariscos eran básicos en la dieta y la cerveza de maíz era la bebida habitual.

Estas tribus vivían en poblados de hasta mil quinientas personas, usualmente fortificados con empalizadas de troncos.

En los poblados había viviendas de distintos tamaños; las de los caciques solían ser más grandes. En el interior, como era habitual entre los indígenas americanos, tenían hamacas, bancos, mantas, cestos y delantales.

La mayoría de los nativos se pintaban el cuerpo o se lo hacían tatuar y la mayoría de los jefes llevaban todo tipo de adornos: cascos de oro, tocados de plumas, aros en la nariz, collares, adornos de concha incrustados en los labios, etc. Parece ser que los nativos habían desarrollado mucho la técnica de la forja, porque inventaron muy diversos métodos para fundir metales, batirlos en frío y en caliente y soldarlos. También fabricaban piezas de cerámica y cestos. Los jefes vivían lujosamente y tenían muchos esclavos, a diferencia de lo que predominaba entre los taínos.

Los pueblos de estos territorios tenían ejércitos regulares, armados con lanzas, cerbatanas, arcos y flechas. También practicaban juegos de pelota, similares a los habituales en las tierras de los taínos. Las ceremonias eran muy pomposas.[21]

Tras muchos retrasos y un par de abortadas partidas, Pedrarias, partió de Sanlúcar de Barrameda el 11 de abril de 1514, Jueves Santo. La expedición constaba de cerca de veintidós barcos: nueve carabelas (cuatro portuguesas); dos viejas naves para el transporte de pasajeros y de carga; cuatro bergantines similares a los balandros, y ocho pesqueros. Catorce de estas naves pertenecían al rey; tres las alquilaron a medias entre Fernández de Enciso y un comerciante de bizcocho llamado Juan López; otra de ellas la fletó el banquero madrileño Alonso Gutiérrez, que solía participar en toda aventura marítima con perspectivas comerciales. Un converso burgalés (y futuro voluntario en México), Juan de Burgos, era propietario de otra de las naves; el encargado del repartimiento de las tierras en La Española, Rodrigo de Alburquerque, tenía otra, y también el propio Pedrarias poseía lo que debía de ser como una barcaza grande (un burcho).

Otra nave, la *Santa María*, se unió a la flota en Canarias, a bordo de la cual iba el capitán Juan de Zurita y otros dos hombres cuya misión era adiestrar a cincuenta soldados canarios que se creía que iban a jugar un papel esencial en la conquista. Éste era el único barco de la flota cuyo capitán, Juan de Camargo, tenía autorización para hacer escala en Santo Domingo.

Llegado el momento de partir de Canarias, ni los pesqueros ni los bergantines se hicieron a la mar, ya fuese por estar en mal estado o por ir sobrecargados. Pero fueron sustituidos por cuatro bergantines desmantelados, bajo la dirección de un carpintero de Sanlúcar llamado Cristóbal Márquez, con instrucciones de montarlos en Darién.[22]

Todas estas naves fueron cuidadosamente cargadas para evitar la sobrecarga, pues ésta fue la explicación que se dio oficialmente del desastre ocurrido al principio del viaje de Ovando. El coste de la expedición superó los diez millones de maravedís, y era la iniciativa más costosa que Castilla había adoptado hasta entonces para la colonización del Nuevo Mundo.[23]

La elección de Pedrarias como comandante de la expedición fue algo inusual, porque era un hombre ya entrado en años. Todas las quejas justificadas acerca de su crueldad, su arrogancia, su impetuosidad y su audacia por asumir la dirección de una gran expedición al Nuevo Mundo con más de sesenta años no pueden ser desestimadas. Procedía de una famosa familia de conversos de Segovia, aunque su comportamiento distaba mucho del que suele asociarse a los judíos, pues era un hombre turbulento, irascible y todo lo contrario de un intelectual. Era el hermano menor del conde de Puñonrostro, y en la corte era indistintamente conocido como «el gran justador», «el galán» y «el gran cortesano». Era nieto de Diego de Arias («Diegarias»), tesorero de Castilla durante el reinado de Enrique IV. Su padre, el segundo conde de Puñonrostro, también era llamado «Pedrarias» y el Valiente. Uno de sus tíos, Juan de Arias, fue durante años obispo de Segovia y pionero de la imprenta en España. Posteriormente, fue el cabecilla de quienes protestaron por la dureza del alcaide Andrés Cabrera, marqués de Moya y uno de los favoritos de la reina Isabel, pero a quien el alcaide desterró. En 1491, la Inquisición optó por acusarlo de herejía y la Corona apoyó al Santo Oficio, imponiéndose a una polémica con el Vaticano. Pero el obispo murió antes de que pudiesen juzgarlo.

Pedrarias era un hombre alto, pelirrojo, de tez pálida y ojos verdes. Probablemente nació en 1440. Según Las Casas, cuando fue a las Indias era un hombre «de mucha edad porque pasaba de sesenta años»,[24] pero según Oviedo, exageraba su edad. Había sido paje de dos reyes de Castilla, primero de Juan II y luego de Enrique IV. Se casó con Isabel de Bobadilla, hija de Francisco de Bobadilla, que gobernó La Española entre 1500 y 1502, y que se ahogó tras enviar a España a los Colón encadenados. Isabel era, por tanto, sobrina de Beatriz de Bobadilla, la esposa de Cabrera, la íntima amiga de Isabel la Católica, y había sido dama de honor de la infanta Juana en Bruselas al contraer ésta su desdichado matrimonio.

Pedrarias fue uno de los adjuntos, un coronel, de Pedro Navarro, el gran especialista en minas en la campaña de África de 1510. En la concesión de armas que se le otorgó en 1512 se mencionaba que había estado en «la santa conquista de Granada e África [...] en la toma de Orán, donde os señalastéis muy honradamente [...], en la toma de Bujía [...]».

Tras resultar al parecer mortalmente herido en la toma de Bujía, su familia decidió enterrarlo en el monasterio de Nuestra Señora de la Cruz, a las afueras de Torrejón, cerca de Madrid, pero cuando ya estaba en el féretro, uno de sus criados, al darle el último abrazo, reparó en que estaba vivo. En seguida volvió en sí, y este incidente afectó, como es lógico, al Galán que, a partir de entonces, tuvo también el apodo de el Resucitado. En adelante, todos los años se celebraba un réquiem, con él en el féretro, para dar gracias a Dios por haberle salvado la vida en el último momento.

El salario de Pedrarias sería ligeramente superior al que le había sido asignado a Ovando, 366 000 maravedís al año, con un adelanto de 183 000 en el momento de la firma del nombramiento.

Un herrero de Sevilla, amigo de la familia Colón, llamado Juan de Córdoba, y los cada vez más poderosos genoveses, los Centurione y los Grimaldi, fueron los principales banqueros y proveedores de Pedrarias.[25] Ciertamente, en adelante, Gaspar Centurione, que había labrado su fortuna con el comercio del trigo en Sevilla, se hallarían siempre detrás de todas las expediciones al Nuevo Mundo. También participaron otros genoveses. Agustín Vivaldi y Nicolás Grimaldi fueron autorizados expresamente a establecerse con sus factores en tierra firme y comerciar allí «como si de súbditos españoles se tratase».[26] Además, Pedro Báez, el mayordomo de Pedrarias, declaró antes de dejar Castilla haber recibido 10 500 maravedís de otro Grimaldi (Agustín), en nombre de su hermano Bernardino, para comprar provisiones en Sevilla.[27] Y Hernando de Soto, de Villanueva de la Serena, en Extremadura, que posteriormente se haría famoso en Florida, explicó haber obtenido un préstamo de ocho ducados de oro de Juan Francisco Grimaldi. Por su parte, Fernández de Enciso, Pedro Camacho, Juan Fernández de Enciso (probablemente hermano del geógrafo) y el comerciante Gonzalo de Sevilla se comprometieron a devolver a Juan Francisco Grimaldi y a Gaspar Centurione 225 ducados de oro que les habían prestado para pertrechar su nave.[28] Sancho Gómez de Córdoba, un continuo del rey, autorizó a Juan Francisco Grimaldi y a Gaspar Centurione, así como a Juan de Córdoba, para que pudiesen llevar consigo a tres esclavos negros.

A pesar de esta tolerancia respecto a los genoveses, la mayoría de los expedicionarios eran españoles. Pedro Mártir llegó a tener dificultades para conseguir un pasaje para un italiano amigo suyo, el botánico Francesco Coto, que sólo pudo obtener gracias al rey.[29]

Pedrarias llevó consigo unos dos mil hombres, «todos ellos escogidos entre hidalgos y personas distinguidas» entre los que se encontraban, según Pascual de Andagoya, uno de sus capitanes, «la más lúcida gente de España que ha salido».[30] Las estimaciones del número de expedicionarios varían entre un mínimo de 1 300 y un máximo de 3 000.[31] En realidad, la primera lista «de embarque» se fijó en 800 personas, entre las que ya se incluían 117 tripulantes, con nueve capitanes y nueve pilotos.[32]

Entre quienes acompañaron a el Galán se encontraban íntimos amigos como Pascual de Andagoya,[33] cuyas subsiguientes conquistas en Perú serían muy importantes, y Lorenzo de Galarza, además de su primo Gaspar de Morales. Andagoya formaba parte del séquito directo del capitán. También formaron parte de la expedición Martín Fernández de Enciso, a quien se le pidió que embarcase porque «tiene alguna experiença de las cosas de tierra firme y también para cosas de armada». Sebastián de Benalcázar, que posteriormente se haría famoso en Perú; Hernando de Luque, un clérigo que acompañaría también a Pizarro; Bernardino Vázquez de Tapia, que lucharía con Cortés en México; Hernando de Soto, famoso en Perú y Florida; Diego de Almagro, primero aliado y luego enemigo de Pizarro, y Diego de Tovilla, cronista del régimen de Pedrarias *(La Barbárica).*[34, 35]

El piloto de la nave capitana, Giovanni Vespucci, nombrado también por el rey, era sobrino de Américo Vespucio y había nacido en Florencia al igual que su tío.

Otros expedicionarios fueron Alonso de la Puente, tesorero y ex secretario del infante Fernando; Diego Márquez, veedor en el segundo viaje de Colón y que anduvo perdido durante seis días en Guadalupe en extrañas circunstancias en 1493, viajó en calidad de contable; Juan de Tavira, protegido de la reina de Portugal, lo hizo en calidad de veedor, y el futuro historiador Gonzalo Fernández de Oviedo, protegido de

Fonseca, que pese a que ya contaba treinta y seis años de edad, no había acabado de encontrar su vocación, viajó en calidad de veedor de minas y fundiciones.

Oviedo era asturiano y pertenecía a una familia de larga tradición de conversos y escribanos. Empezó su larga carrera en 1485 como mozo de cámara del duque de Villahermosa, hijo bastardo del rey Juan II de Aragón. En 1491 se integró en la corte del infante Juan y luego estuvo en Nápoles con don Fadrique, el duque de Calabria. Se casó con Margarita de Vergara, la mujer más hermosa de Toledo, cuya melena rubia era famosa porque le llegaba al suelo, y que murió mientras daba a luz. Oviedo se volvió a casar entonces con Isabel de Aguilar, con quien tuvo otros dos hijos. En 1507 fue escribano público de la Inquisición y luego formó parte del séquito de la reina Viuda de Nápoles («la reina joven»), hermana del rey Fernando. Le hubiese gustado volver a Italia pero nunca lo hizo.[36]

También acompañó a Pedrarias el obispo Quevedo, que fue designado obispo de la «Bética Áurea» en Castilla aurífera, con sede en Santa María de la Antigua de Darién. En el gobierno del obispado contó con un diácono, Juan Pérez de Zalduendo, un sacerdote de Torrijos que ya había estado en Santo Domingo, así como con un archidiácono, un preceptor, varios canónigos, tres sacristanes un arcipreste y, por lo menos, seis franciscanos.[37] Por supuesto el obispo llevó consigo el anillo episcopal, el báculo de plata, una cruz pectoral, así como casullas, cirios, alfombras libros con el canto toledano, misales, sagrarios, incensarios, cálices, varias cruces de plata y seis pinturas de tema religioso. Todo ello costó más de medio millón de maravedís.[38]

Entre los pasajeros de Pedrarias figuraban muchos caballeros castellanos que iban de punta en blanco; algunos llegaron a Darién con «sayo de seda e mucho de brocado».[39] Algunos de estos *dandies* habían combatido en las guerras de Italia, donde, como decía el rey, habían caído en «muy malos vicios y malas costumbres».[40]

Todos los pasajeros o emigrantes tuvieron el pasaje gratuito, además de provisiones para la travesía y para el mes siguiente a la llegada. Se daba por sentado que para entonces todos habrían encontrado medios de subsistencia. Con objeto de evitar un desastre, embarcaron provisiones para otros dieciséis meses que, una vez en el Nuevo Mundo, se venderían a precios razonables. Los emigrantes podrían regresar a España, dentro de un período de cuatro años, con sal, perlas y piedras preciosas libres de impuestos, una vez deducido el quinto real. Durante ese mismo período los emigrantes tendrían inmunidad judicial.[41]

Diez esclavos nativos procedentes de tierra firme (aunque no de la zona a la que se dirigía Pedrarias) acompañaron a esta flota, así como cincuenta de los indígenas que habían sido traídos a España desde La Española y que, supuestamente, conocían la minería del oro.[42] Finalmente, el propio rey, aunque enfermo y cansado, invirtió unos 18 750 000 maravedís en la expedición, e incluso se ocupó de muchos detalles de la planificación, más que en cualquiera de las expediciones llevadas a cabo desde 1492. Al igual que sus súbditos, se había dejado seducir por la carta de Núñez de Balboa que hablaba de los grandes yacimientos de oro de la colonia. Estaba convencido de que la empresa era «una de las más grandes que hay en el mundo» y de que todo día que pasase supondría una gran pérdida. El dinero no parecía escasear. Cristóbal de Morales, un pintor de Sevilla que había decorado la sala de la Audiencia en la Casa de Contratación, diseñó para Pedrarias un espléndido pendón en forma de cola de golondrina con leones y águilas. Pedro Ramírez pintó tres estandartes de seda, uno que representaba a Nuestra Señora de la Antigua, otro a Santiago Apóstol y otro la Cruz de Jerusalén. Las armas de fuego se comprarían en la factoría real de Málaga y el resto del material de guerra en Vizcaya. Yáñez Pinzón fue a Lisboa a comprar naves, y a Diego Colón le pidieron que enviase intérpretes para Pedrarias, aunque las lenguas que se hablaban en La Española eran muy distintas de las que se hablaban en los istmos.

Pedrarias removió cielo y tierra para contratar a los mejores pilotos, no sólo a Giovanni Vespucci, sino también a Andrés de San Martín e incluso a Vicente Yáñez Pinzón, que sería quien pilotase la *Santo Spiritus,* aunque este último tuvo que renunciar a última hora por razones de salud y fue sustituido por Rodrigo Yáñez, que probablemente era su hijo.[43]

La mayoría de los expedicionarios embarcaron al señuelo de conseguir tierras, no en vano había sido el propio rey quien había dicho: «Es nuestro deseo repartir las casas, los lugares, las tierras y las granjas [...] distinguiendo entre la infantería y los soldados de a pie y los de menor rango y valía.»

El rey recomendó a la Casa de Contratación que no permitiese que los hijos de reconciliados con la Inquisición fuesen a las Indias, ni tampoco los nietos de quienes hubiesen sido quemados en la hoguera por decisión del Santo Oficio, aunque puso mayor énfasis en que sería mejor no decirles a dichas personas que no podían viajar, sino que no había más sitio. Sin embargo, varias de estas personas terminaron yendo, como, por ejemplo, el maestre Enrique, un cirujano portugués vecino de Tavira. La prohibición hubiera excluido a Las Casas; quizá ésta era una de sus intenciones. Por otro lado, se prohibió viajar a los abogados, en lo que constituía una restricción sin precedentes.[44]

También formaron parte de la expedición muchos criados, algunos especialmente contratados para la ocasión, por un período de dos años. Asimismo, viajaron numerosos esclavos negros, doce asignados a Pedrarias; diez a Alonso de la Puente; tres esclavos y «una esclava» a Sancho Gómez de Córdoba y uno para Fernández de Oviedo. Por otra parte, Pedrarias estaba autorizado a retener en calidad esclavo a todo indio que se le resistiese.

El equipamiento militar es de considerable interés, ya que era una mezcla de armas nuevas y antiguas. Pedrarias embarcó cuarenta arcabuces, dos pequeños falconetes, seis ribadoquines, casi doscientas espadas con vainas decoradas, la mayoría compradas en Bilbao o en Durango, quinientas picas, cincuenta lanzas de jinete, ochocientas medias lanzas, cincuenta mazas de hierro y doscientas dagas de Villarreal, cuyas fundas vendió a la expedición un tal Bartolomé Muñoz, de la calle Sierpes de Sevilla.

Se debatió qué tipos de armaduras serían las más apropiadas para la expedición: unos se inclinaban por las de «caparazón de tortuga» y otros decían que era mejor un jubón acolchado con algodón o lana, llamado escuapil. Los indios nunca llevaban más protección. Al final, Fernández de Enciso, un especialista un tanto sui géneris, impuso su criterio: corazas con piezas laterales a quinientos maravedís la pieza. En cuanto llegasen a Castilla de Oro, todo aquel que hubiese recibido esta coraza sería requerido para que contribuyese con tres ducados, el equivalente a la paga de dos meses. Pedrarias llevó además consigo 732 casquetes con aloncicos y algunos cascos más pequeños, de acero, con una pequeña celada o rematados por una cresta; también compró mil escudos de madera de las Canarias, llamados tablachines de drago.

Gran parte de este equipo militar lo suministraron comerciantes vascos. Se gastaron unos 690 000 maravedís en el País Vasco entre 57 proveedores distintos, especialmente Azpeitia, Eibar, San Sebastián y Durango.[45] Estas compras hicieron que familias que posteriormente serían muy famosas, como los Aguirre, los Motrico, los Ibarra y los Arriola, entrasen en la historia militar de España. Sin embargo, la mayoría de las armas de fuego se adquirieron en Málaga.

Pedrarias llevó también 35 pipas de vino y de cereales; dos barriles de miel; varios cargamentos de ladrillos; 60 arrobas de vinagre y 60 de aceite. El licenciado Barreda y su boticario, Solórzano, embarcaron muchos medicamentos para crear «la primera botica del Nuevo Mundo».[46] Los arrieros fueron unos de los que más se beneficiaron de la expedición pues tuvieron mucho trabajo con el transporte de pertrechos y provisiones desde Sanlúcar la Mayor, Málaga o el País Vasco.

Pedrarias había pensado dejar en España a su esposa Isabel de Bobadilla, pero al proponérselo, ella le escribió en estos términos: «Amado esposo: me parece que nos unimos desde jóvenes con el yugo marital para vivir juntos, no separados. Adonde quiera que te lleve la suerte, ya entre las furiosas ondas del océano, ya en horribles peligros de tierra, sábete que te he de acompañar yo. Ningún peligro puede amenazarme tan atroz, ningún género de muerte puede sobrevenirme que no sea para mí mucho más llevadero que el vivir separada de ti por tan inmensa distancia. Es preferible morir una vez, y que me echen al mar para que me coman los peces, o a la tierra de los caníbales para que me devoren, que no el consumirme en luto continuo y perpetua tristeza, esperando, no al marido, sino sus cartas. Ésta es mi resolución, no tomada temerariamente, ni del momento, ni por arrebato mujeril, sino maduramente pensada. Escoge una de las dos cosas: o me cortas el cuello con la espada, o consientes en lo que pido. Ni siquiera me lo impediría un momento el amor de los hijos que Dios nos ha dado (pues dejaban cuatro hijos y cuatro hijas). Les dejaremos los bienes antiguos y los dotales, con que puedan vivir entre los caballeros de su clase. De lo demás ya no me cuido.»[47]

Al final, Isabel llevó consigo a dos de sus hijos. No era la primera esposa de gobernador en viajar al Nuevo Mundo; tal honor había recaído en María de Toledo, la esposa de Diego Colón. Pero Isabel fue a una colonia en la que las condiciones de vida eran mucho más duras.

CAPÍTULO 25

Un hombre dado a los peores excesos

Un hombre muy acelerado en demasía.

Balboa, acerca de Pedrarias

La flota de Pedrarias partió con su comandante a bordo de la *Nuestra Señora de la Concepción.* Juan Serrano, que posteriormente viajó con Magallanes, fue designado piloto jefe de la flota.[1] El capitán de barco con una trayectoria más interesante era Alonso Quintero, que comandaba la *Santa Catalina.* Era natural de Palos y hacía más de diez años que se dedicaba al transporte de mercancías y pasajeros entre Sevilla y Santo Domingo. En 1506, uno de sus clientes fue Hernán Cortés, que en 1513 se trasladó desde Santo Domingo a Cuba.

Pedrarias zarpó con rumbo sur hacia el Caribe y el 3 de junio se detuvo en la isla Dominica, donde después de bautizar una amplia bahía con el nombre de bahía de Fonseca, en honor al obispo del mismo apellido, combatió contra un grupo de indios y, resistiendo a la tentación de detenerse en otras islas de las Pequeñas Antillas, enfiló hacia la actual Santa Marta, en Colombia, adonde llegó el 12 de junio. El día 19 del mismo mes hizo leer a su notario Rodrigo de Colmenares[2] el requerimiento de Palacios Rubios. Los indios habían estado corriendo de un lado a otro de la playa, aguardando la llegada de los españoles, cuyas naves habían avistado a lo lejos. Habían envenenado las puntas de sus flechas, se habían pintado el cuerpo y adornado sus cabezas con plumas. Era un contingente de unos setenta indios y tanto Pedrarias como Colmenares pensaron que aquellos nativos eran un público para dar a conocer por primera vez el requerimiento. Colmenares fingió conocer la lengua de los indios, pero leyó con la ayuda de una muchacha india que habían traído de España, y que había sido raptada en una expedición anterior, quizá por los hermanos Guerra o por Vespucio.

Por vez primera, los indios oyeron una serie de curiosas afirmaciones: que Dios, Nuestro Señor, único y eterno, había creado los cielos y la tierra, y cómo fueron creados un tal Adán y una tal Eva, de la que descendían todos, bufones e incluso emperadores.[3] De eso hacía más de cinco mil años. Dios Nuestro Señor confió el gobierno del mundo a un hombre: san Pedro, a quien llamaban papa, y el actual papa era su sucesor.

Uno de los papas anteriores había concedido todas aquellas islas del Caribe y también la tierra firme al rey y a la reina de Castilla. De manera, prosiguió Colmenares, que: «Vos ruego e requiero que entendáis bien esto que vos he dicho [...] e reconozcáis a la Iglesia por señora e superiora del universo, e al Sumo Pontífice, llamado Papa, en su nombre; e al Rey e la Reina, en su lugar, como señores superiores e reyes destas Islas e Tierra Firme, por virtud de la dicha donasción; e consistáis e deis lugar que estos padres vos declaren e prediquen lo susodicho. Si así lo hiciéreis, [...] Sus Altezas, e yo en su nombre, vos recibirán con todo amor y caridad; e vos dejarán vuestras mujeres e hijos e haciendas libremente, sin servidumbre.»[4]

Como es natural, esta declaración fue acogida con un largo silencio. Ningún indio había entendido una sola palabra. De pronto, una lluvia de flechas cayó sobre los españoles, que replicaron con armas de fuego. Los nativos huyeron entonces en desbandada hacia las montañas.

Fernández de Oviedo le dijo a Pedrarias: «Señor, parésceme que estos indios no quieren escuchar la teología deste Requerimiento, ni vos tenés quien se la dé a entender; mande vuestra merced guardalle, hasta que tengamos algún indio déstos en una jaula, para que despacio lo aprenda, e el señor obispo se lo dé a entender.»[5] Oviedo le pasó entonces el documento a Pedrarias, que se echó a reír, al igual que todos los presentes. Pero, pese a ello, el requerimiento siguió siendo leído a los árboles y a los poblados vacíos, a veces al redoble de un tambor, y a veces desde un barco frente a una isla.

Las Casas comentó que no sabía si reír o llorar al tener conocimiento de ese documento.[6] Incluso el autor, Palacios Rubios, se echó a reír cuando Ovando le contó cómo habían procedido.[7]

Al dirigirse a la bahía de Cartagena, una tormenta desvió a Pedrarias hasta la isla Fuerte, donde apresó y esclavizó a varios indios. El 30 de junio de 1513, llegó a su destino, Santa María la Antigua de Darién, al oeste de la bahía de Urabá.

Allí encontró una colonia de poco más de quinientos españoles y unos mil quinientos indios, que trabajaban para ellos como criados o

El rey Fernando y la reina Isabel orando, rodeados de sus hijos, Juan y Juana. Santo Tomás de Aquino y santo Domingo aparecen junto a los reyes.

Fernando el Católico, rey de Aragón. Maquiavelo lo consideraba el monarca más inteligente de su época.

Isabel la Católica, reina de Castilla, una mujer con una voluntad de hierro.

Fernando, tras 1492, siguió prefiriendo Italia al Nuevo Mundo.

La reina Isabel más anciana. Sus triunfos públicos se vieron acompañados de tragedias personales.

La segunda esposa: tras la muerte de la reina Isabel, Fernando contrajo matrimonio de nuevo. Germana de Foix, treinta años menor que él, no logró darle un heredero.

El infante Juan, «el príncipe que murió de amor».

Felipe el Hermoso. Este heredero de los Habsburgo fue tan conocido por lo extenso de sus reinos como por sus numerosas infidelidades.

Juana la Loca, que llevó una vida infeliz como princesa, reina y prisionera. Sin embargo, su hijo fundó toda una dinastía.

Arriba. Margarita, la inteligente archiduquesa. Se casó joven con el rey de Francia, luego con el heredero del trono de España, luego con el duque de Saboya. Se convirtió en gobernadora general de Flandes y educó a su sobrino, Carlos V.

Arriba a la izquierda. El banquero Jacob Fugger, el hombre más rico del siglo, financió la elección de Carlos como emperador del Sacro Imperio Romano, y nunca dejó que aquél olvidara el favor que le debía.

Izquierda. El nuevo rey, coronado como Carlos I de España, en 1516, cuando tenía diecisiete años. Se convirtió en Carlos V de Alemania a los diecinueve.

El rey Fernando se encuentra con su yerno, Felipe el Hermoso, en 1506 en Remesal, un pequeño pueblo al noroeste de Castilla.

Una corrida de toros en Benavente, celebrada en honor de Felipe el Hermoso.

El cardenal Cisneros condujo a las tropas españolas en la captura de Orán en 1509.

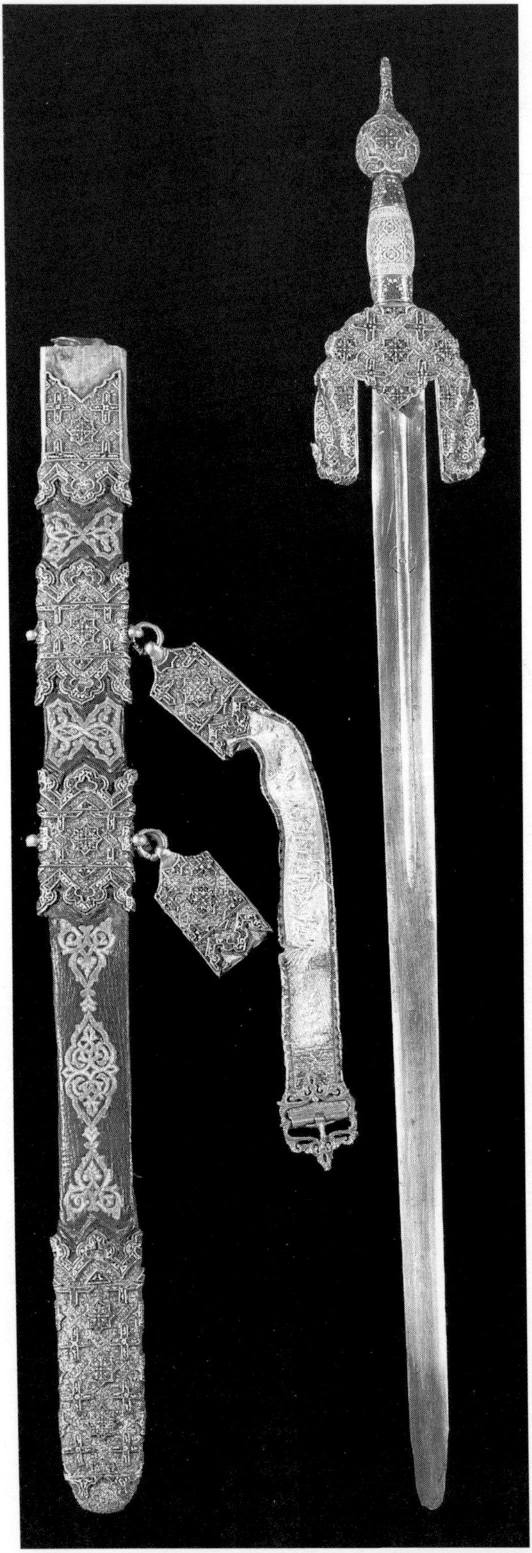

Los españoles se quedaban con las armas de sus enemigos: ésta es una espada, quizá de origen musulmán, para combatir a caballo.

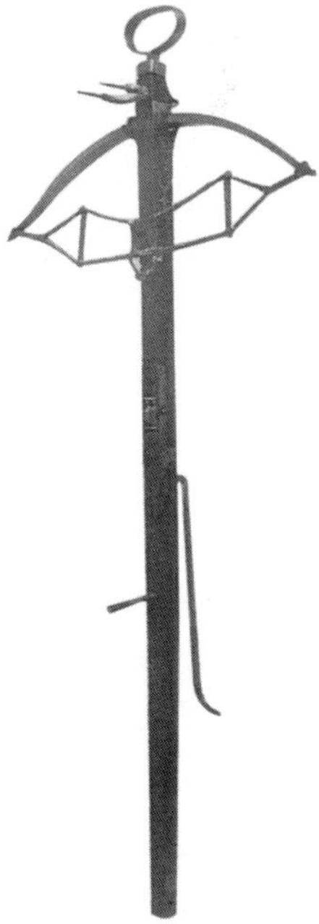

Una ballesta, tan letal en el siglo XVI como lo había sido en la Edad Media.

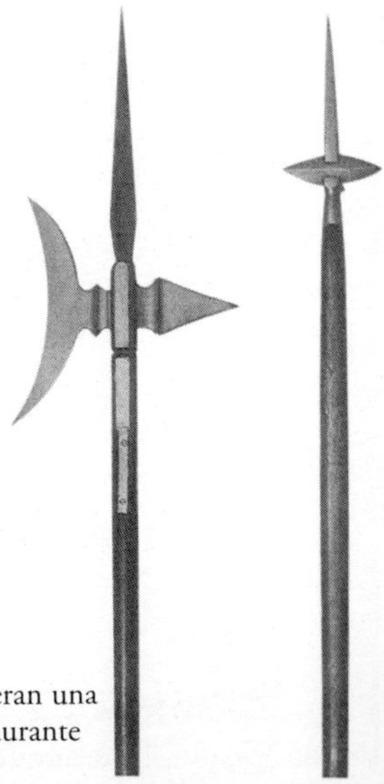

Las picas todavía eran una arma muy usada durante el Renacimiento.

El cardenal Mendoza, la reina Isabel y el rey Fernando entran como vencedores en Granada.

Abajo a la izquierda. Fadrique, duque de Alba, el amigo en el que más confiaba Fernando.

Abajo a la derecha. Íñigo López de Mendoza, poeta, estadista y abuelo de la aristocracia castellana.

Nuestra Señora protege Granada, alrededor de 1498. La ciudad pronto se transformaría con la aparición de nuevas iglesias.

Un auto de fe. Una de las tragedias de la época fue la persecución de los judíos conversos, acusados de continuar practicando su antigua religión.

Derecha. Adriano de Utrecht era el tutor de Carlos y después fue regente de Castilla y Papa. Los romanos se reían de él porque le gustaba la cerveza.

Abajo. El cardenal Cisneros, confesor de la reina Isabel, era un hombre duro, austero, honesto, valiente y tenaz. Fue por dos veces regente de Castilla.

Derecha. Guillaume de Croÿ, un aristócrata flamenco que fue asesor de Carlos V, con el que compartió dormitorio hasta que el emperador cumplió los veinte años.

Abajo. El canciller Mercurino de Gattinara, quien inspiró en Carlos el sueño de construir un imperio mundial.

El mapa de Toscanelli, que tanta influencia tuvo sobre Colón y que fue otra contribución italiana al descubrimiento de América.

En la catedral de Sevilla, *Nuestra Señora de La Antigua* era una fuente de inspiración constante para exploradores y colonizadores, y se bautizaron con su nombre barcos, ciudades e islas.

Cristóbal Colón: su rostro es un misterio, sus orígenes oscuros, sus hazañas inigualables.

Abajo a la izquierda. Américo Vespucci, quien dio nombre a «América».

Abajo a la derecha. El obispo Fonseca, quien, como ministro *de facto* de las Indias entre 1493 y 1522, gestionó el nuevo imperio de España.

Magallanes partió en 1519 con la idea de ser el primer hombre en circunnavegar el mundo, pero murió en Filipinas.

Hernán Cortés conquistó México y se planteó invadir China con tropas mexicanas. Fue un error no concederle mando en Europa.

PREPARATIVOS PARA EL VIAJE AL NUEVO MUNDO:

Aparejando el barco.

Un capitán espera un viento favorable.

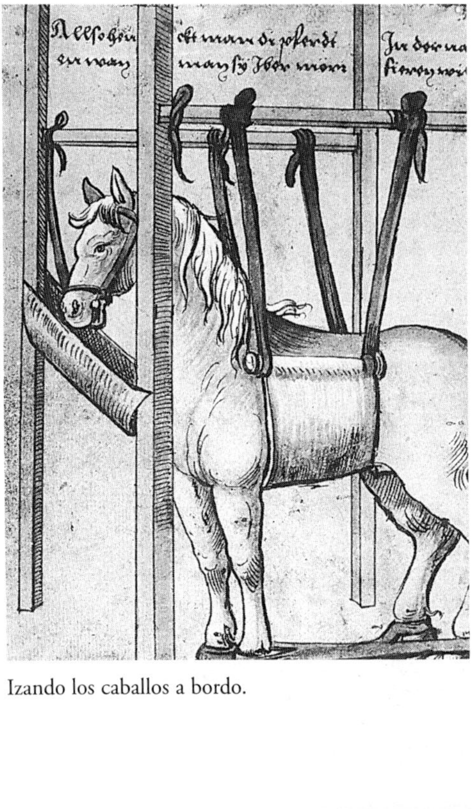

Izando los caballos a bordo.

Llegan al muelle vinos fuertes de Jerez

LAS ARMAS DE LA CONQUISTA:

La espada del Gran Capitán, el conquistador de Italia. Este tipo de arma blanca tuvo un efecto devastador en los indios.

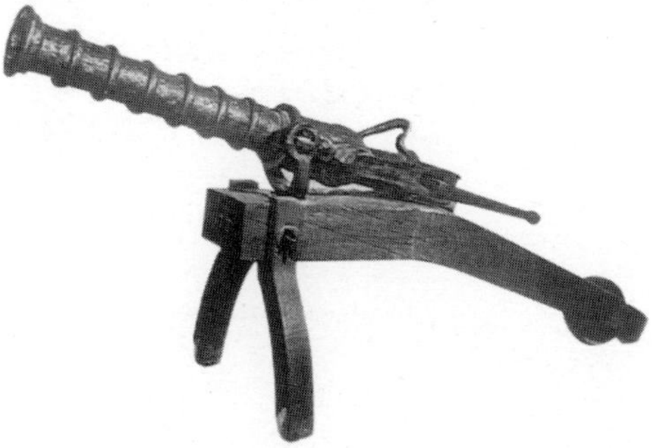

Era difícil llevar un falconete al Nuevo Mundo, pero una vez allí a menudo lo transportaban los aliados indígenas de los conquistadores.

La armadura de un noble. La visión de estos «hombres de hierro» era muy perturbadora para los indígenas.

La lombarda era una pieza de artillería muy imprecisa, pero cuyo estruendo al disparar aterrorizaba a los indios.

Un sirviente de la diosa ciega Fortuna hace girar la Rueda de la Fortuna. En el Renacimiento se creía en la diosa Fortuna tanto como en Nuestra Señora.

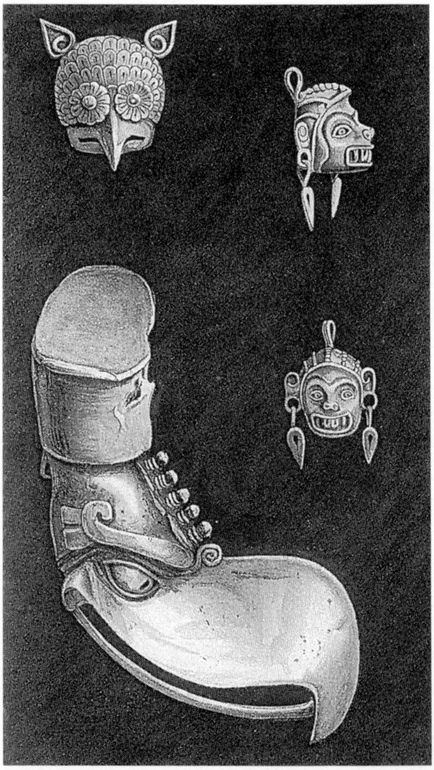

Casi todo el oro que se trajo de Nueva España acabó fundido. Aquí hay algunas piezas encontradas en México en la década de 1930.

Esta página y la siguiente. Christoph Weiditz fue el primer pintor europeo en dibujar a los indígenas del Nuevo Mundo. En esta serie vemos sus posesiones, ropas y los juegos que practicaban.

Auf die Manier gand Indianische
Weiber, Ist nit mer dan aine her
aus kumen

Mit den fingern Rattensy
Wie die Italianen

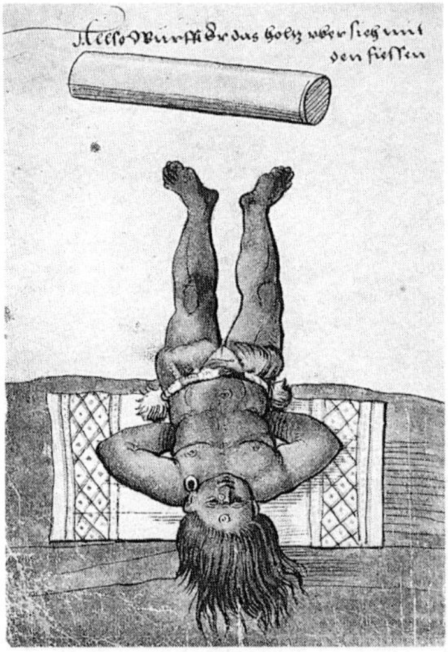
Allso würfft er das holtz uber sich mit
den fiessen

Allso Entpfacht Er Wider das
holtz auff die vies, so ers auff
geworffen hat.

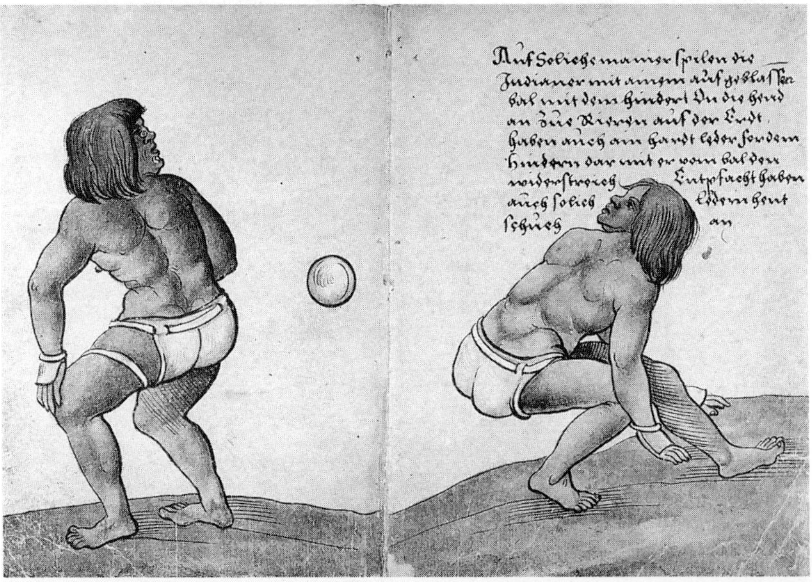
Auf Soliche manier spilen die
Indianer mit ainem auf geblassen
bal mit dem hindert On die hend
an Zue Rieren auf der Erdt
haben auch ain handt leder for dem
hindern dar mit er vom bal den
widerstreich
Entpfacht haben
auch solich
ledern hent
schuech
an

Francisco de los Cobos, el encantador supersecretario que dirigió el Imperio español de 1517 a 1542.

Laurent de Gorrevod (arrodillado), un protegido de la archiduquesa Margarita, obtuvo en 1518 el primer contrato de importancia para transportar esclavos al Nuevo Mundo.

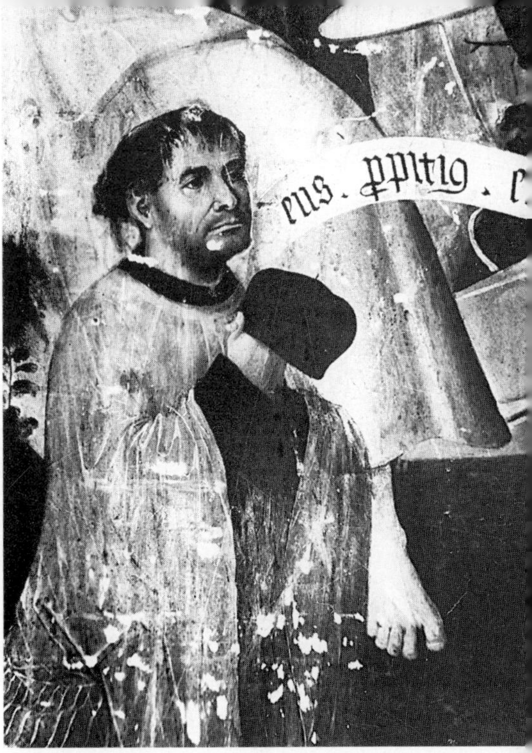

Arriba. «Deciden los funcionarios»: El doctor Sancho de Matienzo organizó el comercio con el Nuevo Mundo, 1503-1520.

Derecha. Bartolomé de Las Casas dedicó su vida a la causa de los indígenas americanos.

La rueda, que aquí vemos en un carro típico de Andalucía en aquella época, fue la contribución más obvia de España al desarrollo de América.

Derecha. El arado mediterráneo era necesario para plantar trigo, el principal cereal europeo.

Abajo a la izquierda. Un caballo del tipo de los que se enviaron a América, montado por un típico caballero.

Abajo a la derecha. La esposa del caballero, cuyas ropas recibieron los beneficios de los tintes del Nuevo Mundo.

Arriba. La guitarra fue la exportación europea más alegre del siglo XVI.

Arriba. Muchos conquistadores españoles tomaron esposa en el Nuevo Mundo.

Derecha. El vino se llevó rápidamente al Nuevo Mundo, donde tuvo gran éxito entre los indígenas.

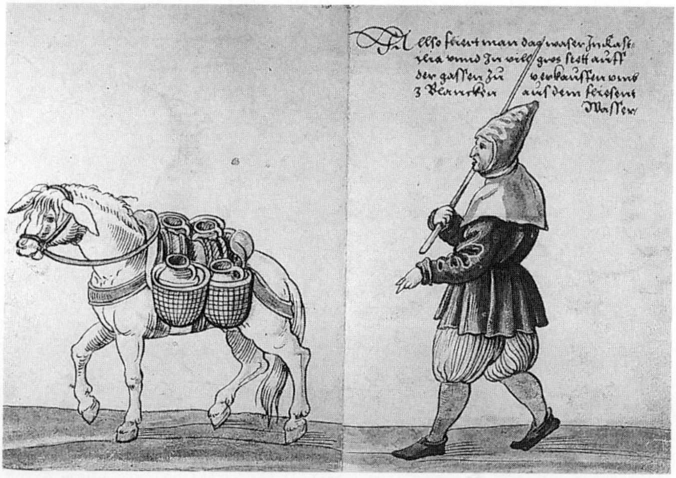

Desde cerca de 1500 se comenzó a llevar esclavos negros al Nuevo Mundo.

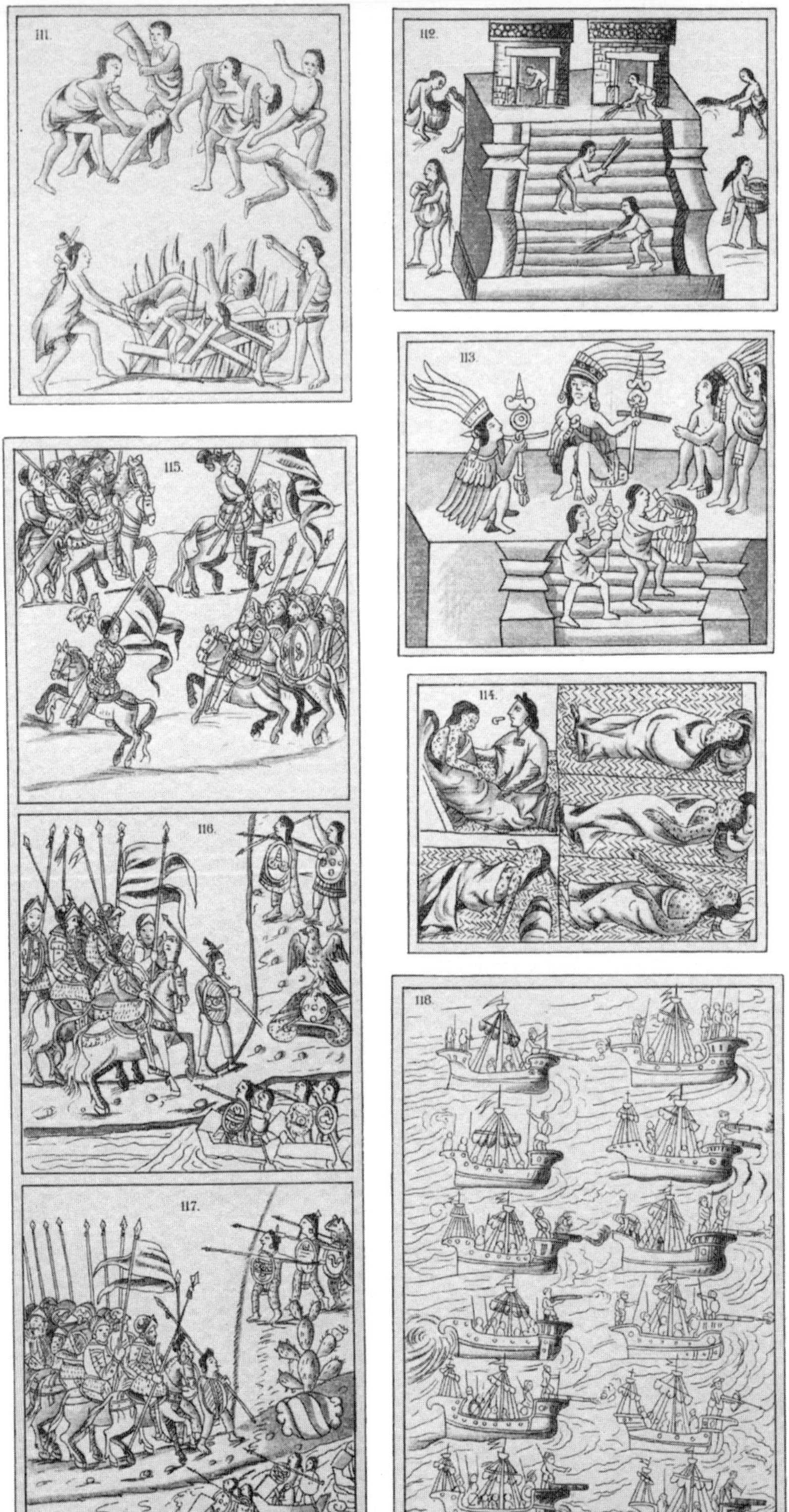

Escenas de la guerra contra los mexicas, reproducidas en el Codex Florentino.

Esta página y la siguiente. Todos los conquistadores ansiaban el oro. Encontraron un poco, sobre todo en lo que ahora es Colombia y Centroamérica.

Un cocodrilo.

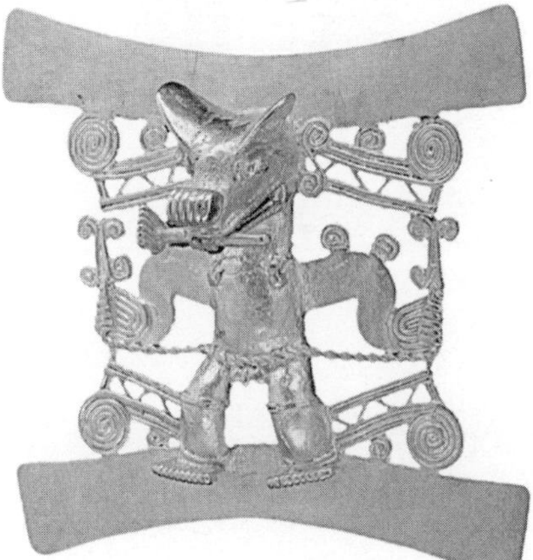

Un hombre con una máscara de jaguar y motivos de cocodrilo.

Un hombre disfrazado de cocodrilo.

Un hechicero con un tambor
y una serpiente.

Gemelos o humanos duplicados.

Un hombre con un
disfraz de águila.

peones. La colonia estaba, por supuesto, al mando de Núñez de Balboa. Parecía un enclave rico. Según el padre Las Casas, hasta 1512, los colonos habían obtenido unos beneficios de unos treinta y seis millones de maravedís, de los cuales siete habían sido enviados al rey, mientras que el viaje de Núñez de Balboa hacia el mar del Sur había reportado no menos de trece millones de maravedís. Oviedo consideraba que Balboa y sus amigos vivían bien y en vías de enriquecerse. Sólo Balboa había ganado cerca de cinco millones de maravedís. También había conseguido que los indios estuviesen razonablemente contentos, aunque no «tan mansos como ovejas», como afirmó posteriormente.

A bordo de la *Santa María*, que se encontraba a tres millas de la costa, Balboa fue informado por un mensajero de la noticia: «Señor, Pedrarias ha llegado esta hora al puerto, que viene por gobernador de esta tierra.» Balboa dijo estar encantado y organizó una recepción para saludar al nuevo gobernador. Ciertamente, él y sus colonos saludaron a Pedrarias con un *Te Deum Laudamus*.[8] Ambos líderes se abrazaron, y luego Pedrarias, su esposa y el obispo Quevedo hicieron la entrada solemne en Santa María. La ciudad debía parecerle muy primitiva a cualquiera que hubiera nacido y crecido en Segovia. Los colonos que vivían allí desde hacía tiempo ofrecieron a los recién llegados sus casas, hasta que los indios les construyesen las necesarias. Pero eso no solucionó el problema del alojamiento, porque construir casas nuevas llevaba tiempo.

Pedrarias se dirigió al cabildo, donde presentó sus credenciales y, tras destituir a los consejeros que dependían de Balboa, nombró otros. Tuvo una larga y afable conversación con Balboa, le pidió que le proporcionase detalles del territorio y le transmitió la gratitud del monarca por todo lo que había hecho. Balboa correspondió el 2 de julio entregándole a Pedrarias un informe completo acerca del oro que había encontrado y los nombres de los caciques a los que había sometido. Luego se inició una residencia acerca de la conducta de Balboa. El licenciado Gaspar de Espinosa, que había acompañado a Pedrarias, actuó como juez responsable. Esto provocó un enfrentamiento entre los amigos de Balboa y los de Fernández de Enciso, a quienes Balboa había expulsado y que ahora habían regresado. Pero Espinosa se negó a que los enemigos de Balboa condicionasen todos sus actos. No tardó en percatarse de que éste era un líder estimable, algo en lo que también reparó el obispo Quevedo. Por su parte, Pedrarias quería enviar a Balboa a España encadenado de manera inmediata, porque lo consideraba muy proclive a la insubordinación. Quevedo logró evitarlo, pero esto le costó ser acusado de tener acuerdos secretos con Balboa. Pero, al poco, Pedrarias quedó incapacitado por una enfermedad, acaso gota, que lo convirtió casi en un inválido permanente.[9]

Según Mártir, en Darién se respiraba una atmósfera de prosperidad: «Todo lo que los españoles plantaban o sembraban en Urabá había crecido extraordinariamente bien. ¿No creéis que es algo que merece la mayor admiración, Santísimo Padre —le escribió al papa—. Han traído de Europa todo tipo de semillas, injertos, caña de azúcar, árboles y plantas jóvenes, además de los pollos y de los cuadrúpedos que he mencionado. ¡Oh, admirable fertilidad! Los pepinos y otros vegetales pueden recogerse al cabo de veinte días de plantarlos. La col, la remolacha, la lechuga, la escarola y otros productos de huerta maduran en sólo diez días, y las calabazas y los melones, veintiocho días después de sembrarlos. Los árboles jóvenes que criamos en nuestros viveros, así como los injertos de árboles similares a los de España, dan fruto con tanta rapidez como en La Española.»[10]

Sin embargo, la situación geográfica era menos favorable. «La rústica población de Antigua, que contaba con unas doscientas casas al estilo indígena, y en las que vivían los españoles de Balboa, difícilmente podría albergar a 1 500 nuevos habitantes. Las enfermedades y el hambre [...] acabaron con la población...», escribió Pascual de Andagoya, que añadió: «El enclave era pequeño pero autosuficiente. Pero no podía absorber nueva población [...] Muchos enfermaban y no era posible curarlos, hasta tal punto que en un solo mes murieron setecientos hombres, de hambre o de modorra.»[11] Ésta fue la primera vez que esa terrible palabra se utilizó en relación a una enfermedad que afectó a los españoles en la primera fase del imperio. Era probablemente una forma de enfermedad del sueño, tal vez el llamado mal de Chaga, una enfermedad transmitida por los insectos.

Otro motivo de preocupación se debió a que las provisiones que los funcionarios de Sevilla habían dispuesto que fuesen vendidas no se habían distribuido.[12] Además, gran parte del tocino y de la cecina, incluso el bizcocho y el pescado salado, se pudrió durante la travesía. Juan de Tavira iba dando salida a las provisiones en pequeñas cantidades, pero algunos de los que las recibían las vendían a inmigrantes más ricos. Este período concluyó tras el incendio del almacén. Los nuevos colonos empezaron a partir de entonces a saquear las casas de los indios, aunque a veces ofrecían prendas de seda a cambio de una hogaza. Más de un sevillano y un burgalés murieron clamando: «¡Dadme pan!» Por si fuera poco, se produjo una invasión de langostas. Y, en definitiva, en la nueva colonia cada día lamentaban más que hubiesen llegado más colonos. La rivalidad entre Pedrarias y Balboa impidió que emergiese un líder capaz de afrontar la catástrofe.

Los «ríos de oro» de la carta de Balboa parecían estar todavía muy lejos. Los nuevos conquistadores, con su falta de experiencia, se atrajeron la hostilidad de los indios, y muchos de estos colonos regresaron a España en cuanto pudieron (el obispo franciscano Juan de Quevedo y el historiador Oviedo estuvieron entre quienes optaron por regresar). Algunos, como Francisco de Montejo, Bernardino Vázquez de Tapia y Bernal Díaz del Castillo, fueron a Cuba y desde allí a México con Cortés.

Entretanto, el rey estudiaba qué tipo de relación convenía que tuviesen Balboa y Pedrarias. Finalmente optó por pedirle a Balboa que colaborase con Pedrarias y lo asesorase. Luego nombró a Balboa adelantado de la mar del Sur y gobernador de Panamá y Coiba. Pero, aunque desempeñase tales funciones, dependería de Pedrarias. Concretamente, el rey insistió en que «en estas regiones debe haber una sola persona y un solo líder».

Pedrarias pensó que su único recurso era enviar a sus jefes militares en todas direcciones. Estas entradas eran incursiones, una infernal caza del hombre en busca de esclavos, según Oviedo, que añadió que no tenía tiempo para explicar todo lo que hacían aquellos conquistadores para aniquilar a los indios. Estas entradas acabaron con las relaciones, razonablemente buenas, que en líneas generales había logrado establecer Balboa. El requerimiento era continuamente invocado y aplicado. Lo leían en español y, por lo general, desde lejos. En cierta ocasión, al explicarle Fernández de Enciso a un cacique de los sinú el significado, el cacique comentó: «Oh, el papa debía de estar borracho», para conceder tierras que ya eran propiedad de otras personas. En otra ocasión, Juan de Ayora, el más cruel de los tenientes de Pedrarias, hizo leer el requerimiento cuando los indios tenían ya la soga al cuello.[13] Estos viajes largamente olvidados por conquistadores no recordados a selvas remotas constituyeron una extraordinaria mezcla de coraje y crueldad. Los nombres de ambos, los españoles y sus descubrimientos de América Central —tribus, personas, lugares— nos superan. Pero eso no debe impedir que reparemos en estos hechos asombrosos y sin precedentes, que presentaron grandes riesgos y cuantiosas pérdidas.

La primera entrada importante fue la que dirigió Luis Carrillo (cuñado del secretario real Lope Conchillos). Como quiera que era un hombre sin experiencia, Pedrarias nombró a Francisco Pizarro su lugarteniente. Partieron al frente de sesenta hombres en dirección sur y establecieron un enclave que llamaron Fonseca Dávila junto al río Ánades. Pero no encontraron apenas oro, que según Balboa abundaba allí; sólo mil pesos, aunque sí capturaron a muchos indios que, de inmediato, esclavizaron. Regresaron a Darién y Pedrarias se enfureció por lo que consideró ineficacia pero, debido al parentesco entre Carrillo y el secretario real Conchillos, no los castigó.[14]

La segunda expedición importante hacia el oeste fue la que dirigió Juan de Ayora, al frente de cuatrocientos hombres. El objetivo era proseguir la obra de Balboa, según Oviedo, buscar la zona más estrecha del istmo y construir fuertes a todo lo ancho. Tanto el gobernador como el obispo les dieron instrucciones concretas de que era esencial ser buenos con los indios.[15]

Ayora dividió su contingente en tres cuerpos: Juan de Zorita iría con un grupo de cincuenta hombres a Pocorisa y Francisco de Dávila con ciento cincuenta al Pacífico. El tercer cuerpo, al mando del propio Ayora, fue a explorar el territorio de los indios cueva. Tras fundar Santa Cruz en Comagrem, a casi 170 kilómetros de Darién, y tras ser bien recibidos por los indios y ganarse su confianza, Ayora y sus hombres atacaron a sus anfitriones para hacerse con esclavos y con todo el oro que pudieron, torturándolos y matándolos con la ayuda de perros.

El jefe de los tubanama logró escapar y contraatacar. En octubre, Ayora volvió a Darién pretextando estar enfermo y dejó al mando, con rango de lugarteniente, a Hernán Pérez de Meneses (que fundó Los Ánades en el golfo de San Blas). Sin embargo, esta nueva población no tardó en ser destruida, y muchos españoles murieron a manos de indios enfurecidos. María de Aguilar, una amante de Ayora que se arriesgó a seguirlo, fue capturada por un cacique que la convirtió en su amante. Pero la desdichada María murió a manos de las otras esposas del cacique. Francisco de Dávila fundó entonces un enclave en Tumaca, quizá en el territorio de la actual Panamá, pero, tras enfermar, abandonó la empresa.

En estos viajes, Juan de Ayora había tratado a los caciques que encontró con tal crueldad que se convirtieron en enemigos implacables, que a veces mataban a los españoles en enfrentamientos directos y otras por medio de trampas. En lugares en los que, en tiempos de Balboa, se había comerciado con relativa normalidad y en los que los caciques se habían mostrado amistosos, ahora hubo que combatir. Después de amasar una gran cantidad de oro mediante este procedimiento, Ayora decidió huir a España mientras, al parecer, Pedrarias miraba para otro lado.[16]

Dos carabelas trajeron más colonos y mensajes de la Corona acerca del nombramiento de Balboa como adelantado. Pedrarias trató de interceptar estos mensajes, en lugar de entregárselos a Balboa, pero Quevedo y Balboa tenían conocimiento del envío y Pedrarias no tuvo más remedio que convocar el consejo local. El obispo Quevedo criticó la deslealtad de Pedrarias con la Corona, pero Diego Márquez y Alonso de la Puente convinieron en que las cartas que incluían los mensajes no debían ser entregadas a Balboa hasta que su residencia hubiese concluido. Al final, le entregaron las misivas ante la insistencia del obispo Quevedo. A partir de entonces, Balboa recibió el tratamiento de adelantado, un título cuya concesión creó grandes problemas. Pedrarias se indignó porque el nombramiento parecía amenazar su posición. Sin embargo, las competencias del cargo de adelantado eran imprecisas. Pedrarias escribió a España quejándose de que Balboa no hubiese explorado la región de la que se le suponía gobernador.

Entretanto, concluyó la residencia contra Balboa. A pesar de su admiración por él, Espinosa encontró pruebas de insubordinación y lo multó con 1 565 000 maravedís, cuyo pago dejó a Balboa sin fondos. Este último escribió desesperadamente al rey, y una de sus cartas, la fechada el 26 de octubre de 1515, se ha conservado. En ella pedía que se abriese una investigación sobre lo que ocurría en Darién, porque, según él, los caciques «estaban como ovejas [pero] se han tornado como leones bravos» y se había prestado un flaco servicio a Dios. En cuanto al gobernador, Balboa decía en su carta que podía ser un hombre honorable pero que era muy «viejo para estas partes y está muy doliente de grand enfermedad, que nunca ha estado un día bueno después que aquí vino». Era, según Balboa, «un hombre muy acelerado en demasía». Nunca castigaba a quienes cometían desmanes en las distintas entradas.

Balboa y Pedrarias se enfrentaron también acerca de un nuevo decreto que permitía la venta en tierra firme de los esclavos capturados en las islas. Balboa protestó pero Pedrarias dijo que, por el momento, «era mejor aceptarlo, porque da a la gente algo que hacer». Andagoya comentó que, por entonces, «nadie estaba interesado en concertar la paz ni en el desarrollo del enclave. Los colonos no se preocupaban más que de buscar oro y esclavos».

Al poco, se llevó a cabo otra entrada por el Pacífico dirigida por Gaspar de Morales, que zarpó en compañía de Pizarro. Frente a la costa tomaron la encantadora isla de Terarequi, de gran riqueza perlífera. Por entonces fue cuando Pizarro oyó hablar por primera vez de un rico territorio situado más al sur, que resultó ser el actual Perú. Esta expedición fue beneficiosa para los españoles. Encontraron una perla extraordinaria que daría en llamarse la Peregrina o la Huérfana, una perla de 31 quilates que Morales le vendió a Pedro del Puerto, un comerciante que, temeroso de seguir conservándola en su poder, se la vendió a Isabel de Bobadilla, quien, a su vez, la vendió posteriormente a la emperatriz Isabel, esposa de Carlos I, por 900 000 maravedís.[17]

Morales se adentró en el territorio de pueblos como los tutibra, los chichama, los garchina y los birú. Él y sus hombres se comportaron con suma crueldad e hicieron muchos esclavos. Los indios trataron de rescatar a sus compañeros y tuvieron lugar encarnizados combates, en el transcurso de los cuales Morales «mató deliberadamente a sus esclavos». Luego volvió a Darién y obtuvo graciosamente el permiso para regresar a España.

Balboa mareó también en una nueva expedición al mágico reino de Dabeiba, en las estribaciones de los Andes, que imaginaba lleno de oro y de palacios. Partió con Luis de Carrillo y unos doscientos hombres. Pero la expedición fue un fracaso y Balboa estuvo a punto de morir al alcanzarlo una flecha en la cabeza mientras Carrillo moría a causa de varias heridas.

En marzo de 1515, Gonzalo de Badajoz partió con un grupo de cuarenta hombres. Se dirigió hacia el oeste y llegó al cabo de Gracias a Dios de Colón, pero no consiguió sobornar ni convencer al cacique para que lo ayudase. Al poco se le unió Luis de Mercado, con otros quince hombres; decidieron cruzar las montañas y volver a tomar posesión del mar meridional. Se dirigieron a Javana, cuyo cacique había huido llevándose consigo todas las riquezas que poseía. Sin embargo, los españoles capturaron a varios esclavos curiosamente marcados. Encontraron bastante oro; visitaron a los caciques Totongo y Tarcuru y al hermano de este último, Panamone, así como a otros llamados Anata, Scoria y Pariza. Este último atacó a los españoles y mató a la mayoría; el resto huyeron dejando allí el oro.[18] Badajoz regresó a Darién. Todas estas expediciones eran intentos mal planificados de lograr riquezas. No les importaban demasiado los descubrimientos, no había en ellos excesivo interés por las almas de los indígenas y reportaron poca gloria para sus comandantes.

Finalmente, Pedrarias se embarcó en su propia expedición. Tras permanecer inactivo desde su llegada, debido a su pertinaz enfermedad, partió con doscientos cincuenta hombres y doce carabelas el 28 de noviembre de 1515. Pusieron rumbo oeste, en dirección al golfo de Urabá

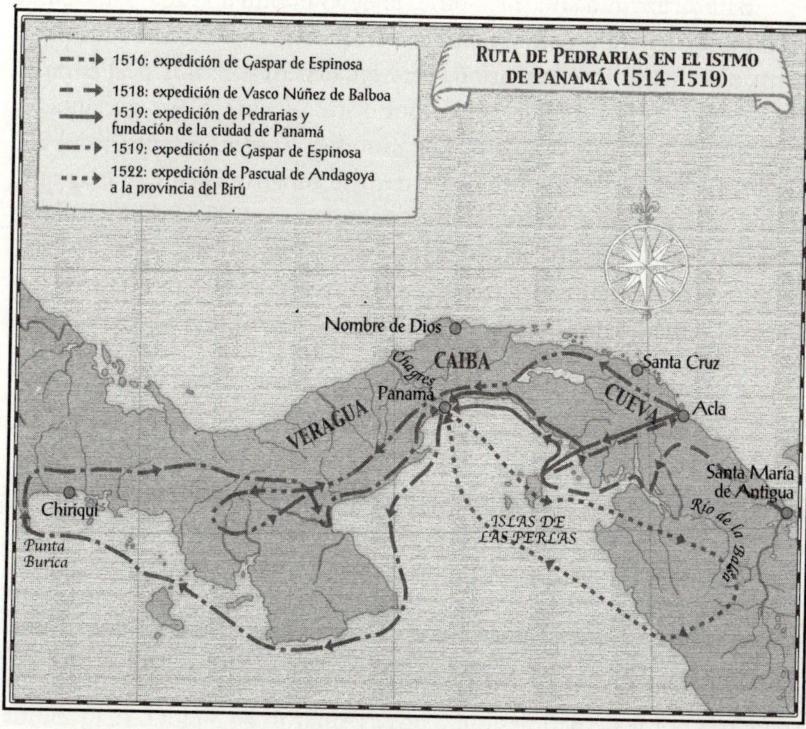

para buscar a Gabriel Becerra, un conquistador que de hecho ya hacía ocho meses que había muerto. La expedición de Pedrarias fue concebida como una expedición de castigo, porque toda la región se había sublevado contra los españoles. Pedrarias y sus hombres desembarcaron en Agua, se adentraron hacia Águila y luego hasta Acla, conocida como «Huesos Humanos», porque había sido escenario de una antigua batalla entre el cacique Cartea y su hermano Chima. Pedrarias ofreció allí un banquete en el que corrió el vino y fundó un puerto que creyó protegido contra la broma. Según él, desde allí se podía ir a pie al Pacífico. Debió de ser un lugar cercano a la actual ciudad de Colón.

Pero Pedrarias contrajo lo que aparentemente era una hepatitis y tuvo que regresar a Antigua. Llegó allí el 26 de enero de 1517, dejando atrás al experimentado Lope de Olano con la orden de construir un puerto y a Espinosa como comandante de la expedición. Según Pedrarias, su entrada fue un éxito: había conseguido un botín de cien mil pesos y dos mil esclavos para venderlos en La Española. Sin embargo, Lope de Olana y los pocos hombres de que disponía no tardaron en morir a manos de los indios, que volvieron a recuperar el control de la zona.

Balboa envió a su amigo Andrés de Garabito a Cuba para reunir más hombres para volver al mar del Sur. Había abandonado toda esperanza de conseguir voluntarios entre los expedicionarios de Pedrarias que respetaban su liderazgo, aunque formalmente fuese adelantado. Entre Cuba y Santo Domingo, Garabito logró reunir sesenta hombres. Llegaron sigilosamente, de noche, pero se toparon con Pedrarias que, enfurecido, mandó arrestar a Balboa y que lo encerrasen en una jaula de madera, en su casa. El obispo Quevedo volvió a intervenir en favor de Balboa y expresó la opinión de que, si se quería seguir adelante, no había más medio que conseguir que hubiese paz en la colonia. Propuso que Balboa se casase con una de las hijas de Pedrarias. La esposa de éste, Isabel de Bobadilla, accedió y, en abril de 1516, Balboa se casó por poderes con María de Peñalosa, que por entonces estaba en un convento de España y del que no salió. Al cabo de unos meses, Balboa, ya en libertad, partió con sesenta hombres para restablecer el enclave de Acla, antes de seguir hacia el mar del Sur.

Espinosa siguió al frente de la expedición de Pedrarias, matando y esclavizando indios a medida que avanzaba. Aún disponía de doscientos soldados de a pie y de diez jinetes. Cruzó la sierra de Careta y llegó a la parte alta del cañón del Bayano, donde mató a muchos indios en venganza por los españoles que éstos asesinaron en Santa Cruz y en los Ánades. Luego se dirigió hacia el río Nata, donde él y sus hombres permanecieron durante cuatro meses, alimentándose del maíz de los indios. Y posteriormente se adentró en territorio pariza, donde tuvo una serie de escaramuzas en las que fue decisivo el terror que los caballos provocaban en los indios. Regresó a lo largo de la península de Azurero y, en abril de 1517, se dirigió a Acla, que por entonces gobernaba Balboa de un modo un tanto precario pero eficaz. Los hombres de Espinosa estuvieron bien en Acla, porque podían comer muy bien «como lo hallamos en Sevilla».[19] En Acla había casas de madera y la pequeña población española estaba bien asentada con peones y criados indios.

En agosto de 1517, Balboa partió hacia el mar del Sur con doscientos españoles, cien esclavos negros, que habían llegado con Pedrarias, y muchos indios. Entre sus hombres se encontraban Andagoya, Hernando de Soto, Diego de la Tobilla, Andrés de Valderrábano, Hernando de Argüello y Pedro de Arbolancha. Los tres últimos invirtieron todos sus ahorros en la fundación, con Balboa, de la Compañía de la Mar del Sur. Pedrarias quiso dirigir esta expedición personalmente, pero lo convencieron para que desistiese, debido a su edad y a la gota que padecía.

Balboa ordenó la construcción de una flotilla para esta expedición. Utilizaron madera del Caribe que se transportó a través del istmo junto a los velámenes, las anclas, las lonas alquitranadas y los aparejos. Explicó que la madera de la costa este era mejor. Fue una operación descomunal. Según cálculos del padre Las Casas, murieron más de quinientos porteadores indios, aunque otros multiplican por cuatro esta cifra.

Acla se había convertido en el cuartel general de Balboa. Los españoles y los indios emprendieron entonces una marcha de casi 120 kilómetros hasta el río de las Balsas (Sabanas), donde, en una extensa franja de terreno llano, construyeron un embarcadero. Pero cuando la preciosa madera del Caribe llegó allí, comprobaron que gran parte de ella había sido carcomida por la broma.

En octubre de 1518, Balboa llegó a la costa del Pacífico y mandó construir otros dos bergantines con los que se dirigió hacia la isla de las Perlas, situada frente a la orilla. Balboa dejó a algunos de sus hombres con órdenes de construir otros dos barcos mientras él se dirigía con un centenar de hombres hacia el golfo de San Miguel, como lo bautizó él. Cuando ya avistaban Puerto de las Piñas, una manada de ballenas les impidió desembarcar. Balboa confiaba en fundar su propia colonia en el Pacífico, en un lugar que hubiese sido mucho más adecuado que el que sería Panamá, y donde podría haberse olvidado de Pedrarias.

Sin embargo, en Darién, se encontró con que se habían producido cambios. Tal como hemos visto, Quevedo y Oviedo habían regresado a España. Ambos denunciaron que Pedrarias toleraba que sus hombres se comportasen con suma crueldad. Su denuncia convenció al rey Fernando de que era preciso sustituir al gobernador. Incluso el obispo Fonseca estuvo de acuerdo: «Ya lo he dicho que será bien que echemos aquel hombre de allí.»[20] La Corona eligió como sustituto a un funcionario respetable, Lope de Sosa, que por entonces era gobernador de Gran Canaria.

Pronto llegó a Darién el rumor de que se proyectaba un cambio. Como consecuencia de ello, Balboa siguió en el Pacífico aguardando a la llegada del nuevo gobernador. Envió una nueva expedición dirigida por sus amigos Garabito, Valderrábano, Luis Botello y Hernán Muñoz para que trajesen más material de Acla y también para que comprobasen si había llegado el nuevo gobernador. Pero Pedrarias temió que Balboa estuviera planeando una sublevación y envió un contingente armado para que apresara a sus hombres. Sin embargo, la versión que le dieron los hombres de Balboa sobre el objeto de su expedición le pareció creíble e inocua, por lo que en principio no adoptó medidas contra ellos. Pero, casi de inmediato, cambió de opinión y, enfurecido por no haber logrado que Balboa regresase, envió a su subordinado Francisco Pizarro para que localizase a Balboa y lo arrestase. La sorpresa de Balboa fue mayúscula: «¿Qué es esto, Francisco Pizarro?, no solíades vos así salirme a rescibir.»[21] Sabedor de quién ejercía la autoridad en última instancia, Pizarro detuvo a Balboa y lo condujo a Acla, mientras que Bartolomé Hurtado fue enviado para ponerse al mando de las tropas que seguían en la costa.

Espinosa decidió entonces procesar a Balboa y a Luis Botello, Valderrábano, Muñoz, Argüello, Garabito y al padre Rodrigo Pérez, acusados todos ellos de traición. Garabito cambió de bando, tal vez porque él y Balboa se disputaban el corazón de la princesa india Anayansi, y escribió a Pedrarias acusando a Balboa de planear una rebelión contra el rey y contra el propio Pedrarias. Balboa fue acusado además de haber planeado la muerte de Diego de Nicuesa en 1509 y de haberse apropiado ilegalmente, en 1510, de los poderes de Fernández de Enciso. La decisión fue inmediata: Balboa y sus amigos serían decapitados en la plaza de Acla. Garabito y Rodrigo Pérez se libraron, este último por su condición de sacerdote.

Pedrarias se acercó a Balboa en el improvisado patítulo y le dijo: «Yo os he tratado como a hijo porque creía que en vos había la fidelidad que al rey y a mí en su nombre debíades pero pues os queríades rebelar contra la Corona de Castilla, no es razón de trataros como a un hijo sino como a un enemigo y por tanto de hoy más no esperéis de mí otras obras, sino las que os digo.»

Balboa replicó: «Todo lo que se ha dicho es una falsedad, porque jamás pensé en una rebelión. De haber sido así, no hubiese yo necesitado acudir a vuestra llamada, porque tenía conmigo a trescientos hombres y cuatro barcos, con los que, sin veros ni oíros, hubiésemos podido hacernos a la mar, porque no es precisamente tierra la que falta por estas latitudes, sean ricas o pobres...»

Pero fue como un diálogo de sordos. El 1 de enero de 1519, Balboa y sus cuatro amigos más allegados (Luis Botello, Valderrábano, Muñoz y Argüello) fueron conducidos a la plaza de Acla. Y tras un redoble de tambor a modo de señal, los tres primeros y Balboa fueron ejecutados. Argüello fue indultado en el último momento. Pedrarias presenció la escena y la cabeza de Balboa permaneció varios días en la plaza.[22]

Desde 1514, Balboa había sido para Pedrarias como una piedra en el zapato y, dada la indomable personalidad de ambos, el desenlace del enfrentamiento probablemente fue inevitable. Balboa pudo haber matado a Pedrarias pero, aunque valiente y hábil, no era un hombre tan cruel como él.

La eliminación de su enemigo dejó a Pedrarias en libertad para emprender sus propias aventuras en el mar del Sur, una región que, al igual que Balboa, consideraba más prometedora. Partió con Espinosa como lugarteniente. Siguió hacia el curso bajo de las Balsas hasta el golfo, llegó al archipiélago de las Perlas y tomó posesión de la isla de las Flores. Espinosa llegó por su cuenta a un punto que creyó la franja «más angosta y estrecha de la tierra de la una mar a la otra». Logró convencer a Pedrarias para que fundase allí un enclave, y el 15 de agosto de 1519, en una solemne ceremonia, fundaron conjuntamente Panamá, en presencia del notario Antón Cuadrado, que dejó constancia de la toma de posesión en nombre de la reina Juana y del joven rey Carlos. Pedrarias concedió los solares de la población a los cuatrocientos españoles presentes, tal como especificaban sus instrucciones de 1513, y empezó a establecer colonos a través de encomiendas que inició el 5 de noviembre de 1519.

La nueva colonia era rica en vegetación, y en sus aguas abundaban los moluscos y los bancos de sardinas, por lo que le pareció más prometedora que Darién. Pese a la confortadora contigüidad del mar, el enclave no era probablemente tan bueno como el que Balboa había elegido, y no está claro por qué Pedrarias lo prefirió; quizá fuese por puro azar.

Nadie sabía cuántos indios había. Fueron muchos los que no pudieron ser reducidos por las armas. Sin embargo, Pedrarias localizó veinticinco cacicazgos, cuyos indios acaso pudiesen ser repartidos. Poco más de cien españoles participaron en el reparto de la tierra, pero la mayoría tuvieron que conformarse con menos de sesenta indios. Quienes más obtuvieron —entre 150 y 300— fueron los amigos del gobernador como Espinosa, Diego Márquez, Alonso de la Puente, Pizarro, Juan de Castañeda y Pascual de Andagoya.[23]

Pedrarias envió a Espinosa hacia el norte con el piloto Juan de Castañeda y descubrieron el golfo de Noya, así como ricos poblados en cuyas tierras abundaban los venados y en los que criaban pavos reales y gansos en jaulas. Fundaron aún otra ciudad con el nombre de Santiago. Pedrarias envió luego otra expedición al mando de Diego de Albítez para refundar Nombre de Dios junto al extremo caribeño del llamado «camino real», lo que va a ser la carretera entre este mar y el Pacífico. Luego volvió a Darién con la intención de desmantelar el enclave por completo. Ahora estaba seguro de que el Pacífico ofrecía mejores oportunidades que el Caribe, pero se encontró con que los vecinos de Darién se oponían rotundamente a un nuevo cambio.

La flota del nuevo gobernador, Lope de Sosa, llegó al puerto. No está claro qué era lo que esperaba que ocurriese el gobernador todavía en funciones, pero eso no importaba porque, en cuanto los barcos entraron en el puerto, Sosa, que había pasado casi toda la travesía enfermo, murió en la medianoche del 7 de mayo de 1520, puede que agravada su enfermedad por otra enfermedad contraída en el viaje. Se ofició un solemne funeral al que asistieron los funcionarios y los franciscanos, en la nueva, pero todavía por terminar, iglesia de Darién. Pedrarias prodigó muchas atenciones al hijo del gobernador, que había acompañado a su padre, y al sobrino del mismo nombre designado para que fuese su lugarteniente, y también al propuesto para alcalde mayor, Juan Rodríguez de Alcarconcillo, que era quien debía instruir la residencia de quien en principio era ex gobernador pese a seguir en el cargo. Dadas las circunstancias era lógico que circulasen acusaciones respecto de que Lope de Sosa había sido asesinado, acaso envenenado por Pedrarias. Pero no hay nada que lo pruebe, y Pedrarias era capaz de cometer actos criminales e incluso de asesinar, pero en esta ocasión probablemente era innecesario.

Meses después, el 20 de julio de 1520, el historiador Gonzalo Fernández de Oviedo, que había estado en España, llegó de nuevo a Darién. Regresó creyendo que Lope de Sosa ya habría tomado posesión del cargo de gobernador y, por tanto, que podría regresar tranquilamente a su casa de Darién. En principio, había pensado viajar con Lope de Sosa, pero pospuso la partida y no zarpó hasta al cabo de un mes. Hizo escala en Santo Domingo, donde se enteró de la muerte del gobernador. Pese a ello, llegó a Darién con su esposa e hijos y fue recibido amistosamente por Pedrarias, a pesar de que éste debía de saber que Oviedo había hecho cuanto había podido en España por desacreditarlo. Tanto es así que Oviedo no tardó en convertirse en el líder de cuantos se oponían al traslado de Darién y, casi a modo de desafío, mandó construir una lujosa mansión que costó alrededor de siete millones de maravedís. Pero Pedrarias persistió en su política y trasladó las sedes del gobierno y del obispado al Pacífico. Oviedo sobrevivió a un intento de asesinato; dedujo que la intentona se debió a que él había leído los documentos sobre el juicio de Balboa, posteriormente desaparecidos. Así las cosas, optó por volver a España, donde, en 1522, consiguió que la Corona promulgase un decreto prohibiendo el cambio de capital. Pero fue demasiado tarde, porque Pedrarias ya había hecho evacuar a la fuerza a la población de Darién y no habían quedado en la capital más que aquellos que no se podían mover y que, poco después, murieron a manos de los indios que incendiaron el poblado. No quedaron más que unos naranjos y unos limoneros como vestigios de aquel primer enclave europeo en el continente americano.

Pedrarias, *furor Domini,* como lo llamaban sus subordinados, quiso seguir siendo gobernador. Su decidida esposa, Isabel de Bobadilla, a quien ni el clima, ni la dieta, ni las enfermedades, ni las incomodidades lograron desanimar, volvió a España para interceder por su esposo. Viajó con su hijo mayor, Diego, y un cofre repleto de perlas y oro. Al llegar, el nuevo rey, Carlos I, se había marchado a Alemania, la sublevación de los comuneros estaba en pleno apogeo y, en septiembre de 1520, logró con bastante facilidad la confirmación que pretendía: la confirmación de Pedrarias como gobernador. No cabe duda de que el inteligente uso del tesoro que trajo en el cofre influyó en su éxito. Una de las perlas que trajo de América la había encontrado Gaspar de Morales y fue posteriormente subastada en Darién por 1 200 castellanos.[24] Uno no puede aplaudir la conducta de Pedrarias, pero su resistencia y su fuerza de voluntad eran admirables.

LIBRO SEXTO

Cisneros

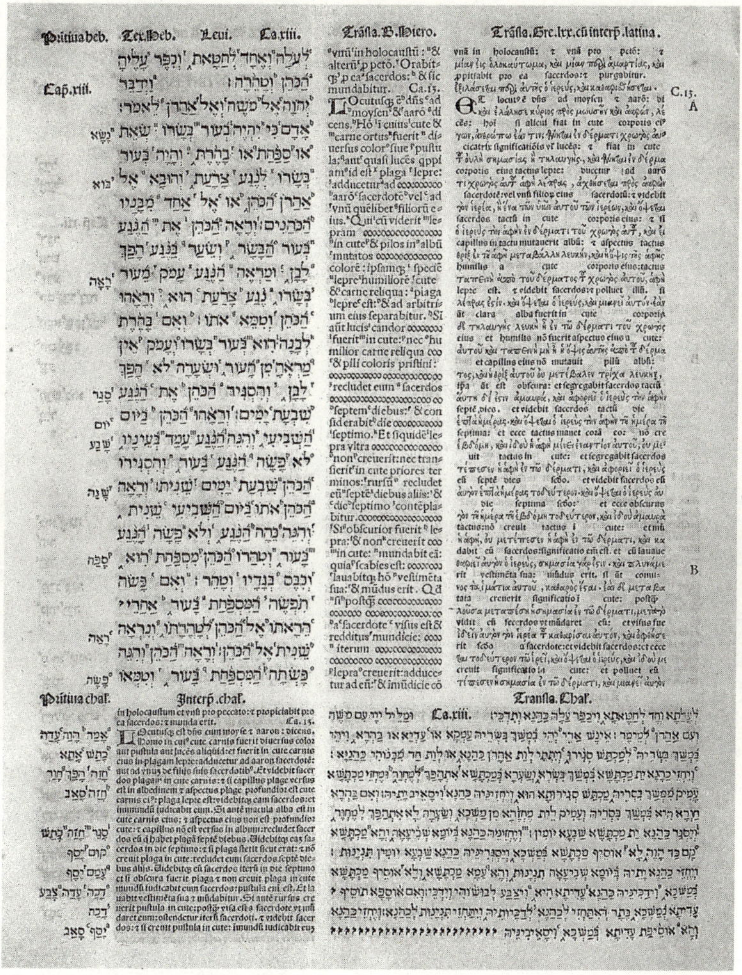
Pritiua heb. Ter. Heb. Leui. Ca. xiii. Trāsla. B. Hiero. Trāsla. Grec. lxx. cū interp. latina.
Pritiua chal. Interp. chal. Ca. xiii. Transla. Chal.

El orgullo del cardenal Cisneros: la Biblia políglota que encargó muestra del texto en siete idiomas.

CAPÍTULO 26

El rey Fernando ha muerto

> «¡El rey don Fernando ha muerto!»: lo proclamaron tres veces. Y los trece caballeros que había en la catedral arrojaron sus estandartes al suelo y gritaron: «¡Larga vida a los reyes católicos, la reina Juana y el rey Carlos!»
>
> Fórmula ritual pronunciada
> en la catedral de Santa Gúdula de Bruselas en 1516

Las primeras semanas de enero de 1516 las pasó el rey Fernando viajando, como era su costumbre. ¡Cuántos caminos había recorrido desde que se había casado con Isabel en 1469! Salvo Asturias, habían visitado los lugares más remotos de sus reinos. En 1516 estuvo en Palencia para asistir a una boda y, desde allí, se dirigió hacia Sevilla. El 2 de enero estuvo en Trujillo, la ciudad de los Pizarro, y el 11 y el 20 del mismo mes en La Abertura y en Madrigalejo, pueblos que apenas figuran en los mapas, antiguos o modernos. La Abertura se alza en lo alto de una loma y por sus inmediaciones discurren plácidos arroyos. De Madrigalejo no podía decirse nada parecido. Es tan pequeño en la actualidad como lo era en tiempos del rey Fernando. Se conserva la casa en la que se alojó el rey, un edificio de una sola planta que el tiempo no parece haber alterado. Puede que a lo lejos el rey Fernando viese el castillo musulmán de Montsánchez. Por las inmediaciones fluye el río Pizarrosa, de suave corriente. El emperador Carlos I, nieto y heredero de Fernando, diría de los féretros de tapa de plomo en los que descansaban sus abuelos, bajo la capilla real de Granada, que parecían «llenar un espacio muy pequeño para una gloria tan grande». Otro tanto hubiese dicho de haber visto la casita de Madrigalejo.

Eran pueblos de Extremadura, la tierra de los conquistadores, de hombres como Núñez de Balboa, y de Hernán Cortés y Francisco Pizarro, que por entonces se habían establecido ya en Cuba y Darién, respectivamente, aunque de los grandes reinos que ambos conquistarían para España aún no tenían ni siquiera noticia de que existiesen.

Fue en Madrigalejo donde la muerte posó su gélida mano sobre aquel rey tan victorioso. Aquellas tierras, cuna de tan grandes conquistadores, parecían adecuadas para que la vida de Fernando llegase a su fin. Pero él no lo hubiese creído así, aunque tampoco lo hubiese lamentado. Fernando no era nada sentimental. Sin embargo, no pudo por menos que recordar que en 1478, en la guerra civil contra la Beltraneja, su esposa Isabel mandó sitiar la población utilizando lombardas y toda la parafernalia que empleaban entonces para sitiar las poblaciones y que, posteriormente, ordenó destruir el castillo.[1]

Lo más importante para él hubiese sido el hecho de que, entre Madrigalejo y Sevilla, se encuentra el valle de la Serena, de donde procedía la mayor parte de la lana fina, de las ovejas merinas, utilizada en la industria textil sevillana. Los rebaños de la Mesta pasaban el invierno allí y la lana era enviada en los meses de abril y mayo. La población de Lora del Río, situada al sur, ya en el valle del Guadalquivir, era un importante mercado con conexiones entre el valle de la Serena y Sevilla, y no cabe duda de que Fernando pensó dirigirse a Sevilla pasando por Lora del Río. En 1516, los principales compradores eran en su mayoría genoveses, como venía siendo habitual desde hacía varios años. Todos los nombres famosos de las familias ricas aparecían en la lista de los comerciantes de lana.[2]

Fernando había unido a Castilla, de la que todavía era regente, y a Aragón, cuya corona ceñía, de una manera que, pese a algunos incidentes separatistas, ha perdurado. También conquistó toda la Navarra que queda al sur de los Pirineos, y también Navarra sigue formando parte de España. Asimismo, gracias al Gran Capitán, Nápoles seguía siendo un virreinato de soberanía española. Estos territorios eran administrados por concejos dependientes del Consejo del Reino de Castilla o del de Aragón, que por entonces nutrían funcionarios con formación universitaria, lo que irritaba a los nobles de estilo tradicional.

Algunos de estos nuevos funcionarios estaban con Fernando en Madrigalejo. Así, por ejemplo, Lorenzo Galíndez de Carvajal, «cronista» y abogado extremeño que tenía fama de ser «el más atinado y sabio político de su tiempo», que posiblemente tenía «la mejor mente jurídica de Castilla y que era hombre honorable, aunque un poco cínico»;[3] el licenciado Luis Zapata («el rey chiquito»), hombre venal y de melifluo lenguaje, y Francisco de Vargas, el tesorero de Castilla, un personaje gris, muy característico del funcionariado de los estados modernos y uno de los más sólidos pilares sobre los que se había erigido el Estado.

Algunos historiadores han subrayado que la solución de los problemas que Fernando heredó respecto a Cataluña —sobre todo las tensiones interclasistas— se apoyó en la revitalización de las instituciones tradicionales. No trató de amalgamar las instituciones de ambos reinos. Como quiera que sólo había pasado cuatro años en Cataluña de los treinta y siete que reinó, delegó en representantes y virreyes en estos dominios.

Evidentemente, Fernando también tuvo, en sus últimos años, responsabilidad respecto del Nuevo Mundo, donde empezaba a fraguarse el Imperio español, aunque todavía no se le daba ese nombre. Aún no existía el Consejo de Indias ni ningún otro organismo formal que gobernase los territorios de ultramar, por lo que Fernando dejó la mayor parte de las decisiones respecto al Nuevo Mundo en manos de Fonseca, que por entonces era obispo de Burgos, y de su amargado secretario, el converso aragonés Lope Conchillos. Todavía no se había integrado en su secretaría para las Indias el astuto Francisco de los Cobos, un hidalgo pobre de Úbeda que, en 1515, ya firmaba documentos reales. En realidad no parece que Fernando tuviese mucha idea de lo que significaban las Indias, aunque las considerase interesantes como posible fuente de aportaciones a sus campañas e intereses mediterráneos.

El único error grave de Fernando fue su descuido de las Indias. Pero no fue el último rey español que prefirió el Mediterráneo al Caribe. Un error aún mayor fue confiar tan implícitamente en el obispo Fonseca, que eligió gente de acuerdo con su buen origen familiar: un Bobadilla, un Ovando, un Ponce de León, un Arias o un Velázquez parecían superiores a alguien sin procedencia conocida: un Colón, un Balboa o un Cortés. Las cuatro grandes islas del Caribe (La Española, Cuba, Jamaica y Puerto Rico) eran, sin embargo, provincias españolas, aunque los gobernadores de las tres últimas dependían del gobernador de La Española, aunque la larga ausencia de Diego Colón, el segundo almirante de la mar Océana, que pasó mucho tiempo en España, pareció provocar un *interregnum* en la primera de estas islas. El castellano Diego Velázquez, el vasco Francisco de Garay (sucesor de Juan Esquivel) y el sevillano Juan Ponce de León gobernaban las otras tres islas. Se inició una investigación de las actividades de los «funcionarios colombinos», de la que se excluyó al propio Diego Colón. En el continente, Pedrarias, el castellano con sangre conversa, el Galán, seguía gobernando en Darién y en Panamá con Núñez de Balboa en un tándem inestable, mientras que el padre dominico Pedro de Córdoba, prior de la misión dominica en el Nuevo Mundo, proyectaba establecer una piadosa colonia cerca de la Costa de las Perlas, en Venezuela. Estas colonias no tardarían en poseer sus propios líderes espirituales. En 1532 fueron designados tres obispos, para Santo Domingo, Concepción de la Vega (también en La Española) y Puerto Rico.

El descenso de la población indígena había empezado a preocupar seriamente a los colonos, al parecer, no tanto por la tragedia que ello implicaba, sino por la escasez de mano de obra que provocaba. Eran frecuentes las expediciones a las Bahamas (las Lucayas y, según Ovando, las «islas inútiles»), a Trinidad, así como a las Pequeñas Antillas y al continente, en busca de esclavos, usualmente financiados por destacadas personalidades de La Española, incluyendo, como hemos visto, a los jueces de la Audiencia.[4] Con todo, el predicador dominico fray Antonio de Montesino y el sacerdote Bartolomé de Las Casas estaban en España para abogar por un nuevo orden en el trato que debía darse a los indios. Es de justicia reconocer que, por aquellos años, el oro obtenido en La Española había empezado a justificar la gran inversión de tiempo y esfuerzo concentrada allí, al margen de que aún nadie sospechase que la inestabilidad de los precios en Castilla tenía que ver con la importación de metales preciosos de las Indias.[5]

El rey agonizaba. ¿Se debía a que la medicina (¿a base de testículos de toro?) que se decía que la reina Germana de Foix le administraba, para estimular su virilidad y permitirle poder darle un heredero varón, dañó su corazón? Esa medicina, en caso de existir, no funcionó (tanto mejor, es inevitable pensar, para la unidad de las Coronas).[6] Es posible que, después de tantos viajes, de tantas guerras, de tantas intrigas y brillantes logros, de tantas noches en incómodos lechos en precarios alojamientos en lugares remotos, Fernando estuviese agotado.

El rey rondaba los sesenta y cinco años, una edad espléndida para morir en la época del Renacimiento. Se confesó por última vez con el fraile Tomás de Matienzo, ex miembro de la docta Comisión de Burgos que entendía en problemas de las Indias. Luego llamó a Galíndez de Carvajal, del Consejo del Reino, al secretario Zapata y al tesorero Vargas. Conjuntamente le aconsejaron modificar su testamento, que había redactado en favor de su segundo nieto, Fernando, a quien conocía bien porque se había criado en España. Los consejeros señalaron que la unidad entre los consejeros del trono y la nobleza sólo se lograría si modificaba el testamento a favor del infante mayor, Carlos de Gante, a quien Fernando no conocía. Y el rey Fernando accedió sin replicar.[7] (Galíndez de Carvajal acababa de ser nombrado «correo mayor» de la Casa de Contratación, un cargo que implicaba supervisar todo el correo transatlántico durante cierto tiempo.)[8] La responsabilidad de estos consejeros para impedir la «sucesión fernandina» era grande, y tal vez se equivocaron. Acaso el infante Fernando habría sido un buen rey que habría permanecido en España y habría dejado Europa y el Sacro Imperio Romano a su hermano Carlos.

El testamento estipulaba que, tras la muerte de Fernando, y hasta que Carlos llegase a España, el cardenal Cisneros desempeñaría de nuevo la regencia de Castilla, y el hijo ilegítimo de Fernando, Alfonso de Aragón, arzobispo de Zaragoza, sería regente de Aragón. Legalmente, Fernando no tenía derecho a dictar tales disposiciones en Castilla, porque no era más que regente, y su hija Juana ya reinaba. Pero el rey Fernando convino en que su hija Juana estaba, cuando menos, medio loca, y que era necesaria una persona que ejerciese una autoridad efectiva.

En una casa rural, sin decoración ni mobiliario, de la pequeña población de Madrigalejo, «en una empobrecida parte de Castilla», el rey le escribió el 22 de enero a su heredero, su nieto el infante Carlos (así era como a los españoles les gustaba llamarlo) en un tono afectuoso desde su lecho de muerte.[9] La carta empezaba en estos términos: «Ha plazido a Dios Nuestro Señor ponernos en tales términos que hacemos de prover más como hombre muerto que vivo.» Fernando se lamentaba de no haber podido conocerlo y de que Carlos no pudiese llegar a España antes de su muerte. También expresaba la esperanza de que Carlos velase por «nuestra muy cara y muy amada mujer», Germana.[10]

El rey se fue apagando y murió poco después de la medianoche del 23 de enero de 1516.[11] De inmediato se envió un mensaje a Carlos, que se hallaba en Flandes. Pero, mucho antes de que recibiese el mensaje, el cardenal Cisneros, sabedor de las instrucciones del rey respecto a la regencia, dejó su palacio de Alcalá de Henares y se dirigió a Guadalupe, adonde llegó el 29 de enero. Una vez allí, los miembros del Consejo del Reino le entregaron el poder, y legalizaron la situación de su nuevo gobierno. Su primera medida fue confinar al infante Fernando, que todavía era un potencial rival de Carlos, en sus aposentos. Y otro tanto hizo con quien durante tanto tiempo fue preceptor de Fernando: Gonzalo Núñez de Guzmán.[12]

Cisneros, con el infante Fernando, la reina Germana («la reina viuda») y varios miembros del Consejo del Reino, como Galíndez de Carvajal, salieron de Guadalupe hacia Madrid, pasando por Puente del Arzobispo, Calera y Talavera. En Madrid se alojaron en casa de Pedro

Lasso de Castilla (situada en la plazuela de San Andrés). Parte de la corte se instaló en el alcázar y parte en los amplios claustros del convento de San Jerónimo.

El 10 de febrero de 1516 llegó la noticia de la muerte del rey Fernando a Malinas, a veinticinco kilómetros al norte de Bruselas, donde el infante Carlos vivía con su tía, la arhiduquesa Margarita, mujer de gran experiencia. El principal consejero de Carlos, Guillermo de Chièvres, señor de Croÿ, convocó a todos los funcionarios españoles que se hallaban en Flandes y les prometió no sólo confirmarlos en sus cargos, sino triplicar sus salarios.[13]

Estos consejeros y sus amigos giraban en torno a la órbita de cuatro personalidades: el propio Carlos, que tenía dieciséis años; Margarita de Austria, su tía, que muchos años atrás estuvo casada con el infante Juan, y Chièvres. Había otra influencia: el erudito y austero Adriano de Utrecht.

El joven heredero había nacido el 25 de febrero de 1500, día de San Mateo, en Gante, corazón del antiguo principado de Borgoña. Se le impuso el nombre de su bisabuelo, el impetuoso último duque de Borgoña.[14] Carlos era un nombre muy poco común en España hasta los tiempos del futuro emperador.[15] Su tocayo el duque ejerció gran influencia sobre él: «Nadie se inspiró tan a conciencia en modelos del pasado, ni expresó tal deseo de imitarlos como Carlos el temerario, su bisabuelo. En su juventud, mandaba a sus secretarios que le leyesen en voz alta las hazañas de Gowain y Lancelot [...]»[16]

Carlos fue bautizado en la maravillosa iglesia de Gante el 7 de marzo de 1500. A la ceremonia no asistió ningún representante de la corte española. El único español que estuvo presente fue Diego Ramírez de Villaescusa, capellán de la infanta Juana y posteriormente obispo de Málaga. Una de sus madrinas fue Margarita de Austria, su tía, que acababa de regresar de España tras la muerte de su esposo, el infante Juan. Dado su linaje, no es sorprendente que, durante los primeros quince años de su vida, Carlos no hubiese deseado más que ser un noble borgoñón.

La corte de Borgoña era compleja, protocolaria y seria, y el recuerdo de Borgoña había inculcado en Carlos serios principios, la necesidad de un porte cortesano, el culto al ambiente que debía rodear a un gran príncipe, la idea caballeresca del honor y de luchar por la fe cristiana, tal como en el código de la orden borgoñona del Toisón de Oro. Borgoña inculcó también en Carlos una noble devoción y el apego a los ideales caballerescos y al riguroso ceremonial cortesano. ¿Eran ideales propios de otros tiempos o eran los propios de un Nuevo Mundo?[17]

Carlos era más aficionado al ejercicio físico que al intelectual, una preferencia que compartían todos sus pajes.[18] Pronto dominó las artes de la caza, de la equitación y de la cetrería. Era capaz de partir la lanza de un adversario sin caer de la silla.

La infancia de Carlos transcurrió básicamente en Malinas en el palacio de su tía Margarita, rebosante de recuerdos saboyardos. Sus primeros años estuvieron marcados por una austeridad rayana en la indigencia. Su educación le fue confiada al piadoso Adrian de Utrecht, de quien, en parte, heredó su devoción. Pero, a partir de 1509, la influencia de Guillermo de Chièvres se acrecentó, y desde 1515 las exigencias del esplendor borgoñón y de la juvenil fantasía ibérica hicieron que su economía estuviese siempre en precario. Era proclive a vestir «con gran boato y ostentación».[19] Su vehemente y caballeresco abuelo, el emperador Maximiliano, estaba orgulloso de él y decía alegrarse de que Carlos estuviese haciendo tales progresos como cazador porque, de no ser así, podría haberse dado en suponer que era un hijo bastardo y no su nieto.[20]

Carlos estaba dotado de buenas cualidades, pero desde muy joven estuvo rodeado de cortesanos voraces, algunos ambiciosos y otros inmorales, de muy cortas miras. Según el veneciano Vicenzo Quirino, Carlos se mostraba «en todos sus actos voluntarioso; su talante era similar al de Carlos el Temerario, a cuya imagen y semejanza «se capta la fuerte tendencia caballeresca».[21] Y añadía: «No tiene valor alguno, y está gobernado por otros.» Otro veneciano, Lorenzo Pasqualino, dijo de él que era «de mediocre estatura, delgado hasta lo imposible, pálido, muy melancólico [...] con la boca siempre [...] abierta.»[22] Juan de Longhi pensaba que Carlos era una enfermiza mezcla de pasividad e impaciencia. Un embajador dijo de él que parecía como si le hubiesen pegado los ojos a un rostro demasiado alargado. Pero en Inglaterra, donde estuvo en 1513, para presentarse como candidato a la mano de la princesa María, impresionó a todos por su desgarbada dignidad. Al final fue encumbrado más y más en esa identidad. Estos comentarios sobre Carlos en su temprana juventud contrastan llamativamene con lo que se dijo sobre él cuando fue más maduro.

El 5 de enero de 1515, cuando sólo contaba quince años, fue declarado mayor de edad y nombrado duque de Borgoña, pues Maximiliano lo consideró ya preparado para ejercer la autoridad. Así cesó la regencia de la archiduquesa Margarita, y la corte cambió. Carlos em-

prendió entonces un viaje de placer por los Países Bajos y se estableció en Bruselas. Desafiado a batirse en duelo ceremonial por Carlos de Lanoy, acusado de que la música que le gustaba era afeminada, eligió combatir con lanza en caballos de gran envergadura y, aunque resultó vencedor, su montura cayó y durante mucho tiempo le quedaron cicatrices de las heridas. Existen varios retratos de Carlos en aquella época de su vida; el mejor es, sin duda, el relieve que Conrad Miet realizó hacia 1517 y que se conserva en Brujas.[23]

La influencia de la tía de Carlos fue importante. Margarita de Austria, nacida el 10 de enero de 1480, fue bautizada, al igual que su sobrino, en Santa Gúdula, y se le impuso el mismo nombre que a su madrina, Margarita de York, última esposa de Carlos, último duque de

Borgoña. En virtud del Tratado de Arras, de diciembre de 1482, concertado entre Francia y los Burgos de Gante, «madame Margarita» se convirtió en «madame la delfina», «novia putativa», por así decirlo, del delfín Carlos, el futuro Carlos VIII de Francia, ocho años mayor que ella. La dote de Margarita fue importante: Artois, el Franco Condado, Maçon, Auxerre-en-Salins, Bar-sur-Seine y Noyon. Margarita fue entonces a Francia y la alta sociedad francesa le dio la bienvenida en Hedins. «La Margarita de las Margaritas» tenía por entonces tres años. Fue prometida a Carlos y permaneció en Francia, en Amboise, hasta 1491, primero como delfina y luego, tras la muerte de Luis XI, como reina, asesorada por la hija del rey, madame de Beaujeu *(«madame ma bonne tante»)*. En aquellos felices tiempos de su infancia tuvo como principal compañero a un papagayo verde, *l'amant vert*. Pero, en 1491, Carlos, joven aún pero ya experimentado, insistió, por razones dinásticas, en casarse con Ana de Bretaña, con objeto de incorporar el ducado bretón a Francia. Margarita abandonó la corte y, tras permanecer cierto tiempo en Melun en semicautividad, llegó a Malinas en junio de 1493.[24]

El siguiente episodio del increíble calvario de aquella princesa tuvo lugar tres años después, el 5 de noviembre de 1496, al casarse con el adorado heredero de los Reyes Católicos, el infante Juan. Tras pasar unos días con su hermano Felipe (que aún no se había casado con su futura cuñada Juana) en la abadía de Middleburgo, Margarita partió hacia España el 22 de enero de 1497, e hizo escala en Southampton a causa de una tormenta. Llegó a Santander y conoció al infante. Regresaron juntos a Burgos donde el matrimonio fue reconfirmado el 3 de abril de 1497, en el convento de la Santísima Trinidad. La luna de miel tuvo lugar en el monasterio antes de la boda. Pedro Mártir escribió: «Verla era como contemplar a la mismísima Venus.» Y añadía: «Inflamado de amor, nuestro príncipe» convenció a sus padres «para que prescindiesen del protocolo para adelantar el anhelado abrazo». Pero el 13 de junio Mártir pensó que el príncipe tenía mala cara. Y el príncipe murió el 4 de octubre. «Allí se enterró la esperanza de toda España», escribió Margarita. Puede que muriese por haber comido una ensalada en mal estado en la feria de Salamanca. Pero en el círculo familiar siempre se dijo que murió a causa de tanto hacer el amor con su esposa.

Margarita estaba encinta a la muerte del infante, pero dio a luz prematuramente a una niña que murió al poco tiempo y, de nuevo, regresó a los Países Bajos.

La joven viuda fue prometida de nuevo, en esta ocasión al duque

Filiberto de Saboya. Nuevamente cruzó Francia hasta Dôle, donde se celebró un matrimonio por poderes, en el que el Gran Bastardo (el autoritario hermano de Filiberto) actuó como poderhabiente del duque. Margarita se dirigió entonces al sur y, en un convento cercano a Ginebra, se casó con Filiberto. Tardó poco en ganarle por la mano al Gran Bastardo, se hizo con el gobierno del ducado y controló la administración desde un castillo de Pont d'Ain.

Pero, ah, también Filiberto murió pronto, tras una cacería de jabalíes, en septiembre de 1504, de un modo similar a como murió Felipe, el esposo de Juana, por beber demasiada agua estando acalorado a causa del ejercicio. Margarita hizo moler sus perlas para elaborar una medicina, pero en vano. Se conformó entonces con encargar un precioso monumento en la iglesia de Brou, cumpliendo así con una promesa hecha por su suegra, Margarita de Borbón. Pero perdió su trabajo de gobernante.

Su hermano Felipe y su padre Maximiliano trataron entonces de convertirla en reina de Inglaterra; incluso se llegó a firmar, en marzo de 1506, un contrato de matrimonio con el futuro rey Enrique VIII. Pero Margarita rechazó prudentemente el compromiso, aunque habría sido muy positivo para Inglaterra que hubiese aceptado. Maximiliano la nombró entonces regente de los Países Bajos y Margarita dejó el ducado de Saboya en octubre de 1506. El 18 de marzo de 1507 fue nombrada formalmente regente *(procureur général)*. Margarita se rodeó de un nutrido grupo de saboyardos para que la asesorasen. Uno de ellos era un incansable trabajador italiano, Mercurino de Gattinara.[29] También por entonces Margarita se convirtió en madre adoptiva del infante Carlos y se estableció en Malinas, en el palacio en el que Margarita de York fue feliz hasta su muerte, en 1504. Además, la archiduquesa se rodeó de poetas, músicos y pintores. Su «biblioteca» se hizo famosa. Jugaba al ajedrez y al backgammon con el conde de Chièvres.

Margarita no tardó en intervenir en la alta diplomacia y la famosa alianza llamada Liga de Cambrai, contra Venecia, fue para ella una gran victoria. Su influencia era antifrancesa, anglófila y un poco agresiva, a diferencia de la de Chièvres, que la sucedería como el principal motor de la política. Se retiró del poder tras cometer la imprudencia de arrestar, en 1513, a Juan Manuel, líder de los cortesanos españoles en Flandes y que era caballero de la Orden del Toisón de Oro, y tuvo que defenderse a sí misma en una reunión del consejo de la citada orden. Pero la ascensión al poder de Francisco I cambió la situación a favor de

Margarita. Su lema era: «Fortuna e Infortunio te hacen fuerte por igual.»

Quien más influencia tenía en Carlos en 1516 era Chièvres, gran canciller de Borgoña. Era un aristócrata culto que había sido embajador en Francia. Fue gobernador de Flandes en 1505, durante la estancia de Felipe en España. A partir de 1509 fue gran chambelán de Carlos V: «La verdad es que, mientras vivió, monsieur de Chièvres me dirigió», dijo en cierta ocasión el propio Carlos. Chièvres dormía en el mismo aposento que Carlos y, por tanto, podía estar pendiente de él día y noche. Posteriormente, Carlos le dijo al eficiente embajador veneciano, Gasparo Contarini, futuro cardenal y ensayista político, que se percató pronto de la valía de Chièvres y que, durante mucho tiempo, subordinó su voluntad a la suya. Sus hermosos, inteligentes y observadores ojos y su educado talante fueron un buen contrapeso para Margarita, aunque pareciese «altanero, ambicioso e inmoral».[25] Cuando, en 1515, el embajador francés Genlis le preguntó por qué hacía trabajar tanto al príncipe, le respondió: «Primo, soy el custodio y el guardián de su juventud. Quiero que, cuando yo muera, actúe con libertad, pero no me gustaría que lo hiciese sin entender de sus propios asuntos y que no se hubiese acostumbrado a trabajar.»[26]

Chièvres fue jefe del gobierno de Flandes desde 1515 hasta 1520. Irreductiblemente francófilo, logró su mayor éxito al propiciar el Tratado de Noyon, firmado el 14 de agosto de 1516, entre Carlos y Francisco I. Este tratado, que sellaba la paz entre Francia, tenía por objeto sustentar una paz eterna entre los dos reyes, y resolver así los problemas de Nápoles y de Navarra. Carlos tenía dieciséis años y prometió casarse con Luisa, hija de Francisco I, que por entonces tenía un año y que aportaría como dote todas las reivindicaciones que Francia tenía sobre Nápoles. Carlos se comprometió a escuchar las quejas de la vieja familia real Navarra, los Albret.[27] Maximiliano se adhirió a este tratado en virtud del Tratado de Bruselas, firmado el 3 de diciembre de 1516.[28]

Otro consejero de Carlos fue Adrian de Utrecht, deán de San Pedro de Lovaina y posteriormente obispo de Utrecht (se llamaba Florencio Adriano Boeyens y nació en Utrecht en 1459; era hijo de un carpintero que trabajaba en la construcción de barcos). Era miembro de la austera orden monástica Brother of the Common Life. Estudió en la Universidad de Lovaina, donde se doctoró en Teología en 1491 y de la que fue nombrado rector en 1497. En 1507 fue designado por Maximiliano preceptor de Carlos. Fue enviado por la archiduquesa Margarita a Aragón en calidad de embajador de Flandes en España, cuando en 1515 Fernando parecía estar dándole vueltas a la idea de nombrar heredero a su otro nieto, el infante Fernando, hermano de Carlos. Adrian ejerció una influencia tranquilizadora en Fernando en 1515: «Prudente piloto de tan gran navío que daba bandazos», lo llamó Pedro Mártir.[29] Cisneros lo nombró «embajador», un papel que él (y Carlos, tras tener conocimiento del testamento de su abuelo) aceptó. Pero fue un consejero tímido, porque no sabía español ni conocía España. Sin embargo, podía comunicarse en latín con aquellos clérigos españoles y otros hombres cultos conocedores de dicha lengua como, por ejemplo, Bartolomé de Las Casas.

El cardenal Cisneros, que por entonces rondaba los ochenta años, recibió una carta de Carlos a finales de febrero (la primera tras la muerte de Fernando)[30] y, el 9 de marzo, envió su primer decreto a las Indias, acerca de los impuestos, firmada por él y el embajador Adriano, en nombre de Juana, sin mención alguna de Carlos. Todo parecía tranquilo. Cisneros asumía el poder de manera efectiva. El 4 de marzo, el Consejo del Reino se dirigió a Carlos en estos términos: «No hay necesidad, en vida de la reina, nuestra señora, su madre, de ser intitular rey, pues lo es; porque aquello sería disminuir el honor y reverencia que se debe por ley divina y humana a la reina nuestra señora, vuestra madre [...] Y porque por el fallecimiento del rey católico, vuestro abuelo, no ha adquirido más derecho del que antes tenía, pues estos reinos no eran suyos.»[31]

Sin embargo, el regente de Aragón, el arzobispo Alonso, envió a su medio sobrino Carlos un mensaje de apoyo, reiterando que a menudo había urgido al difunto rey a que le insistiese para que se trasladase a España. Por otra parte, el 8 de marzo, Alonso Manrique de Lara, obispo de Badajoz y uno de los amigos que Carlos tenía en Flandes, envió una carta a Cisneros acerca de los españoles residentes en Bruselas: «Carlos tenía buenas condiciones, pero apenas sí sabía nada de España e ignoraba por completo su idioma, estando bajo la influencia de los consejeros flamencos, especialmente Chièvres.» El obispo le habló a Cisneros de la codicia de los ministros flamencos. También le comentó que «acá [en Bruselas] ay algunos españoles que a días que vinieron que hablan muy mal de la Ynquisición [...] de manera que començaron a procurar que la Ynquisición se quite». Empiezan a preguntarse si se podría hacer. También denunció el excesivo respeto que se le tenía a Francia, que correspondía a la política de Chièvres, que había dispuesto que Carlos firmase sus cartas a Francisco I como «mi muy caro e muy amado amigo señor».[32] Finalmente, le anunciaba que en breve Carlos sería proclamado rey. Esto debió de sorprender a Cisneros, de quien había sido capellán.

La noche del 13 de marzo de 1516, con la carta de Manrique de Lara estaba siempre en ruta, un cortejo alumbrado por antorchas salió de palacio en Bruselas y se dirigió a la catedral, Santa Gúdula, para celebrar los funerales por Fernando bajo la presidencia del obispo Manrique. El príncipe, con capa de luto, fue a lomos de un mulo. Se ofició una misa de réquiem y el obispo Manrique, que no en vano era sobrino del poeta Jorge Manrique, pronunció un sermón sobre la vanidad de los anhelos humanos. Puede que en su fuero interno evocase el lema de su abuelo Rodrigo: «Nuestra familia no desciende de reyes, pero los reyes descienden de nosotros.» De las paredes de la iglesia colgaban crespones negros y estuvo iluminada por centenares de cirios.

Al día siguiente, 14 de marzo, tuvo lugar otro acto solemne. Trece caballeros españoles salieron en procesión portando los estandartes de los reinos de Fernando; otros tres caballeros portaron el escudo, el casco y la espada, respectivamente, símbolos de la caballería. Con la misma capa de luto del día anterior, Carlos entró el último en la catedral y se sentó en el presbiterio. Ofició la misa cantada el obispo Manrique. El heraldo de la orden del Toisón de Oro se dirigió entonces a los asistentes y desde los escalones del altar exclamó: «¡Rey Fernando!» Y desde las profundidades de la iglesia respondieron: «¡Ha muerto!» La fórmula se repitió tres veces. Luego, los trece caballeros españoles presentes en la catedral dejaron caer los estandartes al suelo y gritaron: «¡Vivan los Reyes Católicos, reina Juana y rey Carlos!» El rey se quitó la capa de luto y, de mano del obispo Manrique, recibió una espada nueva que el soberano alzó ante los presentes, que gritaron: «¡Viva el rey!»[33] En cierto sentido, el acto tuvo algo de *coup d'état*,[34] ya que, como el Consejo del Reino subrayó, según el testamento de Fernando, Carlos debería ser únicamente «gobernador» de España. Este acto de afirmación se organizó, en parte, porque los consejeros flamencos de Carlos pensaron que tal proclamación aumentaría sus probabilidades de suceder a su otro abuelo, Maximiliano, como emperador si era rey y no sólo gobernador de un reino. Para España, no obstante, la ceremonia supuso un paso decisivo hacia el establecimiento de Carlos, y los Habsburgo, en el trono de san Fernando.

La extraordinaria noticia de esta proclamación llegó a Madrid el 21 de marzo, acompañada de órdenes para Cisneros de que él, el cardenal y regente, el Consejo del Reino, los grandes nobles y los representantes de las ciudades proclamasen rey a Carlos de inmediato. Carlos añadía que ésa era «mi determinada voluntad». En la carta llamaba a Cisneros príncipe, un título no utilizado hasta entonces en Castilla, y le confería la autoridad de regente hasta que Carlos llegase.

Esta decisión de Carlos provocó en Castilla una gran irritación entre muchas personalidades que la interpretaron como que el príncipe pretendía despojar a la reina del título que sólo ella poseía. Se produjo un tenso debate en una reunión celebrada en Madrid, a la que asistieron nobles y prelados, un debate que Cisneros cortó en seco afirmando, casi sulfurado, que nunca había oído que existiese la menor intención de hacer nada que no fuese aceptar a Carlos como rey,[35] y convocó a «fernandinistas», como el duque de Alba, el almirante de Castilla, Enrique Enríquez, y el culto marqués de Villena, y les anunció que se proponía proclamar rey a Carlos. Y otro tanto dijo en una reunión del Consejo del Reino que tuvo lugar en la plaza de la Paja, abriendo las ventanas para mostrarles a los nobles su artillería situada en la plaza, y dando lugar así a un famoso mito. Supuestamente, Cisneros habría ordenado a sus hombres que disparasen, a la vez que les decía al duque del infantado y al conde de Benavente: «Con estos poderes que el rey me dio gobierno yo y gobernaré España hasta que el príncipe, nuestro señor, venga a gobernarlos.»[36] Luego dispuso que Carlos fuese proclamado rey en Toledo, donde Pedro López de Ayala, el conde de Fuensalida, publicó una proclama en su favor.

El 31 de marzo, en una reunión celebrada en Madrid, a la que asistieron consejeros, personalidades y cortesanos, se reconoció a Carlos como rey, aunque conjuntamente con Juana, que fue nombrada en primer lugar. Pocos días después, un hermano del conde de Fuensalida, el canónigo Diego López de Ayala, dejó Madrid y se dirigió a Flandes como representante de Cisneros para explicarle lo ocurrido al obispo Manrique. El 3 de abril, Cisneros y Adrian escribieron desde Madrid a todas las autoridades, oficiales y de facto, del país, diciendo que Carlos reinaría como soberano junto a su madre.[37] Poco después, el infante Fernando, que jamás había dado muestras de querer tomar decisiones independientes (era todavía un muchacho de trece años) fue confinado en su mansión. Al poco, Cisneros envió a su amigo Rodrigo Sánchez de Mercado, obispo de Mallorca, a Tordesillas, con plenos poderes para ordenar que se modificase el trato que se daba a la reina Juana. Ya se habían producido en Tordesillas disturbios a causa de la iniquidad de su custodio, mosén Ferrer, a quien el obispo destituyó fulminantemente.

También dispuso que Juana y su hija Catalina tuviesen más fácil acceso a los jardines para tomar el fresco.[38] Las firmes decisiones de Cisneros preservaron España para Carlos. Si no hubiera actuado como lo hizo, podría haber sucedido cualquier cosa.

Con la satisfacción que es de suponer, Carlos aprobó en Bruselas las medidas adoptadas por Cisneros. En parte esto se debió a que todos los cortesanos preferían al cardenal que a lo que consideraban una mafia judía —conversos— en Flandes. Les satisfacía que Cisneros hubiese puesto orden en España, que Adrian colaborase con él en el gobierno y que se hubiese evitado la proclamación del infante Fernando.

Durante los seis meses siguientes, Carlos envió recomendaciones a Cisneros para que concediese altos cargos a personas que eran de su agrado o que hubiesen trabajado con su padre. Pero no hizo nada para trasladarse a España. Gómez de Buitrón reunió una flota. Pero el 10 de octubre Carlos permitió que las naves que la integraban se dispersasen. Sin embargo, no se privó de interferir en las decisiones de gobierno de Cisneros. Así, por ejemplo, irritado por los disturbios provocados por muchos nobles de un extremo a otro de España, Cisneros pensó fundar un cuerpo de «gente de ordenanza», que formase una milicia a la que cada ciudad debería contribuir proporcionalmente a su población. Ávila y Segovia deberían aportar dos mil hombres; Toledo, tres mil, y así sucesivamente. Por este procedimiento se crearía algo parecido a un ejército nacional o, si se prefiere, un cuerpo nacional de policía, de unos treinta mil hombres, en condiciones de intervenir allá donde el cardenal considerase oportuno. Este proyecto se inspiró sin duda en la antigua Santa Hermandad. Puede que resultase adecuado que, en España, fuese un cardenal quien proyectase la formación del primer ejército regular, pero los nobles se opusieron al proyecto e hicieron cuanto pudieron para que Carlos lo vetase en Bruselas.[39] En parte, esto se debió a la influencia del converso burgalés, el obispo Ruiz de la Mota, «el maestre Mota», asistente de Carlos.

De pronto se conoció en relación a las Indias una noticia que cayó como una bomba: el 24 de abril, Cisneros cesó al obispo Fonseca. El cese se debió más al convencimiento del cardenal de que Fonseca era corrupto que a su política en el Nuevo Mundo, pero Las Casas vio esta medida como una vindicación de su propia política y de la de Montesino. Días antes, Cisneros había ordenado a Sancho de Matienzo que le trajese todo el oro y todas las joyas depositados en la Casa de Contratación.

Entretanto, privado de una audiencia real en Sevilla, llegó a la corte de Cisneros en Madrid. Su intención había sido ir a Flandes para informar a los cortesanos del rey Carlos acerca de los sufrimientos de los indios. Pero, antes, hacia el 15 de marzo, le envió una carta al «embajador Adrian» en latín, en la que pintaba un siniestro panorama de los sufrimientos de los indios en Cuba (excesivo trabajo en las minas; criados mal alimentados a los que se hacía dormir en el suelo, desamparo de las mujeres y de los niños, empleo de indios como bestias de carga, quebrantamiento del mandamiento de no trabajar los domingos, trabajos forzados para construir caminos y castigos crueles.[40] Adrian se horrorizó y fue a ver a Cisneros para protestar.

Cisneros ya estaba en parte al corriente de la tragedia y entonces recibió de Las Casas una traducción al español de la carta que le había enviado a Adrian. Las Casas también le escribió al rey Carlos, acerca de «los remedios que parezcan ser necesarios».[41] Su carta incluía doce sugerencias para el bienestar de la población indígena.

Fue el primero de numerosísimos planes sugeridos por Las Casas en aquellos años: reformas cuidadosamente estudiadas, meticulosamente expuestas, asombrosamente optimistas, recibidas por los más grandes hombres y acogidas de buen grado. Pero, en la práctica, surtieron muy poco efecto. Por lo pronto, Las Casas proponía abolir todas las encomiendas y otros tipos de trabajos forzosos. En segundo lugar, proponía que sólo se mantuviesen en vigor aquellas leyes que favoreciesen a los indios. Tercero, todos los gobernadores y funcionarios existentes debían ser sustituidos. Cuarto, los indios debían ser agrupados en poblaciones que contasen con hospital, construido en forma de cruz, con cincuenta camas en cada sección y, en el centro, un altar, de manera que todos pudiesen seguir la misa desde la cama. Si los indios necesitaban animales, los españoles deberían prestarles la mitad de los que tuviesen.[42] Quinto, aunque los indios serían libres, deberían seguir trabajando para los españoles. Pero se les dejaría tiempo para cultivar sus propias tierras. Se establecería un sistema de rotación para trabajar en las ciudades y en las haciendas. Los indios tendrían derecho a las mejores tierras, aunque estuviesen en manos españolas. Sexto, algunos indios tendrían, por supuesto, que trabajar como criados. Séptimo, los españoles que fuesen desposeídos de sus indios serían indemnizados con la compra de su ganado y de productos agrícolas que se pagarían con la primera o la segunda fundición de oro. Octavo, todos los colonos podrían tener sus molinos de azúcar y buscar oro por cuenta propia. El rey concedería licencias para importar esclavos blancos y negros;

y veinte esclavos africanos, o de otras razas, sustituirían a los indios en el trabajo en las minas.[43] El hecho de que los sacerdotes idealistas pretendiesen compensar la escasez de mano de obra india con esclavos negros de África muestra que el Renacimiento se disponía a adoptar patrones de comportamiento clásicos en más de un aspecto.

Las Casas recomendó también la creación de comunidades hispanoindias de trabajadores. Las nuevas ciudades de las Indias serían reforzadas con cuarenta trabajadores de España con sus familias, y se concederían cinco indios a cada una de ellas para trabajar. De los beneficios así obtenidos, una parte se entregaría a la Corona y el resto se repartiría entre el colono y sus indios. Con el tiempo, tendrían lugar matrimonios mixtos entre españoles e indias y, por tanto, se crearía una «república» homogénea, que sería la más pacífica y cristiana del mundo, «porque los hijos de una raza se casarían con las hijas de otra raza». Este fomento del mestizaje era muy loable, aunque como tantos otros aspectos del programa de Las Casas, fuese utópico. El sacerdote opinaba que había muchos españoles pobres que estarían encantados de empezar una nueva vida en las Indias: «De tal manera la tierra rendirá, la población se multiplicará, porque plantarán todo tipo de árboles y verduras. Los ingresos de Vuestra Majestad aumentarán, las islas se ennoblecerán, se convertirán, por tanto, en las mejores y más ricas del mundo...»

Entretanto, las naves que se dirigiesen a las Bahamas serían controladas por el rey, y en cada una de ellas irían a bordo un dominico y un franciscano, y decidirían qué islas eran habitables y cuáles no para los castellanos. Si resultaban ser inhabitables, se construiría una «casa del rey» en tales islas para su evangelización.

En cada isla debería haber un eclesiástico para proteger a los indios y castigar a los colonos que los maltratasen. Los indios no deberían ser castigados del mismo modo que los españoles por las malas acciones que cometiesen. Todos los sacerdotes serían adecuadamente instruidos en todos los aspectos que afectasen a los indios. Por otro lado, los indios no deberían trasladarse de una isla a otra. Se establecería allí la Inquisición, «porque ya se han descubierto dos herejes que han sido quemados». En otro orden de cosas, «los libros sobre cuestiones indias del doctor Palacios Rubios y del maestro Matías de Paz, ex profesor de Valladolid», serían impresos y enviados a las Indias «para que los españoles que viven allí comprendan que los indios son hombres, que son libres y que deben ser tratados como tales».

Finalmente, un supervisor velaría por el cumplimiento de todo lo dispuesto. Los sacerdotes instruirían a los indios en la religión; los bachilleres (en humanidades) enseñarían; los médicos, cirujanos y boticarios serían reclutados para servirlos, y acudirían abogados para representar a los indios en asuntos jurídicos, los mineros, pescadores, porquerizos y barqueros se responsabilizarían de sus cometidos. Se enseñaría a los indios a sentarse en bancos y a comer en mesas. No deberían dormir en el suelo. Deberían portar sus hamacas adondequiera que fuesen. Dos o tres animales de carga «se tendrían siempre a mano, listos para transportar indios enfermos [a los hospitales] cuando fuese necesario». Los setenta y cuatro funcionarios necesarios para aplicar el programa costarían cerca de tres millones de maravedís al año, a los que habría que sumar el coste de los animales.[44]

Esta notable carta puede compararse a la famosa «minuta» del historiador del siglo XIX en Inglaterra Thomas Macaulay sobre la educación en la India. Macaulay quería que los indios llegaran a convertirse en ingleses de clase alta. Las Casas quería que sus indios se convirtiesen en respetables católicos. La carta fue sometida a una junta constituida por los habituales consejeros en asuntos indios: el primo del rey Hernando de Vega; el secretario, Zapata; el eficiente Galíndez de Carvajal; probablemente el provincial de los dominicos Pedro de Córdoba; el abogado Palacios Rubios, que había redactado el requerimiento, y el obispo de Ávila, Francisco Ruiz *el Abulense,* que era el consejero de Cisneros en asuntos indios y que, como se recordará, estuvo una breve temporada en La Española con Bobadilla. Se tuvieron en cuenta todo tipo de criterios, desde los expresados por colonos que querían tratar a los indios como animales de carga, sin instruirlos en nada, a la idea imperialista de que tenía razón Aristóteles al afirmar que había leyes que proclamaban que los blancos eran superiores a los negros y a los de tez oscura. Finalmente, el enfoque humanista radical, expuesto por Montesino en 1511 y por el propio Las Casas en 1516, fue también debatido.

El debate fue largo. Uno de los documentos que estudió la junta —a finales de mayo— fue una memoria de Gil González Dávila, contador de La Española, que urgía a la construcción de dos molinos de azúcar y un aserradero a orillas del río Nicao, así como a que se plantase algodón y caña de azúcar. El cultivo del trigo y el vino se fomentaría también, para evitar el coste de las importaciones. Dávila propuso además que se fomentase la inmigración de buenos andaluces como colonos pagándoles el pasaje. Se les concederían tierras para que cultivasen trigo. También propuso que se realizase una fundición cada dos meses durante dos o tres días, no sólo una vez al año. Incluso pensaba que la posición de los indios huidos sería más fácil si se declaraba la esclavitud universal de éstos.[45]

Esta memoria condujo a otra, redactada por Las Casas,[46] que se basaba en las estipulaciones, que por entonces parecían olvidadas, del testamento de Isabel a favor de los indios. El documento sostenía que Fernando, «que Dios le dé buen paradiso», expresó el deseo de que los encomenderos tratasen con benevolencia a los indios. Las Casas pedía asimismo que se cumpliesen las Leyes de Burgos y afirmaba que sería beneficioso que se repusiese en sus cargos a los funcionarios de Diego Colón en La Española, a la vez que denunciaba a los protegidos de Fonseca. Montesino y un fraile dominico, Domingo de Betanzos, escribieron a la corte el 4 de junio de 1516 recomendando que se prestase atención a la memoria de Las Casas y repudiando el argumento de que los indios «no eran apropiados para el matrimonio ni para la fe», un argumento de los cristianos que se debía únicamente a que muchos colonos sólo querían a los indios para que extrajesen oro.[47]

Cisneros le pidió a Francisco Ruiz *el Abulense* su opinión acerca de si Las Casas estaba en lo cierto. Y Ruiz escribió una memoria sobre la cuestión en la que sostenía que debía privarse de los indios a los absentistas. Al igual que Las Casas y, ciertamente, también al igual que Dávila, convenía en que debían enviar a las islas mano de obra castellana. Ruiz opinaba también que la recién fundada Santa Marta, en la actual Colombia, debía convertirse en el principal puerto de las Indias. Pero añadía: «Los indios son maliciosos y capaces de concebir medios para perjudicar a los cristianos, pero no son capaces de un razonamiento natural, ni tampoco de abrazar la fe, ni tienen otras virtudes necesarias para la conversión y la salvación [...] Necesitan, al igual que los caballos o los animales de carga, ser dirigidos y gobernados por Cristo.»[48]

Este intolerante criterio se vio reforzado por la llegada a Castilla de Pánfilo de Narváez y de Antón Velázquez, procuradores procedentes de Cuba. El primero, tal como hemos visto, había sido lugarteniente de Diego Velázquez en la conquista de la isla y de Esquivel en Jamaica; el segundo era uno de los muchos primos del gobernador. Ambos acusaron a Las Casas de ser «hombre insustancial, de escasa autoridad y sin ningún crédito, que habla de lo que no sabe ni ha visto, por razones que son en sí mismas contradictorias».[49] Pero Cisneros los cortó en seco de inmediato. A sus ojos, la reputación de Las Casas había salido fortalecida. Cisneros y Las Casas formaban una curiosa combinación: el austero cardenal y el siempre sincero agitador.

CAPÍTULO 27

Volved allí y ved qué ocurre

> Cisneros preguntó: «¿De quién nos hemos de fiar? Allá vais, [y] mirad por todo.»
>
> Cisneros al padre Las Casas, 1517

A finales de junio de 1516, el cardenal Cisneros, sumido en una serie de consejos contradictorios acerca de lo que procedía hacer en las Indias, tomó una importante decisión. Había buscado, sin éxito, entre los funcionarios de la Corona, un hombre que verdaderamente pretendiese implantar la justicia en las Indias. De manera que decidió pedir a determinados priores de los más importantes monasterios de la Orden de los Jerónimos que gobernasen las Indias.[1] En una carta dirigida a Carlos explicándole una decisión tan insólita, condenó las nuevas canonjías de las Indias (por ejemplo, las concedidas al cortesano Hernando de Vega). Señaló que los naborías eran hombres libres, no esclavos, y que debían ser tratados como tales. Consideraba que el rey no debía tener indios ni haciendas. Denunció a los viejos cortesanos y servidores de los Reyes Católicos (una obvia alusión a Fonseca y a Conchillos, aunque sin citarlos), que, en su opinión, se habían corrompido a causa de la concesión de demasiados privilegios. Se refirió a la visita que Las Casas le hizo al rey en su lecho de muerte, que «sed per eventum mortis», como murió, no hubo nada que hacer.

Es probable que esta carta estuviese muy influida por Las Casas, cuya energía, persistencia y capacidad de persuasión pesaban cada día más. La idea de pedir a priores de los jerónimos que formasen gobierno en La Española fue, sin embargo, del propio Cisneros. Las Casas había recomendado a fray Reginaldo de Montesino, dominico y hermano del padre Antonio. Pero Cisneros no quiso encomendar la misión a los dominicos ni a los franciscanos, con objeto de «evitar lo que podía en disfavor de la una o de la otra sentirse o decirse». Los jerónimos tenían varias ventajas. Por lo pronto, tenían reputación de buenos administradores; y, en segundo lugar, su reciente estatuto sobre la pureza de la sangre significaba que no habría entre ellos conversos, o pocos, lo cual era importante para el austero Cisneros. Finalmente, los conflictos entre modernizadores y reaccionarios que afectaban a las dos órdenes mendicantes no existían entre los jerónimos. La orden carecía de experiencia en el Nuevo Mundo, lo cual le parecía a Cisneros una ventaja.

Cisneros envió un emisario, Dignidad de Tesorero de Baza, para hablar con el general de la Orden de los Jerónimos, fray Pedro de Mora, que estaba en el convento de San Bartolomé de Lupiana, en Guadalajara. Le dijo que el cardenal opinaba que hasta entonces ninguna de las personalidades enviadas a las Indias había estado libre de codicia, como era bien sabido.

A finales de julio, Cisneros, el cardenal Adrian (por entonces obispo de Tolosa e inapropiadamente inquisidor de Aragón y el obispo Ruiz de Ávila, hablaron con los priores Gonzalo de Frías (prior de Santa María de Armedilla, situado entre Cuéllar y Peñafiel), Santa Cruz (prior de Nuestra Señora de la Sisla, cerca de Toledo); y el prior de San Leonardo, cerca de Alba de Tormes. Cisneros les dijo que los indios tenían almas racionales pero que su atraso cultural obligaba a España a convertirlos y a civilizarlos, pero no sometiéndolos a esclavitud, sino a un moderado nivel de servicio. Cisneros pidió a sus amigos que le proporcionasen dos o tres nombres capaces de gobernar y, al mismo tiempo, convertir a los indios. Y otro tanto le pidió al prior del monasterio de los jerónimos de Madrid.[2]

La corte se reunió con estos priores en su convento de San Jerónimo, en Madrid. La corte (incluso Fonseca) ocupó la parte baja del coro, junto a la sacristía, donde se situaron los priores de Sisla, Armedilla, Madrid, San Leonardo y otros conventos. Varios de los priores acogieron con entusiasmo las ideas de Cisneros, entre ellos fray Cristóbal de Frías, el principal teólogo de la orden. Tras una breve deliberación se nombraron tres priores, «para la reforma de las Indias»: Luis de Figueroa, prior de La Mejorada, Olmedo, el favorito de Fernando e Isabel, natural de Sevilla, el prior de San Jerónimo de Buenaventura de Sevilla, y Bernardino de Manzanedo, prior de Monte Clara, un monje feo pero virtuoso y de buen corazón, un joven equilibrado, todavía robusto.[3]

En el monasterio madrileño emprendió Las Casas su famosa guerra de cifras propagandística. Insistió en que Bartolomé Colón había dicho que, en 1492, había 1,1 millones de indios en La Española y que ahora sólo quedaban 12 000.[4] Todas las estadísticas de Las Casas son exageradas: éstas más que ningunas.

Cisneros le pidió a Palacios Rubios que lo ayudase a trazar un plan para el buen gobierno de las Indias y él consultó al padre Las Casas, que redactó un proyecto en colaboración con fray Montesino. Este proyecto, muy similar al que Las Casas había propuesto, fue aceptado sin más que algunos cambios secundarios.[5]

A principios de agosto de 1516, los priores-gobernadores recibieron instrucciones. Por lo pronto, deberían «pensar y mirar lo que más conviene para el servicio de Dios e instrucción de los indios en nuestra fe, para el bien dellos, e de los pobladores de las dichas islas, e aquello que os paresciere que se debe proveer, proveedlo».[6] El bien de los indios debía anteponerse al de los colonos. Además, en toda causa que se les siguiese a los cristianos por malos tratos a los indios podrían éstos comparecer como testigos. Los dominicos y los franciscanos que estuviesen en las Indias deberían actuar de intérpretes. Los principales colonos y algunos caciques deberían ser convocados, y los derechos de los indios preservados. Por ejemplo, el derecho a la vida, a no ser maltratados, a la seguridad personal, a la dignidad, a la cultura, aunque, por supuesto, no a su religión. Los indios tendrían asimismo el derecho de reunión, entre sí o con otros, «vivir, estar y conversar los unos con los otros; el derecho de ser oídos por su régimen jurídico». Se crearía así una «república de Indios» que vivirían en comunidades libres y habría también una «república de españoles».[7] Uno no podría, en esas circunstancias, esperar un plan más humano.

El 8 de agosto de 1516, Cisneros escribió a Sancho de Matienzo, de la Casa de Contratación de Sevilla, pidiéndole «un buen navío y bien seguro [...] que puede pasar a su plazer a la isla española [...] ciertos religiosos de la horden de San Jerónimo». Estos extraños nombramientos suscitaron protestas. Antón Velázquez y Gil González Dávila aguardaron a los frailes frente a los aposentos de Las Casas y gritaron que él era su «enemigo capital [...] hombre perverso y malo». Los frailes fueron entonces a alojarse al hospital de Santa Catalina de los Donados, donde varios hombres que habían regresado de las Indias trataron de convencerlos para que adoptasen la postura de los colonos respecto a las Indias, y no la de Las Casas.

Los frailes volvieron a sus monasterios para despedirse, pero el prior de San Jerónimo Buenavista, situado a las afueras de Sevilla, decidió no seguir adelante con el plan. Alonso de Santo Domingo, prior de

San Juan de Ortega, cerca de Burgos, que en 1504 llevó a cabo una enérgica reforma del monasterio de Uclés, se ofreció entonces a ocupar su lugar. Pero, en 1516, era ya un hombre frágil y de edad avanzada. También se incorporó fray Juan de Salvatierra, de edad similar. Fray Luis de Figueroa, de la Mejorada, sería el superior de la misión. Palacios Rubios habló con estos priores y le sorprendió comprobar que fray Luis parecía haber sido captado por los amigos del tesorero de Santo Domingo, Pasamonte; se mostraba hostil a los indios. Palacios fue a ver a Cisneros para expresarle la opinión de que los nombramientos eran inadecuados. Pero, por entonces, Cisneros estaba aquejado de colitis, y Palacios Rubios, de gota. Lo trágico fue que, ya antes de partir, los «comisarios jerónimos» habían empezado a rebelarse contra los deseos de Cisneros. No obstante, como sucede tan a menudo en política, el cardenal comprendió que era demasiado tarde para volverse atrás. Las Casas fue a ver a Cisneros y le expresó sus dudas y las de Palacios Rubios. Cisneros exclamó sorprendido: «¿De quién nos hemos de fiar? Allá vais, mirad por todo.»[8] El padre Las Casas perseveró en su optimismo y se dispuso a partir para aplicar sus propias instrucciones.[9]

Cisneros también nombró a Alonso de Zuazo, discípulo de Palacios Rubios y joven e inteligente abogado segoviano que había estudiado en el colegio del cardenal en Valladolid. Sería el juez que entendiese en la residencia de los Magistrados de la Audiencia de La Española, y en las que se les siguiesen a otros funcionarios. Debería actuar bajo la dirección de «los piadosos padres». Las instrucciones para los priores las firmaron Cisneros y Adrian el 18 de septiembre. Contenían la orden explícita de ser benévolos con los indios: «Sepades que porque hemos sido informados de los muchos agravios e sinrazones que los indios desas islas an rescibdo y resciben de los cristianos [...] e de los clamores que de parte de los dichos indios se an dado e dan diziendo que por muchas maneras an sido y son presos [...].» Cisneros quería que los indios fuesen adecuadamente adoctrinados en nuestra fe cristiana y viviesen como hombres sensatos.[10] Los priores tenían la facultad de cesar a los funcionarios y de nombrar sustitutos provisionales. No deberían actuar como gobernadores ni jueces, sino como «altos comisionados para la protección de los indios». Los priores deberían sentirse tan libres para actuar en La Española[11] como en Cuba, Jamaica, Puerto Rico y «tierra firme» (Panamá/Darién). Por lo tanto, en teoría tenían más responsabilidad en las Indias que la que había tenido Diego Colón, ya que su autoridad no abarcó nunca el territorio de Pedrarias en el istmo.

En octubre de 1516 llegaron a Sevilla los priores jerónimos. Mostraron su satisfacción respecto a la Casa de Contratación, pero recelosos de Las Casas, que, posteriormente, explicaría que su deseo había sido viajar a las Indias en el mismo barco que los priores para informarlos con detalle de lo que ocurría. Pero los priores pusieron objeciones, diciendo que la presencia del sacerdote perturbaría su estado de ánimo. Permanecieron en Sevilla más de lo previsto hasta que, en contra de las explícitas instrucciones del cardenal, embarcaron en una nave en la que viajaban catorce o quince esclavos confiados al capitán por sus amos.[12] La nave en cuestión era la *San Juan*, propiedad de Diego Rodríguez y de Luis Fernández de Alfaro, a quien ya nos hemos referido. Permanecieron once días en Sanlúcar de Barrameda y, finalmente, el 11 de noviembre de 1516 partieron hacia el Nuevo Mundo. Las Casas embarcó en la *Trinidad*, con cuatro criados y su biblioteca. Estaba previsto que esta nave hiciese escala en San Juan de Puerto Rico, para depositar un cargamento. Entre los otros pasajeros se encontraban dos extremeños de Medellín, Ruy Díaz de Mendoza y Gonzalo de Sandoval, un joven que representaría un papel importante en la conquista de México.

El copropietario de la *San Juan*, Luis Fernández de Alfaro, había sido capitán de barco y comerciante. La escalada de este capitán sevillano hasta alcanzar cargos importantes es muy representativa de esta primera generación de colonos en el Nuevo Mundo. Era con casi toda seguridad un converso.[13] Primero lo encontramos en los archivos como patrón de la *San Juan* que, en 1504, se dirigió a Santo Domingo, gracias a un préstamo de 32 000 maravedís que le concedió el banquero, converso también, Pedro de Jerez.[14] El 29 de agosto de 1506, Hernán Cortés pagó a Alfaro once ducados (4 125 maravedís) para que lo llevase a las Indias, y es evidente que Cortés y Alfaro siguieron colaborando.[15] De aquel mismo año data una referencia a Francisco de Morales que, al igual que Cortés, iría a Cuba después de 1511, según la cual pagó 12 000 maravedís a Alfaro para que los llevase, a él, a su esposa y a su hija, así como una «caja de mercancías» a Santo Domingo.[16] En 1506 una tal Constanza Fernández le vendió a este comerciante «una esclava negra natural de Guinea» por 8 500 maravedís.[17] Asimismo, consta que uno o dos años después, Alfaro viajó al Nuevo Mundo como patrón y propietario de barcos que, en ocasiones, regresaron con oro para el rey.[18]

En la siguiente aparición de Alfaro en los archivos de Sevilla, que data del año siguiente, lo encontramos convertido en comerciante, y

Francisco de Lizaur, el secretario de Ovando, y el licenciado Alonso de Maldonado, el juez, ambos de Santo Domingo, se comprometieron a pagarle a Alfaro, el «comerciante», sesenta pesos de oro que Lizaur le debía por un contrato público que no se especifica.[19] En 1507, un famoso capitán, el sevillano Ambrosio Sánchez, convino con Alfaro transportar «todas las mercancías que quisiera vender en La Española».[20] En 1512 consta también la constitución de «una sociedad mercantil formada por él, Gaspar de Villadiego y Fernando de Carrión», con un capital de 3 700 pesos de oro que sería administrado por el citado sacerdote. En 1513 encontramos a Alfaro convertido en banquero y agente de cambio de moneda, en proveedor de la flota de Pedrarias con destino a Darién, para la que proporcionó una gran cantidad de tejido de lino para hacer fundas de almohadas, cojines y sábanas, y también telas para velámenes, así como los barriles necesarios para el agua de la flota. La sociedad mercantil citada más arriba cesó en sus actividades en 1517 y Alfaro recibió más de 600 000 maravedís de beneficio.[21] Por entonces, Alfaro era copropietario de la *San Juan*, junto a Diego Rodríguez Pepino. Y volveremos a encontrarlo vinculado a actividades con Cortés, México y su conquista, tras convertirse en socio del platero Juan de Córdoba.

Poco después de la partida de Bartolomé de Las Casas y de los priores, llegó a la corte una carta firmada por fray Pedro de Córdoba, dirigida a Las Casas, en la que expresaba la opinión de que la Corona debía conceder a las órdenes religiosas (dominicos y franciscanos) cien leguas de la costa americana, en la zona de Cumaná. Si no podían concederle cien, Las Casas debería pedir diez o, por lo menos, una isla. Córdoba añadía que, si estas peticiones no eran atendidas, haría regresar a todos los dominicos del Nuevo Mundo, porque parecía inútil predicar «cuando todos esos indios ven a quienes se llaman cristianos actuar en contra de los ideales cristianos». Lo que los dominicos deseaban era tener la responsabilidad administrativa sobre grandes franjas de territorio. Fray Pedro no se dejó abatir por las muertes de su tocayo y del hermano laico Garcés. Su experiencia le demostraba que el error cometido consistía en tener una representación tan escasa en la costa de América del Sur. Pero Fonseca, que leyó la carta, en ausencia de Las Casas, dijo que no era posible conceder cien leguas de costa salvaje a unos monjes sin proveer lo necesario para su defensa. Estaba en contra de toda concesión pero, al final, Córdoba no llegó a retirar a los dominicos.

En La Española persistía el interregno, con Diego Colón en España, y su esposa, María de Toledo, manteniendo un remedo de corte tropical en Santo Domingo. El tesorero Pasamonte y los jueces eran los auténticos gobernadores, que aguardaban la llegada de los priores, a quienes esperaban poder convencer para que se sumasen a su punto de vista acerca de la naturaleza de la mano de obra india, de los esclavos y de las minas. Probablemente habían recibido noticias de España acerca de cuál sería la actitud que posiblemente adoptase fray Luis de Figueroa. Las expediciones para hacerse con esclavos proseguían. En 1516 se enviaron ocho expediciones a la costa norte de Sudamérica, sólo desde San Juan. Una de ellas, organizada por Antón Cansino, otro capitán de Palos, fue denunciada por los dominicos por incumplimiento de la prohibición de capturar esclavos en la zona de las misiones. La Audiencia ordenó al juez recién nombrado, el gobernador de San Juan, Sancho Velázquez (otro miembro de la ubicua familia que estaba siempre en altos cargos de la administración española), que dejase a los esclavos retenidos hasta que el caso se solucionase. Pero Cansino le regaló al juez Vázquez de Ayllón perlas por valor de cincuenta pesos (22 500 maravedís), y el juez permitió que los esclavos fuesen vendidos. Aquel mismo otoño de 1516, una expedición similar, dirigida por dos capitanes de San Juan de Puerto Rico, Juan Gil y Antonio Catalán, cometieron tales barbaridades contra los indios que incluso la dura Audiencia de Santo Domingo los condenó. Gil fue mandado a prisión y murió en la cárcel.[22]

La costa del territorio de Pedrarias y el situado al norte del mismo, en Centroamérica, se habían convertido también en base de incursiones para conseguir esclavos en Cuba. En 1516, por ejemplo, una expedición de dos naves se dirigió desde Santiago de Cuba a Guanaxa (Guabo). Uno de los barcos apresó a numerosos indios y regresó tras hacer escala en La Habana. Pero en la isla de Santa Catalina algunos de los indios capturados se rebelaron y mataron a los tripulantes españoles, salvo a dos, a los que obligaron a volver a Guabo. Diego Velázquez envió entonces una expedición de castigo. Tuvo lugar una encarnizada batalla en la que los españoles derrotaron a los indios y regresaron a Cuba con cuatrocientos esclavos.[23] Pronto la búsqueda de esclavos en el continente para aportar fuerza de trabajo a las islas se convirtió en uno de los motores de la expansión.

En el verano de 1516, las autoridades de La Española alentaron el envío de una flotilla a la isla conocida como Trinidad desde que Colón la visitó en 1498. El propósito era buscar caribes para capturarlos y esclavizarlos. Fue, como era habitual en las expediciones españolas, una empresa mixta: funcionarios de la Corona (incluyendo jueces) y empresarios independientes. Algunos de estos últimos (Becerra, Bardeci y Bastidas) habían querido controlar la expedición, ofreciendo traer esclavos a buen precio, descartando a los viejos y a los niños. Pero los jueces desecharon la oferta, porque querían participación en los beneficios.[24] El capitán de la expedición fue Juan Bono de Quejo, veterano del Caribe y sevillano, aunque donostiarra de nacimiento. Participó en el cuarto viaje de Colón y en el de Ponce de León a Florida, y tenía amigos poderosos en España. La flotilla que mandó constaba de tres naves, y entre sus capitanes se encontraba un sobrino de Diego Velázquez de Cuéllar, Juan de Grijalva. Al llegar a Trinidad, los españoles fueron bien recibidos por los indios, pero los expedicionarios apresaron a un centenar de indígenas y los enviaron a La Española. Su llegada provocó una inmediata protesta, no sólo por parte de los dominicos, sino también por parte de los constructores de naves que habían sido excluidos de la expedición. Los dominicos exigieron la devolución de los indios, pero los indígenas fueron declarados caribes (caníbales) y por tanto, su captura se consideró legítima.

Bono regresó a San Juan de Puerto Rico con las otras dos naves en diciembre de 1516 con un cargamento de ciento ochenta esclavos. Su llegada coincidió con la de los tres priores jerónimos, que habían tenido una tranquila travesía. Se esperaba que la *San Juan* fuese directamente a Santo Domingo pero hizo escala en Puerto Rico para hacer algunas reparaciones. Las Casas se unió a ellos con la *Trinidad.* En la playa de San Juan vio a los 180 indios de Bono, esposados, por supuesto, y muchos de ellos heridos. Bono le dio la bienvenida a Las Casas, a quien conocía desde hacía años y, tras ofrecerle una cena, fue directo al grano: «A la mí fe, padre, porque así me lo dieron por destrucción, conviene a saber, que si no los pudiese captivar por paz, que los captivase por guerra».[25] La referencia a la destrucción es un retruécano que alude a la «instrucción» que había recibido hacía poco de los jueces, sus socios. Las Casas se enfureció porque los priores no parecían interesados en Bono, a quien él personalmente detestaba: «Juan Bono, malo», solía comentar.

Los priores llegaron a Santo Domingo el 20 de diciembre y se instalaron en el convento de los franciscanos y, posteriormente, en un edificio que era propiedad de la Casa de Contratación. Convocaron a los tres jueces (Vázquez de Ayllón, Villalobos y Ortiz de Matienzo); al tesorero Miguel de Pasamonte; al factor Juan de Ampiés, un aragonés amigo de Conchillos; a los alcaldes Diego de Alvarado, secretario de Colón, y Cristóbal de Santa Clara, así como a los regidores Francisco de Tapia y Antón Serrano. Las Casas llegó desde San Juan unas semanas después.

Como es natural, los priores querían informarse acerca de la situación local. Descubrieron que, por ejemplo, no todas las ciudades de Ovando subsistían. Verapaz, Salvatierra, Villanueva y Lares habían desaparecido. En 1516 la población era de unos cuatro mil españoles, unos seis mil menos que en tiempos de Ovando, porque muchos se habían trasladado a Cuba en busca de mejor suerte. Aparte de Santo Domingo, las ciudades que subsistían parecían ser meros campos de trabajo para la explotación de las minas.[26] Pero la mayor catástrofe fue el desplome de la población india. Según Las Casas, la población india en edad de trabajar era de 60 000 personas en 1509 y, según Diego Colón, esta población había descendido a 40 000 en 1510. Pedro Mártir reiteró lo anticipado por Las Casas, o sea que Bartolomé Colón había estimado que, en 1496, vivían 1 200 000 indios en La Española.[27]

Estas cifras son meras estimaciones, sobre todo las más elevadas, pero de lo que no cabe duda es de que se produjo un desastroso descenso de la población. Gil González Dávila había venido diciendo en Castilla que este descenso se debía al constante movimiento de los indios de un lugar a otro. Otros opinan que «el excelente pero delicado equilibrio ecológico se rompió». La población indígena había seguido alimentándose a base de pan de mandioca, pero la pesca y la caza les fueron prohibidas.

Los priores hicieron cuanto pudieron. Como en tantos otros aspectos, Las Casas había sido demasiado pesimista acerca de los prejuicios de los nuevos gobernantes. Procuraron distanciarse de colonos y funcionarios tales como Pasamonte. Trataron de acabar con los abusos, siguiendo las directrices de Cisneros. Concedieron la libertad a los indios que pertenecían a amos absentistas como, por ejemplo, Fonseca y Conchillos.

Los priores se desplazaron hasta las minas de oro del centro de la isla. Trataron de fomentar la inmigración, confiando en que llegasen más españoles con semillas y ganado. Procuraron que los indios supervivientes dejasen las minas y volviesen a instalarse en poblados de cuatrocientos o quinientos habitantes, con iglesia y hospital, en los que había tierras comunales y donde pagarían un impuesto único a modo de tributo. Los priores pensaban que no había que seguir pidiendo a los indios que buscasen oro, sino que cultivasen la tierra (cultivos españoles, porque pocos colonos castellanos se interesaban por los productos americanos, ni siquiera el maíz). Hasta entonces sólo había pequeñas plantaciones de caña de azúcar, pero el éxito de las cosechas en las islas Canarias animó a fomentarlas también en las Indias. En 1515 había más de treinta molinos de azúcar en Canarias. Pronto se construirían también en el Caribe, con capital genovés representando el mismo papel que representó en Tenerife y en Gran Canaria.

Los priores chocaron de inmediato con la realidad de América: la escasez de mano de obra, la resistencia de los indios a ser «asimilados», la escasez de alimentos y bebidas castellanas, el sofocante calor, la sensación de lejanía, la obtusa ignorancia de los colonos y la engañosa belleza del paisaje. La llegada desde Trinidad de los esclavos de Bono estuvo acompañada de peticiones de los colonos, apoyadas por los franciscanos e incluso por algunos dominicos, para que se les proporcionase artillería y pólvora para defenderse de los caníbales. Por otro lado, los priores creían que tales cosas eran incompatibles con una «pacífica evangelización». Condenaban las incursiones para conseguir esclavos e hicieron pública su condena.

Al ser preguntados los marinos y otras personas que habían estado en la Costa de las Perlas, afirmaron que los indios traídos desde allí eran caribes y que les fueron entregados a los españoles por los caciques locales. Pero los jerónimos no acabaron de creérselo y se propusieron prohibir todo comercio con la Costa de las Perlas. Sin embargo, se vieron obligados a flexibilizar su postura y a nombrar a Juan de Ampiés como responsable para la costa; una curiosa decisión, porque el tal Ampiés había estado muy vinculado a la trata de esclavos indios. Los priores autorizaron el envío de dos naves, una de ellas propiedad de Diego Caballero de la Rosa, un poderoso comerciante y contable de Santo Domingo (hijo de un converso, Juan Caballero, que fue reconciliado en un auto de fe que tuvo lugar en Sevilla en 1488). Las naves iban al mando de los capitanes Juan Ruano y Juan Fernández. La expedición secuestró entre 150 y 200 indios y, al regreso, dijeron como de costumbre que eran caribes, aunque los priores insistieron en que eran naborías. Los esclavos en cuestión le fueron entregados a Ampiés.

Los priores llevaron a cabo una investigación acerca del funcionamiento de la colonia. En abril se plantearon siete preguntas a los doce habitantes más antiguos.[28] La tercera pregunta planteaba si el testigo creía «que esos indios tienen características que obliguen a concederles la libertad. ¿Serían capaces de vivir en las mismas circunstancias sociales que los españoles?». ¿Podía esperarse de ellos que, un día, fuesen capaces de subsistir por su propio esfuerzo, explotando las minas, cultivando la tierra o realizando un trabajo diario? ¿Sabían y les importaba lo que pudieran conseguir mediante tal trabajo, gastando el dinero sólo en lo imprescindible, como si fuesen jornaleros castellanos?

El alcalde mayor de Écija, Marcos de Aguilar, un sobreviviente de los días de Diego Colón, opinaba que el contacto continuo con los cristianos podía resultar en que los indios aprendiesen lo bastante para poder dejarlos vivir a su aire. Pero Juan Mosquera, un encomendero que había recibido 257 indios en el repartimiento llevado a cabo en Alburquerque en 1513, consideraba que los indios eran tan proclives a los vicios que ni siquiera querían ver a los españoles y, a menudo, huían al verlos. Jerónimo de Agüero, un regidor que era un decidido valedor de la familia Colón (pues no en vano fue ayo de Diego y de Fernando Colón cuando éstos, eran jóvenes), y que era amo de unos ochenta indios, decía que los indios que él conocía sólo podían ser inducidos a trabajar mediante grandes recompensas. No tenían sentido del valor de las cosas, tanto es así que cualquier indio podía cambiar su mejor camisa por unas tijeras o un espejo. Antonio Serrano, que había estado hacía poco en España como procurador, opinaba que la falta de codicia de los indios imposibilitaría que pudiesen vivir en sociedad, a menos que fuesen supervisados por los españoles. Por su parte, Juan de Ampiés opinaba que, si se pegaba a los indios o se les cortaban las orejas no serían despreciados por sus amigos. Pero Pedro Romero, otro regidor que había tenido una esposa india durante catorce años, consideraba que había que conceder la libertad a aquellos indios que lo pidiesen. El tesorero Pasamonte, por su parte, decía que nunca había que conceder a los indios plena libertad para que no trabasen amistad con los esclavos negros.

El extremeño Gonzalo de Ocampo, que había intimado con Las Casas, era de la opinión de que los indios debían tener cierta capacidad para subsistir porque cultivaban los campos, construían viviendas y confeccionaban prendas de vestir antes de la llegada de los españoles. El juez Vázquez de Ayllón pensaba que era mejor que los indios fuesen «hombres siervos» que «bestias libres». El extremeño Diego de Alvarado, tío de los famosos hermanos Alvarado que tanto se distinguieron en la conquista de México, consideraba que, si se los dejaba a su aire, los indios dejarían de trabajar y no harían más que beber, bailar e intrigar.

Juan Mosquera contaba una triste historia: cuando era gobernador, Ovando puso en libertad a dos caciques indios, a quienes impuso los nombres de Alonso de Cáceres y Pedro Colón. Aprendieron pronto a leer y a escribir porque vivían con españoles desde hacía años. Ovando los ayudó, pero, según Mosquera, durante el período de 1508 a 1514 no cultivaron la tierra ni criaron cerdos, ni tampoco eran capaces de proveerse de vestidos ni alimentos. De manera que en el repartimiento de Alburquerque se revocó su libertad. Aquel primer experimento terminó «en la pobreza y sin honor».

En otra investigación, testigos tales como Francisco de Monroy, los comerciantes Jacome de Castellón, Juan Fernández de las Varas, Antonio de Villasante y Gonzalo de Guzmán ilustraron bien cómo era la vida en La Española. Guzmán describió la caza de esclavos en Venezuela, en la que participó, y Francisco de Monroy, miembro de una familia extremeña, contó que en 1516 un tal Pedro de Herrera lanzó el peligroso grito: «Viva el infante don Fernando...»[29]

Mientras concluía la investigación llegaron más hombres a La Española. El primero fue el juez Zuazo, que en abril de 1517 arribó en una nave junto a catorce criados, un mulo y costoso equipaje. De inmediato inició el procedimiento de residencia de los jueces de la Audiencia que, sin embargo, lograron salir con bien de las denuncias gracias a la experiencia de su consejero jurídico, Cristóbal Lebrón.

Casi por las mismas fechas, catorce franciscanos de muy distintos orígenes, procedentes de la reformada regla de Picardía y encabezados por el venerable hermano francés fray Remigio de Faulx, se unieron al grupo de religiosos de los monasterios de Santo Domingo y Concepción de la Vega. Según Las Casas, tenían aspecto de senadores romanos. Procedían de distintos grupos franciscanos. Uno de ellos, Ricardo Gani de Manupresa, era inglés; Guillermo Herbert era normando, y el provincial Tomás Infante era, según Las Casas, hermano ilegítimo de María de Lorena, reina de Escocia.[30]

Los priores estaban llegando a una interesante conclusión, que acaso estuviese influida por Las Casas, aunque no consta. Le escribieron a Cisneros diciéndole que, tras seis meses en la isla, y después de haber comprobado la escasez de mano de obra y el duro clima que exigía de los indios un esfuerzo superior al normal, sería necesario contar con esclavos africanos (*bozales*, que era el término que se empleaba para designar a los esclavos comprados en África, para diferenciarlos de los criados en Europa), «porque por experiencia, se ve el gran provecho dellos». Sugerían que la Corona concediese una licencia que reconociese que «desde esta isla sería fácil viajar directamente a las islas de Cabo Verde o a la tierra de Guinea y concertarse con una tercera persona para exportar esclavos de allí». Pero esta petición contradecía las expectativas de los cortesanos flamencos de Carlos, que eran conscientes de que la trata de esclavos podía beneficiar a intermediarios. Además, iba en contra del espíritu de varios tratados, en el sentido de que todo comercio con Guinea era monopolio de los portugueses. Pese a todo, la petición tenía gran interés. Como quiera que, en 1510, el rey Fernando había autorizado a introducir doscientos esclavos en las Américas, todos los años se había enviado un pequeño grupo de esclavos negros. Habían formado parte de varias expediciones. Velázquez tuvo varios esclavos africanos con él en 1511 durante su ocupación de Cuba. Y, tal como hemos visto, Vasco Núñez de Balboa, tuvo con él al esclavo negro Nuflo de Olano, cuando descubrió el Pacífico, y numerosos esclavos negros trabajaron para él en 1517 en la construcción de embarcaciones.[31] Pedrarias tuvo esclavos africanos al encontrar a un grupo de otros esclavos que, pocos años antes, habían escapado tras un naufragio en las inmediaciones.[32]

De modo que no cabía sorprenderse de que, en mayo de 1517, se concediese en España una licencia a Jorge de Portugal, hijo de Álvaro de Portugal, el exiliado príncipe que había sido miembro del Consejo del Reino en tiempos de la reina Isabel. La licencia autorizaba la exportación de cuatrocientos esclavos negros directamente a las Indias, quizá comprados en Lisboa o Sevilla. La operación estaría libre de impuestos.[33] El número de esclavos fue posteriormente limitado a doscientos.[34] Pero Jorge de Portugal apenas le sacó partido a la licencia; no parece que enviase más allá de un puñado de esclavos. Era comandante del castillo que la Inquisición tenía en Triana, y estaba muy absorbido por la política sevillana.[35]

Los priores procedían con tal lentitud en todo lo que hacían que Las Casas volvió a quejarse. Como quiera que sus cartas fuesen interceptadas, se obsesionó con la idea de que los priores buscaban una excusa para encarcelarlo, y se refugió en el monasterio de los dominicos. Les dijo a los priores que iba a volver a España, pero fray Luis de Figueroa le aconsejó: «No vayáis porque es una candela que todo lo encenderá.» El juez Zuazo le dijo que los priores debían dejar partir a Las Casas si éste así lo deseaba, y el propio Las Casas repuso, un tanto alegremente, que debía volver a España por cuestiones personales.[36] El 3 de junio de 1517 regresó efectivamente a la Península, llevando consigo varias cartas: una larga misiva del juez Zuazo; una carta fechada el 27 de mayo de fray Bernardo de Santo Domingo, escrita en latín y firmada por los dominicos reformados y por los nuevos monjes franciscanos de Picardía, y otra fechada el 28 de mayo, escrita por fray Pedro de Córdoba. Esta última trataba del modo en que la población se había desplomado a causa de las brutalidades de los conquistadores, y decía que la única manera de solucionar los problemas era permitir que los indígenas viviesen en libertad.

El 15 de junio de 1517, Zuazo, en la documentación de la residencia que se les siguió a los jueces, reveló los detalles de las incursiones que, para la captura de indios, hacían las flotas, y mostró la activa participación de los jueces, especialmente la de Vázquez de Ayllón.[37] El testimonio de otros veintisiete testigos nos aporta un panorama completo de la incipiente sociedad colonial española. Los priores estaban tan perplejos que no sabían qué hacer. A la postre, fray Bernardino de Manzanedo decidió regresar con Las Casas, con objeto de decirle a Cisneros que él y sus hermanos se veían incapaces de llevar adelante su misión. Su experiencia del mundo era insuficiente para gobernar a colonos tropicales. Manzanedo vio a Cisneros, habló con él en estos términos, luego le entregó su carta a Conchillos y se retiró con gran alivio a su convento de Santa Marta, cerca de Zamora. En esta carta se mostraba pesimista. En ella expresaba la opinión de que los indios carecían de capacidad para comportarse como castellanos, pero que dejar que viviesen como antes conduciría a que reincidiesen en sus antiguas religiones y ceremonias. Sin embargo, mantenerlos en encomiendas resultaría en su exterminio. Cabía la posibilidad de posponer el desastre evitando los constantes cambios de amo. Era mejor que las encomiendas se concretasen en acuerdos permanentes (y heredables) y, por tanto, ningún encomendero debería tener más de ochenta indios.

Pensaba que tarde o temprano la población indígena se extinguiría, y que esto sólo se podría compensar introduciendo esclavos negros de África o naborías de otras islas.

Las Casas vio también a Cisneros, en Aranda de Duero, en julio de 1517. Era obvio que el cardenal estaba desanimado; además, estaba enfermo. El padre Las Casas decidió que hablar más con él no iba a aportar ningún beneficio[38] y prudentemente pensó que aguardaría hasta ver si el rey Carlos iba a España o no. Si no iba, él estaba dispuesto a ir a Flandes. Reginaldo de Montesino, hermano del elocuente fray Antonio, dijo que, si decidía ir, lo acompañaría.[39] Pero Carlos se proponía ya realizar su primera visita a España en septiembre.[40]

Cisneros estaba modificando su política con respecto a los indios. Sus nuevas ideas las expresó en una carta del 28 de julio de 1517,[41] en la que animaba a los obispos de las Antillas a residir en sus diócesis; al nombramiento de jueces para que instruyesen residencias en Puerto Rico, Jamaica y Cuba (los priores podrían nombrar a quienes quisieran, sin que Zuazo tuviese derecho al veto); al nombramiento de los cargos de factor y tesorero para Cuba; al nombramiento de inspectores en todos los barcos buscadores de perlas, con objeto de evitar abusos; la autorización a los comerciantes para comprar esclavos en la Costa de las Perlas y a venderlos en las islas (siempre y cuando los indios esclavizados fuesen bien tratados); al envío de jornaleros de Andalucía como resultado de los anuncios que los pregoneros hiciesen en las ciudades; al reconocimiento de la legalidad de la trata de esclavos de las Bahamas; a una amonestación a los dominicos por condenar las encomiendas; al envío a Castilla de Las Casas, y a la aceptación de que, por el momento, no había necesidad de enviar inquisidores a las Indias para buscar a herejes y conversos.[42] Todo apunta a que esta nueva política fue dictada por el abulense fray Francisco Ruiz, en quien Cisneros confiaba para su política sobre los indios en ausencia de Las Casas.

Sin embargo, la importación de esclavos negros era otra cuestión, y Cisneros quería que los priores aguardasen a la llegada de Carlos a España; él decidiría.[43] Es posible que el cardenal previese las probables consecuencias de un compromiso para importar esclavos negros. De modo que Cisneros dejó a un lado su antigua política imperial, tan influenciada por Las Casas. Así, por ejemplo, no se volvió a mencionar la cuestión de cómo debían ser pagados los jornaleros castellanos enviados a La Española; ni tampoco las quejas acerca de los pagos del almojarifazgo, un impuesto que se había convertido en una de las fuentes de ingresos de la mafia aragonesa; e incluso quedaba en el aire si la concesión hecha por el rey Carlos a Jorge de Portugal para trasladar cuatrocientos esclavos negros a las islas llegaría a ponerse en práctica. Cisneros dejó entonces Madrid con sus asistentes, acompañado por el infante Fernando y por el obispo Adrian. Se dirigía a la costa norte de España, donde esperaba encontrarse con el nuevo rey Carlos, que ahora por fin planeaba viajar a su reino. Se detuvo con su séquito en Torrelaguna y luego, cruzando el paso de Somosierra, fue a Aranda de Duero, adonde llegó el 15 de agosto. La principal satisfacción de Cisneros debió de ser ver los primeros ejemplares de su Biblia en siete idiomas, la *Biblia políglota complutense*, pagada en parte con oro de las Indias; éste sería su legado más perdurable. Concebida de acuerdo con la tradición de la edición multilingüe del Antiguo Testamento del siglo III, sus primeros cuatro volúmenes contienen el Antiguo Testamento en griego, latín y hebreo, así como los cinco libros de Moisés en caldeo. El volumen V contiene el Nuevo Testamento en griego y en latín, y el último volumen incluía diccionarios y una gramática hebrea.[44]

Cisneros introdujo también cambios en el entorno del infante Fernando, siguiendo instrucciones de Carlos, quien, el 7 de septiembre, el día que embarcó rumbo a España, escribió a su hermano desde Middleburgo, en términos un tanto agrios: «[...] muchas veces y por distintas partes he sido informado que algunas personas de vuestra casa os ponían en cosas que eran diservicio de católica reina, mi señora, y mío e daño vuestro». Le explicaba que había enviado instrucciones para que los tres colaboradores más próximos de Fernando, el comendador mayor de Calatrava, el marqués de Aguilar (Pedro Manrique) y el obispo de Astorga abandonasen la corte. Serían sustituidos por el clavero de la Orden de Calatrava, Diego de Calatrava y Charles Poupet de Laxao, uno de los consejeros flamencos de Carlos. Entretanto, Alonso Téllez Girón, hermano del marqués de Villena, debería permanecer con él hasta que los citados caballeros llegasen a España.[45]

Es posible que Cisneros se hubiese inclinado a la inacción respecto a las Indias por una carta que recibió del juez Zuazo, que le escribió que: «es gran lástima considerar como toda la isla, estando antes de que estos jueces [Ayllón, etcétera] viniesen muy poblada y llena de gente, e ahora no parecen sino choças de pastores [...]».[46] La población con más habitantes, fuera de Santo Domingo, tenía a lo sumo treinta o cuarenta vecinos; San Juan no tendría más allá de veintincinco; Azua, treinta y siete; Salvatierra de la Sabana sólo quince; el Bomabo, treinta y cinco; y Santa María del Puerto de la Laguna y Concepción de la Vega tenían cuarenta. Lares de Guahaba había desaparecido por completo.

El 7 de septiembre, Carlos embarcó finalmente en Middleburgo y, al día siguiente, zarpó su flota de cuarenta naves, cuyos velámenes llevaban el emblema de la cruz entre las columnas de Hércules y el lema *Plus Oultre*.[47] Carlos insistió en que lo acompañase su hermana la infanta Elena, que estaba enamorada de uno de sus compañeros de justas, el conde Palatine Frederick. También acompañaron a Carlos, Wolf

Haller de Nuremberg, en representación de la gran familia de banqueros Fugger, de Augsburgo, lo que daría lugar al comienzo de la intervención de los Fugger en los asuntos españoles,[48] y el mayordomo de Carlos, favorito de su tía Laurent Gorrevod, el culto gobernador de Bresse en Saboya, un cortesano que durante un breve período representaría un papel importante en los asuntos del imperio.

El 18 de septiembre de 1517, tras una tormenta durante la que se perdieron todos los caballos que iban en una de las naves, el rey Carlos y su corte llegaron frente a la costa de Asturias. Un vigía dijo avistar las montañas de Cantabria y fueron a desembarcar. Pero, al día siguiente, se percataron de dónde estaban en realidad. ¿Debían regresar a Santander o desembarcar? Optaron por lo segundo. A las cinco de la tarde bajaron la gabarra real en la que embarcaron Carlos y su enamorada hermana Elena, acompañados por secretarios como el cada vez más influyente Francisco de los Cobos, y pasaron frente a Tazones. Los remeros impulsaron la embarcación por la ría que conducía a la población de Villaviciosa. Desembarcaron a menos de dos kilómetros de la población y recorrieron el resto del camino a pie. Los flamencos, incluido el propio Carlos, se asombraron por la mala educación de los asturianos, quienes, a su vez, habían creído en un primer momento que se trataba de una flota turca o francesa.

De modo que los habitantes de Villaviciosa se congregaron en la playa armados. «Moros en la costa» era ya una expresión corriente para indicar peligro en las playas españolas. Pero, al ver a las encantadoras cortesanas y a los cortesanos apenas armados, sus temores se desvanecieron. El rey y su séquito llegaron a Villaviciosa al oscurecer, donde, como es lógico, no estaban preparados para semejante visita. Se cuenta que la infanta Elena preparó una tortilla de mermelada y la mayoría de los integrantes del séquito tuvieron que conformarse con dormir en un banco o en un jergón de paja. Los asturianos ofrecieron lo que pudieron: pellejos de vino, cestos de pan, novillos y cordero. Los cortesanos se afanaron por encontrar caballos que sustituyesen a los perdidos durante la tormenta. El belga Laurent Vital dijo que, en agradecimiento a su hospitalidad, el rey eximió de todo impuesto a todos los habitantes de la población, como si fuesen caballeros. Pero aunque ello implicase ascender en la escala social, no eran ricos: todos iban descalzos.[49]

Carlos pernoctó en Villaviciosa durante cuatro noches —todavía se conserva la casa en la que se alojó— y luego siguió viaje a lo largo de casi veinte kilómetros por abruptos caminos hasta Colunga, una pequeña población en la que él y su hermana se alojaron en sendas casas, frente por frente. Se desplazaron hasta allí en carretas de bueyes, aunque a trechos tuvieron que seguir a pie. Este viaje debió de parecerles muy exótico a los doscientos cortesanos que integraban el séquito de Carlos, porque muchos eran aragoneses, algunos conversos y muchos flamencos. Ninguno de ellos había estado nunca en la cuna de la nación castellana. Entretanto, la flota fue al encuentro de la corte en Santander. Según Vital, aquellas tierras eran *«comme un désert et inhabitable et très penible à passer et dangereux»*.[50] Luego recalaron en un encantador puerto, Ribadesella, donde la población los recibió con música de flauta y de pandereta. También tuvo lugar una batalla de naranjas.

El 26 de septiembre, el rey llegó al alegre puerto de Llanes, en la zona oriental de Asturias, donde fue recibido con júbilo. Pernoctó allí dos noches, asistió a misa en la bonita iglesia de la Magdalena y presenció un encierro. Durante el trayecto escribió varias cartas amables a Cisneros, redactadas en francés por Chièvres y traducidas por Cobos (que hacía muy poco que había acusado a Cisneros de retener ilegalmente ingresos de la Corona en beneficio propio). En una de las cartas el rey le pedía al cardenal que permaneciese en Aranda y lo aguardase, pues el rey aún no había decidido qué ruta iba a seguir. Iba de camino a Santander, donde se reuniría con el resto de su séquito.

Según Santa Cruz, los flamencos de menor rango se comportaron durante aquellos días como si fuesen conquistadores, y aún llegaron a matar a varios vecinos en plena calle para divertirse.[51] Para evitar que Carlos se enterase de tales desmanes, Chièvres «convenció al rey para que se mantuviese distante y no hablase con nadie, sobre todo teniendo en cuenta que los vecinos de las poblaciones por las que pasaban empezaban a llamarlo "alemán", "inconversable" y "enemigo de la nación española".»[52] Los españoles empezaban a pensar que lo que los flamencos se proponían era quedarse con las riquezas de España. En el fondo, lo que ocurría era que españoles y flamencos no se podían ni ver; entre otras cosas, el sentido del humor de los flamencos, aderezado siempre con sal gorda y descaradas groserías, chocaba con la solemnidad de la corte española.

Cisneros permaneció en el monasterio franciscano de La Aguilera, cerca de Aranda, con el propósito de reunirse con el rey en Valladolid. El 23 de septiembre ya había empezado a encontrarse mejor de salud y recibió amistosas cartas de Carlos. Por ejemplo, en una del 27 de septiembre, se condolía por su indisposición y le decía que esperaba que no hiciese nada mas que reponerse.[53] Pero, al poco, fue el rey quien enfermó, en el bonito puerto de San Vicente de la Barquera, y permaneció allí durante varios días, donde recibió a Francisco de Vargas, el tesorero real, que trajo dinero, y al arzobispo Antonio de Rojas, presidente del Consejo del Reino, que había desafiado la orden de Cisneros de quedarse en Aranda. Los médicos concluyeron que debía de ser la proximidad del mar la que había alterado la salud de Carlos. Chièvres envió un mensaje a la flota concentrada en Santander para que mandasen el equipaje real a San Vicente de la Barquera y, cuando llegó, tras nuevos problemas a causa del mal estado del mar, se dirigieron directamente a Valladolid.

El rey seguía enfermo, no comía, y el tiempo era pésimo. Llegaron a Reinosa, en el camino que unía Santander y Valladolid. Allí se les unió Jean le Sauvage, un protegido de Chièvres, gran canciller del ducado de Borgoña, que había llegado por tierra desde Bruselas. Siguieron viaje hasta Aguilar de Campoo, donde los recibieron el obispo Fonseca, su hermano Antonio (el único miembro militar de la familia), el consejero Zapata, Galíndez de Carvajal y Hernando de Vega. De haber llegado a su conocimiento, Cisneros habría esbozado una sonrisa burlona ante semejantes movimientos de los cortesanos para tratar de ganarse al nuevo poder. El rey, ya repuesto de su enfermedad, se reunió con las personalidades congregadas el 22 de octubre y, como quiera que la corte se encontraba en aquellos momentos en su diócesis, Fonseca lo recibió con toda la solemnidad y el boato del obispado de Burgos. Un grupo de arqueros y un centenar de nobles alemanes se desplazaron desde Santander. Los secretarios quisieron saber si Chièvres tenía la intención de confirmarlos en sus cargos y él les repuso que no podía hacerlo hasta llegar a Valladolid. Cundía el temor de que Carlos fuese rechazado por los vallisoletanos. De modo que, aprovechando el rumor de que se había declarado una epidemia en Burgos, en lugar de dirigirse a Valladolid o a Segovia, se dirigió a Tordesillas a ver a su madre, Juana, cuya custodia había confiado Cisneros hacía poco a Gil de Baracaldo, padre de su secretario, y de Hernán, duque de Estrada.

Entretanto, Cisneros se había trasladado desde Aranda a Roa, donde, aquejado de hemorroides y de colitis, se alojó en el palacio del conde de Siruela, de camino hacia Valladolid. Años antes, fue alumno en esta misma ciudad de un sacerdote que le enseñó latín. Pero, en aquellos momentos, todos los cortesanos de Sevilla se dirigían a la nueva corte, no a Cisneros. Parece ser que el embajador Adrian se había dejado seducir por la influencia del obispo Fonseca, cuya estrella volvía a brillar. El día de Todos los Santos, en Becerril, Carlos se reunió con el condestable de Castilla, acompañado por todos sus parientes, que vestían ricos brocados. Llegaron a Tordesillas el 4 de noviembre, y Chièvres tuvo allí una larga conversación con Juana, al igual que el rey, que, con su hermana Leonor, vio a su madre por primera vez desde que tenía cinco años (Juana abandonó Flandes definitivamente en 1505). No sólo vieron a Juana, sino también el féretro, todavía insepulto, de su padre, que permanecía en el convento de Santa Clara de Tordesillas, así como a su hermana Catalina, que había pasado toda su vida junto a su madre. Catalina tenía por entonces once años, y vestía como una campesina, con falda rústica, juboncillo de piel y pañuelo en la cabeza.

Chièvres le aseguró a Juana que era muy afortunada porque su hijo Carlos estuviese ya hecho un hombre y fuese capaz de aliviarla de la carga que pesaba sobre ella. No sabían cómo iba a reaccionar ella, pues cabía la posibilidad de que estuviese lo bastante cuerda para afirmarse en su posición, pero partieron convencidos de que no tenían nada que temer de ella, que parecía totalmente desinteresada de los asuntos de Estado. Según el cortesano belga Laurent Vital, cuando Juana vio a Carlos y a Leonor preguntó: «Pero ¿son éstos mis hijos?»[54] Sandoval, el marqués de Denia, primo de Juana por parte del rey Fernando, se encargaría en adelante de custodiar a la reina, en calidad de gobernador de Tordesillas. Carlos le escribió una carta a Cisneros, con la contrafirma de Cobos, agradeciéndole al cardenal sus pasados servicios y pidiéndole que fuese a reunirse con él en el pueblo de Mojados, donde podrían hablar de los problemas actuales y acaso luego poder partir y tomarse un merecido descanso. Posiblemente antes de haber recibido su carta y, por supuesto, antes de poder cumplir sus instrucciones, Cisneros murió, el 8 de noviembre de 1517.

Todavía no se han extinguido los rumores de que el cardenal recibió una carta del rey, que no se ha conservado, y que incluía comentarios tan descorteses que el cardenal consideró que la muerte era una solución providencial para el conflicto que veía venir, aparte de la ingratitud del monarca, la insaciable avaricia de los flamencos (que veían España como unas nuevas Indias que saquear) y el cobarde abandono de las altas personalidades que habían prometido su amistad al nuevo rey.[55] Pero no hay nada que pruebe la existencia de esta carta.

Cisneros fue un hombre duro y austero, una decisiva influencia en la reina Isabel, revestido de una resplandeciente honestidad y de gran determinación para tomar las decisiones que creía acertadas. Su intolerancia respecto a judíos y musulmanes se vio compensada quizá por su esperanza de que se aplicase una política benévola respecto a los indios. Fue uno de los más grandes castellanos de su tiempo; piadoso pero administrativamente competente, trabajador e incansable, no le tembló el pulso para tomar medidas audaces ni le arredró ponerse a la cabeza de un ejército. Incluso sus detractores lo admiraban.

LIBRO SÉPTIMO

Carlos I de España y V de Alemania

Una de las primeras cartas de noticias de México (1520): una visita de Tenochtitlan, la capital de los lagos.

CAPÍTULO 28

El mejor lugar del mundo para los negros

> [Una licencia] para que se traigan negros, gente recia para el trabajo, a revés de los naturales, tan débiles que sólo pueden servir en labores de poca resistencia [...]. [La Española es] la mejor tierra del mundo para los negros.
>
> Juan Zuazo, acerca de La Española, 1518

Los flamencos que rodeaban al joven rey Carlos esperaban que la muerte del anciano cardenal eliminase el principal obstáculo para poder ejercer su propia autoridad. En realidad, significó perder la bóveda del poder en Castilla. Carlos y los flamencos no lamentaron la muerte de Cisneros, pero sus dieciocho meses de regencia habían creado la posibilidad de una transición pacífica para que el nuevo monarca, joven y extranjero, se hiciese con el control de la situación. Para muchos españoles, la llegada de los flamencos tenía la desastrosa consecuencia de acabar con la familia real autóctona. Pero Carlos, los flamencos y los nuevos amigos del norte de Europa contribuyeron a que España se incorporase al Renacimiento en el seno de la civilización europea. Muchos flamencos eran corruptos y codiciosos, pero otros eran magnánimos, libres de prejuicios, de gran corazón y cultivados.

El 12 de noviembre de 1517, cuatro días después de la muerte del cardenal, Carlos y su corte se despidieron de Juana en Tordesillas y se dirigieron a Mojados, un pueblo situado a treinta kilómetros al sur de Valladolid donde, inoportunamente, se encontraron con el infante Fernando, el «eterno hermano menor» que siempre se comportó de forma impecable, a pesar de que Carlos pudiera temer lo contrario. Chièvres se reunió por primera vez oficialmente con el Consejo del Reino en pleno, integrado por el arzobispo Rojas, que lo presidía, el obispo Fonseca, el docto extremeño Lorenzo Galíndez de Carvajal, el *rey chiquito*, Luis Zapata, y el tesorero Francisco Vargas. Chièvres accedió a su petición: ser confirmados en sus cargos. El intérprete de francés fue probablemente Cobos. La necesidad de la aprobación de Chièvres debió de parecerles curiosa a aquellos funcionarios españoles, pero su lealtad se concretaba en la institución de la monarquía, no les cabía en la cabeza ninguna otra forma civilizada de organizar la vida que la que se basaba en la realeza. Debieron de aprobar el siguiente desplazamiento de la corte al convento de los jerónimos de El Abrojo, al sur de Valladolid, mientras la ciudad hacía los preparativos para la solemne entrada del rey. Al fin y al cabo, los Reyes Católicos, fundadores de la forma de monarquía que admiraban, gustaban tanto de pasar algún tiempo en El Abrojo como en La Mejorada.

Carlos entró en Valladolid, la capital oficiosa, al frente de un cortejo triunfal, el 18 de noviembre de 1517, y permaneció en el palacio de Bernardino Pimentel, contiguo a la iglesia de San Pablo de Cerredera. La mayoría de los restantes miembros de la corte se instalaron en casas de las inmediaciones, propiedad del conde de Rivadavia. Se organizaron torneos, banquetes, bailes y un juicio bufo en la cancillería, en el que dos abogados polemizaron delante del rey. Carlos reparó en que la ley podía ser un entretenimiento y no sólo una vocación.

Con menos fanfarria pero con determinación, fray Bartolomé de Las Casas y el dominico Reginaldo de Montesino llegaron también a Valladolid. Fray Reginaldo había sido propuesto por Las Casas como una posible alternativa a los priores Jerónimos para el gobierno del Caribe. Él y Las Casas se pusieron de inmediato en contacto con la corte, donde contaron con la ayuda del secretario Zapata, uno de los miembros del Consejo del Reino, que, sin haber visto jamás a un indio, pensaba que tales personas eran incapaces de recibir la fe. Con todo, al igual que tantos otros, quedó subyugado por la elocuencia de Las Casas, y todo parece indicar que había perdonado la insistencia de fray Reginaldo acerca de que sus opiniones sobre los indios eran heréticas.[1]

Fray Bartolomé y fray Reginaldo estuvieron presentes el 11 de diciembre en una reunión con aquellos miembros del Consejo del Reino que se habían ocupado de distintos aspectos de las Indias. Fonseca, Zapata y Galíndez de Carvajal asistieron y puede que también lo hiciera Conchillos. Los dos defensores de los indios presentaron una memoria cuyo argumento básico era una solemne reiteración de la afirmación de que los indios «eran libres», como ya afirmaron en Valladolid en 1513.[2] Proponían que La Española y las demás colonias se reorganizasen en poblados indios en los que al menos hubiese sesenta indios y diez familias españolas cristianas. El territorio español de las Indias debería ser dividido en provincias. Dos visitadores y un alguacil inspeccionarían cada poblado una vez al año. Los esclavos, negros o indios, serían bien tratados y podrían casarse si contaban con la aprobación de su amo.

Estas propuestas fueron el fruto de la colaboración entre fray Reginaldo y Las Casas, acaso influidos ambos por lo que supiesen de Tomás Moro, cuya *Utopía*, publicada el año anterior, en Londres, quizá hubiese llegado, en su edición inglesa, a la biblioteca de San Gregorio de Valladolid.[3] ¿O tal vez fue Platón quien influyó en Moro? Sea como fuere se trataba de un proyecto «utópico» para el desarrollo del nuevo mundo español presentado con gran solemnidad por unos clérigos elocuentes.[4]

Sin embargo, las conversaciones apenas fructificaron. Tal como lo expresó Las Casas, «como el rey era tan nuevo [...] y había cometido todo el gobierno de aquellos reinos a los flamencos susodichos [...] y ellos no cognosciesen las personas grandes ni chicas [...] y no confiaban en ninguna persona, temiendo ser engañadas por falsas informaciones por todas estas razones estaban todos los oficios y las cosas tocantes las Indias, como más distantes y menos conocidas».

En diciembre de 1517, Chièvres relevó a Fonseca de la dirección administrativa de las Indias, que puso en manos del canciller del ducado de Borgoña Jean le Sauvage. Chièvres era un hombre inteligente, y un sexto sentido debió de alertarlo de que Fonseca a veces era estrecho de miras.

Le Sauvage procedía de una familia de la baja nobleza muy dependiente de Chièvres. Era el ejecutor de la política profrancesa de su protector,[5] pero tenía limitaciones. El difunto catedrático Jiménez Fernández lo consideraba «el arquetipo del moderno funcionario del Estado, el ciego servidor del absoluto control estatal cuya probidad formal era mucho más peligrosa para la sociedad que los anticuados prevaricadores de menor rango».[6] Sin embargo, Las Casas lo consideraba «hombre excelente, muy prudente, sumamente capaz para todo tipo de negociaciones y de gran autoridad y personalidad, propia de un senador romano». Esta última comparación era para Las Casas el mayor elogio.[7] No cabe duda de que Las Casas y fray Reginaldo lo acogieron como a un nuevo talento y le enviaron mucho material en latín, lengua que los tres conocían.

El primer documento que recibió Le Sauvage acerca de las Indias, después de haber leído la memoria de Montesino y Las Casas, a finales de diciembre de 1517, fue una «opinión» de los colonos de las Indias que probablemente redactó Gil González Dávila, el ex tesorero de La Española, pero firmada por varios «indianos» (término que ya se utilizaba para designar a aquellos que habían hecho fortuna en las Indias y habían regresado), que por entonces se encontraban temporalmente en España.[8]

El argumento básico de esta «opinión» era que «los indios no tienen capacidad natural para subsistir por sí solos». Pero los únicos que maltrataban a los indios eran españoles de lo más rústico carentes de ética. Si el rey quería modificar el modo de tratar a los indios, «sería más la costa que el provecho».[9]

Según los «indianos», cuatro eran las causas del descenso de la población india en La Española: los constantes cambios de gobernadores; el traslado de los indios de un lugar a otro; los procesamientos de los colonos, y el hecho de que hubiese en las Indias menos oro del que se decía. Esta última era la causa de que hubiesen ido a La Española tantos compatriotas. Una de las soluciones que se apuntaban era que «de Castilla vayan o dejen llevar negros a los vecinos».[12] Se verá como esta idea se fue insinuando en la política pública castellana.

Este documento parece referirse también a lo que sería Nueva España: «Si las islas que oy están pobladas, y si Vuestra Alteza permitiese que se despoblasen, sería una grand pérdida, porque por aventuras están otras islas y tierras mucho más ricas e mejores que las descubiertas, por descubrir, estando las islas con los vecinos que oy están, ellos mismos a su costa las descubrirían como agora ha acaecido desde la isla de Cuba, que Diego Velázquez ha descubierto muchas islas, que algunas dellas se cree serán de tanto más provecho que las están oy día pobladas.»

Esto era una alusión a la primera expedición desde Cuba a Yucatán, la de Francisco Hernández de Córdoba, que regresó a Cuba en la primavera de 1517 vía Florida.[10] Hernández de Córdoba resultó mortalmente herido en una escaramuza con los indios mayas, pero había visto cosas interesantes, siendo las más interesantes de ellas joyas de oro.[11]

En la primavera de 1518, Juan de Grijalva, sobrino del gobernador Diego Velázquez que, meses antes, acompañó a Juan Bono de Quejo a la isla de Trinidad para capturar esclavos, partió de Cuba con una segunda expedición de cuatro naves, una de las cuales iba a su mando.[12] Grijalva contaba con doscientos hombres. Estuvieron fuera de la isla varios meses, hasta junio, cuando uno de los capitanes, el turbulento Pedro de Alvarado, regresó a Cuba y Grijalva decidió hacer lo mismo.[13] Este viaje se describe en el capítulo 32. Pero vale la pena darse cuenta de que estas expediciones se estaban llevando a cabo en 1518, el primer año que el rey Carlos estaba en España.

En febrero de 1518, mientras Grijalva preparaba su viaje, el mayordomo de Carlos, Laurent Gorrevod, gobernador de la provincia saboyarda de Bresse desde 1504, y jefe de la casa de la duquesa Margarita, de quien era protegido, fue alentado por algunos españoles (como Francisco de Lizaur, por entonces consejero para asuntos de las Indias del cortesano Carlos de Laxcao) a pedirle al rey que le concediese el territorio recién descubierto por Hernández de Córdoba, conocido como Yucatán, y que quería colonizar con flamencos.[14]

Pero el rey no haría tal concesión. Gorrevod era un buen amigo de la familia de Carlos. Pero la concesión de un nuevo territorio de extensión y riqueza desconocidas era con toda seguridad excesivo. Le hubiese gustado brindarle a Gorrevod tal oportunidad. Pero no sería la última vez que Gorrevod tratara de entrar en el mercado español. Quienes visiten su mansión familiar del siglo XV en Bourg, en Bresse, se asombrarán del amplio abanico de actividades que llegó a desempeñar. Gorrevod había sido amigo de Margarita en los felices tiempos como esposa del duque Filiberto de Saboya, de quien fue *écuyere.* Margarita ya había propuesto la construcción de una iglesia de estilo gótico florido, comparable con el de muchas iglesias flamencas, con tejado borgoñón, en Brou, a las afueras de Bourg, que había sido parte de su dote. La administraba desde Malinas para conmemorar su feliz matrimonio, y Gorrevod, en calidad de gobernador, la ayudaba con dinero y con apoyo local. Los hermosos sepulcros de mármol y alabastro en los que descansarían ella, su esposo y su suegra le fueron encargados al flamenco Jean Perréal y al alemán Conrad Meit. Junto a la iglesia se alzaría un monasterio agustino. Louis Gorrevod, hermano del gobernador, fue nombrado por Margarita primer obispo de Bourg.[15] En la capilla de la iglesia de Brou, que lleva su nombre, podemos ver en una vidriera dedicada a santo Tomás al brillante empresario arrodillado, pero su tumba fue destruida durante la Revolución francesa por radicales mal informados de la identidad de Gorrevod. Había llegado a España con Carlos en 1517, a quien acompañó durante la visita del monarca a su madre en Tordesillas. A menudo le escribía a Margarita para contarle las cosas que veía (su descripción de la indumentaria de los nobles en el acto de proclamación de Carlos en Valladolid haría las delicias de todo redactor especializado en moda).[16]

Otras personalidades que participaron en los debates sobre las Indias, desde aproximadamente el mes de enero de 1518, fueron Zapata, Adrian y Fonseca, que, al igual que Le Sauvage, firmaron una orden dirigida a los funcionarios de la Casa de Contratación para que no permitiesen que nadie fuese a las Indias hasta «Que yo [o sea, el rey] os escriba qué debéis hacer». Debido a las muchas opiniones encontradas acerca de lo que convenía hacer, Le Sauvage le pidió a Juan de Samano, uno de los secretarios que había trabajado con Conchillos (y que había obtenido pingües canonjías en Cuba) que le resumiese los diferentes puntos de vista, lo cual hizo Le Sauvage. Con idéntico propósito, Las Casas escribió otra memoria en la que, entre otras cosas, decía: «[...] ninguna cosa los mata sino la tristeza de spiritu de verse en tanta servidumbre y cautiverio y del mal tratamiento que les hazen, tomando es mujeres y las hijas que lo sienten mucho, y hazerles trabajar demasiado y el comer no en tanta abundancia como fuera menester.» Según el clérigo, todos los años se secuestraban entre siete y ocho mil caribes que eran conducidos a La Española. Ciertamente, Las Casas nunca era muy preciso en materia de datos, pero añadía: «item han de dar sus altezas largamente licencia para poder llevar esclavos negros, cada uno quantos quisiere». El solo hecho de que las ideas de Las Casas fuesen tenidas en consideración por Le Sauvage enfureció a los «indianos» de Valladolid, que firmaron una memoria en la que se tachaba a Las Casas de «persona indiscreta». Pero se notará que incluso esta persona estaba jugando con la idea de la esclavitud africana.

También hubo que tener en cuenta la opinión del obispo Fonseca, radicalmente opuesto a la idea de la libertad de los indios.[17] Al igual que López de Recalde, de la Casa de Contratación, Fonseca era partidario de que hubiese un único comisario para gobernar a los indios y decía que «sea quitar los indios a Vuestra Alteza, y al Almirante, y a mí, y a las otras personas que no los han de tener, y a los jueces...». Aquellos a quienes se les habían concedido encomiendas deberían conservarlas. Asimismo, en opinión del obispo, el comercio de esclavos indios procedentes de las islas y del continente debería proseguir y ser legalizado.

También los priores estaban en contacto. El 18 de enero de 1518, tras haber pasado en Santo Domingo poco más de un año, escribieron que estaban tratando de concentrar a los indios en pueblos de entre cuatrocientos y quinientos habitantes, con instrucciones para que fomentasen sus propios cultivos y criasen su ganado (algo muy novedoso para los nativos), y con permiso para cazar y pescar. Los priores añadían que habían animado a la construcción de tres molinos de azúcar y concluían con la petición de que el rey «nos mande [...] facultad, para que dendesta Ysla se arme para yr por negros bozales la Ysla de Cabo Verde e Thierra de Guinea».[18] ¿Acaso no podían las embarcaciones que por entonces navegaban hasta el golfo de Paria llegar hasta Guinea? Esta solicitud sugiere que los priores no poseían demasiados conocimientos marítimos, pues tal viaje se hubiera tenido que realizar contra el viento. No obstante, vuelve a demostrar lo importante que se había vuelto la idea de importar esclavos de África.

Los priores no eran los únicos que escribían desde las Indias. El juez que instruía las residencias, el segoviano Alonso de Zuazo, le dijo al rey, el 22 de enero de 1518, que el estado en que se encontraban los nativos al llegar él hacía un año semejaba «el de un hombre en su lecho de muerte abandonado por los médicos con un cirio en la mano». Zuazo urgía a que acudiesen desde España matrimonios que llegaran a sentir verdadero apego a aquellas tierras: «En la actualidad, dos de cada tres conquistadores están sin sus esposas [caso de tenerlas] y, por tanto, carecen aquí de verdadero hogar.» Asimismo, convenía fundar granjas para sustituir a los despoblados distritos mineros. Debería fomentarse la inmigración ilimitada, sin más condición que los inmigrantes fuesen cristianos. Zuazo proponía también que el comercio con las Indias estuviese abierto a todo aquel que quisiera participar en él. Su descripción de la isla daba la impresión de que potencialmente era un paraíso que podía producir azúcar, algodón, canela y pimientos, pero que sería necesario contar con jornaleros que rindiesen. En opinión de Zuazo, todos los problemas de La Española eran debidos a la codicia de los colonos. Sugería reponer a Diego Colón en el cargo de gobernador y destituir a todos los demás funcionarios que seguían en la colonia, especialmente a Miguel de Pasamonte, a quienes consideraba corruptos.

La tierra de La Española era la mejor del mundo. Nunca hacía demasiado frío ni demasiado calor, es decir, no había nada de lo que lamentarse por lo que al clima se refiere. Era una isla frondosa en la que todo crecía con exuberancia y lozanía. «Cristo, en la gran paz augusta —añadía Zuazo—, vino para redimir al viejo mundo.» El juez proseguía en tono obsequioso insinuando que existía cierta similitud con la llegada de Carlos, para redimir el Nuevo Mundo.

Pero, al igual que los priores y que Las Casas, Zuazo opinaba que la única manera de solucionar la escasez de mano de obra era importar africanos. Afirmaba que La Española era «la mejor tierra del mundo para los negros». La principal recomendación que hacía Zuazo era que debía concederse una licencia para «que se traigan negros, gente recia para el trabajo, a revés de los naturales, tan débiles que sólo pueden servir en labores de poca resistencia, cuidar los conucos o haciendas».

Zuazo añadía que era un disparate suponer que, si se los trasladaba al Caribe, «los negros pueden alzarse. Viuda hay en las islas de Portugal [probablemente en Madeira], con ochocientos esclavos; todo está en cómo son gobernados. Yo hallé al venir aquí algunos negros ladrones, otros huidos a monte; eszoté a unos corté las orejas a otros e ya no ha venido más queja [...]».[19] Zuazo añadía que cerca de Santo Domingo ya había plantaciones de caña de azúcar. Varios plantadores cultivaban caña tan gruesa como la cintura de un hombre. ¡Sería maravilloso poder instalar factorías azucareras![20]

El juez informó también que de los 15 000 indios que habían llevado allí a lo largo de los años, desde las Bahamas hasta La Española, habían muerto 13 000. Uno de los males respecto a las Indias era que, bajo pretexto de descubrir nuevas tierras, las expediciones iban a menudo armadas para apresar indígenas y convertirlos en esclavos. Zuazo informó de que había convocado una reunión de procuradores de La Española para poder analizar los problemas conjuntamente. Estas reuniones, llamadas «Cortes de La Española», prosiguieron hasta el mes de abril.

Harto de oír criterios tan dispares, Chièvres invitó a cenar a Las Casas para tantearlo; por lo visto, a los flamencos les gustaba tratar de cuestiones oficiales con mantel de por medio.[21] Las Casas fue recibido cordialmente. Estuvieron presentes varios consejeros flamencos. El clérigo le dijo a Laurent Gorrevod que, para conseguir el contrato que deseaba para Yucatán, era mejor que hablase con Diego de Velázquez, el gobernador de Cuba. Le refirió con detalle todo lo que Hernández de Córdoba y Grijalva parecían haber descubierto, y Gorrevod expresó su satisfacción. Y, como era de esperar, al cabo de pocos meses llegaron a Sanlúcar de Barrameda varias naves enviadas por Gorrevod, con inmigrantes flamencos dispuestos a poblar el «territorio de Yucatán».[22] Sin embargo, se trataba de una misión harto problemática, puesto que Yucatán no había sido siquiera explorado y, menos aún, conquistado. Quienes se referían a este territorio lo hacían convencidos de que se trataba de una isla.

Diego Colón se enteró de la propuesta de concesión a Gorrevod y dijo que no podía concedérsele a nadie tal territorio, ya que él era quien tenía todos los derechos por herencia de su padre. Temeroso de dar lugar a un largo litigio, el rey desechó la idea de ayudar a Gorrevod y empezó a pensar en una alternativa.

Francisco de los Cobos había sido nombrado para sustituir a Conchillos como secretario para las Indias, con la aprobación del propio Conchillos, que el 5 de abril de 1518 escribió desde Toledo al Consejo del Reino y renunció a su cargo, aduciendo «ciertas dolencias que lo habían afectado al servicio de la Corona». Proponía que su sucesor fuese Cobos, que «conoce mejor que cualquier otro secretario lo que más conviene a las Indias, y la política que habría que aplicar. Por lo que, humildemente, ruego a Vuestra Majestad que, para sustituirme, confíe el cargo al mencionado secretario...».[23]

Cobos tenía por entonces treinta y tantos años, era un hidalgo pobre de Úbeda, una ciudad que posteriormente embelleció gracias a la fortuna que logró labrarse. Su control de la burocracia real se extendió durante un cuarto de siglo. Francisco consiguió acceder a la corte a través del esposo de su tía, Diego Vela Alide, uno de los contables de la reina Isabel. Hernando de Zafra le confió varios cargos, como el de notario de la Corona en Perpiñán. Luego sucedió a Zafra como contador mayor en Granada, en 1510, aunque esto no significó que tuviese que abandonar la corte. Por el contrario, a partir de 1510, una de sus responsabilidades fue registrar todos los pagos, las concesiones y las recompensas que otorgase el rey. En 1515 empezó a firmar documentos de la Corona y posteriormente trabajó con —o, más exactamente, para— Conchillos, que lo utilizó como intermediario en negociaciones difíciles. Sus ingresos eran por entonces de 65 000 maravedís anuales. Aquel mismo año fue nombrado notario de la cámara del rey y, al año siguiente, bajo pretexto de tener que ir a Bruselas por razones de su cargo, se quedó allí durante toda la regencia de Cisneros; ésta fue una medida que demuestra su sagacidad. Uno de los secretarios del Consejo de Aragón, Ugo de Urríes, le presentó al todopoderoso Chièvres, que de inmediato lo captó para que fuese un instrumento en contra de Cisneros, quien no parece que llegase a percatarse de ello. A Chièvres le cayó bien el funcionario porque, además de hombre de gran prestancia, daba la impresión de ser indolente y campechano, pero era muy trabajador. Pero tan importante como esto era que nunca podría ser un rival de Chièvres, porque distaba mucho de ser un intelectual. No sabía latín ni era aficionado a la lectura, y apenas mencionaba a Erasmo en las muchas cartas suyas que se han conservado. Además, era uno de los pocos funcionarios españoles destinados en Bruselas que no tenía sangre judía.

A principios de 1517, Chièvres nombró a Cobos secretario del rey, con un salario anual de 278 000 maravedís, más elevado que el de sus colegas. Carlos le escribió a Cisneros diciéndole que había nombrado a Cobos «para llevar el registro de nuestros ingresos y finanzas, y de lo que se paga y encarga a nuestros tesoreros y a otras personas, con objeto de que todo se haga de acuerdo a las normas que vos mismo establecisteis y comentasteis».[24]

Las Casas lo describió en estos términos: «[...] excedió su fortuna a todos los demás en que mosior de Xevres se aficionó más a él que a otro, porque en la verdad, tenía más partes que otra, por ser muy bien dispuesto de gesto y cuerpo.»[25] Según López de Gomera, era «codicioso y escaso [...] holgaba mucho de jugar a la primera [un extraño juego de naipes en el que éstos tienen valores que no son los suyos] y conversación de mugeres».[26] Le gustaba mucho el galanteo con las mujeres, a pesar de que no nos han llegado los nombres de sus amantes. Tenía fama de ser encantador pero prudente, y nada dado a los chismorreos.

A principios de febrero, Carlos convocó por primera vez las Cortes en Valladolid. El rey le pidió a su canciller, Jean le Sauvage, que las presidiese, asesorado por el obispo Ruiz de la Mota. El procurador de Burgos, Juan Zumel, protestó, y denunció la presencia de extranjeros, lo que le valió ser considerado durante cierto tiempo un héroe nacional (aunque discutible, porque era un producto del condestable de Castilla, Íñigo Fernández de Velasco, duque de Frías, que dominaba en la ciudad de Burgos). A partir de ese momento, Le Sauvage no apareció y el obispo De la Mota, burgalés, presidió las Cortes, asesorado por García de Padilla, un miembro del Consejo del Reino que había sido protegido del difunto rey Fernando y que, al igual que tantos otros, emigró a Flandes después de la muerte del monarca, «para asegurarse la permanencia en el cargo».[27]

El propósito de estas convocatorias era, al igual que en Inglaterra y en otros reinos, conseguir fondos para la Corona. Las Cortes decidieron sobre ochenta y ocho cuestiones que, en buena parte, no eran sino reiteración de antiguas peticiones de las Cortes del pasado. Pero una de ellas pedía educadamente al rey que tuviese la deferencia de hablar español con sus súbditos (a pesar de los esfuerzos de consejeros españoles como Luis de Vaca en Flandes, el español de Carlos era por entonces muy pobre).[28] Las Cortes le pidieron también a Carlos que contrajese matrimonio lo antes posible, con objeto de poder contar con un heredero (confiaban en que eligiese a Isabel, princesa de Portugal, sin aguardar a que creciese una de las candidatas favoritas, Luisa de Francia). También urgieron a Carlos a conservar el control de la Navarra meridional y desechar toda idea de cederla a Francia. Asimismo, consideraron plantear la petición de que el sobrino de Chièvres, que había sido nombrado sucesor de Cisneros en el arzobispado de Toledo con sólo dieciséis años (algo insólito, incluso teniendo en cuenta las costumbres de la época), por lo menos viviese en España, aunque no necesariamente en su diócesis. Paralelamente, Chièvres se nombró contador mayor de Castilla y luego le vendió el cargo al opulento duque de Béjar, por ciento diez millones de maravedís. A pesar de todo, a base de inteligencia logró ganarse a los procuradores, incluso a los más reacios. Pero, sobre todo, a base de mucho trabajo y de elocuencia, consiguió que las Cortes le asignasen a la Corona un subsidio de doscientos veinticinco millones de maravedís al año durante el siguiente trienio. Con todo, los miembros de las Cortes terminaron las sesiones «poco contentos» a causa del predominio de los flamencos en el país.[29] Era casi un presentimiento de la hostilidad de los ciudadanos de los Estados en el siglo XXI frente a los «burócratas» de Bruselas.

Carlos fue proclamado entonces rey en San Pablo, Valladolid, la iglesia del convento dominico que había sido restaurado por el cardenal Juan de Torquemada (teólogo y tío del primer gran inquisidor), que había profesado la orden en el convento. Los nobles españoles acompañaron al rey a pie. El infante Fernando, la infanta Elena, los procuradores de las ciudades, los obispos y los nobles le tomaron juramento a Carlos el 7 de febrero. Poco después, Carlos vio su primer encierro de toros: «Algo maravilloso.» Se gastaron enormes sumas en sedas y brocados (unos ciento cincuenta millones de maravedís). El historiador Santa Cruz describió, sin aparente ironía, que «su Alteza empezaba a mostrarse muy generoso».[30]

Mientras Carlos y su corte se esforzaban por afirmar su legitimación en España, siguieron alzándose voces para recordarle los conflictos que perturbaban la paz de sus posesiones en el extranjero. Fray Bernardino Manzanedo, escribiente de Zamora, reiteró su petición de que se concediese a los priores una licencia para importar negros, «porque los indios son insuficientes para que puedan subsistir en la isla». También se reafirmó en la petición de que enviasen asimismo otras tantas negras. Todos ellos debían ser bozales, es decir, esclavos traídos directamente de África, porque los esclavos criados en Castilla resultaban ser rebeldes (bellacos). Además, deberían proceder de los mejores territorios de África, es decir, de las tierras que se encuentran al sur del Gambia, para evitar que tuviesen influencia musulmana.[31] La viabilidad de La Española, al fin y al cabo, dependía de la aportación de la mano de obra, y era precisamente mano de obra lo que faltaba.

Por entonces pronunció fray Francisco de San Romá, en el colegio de los dominicos de Sevilla, un sermón que causó sensación (aunque sin apenas trascendencia) contra la tiranía de Pedrarias en Darién. El predicador afirmó, con la exageración que caracteriza a los fanáticos de todas las épocas, haber presenciado cómo 40 000 indios eran pasados a cuchillo o echados a los perros.[32] Fray Reginaldo de Montesino escribió un relato de esta homilía a Las Casas, que se lo refirió a Le Sauvage y éste, a su vez, le pidió a Las Casas que se lo mostrase al obispo Fonseca.

Al tener conocimiento del mismo, Fonseca dijo haber decidido ya echar a Pedrarias de allí: «[...] yo ya le he dicho que será bien que echemos aquel hombre de ahí.»[33] El 20 de marzo, Le Sauvage, visiblemente alterado, le dijo a Las Casas: «El rey, nuestro señor, manda que vos y yo pongamos remedio a las Indias; haced vuestros memoriales.»[34]

Esta importante conversación tuvo lugar mientras Las Casas salía de los aposentos reales del palacio de Bernardino Pimentel en Valladolid. La conversación dio a Las Casas renovadas esperanzas respecto a su lucha en favor de los indios, aunque no de los esclavos negros. Por segunda vez, la suerte de los indios parecía estar en sus manos. ¡Qué gran victoria de su elocuencia, su perseverancia, su esfuerzo y su carisma!

El rey y la corte dejaron entonces Valladolid y se dirigieron a Aragón.[35] El viaje fue lento, ya que en cada población los acogían con una solemne recepción, en honor de la regia visita. El rey se detuvo primero en Tordesillas para volver a visitar a su madre y luego siguió viaje, pasando por Aranda de Duero y Almazán, que en otros tiempos fue sede de la corte de su difunto tío Juan. Desde allí se dirigió a Calatayud y después a Zaragoza.[36] El 20 de abril, hallándose la corte aún en Calatayud, el triste pero leal infante Fernando partió hacia Santander, donde embarcaría con destino a Flandes. Allí se le concedería el título de archiduque, duque de Austria, Brabante y Tirol, aunque al precio de separarse para siempre de su amada hermana Elena y de desechar toda opción a ser algún día rey de España. Los hermanos se abrazaron. Fernando conservó siempre su apego a España, donde había pasado una infancia feliz, y a su intuición de coleccionista debemos muchos objetos maravillosos.[37] Permaneció en contacto con la actualidad española a través de su correspondencia con su agente en la Península, Martín de Salinas, una admirable fuente de información sobre la vida en la corte española a partir de 1522.[38]

El 9 de mayo de 1518 el rey y la corte llegaron a Zaragoza y se convocaron las Cortes de Aragón. Tuvo lugar un prolongado debate acerca de si era apropiado llamar rey a Carlos en vida de su madre, Juana, y se debatió también acerca de la cuantía del subsidio que los aragoneses debían pagar a Carlos, al margen de que fuese rey o regente: setecientos cincuenta millones de maravedís. Estos debates hicieron que las sesiones de las Cortes durasen hasta el 7 de enero de 1519, y la corte permaneció en Zaragoza durante todo ese tiempo.[39]

Las Casas permaneció al margen en un convento de Aranda de Duero, donde redactó otra de sus memorias para cumplir con la petición de Le Sauvage.[40] El informe trataba más del continente que de las islas y proponía un plan que implicaba que, de un modo u otro, Las Casas seguiría vinculado a las Indias durante varios años. Sin embargo, la memoria parece sacada de una novela de caballerías, más que obra de un filántropo, porque fray Bartolomé proponía la fundación a lo largo de la costa del Caribe de una cadena de pueblos y fortalezas, cada cien leguas. Un centenar de colonos cristianos se establecerían en cada enclave, que estaría al mando de un capitán. Estarían prohibidas las entradas en el interior, so pena de severos castigos. A los indios se les garantizaría la libertad y todos aquellos que hubiesen sido apresados y sacados de la región y convertidos en esclavos serían liberados. También habría libertad de comercio y a los indios se les explicaría que los españoles estaban interesados en conseguir oro y perlas. Se nombrarían obispos que deberían ser frailes dominicos o franciscanos y estas órdenes serían las que controlasen la evangelización. En La Española, Cuba, Jamaica y Puerto Rico serían abolidas todas las encomiendas, y se les comunicaría a los indios integrados en tales encomiendas que quedaban en libertad para vivir donde quisieran. Todo agricultor español que quisiera ir a las Indias podría hacerlo. Se fijarían precios de referencia con objeto de fomentar nuevos cultivos, como los de caña de azúcar, especias, vid, trigo y canela, además de impulsar la producción de seda. Además, todo cristiano residente en las Indias «podría tener dos esclavos y dos esclavas negras»,[41] lo cual allanaría el terreno para un masivo comercio de esclavos africanos.

Mientras Las Casas soñaba con un futuro utópico, la realidad de la vida en La Española se acercaba a lo que, a primera vista, parecía el fin de una autocracia. Los dos priores que permanecían en sus cargos, fray Luis de Figueroa y fray Alonso de Santa Cruz, asumieron la responsabilidad de modo positivo y dispusieron que, en adelante, los procuradores fuesen elegidos directamente por los colonos. Y serían los procuradores quienes, en calidad de representantes de los colonos, hiciesen cuantas peticiones considerasen oportunas. Ciertamente, aunque con un carácter limitado, llegaron a organizarse elecciones, aunque los electores nunca llegaron a superar la veintena, todos ellos colonos varones.

Estos hombres se dividían entre «pasamontistas» y «colonistas». No eran muy humanos, pero eran representativos de la sociedad formada por los españoles de la isla. Al reunirse en abril, en el monasterio de San Francisco en Santo Domingo, tuvieron ante todo que nombrar un procurador general que fuese a Castilla a representar sus deseos. El 18 de mayo, por siete votos contra cinco, el juez «pasamontista» Vázquez de Ayllón fue elegido frente al comerciante «colonista» Lope de Bardeci. El que instruía las residencias, Alonso de Zuazo, adujo que la elección había sido ilegal porque, al ser juez, Ayllón no podía ausentarse de la isla. Pasamonte, el juez Villalobos, el contable Alonso Dávila y el propio Vázquez de Ayllón se opusieron a esta interpretación y acusaron a Zuazo de ser «ejecutor de los antojos de Diego Colón» en contra de las necesidades de la gente de bien.

Los procuradores hicieron numerosas peticiones, la más importante de las cuales fue urgir a la introducción de esclavos negros directamente desde África (bozales). Esperaban que fuese la propia Corona la que organizase el comercio de esclavos. La importación de esclavos indios de las Bahamas, así como del continente, debería ser autorizada, y los colonos de las poblaciones costeras deberían poder capturar indios para esclavizarlos.[42]

Todas las encomiendas asignadas a la Corona, a los terratenientes absentistas, como Hernando de Vega, el obispo Fonseca o los funcionarios de Sevilla, deberían ser abolidas, con la esperanza de que eso se tradujese en un mejor trato a los indios. Debería revocarse la obligación de enviar indios a las minas y, cuando esto no fuese posible, debería acortarse el período que pasasen allí. Además de mejorar las condiciones de vida de los indios, los colonos querían que las encomiendas tuviesen carácter vitalicio, fuesen transmisibles por herencia y se aumentase su número, reduciendo a un máximo de ochenta el número de indios que solía asignarse a cada encomienda. Los procuradores deberían ser elegidos libremente por los concejos y la concentración de la autoridad en la ciudad de Santo Domingo sería reducida, si bien la Corona seguiría siendo responsable de la construcción de caminos. Los comerciantes podrían comerciar en cualquier zona de las Indias. Toda nave que partiese de España debería llevar un cargamento de semillas y de vides, y la Corona debería fomentar la construcción de factorías azucareras mediante la concesión de préstamos.[43]

La puesta en práctica de todas estas ideas fue abortada por dos hechos desgraciados: Las Casas contrajo el tifus y Le Sauvage murió el 7 de junio de 1518, a causa de la misma enfermedad.

La muerte de Le Sauvage no fue muy sentida en España. Se estimaba que, durante su estancia en el país, había acumulado una fortuna de cincuenta mil ducados. Pero su fallecimiento fue un duro revés para el padre Las Casas, ya que implicó la vuelta de Fonseca al poder mediante el supuesto soborno de Chièvres, que hicieron efectivo él y su hermano Antonio, contador mayor de Castilla. Desde luego, Chièvres era venal, y también su esposa Anne, que recibió un regalo de 160 marcos de perlas de las Indias de manos de conversos deseosos de granjearse la simpatía de su esposo.[44] Ella y una amiga, la esposa del caballerizo del monarca, Charles de Lannoy, obtuvieron sendos salvoconductos para sacar de España trescientos caballos y ochenta mulos cargados de joyas, oro y telas.[45]

Fonseca no perdió el tiempo. El mismo día de la muerte de Le Sauvage, él y su protegido Cobos redactaron dieciocho decretos, supuestamente preparados por Le Sauvage sin que tuviese tiempo de firmarlos. En realidad, los redactó Cobos. El juez Zuazo fue suspendido de empleo y sueldo y, en junio de 1518, recibió la orden de no abandonar la isla hasta que no concluyese una residencia dictada contra él. Es todo un sarcasmo que fuese precisamente Zuazo quien fuese a la Indias con la misión de llevar a cabo una residencia contra los otros jueces. De pronto, todo el poder del Nuevo Mundo parecía haber revertido en Fonseca, que ahora actuaba con la connivencia de Chièvres y la callada pasividad de Jean Carondolet, el noble flamenco que, además de ser deán de la catedral de Besançon y arzobispo electo de Palermo, desempeñaba ahora funciones de canciller. Sabedores de que Mercurino de Gattinara, un saboyardo protegido de la archiduquesa Margarita, que había sido nombrado sucesor de Le Sauvage con carácter vitalicio, estaba a punto de llegar a España, Fonseca y Cobos se percataron de que debían llevar a cabo sus propósitos lo antes posible. En tales circunstancias, Las Casas ya no podía contar con tener acceso a la autoridad. Ciertamente, durante aquellas semanas, los secretarios García de Padilla y Zapata hicieron cuanto pudieron por sabotear el proyecto de reformas concebido por Cisneros.[46] Los priores perdieron su poder judicial; Conchillos recuperó el porcentaje que se le había concedido sobre todo el oro fundido en las Indias, y muchos de los antiguos burócratas obtuvieron licencias para el comercio de esclavos.

Pese a todo, fray Bartolomé no tardó en volver a ser escuchado, primero por el cardenal Adrian, que aún seguía en España, aunque con una misión un tanto confusa (no podría ser «corregente» después de la llegada del rey), y luego por Charles de Laxao, el cortesano flamenco enviado a España por Carlos para asesorar a Cisneros pero que había sido sobornado por fernandistas como el duque de Alba y, en cierta medida, también por el obispo Fonseca.[47]

Las Casas puso en conocimiento del cardenal Adrian el contenido de una carta de fray Pedro de Córdoba en Santo Domingo, en la que se afirmaba que los supervivientes de una nueva matanza de indios perpetrada en Trinidad habían sido vendidos en Santo Domingo. Córdoba logró a duras penas persuadir a los priores para que retirasen a dichos indios del mercado de esclavos y los condujesen a la posada de los tratantes en donde, según creía, volvieron a venderlos en secreto. Proponía que, en adelante, se alentase a todos los indios a no acercarse a menos de cien leguas de todo enclave español.[48]

Las Casas lloró al recibir esta carta y se la comentó a Fonseca y al Consejo del Reino. El obispo comentó con acritud que el rey cometería una locura si seguía el consejo de fray Pedro. ¿Cómo iban a subsistir los españoles en esas circunstancias? Fonseca se dirigió a Las Casas en estos términos: «[...] vos estábedes en las mismas tiranías y pecados [que ahora denunciáis]», a lo que Las Casas replicó: «Si yo los imité o seguí en aquellas maldades; haga vuesta señoría que me sigan ellas a mí en salir de los robos, y homicidios y crueldades en que perseveran y cada día hacen.»[49] Fray Bartolomé apenas se refirió a la conducta que tuvo en las Indias en su juventud, pero tampoco rehuyó nunca su responsabilidad.

En aquel verano de 1518, toda persona responsable empezaba a temer que, tanto en las Indias como en España, la única solución al problema de la mano de obra en el nuevo imperio sería la importación de esclavos africanos. Los esclavos negros parecían más resistentes que los españoles a las enfermedades tropicales y soportaban mucho mejor el trabajo con intenso calor. Los africanos estaban cercanos a los europeos en sus conocimientos de agricultura y de animales.

Nadie replicó a este criterio. Al rey Carlos y a sus consejeros para asuntos de las Indias les resultó muy cómodo aceptar las recomendaciones del humano juez Zuazo, de fray Bartolomé de Las Casas y de los priores jerónimos. ¿Si aceptaban sus recomendaciones iban a dejar de aplicarlas? Lo que restaba por saber era cuántos esclavos necesitaban.

Fonseca, Carondelet y, sin duda, Cobos consultaron con los funcionarios de la Casa de Contratación de Sevilla. Y, concretamente, Juan López de Recalde precisó que, para las cuatro islas más importantes del imperio, es decir, La Española, Jamaica, Cuba y Puerto Rico, serían necesarios por lo pronto cuatro mil africanos. Las Casas estuvo de acuerdo.[50]

La corte seguía en Zaragoza, donde el rey trataba de aplacar a los aragoneses. Aunque en el futuro se mostrase como el más escrupuloso de los monarcas, por entonces contaba sólo dieciocho años. Seguía siendo solamente Carlos I de España, porque su imperial abuelo, Maximiliano, aún vivía. De modo que, por lo que se refiere a la política respecto de las Américas, ésta estaba en manos de sus consejeros. El 18 de agosto de 1518, un decreto firmado por Fonseca y Cobos autorizaba a Gorrevod, el protegido de la archiduquesa Margarita y gobernador de La Bresse, a importar cuatro mil esclavos negros. El segundo hombre más avaricioso de Flandes (después de Chièvres), como lo consideraban los españoles, había tratado de conseguir, como ya hemos visto, el monopolio del comercio en Yucatán, donde Fernández de Córdoba y Grijalva recalaron aunque sin llegar a explorarlo.[51] Pero ahora, a modo de compensación por no habérsele otorgado tal licencia, lo autorizaban a importar cuatro mil esclavos a las Indias, directamente desde África.[52] Un documento posterior, firmado por el rey, Fonseca, Cobos y García de Padilla, ordenaba a los funcionarios de la Corona que se abstuviesen de cobrar todo impuesto por la importación de dichos esclavos.[53] Ésta era, por supuesto, una cifra mucho más alta que lo que se había enviado en total al Nuevo Mundo hasta esa fecha.

El joven rey firmó el documento aprobando el asiento con Gorrevod y quizá intuyó que con su aprobación iba a salvar la vida de muchos indios americanos, al acceder a las peticiones de los priores y atender a la elocuencia de Las Casas. Todos aquellos personajes, que nada sabían de las Indias, y que solían estar en desacuerdo, hablaron con una sola voz al tratar de la necesidad de importar esclavos negros. A Carlos también debió de satisfacerle favorecer a uno de los valedores y amigo de su tía Margarita, el gobernador de Bresse, que, sin embargo, se abstuvo de comentar nada acerca de este contrato en sus cartas a Margarita. En julio de 1518 terminaba una de sus cartas con estas palabras: «Sin más de importancia que deciros...»[54]

Parece que a Gorrevod sólo le interesaba el dinero que pudiese obtener gracias a su licencia, al margen de las consecuencias, buenas o malas, que tuviese. Porque no tardó en vender su privilegio a Juan López de Recalde, el contador de la Casa de Contratación de Sevilla, que era, precisamente, quien había expresado la opinión de que cuatro mil esclavos era un número razonable. A su vez, este funcionario revendió el contrato a otros, a través del banquero y negociador converso Alonso Gutiérrez, de Madrid, que había comerciado con las Indias desde el principio, porque fue quien, en 1506, zanjó la cuestión del destino definitivo de los caballeros que acompañaron a Colón en 1492. Debido a su condición de converso, tendría en el futuro problemas con el Santo Oficio. Pero, por el momento, su riqueza, su influencia y su posición social lo libraron de los inquisidores.[55]

No es aventurado suponer que Gorrevod guardaba su dinero en Bourg, en Bresse. Parte de su fortuna la aportó, sin duda, al proyecto que más ilusionaba a la archiduquesa Margarita: la construcción de una iglesia y de un monasterio en Brou, una población que adoraba. Gorrevod tendría allí su propia capilla en la iglesia, y también su tumba. Una vidriera dedicada a Santo Tomás perpetúa su nombre y el de sus dos esposas.[56]

Quienes compraron a López de Recalde el ventajoso asiento otorgado a Gorrevod fueron dos comerciantes genoveses establecidos en Sevilla y un español, concretamente, Domingo de Fornari (Fornés), que compró el derecho a importar mil esclavos africanos al Nuevo Mundo; Agostín de Ribaldo (Vivaldi), y el castellano Fernando Vázquez, que en conjunto compraron el derecho a importar los otros tres mil.[57] También estos dos últimos revendieron sus derechos, al burgalés Juan de la Torre; a Gaspar Centurión (un genovés más famoso aún, aunque castellanizado), y a Juan Fernández de Castro, también burgalés pero radicado en Sevilla.[58] Compraron estos derechos por nueve millones de maravedís, o sea, a poco menos de 2.250 maravedís por esclavo.[59]

Domingo de Fornari (Fornés) pertenecía a una familia genovesa o asociación que llevaba mucho tiempo dedicada a la trata de esclavos de todas clases desde Chios, pero también era notoria su actividad en el comercio portugués de esclavos de Guinea como proveedor de la isla de Santo Tomé,[60] de modo que era un hombre con gran experiencia como proveedor de esclavos. Juan Fernández de Castro era un empresario burgalés, vinculado a las más importantes familias y comerciantes de la ciudad. Agostín de Vivaldi (a quien a veces llamaban Ribaldo en España) era hombre de similar extracción que Fornés. Juan de la Torre era muy conocido en Sevilla desde hacía una generación y, durante años, fue socio del aventurero Francisco Barrionuevo, que pronto sería nombrado gobernador militar de La Española. Finalmente, Gaspar Centurión era, en 1518, el empresario más importante de Sevilla, con mucha experiencia en Santo Domingo. Tras alquilarle un palacio a Jorge de Portugal, en la actual plaza de Doña Elvira (el palacio ocupaba enteramente la actual plaza) se trasladó a Sevilla desde Nápoles en 1507, y se estableció como comerciante y posteriormente como banquero de actividades muy diversas, como el vino de Guadalcanal, con Juan de Córdoba, o como prestamista del geógrafo Martín Fernández de Enciso y de Hernando de Soto, otro brillante capitán de la expedición de Pedrarias.[61] En cierta medida, fue también banquero del obispo Fonseca. Centurión colaboraba a menudo con su paisano genovés Juan Francisco (Giovanni Francesco) de Grimaldi, y ambos adelantaban siempre dinero a los capitanes o comerciantes que viajaban a las Indias. Incluso clérigos como Juan de Santa María, arcipreste de la iglesia de Nuestra Señora de la Concepción de la Vega, en La Española, le debían dinero.[62] Y también Ponce de León. Las Casas se quejó porque se le hubiese concedido el contrato a Gorrevod pues, en su opinión, la licencia debería haberse otorgado a españoles, ya que sus compatriotas eran más pobres que genoveses y flamencos.[63]

Aquel primer contingente de esclavos africanos con destino a las Américas fue, pues, en todos los aspectos, una operación paneuropea: la licencia la otorgó un emperador flamenco de nacimiento a un saboyardo que, a su vez, vendió sus derechos a través de un castellano a genoveses y españoles, que a su vez concertaron acuerdos para que fuesen portugueses de África o de Lisboa quienes, en última instancia, enviasen los esclavos. Porque, como recordaremos, legalmente ningún barco español podía viajar a Guinea. Los monarcas de ambos países eran por entonces aliados y, además, sólo los portugueses estaban en condiciones de enviar tantos esclavos a la vez. Varias de las personas que intervinieron en la múltiple operación, como Gutiérrez, probablemente Fernández de Castro y posiblemente Juan de la Torre, eran conversos.

Con todo, el asiento en cuestión no concedía un monopolio, porque también se otorgaron otras licencias menores para importar esclavos: para diez a Pedro de Velasco en 1520; un año después, para cincuenta a los secretarios reales Cobos y Villegas; así como para doscientos al mismo Álvaro de Castro, que obtuvo otra licencia en 1510 y que utilizaría a otro genovés, Benito de Basiniana, como proveedor.[64] Álvaro Pérez Osorio, marqués de Astorga, obtuvo una licencia en septiembre de 1518 para enviar cuatrocientos esclavos negros al Nuevo Mundo, licencia que también él revendió a banqueros genoveses.[65]

Pero el asiento de Gorrevod marcó un punto de inflexión. Los colonos del Caribe creyeron solucionados sus problemas de mano de obra. De modo que, en cierto sentido, secundaron lo que Carlos y Gorrevod iniciaron ingenuamente, el comercio atlántico de esclavos a gran escala, que continuó durante tres siglos y medio, hasta los años sesenta del siglo XIX.

CAPÍTULO 29

Más claro que el agua

> Está más claro que el agua que, de no ser por mí, no habríais conseguido la corona del Sacro Imperio Romano.
>
> Jacob Fugger a Carlos V, 24 de abril de 1523

El retorno al poder del obispo Fonseca en Castilla, como consecuencia de la muerte de Le Sauvage, no impidió la interminable proliferación de documentos y propuestas para la mejora de las condiciones de vida en las Indias. Así, por ejemplo, el 10 de septiembre de 1518, el propio obispo promulgó una orden acerca de «Privilegios y libertades concedidas a quienes vayan a trabajar a las Indias», que daba una oportunidad para la emigración a quienes vivían en la pobreza en España. Los emigrantes tendrían derecho a pasaje gratuito hasta el Nuevo Mundo, además de medicamentos gratuitos, tierras, animales, semillas y todo lo necesario para subsistir hasta que pudiesen recoger las cosechas. Salvo el diezmo a la Iglesia, no pagarían impuestos durante veinte años; se ayudaría a los indios a que construyesen sus propias viviendas y se concederían premios a quienes produjesen las primeras doce libras de seda, clavo, jengibre, canela y otras especias.

El rey Carlos aprobó esta orden y ordenó a López de Recalde, de la Casa de Contratación, que concediese estos privilegios a todo agricultor que solicitase ir al Nuevo Mundo. López de Recalde debería recibir a los solicitantes, «incitarlos» a emigrar al Nuevo Mundo y explicarles las oportunidades que ofrecía. López de Recalde sería responsable de garantizar que todo agricultor que emigrase tuviese lo necesario.[1]

Para evitar que las nuevas medidas diesen al traste con sus propósitos, Las Casas, recuperado ya del tifus, pidió y obtuvo la promulgación de una orden real autorizando la fundación de poblados de indios libres que viviesen «políticamente como los españoles». Deberían pagar tributos, al igual que otros vasallos, y no podrían ser asignados a encomiendas. Fray Bartolomé consiguió también que el monarca dictase una orden que pusiera en conocimiento de funcionarios, jueces y caballeros, «a todo hombre de bien de pueblos y ciudades», cuál era el propósito del plan de enviar agricultores a las Indias. No deberían ponérseles impedimentos a quienes deseasen emigrar.

Las Casas tenía, además, un curioso plan, a modo de as en la manga, para las prometedoras tierras de la región comprendida entre Darién y la Costa de las Perlas, desde el golfo de Urabá a la isla Margarita, en la actual Venezuela. Esta enorme extensión de territorio debería ser reservada para las órdenes mendicantes. No era la primera vez que se proponía algo semejante. Era una idea que ya había lanzado fray Pedro de Córdoba. Pero Las Casas lo hizo entonces con redoblada energía. Según él, era la mejor tierra que Castilla poseía en las Indias y, probablemente, encerraba riquezas incalculables. Además, reiteró la propuesta que hizo en abril de que se construyesen una serie de fortalezas, con una dotación de cien hombres en cada una, provistos de suficientes mercancías para permitirles intercambiarlas con los nativos por oro y esmeraldas. Estas fortalezas deberían ampliar poco a poco su control para ir ejerciéndolo hacia el interior, con objeto de intensificar la labor evangelizadora y extender los dominios de Castilla. Las habituales entradas quedarían totalmente prohibidas y ningún indio sería esclavizado. El coste se sufragaría, en parte, con el oro y la plata que los españoles ya habían conseguido.[2]

Tras someter su proyecto a la consideración del Consejo del Reino, Las Casas trató de reclutar emigrantes para su nuevo proyecto de colonización. Con este fin, y junto con varios amigos, salió de Zaragoza en octubre de 1518 con una caravana de mulos y recorrió Castilla de pueblo en pueblo, explicando las ventajas de su proyecto desde los púlpitos de las iglesias (en realidad, este proyecto lo concibió Fonseca). En las propias iglesias explicaba que el rey se proponía colonizar aquellas tierras. Las Casas y su amigos se extendían en subrayar la fertilidad de los nuevos territorios, en los que vivirían felices y libres de enfermedades, y las concesiones que el rey haría a quienes emigrasen. Según el propio Las Casas, se expresaban con tal elocuencia que «los corazones de todas las gentes levantaba».[3] Después de todo, conocía los lugares de los que hablaban y, por tanto, podrían hacerlo con verdadero conocimiento de causa. Fray Bartolomé recordaba, por ejemplo, que en Rello, un pueblo de treinta casas cercano a Almazán que pertenecía al conde de Coruña, un nieto del primer marqués de Santillana, reclutó a veinte personas, entre las que se encontraban dos hermanos ya mayores que, entre los dos, tenían diecisiete hijos. Fray Bartolomé le preguntó a uno de ellos: «¿Vos, padre, a qué queréis ir a las Indias, siendo ya tan mayor y tan cansado?», y el viejo castellano respondió: «A la mi fe, señor, a morirme luego, y dejar mis hijos en tierra libre y bienaventurada...»[4] Una declaración tan radical debió resultar tan inesperada para Las Casas como desagradable para el conde de Coruña.

Uno de los amigos que acompañó a Las Casas era Luis del Berrio, jienense y pariente lejano de Cobos, que fue soldado en Italia. Al fraile se lo había recomendado el obispo Ruiz de la Mota. Con la aprobación de Fonseca, que consiguió en una posada de Zaragoza, Berrio reclutó en Andalucía a doscientos hombres que Las Casas consideraba «rufianes, vagos, y vagabundos y gente holgazana y los menos labradores».[5] Fueron enviados por la Casa de Contratación a Santo Domingo, donde encontraron muchas dificultades porque los funcionarios de la isla no habían sido puestos al corriente de su llegada. Unos murieron y otros se dedicaron al pillaje, robándoles a los indios, mientras que otros se establecieron como taberneros, que era lo que habían sido antes.[6]

Las Casas prosiguió con su campaña durante dos meses, hasta diciembre, cuando llegó a Berlanga, un pueblo situado entre Burgo de Osma y Almazán, propiedad del condestable de Castilla, Íñigo Fernández de Velasco. El pueblo tenía doscientos habitantes, y la elocuencia de Las Casas logró reclutar a setenta de ellos, que explicaron que no deseaban ir a las Indias «por falta que tenga acá, porque cada uno tenemos cien mil maravedís de hacienda y aún más [...], sino que vamos por dejar nuestros hijos en tierra libre y real».[7] La reiteración de lo dicho en Rello impresionó mucho a Las Casas. Al llegar a su conocimiento este comentario, Íñigo Fernández de Velasco envió a un soldado con la orden de que fray Bartolomé abandonase la población. Además, ordenó al fraile que retirase a sus colaboradores de otros pueblos. Las Casas regresó entonces a Zaragoza y le comunicó al obispo Fonseca que había reunido tres mil hombres dispuestos a emigrar y que podría haber reclutado diez mil de no ser por su voluntad de no enojar a los señores de los pueblos. Por lo pronto, ya tenía doscientos voluntarios dispuestos a partir. Fonseca le preguntó: «¿Estáis seguro?, ¿completamente seguro?» «Por supuesto, señor», repuso Las Casas, y Fonseca añadió: «Por Dios, dijo él que es gran cosa, cosa grandes es.»[8]

Una nueva influencia empezaba a dejarse sentir por entonces en la conducción de los asuntos relativos a las Indias: la de Mercurino de Gattinara, nombrado canciller y que llegó a la corte el 8 de octubre; una semana después se arrodillaba ante el rey al tomar posesión de su cargo. En seguida abordó la tarea de racionalizar los consejos de Estado de Aragón y Nápoles. Aunque considerase las Indias menos importantes que España, y mucho menos relevantes que Italia y Alemania, la clara mente de Gattinara lo indujo a atender a la necesidad de diseñar una política coherente respecto al Nuevo Mundo.

Gattinara había nacido en la localidad piamontesa de Vercelli en 1465, en el seno de una familia de la baja nobleza. Ganó prestigio como abogado trabajando para el duque de Saboya, en Turín. Fue nombrado presidente del Parlamento del duque, se compró una finca en Chévigny, cerca de Besançon, en el Franco Condado, y se convirtió en súbdito de Margarita, la archiduquesa de Borgoña, de ahí que el concepto del honor borgoñón influyese decisivamente en sus reacciones. Contarini lo consideraba esencialmente italiano, y siguió conservando sus propiedades en Italia. Era persona de la confianza de Margarita y de su padre Maximiliano, que en 1509 lo nombró embajador en Flandes, donde despertó sospechas al tratar de imponer un riguroso sistema jurídico a la nobleza flamenca que terminó por lograr su cese.

En el momento de ser nombrado canciller por Carlos era presidente del Parlamento de Dôle, y había sido también durante algunos años jefe del consejo privado de Margarita. Era un hombre de amplias miras, de talante universal, con la pulcra y nítida caligrafía de un meticuloso erudito. Tenía un concepto humanista del Sacro Imperio Romano, del que esperaba que Carlos fuese una figura decorativa y al que deseaba imprimir el sello renacentista. Christopher Scheurl de Nuremberg lo recordaría como «un consumado orador, un erudito jurisconsulto, fiel consejero, trabajador, amable, encantador, jovial y muy versado en materia de buena educación *(rerum humanarum)*. Aunque soltero, nunca cena solo, y siempre goza de la compañía de invitados. Es de trato sumamente agradable y sumamente accesible y solícito. Es un buen anfitrión, que sabe escuchar».[9]

En adelante sería el consejero que más influiría no sólo en la política de Carlos, sino también en su carácter. Su orientación significó un cambio respecto a las directrices francófilas de Chièvres y Le Sauvage, sus antecesores. Además, fue el portavoz de Carlos ante el Sacro Imperio Romano que, por su inspiración religiosa, tenía una exaltación dantesca propia. Propugnó con firmeza la entronización de Carlos como emperador, con objeto de poder utilizar el título de *«iustisimus»* y dominar el mundo. Como gran escritor de memorandos soñaba con una monarquía mundial bajo un solo pastor.[10] Seguía sin saber una palabra de las Indias, pero su cálida personalidad, su imaginación y capacidad de trabajo lo convirtieron pronto en la influencia más ilustrada sobre todos los asuntos americanos.

Antes de que Gattinara tuviese plena información de los problemas de ultramar, el obispo Fonseca tomó algunas decisiones. Sabía que el régimen de los priores en Santo Domingo había fracasado y convenció al rey para que decretase oficialmente su fin. Propuso que Rodrigo de Figueroa, un abogado zamorano de cuarenta y siete años, que había trabajado para las órdenes militares y que recientemente había sido juez de almojarifazgo, fuese nombrado gobernador. (No se trata de un pariente, al menos que nosotros sepamos, del Luis de Figueroa que era prior de La Mejorada.) El rey accedió y escribió a los priores agradeciéndoles sus cartas y explicándoles que la complicada situación en España le había impedido comunicarse con ellos antes, y pidiéndoles que permaneciesen en sus puestos hasta la llegada de Figueroa.

Las Casas fue nombrado primer secretario de Figueroa, y lo acompañó durante los debates con los consejeros del rey en Zaragoza. Era evidente que Fonseca deseaba alejar al conflictivo sacerdote de España del modo más expeditivo. Ciertamente, confiaba tanto en poder deshacerse de él para siempre que durante cierto tiempo se mostró sumamente amable con él. Las instrucciones de Figueroa, que constaban de cuarenta párrafos,[11] contenían los habituales buenos deseos acerca de que era necesario tratar bien a los indios y de que los encomenderos tenían obligaciones. Se debatió asimismo acerca de las características del trabajo que los indios podrían llevar a cabo en los campos y en las minas; de la necesidad de que no se los maltratase físicamente; de la necesidad de educarlos en la doctrina cristiana; de que sólo tuviesen una esposa; de la protección de las mujeres y de los niños, y de limitar el número de indios asignados a cada encomienda a un máximo de cincuenta y un mínimo de cuarenta. Figueroa debería asimismo comunicar al rey las opiniones de «personas desinteresadas» de la colonia acerca de cómo debía definirse la libertad de los indios.[12] Estos párrafos pudieron deberse a la influencia del cardenal Adrian, que estaba convencido de la sensatez de los consejos de Las Casas.[13]

Figueroa recibió también órdenes respecto a las flotas que partían de Santo Domingo para conseguir esclavos. Por lo pronto, debería señalarse claramente en los mapas cuáles eran las regiones habitadas por caníbales. En segundo lugar, los indios que no perteneciesen a tribus caribes no debían ser aprehendidos contra su voluntad. Tercero, Figueroa debería averiguar qué ocurrió realmente durante la expedición de Juan Bono a Trinidad, que según Las Casas no era una isla caribe. Cuarto: los habitantes de las Bahamas (Lucayas), Barbados e islas Gigantes deberían ser declarados libres. Y, por último, deberían darse los detalles concretos de cómo fueron encontradas las joyas de la Costa de las Perlas.[14] Esto último parecía necesario para desmentir las acusaciones de trato brutal a los indios de Margarita.

Pero, mientras el nuevo gobernante se preparaba para cumplir con su mandato, en Santo Domingo los priores tuvieron que afrontar un nuevo desastre: una epidemia de viruela asoló las islas en el invierno de 1518, y afectó sobre todo a las poblaciones que se habían fundado recientemente.[15] Ésta fue la primera gran epidemia en el Nuevo Mundo, aunque quizá la gripe, el tifus y el sarampión hubiesen hecho estragos anteriormente. Tal vez la fundación de nuevas poblaciones por parte de los bienintencionados priores facilitase la propagación de la epidemia. En cualquier caso, lo que ahora parecía evidente era que, lejos de sufrir sólo los efectos de ser sometidos a un trabajo excesivo o de perder la fe en el futuro, los nativos corrían el peligro de extinción a causa de la epidemia de origen europeo a la que los duros españoles, tanto los recién llegados como los que hacía tiempo que se habían establecido en la colonia, parecían inmunes. Los indios y los españoles se unieron en la celebración de procesiones en Santo Domingo para pedir la protección de sus divinidades, pero los ritos y las plegarias no bastaron.

La consecuencia inmediata fue el aumento en la demanda de indígenas de las Bahamas y de esclavos de la Costa de las Perlas. El genovés asentado en Sevilla Jacome de Castellón (Castiglioni) siguió enviando flotas rumbo norte en dirección a las Bahamas, y al sur, a la Costa de las Perlas, expediciones que tenían el doble carácter evangelizador y esclavizador. También se llevaba a cabo comercio convencional de armas y de vino, sobre todo de este último que, en 1518, abundaba entre los chichibirri en Sudamérica, mientras que las «islas inútiles» habían sido sistemáticamente esquilmadas de su población desde hacía quince años.[16] La crisis indujo a los priores a pedir con urgencia el envío de más esclavos negros.[17]

Las deliberaciones que tenían lugar en Zaragoza acerca de las Indias se interrumpieron. Pero antes, el 7 de enero de 1519, las Cortes de Aragón concedieron a Carlos su apoyo y su dinero. Con el alivio que es de suponer, Carlos fue entonces a Barcelona a presidir las Cortes de Cataluña. El rey viajó sin gran ostentación y se detuvo en Lérida, donde, el día 24, recibió una noticia que cambiaría la historia de España y la de todas sus posesiones. Porque el abuelo del rey, el emperador Maximiliano —que parecía eterno—, murió el día 12 en Wels, en la alta Austria. Los últimos meses de vida del emperador fueron muy duros a causa de la sífilis. Sus dolores sólo remitían levemente con la aplicación de madera de Guayah que, al igual que la enfermedad que contribuía a mitigar, procedía de América.[18]

La noticia de la muerte de Maximiliano la recibió Carlos doce días después. La candidatura del rey Francisco I de Francia para ceñir la corona del imperio fue anunciada de inmediato, con el apoyo del papa León X. Pero Carlos era, sin duda, el candidato mejor situado. En tales circunstancias, durante varios meses, en España resultó difícil conseguir que Carlos se centrase en cuestiones domésticas, y menos aún de las Indias. El canciller Gattinara albergaba los mismos sueños imperiales que Carlos, de modo que, por entonces, ocurrieron muchas cosas en el Nuevo Mundo sin que apenas llegasen a conocimiento de la corte.

Así, por ejemplo, en 1519, Álvarez de Pineda empezó a explorar la costa entre Florida y el Mississippi, una región del litoral que llamó Amichel. El hecho de ser el primero en descubrir el Mississippi lo sitúa en primer lugar entre los exploradores de su generación, aunque, por desgracia, no dejó ningún testimonio de su descubrimiento. Posteriormente, Diego Velázquez, el gobernador de Cuba, patrocinó otra expedición hacia el oeste, con objeto de proseguir la exploración y los descubrimientos llevados a cabo por Fernández de Córdoba y Juan Grijalva. El gobernador confió el mando de la expedición a un ex secretario, el experimentado extremeño Hernán Cortés (véase el capítulo 34). Apenas nadie supo de esta misión en España y, al ser conocida, no despertó la menor atención (ni siquiera la de Las Casas).[19]

Entretanto, el juez Zuazo de Santo Domingo llegó a la conclusión de que era necesaria más mano de obra en La Española y, en primavera, otorgó una licencia a Diego Caballero, el contador de La Española, para que, junto a Antón Cansino, viajase a la región llamada con el atractivo nombre de «tierras prohibidas», y concedió la misma autorización a los comerciantes Bastidas y Fernández de Varas. Entretanto, Fonseca y sus amigos parecían tratar de entorpecer los planes de Las Casas para reclutar mano de obra para las Indias, porque no querían que pareciese que quisieran perjudicar los intereses de los terratenientes.[20]

Los priores, que seguían aguardando la llegada de Figueroa para que los liberase de su responsabilidad, lo aceptaron, aunque se negaron a otorgar ninguna aprobación formal hasta que el rey hubiese aceptado.[21] Al poco, el 24 de enero, Fonseca firmó un decreto que autorizaba a otros dos genoveses afincados en Sevilla, Adán de Vibaldo (Ribaldo) y Tomás de Fornari, hermano de Domingo, a nombrar un factor en las Indias y en el continente, con la sola función de vender esclavos negros que les hubiesen concedido a través de Gorrevod.

Por su parte, el rey se dirigió al monasterio de Valdoncella y se preparó para su entrada oficial en Barcelona. Los secretarios Cobos y Padilla se adelantaron para iniciar las conversaciones con los funcionarios de la ciudad. Los secretarios regresaron a Molins de Rei y luego a Barcelona con el doctor Galíndez de Carvajal.[22] La noche siguiente, Carlos entró disfrazado en la ciudad para hacerse una idea de cómo era. Al día siguiente hizo su entrada solemne en ella aunque, incluso en aquellos momentos, su mente estaba en su potencial Imperio germano, y en el coro de la catedral presidió una ceremonia admitiendo a diez nobles españoles en la hermandad borgoñona del Toisón de Oro.[23]

Paralelamente, Gattinara y Laxao siguieron en contacto con Las Casas, cuyos puntos de vista les encantaba escuchar; incluso el rey había empezado a tenerlo en estima. Carlos sugirió que, con objeto de decidir acerca de la propuesta de Las Casas para la costa norte de Sudamérica, debía firmarse una comisión asesora cuyos miembros podría elegir el propio Las Casas. Fray Bartolomé accedió y eligió a Juan Manuel, el viejo y sutil diplomático felipista; a Alonso Téllez y a Luis Manrique, ambos letrados de la confianza de Las Casas. A éstos se unió Francisco de Vargas, el experto tesorero de Castilla. La organización de esta comisión dio a Las Casas tiempo para pulir su proyecto. Decidió que fuesen cincuenta los colonos que se estableciesen en las Indias, colonos que serían llamados «caballeros de las espuelas doradas», algo que parecía más propio aún de una novela de caballerías que en su borrador del proyecto. Los acompañarían doce misioneros franciscanos o dominicos y diez intérpretes indios. Tendrían autorización para buscar perlas, y deberían entregar una quinta parte al rey si las extraían de zonas perlíferas ya conocidas y sólo una veinteava parte si eran zonas nuevas. En virtud de varios acuerdos financieros muy complejos la Corona y los colonos recibirían un porcentaje. Una licencia autorizaría a cada colono a tener tres esclavos africanos al principio y otros siete posteriormente.[24]

Entretanto, comenzaron los debates en el Consejo del Reino acerca del proyecto, unos debates que tuvieron lugar paralelamente a una campaña contra Las Casas.

Sin embargo, todas estas cuestiones eran secundarias, porque el acontecimiento más importante para el imperio español estaba teniendo lugar en la iglesia de San Bartolomé de Frankfurt, donde el rey Carlos I de España fue proclamado, aunque sin su presencia, emperador de Alemania con el nombre de Carlos V. En ese momento había siete electores imperiales, cuatro seculares, tres arzobispos.

La victoria de Carlos no fue, sin embargo, algo inevitable. Francisco I de Francia ambicionaba la corona imperial y, tras sus recientes éxitos militares, era un buen candidato. El rey Enrique de Inglaterra, todavía cuerdo y aparentemente feliz con su esposa Catalina de Aragón, tía del rey Carlos, no podía ser excluido. Incluso uno o dos de los electores tenían posibilidades: por ejemplo, los electores Federico de Sajonia y Joachim de Brandeburgo. El Sacro Imperio Romano era en estos años elegido por siete electores, tres arzobispos, cuatro príncipes seculares. Ciertamente, el papa, al ver que el rey de Francia podía no ganar, había empezado a apoyar a Federico de Sajonia (no se decidió por Carlos porque le desagradaba la idea de un emperador que ya era rey de Nápoles). Pero Federico dejó claro que no aspiraba al trono de emperador.

Hasta entonces, el rey de Francia había tratado de dar la impresión, a través de sus hábiles embajadores, de que sus recursos eran ilimitados. No cabe duda de que su madre, Luisa de Saboya, que poseía una gran fortuna, le había proporcionado dinero y, además, su administración estaba más centralizada que la de Carlos, así era más fácil para él conseguir efectivo. Pero Francisco no podía recaudar fácilmente fondos en Alemania. Jacob Fugger, el banquero más poderoso del siglo, se negó a aceptar pagarés a cambio de dinero en metálico, lo cual era imprescindible para garantizarse la elección imperial. Cada uno de los electores tenía su precio.

Carlos tanteó, entre otros, a los Welser de Augsburgo y a los Filippo Gualterotti de Florencia, y consiguió que le prometiesen 133 000 y 55 000 florines del Rin respectivamente, préstamos que le harían efectivos los genoveses Fornari y Filippo Grimaldi, en virtud de contratos que estipulaban que los pagos no tendrían lugar si Carlos no resultaba elegido. En febrero de 1519 se depositaron en la entidad de Jacob Fugger las cartas que prometían los pagos, que ascendían a 308 000 maravedís que, sin embargo, eran insuficientes.[25] Los Fornari (Fornés) se encontraban entre los beneficiarios de la licencia de Carlos para vender esclavos africanos en las Américas, pero no consta que por entonces hubiese conexiones financieras entre estos miembros de la misma familia o asociación.

La archiduquesa Margarita, la inteligente tía de Carlos, que fue también su madre adoptiva, se puso entonces en contacto con Jacob Fugger, la clave de bóveda del sistema bancario alemán. Tras prolongadas conversaciones, Fugger hizo una oferta de medio millón de florines. Cuatro años después, Jacob Fugger le escribiría a Carlos en estos términos: «Está más claro que el agua que, de no ser por mí, no habríais conseguido la corona del Sacro Imperio Romano.»[26] Otro tanto podría haber afirmado la persuasiva archiduquesa.[27]

Los detalles de cómo se gastó este dinero son extraordinariamente interesantes. El arzobispo de Maguncia, Alberto de Brandeburgo, recibió 113 200 florines de oro, 103 000 para él y los 10 200 restantes para su entorno; el arzobispo de Colonia, Hermann von Wied, recibió 52 800, de los que 12 800 fueron para su entorno; el arzobispo de Tréveris, Ricardo, recibió 40 700, de los que 18 700 fueron asimismo para su entorno. El elector palatino del Rin, el viejo amor de la hermana del emperador, recibió 184 000 florines.[28]

El elector Federico de Sajonia recibió 32 000 florines, y fue el único que se negó a decir a quién iba a votar. Pero el embajador español aumentó esta suma en otros 81 000 florines destinados a su entorno, además de comprometerse a pagar la mitad de la deuda contraída por la casa de Sajonia en vida del emperador Maximiliano. El rey de Bohemia recibió 41 031 florines y su voto lo ejercería su canciller Ladislas de Sternberg, miembro de una antiguo linaje, quien, a su vez, recibiría 15 000 florines. El propio rey obtuvo poco más de 20 000 ducados, de los que 5 000 iban destinados a George Szathmary, obispo de Funfkirchen, un viejo amigo de los Fugger.

El margrave de Brandeburgo, Joaquín I, apoyó al rey de Francia hasta el final, por lo que consideró una «oportunidad única» (Francisco I le había prometido que, si resultaba elegido, lo nombraría regente de Alemania cuando él estuviese ausente). Al final, el margrave votó por Carlos, aunque juró ante notario que había votado sólo «por puro miedo». Su primo, el margrave Casimiro de Brandeburgo, que había estado en la corte de Carlos y había trabajado para él, recibió 25 735 florines.[29]

El conde Federico del Palatinado vio aumentada su parte con otros 31 108 florines.

De manera que, en conjunto, los electores recibieron quinientos mil florines. El detalle de lo recaudado y distribuido es como sigue:

Regalos al arzobispo de Maguncia	103 000
Sus consejeros	10 200
Regalos al arzobispo de Colonia	40 000
Sus consejeros	12 800
Regalos al arzobispo de Tréveris	22 000
Sus consejeros	18 700
Regalos al elector de Sajonia	32 000
Sus consejeros	8 000
Regalos al elector del Palatinado	139 000
Sus consejeros	8 000
Regalos a los embajadores de Polonia, Bohemia y Hungría	41 031,18
Gastos de la Chancillería (Brandeburgo)	100
Regalo al conde Federico del Palatinado (negociador)	31 108
Regalo al margrave Casimiro de Brandeburgo	25 843,28
Regalos a condes, barones, caballeros, nobles y representantes de las ciudades	31 029
Costes de comisionados, consejeros y secretarios	39 965
Coste de correos, mensajeros, etc.	3 542,11
Coste de los consejeros del emperador Maximiliano	5 600,21
Costes en Suiza	29 160
Costes para la compra de Wurtember	171 359,47
Varios	55 760,52
Gastos bancarios	17 493,24

Las sumas fueron recaudadas de:

Jacob Fugger (Augsburgo)	543 585,34
Bartolomé Welser (Augsburgo)	143 333,00
Filippo Gaulterotti (Florencia)	55 000,00
Benedetto Fornari (Génova)	55 000,00
Lorenzo de Vivaldi (Génova)	55 000,00
TOTAL	851 918,34

Fuente: Léon Schick, *Jacob Fugger*, París 1987.

La noticia del triunfo de Carlos llegó a Barcelona el 6 de julio.[30] Gattinara fue el gran vencedor; siempre apoyó la idea de que Carlos fuese coronado emperador. Adujo la dignidad de que estaba revestido su señor, que en su opinión lo convertía en «el más importante rey y emperador que haya existido desde la división del imperio llevada a cabo por Carlomagno, vuestro predecesor, y situándoos en el camino para lograr la monarquía universal para que el mundo tenga un solo pastor», como rezaba su expresión favorita.[31] Y, en un manual acerca de la monarquía, que tituló *De Regime Principium*, decía lo importante que era para Carlos contar con buenos funcionarios.[32]

El embajador imperial, el conde del Palatinado y el hermano del duque de Baviera llegaron al poco a Barcelona con el original de la declaración en la que se elegía a Carlos emperador, y se le pedía que se trasladase a Alemania para ser coronado. Pero en Castilla se alzaron voces críticas: ¿cómo podía su monarca ceñir una corona extranjera sin consultar a los castellanos? Sus dudas estaban plenamente justificadas: si Carlos no hubiese sido elegido emperador, quizá le habría dedicado más tiempo a España. Pero sus intereses en Borgoña y en Flandes eran muy importantes y, al margen de lo que pudiese haber ocurrido, no cabe duda de que habría representado un papel de estadista europeo más que tan sólo de gobernante de España. Si en 1516, los Medinaceli o los Enríquez hubiesen reivindicado el trono de España, la cuestión habría sido distinta, pero no parece que les interesase o que se sintiesen capaces de llevar a buen puerto tal reivindicación.

Un acontecimiento menos importante pero no menos significativo fue la llegada, el 10 de agosto de 1519, del juez Rodrigo de Figueroa en calidad de nuevo gobernador y el regreso, con gran alivio por parte de ambos, a sus monasterios de los dos priores que quedaban. La Mejorada era mucho más agradable para fray Luis de Figueroa que los edificios de madera de Santo Domingo, a orillas del Ozama. El experimento de elegir clérigos para gobernar distintas partes del imperio se repetiría, pero nunca con las utópicas expectativas que, en principio, albergaron los jerónimos.

CAPÍTULO 30

Me conduje por pura compasión

> Viendo todo esto yo me moví, no porque yo fuese mejor cristiano que otro, sino por una compasión natural.
>
> Bartolomé de Las Casas al rey, 1519

En 1519 España tenía un rey encantado de ser emperador pero que consideraba que sus dominios se reducían a Europa. Él y España estaban a punto de hacerse con un imperio en las Indias pero no acababan de percatarse de ello. Sin embargo, en septiembre, Carlos afirmó: «Por donación de la Santa Sede Apostólica y por otros justos y legítimos títulos, somos señores de las Indias occidentales, las islas y los continentes de la mar Océana descubiertos o por descubrir.»[1] Estas palabras figuran en un decreto publicado en respuesta a una petición de los «pobladores y conquistadores» de La Española que afirmaba la soberanía de Carlos en los nuevos territorios.[2] Ésta parece ser la primera vez que se utilizó la expresión «Indias occidentales», para diferenciarlas de las Indias orientales o de las verdaderas Indias.

La importancia de estas colonias se había acrecentado a ojos de la corte en años recientes, ya que la importación de oro aumentó mucho desde 1510. Los datos oficiales indican que poco más de nueve mil kilogramos de oro habían llegado de ultramar, y no es aventurado suponer que esta cifra estaba por debajo de la real. Mientras que en 1515 la mayor parte de este tesoro procedía de La Española, a partir de ese año Cuba y Puerto Rico contribuyeron de manera destacable. Puerto Rico llegó a igualar a La Española en algunos años y la producción cubana era de aproximadamente la mitad.[3]

A estas islas se dirigió por entonces Rodrigo de Figueroa, un juez zamorano nombrado para sustituir a los priores jerónimos. No contó con la colaboración de Bartolomé de Las Casas, ya que el gran agitador seguía creyendo que era posible animar a los agricultores españoles a emigrar a las Indias, y además tenía multitud de otras ideas que aún trataba de que fuesen tomadas en consideración en la corte. Sin embargo, durante la travesía rumbo a las Indias, Figueroa habló con los pasajeros más experimentados, como Juan de Villoria, a quien podía pedir opinión acerca de la verdadera naturaleza de las relaciones entre el juez Zuazo y Diego Colón. Estos «chismes» debieron de alimentar muchas horas de chismorreos al cruzar la mar Océana.

Al llegar a Santo Domingo, Figueroa comprobó que había sólo mil colonos en la isla. Muchos de los que estaban allí se habían marchado a Cuba; la población india seguía menguando. Figueroa habló largo y tendido con los priores. No todos sus experimentos habían fracasado: por ejemplo, con los fondos obtenidos de la venta de indios que anteriormente pertenecían a terratenientes absentistas, pudieron prestar dinero a personajes emprendedores como Hernando de Gorjón, que había viajado a las Américas con Ovando y que se había labrado una fortuna que, en parte, destinó a fundar un centro de estudios superiores que se convertiría con el tiempo en la Universidad de Santo Domingo. Con la ayuda de los priores, Gorjón construyó un molino de azúcar en su encomienda de Azúa, la nueva ciudad donde Hernán Cortés había sido escribano en tiempos de Ovando. Figueroa le pidió entonces a Fernández de Lugo, que se hallaba en las islas Canarias, que le enviase técnicos en azúcar y publicó un decreto declarando libres de impuestos los molinos en cuestión.[4]

No obstante, el nuevo gobernador comprobó que la abrumadora mayoría de los españoles de la colonia estaba en contra de concederles a los indios cualquier nivel de libertad. Tras liberar Figueroa a aquellos indios que habían estado trabajando en las minas, recibió muchas quejas de los colonos, que aducían que tal medida reduciría la producción a un tercio de la del año anterior.[5] Sabían que ese argumento tendría éxito en casa.

Mientras, Las Casas se había apuntado un tanto en el Consejo del Reino a finales del verano de 1519, con una nueva versión revisada de su extraordinaria idea de convertir a los indios de la costa septentrional de Sudamérica, «Los mejores y más ricos territorios de las Indias», en tributarios durante diez años, con la fundación de diez ciudades. De acuerdo con este plan, la Corona aportaría nueve millones de maravedís para financiar estos enclaves que habían de servir de modelo, pagaría los viajes de los ciudadanos que quisieran emigrar allí y el equipamiento necesario, accediendo a que, de momento, tales enclaves estuviesen libres de impuestos, facilitase la importación de esclavos africanos y proscribiese las encomiendas. Diego Colón conservaría la autoridad general. Estas ideas fueron presentadas en la corte en Barcelona, donde el rey se encontraba por entonces.

El proyecto fascinó al canciller Gattinara. También Diego Colón le prestó su apoyo, ya que el plan implicaba renovar su poder. Pero el obispo Fonseca sabría cómo contraatacar. Por entonces se oponía a todo aquello que propusiera Las Casas, y presentó una treintena de cargos contra él, acusándolo de carecer de experiencia de gobierno, de haber engañado a Cisneros y de ser «un sacerdote liviano» (una acusación difícil de sostener, al margen de lo que cada uno pueda opinar sobre las ideas de Las Casas). Fonseca incluso acusó a fray Bartolomé de haber robado en Cuba y, lo que era aún más grave, de intrigar con venecianos y genoveses en contra de los intereses de España. Antonio de Fonseca, el hermano militar del obispo, también se mostraba crítico con Las Casas, a quien le dijo: «Señor padre, no podéis decir que estos señores del Consejo de las Indias han muerto a los indios, pues ya les quitastes cuanto tenían.»

Las Casas replicó: «Señor, sus señorías y mercedes no han muerto todos los indios, puesto que han muerto muchos e infinitos cuando los tenían, pero la mortandad grande y principal los españoles la han hecho y cometido, a la cual ayudaron sus señorías.» El Consejo se quedó tan perplejo como los propios Fonseca. El obispo dijo irónicamente: «Bien librado está el que es del Consejo del rey, si siendo del Consejo del rey, ha de venir a ponerse en pleito con Las Casas.» A lo que Las Casas replicó: «Mejor librado, Señor, está Las Casas, que habiendo venido de las Indias, dos mil leguas de distancia con tan grandes riesgos y peligros, para avisar al rey y a su Consejo que no se vayan a los infiernos por las tiranías y destrucciones de gentes y reinos que se cometen en las Indias, en lugar de se lo agradecer y hacelle mercedes por ello, que se haya de poner en pleito con el Consejo.»

Gattinara le dijo a Las Casas: «El señor obispo mucha cólera tiene; placerá a Dios que este negocio habrá buen fin.»[6]

Por entonces ya se aludía en España a un «Consejo de las Indias», un grupo informal de miembros del Consejo del Reino, formado bajo la presidencia de Fonseca e integrado además por el obispo Ruiz de la Mota, García de Padilla y Luis Zapata, así como por Gattinara, que asistía cuando lo creía conveniente, con Cobos como secretario.[7] No tardó en constituirse la secretaría de la Corona, formada por tres consejos: los de Estado, de las Indias y de Flandes. Parece ser que fue Gattinara quien impulsó este cambio.

Una noche de finales de septiembre, hallándose aún en Barcelona, Gattinara invitó a cenar a su colega flamenco Laxao y al padre Las Casas. En el transcurso de la cena, Gattinara le mostró a Las Casas un elaborado documento: era el ataque de Fonseca dirigido contra él. «Responded agora —dijo Gattinara— a estos inconvenientes y cosas que se dicen contra vos.» A lo que Las Casas repuso: «¿Cómo, señor, estuvieron tres meses ellos forjándolos y haciéndolos, y después de leídos a su placer ha de dos meses que vuestra señoría no puede sacallos dellos y tengo yo de responder agora en un credo? Démelos vuestra señoría a mí cinco horas y verá qué respondo.» Las Casas preparó su defensa. Le pidió a Gattinara que leyese en voz alta las críticas de Fonseca, una a una, y que replicaría a todas ellas. Pero no había hecho sino empezar la tarea, cuando llegó un mensajero que le dijo a Gattinara que el rey quería verlo. Las Casas se marchó pero regresó por la tarde del día siguiente, y el canciller y el sacerdote pasaron las cuatro noches siguientes hablando, con Las Casas defendiéndose. Logró exculparse convincentemente y el rey, que se trasladó primero a Badalona y regresó luego a Molins de Rei, debido a una epidemia que se declaró en Barcelona, fue cumplidamente informado.

El 30 de noviembre, el joven Federico del Palatinado, uno de los electores, llegó en representación de los electores imperiales para pedirle a Carlos que viajase a Alemania para la ceremonia de su coronación. Fonseca ya había abandonado Barcelona con destino a La Coruña, con objeto de preparar la flota real para viajar a Alemania (la administración y la preparación de las flotas era su verdadera especialidad) y durante aquella afortunada ausencia, el rey dio su aprobación a todos los proyectos de Las Casas. Fray Bartolomé, al comprender que debía hacer alguna concesión para evitar la posterior oposición por parte de Fonseca y de sus amigos, decidió excluir de su proyecto las perlas de Cubagua, en la actual Venezuela, reduciendo así las riquezas, aunque no la extensión, del territorio que pretendía. Pensó en contratar a cincuenta colaboradores, «de las islas (Cuba, La Española y Puerto Rico)», para poner en práctica su proyecto. Deberían ser, básicamente, hidalgos, caballeros y personas de merecimiento. Las misiones franciscana y dominica ya establecidas en Cumaná participarían en el proyecto. En aquellas provincias no había oro, que Las Casas supiese, salvo en la zona habitada por los cenú, en las inmediaciones de Cartagena y Santa Marta. Las Casas quería incluir el territorio de los cenú, limitado por el río Esequibo de Guayana, conocido como río Dulce) a modo de frontera oriental (esto era, como de costumbre, una enorme franja de territorio que abarcaba toda Venezuela y gran parte de Colombia). No es difícil comprender al obispo Fonseca por su actitud crítica respecto a este proyecto.

La Corona no consultó con los funcionarios de las Indias. Sin embargo, Figueroa parecía, por lo menos de momento, adoptar una actitud de altas miras. Nombró a una serie de nuevos funcionarios como, por ejemplo, su criado Antonio Flores (que había ido con él) para que desempeñase el cargo de alcalde mayor de La Vega, con objeto de investigar las ventas ilegales de lucayos en el norte de La Española.[8] Todo indicaba que había muchos casos de venta de esclavos cuando, en realidad, lo que se habían producido habían sido intercambios. Otra investigación se centró en la naturaleza de la Costa de las Perlas. El rey le pidió a Figueroa que averiguase de dónde procedían los caribes, ya que muchos esclavos trasladados a La Española bajo esta designación no eran tales caribes. Además, ¿eran caribes los indígenas que poblaban Trinidad? Muchas de las preguntas de este «cuestionario» estaban redactadas para justificar la captura de esclavos. Por ejemplo, una de las preguntas versaba sobre «si es cierto que los indios que tienen esclavos los venden a los caribes para comer y usar mal dellos.» El canibalismo y la sodomía seguían siendo justificaciones para que un español pudiese capturar a cualquier indio.[9]

Entre los testigos que declararon en el transcurso de esta investigación figuraron marinos experimentados, constructores de naves y comerciantes, como, por ejemplo, el capitán Francisco Dorta, de Moguer, que por entonces hacía ya diez años que venía navegando de una orilla a otra del Atlántico; Antón García, que ya en 1501 acompañó a Antonio de Hojeda a Trinidad; el inefable Juan Bono de Quejo, famoso en Trinidad, que aseguraba que todos los caribes eran sodomitas, y Francisco de Vallejo (el mejor conocedor de la Costa de las Perlas). La mayoría eran encomenderos, aunque a pequeña escala. Los dominicos Pedro de Córdoba y Pedro Mejía también testificaron. Pero el inquieto carácter de los pueblos indígenas inducía a que estos personajes de tan altas miras dudasen de la posibilidad real de llevar a cabo una labor misionera seria. Pedro Mejía comentó: «Creo que merece la pena que haya hermanos allí, pero no mucho.» Un historiador comentaría amargamente que «los frailes ya no parecían ser incondicionales enemigos del apresamiento de los nativos».[10]

La diversidad demográfica de la región septentrional de Sudamérica queda por primera vez bien patente a la luz de esta investigación. Así, por ejemplo, en la costa de Venezuela resultó haber ocho grandes tribus, cuatro de ellas básicamente arawak y cuatro «caribes». Las provincias «caribes» fueron posteriormente denominadas como las cuatro «provincias del golfo de Paria, y todas las islas no colonizadas del Caribe, salvo las Lucayas, las Barbados, las Gigantes, Trinidad y Margarita». La captura de caribes quedó, pues, en adelante autorizada, siempre y cuando se obtuviese la oportuna licencia.

La investigación reveló asimismo la precaria naturaleza de las misiones de la Costa de las Perlas. La misión franciscana se había cerrado y la dominica corría el riesgo de abandonar también, porque eran demasiado pocos los españoles que asistían a misa. En octubre de 1519 sólo quedaba un dominico en la misión.

Figueroa llevó adelante la residencia del juez Zuazo y pudo indagar en las actividades de muchos colonos, como el ex tesorero Cristóbal de Santa Clara, la mayoría de los cuales eran encomenderos de bajo nivel. La principal acusación contra el juez Zuazo se concretaba en que había concedido licencias para capturar esclavos sin comunicarlo a los jerónimos y favoreciendo a sus amigos.[11] También fue acusado de seducir a una niña india a la que luego vendió al juez Cristóbal Lebrón, juez que instruyó la residencia contra Marcos de Aguilar, ex primer magistrado colonial. Zuazo se defendió atacando a los testigos. Por ejemplo, adujo que Cristóbal de Santa Clara era un borracho que quería ocultar el asesinato de Juan Pizarro (hermano de Francisco), a quien Pasamonte había matado; que el bachiller Juan Roldán vivía con una bruja; que Hernando Caballero era un converso e hijo de un reconciliado y que, por tanto, no tenía derecho a estar en las Indias. Además, acusó a Hernando de las Mallas de ser un hechicero. Zuazo insistió en que él sólo había concedido licencias para capturar «caribes» y que eso estaba permitido.[12]

Con todo, la principal preocupación de Figueroa era la misma que albergaban los priores: si quería tratar bien a los indios, habría que renunciar a las encomiendas. Pero, si renunciaba a las encomiendas, la mayoría de los castellanos dejarían las Indias. Ninguno de los cuatro mil esclavos africanos previstos de acuerdo con la licencia de Gorrevod habían llegado aún a la colonia. En cuanto a la fundación de treinta pueblos «indios» proyectada por los priores, sólo se había materializado en cuatro asentamientos.[13] Figueroa fundó otros enclaves.[14] Sin embargo, cada vez era más consciente de que la escasez de mano de obra era tal que tendría que aceptar los argumentos de los encomenderos y permitir expediciones a las Bahamas y a la Costa de las Perlas para la captura de esclavos.

El juez Figueroa no tardó en disponer de un informe acerca de la procedencia de 108 indios que habían llegado a Santo Domingo en una embarcación de Jacome de Castellón, uno de los muchos genoveses hispanizados que tan importante aportación hicieron durante los primeros años del control español de las Indias.[15] Esta investigación reveló que sólo veintiocho eran hombres; el resto eran mujeres que, en algunos casos, aún llevaban hijos lactantes en sus brazos. Sus edades estaban comprendidas entre los siete y los treinta años, aunque tres de las mujeres tenían más de setenta, y dos de los hombres eran aun mayores. Figueroa les pidió a Bono de Quejo, al capitán Dortas y a Antón García que examinasen a esos indios; un cacique de Cumaná actuó de intérprete. Bono concluyó que todos ellos eran caribes. De los 108 indios consultaron a 78. Quienes pudieron probar fehacientemente que no eran caribes fueron declarados naborías y dejados en calidad de tales bajo la custodia de Tapiés. Los tres examinadores confirmaron la opinión del intérprete pero, pese a ello, el gobernador no quedó convencido, ya que algunos de los compradores reconocieron que no todos eran caribes. Figueroa encargó entonces una nueva investigación al alcalde ordinario, Francisco de Vallejo y Antonio de Ojeda, que conocían las regiones en cuestión. Los oficiales españoles comenzaban a acostumbrarse a ese tipo de investigaciones.

Tras estas investigaciones, la conclusión fue que la Corona permitiría a los funcionarios participar en la consecución de esclavos, siempre y cuando lo hiciesen a título personal, sin ningún tipo de asociación comercial. La ilegalidad de la venta de naborías fue proclamada de nuevo.[16]

Por más que Figueroa diese la impresión de ser hombre indulgente y de buen corazón, también trató de lucrarse con todo tipo de operaciones. Creó una sociedad con Alonso Gutiérrez de Aguilón, de Azúa, un experto plantador, para construir un moderno molino de azúcar, y envió a su sobrino Alonso de Aguilar para que hiciese lo mismo en el norte de la isla. Además, entre 1519 y 1520, unas 34 flotillas partieron en las habituales direcciones, norte y sur, en busca de perlas y esclavos, y probablemente aportaron 1 500 esclavos. Otra veintena de flotillas partió de San Juan rumbo a la Costa de las Perlas y trajo más de quinientos marcos en perlas. Antonio Serrano, el procurador, al regresar de España, abordó la elaboración de un proyecto para conseguir esclavos de los nuevos enclaves portugueses en Brasil y traerlos a La Española en naves castellanas.[17]

Figueroa atacó a muchos de los antiguos constructores de naves de Santo Domingo que tenían amigos poderosos en España. Aunque de extracción humilde, o quizá precisamente por ello, era una persona altanera y no se privó de afirmar que «no hay mercader que tenga consciencia ni verdad», algo que, aunque fuese cierto, no era una observación pensada para agradar. Los constructores de naves contaban con el apoyo de tres jueces de la Audiencia (Matienzo, Villalobos y Vázquez de Ayllón), además de con amigos en la corte. Aunque, ciertamente, todo el mundo tenía amigos en ella. Las Casas, que prácticamente era quien dictaba la política, aunque no las actividades concretas, estaba permanentemente en la corte.

En octubre de 1519, todavía en Molins de Rei, cerca de Barcelona, fray Bartolomé vio al obispo Juan de Quevedo, el muchachito campesino de los montes cántabros que fue a las Indias con Pedrarias en calidad de obispo y que fue invitado a cenar por el secretario de obras de beneficencia, el obispo Ruiz de la Mota. También asistió a la cena un secretario real, Juan de Samano, notario y protegido de Conchillos, que sobrevivió al eclipse de su valedor y que no tardaría en ser nombrado por Cobos como su adjunto para todo lo relacionado con las Indias. Las Casas se acercó a Quevedo y le dijo: «Señor, por lo que me toca de las Indias, soy obligado a besar las manos de vuestra señoría.»

Quevedo le preguntó a Samano, que disfrutaba de ciertas canonjías en Cuba: «¿Quién es este padre?», a lo que Samano repuso: «Señor, el señor Casas». Quevedo exclamó entonces: «¡Oh, señor Casas, ¿y qué sermón os traigo para predicaros?» Las Casas le replicó en estos términos: «Por cierto, señor, días ha que yo deseo oír predicar a vuestra señoría, pero también a vuestra señoría certifico que le tengo aparejados un par de sermones, que si los quisiere oír y bien considerar, que valgan más que los dineros que trae de las Indias.» Quevedo repuso a su vez, furioso: «Andáis perdido, andáis perdido.» Entonces terció Samano para decirle a Quevedo que el Consejo del Reino veía con satisfacción las ideas de Las Casas, pero a Quevedo no pareció convencerle el argumento y añadió «que con buena intención podía cometer cosa deshonesta, que fuese pecado mortal».[18]

Cuando Las Casas iba a seguir replicando, el obispo Ruiz de la Mota salió de los aposentos reales y se llevó a Quevedo a cenar con él junto a Diego Colón y a Juan de Zúñiga, que había sido miembro de la casa del difunto Felipe I y futuro tutor de Felipe II.[19] Después de cenar, Las Casas se acercó a Ruiz de la Mota, que estaba jugando a las tablas. Mientras seguían el juego, uno de los presentes, que había estado en La Española, dijo que era posible cultivar trigo en la isla, pero Quevedo lo negó. Las Casas sacó entonces unos granos que habían crecido bajo un naranjo en una huerta de Santo Domingo, y Quevedo le espetó: «¿Qué sabéis vos? Esto será como los negocios que traéis; ¿vos qué sabéis de lo que negociáis?»

Las Casas replicó: «¿Son malos o injustos, señor, los negocios que yo traigo?» A lo que Quevedo respondió con otra pregunta: «¿Qué sabéis vos o qué letras y ciencia es la vuestra, para que os atreváis a negociar los negocios?» Las Casas replicó: «Sabéis, señor obispo, cuán poco sé de los negocios que traigo, que con esas pocas letras que pensáis que tengo, y quizá son menos de las que estimáis, os porné mis negocios por conclusiones, y la primera será: que habéis pecado mil veces y mil muchas más por no haber puesto vuestra ánima por vuestras ovejas, para libralIas de las manos de aquellos tiranos que os las destruyen. Y la segunda conclusión será, que coméis sangre y bebéis sangre de vuestras propias ovejas. La tercera será, que si no restituís todo cuanto traéis de allá, hasta el último cuadrante, no os podéis más que Judas salvar.» El obispo, al ver que no podría aventajar a Las Casas en su disputa, comenzó a reír, a lo que Las Casas exclamó: «Reísos, señor. Debríades de llorar vuestra infelicidad y de vuestras ovejas.» Y el obispo replicó: «Sí, ahí tengo las lágrimas en la bolsa.»[20]

El obispo Ruiz de la Mota había seguido jugando a las tablas mientras tenía lugar esta conversación. Diego Colón y Zúñiga terciaron en favor de Las Casas. Luego, Ruiz de la Mota fue a ver al rey y le contó todo lo ocurrido entre fray Bartolomé y el obispo Quevedo, sugiriendo que acaso el monarca quisiera escuchar lo que «micer Bartolomé» decía acerca de las Indias. El monarca decidió que compareciesen ambos ante él al cabo de 3 días.

Antes de la comparecencia, fray Cristóbal del Río, un franciscano que se hallaba en Santo Domingo, había llegado a la corte y había referido también lo que venía ocurriendo allí. Se entrevistó de inmediato con Las Casas y le dijo: «Señor, yo he sabido los negocios y pasos en que andáis, que son de apóstol verdadero; yo he estado en las Indias, y he visto daños que aquellas miserables gentes padecen [los nativos].»

Luego, el franciscano pronunció un sermón en Molins de Rei y, como quiera que allí sólo había una iglesia, la corte de España tuvo que oír forzosamente el relato de las abominables actividades de sus compatriotas en las Indias.

Al cabo de tres días, al toparse el obispo con Las Casas en la estancia que Carlos utilizó como salón del trono, exclamó: «Padre, ¿qué hacéis agora vos aquí?, ¿bien parece a los frailes andar por la corte? ¿Mejor les sería estar en sus celdas y no venir a palacio?» A lo que Las Casas replicó: «Así me parece, señor obispo, que nos sería mejor estar en nuestras celdas a todos los que somos frailes.» (Quevedo también era franciscano.) El obispo sugirió entonces que Las Casas se marchase para que el rey no lo encontrase allí, a lo que el fraile replicó: «Callad agora, señor obispo, y dejad salir al rey e veréis lo que pasa.»[21]

Llegó entonces el rey y se sentó en su improvisado trono, rodeado por Chièvres, Gattinara, el obispo Ruiz de la Mota, el licenciado Agustín Aguirre, y otros tres o cuatro allegados a la corte, entre los que se encontraba el historiador Oviedo. Este último aspiraba a conseguir tierras y las obtendría en Santa Marta, Colombia, pero no la autorización para viajar hasta allí con un centenar de hombres de la Orden de Santiago, tal como había pedido. Las Casas ridiculizó la idea, pese a no estar en situación, porque había propuesto la fundación de una orden especial de caballeros. Oviedo acababa de regresar del territorio de Pedrarias, tal como el obispo había hecho, y, como es natural, tenía mucha experiencia de la corte. Agustín Aguirre, el vicecanciller de Aragón (a pesar de su apellido vasco), había estado con Carlos V desde 1517. El rey Fernando lo había encarcelado en una ocasión, bien porque se había opuesto a la concesión de un subsidio al rey por las Cortes de Calatayud o, como algunos dijeron, porque se había mostrado demasiado amistoso con la joven reina Germana de Foix (que, en 1518, cuando tenía veintinueve años, parece ser que tuvo un breve devaneo con el joven rey, que sólo tenía dieciocho y que, como se recordará, había recibido el encargo de su abuelo Fernando de velar por ella).[22]

Gattinara le dijo al obispo: «Reverendo obispo, Su Majestad manda que habléis si algunas cosas tenéis de las Indias que hablar.»[23] Gracias a Gattinara, todo el mundo se dirigía ahora en España al rey como Su Majestad en lugar de como Su Alteza. Cobos había escrito a todos los nobles y a todos los funcionarios asegurándoles que eso no significaba que el rey pretendiese reducir el prestigio de sus reinos españoles, pero las cartas enviadas al monarca ya no deberían ser dirigidas al «muy noble y poderoso señor» sino a su «Sacra, cesárea, católica, real majestad». Gattinara también había querido que Carlos abandonase la tradicional manera de firmar de los monarcas españoles («yo, el rey») por simplemente «Carlos», pero éste se negó.[24]

Quevedo le hizo entonces un cumplido al rey en latín diciéndole que su rostro, al igual que el de Príamo en *La Ilíada*, lo hacía digno de un imperio. A todo el mundo le gustó la frase, sobre todo al rey, aunque olviden el destino del rey Príamo. Luego Quevedo dijo que, ciertamente, tenía muchas cosas importantes que decirle al rey acerca de las Indias y pidió que aquellos que no formaban parte del Consejo del Reino fuesen invitados a salir de la estancia.

Gattinara habló con el rey al oído y luego dijo: «Reverendo obispo, Su Majestad manda que habléis si tenéis que hablar.» El obispo repitió que lo que quería decir era secreto. Gattinara volvió a consultar con el rey y entonces dijo: «Reverendo obispo, Su Majestad manda que habléis si tenéis que hablar, porque los que aquí están son llamados para que estén en este Consejo.»

Entonces el obispo se decidió a hablar, a pesar de la presencia de Las Casas. Habló reverentemente del abuelo del rey, el rey católico, que fue el primero en enviar una flota al nuevo mundo. Añadió que él había vivido en tierra firme, en Darién, durante cinco años, y muchos de sus amigos habían muerto allí de hambre, debido a que la expedición no había llevado suministros suficientes. El primer gobernador de Darién, Núñez de Balboa, había sido, sin duda, malo, pero el segundo había sido peor. De modo que «determiné venir a dalle noticia dello como a rey y señor». En cuanto a los indios, dijo «aquellas gentes son siervos *a natura*», como lo expresó el filósofo Aristóteles.

Entonces fue invitado a hablar micer Bartolomé, que dijo que era uno de los más veteranos de quienes habían ido a las Indias, «yo soy de los más antiguos que a las Indias pasaron y ha muchos años que estoy allá, en los cuales he visto por mis ojos [...] cometer en aquellas gentes mansas y pacíficas las mayores crueldades y más inhumanas que jamás nunca en generaciones por hombres crueles [...] sin alguna causa ni razón, sino solamente por la cudicia, sed y hambre de oro insaciable de los nuestros. [...] y uno de los que a estas tiranías ayudaron ha sido mi padre mismo [Gabriel de Peñalosa] [...]». Según él, estos crímenes se habían cometido por dos vías: la primera, como consecuencia de guerras injustas en las que el número de personas, ciudades y naciones aniquiladas era incalculable, «no tienen número las gentes, pueblos y naciones que han muerto»; la otra vía de exterminio de los indios había sido someterlos a «los increíbles trabajos que en sacar el oro padecen».

«Viendo todo esto yo me moví, no porque yo fuese mejor cristiano que otro, sino por una compasión natural.» Las Casas describió que fue a decirle al rey Fernando todas estas cosas, y que había hablado con Cisneros y luego con Le Sauvage. Reiteró que «aquellas gentes [...] capacísimas de la fe cristiana [...] y, de su *natura*, son libres y tienen sus reyes y señores naturales [...] y a lo que dijo el reverendísimo obispo que son siervos *a natura* [hay que hacer notar] que el filósofo [a quien citaba, o sea, a Aristóteles] era gentil [no era creyente] y que está ardiendo en los infiernos».[25]

Añadió que la religión cristiana predicaba el mismo trato para todos, que, en verdad, no había nadie que fuese «esclavo por naturaleza», y que convenía recordar que Jesucristo murió también por esos pueblos.

Este parlamento duró tres cuartos de hora, pero la proverbial elocuencia de Las Casas consiguió mantener la atención de los presentes hasta el final. Cuando hubo terminado, el franciscano Cristóbal del Río fue invitado a tomar la palabra y brevemente, aunque con firmeza y ardor, confirmó el descenso de la población india. También Diego Colón habló de los sufrimientos que tenían que soportar los indios.

Cuando el almirante hubo concluido, el obispo Quevedo se levantó y pidió replicar. Pero, tras consultar de nuevo con el rey, Gattinara dijo: «Reverendo obispo, si tenéis algo más que decir, deberéis hacerlo por escrito.» El rey regresó entonces a sus aposentos y se dio por terminada la reunión, aunque no sin que antes el canciller Gattinara diese su aprobación ante los presentes a las ideas de Las Casas.

¡Qué extraordinaria conversación la referida! Sólo tenemos conocimiento de ella a través de Las Casas y, por supuesto, debemos ser prudentes en cuanto a aceptar sin más todo lo que dice. Pero no cabe duda de que la elocuencia de fray Bartolomé no sólo convenció al experto Gattinara, sino también al rey. Y las consecuencia no serían baladíes.

Quevedo escribió sus recomendaciones, que, para sorpresa de todos, no se contradecían con las de Las Casas. En primer lugar, describió las carnicerías que había visto en Darién (y en las que había participado), en las que murieron quinientos indios, y, en segundo lugar, hizo sugerencias para remediar males semejantes. Esto equivalía a poner seriamente punto final a las entradas que habían seguido realizándose pese a estar prohibidas. El obispo decidió entonces cenar lo antes posible con Gattinara, con la idea de aprovechar la sobremesa para entregarle varias memorias. También invitó a Laxao, aunque, al parecer, también él tenía una buena comida. Luego, ambos estadistas leyeron las memorias, y con satisfacción, porque comprobaron que justificaban en gran medida las ideas y proyectos de Las Casas. Antes de la Navidad de 1519, Gattinara mandó comparecer a fray Bartolomé, lo condujo a su gabinete y, pasándole una de las gruesas velas que tenía encima de una mesa, le dijo que leyese la memoria del obispo. Las Casas le dijo luego a Gattinara que le gustaría firmar los documentos por sí mismo. «¿Qué más crueldades y destrucciones de aquella tierra he referido a vuestra señoría que éstas?»

Finalmente, Carlos y Gattinara aprobaron los proyectos de Las Casas. ¡Qué gran oportunidad se le brindaba ahora al sacerdote! El problema radicaba en que sus ideas eran sumamente fantasiosas; había ganado la batalla de las ideas pero no tenía nada serio que proponer.

Las Casas escribió en su *Historia*: «Y si no tuviera la prisa que el rey tuvo, ya electo emperador, para se partir de España y proseguir el intento de emperador, ciertamente fueran bien dichosas las Indias.»

Fray Bartolomé seguía instando a que se pusiera en práctica su plan respecto a los caballeros del Toisón de Oro. Contaba con que la orden contase con cincuenta miembros, y que cada uno de ellos aportase 75 000 maravedís. El dinero ingresado por este procedimiento serviría para fundar la colonia. Los caballeros vestirían una túnica blanca con una cruz roja bordada en la parte delantera, similar a la que llevaban los caballeros de la Orden de Calatrava. Su campo de acción abarcaría las célebres mil leguas que tenía el territorio entre Santa Marta y Paria. Las Casas prometió que se obtendrían grandes beneficios, sobre todo en forma de perlas.

Fernández de Oviedo se opuso a su idea, aduciendo que él tenía otro plan más rentable. Había llegado a detestar el fanatismo de Las Casas de una manera que terminaría por reflejarse en su propia historia en las Indias. Pero Diego Colón, al igual que tantos otros, estaba fascinado por Las Casas, y le escribió a Gattinara a favor de sus ideas. Los ocho predicadores dominicos del rey escribieron una carta conjunta contra las encomiendas y propusieron que se nombrasen gobernadores asalariados para garantizar que los españoles enseñasen a los indios a practicar la agricultura. El obispo Fonseca, que estaba en La Coruña organizando la flota con la que el rey se trasladaría a Alemania, redactó una relación de treinta objeciones a los proyectos de Las Casas.

Otro consejero escribió: «No hay garantías de que lo que propone Las Casas tenga éxito; entra en conflicto con los privilegios de quienes viven ahora en La Española, aparte de que existen otras razones, secretas pero de peso, contra Las Casas que me inducen a recomendar la desaprobación de su plan.» Pero, convencido por fray Bartolomé, Gattinara aconsejó al rey que ignorase las opiniones de Oviedo y de Fonseca. La situación se suavizó debido a la muerte, la Nochebuena de 1519, de Oviedo, a causa de unas fiebres que probablemente contrajo en las Indias. Las cuestiones planteadas por Las Casas quedaron pendientes de decisión por parte del Consejo del Reino, que cabía suponer que no tardaría en reunirse en Burgos.[26]

CAPÍTULO 31

El Imperio sólo procede de Dios

> Por fin se me ha conferido el *imperium* con el consentimiento único de Alemania, y con Dios, que espero que me dirija y ayude. Porque en verdad se equivoca quien cree que por medio de hombre o riquezas, por estratagemas o medios ilegales, puede hacer que el imperio del mundo entero caiga en su poder. Pues el Imperio sólo procede de Dios.
>
> El rey-emperador Carlos en Santiago de Compostela, 1520

Mientras en la corte tenían lugar estas sesudas discusiones, asuntos internacionales de mayor envergadura comenzaban a hacerles sombra.

La cuestión de lo que iba a pasar en el imperio alemán se estaba convirtiendo en la mayor preocupación de Gattinara, Chièvres y Carlos. El diálogo *Vadiscus*, de Ulrich von Hutten, sobre los males que, en opinión del autor, la Iglesia católica había causado a Alemania, era un patriótico guantelete lanzado contra Roma. Exaltaba el recuerdo de la antigua libertad de Alemania. El 20 de febrero, los electores de Maguncia y Sajonia escribieron a Carlos apremiándolo a que acudiera rápidamente a Alemania. Ya no se respetaban las viejas leyes y temían que, a menos que regresara pronto, tendría lugar un desastre sin precedentes.[1] En marzo, Von Hutten exhortó a Carlos V y a su hermano a encabezar la lucha contra la opresión de Roma. 1520 fue también el año en que Suleimán I llegó al trono otomano y revocó la política conciliatoria de su padre Selim I, que hasta entonces sólo había deseado atacar Persia y Egipto, y no al imperio cristiano. Así pues, Carlos se vio a partir de entonces esporádicamente en guerra con los turcos, que a su vez estaban, en lo que para el resto de Europa era un escándalo, aliados con Francia. Al mismo tiempo, Barbarroja, el pirata turco, se erigió en un formidable enemigo en el Mediterráneo occidental (ocupó Argel en 1516).[2]

Gattinara deseaba a toda costa asegurarse de que Carlos gobernara sus vastos dominios de forma eficiente. A principios de 1520 escribió otra carta al emperador, que entonces ya lo era, dándole más consejos y diciéndole que «debe permitírsele a cada uno de los países de los que sois el gobernante que se gobiernen a sí mismos según sus antiguas leyes y tradiciones. Cada país, además, debe tratar y disponer que sus gastos no excedan sus ingresos».[3] Pero Gattinara también creía que un contable general debería supervisar todas las finanzas reales.[4] No se mencionaban las implicaciones que ello podría tener para el Imperio de las Indias.

El 23 de enero, la corte española partió hacia Burgos. Por el camino, en Calahorra, durante años una sede de los Mendoza, el secretario Cobos convocó las Cortes castellanas para que se reunieran en Santiago el 20 de marzo. El rey, como era habitual, necesitaba más dinero. ¿Por qué en Santiago? Pues porque el rey quería estar cerca de La Coruña, el puerto en el que se embarcaría, y quizá también quería estar lejos de un lugar tan peligrosamente bullicioso como Burgos. Chièvres trató de persuadir a las autoridades municipales de Valladolid, que eran independientes de las Cortes, para que hicieran una aportación monetaria a la Corona en aquel mismo momento. Pero la ciudad estaba revuelta porque habían llegado los procuradores de Toledo y estaban tratando de persuadir a aquellos de sus colegas que querían escucharlos de que se opusieran a todo tipo de nuevas concesiones económicas hasta que se hubieran satisfecho sus demandas.

Valladolid era un hervidero de rumores: ¿iba quizá el rey a La Coruña para abandonar España para siempre? Se hizo sonar la campana de la iglesia de San Miguel y la gente se echó a la calle para protestar. El rey recibió a dos procuradores de Toledo, Alonso Suárez y Pedro Laso, que le pidieron que escuchara sus peticiones. Pero Carlos les dijo que tenía que ir inmediatamente a Tordesillas para ver a su madre Juana. Sabía perfectamente que Valladolid era la ciudad de España con la opinión más dividida. Chièvres, al oír a la multitud en las calles, decidió que había que marcharse inmediatamente a pesar de la fuerte lluvia. Un grupo intentó cerrar la puerta de la ciudad para impedir la huida del rey, pero la guardia real, a pesar de que no era muy numerosa, los dispersó, y Carlos y Chièvres galoparon el corto camino de unos veinticinco kilómetros que los separaba de Tordesillas, adonde llegaron al anochecer. La corte les dio alcance allí, pero encontraron al rey tan desconcertado como la Fronda desconcertó a su tataranieto Luis XIV, ciento treinta años después.[5]

Después de haber visitado a su amargada madre y lejos de ser considerado, de haberla dejado al cuidado del marqués de Denia, Carlos partió de Tordesillas el 9 de marzo y se encaminó a Galicia. Se detuvo en Villalpando, que había sido una fortaleza templaria, donde volvió a encontrarse con algunos de los problemáticos toledanos a los que se habían unido procuradores de Salamanca. Los recibieron Ruiz de la Mota y García de Padilla, el secretario del rey Fernando que había logrado intrigar astutamente para recuperar su influencia con Carlos (se lo encuentra firmando documentos sobre las Indias desde 1518, y ahora actuaba como líder del pequeño grupo de altos cargos del Consejo de Castilla que trataban los temas imperiales en lugar del obispo Fonseca, que estaba en La Coruña). Ruiz de la Mota dijo que, a menos que los toledanos manifestaran de antemano en qué consistía su petición, no serían recibidos. Avanzaron algo de lo que deseaban: querían ser consultados, la misma demanda que los parlamentarios habían puesto ante los reyes desde hacía siglos. Así pues, Ruiz de la Mota les pidió que regresaran a las dos de la tarde. Lo hicieron y presentaron sus peticiones.

Ruiz de la Mota les dijo entonces a los procuradores que el rey se disponía a partir para Benavente y allí se los volvió a recibir. Pero en esta ocasión sólo vieron a Antonio de Rojas, el arzobispo de Granada y presidente del Consejo del Reino, y a Padilla, que les dijo que no se metieran en los asuntos del rey. Decidieron continuar hasta Santiago, adonde arribaron el monarca y su corte el 24 de marzo, después de pasar cada noche desde el 9 de marzo en un lugar distinto y después de haber visto muchos de los lugares más rústicos de Galicia. El rey, la corte y los procuradores fueron recibidos por el primo del obispo Fonseca, Alonso, quien, como habían sido su padre y su abuelo, era arzobispo de Santiago. El arzobispo se encargó de agasajar a los recién llegados con marisco, fruta y otros manjares por los que todavía hoy es famosa Galicia.[6]

A la mayoría de los cortesanos les parecía un error celebrar las Cortes en Santiago de Compostela, un lugar remoto al que pocos monarcas se habían acercado. Sin embargo, la asamblea se inauguró según estaba previsto el 1 de abril en una capilla del claustro del monasterio de San Francisco (fundado por san Francisco en persona, según se dice).[7] Los participantes eran muy diversos, pues entre los procuradores había muchos amigos del rey: García Ruiz de la Mota, hermano del obispo, con Juan Pérez de Cartagena, de la gran familia de conversos, llegaron desde Burgos, y el secretario real Cobos y Gonzalo de Salazar acudieron desde Granada.[8] El astuto cortesano Hernando de Vega, virrey de Galicia desde hacía mucho tiempo, presidió, por supuesto, la asamblea, al igual que García de Padilla y Luis Zapata, este último actuando como secretario.

En ese mismo lugar, en el claustro, Ruiz de la Mota pronunció un asombroso discurso presentando la idea imperial, un discurso que, al parecer, había escrito el médico de la casa del rey, el intelectual milanés Ludovico Marliano, el mejor amigo de Gattinara. Pedro Mártir dijo de él que era «la otra mitad del alma de Gattinara». Había diseñado para Carlos el lema *Plus Ultra* y, como resultado, o al menos eso se decía, había sido nombrado en dos obispados españoles, los de Tuy y Ciudad Rodrigo. Carlos, dijo Ruiz de la Mota, era «más rey que otro, porque tiene más y mayores reynos que otro», aunque Castilla «es el fundamento, el amparo, y la fuerza de todos los otros». Echando la vista atrás, recordó que una vez España había enviado sus tributos a Roma. También envió emperadores, como por ejemplo Trajano, Adriano y Teodosio. Ahora «el imperio vino a buscar a la España [...] Rey de Romanos y emperador». Del mismo modo, «el huerto de sus placeres, la fortaleza para su defensa, la fuerza para atacar, su tesoro y su espada han de ser los reinos de España». Ruiz de la Mota era uno de los que se había esforzado por enseñar a Carlos a hablar castellano. Una buena elección, sin duda, pues «no hay quien con más facilidad y elegancia que éste maneje el idioma patrio».[9]

Habló entonces Carlos (probablemente su discurso lo había escrito Gattinara); dijo: «Por fin se me ha conferido el *imperium* con el consentimiento único de Alemania, y con Dios, que espero que me dirija y ayude. Porque en verdad se equivoca quien cree que por medio de hombres o riquezas, por estratagemas o medios ilegales, puede hacer que el imperio del mundo entero caiga en su poder. Pues el imperio sólo procede de Dios. Tampoco he tomado a mi cargo tan grandes trabajos en interés propio. Pues yo muy bien podía contentarme con el *imperium* español, con las Baleares y Cerdeña, con los reinos de Sicilia, con buena parte de Italia, Alemania y Francia y con, diríase, otro mundo cargado de oro [las Indias, seguramente].» Ésta fue la primera referencia pública de Carlos al Nuevo Mundo.

«Pero ahora ciertas necesidades me obligan a partir a unos viajes. La decisión debe tomarse partiendo del debido respeto a la religión, cuyos enemigos han crecido tanto que ni siquiera la tranquilidad de la comunidad ni la dignidad de España ni el general de mis reinos están dispuestos a tolerar tal amenaza. Pero es difícil que existan, o se mantengan, a menos que una a España con Alemania y añada el título de *caesar* al de rey de España.»[10]

Carlos hizo entonces dos promesas: primero, a pesar de que ahora debía marchar a Alemania, volvería antes de que hubieran transcurrido tres años; segundo, no nombraría a más extranjeros para ocupar cargos en España. También dijo que todo lo que había dicho Ruiz de la Mota lo había dicho siguiendo sus deseos.

Los procuradores escucharon la augusta declaración con interés, pero tenían sus propias peticiones que hacer, más prácticas, aunque quizá no del todo comprensibles. No querían que un extranjero como Gattinara estuviera en las Cortes en Santiago, igual que no habían querido que Le Sauvage estuviera en Valladolid. Los procuradores de Salamanca se habían negado a jurar lealtad al rey a menos que sus peticiones fueran atendidas. Entonces fueron disueltos. Pedro Laso de Salamanca insistió en que el rey debía atender las protestas de las ciudades, mientras que los nobles de Galicia salieron de su antiguo letargo para exigir que sus ciudades también enviaran procuradores a Cortes. ¿Por qué debían limitarse las Cortes de Castilla a los representantes de unas pocas ciudades castellanas y no acoger a los de Santiago o La Coruña?

Chièvres envió a Cobos y a Juan Ramírez, el secretario del Consejo Real, a los aposentos de los toledanos para decirles que el rey les ordenaba que abandonasen Santiago. Los toledanos, dirigidos por Alonso Ortiz, fueron a ver a Chièvres, que aceptó un trato: los procuradores se retirarían a El Padrón, a unos veinte kilómetros al oeste de Santiago, la ciudad donde se había lavado el cuerpo de Santiago en el río Ulla en su féretro de piedra. Pero el rey siguió negándose a recibirlos. Se retiró al monasterio de San Lorenzo durante Semana Santa. Ortiz continuó presionando a Chièvres, Zapata y Cobos; el debate continuaba. Cobos, en su poco convincente papel de representante por Granada, propuso la concesión de un generoso subsidio a la Corona. Gattinara, en sus memorias, dijo que se había opuesto a la petición de Carlos de una subvención que pagara su viaje a Alemania, pero los archivos muestran que el canciller habló varias veces a favor de ello.[11] No parece que el insigne piamontés se cohibiese al verse obligado a hablar en español.

Tras Semana Santa, la corte dejó Santiago y se dirigió a La Coruña. Carlos ordenó a las Cortes, es decir, a los procuradores, que se reunieran con él allí. La Coruña tenía entonces un puerto pequeño, pero ya se había establecido en los dos márgenes de su península. La margen este tenía un muy buen puerto, desde donde estaba planeado que el rey zarpara hacia su imperio del norte, con una breve escala en Inglaterra, muy hábil desde el punto de vista diplomático. En el intervalo entre las reuniones en las dos grandes ciudades de Galicia, los cortesanos de Carlos persuadieron con astucia a la mayoría de los procuradores para que apoyaran la concesión del subsidio.

El rey en persona pasó mucho tiempo durante sus últimas semanas antes de partir hacia el norte discutiendo sobre las Indias. En consecuencia, el 17 de mayo de 1520, Carlos volvió a nombrar a Diego Colón como gobernador de las Indias sin definir de forma clara cuáles serían sus poderes y atribuciones, pues iba a ser gobernador y virrey de la isla de La Española, así como de todas las demás islas que el Almirante había descubierto en aquellos mares («gobernador y visorrey, así de la isla Española como de los otras islas que el Almirante [su padre] descubrió en aquellas mares [...]»). Con ello parecía implicar que Diego no sólo iba a recuperar las islas en el Caribe, Cuba, Jamaica y Puerto Rico, además de La Española, sino también la costa norte de Sudamérica, desde el Orinoco hasta Honduras, que su padre había visitado en su tercer y cuarto viajes en 1498 y 1502. Este decreto parecía acabar con la relativa independencia de Cuba, Jamaica y Puerto Rico, que se sustentaba en el anterior nombramiento como «tenientes del gobernador» de Velázquez, Esquivel y Ponce precisamente por Diego Colón. Pero en realidad no iba a cambiar nada. Los «tenientes del gobernador» se convertirían en gobernadores de los mismos territorios, Diego estaría muy lejos, como una especie de distante tribunal de apelación. Se le hizo otra concesión a Diego: no estaría sujeto al juez de residencia desde el momento en que abandonase su cargo, pero sí se lo declaró sujeto a la investigación de los comisarios que podrían instituir lo que podría parecer un proceso similar al del juez de residencia en todo menos en el nombre.[12]

El decreto de 17 de mayo relativo a Diego Colón era muy detallado. Fue firmado por Gattinara, Cobos, Ruiz de la Mota, Luis Zapata y un tal doctor Jossa, un nuevo letrado de Cataluña. En su artículo doce declaraba, en palabras que se leían como si hubieran sido escritas por Las Casas, que Dios había creado a los indios libres y no sometidos a nadie. Tampoco estaban obligados a prestar ningún tipo de servicio a los españoles. El artículo trece era igualmente positivo,[13] pues reflejaba un acuerdo entre el rey y el Consejo, en virtud del cual se estipulaba que «los indios generalmente debían ser libres y tractados como libres y traídos a la fe por la vía que Cristo dejó establecida».[14]

Para entonces, Diego Colón había establecido una alianza con Las Casas, al que había garantizado que él en persona trabajaría por la evangelización de los indios en el continente. Otro artículo disponía que don Diego recibiría una décima parte de todo el oro, perlas, plata y otras piedras preciosas que se encontrasen en las Indias, así como también un décimo de otros productos. Todavía otro artículo más, el veintidós, declaraba que la fundación de nuevas ciudades y municipios no podría hacerse sin su aprobación. Puede que el imperio fueran a construirlo hombres libres para hombres libres, pero sus acciones iban a estar limitadas por las leyes castellanas.

El cardenal Adrian se había mantenido silencioso, incluso invisible, durante muchos meses, pero ahora se lo nombraba sorprendentemente y contra toda lógica regente en España durante la próxima ausencia del monarca. El responsable del nombramiento fue Chièvres. Hizo un solemne y sesudo discurso en el cual dijo que «por razones naturales, auctoridades de la Ley divina y de los Sanctos doctores de los derechos y leyes humanas y eclesiásticas, cómo aquestas gentes infieles habían de ser traídas al cognoscimiento de Dios [...] por paz y amor [...] y no por guerra ni servidumbre [vía mahomética]».[15] Las Casas pensó que esta declaración le permitiría seguir adelante con todos sus planes de colonización con apoyo de la Corona.

El territorio que Las Casas seguía considerando que debía desarrollar era el que se extendía desde Santa Marta a Paria, es decir, la mayor parte de la costa, lo que hoy sería la mayor parte de Colombia y toda Venezuela. No se le concedió el monopolio de las perlas que de nuevo había solicitado y se prohibió la apropiación de perlas y todas las acciones violentas contra los indios en Sudamérica. Los indios anteriormente capturados en ese territorio, y que ahora estaban en La Española como esclavos, serían puestos en libertad y devueltos a casa.

A cambio, Las Casas garantizó que pacificaría y convertiría a los indios puestos bajo sus auspicios y que los organizaría en pueblos, de modo que, en un plazo de dos años, el rey pudiera tener allí unos diez mil vasallos que le pagaran tributos. Las Casas pagaría a la Corona un alquiler de 5 625 millones de maravedís tras el tercer año, 11 250 millones tras el sexto y 22 500 millones de maravedís después del décimo.

Los cincuenta españoles que serían el brazo fuerte de esta mágica operación, los caballeros de la Espuela Dorada, serían, según la esperanza expresada por Las Casas, «personas modestas, sujetas a la razón, que, por su buena voluntad, se dedicarían al trabajo más por su propia virtud y por servir a Dios que por buscar riquezas; a pesar de que ciertamente podrían enriquecerse de forma legal».[16]

El rey también dio instrucciones a Figueroa de liberar a los indios que hubieran de ser liberados «con toda la celeridad que sea razonable». Debía comenzar con aquellos que habían sido tomados de encomenderos no residentes. También serían puestos en libertad los indios que habían quedado sin amo tras la muerte de sus encomenderos. Se debía situar al frente de estos indios a algunos «buenos españoles» para enseñarlos a trabajar a fondo. Se les proporcionaría a los indios liberados comida y herramientas hasta que comenzaran a recoger los frutos de sus cosechas. Y se asignaría a cada pueblo un sacerdote y un administrador. Figueroa quería buscar otros indios deseosos y capaces de vivir en esos pueblos, y tenía toda la intención de llevárselos pese a las protestas de los encomenderos. Estas medidas, concebidas para La Española, serían aplicadas en Puerto Rico por Antonio de la Gama, un juez sevillano recién nombrado para el cargo.[17]

Se tomó además otra decisión que en aquellos momentos pareció menos importante pero que a largo plazo se iba a revelar como la más trascendental de todas las que se tomaron en La Coruña aquellos días de mayo de 1520. El otoño anterior, dos conquistadores españoles, uno de Salamanca, Francisco de Montejo, y el otro de Medellín, en Extremadura, Alonso Hernández Portocarrero, habían llegado a Sevilla procedentes de las Indias. Montejo había ido por primera vez a las Indias en 1514 con Pedrarias, y Hernández Portocarrero había ido a Cuba en 1516. Ambos habían navegado en 1518 con Hernán Cortés a México. Después, siguiendo las órdenes de Cortés, habían vuelto de Veracruz vía Florida, guiados por Alaminos, el famoso piloto, veterano de la expedición a Florida de Ponce de León y del cuarto viaje de Colón.

Montejo había comenzado, según parecía, siendo amigo de Diego Velázquez, pero se había convertido en un seguidor incondicional de Cortés, y el resto de su vida se centró en lo que sería Nueva España. Hernández Portocarrero era primo del conde de Medellín, en cuya ciudad parece que nació. Así que probablemente era un viejo amigo de Cortés. Su madre era hermana de Alonso de Céspedes, juez de Las Gradas en Sevilla, y un contacto muy útil, aunque fuese un converso. Montejo y Portocarrero volvieron a España con nuevas noticias y un notable tesoro, así como con algunos esclavos indios de los territorios donde Hernán Cortés parecía estar construyéndose una nueva colonia con sólo seiscientos hombres. Al parecer, Cortés fue condenado por rebelión por el gobernador Velázquez, que, sintiéndose ultrajado, escribió al obispo Fonseca y a otros notables de España. Fonseca trató de arrestar y quizá incluso ejecutar a los dos hombres que habían venido presentándose como los procuradores de Cortés, técnicamente por una ciudad que había fundado en la costa del Caribe y que había bautizado como VeraCruz.

Pero el obispo Ruiz de la Mota y Cobos, que solían ser convencionales y cautos, pensaron que la corte debía esperar a ver cómo se resolvía el conflicto entre Cortés y Velázquez. Tanto ellos como sus colegas habían quedado impresionados por el tesoro que había enviado Cortés, y en su discurso en Santiago unas pocas semanas antes, como se recordará, Ruiz de la Mota se había referido a aquel territorio como un «mundo cargado de oro». Los procuradores de Cortés habían viajado con la corte durante el invierno y la primavera, y el tesoro que habían traído consigo (objetos de oro, turquesas, tallas de madera, mosaicos de plumas) se había expuesto no sólo en Sevilla, sino también en Tordesillas. El oro se había guardado en la Casa de Contratación. Lo más espectacular de la exposición eran dos grandes ruedas de plata y oro primorosamente trabajadas. Se trataba de regalos de Moctezuma a Cortés. También se había visto en la corte a los indios que Montejo y Portocarrero habían traído a España, y el rey en persona se había visto obligado a intervenir para asegurarse de que se los alojase de forma adecuada para el invierno castellano. A Montejo y a Portocarrero les acompañaba Martín Cortés, el abnegado padre de Hernán, un antiguo soldado de la guerra de Granada (y quizá incluso de la guerra civil entre la Beltraneja e Isabel). Un primo suyo, Francisco Núñez, un abogado de Salamanca, organizó una reunión entre los procuradores y un influyente miembro del Consejo de Castilla, Ladislao Galíndez de Carvajal, que era primo lejano de los Cortés.[18]

El 30 de abril, el Consejo del Reino discutió las demandas de estos procuradores. Pedían que se permitiera a Cortés continuar con su expedición sin que le atase ninguna obligación al gobernador Velázquez. En la discusión estuvieron presentes el cardenal Adrian, Gattinara, Hernando de Vega, Antonio de Rojas (arzobispo de Granada), Fonseca y el flamenco Carondelet, junto con algunos funcionarios como Diego Beltrán, Zapata, Francisco de Aguirre y García de Padilla; parece ser que Galíndez de Carvajal estuvo presente durante parte de la discusión. A estas alturas, el consejo estaba bien dispuesto hacia Cortés y, a pesar de que no decidieron sobre el tema central, permitieron que la Casa de Contratación de Sevilla les entregase a los procuradores diez mil pesos para sus gastos.[19] No se alabó a Cortés, pero tampoco se lo condenó, así que sus amigos sintieron que habían logrado una victoria memorable.[20]

El 19 de mayo de 1520, los pilotos reales anunciaron por fin que soplaba el viento adecuado para zarpar a Inglaterra, así que el rey, la reina Germana, su nuevo marido, el marqués de Brandeburgo, Frederick, conde del Palatinado, y el duque de Alba y su hijo Villafranca se embarcaron hacia aquel país del norte, acompañados por numerosos nobles y cortesanos, como el marqués de Aguilar, Pedro de Guevara, Juan de Zúñiga, Galíndez de Carvajal, Ruiz de la Mota, García de Padilla, Manrique, Cobos y, por supuesto, Gattinara y Chièvres. «Con gran música de flautas y clarinetes, y con grandes demostraciones de alegría [la corte] levó el ancla y partió» en cien barcos (fletados por Fonseca con la ayuda de López de Recalde) hacia Inglaterra y Alemania.

Atrás quedaba, en una España «cargada de penas y desgracias» un nuevo Consejo del Reino, presidido como hasta entonces por el arzobispo Rojas de Granada y en el que figuraban Alonso Tello, Hernando de Vega, el obispo Fonseca, su hermano el comandante Antonio de Fonseca y el tesorero Francisco de Vargas. Mientras tanto, el Consejo de Aragón estaría presidido por Juan, arzobispo de Zaragoza (hijo ilegítimo y sucesor del ilegítimo arzobispo don Alonso) y el de Valencia por Diego de Mendoza, conde de Melito, también hijo ilegítimo, en su caso del gran cardenal Mendoza.[21] Fonseca y Zapata actuarían como funcionarios para las Indias, junto a Vargas, Pedro de los Cobos (un primo de Francisco), Juan de Samano y ahora también ese inteligente escritor, el cortesano italiano Pedro Mártir, que había hablado tanto con hombres que habían ido a las Indias, como se podía comprobar en las cartas que enviaba a Roma. A Fonseca le gustaba Mártir: «El obispo de Burgos, con quien tengo mucha confianza, ha sido muy amable conmigo», escribió en septiembre de 1518.[22] Incluso en la actualidad resulta dudoso que cupiese denominar Consejo de Indias al organismo que integraba a aquellos hombres. Desde luego estaban actuando como un subcomité del Consejo del Reino. Pero ellos, como todos los demás comités reales, pronto se verían en conflicto, y casi barridos del mapa, por un hecho sin precedentes.

CAPÍTULO 32

La nueva tierra dorada

> He visto las cosas que le han traído al rey de la nueva tierra dorada.
>
> Alberto Durero, 1520

El rey Carlos dejó España el 20 de mayo de 1520, y se detuvo en Inglaterra como invitado del rey Enrique, su tío político, en Dover, Canterbury y Sandwich. Parece ser que allí presumió de los tesoros que había recibido de «la nueva tierra dorada» de Nueva España gracias a Hernán Cortes.[1] Por desgracia, no ha quedado ningún testimonio de lo que pensaron los ingleses. Carlos llegó a Flandes en junio y dispuso ser coronado «rey de los romanos» en Aquisgrán el 20 de octubre.[2]

En Alemania se esperaba a Carlos como si fuera el Mesías, incluso Martín Lutero había depositado grandes esperanzas en él. En agosto de 1520, este último habló de Carlos en *A la nobleza cristiana de la nación alemana* como el tan esperado líder «joven y noble». Ése fue el año de las dos grandes obras de Lutero: *De la cautividad babilónica de la Iglesia de Roma* y *De la libertad cristiana*. A principios de otoño, el más radical Ulrich von Hutten hizo una llamada directa a Carlos para que los apoyase, diciéndole que la Iglesia de Roma era el enemigo natural del emperador alemán. Carlos no reaccionó en ningún sentido. ¿Tal vez perdió aquí una oportunidad? A buen seguro, pero era demasiado buen católico como para jugar con esas emociones a la ligera.

El 23 de octubre Carlos fue coronado emperador en Aquisgrán, como lo habían sido sus predecesores.[3] Los tesoros mexicanos de Cortés se exhibieron en el salón del ayuntamiento de Bruselas y el hungaroalemán Alberto Durero, pintor predilecto de la archiduquesa Margarita, los examinó con gran placer, y escribió grandes alabanzas sobre ellos en su *Diario de su viaje a los Países Bajos*. Durero probablemente había sabido de las conquistas de Cortés en una carta, *Ein Auszug Ettlicher Sendsbrieff*, publicada en Nuremberg por el impresor Friedrich

Poel. Así que Durero estaba predispuesto a impresionarse. Escribió entonces: «He visto las cosas que le han traído al rey de la nueva tierra dorada.»[4] Es muy notable que Durero no hiciera ningún dibujo de lo que vio. De pronto, el Nuevo Mundo parecía, incluso para los curtidos cortesanos que rodeaban al emperador, una fuente de exóticas y deslumbrantes riquezas. Durero conoció a Erasmo y, ese otoño, este último le propuso un compromiso en la iglesia por el cual el papa suspendería la bula *Exsurge Domine* que había lanzado contra Lutero, y sometería todo el problema a una comisión de hombres sabios designados por el emperador, su hermano político Luis, rey de Hungría, y su tío, el rey de Inglaterra (la reputación de los ingleses, futuros cismáticos, era entonces alta en Roma. Todos ellos se abstendrían de hacer intervenir a sus ejércitos mientras los hombres sabios estuvieran debatiendo.[5]

Durante un tiempo pareció que se podría seguir con éxito una política conciliatoria. El mundo parecía al borde de profundas transformaciones. El emperador se reunió con Lutero en el famoso intercambio de opiniones conocido como la Dieta de Worms. Carlos apareció en persona, al igual que Lutero, que tenía un salvoconducto y estaba protegido por el elector Federico de Sajonia. Ciertamente, Carlos parecía mirar a Lutero como a un hereje, pero dejó entrever que no se oponía frontalmente a la reforma del clero. Todos los ojos estaban puestos en él y los conservadores papales que eran sospechosos: el nuncio, Gerolamo Aleandro, se quejó a la corte imperial de que Carlos hubiera decidido escuchar a Lutero en Wörms. Chièvres contestó: «Que el papa cumpla con su deber, que no siga enredando nuestros asuntos y nosotros haremos todo lo que él quiera.»[6]

Lutero se presentó en Worms el 16 de abril y habló de forma muy pobre. Pero dos días después habló con elocuencia, presentándose a sí mismo como un hombre que dirigía una revolución. Causó un gran impacto. La Reforma había comenzado. Pero a Carlos le dejó una impresión negativa.

El 19 de abril, Carlos hizo una declaración personal en francés: explicó cómo había heredado su lealtad a la Iglesia católica de sus antecesores, y cómo estaba decidido a ser fiel a su memoria. Había comprometido sus reinos, sus posesiones, su cuerpo, su sangre, sus amigos, su vida y su alma a esa causa, y creía que sería una vergüenza si la menor idea herética penetraba en los corazones de su audiencia. «Hemos oído hablar a Lutero y me arrepiento de no haber hablado antes contra él. Nunca volveré a escucharlo. Por supuesto, ahora tiene un salvoconducto, pero de ahora en adelante no repararé en él sino como un notorio hereje, y espero que el resto de vosotros cumpla con su deber como buenos cristianos [...].»[7]

Menéndez Pidal creía que, en este discurso, Carlos tenía muy presente el recuerdo de su devota abuela Isabel;[8] ella jamás se hubiera avenido a un armisticio con el diablo. En todos los sentidos, la posibilidad de un compromiso se había desvanecido. Se vio como si la excomunión de Lutero por León X hubiera sido ratificada por Carlos. El 4 de mayo, Lutero fue prendido por soldados del elector Federico de Sajonia y llevado al castillo de Wartburg, en Sajonia, donde, no obstante, se le permitió continuar escribiendo en paz.

Carlos tenía otros problemas: el 22 de abril de 1521, el rey Francisco I le declaró la guerra, y poco después, tres carabelas transatlánticas españolas que se dirigían al Nuevo Mundo fueron interceptadas por los franceses. La defensa se convirtió de repente en una prioridad, máxime cuando al año siguiente se avistaron por primera vez barcos franceses desde Santo Domingo. La edad de la inocencia diplomática en la que el único rival de España en las Indias era Portugal estaba llegando a su fin. Gracias a la habilidad diplomática del embajador español en Roma, el ahora experimentado Juan Manuel, Carlos forjó una alianza con el papa León X contra Francia. Pero también se preparó un edicto contra Lutero. A finales de mayo se logró una especie distinta de alianza con el matrimonio en Linz del infante Fernando, ahora el archiduque Fernando, con Ana, hermana del rey Luis de Hungría, quien a su vez se casó con María, hermana de Carlos y Fernando.

Se esfumó la esperanza de paz con Francia. Chièvres, el maestro de Carlos que había dormido en el dormitorio real durante tanto tiempo y que siempre había querido la paz con ese país, al que respetaba como soberano de Borgoña, murió en mayo. Fue reemplazado como gran chambelán por Enrique de Nassau, que nunca alcanzó a tener la misma influencia que Chièvres en las decisiones políticas. El canciller Gattinara controlaba ahora el poder político, aunque en julio de 1521, mientras pasó algunos meses en Calais reunido con sus colegas cancilleres, el orgulloso cardenal Wolsey de Inglaterra y Du Prat de Francia, Carlos comenzó a cogerle el gusto a tomar sus propias decisiones. Empezó a apoyarse más en secretarios, como los dos experimentados aragoneses Ugo de Urríes o Pedro García, así como en el encantador borgoñón Jean Lalemand, señor de Bouclans, que había sido secretario del Parlamento en Dôle, del que Gattinara había sido presidente. Prosperó de forma constante bajo la protección de Gattinara hasta que, como a menudo ocurre en las burocracias, creyó que había llegado el momento de desafiar a su benefactor.[9] A partir de entonces también Cobos comenzó a ver regularmente al emperador para hablar sobre España y sobre las Indias. Cuando, a finales de mayo, la corte dejó Wörms y partió hacia Bruselas deteniéndose en Colonia, el emperador le dio a Cobos un regalo: cuatro de las cabezas de las «once mil vírgenes», que se decía que habían sido asesinadas en esa ciudad durante el primer siglo de la era cristiana. (Como hemos visto, allí sólo había once.) Cobos las llevó, como una preciosa reliquia, a su casa de Úbeda.

Aunque Carlos parecía destinado a la grandeza en Alemania, su primera monarquía, España, parecía estar desmoronándose. El 29 de mayo de 1520, martes de Pentecostés, nueve días después de que el rey hubiera zarpado desde La Coruña, comenzó en Segovia una revuelta en toda regla, la de los comuneros, los hombres de las comunas de las ciudades.[10] Juan Bravo, un hombre decidido que se había casado con una Mendoza, era el líder rebelde en esa ciudad. Enarboló una bandera que atrajo a muchos descontentos: a aquellos que querían que el rey permaneciese siempre en España, a aquellos que odiaban a los consejeros y cortesanos flamencos y borgoñones, a aquellos que deseaban preservar la vieja España con sus ciudades independientes, y a aquellos que creían que las reformas centralistas de los Reyes Católicos habían ido demasiado lejos. Como la mayoría de movimientos de protesta, el de los comuneros tenía varios líderes.

El 6 de junio, el cardenal Adrian, aquel sorprendente regente nombrado por Carlos, llegó a Valladolid con el Consejo del Reino. El arzobispo de Granada Antonio de Rojas, el presidente, ya estaba allí, con el experimentado condestable de Castilla, Íñigo Fernández de Velasco. Debatieron el problema creado por la asombrosa actitud de los comuneros segovianos, y todos decidieron que era esencial actuar de forma decisiva, pues temían que la revuelta pudiera extenderse.

Pero eso fue exactamente lo que ocurrió: incluso la remota Murcia proclamó pacíficamente «la comunidad» (que implicaba la independencia de la ciudad), mientras que Juan Negrete se pronunciaba en Madrid. Pedro de Coca, un carpintero, y Diego de Medina, un alicatador, hicieron lo mismo en Guadalajara, la capital de los Mendoza, mientras que en Burgos el popular corregidor de Córdoba, Diego de Osorio, que había vuelto a casa a ver a su mujer, Isabel de Rojas, también arrastró a la ciudad a la revuelta. Una turba exigió que se quemara la casa del obispo Ruiz de la Mota, porque consideraban que su voto en las Cortes de La Coruña había sido muy perjudicial.

Diversos lugares de Burgos fueron saqueados durante los tumultos, entre ellos la casa del alcaide del castillo de Lara, Jofre de Cotanés, quien, furioso, dijo que la reconstruiría con las cabezas de los marranos de Burgos, poniendo dos cabezas por cada piedra que se hubiera destruido. Logró huir, pero fue capturado y ahorcado por los rebeldes. Sin embargo, la culpa no era de los judíos: los impulsores de los disturbios eran cristianos viejos. También se rebelaron con éxito muchas otras ciudades de Castilla y Extremadura, como Ávila, Toledo, Tordesillas, Plasencia, Cáceres, Badajoz, Soria, Toro y Ciudad Rodrigo. Los representantes de Ávila exigían el cese de Chièvres, Ruiz de la Mota, Padilla, y Cobos, debido a las sumas que se decía que habían sacado del Tesoro de España. Adrian ya había escrito a Carlos diciéndole que los comuneros insistían en que «las pecunias de Castilla se deben gastar al provecho de Castilla, y no de Alemania, Aragón, Nápoles, etc., y que Vuestra Majestad ha de gobernar cada una tierra con el dinero que della recibe».[11]

En septiembre, una junta de representantes de las ciudades rebeldes se reunió en Tordesillas y estableció un gobierno revolucionario. En él estaban representadas trece ciudades: Toledo, Salamanca, Segovia, Toro, Burgos, Soria, Ávila, Valladolid, León, Zamora, Cuenca, Guadalajara y Madrid. Declararon disuelto el Consejo del Reino, pues se decía que Carlos no tenía derecho a reinar mientras su madre todavía viviera. La nueva junta comenzó a emitir decretos en nombre de las comunidades y de la reina Juana sin mencionar el nombre del rey.

El viejo régimen monárquico estaba pasando por su crisis más grave. ¿Cómo acabaría todo aquello? El cardenal Adrian hizo concesiones inteligentes: el rey renunciaría a las subvenciones que se habían votado en La Coruña. La corte también acordó en los Países Bajos que no se nombrarían más extranjeros para ningún puesto importante: una concesión muy costosa que se hizo para satisfacer a los rebeldes. Luego Gattinara, desde Flandes, nombró a dos castellanos (el condestable Íñigo Fernández de Velasco, y el almirante Fadrique Enríquez) como corregentes junto a Adrian, una jugada que hizo que el rey recuperara cuando menos el favor de la gran nobleza.

Mucho antes de que esa orden hubiera llegado a España, los comuneros habían enviado un destacamento de soldados a Valladolid, con órdenes de arrestar al viejo Consejo del Reino. No lo lograron, pero sí prendieron a dos secretarios reales, Bartolomé Ruiz de Castañeda y Juan de Samano. El resto del Consejo del Reino (el arzobispo de Granada, Antonio de Rojas; el aparentemente eterno tesorero, Francisco de Vargas; el «rey chiquito» Zapata; Hernando de Vega, el perpetuo cortesano, e incluso el orgulloso obispo Fonseca) lograron huir. Las fuerzas leales al rey, dirigidas por Antonio de Fonseca, hermano del obispo y hombre que tenía reputación de muy prudente que había ganado en la guerra contra Navarra, trataron de tomar Segovia. No lo lograron, así que luego intentaron encontrar artillería en el rico enclave comercial de Medina del Campo. Tampoco en esta empresa tuvo éxito Fonseca, y además fue atacado por los habitantes de esta ciudad. Se declaró un incendio que acabó con buena parte de la ciudad y exacerbó la preocupación con que el rey contemplaba la situación. Las consecuencias del fuego fueron casi fatales para los realistas, pues la destrucción del mercado despertó las iras de las hasta entonces tranquilas ciudades del sur, pues Medina del Campo había sido uno de los centros neurálgicos de la economía española.

En septiembre de 1520, Juan de Figueroa, hermano del duque de Arcos, protagonizó un intento de golpe de Estado en Sevilla, de facto la capital del imperio. En esta ciudad, el conflicto de las comunidades no era sino otro capítulo de la vieja lucha entre la familia Ponce de León y los Guzmán, los primeros indignados por la supuesta rapacidad del tesorero municipal, Francisco de Alcázar, y la de otros conversos en el poder que se creía que eran protegidos de los Guzmán. El corregidor tenía miedo de volver de La Coruña, donde había votado a favor de la concesión de un nuevo subsidio al rey, y la única autoridad que quedaba era Andrés de Vergara, el alcalde mayor, que se había mudado al palacio de los duques de Medina-Sidonia. Otras ciudades de España experimentaron estallidos similares: puede que todo comenzara con nuevos ideales, pero pronto las viejas rencillas políticas tomaron el relevo.[12]

El 2 de septiembre, en el convento dominico de San Pablo, en Sevilla, Figueroa y un grupo de aristócratas descontentos, entre los que se incluía el arruinado tesorero, Luis de Medina, y Francisco Ponce de León, junto a Pedro y Perafán de Villasis, propusieron matar a todos los conversos. ¿Acaso no había muchos buenos y preparados ciudadanos que carecían de ingresos porque esos más que dudosos cristianos acaparaban todos los buenos trabajos?[13] El primer objetivo del ataque era la familia Alcázar, pues Pedro de Alcázar, un oficial muy responsable, había subido hacía poco los impuestos locales, cosa que entraba dentro de las atribuciones de su cargo como magistrado.[14]

Figueroa condujo a unos cuatrocientos seguidores hacia la catedral por la calle Sierpes, pero cerca del convento de San Francisco les cortaron el paso unos hombres armados. Aunque los detuvieron, profirieron tales ominosos gritos amenazando a los conversos que los más eminentes entre ellos, como Juan de Córdoba, el orfebre-banquero, Cristóbal de Alfaro, Juan Varela, el librero, y otros comerciantes de la calle Génova prepararon una carta de lealtad a la Corona en la que pedían protección al rey.[15] Algunos respetados ciudadanos firmarían luego esa carta, como los impresores Tomas Ungut, Diego de Talavera, Gonzalo de Roelas y Juan de Valladolid, muchos de los cuales eran conversos y algunos incluso reconciliados.[16]

Finalmente, el comandante del alcázar, Jorge de Portugal, le franqueó el paso a Figueroa. Pero muchos de sus seguidores lo habían abandonado y pronto se encontró rodeado. Le ofrecieron un pacto a través del arzobispo Deza; lo rechazó y el alcázar fue tomado al asalto por las fuerzas reales. Fallecieron cinco personas y el propio Figueroa resultó herido. Se convirtió en prisionero del arzobispo y ahorcaron a dos de sus seguidores en la plaza de San Francisco: a Francisco López, un comerciante de quesos, el 23 de octubre, y a Juan Velázquez, un músico (tocaba la viola), el 6 de noviembre.

Pero en el resto de España la guerra civil estaba lejos de acabarse. Acuña, el obispo de Zamora, al mando de dos mil hombres en armas, desató un poderoso movimiento popular, básicamente antiseñorial, en el territorio que rodeaba a su sede episcopal. Este obispo era el hijo bastardo de un obispo de Burgos de finales del siglo XV y había trabajado como agente de los Reyes Católicos en Roma.[17] Había sido nombrado obispo de Zamora por Julio II. En 1521 partió hacia Toledo, que sus hombres capturaron y cuyos ciudadanos fueron persuadidos para que lo nombraran arzobispo. Al mismo tiempo, en febrero de 1521, Juan de Padilla capturó Torrelobatón. Aunque aparentemente la rebelión cosechaba cada día mayores éxitos, en realidad, el movimiento estaba resquebrajándose. Pero el problema es que no sabían qué hacer con el poder que tan súbitamente habían conseguido. Todos coincidían en que querían atacar el antiguo régimen, pero no estaban de acuerdo en lo que tendría que sustituirlo. Los extremistas ganaban cada día más autoridad y todo parecía precipitarse hacia una revolución social. Sería una revolución social nacionalista, por supuesto, dirigida contra los flamencos y contra el papel imperial de Carlos, pero muchos de los comerciantes temblaban ante esta perspectiva. Los comuneros fueron a ver a la reina Juana a Tordesillas, y le ofrecieron todo lo imaginable. Dubitativa y confusa, les manifestó su simpatía, pero de una manera noble, real, leal, aunque —desde su punto de vista personal— absurda, rechazó sus ofertas. Con ello salvó a su hijo Carlos, pero se condenó a sí misma a otros treinta y cinco años de reclusión en condiciones lamentables.[18]

El 23 de abril, los comuneros, que para entonces eran ya más un ejército que un partido político, se vieron forzados a plantar batalla a las afueras del pequeño pueblo de Villalar, cerca de Toro, a un ejército que habían improvisado los nuevos regentes, el condestable y el almirante de Castilla. Fueron derrotados. Los tres principales líderes comuneros, Juan de Padilla, Juan Bravo y Francisco Maldonado, fueron capturados y ejecutados inmediatamente. En pocas semanas la mayoría de las ciudades rebeldes cayeron en manos de los leales al rey. Toledo, cuya defensa organizó María Pacheco, la viuda de Padilla, fue la que más resistió. Pero el obispo Acuña fue capturado y encarcelado en el castillo de Simancas.

Un movimiento de protesta similar pero, en muchos sentidos, más peligroso, estaba tomando forma en Valencia, donde un grupo de ciudadanos, principalmente artesanos, había formado una hermandad o «germanía» que se hizo con el control de la ciudad. Algunos de ellos, como Juan Lorena, aspiraban a crear allí una «república al estilo veneciano»; otros, como Vicent Peris, querían acabar con el poder de los aristócratas. Los nobles locales, como Pedro Fajardo, adelantado de Murcia y marqués de los Vélez, jugó con la idea de unirse a la revuelta, pero pronto la abandonó. A principios de 1522 la rebelión fue derrotada: Lorena ya había muerto, pero Peris fue capturado y ejecutado.[19]

Como consecuencia de la revuelta de los comuneros, se reforzó la vertiente autoritaria de la monarquía española. Fue la última vez que las ciudades intentaron dirigir el rumbo de los acontecimientos: desde entonces se encargaron de ello la corte y la monarquía. El Imperio español miraba a través del Atlántico a unas instituciones que parecían no cambiar nunca. Los monarcas hicieron todo lo posible por limitar todavía más el papel de las Cortes. Los procuradores siguieron existiendo, pero se vieron desprovistos de todo poder real.

El 20 de mayo de 1520, el día que el rey dejó La Coruña, Las Casas fue a ver al cardenal Adrian. Lo encontró saliendo de sus aposentos con Francisco de Soto, obispo de Almería, que había sido miembro del Consejo del Reino. Soto había trabajado con Fonseca, y ahora le dijo a Las Casas: «Besá aquí las manos a su reverendísima señoría [Adrian], porque él solo os ha libertado todos los indios.» Las Casas se rió y le contestó en latín, el lenguaje en el que conversaba con Adrian.[20] (¡Qué apropiado que fuera necesario comunicarse en latín para establecer un nuevo imperio que iba a depender de una de las más nobles provincias del Imperio romano!)

Con el rey de viaje, España en llamas y Adrian preocupado por las rebeliones, el poder respecto a las Indias quedó en manos de Fonseca, a pesar de que él mismo había abandonado sus deberes durante semanas. De igual forma, cuando la corte se restableció finalmente, Las Casas obtuvo concesiones. Se establecería una dotación especial de fondos para todos aquellos que desearan participar en el imperio de aventuras de Las Casas. Él se comprometió a pacificar a diez mil indios en dos años sin recurrir a la fuerza, y se comprometió otra vez también a dar a la Corona una renta anual. Acordó construir tres asentamientos con cincuenta habitantes cada uno; a «comunicar cualquier descubrimiento de oro», y a someterse rigurosamente a la soberanía de la Corona. Se nombraría un letrado para la administración, y se escogerían también un contable y un tesorero. Se podría enviar en cualquier momento a un inspector para supervisar el trabajo de Las Casas. Éste demostraba todavía conservar alguno de sus intereses como emprendedor que tuvo durante sus primeros tiempos como colono en Cuba.

Estaba ya listo para embarcarse otra vez hacia el Nuevo Mundo, pero la rebelión de los comuneros le impidió salir de Valladolid. No obstante, tuvo tiempo para refinar sus planes, con el apoyo del cardenal Adrian, mientras España hervía políticamente y mientras los fonsequistas más renombrados buscaban refugio allí donde podían.

El decreto restituyendo a Diego Colón al gobierno del Nuevo Mundo llegó a Santo Domingo a principios de agosto de 1520. Los viejos jueces volvieron a asumir sus viejos puestos, y los viejos oficiales reales pidieron alegremente que Figueroa, a quien odiaban, fuera sometido a la usual residencia. El teniente de Figueroa, Antonio Flores, fue pronto acusado de innumerables delitos en Cubagua (en lo que es ahora Venezuela), principalmente en la obtención de perlas, a pesar de que Figueroa había informado de que en la Costa de las Perlas todo prosperaba, gracias precisamente a Flores. En realidad, Flores estaba intensificando su dictadura en esa costa, colgando al que hasta entonces había considerado útil caudillo indígena Melchor y a algunos otros, actos que fueron consecuencia directa de una revuelta de los indígenas en la que murieron dos misioneros y otros nueve españoles.

Al final, el juez de la residencia, el licenciado Lebrón, condenó a Figueroa por sus abusos. (Lebrón ya tenía experiencia en La Española al haber llevado anteriormente una residencia contra el juez Aguilar y al haber sido un poderoso juez y teniente del gobernador en Tenerife.)

Tras los disturbios que había habido en Sevilla y el consiguiente ambiente de desconfianza que se había extendido por la ciudad, había más potenciales emigrantes interesados en las ideas de Las Casas de los que habían existido antes, especialmente puesto que San Juan de Puerto Rico era la primera parada del trayecto. Si la idea de colonizar Sudamérica según las directrices de Las Casas resultaba poco atractiva, los colonos podrían retornar a Puerto Rico. El gobernador allí era Antonio de la Gama, un hijo del teniente del asistente de Sevilla, Sancho Martínez de Leiva,[21] lo cual resultaba muy tranquilizador para los sevillanos.

Las Casas partió de Sevilla hacia las Indias el 14 de diciembre de 1520, junto con treinta y cinco compañeros.[22] En Sanlúcar se le unieron otros veinte, pero algunos de aquellos que habían embarcado en Sevilla desembarcaron, hombres que habían «olvidado sus palas y sus vacas y ya se habían comenzado a creer caballeros, especialmente los domingos y las festividades, junto con sus mujeres y posesiones [incluyendo] muchos bizcochos, mucho vino y jamones, así como muchos regalos de un tipo u otro, todos a costa de Su Majestad».[23]

El 10 de enero de 1521, Las Casas arribó a San Juan de Puerto Rico. Había sido un viaje corto de sólo dos semanas y media. Es seguro que nadie cruzaba el Atlántico con tanta frecuencia como él. Pero las noticias de la «rebelión» de los nativos que había empezado en la costa de Sudamérica en septiembre tras la ejecución del cacique Melchor ya habían llegado a San Juan, seguidas por otras nuevas del asesinato de los frailes en Chichiriviche. Flores, que todavía estaba en Cubagua, había tratado sin éxito de sofocar la revuelta, pero al hacerlo habían muerto más españoles a manos de los indios: tres capitanes y otras cincuenta personas más, incluido el experimentado capitán Francisco Dorta. Flores se disponía a dejar Cubagua, y los colonos de ese lugar, a abandonar sus casas.

También había habido un ataque de los caribes sobre el mismo San Juan, probablemente de gente de la isla de Santa Cruz (hoy, Saint

Croix). Habían muerto trece españoles y los caribes se habían hecho con cincuenta taínos. En Santo Domingo se preparó una expedición de castigo dirigida por el extremeño Gonzalo de Ocampo, expedición que haría una primera parada en San Juan. Ocampo era un viejo amigo de Las Casas y llegó a San Juan el 27 de febrero, a tiempo para que los dos pudieran reunirse.

Ocampo había nacido en Cáceres en 1475, así que en 1520 tenía unos cuarenta y cinco años. Era uno de los muchos hijos de un hacendado extremeño. También era hermanastro de Francisco de Garay, el gobernador de Jamaica. Alegre, divertido y vivaz, Las Casas dijo que lo amaba y que nunca había tenido con él una conversación que no fuera feliz y risueña.[24] En 1502 había ido a La Española con Ovando, como había hecho el propio Las Casas; allí fue donde se hicieron amigos. Luego Ocampo se metió en el comercio con la Costa de las Perlas y también capturó esclavos en las Bahamas. Entre 1504 y 1507, fue el representante en Santo Domingo de los Grimaldi, unos banqueros genoveses. Aportó hechos a la investigación que realizó el prior en 1517 para averiguar si los indios se beneficiarían de la libertad. Tenía, además, una encomienda con treinta y tres indios en La Buenaventura, en La Española.[25]

Las Casas le pidió ahora a su amigo que abandonara sus empresas, pues sus instrucciones reservaban el norte de Sudamérica para sí mismo. Ocampo dijo que, aunque, por supuesto, no desoiría las instrucciones que el rey había dictado y le transmitía Las Casas (a quien admiraba), tenía que cumplir las órdenes de la consulta de Santo Domingo, que habían sido emitidas en primer lugar, y así, el 1 de marzo, siguió su camino.

Reprimió la rebelión con virulencia, de forma total y muy efectiva. Todos los nativos que capturó los envió a Santo Domingo para que fueran vendidos como esclavos.

Las Casas, mientras tanto, habiéndose peleado ya con La Gama, el gobernador de San Juan, compró un barco por quinientos pesos y zarpó con su asistente Francisco de Soto hacia Santo Domingo, dejando atrás en San Juan a la mayoría de aquellos que había traído de España. Los grandes planes que les habían parecido tan convincentes al emperador y a los obispos en España parecían estar echándose a perder. ¿Podía obligarse a un gran emprendedor al que correspondían mil seiscientos kilómetros de costa a llevar su propio barco? Llegado a Santo Domingo, Las Casas vio que su nuevo amigo, Diego Colón, estaba al mando, pero que el viejo tesorero, Pasamonte, seguía planteando demandas imperiosas. A Diego Colón su cuartel general le parecía sombrío, incluso a pesar de que se estaba construyendo una catedral cuya primera piedra se puso en enero de 1521 (los trabajos habían comenzado en 1512, la fachada norte se acabaría hacia 1527, y el edificio se consagró en 1541).[26] Para evitar que Las Casas regresara a Castilla y comenzase a denunciar a todo el mundo (que era lo que siempre se suponía que iba a hacer allí), la consulta de Santo Domingo hizo que se quedase sin barco. Incluso convencieron a un aparejador vasco, Domingo de Guetaria, para asegurarse de que la nave no estuviera en condiciones de hacerse a la mar.[27]

Tras las noticias de la victoria de los partidarios del rey sobre los comuneros en Villalar, y con el consiguiente repunte de la autoridad del cardenal Adrian, las autoridades de Santo Domigo se dieron cuenta de que tendrían que llegar a algún tipo de acuerdo con Las Casas. Afortunadamente, no sabían nada en esos momentos de que el rey en Valladolid había limitado el alcance de la concesión a Las Casas concediendo licencia para buscar perlas en parte de su territorio a dos comerciantes que eran protegidos de Fonseca (y Cobos): Juan López de Idíaquez y Juan de Cárdenas, también inspector de naos en Sevilla. El obispo sin duda esperaba sacar algún beneficio de sus negocios.

Así que Las Casas pudo llegar a un acuerdo con las autoridades de Santo Domingo. Su amigo, Gonzalo de Ocampo, seguiría al mando de las expediciones de castigo, pero Las Casas, como «*administrador* de los indios de la Costa de las Perlas» sería el gobernador y la máxima autoridad. Su empresa se volvería a constituir, esta vez a la imagen de una compañía mercantil, dividida en veinticuatro partes. Seis las retendría el rey, seis irían a Las Casas y sus socios, tres a Diego Colón y una a cada uno de los líderes de Santo Domingo, como los jueces Vázquez de Ayllón, Villalobos y Ortiz de Matienzo. Esta lista incluía tanto a los amigos de Las Casas como a sus viejos enemigos.

Las Casas decidiría dónde se buscarían esclavos y perlas. Domingo de Guetaria, su enemigo jurado, le proporcionaría dos barcos. A fray Bartolomé se le confería el mando de ciento veinte soldados, los frailes predicarían y los españoles intentarían siempre negociar con los indios y sólo lucharían contra ellos si Las Casas certificaba personalmente que eran caníbales o que se negaban a aceptar la fe.

En realidad estaban llegando perlas en grandes cantidades desde Cubagua, traídas por Juan de la Barrera, un converso del puerto de Moguer, en el río Tinto, que se estaba convirtiendo en el emprendedor más importante de su tiempo, y que parecía haber llegado a un acuerdo privado con las autoridades de Santo Domingo. La Barrera, tras haberse dedicado al tráfico de esclavos en Guinea y Gambia, pronto se dedicó al comercio de perlas, negocio con el que amasó una fortuna.

En julio de 1521, Las Casas zarpó hacia la que había diseñado como su Utopía. Pero lo acompañaba sólo un pequeño grupo: el contable Miguel de Castellanos; un sacerdote, Hernández; su asistente, Francisco de Soto, de Olmedo, Valladolid; Juan de Zamora, un castellano, y unas seis personas más. Fue un desafortunado empeoramiento de la suerte de Las Casas, que antes tanto le había favorecido. Era como si sus propias ideas hubieran sido condenadas por los gusanos de los trópicos.

La expedición se detuvo en la isla de la Mona y luego en San Juan, donde Las Casas no encontró esperándole a los «modestos e industriosos granjeros» que había traído de España para llevar a cabo su colonización, pues algunos de ellos habían muerto, otros se habían quedado sigilosamente en Puerto Rico y otros pocos se habían unido a Juan Ponce de León en un nuevo viaje a Florida y habían partido el 26 de febrero. Pero, junto a lo que quedaba de su viejo grupo de amigos, continuó hasta Cumaná, en la costa norte de Sudamérica, adonde llegaron el 8 de agosto.

Allí hallaron el convento de madera de los franciscanos en el que fray Juan Garceto y los demás hermanos habían salido indemnes de la «rebelión» indígena, y también una pequeña ciudad a la que, de forma muy optimista, habían llamado Toledo y que había sido fundada por Ocampo. Pero esta ciudad estaba arrasada, y los indios que habían habitado allí habían huido.

Las Casas se dirigió a los pocos españoles que encontró en la costa y les contó los cambios que iba a exigir.[28] Pero muy pocos de ellos querían quedarse en las Indias, y mucho menos con las reglas que pretendía imponer fray Bartolomé, y pronto, a pesar de que éste puso repetidamente en juego la elocuencia que había ganado al emperador y a Gattinara, se marcharon todos excepto los franciscanos, que lo recibieron en Cumaná con himnos y plegarias. Una cosa era mostrarse optimista en Castilla, y otra muy diferente mantener ese optimismo en medio de la jungla americana. Las Casas se construyó una casa nueva hecha de madera y paja, así como una huerta con naranjas, un viñedo y un huerto donde cultivaba excelentes melones. Les dijo entonces a los indios lo que pretendía, hablando a través de doña María, la esposa de un cacique al que conocían como «don Diego», que hacía de traductora. Para evitar que otros españoles que se habían establecido en la isla de Cubagua usaran el agua del río Cumaná, Las Casas intentó que se construyera una fortaleza, pero no lo logró, pues esos otros españoles sobornaron a los canteros a los que se había encargado el trabajo. Las Casas tampoco logró controlar a los que de forma clandestina e ilegal continuaban comerciando con esclavos y perlas. Los españoles de Cubagua habían sobornado a los nativos usando vino: «La más preciosa moneda que los indios amaban.»[29] Cuando se emborrachaban, cogían sus arcos y sus flechas envenenadas y eran imprevisibles.

Las Casas también tuvo problemas con Francisco de Vallejo nombrado por los priores de Santo Domingo, quien, algunas millas más allá, reclamaba que él era el verdadero lugarteniente de Diego Colón en esa costa. Siguieron llegando flotillas en busca de esclavos, comandadas por traficantes tan experimentados como Bastidas, Fernández de las Varas, Jerónimo de Riberol, Juan Mosquera, Antón Bezos y Juan Vizcaíno. Las Casas fue a Cubagua y exigió sin éxito a Vallejo que abandonara su puesto y volviera a Santo Domingo, pero éste se negó. El fraile se quejó por carta al gobierno de Santo Domingo, aunque no consiguió nada. Finalmente decidió ir allí y presentar sus quejas personalmente.

Partió en diciembre de 1521 en un barco de Fernández de las Varas, y dejó al mando en tierra a Francisco de Soto. Mientras Las Casas estuvo fuera, Soto, con los dos barcos que le quedaban, comenzó a buscar oro, luego perlas y, finalmente, también esclavos. La posibilidad de establecer en aquellas tierras una nueva y dorada utopía parecía cada vez más remota. Una vez Las Casas se hubo marchado, los indios de Cumaná se rebelaron contra los monjes. Éstos pidieron a doña María que interviniera. Les dijo que no corrían peligro, aunque les señaló de forma privada que, en realidad, sí peligraban. Apareció un barco que buscaba esclavos y los antiguos seguidores de Las Casas buscaron refugio en él, pero los del barco no pudieron bajar a tierra. Los españoles prepararon artillería para defenderse, pero la pólvora estaba mojada. Finalmente los indios atacaron, mataron a cinco miembros del grupo de Las Casas y a un franciscano, y quemaron la casa nueva del fraile con los demás dentro. Soto resultó herido, y él y los pocos frailes y criados que quedaban se subieron a una canoa y huyeron, perseguidos por los indios. Llegaron a mar abierto y buscaron refugio en una playa protegida por cardos, que los indios no se atrevían a cruzar, y al final fueron rescatados por un barco negrero español. Soto murió en el viaje de regreso a La Española.[30]

Las Casas tardó dos meses en volver a Santo Domingo, pues había tenido que fondear en Yáquimo, al oeste de la isla, y caminar el resto del viaje hasta Santo Domingo. Cuando llegó, escribió al rey con la esperanza de que le diera alguna solución a su problema, pero éste todavía estaba en Alemania y no recibió ninguna respuesta.

Rechazado por todos, con sus planes desbaratados, Las Casas buscó la ayuda de los dominicos, cuyo provincial, un gallego muy inteligente que se llamaba fray Domingo de Betanzos, le dijo agriamente que ya había trabajado lo suficiente por las almas de los indios; había llegado el momento de que se preocupara por su propia alma. Betanzos había nacido en 1481 en León, aunque era de familia gallega, como denota su apellido. Tras una juventud un tanto alocada, se había convertido en fraile dominico y había ido a La Española en 1514. Las Casas entró entonces en el monasterio dominico de Santo Domingo y, a finales de año, ingresó en la orden. Durante diez años, cuando contaba unos treinta, se dedicó a reflexionar sobre todos aquellos acontecimientos.[31] Los colonizadores, liberados del azote del padre Bartolomé, como pensaban, a partir de entonces, continuaron como quisieron a pesar del maravilloso memorándum y de los discursos elevados pronunciados en la lejana Castilla.

Mientras tanto, Juan Ponce de León había emprendido un nuevo viaje en 1521. Era el único superviviente de los viejos días de los asentamientos en el Caribe, pero seguía interesado en Florida. Partió hacia allí de nuevo en febrero de 1521, desde San Juan, con doscientos cincuenta hombres en cuatro barcos, entre los cuales había algunos franciscanos. Llevó consigo una gran cantidad de material para agricultura, así que es de suponer que planeaba establecer una colonia. Quería fundarla en las islas Sanibel, en la boca del río Caloosahatchee, pero los indios se resistieron al desembarco y Ponce resultó herido por una flecha envenenada. Lo llevaron de vuelta a Cuba y murió cerca del actual puerto de La Habana en julio. Sus restos fueron al final trasladados a Puerto Rico, donde descansan en la catedral de San Juan.[32]

La expedición fue suspendida.

A finales de mayo de 1522, Carlos dejó Bruselas y retornó a España vía Inglaterra. Esta vez se quedó en este último país durante varias semanas, hasta el 6 de julio, cuando se embarcó hacia España desde

Southampton, y llegó a Santander el 16 del mismo mes. Con él viajaban cuatro mil soldados alemanes y flamencos. Desde Santander se dirigió a Reinosa, luego a Aguilar de Campoo y Palencia, ciudad que alcanzó el 5 de agosto y donde reunió el Consejo del Reino. Se discutió sobre qué sentencias debían seguir a la guerra de los comuneros: Francisco de los Cobos y el obispo Ruiz de la Mota, al igual que el obispo Fonseca y Hernando de la Vega, apostaban por seguir una línea dura, mientras que los hombres que en realidad habían salvado el reino, el condestable Velasco y el almirante Enríquez, apostaban por el perdón.[33]

Posteriormente siguió un período de represión durante el que se ejecutó a la mayoría de los procuradores y otros líderes que habían dirigido a los comuneros: Alonso de Saravia, de Valladolid, por ejemplo, y Pedro de Sotomayor, de Madrid, así como Juan de Solier, de Segovia. La última ejecución en la primera lista fue la de Pedro Maldonado Pimentel, el 16 de agosto, por cuyo perdón abogaron sin éxito su tío, el conde de Benavente, y los regentes Velasco y Enríquez. También fueron ejecutadas varias personas que se creía que habían inspirado los alzamientos. Puede que al lector moderno, acostumbrado a ver en el siglo XX grandes listas de hombres ejecutados tras las guerras civiles, tanto en España como en otras partes, le sorprenda saber que el número total de fallecidos en España en 1522 como consecuencia del hacha del verdugo o de las insalubres prisiones fue más o menos de un centenar de personas.[34]

En Sevilla, que estaba a punto de convertirse en capital del imperio, el regreso de la autoridad tradicional se celebró con alegría. Las prostitutas del Compás de Mancebía bailaron en las escaleras de la catedral, se hizo una corrida de toros en la plaza de San Francisco y una regata en el río.[35] Parecía como si estuviera a punto de comenzar una edad de oro.

LIBRO OCTAVO

Nueva España

Una de las armas de los conquistadores de América era la comunicación. Aquí vemos a Cortés hablando con Moctezuma a través de su intérprete, Marina.

CAPÍTULO 33

Pasaré como una flor marchita

> Pasaré como una flor marchita,
> mi fama no será nada,
> mi fama desaparecerá en la tierra.

Poema del antiguo México,
traducido por el padre Garibay[1]

Hasta principios del siglo XVI, planeando en las alas de los esfuerzos imperiales en el Caribe había dos grandes y poderosas sociedades continentales, los mexica (aztecas) y los incas. Se trataba de pueblos mucho más complejos que los del Caribe. De hecho, se asemejaban mucho más, en su riqueza y sofisticación a las civilizaciones del Mediterráneo oriental en la antigüedad que a las sociedades caribeñas.[2] Nadie conoció estos imperios hasta 1518.

Hacia 1950, Richard Konetzke, un erudito alemán, inventó una nueva palabra para definir México y Centroamérica en tiempos precolombinos: Mesoamérica. Es una palabra pomposa que no se ha convertido en parte del vocabulario habitual de la gente culta. Pero, sin embargo, es útil, pues abarca pueblos muy distintos entre sí, que hablaban más de quinientas lenguas completamente diferentes y que tenían culturas muy diversas, cuyo único rasgo en común es haber ocupado esos territorios alrededor del año 1500. En 1519 había probablemente alrededor de ocho millones de habitantes en lo que ahora se conoce como México.[3]

La historia de la antigua Mesoamérica puede dividirse en dos eras: de la primera sólo podemos saber a través de la arqueología, consultando los restos que nos han llegado, incluso pictóricos, como los que pueden verse en lugares como Bonampak o Caxcala.

También está la época de los mexicas, cuyo régimen sobrevivió hasta el siglo XVI, y de los cuales sabemos a través de medios históricos mucho más convencionales, como las crónicas compuestas por autores con sangre indígena durante ese siglo.[4]

Muchos de los elementos más característicos del antiguo México se desarrollaron en el caluroso territorio que se extiende cerca de lo que hoy llamamos golfo de México y que comprende las actuales provincias de Tabasco y Veracruz. Allí, por ejemplo, surgieron las pirámides en los centros ceremoniales; los sacrificios humanos en la cumbre de esas pirámidades; los juegos de pelota; el arte basado en las figurillas de arcilla; los jeroglíficos; la aritmética basada en el número veinte; el calendario solar; la pasión por el jade, y los mercados y el comercio complejo. Más adelante se desarrollaron sociedades en las tierras más elevadas y de clima más suave, pero sus miembros siempre parecían querer o necesitar productos tropicales: pieles de jaguar, por ejemplo, y elegantes plumas de pájaros o algodón. Todas esas gentes, tanto las de las zonas templadas como las de las tierras altas, participaban, hablando a grandes rasgos, de una experiencia histórica única y común.[5]

Veamos, en primer lugar, a los olmecas, que perduraron entre el año 1200 y el 600 a. J.C. Las inmensas cabezas de piedra que se pueden ver hoy en día en muchos de los museos de México y, sobre todo, en el Museo Jardín en Coatzalcalcos, las abundantes tallas de jade y los altares de piedra nos dan testimonio de la habilidad de ese pueblo. También poseían conocimientos de astronomía, realizaban creativas tallas en madera y tenían cerámicas ricamente decoradas con pinturas y tintes de colores. Se cree que hacia el 650 a. J.C. descubrieron alguna modalidad primitiva de escritura en la forma de simples jeroglíficos en un sello cilíndrico.[6] Tocaban tambores, rudimentarias flautas y usaban conchas marinas como instrumentos musicales y conocían también las leznas, los ganchos, las agujas y las espátulas. Los olmecas poblaban la zona costera, que en la última parte del siglo XX se ha demostrado una rica zona petrolífera y que se ha hecho famosa por su caucho: la palabra «olmeca», de hecho, significa goma en náhuatl, quizá el lenguaje que se utilizaba como *lingua franca* en el México central a principios del siglo XVI a. J.C.[7] Sin embargo, los olmecas constituyen un verdadero misterio en muchos sentidos. No sabemos, por ejemplo, si tenían o no un imperio; tampoco si su apariencia física era similar a la de las cabezas esculpidas por las que son conocidos; ignoramos también cuál era su política como pueblo, si se embarcaron en guerras o qué papel desempeñaban en su sociedad sus sacerdotes. A pesar de que en muchos aspectos tenían un alto nivel de civilización, carecían de dos elementos esenciales: la rueda y los animales domésticos.

Las razones para este primer «salto adelante» de los olmecas, comparable con el que ocurrió en el Viejo Mundo en Egipto o Babilonia, no están claras: algunos apuntan como causa la disponibilidad de agua en ríos y lagunas, así como de lluvias. Los primeros también constituyen una posible vía de comunicación, las segundas estaban repletas de animales y pájaros que cazar. Además, no se conocía la malaria ni la fiebre amarilla, ni tampoco otras enfermedades tropicales que trajeron consigo los europeos y que, desde entonces, han prosperado en los pantanos y las ciénagas.

La segunda gran sociedad de Mesoamérica fue la de los mayas, cuya edad de oro tuvo lugar entre el 250 y el 900 d. J.C. Hay muchos trabajos característicamente mayas que se hicieron mucho antes de ese período y, desde luego, algunos creen que incluso «podrían haber influido en la emergente sociedad olmeca».[8] Sea cuando fuere que aparecieron por primera vez en el amplio espectro de la historia mexicana, la civilización maya sigue pareciendo la más refinada de las que precedieron a la europea. Los bajorrelieves estucados en Palenque, las pinturas de las paredes de Bonampak y sus vasijas pintadas recuerdan a los diseños de la antigua Grecia. Los logros mayas incluyen palacios de piedra caliza, con perfectas bóvedas de cañón basadas en falsos arcos,[9] así como estelas con inscripciones que colocaban frente a sus edificios. Los mayas conocían las matemáticas y eran capaces de hacer cálculos tan precisos como los de los babilonios. Tenían un calendario solar que comenzaba en el año 3133 a. J.C. y que sólo tenía un desfase de 3/10 000 de día cada año. Los escribas mayas crearon preciosos libros ilustrados, cinco de los cuales han llegado hasta nosotros. Usaban plumas de pavo para realizar este trabajo, mojándolas en pintura negra o roja.[10] Tallaban la piedra con elegancia y construyeron imponentes ciudades ceremoniales, de las que se han identificado más de doscientas treinta. La mayor de todas ellas, Tikal, que se encuentra en la actual Guatemala, tenía tres mil edificios y era el hogar de entre diez mil y cuarenta mil ciudadanos que ocupaban un terreno de unos quince kilómetros cuadrados. La agricultura maya se basaba primordialmente en el método llamado de «talar y quemar», método que todavía se usa en México, pero puede que también conocieran las *chinampas*, una imaginativa serie de jardines flotantes. Quizá de ahí que usaran como símbolo un nenúfar.

En el apogeo de su civilización, los mayas llegaron a ser alrededor de un millón de personas. Adoraban a ciento sesenta dioses y disfrutaban de un comercio muy vivo. Su legado más espectacular es el templo del Sol, en Palenque. El templo de las Inscripciones, en esa misma ciudad, puede presumir de tener la única tumba en una pirámide de toda

Mesoamérica: la de un príncipe llamado Pacal, cuyo cadáver fue cubierto de jade.

Sigue siendo un misterio por qué desapareció la civilización maya. Pero sabemos, contrariamente a lo que se venía creyendo, que ese pueblo adornado de tantos dones estaba castigado por muchas luchas intestinas. Las pinturas de Bonampak describen batallas, y los anales de las tribus mayas menores apenas hablan de otra cosa. Pero la belicosidad interna no fue la causante de la catástrofe, al menos no en mayor medida de lo que lo fue en Europa. Probablemente, los mayas sucumbieron a la conquista de un pueblo procedente del norte, de Teotihuacán. Hacia finales del siglo VII d. J.C. parece que a ello se sumaron una serie de desastres naturales (sequías, huracanes) que provocaron revueltas sociales. Se abandonaron las ciudades ceremoniales. Cuando los españoles comenzaron a desembarcar en la costa de Yucatán, los mayas apenas eran algo más que una serie de ciudades separadas con un nivel cultural menor que el de sus antepasados quinientos años atrás. De igual forma que incluso los eruditos modernos en Europa ya no pueden leer latín, no sabemos a ciencia cierta si ni siquiera sus sacerdotes podían leer las inscripciones de la edad de oro de su propia civilización.

Antes de la caída de los mayas, y sin ninguna relación con ella, había surgido la enorme ciudad de Teotihuacán en un fértil valle al noreste de la actual capital de México. Fundada más o menos alrededor del año del nacimiento de Cristo, Teotihuacán tenía una población de doscientas mil personas en el 600 d. J.C., y ocupaba un espacio de ochocientas hectáreas. El lugar era un centro comercial, con campos de juego de pelota, palacios, varios mercados y un sistema de alcantarillado excelente. Habilidosos artesanos trabajaban con plumas y obsidiana o pintaban cerámica, mientras que los comerciantes disponían sus rutas, que abarcaban enormes distancias al norte y al sur. En la misma Teotihuacán, la larga avenida de los Muertos, flanqueada por las pirámides dedicadas al sol y a la luna (la del sol era tan grande, aunque no tan alta, como la gran pirámide en Egipto), era probablemente una carretera más impresionante que cualquiera de Europa en aquellos tiempos, mientras que la planta regular de las calles hubiera fascinado al arquitecto romano Vitrubio. A diferencia de los mayas, la gente de Teotihuacán no le confería mucho valor a la escultura, pero sí había buenos pintores murales. Parece que imperaba una teocracia, con la serpiente emplumada, Quetzalcoatl ocupando el lugar de honor de un panteón que incluía a otros dioses que todavía se adoraban bajo distintas identidades cuando llegaron los españoles, como Tlaloc, el dios de la lluvia. Teotihuacán era abastecida por una agricultura como la de los olmecas, que se basaba en los jardines flotantes, las terrazas y los campos irrigados.

Al igual que en el caso de los olmecas, la política de Teotihuacán constituye un misterio para nosotros, pues a pesar de su tamaño y de su desarrollada cultura, nadie sabe quién era el pueblo que vivía allí ni si tenían alguna relación con los mayas. Y, al igual que sucede con los mayas, ignoramos si poseían un imperio. Pero, sea como fuere, el recuerdo de esta ciudad dominó la imaginación de las sucesivas culturas de un modo similar a como la antigua Roma dominó la Europa medieval. Su influencia cultural se extendía tan lejos como Honduras hacia el sur y Colorado hacia el norte, mientras que las grandes pirámides de Cholula, al este de la ciudad de México, y de Tajín, en la costa, fueron probablemente construidas por colonos que procedían de la gran Teotihuacán.

Si el fin de los mayas está envuelto en el misterio, también lo está el de esta ciudad. Se dice que la gente perdió la fe cuando dejó de llover durante varios años. Quizá la ciudad, dividida, cayó presa de los bárbaros del norte.

Teotihuacán se convirtió en el arquetipo de todas las sucesivas sociedades del país, incluso del México moderno. Sin duda Teotihuacán inspiró Tollán, un estado militarista que se elevó sobre sus ruinas, y a través de Tollán, influyó directamente en México-Tenochtitlan.

Los toltecas son menos interesantes que el pueblo de Teotihuacán o que los mayas. Hasta la década de los cuarenta del siglo XX se creía que su capital había sido Teotihuacán, pero ahora parece que Tula, hoy en día una desangelada ciudad, al oeste de Teotihuacán, es una candidata más probable. En cualquier caso, los toltecas dominaron el valle de México durante lo que en Europa llamaríamos Alta Edad Media, más o menos entre el año 1000 y el 1200 d. J.C. Su significado es importante por cuatro motivos: en primer lugar, su lenguaje, el náhuatl, se convirtió en la *lingua franca* de la región. En segundo lugar, eran belicosos, y algunos toltecas viajaron hasta allí y capturaron buena parte del Yucatán en el siglo X. Allí establecieron una nueva versión de la civilización maya, que es la responsable de ciudades tan extraordinarias como Chichén Itzá. A veces se asocia la expedición a esas tierras con la huida del dios Quetzalcoatl, del que se dice que huyó de Tollán porque se oponía a los sacrificios humanos. En tercer lugar, los toltecas legaron a los mexica sus conocimientos de todas las antiguas culturas de Mesoamérica. En cuarto lugar, rendían culto a la muerte, y cada vez se servían más de sacrificios humanos (fueron ellos los que comenzaron la curiosa costumbre de construir paredes con calaveras).

Probablemente hubo una sequía en Tollán en el siglo XII que trajo consigo desórdenes políticos, de los que, de nuevo, se aprovecharon los bárbaros del norte. Se dice que la ciudad cayó alrededor del año 1175 d. J.C. Otra ciudad tolteca, Cualhuacán, en el valle de México, duró más tiempo.

Llegados a ese momento, un pueblo nómada del norte, que parecía haber perdurado más allá de los tiempos de los pueblos nómadas, llegó al lago de México. Los sedentarios lugareños los consideraban poco más que bárbaros. Las leyendas de la época de la conquista española en 1521 los ligaban con un legendario lugar de origen llamado Azatlán, o «el lugar de las grullas».

Los mexicas iniciaron su viaje al sur por sugerencia de los sacerdotes que los acompañaban. Estaban divididos en clanes *(calpulli)*, que parecían haber sobrevivido hasta la época moderna. Les llevó un siglo llegar al valle de México, que por aquel entonces estaba tachonado de pueblos y que había dependido de los toltecas y, antes de ellos, de Teotihuacán. La prehistoria de este pueblo es muy incierta, pues todo se reconstruyó para que se adecuase a la política contemporánea en el siglo XV. Pero parece que cuando llegaron los mexicas, el pueblo dominante en las cercanías del lago eran los tepanecas, que ejercían su autoridad de la forma habitual, exigiendo tributos y amenazando con la guerra. Habían ocupado los mejores lugares, así que los recién llegados no lo tuvieron fácil para encontrar un sitio en el que descansar. Al principio los mexicas, según dicen los mitos, fueron a la colina de Chapultepec, «la colina de las langostas», hoy en el centro de México, D. F., pero entonces en el borde de lo que era el gran lago que ocupaba el centro del valle, que ya hace tiempo que fue desecado. Expulsados de allí, fueron a una isla rocosa dentro del propio lago, que ya era conocida como Tenochtitlan. Los sacerdotes les dijeron a los mexicas que estaban destinados a asentarse allí, pues habían visto a una águila sentada en un cactus devorando una serpiente: una señal clarísima, según parecía por la interpretación de las leyendas, de que había que ir a esa isla.

Los mexicas fueron vasallos de los tepanecas durante cien años. Tomaron de ellos mucho de lo que después se ha considerado típicamente «azteca» como, por ejemplo, el culto al dios Quetzalcoatl y a Tlaloc, dios de la lluvia; la celebración de sacrificios en las pirámides; la existencia de una clase sacerdotal; el comercio de obsidiana y de plumas; la artesanía de jade, y el uso de calendarios. A los mexicas, como descubrieron más adelante los españoles, se les daba muy bien copiar. Pero mantuvieron algunas de sus tradiciones, como la adoración a su exigente dios de la guerra y la caza, Huitzilopochtli, que se convirtió en dios supremo junto a Tlaloc: un ejemplo muy poco habitual de cohabitación.[11]

Al igual que los godos arrebataron el poder político a sus señores, los romanos, los mexicas se lo quitaron a los suyos. El golpe de Estado decisivo tuvo lugar a finales de la década de los veinte del siglo XV. Itzcoatl, un jefe mexica de ascendencia tolteca, mató primero a su pacífico predecesor y luego al último monarca tepaneca. Él y sus descendientes —hubo seis emperadores entre él y Moctezuma II, quien reinaba en 1519— establecieron sobre el México central un imperio mayor que cualquiera de sus predecesores. Éste se extendía desde la línea de Guanajuato-Querétaro, en el norte, hasta la península de Tehuantepes en el sur. Dentro de esos territorios, unos treinta pueblos distintos pagaban tributos a los mexicas a cambio de protección, para que los protegieran, cuando menos, de los propios mexicas.

Como Roma, el Estado de los mexicas era una ciudad Estado que había crecido mucho, y el centro del poder seguía siendo la ciudad de Tenochtitlan, que en sí misma era un logro espectacular de planificación urbanística. Su plaza central era dos veces mayor que la que había en Salamanca, o al menos eso afirmaba Cortés, y los canales, los mercados y palacios hicieron que a los impresionables conquistadores la ciudad les recordara a Venecia.[12] Pero México-Tenochtitlan era mayor de lo que Venecia había sido en 1519, y también que cualquier ciudad europea de la época, con la posible excepción de Constantinopla.

Los españoles describieron al dirigente de los mexicas como un «emperador» y, a pesar de algunas protestas, el título ha cuajado. De hecho, esta acepción tiene fundamento, pues el dirigente de México era el señor de una serie de otros monarcas, a los que habitualmente se llamaba «reyes». Así pues, su cargo parecía establecer unas relaciones comparables a las que existían entre el emperador del Sacro Imperio Romano y sus electores y duques subordinados en Alemania (en 1519 no había reyes en este país). No obstante, la traducción literal de la palabra que los antiguos mexicanos usaban para nombrar a su emperador, *hueytlatoani*, es «alto portavoz». Los estados vasallos estaban dirigidos por *tlatoanis*, «portavoces». Este vocablo nos recuerda que lo primero que se esperaba de los dirigentes de México era, sobre todo, que pudieran hablar de forma elocuente. En el *Códice florentino*, una obra pionera de antropología compilada por el franciscano fray Bernardino de Sahagún a mediados del siglo XVI, había ejemplos del tipo de oración que el emperador o sus colegas en la corte de los mexicas solían utilizar.

El náhualtl, el lenguaje de los mexicas, era excelente y, en su edad de oro, se prestaba no sólo a sonoros sermones, sino también a emotivos versos que, traducidos, recuerdan a la poesía francesa del siglo XV, o a sus imitadores españoles, como Jorge Manrique. Es una poesía llena de pesar porque la belleza muere, la juventud se va y los guerreros pierden la fuerza. Veamos un ejemplo:

Pasaré como una flor marchita,
mi fama no será nada,
mi fama desaparecerá en la tierra.

O bien:

Reflexionad sobre esto, caballeros del águila y el jaguar,
a pesar de que estáis tallados en jade,
os romperéis;
a pesar de estar hechos de oro, os quebraréis;
incluso si sois una pluma de quetzal, os marchitaréis.
No estamos en esta tierra para siempre,
sólo estamos aquí por un tiempo.

Compárese con el siguiente poema de Jorge Manrique:

Las dádivas desmedidas, los edificios reales,
llenos de oro, las vaxillas tan febridas,
los enriques y reales del tesoro,
los jaezes, los cavallos de su gente y atavíos tan sobrados,
¿dónde iremos a buscallos?,
¿qué fueron sino rocíos de los prados?

Tales similitudes han hecho creer a algunos críticos que los estudiosos que se esforzaron por que quedase registrada la poesía de los mexicas se vieron influidos por los ejemplos europeos que sin duda conocían. Puede que haya algo de eso, pero no por ello debemos creer que los mexicas no tenían sentimientos similares a los de sus contemporáneos del otro lado del Atlántico. Muchas de las instituciones políticas o económicas de los mexicas eran vagamente similares a las prácticas que los conquistadores conocían o, en cualquier caso, resultaban fácilmente comprensibles. El Imperio mexica había sido mantenido por ejércitos cuyos predecesores habían conquistado las ciudades vasallas, y era la amenaza de la fuerza lo que hacía que los tributarios entregaran cada dos años objetos que sus señores deseaban. Los que pagaban se resentían de su sometimiento (cosa que los conquistadores comprenderían y comenzarían a explotar pronto). Pero hasta que llegaron los españoles, los mexicas recibían una gran serie de bienes. El mejor análisis de este sistema de tributos se encuentra en el *Códice Mendoza*, realizado en 1540 para el primer virrey español de México, Antonio de Mendoza, hijo de aquel conde de Tendilla que hemos visto como el primer gobernador de Granada tras su captura por los Reyes Católicos. Este códice nos da una lista de la mayoría de las cosas de las que México-Tenochtitlan acabó dependiendo: tela, generalmente para vestidos, que no podía cultivarse en el valle de México aunque sí se tejía allí (principalmente por las mujeres) de una forma muy sofisticada; plumas para adornos ceremoniales; comida tropical, y, en buena medida, maíz, el alimento básico que, aunque había suministro cerca de la capital, nunca había suficiente como para cubrir la demanda. Otros de los bienes mexicanos que se enviaban a Tenochtitlan eran el chocolate, que pronto se demostraría como una deliciosa revelación para los europeos; tinte de la cochinilla (un tinte rojo que luego se usaría mucho en Europa); tomates, esa contribución maravillosa a las dietas de los europeos, y pavos, un animal tan exótico que los ingleses lo llaman *turkey*, a pesar de que venía de las Indias y no de Turquía ni de Oriente.[13] Este sistema de tributos no era algo que se hubiera visto en Europa durante la Edad Media, pero era comparable con el que se practicaba en los llamados estados despóticos orientales, como los de los mongoles o los tártaros, y puede que algunos conquistadores españoles supieran de tales sistemas.

Los emperadores en México se escogían de entre un pequeño grupo de nobles, todos de la misma familia. Era similar a la ley de sucesión escocesa antes de Macbeth, la llamada ley de Tanistry. Algunos han comparado de manera muy ingeniosa la forma en que un emperador sucedía a otro con la forma en que los presidentes modernos se sucedían en México dentro de la autodenominada «familia revolucionaria» del

Partido Revolucionario Institucional (PRI). El emperador, al igual que, desde luego, el moderno presidente de México —aunque no debemos dejarnos arrastrar por un anacronismo, por agradable que resulte— era un déspota. Estaba, no obstante, limitado por una compleja serie de leyes o reglas que se aplicaban a todo el mundo y era la expresión temporal de una civilización en que la religión jugaba un papel predominante.

Los mexicas tenían un sistema de castas que los conquistadores reconocieron fácilmente. Había una clase de nobles, parientes del emperador, que parecían haber disfrutado en las últimas generaciones antes de 1500 unas vidas de lujo sin igual gracias al sistema de tributos; una clase de artesanos, escultores o pintores, aparentemente hereditaria, como en el Antiguo Egipto; granjeros independientes a los que cada vez más se los llamaba para aportar algún tipo de servicio público dentro de la ciudad, además de que produjeran maíz en sus parcelas; trabajadores, que parecían ser el equivalente de los siervos, y, finalmente, esclavos, ya fueran prisioneros tomados en la guerra u hombres o mujeres que habían sido sometidos a esclavitud como consecuencia de algún delito. Los sacerdotes y los generales eran una clase aparte, pero los mexicas que no eran ni esclavos ni siervos estaban obligados a luchar en las guerras de su país cuando el emperador lo estimaba necesario.

Los mexicas no eran el único poder de Mesoamérica. Cercanos a ellos, al este, se extendía el pequeño y nunca conquistado territorio de Tlaxcala, que los mexicas habían rodeado a principios del siglo XVI, pero que seguía conservando más o menos su independencia. Su sociedad era una versión modesta de la de sus poderosos vecinos y su libertad se veía severamente reducida por la proximidad de éstos. Al norte, estaba la monarquía de los tarascanos, por darles el nombre con que los bautizaron los españoles, cuyos territorios estaban en lo que hoy es Michoacán, y por cuyas armas de puntas de cobre los mexicas habían sido derrotados alrededor de 1470. Lejos, al sureste, estaban los mayas, aquella sociedad que fue superior en otros tiempos pero que en el siglo XVI era, como hemos indicado antes, una sombra de lo que fue su pasado glorioso. Los mexicas comerciaban con ellos y no parece que hicieran jamás ningún esfuerzo por conquistarlos. Debe recordarse que Colón conoció a algunos mercaderes mayas en su cuarto viaje y cómo los impresionaron, a él y a sus compañeros.[14]

Hay muchas cosas del antiguo México que sorprenden al observador moderno, pero, sobre todas ellas, es difícil no conmoverse por los notables logros artísticos de aquellas gentes. En escultura, por ejemplo, había relieves, bustos y ornamentos tridimensionales, así como obras monumentales. Hubo también delicada orfebrería que trabajaba el oro o el oro combinado con piedras preciosas, algunos de cuyos ejemplos han sobrevivido hasta nuestros días en México (algunos de ellos fueron hallados en la famosa tumba 7 de Oaxaca). Se trabajaban de forma notable las plumas, tejiendo plumas de pájaros para formar mosaicos, de los cuales también nos han llegado algunos excelentes ejemplos (los mejores están en los museos de Viena).[15] Puede defenderse que este trabajo con las plumas era el arte nacional de los mexicas, al igual que la poesía lo fue para Inglaterra.

También había mosaicos hechos de piedras preciosas o semipreciosas, de entre las cuales la que más valoraban era la turquesa.[16] Los mexicas eran, además, muy hábiles tallando la madera, como puede verse en sus tambores y lanzas. Usaban la pintura tanto para adornar las esculturas de piedra como para dibujar directamente sobre piedra, sin necesidad de embellecimientos escultóricos. El antiguo México también utilizó la pintura en sus notables libros o códices, que, por medio de jeroglíficos y símbolos, no de un alfabeto, describían genealogías y detallaban tanto las conquistas como las cantidades de tributos. Los mexicas tocaban música con unos instrumentos que los españoles definieron como flautas, y que eran más bien flautas dulces; también utilizaban conchas y al menos dos tipos diferentes de tambores. Bailaban a menudo y de forma extravagante. Desde luego, como en otras partes del Nuevo Mundo, parece que no hubiera en el antiguo México alguna ocasión especial o acto en que la música y el baile no se hicieran compañía. Los mexicas jugaban partidos en los que usaban pelotas de caucho en campos de juego limitados por paredes, mucho más elaborados que aquellos que había en las islas del Caribe.[17]

El antiguo México era un lugar disciplinado: las calles se limpiaban y se barrían regularmente, un buen signo de una sociedad que tenía la extraordinaria, y seguramente única en el mundo, característica de dar a todos sus miembros algún tipo de educación, excepto a esclavos y siervos. Era una sociedad donde todo el mundo tenía un lugar meticulosamente preciso y ordenado, de forma parecida al Antiguo Egipto.

La compleja religión de los mexicas no se presta con facilidad al resumen. Por lo que respecta al hombre común, la religión consistía en un gran número de festivales: al menos uno al mes en honor de una deidad especial, y siempre con procesiones, bailes y música. También les presentaban ofrendas y sacrificios, a veces de pájaros como codornices y cada vez más a menudo de esclavos y otros cautivos. Los sacrificios humanos se llevaban a cabo en la cumbre de las pirámides ante el altar de las diversas deidades. Los sacerdotes, los monarcas y los nobles siempre estaban ofrendando sangre de otras maneras, a veces de la muñeca, otras del pene. Los sacrificios humanos que conmocionaron a los españoles eran parte integral de una serie de ceremonias comunes a toda la región.

Además de los dioses habituales, parece que hay signos de que hubo algunos, especialmente entre la nobleza de Texcoco, en la parte este del lago, que se estaban acercando a la idea de una deidad impersonal cuya bondad no podía representarse en pinturas:

En todas partes está
tu casa, Dador de la vida,
la estera de flores,
tejida de flores por mí
sobre ella los príncipes te invocan.

La vida de los mexicas debió de ser dura para la mayoría. Pero las clases dirigentes, como en la mayor parte de países, se regalaban el paladar con cerveza que obtenían del cactus de maguey, bebida conocida como pulque, y disponían de numerosos alucinógenos, algunos derivados de setas, otros de flores o cactus. Estos alucinógenos jugaban un importante papel para sedar a las víctimas antes de los sacrificios y, como el alcohol en Europa, también daban valor antes de las batallas.

La historia de México antes de la llegada de los españoles nos lleva a muchas interesantes reflexiones y, sobre todas ellas, sus sorprendentes similitudes con el Viejo Mundo. En México, como en el Viejo Mundo, surgieron y cayeron grandes ciudades, los poderosos nómadas asolaron estados sedentarios, había costumbre de adornarse y también festivales y ceremonias. Pero las diferencias también eran grandes: había una ausencia total de animales domesticados, ni para la guerra ni para la agricultura, con el consiguiente empleo de hombres y mujeres como bestias de carga; la ausencia de ruedas y metal excepto para la decoración, y los pictogramas, que podían contar una historia pero que eran mucho menos útiles para transmitir contenido que los alfabetos de Europa.

La relativa similitud, no obstante, del desarrollo de los indios en México (y también en Perú) con lo que ocurría en Asia ha llevado en muchos momentos distintos a afirmar que por fuerza debía de haber existido un contacto anterior. Se dice que los chinos habrían llevado a América el arte de tejer y los japoneses la alfarería; incluso se dice que podrían haber sido las tribus perdidas de Israel las que les hubieran aportado a los mexicas su respeto por la ley. Se ha llegado a decir que fue santo Tomás el que les llevó la cruz como símbolo religioso. Sin embargo, estas ideas carecen de fundamento. Los chinos, en la época del emperador Ch'in, podrían haber llegado a América en sus enormes barcos, pero no lo hicieron. Todo indica que los indios americanos se desarrollaron en el más completo aislamiento.

Los mexicas creían, como nos ha llegado, que su emperador Moctezuma afirmó que eran los «amos del mundo»,[18] pero no pasaron demasiado tiempo pensando qué habría más allá de las tribus salvajes de los chichimecas, al norte, y los mayas, al sur, aunque es seguro que sus comerciantes sabían que más allá de donde moraban los chichimecas se podían obtener turquesas. Al sur de los mayas vivían pueblos que comerciaban con jade (como se puede ver de manera espectacular en las exposiciones del Museo de Jade, en San José de Costa Rica) y, más lejos aún, había pueblos que comerciaban con esmeraldas y oro, que algunos de los tributarios de los mexicas aprendieron a trabajar con incomparable destreza. A los dirigentes de Tenochtitlan les llegaban esclavos tanto desde el norte como desde el sur.

A los mexicas tampoco les interesaba lo más mínimo lo que pasara más allá del mar del Este, zona que ahora conocemos como el golfo de México, a pesar de que las leyendas decían que el dios intelectual y reformista Quetzalcoatl había desaparecido allí años atrás, a bordo de una balsa de serpientes. La falta de curiosidad era otra diferencia entre México y el Viejo Mundo.

Pero desde 1500 comenzaron a llegar a México extraños rumores que procedían del este. En 1502, algunos mercaderes indígenas, quizá jicaques o payas, ambos pueblos ramas de los mayas, se encontraron con Colón, que estaba realizando su cuarto viaje, junto a las que hoy se conocen como islas de la Bahía, en el golfo de Honduras. Es presumible que las autoridades mayas transmitieran las descripciones de los europeos bien vestidos y barbudos al emperador de los mexicas en Tenochtitlan, de igual forma que Colón trajo de vuelta la historia de los mercaderes a los que había conocido.[19]

En 1508, dos marineros jefes de Sevilla, Vicente Yáñez Pinzón, que había sido el capitán de la carabela *Pinta* en el primer viaje de Colón, y Juan Díaz de Solís, que luego descubriría el río de la Plata, desembarcaron en el Yucatán. Buscaban el estrecho que creían que podría conducirlos al Pacífico y, en consecuencia, a las islas de las Especias y a China. Quizá bordearon la costa de México hasta Veracruz, o incluso hasta Tampico. Es probable que fuera su viaje el que causó que un mercader mexicano describiera en esos tiempos lo que parecían tres templos flotando en el mar sobre enormes canoas. Se envió a Tenochtitlan un dibujo, y Moctezuma consultó a sus consejeros y sacerdotes.[20]

Entonces una canoa llena de taínos, los pobladores indígenas de Jamaica, naufragó cerca de la costa de Cozumel, cerca del Yucatán, alrededor de 1512. Los dos supervivientes debieron de contar, probablemente por signos, algo de lo que habían visto pasar en el Caribe.[21] Un poco después, un baúl apareció a la deriva en la costa de Xicallanco, un puesto comercial de los mexicas cerca del actual Campeche; dentro había varios juegos de ropas europeas, algunas joyas y una espada. Nadie había visto nunca cosas así. ¿Qué eran? ¿A quién pertenecían? Se dice que Moctezuma dividió el contenido del baúl con sus primos, los reyes de Texcoco y Tacuba, pero el misterio continuó.

Como hemos visto antes, se había establecido una colonia española en 1510 en Darién, en Panamá, dirigida al principio por Vasco Núñez de Balboa, el primer europeo que vio el Pacífico, y después por Pedrarias Dávila. La brutalidad de los conquistadores españoles bajo el liderazgo de Pedrarias hace que sea muy plausible que algún rumor de lo que estaba sucediendo hubiera llegado a oídos de los mexicas. Darién estaba a dos mil novecientos kilómetros de Tenochtitlan en línea recta, pero los mercaderes viajaban largas distancias.

En 1511, Diego de Nicuesa, un mercader explorador que había zarpado de Darién hacia Santo Domingo, naufragó cerca del Yucatán. Varios marineros españoles sobrevivieron y dos de ellos, Gonzalo Guerrero y Jerónimo de Aguilar, fueron durante algunos años prisioneros de los mayas, el primero de ellos alineándose claramente con sus captores. Así pues, no es muy sorprendente que un mago de Tenochtitlan, que después sería conocido por los españoles como Martín Ocelotl, predijera la llegada de «hombres con barba que llegarían a esta tierra».[22]

Es probable que hubiera otro desembarco español en 1513 en Yucatán, cuando Ponce de León se detuvo allí de regreso de su viaje sin éxito a Florida en busca de la fuente de la Eterna Juventud. En 1515 hubo otro curioso contacto entre el mundo español y los mesoamericanos: un juez de Darién llamado Corrales informó de que había conocido a un «refugiado de las provincias interiores del oeste». Ese hombre había observado al juez leyendo un documento y le había preguntado: «Eh, ¿también vosotros tenéis libros? ¡Cómo! ¿También vosotros usáis de caracteres con los cuales os entendéis estando ausentes?»[23] Aunque los libros ilustrados mexicas eran inferiores en calidad, tenían el mismo propósito.

Los últimos años del México antiguo están llenos de leyendas e historias de cometas, predicciones y visiones extrañas. Pero más importantes todavía eran los signos de que la presencia española se acercaba cada vez más.

En 1518, un trabajador llegó a la corte de Moctezuma. Se dice que no tenía pulgares ni orejas ni dedos gordos de los pies, todo amputado como castigo por algún delito que había cometido en el pasado, del cual nada sabemos. Dijo que había visto un «grupo de montañas, o altas colinas, flotando en el mar». Moctezuma encarceló al hombre, seguramente para impedir que siguiera difundiendo noticias tan alarmantes, pero envió algunos consejeros de confianza a la costa para descubrir lo que estaba pasando en realidad. Los consejeros retornaron para decirle a su maestro que «Es cierto que ha llegado a la costa una gente de un tipo que no conozco; había montañas sobre las olas y un cierto número de hombres vino de ellas hacia la costa. Algunos de ellos pescaban con cañas, otros con una red. Pescaban desde un barco pequeño. Luego se subieron a una canoa y volvieron a la cosa del mar con sus dos torres y entraron en ella. Debía de haber unos quince [...] algunos con pañuelos verdes sobre sus cabezas para protegerse del sol y otros con sombreros escarlatas, algunos de los cuales eran muy grandes y redondos, como pequeñas sartenes. La piel de esas gentes era muy blanca, mucho más que la nuestra. Todos ellos llevaban largas barbas y pelo hasta las orejas».[24]

Esas nuevas gentes habían llegado en 1518 de la isla española de Cuba en una flotilla de cuatro barcos bajo el mando del sobrino del gobernador, Juan de Grijalva, un «mancebo cuerdo y de buenas costumbres», pensó Las Casas, que además era «una persona que tendía a la virtud, a la obediencia y [...] obedecía siempre a sus superiores».[25] Un poeta inglés escribió unos versos sobre estos viajes de conquista:

Carabelas del destino derivan a la costa,
y echan a todos sus marineros a tierra.

Estaba a punto de comenzar el momento más sensacional de la historia de América.

CAPÍTULO 34

Esta tierra es la mejor del mundo

Otras tierras en el mundo no se habían descubierto mejores.

Bernal Díaz del Castillo

La primera expedición española al territorio que hoy conocemos como México fue en 1517 y constó de tres barcos (dos naos y un bergantín). La dirigió Francisco Hernández de Córdoba, quien, con poco más de cien hombres, buscaba indios que secuestrar y llevarse a Cuba como esclavos. Hernández de Córdoba era miembro de aquella gran familia cordobesa de donde procedía el famoso Gran Capitán. Era «harto amigo» de Las Casas y había llegado a Cuba con Velázquez en 1511, procedente de Santo Domingo.[1] Puede que tuviera cuarenta y dos años en 1517.[2] Hernández de Córdoba convenció a otros dos capitanes para que fueran con él y compartieran los costes de la expedición. Éstos eran Cristóbal de Morante, de Medina del Campo, que había ido a Santo Domingo en 1514, y Lope Ochoa de Caicedo, otro cordobés, que había dejado España en 1512. Uno de los que los acompañaron (Ginés Martín) dijo que habían puesto rumbo a las Bahamas, pero que el tiempo era tan malo que no pudieron llegar y decidieron ir al Yucatán.[3] El responsable de este desvío pudo ser Antón de Alaminos, de Palos, el principal piloto de Ponce de León, que conocía la costa de América Central desde que había estado allí con Colón en 1502. De hecho, Alaminos dijo que lo que quería en realidad Hernández de Córdoba era descubrir tierras nuevas: dijo que a él le había dicho «que viniese con la dicha armada en busca de nueva tierra».[4] Así que debieron haber varios motivos tras este viaje.

Navegaron hasta la isla Mujeres, frente a lo que hoy es Cancún, y después bordearon la costa hacia el oeste. Hubo muchos contactos amistosos entre españoles e indios, que les dijeron que el lugar al que habían llegado se llamaba Yucatán.[5] Hernández de Córdoba declaró,

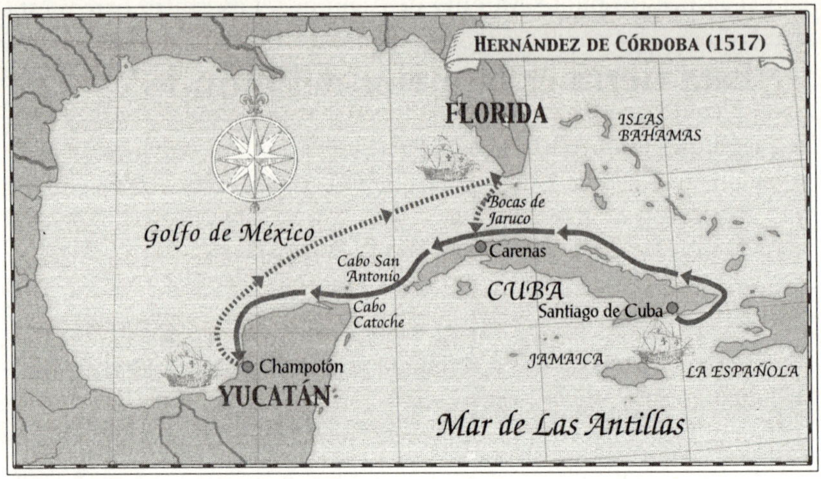

ante el notario Miguel de Morales que tomaba posesión de esas tierras en nombre de la reina Juana y del rey Carlos, su hijo.[6]

Pero pronto abandonó la empresa, después de una batalla con los mayas cerca del actual Champotón, en la que murieron veinticinco españoles, como recordó más adelante uno de los supervivientes, Pedro Prieto. El propio Hernández inició el viaje de vuelta mortalmente herido, aunque su pequeño destacamento de arcabuceros impresionó a los enemigos indígenas, que olieron la pólvora por primera vez. Hernández de Córdoba llevó de vuelta a Cuba algunos pequeños objetos de oro bien trabajados, pequeños discos de plata y unas cuantas figurillas de arcilla. «Otras tierras en el mundo no se habían descubierto mejores»,[7] escribió un miembro de su expedición, Bernal Díaz del Castillo, un soldado que, como Cristóbal de Morante, procedía de Medina del Campo. Al llegar a Cuba, Hernández de Córdoba dijo que volvería a Castilla y los contaría a los reyes lo que había descubierto, pero murió antes de poder hacerlo.[8]

En 1518, Juan de Grijalva, sobrino de Diego Velázquez, fue acompañado de una fuerza mayor en cuatro barcos. También tenía algo de artillería, probablemente culebrinas, capaces de disparar balas de cañón de veinte libras a unos trescientos cincuenta metros.[9] Llevaba, además, algunos arcabuceros, algunos ballesteros y unos pocos perros de pelea, probablemente mastines, pero no llevaron caballos. Sus órdenes eran, aparentemente, navegar por la costa y comerciar por esclavos en Yucatán, no asentarse allí; no tenía ninguna licencia para esos propósitos de los priores jerónimos de Santo Domingo.[10] Pero volvió a llevar con él al maestro piloto Antonio de Alaminos. Los cuatro barcos estaban capitaneados por él mismo, por Pedro de Alvarado, de Badajoz, por Francisco de Montejo, de Salamanca, y por Alonso de Ávila, de Ciudad Real. Debido a su papel más adelante en la expedición de Cortés, parecen ser dioses inmortales. Cada uno de estos capitanes invirtió en la expedición, al igual que Diego Velázquez, el gobernador.[11] Traía con él a un sacerdote, fray Juan Díaz, de Sevilla, que escribió una pequeña crónica de lo que presenció. En total, parece que la expedición estaba compuesta por unas trescientas personas.[12]

Parece ser que Grijalva llegó a Santo Domingo en 1508. Participó también en la escandalosa expedición para capturar esclavos en Trinidad de Juan Bono de Quejo, en 1516. Pero dejando de lado ese detalle, tenía reputación de ser un comerciante honrado y de conducirse siempre de forma honorable.

Zarpó en enero de 1518, y desembarcó, al igual que Hernández de Córdoba, en Cozumel, a la que llamaban Santa Cruz, pues llegaron allí el día de la Santa Cruz. Se quedaron atónitos al encontrar en aquel lugar casas suntuosas, con marcos de puerta de piedra (ellos decían que eran de mármol), tejados de pizarra, altos templos, escaleras nobles, estatuas y animales de terracota. Impregnaba la isla un cierto perfume a incienso, como si fuera la Córcega de los viejos tiempos. Entonces Grijalva, siguiendo la estela de Hernández de Córdoba, giró hacia el norte y el oeste, y llegó a un punto cercano al moderno Campeche. Allí un cacique maya, a quien los españoles llamaron «Lázaro», les pidió que se marchasen. «No os queremos aquí» era el mensaje. Quizá era el mismo

cacique que había conocido a Hernández de Córdoba. Siguió una escaramuza, pero los indios huyeron asustados por el sonido del cañón. Grijalva, que perdió dos dientes en la batalla, no los persiguió. En cambio, continuó navegando por la costa de lo que hoy es México. Quizá fue aquí donde Díaz de Solís y Pinzón estuvieron en 1508.

Grijalva navegó posteriormente a donde ningún europeo había llegado antes. Pasó el puerto que hoy se conoce como «el Deseado» y, en el río que hoy se conoce con su propio nombre, se encontró con una canoa en la que unos pescadores parecían estar usando anzuelos de oro. Los españoles capturaron a un hombre y el jefe local les ofreció el peso de ese hombre en oro, pero Grijalva «en contra de la opinión de sus compañeros», rechazó la idea. Poco después, otro cacique de la costa le dio a Grijalva cierto número de ornamentos, entre los que había zapatos de oro, polainas y algunas corazas de oro.

Grijalva llegó entonces a la isla de los Sacrificios, cerca de Veracruz, donde él y sus amigos descubrieron lo que parecían signos obvios de recientes sacrificios humanos. En Yucatán también debía de haber habido ese tipo de sacrificios, pero aquí el número de víctimas era mayor, y había también cabezas decapitadas y pruebas claras de canibalismo. Un cacique local, probablemente un totonaca, le dio a Grijalva una vasija de oro, algunas pulseras y bolas de oro y otras varias joyas. Otro cacique, al que los españoles llamaron «Ovando», les regaló muchos objetos de oro preciosos, entre ellos una pequeña estatuilla de un hombre, un abanico y una máscara, todos trabajados ricamente con incrustaciones de piedras preciosas en los bordes. Cenaron con el cacique, que también le entregó a Grijalva una bella esclava muy bien vestida. Se hallaban cerca del lugar en que surgiría Veracruz y también Tuxpán. Aquí fue donde él y sus compañeros de viaje oyeron por primera vez que existía un gran imperio en las montañas, el imperio de Moctezuma.

Algunos miembros de la expedición, como Martín Millán de Gamboa, querían quedarse allí y establecer una colonia, pero Grijalva lo prohibió: tenía instrucciones distintas de su tío. Lo que hizo fue enviar de vuelta a Cuba a Pedro de Alvarado en su carabela para que le contase a Velázquez lo que habían descubierto. Se llevó consigo algo del oro que le habían dado a Grijalva, incluyendo un peto y una máscara de oro. Se trataba de una historia asombrosa, y las noticias del imperio de Moctezuma causaron una profunda impresión en todos aquellos que las oyeron. Puede que ese imperio no fuera el chino, pero desde luego no sonaba muy diferente.

Grijalva regresó navegando por la costa hasta Yucatán y arribó a Cuba el 28 de junio a través del canal de Yucatán. Cuando alcanzó Santiago de Cuba, Velázquez discutió con él diciéndole que debía haberse quedado y asentado en el territorio al que había llegado, pero Grijalva no tenía autoridad para hacer tal cosa, y Velázquez lo sabía perfectamente.[13]

El estruendo de la artillería de Grijalva había causado gran impresión entre los indios, así como también su efectividad para destruir objetos lejanos. Frente a ello, su falta de precisión no parecía importante. Los españoles, a su vez, quedaron impresionados por el nivel de habilidad artesanal que encontraron, muy superior al que predominaba en el Caribe. Puede que incluso se llevaran también la sensación de que los indios tributarios de los mexicas, como los totonaca, que vivían cerca de lo que sería Veracruz, eran tan hostiles al poder imperial de aquéllos que podrían llegar a convertirse en aliados de España. Aunque las pruebas irrefutables de sacrificios humanos que encontraron en la isla de Ulua, frente a la actual Veracruz, turbaron a todo el mundo, no por ello se podía obviar la parte positiva de lo que habían visto.

Ya en julio de 1518, sólo un mes después de que Grijalva hubo vuelto a Cuba, Pedro Mártir podía escribir entusiasmado, en una carta a sus ex alumnos el marqués de Vélez y el marqués de Mondéjar: «De las Indias nos llegan muchas novedades. Los españoles, partiendo de la isla de Cuba —que se llama Fernandina— hacia Occidente, pero en dirección al Mediodía, encontraron ciudades en las cuales se vive con sujeción a leyes, hay tráfico comercial y llevan vestidos; tienen libros en cuyas páginas intercalan entre las líneas de la escritura figuras de reyes y de ídolos, tal como entre nosotros vemos que hacen los historiadores con los grabados o en los códices con las representaciones fabulosas, a fin de atraer la atención de los compradores. Tienen asimismo calles urbanizadas, casas construidas de piedra y cal, magníficos palacios y espléndidos templos, donde ofrendan víctimas humanas a los Cemes, semejantes a los fantasmas nocturnos. Anualmente sacrifican un número incontable de niños, doncellas y aun esclavos comprados en el mercado.»[14]

Parecía que se abría ante los españoles del Caribe un mundo rico, salvaje y cultivado: rico, puesto que tenía oro; salvaje, puesto que se practicaban sacrificios humanos, y cultivado, puesto que tenían códices ilustrados, escultura y otras formas de arte. El conjunto representaba una tentación que apelaba a todos los deseos de los españoles de Cuba: su deseo de gloria, su deseo de oro y su deseo de llevar el verdadero Dios a los paganos.

CAPÍTULO 35

Señor nuestro, seáis muy bien venido

> ¡Oh, señor nuestro! Seáis muy bien venido. Habéis llegado a vuestra tierra, a vuestro pueblo y a vuestra casa, México. Habéis venido a sentaros en vuestro trono [...].
>
> Moctezuma a Cortés en el camino que llevaba a Tenochtitlan, noviembre de 1518.[1]

La tercera expedición española a lo que hoy es México fue la de Hernán Cortés, al que en sus tiempos conocían como Hernando Cortés.

Cortés había nacido alrededor de 1481 en la ciudad de Medellín, en Extremadura, y había ido a las Indias por primera vez en 1506, con lo que al llegar a México era un hombre de casi cuarenta años.[2] Procedía de una rama empobrecida e ilegítima de la familia extremeña de los Monroy, y era pariente lejano de fray Nicolás de Ovando. Tenía muchos primos, pero no hermanos ni hermanas. Tanto su padre como su abuelo materno lucharon por la Beltraneja en la guerra civil de la década de 1470; su abuelo Diego Alfonso Altamirano había sido mayordomo de uno de los líderes del bando derrotado, la condesa de Medellín, hija de Juan Pacheco, el famoso favorito de Enrique IV.[3] Las fuerzas reales habían puesto sitio al castillo de Medellín en 1476 y es probable que el abuelo de Cortés se contara entre los defensores de la plaza. Así, el conquistador de México era un producto de un mundo de rebelión, guerra y conjuro.

Medellín, una ciudad propiedad del conde de ese mismo nombre, estaba a sólo ocho millas de Villanueva de la Serena, en la entrada del maravilloso valle de la Serena, donde se guardaba el archivo de la Mesta y donde muchos cientos de pastores de ovejas tenían la costumbre de reunirse cada año.[4] Por ello, Medellín estaba acostumbrada a estar en contacto con el resto del mundo. Cortés había ido a la Universidad de Salamanca, donde aprendió latín.[5] Vivió durante un tiempo en Sevilla, al parecer ejerciendo de escribano. En sus tiempos en Medellín había entrado en contacto con culturas diferentes de la castellana, pues, en su infancia, había tanto juderías como morerías en la ciudad. El sucesor de su padre como mayordomo en el castillo había sido un judío que se había convertido en 1492, cuando Cortés tenía unos diez años, y cuando la iglesia de Santa Cecilia comenzó a construirse en el lugar que había ocupado la sinagoga.

Como hemos visto, Cortés trabajó para su pariente Ovando como escribano en la nueva ciudad de Azúa, en la costa sur de La Española, desde su llegada en otoño de 1506 hasta 1510 o 1511. Luego había trabajado como secretario de Diego Velázquez de Cuéllar, quien le llevó a Cuba y le favoreció durante mucho tiempo. Cortés tuvo que estar presente cuando Velázquez fundó las siete mayores ciudades de Cuba aparte de La Habana. Entre 1516 y 1518 fue uno de los magistrados de Santiago, por entonces la capital española de la isla. Y había hecho fortuna como buscador de oro.[6]

Cortés era un hombre cauteloso y sereno. Nunca se preocupó mucho de las comodidades materiales. Sus cartas a Carlos V, escritas con gran inteligencia política, demuestran que se le daba bien la escritura: siguen siendo los únicos documentos que vale la pena leer del gran cuerpo de literatura que generó la conquista. Al mismo tiempo, era todo un mujeriego. La lista de sus amantes sólo durante la guerra con los mexicas, muchas de ellas indígenas mexicas, es muy larga. El mejor retrato suyo que conservamos está en un medallón pintado por el estrasburgués Christoph Weiditz. También son notables uno o dos de los retratos posteriores, especialmente el llamado «retrato de Yale».[7]

La empresa de Cortés fue mucho más ambiciosa que las de sus dos predecesores, pues llevó consigo veinte barcos y casi seiscientos hombres, contando a los marineros. Como Hernández de Córdoba, llevó arcabuceros. Como Grijalva, llevó artillería. Pero, a diferencia de ambos, también llevó caballos.[8] Asimismo llevó consigo no sólo un sacerdote, el padre Juan Díaz de Sevilla, que ya había acompañado a Grijalva, sino también a un ágil fraile mercedario, fray Bartolomé de Olmedo, procedente de las cercanías de Valladolid, quien probablemente le ayudó a calibrar cómo reaccionaría la corte en Castilla a sus actos o declaraciones.

Parece ser que, además, iban en la expedición de Cortés unas veinte mujeres, en calidad de enfermeras, o amantes, pero también de soldados. Llevó consigo a muchos hombres jóvenes venidos directamente de España, como Gonzalo de Sandoval y Antonio de Tapiés, ambos jóvenes, como él, nacidos en Medellín, así como un guerrero negro libre, Juan Garrido, que se había curtido en muchas batallas en Puerto Rico, Guadalupe y Florida con Ponce de León, y en Cuba con Velázquez. La mayoría de la expedición, como era de esperar, eran hombres que habían pasado unos cuantos años en Cuba, pero también había algunos que habían venido de Santo Domingo especialmente para embarcarse, como Juan de Cáceres, que se convirtió en mayordomo de Cortés. También vinieron otros, como Ginés Martín Benito de Béjar (el tamborilero), o Pedro Prieto, que había estado antes en Yucatán con Hernández de Córdoba o Grijalva, o quizá con ambos. Otros, como Francisco de Montejo y Bernal Díaz del Castillo habían ido a las Indias originalmente con Pedrarias, pero se habían vuelto a Cuba tras descubrir que Darién representaba un desafío insuperable para su salud y su paciencia.

Nombraron a Cortés para dirigir esta expedición tan pronto como Pedro de Alvarado regresó de su viaje con Grijalva. Las instrucciones de Velázquez a Cortés incluían la orden de poblar las tierras descubiertas por Grijalva; predicar el cristianismo; cartografiar la costa desde Yucatán hacia el norte (y, en consecuencia, descubrir si había un estrecho que llevase al Pacífico en el mar del Sur) y, allí donde desembarcara, tomar posesión de las tierras en nombre de los monarcas españoles Carlos y Juana. También había una orden fantástica: descubrir a «la gente con orejas grandes y largas y a otros con caras como perros y también en qué dirección están las amazonas que están cerca, según los indios que se lleva consigo».[9]

Los hombres de Cortés venían de muchos lugares de Castilla, pero la proporción más grande, digamos un 36 %, eran andaluces, particularmente de Sevilla. Quizá un 16 % eran extremeños y aproximadamente un 15 % eran de Castilla la Vieja. Los líderes, sin embargo, eran mayoritariamente extremeños, y entre ellos se contaban hombres a los que Cortés conocía de toda la vida y que le serían leales incluso en momentos de extremas dificultades. La lealtad al líder era frecuente en la primera generación de conquistadores. Unos pocos de entre los conquistadores venían de Aragón y Cataluña, menos de Valencia, y casi ninguno de Granada.[10] Cortés también trajo consigo cierto número de indios cubanos como sirvientes o esclavos: Velázquez había dado su aprobación.[11]

Los líderes de este ejército eran Pedro de Alvarado, quien, como vimos, procedía de Badajoz y era sobrino de Diego de Alvarado, viejo vecino de Santo Domingo; Diego de Ordaz, de Castroverde del Campo, en Castilla; Alonso de Ávila, de Ciudad Real; Andrés de Tapia, probablemente de una familia de Medellín, aunque nacido en León; y, luego, durante la campaña, Gustavo de Sandoval, que también era de Medellín y que se convirtió de hecho en el segundo de Cortés. Ninguno de ellos tenía demasiada experiencia en la guerra, a pesar de que algunos habían conocido las luchas que habían llevado al establecimiento de la soberanía española sobre Cuba. Diego de Ordaz había combatido en la desastrosa batalla de Turbaco en 1509, donde había muerto Juan de la Cosa. El propio Cortés había luchado en Cuba y probablemente, también en La Española. Aun así, la mayoría de estos hombres procedían de familias donde las armas eran tema habitual de todas las conversaciones y muchos, como el propio Cortés, tenían padres que habían luchado contra el reino de Granada. No hay duda de que Pedro de Alvarado le había hablado a Cortés de sus impresiones sobre ese nuevo mundo, y Cortés debió de haber escuchado atentamente. Cortés y su expedición fueron primero a Yucatán.

Allí recuperaron a un hermano laico de Écija, Jerónimo de Aguilar quien había naufragado en 1509 cuando formaba parte de la expedición de Nicuesa y que, desde entonces, se había visto obligado a convivir varios años con los indios mayas.[12] Uno de los hombres de Cortés, Ángel Tintorero, contó cómo, al ir a una isla frente al Yucatán para buscar jabalíes, se encontró con Aguilar vestido con ropas indias abrazando un desgastado libro de Horas.[13] Aguilar, quien al principio parecía tan similar a los indios que nadie le reconoció como español, hablaba maya. Cuando más adelante le ofrecieron a Cortés una esclava mexica, Mallinalli o Marina, como la llamaron los españoles, que hablaba maya además de náhuatl el lenguaje de los mexicas, pudo comunicarse con sus supuestos oponentes de forma bastante efectiva a través de un sistema de doble traducción.[14]

Tras unas pocas escaramuzas en diferentes puntos de la costa mexicana, Cortés estableció una base cerca de Veracruz, desafiando abiertamente los deseos de Diego Velázquez. Allí derrotó una rebelión que habían organizado algunos seguidores del gobernador que había en la expedición y que querían regresar a casa. Estableció buenas relaciones con la gente de la costa, los totonaca, que habían sido tributarios de los mexicas. Por entonces, él y sus compañeros ya habían detectado signos de sacrificios humanos: «una especie de altar cubierto con sangre coagulada» fue uno de sus desagradables encuentros en Yucatán.

El emperador de los mexicas, Moctezuma, contactó indirectamente con Cortés, al que envió regalos y a través del cual intentó averiguar lo más posible sobre aquellos sorprendentes recién llegados de pelo largo, afiladas espadas y gran fuerza física. Sus magos, que eran, podemos suponer, sus espías, informaron de que los españoles hablaban durante toda la noche y que al amanecer volvían a estar a lomos de sus caballos. Moctezuma regaló a Cortés dos finos forjados, con las dos ruedas bien trabajadas en plata y oro, que es casi seguro que representaban los calendarios mexicas. Las habían preparado para Grijalva, pero éste se había marchado antes de que estuvieran acabadas.[15]

Fueron los grandes premios de esta etapa de la conquista. Cortés tuvo la buena suerte de hacer tierra en territorio mexica durante el año dedicado por los sacerdotes de Tenochtitlan al culto del benigno dios Quetzalcoatl; él y sus conquistadores arrivaron del mismo mar desde el que la leyenda decía que dicha deidad había partido sobre una balsa de serpientes, hacía ya mucho tiempo. Cortés parece haber aprovechado la memoria de esta leyenda. También, al parecer, circulaba una historia según la cual Quetzalcoatl regresaría algún día, aunque no se conserva evidencia de tal leyenda que anteceda al tiempo de la conquista. Moctezuma parece que fue muy adepto a Quetzalcoatl y pudo haber pensado durante algún tiempo que Cortés era, o podía convertirse en, la reencarnación de aquella deidad. Es por ello que fue obsequiado formalmente con vestimentas que se asemejaban a las del dios Quetzalcoatl.

Cortés envió de vuelta dos procuradores, Alonso Hernández de Portocarrero, de Medellín, y Francisco de Montejo, de Salamanca, para que informaran al rey de lo que estaba haciendo. Estos hombres sólo eran «procuradores» según la definición más simple del término. Fueron nombrados por Cortés como representantes suyos y no de Vera Cruz. Sin duda fueron seleccionados porque se debían encontrar en la corte como en casa. Cortés evitó decirles que informaran también a Diego Velázquez, pero Montejo tenía una propiedad en Cuba y se detuvo allí durante un día o dos en su viaje de vuelta a España, y un amigo vio parte del tesoro de Cortés y le habló al gobernador sobre él. Ya se ha explicado anteriormente la misión.[16] Llevaron con ellos a España las hermosas ruedas y muchas otras joyas y tesoros, al parecer una selección típica de las obras de arte mexica: tallas de madera, mosaicos de turquesas y de plumas, joyas de oro y jade, pero ninguna de las esculturas por las que luego México se ha hecho merecidamente famoso. También llevaron de vuelta las nuevas de que Jerónimo de Aguilar, al que se creía perdido tras la última expedición de Nicuesa, estaba vivo y a salvo y, de hecho, servía al rey como intérprete.[17]

En agosto, Cortés dejó unos cien hombres en la costa y condujo el resto hasta Tenochtitlan, la capital mexica, en el centro del bello lago. Le acompañaban muchos porteadores totonacas. Dejaron las tropicales tierras bajas para ir hacia la zona templada de México, cerca de Perote, para luego cruzar las montañas hacia el este de la ciudad de Tenochtitlan, capital de los mexicas.

Cortés y su ejército se vieron envueltos en algunas batallas muy violentas en su ascensión hasta Tenochtitlan, batallas de una escala mucho mayor de lo que los europeos habían experimentado en el Nuevo Mundo hasta entonces. Pero establecieron lazos de amistad con el estado de Tlaxcala después de haber combatido con ellos. Tlaxcala, como se ha explicado antes, era un Estado que se había enfrentado a menudo a los mexicas, por cuyo imperio estaban completamente rodeados. Hubo también una batalla en Cholula, en la que los españoles creyeron que la gente de la ciudad estaba planeando atacarlos. Era muy improbable que fuera así, pero de todas formas los expedicionarios estaban en escandalosa inferioridad numérica y es posible que creyeran genuinamente que iban a ser atacados. «Si por tentar la suerte no hubiésemos infligido tal castigo nuestras vidas habrían estado en gran peligro», comentó Bernal Díaz del Castillo.[18]

Entonces Cortés y sus compañeros fueron recibidos como huéspedes por el emperador Moctezuma. La escena de su recibimiento fue una de las más asombrosas de toda la historia de la humanidad. El encuentro tuvo lugar en noviembre de 1519 en la calzada sur de la ciudad, que conducía desde la tierra firme a través del lago hasta la capital de Moctezuma, Tenochtitlan, en el corazón de lo que hoy es Ciudad de México. Cortés llegó con sus cuatrocientos o quinientos europeos, acompañados por porteadores y sirvientes de las tribus indígenas no mexicas que había convencido para que le sirvieran. Aquellos pueblos estaban dispuestos a apoyar a un líder militar extranjero que podría ayudarles a derrocar a los mexicas.

Cortés y los demás líderes, como Pedro de Alvarado y Gonzalo de Sandoval, llegaron a caballo y, con su armadura de acero brillando al sol y sus elegantes caballos españoles, causaron una gran impresión a los mexicas. Cortés también tenía unos cuantos perros de pelea, que igualmente resultaron muy perturbadores para los mexicas, y es muy probable que se llevase hasta Tenochtitlan algún cañón en carros de los que tiraban los totonacas, haciendo con ello que la rueda entrara por primera vez en la imaginación indígena en Norteamérica. Además había arcabuceros, que podían disparar sus armas causando una tremenda detonación y con ello conmocionar a los nativos, incluso si erraban el tiro.

Probablemente los mexicas ya habían oído hablar de las largas y peligrosas espadas españolas, que los conquistadores ya habían desenvainado varias veces en su viaje desde la costa, siempre con mortal eficacia.

Moctezuma recibió a Cortés en persona en la calzada, rodeado por muchos nobles mexicas elaboradamente adornados con plumas. Un hombre caminaba frente al emperador llevando un cayado tallado en señal de autoridad. A los españoles les debió resultar familiar ese elemento de la ceremonia y puede que algunos incluso admiraran las excelentes tallas que debían adornarlo. Puede que el emperador no deseara recibir tan bien a Cortés, pero lo exigía la tradición local de hospitalidad. Los mexicas tenían unos modales exquisitos: «tan cortés como un indio mexica» era una frase típica de la España del siglo XVI.

Moctezuma se apeó de su litera verde que, según los cronistas, estaba ricamente decorada con joyas, oro, bordados, plumas y otros adornos por los que su civilización es conocida. El emperador vestía probablemente una capa bordada, con un tocado verde emplumado similar al que puede observarse en el Museo de la Humanidad en Viena, y unas sandalias decoradas con oro ciñéndole los pies. Le besó la mano a Cortés después de tocar la tierra.

Parece ser que Cortés le preguntó: «¿Acaso eres tú? ¿Es verdad que eres tú Moctezuma?» A continuación le regaló a Moctezuma un collar de perlas, probablemente de perlas de la isla Margarita de Venezuela, donde los buscadores de perlas españoles ya llevaban un tiempo activos.

Moctezuma le dio entonces a Cortés un collar doble de conchas de caracol rojo, del que colgaban ocho camarones de oro. El color rojo del collar podría indicar que Moctezuma sí creía que Cortés podría ser la reencarnación del dios perdido, Quetzalcoatl, porque el color rojo era el favorito del dios.

Moctezuma se dirigió entonces a Cortés. Si fray Bernardino de Sahagún está en lo cierto, debió de ser el más extraordinario saludo de toda la historia. Según fray Bernardino, un franciscano que dedicaría su vida a recuperar la naturaleza básica de la civilización de los mexicas, Moctezuma dijo: «¡Oh, señor nuestro! Seáis muy bien venido. Havéis llegado a vuestra tierra, a vuestro pueblo y a vuestra casa, México. Havéis venido a sentaros en vuestro trono y vuestra silla, el cual yo en vuestro nombre he poseído algunos días. Otros señores, ya son muertos, le tuvieron antes que yo. El uno que se llamava Itzcóatl, y el otro Motecuçoma el Viejo, y el otro Axayácatl, y el otro Tiçócic, y el otro Auítzutl. Yo, el postrero de todos, he venido a tener cargo y regir este vuestro pueblo de México. Todos hemos traído a cuestas a vuestra república y a vuestros basallos. Los defuntos ya no pueden ver ni saber lo que pasa agora. Pluguiera a aquel por quien vivimos que alguno de ellos fuera vivo y en su presencia aconteciera lo que acontece en la mía. Ellos están absentes. Señor nuestro, ni estoy dormido ni soñando; con mis ojos veo vuestra cara y vuestra persona. Días ha que yo esperava esto; días ha que mi coraçón estava mirando a aquellas partes donde havéis venido. Havéis salido de entre las nubes y de entre las nieblas, lugar a todos ascondido. Esto es por cierto lo que nos dexaron dicho los reyes que pasaron, que havíades de bolver a reinar en estos reinos y que havíades de asentaros en vuestro trono y a vuestra silla. Agora veo que es verdad lo que nos dexaron dicho. Seáis muy bien venido. Trabaxos habréis pasado, veniendo tan largos caminos. Descansad agora; aquí está vuestra casa y vuestros palacios. Tomadlos y descansad en ellos con todos vuestros capitanes y compañeros que han venido con vos.»[19]

Esta traducción del náhuatl hecha en el siglo XVI por Sahagún ha provocado muchos comentarios escépticos, pero, sea como fuere, seguro que se profirieron complejas fórmulas de bienvenida. Tales discursos no pueden tomarse al pie de la letra.

Cortés y sus hombres fueron acomodados en unas habitaciones de un palacio desde las que, a través del recinto sagrado, se veía el palacio de Moctezuma, que se elevaba en el lugar en que actualmente se encuentra una entidad bancaria estatal. Tras unos pocos días, temiendo que los mexicas le secuestrasen para matarlo según su capricho, Cortés capturó al emperador y lo retuvo cautivo en sus aposentos. Durante un breve período extraordinario, de noviembre de 1519 a abril de 1520, Moctezuma continuó gobernando México pero siendo él mismo gobernado por Cortés. Cortés le enseñó a Moctezuma a usar un arcabuz y mantuvieron una serie de curiosas conversaciones que nos han llegado a través de muchas crónicas subsiguientes.

Cortés y Moctezuma se hicieron cada vez más íntimos y se dice que, en una ocasión, Cortés afirmó que con sus armas y su capacidad de liderazgo y con la cantidad de hombres que había en México, podrían conquistar el mundo, por lo menos hasta China.[20] Sin embargo, las relaciones entre los mexicas y los conquistadores no estaban exentas de tensiones como, por ejemplo, cuando Cortés, Andrés de Tapia y otros obligaron a colocar unas imágenes de la Virgen y de san Martín en el templo principal en la cima de la pirámide, y rompieron algunas de las efigies de los dioses mexicas, cuyos restos dejaron al pie del edificio.[21]

Fue durante esta época, específicamente en enero de 1520, cuando Moctezuma aceptó formalmente convertirse en vasallo del rey de España, Carlos V. Se ha discutido mucho este hecho, como muchos otros en la capital mexica en tiempos de Cortés, e incluso se ha sugerido de forma muy plausible que la definición de vasallaje en México era muy distinta de lo que por tal se entendía en España, a pesar de que los mexicas fueron antes del siglo XV vasallos de los tepanecas del mismo modo que Cortés pensó que ahora lo eran de Castilla. Muchos testigos afirmaron haber presenciado la escena y podemos estar razonablemente seguros de que hubo algún tipo de reconocimiento de una autoridad superior.[22] Es posible incluso que Moctezuma aceptara convertirse al cristianismo.[23] También se ha dicho que todos los actos de Cortés tuvieron siempre como objeto conseguir convencer a Moctezuma de convertirse en vasallo de Carlos V.[24]

Esta cohabitación improbable y singular llegó a su fin en abril de 1520, cuando mil españoles, comandados por el experimentado Pánfilo de Narváez, que había combatido victoriosamente en Jamaica y Cuba, desembarcaron en Veracruz decididos a capturar o matar a Cortés y a restaurar la autoridad del gobernador de Cuba. Narváez traía consigo a muchos aventureros curtidos, algunos de los cuales habían combatido en La Española además de en Cuba. También en esta ocasión, muchos indios cubanos acompañaron a Narváez bien como sirvientes, bien como esclavos.[25] Cortés le dijo a Moctezuma que esos recién llegados eran en su mayoría vascos.[26] En realidad no era así, aunque hubiera vascos entre ellos, como Juan Bono de Quejo, uno de los capitanes de Ponce de León en Florida y comandante de la expedición negrera a Trinidad en 1515.

Cortés dejó a su lugarteniente, Pedro de Alvarado, en Tenochtitlan, y se encaminó hacia la costa donde, en Cempoallán, cerca de Veracruz, sorprendió a Narváez y sus tropas atacándolos por la noche. Fue la primera batalla que disputaron españoles contra españoles en las Américas. Murieron una docena de hombres de Narváez y el propio Narváez fue herido y hecho prisionero, permaneciendo como tal durante muchos meses.

Entonces Cortés regresó a Tenochtitlan, con su ejército reforzado por la mayoría de los recién llegados, que se habían pasado a su bando.

Con ellos también había ganado muchos más caballos. Mientras tanto, no obstante, Alvarado, temiendo un ataque como el que se había producido en Cholula el otoño anterior, y en lo que los estrategas modernos llamarían de forma eufemística un ataque preventivo, había masacrado a buena parte de los nobles mexicas durante una celebración y él mismo se encontraba ahora rodeado. Cortés entró en Tenochtitlan y trató de romper el asedio, pero no lo logró. La actitud de los mexicas había cambiado mucho desde el invierno anterior. Moctezuma había sido asesinado en un tejado mientras trataba de razonar con los que habían sido sus súbditos. Tras leer la crónica de esos sucesos que nos ha llegado a través de fray Francisco Aguilar, no queda ninguna duda de que murió por causa de una piedra que le arrojaron de entre las filas de los mexicas.[27] Cortés decidió, tras consultarlo con Alvarado, abandonar la ciudad por la noche sigilosamente.

Querían irse sin ser vistos, pero una mujer que iba a por agua dio la voz de alarma. Tuvo lugar entonces una feroz batalla en las calzadas que conducían de Tacuba a Tenochtitlan. En esa noche del 30 de junio de 1520, que se conocería como la «Noche Triste», en la batalla sobre los puentes en la que murieron muchos hombres. Parece que algunos no se despertaron y fueron muertos mientras dormían. Muchos otros fueron ofrecidos como víctimas en sacrificios.

Los españoles, sin embargo, supieron reagruparse en la ciudad de Tacuba, más o menos donde luego se construiría la iglesia de Los Remedios, y, marchando a través de la costa del lago de México, derrotaron a los mexicas en una batalla en campo abierto cerca de la ciudad de Otumba. Sólo entonces pudieron cruzar a Tlaxcala, al otro lado de las montañas, y recuperarse. En ese lugar, los acogieron y socorrieron los enemigos indígenas de los mexicas (aliados españoles en esas nuevas tierras), que a cambio obtuvieron un tratado que les confería ciertos privilegios sobre el valle de México.[28]

Tlaxcala, como hemos visto, era la principal ciudad-estado que había resistido con éxito ante el Imperio mexica. Otros pueblos habían sido conquistados y sometidos y, como es lógico, guardaban por ello un agrio resentimiento contra los mexicas. Parece que algunos de ellos vieron la llegada de los españoles como una oportunidad caída del cielo para recuperar su antigua independencia. Es muy posible que los tlaxcaltecas vieran a los españoles como mercenarios, gente de cuya ayuda se podrían beneficiar, y cerraron con ellos lo que pensaban que era un trato ventajoso a cambio de su ayuda.[29]

Cortés se recuperó de sus heridas, al igual que sus comandantes. Dedicó luego varios meses a la conquista de ciudades menores del Imperio mexica, como Tepeaca, al este de la capital. Parece ser que aterrorizó deliberadamente a la población para evitar que surgieran en el futuro núcleos de resistencia. Al final, su ejército, reforzado tanto con aliados indígenas como por nuevos voluntarios españoles llegados de Santo Domingo, se dispuso a sitiar Tenochtitlan la primavera de 1521.[30] Más o menos por estas fechas, dos viejos socios conversos de cortés, Juan de Córdoba, el conocido platero de Sevilla, y Luis Fernández de Alfaro, el comerciante y marino que habría llevado a Cortés a las Indias en 1506 y sobre cuya vida hemos hablado antes[31].

Cortés logró atacar Tenochtitlan desde el lago encargándole a un sevillano, Martín López, que construyera doce bergantines. Las naves se construyeron en Tlaxcala, se trasladaron las piezas a través de las colinas y se ensamblaron en Texcoco, junto al lago de México. Fue un logro asombroso, una hazaña comparable a lo que hizo Balboa en el istmo.

El asedio fue largo y sangriento y no fueron pocos los reveses para los españoles. La lucha, tan a menudo descrita, fue de una escala nunca vista antes en el Nuevo Mundo y merece codearse con algunas de las más desgarradoras batallas europeas. Ciertamente, fue una de las batallas que marcó decisivamente la historia del mundo. Los españoles se hicieron pronto con el control del lago gracias a sus bergantines y de ese modo lograron cortar la entrada de comida y otros suministros a la ciudad. Las batallas llevaron a la destrucción de la ciudad y a la muerte por hambre o en batalla de muchos mexicas. Es casi seguro que los mexicas se drogaron para luchar con valentía, probablemente usando setas sagradas o el cactus de peyote.[32] Pero el primo de Moctezuma, que fue su sucesor, el joven emperador Cuauhtémoc, rindió la ciudad a Cortés el 13 de agosto de 1521. Muchos miles de mexicas murieron y su pueblo jamás se recuperó, aunque muchos supervivientes tomaron parte en las subsiguientes guerras de conquista luchando en el bando español. Quizá los españoles perdieron quinientos hombres después de 1518.[33]

La victoria de Cortés sobre los mucho más numerosos mexicas tiene diversas explicaciones. Los españoles, mejor disciplinados que sus enemigos, estaban organizados en compañías y batallones, que no tenían su equivalente en el bando mexica. Cortés demostró ser un magnífico comandante: siempre mantenía la calma, particularmente en los momentos difíciles; siempre estaba en primera línea de batalla, y siempre fue capaz de improvisar soluciones creativas cuando las cosas iban mal (una cualidad muy importante). Era buen líder tanto al retirarse como al avanzar, y sabía cómo hablar a sus hombres para infundirles coraje y hacer que le siguieran a la batalla. También podía explicar a los indios «de una forma excelente cosas sobre nuestra fe».

También tuvo importancia su capacidad de comunicarse por otros medios. Bernal Díaz nos cuenta cómo durante el asedio a Tenochtitlan, Cortés pudo comunicarse de forma efectiva con Alvarado[34] por escrito. Bernal Díaz comentó: «Nos escribía constantemente para decirnos lo que teníamos que hacer y cómo teníamos que luchar.»[35] El papel de la escritura en estas conquistas se ha denominado «la ventaja literal» o «quizá la más importante» diferencia entre los españoles y los indígenas.[36] También fue importante el papel que jugó la intérprete y luego amante de Cortés, Marina. Sin duda ambas partes estaban convencidas de su propia superioridad. La convicción de los españoles de ser los portadores de la única y verdadera fe, que debía ser impuesta sobre los sacrificadores de hombres, tuvo, sin duda, un peso considerable. Cortés disponía tan sólo de algunos clérigos con él (el religioso Juan Díaz, el mercedario fray Bartolomé de Olmedo, y el franciscano Melgarejo), pero todos sus hombres compartían un fervor religioso. Esta religiosidad se acrecentó a medida que la conquista se fue extendiendo y empezó a conocerse mejor la envergadura de los sacrificios humanos practicados por los indígenas.

Los españoles tenían además una capacidad para improvisar y aportar nuevas soluciones que asombró a los mexicas; por ejemplo, tras la conquista se produjo una escasez importate de pólvora. La solución de Cortés a este problema fue enviar a dos de sus seguidores de confianza, Francisco Montaño y Diego de Peñalosa, para que descendiesen a un tercer hombre, Francisco de Mesa, a un volcán hirviente en Popocateptl, de forma que pudiese recoger brea por cubos.

Pero el factor decisivo fueron las armas y los animales. Para evitar que los mexicas se escondieran en los tejados se utilizó profusamente la artillería, las bombardas y culebrinas, que, aunque imprecisas, cumplieron perfectamente su cometido. Los caballos fueron menos efectivos en el combate cuerpo a cuerpo dentro de la ciudad, pero se demostraron decisivos en el combate a campo abierto, como, por ejemplo, en la batalla de Otumba. Los caballos, además, les parecían a los nativos una innovación bélica terrorífica. Las armas de mano, como los arcabuces o incluso las ballestas, no tuvieron gran influencia en el curso de las batallas, pero las largas y afiladas espadas castellanas sí que fueron decisivas para la victoria española. Comparadas con ellas, las espadas mexicas hechas con piedras afiladas y guardadas en vainas de madera eran armas pensadas para herir, no para matar, pues se aspiraba a capturar prisioneros heridos que pudieran ser sacrificados en los festivales, y no cadáveres.

La artillería requiere transporte. Aquí los españoles contaron con la ayuda de sus aliados indios. Quizá los indios cubanos ayudaran. Es improbable que jamás hubiesen podido partir de Veracruz hacia Tenochtitlan sin el apoyo de esos «colaboracionistas». Incluso los soldados rasos tenían sirvientes y, como sus comandantes, a menudo tenían chicas indias con las que dormir. Obviamente estos asuntos, que dieron inicio a la raza mestiza en México, fueron beneficiosos para la moral de los españoles. El campamento español debió parecer Babilonia la mayor parte del tiempo.

La puntilla que aseguró el éxito de los españoles vino dada por el estallido durante el otoño de 1520 de una epidemia de viruela en el antiguo México, que debilitó la resistencia indígena y acabó con varios de sus líderes más destacados, mientras que los españoles se demostraron prácticamente inmunes. Esa inmunidad debió de tener importantes consecuencias psicológicas para los mexicas, a lo que debía sumarse que la viruela había reducido la superioridad numérica de la que éstos disfrutaron siempre. La epidemia se detectó en España en 1518, fue demoledora al año siguiente en Santo Domingo, y fue llevada a Nueva España/México por un esclavo de Narváez.

La actitud ambigua de Moctezuma hacia sus captores españoles también debió de tener un efecto negativo en muchos de sus compatriotas.

Tras la conquista, Cortés se embarcó en la empresa de reconstruir Tenochtitlan. Contrató a los mexicas supervivientes y a muchos de sus aliados, como la gente de Chalco, que tenían fama de ser buenos constructores desde los días en que habían construido la primera ciudad mexicas en el siglo XIV. La reconstrucción fue uno de los grandes logros de la planificación urbanística renacentista: en 1518, antes de su destrucción, Tenochtitlan, como hemos dicho antes, había sido más grande que cualquier ciudad de la Europa occidental, y en un plazo de tres años fue reconstruida a una escala similar, gracias a un plan diseñado por Alonso García Bravo, uno de los amigos pacenses de Cortés.[37] Los indios trabajaron, según recuerda el monje franciscano Motolinía, con un entusiasmo y una voluntad difíciles de creer, sin duda porque habían estado reconstruyendo lo que un día fue su alegría y su orgullo.

Los indígenas quedaron muy impresionados por dos artilugios occidentales que traían los españoles: el carro con ruedas y la polea. Los españoles habían usado carros con ruedas para transportar la artillería durante la guerra. Aunque los mexicas tenían tornos de alfarería, no se les había ocurrido usar la rueda como medio para facilitar el transporte. Tampoco tenían los animales domésticos adecuados. Tanto el carro como la polea, que transformaron completamente la forma en que se trabajaba en la reconstrucción de Tenochtitlan (que pronto se conocería sólo como México), fueron verdaderas revelaciones. Incluso ayudaron a fomentar la conversión al cristianismo. Si los extranjeros tenían tal tecnología, eso quería decir que sus dioses (la Virgen, san Martín, san Cristóbal y la Trinidad) debían existir de verdad.

La conquista espiritual de México fue el siguiente paso después de la conquista material. Fue un gran triunfo del proselitismo. Muchos mexicas creyeron que la victoria de Cortés significaba el triunfo del Dios y los santos de la cristiandad. Y tenían razón.

Cortés comenzó a asignar encomiendas a sus seguidores. En una carta al rey Carlos le explica que hubiera preferido no tener que hacerlo pero que lo escaso del tesoro de que disponía para recompensar a sus seguidores le había llevado a ello.[38] Entre los primeros encomenderos se contaban, naturalmente, los héroes de la conquista, Andrés de Tapia, Pedro de Alvarado y Juan Jaramillo.

Hacia la primavera de 1521 ya había llegado a España una detallada descripción de Tenochtitlan («Venecia la rica», dijo Mártir que la habían llamado los conquistadores). Pedro Mártir escribió sobre ello en una carta a sus correspondientes favoritos, los marqueses de Mondéjar y los Vélez.[39] Durante el otoño de 1521 llegaron a Sevilla dos nuevos emisarios de Cortés, Alonso de Mendoza y Diego de Ordaz. El primero era un nativo de Medellín, un viejo amigo de Cortés, pero no pariente, o al menos eso parece, de la gran familia aristocrática de ese nombre. Había sido magistrado en Santiago de Cuba en 1518, al mismo tiempo que Cortés. Diego de Ordaz, nacido en Castilla la Vieja, había sido uno de los primeros comandantes de Cortés. Ambos emisarios hablaron de la asombrosa ciudad de Tenochtitlan y del imperio de los mexicas, en lo que Cortés había bautizado como Nueva España, y contaron cómo su comandante estaba decidido a ganar ese país para España. Castilla todavía estaba digiriendo estas noticias cuando, seis meses después, el uno de marzo de 1522, llegó la noticia de que Cortés había tomado Tenochtitlan, la capital mexica. Tal hecho fue descrito, y publicado, por el impresor alemán de Sevilla Jacob Cromberger en un apéndice al segundo de los informes, o *Cartas de Relación*, de Cortés al rey, que debía de tener listo para la imprenta cuando llegaron las noticias.

Una tercera carta, escrita por Cortés en Nueva España en mayo de 1522, narrando cuanto había acontecido durante el asedio y la conquista de Tenochtitlan, llegó a Sevilla en noviembre de 1522. Fue publicada en marzo de 1523. Había sido confirmada como una narración exacta de lo sucedido por un vástago de una buena y vieja familia de Tordesillas, Julián de Alderete, el tesorero real en Tenochtitlan, y por dos de los otros conquistadores de mayor reputación, Alonso de Grado y Vázquez de Tapia. Era una historia que hacía que novelas como *Tirant lo Blanc* y *Amadís de Gaula* parecieran contar historias de modestas ambiciones, a pesar de que el último fue un libro que también publicó Cromberger. La actitud de la vieja España hacia las Indias cambió entonces, y cambió para siempre.

Hace tiempo que se hizo evidente que el estudio de la conquista de México viene facilitado en gran medida por la enorme cantidad de escritos originales que nos han dejado los combatientes. Entre ellos tenemos los escritos del propio Cortés, de Bernal Díaz del Castillo, de Andrés de Tapia, del padre Aguilar, Vázquez de Tapia y el padre Juan Díaz (aunque escribió sólo de la expedición de Grijalva). Fray Bartolomé de Las Casas y Oviedo también escribieron desde la experiencia personal. Pero todos esos nombres no son más que el principio. Sea como testigos de la Residencia de Cortés o como testigos en su propio interés en sus *Informaciones de servicios y méritos* durante los cuarenta años que siguieron a la conquista o actuando de testigos en las informaciones de otros, otros trescientos cincuenta conquistadores nos dejaron algún tipo de testimonio personal de lo que habían visto y hecho en los años 1519 y 1520. Todos los capitanes importantes nos han dejado su testimonio, así que éste es uno de los conflictos mejor documentados de la historia. Muchas veces, en alguna investigación veinte años o más después, algún magistrado le preguntaría a un conquistador ya de mediana edad. «Pero, ¿cómo sabe usted todo eso?», para recibir como respuesta: «Porque yo estuve allí. Lo vi con mis propios ojos.»

LIBRO NOVENO

Magallanes y Elcano

Utopía de Tomás Moro fue publicada por primera vez en 1516. La ilustración corresponde a una edición de 1518, probablemente obra de Holbein.

CAPÍTULO 36

Partid en buena hora

Partid en buena hora a descubrir la parte del mar Océano [...]

Instrucciones a Magallanes, 1519

Bartolomé de Las Casas se hallaba en las estancias del canciller Jean le Sauvage en Valladolid en marzo de 1518, cuando un capitán portugués, Ferñao de Magalhaes (Hernando de Magallanes) llegó acompañado de su amigo Ruy Faleiro, que afirmaba ser un astrólogo. Habían logrado conseguir la audiencia gracias a la ayuda de Juan de Aranda, un mercader de Burgos corrupto pero inofensivo y probablemente un converso.[1] Magallanes traía consigo un globo terráqueo sobre el que había dibujado una línea que representaba el viaje que se proponía emprender. Parecía estar seguro de que encontraría un estrecho que lo conduciría al mar del Sur, muy al sur de lo que Waldseemüller había llamado América, y, en consecuencia, a las Molucas, «el lugar de donde provienen las especias». Él y Faleiro también habían deducido, de forma muy conveniente al menos para ellos, que la línea que dividía en dos el mundo entre Portugal y España, si se prolongaba de una forma lógica a lo largo del globo, acabaría concediendo la soberanía de las islas de las Especias a España.

Las Casas le preguntó: «¿Y si no halláis estrecho por donde habéis de pasar a la otra mar?»[2] Magallanes dijo que, en ese caso, tomaría la ruta portuguesa a través del sur de África, trayecto que conocía personalmente. Antonio Pigafetta, natural de Vicenza, en la República de Venecia, informó más adelante de que Magallanes estaba convencido de que encontraría un estrecho porque había visto un mapa dibujado por Martín de Behaim en la biblioteca del rey de Portugal en el que aparecía tal estrecho.[3] No obstante, el famoso mapa terráqueo creado por Behaim en Nuremberg no muestra ni rastro de tal estrecho y, en realidad, ni siquiera aparece América en él. El mapa de Waldseemüller sí mostraba el Pacífico, pero ningún estrecho hasta él. Magallanes debió de ver algún otro mapa.[4] Pero más importante todavía para Magallanes era el consejo que le había dado un primo suyo, Francisco Serrano, comandante en aquellos tiempos en las Molucas, y que parecía convencido cuando estaba en el Lejano Oriente de que existía una ruta hacia esas islas vía las nuevas Indias.

Ésta no era una idea ajena a anteriores expediciones de exploración. Así, por ejemplo, Juan Díaz de Solís, el experimentado marinero que sucedió al florentino Vespucio como piloto mayor, había partido para buscar un estrecho que condujese del Atlántico al mar del Sur.[5] A principios de 1516, Díaz de Solís descubrió el estuario del río de la Plata, al que llamó «el mar Dulce». Fue un gran logro, pero Solís no encontró jamás «el estrecho». Tampoco era el río completamente «dulce», pues mientras descansaba triunfalmente a la orilla del gran estuario, Solís, junto con otros ocho marineros, fue capturado y luego devorado por los indios guaranís: un final trágico para un gran marino.[6] A otros miembros de la expedición se los mantuvo cautivos en la isla de Santa Catalina, para darse un banquete con ellos más adelante, pero algunos lograron escapar en canoa.

Uno de ellos fue Alejo García, uno de esos individuos tan asombrosos que abundaron en esa generación de españoles de los años que siguieron al descubrimiento de Colón. Consiguió llegar al continente junto con cuatro compatriotas, viajaron tierra adentro en busca de «el Hombre Blanco», una figura mítica del interior de la que se decía que poseía infinitas riquezas. El autor del *Amadís de Gaula* no lo habría hecho mejor. Acompañado por una legión de indios, a los que no sólo apaciguó, sino que encandiló completamente, García llegó a los Andes peruanos y entró en contacto con los incas: los primeros europeos que lo hicieron. Luego regresó y fue a algún lugar cerca de lo que hoy en día es Asunción, donde, como Díaz de Solís, fue asesinado por los guaranís en 1525.[7]

En cuanto a los planes que Magallanes tenía para aquellas aguas, pronto llegó a un acuerdo con el rey Carlos, que se plasmó en la correspondiente capitulación (el documento también fue firmado por Cobos, Gattinara, Fonseca, Ruiz de la Mota y García de Padilla). Magallanes no sólo se reunió con Le Sauvage, sino también con Fonseca y luego con Chièvres.[8] La capitulación de 19 de abril de 1519, establecía que Magallanes deseaba ofrecer a la Corona española un gran servicio, siempre dentro de los límites establecidos del área controlada por España. Continuaba diciendo: «Partid en buena hora a descubrir la parte del mar Océano que cae bajo nuestras fronteras y demarcación [...] y, durante los siguientes diez años, no concederemos permiso a ningún otro para que [...] explore por la misma ruta que tomaréis vos [...] Otrosí, podéis descubrir en esos lugares lo que todavía no ha sido descubierto, pero no podréis descubrir nada dentro de la demarcación y los límites de su serenísima majestad el rey de Portugal, mi muy querido y amado tío y hermano.»

Magallanes debería pagar como tasa al rey una vigésima parte de todos los bienes que se descubrieran o se intercambiaran. La capitulación, además, regulaba muchos otros asuntos administrativos con minuciosidad. El mercader Juan de Aranda recibiría un octavo de los beneficios del viaje (tales eran las ganancias de hacer presentaciones importantes). A Magallanes se le garantizó el derecho de dispensar justicia sumaria si surgían disputas en tierra o en el mar. Antes de partir, tanto Magallanes como Faleiro fueron nombrados caballeros de la Orden de Santiago.[9]

Magallanes había nacido en la Villa de Sabroza, en el distrito de Villa Real, Tras-os-Montes, al norte de Portugal, no lejos de Oporto. Procedía de una familia de la pequeña nobleza. Su padre, Ruy Rodrigo Magalães, había sido durante un tiempo *alcaide-mor* de Aveiro. Su abuelo, Pedro Alfonso, parece haber jugado algún papel en la administración de la provincia. Magallanes fue puesto pronto al servicio de la reina portuguesa, Leonor, hija de los Reyes Católicos, y, en 1505, se unió a la expedición a la India de Francisco de Almeida, que había luchado en la guerra de Granada del bando de Castilla. Participó en la conquista de Malacca y luego se embarcó hacia las Molucas. Estuvo en la India con el almirante Alfonso de Albuquerque, y más adelante en Azamour y también en Marruecos. Además de ser un navegante de gran experiencia, también era un militar. Pero molestó al rey Manuel de diversas maneras, en parte, porque discutió con Albuquerque y, en parte, debido a un tema tan trivial como que no logró entregar unas cabezas de ganado que capturó en Marruecos a los árabes. Por esos motivos no lo escucharon cuando se acercó al rey de Portugal para pedirle que apoyara su plan de navegar hacia las Molucas vía las Indias.

Viendo frustrados sus planes en Lisboa, Magallanes se marchó a Sevilla, acompañado por Ruy Faleiro, quien siempre tenía ideas interesantes. En Sevilla le dio la bienvenida el mercader portugués Diego Barbosa, lugarteniente de la fortaleza del alcázar bajo Jorge de Portugal, el hijo del hijo bastardo de la casa real portuguesa. Fue él quien presentó a Magallanes en la Casa de Contratación y, de hecho, quien lo introdujo en la sociedad sevillana. Magallanes se casó con su hija Beatriz.

El rey Manuel de Portugal continuó haciendo todo lo posible por obstaculizar los propósitos de Magallanes. Circulaban historias de que uno de los consejeros del rey Manuel, el obispo Vasconcellos, había sugerido que matasen a Magallanes. El factor del rey de Portugal en Sevilla, Sebastián Álvarez, fue a ver a Magallanes a sus aposentos y, al encontrarlo organizando sus cestos y cajas de víveres, le dijo que había optado por un rumbo que estaba tan plagado de peligros como espigas había en la rueda de Santa Catalina, y que debía volver a casa. Magallanes dijo que «el honor no le permitía hacer otra cosa que no fuera lo que se había comprometido a hacer». Álvarez repuso que prestar un servicio a su propio rey no podía ser un deshonor, pero Magallanes objetó que, desafortunadamente, lo habían rechazado en Lisboa y que ahora era demasiado tarde para hacer otra cosa que trabajar para el rey de Castilla. Otro agente del rey Manuel escribió que se había dirigido directamente al rey Carlos para decirle lo poco apropiado e inusual que era que un rey recibiera a los vasallos de otro rey con el que mantenía buenas relaciones contra la voluntad de éste: lo que era cosa poco habitual entre caballeros.[10]

El 20 de septiembre de 1519, Magallanes dejó Sanlúcar de Barrameda con cinco barcos y unos doscientos cincuenta hombres. Pusieron primero rumbo a las islas Canarias, como todos los exploradores. Dos semanas después, dejaron Tenerife con otros veintiséis hombres más, así que en total Magallanes contaba con doscientos sesenta y cinco tripulantes. Aproximadamente un tercio de los hombres no eran españoles y llevaban los nombres de sus lugares de origen como apellidos: Jácome de Messina, Simón de la Rochola, etc. Unos quince eran portugueses. Había con ellos algunos hombres que conocían la costa de Brasil, como, por ejemplo, un italiano llamado Juan Caravaggio. Rodríguez Serrano había estado en Brasil en 1500 con Vélez de Mendoza.[11] No había mujeres a bordo. Pigafetta, el de Vicenza, dijo que Magallanes «no les descubrió a sus hombres la totalidad del viaje que iban a emprender para evitar que por asombro o miedo no se atrevieran a seguirle en un viaje tan largo».[12]

Entre los barcos de Magallanes el primero era la nao *Trinidad*, que pesaba 110 toneladas y de la que el propio Magallanes era capitán. Pigafetta viajaba como pasajero, al igual que Álvaro de la Mezquita, un primo de Magallanes. Este último dispuso que se pusiera un *farol*, una antorcha de madera, en la popa de su barco, para que los otros barcos no lo perdieran de vista, y embarcó buenos cañones de hierro. En segundo lugar estaba la nao *San Antonio*, de 120 toneladas y cuyo capitán era el veedor de la flota, Juan de Cartagena, quien, a juzgar por su apellido, quizá fuera un sobrino del obispo Fonseca.[13] La tercera embarcación era la nao *Concepción*, de 90 toneladas, cuyo capitán era Gaspar Quesada, un ex criado de Fonseca.[14] El contramaestre era un navegante vasco de muchos recursos, Juan Sebastián Elcano.[15] El cuarto navío era la nao *Victoria*, 85 toneladas, y su capitán era Luis de Mendoza, un protegido del arzobispo Deza. Y el quinto barco era la nao *Santiago*, de 75 toneladas, cuyo capitán era Juan Rodríguez Serrano.

Magallanes embarcó mucha artillería: sesenta y dos culebrinas y diez falconetes, e hizo que sus tripulantes subieran a bordo unos cincuenta arcabuces. Llevaba también mil lanzas, doscientos veinte escudos, sesenta ballestas, cincuenta escopetas y cincuenta quintales de pólvora en barriles: la expedición debía ser capaz de defenderse por sí misma. Para avituallarse no olvidó incluir diez mil anzuelos para pescar, más de cuatrocientas barricas de vino o de agua, más de veinte mapas de pergamino, seis compases, unos veinte cuadrantes, siete astrolabios, dieciocho relojes de arena y muchas otras cosas con las que tenía pensado negociar con los desconocidos nativos, como, por ejemplo, cascabeles para halcones, cuchillos, espejos, azogue o tijeras. Llevó más de dos mil quintales de galletas, además de mucho pescado salado, tocino, lentejas, guisantes, harina, perejil, quesos, miel, almendras, anchoas, sardinas, higos, azúcar, arroz y cerezas. Se cargaron también seis vacas (una en cada barco, excepto en la *Trinidad*, que llevaba dos) y tres cerdos. Se decía en Sanlúcar de Barrameda que Magallanes gastó más en manzanilla, un vino ligero y tonificante, que en pólvora.[16] El botiquín con las medicinas viajaba a bordo de la *Trinidad*.[17]

La pequeña flotilla costó 8,78 millones de maravedís, de los cuales el rey aportó 6,4 millones, y un mercader, Cristóbal de Haro, que estaba especialmente interesado en encontrar una ruta hacia las islas de las Especias por el oeste, pues era uno de los principales comerciantes de especias, además de banquero, aportó 1,8 millones. Así pues, por una vez, la expedición era mayoritariamente una empresa real (sólo comparte ese carácter con el segundo viaje de Colón y con la expedición de Pedrarias). Al parecer, buena parte de la aportación real provino del oro que se importaba desde las Indias.[18]

Magallanes navegó con sus barcos primero hasta Cabo Verde y luego hasta Sierra Leona, donde llovía sin cesar. Algunos tiburones siguieron a los barcos. La expedición arponeó a varios pero, a excepción de algunos pequeños, no los encontraron un manjar agradable. Varias veces los hombres anunciaron haber visto los fuegos de san Telmo.[19] Otras, incluso el cuerpo del propio santo parecía aparecerse, o se aparecían pájaros que no tenían cola, o aves celestiales y, en no pocas ocasiones, peces voladores. Magallanes puso rumbo al sureste hacia «Verzin», la palabra con la que los italianos llamaban a la secoya, es decir, el Brasil.

Llegó a la costa después de sesenta días de viaje, en la que probablemente fue la mayor travesía marítima sin paradas hecha hasta aquel momento. Pigafetta encontró la nueva tierra descubierta «abundantísima», pero le conmocionó que, al parecer, los indígenas no adoraran a ningún tipo de ser superior. Aun así, haciendo acopio de imaginación, dijo que vivían de ciento veinticinco a ciento cuarenta años. Tanto los hombres como las mujeres iban por todas partes completamente desnudos, dormían en hamacas de algodón dentro de grandes casas, o *bohíos*, que podían albergar a unas cien personas. Tenían canoas que hacían de una sola pieza de madera. Se comían a sus enemigos no porque creyeran que los seres humanos tenían buen sabor, sino porque era costumbre hacerlo para adquirir las cualidades de los otros. Existían en aquellos lugares unos loros preciosos. Por un cuchillo, los indígenas estaban dispuestos a ofrecer cinco o seis aves de corral; por un peine, dos ocas, y por un pequeño espejo o unas tijeras daban tanto pescado que «diez hombres no hubieran bastado para comerlo». Por un cascabel de halcón daban una fruta llamada batata, por un juego de cartas, hasta cinco gallinas. Algunos llegaron a dar una o dos hijas como esclavas sólo por hacerse con una pequeña hacha o un cuchillo.

La vida no carecía de momentos de relajación. Una bonita joven subió a bordo, encontró un poco de clavo en el camarote de un oficial de baja graduación y se lo puso «con gran gallardía entre los labios de sus partes pudendas». Y clavo era, por supuesto, una de las cosas que Magallanes iba a buscar a las Molucas.

Los indígenas del Brasil devolvieron con creces las atenciones recibidas. Aportaron el modelo original para el arquetipo del «noble salvaje» sobre el que escribió, antes que nadie, Dryden,[20] en quien se recrearían más adelante otros escritores europeos como Rousseau. Los generosos hombres de la Ilustración basaron sus ideas en las de los observadores del siglo XVI. Pedro Mártir le dijo al papa que la «gente que regresaba de Brasil le aseguraba que los habitantes de aquel lugar vivían en una edad de oro [...] y que eran bondadosos por naturaleza». Erasmo obtuvo de Brasil la inspiración para su *Elogio de la locura*, y la *Utopía* de Tomás Moro no se hallaba en teoría muy lejos, pues se suponía que el sitio tenía que estar «al sur del ecuador» y en el Nuevo Mundo. Tampoco Rabelais se escapó en su *Pantagruel* de la influencia de lo que había oído de Brasil. Los primeros visitantes europeos, como Vespucio, describieron a los indios como si vivieran en un socialismo primitivo, siendo todo de propiedad común, sin que se conociera ni el dinero ni el comercio. Pigafetta contaba cómo las chicas se subían a los barcos españoles y se entregaban a los europeos con natural inocencia. Un poco después, el maravilloso marinero francés Parmentier confirmó lo dicho por Pigafetta, y describió a esas chicas como «potros que nunca habían sido domados».[21]

En su famoso ensayo «Sobre los caníbales», Montaigne describió cómo había hablado con gente que había estado en Brasil y cómo, cuarenta años después del viaje de Magallanes, en la década de 1560, se habían llevado algunos nativos a presencia del rey Carlos IX de Francia. Para entonces, la Corona francesa ya disponía de intérpretes de razonable calidad. Montaigne le preguntó a uno de ellos qué decían los nativos. Al parecer, estaban diciendo que encontraban extraordinario que un país tan obviamente poderoso tuviera como líder a un hombre tan pequeño.[22]

En aquellos tiempos existían grandes diferencias entre los diversos pueblos de indios del Brasil, y todavía sigue habiéndolas. La población original del territorio que hoy conocemos como Brasil debió de ser de dos millones y medio de personas. La población india llega hoy en día sólo a cien mil personas.[23] Forzosamente, pues, tuvo que ocurrir una catástrofe demográfica.

Una anécdota final sobre los antiguos brasileños: Léry, el viajero francés, recuerda que en la década de 1550 un anciano indio le preguntó: «¿Por qué vosotros, los franceses y los portugueses, venís de tan lejos para buscar leña con la que calentaros?» Léry respondió que necesitaban la madera para teñir sus ropas. De hecho, había un hombre muy rico que compraba toda la madera de secoya que se llevaba a Francia. El indio preguntó: «Este hombre tan rico del que me hablas, ¿es que no morirá nunca?» «Sí, sí que morirá, como todos los demás», contestó Léry. «¿Y qué pasará entonces?», preguntó el indio. «Entonces el dinero irá a sus hijos y parientes.» «Ah —dijo el indio—, veo que vosotros, los franceses, sois los más grandes locos. Cruzáis el mar y sufrís grandes males, como nos contáis al llegar, y luego trabajáis duro para acumular riquezas para vuestros hijos y aquellos que os sobrevivan. ¿Es que la tierra no es suficiente para alimentaros? Estamos seguros de que, tras nuestra muerte, la tierra que nos ha alimentado a nosotros los alimentará a ellos.»[24]

Magallanes y sus hombres se quedaron trece días en Brasil y luego zarparon hacia el sur, navegando frente al río de la Plata sin entrar en el estuario y, en lo que actualmente es Argentina, Pigafetta dijo que se habían encontrado con gigantes, de los cuales ofreció una descripción muy creíble. A esas alturas ya habían ido mucho más allá de lo que ningún europeo había ido jamás.

Debido a problemas con los barcos, la expedición se detuvo cinco meses en la bahía y el puerto de San Julián, a ochocientos kilómetros al norte del cabo de Hornos. Magallanes no quería navegar por aguas frías sin que los barcos estuvieran en perfectas condiciones. La tripulación de los diversos navíos había perdido la esperanza de encontrar el misterioso estrecho, sufría las privaciones del racionamiento y los marineros estaban aburridos de la esterilidad y el frío de aquellas tierras. Magallanes creyó que deberían quedarse allí hasta la primavera. Muchos de sus hombres, no obstante, querían volver a casa, ya que creían que estaban implicados en una empresa sin sentido. Hubo también enfrentamien-

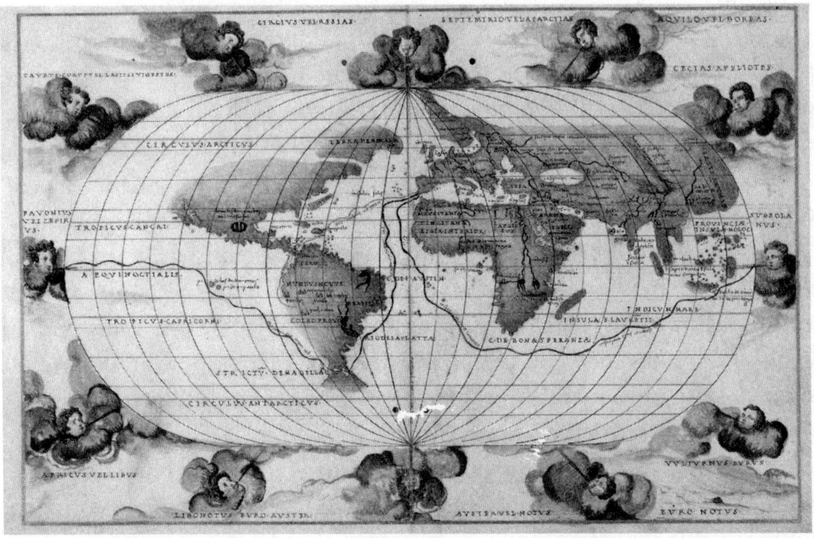

El viaje de Magallanes y Elcano, 1519-1522.

tos entre los portugueses y los españoles de la tripulación. A los españoles, como al vasco Elcano, el contramaestre de la *Concepción*, les parecía extraño oír al capitán general Magallanes, un portugués, hablando «en nombre del rey». Estalló entonces una disputa entre Magallanes y sus capitanes españoles, especialmente Quesada y Cartagena. La disputa había empezado antes, pues había surgido un altercado sobre si había que saludar a Magallanes y, si había que hacerlo, de qué manera: de cuestiones tan triviales dependía el destino de los imperios.

El 1 de abril de 1520, Domingo de Ramos, Magallanes ordenó que todas sus tripulaciones bajaran a tierra a oír misa, e invitó a los oficiales y a los pilotos a comer con él después de la ceremonia en la *Trinidad*. Pero sólo dos hombres, Coca y Álvaro de Mezquita (que había tomado el mando de la *San Antonio*) fueron a misa, y sólo Mezquita, un portugués y sobrino del propio Magallanes, comió con él. Esa noche, Quesada y Cartagena fueron a la *San Antonio*, capturaron a Mezquita y le dijeron a la tripulación que, desde ese momento, debían obedecerlos a ellos y no a Magallanes. Juan de Elorriaga, el sobrecargo, guipuzcoano, apoyó a Magallanes y Quesada le pegó con tanta fuerza que murió dos meses más tarde.

Nadie se atrevió entonces a tomar el mando de la *San Antonio*. Finalmente lo hizo Elcano, con la ayuda de Quesada. Cartagena se puso al mando de la *Concepción*, y Luis de Mendoza al de la *Victoria*.

Los rebeldes habían capturado la mayor parte de la flota y le habían hecho saber a Magallanes que, desde ese punto en adelante, debería ejecutar las órdenes reales según ellos las interpretaban. Añadieron varias declaraciones irreverentes. Magallanes estaba furioso. Ordenó que todos los capitanes acudiesen a la *Trinidad* y ellos le pidieron que fuera a la *San Antonio*. Envió a su alguacil, Gonzalo Gómez de Espinosa, con seis hombres para llevar una carta a Luis de Mendoza, en la *Victoria*. Mendoza leyó la carta y se permitió una sonrisa maliciosa. Al verla, Gómez de Espinosa lo apuñaló en la garganta, y otro marinero le dio una puñalada en el costado: Mendoza cayó muerto. El alguacil y dieciséis hombres armados se hicieron entonces con el barco.

Más o menos lo mismo sucedió en la *Santiago*. Los rebeldes de la *San Antonio* y la *Concepción* querían huir, pero Quesada envió a Mezquita a Magallanes para negociar un trato; Magallanes respondió que ni hablar. Elcano dudaba. Magallanes cañoneó la *San Antonio* y luego sus hombres la abordaron, y tomaron prisioneros a Elcano, Coca y Quesada. Juan de Cartagena rindió la *Concepción* sin oponer resistencia.

Al amanecer, Magallanes envió a la orilla el cuerpo de Mendoza descuartizado en cuatro partes, y lo denunció públicamente como traidor. Quesada fue ahorcado, y luego descuartizado. Otros se enfrentaron a fines algo menos horribles; así, Juan de Cartagena fue abandonado en tierra, junto con un sacerdote (al parecer un francés llamado Calmette). Pedro Mártir dijo que Magallanes tenía derecho a actuar como lo hizo, pero otros disienten.[25] Luego Magallanes perdonó a otros cuarenta que habían tomado parte en la rebelión, entre los cuales se encontraba el vasco Elcano.[26] Al mismo tiempo, Esteban Gómez huyó con la *San Antonio* con intención de regresar a España llevando consigo un «gigante», pero pronto resultó muerto. Jerónimo Guerra se hizo con el puesto de capitán y tomaron a Álvaro de la Mezquita con ellos como prisionero. Llegaron a España en mayo de 1521.

Superado el motín, la flota, ahora de tres barcos, continuó su viaje y rebasó el cabo de las Once Mil Vírgenes, para comenzar a navegar los bajíos que conducían al estrecho de Magallanes. Se perdió la *Santiago*, pero se pudo salvar a toda su tripulación. Los barcos que habían sobrevivido entraron en el estrecho de Magallanes.

El descubrimiento de este estrecho, que había sido objeto de no pocos esfuerzos españoles y el objetivo de muchas expediciones en los años anteriores, fue todo un triunfo. Pigafetta dijo que el estrecho se extendía durante ciento diez leguas, lo que venían a ser unos quinientos cincuenta kilómetros, y estaba rodeado a ambas márgenes por montañas nevadas. La expedición creyó al principio que se trataba de una mera bahía, pero Magallanes pensaba otra cosa, quizá debido a informaciones que debía de haber obtenido en Lisboa, e insistió en seguir navegando y adentrándose hacia el oeste. Los vientos soplaban de forma muy complicada, pero Magallanes insistió en seguir, y lloró de felicidad cuando doblaron el cabo Deseado y llegaron a la placidez del mar del Sur, «el Pacífico», según lo denominaría en adelante. Las noches en aquella época del año duraban sólo tres horas: era octubre. Lo llamaron el estrecho Patagónico, tomando el nombre de la región de la «Patagonia», que a su vez había sido bautizada con el nombre del mítico país que aparecía en las *Sergas de Esplandián*, escrita por Garci Montalvo, el autor, o recreador, del *Amadís de Gaula*, y que fue publicada en Sevilla por Cromberger en 1510.[27]

El 28 de noviembre de 1520, Magallanes entró por fin en el mar del Sur, que pronto bautizó como «el Pacífico», pues tanto él como su tripulación navegaron por él durante tres meses y veinte días sin encontrar ninguna tempestad y avanzando, según nos dice Pigafetta, cuatro mil leguas (diecinueve mil kilómetros). Al principio se dirigieron hacia el norte, bordeando la costa de Chile, y después cambiaron el rumbo para viajar hacia el noroeste. Murieron entonces diecinueve hombres, así como «el gigante» que habían capturado. Cambiaron de nuevo el rumbo para cruzar el Pacífico y viraron al oeste cerca de lo que hoy es Valdivia, en Chile. La comida comenzó a escasear y los exploradores se vieron forzados a comerse las ratas de los barcos y a alimentarse de galletas agusanadas; el agua también se echó a perder. Muchos de los marineros cayeron víctimas del escorbuto, que por aquel entonces nadie sabía que debía tratarse comiendo limones.

Finalmente, Magallanes arribó a las islas Marianas, el archipiélago que se encuentra al norte del Japón, en marzo de 1521, y las llamaron islas de Ladrones, porque los «naturales» les robaron cuanto pudieron. Durante un tiempo los europeos las denominaron las islas de Velas Latinas, debido a la forma de las velas que los nativos utilizaban en sus labores de pesca (no se conocieron como Marianas hasta finales del siglo XVIII, cuando la reina María Ana de Austria envió allí una misión jesuita).

Pigafetta describió a los nativos cariñosa y detalladamente, y declaró que vivían libres, no adoraban a ninguna deidad, andaban desnudos (excepto por el hecho de que la mayoría de las mujeres llevaban una delgada corteza sobre sus partes pudendas), algunos llevaban barba hasta la cadera y sombreros de hoja de palma, «como si fueran albaneses». Tenían casas de madera cubiertas con techos de tablones y hojas de higuera, y dormían sobre esteras hechas con hojas de palma y sobre paja del mismo material. Entre ellos se hacían numerosos regalos formales. Los presentes de los nativos consistieron en pescado, vino de palma, higos o plátanos, y más adelante, arroz y cocos. Luego ofrecieron un poco de oro, y posteriormente, naranjas dulces y gallinas. La fortuna de los exploradores fue diversa. Magallanes pasó un tiempo con un pueblo cuyo monarca comía arroz en vajillas de porcelana y bebía caldo de cerdo, además de un soberbio vino de palma.

La expedición continuó su periplo. En la isla de Satighan encontraron un pájaro tan grande como una águila, y en Zzubu, en lo que hoy son las Filipinas, tuvieron por primera vez noticias de los portugueses. El intérprete de Magallanes explicó que su señor, el rey de España, era más poderoso que el rey de Portugal. Siempre había intercambio de objetos: Pigafetta dice que le dio al rey de Zzubu una túnica y seda amarilla y violeta, un excelente sombrero rojo, algunas piezas de cristal y dos vasos dorados. El monarca probablemente agradeció tales atenciones, pues, cuando la gente de Magallanes lo vio por vez primera, sólo vestía una tela alrededor de la cintura, un turbante muy suelto en la cabeza, una pesada cadena al cuello y dos enormes pendientes de oro. No obstante, llevaba la cara muy pintada. Estaba comiendo huevos de tortuga, mientras sus súbditos tocaban música con extraños instrumentos, y los europeos bailaron con ellos.

Además de estos regalos, continuaron los intercambios: Pigafetta recuerda que cambiaron catorce libras de hierro por diez cargas de oro (siendo cada carga dos ducados y medio) y, a cambio de otros bienes menores, lograron cabras, cerdos y arroz.

Magallanes trató de asegurar la conversión al cristianismo de todos los líderes con los que se encontraba. Le guiaba el principio de que si se capturaba el alma del monarca, sin duda su pueblo le seguiría. En consecuencia le dijo al rey de Zzubu que, si deseaba convertirse en cristiano, debía quemar todos sus ídolos y poner en su lugar una cruz. Todo el mundo debía rezar al Dios de los cristianos ante ella de rodillas y santiguarse. El rey accedió y, cuando fue bautizado, pasó a conocérsele como «don Carlos», y a su hermano como «don Fernando». Lo mismo pasó con la reina y sus damas, que se sentían muy atraídas por la figura de la Virgen sosteniendo al niño Jesús. La reina, que iba muy pintada, con sus labios y uñas tan rojos como los de una mujer de moda de hoy, pasó a llamarse «Juana», su hermana «Isabel», y su hija «Catalina». En varios momentos, Magallanes lanzó salvas de artillería para celebrar estos importantes acontecimientos.

A menudo, las descripciones de Pigafetta parecen sacadas de *Tirant lo Blanc* o de cualquier otra novela de caballerías: «Un día, la reina llegó con toda su corte. La precedían tres damiselas, que llevaban en las manos tres de sus sombreros. Ella vestía de negro y blanco, con un largo velo de seda con franjas doradas cubriéndole la cabeza y los hombros. La seguían muchísimas mujeres con la cabeza cubierta por un pequeño velo y con un sombrero encima de este velo. El resto de sus cuerpos estaba desnudo, excepto por un pequeño trozo de tela de palma que les cubría sus partes naturales. El cabello les cubría los hombros. La reina, tras hacer una reverencia frente al altar, se sentó sobre un cojín de seda bordada, y el capitán esparció sobre ella, y sobre algunas de las otras damas, agua de rosas y almizcle, un perfume que era muy del agrado de las damas de este país.»[28] Más adelante, el rey y su familia juraron lealtad al rey de España. Los europeos, por su parte, asistieron a una ceremonia en la que se bendijo un cerdo, a un funeral y a otras diversas celebraciones.

Fue entonces cuando Magallanes accedió a luchar contra la gente de la cercana Matán para complacer al rey de Zzubu. Era una aventura completamente gratuita que se merecía acabar mal, y la batalla, que tuvo lugar en la isla de Cebú el 27 de abril de 1521, concluyó de forma desastrosa. Magallanes estaba en el centro de la lucha, la ferocidad de la cual había subestimado, cuando fue herido por lo que Pigafetta denomina «una cimitarra» y, mientras estaba tendido en el suelo, «llovieron sobre él, al punto, las lanzas de hierro y caña, los terciarazis también, hasta que nuestro espejo, nuestra luz, nuestro reconforto y nuestra guía cayó muerto».[29]

Duarte Barbosa, un primo de Magallanes, también portugués, se convirtió en capitán. Pigafetta dice que fue elegido para el puesto, presumiblemente por una votación a mano alzada. Juan Serrano, que era el piloto mayor, parece que también tomó parte en el nuevo mando, pero pronto fue asesinado por el «rey cristiano» que Magallanes había considerado un aliado.[30]

Pigafetta nos ha legado una bonita descripción del carácter de Magallanes: «Una de sus principales virtudes era la constancia, incluso en los momentos de mayor adversidad. En medio del océano, fue capaz de soportar el hambre mejor que cualquiera de nosotros. Era un hombre muy versado en cartas marítimas y dominaba mejor que cualquiera de nosotros el verdadero arte de la navegación. Es cierto que sabía, por su mero genio y su intrepidez, sin que nadie se lo hubiera dicho, la forma de circunnavegar el globo...»[31] Las Casas, que lo conoció brevemente, lo describía como «un hombre de carácter, de pensamiento valiente y capaz de llevar a cabo grandes hazañas», a pesar de que de su persona no emanaba mucha autoridad, al ser «de constitución pequeña».[32] Por supuesto, su logro quedó incompleto, pero de todas maneras fue su viaje el que llevó a la primera circunnavegación del mundo, fueron sus ideas las que llevaron a emprenderlo y fue su valor el que condujo la flota a través del estrecho de su mismo nombre hacia el océano más grande del planeta.

La expedición decidió que sólo quedaban suficientes hombres como para tripular dos barcos, así que quemaron la *Concepción* y, después de otros encuentros curiosos en las Filipinas (también merecedores, según los narra Pigafetta, de aparecer en el *Tirant lo Blanc*), emprendió su regreso a España a través del Índico con dos barcos, la *Victoria* y la

Trinidad. Durante el viaje de vuelta fue Borneo lo que más impresionó a Pigafetta, quizá porque él y algunos de sus camaradas fueron obligados a retirarse de la audiencia real a lomos de elefante. Hubo aquí algunas deserciones de la expedición, y fue aquí también donde los cristianos encontraron, por primera vez en su viaje, gentes de religión islámica, cuya orientalización hizo que no les recordaran demasiado a la vieja Granada.

También encontraron pequeñas y achaparradas plantas de canela, jengibre, limoneros y cañas de azúcar, que habían sido uno de los objetivos principales de Magallanes. Encontraron monedas con un agujero en el centro, y también historias de perlas tan grandes como huevos de gallina, blanca porcelana de China y goma. Cambiaron algunos de estos productos por bronce, hierro, cuchillos y, muy especialmente, por gafas.

A continuación, la expedición alcanzó las Molucas, Todore y Ternate, «donde crece el clavo», y allí, según Pigafetta narra con placer, descubrieron que el acceso no era ni mucho menos tan difícil como lo pintaban los portugueses. Estas islas de las especias habían sido capturadas por los musulmanes cincuenta años atrás, pero, de todas formas, el rey musulmán de Tadore, el rajá sultán Manzor, de cuarenta y cinco años, aceptó convertirse rápidamente en vasallo del rey de España; incluso convino en cambiarle el nombre a su isla y bautizarla como «Castilla». Esos musulmanes, pensaban los españoles, eran bastante más sensibles que los del Mediterráneo.

A pesar de la longitud de sus viajes, los sucesores de Magallanes todavía tenían mucho que ofrecer como regalos: una túnica de terciopelo turco amarillo, otra de brocado, una silla de terciopelo rojo, cuatro anas de tela escarlata, algo de damasco amarillo, lino blanco de Cambay, sombreros, abalorios de cristal, cuchillos y algunos espejos grandes. Era Europa la que se presentaba al este, más que sólo España o Portugal, incluso a pesar de que ese lino blanco de Cambay hubiera sido tejido en la India. Los abalorios debían de ser venecianos; quizá la tela escarlata fuera inglesa de los Cotswold.

Los expedicionarios le enseñaron al rajá a disparar una ballesta y un falconete, una arma de fuego más grande que un arcabuz. A este monarca le encantó tratar con españoles, pues se había enfrentado en varias ocasiones con Francisco Serrano, el capitán general portugués, que era amigo de Magallanes, e incluso había intentado envenenarlo en una ocasión con hojas de betel.

La expedición consiguió intercambiar con éxito sus mercancías por clavo; por diez anas de tela roja de buena calidad obtenían un *bahar* (cuatro quintales y seis libras) de clavo. Se lograba un *bahar* a cambio de quince pequeñas hachas; quince anas de tela de mediana calidad daban para treinta y cinco copas; veintiséis anas de lino lograban cambiarse por diecisiete anas de cinabrio, diecisiete anas de azogue, ciento veinticinco cuchillos, cincuenta tijeras y un quintal de bronce. Cuando la expedición estaba a punto de marcharse, todos sus miembros hicieron cuanto pudieron para comprar la mayor cantidad posible de clavo; algunos llegaron incluso a vender la camisa, la capa y el abrigo para obtener algo del producto mágico que sabían que tan bien se vendía en Europa. Los europeos se fijaron también en que el clavo crecía en árboles altos y gruesos y que había dos cosechas al año, y que los árboles se desarrollaban en las montañas, no en las llanuras. La niebla hace que el clavo crezca de la mejor manera. También vieron árboles de nuez moscada y vainas en cuyas raíces se hallaba el jengibre. Para ellos, aquello era el paraíso, que ellos y tantos otros europeos habían buscado durante tanto tiempo. ¡Las islas de las especias! ¡Estaban allí!

Pero a los españoles les llegaron algunas noticias inquietantes: un capitán portugués, Diego López de Siqueiros, había enviado una flota de seis barcos contra Magallanes, sin saber que había muerto. Ahora, con sólo un barco, la *Victoria* —habían dejado la *Trinidad* a cargo del rey de Tadore y de otros cincuenta y tres hombres—, los cuarenta y siete supervivientes querían evitar a toda costa el encuentro con los portugueses, así que abandonaron Tadore el 21 de diciembre de 1521.

La expedición pasó a su vuelta por Java y Malacca, y luego navegó a través del océano Índico para virar hacia el norte por el Atlántico, siguiendo la costa oeste africana. El italiano Pigafetta nos habla brevemente de estas andanzas; sin embargo, nunca menciona al vasco Juan Sebastián Elcano, de cuarenta y cinco años, hijo de Domingo Sebastián Elcano y Catalina del Puerto, de Guetaria, Guipúzcoa, que ya era desde antes de que llegaran a África el nuevo capitán general. Pigafetta sí nos habla, no obstante, de las extrañas historias sobre China que llegaron a la expedición: cómo obtenían almizcle aplicándoles sanguijuelas a una raza especial de gatos; cómo el emperador nunca veía a nadie, y cómo, si deseaba ir a algún lugar, lo acompañaban siempre seis damas vestidas exactamente igual que él, para confundir a los posibles asesinos. También nos cuenta cómo el palacio real estaba rodeado por siete murallas, cada una de ellas vigilada por hombres con látigos y perros. De nuevo, al leer estas descripciones, nos sentimos dentro del mundo de las novelas de caballerías. Pigafetta nos dice que un musulmán que había vivido en la capital china le había contado todas estas historias.

Finalmente, el *Victoria* llegó al cabo de Buena Esperanza, «el cabo más peligroso del mundo», y allí algunos de los portugueses que lo desearon navegaron en canoas hacia el norte hasta Mozambique. Pero «la mayoría de nosotros, valorando más el honor que la vida misma, decidimos intentar a toda costa regresar a España». Navegaron hacia el noroeste hasta que llegaron a las islas de Cabo Verde, donde obtuvieron algo de arroz y se aprovisionaron del agua necesaria para emprender el último tramo del viaje a casa. Durante todo el trayecto a lo largo de la costa africana se vieron obligados a tirar los cadáveres de los hombres que iban falleciendo al agua. Y, según apunta Pigafetta con sequedad, «observamos entonces una cosa curiosa: que los cristianos permanecían con sus caras giradas hacia el cielo y los indios con la cara girada hacia el océano».[33] En las islas de Cabo Verde descubrieron que, puesto que habían navegado siempre hacia el oeste, habían ganado un día: era miércoles, no jueves. Tuvieron algunas dificultades con las autoridades, puesto que estas islas estaban bajo la soberanía de Portugal, pero al final pudieron partir sin mayores inconvenientes.

El sábado 6 de septiembre de 1522, la *Victoria* arribó por fin a Sanlúcar de Barrameda, sólo con dieciocho hombres a bordo (de los doscientos sesenta y cinco que habían partido), la mayoría de los cuales estaban enfermos. Siempre se ha dicho en Sanlúcar que lo primero que pidió Elcano al llegar a puerto fue un vaso de manzanilla.[34] La lista de los hombres que regresaron a bordo de la *Victoria* puede verse, orgullosa aunque olvidada, en la pared del viejo ayuntamiento en la plaza del Cabildo, en Sanlúcar.

Dos días más tarde, el 8 de septiembre, los dieciocho supervivientes llegaron a Sevilla y dispararon una salva triunfal de artillería desde su barco. Luego fueron hasta Valladolid, donde fueron recibidos por el rey, que había regresado a España desde Alemania anteriormente ese mismo año, y a quien el persistente Pigafetta relató intensamente el primer viaje alrededor del mundo. El rey le dio a Elcano quinientas coronas de oro y lo autorizó a usar en su escudo de armas un globo terráqueo con el lema «*Primus me circumdedisti*». El relato que Pigafetta hizo de esta extraordinaria circunnavegación fue publicado en Venecia en 1524.

Los hombres de la *Trinidad* que Elcano había dejado en Tadore se hicieron a la mar en marzo de 1522 en su barco después de repararlo y volvieron a cruzar el Pacífico con la intención de llegar a Panamá. Pero la embarcación se fue a pique y cayeron en manos de pueblos hostiles. La mayoría murieron y sólo unos pocos pudieron retornar finalmente a la India. Algunos perecieron en Goa, y unos pocos lograron llegar a Lisboa, donde, como quizá podía esperarse, fueron encarcelados. Sólo cuatro de los cincuenta y siete lograron llegar a España, entre ellos el piloto Ginés de Mafra.

Se había demostrado que el mundo era un planeta. Treinta años despúes de la primera expedición de Colón, Magallanes, o más bien Elcano, había demostrado que se podía encontrar una ruta hacia el Lejano Oriente navegando hacia el oeste. Se había demostrado, además, que la Tierra era una esfera. Nunca ha habido un acontecimiento mayor que ése. Se ha dicho, con razón, que fue un gran triunfo de España, y lo fue. De todas formas, el capitán del que dependió todo era un portugués, y el mejor cronista, un italiano, como tantas otras veces en las aventuras del siglo XVI. La mayoría de la tripulación procedía de Andalucía, pero el capitán que los condujo de vuelta era vasco. No está claro lo que le pasó al «condestable» inglés, Andrés de Bristol; debemos asumir, no obstante, que murió en las Filipinas. Estamos, pues, una vez más, ante una gran victoria europea, muy apropiada para uno de los más grandes dirigentes europeos, el emperador Carlos V, más europeo de lo que les habría gustado a sus súbditos españoles, flamencos o borgoñones.

Magallanes y Elcano habían dirigido un viaje al fin del mundo que, por supuesto, resultó ser el mismo puerto en el que se habían embarcado: Sanlúcar de Barrameda. La vibrante ciudad en la que el río Guadalquivir desemboca en el océano Atlántico, a la sombra del palacio del duque de Medina-Sidonia y en los aledaños de la tierra del jerez, sigue siendo un lugar que merece la pena considerar el epicentro del mundo.

LIBRO DÉCIMO

El nuevo Imperio

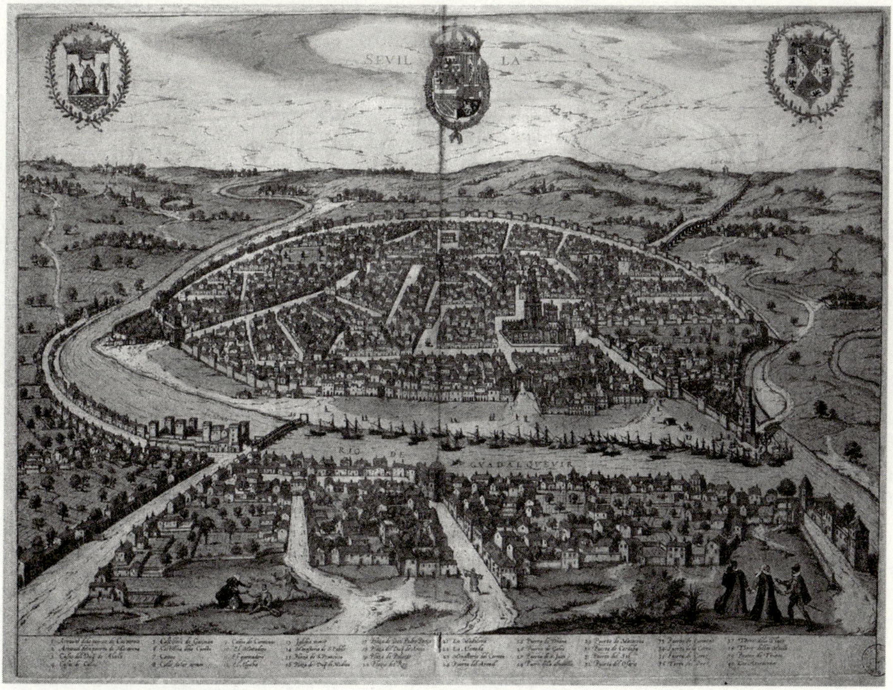

En el siglo XVI, Sevilla se convirtió en la «capital» del Nuevo Mundo.

CAPÍTULO 37

El nuevo emperador

> [...] Las cosas desta tierra, que son tantas y tales que [...] se puede intitular de nuevo emperador della y con título y no menos mérito que el de Alemaña, que por la Gracia de Dios Vuestra Sacra Majestad posee.
>
> Cortés, Cartas de relación

En abril de 1520, Pedro Ruiz de la Mota, obispo de Badajoz, preceptor, amigo y consejero de Carlos V, pronunció, en Santiago de Compostela, durante la reunión de las Cortes españolas en el convento de San Francisco, un notable discurso. En esos momentos, el emperador no había sido coronado todavía, pero ya había sido elegido. Planeaba ir a Alemania un mes después para organizar su coronación imperial. Estaban presentes en las Cortes los descontentos procuradores de Castilla y, sin duda, también Francisco de Montejo y Alonso Hernández Portocarrero, los procuradores que Cortés había enviado desde Nueva España (México). Estos últimos habían llegado, como se recordará, con una brillante recompensa: oro y plata, trabajos de plumas y turquesas, tallas de madera y armas, instrumentos musicales e incluso gente sorprendente. Estos amigos de Cortés causaron sensación en su época.

El obispo dijo que Carlos «era más rey que otro». El rey no era un rey como los demás, pues España sólo representaba «un tercio de nuestro pan»; era un rey de reyes que descendía de setenta generaciones de monarcas. ¿Acaso los españoles estaban tristes porque partía hacia Alemania? ¿Por qué habrían de estarlo? ¡Carlos iba a Alemania a ser coronado emperador! Había aceptado el cargo de emperador y debía acudir para ser coronado. ¿Y por qué lo había hecho? ¿Por ambición? Ni mucho menos. ¡Lo había hecho por la gloria de España! El imperio había vuelto a buscar su emperador en tierra española. El rey no era sólo rey de romanos y emperador romano; también iba a ser el emperador del mundo. Ese mundo, por supuesto, también incluía «otro nuevo mundo de oro fecho para él», Nueva España, que «antes de nuestros días nunca fue nascido».[1]

¿Qué es lo que hizo que Ruiz de la Mota hablara de ese modo y usara la palabra «emperador»?; no era una palabra de uso común en castellano. Es cierto que Nebrija, el gran lingüista, había dicho que siempre la lengua fue compañera del imperio.[2] El autor del requerimiento, Palacios Rubios, había dicho que los reyes de España nunca reconocieron superior alguno: *rex es emperator in regno suo*, el rey es el emperador en su reino. Galíndez de Carvajal escribió que «España nunca reconoce el Sacro Imperio Romano ni se le aplicó jamás el imperio universal».[3] Los monarcas medievales españoles nunca habían formado parte del Sacro Imperio Romano, a pesar de que Alfonso X se había planteado presentarse como candidato a su trono.

Sí es cierto, sin embargo, que una o dos veces los Reyes Católicos se habían referido a sí mismos como emperadores. Rodrigo Ximénez de Rada, arzobispo de Toledo durante el siglo XIII, había desarrollado la idea de imperio para describir los reinos que para entonces ya había acumulado el rey de Castilla. Para él, el término «emperador» designaba a un mandatario que gobernaba otras monarquías. Quizá, en el siglo XVI, el obispo Ruiz de la Mota había leído el capítulo del *Amadís de Gaula* en el que se habla de «imperio»: ¿acaso no le ofrecieron al héroe Apolidón «el imperio de Grecia» y él incluso lo aceptó?[4] Es cierto que Las Casas escribió, refiriéndose al segundo viaje de Colón, que los Reyes Católicos podrían denominarse a sí mismos emperadores y soberanos sobre todos los reyes y príncipes de las Indias.[5] En el mismo tono caballeresco, Rodrigo Ponce de León, uno de los héroes de la guerra de Granada, decía que le había asegurado personalmente «un hombre muy sabio y cristiano católico» que Fernando no sólo expulsaría a los musulmanes de España, sino que conquistaría también toda África, destruiría el islam, reconquistaría Jerusalén y se convertiría en emperador de Roma, de los turcos y de las Españas».[6] De hecho, Fernando siempre creyó que no moriría hasta haber liberado Jerusalén.

Nebrija también había escrito: «Y ahora quien no pueda ver que, a pesar de que el título de emperador está en Alemania, en realidad el imperio se asienta sobre el poder de los monarcas españoles quienes, señores de gran parte de Italia y de las islas del Mediterráneo, llevan la guerra a África y envían sus flotas, siguiendo el curso de las estrellas, a las islas de las Indias y del Nuevo Mundo, uniendo el Oriente con las fronteras occidentales de España y África.»[7]

Este discurso del obispo en Santiago también remitía a las románticas visiones del abad y profeta Joachim de Fiore, quien, hacia 1300, había hablado con tono soñador de un emperador mundial. Algunos admiradores de Fernando el Católico habían hablado de él en esos términos. Pero Carlos, príncipe de Borgoña, el nuevo sacro emperador romano, de reinos allende los mares cuyos nombres apenas conocía, tenía muchos más argumentos para reclamar ese título.[8] Colón no había sido el único hombre en la corte de Fernando e Isabel en entrever que un último emperador vendría al mundo a ponerlo en orden antes del Juicio Final.

Un primo del obispo, de nombre Gerónimo, también natural de Burgos y mucho más joven, se embarcó hacia las Indias en agosto. Era el hijo de un regidor de Burgos, García Ruiz de la Mota, y había sido durante un tiempo maestresala de Diego Colón, y quizá había llegado incluso a acompañarlo a la corte. García Ruiz de la Mota era procurador en las Cortes; puede incluso que Gerónimo oyera el discurso de su primo.[9]

Tras una temporada en Santo Domingo, viajó hasta Nueva España en marzo de 1521 en un barco fletado por el veterano mercader y aventurero Rodrigo de Bastidas. Gerónimo acompañaba a Julián de Alderete, de Tordesillas, que en México se convertiría en tesorero real. En el pasaje había otras personas muy interesantes y, entre ellas, un primo de Cortés, el licenciado Juan Altamirano, quien, más adelante, actuaría como juez de residencia contra Diego Velázquez. Viajaban también en ese barco Alonso Cano, de Sevilla, que sería uno de los pioneros en el uso de mulas en Nueva España; Jerónimo López, que escribiría una famosa carta al rey (emperador) sobre el mal gobierno en Nueva España, y Diego de Marmolejo, un veterano de las guerras de África. Obviamente le explicarían a Cortés las últimas nuevas de Castilla. Es probable que llegaran a hablar con Cortés antes de que éste enviara su segunda carta a Carlos V, a España, a través de su amigo Alonso de Mendoza. La carta era larga y describía con mucha intensidad y colorido cómo Cortés había sido bien recibido en Tenochtitlan por Moctezuma y cómo las cosas se habían torcido desde la llegada de Narváez. Fue escrita el 30 de octubre de 1520, el mismo mes en que Carlos fue coronado en Aquisgrán, a pesar de que Cortés no debía de saberlo, pues a causa de los problemas de embarque, la carta no salió hasta el 31 de mazo de 1521. El hecho de que Cortés se dirigiera a Carlos como «Su Majestad» y no como «Su Alteza» demuestra que estaba informado sobre las últimas corrientes de pensamiento en la corte.

Cortés explica en su carta que, por desgracia, no ha podido escribir regularmente para explicar sus actividades: «Sólo Dios sabe cuánto me ha preocupado —escribe—, porque he deseado que Vuestra Alteza supiese las cosas desta tierra, que son tantas y tales que, como ya en la otra relación escribí, se puede intitular de nuevo emperador della y con título y no menos mérito que el de Alemaña que por la Gracia de Dios Vuestra Sacra Majestad posee.»[10]

Estas palabras de Cortés acerca de que Carlos deviniese emperador de Nueva España de forma similar a como lo era de Alemania aparecen al principio de la carta, donde quizá se introdujeron como parte de una revisión de última hora después de que se hubieron completado el resto de los documentos. Es posible, después de todo, que la idea de Imperio español que aparece en esas palabras fuera concebida por el obispo Ruiz de la Mota, de quien la habría tomado Cortés, al cual la idea le habría llegado a través de Gerónimo, primo del obispo y nuevo recluta de Cortés, o de cualquier otro de los veteranos que lo acompañaron a Nueva España.

Incluso puede que hubiera una fuente más interesante; no, como podría suponerse, los personajes que aparecen con el título de emperador en las novelas de caballerías. Los emperadores del *Tirant lo Blanc* o del *Amadís de Gaula* están al mismo nivel que los demás reyes. Pero Cortés había derrotado «al gran Moctezuma», a quien se refiere en su primera carta a Carlos V como «un grandísimo senõr».[11] Lo más común en aquellos que escribieron sobre Moctezuma en el siglo XVI es que hablen de a él como «señor». Pero, según la propia definición del arzobispo Ximénez de Rada, se trataba de un emperador: un monarca de otros reyes, que en el caso de Moctezuma serían los reyes de Tacuba y Texcoco, de los chalcas y los otomis, de los totonacas y muchos otros. Recordemos, además, que Cortés estaba convencido de que Moctezuma había aceptado ser un vasallo del emperador español. Así pues, el ejemplo del conquistado Moctezuma pudo haber influido en las palabras que Cortés eligió en su carta.[12]

Sea cual fuere el caso, en esos momentos apareció la idea del Imperio español. Durante mucho tiempo, la expresión no hizo fortuna y, ciertamente, careció de significado legal. Nueva España, igual que Perú, se convirtieron en «monarquías» (reinos). Pero se trataba de un imperio, y al final fue conocido como tal, aunque el rey de España nunca fue saludado como emperador. Eran territorios en los que se asumía que el rey (de Castilla) no sólo gozaba de derecho de soberanía, sino también de derechos de propiedad; era el propietario absoluto de todos los do-

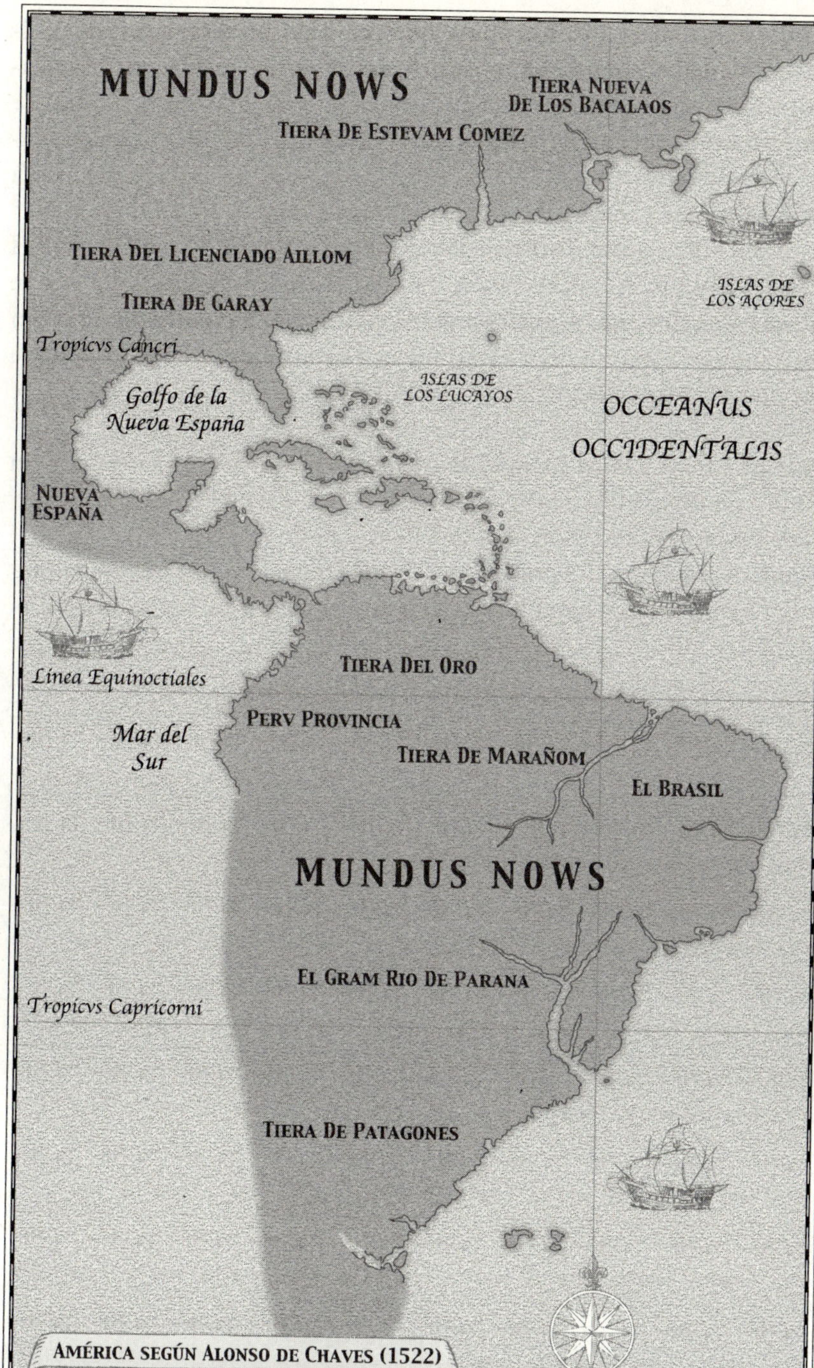

AMÉRICA SEGÚN ALONSO DE CHAVES (1522)

minios americanos. La Corona puso buen cuidado de evitar toda posibilidad de que los complicados fueros y derechos que existían en Aragón, Cataluña y Valencia se transfirieran al Nuevo Mundo, a pesar de que, después de la muerte de la reina Isabel en 1504, muchos ciudadanos de esos reinos viajaron a las Indias, y a pesar de que Aragón había acumulado una considerable experiencia imperial en el Mediterráneo.[13]

En 1522 ya se discutían los derechos que tenía España sobre el Nuevo Mundo. Se suele citar al rey Francisco I de Francia, del que se afirma que dijo que le gustaría ver la cláusula del testamento de Adán en la que se excluía a Francia del reparto del mundo.[14] Lo cierto es que los corsarios franceses habían capturado dos carabelas españolas que se dirigían a España desde las Indias en 1521, lo que hizo que se organizase una flota bajo el mando de Pedro Manrique y financiada por un impuesto especial, la *avería*, para conjurar ese peligro. Al año siguiente, se fletaron tres carabelas armadas bajo el mando de Domingo Alonso de Amilivia y financiadas por la Casa de Contratación para que dieran escolta a once barcos hasta las Canarias en su viaje a las Indias. Más adelante, ese mismo año, dos barcos de Cortés que regresaban de Veracruz fueron capturados cerca de las Azores por el capitán francés Jean Florin, que se hizo con un rico botín, la mayor parte del cual consistía en mosaicos de plumas de México.[15] El nuevo imperio comenzaba a necesitar baluartes. Pronto los tendría,[16] como por ejemplo Sevilla, ciudad en donde, como dijo en una ocasión un historiador moderno «podía sentirse latir el corazón del mundo».

CAPÍTULO 38

De los álamos vengo, madre

De los álamos vengo, madre,
De ver cómo los menea el aire.
De los álamos de Sevilla,
De ver mi linda amiga,
De los álamos vengo madre,
De ver cómo los menea el aire.

Villancico, alrededor de 1500

Hacia 1522, Sevilla se había convertido en la capital no oficial de este nuevo imperio. «No eres una ciudad, eres un universo», exclamaba una generación más tarde Fernando de Herrera, el «divino» poeta del lugar.[1] De Sevilla se decía en su puerta de Jerez que: «Hércules me edificó / Julio Cesar me cercó de muros y torres altas / y el rey santo me ganó con Garci Pérez de Vargas.» La ciudad había sido conquistada a los musulmanes en 1248 por el rey (después canonizado) Fernando III, pero todavía asomaban por todas partes recuerdos del viejo dominio islámico. Había un famoso patio con naranjos junto a la catedral y sobre ella se elevaba la Giralda, desde donde el muecín solía llamar a los fieles a la oración y que ahora era un elegante campanario. Por todas partes se encontraban recuerdos del islam. Había iglesias, como la de la recién bautizada plaza del Salvador, que habían sido mezquitas. Había muchas casas dentro del perímetro de las murallas que fueron construidas por los musulmanes y esas mismas murallas no eran obra de César sino de la fanática secta de los almohades, la Al Qaeda de la Edad Media, que había azotado España a lo largo del siglo XII. La Sevilla islámica había gozado de multitud de baños públicos, que sólo lentamente habían caído en desuso: los baños de la Reina Juana y los de San Juan de Palma seguían estando de moda en la década de 1520, incluso entre los cristianos.

El edificio más importante que heredaron los cristianos fue el acueducto que conectaba los caños de Carmona con la ciudad y abastecía de agua a Sevilla entrando por la puerta de Carmona, en la parte oriental de las murallas.

La ciudad estaba envuelta en una atmósfera oriental pero el Renacimiento estaba de camino: se habían vuelto habituales las calles más anchas, las plazas más grandes frente a los palacios y los edificios suntuosos. Así pues, las callejas que habían sido estrechas y laberínticas (pero eso sí, pavimentadas en su mayoría) pronto pasaron a ser las nuevas calles «anchas y alegres» que tanto impresionaron a Navagero, el veneciano, y magníficas plazas, que, eso sí, solían estar sucias.[2]

Con muy pocas excepciones, los musulmanes habían abandonado Sevilla tras su conquista por los cristianos, y la mayoría había cruzado el estrecho hasta el norte de África. El rey había entregado sus propiedades a seguidores suyos y a soldados, decidiéndose por sorteo en muchos casos quién se quedaba con qué. La mayoría de los nuevos habitantes «madres de la nueva Castilla que era Andalucía», venían de Castilla la Vieja.[3]

Los musulmanes no habían esperado perder Sevilla y, reforzados por nuevos líderes del norte de África, organizaron múltiples campañas desde lo que quedaba del emirato de Granada para recuperarla o al menos para arruinar las propiedades y granjas que se habían quedado los cristianos.

En el siglo XV dos grandes familias dominaban, enfrentadas entre sí, la ciudad: los Guzmán y los Ponce de León. Los primeros se habían establecido en la tierra a ambas orillas del río Guadalquivir a partir de finales del siglo XIII y eran señores de Sanlúcar de Barrameda, punto en el que el río desemboca en el Atlántico, y duques de Medina-Sidonia a partir de 1445. Los Ponce de León descendían de Fernán Pérez Ponce, que se convirtió en señor de Marchena, al oeste de Sevilla, a principios del siglo XIV, y cuyos descendientes se convirtieron en condes de Arcos de la Frontera en 1440 y luego en marqueses y duques de Cádiz.

El viajero moderno puede encontrar en Sevilla los restos de los viejos palacios de estas familias detrás de El Corte Inglés, en la plaza del Duque de la Victoria, y detrás de la iglesia de los Terceros, en la plaza de Ponce de León. Pero deberá hacer un esfuerzo de imaginación.

Una tercera familia que comenzó a rivalizar con las otras dos a finales del siglo XV fueron los De la Cerda, reales condes y luego duques de Medinaceli, que eran señores de El Puerto de Santa María. Otras familias importantes en Sevilla, además de tener contactos con otras ciudades, eran los Portocarrero, los Zúñiga, los Dávalo, los Saavedra y, cada vez más, los Afán de Ribera.[4]

Con tanto comerciante arriba y abajo, el viejo odio aristocrático entre los Ponce de León y los Guzmán se había difuminado, gracias a aquella intervención hacía tiempo de la reina Isabel con Rodrigo Ponce de León, marqués de Arcos en la década de 1470, aunque era algo que había revivido en parte durante la guerra de los comuneros al apoyar los Guzmán a los conversos. Ahora todas esas familias estaban en decadencia, a pesar de que gente con su mismo apellido, hijos jóvenes de hijos jóvenes o bastardos, a menudo habían ido a las Indias como emigrantes durante los primeros años de la colonización.[5] Francisco Ponce de León, hija de Rodrigo, el pelirrojo héroe de la guerra de Granada, financió uno de los barcos de la flota de Diego Colón en 1509, y Mencía, la duquesa de Medinaceli, el otro. Ya en capítulos anteriores hemos visto los muy diversos papeles que Juan Ponce de León desarrolló en el Caribe, y un miembro de la familia Guzmán jugó un importante papel en los primeros tiempos de La Española y de Cuba.

El poder en Sevilla, como en las demás ciudades de Castilla, se ejercía a través de los consejos municipales. Los cabildos, tal y como se los conocía en Andalucía y en las Indias, tenían muchos privilegios que fueron desapareciendo a lo largo del siglo XVI, pero que en 1522 todavía estaban plenamente vigentes, a pesar de que el asistente (título por el que se conocía en Sevilla al funcionario que representaba al gobierno central, el corregidor) iba ganando cada vez más poder. Este funcionario era a la vez el alcalde, el juez principal, el jefe de la milicia urbana, el gobernador local y, a todos los efectos, la principal autoridad local. El cabildo tendría funciones judiciales hasta 1553. Los magistrados principales, los alcaldes mayores, y sus adjuntos, los alcaldes ordinarios, administraban justicia junto al juez de Grados (un juez mercantil, en teoría el que debía decidir las disputas de negocios en las gradas de la catedral, pero que en realidad conocía de más cosas). El centro de la autoridad judicial era la casa Quadra, en la plaza de San Francisco, y el propio cabildo se reunía en aquellos tiempos en el corral de los Olmos en la plaza del Arzobispado.

El asistente tenía por regla general un título nobiliario, al igual que la mayoría de los «veinticuatros», que eran los más o menos cuarenta consejeros, y los jurados («los representantes del pueblo» según los había definido el rey Enrique III, que eran elegidos por voto popular en las parroquias) tenían que ser de buena familia o hidalgos. Un «veinticuatro» (originariamente había habido veinticuatro consejeros) era hacia 1522 un cargo que se podía vender.

Los seis magistrados principales eran grandes nobles que todavía nombraba la Corona (a pesar de que pronto el cargo también se podría comprar). En 1522 eran: los duques de Medina-Sidonia y Béjar, los marqueses de Arcos, Tarifa y Vilanueva y Martín Cerón, un comunero que se había comportado de manera más noble que la mayoría de los duques. El alguacil mayor, el más importante de los cargos ejecutivos de la ciudad, era nombrado por el monarca de forma vitalicia y con derecho a alojamiento en el cabildo. Era la persona que ejecutaba las decisiones judiciales y presidía las reuniones si los alcaldes mayores no estaban presentes. Organizaba las guardias nocturnas y era el alcalde de la prisión.

Estos nobles sevillanos controlaban todos los nombramientos municipales: los cinco o seis alcaldes ordinarios, por ejemplo, y el alcalde de justicia. Pero los escribanos mayores habían sido durante varias generaciones miembros de la familia Pineda, el alférez mayor era siempre el marqués de la Algaba, el alcaide de los alcázares era habitualmente un Guzmán (el conde de Olivares), mientras que el comandante del castillo de Triana era el duque de Medina de las Torres. También había funcionarios que llevaban a cabo las decisiones del cabildo, conocidos como los fieles ejecutores, que eran siete, entre ellos un teniente. Estos siete se componían de dos nombrados por los veinticuatros, dos nombrados por los jurados y dos por los ciudadanos. Se encargaban de velar por la exactitud de los pesos y medidas y de gestionar el derecho a pescar. Visitaban las prisiones públicas para comprobar que los quinientos presos tenían qué comer, y se suponía que tenían que supervisar los castigos públicos como los azotes o ejecuciones para asegurarse de que no hubiera en ellos crueldad gratuita. Nunca estaban solos en esta tarea: al público le encantaba contemplar estos castigos, así como las quemas en la hoguera inspiradas por el Santo Oficio en el prado de San Sebastián, y se podía contar que congregarían una multitud.

Todas estas actividades municipales se financiaban con lo que se sacaba de varios impuestos locales: por ejemplo, el almojarifazgo, la alcabala y la tercia. El primero gravaba las importaciones y exportaciones, el segundo era una tasa sobre las importaciones y el tercero era la parte de la Corona en los décimos que se ofrecían a la Iglesia.

Las murallas de Sevilla, en parte almorávides, pero en su mayoría almohades, rodeaban la ciudad y tenían unos seis kilómetros, con aproximadamente doscientas torres y doce puertas,[6] así como tres o cuatro puertas pequeñas (postigos). Todavía se mantienen en pie algunos de los tramos de las murallas, como por ejemplo el que discurre cerca de la puerta de la Macarena, a pesar de que ahora están marcadas en el interior por agujeros de bala, un recordatorio de que las ejecuciones que tuvieron lugar allí durante la guerra civil en el siglo XX fueron de una escala como no se había conocido en los días de Carlos V. Las más importantes de las torres eran la Torre del Oro y las dos torres de la Puerta de Jerez, que acogían la prisión de San Hermenegildo. Pero cada puerta tenía torreones importantes, que se conservaban en perfecto estado en el siglo XVI y en las que vivían parientes o amigos de funcionarios con todo tipo de alquileres o pactos. La Torre del Oro estaba en el Arenal, cerca del puerto. Fue construida por los almohades como torre de guardia y luego se usó como depósito del tesoro. En 1522 la Casa de Contratación la utilizó como almacén donde guardar los metales preciosos que llegaban del Nuevo Mundo. Los tesoros que Cortés había enviado desde América con sus «procuradores» habían pasado allí unos pocos meses al cuidado de su padre y otros amigos. Sevilla, como bien se ha dicho, estaba en la puerta del río de las Américas, que le traía oro y plata.[7] Junto a esta torre había una especie de grúa que se había usado para descargar piedra y otros materiales necesarios para la construcción de la catedral desde los barcos del río.[8]

Desde las murallas orientales uno podía recrear la vista en el ingeniosamente diseñado puente de doscientos setenta metros que fue originalmente concebido por los musulmanes y que consistía en dieciséis barcos dispuestos a lo ancho del río, mantenidos juntos por gruesas cadenas de hierro que unían la ciudad a Triana, una ciudad importante en la manufactura de porcelana y jabón que también era el hogar de la mayoría de los marineros que zarpaban hacia el Nuevo Mundo o, de hecho, a todas partes, así como de la industria de la fabricación de naves, y cuyo castillo morisco de San Jorge, sombrío y medio en ruinas, se había convertido en cuartel general y prisión de la Inquisición local. Una pequeña calle que transcurre paralela al río todavía lleva el nombre de Triana.

El puente necesitaba un cuidado y mantenimiento constante. La madera para las reparaciones se traía de Constantina, en las laderas de Sierra Morena. De vez en cuando se le sugería al Cabildo o a la Corona que tal vez fuera deseable sustituir el viejo puente por uno de piedra, pero la idea siempre acababa desechándose, pues se creía que el lecho del río no aguantaría el peso de tal construcción. Los ciudadanos más atrevidos, no obstante, esperaban que un día el Guadalquivir volvería a ser navegable hasta Córdoba, como lo había sido en tiempos de los romanos.

El comandante de las murallas, y por tanto el principal defensor de la ciudad en caso de emergencia, era miembro de la familia semireal de los Enríquez. Fernando Enríquez de Ribera, marqués de Tarifa, acababa de regresar de su peregrinaje a Jerusalén, adonde había ido vía Italia. Había traído consigo de vuelta un poco de tierra sagrada de ese desgraciado territorio. Pronto haría construir la famosa casa de Pilatos para conmemorar ese viaje. Le acompañó el gran poeta Juan del Encina, cuya imaginación debió tener que jugar un importante papel cuando su patrón le sugirió que se reconstruyera en Sevilla la casa de Pilatos.

Desde las murallas se podían ver los muchos monasterios que había junto a la ciudad: las Cuevas, cuyo refectorio y jardines hicieron las delicias del veneciano Navagero; el hermoso San Isidoro o los Remedios; y también varias huertas, especialmente en el lado norte: la huerta del Corso, donde más adelante viviría el poeta Baltasar de Alcázar; y la huerta de la Flor, en Triana, «la llave del Aljarafe», el campo de ejecución en el meandro de San Sebastián, así como el cementerio judío que se extendía más allá de la Puerta de la Carne. Uno podía ver también cómo Fernando Colón, el bibliófilo, hijo del primer Almirante, se construía unos jardines junto a la puerta de Goles. También se podía contemplar la bella Huerta del Rey, que se abría hacia la campiña, en la que Fernando Enríquez, el marqués de Tarifa, tenía una encantadora casa de campo, rodeada de naranjos y a orillas de un pequeño lago.

Pero lo más interesante estaba hacia el este, donde fluía plácido el Guadalquivir, ese nexo esencial con el Atlántico y el Nuevo Mundo, así como también con el Viejo Mundo. Todavía el río contaba con innumerables peces, desde lampreas hasta percas. En la orilla del río que daba a la ciudad se hallaba el Arenal, una palabra que no significa más que una gran extensión de terreno arenoso, pero que aquí cobraba dignidad y pasaba a representar a todo un mundo. En el Arenal uno podía observar cómo se incrementaba año tras año la actividad marítima, pues era en esta orilla del Guadalquivir en la que se organizaba el comercio de Sevilla con el Nuevo Mundo. Ya en aquel entonces era una actividad demasiado grande para aquel lugar, pues no había suficientes muelles (y sólo uno de piedra, la aduana), demasiado pocos amarraderos y poco espacio, por no decir nada, para expandirse. Allí se hacinaban los mercaderes y los marineros, los capitanes y los esclavos de las galeras, los que vendían todos los suministros que se necesitaban para el viaje a las Américas y los escribanos que los listaban, los mendigos y los peregrinos, los criminales que trataban de escapar al nuevo mundo y los soñadores que iban hacia él en busca de fortuna. No faltaban las prostitutas, las esposas de los esclavos de galeras y los marineros, y a veces también se encontraba allí a poetas.

Hacia 1522 las Indias ya eran la principal ocupación de todos los mercaderes de la ciudad. Los barcos que se construían para comerciar con el Nuevo Mundo no eran grandes en comparación con las galeras que todavía surcaban el Mediterráneo con sus velas y remos, pues raramente superaban las cien toneladas. Pero eran muchísimo más numerosos: hablamos de 289 barcos entre 1506 y 1515; entre 1516 y 1525 la cifra ya estaría en 499.[9] El registro marítimo de Sevilla muestra que la principal destinación de estas naves durante esos años eran las islas Canarias y el Nuevo Mundo, hacia donde partían 88. El siguiente destino más popular era Lisboa y El Algarve, hacia donde se dirigían 75.[10]

Los barcos que iban al Nuevo Mundo eran de diverso tipo, pero la comida solía ser la misma que se había llevado Pedrarias en su expedición: había gallinas y caballos a bordo, pero no vacas ni ningún otro animal grande. Cada marinero recibía un litro de vino y quizá medio kilo de galletas al día. A éstas se les añadía aceite, vinagre, garbanzos, guisantes, carne y pescado (habitualmente salado).[11] El observador que contemplase la actividad desde las murallas podía ver cada día cómo se embarcaban bienes de un tipo u otro.

Los mercaderes comenzaban a hacer llegar a Europa toda una serie de productos americanos. Madera de leubul del Brasil y algunos esclavos, así como oro y perlas. Pronto habría también azúcar de caña, piñas, patatas y tomates. Estos últimos tres productos eran difíciles de encontrar, pero el rey Fernando ya conoció las batatas y había probado la piña, y unas pocas de ellas comenzaban a verse en el Arenal.

Dentro de las murallas de la ciudad, todo aquello que impresionaba a la vista estaba conectado de una u otra forma con la religiosidad. El cristianismo dominaba la vida de una forma que es imposible imaginar para aquellos que vivimos en el siglo XXI. Los hombres construían iglesias para impresionar y demostrar su poder, pero también para que sirvieran de inspiración, pues eran trabajos tanto de propaganda como de índole espiritual. Las casas privadas y los palacios, aunque lujosos, palidecían en comparación, escondiéndose en callejas en lugar de presidir avenidas, a pesar de que algunos estaban comenzando justo entonces a tener una plaza frente a ellos, como era el caso del palacio del duque de Medina-Sidonia, en lo que hoy es la plaza de la Victoria. La excepción era el bello palacio del Alcázar, con sus soberbios jardines, un edificio morisco que había sido ampliado y mejorado por el rey cristiano Pedro el Cruel.

Ya había entonces unas pocas plazas públicas. La mayor era probablemente la de la Laguna, donde se hacían corridas de toros y donde hoy está la alameda de Hércules. Pero también estaba la plaza de San Francisco, con sus arcadas y sus bonitos miradores, y una excelente fuente en un extremo. Alrededor de la plaza estaban el Ayuntamiento, la Audiencia, el convento de San Francisco y la prisión mayor. En ella se celebraba un mercado muy concurrido en el que se vendía pan, pescado, carne, fruta y verduras. Muy cerca estaba la plaza de San Salvador, frente a la vieja mezquita, donde uno podía encontrar fabricantes de cuerda, fabricantes y vendedores de velas y más puestos de hortalizas, como los de la plaza de San Francisco.

La ciudad estaba llena de fuentes. Quizá llegaban incluso a las trescientas,[12] alimentadas por el agua que el acueducto traía de los caños de Carmona o quizá directamente del río. La mayoría de las casas grandes contaban con fuentes privadas, pero también había numerosas fuentes públicas.

El edificio más majestuoso de Sevilla era, por supuesto, la catedral. Todavía hoy, en la oscuridad del siglo XXI, sigue sobrecogiendo a los que la contemplan y, en su época, con sus siete naves y su gran altura (44 metros en la nave, 52 en la cúpula) era el edificio de su clase más grande de Europa. Su construcción acabó en 1506 y fue inaugurada al año siguiente. Las obras habían comenzado cuando en 1480 se echó por fin abajo la antigua mezquita almohade construida por Al-Mansur que se venía usando como iglesia desde 1248. El arzobispo (que era el cardenal Mendoza) y el capítulo decidieron edificar la nueva catedral a una escala mucho mayor: «Dejemos que la posteridad, cuando la admire acabada, diga que aquellos que se atrevieron a imaginar tal obra debían estar locos.» En aquellos momentos era mayor que la vieja catedral de San Pedro de Roma, aunque los planes de Julio II pronto le devolverían a ésta el liderazgo.

La catedral se construyó sobre la planta basilical de la antigua mezquita, de unos 120 metros de largo por 80 de ancho. Probablemente el primer arquitecto fue Charles Galter de Rouen, cuya catedral conocía muy bien. El diseño le debía en verdad mucho a los modelos franceses. Se planificó que el edificio tuviera casi cien ventanales, y algunos de los mejores de los cuales ya estaban acabados hacia 1522, especialmente los que fueron obra del pintor y maestro artesano Cristóbal Alemán. La catedral contaba con numerosas capillas laterales, algunas todavía incompletas, pero ya se había extendido la leyenda de que la bella Virgen de la Antigua, de la que tan devoto era Colón, cuya estatua la representa con una rosa en la mano, había sido pintada por el mismo san Lucas y había permanecido milagrosamente escondida durante los quinientos años de dominio musulmán. (Se decía también que luego había jugado un importante papel en la liberación de la ciudad por San Fernando.) Colón, en 1493, bautizó una de las islas del Caribe en el archipiélago Leeward con el nombre de esta Virgen y la capital de Balboa y Pedrarias pudo muy bien tomar también su nombre de ella.

También en la catedral se encontraba la imagen de la Virgen de los Remedios, en el altar principal, pintada por un seguidor sevillano de la escuela de Siena. Esa Virgen había sido la preferida de Hernán Cortés y un amigo suyo de Medellín, Juan Rodríguez Villafuerte, había llevado una imagen de ella hasta Tenochtitlan y la había colocado en el templo de Huitzilopochtli en 1519.[13] Cortés había rezado a la Virgen de los Remedios cerca de Tacuba, en la orilla oeste del lago de Tenochtitlan, el día después de la «Noche Triste». Ya en 1522 existían planes para edificar allí un santuario que con el tiempo se convertiría en el favorito de los criollos de México.

La catedral fue, como el comercio con el Nuevo Mundo, una empresa internacional. En los retablos tras el gran altar colaboraron el castellano Jorge Fernández y el flamenco Pieter Dancart, las esculturas del exterior fueron obra del francés Michel Perrin y del bretón Lorenzo Mercadante. Dentro de la catedral, se erguía el rico panteón, acabado en 1510, del arzobispo Diego Hurtado de Mendoza, que murió en 1504. Era obra de un florentino al que se conocía, simplemente, como Miguel Florentino.

Junto a la catedral se elevaba la Giralda, la torre musulmana construida en el ocaso del poder almohade, en 1196, por Abu Jusuf Yacuba II, desde la cual los muecines, en el pasado, habían llamado a la oración a los fieles y desde la cual, durante casi doscientos cincuenta años, las campanas habían llamado a los cristianos a misa en nombre de santa Justina y santa Rufina, las dos patronas de Sevilla, hijas de un alfarero de Triana que insultó a la diosa Salambó y fue por ello condenado a muerte en tiempos de Diocleciano.[14] La catedral probablemente daba empleo a unas trescientas personas sin contar a los sirvientes. Entre ellas se contaban un deán, un archidiácono, un preceptor, un director, un director de coro, un tesorero, los archidiáconos de Écija, de Reina y de

Carmona, así como el prior de las ermitas locales. Había, además, cuarenta canónigos, treinta prebendados, doscientos treinta asistentes de prebendados, veintinueve administrativos y muchos cantores del coro. Muchos de ellos vivían a gran distancia pero percibían su sueldo de todas formas, cosa que estuvo permitida hasta el Concilio de Trento.

En las escaleras exteriores de la catedral, junto a las columnas que habían sostenido el templo romano y a la mezquita musulmana, se podía encontrar a muchos mercaderes, vendedores de baratijas o de valiosas joyas, grandes comerciantes y pequeños tenderos, y sobre todo *cambiadores* (cambistas de dinero), que trabajaban o hacían vida social allí todo el día. En el siglo XV la mayoría de ellos habían sido judíos y a principios del XVI se encontraban allí muchos genoveses. Ese veneciano brillante, Andrea Navagero, escribiría más o menos en aquellos tiempos cómo los mercaderes se pasaban *«tutto il giorno»* allí, en *«il piu bel ridotto de Siviglia»*.[15] Si acaso llovía, los mercaderes y sus colegas se refugiaban del tiempo inclemente en la misma catedral, entrando consigo sus caballos y sus otros animales.

A la sombra de la catedral, metafóricamente hablando, prosperaban casi treinta iglesias parroquiales y cuarenta conventos, de entre los cuales el más importante era el de los cartujos de Santa María de las Cuevas, fundado en 1400 (allí fueron a parar en su día los huesos de Colón y los de sus hermanos). El veneciano Navagero escribió que los jardines eran tan bonitos que constituían el mejor escalón imaginable en el camino hacia el cielo. También los de los franciscanos, con trescientos hermanos en dos edificios, el más importante justo en el exterior de las viejas murallas (en el lugar que ahora ocupa la plaza de San Francisco); y los conventos dominicos de San Pablo, la Magdalena, Santo Tomás y Nuestra Señora del Valle (refundado en 1507), que probablemente contaban con unos doscientos cincuenta hermanos. Junto a ellos estaban los monjes mercedarios, dedicados fundamentalmente a liberar a cristianos cautivos en prisiones musulmanas, también en la Magdalena, de cuya orden era un ejemplo brillante fray Bartolomé de Olmedo, amigo de Cortés; y los hermanos carmelitas en Remedios, al sur del río, hacia Jerez. No debemos olvidarnos de los trinitarios ni de los benedictinos de Santo Domingo de Silos, que entonces se conocía por San Benito de la Calzada, situado más allá de las murallas, cerca de la puerta de Carmona.

Dos importantes monasterios del siglo XIV eran los de San Isidoro del Campo, fundado como bastión cisterciense en 1301 por Alonso Pérez de Gúzmán y su esposa María Alonso Coronel en el pueblo de Santiponce, que era propiedad del convento. Tras 1431, los monjes cistercienses fueron sustituidos por jerónimos. El segundo gran monasterio que se fundó ese siglo fue el de San Agustín, creado en un antiguo convento de monjas que había cerca de la puerta de Carmona. La familia Ponce de León fue la principal benefactora de los agustinos, y muchos de sus miembros fueron enterrados en ese monasterio. Probablemente habría en total unos mil quinientos frailes.

La mitad de los conventos eran para mujeres. Entre estos conventos femeninos los más importantes eran los de las doscientas carmelitas que vivían en dos sedes, San Clemente y Santa María, así como las clarisas del convento de Santa Inés, fundado por María Fernández Coronel, y de San Leandro, fundado en 1373. Se dice que en Santa Inés se conservaba incorrupto el cuerpo de la fundadora, María Coronel, que se había echado aceite hirviendo a la cara para protegerse del acoso del rey Pedro I. Debemos tener en mente, además, el convento de la Madre de Dios, fundado en 1486 en Casas en San Nicolás (en la moderna calle de San José) y que la Inquisición requisó a sus propietarios (un nombre que acabó asociado al de los verdaderos de Colón y de Cortés), la dominica Santa María la Real, Santa Paula de la Cruz (jerónima) y Santa Isabel (que no fue fundado hasta 1490).

Estas instituciones y sus iglesias eran las que marcaban la silueta de Sevilla y ocupaban al menos la mitad del espacio total de la ciudad. Eran una fuente de empleo para los ciudadanos y, como la nobleza, vivían de granjas que tenían en el campo que rodeaba Sevilla.

La Inquisición en aquellos tiempos era una institución religiosa poderosa y muy temida. Tenía su cuartel general local en el castillo de Triana. No le faltaban recursos humanos. En Sevilla trabajaban el inquisidor general, tres o cuatro inquisidores adjuntos, un fiscal, un juez que se encargaba de los bienes confiscados a aquellos que eran condenados, como los propietarios de la finca donde se edificaría el Madre de Dios, varios abogados, un magistrado cuyo título era «alcalde de las cárceles secretas» y otro que se preocupaba de aquellos que ya no abandonarían la reclusión, el «alcalde de la cárcel perpetua». Había un escribano que era el encargado de registrar los interrogatorios secretos, un contable, un portero, dos capellanes, seis teólogos y unos cincuenta «familiares», es decir, informadores. Entre 1481 y 1522 se quemó en la hoguera en Sevilla a más de mil personas. Otras 2 000 abjuraron de su religión para escapar al castigo. Esta cifra es más o menos la mitad del número total de personas que murieron de esta manera en España. El miedo que la Inquisición causó en la ciudad ya estaba envenenando en aquellos tiempos, como es comprensible, la vida intelectual de la ciudad.

Algunas de las hermandades religiosas (cofradías) que todavía existen en 2003 fueron fundadas antes de 1500,[16] pero la mayoría de las de mayor importancia son criaturas de mediados del siglo XVI, al igual que lo fue la regularización y popularización de las procesiones: una Virgen y un Cristo de un grupo de profesionales, trátese de panaderos o estibadores, sastres o toneleros, llevados a hombros frente a una serie de escenas (pasos) que recrean la Pasión de Cristo. A menudo les seguían penitentes, que se flagelaban para expiar sus pecados. Pero la celebración del Corpus Christi en agosto era entonces más importante que la Semana Santa. Otra festividad de gran importancia era la conocida como Fiesta del Obispillo, celebrada el día de San Nicolás.[17] también había muy a menudo procesiones espontáneas e irregulares, como la loca procesión que nos cuenta el cronista Zúñiga que protagonizaron 1 500 cristianos evangélicos medio desnudos desde Carmona a la capilla de la Virgen de la Antigua en la catedral.[18] No menos impresionante debía de ser la procesión de gigantes y niños ataviados de las formas más locas conocida como las mojarillas. Tales celebraciones se transmitieron rápidamente al Nuevo Mundo. Así, Cortés y sus hombres celebraron el Domingo de Ramos en 1519, después de vencer a los mexicas en Potonchán, celebrando una misa solemne, y luego hubo una procesión en la que se llevó una cruz a la plaza.[19]

El cabildo quería una universidad y en 1502 consiguió una real provisión que les autorizaba a crear un «estudio» que se dedicaría a enseñar y aprender teología, derecho canónico, derecho, medicina y alguna otra de las artes. Era necesario que una iniciativa así tuviera cobertura papal, y ésta vino dada por la bula papal de 1505 que reconocía que Sevilla carecía de y necesitaba un «estudio general». Un rico converso, maese Rodrigo Fernández de Santaella, compró algunas casas con vistas a erigir allí el edificio de la universidad. En 1515 el arzobispo Deza fundó también su colegio de Santo Tomás de Aquino. De forma similar, también los hospitales necesitaban sanción religiosa. De éstos había muchos, algunos pequeños como, por ejemplo, el hospital del Rey, que tenía doce camas, el de San Bernardo, que tenía treinta, o el de Santa Marta, que tenía treinta y seis. Quizá hubiera unos setenta y seis hospitales en total. Algunos estaban especializados en una nueva enfermedad, la sífilis, la principal contribución de América al malestar europeo, que sólo se pudo aliviar parcialmente mediante pomada de mercurio.

Sevilla había aumentado notablemente de tamaño en los treinta años que habían transcurrido desde que Colón había zarpado desde Palos. En 1475 su población debía rondar los 40 000 habitantes.[20] En 1520 quizá hubiera 60 000 habitantes, quizá incluso más. Es difícil ofrecer una cifra fiable, pues entraba y salía muchísima gente. La peste, los huracanes, las sequías, las hambrunas, las inundaciones... todo traía enfermedad y muerte a la ciudad.[21] En 1522 asoló Sevilla una hambruna particularmente virulenta. La peste azotó la ciudad sin piedad entre 1505 y 1510. El historiador Bernáldez estima que mató a 28 000 personas.[22] No menos dañinas fueron las inundaciones de 1507, y la hambruna de 1503 fue una verdadera catástrofe. La sífilis había tenido un impacto duro en Sevilla, particularmente entre la clase alta y entre las prostitutas del barrio que había junto al río, conocido como la Mancebía. Parece ser que los burdeles del cabildo eran más saludables (había burdeles que eran propiedad del capítulo de la catedral).[23]

Luego estaba la emigración: uno de cada tres emigrantes al Nuevo Mundo entre 1492 y 1519 era andaluz, y casi dos tercios de estos andaluces eran sevillanos.

Por otra parte la población se había visto incrementada, y potenciada, por los mercaderes florentinos y genoveses y sus familias, así como por otros forasteros, y algunos de ellos estaban ya plenamente españolizados. En los archivos de la ciudad figura que entre 1472 y 1480 había dieciséis mercaderes genoveses en Sevilla, pero entre 1489 y 1515 no había menos de cuatrocientos treinta y siete.[24] Muchos de ellos castellanizaron su apellido, de forma que Marini se convirtió en Marín y Castiglione en Castellón. Los genoveses habían ostentado derechos en Sevilla desde el siglo XIII, cuando, en recompensa por su ayuda en el sitio de Algeciras (que aparece, por ejemplo, en Chaucer), Alfonso XI les declaró exentos de impuestos. También vinieron a Sevilla, desde Valladolid o Cuéllar, desde Segovia o Arévalo, muchos castellanos que llegaban con la intención de buscar fama y fortuna en el Nuevo Mundo, pero que al final se asentaban en la capital de Andalucía. Había muchos vascos y no pocos gallegos, que solían trabajar como marineros para ganarse la vida, mientras que los inmigrantes que procedían de Burgos preferían dedicarse al comercio.

También había esclavos: muchos miles de esclavos negros o bereberes, probablemente comprados en Lisboa o en otra parte a mercaderes portugueses como Bartolomeo Marchionni o a sus agentes, como Rondinelli; les acompañaban en Sevilla algunos esclavos musulmanes, supervivientes del viejo reino de Granada. Una ciudad del sur de Europa todavía medía su riqueza por el número de esclavos que habitaban en ella. Entre los esclavos había nativos de las Canarias, unos pocos nativos americanos y quizá incluso unos pocos europeos del este, que habían constituido el grupo de esclavos más numeroso, tanto en España como Italia durante la Edad Media, hasta el punto en que de «eslavo» deriva la palabra «esclavo» en todas las lenguas modernas europeas.[25] Los esclavos se vendían en el Patio de las Naranjas o en las gradas de la catedral y llevaban tatuado en la mejilla un clavo, una flor de lis, la cruz de san Andrés o simplemente el nombre de su señor. Llevaban a cabo todo tipo de tareas: sirvientes domésticos, cocineros, porteros, nodrizas, fundidores de metales preciosos, curtidores de cuero, alfareros, albañiles, mensajeros y prostitutas. No sólo los grandes y los ricos tenían esclavos, también los poseían los artesanos, los artistas y los capitanes de navío.

El pequeño número de ex musulmanes que todavía residía en Sevilla vivían en su «alhama», que venía siendo suya desde el siglo XIV (el Adarvejo, cerca de San Pedro) y se trataba de una comunidad bastante endógama. A principios del siglo XVI el oficio más común entre ellos era el de albañil. Pero otros eran verduleros, tenderos, comerciantes de especias, taberneros, panaderos o simplemente zapateros. Parecían una raza en vías de extinción, pero conservaban su mercado.

Por supuesto, la situación era completamente diferente respecto a los conversos. Muchas veces eran ricos y a menudo tenían excelentes contactos. Puede que fueran perseguidos, pero seguían siendo influyentes. Se había abierto para ellos una «composición» en 1511 para ir al Nuevo Mundo. Si podían permitirse pagar una tasa de 80 000 ducados, se les permitía emigrar. Otros mantuvieron importantes cargos en la vida pública: por ejemplo, Francisco de Alcázar, señor de la Palma, que gozaba de la confianza de la casa ducal de los Medina-Sidonia, y que se convirtió en tesorero de Sevilla, pero que había sido «reconciliado» en 1493. Alcázar había comprado un barco para comerciar con las Indias, el *San Salvador*, y había comprado el señorío de Palma a Diego Colón. Tanto él como el poderoso banquero Alonso Gutiérrez de Madrid, también un converso, eran «veinticuatros».[26] También era un converso el fundador de la universidad, maese Rodrigo Fernández de Santaella, y quizá incluso lo fuera el arzobispo Deza.

A estas alturas muchos conversos se encontraban en el Nuevo Mundo. Quizá los más notables eran la familia Santa Clara, uno de cuyos miembros, Cristóbal, había sido tesorero en Santo Domingo mientras que su hermano, Bernardino, había ayudado a Cortés, como también lo hizo Pedro de Maluenda, un mercader de Burgos que tenía muchos contactos. Fue comisario de la seugnda parte de la campaña de Cortés y murió en Tenochtitlan, víctima de unas fiebres de naturaleza desconocida. Otro converso, Alonso Caballero, de Sanlúcar de Barrameda, fue almirante de Colón tras 1520, y su retrato y el de su hermano Diego fueron obra de Pedro de Campaña, y se pueden ver en la capilla del Mariscal, en la catedral.

En los últimos años de su reinado, Fernando había permitido, si es que no lo había impulsado directamente, un endurecimiento de la política antisemita. Un buen ejemplo de ello es que Lucero, el odiado fiscal de Córdoba, retornó triunfante en junio de 1511, exculpado de todos los cargos que los hombres tolerantes habían formulado contra él. En febrero de 1515, el cabildo eclesiástico de Sevilla, bajo la presidencia del arzobispo Deza, amigo de Colón, había exigido unos reglamentos que evitaran que los hijos de los condenados por el Santo Oficio pudieran ingresar en la Iglesia como sacerdotes. Esa idea tan poco cristiana fue firmada por muchos que parece ser que en realidad eran conversos ellos mismos y que con este acto habrían intentado desviar la atención hacia otros asuntos que no fueran sus propias personas.[27] A continuación, una disputa entre el municipio de Sevilla y Pedro de Villacis, receptor de bienes de la Inquisición, fue resuelta por el rey a favor de este último.[28]

Había estallado una crisis en Sevilla tras el arresto bajo la acusación de practicar el judaísmo de Gutierre de Prado, un mercader que había sido recaudador de rentas eclesiásticas y mayordomo de la Iglesia en la ciudad. Su arresto conmocionó a Sevilla, pues Prado no sólo estaba emparentado con mucha gente importante de la ciudad, sino que además debía dinero a muchos más.[29] La alarma social que provocó este asunto casi eclipsó el anterior gran escándalo judío de la ciudad: el arresto en 1494 de Álvaro del Río, un escribano que había sido secretario del arzobispo Hurtado de Mendoza, y que fue quemado en la hoguera en Segovia como criptojudío.[30]

La mayoría de los mayordomos de los grandes nobles de Sevilla eran conversos. Es natural que hombres como Francisco de Las Casas, que trabajaba para los Medina-Sidonia, o Gómez de Córdoba, que lo hacía para el marqués de Montemayor, no se sintieran en absoluto seguros. Algunos de ellos, como Diego García, que trabajaba para el duque de Cádiz, llegaron, con el fin de alejar de sí toda sospecha, a convertirse en verdaderos azotes de los judíos.

Sevilla era famosa desde la época de los romanos por su aceite de oliva, su vino y su trigo y, entre ellos, sobre todo por el primero. En aquellos tiempos no se usaba demasiado el aceite para cocinar, pero era el producto que más se exportaba, igual que lo había sido en los días de dominación musulmana, tiempos en que se enviaba a lugares como Flandes, Londres, Génova, Chios y Mesina. Pero ahora ese aceite iba, en gran escala, hacia el Nuevo Mundo. «Sevilla se lo debe todo a las olivas», escribió en una ocasión un historiador moderno, y esa afirmación, en toda su sincera sencillez, sigue sin poder ser refutada.[31] A mediados del siglo XV se producían 550 000 arrobas de aceite de oliva al año, en el XVI la cantidad había subido a 700 000.[32] La mejor región para los olivares era el Aljarafe, que se extendía hacia el oeste entre Sevilla y Huelva, donde los pequeños propietarios cultivaban sus granjas junto a las de los nobles y las de las órdenes religiosas. La cosecha era una tarea principalmente de las mujeres de todas partes de Andalucía, comenzaba el día de Todos los Santos y duraba dos meses. Durante todo ese período los recolectores vivían fuera de casa en barracones especiales que se llamaban cortijos. Les pagaban por canasta recogida, a unos cinco o seis maravedís la canasta, con un tope de quizá trescientos maravedís por trabajador.

Los genoveses eran, ya no debe sorprendernos, los principales comerciantes de aceite. Así, más de la mitad de las compras anticipadas eran realizadas por genoveses, siendo el mayor mercader Jacopo Sopranis.[33] Había enormes almacenes en la mayoría de los barrios de Sevilla, pero sobre todo en el del Mar, esa zona mágica entre la catedral y el Arenal. El aceite se guardaba en grandes barricas de roble que se importaban de varios sitios, pero especialmente de Coria del Río, una localidad en el camino a Sanlúcar de Barrameda, en el Guadalquivir. La lista de los que participaban en el comercio del aceite de oliva es una especie de almanaque de Gotha de la antigua Sevilla, tomaban parte en el que aparecen todos los grandes apellidos genoveses pero también la mayoría de la aristocracia local española, entre ella el duque de Medina-Sidonia, el marqués de Arcos, el conde de Feria y el marqués de Priego.[34]

Gracias también al aceite de oliva, Sevilla se había convertido en el centro de producción de jabón más importante de Castilla. El producto tradicional era el jabón oscuro, hecho con aceite mezclado con potasa, cuya principal industria manufacturera se encontraba junto a la mezquita prealmohade de la plaza de San Salvador. Para su fabricación, además del aceite y la potasa, eran necesarias otras materias primas como cal de Umbrete y de otros pueblos del Aljarafe, así como también algas de las marismas del Guadalquivir. Los monarcas habían convertido la fabricación del jabón en un monopolio que habían arrendado a Fernando Enríquez de Ribera, el de las murallas, que controlaba la mayor parte del negocio. Otra parte estaba en manos de Luis Ponce de León, marqués de Cádiz. Sus subarrendatarios eran los acostumbrados, habitualmente los genoveses.

Pero hacia 1520 el jabón blanco había logrado tanto éxito, o incluso más, que el oscuro. Francesco Sopranis Ripparolo, que arrendó un almacén a los propietarios del monopolio, introdujo entonces la idea de hacer jabón duro y blanco, con aceite y la sosa que se obtenía de un tipo de algas que no era el que se usaba habitualmente. Sus factorías estaban en Triana, arrendadas a la familia Almonte, y en Santiponce, justo a las afueras de Sevilla, hacia el norte, en la ruta hacia Extremadura, en un edificio que arrendó al monasterio jerónimo de San Isidoro. Durante el reinado de los Reyes Católicos él siguió siendo el principal comerciante de jabón, a pesar de que su compatriota genovés Marco Castiglione controlaba un tercio del negocio. Ellos dos (junto con Cosme, el hermano de Francesco), controlaron el mercado hasta 1514, año en que murió Francesco. Le sucedió entonces su hijo Pietro Giovanni Ripparolo. A partir de 1517 Jacopo Sopranis, primo de Francesco, jugaría también un papel importante en el negocio. Las ventas que de este producto se hacían al Nuevo Mundo eran considerables y las familias genovesas pronto se establecieron allí, lo que les reportó tanto beneficio a ellas como a los colonos españoles. Puede que el lector recuerde que Colón le dio a Pedro de Salcedo un monopolio sobre la venta de jabón en La Española.

Tras el aceite, estaban los cereales. Sevilla conseguía su trigo de los campos de Carmona y Écija. Las cosechas, no obstante, eran irregulares. El mayor magnate del trigo era el marqués de Priego, cuyos banqueros eran el inevitable Gaspare Centurione y Giuliano Calvo, este último a su vez socio de Stefano Centurione. Hacia 1516 los productos estaban disponibles a una escala mucho mayor de lo que lo habían estado en el siglo XV, y los Centurione eran a su vez responsables y beneficiarios de ese cambio. La demanda de harina para las Indias subía año tras año y los comerciantes sabían que los colonos podían renunciar a cualquier otra cosa, pero la harina era esencial. Hasta la conquista de México y la colonización de una zona templada no fue posible reemplazarla por la producción local. El primero en cultivar trigo en el Nuevo Mundo fue Juan Garrido, portugués de raza negra pero libre, quien había luchado junto a Juan Ponce de León, Velázquez y Cortés y luego había creado una granja en Coyoacán.

Sevilla y sus alrededores era también la mayor región productora de vino de España, a pesar de que las últimas dos generaciones se había producido cierto desarrollo de esa industria en el norte, para satisfacer el mercado local, en La Rioja, el Duero e incluso a lo largo del la hermosa ribera del Miño, en Galicia. El vino fue otra de las mercancías cuyo comercio aumentó a consecuencia de los tratos con las Indias y de los viajes de descubrimiento. Los viajeros necesitaban vino que no se echara a perder. De ahí el atractivo que para ellos tenían los vinos de Sierra Morena, Constantina, Cazalla, Alanís y Guadalcanal, donde se podía comprar vino añejo que aguantaba mucho sin pasarse, siendo el preferido el de Cazalla, que tanto agradaba a los nativos.[35] Luego estaba el famoso vino de Jerez y las manzanillas de Sanlúcar de Barrameda, el puerto del duque de Medina-Sidonia en la desembocadura del Guadalquivir, que tan a menudo se embarcaban directamente allí en las flotas que zarpaban de sus muelles. También se producían buenos vinos blancos en el Aljarafe.

Buena parte del negocio del vino lo manejaban los genoveses (Bernardo Grimaldi, Benedetto Doria y Antonio Pinelo) o los florentinos (Piero Rondinelli), pero también participaba en él con éxito Juan de Burgos, un mercader que había luchado con Cortés y que se había quedado en Nueva España, quizá debido a su angustia por ser un converso. No obstante, los compradores más importantes eran García de Jaén y Fernando de Sevilla, ambos conversos, el último de ellos reconciliado en 1494.[36]

También se encontraban en Sevilla especias, azúcar y arroz. La capital europea del comercio de especias era Lisboa, pero Sevilla también jugaba un importante papel, con el florentino Piero Rondinelli como uno de los principales compradores de pimienta de Giovanni Affaitidi de Cremona, que tenía sede en Lisboa.[37] El comercio de especias era otro de los cuasi monopolios italianos.[38] Desde 1480 el azúcar de caña que se obtenía en las islas atlánticas de Portugal comenzó a comerciarse de forma importante en Sevilla. El azúcar de Canarias hace su aparición después de 1495. Y, de nuevo, los genoveses disfrutaban de un cuasi monopolio de las ventas. Se recordará que esta industria le dio trabajo a Colón en su juventud.[39]

En Sevilla se tejía tela en unos tres mil telares. Pero con esta producción apenas se satisfacía una pequeña parte de la demanda. Así que los ciudadanos de Sevilla, al igual que los de las Indias, comenzaron a importar telas del norte de Europa. Las telas inglesas, por ejemplo, comienzan a importarse en Sevilla durante el siglo XIV a través del poderoso Francesco Datini, natural de Prato, que llevaba el negocio a través de su agente local, Vieri di Francesco Ghori.[40] Hacia 1500 la mayoría de los vendedores eran, sin embargo, ingleses, como Thomas Maillard o John Day. También era popular la tela negra del rico centro de producción flamenco de Courtrai. De lugares como Ruán, Milán, Florencia o Valencia, Segovia o Baeza llegaban pequeñas cantidades de tejidos. Estas conexiones comerciales con el norte de Europa explican que uno o dos hombres procedentes de allí figuren de vez en cuando en las expediciones con destino a las Indias, como fue el caso de «maese Andrés» de Bristol, que acompañaba a Magallanes.

Otro producto importante de Sevilla era en aquella época la cochinilla, que se usaba como colorante y se cultivaba especialmente en las tierras de los Medina-Sidonia (por ejemplo en Chiclana y Chipiona, cerca de Sanlúcar), a pesar de que la obtenida allí se consideraba de inferior calidad que la que procedía de Creta y Corinto. Otros tintes, como hemos visto anteriormente, se obtenían de las Azores o de las Canarias (orchilla). Para ponerlos en el mercado, mercaderes de espíritu aventurero de Burgos se mezclaban felizmente con los comerciantes del sur.

Sevilla contaba también con multitud de talleres que abastecían las necesidades del mercado local. Había también una factoría de cuero muy importante, que se alimentaba no sólo de material procedente de Andalucía sino también de otros lugares, como, por ejemplo, de Berbería. Los genoveses detentaban el monopolio de la importación de piel de cabra y tenían un almacén en Cádiz. La industria era artesanal, pero había algunos artesanos que también ejercían de comerciantes, como Pedro López Gavilán. El polivalente Piero Rondinelli, un florentino, socio de Colón y tratante de esclavos, era una figura clave en este negocio. Pero la tela más buscada era el canelote, una elegante mezcla de pelo de camello y seda. Venía de Oriente y más adelante se fabricó con pelo de cabra en lugar de pelo de camello. Chipre era uno de los centros de producción, y las mismas familias genovesas que dominaban el negocio del algodón lo vendían a través de Chios. Los vendedores eran, de nuevo, casi todos genoveses, destacando entre ellos Luca Battista Adorno.[41] También en el comercio de terciopelo dominaban los genoveses.[42] Otro taller, que casi llegaba a factoría por su gran tamaño, era el que había en Triana dedicado a la producción de pólvora, un elemento esencial para la conquista del Nuevo Mundo.

En Triana había habido cerámica y alfarería desde los tiempos de los romanos, y hoy en día sigue habiéndolas. En 1520 existían allí cincuenta hornos que producían loza vidriada, ladrillos, tejas y platos. Pero también había arcillerías en San Pedro, San Vicente y Tablada. La técnica era muy antigua, pero el brillante florentino Francesco Niculoso Pisano (otro italiano que hizo una gran aportación a la vida de la Castilla de la época) le dio un renovado impulso. Pronto las Indias se convirtieron en un gran mercado para la loza, siendo particularmente impresionantes las exportaciones a Caparra, cerca de San Juan, en La Española.

Y tras la arcilla, el oro: Sevilla, por causa de sus antiguos vínculos con el islam, se convirtió en el siglo XV en la capital aurífera de Castilla. Su importancia trascendía a Castilla y abarcaba a toda Europa: la mayoría del oro que había en Génova, todo el del Sudán (Bambuk, Buré, Lobi, Akán), fuera en lingotes o en polvo, entraba en el continente a través de Sevilla.

El negocio del libro tenía ya cierta importancia. Muchas de las famosas novelas de caballerías habían sido impresas por el habilidoso Jacob Cromberger, un nativo de Nuremberg que llevaba en Sevilla desde 1500. Tales libros podían comprarse en el Arenal o en la calle del Mar (hoy calle García de Vinuesa) que llevaba del Arenal a la catedral. Entre los clientes se contaban los aventureros, que compraban los libros antes de partir para las Indias, llevándose así con ellos un cargamento más embriagador para algunos que la manzanilla y, para los adictos, más delicioso que el brandy.[43] Uno de los grandes éxitos editoriales fue la colección de baladas compiladas por Hernando del Castillo, publicada en 1511 y conocida como *Cancionero general*. Fue en esta obra en la que Bernal Díaz debió aprender sobre el Rubicón y con la que Cortés debió refrescar los recuerdos sobre Sula y Mario, referencias que, como demuestran sus respectivos escritos, significaban mucho para ellos.

Bernal Díaz dijo que Cortés «cruzó el Rubicón» cuando se adentró en el interior de México, y Cortés dijo que la disputa y rivalidad que mantenían Gonzalo de Sandoval y García Holguín sobre quién había capturado realmente al emperador mexicano Cuauhtémoc le recordaba la que habían mantenido Sula y Mario sobre quién había capturado a Yugurta, rey de Numidia.

Sin embargo, todavía más importante que la demanda de libros era, en el comercio atlántico, la demanda de imágenes, sobre todo de imágenes sagradas y altares portátiles, retablos y tapices para el altar, con representaciones de la Virgen o de san Martín, de Cristo o san Cristóbal. La demanda de tales imágenes era tan grande que muchos indígenas, al encontrarse con los castellanos, debieron de pensar que éstos adoraban a todo un panteón de deidades.[44]

Había también muchas tiendas en la Sevilla de principios del siglo XVI. Estamos en los albores de la época del «consumismo». Se trataba de todo tipo de comercios, desde vestidos de cuero a ropas de seda, de sombrereros a sastres, habitualmente agrupados en gremios que eran mitad sindicato mitad hermandad religiosa, y que se asentaban en ciertas calles que pasaban a ser calles talleres. En cada comercio había aprendices, trabajadores ordinarios y maestros. Muchos no formaban parte de ninguna sociedad especial propia y estaban imbricados en otro gremio, como, por ejemplo, los poderosos vendedores de yeso, que compartían sociedad con los albañiles y picapedreros. Sin embargo, caminando por la ciudad, hubiéramos encontrado pantalones y chaquetas en la calle Génova, sombreros y ballestas en la calle de la Mar, herraduras en la calle de Castro, gorras y zapatos en las Gradas, perfumes, ropa de hombre y adornos para mujeres en la calle Francos, ropa interior en la calle Escobar y todo tipo de objetos de madera, hierro, acero y oro, así como armas ligeras, en la calle Sierpes.

En consecuencia, hacia 1526 el veneciano Navagero podía afirmar que Sevilla enviaba a las Indias no sólo todos los cereales y vino que habían de menester, sino también todas las ropas que pudieran necesitar.

Hablamos de una época en que todavía dominaba la madera. Se usaba la madera para construir las casas, para los carros, para los barcos, para el puente sobre el río, para los toneles y también para alimentar los fuegos de los hornos. La madera era pues, en cierto sentido, la base de todo. Pero ya se habían consumido todas las existencias locales de roble (como el que había en el robledal de Constantina), y se creía que la madera de pino era inferior. Así pues, se importaba roble y otras maderas nobles de Inglaterra, Galicia, Alemania e incluso Escandinavia.

Hubo muchos otros cambios en Sevilla durante el reinado de Fernando e Isabel, gracias a los viajes a las Indias. Uno de ellos, por ejemplo, fue el gran crecimiento de la producción de cáñamo a lo largo de las orillas del Guadalquivir, que se usaba para hacer cuerdas.

Así pues, a principios de la década de 1520, España no sólo tenía un idioma listo para el imperio, requisito que el filólogo Nebrija consideraba necesario, y un buen número de sus ciudadanos listos para la aventura de la emigración, sino que también tenía en Sevilla a una ciudad dispuesta a ser la capital de un mundo nuevo. El gran Braudel diría que en Sevilla, en el siglo XVI, se podía escuchar latir el corazón del mundo.[45] Aquí era adonde Colón había regresado tras su gran viaje en 1493, aquí era adonde regresó Elcano tras circunnavegar la Tierra. Aquí los representantes de Cortés, y luego Cortés en persona, regresaron después de conquistar la cultivada aunque salvaje monarquía de los mexica. Pedrarias partió de Sevilla, al igual que Bobadilla, Ovando y los pobres priores jerónimos. De aquí partirían hacia las Indias y regresarían de ellas los virreyes, gobernadores y capitanes generales, comandantes, exploradores, misioneros y colonos, en miles de barcos a lo largo de los siglos siguientes. Traerían de vuelta oro y plata, chocolate y mosaicos de turquesa, azúcar y café, recuerdos e historias extraordinarias de improbables aventuras, que a duras penas podrían haber sido soñadas una generación anterior, excepto, quizá, por los lectores asiduos de ese gran romántico, «sir John Mandeville».

Pero los conquistadores no sólo buscaban gloria y oro. La mayoría de ellos creían que el beneficio a largo plazo de sus descubrimientos sería la aceptación por parte de los nativos de la cristiandad, con todas las consecuencias culturales que eso implicaba.

Ellos sabían, como la Corona española planteó en 1504, que estaban «ennobleciendo» las nuevas tierras con cristianos. Hicieron sus conquistas con una clara conciencia de que estaban llevando consigo civilización, creyendo que eso que permitiría, al final, que esa nueva gente abandonara sus condiciones anteriores. ¿Quién podría dudar ahora de que estuviera bien que censuraran la idea de una religión basada en el sacrificio humano o en la simple adoración del sol o la lluvia? Como un general del siglo XX escribió al comienzo de la retirada de su país del norte de África: «Cada época tiene una manera de ver las cosas, que difiere profundamente de lo que vino antes o vendrá más tarde. Las costumbres en este aspecto son inestables y, en general, nos influyen más de lo que suponemos. Nos consideramos seres libres y razonables. Pero todos nosotros somos, nos guste o no, juguetes de grandes corrientes de ideas.»

Así fue con la generación del 1500 en España. Sabían que su misión era buscar nuevas almas cristianas. El oro y la gloria eran los que sostenían el escudo de la cristiandad.

A poco que se lean algunas obras escritas en el siglo XVI uno se da rápidamente cuenta de que la rueda de la fortuna era una preocupación constante. «¡Oh! con qué afrentas y bofetadas atormenta nuestros tiempos la Fortuna», reflexionaba Pedro Mártir en una carta a Gattinara en enero de 1521.[46] Se pueden encontrar multitud de referencias similares en la literatura contemporánea. Durante el verano de 1520, con el objeto de celebrar la próxima coronación del emperador Carlos V, se encargó una serie de tapices que se llamó «Honores». Se hicieron sobre la base de unos cartones diseñados por Bernard Van Orley, el más famoso retratista de los Países Bajos. En el palacio de La Granja, a las afueras de Segovia, se puede ver uno de esos tapices, en el que se representa la rueda de la fortuna. La diosa Fortuna está tirando piedras a un lado, rosas al otro; y entre aquellos a los que está tirando rosas vemos a César en un barco, que bien podría representar a Hernán Cortés. La Fortuna había comenzado a tirar rosas a España, y lo seguiría haciendo durante dos generaciones más, en las que los castellanos se extenderían por todo el mundo y convertirían a su recién unido país en la mayor potencia de su época.[47]

APÉNDICE I

El vasallaje de Moctezuma: ¿Qué sucedió en enero de 1520?

I. Declaraciones inéditas

Estas declaraciones derivan de la residencia tomada a Hernán(do) Cortés marqués del Valle, en el Archivo General de Indias, Justicia, legajo 220. La pregunta 98 era la siguiente:

Si saben que un dia, el dicho Montesuma fizo xuntar todos o los mas Señores precipales de la Tierra, y en presencia del dicho Pero Fernandez, escribano, e del dicho Don Hernando Cortés, e de muchos españoles, fizo un rrazonamiento muy largo a todos aquellos Señores, en que les truxo a las memorias sus coronadas escripturas pasadas, e como por ellas parescia que habian de ser soxuzgados de un alto Señor; e que según las señales e parte dondel dicho Don Hernando Cortés descia que abia venido, e donde quedaba aquel Gran Señor, que le abia imbiado, creian e ternian por cierto, que hera ya complida aquella profecía, e quellos verian quantos buenos tratamientos rrescebirían del dicho Don Hernando Cortés, e como les abia dicho verdad en todo lo que les descia, e otras cosas muy largas que les dixo, en que al fin dixo, quél estaba determinado de ser vasallo e súbdito de aquel Gran Rey e Señor, e de le dar e traspasar todo su Estado e Señorío, e al dicho Don Hernando Cortés en su nombre; e que les rrogaba e mandaba, quellos ansí mesmo lo fiziesen, e ansí mesmo sus abuelos e padres abian sido leales a los suyos, que ansí, él y ellos lo fuesen al Emperador Nuestro Señor, e obedesciesen e fiziesen lo quel dicho Don Hernando Cortés, en su nombre, les mandase; e si saben que ansí fue fecho e otrogado por el dicho Montesuma, e por todos; e se asentó el abto en forma, antel dicho escribano.

Digan e declaren cuanto sepan.

Los siguientes testigos ofrecieron declaraciones interesantes:

1. Alonso de Navarrete

Dixo que save lo contenido / en la pregunta como la pre-/-gunta lo dize; preguntado co-/-mo lo save, dixo que porque este / testigo vido el dicho ayuntamiento de los / dichos señores prençipales / en el aposento donde el dicho Mon-/-teçuma estava... [documento deteriorado] / nuestro señor, porquel le da-/-va e traspasava su señorio, / e que todos rrespondieron / al dicho Monteçuma, e que lo / que rrespondian este testigo / no lo entendia, pero que pa-/-resçia segun las lenguas de-/-zian que otorgavan e avian / por vueno lo quel dicho Monte-/-çuma les dezia, e questo save des-/-ta pregunta, e ansy lo vido / este testigo.

Alonso de Navarrete era un conquistador de Guadix. Su padre, también llamado Alonso, había luchado contra los moros en la guerra de Granada. Alonso II fue a Cuba en 1518 y se unió a Cortés inmediatamente. Durante un tiempo fue paje de Cortés, luego vivió en Santiesteban y Pánuco y tuvo unas pocas encomiendas de poca enjundia.

2. Francisco de Flores

Dixo que lo que sabe desta pre-/-gunta este testigo es queste testigo yendo / con el dicho don Hernando un dia / a ver el dicho Monteçuma, como otras / muchas vezes solia e acostumbraba / hazer, que alli el dicho don Hernando por las / lenguas le hizo al dicho Monteçuma / muchos rrazonamientos diziendole de / las cosas de Dios, e de como el en-/-perador nuestro señor hera el mayor señor del mundo lo enbiava a visitar / e ver estas partes, e como todos los / españoles que con el venian y el, / heran vasallos del enperador nuestro / señor, e sus criados, e otras / cosas a esto semejantes de que / este testigo no tiene tan entera / memoria como a tanto tienpo, e / que cada vez quel dicho don Hernando / visitaba al dicho Monteçuma / o las mas vezes le hablaba en estas / cosas de las grandezas de su / magestad, e de las cosas de nuestra fee, / anychilandole sus ydolos e diziendo-/-le la poquedad dellos, e como / todos ellos no heran nada, ni valian / cosa alguna, e que solo Dios / hera el hazedor de todas las cosas / y el que nos dava vyda e nos avia / de dar el galardon segund nuestras / obras, e otras cosas que como / a dicho este testigo no se acuerda, e que / un dia estando el dicho don Hernando / en estos rrazonamyentos, estaban / con el dicho Monteçuma oyendo / muchos prençipales, e señores / de la tierra, a los quales despues / el dicho Monteçuma les hablo / muchas cosas entre las quales / les dixo e hablo, que el avia sabido / mucho tienpo a, e tenia notiçias de / sus antenpasados e antiguos / señores que tenyan por sus / escryturas que avian de ser / estas partes soyulgadas, man-/-dadas e gobernadas de un gran / señor, questaba en la parte donde / salía el sol, e del qual todos / los naturales dellas avian de rre-/-çibir muy grand benefiçio, e que / agora le paresçio que todo hera / conplido, como a el lo avia dicho / e revelado por secreto, e segund / las nuevas e grandezas del en-/-perador nuestro señor que dezia el / dicho don Hernando, en la parte donde / dezia que venya, quel beya que hera / el, el que lo abia de mandar e / gobernar todo e que supiese que / sabiendo esto, y esta çierto dello / el avia dado su señorio al dicho don / Hernando en nonbre de su magestad, / que les rrogaba todos que asy como / todos sus antepasados le abian / sydo leales vasallos, amygos e / vasallos, que asy lo fuesen ellos / en aver por byen lo qual avia fecho / por sy y en nonbre de todos, e / que ansy lo hiziesen ellos e que / toviesen al dicho don Hernando / en nombre de su magestad por señor, / e que obedeçiesen, e cunpliesen / sus mandamientos como los suyos / propios, e que syenpre le / fuesen leales vasallos, que el / les asegurava que avian de rreçebir / grandes byenes e probechos / del enperador, nuestro nuestro [sic] señor, / e del dicho don Hernando en su nonbre, e questo / e otras cosas muchas semejantes / a estas dixo el dicho Monteçuma e / a los dichos señores e prençipales que / alli estavan, que hera en mucha cantidad, / e que todos rrespondieron al dicho Monte-/-çuma e la mayor parte dellos que como / el lo mandava hera byen hecho, e que / asy ellos lo avian por byen, e que / daban la obidiençia a su magestad, e / se davan por sus vasallos, e asy / se dieron juntamente con el dicho / Monteçuma, e queste testigo cree que se / asento el dicho abto en forma como la / pregunta lo dize, porquel dicho don / Hernando syenpre traya el escrivano con-/-sygo para asentar las cosas que pasaban, / e que asy cree que se asento esta, / pues hera tan prençipal e de / tanto serviçio de Dios e de su magestad; / e questo sabe desta pregunta, / porque lo vido e se hallo presente a ello.

Francisco de Flores era natural de Medellín, como Cortés, y lo más probable es que saliera de España hacia Cuba en 1517. Participó en todas las campañas y luego se unió a Jorge de Alvarado en Guatemala. Más adelante fue regidor en México y obtuvo encomiendas en Iguala, Zoquitlán y otros pueblos zapotecas de los alrededores. Se casó con Francisca de la Cueva, natural de Úbeda. Su hijo instigó una Información de servicios en 1569 (AGI, Patronato, leg. 69, r. 7).

3. Xoan López de Ximena

Dixo que sabe e vido como se hizo la / junta de muchos señores por mando / del dicho Monteçuma, e que oyo dezir a la / lengua que hera cristiano y se llamaba / Aguilar, el rrazonamyento e pala-/-bras contenydo en la pregunta, e que / asy se lo dezia el dicho Monteçuma a los / dichos señores, e que asy bido que se a-/-sento por abto el dicho rrazonamiento e o-/-bidiençia e vasallaje que dize la pregunta / ante escrivano, de pedimiento del dicho Monte-/-çuma.

Xoan López de Ximena nació en Jimena, cerca de Jaén. Fue luego alcade mayor de Veracruz. Se casó con Francisca de Nava, con quien tuvo siete hijos. En su testimonio de 1546 afirmó que había sido él quien había descubierto a la famosa Marina, intérprete y amante de Cortés, en una ciudad en el río Grijalva.

4. Alonso de la Serna

Dixo que sabe lo conthe-/-nydo en la pregunta como la pregun-/-ta lo dize; preguntado como lo / sabe, dixo que porque este testigo bido / que el dicho Monteçuma hizo el / rrazonamyento conthenydo en la pre-/ -gunta a muchos prinçipales / e señores del pueblo e de pro-/-vinçias, a los quales dixo que / ya sabian como por sus coro-/-nyas y escripturas pasadas the-/-nyan de çierto que los avian de / venyr a mandar e governar unas / gentes barbudas e con vesti-/-duras, e que paresçe çierto / quel dicho don Hernando e los / que con el venyan que les / rrogavan todos que le / fuesen leales amygos e / vasallos, como sus padres / e abuelos lo avian sydo a los / suyos, e porque el avia deter-/-mynado de dar todo su señorio al / dicho don Hernando, que todos se / lo diesen asymysmo e lo oviese / por bien, porque el en nonbre de / su magestad, en cuyo nonbre / el dicho don Hernando les dezia que / venya, que syendo como hera tan / grand señor como el dicho don Her-/-nando dezia, quellos serian / muy bien tratados e honrrados / del e de los españoles, que / todos le obedeçiesen dende / en adelante porque el asy lo / avia de hazer e hazia, e les dixo / el dicho Monteçuma otras pa-/-labras muchas a esto semejantes, / e que los dichos señores e pren-/-çipales que alli estavan, / que heran en mucho numero, / dixeron e rrespondieron / que lo avian todo por bien, / e que harian e cunplirian lo quel / dicho señor Monteçuma les / mandava, e que asy todos / dieron la obidiençia a su magestad / e al dicho don Hernando en su nonbre / juntamente con el dicho Monte-/-çuma, e que este testigo no vido / si se asento lo susodicho por abto / de escrivano, pero que cree / se asentaria porquel dicho don / Hernando mandava asentar / las cosas semejantes que pa-/-savan con el dicho escribano conthe-/-nydo en la pregunta; e que esto / sabe e vydo.

Alonso de la Serna era hijo de Cristóbal de la Serna y Juana Ruiz de Canena, localidad que se encuentra entre Linares y Baena. Contrariamente a lo que dije en *Quién es quién*, viajó a Nueva España con Cortés y participó en todas las batallas. Estuvo presente cuando murió Moctezuma. Más adelante obtuvo la encomienda de Zumpaguacán y Zoquicingo, y también compartió la encomienda de Tlacotepec con Gaspar de Guernica. Su Información de servicios y méritos se hizo en Canena en 1534.

5. Juan Jaramillo

Dixo que este / testigo sabe e vido lo / contenydo en la pregunta, / e que este testigo se hallo / al rrazonamyento que el dicho / Monteçuma hizo a los dicho señores / e prençipales como la pregun-/-ta lo dize, e que asy die-/-ron la tierra e señorio della / a su magestad, e que este / testigo cree que asen-/-taria el avto porque las / mandava asentar quan-/-tas pasavan, pero que / este testigo no lo sabe.

Jaramillo era extremeño, probablemente de Villanueva de la Barcarrota. Su padre, Alonso Jaramillo, había ido a La Española, donde su tío Diego tenía una pequeña encomienda. Jaramillo pertenecía al círculo íntimo de amistades de Cortés y permaneció con él durante toda la campaña de México. Fue el jefe de la retaguardia en la ascensión hasta

Tenochtitlan en 1519. Participó luego en todas las batallas. Más adelante lo encontramos como alcalde de Segura de la Frontera (Tepeaca) y como alférez general de las tropas en Pánuco. Más adelante todavía alcanza el puesto de alcalde de México. Tenía su encomienda en Xilotepeque, que fue con mucho la encomienda más rica de todas las que otorgó Cortés, pues rendía no menos de diecisiete mil pesos al año. Se casó con Marina en 1524 y, tras su muerte, con Beatriz de Andrade, una de las hijas de Leonel de Cervantes. Su Información de servicios y méritos fue en 1532 (AGI, Patronato, leg. 54, n.º 8, r. 6).

6. Xoan de Cáceres

Dixo / que lo que sabe de la dicha pregunta es / que fue publico e notorio lo en la pregunta / contenydo, e que asy avia pasado como la / pregunta lo dize, e que este testigo no se / hallo presente al dicho rrazonamiento, / mas que muchos españoles que lo vieron / le dixeron a este testigo, e que el dicho Moteçuma avya dicho lo contenydo en la pregunta, / e que dixo mas que el se daba por esclabo / del emperador nuestro señor, e le daba toda / su tierra e ansy rrogo a los señores e pren-/ -çipales, que estaban presentes, que lo / toviesen por bien, e que obedeçiesen / e cumpliesen el mando del dicho don / Hernando en nonbre del emperador / nuestro señor, e que todos con aquerdo / del dicho Moteçuma asy lo hizieron, e / que el dicho escrivano, contenydo en la pregunta, / asento el dicho avto e que esto fue publico / e notorio.

Xoan de Cáceres era, como su nombre indica, de Cáceres. Fue a La Española en 1502 con Ovando, y allí participó en numerosas batallas, como por ejemplo en Jaragua y en Higuey. Recibió una encomienda en Naóyn y participó en diversas expediciones negreras para capturar esclavos en Lucayas (las Bahamas). Se trasladó a Cuba con Diego Velázquez y vivió en Puerto Príncipe. En México sirvió como ballestero a las órdenes de Alonso de Ávila y después como mayordomo para Cortés. Permaneció con Alvarado en Tenochtitlan cuando Cortés partió a enfrentarse a Narváez. Contó luego cómo había sido la muerte de Moctezuma. Era analfabeto. Se casó primero con Mari Hernández, que estuvo presente durante la campaña y también en el baile de la victoria, y luego con Catalina González. Era patrón del convento de Santo Domingo. Más adelante tuvo una encomienda en Maravitio.

7. Andrés de Tapia

Dixo que save lo contenido en la / pregunta como la pregunta lo / dize; preguntado como lo sabe, / dixo que porqueste testigo se hallo / presente al tienpo quel dicho / Monteçuma hizo el dicho rra-/-zonamiento a mucha gente / de los naturales, e que dezian que todos heran señores, e que / ansi como la pregunta lo dize / fue el dicho rrazonamiento segun / el ynterpetre que hera Aguilar / lo dixo e aclaro en lengua española, / e queste testigo entendia a la sazon / alguna cosa de la lengua, e por / rrazon de algunas palabras / que entendio del dicho rrazona-/-miento cree que fue ansi como el dicho yn-/-terprete lo dixo, e vido este testigo / quel dicho Monteçuma dio la obe-/-diençia e su señorio a su magestad con / las palabras contenidas en el pren-/-çipio de la pregunta, e ansy lo a / escrito el dicho escrivano por avto, e / vido que todos lo señores / e prencipales que alli esta-/-van presentes puesto en manera / de presyçion, otorgaron e con-/-cedieron lo quel dicho Monteçu-/-ma avia dicho, e cada uno por si se / dio por vasallo de su magestad de-/-ziendo al dicho don Hernando que ansi / como hasta alli abian tenido / e servido al dicho Monteçuma, / de alli en adelante ansi lo avian / de tener a el en nonbre de su / magestad, aquel señor quel dezia / que lo enbiaba, e todo esto dezia a / todos con muchas lagrimas, e an-/-sy lo a escrito el dicho escrivano, e des-/-pues de fecho esto, los dichos / prençipales y el dicho Monteçuma / por uno dellos fizieron al dicho / don Hernando rrazonamiento en el qual / dixeron que, pues ellos he-/-ran vasallos de su magestad, que les / avia dicho y sus en su nonbre que / le rrogavan que del fue-/-sen vien tratados e myrados / como cosa suya pues lo heran / desde alli, e que ellos le serian / leales myentras bibiesen; / e questo save desta pregunta porque lo vido.

Andrés de Tapia nació en León, probablemente hacia 1496. Parece ser, no obstante, que venía de una famlia bien establecida en Medellín. Fue siempre amigo íntimo de Cortés y al final de la campaña era probablemente el tercero o cuarto en la cadena de mando (tras Sandoval y Alvarado). Es posible que estuviera emparentado con Diego Velázquez de Cuéllar. Había sido paje de Diego Colón en Sevilla y éste le había sugerido que viajara a las Indias a hacer fortuna. Llegó a Santiago de Cuba en diciembre de 1518, pero se encontró con Cortés en La Habana. En México participó en todas las batallas. Fundó una sociedad de doce caballeros decididos a actuar y a luchar siguiendo las más nobles tradiciones de la caballería. En 1539 escribió una crónica de sus aventuras en Nueva España hasta la llegada de Narváez. Acompañó a Cortés a España tanto en 1528 como en 1539. También fue con él a California y a Argel. Fue justicia mayor y contador en México. Más adelante fue alcalde. Tuvo cinco encomiendas, ninguna de ellas demasiado rica.

II. Declaraciones publicadas

1. Hernán Cortés, carta de relación a Carlos V, segunda relación.

Pasados algunos pocos días después de la presión deste Cacamacin, el dicho Muteeçuma fizo llamamiento y congregación de todos los señores de las ciudades y tierras allí comarcanas. Y juntos, me invió a decir que subiese adonde él estaba con ellos. Y llegando yo, les habló en esta manera:

«Hermanos y amigos míos, ya sabéis que de mucho tiempo acá vosotros y vuestros padres y abuelos habéis sido y sois súbditos y vasallos de mis antecesores y míos. Y siempre dellos habéis sido muy bien tratados y honrados, y vosotros ansimismo habéis hecho lo que buenos y leales vasallos son obligados a sus naturales señores. Y también creo que de vuestros antecesores tenéis memoria cómo nosotros no somos naturales desta tierra, y que vinieron a ella de muy lejos tierra y los trajo un señor que en ella los dejó cuyos vasallos todos eran. El cual volvió dende a mucho tiempo y halló que nuestros abuelos estaban ya poblados y asentados en esta tierra y casados con las mujeres desta tierra y tenían mucha multiplicación de fijos, por manera que no quisieron volverse con él ni menos lo quisieron rescebir por señor de la tierra, y se volvió y dejó dicho que tornaría o inviaría con tal poder que los pudiese costriñir y atraer a su servicio. Y bien sabéis que siempre lo hemos esperado, y segúnd las cosas que el capitán nos ha dicho de aquel rey y señor que le invió acá y segúnd la parte de donde él dice que viene, tengo que cierto, y ansí lo debéis vosotros tener, que aquéste es el señor que esperábamos, en especial que nos dice que allá tenía noticia de nosotros. Y pues nuestros predecesores no hicieron lo que a su señor eran obligados, hagámoslo nosotros y demos gracias a nuestros dioses, porque en nuestros tiempos vino lo que tanto aquéllos esperaban. Y mucho os ruego, pues a todos os es notorio todo esto, que así como hasta aquí a mí me habéis tenido y obedescido por señor vuestro, de aquí adelante tengáis y obedezcáis a este grand rey pues él es vuestro natural señor, y en su lugar tengáis a éste su capitán. Y todos los atributos y servicios que fasta aquí a mí me hacíades los haced y dad a él, porque yo ansimismo tengo de contribuir y servir con todo lo que me mandare, y demás de facer lo que debéis y sois obligados, a mí me haréis en ello mucho placer.»

Lo cual todo les dijo llorando con las mayores lágrimas y sospiros que un hombre podía manifestar, y ansimismo todos aquellos señores que le estaban oyendo lloraban tanto que en grand rato no le pudieron responder. Y certifico a Vuestra Sacra Majestad que no había tal de los españoles que oyesen el razonamiento que no hobiese mucha compasión. Y después de algo sosegadas sus lágrimas, respondieron que ellos lo tenían por su señor y habían prometido de hacer todo lo que les mandase, y que por esto y por la razón que para ello les daba, que eran muy contentos de lo hacer, y que desde entonces para siempre ellos se daban por vasallos de Vuestra Alteza. Y desde allí todos juntos y cada uno por sí prometían y prometieron de hacer y cumplir todo aquello que con el real nombre de Vuestra Majestad les fuese mandado, como buenos y leales vasallos lo deben facer, y de acudir con todos los tributos y servicios que antes al dicho Muteeçuma hacían y eran obligados y con todo lo demás que les fuese mandado en nombre de Vuestra Alteza. Lo cual todo pasó ante un escribano público y lo asentó por abto en forma y yo le pedí ansí por testimonio en presencia de muchos españoles.

2. Bernal Díaz del Castillo, Capítulo CI.

Como el capitán Cortés vio que ya estaban presos aquellos reyecillos por mí nombrados, y todas las ciudades pacíficas, dijo a Montezuma que dos veces le había enviado a decir, antes que entrásemos en México, que quería dar tributo a su majestad, y que pues ya había entendido el gran poder de nuestro rey y señor, e que de muchas tierras le dan parias y tributos, y le son sujetos muy grandes reyes, que será bien que él y todos sus vasallos le den la obediencia, porque ansí se tiene por costumbre, que primero se da la obediencia que den las parias e tributo. Y el Montezuma dijo que juntaría sus vasallos e hablaría sobre ello; y en diez días se juntaron todos los más caciques de aquella comarca, y no vino *aquel* cacique pariente muy cercano del Montezuma, que ya hemos dicho que decían que era muy esforzado; y en la presencia y cuerpo y miembros se le parecía *bien*: era algo atronado, y en aquella sazón estaba en un pueblo suyo que se decía Tula; y a este cacique, según decían, le venía el reino de México después de Montezuma. Y como le llamaron, envió a decir que no quería venir ni dar tributo; que aun con lo que tiene de sus provincias no se puede sustentar: de la cual respuesta hubo enojo de Montezuma, y luego envió ciertos capitanes para que le prendiesen; como era gran señor y muy emparentado, tuvo aviso dello y metióse en su provincia, donde no le pudo haber por entonces. Y dejarlo he aquí, y diré que en la plática que tuvo el Montezuma con todos los caciques de toda la tierra que había enviado a llamar, que después que les había hecho un parlamento sin estar Cortés ni ninguno de nosotros delante, salvo Orteguilla el paje, dicen que les dijo que mirasen que de muchos años pasados sabían por muy cierto, por lo que sus antepasados les habían dicho, e así lo tiene señalado en sus libros de cosas de memorias, que de donde sale el sol habían de venir gentes que habían de señorear estas tierras, y que se había de acabar en aquella sazón el señorío y reino de los mexicanos; y que él tiene entendido, por lo que sus dioses le han dicho, que somos nosotros; e que se lo han preguntado a su Huichilobos los papas que lo declaren, y sobre ello les hacen sacrificios y no quiere responderles como suele; y lo que más les da a entender el Huichilobos es, que lo que les ha dicho otras veces, aquello da ahora por respuesta, e que no le pregunten más; así, que bien da a entender que demos la obediencia al rey de Castilla, cuyos vasallos dicen estos teules que son; y porque al presente no va nada en ello, y el tiempo andando veremos si tenemos otra mejor respuesta de nuestros dioses, y como viéremos el tiempo, así haremos. Lo que yo os mando y ruego, que todos de buena voluntad al presente se la demos, y contribuyamos con alguna señal de vasallaje, que presto os diré lo que más nos convenga; y porque ahora soy importunado de Malinche a ello, ninguno lo rehúse; e mirad que en dieciocho años que ha que soy vuestro señor, siempre me habéis sido muy leales, e yo os he enriquecido, e ensanchado vuestras tierras, e os he dado mandos e haciendas; e si ahora al presente nuestros dioses permiten que yo esté aquí detenido, no lo estuviera, sino que ya os he dicho muchas veces que mi gran Huichilobos me lo ha mandado. Y desque oyeron este razonamiento, todos dieron por respuesta que harían lo que mandase, y con muchas lágrimas y suspiros, y el Montezuma mucha más; y luego envió a decir con un principal que para otro día daría la obediencia y vasallaje a su majestad. Después Montezuma tornó a hablar con sus caciques sobre el caso, estando Cortés delante, e nuestros capitanes y muchos soldados, y Pedro Fernández, secretario de Cortés; e dieron la obediencia a su majestad, y con mucha tristeza que mostraron; y el Montezuma no pudo sostener las lágrimas; e queríamoslo tanto e de buenas entrañas, que a nosotros de verle llorar se nos enternecieron los ojos, y soldado hubo que lloraba tanto como Montezuma: tanto era el amor que le teníamos. Y dejarlo he aquí, y diré que siempre Cortés y el fraile de la Merced, que era bien entendido, estaban en los palacios de Montezuma por alegrarle, atrayéndole a que dejase sus ídolos; y pasaré adelante.

APÉNDICE II

Entre los expedicionarios que acompañaban a Cortés se encontraba Juan Garrido, un negro libre o un bereber que había luchado en varias campañas del Caribe, como, por ejemplo, la expedición de Ponce de León a Florida y Puerto Rico o la de Velázquez a Cuba. En Nueva España tenía una granja donde fue el primero que plantó trigo en el Nuevo Mundo. Publico este documento fascinante porque es típico de la época, y Garrido estuvo en tantas campañas. [El texto es como sigue: sin acentos y sin la puntuación actual.]

//Ynformazion a pedimiento de Juan Garrido, de color / negro.

// Provanza / de Joan Garrido.

/ En la grand çibdad de Mexico d'esta Nueba España, / veynte e siete dias del mes de septienbre año del / Señor de mill e quinientos e treynta e ocho años, antel / señor Hernando Perez de Bocanegra, alcalde en esta dicha çibdad / por Su Magestad, e en presençia de mi, Martin de Castro, escrivano publico / d'ella, pareşçio Juan Garrido, de color negro, vezino d'esta / dicha çibdad, e presento un escripto de pedimiento con un yn-/-terrogatorio de preguntas, ques este que sigue.

// Muy noble señor / Juan Garrido, de color negro, vezino d'esta çibdad, paresco ante vuestra / merçed e digo que yo tengo nesçesidad de haser una provança/ a *perpetuam rey memoria* de como e servydo a / Su Magestad en la conquista e pasificaçion d'esta / Nueba España dende que paso a ella el marques del / Valle, y en su compañia y me halle presente a todas / las entradas e conquistas e paçificaçiones que se an / hecho syenpre con el dicho marques, todo lo qual e hecho / a mi costa syn me dar salario, ni repartimiento de yndios, / ni con otra cosa, syendo como soy casado e bezino d'esta çibdad e que / syenpre e resedido en ella, y asimismo fue e pase / a descobrir con el marques del Balle las yslas questan / d'esa parte de la Mar del Sur, donde pase muchas hanbres / e nesçesydades, y asimysmo fue a descobrir e paçificar / a las yslas de San Juan de Borinquen de Puerto Rico, / y simismo fue en la pasyficaçion e conquista / de la ysla de Cuba con el adelantado Diego Velazquez, / en todo lo cual a treynta años que yo e servido e / syrvo a Su Magestad. Por ende a Vuestra Merçed pido que, abida / ynformaçion de lo susodicho e de como yo fue el primero que / hizo la yspiriença en esta Nueba España para senbrar / trigo e ver si se dava en ella, lo qual hize y espirimente / todo a mi costa, y asi hecha la dicha ynformaçion / Vuestra Merçed me la mande dar cyrrada e sellada, en la / qual ponga su autoridad e decreto judiçial / para que yo la presente ante Su Magestad o ante quien / e con derecho deba, para que le coste de mis serviçios e de las / pocas merçedes que sus governadores me an hecho, aviendo // servido como e servido, y sobre todo pido cunplimiento / de justiçia.

/ Otrosi pido que a los testigos que presetare sean / esaminados por estas preguntas.

/ Primeramente sean preguntados sy conoscen a mi, el dicho / Juan Garrido, e de que tanto tienpo aca.

/ Yten sy saben etc. que puede aver veynte / e ocho años poco mas o menos que yo pase / a la ysla Española de los reynos de Castilla, / syendo libre e horro, e fue a descobrir con Juan Ponçe / de Leon a la ysla de San Juan, e de alli fuemos a la ysla / de Guadalupe, e a la Dominica, e otras yslas, y en todas / peleamos con los caribes e paçyficamos la ysla / de San Juan, e despues d'esto fue con el dicho Juan Ponçe / a descobrir a la ysla de la Florida, en todo lo qual / trabaje muy bien e servi a Su Magestad con mi persona e a / mi costa.

/ Yten sy saben, etc. que asimismo me halle en la con-/-quista de la ysla de Cuba, e trabaje en ella con mi / persona e a mi costa hasta que se paçyfico, con el / adelantado Diego Belazques.

/ Yten si saben, etc. que yo pase a esta Nueba España / en compañia del marques del Valle, don Hernando Cortes, / y estuve con el syenpre hasta que se conquisto / e paçifico toda la tierra, e me halle y estuve / presente en la conquista de Tascala hasta tanto / que se dieron de paz.

// Yten sy saben que despues de paçificada la provincia de Taxcala / el dicho marques se vino a esta çibdad de Mexico, y estando / en ella los naturales de la tierra hecharon d'ella al dicho mar-/-ques y españoles que con el estavan, y le mataron mucha / gente.

/ Yten sy saben que despues el dicho Juan Garrido tomo con el / dicho marques sobre esta dicha çibdad, e syrvio en la con-/-quista y toma d'ella hasta tanto que se acabo de / conquistar e paçificar, en que paso muchos trabajos.

/ Yten sy saben que despues aca el dicho Juan Garrido a / estado, bibido e resydido en esta dicha çibdad / e Nueva España como vezino d'ella.

/ Yten sy saben, etc. que despues de todo esto yo / fui con el marques del Valle a la Mar del Sur a / descobrir, y estuve con el dicho marques en una ysla, / en la qual tuvimos muchos trabajos, hanbres / y guerras, y estuvimos a puntos de (palabra ilegible por borrón) / por la dicha hanbre que padeçimos, y es publico / e notorio.

/ Yten sy saben, etc. questando en Cuyuacan / yo fuy el primero que senbro trigo y otras cosas, / por razon de lo qual e por aver hecho esta es-/-pirençia, vino gran bien a esta tierra, porque yo / fuy prinzipio para que senbrase trigo con que / esta tierra se sustenta, e ansy es publico e no-/-torio.

/ Yten sy saben, etc. que nunca el marques ni otro governa-/-dor de los que despues d'el an sydo, me an dado / ni gratificado cosa ninguna, a mi ni a ninguno, / por lo qual padeçemos mucha neçesydad.

/ Yten sean hechas las otras preguntas.

// E presentado el dicho señor adelantado al dicho / Juan Garrido presente los testigos que quisiere, los / quales mandase tomen e resçiban.

/ Y el dicho Juan Garrido presento los testigos de / suso contenidos, de los quales se res-/-çibio juramento en forma, e aviendo pro-/-metido de desir la verdad dixeron lo siguiente.

// El dicho Pedro de Bargas Pertiguero, vezino d'esta çibdad de Mexico, / testigo presentado en la dicha razon, juro segund derecho, e syendo preguntado / por las preguntas del dicho ynterrogatorio, dixo lo syguiente:

/ A la primera pregunta dixo que conosçe al dicho Juan Garrido de quin-/-ze años a esta parte poco mas o menos.

/ A la segunda pregunta dixo que oyo desir lo contenido en la pregunta en la ysla / Española en el tienpo contenido en la pregunta, e que asy hera publico / quel dicho Juan Garrido avra hecho lo contenido en la pregunta.

/ A la terçera pregunta dixo que oyo desir lo contenido en la dicha pregunta / en la ysla de La Habana a muchas personas, como el dicho Juan / Garrido avia hecho lo contenido en la pregunta.

/ A la quarta pregunta dixo que no la sabe mas de avello oydo desir / a muchas personas, como el dicho Juan Garrido se avia hallado / en la conquista contenida en la pregunta, e asy fue publico.

/ A la quinta pregunta dixo que no la sabe porque este testigo no se hallo [la última palabra está emborronada].

/ A la sesta pregunta dixo que oyo desir lo contenido en la pregunta en esta çibdad a muchas / personas, e que asy paso como en la pregunta se contiene.

/ A la setima pregunta dixo que la sabe como en ella se contiene, porque asy / lo ha visto este testigo estar en esta çibdad el e su muger, e asy / es publico e notorio.

/ A la octava pregunta dixo que la sabe como en ella se contiene, porqueste / testigo lo vido yr con el dicho marques, e despues le vido bolber, / e fue muy publico e notorio que en la dicha yda tubieron mucho / trabajo e hanbre, e padeçieron mucha nesçesidad.

/ A la novena pregunta dixo que la sabe como en ella se contiene, porqueste / testigo lo vido com en ella se contiene e comio del dicho trigo, / e que por aver hecho el dicho Juan Garrido lo susodicho es / dino que se le gratifique, porque del aquel prinzipio / ay la abundanzia que ay el dia de oy de trigo.

/ A la dezima pregunta dixo que la sabe como en ella se contiene; preguntado como / la sabe, dixo que porque este testigo ha visto a los governadores / que an sydo en esta Nueva España y en las yslas del / mar Oçeano, e que nunca ha visto ni oydo desir que / por razon de lo quel dicho Juan Garrido ha servido a Su Magestad / en estas partes se le gaya dado cosa ninguna, antes / este testigo ha visto quel dicho Juan Garrido ha procurado / bivir de su trabajo e grangerias para sustenta-/-çion suya e de su muger, e questo sabe d'esta pregunta, e que / dize lo que dicho tiene en que se afirma, e ques la verdad para / el juramento que hizo, e firmolo de su nonbre / Pedro de Vargas. [Rúbrica.]

/ El dicho Françisco Galindo, testigo presentado en la dicha razon, / juro segun derecho, e syendo preguntado por las preguntas del / dicho ynterrogatorio, dixo lo syguiente:

/ A la primera pregunta dixo que conosçe al dicho Juan Garrido de veynte / e çinco años a esta parte poco mas o menos.

/ A la segunda pregunta dixo que la sabe como en ella se contiene, eçebto que no vido este testigo lo de La Florida porqueste testigo no se hallo / en ello, e que lo demas que lo sabe porqueste testigo fue asymismo / en la dicha conquista de lo susodicho, e vido yr en ello al / dicho Juan Garrido.

/ A la terçera pregunta dixo que sabe este testigo que paso en la dicha ysla, / e que asy fue publico e notorio.

/ A la quarta pregunta dixo que quando este testigo vino a esta / Nueva España con Gonzalo de Ovalle, que vino despues quel dicho / marques, hallo en la tierra al dicho Juan Garrido, e que oyo desir / a muchas personas quel dicho Juan Garrido vino con el dicho marques / e se hallo en lo contenido en la pregunta.

/ A la quinta pregunta dixo que oyo desir lo contenido en la dicha pregunta / a muchas personas publicamente, e asy hera publico e notorio, e queste / testigo no lo sabe porque no hera venido a la tierra a la sazon.

/ A la sesta pregunta dixo que oyo desir lo contenido en esta pregunta publicamente / a muchas personas, e asy hera publico e notorio / e queste testigo no lo / sabe porque no hera venido a la tierra.

/ A la setima pregunta dixo que la sabe como en ella se contiene, porqueste / testigo le ha visto estar e resydir en ella con su casa, muger e / hijos.

/ A la otava pregunta dixo que oyo desir este testigo lo contenido en esta pregunta, / e que asymismo lo vido este testigo yr e partir de Colima / con el dicho marques a la dicha jornada, e que asy fue publico e / notorio que padeçieros muchas nesçesydades e tra-/-bajos.

/ A la novena pregunta dixo que al tienpo quel dicho trigo se / senbro en Cuyoacan este testigo llego alli, e oyo desir publica-/-mente quel dicho Juan Garrido lo avia senbrado, e que sabe / que fue el primero que se senbro en esta tierra, e que por ello / ha benido mucho provecho a la tierra, porque den-/-de entonçes ha avido mucho abasto de pan, e que / por ello mereçe que le sea gratificado lo susodicho.

/ A la dezima pregunta dixo que sabe quel dicho Juan Garrido / no ha tenido yndios ningunos ni le han dado / ninguna cosa de que aya sydo aprovechado, por lo qual / sabe e vee que padeçe nesçesidad, e questo sabe / d'esta pregunta e ques la verdad todo lo susodicho, e afir-/ -mose en ello, e no firmo de su nonbre porque no sabia escrevir.

// El dicho Juan Gonçales de Leon, testigo presentado en la dicha razon, juro segund derecho, / e syendo preguntado por las preguntas del dicho ynterrogatorio, dixo lo syguiente:

/ A la primera pregunta dixo que conosçe al dicho Juan Garrido de veynte e syete / o veynte e ocho años a esta parte.

/ A la segunda pregunta dixo que la sabe como en ella se contiene, porqueste testigo / fue en la dicha armada a la dicha ysla de San Juan el tienpo contenido en la ysla, / e vido yr en ella al dicho Juan Garrido e servir en la dicha conquista / como los demas conquistadores, e queste testigo lo tenia en-/-tonçes e al presente lo tiene por horro, e que asimismo es-/-te testigo vido yr al dicho Juan Garrido con el dicho Juan Ponçe a la / dicha Florida.

/ A la terçera pregunta dixo que la sabe como en ella se contiene; preguntado como la sabe, / dixo que porqueste testigo lo vido pasar a la dicha ysla de Cuba quando / el dicho Diego Velasquez paso a ella a la conquista, y este testigo se hallo / en la dicha conquista e vido que trabajo el dicho Juan Garrido en ella / todo lo que pudo hasta que se pazifico.

/ A la quarta pregunta dixo que lo que d'esta pregunta sabe es queste testigo vido al dicho Juan / Garrido en esta Nueva España treze o catorze años ha, e que le / vido en la conquista e paçificaçion d'esta çibdad de Mexico has-/-ta tanto que se gano, e le ha visto yr a otras guerras y entradas, / e le ha visto trabajar todo lo que ha podido e sus capitanes / le mandavan.

/ A la quinta pregunta dixo que dize lo que dicho tiene en la pregunta antes d'esta.

/ A la sesta pregunta dixo que dize lo que dicho tiene en la quarta pregunta.

/ A la setima pregunta dexo que la sabe como en ella se contiene, porqueste testigo los / vido casar, e despues aca syenpre lo ha visto casado e estar / en esta çibdad con su muger.

/ A la otava pregunta dixo que asy es publico e notorio lo contenido en la pregunta, e queste / testigo vido yr al dicho Juan Garrido e despues lo vido tornar, e que ha / oydo desir a todos los que de alli vinieron que padeçieron / mucho trabajo de hanbre e guerras, e que muchos perezieron / de hanbre.

/ A la novena pregunta dixo que la sabe como en ella se contiene; preguntado como / la sabe, dixo que porqueste testigo vido senbrar al dicho Juan Garrido / dos granos de trigo, de donde ay todo quanto trigo ay / en esta Nueba España, e que asymismo este testigo le vido senbrar / otras ortalizas de que vino mucho provecho a muchos / españoles, e que por este es dino que Su Magestad le haga muchas / merçedes.

/ A la deçima pregunta dixo que la sabe como en ella se contiene, porqueste / testigo le conosçe despues que se gano esta çibdad, e que / nunca ha visto que le ayan dado yndios ningunos de / repartimiento, ni corregimiento, ni otro provecho ninguno, por-/-que si se lo obieran dado este testigo lo viera e supiera del dicho / Juan Garrido, por tener mucha conversaçion con el, e questa / es la verdad de lo que sabe, e que sabe que ha padeçido / e padeçe nesçesidad, e que se ha mantenido e mantiene / de su sudor, e firmolo de su nombre, Juan Gonçales de Leon. [Rúbrica.]

/ El dicho Alonso Martin de Xeres, testigo presentado en la dicha razon / por el dicho Juan Garrido, juro segund derecho, e syendo / preguntado por las preguntas del dicho ynterrogatorio, / dixo lo syguiente:

/ A la primera pregunta dixo que conosçe al dicho Juan Garrido de / veynte años a esta parte poco mas o menos.

/ A la segunda pregunta dixo que lo que d'esta pregunta sabe, / es que puede aver diez y syete años poco mas o menos / quel capitan Juan Ponçe de Leon hizo un armada para / La Florida, en la qual fue este testigo y en ella vido yr al dicho / Juan Garrido, e fueron a la dicha ysla de La Florida / a la conquistar e paçificar, en la qual se hallo el / dicho Juan Garrido, e vido que sirbio a Su Magestad en la dicha entrada / e padeçio muchos trabajos de sed e hanbre, e que / este testigo lo tuvo e ha tenido por horro e por tel es abido e tenido, / e que sabe que en todo hazia lo que su capitan le mandava.

/ A la terçera pregunta dixo que no la sabe porqueste testigo no se hallo / en la dicha conquista.

/ A la quarta pregunta dixo que lo que d'esta pregunta sabe, es / que este testigo lo vido e se hallo el dicho Juan Garrido en la / toma d'esta çibdad con el dicho marques, en la que syrbio muy bien / a Su Magestad, e trabajo en ella todo lo que pudo, haziendo / todo lo que su capitan le mandava, e que lo sabe por-/-que se hallo asymismo en la dicha toma e vio lo contenido en la pregunta, / e asymismo porque vino en conpañia d'este testigo el dicho / Juan Garrido a esta Nueva España, e que lo demas no sabe.

/ A la quinta pregunta dixo que dize lo que dicho tiene / en la quarta pregunta.

/ A la sesta pregunta dixo que la sabe como en ella se contiene; preguntado como / la sabe, dixo que porque lo vido e se hallo presente / a ello.

/ A la setima pregunta dixo que sabe quel dicho Juan Garrido es / casado, e a estado e resydido y al presente esta e resyde / en esta çibdad con su muger e hijos.

/ A la otava pregunta dixo que la sabe como en ella se contiene; preguntado / como la sabe, dixo que porqueste testigo fue con el dicho / marques e estuvo en todo ello, en lo qual se pasaron / los trabajos e hanbre en la pregunta contenidos.

/ A la novena pregunta dixo que la sabe como en ella se contiene; preguntado / como la sabe, dixo que porqueste testigo le vido senbrar dos granos / de trigo en una huerta quel dicho Juan Garrido tenia, e asy-/-mismo senbraba otras semillas de Castilla, e que / de los dichos dos granos de trigo se cojo çiento e sesenta / espigas, donde fue prençipio que se senbrase trigo, por / lo qual vino mucho provecho a esta çibdad, e por ello / hera dino que se lo remunerase Su Magestad al dicho / Juan Garrido, porquel fue el primero que lo senbro e cojo en esta / Nueva España como dicho tiene.

// A la dezima pregunta dixo que la sabe como en ella se contiene, porqueste / testigo conosçe e ha conosçido al dicho Juan Garrido despues questa / en esta tierra, e nunca havisto que le ayan dado cosa de que se / aya aprovechado, e que vee que padeçe mucha nesçesydad / el, e su muger, e ijos, e que vee que se sustenta de su / sudor e trabajo, porque sy otra cosa fuera este testigo lo / viera e supiera, porque se tratan e comunican mucho tienpo / ha, e no pudiera ser menos syno que lo supiera, e questa es / la verdad e lo que d'este caso sabe para el juramento que hizo, e a-/-firmose en ello, e firmolo de su nonbre, Alonso Martin de Xere. [Rúbrica].

/ El dicho Rodrigo de Salbatierra, testigo presentado en la dicha razon juro / segund derecho, e syendo preguntado por las preguntas del / dicho ynterrogatorio, dixo lo syguiente:

/ A la primera pregunta dixo que conosçe al dicho Juan Garrido de mas / de veynte e un años a esta parte poco mas o menos.

/ A la segunda pregunta dixo que lo que d'esta pregunta sabe, es que este / testigo vio al dicho Juan Garrido en la conquista e paçifica-/-çion de la ysla de Guadalupe, que fue con el capitan / Juan Ponçe, e de alli sabe que fue a conquistar e pa-/-çificar otras yslas questan junto de la dicha ysla de San Juan, / en lo qual el dicho Juan Garrido syrvio muy bien a Su Magestad / en todo lo que podia e sus capitanes le mandavan, / e lo demas en la pregunta contenido que no lo sabe.

/ A la terçera pregunta dixo que no la sabe, porque no se hallo en la dicha / conquista.

/ A la quarta pregunta dixo que ha oydo desir quel dicho Juan Garrido paso con el mar-/-ques del Valle a esta Nueva España, e que despues de aver venido / el marques a esta tierra, antes que se ganase esta çibdad, vino / este testigo e hallo en la toma d'esta çibdad al dicho Juan Garrido, / e que lo demas que no lo sabe.

// A la quinta pregunta dixo que no la sabe, porque estonçes hera la / primera ves que se gano, e aun no hera venido este testigo.

/ A la sesta pregunta dixo que la sabe como en ella se contiene, porqueste / testigo estuvo en la conquista e toma d'esta dicha çibdad, e vido / servir en ella al dicho Juan Garrido en todo lo que sus capitanes le / mandavan, en lo qual paso mucho trabajo.

/ A la setima pregunta dixo que sabe quel dicho Juan Garrido es casado / en esta çibdad, e tiene en ella su muger e hijos, e ha estado / e resydido en ella mucho tienpo.

/ A la octava pregunta dixo que lo contenido en la pregunta es muy publico / e notorio en esta çibdad quel dicho Juan Garrido fue con el dicho / marques, e que en la dicha pasaron muchos trabajos / e nesçesidades, porque a sydo notorio e asy lo ha oydo desir / a muchas personas publicamente.

/ A la novena pregunta dixo que estando en Cuyoacan este testigo vido / en una huerta quel dicho Juan Garrido tenia de çiertas verduras / de Castilla senbrados dos matillas de trigo, / lo qual dezian quel dicho Juan Garrido lo avia senbrado, / e asy hera publico e notorio, e que despues de cojo e torno a senbrar, / e d'ello ha avido todo el trigo que ay en esta Nueva / España, por lo qual e por ser el primero que senbro trigo / el dicho Juan Garrido meresçe que Su Magestad le haga merçedes, porque / por ello ha venido e viene mucho bien e provecho a la / tierra.

/ A la deçima pregunta dixo queste testigo conosçe al dicho Juan / Garrido despues que se gano esta tierra e antes, e que / nunca en este tienpo ha visto que le ayan gra-/-tificado sus serviçios, e que vee que padeçe nesçesidad / por no le aver dado cosa de donde se aprovechase, e que / vee que se mantiene el e su muger de sus trabajo e sudor, / porque si otra cosa fuera este testigo lo supiera por se comunicar / con el, e no pudiera ser menos, e questa es la verdad e afirmose / en ello, e firmolo de su nombre, Rodrigo Salbatierra. [Rúbrica.]

// El dicho bachiller Alonso Perez, vezino d'esta çibdad, testigo presentado en la dicha razon, juro / segund derecho, e syendo preguntado por las preguntas / del dicho ynterrogatorio, dixo lo syguiente:

/ A la primera pregunta dixo que conosçe este testigo al dicho Juan Garrido de / mas de quinze años a esta parte, e que le conosçio en esta Nue-/-va España estando sobre esta çibdad don Hernando Cortes al tienpo que se con-/-quisto.

/ A la segunda pregunta dixo que no la sabe mas de avello oydo desir.

/ A la terçera pregunta dixo que no la sabe mas de avello oydo desir.

/ A la quarta pregunta dixo este testigo que estando sobre esta çibdad / el marques del Valle, en la calçada de Acachinago vido / como el dicho Juan Garrido andava syrviendo / en lo que le mandava, velando e yendo a los lugares que / mandavan como los otros conquistadores hazian, / e questo vido este testigo, y syempre lo tuvo por conquistador / al dicho Juan Garrido, e bido mas este testigo estando en Cuyoacan como / el dicho Juan Garrido tenia una huerta donde tenia mu-/-chas verduras de Castilla, e le vido en la dicha huerta çiertas / macollas de trigo, e fue el primer trigo naçido queste / testigo vido en la tierra, e syenpre este testigo ha visto quel dicho Juan Garrido / ha bivido bien puesto ques negro e a sydo honbre paçifico, / obedeçiendo los mandos de la justiçia, e despues vido / este testigo como el dicho Juan Garrido fue d'esta çibdad con / el marques del Valle a las yslas que descubrio, e bolvio / perdido a esta çibdad, e questo sabe.

/ A la quinta pregunta dixo que no la sabe e que se refiere / a la pregunta antes d'esta.

/ A la sesta pregunta dixo que no la sabe mas de avello oydo desir, / e que se refiere a lo que tiene dicho.

/ A la setima pregunta dixo que sabe este testigo quel dicho Juan Garrido es casado / en esta çibdad e tiene su muger en ella.

/ A la octava pregunta dixo que dize lo que dicho tiene en la quarta pregunta.

/ A la novena pregunta dixo que dize lo que dicho tiene en la quarta pregunta.

/ A la dezima pregunta dixo que nunca le conoszio yndios / de repartimiento al dicho Juan Garrido, ni ha visto que le ayan / dado cosa de que aya sydo aprovechado, syno / que vee que sienpre ha bivido e bive de su trabajo, e ques-/-ta es la verdad, e afirmose en ello, e firmolo de su nombre, / el bachiller / Alonso Perez. [Rúbrica.]

/ El dicho Alonso d'Escobar, testigo presentado en la dicha razon por el / dicho Juan Garrido, juro segund derecho, e syendo preguntado / por las preguntas del dicho ynterrogatorio, dixo lo syguiente:

/ A la primera pregunta dixo que conosçe al dicho Juan Garrido de treynta / años a esta parte poco mas o menos.

/ A la segunda pregunta dixo que lo que d'ella sabe es que / puede aver el tienpo contenido en la pregunta queste testigo vido quel dicho Juan Ga-/-rrido paso de los reynos de Castilla a la ysla Española / por horro e libre, e que lo demás contenido en la pregunta este testigo lo oyo desir a muchas / personas, que el dicho Juan Garrido lo avia asy hecho como en la / pregunta se contiene.

/ A la terçera pregunta dixo que oyo desir lo contenido en la pregunta a personas que no / se acuerda.

/ A la quarta pregunta dixo que la sabe de avello oydo / desir a personas que no se acuerda de sus nonbres.

/ A la quinta pregunta dixo que no la sabe mas de avello oydo / desir a personas que se hallaron presentes a la dicha conquista.

/ Ala sesta pregunta dixo que no la sabe mas de avello oydo desir a per-/-sonas que se hallaron en la dicha conquista.

/ A la setima pregunta dixo que sabe y es verdad quel dicho Juan Garrido / es casado, e tiene en esta çibdad su casa e muger.

/ A la octava pregunta dixo que lo oyo desir lo contenido en la pregunta, por-/-que se hallaron con el dicho marques en la dicha çibdad.

/ A la novena pregunta dixo que este testigo ha oydo desir publicamente / en esta çibdad a muchas personas, como el dicho Juan Garrido / fue el primero que senbro trigo en esta tierra, e que por razon / d'ello ha venido a esta Nueva España mucho bien, porque / por ello se ha sustentado e sustenta, e ques dino e / mereçedor el dicho Juan Garrido que se le hagan merçedes / por la yndustria que tuvo en lo senbrar el dicho / trigo, de donde redunda y ay todo lo que / al presente ay en esta Nueva España.

/ A la deçima pregunta dixo que nunca este testigo [palabra con borrón] / ni ha visto quel dicho marques ni governadores que han sydo en esta / Nueva España, le ayan dado al dicho Juan Garrido ninguna / cosa en reconpensa de lo que dicho es, antes bee este testigo quel / dicho Juan Garrido padeçe nesçesidad e pobreza, e questo es / lo que sabe d'este caso para el juramento que hizo, e firmolo / de su nombre, Alonso d'Escobar. [Rúbrica.]

[Siguen formalidades.]

AGI, México, legajo 204, n.º 3.

APÉNDICE III

Discurso ante las Cortes de marzo de 1520 en Santiago de Compostela, pronunciado por Pedro Ruiz de la Mota, en aquel momento obispo de Badajoz. Ruiz de la Mota procedía de una familia de conversos de Burgos, vinculados a los Santa María. Viajó a los Países Bajos en 1509, donde se convirtió en preceptor del nuevo rey Carlos I de España y V de Alemania. Entre 1516 y 1520 gozó de una inmensa influencia sobre el rey y fue probablemente él quien insistió en que Carlos debía ser proclamado rey de España en 1516. Su hermano era procurador por Burgos en las Cortes y uno de sus sobrinos era Gerónimo Ruiz de la Mota, que estuvo con Cortés durante las últimas fases del asedio a México-Tenochtitlan. Luego se convirtió en obispo de Palencia, donde todavía pueden verse sus iniciales en el retablo. La importancia de este discurso se menciona en los capítulos 35 y 37, y el papel del obispo se discute ampliamente en los capítulos 24 y siguientes. Murió en 1522.

Este dicho dia en la tarde todos los dichos procuradores, ecebto los de Salamanca, que no vinyeron a usar del dicho poder que asi les habia sido enviado por la dicha çibdad, fueron a palacio, donde S. M. salió a los hablar a una sala, donde sentado en su silla Real, el dicho señor obispo de Badajoz en su presencia, los hizo una habla por mandado del Rey, nuestro Señor, y en su nombre, que es la siguiente:

Las cosas que los onbres aman deseanlas ver, y quando las veen han placer de verlas, y porque los Reynos e Reyes representan una sola persona, el Reyno, el cuerpo, y el Rey, la cabeça dél, han de amar a los Reynos los Reyes como a sy mismos, y el Rey que esto no hace, ny puede ny debe tener nonbre de Rey: siendo, pues, el Rey nuestro señor, mas Rey que otro; mas Rey, por que tiene mas y mayores Reynos que otros; mas Rey, por que él solo en la tierra es Rey de Reyes; mas Rey, por que es mas natural Rey, pues es no solo Rey e fijo de Reyes, mas nieto y subcesor de setenta y tantos Reyes, y asi ama a sus Reynos como a sy mismo, y considerando que este Reyno es el fundamento, el anparo, e la fuerza de todos los otros, a este a amado, e ama mas que a todos, y asi lo deseaba ver; y para satisfacer a este deseo, con tierna hedad, con tienpo sosechoso, dexó la tierra donde nasció y se crió, tierra tal, que no se puede asaz loar, y pasó la mar, y cuando vos vió Valladolid, como quien deseaba ver lo que amaba, ovo placer de veros, y tubo razon, por que vuestra presencia no disminuyó nada de vuestra fama; vió e conosció en vosotros amor, obediencia y acatamiento, y visto el alegría y suntuosidad con que le resciuystes, y la liberalidad y presteza con que le seruistes, quedó tan obligado y satisfecho, que determynó vivir e morir en estos Reynos, en la cual determinacion está e estará mientras viviere, e asi aprendió vuestra lengua, vestió vuestro hábito tomando vuestro gentiles ejercicios de caballeria, y aunque quisiera luego visitar, consolar e alegrar con su persona Real todas vuestras cibdades, no dió a ello lugar la nescesidad que de su presencia tovieron los Reynos de Aragon, por manera que vino a este Reyno por voluntad, y parte dél con nescesidad e displacer como aquel que se aparta de lo que mucho ama y estima; vuelto agora a estos Reynos quisiera visitarlos y verlos particularmente por satisfacer a su deseo y a su deuda, pero por que los tienpos han traido tales nescesidades, que sin destruyçion de las cosas de su Estado no puede ser, ha os mandado llamar a todos que meritamente representais todo el Reyno, para que lo que no ha podido hazer por partes haga en el todo, que soys vosotros, y asi ha deseado veros y huelga en veros, pero no vée en vuestros rostros aquella alegria y biveza con que lo resciuystes, ni siente en vuestras personas aquel regocijo que suele tener el contentamiento, y este silencio paresce mas de tristeza que de atencion; crée que sea la causa desto que su partida os es tan grave como fué alegria su bien aventurada venida, que no se puede mas encarescer, por que os paresce quel dia, con la ausencia de S. M., es vuelto noche, y que durará tanto cuanto su ausencia durare, que como sea la lunbre de todos, todo el tienpo que fuere ausente os paresce que vivireis en tinyebras, págaos este dolor S. M. con serle tan grave partirse de vosotros, como partirse de sy mismo, mas como los juicios de Dios sean ocultos y muy apartados de nuestras enpresas, sale muchas veces lexos de nuestra yntencion el fin de nuestras diligencias. Muerto el enperador Maximiliano, dias de ynmortal memoria, ovo gran contienda en la eleccion del Inperio, y algunos lo procuraron, pero quyso e mandolo Dios que syn contradiçion cayese la suerte en su Magestad, y digo que lo quyso Dios y lo mandó asi por que hierra a mi ver quyen piensa ny cree quel inperio del mundo se puede alcançar por consejo, industria ny diligencia humana, solo Dios es el que lo dá y puede dar, lo qual su Magestad, no solamente como Católico Principe, y dando gracias a Dios, acebtó, mas con el parescer de todos los grandes y perlados, caballeros y personas del su Consejo que en su Corte se hallaron, que no solo lo aconsejaron pues firmaronlo de sus nonbres; si agora alguno no fuese deste voto, que no creo, no se podía escusar una de dos cosas: o que estonçes no tubo buen voto, o que agora no tiene buena voluntad; digo que la acebtó non por sy nyn para sy, que contento estaba con la grandeza de España, que casi es un tercio de vuestro pan, y con la mayor parte de Alemaña, con la mejor parte de Italia, con todas las tierras de Flandes y con otro nuevo mundo de oro fecho para él, pues antes de nuestros dias nunca fue nascido, pero acebtó este inperio con obligacion de muchos trabajos y muchos caminos, para desviar grandes males de nuestra religion cristiana, que si començara nunca oviera fin, ni se pudiera en nuestros dias enprender la enpresa contra los infieles enemigos de nuestra santa fee Católica, en la cual entiende con el ayuda de Dios su Real persona.

Agora es vuelto a España la gloria de España que [...] los años pasados estuvo adormida; dicen los que escribieron en loor della, que cuando las otras naciones enviaban tributos a Roma, España enviaba enperadores; envió a Trajano, a Adriano y Teodosio, de quyen subcedieron Arcadio y Onorio, y agora vino el inperio a buscar el Enperador a España, y nuestro Rey de España es fecho por la gracia de Dios, Rey de Romanos y Enperador del mundo; debemos dar gracias a Dios y a su Alteza, y loar su consejo que tan bien lo guyó; ya sabeis que asy como no es menos virtud conservar lo ganado que adquerirlo de nuevo, asi no es menor vituperio no seguir la victoria, que ser vencido, donde se sigue que conviene a la onrra de S. M. y perpetua seguridad de sus Reynos que conserve lo ganado, que es el Inperio, lo cual no puede hacer sino yendo personalmente a rescibir su corona, sin la qual en el Inperio no se puede administrar justicia, para la qual los Reyes nascieron, y por la cual los Reyes reynan y los Enperadores tienen inperio, y asi os lo hace saber que su determinada voluntad es de partir en toda presteza, por que aunque la partida le sea tan grave como nescesaria, ninguna cosa en esta vida le es tan peligrosa ni dañosa como la dilacion della, y puesto quel amor que le teneis, la obediencia, acatamiento e servicios que ha hallado en estos Reynos os debria asegurar su presta venida, S. M. para mayor, no seguridad, que seguros estais por que asi le cunple volver, como le cunple partir, mas para mayor consolacion vuestra, vos promete e da su fée y palabra Real, y yo, por su mandado, que dentro de tres años al mas tardar, contados desde el dia que partiere destos Reynos, volverá con el ayuda de Dios a ellos.

Esta su partida, ni os debe parescer cosa nueva ni estraña, pues no lo es: el enperador Galua, electo en España, a Roma fue a tomar la corona; y el enperador Vespasiano, de Hierusalem, vino a Roma, que es mas lexos que de España a Alemaña; los libros estan llenos de ejenplos, mas dexamos los de lexos, vengamos a los enxenplos de casa: el Rey Don Alonso, siendo el Reyno de Granada y mucha parte de Andalucía de moros, salió del Reyno a rescebir el Inperio que estaba en contienda, y no sin contradiccion como agora, y muchos Reyes en nuestros dias salieron de sus tierras a conquistar otras, que si el Rey Don Alonso de Aragon no saliera de España, la corona Real no poseyera el Reyno de Napoles con tantos justos titulos como agora los posée, y asi como loamos la proeza de aquellos que salieron de sus Reynos para conquistar otros, asi se reprehende la pereza y negligencia de los que no van a rescibir lo que les pertenesce, que mucha mas mengua es perder lo propio, que con onra ganar lo ageno; los de la tierra de Flandes ovieron por bien su venida acá, sin esperança de jamas volver a ella, no hayais vosotros a mal su ida allá con certinydad de volver acá, que queriendo sufrir con paciencia la ausencia de S. M., a lo mas tres años, le haceis el mas glorioso Principe del mundo. Despues destos tres años, el huerto de sus placeres, la fortaleza para defensa, la fuerza para ofender, su thesoro, su espada, su caballo e su silla de reposo y asiento ha de ser España.

Entre tanto, S. M. dexa las cosas tan bien ordenadas y proveidas, que aunque por su ausencia tengais soledad, su providencia no os dexa sin remedio; las cosas de la justicia quedan proveidas de buenos jueces, que la administrarán reta e debidamente, y los jueces tan bien aconpañados que podrán sin contradicion alguna executar libremente lo que sentenciaren e mandaren.

En lo del Reyno de Nauarra S. M. ha mandado hacer una muy buena e segura provision, como vereis, la qual es cierto que la hareis y estimareis. La costa de la mar queda proveida, no solo de las galeras acostunbradas, que ya estan libradas por dos años, pero con otras quatro que por su mandado se hacen de nuevo.

En las ciudades se dará orden como esten los que en ellas viuieren en toda quietud e reposo, y cada uno sea señor de sy y de su casa.

Para que no se saque el oro del Reyno, caballos, ni armas, ni otras cosas vedadas, ha mandado al presidente e a los del Consejo que ordenen las prouysiones necesarias; ya estan fechas, verlas eys, y si aquellas no bastaren, hacerse han todas las que fueren menester.

La gente de armas, y Casa Real, y fuerças y acostamientos, queda proveida la paga dellos por tres años, que serán los de su ausencia al mas tardar, y otras cosas muchas en beneficio destos Reynos ha mandado proveer, como particularmente vereys despues.

Demas desto dexará quien represente su persona Real, persona de austeridad y dinidad, virtuosa e santa vida, e zelosa del servicio de Dios y del Rey y bien del Reyno; y mas dexa paz con todos los Principes Cristianos y bien proveido lo de allende; y el armada questá en Italia, por agora la manda conservar e sostener, y con esto, e con lo que continuamente proveerá en lo que de nuevo ocurriere, queda todo proveido.

Y para mayor testimonio de su voluntad, quiere facer lo que nunca Rey de sus antepasados hizo, que es prometeros, y juraros, y dar su fée y palabra Real que al menos durante el tienpo de su ausencia no dará oficio en estos Reynos a onbre que no sea natural dellos, y yo, asi en su nonbre y por su mandado, lo prometo.

Cuando bien aventuradamente vino S. M. en estos Reynos, fuele muy grave, aunque era cosa acostunbrada y debida pedir servicio, porque es y fué sienpre su intencion de aliviaros y no trabajaros, pero vistas las nescesidades y grandísimos gastos que se ofrescieron en su casa, de dos caminos quel Rey, nuestro Señor, su padre, hizo en estos Reynos, en que gastó dos millones de oro en dos armadas que S. M. hizo para venir, la una el año que vino, y la otra el año antes que viniese, y otros grandes gastos que a la sazon se os dixieron, pidiovos servicio, y vosotros, por vuestra antigua lealtad y natural bondad, gele otorgastes con mucha liberalidad y presteza: con mucha liberalidad, por que fué el mayor que nunca se hizo a ningun Rey de los pasados; con presteza, por que antes se ofresció que se pidiese, y tan aina se otorgó como se pidió, de lo qual perpetuamente terná S. M. memoria para lo reconoscer sienpre en general y particular, y por esto su determinada voluntad era de no trabajaros mas, si el tienpo no truxiere nescesidad que le forçare a ello, como le han traido el Inperio, su camino, su ausencia y su armada: el Inperio, por que como la contradiccion e conpetencia fué grande, fué nescesario que S. M. se ayudase destos sus Reynos y de los señorios de allá; su camino es costoso, por el armada que hace para seguridad y autoridad de su persona Real; la ausencia es causa que las provisiones que se ficieron para la guarda e defensa destos Reynos sean mas costosas que si S. M. estoviese presente, y demas desto, la armada que ha estado en Italia, ya será ida, con la gracia de Dios, en Africa, se ha de sostener, que es muy costosa, y por que como los Reynos que son ofendidos han de recurrir a sus Reyes que los defiendan, asi los Reyes en sus nescesidades han de recurrir a sus Reynos para que le socorran y sirvan, y por esto S. M. os ruega e encarga que tengais por bien de prorrogar este servicio por otros tres años, acabados los que agora corren, en lo qual, demas de hacer lo que soleis y debeis a vos mismos en socorrer a vuestro Rey y señor en esta enpresa tan justa y tan nescesaria, este servicio le da gran reputacion para las cosas de su Estado, que en la verdad, S. M. no tiene nescesidad de denidades, pues tiene la mayor que hay en el mundo, que aunque hay muchos principes e muchos Reyes, enperador no hay si no uno; no tiene nescesidad de Reynos, pues tiene, no solamente muchos y buenos Reynos; pero mas que otros convienele solo conservar la reputacion, y ninguna cosa en este mundo se la puede dar mayor que sepa todo el mundo que S. M. parte de España con amor de sus vasallos y ellos quedan en gracia dél, por que sola España es aquella que puede inpedir o adelantar la ventura de S. M. *P. episcopus Pacensis.*

Cortes de los Antiguos Reinos de León y de Castilla,
publicadas por la Real Academia de la Historia,
tomo IV, Madrid, 1882, 293ff.

APÉNDICE IV

Registro de buques que viajaron desde y hacia las Indias entre 1504 y 1522

Año	*Ida*	*Vuelta*
1504 (desde el 14 de agosto)	3	
1506	22	12
1507	32	19
1508	46	21
1509	21	26
1510	17	10
1511	21	13
1512	33	21
1513	31	30
1514	30	46
1515	33	30
1516	42	10
1517	63	31
1518	51	47
1519	51	41
1520	71	37
1521	33	31
1522	18	25

Fuente: L. Hamilton, 339

Árboles genealógicos

Los Alba y los Colón

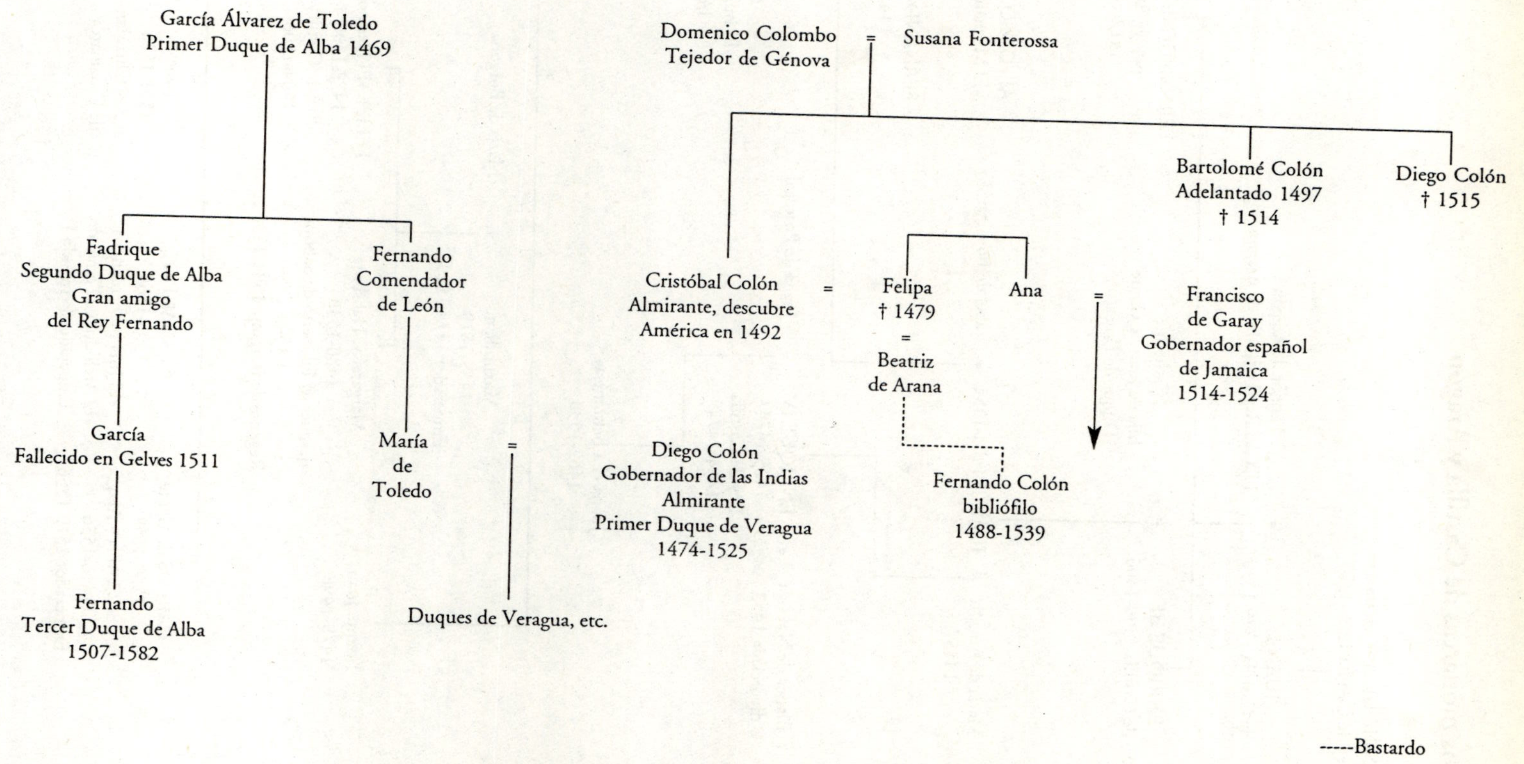

Los monarcas de Castilla y Aragón

ENRIQUE de Trastámara
Rey de Castilla 1369-1379

JUAN I
Rey de Castilla 1379-1390 = Leonor de Aragón
hija del Rey Pedro IV de Aragón

ENRIQUE III
Rey de Castilla 1390-1406 = Catherine
hija de Juan de Gante
Duque de Lancaster

FERNANDO de Antequera =
Rey de Aragón
1412-1416

ALFONSO V Rey de Aragón
«El Magnánimo» 1416-1458

FERNANDO Rey de Nápoles
1458-1494

María de Aragón
† 1445 = JUAN II 1403-1454 = Isabel de Portugal

Blanca de Navarra
divorciada 1453 = ENRIQUE IV
1425-1474
Rey de Castilla
1454-1474 = Juana de Portugal

Alfonso
«El Infante Alfonso»
1453-1468

Juana «La Beltraneja»
1462-1530

Maximiliano
1459-1519
Emperador 1478-1519 = María de Borgoña

Infante Juan
1478-1498 = Margaret v. Habsburg
1480-1530
después ⚭ Filoberto de Saboya
† 1504
Regente de Borgoña 1504-1530

FELIPE «El Hermoso» =
1478-1506
Rey de Castilla
1504-1506

CARLOS de Gante
1500-1558
Rey de Castilla y Aragón
1516-1556
Emperador 1519-1556

FERNANDO
1503-1564
«El Infante Fernando»
«El Archiduque Fernando»
Emperador Fernando I

Isabel
1501-1526
⚭ Rey Christian
de Dinamarca

= Leonor de Alburquerque

Fadrique Enríquez
Almirante de Castilla

JUAN II 1397-1479
Rey de Aragón

=

Juana Enríquez
† 1468

Fadrique Enríquez
Almirante de Castilla
† 1492

María
Primera esposa de Enrique III
de Castilla

ISABEL I
1451-1504
Reina de Castilla
1474-1504

=

FERNANDO
1452-1516
Rey de Aragón y Sicilia
1479-1516
Regente de Castilla
1506-1516

=

Germana de Foix

⚭ Isabel 1479-1498
Infante Alfonso de Portugal
luego Rey MANUEL de Portugal

⚭ María 1482-1517
Rey MANUEL de Portugal

⚭ Catalina 1485-1547
Príncipe Arturo de Inglaterra
luego Rey Enrique VIII

= JUANA «La Loca»
Reina de Castilla
1504-1555

Miguel
Infante de Portugal
† 1500

Leonor
1498-1558
⚭ Rey MANUEL
de Portugal
(viudo de sus tías
Isabel y María)

María
1505-1558
⚭ Rey LUIS
de Hungría

Catalina
1507-1575
⚭ Rey JUAN III
de Portugal

Los Mendoza

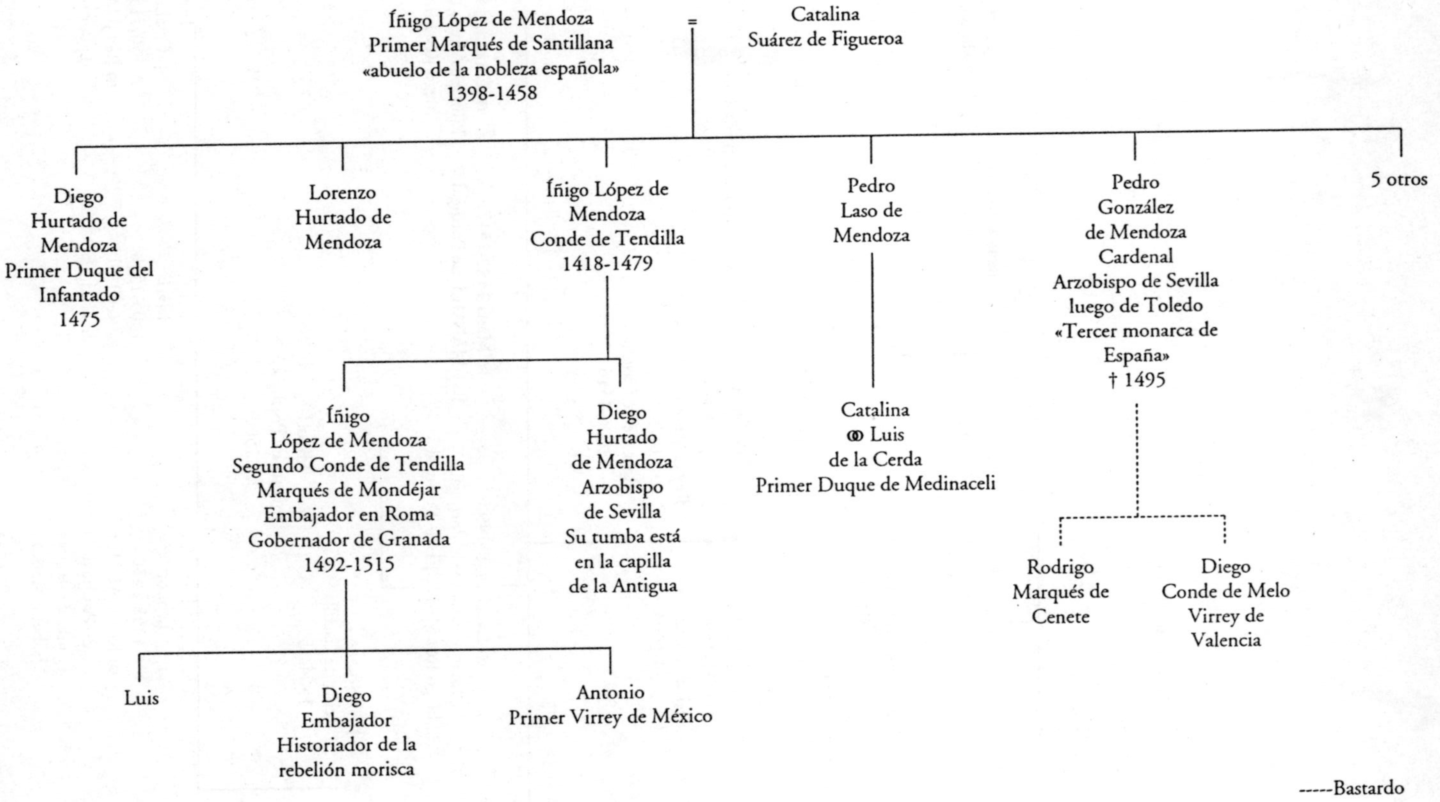

Íñigo López de Mendoza
Primer Marqués de Santillana
«abuelo de la nobleza española»
1398-1458
=
Catalina
Suárez de Figueroa
Diego
Hurtado de
Mendoza
Primer Duque del
Infantado
1475
Lorenzo
Hurtado de
Mendoza
Íñigo López de
Mendoza
Conde de Tendilla
1418-1479
Pedro
Laso de
Mendoza
Pedro
González
de Mendoza
Cardenal
Arzobispo de Sevilla
luego de Toledo
«Tercer monarca de
España»
† 1495
5 otros
Íñigo
López de Mendoza
Segundo Conde de Tendilla
Marqués de Mondéjar
Embajador en Roma
Gobernador de Granada
1492-1515
Diego
Hurtado
de Mendoza
Arzobispo
de Sevilla
Su tumba está
en la capilla
de la Antigua
Catalina
⚭ Luis
de la Cerda
Primer Duque de Medinaceli
Rodrigo
Marqués de
Cenete
Diego
Conde de Melo
Virrey de
Valencia
Luis
Diego
Embajador
Historiador de la
rebelión morisca
Antonio
Primer Virrey de México
-----Bastardo

Los Ponce de León

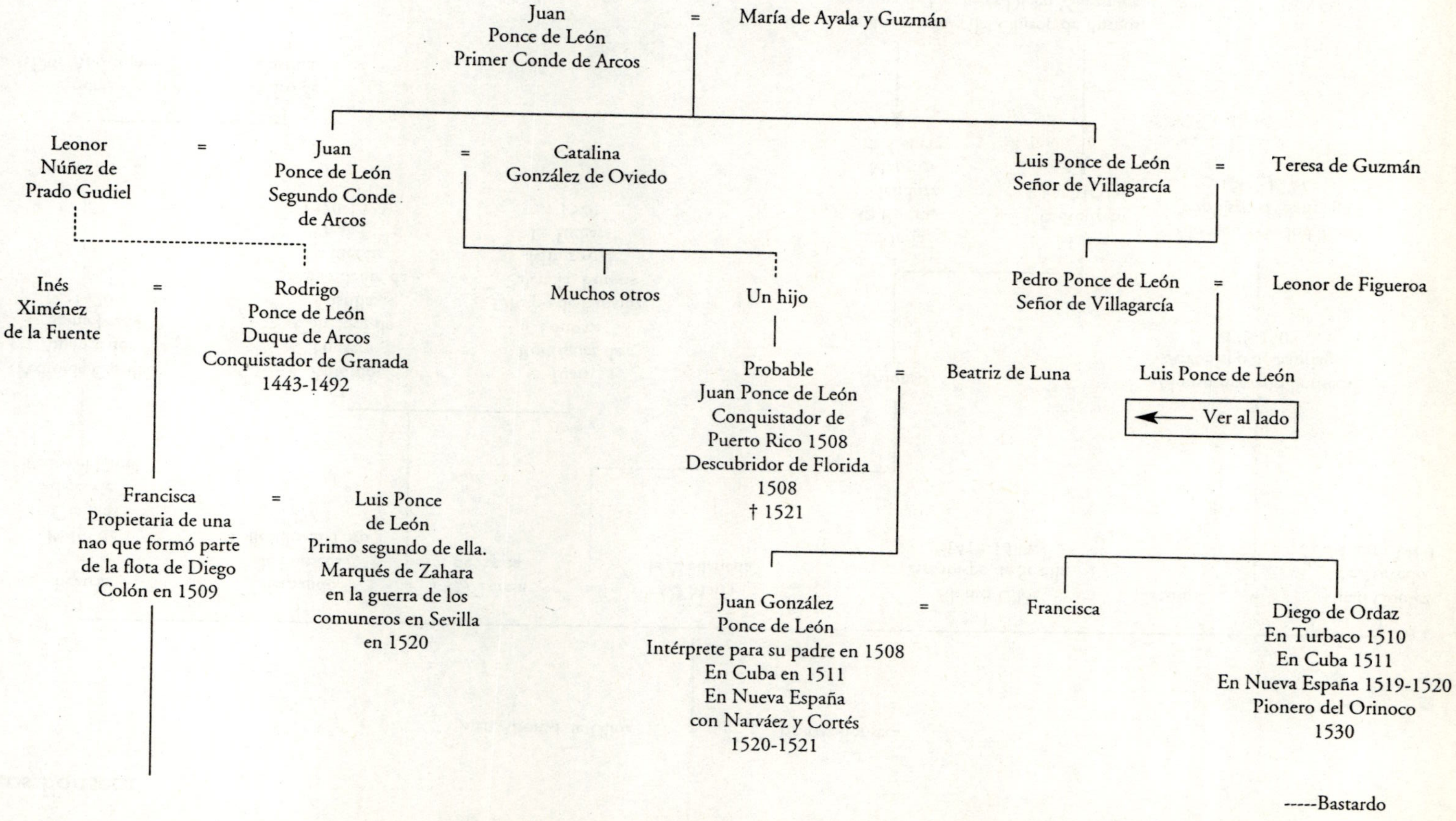

Los Fonseca

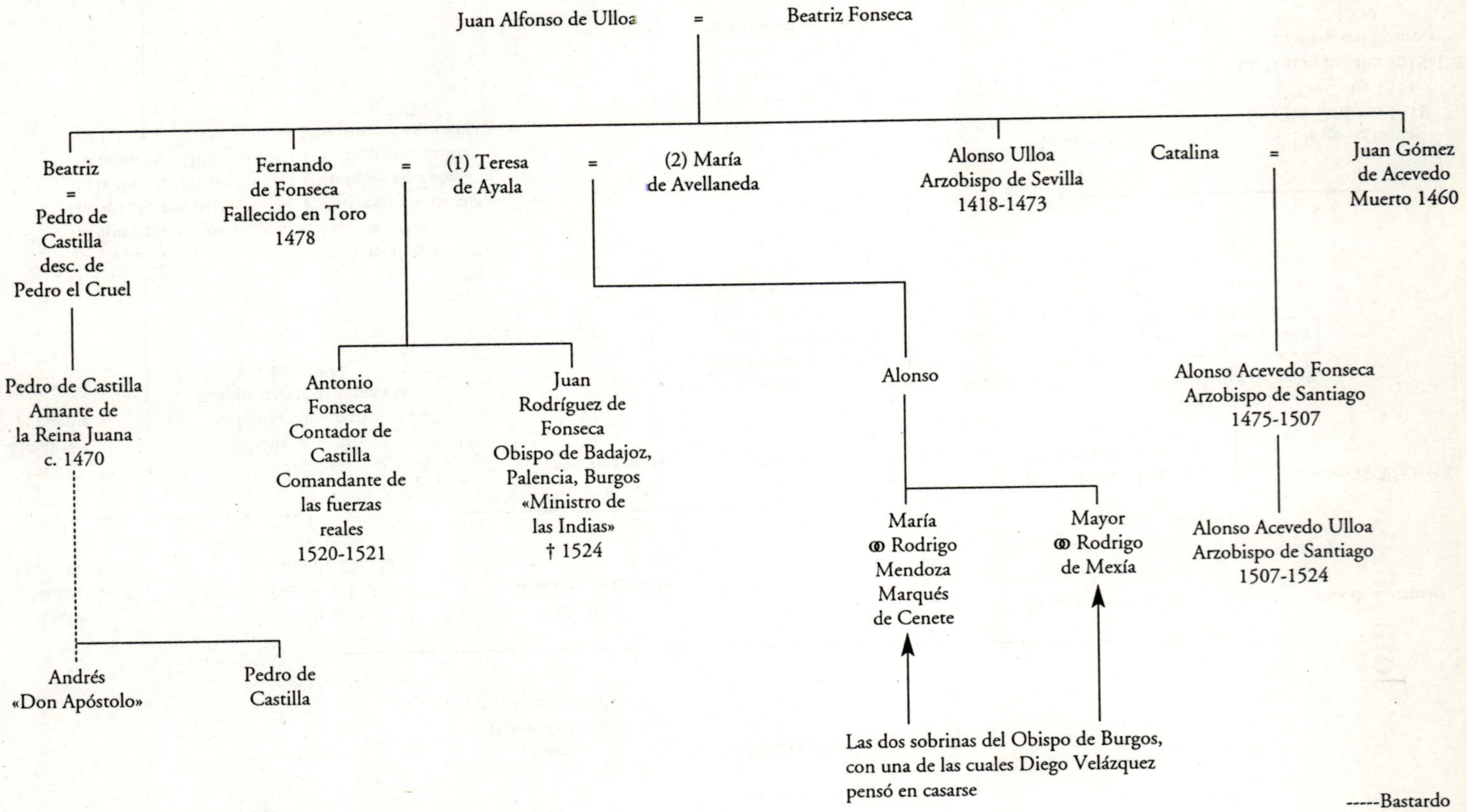
Juan Alfonso de Ulloa = Beatriz Fonseca
Beatriz = Pedro de Castilla desc. de Pedro el Cruel
Fernando de Fonseca Fallecido en Toro 1478
= (1) Teresa de Ayala
= (2) María de Avellaneda
Alonso Ulloa Arzobispo de Sevilla 1418-1473
Catalina = Juan Gómez de Acevedo Muerto 1460
Pedro de Castilla Amante de la Reina Juana c. 1470
Antonio Fonseca Contador de Castilla Comandante de las fuerzas reales 1520-1521
Juan Rodríguez de Fonseca Obispo de Badajoz, Palencia, Burgos «Ministro de las Indias» † 1524
Alonso
Alonso Acevedo Fonseca Arzobispo de Santiago 1475-1507
María ∞ Rodrigo Mendoza Marqués de Cenete
Mayor ∞ Rodrigo de Mexía
Alonso Acevedo Ulloa Arzobispo de Santiago 1507-1524
Andrés «Don Apóstolo»
Pedro de Castilla
Las dos sobrinas del Obispo de Burgos, con una de las cuales Diego Velázquez pensó en casarse
-----Bastardo

Notas sobre los libros

Libro Primero. EL PASADO ESPAÑOL

Se han escrito en inglés muchos libros admirables que debemos mencionar. En primer lugar está *Imperial Spain* (Londres, 1963), de John Elliott, que sigue siendo una lectura tan interesante y fresca como la primera vez que se publicó. Encontraremos unas introducciones excelentes a este tema en los últimos capítulos de *Spain in the Middle Ages* (Londres, 1977), de Angus Mackay, y en *The Spanish Kingdoms 1250-1516* (2 vols., Oxford, 1976-1978), de Jocelyn Hillgarth. Disfruté mucho con la lectura del reciente *The Spain of the Catholic Monarchs 1474-1520* (Oxford, 2000), de John Edwards.

La principal obra en español es de dos historiadores de enorme saber: Manuel Fernández Álvarez y Luis Suárez Fernández. Se ha publicado con el título *La España de los Reyes Católicos* en la serie *Historia de España*, dirigida por Ramón Menéndez Pidal (Madrid, 1978). También es excelente *La España de los Reyes Católicos* (Madrid, 1999), de Miguel Ladero Quesada. Para hallar parentescos entre los dirigentes de España a finales del siglo XV y principios del XVI resulta de gran ayuda la obra de Edward Cooper *Castillos señoriales de la Corona de Castilla* (4 vols., Salamanca, 1991).

Entre las biografías es muy difícil escoger entre *Isabel I, Reina*, de Luis Suárez (Barcelona, 2000), e *Isabel la Católica*, de Tarsicio de Azcona (Madrid, 2002). También disfruté leyendo la muy original *Isabel la Católica* (Madrid, 2002), de Alfredo Alvar Ezquerra. En inglés, la mejor biografía es *Isabel the Queen* (Oxford, 1992) de Peggy Liss, particularmente útil para conocer las influencias que recibía Isabel. El Rey Fernando ha recibido menos atención, y los únicos libros de los cuales he obtenido alguna satisfacción son *Fernando el Católico* (Barcelona, 1999), de Ernest Belenguer, y los ensayos recogidos en *Fernando el Católico, pensamiento político*, del Quinto Congreso de Historia de la Corona de Aragón (Zaragoza, 1956. Existe además, no obstante, *El testamento político de Fernando el Católico* (Madrid, 1950), de José María Doussinague. La guerra de Granada está bien analizada en *Castilla y la Conquista del reino de Grandada* (Valladolid, 1967), de Ladero Quesada. Todavía puede leerse con placer la descripción de esta guerra en la obra de Prescott *The Art of War in Spain: the Conquest of Granada 1481-1492* (Londres, 1995). El mejor libro sobre la época del emirato morisco es el de L. P. Harvey, *Islamic Spain, 1250 to 1500* (Chicago, 1990). Las obras de Felipe Fernández-Armesto sobre las Canarias son magníficas: *Before Columbus* (Londres, 1987) y *The Canary Islands after the Conquest* (Oxford, 1982).

Evito las recopilaciones bibliográficas de los muchos libros que he leído sobre la expulsión de los judíos. Pero me parece el mejor los *Documentos acerca de la expulsión de los judíos de España* (Madrid, 1991), de Luis Suárez. Me gustó también *The Origins of the Inquisition in Fifteenth-Century Spain* (Nueva York, 1995), de B. Netanyahu. Por último, me fue muy útil *Los Conversos y la Inquisición Sevillana* (5 vols., Sevilla, 2000-2002), de Juan Gil.

Libro Segundo. CRISTÓBAL COLÓN

La recopilación de los escritos de Colón editada por Consuelo Varela y Juan Gil, *Textos y documentos completos* (nueva edición, 1992), es absolutamente esencial. De entre las biografías de Colón de las que he sacado provecho, me gustaría mencionar la de Consuelo Varela, *Cristóbal Colón, retrato de un hombre* (Madrid, 1992), la de Jacques Heers, *Christopher Colomb* (París, 1981), que hace una interpretación francogenovesa, y por úlitmo la elegante *Columbus*, de Felipe Fernández-Armesto (Oxford, 1991). El *Admiral of the Ocean Sea* (2 vols., Boston, 1942), de Stanley Morison ha envejecido un poco. En la amplísima literatura sobre Colón, ¿quién no recuerda con placer a la heroica Alice («Miss Alice») B. Gould y su *Nueva lista documentada de los tripulantes de Colón en 1492* (Madrid, 1984)? Me fue útil el *Medinaceli y Colón* (Madrid, 1995), de Antonio Sánchez González. *Colón y su secreto* (3.ª edición, Madrid, 1989), de Juan Manzano, fue una lectura absorbente. Disfruté mucho con la lectura del excelente *Colón en el Mar de los Caribes* (Bogotá, 1990), de mi buen amigo Mauricio Obregón. Véanse también la fascinante obra de Consuelo Varela *Colón y los florentinos* (Madrid, 1988) y *Los amigos y protectores aragoneses de Cristóbal Colón* (Barcelona, 1991), de Manuel Serrano y Sanz.

Sobre la primera fase del dominio español en La Española, se puede consultar *El conflicto de las lanzas jinetes* (Santo Domingo, 1992), de Demetrio Ramos. En cuanto a un estudio con un punto de vista negativo, pero interesante, está *The Conquest of Paradise* (Londres, 1991), de Kirkpatrick Sale. Sobre la expansión del dominio español, está *The Early Spanish Main* (Cambridge, 1966), de Carl Ortwin Sauer. Sobre los posteriores viajes de Colón, encontramos *The European Discovery of America: the Northern Voyages* (Oxford, 1971) y *The European Discovery of America: the Southern Voyages 1491-1616* (Nueva York, 1974), ambos de Morison.

Sobre los tainos, la mejor obra para comenzar a conocer el tema es *The Tainos* (New Haven, 1992), de Irving Rouse. Y, a pesar del tiempo transcurrido desde su publicación, *Origins of the Tainan Culture* (Göteborg, 1935) de Sven Lovén, sigue siendo muy recomendable.

Libro Tercero. Bovadilla y Ovando

Las Armadas de Indias (Madrid, 1958), de Juan Pérez de Tudela, es la mejor introducción general a este período. Sobre Ovando, mantiene el título *Frey Nicolás de Ovando* (Madrid, 1956), de Ursula Lamb.

Libro Cuarto. Diego Colón

Sobre el tráfico de esclavos con indígenas de las Indias, véase la notable obra de Carlos Deive *La Española y la Esclavitud del Indio* (Santo Domingo, 1995). También es interesante *Las Perlas del Caribe* (Caracas, 1977), de Enrique Otte. Ver además la biografía de Diego Colón, desafortunadamente inacabada, de Luis Arranz: *Don Diego Colón,* volumen I (Madrid, 1982) y, del mismo autor, *Repartimientos y encomiendas en la Isla Española* (Madrid, 1991). Con Diego, nos acercamos a la cuestión del trato que los españoles dieron a los indios, y aquí es capital la gran obra de Bartolomé de Las Casas *Historia de las Indias* (3 vols., México, 1986). Nada de lo que escribió Las Casas es de poca enjundia. Pero es bueno ver también las obras de Lewis Hanke *All Mankind is One* (Da Kalb, 1974), *Aristotle and the American Indians* (Londres, 1959) y, sobre todo, *The Spanish Struggle for Justice in the Conquest of America* (Philadelphia, 1949). La mejor biografía de Vespucci es la de Frederick J. Pohl, *Amerigo Vespucci* (Londres, 1966).

Libro Quinto. Balboa y Pedrarias

Aquí la mejor fuente es un enemigo de Las Casas, Gonzalo Fernández de Oviedo, y su *Historia general y natural de las Indias* (5 vols., vols. 117-121 en *BAE*, ed. de Juan Pérez de Tudela, Madrid, 1959, 2.ª ed. de 1992). A Balboa hace falta que le hagan una nueva biografía. Sobre Pedrarias tenemos la suerte de que Carmen Mena ha aportado nueva luz sobre su vida, y es en sus obras sobre las que debe basarse todo libro sobre esta época en Darién. Ver su *Pedrarias Dávila* (Sevilla, 1992) y su excelente *Sevilla y las flotas de Indias* (Sevilla, 1998).

Libro Sexto. Cisneros

Sobre Cisneros tenemos *El cardenal Cisneros, Vida y Empresas* (2 vols., Madrid, 1992-1993) de J. García Oro. De nuevo aquí la historia de Las Casas es esencial. La biografía de Las Casas obra de Manuel Giménez Fernández, *Bartolomé de Las Casas*, 2 vols., Sevilla, 1953, 1961), es un logro extraordinario a pesar de que sólo abarca unos pocos años (1516-1521), de la larga vida de Las Casas. Me sirvió de guía a través de la obra del propio Las Casas y también me condujo a los legajos apropiados el Archivo de Indias. He introducido en este libro muchas citas de Las Casas porque las conversaciones que nos transmite en sus escritos están reproducidas de una forma muy vívida.

Libro Séptimo. Carlos I de España y V de Alemania

Sobre Carlos V, la mejor biografía, a mi parecer, sigue siendo la de Carl Brandi, *Carlos V, vida y fortuna de una personalidad y un Imperio* (Madrid, 1937). Sobre la vida intelectual en España durante esos años, hay que ver la obra de Marcel Bataillon, *Erasmo y España* (nueva edición México, 1998). Sobre la elección de Carlos V, ver *Los Fugger en España y Portugal hasta 1560* (Salamanca, 1999), de Hermann Kellenbenz. Sobre la actividad económica en España, véase *Carlos V y sus banqueros* (3 vols., 3.ª ed., Barcelona, 1987), de Ramón Carande. Sobre la burocracia, la referencia es *Books of the Brave* (Nueva York, 1949), de Irving Leornard (descarten la edición de 1992). Hay muy pocos que logren leer sin conmoverse lo que dice Earl Harmilton en su prefacio a su *American Treasure and the Price Revolution in Spain, 1501-1650* (Cambridge, Massachusetts, 1934), donde nos confiesa que él y su mujer trabajaron juntos durante 30 750 horas en el libro, llevando a cabo tres millones de operaciones aritméticas. El libro todavía resulta útil hoy en día.

Libro Octavo. Nueva España

Sobre el antiguo México hay muchísima bibliografía. Recomiendo empezar con el catálogo de la excelente exposición sobre el tema que se expuso en la Royal Academy en 2002-2003. Sobre la conquista española, me arriesgaré a recomendar mi propia obra *La Conquista de México* (Barcelona, 2000). También hay muchas biografías modernas de Cortés, de las cuales la más detallada, con sus cuatro volúmenes de documentos, es la de José Luis Martínez *Hernán Cortes* (México, 1990). Tiene notables méritos *Hernán Cortés* (Madrid, 2002), de Bartolomé Bennassar.

Libro Noveno. Magallanes y Elcano

No hay otra alternativa mejor que la narración de Pigafetta, *Primer Viaje alrededor del mundo*, que se puede leer en la edición española de Leocio Cabrero (Madrid, 1985), aunque también es excelente la traducción inglesa de la Hakluyt Society en la edición de Lord Stanley Alderley. Tengo una debilidad por todos los libros de Stefan Zweig, así que recomiendo su *Magallanes* (Barcelona, 1955).

Libro Décimo. El Nuevo Imperio

Para el capítulo 38 sobre Sevilla en 1522, que es una pequeña pieza de microhistoria, he consultado principalmente *La Ciudad Medieval, Historia de Sevilla* (Valladolid, 1980), de Miguel Ladero Quesada; *Historia de Sevilla, la ciudad del Quinientos* (Sevilla, 1989), de Francisco Morales Padrón; *Estudios de Historia, 2: Sevilla, fortaleza y otros temas sevillanos* (Barcelona, 1990), de Ramón Carande; *Sevilla, siglo XVI* (Madrid, 1993), de Carlos Martínez Shaw, que incluye algunos ensayos excelentes; *Sevilla marítima* (Sevilla, 1990), de Eduardo Trueba; y *Sevilla y sus mercaderes a fines de la Edad Media* (Sevilla, 1996), de Enrique Otte.

Bibliografía

MANUSCRITOS

Archivo Ceramelli Papiani (para Berardi, Rondinelli).
Archivo General de Indias.
He consultado las siguientes secciones:
Contratación.
Indiferente General.
Justicia.
México.
Panamá.
Patronato.
Los documentos concretos se indican en las referencias.
Archivo Histórico Nacional (Madrid).
Archivo de Protocolos de Sevilla.
Archivo del Stato, Florencia.
Archivio Mediceo avanti il principe Fondo Guerra de Piccolomini de Aragona, Documentos Rondinelli.

OTRAS FUENTES PRIMARIAS

Documentos impresos, narraciones de testigos, libros del siglo XVI.

Aguilar, Fr. Francisco, *Relación breve de la conquista*, escrita hacia 1565, primera edición en México en 1892; nueva edición de Germán Vázquez en «La Conquista de Tenochtitlan», *Historia 16*, Crónicas de América, 41, Madrid 1988.

Alfonso X, *Las Siete Partidas*, selección de Francisco López Estrada, Madrid 1992.

Anales de Tlatelolco, México 1948.

Andagoya, Pascal de, *Relación de* documentos, ed. de Adrián Blázquez, *Crónica de Américas*, Madrid 1986.

Baeza, Gonzalo de, *Tesorero de Isabel la Católica*, ed. de Antonio y E. A. de la Torre, 2 vols., Madrid 1956.

Bergenroth, Gustav Adolf, *Calendar of letters... relating to the negotiations between England and Spain*, Londres 1862.

Bernáldez, Andrés, *Cura de Los Palacios*, ed. de Manuel Gómez-Moreno y Juan de M. Carriazo en *Memorias del Reinado de los Reyes Católicos*, 2 vols., Sevilla 1969.

Catálogo de los fondos americanos del Archivo de Protocolos de Sevilla, ed. de la Fundación Rafael G. Abreu, 8 vols., Madrid y Sevilla 1930-2000, reimpreso recientemente.

Chacón y Calvo, José María, *Cedulario Cubano 1493-1512 (Los origenes de la colonización)*, Madrid 1929 (Colección de documentos inéditos para la historia de Hispano-América VI).

Colección de Documentos Inéditos Relativos al Descubrimiento, Conquista y Organización de las Posesiones Españolas en América y Oceanía [*CDI*], ed. de Joaquín Pacheco y Francisco Cárdenas, 42 vols., Madrid 1864-1884.

Colección de Documentos Inéditos Relativos al Descubrimiento, Conquista y Organización de las Antiguas Posesiones Españolas de Ultramar [*CDIU*], 25 vols., Madrid 1880-1932.

Collection des Voyages des Souverains de Pays-Bas, ed. de M. Gachard, 4 vols., Bruselas 1876 en adelante. (El vol. I incluye los viajes de Felipe el Hermoso y de Carlos V).

Colón, Cristóbal, *Autógrafos de Cristóbal Colón y papeles de América*, Madrid 1982 (Documentos del Palacio de Liria).

—, *The Four voyages of Columbus*, tr. de J. M. Cohen, Harmodsworth 1969. Incluye material extra como, por ejemplo, el testamento de Diego Méndez.

—, *Diario de libro de la primera navegación*, ed. de Francisco Morales Padrón, Sevilla 1992.

—, *Libro de las profecías*, Madrid 1992.

—, *Textos y documentos completos*, ed. de Consuelo Varela y Juan Gil, 2.ª edición corregida y aumentada, Madrid 1992.

Colón, Fernando, *Historia del Almirante*, ed. de Luis Arranz, Madrid 2000.

Córdoba, Fray Martín de, *Jardín de las nobles mujeres*, Valladolid 1500.

Cortés, Hernán, *Cartas de relación*, ed. de Ángel Delgado Gómez, Madrid 1993.

Cortes de los Antiguos Reinos de León y Castilla, 4: 1476-1537, Real Academia de la Historia, Madrid 1882.

Cota, Sancho, *Memorias*, ed. de Hayward Keniston, Londres 1964.

Cuevas, Mariano, S. J., *Documentos inéditos del siglo* XVI *para la historia de México*, México 1914.

d'Ailly, Pierre, *Ymago Mundi*, ed. de Antonio Ramírez de Verger, Madrid 1992.

Díaz, Fr. Juan, *Itinerario de la armada del Rey Católico a la Isla de Yucatán, en la India, en el Año 1518*. (Ver bajo entrada Aguilar.)

Díaz del Castillo, Bernal, *Historia Verdadera de la Nueva España*, 2 vols., Madrid 1982.

Documentos de los Reyes Católicos 1492-1504, ed. de Antonio Gomariz Marín, Murcia, 2000.

Fernández Álvarez, Manuel, *Corpus documental de Carlos V*, Salamanca 1973, 5 vols., 1: 1516-1539.

Fernández de Navarrete, Martín, *Colección de viajes y descubrimientos que hicieron por mar los españoles*, ed. de Carlos Seco Serrano, 4 vols., Madrid 1954.

Fernández de Oviedo, Gonzalo, *Libro de la Cámara Real del Príncipe Don Juan*, Madrid 1870.

—, *Las Quinquagenas de la nobleza de España*, Real Academia de la Historia, Madrid 1880, vol. I (él único que se ha publicado).

—, *Historia general y natural de las Indias*, 5 vols.; 117 a 121 en BAE, ed. de Juan Pérez de Tudela, Madrid 1959.

Fita, Fidel, Fray Bernardo Boyl y Cristóbal Colón, *Nueva colección de cartas reales*, *BRAH* XIX, XX, 1891, 1892.

Florentine Codex, The General history of the Things of New Spain, by Fr. Bernardino de Sahagún, traducido al inglés por Charles Dibble y Arthur J. Anderson, 12 vols., Unversity of Utah, Nuevo México 1952 en adelante. Edición española traducida por Fr. Ángel Garibay, 4 vols., México 1956.

Gachard, M., *Correspondance de Charles V et d'Adrien VI*, Bruselas 1859.

—, (ed.), *Collection des voyages des souverains des Pays*-Bas, Bruselas 1876.

Galíndez de Carvajal, Lorenzo, *Anales Breves de los reyes católicos*, en *Colección de documentos inéditos para la historia de España*, vol. XVIII, Madrid 1851.

García Mercadal, J., *Viajes de extranjeros por España y Portugal*, 3 vols., Madrid 1952-1959.

Gil, Juan y Consuelo Varela, *Cartas de particulares a Colón*, Madrid 1984.

Gómez de Castro, Alvar, *De las hazañas de Francisco Jiménez de Cisneros*, Madrid 1984.

García Icazbalceta, Joaquín, *Colección de Documentos para la Historia de México*, nueva edición, 2 vols., México 1980.

Guevara, Antonio de, *Epistolares Familiares*, *BAE*, Madrid 1850.

Guiccardini, Franceso, *The History of Italy*, tr. de Sidney Alexander, Nueva York 1969.

Lalaing, Antoine de, *Relation du premier voyage de Philippe le Beau en Espagne, en 1501*, Bruselas 1876. Ver también, García Mercadal.

La Marche, Olivier de, *Le Chevalier Délibéré*, nueva edición, París 1946.

Landa, Fray Diego de, *Relación de las Cosas de Yucatán*, ed. de Miguel Rivera, Madrid 1985.

Las Casas, Bartolomé de, *Apologética Historia Sumaria*, ed. de Juan Pérez de Tudela, 2 vols., Madrid, *BAE*, vols. 95, 96, Madrid 1957.

—, *Historia de las Indias*, 3 vols., México 1986, ed. de Agustín Millares Carlo, e introducción de Lewis Hanke.

—, *Brevísima relación de la destrucción de las Indias*, ed. de Consuelo Varela, Madrid 1999.

La Torre, Antonio de, *Documentos sobre relaciones internacionales de los Reyes Católicos*, 3 vols., Barcelona 1949.

León-Portilla, Miguel, *La visión de los vencidos*, Madrid 1985.

López de Gómara, Francisco, *Hispania Vitrix, Historia General de las Indias*, en *BAE*, 22, Madrid 1852.

—, *Anales de Carlos*, en español y en inglés, tr. e intr. de R. B. Merriman, Londres 1912.

—, *La conquista de México*, Zaragoza 1552, nueva ed. de José Luis Rojas, Madrid 1987.

López de Mendoza, Íñigo, Conde de Tendilla, *Correspondencia del Conde de Tendilla*, I, Madrid 1974.

Mandeville, Sir John, *The Travels of Sir John Mandeville*, ed. de A. W. Pollard, Londres 1900.

Maquiavelo, Niccoló, *The Prince*, tr. y ed. de George Bull, Londres 1961.

Marco Polo, *El libro de Marco Polo*, ed. de Juan Gil, Madrid 1992.

Marineo Siculo, Lucio, «Don Hernán Cortés», en *De Rebus Hispaniae memorabilibus libri*, XXV, Alcalá de Henares 1530, nueva edición de Miguel León-Portilla, *Historia 16*, abril 1985.

Martorell, Joanot, y Martí Joan de Galba, *Tirant lo Blanc*, publicado en catalán en 1490, en castellano en 1511.

Mártir, Pedro, *Epistolario*, en *Documentos inéditos para la historia de España*, vols. IX a XII, Madrid 1953.

—, *De Orbe Novo*, tr. de Francis MacNutt, Nueva York 1912. Hay una buena y reciente edición española de Ramón Alba, *Décadas del Nuevo Mundo*, Madrid 1989.

—, *Cartas sobre el Nuevo Mundo*, Madrid 1990.

Montaigne, Michel de, *The Essays of Michel de Montaigne*, tr. de M. A. Screech, Londres 1981.

Morales Padrón, Francisco (ed.), *Primeras Cartas sobre América*, Sevilla 1990.

Morel-Fatio, Alfred, *Historiographie de Charles Quint*, incluye una traducción francesa de la autobiografía de Carlos (así como la edición en portugués de 1620), París 1913.

Muñoz, Catálogos de la colección, ed. de la Real Academia de la Historia, 2 vols., Madrid 1955.

Munster, Sebastian, *Cosmographia* 1545.

Murga Sanz, Mgr. Vicente, *Cedulario puertorriqueño*, vols. 1 y 2, Río Piedras 1964.

—, *Puerto Rico en los manuscritos de Don Juan Bautista Muñoz*, San Juan 1960.

Palencia, Alfonso de, *Crónica de Enrique IV, Historia de la Guerra de Granada*, tr. de A. Paz y Melia, 2 vols., Madrid 1973-1975.

Paso, Francisco del, *Epistolario de Nueva España 1505-1818*, 16 vols., México 1939 en adelante.

Paz y Mélia, A., *Nobilario de Conquistadores de Indias*, Madrid 1982.

Pérez de Guzmán, Fernán, *Generaciones y Semblanzas*, Londres 1965.

Pigafetta, Antonio, *Primer Viaje alrededor del mundo*, ed. de Leoncio Cabrero, Madrid 1985. Ver también la traducción de la Hakluyt Society, ed. de Lord Stanley of Alderley, Londres 1874.

Popol Vuh, *The Mayan Book of the Dawn of Life*, tr. de Dennis Tedlock, Nueva York 1985.

Pulgar, Hernando de, *Crónica de los Reyes Católicos*, Madrid 1770.

Quiroga, Vasco de, *Utopía en América*, ed. de Paz Serrano Gassent, Madrid 1992.

Rodríguez de Montalvo, Garci, *Amadís de Gaula*, ed. de Juan Bautista Avalle-Arce, 2 vols., Madrid 1991.

Rodríguez Valencia, Vicente, *Opinión de Españoles y extranjeros, Isabel la Católica*, 3 vols., Valladolid 1970.

Rodríguez Villa, Antonio, *El emperador Carlos V y su corte, según las cartas de don Martín de Salinas*, Madrid 1903.

Saco, José Antonio, *Historia de la esclavitud de la raza africana en el nuevo mundo*, 4 vols., La Habana 1938.

Sahagún, Bernardino de, *Historia General de las Cosas de la Nueva España*, ed. Ángel María Garibay, México 1981.

Sandoval, Fray Prudencio de, *Historia de la vida y hechos del emperador Carlos V*, 2 vols., Valladolid 1604-1606.

Santa Cruz, Alonso de, *Crónica del Emperador Carlos V*, 5 vols., Madrid 1920-1925.

—, *Crónica de los Reyes Católicos*, ed. de Juan de Mata Carriazo, Sevilla 1951.

Santa Teresa, *Vida*, *BAE*, 53-54, Madrid 1861.

Sanuto, Marino, *Diarii*, 55 vols., Venecia 1887.

Serrano y Pineda, Luciano, *Correspondencia de los reyes Católicos con el gran capitán durante las campañas de Italia*, en *Revista de Archivos, Bilbliotecas y Museos*, vols. XX-XXIX, 1909-1913.

Splendeurs de la Cour de Bourgogne, Récits et Chroniques, París 1995.

Tapia, Andrés de, *Relación de algunas cosas de las que acaecieron al muy illustre señor Hernando Cortés*, primera edición en Joaquín García Icazbalceta, *Colección de documentos para la historia de México*, 2 vols., México 1866.

Tlaxcala, *Relación de*, México 1876.

Valera, Diego de, *Crónica de los Reyes Católicos*, Madrid 1927.

Vázquez de Tapia, Bernardino, *Información de servicios y méritos*, en Aguilar (ver arriba).

Warren, J. Benedict (ed.), *La Conquista de Michoacan, 1521-1530*, tr. de Agustín García Alcaraz, Morelia 1979.

Weiditz, Christoph, *Trachtenbuch*, 1529. Edición facsímil del Dr. Theodore Hampf, Berlin 1927.

Zúñiga, Francescillo de, *Crónica 1504-1527*, y *Epistolario*, en *BAE*, 36.

Zurita, Gerónimo, *Historia del rey D. Fernando el Cathólico* (sic), Zaragoza 1610.

Fuentes secundarias, libros y artículos

Acosta Saignes, Miguel, *Los Caribes de la costa venezolana*, México 1946.

Addy, George M., *The Enlightenment in the University of Salamanca*, Durham 1966.

Aguado Bleye, P., «"Tanto Monta": la Empresa de Fernando el Católico», *Revista Santa Cruz*, VIII, Valladolid 1949.

Aguedo Méndez, María, «Politíca y discurso en la conquista de México», *AEA*, XLV, 1986, 67-82.

Alegría, Ricardo E., «El uso de la terminología etno-histórica para designar las culturas aborígenes de las Antillas», *Cuadernos Prehistóricos*, Valladolid 1981.

Alonso, Pilar y Alberto Gili, *La memoria de las Aljamas*, Madrid 1994.
Altman, Ida, «Spanish hidalgos and America, The Ovandos of Cáceres», *The Americas*, 43, 3 (1957).
Altolaguirre, Ángel de, *Vasco Núñez de Balboa*, Madrid 1914.
Alcalá, Ángel et al., *Inquisición Española y mentalidad inquisitorial*, Barcelona 1984.
Alvar Ezquerra, Alfredo, *Isabel la Católica*, Madrid 2002.
Álvarez Rubiano, Pablo, *Pedrarías Dávila*, Madrid 1914.
Andalucía Americana: edificios vinculados con el descubrimiento y la carrera de Indias, Consejería de Cultura, Junta de Andalucía, Sevilla 1989.
Angulo Iñíguez, Diego, «La Ciudad de Granada, vista por un pintor flamenco», *Al-Andalus*, V, 1940.
—, *Pedro de Campaña*, Sevilla 1951.
Arcenegas, Germán, *Amerigo and the New World*, tr. Harriet Onis, Nueva York 1955.
Argenti, P., *The Occupation of Chios by the Genoese, 1346-1566*, 3 vols., Cambridge 1958.
Arostegui, Cruz, *Piratas en el Caribe*, Madrid 2000.
Arranz, Luis, *Don Diego Colón*, Madrid 1982.
—, *Repartimientos y encomiendas en la isla española*, Madrid 1991.
Arrom, Juan José, *Fray Ramón Pané: Relación acerca de las antigüedades de los indios*, México 1988.
Auke, Pieter Jacobs, *Pasajeros y polizones sobre la emigración española en el siglo XVI*, 1983.
Ávila, Carlos Lázaro, «Un freno a la conquista: la resistencia de los cacicazgos indígenas», *R de I*, 1992.
Avilés Moreno, Guadalupe, «El arte mudéjar en Nueva España, en el siglo XVI», *AEA*, XXXVII, 1980.
Azcona, Tarsicio, *Isabel la Católica, vida y reinado*, Madrid 2002.
Baer, Yitzak, *History of the Jews in Christian Spain*, Nueva York 1961-1966.
Ballesteros Gaibrois, Manuel, *La fundación de Buenos Aires y los indígenas*, Buenos Aires 1980.
Bataillon, Marcel, *Estudios sobre Bartolomé de las Casas*, Barcelona 1976.
—, *Erasmo y España, estudios sobre la historia espiritual del siglo XVI*, México 1998 (original francés *Erasme et l'Espagne*, París 1937).
Batllori, Miguel, *La familia de los Borjas*, Madrid 1999.
Belenguer, Ernest, *El imperio hispánico 1479-1665*, Barcelona 1994.
—, *Fernando el Católico*, Barcelona 1999.
—, *La corona de Aragón en la monarquía hispánica*, Barcelona 2001.
Beltrán, Juan, «Bojeo de Cuba por Sebastián de Ocampo», *Revista Bimestre Cubana*, 3, vols. XIX, mayo-junio 1924.

Bennassar, Barlomé y Lucile, *Valladolid au siècle d'or*, París 1964.
—, *Inquisición Española*, Barcelona 1981.
—, *Le voyage en Espagne*, París 1998.
—, *Hernán Cortés*, Madrid 2002.
Benito Ruano, Eloy, *Los orígenes del problema converso*, Barcelona 1976.
—, «La participación en la guerra de Granada», *I Congreso de la Historia de Andalucía*, Córdoba 1978.
—, *Un cruzado inglés en la guerra de Granada*, *AEM*, IX, 1979.
Bermúdez Plata, C., *Catálogo de pasajeros a Indias*, 3 vols., Sevilla 1946.
Bernal, Antonio-Miguel, *La financiación de la carrera de Indias, 1492-1824*, Sevilla 1992.
Bernal, Ignacio, *The Olmec World*, Berkeley 1969.
Bernís, Carmen y Serge Gruzinski, *Histoire du nouveau monde*, París 1991.
Borah, Woodrow y Sherburne F. Cook, *Essays in Population History*, 3 vols., Berkeley 1979.
Bordejé y Morencos, Fernando de, *Tráfico de Indias y política Oceánica*, Madrid 1991.
Bosch García, Carlos, *La esclavitud prehispánica entre los Aztecas*, México 1944.
Boyd-Bowman, Peter, *Índice geobiográfico de más de 56 mil pobladores de la América Hispánica*, 1: *1493-1519*, México 1985.
Branding, David, *The First America: the Spanish Monarchy, Creole Patriots and the Liberal State*, Cambridge 1991.
Brandi, Karl, *Carlos V, Vida y fortuna de una personalidad y un imperio*, Madrid 1937.
Bullón y Fernández. Eloy, *Un colaborador de los reyes católicos. El doctor Palacios Rubios y sus obras*, Madrid 1927.
Cadenas y Vicent, Vicente, *Carlos I de Castilla, Señor de las Indias*, Madrid 1988.
Calderón Quijano, José Antonio, «Colón, sus cronistas e historiadores en Menéndez Pelayo», Sevilla, *AUH*, XVIII, 1956.
—, *Toponimia española en el Nuevo Mundo*, Sevilla 1988.
Cantera Burgos, F., *Alvar García de Santa María* y su familia de conversos. *Historia de la judería de Burgos y de sus conversos más egregios*, Madrid 1952.
Carande, Ramón, *Homenaje a*, Madrid 1963.
—, *Galería de raros*, Madrid 1982.
—, *Carlos V y sus banqueros*, 3 vols., 3.ª ed., Barcelona 1987.
—, *Estudios de Historia, 2: Sevilla fortaleza y otros temas sevillanos*, Barcelona 1990.

Cardaillac, Louis, *L'Espagne des Rois Catholiques, Le Prince Don Juan, symbole de l'apogée d'un règne 1474-1497*, París 2000.

Caro Baroja, Julio, *Los Judíos en la España Moderna*, 3 vols., Madrid 1961.

Carolus (Charles Quint) 1500-1558, Ghent, 2000.

Carolus V, Imperator, Madrid 1999.

Carretero Zamora, Juan Manuel, *Cortes, monarquía, ciudades: Las Cortes de Castilla a comienzos de la época moderna 1476-1515*, Madrid 1988.

Carril, Bonifacio del, *Los Mendoza*, Buenos Aires 1954.

Castillo Utrilla, María José del, «Temas iconográficos en las fundaciones franciscanas en América y Filipinas en el siglo XVI», *AEA*, XXXVIII, 1981.

Castro, Americo, *The Structure of Spanish History*, tr. de Edmund L. King, Princeton 1954.

—, *La realidad histórica de España*, México 1962.

Cedillo, Conde de, *El Cardenal Cisneros, gobernador del Reino*, 2 vols., Madrid 1921 (el vol. 2 contiene documentos).

Cerezo Martínez, Ricardo, *La Cartografía náutica Española en los siglos XIV, XV, y XVI*, Madrid 1994.

Chabod, Federico, *Carlos Quinto y su imperio (Carlos V e il suo imperio)*, tr. de Rodrigo Ruza, Madrid 1992.

Chacón y Calvo, José María, *Cedulario Cubano*, en *Colección de documentos inéditos para la historia de Hispano-América*, Madrid 1929.

Chagny, André, *Correspondance Politique et Adminstrative de Laurent de Gorrevod, 1517-1520*, Lyons 1913.

Chamberlain, Robert S., *Castilian Backgrounds of the Repartimiento-Encomienda*, Washington, DC, 1939.

Chaunu, Pierre y Huguette, *Séville et l'Atlantique, 1504-1560*, 7 vols., París 1955-1959.

Collantes de Tirán, A., *Sevilla en la alta baja edad media*, Sevilla 1977.

Colón y Carvajal, Anunciada y Guadalupe Chocano, *Cristóbal Colón, incógnitas de su muerte 1506-1902*, 2 vols. 1992.

Congreso de la Corona de Aragón, Zaragoza 1955.

Congreso de Historia de Andalucía, Córdoba 1978.

Congreso de Historia del Descubrimiento, Actas, 4 vols. Madrid 1992.

Cooper, Edward, *Castillos señoriales de la Corona de Castilla*, 4 vols. Salamanca 1991.

Cortés Alonso, Vicenta, «La conquista de Canarias a través de las ventas de esclavos», *AEA*, I, 1955.

—, «La producción documental en España y América en el siglo XVI», *AEA*, XLI, 1984.

—, «La imagen del otro, blancos, indios, negros», *R de I*, 51,1991.

Cotarelo y Valledor, A., *Fray Diego de Deza*, Madrid,1902.
Coury, Charles, *La médecine de l'Amérique précolombienne*, París 1969.
Crane, Nicholas, *Mercator: the Man Who Mapped the Planet*, Londres, 2002.
Crosby, Alfred W., *The Colombian Exchange*, Westport 1972.
—, *Ecological imperialism: the biological expansion of Europe 900-1900*, Cambridge 1986.
Curso de Conferencias sobre la Política Africana de los Reyes Católicos, Madrid 1953.
Deagan, Kathleen, «El impacto de la presencia europea en la Navidad (La Española)», *R de I*, 47, 1987, 713-787.
Defourneaux, Marcelin, *La vie quotidienne en Espagne au siècle d'Or*, París 1964.
Deive, Carlos Esteban, *La Española y la esclavitud del Indio*, Santo Domingo 1995.
Delgado Barrado, José Miguel, «Las relaciones comerciales entre España e Indias durante el siglo XVI», *R de I*, 50, 1990.
Delmarcel, Guy, *Los Honores: Flemish tapestries for the Emperor Charles V*, Mecheln (Malines), 2000.
Diccionario de historia eclesiástica de España, ed. de Quintín Aldea Vaquero et al., 4 vols., Madrid 1972.
Domínguez, L. L. (ed.), *The Conquest of the River Plate*, Londres 1891.
Domínguez Ortiz, Antonio, *La clase social de los conversos en la edad moderna*, Madrid 1955.
—, *Los judeoconversos en la España moderna*, Madrid 1992.
Doussinague, José María, *El testamento político de Fernando el Católico*, Madrid 1950.
—, *Fernando el Católico y el cisma de Pisa*, Madrid 1946.
Durán, Fr. Diego, *Historia de las Indias de la Nueva España*, nueva edición, 2 vols., México 1867-80.
Duviols, J. Paul, *L'Amérique espagnole vue et revée*, París 1985.
Edwards, John, *The Spain of the Catholic Monarchs 1474-1520*, Oxford 2000.
Eisenstein, Elizabeth L., *The Printing Revolution in Early Modern Europe*, Cambridge 1983.
Elliott, J. H., *Imperial Spain*, Londres 1963.
El Oro y la Plata de las Indias en la Época de los Austrias, Fundación ICO, Madrid 1999.
Enríquez de Guzmán, Alonso, *Libro de la Vida de*, ed. de H. Keniston, *BAE*, 126, Madrid 1960.
Evans, Mark, *The Sforza Hours*, Londres 1992.

Ezquerra, Ramón, «El viaje de Pinzón y Solís al Yucatán», *R de I*, 30, 1970, 217-238.
Fernández Álvarez, Manuel, *Carlos V, el Caesar y el hombre*, Madrid 1999.
—, *Juana la Loca, la Cautiva de Tordesillas*, Madrid 2000.
—, y Luis Suárez Fernández, *La España de los Reyes Católicos*, vol. XVIII en la serie *Historia de España*, ed. de Ramón Menéndez Pidal, Madrid 1978.
Fernández-Armesto, Felipe, *The Canary Islands after the Conquest*, Oxford 1982.
—, *Before Columbus: Exploration and Colonisation from the Mediterranean to the Atlantic, 1229-1492*, Londres 1987.
—, *Columbus*, Oxford 1991.
Fernández Duro, *Nebulosidades de Cristóbal Colón*, Madrid 1900.
Fernando el Católico, pensamiento político, V Congreso de historia de la corona de Aragón, Zaragoza 1956.
Fletcher, Richard, *Moorish Spain*, Londres 1992.
Ford, Richard, *A Handbook for Travellers in Spain*, 3.ª edición, Londres 1855.
Foronda, Manuel de, *Estancias y viajes de Carlos V*, Madrid 1910.
Freyre, Gilberto, *The Masters and the Slaves*, tr. de Harriet Onis, Nueva York 1968.
—, *The Mansions and the Shanties: the Making of Modern Brazil*, tr. de Harriet de Onis, Nueva York 1963.
García, Genaro, *Documentos inéditos o muy raros para la historia de México*, México 1907, especialmente el vol. 15.
García Oro, J., *Galicia en los siglos XIV y XV*, 2 vols., Pontevedra 1987.
—, *El cardenal Cisneros, vida y empresas*, 2 vols., Madrid 1992-1993.
—, *Cisneros, el cardenal de España*, Barcelona 2002.
García de Prodián, Lucía, *Los judíos en América*, Madrid 1966.
García de la Riega, Celso, *¿Colón español?*, Madrid 1914.
García Sánchez, Francisco, *El Medellín Extremeño en América*, Medellín 1992.
García Valdecasas, Alfonso, *El Hidalgo y el honor*, Madrid 1948.
Garibay, F. Ángel, *Historia de la literatura nahuatl.*, 2 vols., México 1953.
Gerbert, Marie-Claude, *Les noblesses espagnoles au Moyen Age*, París 1994.
Gerhard, Peter, *Geografía histórica de la Nueva España 1519-1821*, tr. Stella Maestrangelo, México 1986.
Gibson, Charles, *The Aztecs under Spanish Rule*, Stanford 1964.
Gil, Juan, «Marinos y mercaderes en Indias 1499-1504», *AEA*, XLII, 1985.
—, «Historiografía Española sobre el descubrimiento y los descubrimientos», *R de I*, 49 n.º 187, sept.-dic. 1989.
—, *Mitos y Utopías de Descubrimiento*, 3 vols., Madrid 1989.

—, «Una familia de mercaderes sevillanos: los Cisbón», *Studi storici in memoria di Alberto Boscolo*, III, Roma 1993.
—, «Las Cuentas de Cristóbal Colón», *AEA*, 41.
—, *Los Conversos y la Inquisición Sevillana*, 5 vols., Sevilla, 2000-2002.
Gil Munilla, Ladislao, «Diego de Lepe, descubridor del Marañón», *AEA*, IX, 1952, 73-99.
Gilman, Stephen, *The Spain of Fernando de Rojas*, Princeton 1972.
Giménez Fernández, Manuel, «Nuevas consideraciones sobre las bulas alejandrinas de 1493 sobre la historia y el sentido de las letras referentes a las Indias», *AEA*, I, 1944.
—, *Hernán Cortés y su revolución comunera en la Nueva España*, *AEA*, V, Sevilla 1948.
—, «El alzamiento de Fernando Cortés», *Revista de la Historia de América*, México, 31, junio 1951.
—, *Bartolomé de las Casas, Bibliografía crítica*, Santiago de Chile 1954.
—, *Bartolomé de las Casas*, 2 vols., Sevilla 1953, 1961.
—, *Breve biografía de Fray Bartolomé de las Casas*, Sevilla 1966.
Gómez, Thomas, *L'Invention de l'Amérique*, París 1992.
González, Julio, *Repartimiento de Sevilla*, Madrid 1951. Nueva edición, Sevilla 1993.
González Jiménez, M., «Genoveses en Sevilla (siglos XII-XIV)» en *Presencia Italiana en Andalucía. Siglos XIV-XVII*, Sevilla 1985.
González Omedo, Félix, *Vida de Fray Fernando de Talavera, Primer Arzobispo de Granada*, Madrid 1931.
—, *Nebrija, debelador de la barbarie 1441-1522*, Madrid 1942.
Gould, Alice B., *Nueva lista documentada de los tripulantes de Colón en 1492*, Madrid 1984.
Gounon-Loubens, J., *Essais sur l'administration de la Castile aux XVIe siècle*, París 1860.
Greenblatt, Stephen, *Marvellous possessions*, Chicago 1991.
Griffin, Clive, *Los Cromberger, La Historia de una imprenta del siglo XVI en Sevilla y México*, Madrid 1991.
Grunberg, Bertrand, *L'univers des conquistadores*, París 1993.
Guerra, Francisco, «La epidemia americana de influenza en 1493», *AEA*, XLV, 1985.
Guillén, Claude, «Un padrón de conversos sevillanos», *Bulletin Hispanique*, 65 (1965).
Gutiérrez de Santa Clara, Pedro, *Historia de las guerras civiles de Perú*, 6 vols., Madrid 1904-1929.
Hamilton, Earl J., *American Treasure and the Price Revolution in Spain 1501-1650*, Cambridge, Massachusetts 1934.

Hanke, Lewis, *The Spanish struggle for Justice in the Conquest of America*, Philadelphia 1949.
—, *Aristotle and the American Indians*, Londres 1959.
—, *All Mankind is one*, Da Kalb, 1974.
Haring, C. H., *Trade and navigation between Spain and the Indies in the Time of the Habsburgs*, Cambridge, Massachusetts 1918.
—, *The Spanish Empire in America*, Nueva York 1947.
Harrisse, Henry, *The Discovery of North America*, Londres 1892.
Harvey, L. P., *Islamic Spain 1250 to 1500*, Chicago 1990.
Hazanas y la Rua, Joaquín, *La Imprenta en Sevilla*, Sevilla 1945.
—, *Maese Rodrigo Fernández de Santaella*, Sevilla 1909.
Headley, John M., *The Emperor and his Chancellor*, Cambridge 1983.
Heers, Jacques, *Chistophe Colomb*, París 1981.
—, *Gènes au xvème siècle*, París 1961.
Hemming, John, *Red Gold*, Londres 1978.
Henige, David, *Numbers from nowhere*, unpublished, Madison, c. 1996.
Heredia, Beltrán de Vicente, «Un precursor del maestro Vitoria», en *La Ciencia Tomista*, XL, 1929.
Hill, R. R., «The office of Adelantado», *Political Science Quarterly*, XXVIII, 1913.
Hillgarth, Jocelyn, *The Spanish Kingdoms, 1250-1516*, 2 vols., Oxford 1976-1978.
Hinojosa, R., *Los despachos de la diplomacia pontificia en España*, 2 vols., Madrid 1896 (hasta 1603).
Huizinga, J., *Erasmus of Rotterdam*, Londres 1952.
—, *The Autumn of the Middle Ages*. Nueva tr. inglesa de Rodney J. Payton y Ulrich Mammitzsch, Chicago 1996.
Hulme, Peter, *Colonial encounters: Europe and the Native Caribbean*, Londres 1986.
Hume, David, *History of England*, 8 vols., Dublín 1775.
Ibarra, Eduardo, «Los precedentes de la Casa de la Contratación», *R de I*, 3,4,5, 1945.
Infessura, Stephanus, *Diario della città di Roma*, ed. de Oreste Tommasini, Roma 1890.
Jacquot, Jean (ed.), *Les Fêtes de la Renaissance, II. Fêtes et céremonies au temps de Charles Quint*, París, CNRS, 1960. Incluye el ensayo de Bataillon «La Cour découvre le Nouveau Monde», 13-27.
Jones, R. O., *The Golden Age: Prose and Poetry*, Londres 1971.
Jongh, Jane de, *Margaret of Austria*, tr. del holandés de M. D. Herter Norton, Londres 1954

Kagan, Richard (ed.), *Ciudades del siglo de oro, Las Vistas Españolas de Antón van den Wyngaerde*, Madrid 1986.

—, *Students and society in Early Modern Spain*, Baltimore 1974.

Kamen, Henry, *The Spanish Inquisition: an Historical Revision*, New Haven, CT, 1997.

Kedourie, Elie (ed.), *Spain and the Jews*, Londres 1992.

Kellenbenz, Hermann, *Los Fugger en España y Portugal hasta 1560*, Junta de Castilla y León, Salamanca 1999.

Kendrick, T. D., *St. James in Spain*, Londres 1960.

Keniston, Hayward, *Garcilaso de la Vega*, Nueva York 1922.

—, *Francisco de los Cobos*, Pittsburgh 1959.

Khaldun, Ibn, *Histoire des Berbères et des dynasties musulmannes de l'Afrique septentrionale*, tr. y reimpresión, París 1969.

Klein, Julius, *The Mesta: a Study in Spanish Economic History*, Cambridge 1920.

Kobayashi, José María, *La educación como conquista, empresa franciscana en México*, México 1974.

Konetzke, Richard, *El Imperio Español: Orígenes y Fundamentos*, tr. del alemán, Madrid 1946.

—, «La emigración española al Río de la Plata», en el vol. III de *Miscelánea Americanista*, CSIC, Madrid 1953.

—, *The Americas*, XIV, 1958.

Kriegel, Maurice, «La prise d'une décision, l'exclusion des juifs de l'Espagne en 1492», *Revue Historique*, CCLX, 1978.

Kubler, George y Martín Soria, *Art and Architecture in Spain and Portugal and in their American Dominions, 1500 to 1800*, Harmondsworth 1959.

Ladero Quesada, Miguel Ángel, *Andalucía en torno a 1492*, Madrid 1992.

—, *Castilla y la conquista del reino de Granada*, Valladolid 1967.

—, «Les finances royales de Castille à le vieille des temps modernes», *Annales*, mayo-junio, 1970, 775-788.

—, *Los señores de Andalucía*, Sevilla 1973; Cádiz 1998.

—, *La Ciudad Medieval, Historia de Sevilla*, Valladolid 1980.

—, *España Colombina*, Barcelona 1990.

—, *La Incorporación de Granada en la corona de Castilla*, Actas del simposio, Granada,1993.

—, *La paz y la guerra en la época del Tratado de Tordesilla*, Valladolid 1994.

—, *La España de los Reyes Católicos*, Madrid 1999.

—, *Isabel la Católica y la política*, Instituto de Historia, Simancas, Valladolid, 2001.

—, *El primer oro de América*, Madrid 2002.

—, *Grandes batallas: Las guerras de Granada en el siglo xv*, Barcelona 2002.

—, con Manuel González Jiménez, *Diezmos eclesiásticos y producción de cereales en el reino de Sevilla, 1468-1503*, Sevilla 1979.

Lafaye, Jacques, *Los albores de la imprenta: el libro de España y Portugal, y sus posesiones de ultramar*, México, 2002.

Lamb, Úrsula, «Una biografía contemporánea y una carta de fray Nicolás de Ovando... [al rey, noviembre de 1509]», *Revista de Estudios Extremeños*, vols. 3-4, Badajoz 1951, 693-707.

—, «Cristóbal de Tapia vs. Nicolás de Ovando», en *HAHR*, XXXIII, agosto de 1953, 427-42.

—, *Fray Nicolás de Ovando,* con Comentarios preliminares de Miguel Muñoz de San Pedro, Madrid 1956.

La Peña y de la Camera, José María de, *A list of Spanish residencias in the Archivo de Indias, 1516-1775*, Library of Congress reference Department, Washington 1955.

La Torre, A. de, *Documentos sobre las relaciones internacionales de los Reyes Católicos*, 6 vols., Madrid 1949-1951.

Lawson, Edward W., *The discovery of Florida and its Discoverer Juan Ponce de León*, St. Augustine 1946.

Lea, H. C., *A History of the Inquisition of Spain*, 3 vols., Nueva York 1906.

Leonard, Irving, *Books of the Brave*, Nueva York 1949.

Levene, Richard, «Introducción a la historia del derecho indiano», *BRAH*, 1924, 56-7.

Liss, Peggy, *Isabel the Queen*, Oxford 1992.

Llorente, Juan Antonio, *Historia crítica de la inquisición en España*, 10 vols., Madrid 1822.

Lobo Cabrera, Manuel, «Esclavos negros a Indias a través de Gran Canaria», *AEA*, XLV, 1985.

—, *La Esclavitud en las Canarias orientales en el siglo xvi*, Santa Cruz de Tenerife 1982.

Lockhart, James M., *The Men of Cajamarca*, Austin 1972.

Lohmann, Guillermo, *Les Espinosa: une famille d'hommes d'affaires en Espagne et aux Indes à l'époque de la colonisation*, París 1968.

López, Lorenzo E., y Justo del Río Moreno, «Comercio y azúcar en la economía del azúcar antillano durante el siglo xvi», *AEA*, XLIX, 55-87.

Lorenzo, Eufemio Sanz, *Historia de Medina del Campo y su tierra*, 2 vols., esp. el vol. II: *Auge de las Ferias*, Valladolid 1986.

Los Franciscanos y el Nuevo Mundo, La Rábida 1992.

Lovén, Sven, *Origins of the Tainan Culture*, Göteborg 1935.

Lynn, Caro, *A college professor of the Renaissance*, Chicago 1937.

Mackay, Angus, *Spain in the Middle Ages, from Frontier to Empire*, Londres 1977.
—, *Society, Economy and Religion in Late Mediaeval Castile*, Londres 1987.
Magnaghi, Alberto, *Americo Vespucci*, Studio Crítico, Roma 1926.
Mahn-Lot, Marianne, *Bartolomé de las Casas*, París 1982.
Mallett, Michael, *The Borgias, Rise and Fall of a Renaissance Dynasty*, Londres 1969.
Manareu, Mahn, *Bartolomé de las Casas,* París,1966.
Manzano y Manzano, Juan, *La incorporación de las Indias a la corona de Castilla*, Madrid 1948.
—, *Cristóbal Colón, siete años decisivos de su vida 1485-1492*, Madrid 1964.
—, *Colón y su secreto: el predescubrimiento*, Madrid 1976, 3.ª edición 1989.
—, *Los Pinzones y el descubrimiento de América*, 3 vols., Madrid 1988.
Maravall, José Antonio, *Carlos V y el pensamiento político del Renacimiento*, Madrid 1960.
Marcus, Raymond, *El primer decenio de Las Casas en el Nuevo Mundo*», Ibero-American Archives, 1977.
Mariejol, J. H., *The Spain of Ferdinand and Isabella*, tr. Benjamin Keene, New Brunswick 1961.
Marrero, Levi, *Cuba: economía y sociedad*, I, Barcelona 1972.
Martínez, José Luis, *Hernán Cortés*, con cuatro volúmenes de Documentos Cortesianos, México 1990.
Martínez del Peral Fortón, Rafael, *Las armas blancas en España e Indias*, Madrid 1992.
Martínez del Río de Redo, Marita, *La Fuerza y el Viento: La piratería en los mares de la Nueva España*, México, 2002.
Martínez-Hidalgo, José María, *Las naves del descubrimiento y sus hombres*, Madrid 1992.
Martínez Shaw, Carlos (ed.), *Sevilla, siglo XVI*, Madrid 1993.
Mattingly, Garrett, *Renaissance Diplomacy*, Londres 1973.
Maura Gamazo, Gabriel, *El Príncipe que murió de amor*, Madrid 1944.
Mayr-Harting, Henry, y R. I. Moore, *Studies in Medieval History presented to R. H. C. Davis*, Londres 1985.
McNeill, W. H., *Plagues and Peoples*, Oxford 1977.
Méchoulan, Henri, *Les juifs d'Espagne, histoire d'une diaspore*, París 1992.
Melis, F., *I mercanti italiani nell'Europa medievale e rinascimentale,* introducción de Hermann Kellenbrenz, Florencia 1990.
Mena García, Carmen, «El traslado de la ciudad de Nombre de Dios a Portobelo», *AEA*, XL, 71-102.
—, *Pedrarias Dávila*, Sevilla 1992.

—, *Sevilla y las flotas de Indias*, Sevilla 1998.
Méndez Bejarano, M., *Histoire de la juiverie de Séville*, Madrid 1922.
Menéndez Pidal, Ramón (ed.), *La Idea Imperial de Carlos V*, Buenos Aires 1941.
—, *La Lengua de Cristóbal Colón*, Madrid 1958.
—, *Historia de España, XVII: La España de los Reyes Católicos*, Madrid 1978. Parte 1 por Luis Suárez y Juan de la Mata Carriazo; parte 2 por Luis Suárez y Manuel Fernández Álvarez.
Mercado Sousa, *El hombre y la tierra en Panamá (siglo XVI) según las primeras fuentes*, Madrid 1959.
Merriman, R. B., *The Rise of the Spanish Empire in the Old World and in the New*, 4 vols., Nueva York 1918-1938.
Milhou, Alain, *Colón y su mentalidad mesiánica*, Valladolid 1903.
Mira Caballos, Esteban, «Las Licencias de esclavos negros a Hispanoamérica 1544-1550», *R de I*, 44, 1994.
Modica, Anne-Marie, *Discussions actuelles sur l'origine de syphilis*, Marsella 1970.
Molina Martínez, Miguel, «El soldado cronista y su impresión del mundo indígena», *AEA*, XLI, 1984.
Moorhead, Max, «Hernán Cortés and the Tehuantepec passage», *HAHR*, vol. XXXIX, 321-380, 1949.
Morales Padrón, Francisco, *Jamaica Española*, Sevilla 1952.
—, «Descubrimiento y toma de posesión», *AEA*, XII, 1955.
—, *Historia de Sevilla, La Ciudad del quinientos*, Sevilla 1989.
Morell Peguero, B., *Mercaderes y artesanos en la Sevilla del descubrimiento*, Sevilla 1986.
Morison, Stanley, *Admiral of the Ocean Sea*, 2 vols., Boston 1942.
—, *The European Discovery of America: the Nothern Voyages*, Oxford 1971.
—, *The European Discovery of America: the Southern Voyages, 1491-1616*, Nueva York 1974.
Mörner, Magnus, *La mezcla de razas en la historia de América Latina*, Buenos Aires 1969.
Moulin, Anne-Marie, y Robert Delort, «Syphilis: le mal américain», *L'Histoire*, 63, 1984, 87.
Muñoz de San Pedro, Miguel, *Francisco de Lizaur, hidalgo indiano de principios del siglo XVI*, Madrid 1948.
—, *Extremadura del siglo XV en tres de sus paladines*, Madrid 1964.
Murga Sanz, Vicente, *Juan Ponce de León*, San Juan 1971.
Muro Orejón, Antonio, «El problema de los reinos Indianos», *AEA*, XXVIII, 45-56

—, *Ordenanzas Reales sobre las Indias. Las leyes de Burgos 1512-13*, Sevilla 1956.

Nader, Helen, *The Mendoza Family in the Spanish Renaissance 1350-1550*, New Brunswick 1979.

Netanyahu, Benjamin, *The Marranos of Spain*, Nueva York 1966.

—, *Isaac Abravanel*, Philadelphia 1972.

—, *The Origins of the Inquisitition in Fifteen-century Spain*, Nueva York 1995,

—, *Toward the Inquisition*, Cornell 1997.

Nordenskjöld, E., «The Guaraní invasion of the Inca Empire in the sixteenth century», *Geographical Review*, Nueva York 1917.

Núñez Jiménez, Antonio, *El Almirante en la tierra más hermosa. Los viajes de Colón a Cuba*, Cádiz 1989.

Obregón, Mauricio, *Colón en el Mar de los Caribes*, Bogotá 1990.

—, *The Columbus Papers*, Nueva York 1991.

O'Connor, John J., *Amadis de Gaula and its influence on Elizabethan Literature*, New Brunswick 1970.

O'Gorman, Edmundo, *La Idea del descubrimiento de América*, México 1951.

Olmedo, Félix González, *Nebrija, 1441-1522*, Madrid 1942.

Olschki, Leonardo, «Hernán Pérez de Oliva's "Ystoria de Colón"», *HAHR*, XXIII, mayo 1943, 165-196.

—, «Ponce de León's Fountain of Youth», *HAHR*, XXI, agosto, 1941.

Orti Belmonte, Miguel A., *Ovando y Solís de Cáceres*, Badajoz 1932.

—, *La vida de Cáceres en los siglos XIII y XVII*, Cáceres 1949.

Ortiz, Fernando, «La "leyenda negra" contra Bartolomé de las Casas», *Cuadernos Americanos*, LXV, 5, 1952, 146-184.

Otero Enríquez, Santiago, *Noticias genealógicas de la familia Velázquez Gaztelu*, Madrid 1916.

Otte, Enrique, «Documentos inéditos sobre la estancia de Gonzalo Fernández de Oviedo en Nicaragua», *R de I*, 73-74, 1958.

—, «Aspiraciones y actividades heterogéneas de Gonzalo Fernández de Oviedo, cronista», *R de I*, 71, 1958.

—, «El joven Carlos y América», en *Homenaje a Don Ramón Caranda*, Madrid 1963.

—, «La flota de Diego Colón», *Españoles y Genoveses en el comercio trasatlántico*, 1509, *R de I*, 95-96, 1964.

—, «Die Negersklavenlizenz des Laurent de Gorrevod», en *Spanisches Forschungen der Görresgesellschaft*, Erste Reihe, 22, 283-320, Munster 1965.

—, *Las Perlas del Caribe*, Caracas 1977.

—, «Los mercaderes transatlánticos bajo Carlos V», *AEA*, XLVII, 1990.

—, «Cartas de Diego de Ordaz», en *Historia Mexicana, Cartas privadas de emigrantes a Indias*, Sevilla 1988.

—, *Sevilla y sus mercaderes a fines de la Edad Media*, Sevilla 1996.

Padgen, Anthony, *European Encounters with the New World*, New Haven 1993.

—, *The Fall of Natural Man: the American Indian and the Origins of Comparative Ethnology*, Cambridge 1982.

Parish, Helen, con Harold Weideman, S. J., «The correct birthdate of Bartolomé de las Casas», *HAHR*, LVI.

Parry, John H., *The Establishment of the European Hegemony*, Londres 1961.

—, *The Spanish Seaborne Empire*, Londres 1966.

Pastor, Ludwig von, *History of the Popes*, tr. de Frederick Ignatius Antrobus, Londres 1898.

Paz y Melia, A., *El Cronista Alonso de Palencia*, Madrid 1914.

Pérez, Joseph, *Carlos V*, Madrid 1999.

—, *Los comuneros*, Madrid 2001.

Pérez de Tudela, Juan, «Política de contratación», *R de I*, 15, 1955.

—, *Las armadas de Indias y los orígenes de la política de la colonización*, CSIC, Instituto Jerónimo Zurita, Madrid 1956.

—, *Mirabilis in altis*, Madrid 1983.

Phillips, Carla Rahn, *Ciudad Real 1500-1750*, Cambridge, Massachusetts 1979.

—, *Six galleons for the King of Spain*, Baltimore 1986.

Pike, Ruth, *Enterprise and Adventure: the Genoese in Seville*, Ithaca 1966.

—, *Aristocrats and Traders: Sevillean Society in the Sixteenth Century*, Ithaca 1972.

—, *Linajudos and Conversos in Seville*, Nueva York, 2000.

Pohl, Frederick J., *Amerigo Vespucci*, Londres 1966.

Poiret, Marie Françoise, *Le Monastère de Brou*, París, 2001.

Porrás Muñoz, Guillermo, «Un capitán de Cortés, Bernardino Vázquez de Tapia», *AEA*, V, 1948, 325-62.

Prescott, William H., *The Art of War in Spain: the Conquest of Granada 1481-1492*, ed. de Alfred D. McJoynt, Londres 1995 (los capítulos que se refieren a la guerra en la *History of the reign of Ferdinand and Isabella* de Prescott, 3 vols., 1838).

Pulido Rubio, José, *El piloto mayor de la Casa de la Contratación de Sevilla*, Sevilla 1950.

Ramos Gómez, Luis, «Los Lucayos guias Naúticas», *R de I*, 49, 1986.

—, «Castillo del Oro», *AEA*, *xxxvii*, 1980, 45-67.

—, *El conflicto de las lanzas jinetes*, Santo Domingo 1982.

—, «El Repudio al tratado de Tordesillas», Congreso Nacional de Historia, Salamanca 1992.

—, (ed.), *La carta de Colón sobre el descubrimiento*, Granada 1983.
Ranke, L. von, *The Ottoman and Spanish Empires in the Sixteenth and Seventeenth Centuries*, Londres 1843.
Real Díaz, José J., *El sevillano Rodrigo de Bastidas*, Archivo Hispalense, 2.ª época, XXXVI, 1962.
Reitz, Elizabeth J., «Dieta y alimentación hispano-americana en el caribe en el siglo XVI», *R de I*, 51, 1991.
Remesal, Agustín, *La Raya de Tordesillas*, Valladolid 1994.
Resplendence of the Spanish Monarchy, Nueva York 1991.
Reverte, Javier (ed.), *Exploradores españoles olvidados de los siglos XVI y XVII*, Madrid 2000.
Reyes y Mecenas, Madrid 1992.
Ricard, Robert, *The Spiritual Conquest of Mexico*, tr. de Leslie Byrd Simpson, Berkeley 1974.
Rodríguez Demorizi, Emilio, *Los dominicos y las encomiendas en la Isla Española*, Santo Domingo 1971.
Rodríguez González, Ricardo, *Mercaderes castellanos del siglo de Oro*, Valladolid 1995.
Rodríguez Moñino, A., *Los pintores badajoceños del siglo XVI*, Badajoz 1956.
Rodríguez Prampolini, *Amadises en América. La hazaña de Indias como empresa caballeresca*, México 1948.
Rodríguez Sánchez, Ángel, *La población cacereña en el siglo XVI*, Salamanca 1976.
Rodríguez Villa, Antonio, *Bosquejo biográfico de la reina Juana*, Madrid 1874.
Romoli, Kathleen, *Balboa of Darien*, Nueva York 1953.
Rosa Olivera, L. de la, «Francisco de Riberol y la colonia genovesa en Canarias», *AEA*, 18, 1972, 61-198.
—, *La población de América en 1492*, México 1967.
Rouse, Irving, *The Tainos: Rise and Decline of the People Who Greeted Columbus*, New Haven 1992.
Ruiz-Doménec, José Enrique, *El Gran Capitán*, Barcelona 2002.
Ruiz Rivera y Manuela, Julián y Cristina García Bernal, *Cargadores a Indias*, Madrid 1992.
Rumeu de Armas, Antonio, *Alonso de Lugo en la Corte de los Reyes Católicos, 1497-1497*, Madrid 1952.
—, «Colón en Barcelona», *AEA*, 1944, 437-511.
—, «Cristóbal Colón y doña Beatriz de Bobadilla», *AEA*, XXVIII, 343-78.
—, *Itinerario de los Reyes Católicos*, Madrid 1974.
—, *Piraterías y ataques navales contra las Islas Canarias*, vol. I, CSIC, Instituto Jerónimo Zurita, Madrid 1947.

Rummel, Erika, *Jiménez de Cisneros*, Tempe 1999.

Russell, Peter, *Prince Henry the Navigator*, New Haven, 2000.

Saco, José Antonio, *Historia de la esclavitud de la raza africana en el Nuevo Mundo*, 4 vols., La Habana 1938.

Saénz de Santa María, Carmelo, «La Hueste de Alvarado en Perú», *AEA*, XLIII, 1983.

Sale, Kirkpatrick, *The conquest of Paradise*, Londres 1991.

Sánchez Blanco, Francisco, «Descubrimiento de la variedad humana... el impacto del nuevo mundo», *AEA*, *xlv*, 1985.

Sánchez González, Antonio, *Medinaceli y Colón*, Madrid 1995.

Santillana, el Marqués de, *Los albores de la España Moderna*, 4 vols., Hondarribia, 2001.

Sauer, Carl Ortwin, *The Early Spanish Main*, Berkeley 1966.

Sayous, A. E., «Les débuts du commerce de l'Espagne avec l'Amérique d'aprés de minutes inédites des archives notariales de Seville», *Revue Historique*, 1934.

Scelle, Georges, *La Traite négrière aux Indes de Castille*, 2 vols., París 1906.

Schäfer, Ernesto, *El Consejo Real y supremo de las Indias*, 2 vols., Sevilla 1935.

Schick, Léon, *Un grand hommes d'affaires au début du xvie siècle: Jacob Fugger*, París 1957.

Schwaller, John, «Tres familias mexicanas del siglo XVI», *Historia Mexicana*, 122, 1981.

Serrano, F. Luciano, *Los conversos Don Pablo de Santa María y Don Alfonso de Cartagena*, Madrid 1942.

Serrano y Sanz, Manuel, *Los amigos y protectores aragoneses de Cristóbal Colón*, Madrid 1918, reimpreso en Barcelona 1991.

—, *Los orígenes de la dominación española en Indias*, Madrid 1918, reimpreso en Barcelona 1991.

Sicroff, Albert A., *Les Controverses des statuts de pureté de sang en Espagne du XVe au XVIIè siècle*, París 1960.

Simpson, L. B., *Encomienda in New Spain 1492-1550*, Berkeley 1934.

Skinner, Quentin, *Visions of Politics, II: Renaissance Virtues*, Cambridge, 2002.

Soisson, Jean-Pierre, *Marguerite Princesse de Bourgogne*, París, 2002.

Spivakovsky, Erika, *Son of the Alhambra: Don Diego Hurtado de Mendoza 1504-1575*, Austin 1970.

Suárez Fernández, Luis, *Documentos acerca de la expulsión de los judíos de España*, Madrid 1991.

—, *Historia de España: La España de los Reyes Católicos*, Edad Media, Madrid 1969.

—, *La expulsión de los judíos de España*, Madrid 1991
—, *Homenaje* (ensayos), Valladolid 1991.
—, *Isabel I, Reina*, Barcelona 2000.
—, *Enrique IV de Castilla*, Madrid 2001.
—, *Nobleza y Monarquía*, Madrid 2002.
Subirats, Eduardo, *El Continente Vacío*, México 1994.
Super, John C., *Food, Conquest and Civilisation in the Sixteenth Century*, Alburquerque 1988.
Sweet, D. G., y Gary B. Nash, *Struggle and Survival in Colonial America*, Berkeley 1981.
Tate, Robert B., *Joan Margarit i Pau, Cardinal-Bishop of Gerona*, Manchester 1955.
Thomas, Henry, *Spanish and Portugese Romances of Chivalry*, Cambridge 1920.
Thomas, Hugh, *The Conquest of Mexico*, Londres 1993. Edición española, *La conquista de México*, Planeta, Barcelona,
—, *Quién es quién en la conquista de México*, Barcelona 2001.
Tibesaar, Fr. Antonio, «The Franciscan Order of the Holy Cross of Española 1505-1559», *The Americas*, vol. 43, 3, 1957.
Tío, Aurelio, *Nuevas Fuentes para la Historia de Puerto Rico*, San Germán 1961.
Todorov, Tzvetan, *La conquête de l'Amérique*, París 1982.
Tordesillas 1494, Madrid 1994.
Tra Siviglia e Genova: notaio, documento e commercio nell'eta colombina, Milán 1994.
Touissant, Manuel, *La conquista de Pánuco*, México 1948.
Trueba, Eduardo, *Sevilla marítima*, Sevilla 1990.
Trueta Rapall, J., *The Spirit of Catalonia*, Londres 1946.
Valdeón Baruque, Julio, *España y el sacro imperio*, Valladolid, 2001.
—, (ed.), *Isabel la Católica y la política*, Instituto de Historia Simancas, Valladolid, 2001.
Valdivieso, María, *Isabel la Católica, Princesa*, Valladolid 1974.
Vaquero Serrano, María Carmen, *Garcilaso, poeta de amor, caballero de la guerra*, Madrid 2002.
Varela, Consuelo, «El rol del cuarto viaje colombino», *AEA*, XLII, 1985.
—, «El Testamento de Amerigo Vespucci», *Historiografía y bibliografía americanistas*, XXX, 2, Sevilla 1986.
—, «La Isabela», *R de I*, 47, 3, 1987.
—, *Colón y los florentinos*, Madrid 1988.
—, *Cristóbal Colón, retrato de un hombre*, Madrid 1992.
Vasari, *Lives of the Painters*, Everyman, Londres 1927.

Velasco Bayón, Balbino, «El conquistador de Nicaragua, Gabriel de Rojas», *AEA*, 1985.
—, *Historia de Cuéllar*, 4.ª ed., Segovia 1996.
Verlinden, Charles, *L'esclavage dans l'Europe mediévale*, vol. 1, Brujas 1955.
—, «La population de l'Amérique précolombienne. Une question de méthode», en *Mélanges Fernand Braudel*, Tolosa 1973.
Vicens Vives, J., *Política del rey Católico en Cataluña*, Barcelona 1940.
—, *Historia crítica de la vida y reinado de Fernando II de Aragón*, Zaragoza 1962.
—, *Historia social*, Barcelona 1959.
Vincent, Bernard, *1492, «L'Année admirable»*, Aubier 1991
Voche, Henri de, *John Dantiscus and his Netherlandisch friends as revealed by their correspondence*, Louvain 1961.
Walls y Merino, Manuel, *Primer Viaje alrededor del mundo*, Madrid 1899.
Washburn, Wilcomb, «The meaning of discovery in the fifteenrth and sixteenth centuries», *AHR*, oct. 1962.
Wauchope, Robert (ed.), *Handbook of the American Indians*, 16 vols., 1964-1976.
Weber, David J., *The Spanish Frontier in North America*, New Haven 1992.
Weckman, Luis, «Las bulas alejandrinas de 1493 y la teoría política del papado medieval», *Publicaciones del Instituto de Historia*, México 1949.
—, *La Herencia medieval de México*, México 1984.
Wilson, Edward M. y Duncan Noir, *A Literary History of Spain: the Golden Age of Drama*, Londres 1971.
Wright, I. A., «The commencement of the cane sugar industry in America», *AHR*, XXI, 1916.
—, *The Early History of Cuba*, Nueva York 1916.
Zavala, Silvio, *Recuerdo de Vasco de Quiroga*, México 1965.
—, *Sir Thomas More in New Spain*, Nueva York 1955.
—, *Las Instituciones jurídicas en la conquista de América*, 3.ª edición, México 1988.
Zweig, Stefan, *Magellan*, Barcelona 1955.

Lista de abreviaturas

AEA:	*Anuario de Estudios Americanos.*
AEM:	*Anuario de Estudios Medievales.*
AGI:	*Archivo General de Indias.*
AHR:	*American Historical Review.*
APS:	*Archivo de Protocolos, Sevilla.*
BAE:	*Biblioteca de Autores Españoles.*
BAGN:	*Boletín del Archivo General de la Nación, México.*
BRAH:	*Boletín de la Real Academia de la Historia, Madrid.*
CDI:	Colección de documentos inéditos relativos al descubrimiento, conquista, y organización de las posesiones españolas en América y Oceanía, 42 vols., Madrid 1864-1889, ed. de Joaquín Pacheco y Francisco Cárcenas.
CDIU:	Colección de documentos inéditos relativos al descubrimiento, conquista y organización de las antiguas posesiones españolas de ultramar, 25 vols., Madrid 1880-1932.
cit:	citado en.
Cu:	Cuadernos Americanos.
ed. de:	edición de.
HAHR:	*Hispanic American Historical Review.*
intr. de:	introducción de.
Las Casas:	Bartolomé de Las Casas, *Historia de las Indias*, ed. de M. Aguilar, 3 vols., Madrid 1927.
leg:	legajo.
lib:	libro.
Oviedo:	Gonzalo Fernández de Oviedo, *Historia general y natural de las Indias*, 5 vols., ed. de Juan Pérez de Tudela, Madrid 1959.
R de I:	*Revista de Indias.*
res.:	residencia de.
vol.:	volumen.

Notas

Libro primero

1. Gonzalo Fernández de Oviedo, *Historia general y natural de las Indias*, BAE 2.ª edición, Madrid 1992, I, 8.

2. Sir Walter Raleigh, *Collected works*, vol. VI, *The History of the world*, Oxford 1829, 114.

Capítulo 1

1. Citado en L. P. Harvey, *Muslim Spain*, Chicago, 1990, 219. Ibn Zamrak, traducido a partir de Shibab al-Din Ahmad b.Muhammad, Nafh al-tib gusn al Andalus.

2. En una ciudad conocida por los musulmanes como 'Atqua y, por los cristianos como Ojos de Huéscar, Pedro Mártir dijo que el fuego había sido causado por una tea, de la madera de un árbol resinoso que se usa para alumbrar, que cayó al suelo en la tienda de la Reina (Epistolario, en *Documentos inéditos para la historia de España*, Madrid 1953, IX, 160).

3. En 1483 había dirigido 350 lanzas contra los moros y había sido nombrado alcaide de la fortaleza de la cercana ciudad de Jaén cuando los moros se retiraron. También era primo de un famoso ministro real de otra generación, Álvaro de Luna. Para sus siguientes acciones, véase el capítulo 9 de este libro.

4. Mártir, ibídem, 91.

5. Sería interesante saber si este Pulgar, como el historiador del mismo nombre, era un converso.

6. Mártir, ídem.

7. Ludwig von Pastor, *History of the Popes*, traducción de Frederick Ignatius Antrobus, Londres 1898, V, 338.

8. Véase la *Virgen de Granada* de Petrus Christus II, que se suele datar hacia 1500. Ahora se encuentra en el Museo del Castillo en Peratallada. Véase también *La ciudad de Granada vista por un pintor flamenco* de Diego Angulo Iñíguez, en Al-Andalus 1940, V, 460-470.

9. Antoine de Lalaing, *Voyage de Philippe Le Beau la Espagne*, en 1501, Bruselas 1876, 204-208.

10. Ibid. Aquellos que habían huido de Antequera tenían en Granada su propio barrio, la Antequeruela.

11. Véase Ibn Khaldun, *Histoire des Berbères et des dynasties musulmannes de l'Afrique septentrionale*, traducción y reimpresión en París 1969, IV, 74.

12. Carta circular del rey Yusuf III de Granada, alrededor de 1415, encontrada en Aragón y publicada por J. Ribera y M. Asín, *Manuscritos árabes y aljamiados de la Biblioteca de la Junta*, Madrid 1912, 259, cit. L. P. Harvey, 59.

13. Estas cifras vienen de Ladero Quesada en el ensayo «Isabel y los musulmanes», en *Isabel la Católica y la política*, Instituto de Historia Simancas, Valladolid 2001.

14. El término más popular «moros» se usaba también a menudo, y el lugar en el que vivían se llamaba «morerías». Los musulmanes que se convertían al cristianismo eran conocidos como moriscos.

15. Abu'l'-Abbas Ahmad al-Wanshari, alrededor de 1510, citado en Harvey, 58.

16. *Las Siete Partidas*, ed. Francisco López Estrada y María Teresa López García-Berdoy, Madrid 1992, 420.

17. *Historia del Abencerraje y la Hermosa Jarifa*, Madrid 1551-1565.

18. Seiscientos ochenta y tres fueron dados a prelados o caballeros, setenta al cardenal Mendoza. Unos pocos fueron enviados al Papa.

19. Alonso de Palencia, Crónica de Enrique IV, *Historia de la guerra de Granada*, ed. A. Paz y Melia, BAE, vols. 257, 258, Madrid 1973-1975, 57. Merlo era el hombre de la Corona de Sevilla, cargo conocido como el «asistente».

20. Luis Suárez, *Isabel I Reina*, Barcelona 2000, 221.

21. Tarsicio Azcona, *Isabel la Católica*, Madrid 2000, 184.

22. J. Masía Vilanova, *Una política de defensa mediterránea en la España del siglo XVI*, en *Fernando el Católico, pensamiento político*. V Congreso de Historia de la Corona de Aragón, Zaragoza 1956, 99. Véase también W. H. Prescott, *The Art of War in Spain, The conquest of Granada*, 1481-1492, Londres 1995, 181.

23. L. P. Harvey, ibídem, 228, 256.

24. Hernando de Pulgar, *Crónica de los Reyes Católicos*, Madrid 1770, 177-179.

25. Maquiavelo, *El príncipe*, traducción y edición de George Bull, Londres 1961, 119; Gil, I, 372. Maquiavelo dijo: «En nuestros tiempos tenemos a Fernando de Aragón, el actual Rey de España. Puede vérsele como un nuevo Príncipe porque, desde unos inicios como monarca débil, se ha elevado hasta ser, en fama y gloria, el primer rey de la Cristiandad. Si estudias sus logros, verás que todos son magníficos y que algunos no tienen parangón. En los inicios de su reinado atacó Granada y esa campaña puso los cimientos de su poder.» John Elliott (*Imperial Spain*, Londres 1963, 34) escribió: «Una vigorosa renovación de la guerra contra Granada contribuyó más que ninguna otra cosa a que el país se uniera tras sus nuevos monarcas.»

Capítulo 2

1. En el siglo XX, don Juan le dijo a su hijo don Juan Carlos que él también «tuvo que ser nómada» (*El País*, 20 de noviembre de 2000, p. 29).

2. Antonio Rumeu de Armas, *Itinerario de los Reyes Católicos 1474-1516*, Madrid 1974, 157-164, 179-183.

3. Véase la lista de estos viajes en Rumeu de Armas, ibídem, 14-15 y notas 3-18.

4. El argumento lo defiende Azcona, ibídem, 371.

5. La tradición es que los tapices flamencos del siglo XV de la catedral de Granada cerca de las tumbas de los monarcas estaban entre los que los propios monarcas llevaban. Pero se dice que Isabel tenía 370 tapices.

6. Suárez, ibídem, 120, utiliza la palabra «dramáticas» para referirse a ellas.

7. El canciller imperial de Carlos V, Gattinara, pensó que la itinerante corte tenía un precedente en el Imperio romano. Véase A. H. M. Jones, *The Later Roman Empire*, Oxford 1964, I, 366-367; el *comitatus*, los ministros que acompañaban al Emperador eran «de hecho un cuerpo itinerante». Los duques de Borgoña eran igualmente nómadas y también lo era el emperador Maximiliano. Para saber de sus notables viajes, véase la *Collection des voyages des souverains des Pays-Bas* coordinada por M. Gachard, tomo I, Bruselas 1876, 9-104.

8. Para saber sobre los jerónimos, véanse capítulos 3, 27, 28 y 29.

9. La sensación de estar ante un pasado perdido se percibe con fuerza hoy en día si uno visita la Mejorada, donde los que una vez fueran patios espléndidos ahora están cubiertos por malvas y los perros callejeros vagabundean entre las celdas: «Donde estaba Troya ahora hay maizales.»

10. Según Lorenzo Galíndez de Carvajal (*Anales Breves de los Reyes Católicos*, en la Colección de Documentos Inéditos para la Historia de España, Madrid 1851, vol. XVIII, 229-230: «Los reyes tenían un libro y en él memoria de los hombres de más habilidad y méritos para los cargos que vacasen; y lo mismo para la provisión de los obispados y dignidades eclesiásticas.»

11. Que sobrevive transformado en el famoso Parador.

12. El único rey que volvería a Asturias antes de que Carlos V fuera allí involuntariamente en 1517 fue Pedro el Cruel.

13. Véase Luis Suárez, *Nobleza y Monarquía*, Madrid 2002, 145.

14. Richard Kagan, *Ciudades del siglo de oro*, Madrid 1986, 70.

15. Christoph Weiditz, Trachtenbuch 1528, en el Deutsches Museum, Nuremberg, y la edición facsímil de Theodre Hampfe, Berlín 1928. Weiditz llegó a España en el séquito del embajador polaco Dantiscus. Su relación es un alegre recordatorio de que ha habido tiempos en que los ricos polacos han ayudado a los pobres alemanes.

16. También Philippe de Bigarny de Langres, en Burgundy, el gran maestro de las esculturas de la catedral de Burgos. Quizá fuera natural de esa ciudad. Su vida fue larga y su producción artística muy diversa.

17. La mayoría coincide en que su mejor retrato es el anónimo que ella misma cedió a la Cartuja de Miraflores y que ahora se puede ver en el Palacio Real en Madrid. Pueden verse otros buenos retratos de Isabel en la Real Academia de la Historia, en el Prado con Fernando y también sola, y en la colección real de Windsor, en Inglaterra. También está, no hecha en vida, la elegante escultura de su tumba en Granada, tallada por Domenico Fancelli (*c.* 1514). Véase Azcona, 18-19, para una discusión sobre este tema.

18. No murió hasta 1496, cuando ya llevaba muchos años alejada de la cordura.

19. Azcona, 89, comenta que era «de espléndida belleza pero sin dote».

20. Véase cómo Luis Suárez defiende con habilidad su figura en *Enrique IV de Castilla*, Barcelona 2001.

21. Por este acuerdo, Alfonso sería llamado después de la boda «príncipe de Castilla y León» y «príncipe de Asturias». Podría mantener esos títulos incluso si tenía dos hijos. Los hijos se educarían en Castilla y la gente de su entorno serían castellanos. Cuando muriera Enrique, los dos reinarían en Castilla. Si Isabel moría primero, Alfonso continuaría siendo rey de Castilla. Si el plan no se llevaba a cabo, Alfonso se casaría con Juana.

22. Hay también algunos signos positivos más, como podemos ver en Azcona, 68 ss. y 75. Este autor señala que «el hecho incontrovertible es que Juana fue jurada princesa heredera y [en los 1460] que ninguna duda

surgió entonces sobre su nacimiento legítimo». En su vida, Luis Suárez insiste que Isabel mismo podría no haber tenido dudas sobre la ilegitimidad de Juana. La madre de Juana tenía amantes y otros hijos ilegítimos (los Castillas). También, lo que es más importante, Enrique admitió que su matrimonio con Juana había sido con una prima sin consentimiento papal, así que según la ley canónica la Beltraneja no era legítima. Véase Luis Suárez, *Enrique IV de Castilla*, 235-236. Alfonso de Palencia, el historiador que pronto iba a convertirse en el secretario de Isabel, informó de que corrían rumores de que Enrique tampoco era hijo de su supuesto padre.

23. Gutierre de Cárdenas, sobrino de Alonso de Cárdenas, el gran maestro de la orden de Santiago, estuvo durante mucho tiempo formando parte de la casa del arzobispo Carrillo, luego se unió a Pacheco, siguió a menudo al infante Alonso y luego, tras Guisando, se convirtió en *maestresala* de la casa de Isabel en 1468, y fue con Palencia a Zaragoza en 1469, para traer de vuelta a Valladolid a Fernando, el príncipe de Aragón. Cabalgó frente a Isabel con una espada desenvainada en la proclamación en Segovia en 1474, prometiendo castigar a los criminales. Desde 1475 fue el segundo tesorero del reino. Tomó parte en las últimas fases de la guerra de Granada. Fue rechazado al principio en Málaga, pero dirigió las tropas españolas a la Alhambra en enero de 1492. Para entonces, «siempre había vivido en palacio», era comendador de León, contador mayor y rico. Dirigió la delegación a Inglaterra para el matrimonio de Catalina de Aragón. Fue un negociador en Tordesillas y no era bueno. Murió hacia 1502.

24. Alfonso de Palencia (1423-1492) fue un humanista que estudió primero con Alfonso de Cartagena, secretario latino y cronista de los monarcas castellanos entre 1456 y 1474. Su historia del reinado de Enrique IV está entre las obras más influyentes de la historiografía española. Criticó a Enrique por cederle parte de su poder a favoritos y argumentó que había provocado la guerra civil y que había firmado tratados demasiado favorables hacia los musulmanes. Entonces se convirtió en secretario de Isabel y fue él quien acompañó a Gutierre de Cárdenas para traer a Fernando a Valladolid en 1469. Fue la fuente principal de información para historiadores como Bernáldez, Pulgar, Valera, etcétera, así como para Prescott en su *Historia del reinado de Fernando e Isabel.*

25. John Edwards, *The Spain of the Catholic Kings*, Oxford 2000, 266.

26. Véase M.ª Isabel del Valdivieso, «La Infanta Isabel, Señora de Medina del Campo», *Estudios de Historia Medieval, Homenaje a Luis Suárez*, Valladolid 1991. Véase también Eufemio Lorenzo Sanz, ed., *Historia de Medina del Campo y su tierra*, Valladolid 1986, 2 vols.

27. Azcona, 115, insiste en que la iniciativa vino de Aragón. El docu-

mento presentado por Veneris venía a decir que Pío II había emitido un decreto similar en 1464.

28. Véase Ernest Belenguer, *La corona de Aragón en la monarquía hispánica*, Barcelona 2001, capítulos II-III.

29. Puesto que en las primeras etapas, Aragón jugó un papel mucho menor en el imperio español en las Indias que Castilla, no estudiaremos aquí el reino detalladamente.

30. Véase Juan Manuel Carretero Zamora, *Cortes, monarquía, ciudades. Las cortes de Castilla a comienzos de la época moderna, 1476-1515*, Madrid 1988, *passim*.

31. Palencia, ibídem, 287-296 describe de forma muy vívida el viaje.

32. Juana, su hija, le contó a un diplomático inglés en mayo de 1505 tras la muerte de Isabel que no era sólo en ella en la que reinaba esa pasión, sino que también lo hacía en su madre. (cit. Azcona, 25) «Notorio es que no fue otra cosa que los celos y no sólo se halla en mí esta pasión, más la Reyna, mi señora... fue asímismo celosa...».

33. «Suplico a vuestra señoría que más a menudo vengan las cartas que, por mi vida, muy tardías vienen.» Vicente Rodríguez Valencia, *Isabel la Católica en la opinión de españoles y extranjeros*, 3 vols., Valladolid 1970, III, 108.

34. Alfonso se convirtió en arzobispo de Zaragoza y él mismo tuvo descendientes ilegítimos. Juana se casó con Bernardino Fernández de Velasco, condestable de Castilla.

35. Es probable que en 1500 la población total de la península superara ligeramente los seis millones de habitantes, de los cuales un millón vivía en Portugal. Véase Azcona, 323.

36. Insiste en ello Azcona, 115.

37. Se discute la figura de Fernando como «un mujeriego sin freno» en Manuel Fernández Álvarez, Juana la Loca, Madrid 2000, 57 ss.

38. Pulgar, 36.

39. Manuel Giménez Fernández, *Bartolomé de las Casas*, vol. I, Sevilla 1953.

40. Otros cuadros se encuentran en el Musée des Beaux Arts, Poitiers, y en Windsor, en la British Royal Collection (pintor desconocido). Véase también la *Virgen de la Merced* de Diego de la Cruz y su taller, con su familia y el cardenal González de Mendoza, en el Real Monasterio de las Huelgas.

41. Peggy Liss, *Isabel the Queen*, Oxford 1992, 76.

42. Alonso de Quintanilla fue más tarde el funcionario que sacó adelante la idea de una policía nacional o Hermandad, en 1476, ante las Cortes de Madrigal. Organizó la ayuda genovesa (los Ribarolo, Pinelli) para la conquista de Canarias en los años ochenta del siglo XV. El duque de Medi-

naceli, en su carta al cardenal Mendoza en 1493, dice que Quintanilla se había sumado a su apoyo al viaje de Colón. Colón mismo iría a menudo a comer a la casa de Quintanilla, gracias al cardenal Mendoza, Oviedo, I, 22.

43. Andrés Cabrera, mayordomo de Enrique IV hacia 1472, fue alcaide de Segovia y también líder de los conversos de la ciudad. Fue nombrado marqués de Moya y luego se casó con Beatriz de Bobadilla, camarera de Isabel. Suárez, en *Isabel I*, habla de él como «el de las gestiones decisivas», 162. Isabel utilizó sus servicios continuamente y hacia 1492 ya era rico.

44. El cardenalato de Mendoza fue probablemente arreglado por Rodrigo Borgia como compensación por su cambio de política. Borgia estuvo en España desde el 18 de junio de 1472 al 12 de septiembre de 1473, entrando y dejando el país por Valencia, ciudad de la que había sido obispo desde 1458. Véase Miguel Batllori, *La familia de los Borjas*, Madrid 1999, 92.

45. Palencia, ibídem, 156-157. «La señora Princesa dançó allí e el señor Rey cantó delante de ella e estovieron en su gajasa do gran parte de la noche...»

46. En Castilla los monarcas no se coronaban ni se coronan de la forma en que se hace en Francia e Inglaterra.

47. Palencia, 154.

48. El obispo Mendoza se convertiría en canciller del sello secreto, Chacón en el contable principal, Cárdenas en su adjunto, mientras Rodrigo de Ulloa, que había trabajado con el rey Enrique, sería el tercero al mando. Gabriel Sánchez, un aragonés converso, se haría cargo de las finanzas de la casa real.

49. Bartolomé de Las Casas, *Historia de las Indias*, México 1986, 3 vols., I, 156.

50. Richard Ford, *A Handbook for Travellers in Spain*, 3.ª edición, Londres 1855, I, 320.

51. Véase también la tumba de Mendoza en la catedral de Toledo, que su testamento especificaba que tendría que ser «transparente y abierta con esculturas a ambos lados». Probablemente fuera obra de Sansovino. Hay un retrato del cardenal, vestido de rojo con un sombrero rojo, en la Virgen de la Merced y con la familia de los Reyes Católicos en Las Huelgas, Burgos. Otro retrato suyo, en que se le ve calvo, aparece en el Retablo del cardenal en San Ginés, Guadalajara, al parecer obra de Juan Rodríguez de Segovia, «el maestro de los Luna». Fundó el Colegio de Santa Cruz, el primer edificio renacentista de España, en Valladolid. Allí se formaba a los letrados para que pudieran entrar al servicio del rey. Tenían que tener limpieza de sangre, es decir, no ser sospechosos de tener sangre judía. El cardenal aparece en el tímpano.

52. Suárez, 115.

53. Véase el águila en el escudo de armas de la página seis del Breviario de Isabel.

54. Liss, ibídem, 122-123.

55. Sus libros incluían *La vida de Cristo,* de Landulfo de Sajonia, *El jardín de las nobles doncellas,* de fray Martín de Córdoba, los *Soliloquios* de fray Pedro de Guadalajara, y el *Exercitorio de la vida espiritual* de fray García Ximénez de Cisneros, así como numerosas (y primitivas) novelas de caballería.

56. Juan de Encina trabajó para el duque de Alba, y podemos imaginar cómo una de sus obras musicales se representó en el castillo del duque de Alba en Tormes en Nochebuena en 1492. Encina era un maestro tanto en la poesía como en la música.

57. Así le contó a su confesor Talavera «No reprehendo las dádivas y las mercedes... No el gasto de las ropas y nuevas vestiduras, aunque no carezca de culpa en lo que en ello ovo de demasiado» (véase Vicente Rodríguez Valencia, III, 5 para leer un debate sobre el tema). Munzer la vio siempre vestida de negro, como vemos en «Viaje por España», en J. García Mercadal, *Viajes de extranjeros por España y Portugal,* Madrid 1952, I, 404. Antoine de Lalaing expresó un punto de vista similar, sólo que en 1501: «No hablo de los vestidos del Rey y de la reina, porque no llevan más que paños de lana.»

58. Mártir, *Epistolario,* carta 150.

59. Por ejemplo, según sir Peter Russell, citado en Edwards, 1.

60. Podemos encontrar una muy buena narración de esta guerra en Edwards, ibídem, 23.

61. Para otra profecía, véase el capítulo 37.

62. Como, por ejemplo, demostró en su benigna solución de los problemas sociales de Cataluña, donde aseguró que acabaría la crisis política crónica en el principado que enfrentaba a los campesinos con los señores.

63. Luciano Serrano y Pineda, «Correspondencia de los Reyes Católicos con el gran capitán durante las campañas de Italia», en *Revista de Archivos, Bibliotecas y Museos,* vols. XX-XXIX, 1909-1913, carta fechada el 10 de julio de 1505.

64. Munzer en García Mercadal, 328. De entre las biografías de Fernando, la más reciente es la de Ernest Belenguer, *Fernando el Católico,* Barcelona 1999.

65. Mártir, ibídem, 50.

Capítulo 3

1. Alejandro Magno, al llegar a Gordium, encontró un yugo al que habían atado un nudo tan fuertemente que nadie podía desatarlo. Al que lo-

grara deshacerlo se le vaticinaba que conquistaría el mundo. Alejandro cortó el nudo con su espada diciendo «Tanto monta», lo que en el español del siglo XV vino a significar «da lo mismo». En otras palabras, se invitaba a Fernando a afirmar sus derechos tomando la vía directa. Véase P. Aguado Bleye, «"Tanto Monta": La Empresa de Fernando el Católico», *Revista de Santa Cruz*, 8, Valladolid 1949.

2. Por ejemplo, Bernáldez decía que Castilla estaba llena de «mucha soberbia, é de mucha herejía, é de mucha blasfemia é cararicia, é rapiña, é de muchas guerra é bandos, é parcialidades, é de muchos ladrones é salteadores, é rufianes é matadores, é tahures, é tableros públicos...». Andrés Bernáldez, *Memoria del reinado de los Reyes Católicos*, 2 vols., Sevilla 1870, 25.

3. Conocido más adelante como el Consejo de Castilla. Yo le llamaré el Consejo del Reino.

4. Azcona, 214-215, que a menudo señala que la extracción social del Consejo era humilde, pues con frecuencia estaba compuesto de hombres inteligentes que intentaban trepar a las altas esferas de poder.

5. El desarrollo del corregidor, nombrado por la Corona en todas las ciudades importantes redujo radicalmente en Castilla el riesgo de que los municipios buscaran la independencia al estilo italiano (la figura del corregidor venía existiendo desde el siglo XIV, pero sólo se usó de forma general a partir de la década de los ochenta del siglo XV).

6. En 1494 había 54 ciudades en España que contaban con su corregidor. Véase Robert S. Chamberlain, «The corregidor in Castile and the Residencia», HAHR XXIII, 1943, 222-257.

7. Franceso Guiccardini, *The History of Italy*, traducida por Sidney Alexander, Nueva York 1969.

8. La cifra es de Klein (Julius Klein, *The Mesta*, Cambridge 1920, 27). Klein estimó que había 2,6 millones de cabezas en 1477. En 1512 los ingresos reales procedentes por el servicio y montazgo de los rebaños, que viajaban a través de las cañadas reales, de 78 metros de ancho, estaban totalmente garantizados.

9. Earl Hamilton, *American Treasure and the Price Revolution in Spain 1501-1650*, 157.

10. Se añadiría Granada tras 1492. Las ciudades eran Ávila, Burgos, Córdoba, Cuenca, Guadalajara, Jaén, León, Madrid, Murcia, Salamanca, Segovia, Sevilla, Soria, Toledo, Toro, Valladolid y Zamora. ¡Zamora decía hablar en nombre de Galicia!

11. Para España y las islas Canarias, véase más adelante capítulos 4 y 5.

12. Para un resumen del pasado medieval, véase Edwards, 42.

13. El mejor resumen sobre este tema se encuentra en los capítulos 7 y 8 y en la biografía de Azcona.

14. Op. cit., 87.

15. Quizá la cantidad hubiera llegado casi al doble alrededor de 1486-1487, en el momento de la caída de Málaga. Véase Ladero Quesada, *La paz y la guerra en la época del Tratado de Tordesillas*, Madrid 1994, 270.

16. Cifras en Ladero Quesada, *La paz y la guerra*, 271-272.

17. David Hume, *History of England*, 8 vols., Dublín 1775, vol. III, 278.

18. Véase Miguel Ángel Ladero Quesada, *La paz y la guerra*, 266.

19. Por ejemplo, en una ocasión ofreció una cena a la curia a orillas del Tíber y entonces, imitando a Petronio, cada plato se sirvio en una vajilla de plata distinta y todas sus piezas se echaron luego al río. Sin que lo supieran sus invitados, Tendilla había dispuesto unas redes en el río de modo que lo recuperó todo excepto una cuchara y dos tenedores. Cuando el Vaticano cortó su suministro de leña para el hogar, compró algunas viejas casas e hizo que las desbastaran para sacarles toda la madera.

20. Para la cuestión del aspecto en el siglo XVI, véase John Pope Hennessy, *The Portrait of the Renaissance*, Nueva York 1963.

21. He aceptado la cifra de Mártir (I, 113), pero véase también Ladero Quesada, 266.

22. Véase la excelente nueva biografía hecha por José Enrique Ruiz Domènec, *El Gran Capitán*, Madrid 2002. La campaña en Andalucía sería para «el gran capitán» un ensayo de la de Italia.

23. En el siglo X un montero de Espinosa le salvó la vida al conde Sancho García de Castilla. Desde entonces, los monteros se convirtieron en los guardaespaldas del rey.

24. A. de la Torre (*Documentos sobre las relaciones internacionales de los Reyes Católicos*, 6 vols., Madrid 1949-1951) creía que había 1.100 personas en el servicio real en 1497.

25. Se les conocía como «homicianos».

26. Mártir, II, 123.

27. Oviedo, I, ibídem, 52: «Cuanto más que han acá pasado diferentes maneras de gentes; porque, aunque eran los que venían, vasallos de los reyes de España, ¿quién concertará al vizcaíno con el catalán, que son de diferentes provincias y lenguas? ¿Cómo se avenan el andaluz con el valenciano, y el de Perpiñán con el cordobés, y el aragonés con el guipuzcoano, y el gallego con el castellano (sospechando que es portugués) y el asturiano e montanés con el navarro, etc.?»

28. Pulgar, II, 314-315, habla de «suizos naturales de los reinos de Suiza en alta Alemania».

29. Mártir llama a lord Scales conde de Escala, Mártir, I, 93, de «Bretaña».

30. Ladero Quesada, 270.

31. La palabra deriva del alemán *Hakenbühse.*

32. Las variantes incluyen la cerbatana, el falconet y el ribadoquín.

33. Véase Hermann Kellenbenz, *Los Fugger en España y Portugal hasta 1560,* Salamanca 1999, 8. España participó en este comercio con coral, algodón, piel de conejo, frutas aromáticas y, sobre todo, azafrán.

34. La primera edición catalana fue obra de un impresor alemán, Nicholas Spindler, llevado a Valencia para publicar el libro por Juan Rix de Cura. Dedicado al infante Fernando de Portugal, sería publicado en castellano en 1511. Fue escrito, en catalán, entre 1460 y 1466. Véase *Don Quijote* I, capítulo VI.

35. Véase Irving Leonard, *Books of the Brave,* Nueva York 1949, 115.

36. Nacido en Settignano en 1469, se trasladó a España siendo muy joven y permaneció allí hasta su muerte en Zaragoza en 1519.

37. Francisco Sevillano Colom, «La Cancillería de Fernando el Católico», Congreso de la Corona de Aragón, Zaragoza 1955, 215-253.

38. Juan Gil, *Los conversos y la Inquisición sevillana,* 5 vols., Sevilla 2000-2002, II, 11. Entre los secretarios conversos de los Reyes Católicos se contaban Fernando Álvarez de Toledo, hijo del corregidor de Toledo; Andrés de Cabrera; Juan Díaz de Alcocer; Juan de la Parra; y Hernando de Pulgar. No debemos olvidarnos de fray Hernando de Talavera ni de Diego de Valera.

39. Véase Palencia, ibídem, 15.

40. Véase John Edwards, «The 'massacre' of Jewish Christians in Córdoba, 1473-1474», en la obra coordinada por Mark Levene y Penny Roberts, *The Massacre in History,* Nueva York 1999.

41. Luis Suárez, «La salida de los judíos», en *Isabel la Católica y la Política,* ed. Julio Valdeón, 86. Además explica los principales cargos formulados contra los conversos, cargos en los que, dice, los monarcas y el público creían sinceramente. Netanyahu cree que la Inquisición pretendía «destruir la comunidad de los marranos. Los abogados de la Inquisición, por supuesto, lo sabían y los conversos también». Los conversos eran aquellos que se habían convertido voluntariamente, los marranos eran aquellos cuya conversión había sido forzada.

42. Véase su *Isabel I,* 299.

43. Benzion Netanyahu, *Toward the Inquisition,* Nueva York 1997, 198-199.

44. Estas cifras son muy discutidas. La cifra que dan muchos, como por ejemplo Alfredo Álvar Esquerra en *Isabel la Católica,* Madrid 2002, 98, para el reinado de los monarcas es 9 000 de un total de 10 000.

45. J. Vicens Vives, *Historia crítica de la vida y reinado de Fernando II de Aragón,* Zaragoza 1962, 654. Isabel había tenido anteriormente como doctor a Salomon Byton.

46. Dieciséis en Aragón, treinta y uno en Castilla, uno en Navarra.

47. Edwards, *The Spain*, ibídem, 197.

48. En total debía de haber unos doscientos monasterios en España, de los cuales cincuenta eran cistercienses, seis premonásticos y la mayoría de los restantes benedictinos, algunos dependientes de Cluny. Había unos doscientos conventos franciscanos, unos pocos dominicos y treinta y cuatro de los jerónimos.

49. Véase Louis Cardaillac, *L'Espagne des rois catholiques. Le prince Juan, symbole de l'apogée d'un règne, 1474-1500*, París 113-223.

50. Helen Nader, *The Mendoza family in the Spanish Renaissance*, New Brunswick 1979, 109.

51. Fernández Álvarez, *Corpus documental de Carlos V*, Salamanca 1973, 7 vols., vol. I, 167 nota 62.

52. Luis Suárez Fernández, en *La paz y la guerra*, 28.

53. Pulgar, 313-314.

54. Mártir, 3.

55. El mejor retrato es el del Museo Naval de Madrid. Véase también la impresión en *La Virgen de los Mareantes* de Alejo Fernández, que está en el Alcázar de Sevilla, que puede venir de cómo le recordara Fernández de los tiempos en que vivió en Córdoba. Mi descripción procede de fuentes diversas, como: Las Casas, I, 29; Oviedo, I, 8, que le vio en 1493, dice que Colón era «de buena estatura e aspecto, más alto que mediano y de recios miembros; los ojos vivos e las otras partes del rostro de buena proporción; el cabello muy bermejo, y la cara algo encendida e pecoso; bien hablado, cauto, e de gran ingenio, e gentil latino... gracioso cuando quería, iracundo cuando se enojaba». Hay un buen retrato en el Metropolitan Museum de Nueva York obra de Sebastián del Piombo, pero ¿se trata realmente de Colón?

Libro segundo

Capítulo 4

1. Las Casas, I, 163.

2. *Anon in Poesie*, ed. L. Cocito, 1970, 566, citado en Felipe Fernández-Armesto, *Before Columbus*, Londres 1987, 106.

3. Guiccardini, 9.

4. Pastor, ibídem, V, 241.

5. Joanot Martorell, *Tirant lo Blanc*, Nueva York 1990, 198.

6. Fernández-Armesto, ibídem, 119.

7. Para saber de los genoveses en Chios véase Philip Argenti, *The Occupation of Chios by the Genoese 1346-1566*, 3 vols., Cambridge 1958.

8. Jacques Heers, *Gènes au XVème siècle*, París 1961, 68-71.

9. Sir Peter Russell, *Prince Henry the Navigator*, New Haven 2000, 249, aporta una visión de este aspecto del comercio genovés.

10. Argenti, ibídem, 333, nos previene contra el error de pensar que todo el que se apellidase Centurione, Grimaldi, Pinelli, etc. era descendiente de personas que llevaban esos apellidos. A veces se trataba simplemente de asociados que se unían en un «albergo» bajo tales nombres.

11. Suárez, 121.

12. El cardenal aparece en el tímpano. Un hombre que era más un banquero que un obispo, según Peggy Liss, 260.

13. Gonzalo Fernández de Oviedo, *Las Quinquagenas de la nobleza de España*, Royal Academy of History, vol. I, Madrid 1880.

14. Consuelo Varela, *Cristóbal Colón, retrato de un hombre,* Madrid 1992, 124. Véase Eloy de Benito Ruano, «La participación en la guerra de Granada», I Congreso de Historia de Andalucía, II, Córdoba 1978.

15. Véase por ejemplo la obra de Celso García de la Riega, *¿Colón español?*, Madrid 1914; Henri Vignaud fue el creador de la leyenda judía, recuperada por Madariaga.

16. Cristóbal Colón, *Textos y documentos completos*, ed. Juan Gil y Consuelo Varela, Madrid 1992, 423.

17. La mejor biografía en español es la de Consuelo Varela (*Cristóbal Colón, retrato de un hombre*, Madrid 1992). En inglés, la de Felipe Fernández-Armesto (*Columbus*, Oxford 1992) y en francés la de J. Heers, el historiador de Génova (*Christophe Colomb*, París 1981). El ensayo de Juan Gil «Historiografía española sobre el descubrimiento y descubrimientos» en R de I, XLIX n. 187, sept.-dic. 1989, es una excelente introducción a los textos sobre Colón.

18. Textos, 356, «siendo yo nacido en Génoba».

19. Textos, 536.

20. Las Casas.

21. Textos, 444.

22. Textos, 89-91; también Las Casas, I, 31.

23. Las Casas, I, 31.

24. Bernáldez, I, 357.

25. Describió su viaje a Irlanda en una carta al rey y a la reina en 1495, véase Textos, 285.

26. Véase la admirable obra de Peter Russell *Prince Henry «the Navigator»*. Quizá sí era Cabo Juby.

27. Se trata de Willem Bosman, *A New and Accurate Description of the Coast of Guinea*, traducción inglesa publicada en Londres en 1705.

28. Estrabón (64 a. J.C.-21 d. J.C.) era un geógrafo de ascendencia griega aunque tenía sangre asiática. Era un estoico que creía que sólo había una masa continental. Su trabajo era un verdadero compendio de conocimientos, muchos de ellos interesantes, algunos ciertos.

29. Stanley Morison, *The European Discovery of America, The Northern Voyages*, Oxford 1971, 61-62.

30. Las Casas, I, 144.

31. Una vela latina era una vela triangular suspendida por un largo travesero en un ángulo de unos cuarenta y cinco grados respecto al mástil.

32. Morison, 8.

33. Véase *El libro de Marco Polo*, ed. Juan Gil, Madrid 1992.

34. Véase Pierre d'Ailly, *Ymago Mundi*, ed. Antonio Ramírez de Verger, Madrid 1992, 150. Para D'Ailly, véase Huizinga, *The Autumn*, 124.

35. Véase Stephen Greenblatt, *Marvellous Possessions*, Chicago 1991, 26.

36. Russell, 99.

37. Henry Harisse, *The Discovery of North America*, Londres 1892, 378, 381. Las Casas reimprimió la carta en España, Las Casas, I, 63.

38. Martín Fernández de Navarrete, *Colección de viajes y descubrimientos que hicieron por mar los españoles*, 4 vols., Madrid 1954, I, 299-300. Véase Heers, para la fecha, 88. Otros creen que la carta se envió en 1492. De hecho, había doce mil millas entre China y las islas Canarias.

39. Navarrete, ibídem, I, 300. Toscanelli estaba especialmente interesado en los cometas y mantuvo la corte de Florencia abierta a los jóvenes inteligentes de aquellos tiempos, entre los que se encontraban Leonardo da Vinci y, probablemente, Américo Vespucio.

40. Fernando Colón, *Historia del almirante*, ed. Luis Arranz, Madrid 2000, 66. Para un estudio completo, véase Emiliano Joos, «Investigaciones sobre la vida y obras iniciales de Don Fernando Colón», AEA, I, 1944, 527.

41. Fernando Colón, ibídem, 62.

42. Puede verse una discusión de este error en S. E. Morison, *The Southen Voyages*, Nueva York 1974, 30-31.

43. Véase Edmundo O'Gorman, *La idea del descubrimiento de América*, México 1951, y, en particular, Juan Manzano Manzano, *Colón y su secreto: el predescubrimiento*, Madrid 1989. Oviedo rechazó la idea, I, 16.

44. Véase Manzano, ibídem, XXI.

45. Para el obispo Ortiz, véase Las Casas, I, 151. Fernando Colón, 64-67, llamaba a Ortiz «Calzadilla».

46. João de Barros citado en Heers, 101.

47. Alfred Crosby, *Ecological Imperialism*, Cambridge 1986, 79, pensaba que el envío de esclavos desde Canarias a Mallorca se inició ya en una fecha tan temprana como 1342.

48. Las islas Canarias españolas estaban entonces gobernadas por Diego García de Herrera y su mujer, en Peraza, cuyo abuelo había incorporado La Gomera como territorio español. Fueron sucedidos por su hijo, Fernando Herrera, y su mujer, Beatriz de Bobadilla.

49. Felipe Fernández-Armesto, *The Canary Islands after the Conquest*, Oxford 1982; Vicenta Cortés Alonso, *La conquista de Canarias a través de las ventas de esclavos*, AEA I, 1955, 498.

50. Fernández-Armesto cree que esto no es posible.

51. Fernández-Armesto resume las pruebas disponibles, 10. Si Colón no conocía las Canarias personalmente antes de 1492 debía de haber sabido del archipiélago por sus amigos Juanotto Berardi y Francisco de Riberol, que pronto formarían una sociedad con Alonso de Lugo para conquistar Las Palmas. Véase Antonio Rumeu de Armas, *Alonso de Lugo en la Corte de los Reyes Catolicos*, Madrid 1952, 165.

52. Véase Fernández-Armesto nota 2 del capítulo 4.

53. Manzano dice que Marchena apoyaba a Colón porque le habían contado el secreto del piloto desconocido. Véase *The Secret*, XXII. Para Velasco, véase Las Casas, I, 68.

54. Prueba de García Hernández, doctor de Palos, en Navarrete, II, 330-331.

55. También se les vinculó informalmente a la casa de Álvaro de Portugal, uno de los hijos del ajusticiado duque de Braganza que había huido a España recientemente.

56. Estaş fechas de su estancia en Córdoba provienen de Rumeu, 419.

57. Oviedo, I, 22, atribuye a Mendoza y a Quintanilla el mérito de que Colón viera a los monarcas.

58. Todavía puede verse la gran mole del palacio del arzobispo en Alcalá, con un parque lo suficientemente grande para que incluso un obispo moderno pudiera esconderse del mundo sin dificultades.

59. Alonso de Palencia, 205.

60. Bernáldez, ibídem, I, 359.

61. Bernáldez, I, 358.

62. Las Casas, I, 149.

63. Tenían derecho a cargar la tercera parte de todos los cargamentos de todos los barcos que partieran de puertos castellanos. También recibían un tercio de los beneficios de los viajes de los barcos reales, así como una tercera parte del quinto real de todas las empresas. Véase el Privilegio de 17 de agosto de 1416, citado en Navarrete, I, 262-293, donde se explican los

derechos completos de los viejos almirantes. Estos documentos se encontraban en los archivos de Colón con los duques de Vergara. Los derechos de Fadrique en 1512 están explicados en un documento también de 1512, íbid., 293-295:

1 cada barco que partiera de Sevilla debía pagarle al almirante veinte maravedís por tonelada, con un máximo de tres mil maravedís;
2 cada tonelada de mercancía que partiera de Sevilla debía pagar una tasa al Almirante de ocho maravedís por tonelada;
3 el Almirante debía percibir cinco reales de plata por cada cien toneladas de lastre;
4 por cada botella de vino o aceite que se sacara de Sevilla se debían pagar cinco blancas al Almirante;
5 cada barco de cien toneladas debía pagar 1 450 maravedís por el derecho a fondear;
6 por cada quintal de cuerda, etc. y cáñamo se pagarían veinticinco maravedís;
7-19 trigo, hierro, pasteles, grano, sardinas, lana, ostras, almejas, etc. Todos estos productos debían pagar una u otra tasa al Almirante.

64. Las Casas, I, 156.

65. AGS Simancas PR 28-31, citado en Azcona, 491.

66. Manzano, ibídem, XXIV.

67. No nos ha llegado una lista completa de los miembros. Entre ellos se contaba Rodrigo Maldonado de Talavera, un profesor de Derecho de Salamanca que había negociado con Portugal, país que conocía muy bien, y que era miembro del Consejo Real.

68. Las Casas, I, 157-158.

69. Manzano, XVII, 104, sugirió que Colón le dijo a Deza que su secreto procedía «del piloto desconocido».

70. Bernáldez. Juana era la hermana de Pedro Velázquez, quien, en el momento de su nombramiento en 1479, había sido secretario de la reina y de Antonio de la Torre, quien fue a las Américas con Colón en su segundo viaje. Más adelante se casó con Juan Dávila.

71. Navarrete, II, 348. Las Casas creía que Talavera era la principal influencia negativa. Pedro Mártir pensaba todo lo contrario. Consuelo Varela coincide con Mártir en este asunto. Véase Las Casas, I, 167.

72. Las Casas, I, 145, 155.

73. Rumeu, 426.

74. Colón, 92; Antonio Sánchez González, *Medinaceli y Colón*, Madrid 1995, 172.

75. Véase Las Casas, I, 153, para Bartolomeo: «De menos simplicidad que Cristóbal... no mucho menos docto en cosmografía.»

76. Las Casas, I, 161.

77. Navarrete, I, 302.

78. Carta de 1505.

79. Sánchez González, ibídem, 133. La última De la Cerda, Isabel, se casó con Bernardo de Foix, primer conde de Medinaceli, el bastardo de Béarne, hijo de Gaston Phoebus, que había venido a España en una de las «compañías blancas» para ayudar a los Trastámara. El estado de Medinaceli había sido creado por el rey Enrique II en 1368 como un condado. Fue elevado a ducado en 1479. Rumeu de Armas, sugiere que Berrardi podría haber presentado a Colón a los duques.

80. Tal y como se cita en W. H. Prescott, *The Art of War in Spain*, Londres 1995, 182.

81. Las Casas, I, 164.

82. Véase John Edwards, «War and Peace in XVth Century Spain», en *Studies in Medieval History presented to RHC Davis*, Henry Mayr-Harting y R. I. Moore, Londres 1994, 65.

83. Las Casas, I, 162-163.

84. Las Casas, I, 163. Estas cartas se han perdido. Sánchez González dice que pudieron haber sido robadas.

85. «Consuegros», pues su hija, Leonor, se casó con Rodrigo, el marqués de Cenete, el hijo del cardenal.

86. AGS Estado, leg. I-II, en Navarrete, I, 310.

87. Diario del primer viaje, 26 de diciembre de 1492, en Colón, 181.

Capítulo 5

1. Harvey, 310.

2. Nubdha-Kita nubdhat al-asr fi Akhabar mulūk Baní Nasr, editado y traducido por Carlos Quirós y Alfredo Bustani, «Fragmentos de la época sobre noticias de los reyes nazaritas», citado en Harvey, 310-311.

3. La parte del Gran Capitán puede seguirse en la magnífica nueva biografía de Ruiz Domènec, 200.

4. Una capitulación era normalmente un documento que reservaba a la Corona los derechos en los territorios afectados, pero que también garantizaba recompensas al líder de la expedición.

5. Prólogo del *Amadís de Gaula*, ed. Juan Bautista Avalle-Arce, Madrid 1991, 128.

6. Bernáldez, I, 302.

7. A. de Santa Cruz, *Crónica de los Reyes Católicos,* 2 vols., Sevilla 1951, I, 47.

8. Se puede observar en la «punta» del escudo de armas en el Breviario de Isabel, 6. No era un símbolo musulmán.

9. Rumeu, 190.

10. Mártir, 172.

11. Borgia tenía en su escudo de armas un toro bravo.

12. Pastor, ibídem, IV, 334.

13. Harvey, 326.

14. El primer marqués era el hijo legítimo del cardenal Mendoza.

15. Las Casas, I, 167; Manuel Serrano Sanz, *Los amigos y protectores aragoneses de Cristóbal Colón,* Madrid 1981, lo fecha en enero de 1492.

16. Carta de Ayala a los Reyes Católicos de 25 de julio de 1498 en Bergenroth, calendario de cartas... relativo a las negociaciones entre Inglaterra y España, Londres 1862, I, 176, citado en Harrisse, 2.

17. Fernando Colón, 93.

18. Sánchez González, ibídem, 229.

19. Las Casas, I, 168-170.

20. Las Casas, I, 168.

21. Varela, ibídem, 7.

22. Fernando Colón, 93.

23. Serrano Sanz, ibídem, 136-138.

24. Serrano Sanz, 117. Harrisse, en su biografía de Colón, defiende que la idea de la intervención de Santángel es completamente ficticia. Varela dice que el socio florentino de Santángel, Juanotto Berardi, andaba metido en el negocio de los préstamos.

25. Mencionado por Serrano Sanz, 148-149.

26. Todavía está en pie, un buen recordatorio de que un puente puede recorrerse en ambas direcciones.

27. Navarrete, I, 302-303.

28. Fernando Colón, 94. Véase Ricardo Zorraquín Becú, «El gobierno superior de las Indias», en el Congreso de Historia del Descubrimiento, *Actas,* 4 vols., Madrid 1992, III, 165, para un análisis de la curiosa elección de términos de los otorgamientos a Colón.

29. El texto se puede ver, por ejemplo, en Las Casas, I, 172-173.

30. Sánchez González, 230.

31. «¡Quién pudiera cantar el triunfo, las galas, las justas, las músicas de tantas maneras [...], la regla, el concierto, las galas de las damas, las jaeces é riquezas de los Grandes é de los galanes de la córte...» Bernáldez, I, 280.

32. Una indulgencia era una remisión de un castigo impuesto por un pecado.

33. Frederick Pohl, *Amerigo Vespucci*, Londres 1966, 31, cita una interesante carta de 1489 de Lorenzo Pier Francesco de Medici a Vespucio sobre Berardi.

34. Doctor Rodericous, Sebastián de Olano y Francisco de Madrid, de entre quienes el último fue canciller de la Corona, un converso, pues su madre era judía. Véase Gil, III, Navarrete, I, 305.

35. Navarrete, I, 307.

36. Citado en Varela, *Retrato*, 104: «Sobre el maravilloso descubrimiento del nuevo mundo.»

37. Las Casas, I, 343.

38. No está claro cuándo le presentó Nebrija este libro a la reina. Se dice que fue cuando la corte estaba en Salamanca, pero la corte no estuvo en Salamanca en 1492 y no regresaría allí hasta 1497. Se dice también que Talavera, cuando todavía era obispo de Ávila, presentó a Nebrija a la reina, a pesar de estar preocupado por allanar los problemas para el primer viaje de Colón. Pero Talavera se convirtió en obispo de Granada en 1491. Lo más probable es que la presentación se hiciera en Valladolid en agosto de 1492. La corte pasó allí, y no en Salamanca, un par de meses. Esta primera gramática de una lengua romance fue escrita, según Menéndez Pidal «en esperanza cierta del Nuevo Mundo, aunque aún no se había navegado para descubrirlo. Pero el propósito de una gramática vulgar era cosa tan nueva que, al presentar el autor su obra en Salamanca a la Reina Católica ésta preguntó para que podía aprovechar tal libro; entonces el obispo de Ávila, Hernando de Talavera, a la sazón ocupado con entusiasmo en allanar las dificultades que Colón hallaba para su primer viaje, arrebató la respuesta, diciendo "después que Vuestra Alteza meta debajo de su yugo muchos pueblos bárbaros y naciones de peregrinas lenguas, y con el vencimiento aquéllos tengan necesidad de recibir las leyes que el vencedor pone al vencido, y con ellas nuestra lengua, entonces por esta arte gramatical podrían venir en conocimiento de ella, como agora nosotros deprendemos et arte de la lengua latín para desprender el latín"» (Ramón Menéndez Pidal, *La lengua de Cristóbal Colón*, Madrid 1958, 49). Pero véase también Félix González Olmedo, *Nebrija*, Madrid 1942.

39. Maurice Kriegel, «La prise d'une decision: l'expulsion des juifs d'Espagne en 1492», *Revue Historique*, CC, LX 1978. Kriegel insiste en que la expulsión cogió completamente por sorpresa a los judíos españoles en 1492. ¿Acaso no había garantizado Fernando los préstamos de la aljama en Zaragoza el 28 de febrero de 1492?

40. Los monarcas escribieron a muchas ciudades y nobles adjuntando una copia del decreto, incluyendo al duque de Medinaceli. Bernáldez, 332-340.

41. Mártir, 173. Él consideraba a los judíos una «raza falaz». Op. cit., 177.

42. Luis Suárez Fernández, Documentos acerca de la expulsión de los judíos de España, Valladolid 1964, documento 177, 391-395. Ésta era una carta dirigida a la sede de Burgos.

43. Para un buen resumen, véase Edwards, 226.

44. Como resumió Suárez, *Isabel I*, 292.

45. Véase F. Cantera, *Fernando de Pulgar y los conversos*, Sefarad IV, 1944, 296-299.

46. Mártir, I, 101.

47. Mártir, I, 201.

48. La idea es de Suárez, 354.

49. Mártir, I, 200.

50. Dos biografías recientes son las de Erika Rummel, Jiménez de Cisneros, Tempe, 1999, y Juan García Oro, *El cardenal Cisneros*, 2 vols., Madrid 1992-1993, de la cual hay una buena versión reducida publicada en Barcelona en 2002.

51. Cortes de los Antiguos Reinos de León y Castilla, Real Academia de Historia (Madrid 1882), IV, 149-151.

52. Benzion Netanyahu, *The Origins of the Inquisition in fifteenth century Spain*, Nueva York 1995, 842.

53. Gil, II, 12.

54. L. Suárez Fernández.

55. Julio Caro Baroja, *Los judíos en la España moderna*, 3 vols., Madrid 1961, I, 178; Eli Kedourie, ed., *Spain and the Jews*, Londres 1992, 14. Kriegel, discute el papel del Señor antes de 1492 y sugiere que sus actos le habían hecho perder el apoyo de la comunidad judía.

56. Kamen en Kedourie, 85. Ladero Quesada calculaba unos 95 000 judíos en Castilla, quizá 12 000 en Aragón. Suárez sugirió un total de 70 000 a 100 000. Azcona, 446, aceptaba unos 200 000. Álvar Esquerra apuntaba 200 000, con unos 100 000 conversos. Netanyahu, defiende que había 600 000 judíos en 1391 y 200 000 en 1490.

57. Haim Bernart, también en Kedourie, 114. Véase Elliott, 98.

58. Véase Pilar Alonso y Alberto Gil, *La memoria de las aljamas*, Madrid 1994, y sobre todo Henry Méchoulan, *Les Juifs d'Espagne, histoire d'une diaspore, 1492-1992*, París 1992.

Capítulo 6

1. Para la población véase Miguel Ángel Ladero Quesada, *Historia de Sevilla. La Ciudad Medieval*, Valladolid 1980, 73.

2. Navarrete, I, 309.

3. Navarrete, I, 306-307.

4. Las Casas, I, 176: «Sin duda, es de creer que le debía prometer algo, porque nadie se mueve sino por su interés y utilidad». Véase Juan Manzano, *Los Pinzón y el descubrimiento de América*, 3 vols., Madrid 1988.

5. Conocido ahora por ser el lugar de nacimiento de Juan Ramón Jiménez, cuyos poemas se pueden leer hoy en sus calles. Para la población, véase en Ladero Quesada, 73.

6. También conocida como *La Gallega*, ya que fue fabricada en Galicia.

7. La reina Isabel sustituyó al alcaide, Juan de Cepeda, por Juan de Porres. Porres escribió a la reina: «Ay dos o tres bocas de infierno donde se adora el diablo.» Azcona, 255.

8. Parece ser que no es cierto que hubiera a bordo un irlandés, William Ines, y un inglés, Talarte de Lajes. Véase Alice B. Gould, *Nueva lista documentada de los tripulantes de Colón en 1493*, Madrid 1984, 364.

9. Para un análisis de las tripulaciones, véase Alice B. Gould. También véase Serrano Sanz; Navarrete, I, 310.

10. Navarrete, II, 329. Umbría podría haber sido hermano del Gonzalo de Umbría que había creado problemas en la expedición de Cortés de 1519 y al que habían cortado el talón como castigo.

11. R. Ramírez de Arellano, «Datos nuevos referentes a Beatriz Enríquez de Arana y los Arana de Córdoba», BRAH 37, 1900, 461 y 40, 1902, 41-50, CH.

12. AGI, Contratación, citado en Hamilton, 45.

13. Los primeros brandis se elaboraron en la Cataluña medieval de la mano de Arnau de Vilanova. Estaba buscando la piedra filosofal, pero encontró algo todavía mejor y comenzó a destilar alcohol primero para tratar las heridas. Después, mezclado con hierbas aromáticas, comenzó a elaborar bebidas. El tema se discute en profundidad en J. Trueta, *Cataluña*, Londres 1946, 63. Véase también E. Nicaise, *La Grande Chirurgie de Guy de Chauliac*, París 1890, XLIV, que sugiere que un médico árabe, Rathes, podría haber jugado un papel decisivo en la creación de esa bebida, lo cual no deja de ser irónico teniendo en cuenta la tradicional hostilidad árabe hacia el alcohol.

14. Conocidas en España como ampolletas o relojes de arena. Por regla general duraban un cuarto de hora, a veces media hora.

15. Las Casas menciona el astrolabio, I, 189, a propósito de un motín que se planeaba: la tripulación pensaba que podrían tirar a Colón por la borda y «publicar que había él caído, tomando el estrella con su cuadrante o astrolabio». El mapa de Behaim influenció a toda una generación de marineros.

16. Kirkpatrick Sale, *The Conquest of Paradise*, Londres 1991, 19. El diario que poseemos es el que está impreso por Las Casas en sus capítulos XXXV-LXXVII, I, 179. Se trata de un resumen con citas, quizá hecho en la década de 1540 basándose en una copia del original de Colón realizada por un escribano del que nada sabemos.

17. Heers, ibídem, 184.

18. Beatriz era hija de Juan Fernández de Bobadilla, alcaide de los Alcázares de Madrid y corregidor de esa ciudad, y de Leonor Ortiz. Juan Fernández era primo de la marquesa de Moya. Véase A. Rumeu de Armas, *Cristóbal Colón y Doña Beatriz de Bobadilla*, AEA, XXVIII, 343-378.

19. Todo lo que se sabe de esta amistad de Colón con «la cazadora» es lo que nos ha dicho Miguel Cuneo, que escribió, en una carta a Geronimo Annari, sobre «la señora del lugar de la cual nuestro almirante estuvo una vez prendado». (En *Primeras Cartas sobre America*, ed. Francisco Morales Padrón, Sevilla 1990, 141.)

20. La palabra de Elliott, 46.

21. Las Casas, I, 191; Harisse, ibídem, 401.

22. Las Casas, I, 189.

23. «Así que fue muy necesario, me fue la mar alta que no pareció salvo el tiempo de los judios cuando salieron de Egipto contra Mosen que las sacan del cautiverio.»

24. Navarrete, II, 333.

25. Navarrete, II, 334. El cuestionario en la probanza de 1513 constata que Martín Alonso dijo: «Adelante, adelante, que ésta es armada y embajada de tan altos principes como los Reyes nuestros señores de España, e fasta hoy nunca ha venido a menos, nunca ha venido a menos, nunca plegue a Dios que por nosotros vengan éstas a menos; que si vos, señor, quisierdes tornaros, yo determino de andar fasta hallar la tierra o nunca volver en España; e que por su industria e parecer, pasaron adelante.» Varios marineros que lo oyeron le contaron la historia a algunos de los testigos como Rodríguez de la Calva, Martín Núñez y Juan de Ungría, etcétera. Pero ninguno de los que lo oyeron directamente testificó.

26. Colón, 108.

27. Manzano, 355.

28. Una pieza de artillería del siglo xv. Se pueden ver uno o dos ejemplos en el Museo del Ejército, en Madrid.

29. Se dice que a Triana le molestó que no le prestaran atención y que abandonó la religión cristiana por ese enfado y se fue a vivir a África (Oviedo, 26).

30. Para la identificación de San Salvador con Watling Island véase Mauricio Obregón, *Colón en el mar de los Caribes*, Bogota 1990, 87.

31. Para un estudio de los taínos véase el capítulo 6. Otros han sugerido otras islas: por ejemplo Samaná Cay e incluso Egg Island, a la entrada del canal de New Providence.

32. Francisco Morales Padrón, «Descubrimiento y toma de posesión», en AEA, XII 1955, 321.

33. Pedro Mártir, *Décadas del Nuevo Mundo*, Madrid 1989, 34, 37.

34. Colón, 113. «Puéden todos llevar a Castilla tenellos en la misma isla captivos, porque con cincuenta hombres los terná[n] todos sojuzgados y les hará[n] hazer todo lo que quisiere[n]».

35. Citado en Deive 43. Las Casas (I, 208) escribió de su esclavización: «Yo no dudo que si el almirante creyera que había de suceder tan perniciosa jactura [resultado] como sucedió, y supiera tanto de las conclusiones primeras y segundas del derecho natural y divino, como supo de cosmografía y de otras doctrinas humanas, que nunca él osará introducir ni principiar cosa que había de acarrear tan calamitosos daños, porque nadie podrá negar él ser hombre bueno y cristiano; pero los juicios de Dios son profundísimos, y ninguno de los hombres los puede ni debe querer penetrar.».

36. Colón, 114. «Tomado de una, se puede dezir de todas.»

37. Colón, 121.

38. Carta a Santángel, en Colón, Textos, 223.

39. Colón, 124.

40. Colón, 125-126.

41. Para el título de «adelantado», véase capítulo 19.

42. Véase Gil, nota 38 del capítulo 3. IV, 273, para la familia de Jerez.

43. Fernando Colón, 119 y Colón, 132.

44. De quienes veremos más en este capítulo.

45. Colón, 151.

46. Las Casas, I, 240.

47. Fernando Colón, 125; Colón, 157.

48. Colón, 163-164.

49. «El Almirante... cree que esta gente de Caniba no es otra cosa sino la gente del Gran Khan...» Las Casas, I, 257.

50. Greenblatt, 63, defiende que fue una «horrible desgracia», sin la cual «las fuerzas destructivas hubieran actuado de forma más lenta y quizá hubiera habido algún tiempo para preparar la defensa».

51. Textos, 180-199: Véase la lista en Navarrete. En este día Colón anotó que había dicho a sus altezas que «toda la ganancia d'esta mi empresa se gastase en la conquista de Hierusalem». «Vuestras altezas se rieron y dixieron que las plazía...»

52. Fernando Colón, *Historia del almirante*, Luis Arranz, Madrid, 2000, 66.

53. Ídem.
54. Las Casas, I, 288.
55. Fernando Colón, ibid, 82; Pedro Mártir y Andrés Bernáldez, dijeron cuarenta.
56. Pero no sabemos si Colón simplemente le enseñó la moneda al cacique o si se la dio.

Capítulo 7

1. Martín Núñez, Juan de Ungría, Pedro Ramírez, Juan Calvo, Hernando Esteban, García Hernández, Cristóbal García, Diego Fernández Colmenero y Francisco García Vallejo, además del hijo de Pinzón, Arias Pérez, de quienes sólo García Vallejo había participado en el viaje.
2. Navarrete, II, 338.
3. Mártir, 14; Colón, 198.
4. Véase el comentario de Manzano, 427.
5. Colón, 194.
6. Mártir, 12.
7. Serrano Sanz, 146-148.
8. Las Casas, I, 313.
9. Las Casas, I, 316-318.
10. Heers, calcula unos doscientos.
11. Fernando Colón, 226.
12. El contenido de la carta sugiere que el cuatro, y no el catorce, era la fecha correcta. Seguramente de haber sido de otro modo le hubiera dicho al rey y a la reina que había visto a sus primos portugueses.
13. Colón, 233.
14. Ésta era la persona adecuada para que Colón se dirigiera a él.
15. Fernando Colón,148; Las Casas, I, 323.
16. Agustín Remesal, *1494, La Raya de Tordesillas*, Salamanca 1994, 85.
17. Colón, 216 nota 172.
18. Su carta está en el Archivo di Stato en Modena. La versión reproducida por Morales Padrón, 105-107 aparece en I. Vannini, *El mar de los descubridores*, Caracas 1974. Jacobo Trotti envió una copia a Hércules I, duque de Ferrara y embajador de esa ciudad. Él no sólo había visto sino también oído sobre la carta. Pudiera ser que la fecha que aparece en la carta fuera incorrecta.
19. AGS Estado leg. I-II, 342 publicado por Navarrete, I, 310.
20. Varela, 169.
21. Rumeu, 200.

22. Mártir a Tendilla y Talavera, Mártir, 226-227.

23. El 12 de diciembre, en una alta plataforma en Barcelona, le cortaron la mano derecha, con la que había llevado la llaga, al igual que los pies que le habían llevado a la sala del consejo. Le arrancaron los ojos que le habían guiado allí y luego también le arrancaron y quemaron el corazón que le había impulsado. Le arrancaron la carne del cuerpo con tenazas y luego fue entregado a la gente para ser apedreado y quemado en la hoguera. Para ver cómo Isabel ignoraba todo esto, véase Suárez, 123.

24. Suárez, 119.

25. Guiccardini, 91. Se puede ver una narración de la elección de Alejandro en Batllori, 251.

26. Mártir, I, 210.

27. Mártir, I, 218.

28. Véase Batllori, ibídem, 149.

29. Guiccardini, 10; para un resumen de su vida véase Batllori, 91. No puedo resistirme a recordar la espléndida y bonesta biografía que realizó ese gran superviviente, y mi amigo en Roma en los sesenta, Orestes Ferrara, *Il Papa Borgia*, Milán 1953.

30. Stefano Infessura, *Diario della città di Roma*, vol. único, Roma 1890, 288, citado en Pastor, V, 389.

31. Navarrete, I, 311. La carta era del 30 de marzo de 1493.

32. Las Casas, I, 332.

33. Las Casas, I, 333. Las Casas, no obstante, no estaba allí.

34. Mártir, *Décadas del Nuevo Mundo*, Ramón Alba, Madrid 1989, 34, 37.

35. Navarrete, I, 316.

36. Las Casas, I, 334.

37. Francisco López de Gómara, «Hispania Vitrix, Historia General de las Indias», en BAE XXII, Madrid 1852, 167.

38. Varela, 168; Heers, 202.

39. La única reproducción de la carta se imprimió en abril de 1493 y está en la Biblioteca Pública de Nueva York. Me la enseñó en 1995 el presidente, Paul Leclerc. Demetrio Ramos, ed., en *La carta de Colón sobre el descubrimiento*, Granada 1983, debate la posibilidad de que fuera un piadoso fraude de la Corona. Véase también Colón, 219 nota donde no se menciona ninguna duda.

40. Fernando Colón, 222-223.

41. Fernando Colón, 224.

42. Fernando Colón, 226.

43. Citado en Felipe Fernández-Armesto, 97.

44. Mártir, I, 236-237. Carta del 14 de mayo de 1493 a Juan Borromeo.

45. Mártir, I, 242.
46. Mártir al arzobispo de Braga, el 1 de octubre de 1493, en *Cartas sobre el Nuevo Mundo*, Madrid 1990.
47. *Cartas sobre el Nuevo Mundo*, 33-34.
48. Carta a Sántangel en Colón, 220.
49. Wilcomb Washburn, «The meaning of "discovery" in the fifteenth and sixteenth centuries», AHR, octubre de 1962.
50. Fernando Colón, 63-65.

Capítulo 8

1. Un esqueleto femenino de 13 000 años se encontró cerca de Ciudad de México. Lo halló Silvia González, de Liverpool, en 2002. Hay quien cree que algunos seres humanos llegaron a lo que hoy en día son las Américas hacia el 40000 o 25000 a. de J.C.
2. Ricardo E. Alegría, «El uso de la terminología etno-histórica para designar las culturas aborígenes de las Antillas», *Cuadernos Prehistóricos*, Valladolid 1981.
3. *Colección de Documentos Inéditos relativos al Descubrimiento, Conquista y Organización de las posesiones españolas en América y Oceania*, 42 vols., Madrid 1864-1889 (en adelante CDI), XI, 413.
4. Pero no así los pueblos del Caribe.
5. Para una explicación de esta palabra, véase capítulo 33.
6. Puede que hubiera indicado de alguna manera cómo se estaban comportando los españoles en el Caribe.
7. Carl Sauer, *The Early Spanish Main*, Berkeley 1966, 24.
8. Éste era Diego Velázquez de Cuéllar. Véase el capítulo 16.
9. CDI, XI, 417.
10. CDI, XI, 428.
11. Woodrow Borah y Sherburne F. Cook.
12. Verlinden, Rosenblatt, Arranz.
13. CDI, VII, 400.
14. Las Casas, II, 558.
15. Véase David Henige, *Numbers from Nowhere*, manuscrito no publicado, Madison 1996.
16. Irving Rouse, *The Tainos*, New Haven 1992, 9.
17. Las Casas, «Apologética Historia Sumaria», BAE, 96-97, Madrid 1957, 44.
18. Anotación del diario de Colón del 13 de diciembre de 1492.
19. Miguel Cuneo en Morales Padrón, *Primeras cartas*, 143.

20. Colón, 183.

21. S. Loven, *The Origins of Taino Culture*, Gotëborg 1935. Carl Sauer cerraba su capítulo en *The Early Spanish Main*, diciendo que «El idilio tropical que vemos en las crónicas de Colón y Pedro Mártir es en gran parte cierto. La gente no pasaba privaciones. Se cuidaban de sus plantaciones, eran muy hábiles en la pesca y experimentados en la navegación en canoa y en la natación. Vivían en casas de diseño atractivo que mantenían limpias. Se expresaban artísticamente a través de las tallas de madera. Tenían tiempo libre para disfrutar de juegos de pelota, bailes y música. Vivían en paz y armonía».

22. Sauer, ibídem, 56.

CAPÍTULO 9

1. Fernández-Armesto, 221. Allegretti era en estos momentos el comisario sienés en Bagni di Petriolo y luego fue allí *podestà*.

2. López de Gomara, *Historia General*, 1932, 242.

3. Jerónimo Zurita, *Historia del Rey D. Fernando el Cathólico* (sic), Zaragoza 1610, 30-32.

4. Remesal, 61.

5. Lope de Herrera era un cargo menor, aunque los monarcas lo consideraban su «mensajero». Véase CDI, XXI, 372 y también CDI, XXXVIII, 201.

6. Remesal, 85.

7. Navarrete, I, 312.

8. Remesal, 86.

9. Las instrucciones y las costas de esta flota están en Navarrete, I, 346.

10. Véase García de Resenda, *Chronica dos feitos del Rey Dom João II*, Lisboa 1622.

11. Eso son cuatrocientos cincuenta kilómetros. Para la vida de Carvajal, véase Batllori, 263. Se convirtió en cardenal en septiembre de 1493.

12. Según Infessura. Pastor duda de que fuera así.

13. Colón, I, 466.

14. Las Casas, I, 336.

15. Pastor, VI, 177, lo afirma, pero ¿en qué pruebas se basa? Véase M. Giménez Fernández, «Nuevas consideraciones sobre la historia y el sentido de las letras alejandrinas de 1493 referentes a las Indias», AEA, I, 1944, 171-429, y también L. Weckman, «Las bulas alejandrinas de 1493 y la teoría política del papado medieval», *Publicaciones del Instituto de Historia* 1 s.n II, México 1949.

16. El texto en latín procede de Navarrete, I, 312; traducción, I, 315; también en Cárdenas, 142-143.

17. CDI, XVI, 359.

18. Pastor, VI, 162.

19. Véase Manuel Giménez Fernández, *Bartolomé de Las Casas*, Madrid 1953, 1961, II, 142.

20. En adelante le llamaremos Fonseca. Es fácil hacer de Fonseca un villano de todo lo que salió mal en las Indias españolas, pero, por supuesto, el hecho es que Fonseca no podía tener idea de cómo era el Caribe realmente.

21. Navarrete, I, 329-330. Véase Adelaida Sagarra Gamazo, «La formación política de Juan Rodríguez de Fonseca», en *Congreso*, I, 611. Para esta notable familia, véase Edward Cooper, *Castillos señoriales de la corona de Castilla*, 4 vols., Salamanca 1991, I, 176; Ernesto Schäffer, *El consejo y supremo de las Indias*, 2 vols., Sevilla 1935, I, 2; y *Reyes y Mecenas*, Madrid 1992, 324. Se puede ver un retrato de Fonseca en el retablo de la catedral de Palencia y también, más joven en la catedral de Badajoz.

22. Navarrete, I, 320: «El castillo de color dorado en campo verde, en el cuadro de vuestras armas en lo alto a la mano derecha, y en el otro cuadro alto a la mano izquierda un león de púrpura en campo blanco rampando de verde...»

23. Navarrete, I, 326.

24. Cit. Remesal, 72.

25. Navarrete, I, 336.

26. Antonio Rumeu de Armas, «Colón en Barcelona», AEA, I, 1944, 431.

27. Navarrete, I, 327-328. No sería sorprendente descubrir que estaba relacionado con los Soria que fueron condenados por la Inquisición, cuya tragedia se puede leer en Gil, III, 339.

28. CDHR, XXX, 68 LL; también Navarrete, I, 323. Para la Hermandad véase Luis Suárez Fernández y Manuel Fernández Álvarez, *La España de los Reyes Católicos*, es decir, el volumen XVII de la *Historia de España* de Ramón Menéndez Pidal, ed., Madrid 1978, 232-250.

29. Navarrete, I, 321. Zafra era un típico exponente de los nuevos letrados (funcionarios públicos) de la época; un hombre sin pasado o ni siquiera, al parecer, familia. El hecho de que su apellido sea un lugar sugiere que quizá era un converso y, de hecho, figura un Fernando de Zafra, un sastre de Sevilla, en el «padrón de los habilitados» en Sevilla, en 1510 (Gil, V, 493).

30. Navarrete, I, 321, 324.

31. Navarrete, I, 329.

32. Navarrete, I, 352: «... Todas las cosas necesarias para el armada, de manera que lo fallaron todo presto el Almirante de las islas y el arcediano de Sevilla cuando allá fueron, como en lo que toca a la seguridad de la lonja para la idea del rey Muley Baudeli, para la fianza que queréis facer al duque de Medina Sidonia por los cinco cuentos que no ha de prestar, e también lo que le respondisteis sobre el se vos escribió un cuento, de nuestra parte que nos prestásedes para la ida del rey Mulay Baudeli, e todo vos lo agradecemos...»

33. Navarrete, I, 321. Parece que Villareal pertenecía a la familia Villareal de Toledo, véase Gil, V, 482.

34. Navarrete, I, 322.

35. Navarrete, I, 339. Véase también Konetzke, Colección 1-2.

36. Navarrete, I, 339.

37. Las Casas, I, 338.

38. Pastor, VI, 163.

39. Clarence Haring, *Trade & Navigation between Spain and the Indies in the Time of the Habsburgs*, Cambridge 1918, 4; Juan Pérez de Tudela, *Las Armadas de Indias, y los orígenes de la colonización*, Madrid 1956, 31.

40. Navarrete, I, 342; CDI, 39, 165.

41. Navarrete, I, 344.

42. Remesal, 74.

43. CDI, XXX, 164-165.

44. CDI, XXX, 183, 184-186.

45. BRAH, 1891, 19, 187 ss., citado en Pastor, VI, 163.

46. Pastor, V, 410.

47. Varela, 155.

48. Navarrete, I, 345.

49. Remesal, 93.

50. Navarrete, I, 356-357.

51. Navarrete, I, 363-364. La carta también aparece en Las Casas, I, 350-351.

52. Navarrete, I, 362.

53. Navarrete, I, 365.

Capítulo 10

1. Consuelo Varela, 109. Las Casas, I, 346, apunta que eran unos 1 500. Fernando Colón dice que él y su hermano Diego presenciaron la partida de la flota de su padre.

2. Las Casas, I, 347, dice que Diego, a quien conocía, era «persona

virtuosa, muy cuerda, pacífica, y más simple y bien acondicionada que recatada ni maliciosa».

3. Heers, ibídem, 200.

4. El comentario de Consuelo Varela, en *Retrato*. Las Casas, I, 347, dijo que fue nombrado capitán general de la flota.

5. Fernando Colón, ibídem.

6. Las Casas, I, 347. De todas formas, Colón escribió más adelante (a Juana de Torres, Colón, 265), que había doscientas personas «sin sueldo». Para el origen converso de estos hermanos Gil, III, 120. Pedro era el padre de fray Bartolomé. Para saber más véase Las Casas, *Historia*, 30.

7. Véase Robert B., Tate, *Joan Margarit I Pau, Cardinal Bishop of Gerone*, Manchester 1955.

8. Véase Gil, I, 33, Demetrio Ramos, *El conflicto de lanzas jinetes*, Santo Domingo 1982, 16 nota 7 y Serrano y Sanz, 227.

9. Las Casas, I, 348. «Todas las perfecciones que un hombre podía tener corporales.»

10. La lista que aparece en Demetrio Ramos es Francisco de Olmedo, Diego de Sepúlveda, Antonio Quintela, Antonio de Peñalosa, Diego de Leyva, Arias Gonzalo, Francisco de Estrada, Rodrigo Vázquez, Lope de Cáceres, Gonzalo Pacheco, Diego Osorio, Antonio Román, Rodrigo de Arévalo, Alonso Serrano, Cristóbal de León, Pedro Coronado y Diego Cano, con un tal Villalba como veedor. Había siete más cuyos nombres Ramos no pudo averiguar.

11. Véase Juan Gil y Consuelo Varela, *Cartas de particulares a Colón*, Madrid 1984.

12. Fernando Colón, ibídem.

13. Fidel Fita, Fray Bernal Boil y Cristóbal Colón, «Nueva Colección de cartas reales», BRAH, 19, 20, 1891-1892.

14. La frase es de Consuelo Varela, 113.

15. Francisco de Paola fue canonizado en 1519, poco más de un siglo después de su nacimiento en 1416.

16. Pastor, VI, 163.

17. Pastor, VI, 163.

18. Las Casas, I, 156.

19. Primera edición en Venecia en 1571 y luego en la *Relation des Choses de Yucatan* de Brasseur de Bourbourg, de Diego de Landa. Véase también la edición de Juan José Arrom, México 1978; Mártir, 80.

20. Giménez Fernández, II, 673.

21. Mártir, 22.

22. Giménez Fernández, II, 55 escribió que «parece cierta la especie, no documentalmente comprada, de que ya en el segundo viaje de Colón

fueron algunos negros servos or loros esclavos...». Para Marchionni, el comerciante florentino más interesante de Lisboa, véase mi obra *La trata de esclavos.*

23. Bernáldez, 301.
24. Navarrete, I, 322.
25. Colón, 235.
26. Las Casas, I, 156.
27. Morales Padrón, 179.
28. Fernández-Armesto, 42.
29. Álvarez Chanca en Morales Padrón, 111; Cuneo, ibídem, 141.
30. Cuneo, ibídem, 141.
31. Álvarez Chanca en Morales Padrón, 113.
32. Cuneo en Morales Padrón, 142. Para La Deseada, véase Oviedo, I, 34. Véase también las pruebas de Juan de Rojas evaluadas por Manzano, 480-481.
33. Mártir, 20.
34. Álvarez Chanca en Morales Padrón, 114-116.
35. Mártir, 19.
36. Cuneo en Morales Padrón, 144.
37. Colón, 239. Pero «uno d'estos caníbales que se tomó en una canoa en la sobredicha isla vezina, agora que veen que oro es de lo que nos preçiamos, dizen por lengua y por señas que en éstas ay oro infinitísimo y que lleven a ellas presos y le maten si no es verdad, y que también ay mucho cobre. Yo me acuerdo qu'el año pasado un indio viejo, aquí en esta isla Ysabela, me dixo que en esta parte de los caníbales avía una isla pequeña y que los tres cuartos eran oro...».
38. Álvarez Chanca en Morales Padrón, 121.
39. Colón, 241.
40. Mártir, 22.
41. Fernando Colón, 167 y Las Casas, I, 355.
42. Álvarez Chanca en Morales Padrón, 130.
43. Mártir (quizá sirviéndose de los recuerdos de Antonio de las Torres), 23.
44. Álvarez Chanca en Morales Padrón, 132. Nótese que Consuelo Varela y Juan Gil muestran (Colón, *Textos y documentos completos*) que las pensiones a los herederos de aquellos que resultaron muertos se pagaron a partir de 1508. Para restos españoles, véase Kathleen Deagan, «El impacto de la presencia europea en La Navidad», R de I, XVVII, 1987, 713.
45. Fernando Colón y Las Casas, I, 362, dicen que el séptimo, Cuneo que el octavo.
46. Chanca en Morales Padrón, 130.

47. Casas, I, 362.

48. Ramos, ibídem, 70.

49. Bernáldez, ibídem, II, 21. No es nada sencillo determinar cuándo sucedió esto. Álvarez Chanca dice que el 1 de enero de 1494 decidió ir a tierra para dormir. Morison dice que fue el 2 de enero cuando llegó a La Isabela.

50. Morales Padrón, 134-135.

51. Las Casas, I, 363.

52. Colón, 248.

53. «Memorial que para los reyes dio el almirante don Cristóbal Colón en la ciudad de La Isabela», 30 de enero de 1494, Torres, en Navarrete, 195-202, 262. Véase también Las Casas, I, 365. Para una breve historia de la breve ciudad de La Isabela, véase Consuelo Varela, «La Isabela, Vida y Ocaso de una ciudad efímera», R de I, 1987, XLVII, 733.

54. Álvarez Chanca en Morales Padrón, 137.

55. Cuneo en Morales Padron, 146: «La búsqueda de oro era por "lo que principalmente había emprendido un viaje tan largo".»

56. Ibídem, 147: «[...] por la codicia de oro, todos nos mantuvimos fuertes y gallardos.»

57. Oviedo, 123.

58. Américo Castro, ibídem, 130.

59. Las Casas, I, 366; Sale, 145, nota. Véase Stanley Morison, *Admiral of the Ocean Sea*, 2 vols., Boston 1942, apéndice I, para una discusión detallada.

60. Navarrete, I, 196-205.

CAPÍTULO 11

1. Colón, 291. Véase, para este viaje, Antonio Núñez Jiménez, *El Almirante en la tierra más hermosa. Los viajes de Colón a Cuba*, Cádiz 1985.

2. Cuneo en Morales Padrón, 146.

3. Ibídem, 147: «[...] por la codicia de oro, todos nos mantuvimos fuertes y gallardos».

4. Fernando Colón, 122.

5. CDI, XXI, 365-366, Las Casas, I, 367. «Los castigos, que quizá por esto hizo en los que por esta conjuración halló culpados.»

6. Ramos, 209.

7. Navarrete, I, 196: «Ansí que de cierto los reyes nuestros señores desde agora se pueden tener por los más prósperos e más ricos príncipes del mundo.»

8. Cuneo en Morales Padrón, 147: «[...] y también, mientras España sea España, no faltarán traidores; así el uno denunció al otro de manera que casi todos fueron descubiertos, y los culpables muy fuertemente azotados: a unos les cortaron la oreja, a otros la nariz, y daba compasión verlos.» Uno de ellos era un aragonés, Gabriel Ferriz, que fue ahorcado.

9. Fernando Colón, 176.

10. Ramos, 95; Navarrete, I, 365.

11. Colón, 270.

12. Colón, 281: «Y el dicho Hojeda hechó mano al caçique fizo hechar mano a los otros dos que avían fecho el mal y a otro hermano del caçique, y los ataron aí, en presençia de todos los otros [...]. Y me enbío (el caçique) y el hermano (y el sobrino) acá atados...»

13. Las Casas, I, 408.

14. Carlos Deive, *La Española y la esclavitud del indio*, Santo Domingo 1995, 15.

15. Las Casas, I, 383.

16. Colón, 254.

17. Se supone que ella dijo que, si hubiera tenido tres hijos, le habría gustado que uno de ellos hubiera sido rey de Castilla, el segundo arzobispo de Toledo y el tercero escribano de Medina del Campo.

18. Liss, 277.

19. Gil, ibídem, I, 188.

20. Gil, I, 107.

21. Liss, ibídem, 297.

22. Mártir, 41. Melchor había sido el embajador real en la corte del Papa el año en que cayó Málaga.

23. Navarrete, I, 368; CDI, XVI, 560.

24. Navarrete, III, 485.

25. CDI, XXXVI, 178.

26. «En lo de las carnes, vea cómo las que se enviaren sean buenas.»

27. «Consuegro» es una palabra que la lengua inglesa debería importar de la española. La carta, fechada el 21 de mayo de 1494, fue publicada por Batllori, 222-224.

28. Rumeu de Armas, 210-211.

29. Navarrete, I, 369.

30. Navarrete, I, 378.

31. Demetrio Ramos, «El Repudio al tratado de Tordesillas», Congreso Nacional de la Historia, Salamanca 1992.

32. John Parry, *The Spanish Seaborne Empire*, Londres 1966, 46.

33. Otros nombres aparecen en Navarrete, I, 387.

34. Cuneo, carta en Morales Padrón, 139.

35. Colón, 291.

36. Bernáldez, 49: «Un lugar, por la hermosura de su gloriosa tierra, porque ninguna comparación tienen a ella las huertas de Valencia ni de otra parte...»

37. I. A. Wright, *The Early History of Cuba*, Nueva York 1916, 18.

38. Núñez Jiménez lo sostiene.

39. El incidente no aparece en Las Casas, capítulo 96, pero véase Heers, 219.

40. Morales Padrón, 217; Navarrete, I, 387.

41. Las Casas, I, 345.

42. Mártir, 92. Véase, para su viaje, Morales Padrón, *Jamaica Española*, Sevilla 1952, 5-10 y Bernáldez, II, 71.

43. Fernando Colón, 191. Sale sugiere que sufría en síndrome de Reiter además de disentería.

44. Fernando Colón, 198.

45. Oviedo, I, 49-50.

46. Las Casas, I, 378.

47. Oviedo, I, 49.

48. «Era hombre que no hacía ni consentía que fuese hecha violencia ni enojo a los indios e naturales de la tierra», Oviedo, I, 49.

49. AGI, Contratación, 5 089, I, 106, citado en Colón, 284 nota 20.

50. Para Bartolomé Colón, véase Las Casas, I, 153.

51. Oviedo, I, 51 y véase Serrano Sanz, 233; Las Casas, I, 427.

52. Casas, I, 425.

53. Fernando Colón, 194.

54. Fernando Colón.

55. Fernando Colón, 200.

56. Véase *Relation des Choses de Yucatan* de Brasseur de Bourbourg, edición de Arrom, passim.

57. Pérez de Tudela, 89, esp. nota 37.

58. Navarrete, I, 394.

59. Las Casas, I, 411. Navarrete, I, LXXX.

60. Navarrete, I, 393. «[...] y enviadnos todos los más halcones que de allá se pudieren enviar».

61. Heers, 317.

62. Rumeu, 212.

63. Navarrete, III, 501.

64. «[...] no era nada el oro que había en esta isla y que los gastos que Sus Altezas hacían eran grandes, nunca recompensables, y otras muchas cosas en dehacimiento del negocio y del crédito que los reyes tenían del Almirante...» Las Casas, I, 421.

65. Las aspiraciones de Carlos al trono de Nápoles venían de su abuela María, una hermana del «bon roi René» de Nápoles, quien durante años vivió como un rey en Francia a pesar de que nunca reinó en Italia.

66. Delaborde, 324, citado en Pastor, V, 432.

67. Guiccardini, ibídem, 44.

68. Guiccardini, 72.

69. Sagarra Gamazo, en Congreso, 636.

70. Para el origen americano de la sífilis, véase S. E. Morison, Apéndice I. Puede que hubiera, de todas formas, una variedad específica del «viejo mundo». Véase también Alfred W. Crosby, *The Columbian Exchange*, Westport 1972, 122-156 y W. H. McNeil, *Plagues and Peoples*, Oxford 1976, las similaridades entre la *spirochete*, que causa guiños, y la sífilis se discuten a fondo.

Capítulo 12

1. El cardenal Mendoza murió en Alcalá en enero de 1495.

2. R. O. Jones, *The Golden Age, Prose and poetry*, Londres 1971, 7.

3. Las Casas, III, 277.

4. Las Casas, II, 90: «[...] cierto, yo siempre oí y creí y algo ví al dicho obispo, haber sido y ser contrario a las cosas del Almirante, no sé con qué espiritu ni com qué causa [...] quiero decir que pudo ser no ser por aquella causa ni con mal espiritu, pero de que justa o injustamente el obispo le desfavoriesce, yo no dudo; y también que al obispo, como era hombre de linaje y de generoso ánimo y de los reyes muy privado y crecía cada día en mayor estado, bastábale tomar opinión siniestra, sin otra causa y con título de que los Reyes gastaban y no se aprovechaban, para menospreciar o de no tener en la estima que debiera los trabajos del Almirante».

5. «[...] abrigó continuamente mortal odio al Almirante y sus empresas y estuvo a la cabeza de quienes le malquistaron con el rey» (capítulo LXV).

6. Antonio de Guevara, en *Epistolares Familiares*, BAE, Madrid 1850, 36. Francescillo de Zúñiga, el bufón de Carlos V, dijo de él que era «herrero de Tordelones y vasija llena de pólvora».

7. Véase Adelaida Sagarra Gamazo, *La formación política de Juan Rodríguez de Fonseca*, en Congreso, I, 611; y *Reyes y Mecenas*, Madrid 1990, 234.

8. Las Casas, I, 416-417; Oviedo, I, 64-68.

9. Cuneo en Morales Padrón, 160: «[...] creo por el aire más frio, al cual no estaban acostumbrados.»

10. Cuneo, loc. cit.

11. Véase Deive, 58, para esta teoría.

12. Rouse, ibídem, 14.

13. Ramos, 130.

14. Las Casas, I, 378.

15. Véase Pérez de Tudela, quien desarrolla esta teoría en *Las Armadas*, 259. Para Pérez de Tudela, Colón era un típico italiano mercantilista, que pensaba en clave mediterránea y luego trasladaba sus deducciones al Caribe. Para Colón, la «empresa de las Indias» tenía como objetivo el establecimiento de un sistema de explotación de las riquezas orientales por medio de un monopolio real al que él estaría asociado. Toda idea de colonización sería inferior a ello. Pero por fuerza tendría que haber una factoría-fortaleza servida por una hueste asalariada.

Enfrentada a esa visión estaba la tradición castellana, cuyo imperialismo se centraba en el concepto de población de nuevas tierras, según las ideas que se trabajaron durante la Reconquista, caracterizada por un reparto para que los conquistadores pudieran compartir no sólo los riesgos, sino también los beneficios de la empresa.

16. Fernando Colón, 535.

17. Pérez de Tudela encontró un informe anónimo diciendo esto; citado en Luis Arranz, *Repartimientos y encomiendas en la Isla Española*, Madrid 1991, 34.

18. Pérez de Tudela, 101.

19. Carta de los Reyes Católicos a Fonseca del 12 de abril de 1495, en AGI, Patronato, leg. 9, r. 1. Navarrete, I, 401.

20. Navarrete, I, 402. Konetzke, col. 2. Véase también Consuelo Varela, 128 y Pérez de Tudela, 107, nota 80.

21. Navarrete, 404. Konetzke col. 3, 13 de enero de 1496.

22. Deive, 69.

23. Morales Padrón, 151: «Hay en todas las islas, tanto de Caníbales como de Indios.»

24. Navarrete, I, 399-401.

25. Pérez de Tudela, 103.

26. Navarrete, I, 397. Pérez de Tudela, 107.

27. Para un comentario sobre ello, véase Haring, 5.

28. BRAH, XIX, 199, citado en Pérez de Tudela, 93.

29. Navarrete, I, 394.

30. Gil, I, 387.

31. Antonio Miguel Bernal, *La financiación de la carrera de Indias*, Sevilla 1992, 152.

32. CDI, 25 vols., 1880-1932, I, 241. No 1512 sino 1495, citado en

Pérez de Tudela, Las Armadas de Indias, y los orígenes de la colonización, Madrid 1956, 95.

33. Navarrete, I, 406.

34. Pérez de Tudela, ibídem, 110.

35. «Por orden de los inquisidores durante todo este año el alguacil Pedro de Mata y el fiscal Francisco de Simancas pagaron grandes sumas no sólo al obispo Fonseca (896 880 maravedís) sino también a los mayordomos principales del obispo, como el genovés bernardo y Luco Pinelo (1 millón y 1 293 904 maravedís respectivamente), así como al converso Jimeno de Briviesca (606 000 maravedís), siendo entregada esta última suma en Sanlúcar para que García de Campo, criado de Bernardo Pinelo, pudiera llevarla al Puerto de Santa María.» Gil, I, 387.

36. Entre los pilotos se contaban Juan de Moguer, Bartolomé Roldán, Ruy Pérez de la Mora y Francisco del Castillo (Pérez de Tudela, 114).

37. Había también los cargamentos habituales: trigo, cebada, vino, aceite de oliva, vinagre y también trescientos conejos, en una enorme cesta llena de lechugas. De camino a La Gomera, en las Islas Canarias, también compraron cien ovejas y cabras.

38. Fernández-Armesto, 114.

39. Colón, 326.

40. Carvajal se convirtió en cardenal el 20 de septiembre de 1493, pero siguió siendo obispo de Cartagena en España, una sede que más adelante intercambió por la de Sigüenza.

41. Cancionero, citado en Jones, 29: «Porque según dice el dotísimo maestro Antonio de Nebrija, aquel que desterró de nuestra España los barbarismos que en la lengua latina se había criado, una de las causas que le movieron a hacer arte de romance fue que creía nuestra lengua estar agora más empinada y polida que jamás estuvo, de donde más se podía temer el decendimiento que la subida; y así yo por esta mesma razón creyendo nunca haber estado tan puesta en la cumbre nuestra poesía y manera de trobar, parecióme ser cosa muy provechosa poner en el arte y encerrarla debaxo de ciertas leyes y reglas, porque ninguna antigüedad de tiempos le pueda traer olvido...»

42. Las Casas, I, 431; AGI Contratación, leg. 3 249 r., citado en Pérez de Tudela, 116.

43. Colón, 368. Añadió: «[...] respondióme V. Al., riéndose diziendo que no curase de nada, porque no davan autoridad ni creençia a quien le mal dezía d'esta enpresa».

CAPÍTULO 13

1. Mártir, I, 330.

2. Morison creía que Colón se vestía como un monje porque deseaba pasar desapercibido. Sale sugiere que intentaba llevar a cabo algún tipo de penitencia. Pero sin duda había alguna conexión con el monasterio de La Rábida, donde tanto le habían animado en su empresa. Gil, III, 94, sugiere que Bernáldez podría haber sido un converso ¡cómo toda persona inteligente en la España de la época!

3. Los sobrecargos eran García Álvarez de Moguer, San Juan de Ajanguis y Fernando de Palomares, para el barco bretón, el propietario era Juan Fernández de Alcoba. Los pilotos eran Niño, Juan de Umbría y Pero Sanz de la Puebla.

4. A. Rumeu de Armas, *Alonso de Lugo en la Corte de los Reyes Católicos*, Madrid 1952. El príncipe se estableció en Almazán tras la partida de la corte en julio de 1496. El palacio era una casa que pertenecía a Pedro Mendoza, el señor de la ciudad. Para esa pequeña corte, véase Cardaillac, 136 y Gonzalo Fernández de Oviedo, *Libro de la Cámara Real del Príncipe don Juan*, Madrid 1870, passim.

5. Navarrete, I, 408.

6. Las Casas, I, 435.

7. Bernáldez, II, 78: «Traía un collar de oro el dicho Don Diego, hermano del dicho Caonaboa, que le facia el almirante poner cuando entraba por las ciudades o lugares, hecho de eslabones de cadena, que pesaba seiscientos castellanos, el cual vi y tuve en mis manos...»

8. Mártir, I, 316.

9. Fernández-Armesto, 25.

10. Harisse, 3. (Enrique VII había concecido a Cabot su petición de cruzar el Atlántico el 5 de marzo de 1496. Cabot hizo la travesía en un pequeño barco de cincuenta toneladas, con dieciocho hombres, zarpando de Bristol en verano y llegando a Terranova, donde vio que abundaba el bacalao. Los embajadores españoles en la corte de Inglaterra, Pedro de Ayala y Ruy González de Puebla, le dijeron al rey Enrique VII que aquellos territorios pertenecían a España: «No le gustó», informaron a España.)

11. La bula *Si convenit* fue el documento que concedió a los monarcas su título. El Papa no olvidó mencionar en su texto la expulsión de los judíos organizada por Fernando e Isabel.

12. Mártir, I, 332; véase Cardaillac, 170.

13. Margarita se había casado formalmente el 5 de noviembre de 1496, momento en que el infante Juan había sido representado en Saint Pierre, Malines, por Francisco de Rojas, embajador en Flandes y primo del

rey. Después de pasar unos pocos días con su hermano, Felipe, en la abadía de Middleburgo, inició viaje hacia España, llegando a Santander el 22 de enero, habiendo hecho parada en Southampton por el camino. En las cercanías de Santander se encontró con el infante y retornaron juntos a Burgos. El 8 de marzo de 1497, Margarita fue recibida por la reina Isabel en Burgos, recuperando la corona que había empeñado en el banco de Santángel en Valencia. El 19 de marzo Juan y Margarita se casaron en el convento de la Trinidad, en las afueras de Burgos. Pasaron su luna de miel allí. Para la muerte de Juan, véase Cardaillac, *Le Prince Don Juan, symbole de l'apogée d'un règne 1474-1500*, 206.

14. Cisneros puso la primera piedra de la Universidad de Alcalá (que sería construida por Pedro de Gumiel) en marzo de 1498. Los Reyes Católicos todavía estaban en la ciudad. Pasarían diez años antes de que la universidad comenzara a trabajar. «Complutense» es la denominación en latín de Alcalá.

15. *Coplas a la muerte de su padre*, XIV. Estos versos todavía se cuentan entre los más famosos de la poesía española.

16. Margarita acabaría regresando a Flandes para casarse con el duque de Savoya y luego actuar, tras su muerte, como regente de los Países Bajos. ¡Qué tragedia que una princesa tan inteligente muriese sin descendencia! Sus muchos retratos, obra de Jean Hey cuando era niña, de Bernard Van Orley y, sobre todo, los que se hallan sobre vidrio y marmol en la iglesia en Brou, en Bourg-en-Bresse, para honrarla tanto a ella como a su marido de Saboya, han transmitido sus encantos a las generaciones posteriores.

17. Las Casas, II, 531. Es prácticamente seguro que Cuéllar debía su trabajo a Juan Velázquez de Cuéllar, su primo, que era contador mayor del príncipe, y del que decía Oviedo que había sido «persona de bien e ataviado e zeloso e avisado en lo tocava a la limpieza e lealtad de su oficio». Oviedo, 86.

18. Las Casas, I.

19. Las Casas, I, 445.

20. Oviedo, I, 49.

21. Navarrete, I, 408-409.

22. Navarrete, I, 410.

23. Navarrete, I, 423.

24. Las Casas, I, 480: «[...] pidió tantas condiciones y preemenincias, si había de tener aquel cargo, que se enojaron los reyes y lo aborrescieron».

25. Morales Padrón, 5.

26. Bernáldez, 334: «[...] se dió licencia a otros muchos capitanes [...] e fueron e descubrieron diversas islas».

27. Navarrete, I, 430: «[...] facultad a vos, don Cristóbal Colón, nuestro almirante del mar Oceano, e nuestro visorrey e gobernador en la dicha isla para en todos los terminos della podades dar e repartir, e dedes e repartades a las tales personas e a cada uno de los que agora viven e moran en la dicha isla e a los que de aqui adelante fueren a vivir e morar en ella...».

28. El comentario de Juan Pérez de Tudela.

29. Navarrete, 1, 409.

30. Rumeu, 235-236.

31. Publicado por Antonio Rumeu de Armas, *Un escrito desconocido de Cristóbal Colón*, Madrid 1972 y véase también Colón, 333. Es Rumeu quien creía que debía tener alguna relación con Tordesillas.

32. Liss, 295.

33. En adelante:

a) una blanca de vellón (una aleación de cobre y plata) valía medio maravedí;

b) un real de plata valía 34 maravedís;

c) un ducado, o excelente, de oro, valía 375 maravedís. Era una copia del ducado veneciano. En Valencia y Cataluña había una moneda diferente, pero también tenían un excelente y un principal.

Véase Earl Hamiton, 51. Para las unidades monetarias en Valencia, véase la misma obra, 104.

34. Fernando Colón, 186.

35. Colón, 430.

36. Véase su nota al margen sobre Pierre D'Ailly, citada en Colón, 90.

37. Pierre d'Ailly, 43 (apostilla 23).

38. Colón, 351.

39. Colón, 353.

40. «[...] me hicieron su almirante en la mar con todas las preheminencias que tiene el almirante don Enrique en el almirantazgo de Castilla...»

41. Textos 353. También Navarrete, I, 436.

42. Fernando Colón, 363-364.

43. Loc. cit.

44. Ibídem, 365.

45. Originalmente se creía que los costes eran de seis millones de maravedís, de los cuales cuatro millones se emplearían en provisiones y dos millones en sueldos.

46. Véase M. González Jiménez, «Genoveses en Sevilla (siglos XIII-XV)» en *Presencia Italiana en Andalucía, Siglos XIV-XVII*, Sevilla 1985.

47. Navarrete, I, 498.
48. Navarrete, I, 410.
49. Las Casas, I, 497, dice que era «hombre muy capaz y prudente y de autoridad».
50. Mártir, 55. Mártir dice que otro de los motivos era que también deseaba evitar a «ciertos piratas franceses».
51. Fernández-Armesto, 14.
52. Fernando Colón, 408.
53. Fernando Colón, 371.
54. Véase M. Pedro Romero de Terreros, *El primer español que pisó el continente americano*, México 1941.
55. Navarrete, II, 344.
56. Navarrete, II, 346.
57. Colón, 373.
58. Ibídem, 380-381.
59. Para esta sección me basé en el capítulo de Paul Kirchhoff en Robert Wauchope, ed., *The Handbook of the Mid-American Indians*, 16 vols., 1964-1976, IV, 481-493.
60. Colón, 383. «Margarita» es, por supuesto, la forma en que los españoles se referían a las perlas.
61. Un argumento que desarrolla muy bien Bernal, 101.
62. Colón, 403. De Las Casas, en realidad.
63. Mártir, 50.
64. Puede que Bartolomé utilizara el nombre de Domingo, que había llevado tanto su padre como el padre del Almirante, Domenico Colombo de Genova, pero más probablemente porque la ciudad se fundó el día de Santo Domingo, el 8 de agosto.
65. Pérez de Tudela, 163.
66. Oviedo, 1, 72.
67. Las Casas, I, 449.
68. Pérez de Tudela, 161. Pedro de Valdivieso, de Burgos, Adrián de Muxica, vasco, y Diego de Escobar, sevillano, participaron.
69. Mártir, 54.
70. Fernando Colón, 195, 246.
71. Ursula Lamb, *Fray Nicolás de Ovando*, Madrid 1956, 126, escribió que «es superfluo decir que los encomenderos a los que se había concedido tierras eran rebeldes y, por el mismo motivo, no eran el tipo de personas que la Corona hubiera considerado dignas de preocuparse por el bienestar de los indios».
72. Pérez de Tudela, 157.
73. Las Casas, II, 70.

74. Las Casas, II, 173.

75. Carta a los monarcas enviada en el barco, Colón, 407: «me dizen que se podrán vender cuatro mil que, a poco valer, valdrán veinte cuentos». «Y bien que mueran agora, así no será siempre d'esta manera, que así hazían los negros y los canarios a la primera...»

76. Colón, 407-408.

77. Colón, 409.

78. Colón, 408.

79. Fernández Duro, *Cesáreo Nebulosa de Cristóbal Colón*, Madrid 1890, 182.

80. Texto en Las Casas, I, 1, 151.

81. Colón, 412.

82. Robert S. Chamberlain, *Castilian Backgrounds of the repartimiento-encomienda*, Carnegie Institution, 1939. Nótese que Richard Konetzke señaló que es un error «suponer que la cristianización de los infieles fuera un factor importante en la precedente historia del descubrimiento de América: una interpretación que proviene de confundir la Reconquista con una cruzada». Konetzke, *The Americas*, XIV, 1958, 182.

83. Véase C. H. Haring, *The Spanish Empire in America*, Nueva York 1947, 43 y Fernández-Armesto, 139.

84. Navarrete, I, 44.

Capítulo 14

1. Como mayordomos de dormitorio de los reyes Enrique III o Juan II o como alcaides de fortalezas.

2. Un poema, escrito por Álvar Gómez de Ciudad Real, entonces en la casa del cardenal Mendoza, «Sobre la descripción maravillosa del Nuevo Mundo», circuló mucho entre los descendientes de Beatriz para recordar que, aunque puede que Bobadilla desposeyera al Almirante (Francisco, en 1500) otro le había ayudado a ganar su ocasión.

3. Navarrete, 443. Las Casas, II, 176. La instrucción la firmaron los Reyes Católicos y Miguel Pérez de Almazán, el secretario que sin duda esbozó el documento, y también Gómez Juárez, otro letrado que era ahora el canciller de Castilla.

4. Navarrete, I, 444-445.

5. Navarrete, I, 446.

6. Mártir, 67.

7. Las Casas, I, 465.

8. Las Casas, II, 173.

9. Colón, 409.

10. Citado en Fernández-Armesto, 25.

11. Bernáldez, II, 80.

12. Fray Juan de Trassiera, su propio mayordomo; fray Francisco Ruiz y fray Juan Robles; y dos hermanos laicos flamencos, fray Juan de Leudelle (o de la Duela), conocido como «el Bermejo», y fray Juan de Tisín, que había acompañado a Colón en su segundo viaje en 1493, además del misterioso Boil.

13. Hay un retrato en el Museo de Valencia de San Juan, Madrid.

14. Mártir, I, 200.

15. Zurita, lib. 7, c. 29, citado en Liss, 318.

16. Konetzke, col. 4.

17. Las Casas, I, 469.

18. Deive, 70.

19. Navarrete, I, 318; Las Casas, II, 146; S. E. Morison, 104-108.

20. Mártir, 70.

21. Mártir, 71.

22. Cédula del 2 de diciembre de 1501 de Écija, en CDI, XXXI, 104-107.

23. Véase C. Seco Serrano, «El viaje de Alonso de Hojeda en 1499», Congreso, II, 11-136.

24. Se puede encontrar importante documentación relativa a este viaje en *Autógrafos de Cristóbal Colón y papeles de América*, Madrid 1892, documentos del palacio de Liria.

25. Para la procedencia y vida de este curioso individuo, véase el capítulo 15.

26. Las Casas, II, 115, nos dice, sin embargo, el 20 de mayo. Esta narración contiene una extensa defensa de la reputación de Colón contra las acusaciones (falsas, véase el capítulo 15) de Vespucio. El capítulo 15 discute a Vespucio en detalle. Para este viaje, véase Morison, 186.

27. Pohl lo comenta en *Amerigo Vespucci*.

28. Íbid, 46.

29. Morales Padrón, 213.

30. Para saber más de los indios brasileños, véanse los capítulos 31 y 37.

31. Morales Padrón, 218.

32. Véase Pohl, ibídem, 60-61.

33. Ramos, 74.

34. Manzano, I, 268.

35. Morales Padrón, 223.

36. Por lo que dice en esta carta a Lorenzo parece como si Vespucio

no hubiera ido a América antes, lo que sus admiradores, por ejemplo Harisse, 355, sostienen que sucedió en 1496 o 1497.

37. Morales Padrón, 224.

38. Pohl, 137.

39. Las Casas, II, 154. Véase S. E. Morison, 211.

40. Mártir, 75-78.

41. Las Casas, II, 156; Marañón es una pequeña ciudad en la provincia de Logroño, de donde no procedía ninguno de los conquistadores de la época.

42. Navarrete, II, 328: «[...] todo lo que hasta hoy está ganado desde la isla de Guanaja hacia el norte, e que estas tierras se llaman Chabaca e Pintogrón, e que llegaron por la via del norte fasta 23 grados e medio. E que en esto no andubo el dicho don Cristobal Colón ni lo descubrió, ni lo vido» (Testimonio de Ledesma).

43. Navarrete, II, 325. Las Casas, II, 159, 208. Luego hubo cierta polémica. En 1513 Lepe afirmó haber descubierto la vuelta del levante, acompañado por Juan González, portugués de Palos, Juan Rodríguez, piloto, Alonso Rodríguez de Calco, García de la Monja, Fernando Esteban, Cristóbal García, Pedro Medel y Luis del Valle. Véase L. Gil Munilla, *Diego de Lepe, descubridor del Marañón*. AEA 9 (1952), 73, y J. Gil, *Marinos y mercaderes en Indias 1499-1504*, en AEA 42 (1985), 313. El primero discute el origen del nombre del río Marañón.

44. Gil, IV, 336, debate su genealogía. Era hijo de Alonso Fernández Ojos y Ana Bastidas. Contrajo matrimonio con Isabel Rodríguez de la Romera. Todos eran de Triana. Véase también J. J. Real, «El sevillano Rodrigo de Bastidas», Archivo Hispalense, 2.ª época, números 111-112 (1962) 63, y Juan Gil, AEA 42 (1985), 317, 387.

45. Navarrete, I, 448.

46. Las Casas, II, 302.

47. Para lo cual puede verse el capítulo 15.

48. Oviedo, I, 63, hace una descripción más o menos imprecisa de ese viaje. Bastidas tenía una «información de servicios y méritos» en la que no hace mención de la expedición.

49. Le acompañaban algunos de los exploradores más conocidos: Nicolau Coelho, Bartolomeu Díaz, Duarte Pacheco y Pero de Ataideo, CDI, XXXVIII, 441-450; Navarrete, I, 449. Las Casas no menciona este viaje.

50. Véase Juan Gil, *Marinos*, 304, también 433.

51. También estaba a bordo de la flota Bartolomeu Díaz, el héroe de la expedición de 1487, Nicolas Coelho, Sancho de Tovar, Diego Díaz (el hermano de Bartolomeu), Alfonso Ribeiro, Simão de Miranda, Aure Gomes y Gaspar de Lemus.

52. Véanse las descripciones de primera mano de Hans Staden y de Pedro Vaz da Caminha.

53. No hay nada que indique que el viaje de Cabral a Brasil hubiera sido algo más que un accidente. Pero en Portugal corrían muchos rumores. Un aventurero de las Azores, Gaspar Corte-Real, recibió una carta de patente del rey Manuel el 12 de mayo de 1500 en la que aparece esta frase: «De dónde Gaspar Corte-Real [...] hizo anteriormente grandes esfuerzos por voluntad propia y a su propia costa, con hombres y barcos, gastando su fortuna y poniendo en peligro su vida para descubrir islas y un continente.» Véase también S. E. Morison, 217-229.

54. La complejidad de la situación aumentó todavía más con la llegada de Alonso de Hojeda cerca de Jaragua en septiembre de 1499. Pero pronto dio claras señales de que estaba en contra tanto del Almirante como de Roldán, y al final se retiró y volvió a España. La llegada de Vicente Yáñez Pinzón al final de su viaje complicó las cosas todavía más durante algunos días hasta que, finalmente, Yáñez también se retiró.

55. Azcona, *Isabel la Católica*, lo comenta, 511.

56. Navarrete, I, 447. Éste fue uno de los últimos documentos que Colón firmó él mismo como virrey y capitán general de las Indias. Como testigo firmó su secretario, un extremeño que le había acompañado en el segundo viaje, Diego de Alvarado.

57. Colón, 420.

58. Colón, 428.

59. Encontramos una buena narración en Harvey *Muslim Spain*, último capítulo.

60. Las Casas, II, 183.

61. Las Casas, II, 185.

62. Las Casas, II, 188.

63. Carlos Céspedes del Castillo, en J. Vicens Vives, ed., *Historia Social*, Barcelona 1959, II, 532.

64. Las Casas, II, 203-204: «Los 300 hombres que en esta isla quedaban [...] Estos señores y caciques tenían hijas o hermanas o parientes cercanas, las cuales luego eran tomadas, o por fuerza o por grado, para con ellas se amancebar; y así, todos estos 300 hidalgos estuvieron algunos años amancebados y en continuo pecado mortal de concubinaria maldad, sin los grandes pecados que cada día y hora cometían...»

65. Colón, 440.

66. Las Casas, II, 199.

67. Colón, 430.

68. Las Casas, II, 190.

69. CDI, XXIV, 22-25. Una traducción española del original en latín.

70. Francisco Riberol (Ripparolo, Rivarolo), Francisco (Francesco) era hijo de Pietro Giovanni Sopranis Riparolio y Bianchina, hija de Pietro Grimaldi. Los Ripparolo castellanizaron su apellido como Riberol. Procedían de Rivarolo, un pueblo en las montañas tras Génova. Francesco, uno de los cuatro hermanos, era un mercader genovés de Sevilla, que hizo fortuna en la banca, los tejidos, los tintes y el azúcar, con particular éxito en estos dos últimos. Compró parte de los derechos para la venta de tejidos a Pedro de Ribadeneira y se convirtió en el mayor productor de jabón de Sevilla junto a Mario Castiglione. Dos años después Castiglione le vendió la mitad de su factoría de jabón en Triana. Riberol había adquirido plantaciones de azúcar en las Canarias a cambio de su ayuda en la conquista, pues parece que era el comerciante más poderoso de la década de 1490. Él y sus hermanos Cosmo y Gianotto sucedieron a los Lugos como los principales comerciantes de *orchilla* (un liquen que se usaba como tinte) de las Canarias, en colaboración, para empezar, en La Gomera con Inés de Peraza y luego con Gutierre de Cárdenas en Tenerife. Él y Cosmo se casaron con dos hermanas, Giacometta y Benedetina Sopranis de Andora, mientras que sus hermanas Salvaggina y Mariola se casaron con Nicoló y Gregorio Cassana. Ribarol era el financiero del cuarto viaje de Colón y se le menciona en una carta de Colón a Gorricio en mayo de 1501 (Textos, 456) y a Diego (mayo 1502, Textos, 478). Él, y más adelante su hijo Bartolomeo, dominaron la industria sevillana del jabón hasta la muerte de Francisco en 1514. Su sobrino, Pietro Giovanni Ripparolio, y su yerno, sobrino de Bernardo Castiglione, Pietro Benedetto Basigniana, y más adelante Jacopo Sopranis, continuaron el monopolio hasta 1521.

71. La familia de Sanchís estuvo implicada en el famoso asesinato por conversos en 1485 del inquisidor de Zaragoza, Pedro Arbués, mientras rezaba en la catedral. Se acusó a Gabriel de haber propuesto que se diera muerte al inquisidor. Después de una larga investigación fueron ejecutados muchos conversos, entre ellos el suegro de Gabriel, Luis de Santángel, un pariente del Luis de Santángel que financió la expedición de Colón.

72. Bernal, 178.

73. Harisse, 60.

74. Las Casas.

75. Harisse, 59-76. Miguel Corte-Real regresó el 11 de octubre de 1502 de América con indígenas y algunos objetos. Alberto Cantino, embajador de Ferrara en Lisboa, escribió el 18 de octubre a su señor, el duque Hércules, sobre el viaje de Miguel Corte-Real, que acababa de regresar y contaba que habían descubierto un gran territorio y secuestrado a gente del lugar para traerla a presencia del rey de Portugal, mientras que Gaspar había puesto rumbo al sur y no se había sabido más de él. Morales Padrón, 253-255.

LIBRO TERCERO

CAPÍTULO 15

1. «Mediano de cuerpo y la barba muy rubia y bermeja; [...] de cudicia y avaricia muy grande enemigo.» Las Casas, II, 214.

2. Ursula Lamb, 23.

3. Puede leerse resumido en Konetzke, col. 4-6.

4. «Oficios de justicia e juridicion civil e criminal, alcaldias e alguacildalgos dellas de las Indias, Islas, y Tierra Firme del Mar Oceano».

5. Esteban Cavallo, Juan y Álvaro Rodríguez, Juan Fraba y García Osorio. AGI, Indif, 418, lib. 1, 77 citado en Pérez de Tudela, 196.

6. Por ejemplo, en el tercer viaje de Colón cuando se detuvo en las islas de Cabo Verde.

7. Navarrete, I, 456-458.

8. CDI, XXXI, 13, 50.

9. Navarrete, I, 465: «Sepades que Nos somos informados que el comendador Frey Francisco de Bobadilla, sin tener para ello nuestro poder ni mandado, ha dado franqueza a los vecinos e moradores de la isla Española, para que de todo el oro que cogieren non sean obligados a Nos acudir con parte alguna por cierto tiempo: e porque lo susodicho es en mucho daño e perjuicio de nuestras rentas, es nuestra merced e voluntad que la dicha franqueza non haya lugar ni sea guardada: e mandamaos a vos el dicho Frey Nicolás de Ovando, e a nuestro gobernador que por tiempo fuere en las dichas islas e tierra firme, que hagais cobrar para Nos de los dichos vecinos e moradores de la dicha isla Española todo el oro que nos pertenesce e habemos de haber de las dichas personas de todo lo que hobieren cogido e sacado, fasta que vos el dicho gobernador llegárades a la dicha isla, conforme al asiento que con ellos tenía fecho don Cristóbal Colón, nuestro Almirante del dicho mar Océano.» La parte real, que al final se conocería como «El Quinto Real» hizo que la Corona española estuviera vinculada directamente al éxito de las empresas mineras en el Nuevo Mundo.

10. «De manera que ellos conozcan que no se les hace injusticia; [...] de otra, el trabajo en las cosas del servicio real a que podian ser obligados mediante el pago de un justo salario.»

11. Estas investigaciones, conocidas como residencia, podrían ser reintroducidas para confrontar a ministros, embajadores y comisionados actuales de Bruselas.

12. Giménez Fernández, 196, 236; véase también Las Casas, II, 452, 557-558, 562.

13. CDI, XXX, 523.
14. Haring, 26.
15. Las Casas, II, 227.
16. CDI, XXX, 527. Existe una lista de 37 personas que acompañaron a Arriaga. Aparece en Giménez Fernández, II, 594. Allí aparecen Diego de Nicuesa, que luego se haría famoso; Diego Ramírez, el único que era un trabajador y que probablemente estuvo en México con Narváez; Gonzalo de Ocampo; y Rodrigo de Mexía.
17. CDI, XXX, 526. Giménez Fernández, II, 590-591. Véase también Pérez de Tudela, 194.
18. Navarrete, II, 349, 351. El mismo Hojeda dijo que su segunda expedición fue en 1501, pero los documentos de Simancas que estudió Navarrete demuestran que tuvo que ser en 1502.
19. Colón, 473-476.
20. Colón, 473.
21. Fernando Colón, 277. Pero ello no impidió a los monarcas hacer un nuevo contrato con Yáñez Pinzón el 5 de septiembre de 1501, por el cual Yáñez sólo pagaría un sexto de lo que encontrase a la Corona. Su expedición sería un viaje de colonización, no de exploración. También se le nombraba gobernador de «las tierras recién descubiertas». Entonces, más o menos una semana más tarde, el 14 de septiembre, los monarcas firmaron una capitulación, en esta ocasión con Diego Lepe, pero con una variante: al contrario de lo que acababan de acordar con Yáñez Pinzón, el objetivo era ahora estimular la exploración de las tierras. Los bienes y los tesoros que se encontraran en tierras que ya hubieran visitado antes los españoles deberían tributar la mitad de su cuantía a la Corona, pero lo que se obtuviera en territorios nuevos sólo tributaría un sexto. Más o menos el mismo trato se cerró con Juan de Escalante el 5 de octubre. CDI, XXXI, 5-12.
22. Navarrete, I, 548 en *Carissimo in Christo fili Fernando Regi Elizabeth.*
23. Colón, 479-480; Navarrete, I, 471-472.
24. Pérez de Tudela.
25. CDI, XXXI, 121. Como hemos visto, Vélez de Mendoza había visitado la costa de Brasil en 1500, adentrándose en lo que era claramente territorio portugués.
26. Véase Pedro Mexia, de Ovando, *Libro o memorial...* en Biblioteca Nacional n. 3 183, fol. 2, citado en Muñoz de San Pedro, Francisco de Lizaur, en BRAH, CXXIII, de 1948.
27. CDI, XXXIX, 13-14.
28. Para la familia véase Gil, I, 247 y Giménez Fernández, II, 953.

Bartolomé de Alcázar era uno de sus parientes, un poeta conocido por versos tales como «A uno muy gordo de vientre y muy presumido de valiente».

29. Giménez Fernández, II, 696. La relación de Ovando y Monroy era remota y no he conseguido averiguar en qué punto entroncaba Francisco con la rama principal de los Monroy. ¿Se trataba quizá de un bastardo?

30. Colón, 268.

31. Las Casas, II, 214, 368: Las Casas dijo de él: «[...] muy hombre de bien, justiciero y que se holgaba siempre más de concertar los pleitantes que no que viniesen ante él, a pedir su derecho». Creo que era el padre de otro Alonso de Maldonado que se convirtió en oidor en Nueva España en 1543.

32. AGI, Indif., gen., leg. 418, f. 64, como se discute en Pérez de Tudela, 200.

33. Estuvieron con Ovando otros que luego fueron con Cortés: Francisco Dávila, Juan Suárez (su futuro cuñado), Cristóbal Martín, Millán de Gamboa, Juan Pérez de Arteaga, Lorenzo Suárez de Portugal, Francisco Ramírez el viejo (y su esposa, Juana de Godoy), Benito de Cuenca, Domingo Díaz (un italiano que no se acordaba de quiénes eran sus padres), Juan de Gamarra, Diego Sánchez de Sopuerta, Bernardino y Antonio de Santa Clara, y Juan de Cáceres. También andaban por allí Gonzalo Velázquez, de Lara, y Gutierre, de Badajoz, cuyos hijos Francisco y Gutierre estaban ambos con Cortés.

34. Fray Alonso de Espinar, fray Bartolomé de Turégano, fray Antonio de Carrión, fray Francisco de Portugal, fray Antonio de los Martires, fray Mases de Zafra, fray Pedro de Hornachuelos, fray Bartolomé de Sevilla, fray Juan de Hinojosa, fray Alonso de Hornachuelos, fray Juan de Escalante, fray Juan Francés, fray Pierre Francés, y cuatro hermanos legos, Juan, Martín, Luis Sánchez y Pedro Martínez.

35. Pedro Díaz de la Costona, Alonso de Illescas, Fernando Guiral y Alonso Fernández.

36. Muniz citado en Pérez de Tudela, 201; Lamb, 73, nota 43.

37. Sanlúcar sigue manteniendo su encanto, al igual que se conserva también el palacio de los Medina Sidonia.

38. Las Casas, II, 215.

39. El 12 de febrero promulgaron una ordenanza real *(pragmática)* que buscaba completar la cristianización de Castilla: todos los mudéjares mayores de catorce años (o doce, en el caso de las mujeres) tenían dos meses y medio para escoger entre el bautismo o la emigración.

40. Liss, 335.

41. Éste era el título usual de un heredero adulto al trono de Castilla, al igual que en Inglaterra se le da el de Príncipe de Gales.

42. Liss, 336.

43. Fernández-Armesto, 14.

44. Garay había sido amigo de Cortés en los «días pasados», es decir, entre 1506 y 1510, cuando ambos eran hombres relativamente jóvenes en La Española.

45. Fernández-Armesto, 26. Otros miembros de la familia, como Batista, estaban bien establecidos en Tenerife.

46. Colón, 482-483.

47. La familia había tomado parte en todo el comercio genovés, desde el puesto comercial de Caffa al de Inglaterra, y serían los primeros genoveses en establecer una sucursal de su negocio en Santo Domingo.

48. Colón, 476-478.

49. Navarrete, I, 223.

50. Navarrete, II, 328. Casi veinte años después, en 1520, llevaría a casa, al Nuevo Mundo, a los esclavos supervivientes que Hernán Cortés había llevado a España en 1519 con Francisco de Montejo y Alonso Hernández Portocarrero. Tanto Juan Sánchez, piloto mayor, como Antón Donato, contramaestre, estaban en el *Santo*.

51. Que se conocía con el sobrenombre de Bermuda.

52. Véase Gil, III, 84.

53. Colón, 487.

54. Véase Jesús Varela Marcos, Antón de Alaminos, «El piloto del Caribe» en Congreso, II, 49. Ya oímos de Alaminos como «grumete» en 1502 en Las Casas, III, 157.

55. Navarrete, II, 328.

56. Sus establecimientos se mencionan en Navarrete, I, 229-231. Consuelo Varela ha ido todavía más allá con su «El Rol del cuarto viaje colombino» AEA 42, 1985, 243.

57. Rafael Donoso Anes dice que su esclavo recibía un sueldo. Pero de todas formas, era un «negro esclavo».

58. Las Casas, II, 209-210.

59. Colón, 485-486.

60. Colón, 494.

61. Fernando Colón, 279.

62. Colón, 485.

63. Las Casas, II, 220-224.

64. Giménez Fernández, I, 224.

65. Ursula Lamb, «Cristóbal de Tapia versus Nicolás de Ovando» HAHR, XXXIII, agosto de 1953.

66. Las Casas, II, 226.

67. Citado en Pérez de Tudela, 218.

68. Las Casas, II, 226.
69. Las Casas, II, loc. cit.
70. Earl Hamilton, 123.
71. Pérez de Tudela, 219.
72. Las Casas, II, 231-232.
73. Gil, I, 155 y también IV, 28. Esquivel llegó a La Española, supongo que con Ovando, pero es posible también que con Colón en el segundo viaje.
74. Pronto encontraremos a uno de ellos, bautizado como Juan, vendido a Francisco Velázquez en la ciudad castellana de Olmedo. Huyó cuando tenía treinta años, pero fue capturado.
75. Lamb, 128.
76. Las Casas, II, 213.
77. Compara Alvarado en Tenochtitlan, Cortés en Cholula.
78. Parece que Diego Méndez presenció esta tragedia, de vuelta en la isla para buscar ayuda para Colón, que se había quedado aislado en Jamaica; Lamb, 130.
79. Las Casas, 238-239; Oviedo, I, 83.
80. Véase María Luisa Laviana y Antonio Gutiérrez Escudero, «Las primeras obras públicas en el nuevo mundo y su financiación: Santo Domingo 1494-1572», en Congreso, 55, I, 523.
81. Enrique Otte, *Las perlas del Caribe*, Caracas 1977, 251; Las Casas, II, 235.

Capítulo 16

1. Parece ser que *Azúa* era una palabra indígena a la que los españoles añadieron la coletilla «de Compostela» porque encontraron allí a un gallego.
2. Esa afirmación se discute con escepticismo en Navarrete, II, 350. Pero Navarrete admite que puede que Colón hubiera visto un informe que mostrase que no había ningún estrecho en la continuación de la costa sudamericana.
3. Colón, 487.
4. Parece seguro que algunos de esos mercaderes indios habrían hablado de su encuentro con Colón y que el rumor de la llegada de aquellos españoles barbudos hubiera llegado a México / Tenochtitlan. Véase más abajo el capítulo 33.
5. Colón, 488.
6. Estos párrafos provienen de Paul Kirchhoff, en *Handbook*, IV, 219-229.

7. CDI, XXXIX, 416.

8. Fernando Colón, 284.

9. Fernando Colón, 285.

10. Se habla sobre los mayas en el capítulo 33.

11. Fernando Colón, 286. Colón no parece mencionarlo en su propia historia, a menos que se refiriera a ello cuando hablaba de Ciguare. Quizá algunos de esos mayas fueron capturados en las conquistas de Cortés en México.

12. Fernando Colón, 288.

13. El décimo duque de Veragua fue asesinado de forma gratuita por terroristas en El Salvador hacia 1985.

14. Citado en Lewis Hanke, *The Spanish Struggle for Justice in the New World*, Philadelphia 1949, 25.

15. Véase el testamento de Méndez, en que se discute este tema. Aparece, por ejemplo, en Navarrete, I, 240-247. También está la traducción de J. M. Cohen de los cuatro viajes de Colón, Harmondsworth 1969, 305.

16. Colón, 491.

17. Colón, 492.

18. En su testamento, en Cohen, 313.

19. Fernando Colón dijo que Méndez y Fieschi partieron con dos canoas, cada una con seis cristianos y diez indios de Jamaica y Santo Domingo a los remos.

20. Colón, 501.

21. Fernando Colón, 328; la narración de Méndez, 315.

22. «Durante ese tiempo quemó o ahorcó a ochenta y cuatro caciques, entre los cuales estaba la señora Anacoana, la mayor capitoste de la isla.»

23. Fernando Colón, 328.

24. Méndez, 316.

25. Colón, 504-505. Fernando dijo que no recibió cartas.

26. Colón, 18, nota 4.

27. Citado en Fernández-Armesto, 98. El 4 de noviembre se recibió en España la bula *Illius fulciti presidio* que aceptaba la petición española de un arzobispo y de dos obispos para las Indias. El lugar donde se crearía la sede metropolitana iba a ser «Hyaguatensis», que nunca se ha llegado a identificar. Maguacensis (Concepción de la Vega) y Bayunensis (cerca de Lares de Guanaba, al noreste) eran los lugares de los dos obispados. De todas formas, estos planes nunca llegaron a llevarse a cabo. Hubo interminables retrasos en establecer los obispados y no fue hasta 1511 cuando Alonso Manso, García de Padilla y Pedro de Deza fueron nombrados para esos tres cargos eclesiásticos. Colón, 516.

28. Pierre y Huguette Chaunu, *Séville et l'Atlantique*, París 1956, I, 116, propone 3 en 1501, 23 en 1506 (12 de vuelta), 33 en 1507 (19 de vuelta), y 45 en 1508 (21 de vuelta).

29. Gil, III, 384.

30. Pérez de Tudela, 239, citando a Muñoz A-102, f. 210 r; véase también Fernando Ortiz, «La leyenda negra contra Fr Bartolomé», *Cuadernos americanos*, LXV, n.º 5, México 1952, 155.

31. Miguel Ladero Quesada y Gonzalo Jiménez, *Diezmo eclesiástico y producción de cereales en el reino de Sevilla 1408-1503*, Sevilla 1979, 91.

32. Heers, 20; Liss, 327.

33. Gil, II, 12.

34. Gil, I, 211.

35. Navarrete, I, 321.

36. Para saber de él véase Ramón Carande, *Carlos V y sus banqueros*, 3 vols., 3r. ed., Barcelona 1987, II, 85, y Kellenbenz, 41 etc.

37. Los avalistas eran Sancho Ruiz, Mosen Gralla, Ferrel, Juan Cabrero, Martino Centurione, Alfonso de la Torre y Diego de la Fuente.

38. Enrique Otte, *Sevilla y sus mercaderes a fines de la Edad Media*, Sevilla 1996, 169.

39. «Lo que parece se debe proveer, para poner en orden el negocio y contratación de las Indias, es lo siguiente», en Simancas, publicado por el gran erudito, Ernesto Schäfer, en *Investigación y progreso*, año 8, n.º 2.

40. AGI, Indif. gen., leg. 120, lib. 3, 4 f.; Navarrete, I, 472, y en CDIU, 5, 29-42.

41. Earl Hamilton, 13, nota 1.

42. Schäfer, I, 12, y Miguel Ángel Ladero Quesada, *El primer oro de América*, Madrid 2000, 10.

43. La Casa fue reorganizada en 1507 para prevenir el fraude y la usura que la Corona y asegurar su parte de los beneficios. (Véase CDI, XXXIX, 159-162, 29 de noviembre de 1507.)

44. CDI, XXXI, 139 (de Alcalá de Henares); véase Eduardo Ibarra, *Los precedentes de la Casa de la Contratación*, R de I, 3, 4, 5, 1941.

45. Citado en Schäfer, I, 13, nota 1.

46. CDI, XXXI, 212, fechado el 8 de enero de 1504, de Medina del Campo.

47. Fue cambiada a Cádiz en el siglo XVIII.

48. Pérez de Tudela, *Política de Contratación*, R de I, XV, 1955, 380.

49. CDI, XXXI, 174-179.

50. CDI, XXXI, 156-174.

51. Indif. gen. 418, I, f. 95v. La última es la más antigua de las antífonas marianas y el Ave María sigue siendo la oración más popular.

52. CDI, XXXI, 176.

53. Ese año, 1503, Cisneros había convocado a un grupo de estudiosos para que trabajaran en la Biblia que planeaba publicar en siete lenguas: Nebrija, el gran latinista y filólogo, se encargaría de la Vulgata, Demetrio Ducas de Creta, Diego López de Stúñiga y Hernán Núnez harían el texto griego y tres conversos, Alfonso de Alcalá, Pablo Coronel y Alfonso de Zamora, se encargarían del texto hebreo.

54. Fue firmado por varios secretarios: Gricio, Zapata, el lic. Johannes, el lic. Tello, el lic. de la Fuente, el lic. Santaigo y el lic. Polanco. Véase Navarrete, II, 414.

55. Navarrete, I, 552-553.

56. Resumen en Hanke, 26.

57. CDI, XXXI, 209-212. Véase Arranz, 92. También en Navarrete, I, 481.

58. Así al menos se sostiene en la historia de la Real Academia.

59. Las Casas, III, 28.

60. Otte,140.

61. Sannazaro era de origen español, pero vivía en Nápoles.

62. Rumeu, 300-308.

63. Véase Ruiz-Domènec, 341. Pastor, VI, 241.

64. Mártir nos cuenta de manera apasionante la muerte de Alejandro por medio de un veneno que se tenía intención de suministrar a otros cardenales y que por error bebieron el Papa y su hijo Cesare (Mártir, II 69).

65. Mártir, II, 86.

66. Ballesteros Gabrois en *Fernando el Católico. Pensamiento*, 133.

67. Véase Suárez.

68. L. B. Simpson, *The Encomienda in New Spain 1492-1550*, Berkeley 1934, 32.

69. Oviedo, III, 130-137; Navarrete, II, 39.

70. Colón.

71. Azcona, 48.

72. Mártir, II, 91.

CAPÍTULO 17

1. La cláusula 26 del testamento de Isabel disponía que Fernando podría ejercer el gobierno de Castilla si se daba alguna de las tres circunstancias.

2. Nader, 162.

3. Elliott, 127.

4. Otte, 140. Éste fue el año en que, con el fin de mejorar el servicio postal de Castilla, se nombró a un Correo Mayor, cargo que recayó en la familia Taxis. Aragón siempre había tenido un buen servicio de correos. Ahora se iba a presionar a Castilla para que lo dispusiera de mejor manera.

5. Rumeu, 321.

6. Gil, I, 231.

7. Rumeu, 318.

8. Gil, I, 232.

9. Gil, I, 232.

10. Mártir, III, 22. Se puede ver este viaje de Felipe en la *Collection des Voyages des Souverains des Pays-Bas*, ed. M. Gachard, obra de un cortesano anónimo, Bruselas 1876, 389-451.

11. Colón, 531.

12. Mártir, II, 35.

13. Mártir, II, 103.

14. Encontramos una buena descripción en Liss, 355.

15. Mártir, II, 1.

16. Santa Marina del Rey, Astorga, Ponferrada, Villafranca de Valcárcel (21 de mayo-4 de junio), Ponferrada de nuevo, Matilla de Arzón, Santa Marta, Rionegro y Asturianos.

17. Véase Mártir para una narración de primera mano, II, 139-140.

18. Véase Fernández Álvarez, *Carlos V, el caesar y el hombre*, Madrid 1999, 81 y nota 20.

19. Rumeu, 325.

20. Pastor, VIII, 9.

21. Mártir, II, 100. Por lo que respecta a su encarcelamiento, véase el mismo, 106.

22. Gil, I, 232.

23. Véase Ruiz-Domènec, 401-416; John M. Headley, *The Emperor and his Chancellor*, Cambridge 1983, 74. También había un secretario y, en el reinado de Carlos V, se encontró un tercer regente, el jurista napolitano, Sigismundo Loffredo.

24. Fernández Álvarez, 139. La narración de Mártir es tan apasionante como es habitual en él:, II, 151.

25. Mártir, II, 83-84.

26. Fernández Álvarez, 210.

27. Como habitualmente, hay una descripción apasionante en Mártir, II, 163, 173.

28. Hamilton. La cifra era exactamente 247,6 en lugar de 87,9. Los precios del aceite de oliva se doblaron también en esos seis años: 155 maravedís en 1501, 310 en 1507.

29. Otte, 142. De gran importancia entre los importadores, encontramos a un florentino, Pietro Bartolini, que trabajaba por cuenta de su compatriota Piero Rondinelli.

30. Otros nombres incluyen a Luca Battista Adorno, Silvestre de Brine, Manuel Cisbón, Bernardo Pinello, Sione Fornari, Gaspare y Francesco Sauli, Stefano Gustiniano, Donatino Marini y Ambrosio Spinola.

31. Otte, 176.

32. Rumeu, 340.

33. Mártir, Ep II, 202.

34. Pastor, VI, 291.

35. Rumeu, 336.

36. Mártir, II, 213.

37. En el interín contrajo un matrimonio con Filiberto de Saboya que fue muy breve, pues murió joven de forma similar a Felipe, por beber demasiada agua después de hacer ejercicio.

38. Schäfer, I, 29-30.

39. «Supplico», con dos «p», una manera muy interesante de expresarlo, à *l'italien*.

40. Colón, 528.

41. Fernando Colón, 284.

42. Colón, 532..

43. En el momento de escribir estas líneas, parece que se va a realizar una prueba de ADN para conocer con exactitud el lugar en el que está enterrado Colón. Para las finanzas de Colón, véase Juan Gil, «Las cuentas de Cristóbal Colón», AEA, XLI, 1984, 425.

44. Cristóbal Colón, *Libro de las Profecías*, Madrid 1992, 7.

45. Navarrete, I, 492.

46. Navarrete, I, 494.

Capítulo 18

1. Serrano Sanz, 48, nota 11.

2. CDI, XXXI, 233-237.

3. Pérez de Tudela, 227.

4. Pérez de Tudela, 228.

5. Las Casas, II, 340.

6. CDI, XXXI, 214-215.

7. CDI, XXXI, 216, y 30 de abril de 1508 en CDIU, V, 138.

8. Si era nacido en Valladolid. Para el nacimiento de Ponce de León véase V. Murga, *Juan Ponce de León*, San Juan 1971.

9. Para esta campaña, véase Las Casas, II, 266-268.

10. Véase Elliott, 67-68.

11. Otte, 251.

12. Oviedo, I, 78.

13. AGI, Indif. gen., leg., 418, f. 142 sig. Toro, 27 de diciembre de 1504 citado en Lamb, 184.

14. AGI, *Contratación*, leg. 4 674, lib. manual de Sancho de Matienzo, I, f., 59r, cit. Juan Gil, El libro greco-latino en su influencia en las Indias.

15. El único ejemplar de esta primera edición está en la British Library en Londres, cosa muy apropiada pues, después de todo, la mayoría de las escenas tienen lugar en un misterioso reino que entonces no existía, «Gran Bretaña».

16. Véase Henry Thomas, *Spanish and Portuguese Romances of Chivalry*, Cambridge 1920, e Irving Leonard, *Books of the Brave*. La introducción de Rolena Adorno que acompaña a la edición de 1992 de esta última obra es todo un modelo de corrección política. Pero la que hace Juan Bautista Avalle-Arce a su edición del *Amadís* (Madrid 1991) es excelente.

17. Leonard, 25.

18. Citado en Leonard, 44.

19. Leonard, 24.

20. «La vida de Santa Teresa de Jesús», BAE, Madrid, 2 vols., 1861, vol. I, 24. El pasaje es muy conocido: «Era aficionado á libros de caballerias y no tan malo tomaba este pasatiempo, como yo lo tomé para mi; porque no perdía su labor, sin desenvoliémonos para leer en ellos....»

21. Bernal, 178.

22. Bernal, 178.

23. Citado en Lamb, 156.

24. AGI, *Contratación*, leg. 4 674, 75.

25. AGI, Indif. gen. leg. 418, I, 180, V (Segovia, 15 de septiembre de 1505) citado en Lamb, 178.

26. AGI, Indif. gen., leg. 418, 181v-183, r, citado en Pérez de Tudela, 229.

27. De forma quizá un tanto irónica, ése fue también el año en el que el Laoconte, la escultura del estrangulamiento del sacerdote de Troya por serpientes, obra de un escultor de Rodas del primer siglo de la era cristiana, se encontró en un viñedo romano que pertenecía a Felice di' Freddi, en lo que habían sido los baños de Tito. El Papa Julio envió a su arquitecto favorito, el florentino Giuliano Sangallo, para mirarlo, cosa que hizo, acompañado por Miguel Ángel y por su hijo [de Sangallo]. El hijo, que tenía nueve años, recordó que su padre dijo inmediatamente: «éste es el Lao-

conte que menciona Plinio...». El Papa lo hizo traer y lo instaló en el Belvedere. Se creía que era «la más perfecta representación del espíritu y la vida del mundo antiguo que jamás se había visto». Así pues, dos mundos iban a cambiar en el mismo día, pero sólo se notó en el mundo romano. Pastor, VI, 489. Influenció a Rafael, Miguel Ángel y Bramante. Lessing hizo de él el tema de su ensayo en el que discute las diferencias entre la poesía y las bellas artes, 1766.

28. AGI, *Contratación*, 4674, 91 r citado en Pérez de Tudela, 229; Mártir, 109.

29. Earl Hamilton, 42.

30. Véase la *Residencia contra Ovando*, donde había numerosas preguntas como (pregunta XIV) «si saben que en traerse muchas ganados a esta ysla ansy vacas como ovejas rescibe gran bien la ysla e mucho servicio Dios y su Alteza», que recibían respuestas del estilo de «es notorio en esta ysla [...] los ganados se multiplican mucho en ella».

31. Lamb, 172-173.

32. La carta del rey estaba fechada el 15 de septiembre de 1505. Véase Pérez de Tudela, 334 y Lewis Hanke, *All Mankind is One*, Da Kalb 1974, 10.

33. En la *Residencia contra Ovando*.

34. Véase la entrada sobre Cortés en mi obra *Quién es Quién en la Conquista de México*, Barcelona 2001.

35. Había sido nombrado para ese puesto por Conchillos, quien siempre trataba de cuidar los intereses de sus compatriotas aragoneses. Pero había trabajado para el rey, a quien había acompañado a Nápoles, desde donde fue reclamado en 1506. Era una persona muy polémica. Las Casas, un hombre poco amigo de las mentiras, escribió de él que era «una persona, cierto, venerada, de grande cordura, prudencia, experiencia y autoridad [...], honesto y de quien se tuvo opinión haber sido casto toda su vida» (II, 345-346).

36. CDI, XXVI, 248. Véase también Ursula Lamb y su artículo en HAHR, 1953, XXIII, 427, «Cristóbal de Tapia v. Nicolás de Ovando, a Residencia fragment».

37. Navarrete, I, 495. «[...] he mandado al Almirante de las Indias que vaya con poder a residir y estar en las dichas Indias a entender en la gobernacion dellas, según el dicho poder será contenido, hase de entender que el dicho cargo y poder ha de ser sin perjuicio del derecho de ninguna de las partes.»

38. Navarrete, I, 495-497; véase también a Ida Altman, *Spanish hidalgoes and America, The Ovandos of Cáceres, The Americas*, vol. 43, 3 (1986-1987), 323. El rey se dirigió a «[...] los concejos, justicias y regidores, caballeros, escuderos, oficiales e homes buenos de todas las islas, Indias

e tierra firme del mar Océano, e a cada uno de vos, salud e gracia. Sepades que Yo, entendiendo ser cumplidero al servicio de Dios nuestro señor, e a la ejecución de la mi justicia, e a la paz e sosiego e buena gobernación desas dichas islas, Indias e tierra firme, mi merced e voluntad es que don Diego Colon, Almirante de las dichas Indias, islas e tierra firme, tenga por mí la gobernación e oficio de juzgado dellas, por la parte que a mí toca el tiempo que mi merced e voluntad fuere, con los oficios de justicia, e juredición cevil e creminal e alcaldías, e alguaciIazgos, e escribanías dellas.»

39. García Gallo, en *Pensamiento*, 154.

40. Consuelo Varela, 116.

CAPÍTULO 19

1. CDI, XXXI, 309; Navarrete, II, 78; para Puerto Rico véanse los dos volúmenes de documentos editados por el magistrado Vicente Murga Sanz, primero *Puerto Rico en los manuscritos de Don Juan Bautista Muñoz*, Puerto Rico 1960, y *Cedulario puertorriqueño*, Río Pedras 1961. También cotejar Aurelio Tío, *Nuevas fuentes para la historia de Puerto Rico*, San Germán 1961, y V. Murga Sanz, 3-5.

2. Rouse, 17.

3. Sabemos esto gracias a Aurelio Tío, Apéndice III, 530. Pero S. E. Morison, 502, afirma, sin aportar pruebas, que era nieto de Rodrigo, que su madre era Francesca, la hija de Rodrigo, y que su padre era un primo, Luis Ponce de León. Otros afirman que procedía de una rama de la familia que se instaló cerca de Valladolid. Murga cree que era un primo bastardo de Rodrigo y no su hermano.

4. Ramos, 109; Oviedo, II, 90, que le conoció dice que participó en el segundo viaje de Colón.

5. Las Casas, II, 504. Hoy en día está a cierto trecho del mar.

6. APS, I, 381.

7. Las Casas, II, 373.

8. Citado en Morison, 386.

9. Morison, 504.

10. R. R. Hill, *The Office of Adelantado*, 654. Véase también Haring, 23-25. Hill apunta que probablemente había un «adelantado» en el siglo X, sin duda ya lo había en el XII.

11. Véase su «Información de Servicios y Méritos» en AGI, México, 204, n. 3. Luego luchó en Cuba, Florida y en México, con Cortés. Su «información» se reproduce en un apéndice de este libro.

12. Véase Juan González Ponce de León «Información de Servicios y

Méritos» en AGI, México, leg. 203, n. 19. Oviedo, aunque habla bien de él como «la lengua», un intérprete, pero parece no haber conocido su relación con el comandante.

13. CDI, XXXIV, 480. Ésta es la narración del propio Ponce de León. Véase Las Casas, II, 356, y Oviedo, II, 90.

14. AGI, México, leg. 203, 27 de mi transcripción, «por guanines colgando de las orejas y de las naryzes».

15. Oviedo, II, 100.

16. Juan González Ponce de León también fue un testigo en «Información de Servicios y Méritos» de Juan Garrido, AGI, leg. 204, n. 1.

17. Ésta era la «hacienda grande», justo al este de lo que hoy se conoce como San Juan. Ponce puso a trabajar a los indios buscando oro en el valle de Toa. Véase Rouse, 158.

18. Murga, 21, 34.

19. Deive, 83.

20. Las Casas, II, 386-390.

21. Oviedo, II, 102.

22. Oviedo, II, 102. Véase también Murga, 75, para comentarios.

23. Cédula del 22 de septiembre de 1514 en Valladolid en AGI, Indif. gen, leg. 419, lib. V.

24. Oviedo, II, 107.

25. Citado en Morales Padrón, XXV.

26. Morales Padrón, *Jamaica*, 25-26.

27. Díaz del Castillo, I, 395.

28. Para la conquista de Jamaica tenemos CDI, XXXII, 240; CDU, I, 1; CDU, V, 312; y Las Casas, II, cap. 56.

29. Oviedo, II, 184.

30. Deive, 95 y referencias.

31. Morales Padrón, 94; para Garay, véase CDI, II, 420, 558.

32. Mártir, I, 402.

33. AGI, México, leg. 204, n. 3.

34. Morison creía que había dos hombres con este nombre.

35. Véase Morison, 198.

36. Oviedo, III, 133.

37. Oviedo, III, 133.

CAPÍTULO 20

1. Pohl, 35.

2. Pohl, 137.

3. El profesor Morison dice que había ido a la escuela con Américo Vespucio.

4. Fue a su hijo Juan, duque de Calabria, a quien Antoine de la Salle había dedicado su extraño trabajo histórico-geográfico, *La Salade*, en el que se incluía un mapamundi en el que no aparecía Inglaterra. La reina Margarita de «Anjou», casada con el rey Enrique VI de Inglaterra, había sido otra hija del *bon Roi* René.

5. Saint-Dié y las ciudades vecinas habían formado parte del ducado de Lorena, formando la «Lorena Superior», que era parte a su vez del Sacro Imperio Romano. Los duques de Lorena eran de origen francés y procedían de una antigua familia apellidada Vaudémond. El duque René II era un dirigente de éxito: había extendido el territorio de Lorena y siempre mostraba gran interés por todo lo nuevo. También había ayudado a derrotar al último duque independiente de Borgoña, Carlos el Temerario, en Nancy en 1477.

6. Se encontró una copia bien conservada del mapa en el castillo de Wolfegg en 1901, que fue comprada en 2001 por la Biblioteca del Congreso por diez millones de dólares.

7. Para un interesante debate, véase Heers, 220.

8. ¿Había estado en realidad algún europeo en el Pacífico?, ¿algún portugués? El señor Peter Dickson así lo cree. Véase *The Times,* 8 de octubre de 2002, 15. Magallanes estaba tan convencido de que encontraría el estrecho que hoy lleva su nombre que uno sólo puede preguntarse de dónde procedía tanta seguridad (véase capítulo 36).

9. Mártir, carta a León X, 163.

10. Pohl, 174.

11. Alberto Magnaghi, *Amerigo Vespucci, Studio crítico,* Roma 1926, citado en Pohl, 72, 77.

12. «Quasque novum mundum appellare licit.»

13. La primera página de texto en todas las ediciones de esa carta de Vespucio dice: «Quando apud maiores nosotros nulla de ipsis fuerit habita cognitio et audietibus omnibus soit nouvissima res.»

14. Pohl, 176. «Ut ad perquirendas novas regiones versus meridiem a latere orientis me accingam per ventum qui Africa diciter.»

15. La «navegación por estima» consistía en estimar la posición del barco por la distancia recorrida según el diario de a bordo y los cursos mantenidos según la brújula, con correcciones según las corrientes, etcétera, pero sin tomar en cuenta ninguna observación astronómica.

16. Haring, 285.

17. CDI, XXXVI, 251.

18. Mártir, I, 271.

19. A menos que fuera a Florencia durante un tiempo. Vasari dice que Leonardo da Vinci dibujó la cabeza de Vespucio como un «agradable anciano». Eso debió de ser entre 1508 y 1512, a menos que se equivocara ¡o a menos que Leonardo hiciera una visita a Sevilla de la que nada sabemos! (Vasari, *Lives*, Everyman, ed., Londres 1927, II, 16).

20. Consuelo Varela, *El testamento de Amerigo Vespuccio*, historiografía y bibliografía americanistas, XXX, 2, Sevilla 1986, 5.

21. Las Casas, II, 335. Sus instrucciones se encuentran en CDI, XXII, 1. Tienen fecha del 23 de marzo de 1508. El viaje costó 1 700 863 maravedís, como se ve en los registros de la Casa de Contratación, publicados por Ladero Quesada en *El primer oro*, 52. El mejor estudio de este viaje es el que hizo Ramón Ezquerra, «El viaje de Pinzón y Solís al Yucatán», R de I, 30, 1970, 217.

22. Véase Las Casas, II, 374 y Oviedo, II, 37. Las instrucciones están en CDI, XXII, 13.

23. Mártir, 98.

24. Mártir, I, 195. Para Talavera véase CDI, I, 212; XXII, 158 y 284.

25. Las Casas, II, 406.

26. Las Casas, II, 504.

27. Habiendo navegado primero con Bastidas en 1501, se había quedado en Santo Domingo después de 1502.

28. Oviedo, III, 143.

29. Mártir, I, 211.

30. Para Aguilar véase la «Información de servicios y méritos» en *Patronato* leg. 150, n.º 2, r. 1, de la que amablemente me hizo llegar una transcripción Francisco Morales Padrón.

31. Mártir, 214.

32. CDIU, XVII, 265.

33. Mártir, 234-235.

34. Mártir, 235-236.

35. Rouse, 20-21.

36. CDI, XXII, 26-32, reproduce la capitulación de Ponce de León, datada el 26 de septiembre de 1512. Para una breve investigación moderna véase Edward W. Lawson, *The Discovery of Florida and its Discoverer Juan Ponce de León*, St. Augustine 1946.

37. Véase Jesús Varela Marcos, «Antón de Alaminos: el piloto del Caribe» en Congreso, II, 49.

38. Véase su «Información de servicios y méritos» en *Patronato*, leg. 204, n. 3. Los ocho testigos oculares parecen haber estado con Garrido en Florida. No es que dijeran mucho, pero eran supervivientes de ese viaje.

39. Martir, 294. Oviedo, II, 105, mostraba desdén: dijo que la bús-

queda de la fuente hacía que hombres viejos se convirtieran en niños. Quizá olvida como la leyenda nos cuenta que cincuenta y seis hombres muy veteranos que acompañaban a Alejandro Magno rejuvenecieron hasta los cuarenta al bañarse en el río del Paraíso, que parecía discurrir cerca del Tigris y el Éufrates, cerca del Jardín del Edén. Véase Leonardo Olschki, HAHR, 21, agosto de 1941, 362-385.

40. Morison, 507.

41. Íbid, 511. Ésta es la tercera vez que los españoles entraban en contacto con el mundo maya. La primera había sido el encuentro de Colón en 1502 en Honduras (ver capítulo 11) y la segunda el de Díaz de Solís y Pinzón en 1508 (ver capítulo 14).

42. Murga, 117.

Libro cuarto

Capítulo 21

1. El único estudio de Diego es de Luis Arranz, *Don Diego Colón*, Madrid 1982, del cual sólo ha sido publicado el primer volumen. Nos cuenta la vida de Diego hasta 1511. Véase AGS, Consejo Real, leg. 43, f. 5, para el registro de la flota, analizado en Enrique Otte, «La flota de Diego Colón, españoles y genoveses en el comercio trasatlántico de 1509», R de I, 1964, 97-98, 476-503.

2. Véase Emelina Martín Acosta, «García de Lerma en la inicial penetración del capitalismo mercantil en América», en Congreso, II, 429.

3. Las Casas, 371.

4. Navarrete, I, 498-504. Véase también Arranz, 184.

5. «[...] un memorial muy largo y muy particular [...] de la manera que ha tenido en la buena gobernación de la dicha isla [...]»

6. «[...] muy larga y particularmente todas las cosas de alli».

7. Las instrucciones se pueden consultar en Konetzke, col. I, 18-19.

8. Citado en Juan Gil, *El libro Greco Latino*. En aquellos tiempos los libros se listaban por número, no por nombre, cosa que no fue necesaria hasta 1550.

9. Para esta cuestión véase el magnífico trabajo de investigación de David Henige, *Numbers from Nowhere*, Madison, manuscrito inédito, que me entregó personalmente el autor.

10. CDIU, V, 197.

11. Véase, por ejemplo, Carlos Bosch García, *La esclavitud prehispánica entre los aztecas*, México 1944.

12. Carta de Fernando el Católico a Pasamonte, Valladolid, 3 de mayo de 1509, en AGI Indif. gen. 418, lib. III.

13. CDI, XXXVI, 288-289.

14. Las Casas, II, 345. HAHR, XXXIII, agosto de 1953.

15. Ursula Lamb: «[...] las haziendas desta tierra no son nada sin indios».

16. Colección Muñoz, XC, fol. 58, RAH. La carta decía: «Vi vuestra letra que embiasteis con vuestro hermano Fernando, y vi todo que él me dijo de vuestra parte. Ahora solo respondo a lo que decis de las minas, de do se saca mucho oro. Y pues el Señor lo da, y yo no le quiero sino por su servicio en esta guerra de Africa, no quede por descuido el sacar lo más que se pudiera. Y porque los indios son flojos para romper las piedras, métanse todos los esclavos en las minas, que ya mando a los oficiales de Sevilla que os embien los cincuenta esclavos.»

17. Véanse las cuentas de Sancho de Matienzo, que reproduce Ladero Quesada, 27.

18. Véase las cifras de Earl Hamilton, 123.

19. Schaefer, I, 19.

20. Navarrete, I, 505-509; véase Haring, *Trade*, 29; Schafer, I, 178. «[...] no consintáis o dejéis pasar a las Indias a ninguna persona de las prohibidas».

21. GF, II, 673. Los frailes eran fray Pedro de Córdoba, fray Antonio Montesino, fray Bernardo de Santo Domingo y fray Domingo de Mendoza. Antes del final del año se verían reforzados por fray Tomás de Fuentes, fray Francisco de Molina, fray Pedro de Medina, fray Pablo de Trujillo y fray Tomás de Berlanga.

22. Las Casas, II, 381-382.

23. AGI, *Patronato*, leg. 11, r. 5; CDI, VII, 43.

24. García Gallo en *Pensamiento*, 154.

25. Navarrete, II, 83-85.

26. Testimonio de reclamación y protesta de don Diego Colón, etcétera. 29 de diciembre de 1512, resumido en CDHI, VII, 232, citado en Haring, 19.

27. Eran fray Lope de Paibol, fray Hernando de Villena, fray Domingo Velázquez, fray Pablo de Carvajal, fray Juan de Corpus Cristi y, un poco antes, fray Tomás de Toro.

28. Las Casas, II, 441. Ésta, por supuesto, es la versión de los acontecimientos del propio Las Casas.

29. Las Casas, II, 446-447.

CAPÍTULO 22

1. Deive, 95.

2. Vicente Cadenas, *Carlos I de Castilla, señor de las Indias*, Madrid 1988, 123.

3. CDI, XXXII, 304-318.

4. Deive, 96.

5. Otte, 116.

6. José María Chacón Calvo, «Cedulario cubano», en *Colección de documentos para la historia de Hispano-América*, Madrid 1929, 429.

7. Chacón y Calvo, 445.

8. Las Casas, II, 449.

9. Fernández-Armesto.

10. Las Casas, II, 450.

11. John Major, 1470-1540, se pasó la mitad de su vida en París, el resto en su nativa Glasgow (Haddington).

12. Mártir, II, 142.

13. Las Casas, II, 459-462, reproduce el discurso. Mesa fue nombrado a continuación obispo de Cuba, isla que jamás visitó y murió como obispo de Elna en Cataluña.

14. Quizá era pariente de Cortés, pues Inés de Paz era medio hermana de su madre y precisamente de Salamanca. Cortés se alojó en su casa cuando fue a la universidad.

15. Beltrán de Heredia, «Un precursor del maestro Vitoria», en *La ciencia tomista*, XL, 1929, 173-190.

16. Véase el estudio de Eloy Bullón y Fernández, *El doctor Palacios Rubios y sus obras*, Madrid 1927. El título de Bullón, marqués de Selva Alegre, me parece justificación de su carácter de par. Palacios Rubios debió de entrar en el Consejo Real en 1504.

17. CDI, VII, 24-25, Las Casas, I, 442. Las Casas le recomendó al cardenal Cisneros que leyera a Palacios y que publicara sus obras y las de Paz.

18. Su discurso se reproduce en Las Casas, 471-475.

19. Antonio Muro Orejón, «Ordenanzas Reales sobre los Indios. Las Leyes de 1512-1513», AEA, Sevilla 1957. Para una lista de las siete conclusiones preliminares de los ocho miembros del comité, véase Las Casas, II, 456-570.

20. Se hizo siguiendo una estratagema distinta. En un barco de Luis Fernández, en 1504, se envió a España para que aprendiera español al hijo de un cacique. Su muerte, así como la de muchos otros, llevó a los españoles a abandonar la idea: en lugar de enviar a los indios a España para que

recibieran educación, traerían españoles a las Indias; a Hernando Suárez se le pidió que viajara a Santo Domingo a enseñarles gramática a los hijos de los caciques. Sus enseñanzas estaban basadas en la gramática de Nebrija, a pesar de que el latín también debía enseñarse para que los estudiantes pudieran iniciarse en jurisprudencia y teología. Un tal «Diego Indio» fue llevado a Sevilla para ser «industriado en las cosas de la fee o en otras cosas de buena crianza e conversación para cuando hobiere de tornar a la dicha isla pueda aprovechar a los vecinos e moradores della en la salud de sus animas e conciencias». Se alojó en casa de Luis de Castillo, capellán de la capilla de Santa María la Antigua en Sevilla, por una tarifa anual de ocho mil maravedís. Pero murió antes de poder regresar a las Indias.

21. Hanke, 25; las leyes están en Las Casas, II, 482-489.

22. El primero de ellos era entonces el confesor del rey. Había sido el embajador de la reina Isabel en Flandes en 1497.

23. Antonio Rodríguez Villa, *Bosquejo biográfico de la reina Juana*, Madrid 1874, 33.

24. Estos cambios están resumidos en Las Casas, II, 492.

25. Fernández de Enciso, *Memorial*, en CDI, I, 441-450.

26. Citado en Hanke, 35. Parecería que esto le daría a la Corona de Castilla otro título más allá de las concesiones iniciales del Papa a los territorios del nuevo mundo.

27. Arranz, 196.

28. CDI, I, 50.

29. CDI, XI, 216-217.

30. Otte, 118.

31. Otte, 119.

32. Véase Helen Parish, con Harold Weideman SJ, «The Correct Birthdate of Bartolomé de Las Casas», HAHR, 56, 385.

33. Según Claude Guillen en «Un padrón de conversos sevillanos», *Bulletin Hispanique*, 65 (1965). Marianne Mahn-Lot, *Bartolomé de Las Casas*, París 1982, 12, sugirió también que los Peñalosa de Segovia eran una familia de conversos. Véase ahora Gil, III, 121, 460, cuyo estudio sienta cátedra. Bartolomé no era pariente de la noble familia de Las Casas.

34. Arranz, 540, 564.

35. Giménez Fernández, II, 89, 385.

36. Las Casas, I, 332.

37. Véase Raymond Marcus, «El primer decenio de Las Casas en el Nuevo Mundo», *Ibero-American Archives*, NF, 1977, 87. Mahn Let, 19, sin embargo, piensa lo contrario.

38. Las Casas, I, 466.

39. Las Casas, III, 26, 87.

40. Las Casas, II, 17, 53.

41. Bartolomé de Las Casas, *Apologética Historia Sumaria*, ed. Edmundo O'Gorman, 2 vols., México 1967, 164, 528: «[...] de las flautas, este se celebraba en el treceno día de enero con gran licencia de lascivia [...] andando los hombres vestidos de vestiduras de mujeres por toda la ciudad, enmascarados, haciendo bailes y danzas, y la memoria y vestigio de ellos yo lo he visto los días que estuve el años de siete, digo quinientos y siete, que de estas Indias fui a Roma».

42. Las Casas, II, 385-386: «[...] la cual fué la primera que se cantó nueva en todas estas Indias; y por ser la primera, fué muy celebrada y festejada del Almirante [Diego Colón] [...] porque fué tiempo de fundición...».

43. Fernando había estado en Lerma el 22 de julio, en Aranda de Duero del 27 de julio al 9 de agosto, Gumiel de Hizan en agosto del 11 al 23 —a pesar de haber ido de vuelta a Aranda entre el 15 y el 20—, en San Esteban de Cuéllar el 24 de agosto, en Segovia del 25 de agosto al 15 de septiembre, Sotos Albos, Fresno de Cantespino, Piquera de San Esteban, Burgo de Osma, Almazán, Monteagudo, y, finalmente, Calatayud, para las Cortes de Aragón del 29 de septiembre al 18 de octubre, luego Sigüenza, Cogulludo, Buitrago, La Pedrezuela, Alcobendas, y Madrid, adonde llegó el 29 de octubre. Más tarde visitó Móstoles, Casarrubios, Cazalegas, Talavera, Oropesa, Mesillas y Castejada. A fin de disfrutar durante el invierno de un clima menos riguroso que el de Castilla, el rey se quedó en Plasencia hasta el final del año, con unas breves visitas a La Abadia del 6 al 11 de diciembre para ir a cazar y a Galisteo entre el 13 y el 18 de diciembre. Véase también Giménez Fernández, II, 673, y David Brading, *The First America*, Cambridge 1991, 74.

44. Las Casas, III, 108-110.

45. AGI, *Contratación*, 4675, lib. 1, citado en «Manuel Giménez Fernández, Hernán Cortés y su revolución comunera en la Nueva España», AEA, V, 1948.

46. Marcel Bataillon, *Erasme et L'Espagne*, nueva ed., 4 vols., Ginebra 1991, 56.

47. Álvar Gómez de Castro, *De las hazañas del cardenal...*, citado en *La paz y la guerra*.

48. Gil, I, 251.

49. CDIU, V, 197-200, 5, 191.

50. Chacón y Calvo, 467.

51. Navarrete, I, 516.

52. Gil, I, 255.

53. Navarrete, I, 514.

54. Rumeu, 411.

55. Navarra retuvo sus Cortes en España, además de sus otras instituciones, costumbres e incluso su propia moneda. Pero se iba a convertir en parte de Castilla.

56. Otte, 123.

57. Otte, 123 y nota 601.

58. Garcés había sido un conquistador, pero al parecer había matado a su mujer, una cacica de la Vega en La Española, al sospechar que era adúltera, tras lo cual él se puso a vagar por los montes durante cuatro años antes de que le acogieran los dominicos, que le perdonaron.

59. GF, II, 681. Véase también AGI, *Justicia*, 47, n.º 1.

CAPÍTULO 23

1. AGI, *Justicia*, leg. 49. Residencia tomada de Diego Velázquez de Cuéllar. Para este capítulo véase también *Colección de documentos inéditos para la historia de Hispano-América* [VI], *Cedulario cubano 1493-1512*, ed. José María Chacón y Calvo, Madrid 1929.

2. Las Casas, II, 486.

3. Las Casas, II, 339.

4. CDI, XXXIX, 11-12. Había matado a un tal Juan de Velázquez en Jerez.

5. Mártir. Entre los demás probablemente se contaban Sancho Camacho y su hermano.

6. CDI, XI, 414. Véase Juan Beltrán, «Bogeo de Cuba por Sebastián de Ocampo» en *Revista Bimestral Cubana*, n.º 3, XIX, mayo-junio de 1924.

7. Las Casas, II, 510.

8. Véase Santiago Otero Enríquez, *Noticias genealógicas de la familia Velázquez Gaztelu*, Madrid 1916.

9. Para saber más de la vida de este conquistador, véase Balbino Velasco Bayón, *Historia de Cuéllar*, 4.ª ed., Segovia 1996, 326.

10. La mayoría de ellos están reviviéndose gracias a los esfuerzos de un alcalde inteligente.

11. Gonzalo de la Torre de Trassierra Cuéllar, 2.ª parte, 216. Levi Marrero, *Economía y sociedad*, San Juan 1972, I, 117, dice que estaba en Italia con el Gran Capitán: las fechas no encajan con esa suposición.

12. AGI Indif. gen. leg. 419, lib. 5, 94v, citado en Arranz, 306-307.

13. I. A. Wright, 24, 45. Véase también Marrero, I, 163.

14. Entre los que acompañaban a Diego Velázquez estaban Cristóbal

de Cuéllar, que había sido contador en La Española y que una vez había ido con el infante Juan; Antonio Gutiérrrez de Santa Clara, como fundidor, uno de una familia emigrante de conversos, Andrés de Duero, de quien se dice que había ido con el Gran Capitán a Nápoles; y otros como Diego de Ordaz o Pedro de Ordaz, quienes ya llevaban en el Caribe varios años, junto a varios miembros de la familia Velázquez, como Baltasar Bermúdez, Bernardino Velázquez, Francisco de Verdugo, otro Diego Velázquez, un sobrino del «Gobernador», y Pedro Velázquez de León, que jugaría un papel en la conquista de México. Para una lista parcial de «vecinos» de Cuba en 1510-1516, véase Marrero, I, 138. Otro de los que acompañó a Velázquez fue Juan Garrido, que había estado en Puerto Rico. Véase AGI, México, 204, n. 3. El más experimentado de los compañeros de Ovando era Cuéllar. El libro de cuentas de Isabel la Católica está lleno de referencias a él. Véase *Cuentas de Gonzalo de Baeza Tesorero de Isabel la Católica*, 2 vols., Madrid 1955, por ejemplo I, 140.

15. Las Casas, II, 524.

16. Vale la pena recordar los comentarios de Irene Wright, que pasó tantos años buscando material en el Archivo de Indias sobre los primeros días de Cuba. Decía ella que «las descripciones de Las Casas no difieren de los documentos que he visto [...] excepto en cuanto se refiere a las cifras», 15-16.

17. Oviedo, II, 113; Las Casas, II, 524. Narváez no es recordado en Navalmanzano.

18. Wright, 28.

19. Las Casas, II, 536-537.

20. Las Casas, II, 539.

21. Las Casas, III, 95.

22. Las Casas, II, 542. De nuevo, Las Casas guarda un curioso silencio sobre las identidades.

23. Véase Marrero, 110-115.

24. Wright, 40.

25. CDI, XXXII, 369, del 20 de marzo de 1512.

26. Véase la colección Muñoz en la Real Academia de la Historia, 90, 120r., 119 v., 120 r.

27. CDIU, I, 32.

28. CDIU, VI, 4.

29. Velázquez mismo había salido beneficiado: también parientes suyos como Manuel de Rojas, Juan Escribano y su hermano Juan de Soria, en Bayamo; lo mismo sucedió con Juan de Alia, en Havana; Juan Rodríguez de Córdoba, en Sancti Spiritus; y Alonso Rodríguez, en Guaniguanico. Wright, 49.

30. La madre del artista, Jerónima, era una Velázquez. Su abuelo era Juan Velázquez, un nombre que se solía repetir, como Diego, en la familia Velázquez de Cuéllar. Muchos Velázquez cambiaron Cuéllar por Sevilla en busca de fama y fortuna en el siglo XVI, y no sería sorprendente descubrir un día que uno de los hermanos del gobernador (Antón, Ruy o Gutierre), tuvo un hijo Juan, que sería el abuelo del pintor. Pero es improbable pues, como demostró la investigación que se realizó sobre él en la década de 1650, el pintor estaba muy preocupado por quienes habían sido sus antepasados.

31. Véase la lista en CDI, XI, 412-429.

32. Fray Gutierre de Ampudia, fray Bernardo de Santo Domingo, fray Pedro de San Martín y fray Diego de Albeca, Las Casas, III, 99-103.

33. CDI, XI, 428. Carl Sauer menciona el informe sin comentarlo en su *The Old Spanish Main*. Véase también Marrero, I, 107.

Libro quinto

Capítulo 24

1. CDI, XXXIX, 238-263. Añadió que tenemos «más oro que salud» y también que «nos ha faltado más la comida que el oro». Había aquellos «ríos de oro muy ricos». Ángel de Altolaguirre, *Vasco Núñez de Balboa*, Madrid 1914, 13-25.

2. «[...] se resolvió elegir algún procurador [...]» Mártir, 131.

3. La carta está en Altolaguirre, 13 y en Navarrete, II, 215-224.

4. Mártir, 137.

5. Mártir, 150.

6. Oviedo, III, 206. «Los señores del consejo [...] le mandaron prender [...]».

7. Las Casas, III, 15.

8. Mártir, I, 314.

9. Altolaguirre, 15.

10. Instrucciones en Navarrete, 205-214 y véase también Carmen Mena, *Pedrarias Dávila*, Sevilla 1992, 211.

11. Mártir, 138.

12. «[...] sepades que por excusar muchos grandes gastos e costas que se harían si yo no lo mandase proveer e remediar en el vestir e gastar de las sedas e bordados en la dicha Tierra Firme e poblaciones de ella [...] y yo tenemos en la dicha Tierra firme e las poblaciones de ella no hagan excesivos gastos sino que pues van a ellas con deseo y voluntad de se aprovechar del oro que por gracia de Nuestra Señor [...].»

13. Mártir, I, 282.
14. Mártir, I, 284-285.
15. Véase Elsa Mercado Sousa, *El hombre y la tierra de Pánama* (siglo XVI) según las primitivas fuentes, Madrid 1959.
16. Mártir, I, 166.
17. Mártir, I, 167.
18. Mártir, I, 288.
19. Mártir, I, 292.
20. Mártir, I, 307.
21. Véase Samuel Lothrop, en Wauchope, ed., 253-256.
22. Carmen Mena, *Sevilla y las flotas de Indias*, Sevilla 1998, 259.
23. Carmen Mena, 67; véase también Ladero Quesada, 62.
24. Las Casas, III, 14.
25. APS, 1/1 017, 1 026.
26. AGI, Panamá, leg. 233, septiembre de 1513, citado en Mena, 82.
27. APS, 9, 118, Sevilla, 30 de enero de 1514, citado en Mena, 82, nota 34.
28. APS, 9, 107.
29. Mena, 83.
30. Pascal de Andagoya, *Relación de documentos,* ed. Adrián Blázquez, *Crónica de América,* 1986, 83.
31. Véase Carmen Mena, 73 para un debate sobre el tema.
32. Según Carmen Mena, había 278 marineros y da una lista de 226 de ellos, diciendo que 107 eran andaluces, 28 vascos, 8 extranjeros, 18 gallegos, 7 asturianos y 12 de Castilla la Vieja. Carmen Mena, Sevilla 133.
33. Andagoya, 10.
34. Otros capitanes eran Luis Carrillo, Gonzalo Fernández de Lago, Contreras, Francisco Vázquez Coronado (no el descubridor de Colorado), y Diego de Bustamante y Atienza.
35. Entre los futuros conquistadores en Nueva España estaban Francisco de Montejo, Bernal Díaz del Castillo, Juan Pinzón, Ortiz de Zúñiga, Martín Vázquez, Antonio de Villarroel, Alonso García Brabo, el que trazaría la nueva planificación de Ciudad de México, Pedro de Aragón, probablemente Juan de Arcos, Vasco de Porcallo, Ángel Villafaña y su padre, Juan de Villafaña. Hidalgo era Sancho Gómez de Córdoba, cortesano (continuo del rey), Francisco de Soto y Diego de Lodueña, de Madrid; mozos de escuadra del rey, como Pedro de Vergara y Francisco de Lugones; sirvientes de la reina Juana, como Cristóbal Romero, Juan Ruiz de Cabrera, o niños sirvientes del rey, como Juan de la Parra, hijo de un Secretario del rey del mismo nombre, Juan de Beyzama, Pedro de Gómez, Salvador Girón, y Miguel Juan de Rivas y Gaspar de Espinosa, todos los

cuales habían sido encomendados personalmente a Pedrarias por el Rey en persona. Véase Mena García, 778.

36. Para Oviedo, véase toda la introducción a la *Historia* por Pérez de Tudela, «Vida y escritos de Gonzalo Fernández de Oviedo», Madrid, BAE, CLXXV, y también su prólogo a *Batallas y Quincagenas*, Real Academia de la Historia, 1983; véase también María Dolores Pérez Baltasar, «Fernández de Oviedo, hito innovador en la historiografía», en Congreso, IV, 309.

37. En la colección Muñoz aparece el nombre de los otros: Toribio Contado, García Rivero, Miguel o Martín Fernández, Juan de León, Diego Osorio, Gonzalo Alonso, Juan Ruiz de Guevara, Antonio de Aranda, Juan de la Puente, Pedro de Rozas, bachiller Villadiego y Juan de Buendía.

38. Mena, 46.

39. La expresión que usó el juez Zuazo en una carta a Chièvres.

40. CDI, XXXIX, 280-316.

41. Valladolid, 18 de junio de 1513, en AGI, Panamá, 233, lib. 1, citado en Mena, 42.

42. Deive, 105.

43. Mena, 79.

44. «[...] que no consentáis que ninguno puede abogar asi como clerigo como lego. Habeis de defender que no vayan a la dicha tierra ningun letrado que vaya a abogar ni procurador de causas y si alguno fuere, clerigo o lego, que no consultáis al abogar ni procurar ni aconsejar en ninguno pleito por cuanto no lo suplicaron los procuradores que de allí vinieron.»

45. Mena, Sevilla, 333.

46. Mena, 334.

47. Mártir, 140.

Capítulo 25

1. Eran Juan Vespucio, el sobrino de Américo, destituido de su primer cargo en la flota pero todavía presente, Pedro de Ledesma, Andrés de San Martín, Antonio Mariano (un italiano que venía con recomendaciones especialmente buenas) y Andrés García Niño. De ellos, García niño era un niño de Palos, mientras Ledesma había tomado parte en el tercer y cuarto viaje de Colón. En este último, se había puesto de lado de los rebeldes contra el Almirante y sus hermanos, y había sido herido por Bartolomeo Colón. Luego había ido a la costa de América central con Yánez Pinzón y Díaz de Solís en 1508. Para Espinosa véase Guillermo Lohmann,

Les Espinoisa; une famille d'affaires en Espagne et aux Indes à l'époque de la colonisation, París 1968.

2. AGI, Panamá, leg. 233, lib. I, 49-50, citado en Cadenas, 147-149.

3. «Un hombre y una mujer de quien nosotros y vosotros y todos los hombres nosotros vinieren.»

4. «[...] Entraré poderosamente contra vosotros y vos haré guerra por todas las partes y maneras que pudiera y vos subjetaré al yugo y obedencia de la iglesia y sus altezas y tomaré vuestras personas de vuestras mugeres e hijos y los haré esclavos y como tales los venderé y dispone dellos como su Alteza mandare y vos tomare vuestros bienes y vos haré todos los males e daños que pudiere como a vasallos que no obedecen ni quieren recibir a su señor [...]»

5. Oviedo, III, 228.

6. Las Casas, III, 31: «Y cosa es de reir o de llorar.»

7. Oviedo, 230: «[...] y él lo tomó, con mucha risa dél e de todos los que le oyeron».

8. Mártir, 209.

9. Mena, 50-53. No es posible discernir exactamente cuál era la enfermedad que sufría Pedrarias, ¿gota, quizá? Balboa, en una carta al rey el 16 de octubre de 1515, resume todos estos acontecimientos. Está en Navarrete, II, 225.

10. Mártir, 261.

11. Andagoya, 85-86.

12. AGI, *Patronato*, leg. 26, r. 5, 18 de enero de 1516, citado en Pedro Álvarez Rubiano, *Pedrarias*, Madrid 1944, 439-445. Los apéndices de este viejo libro contienen valiosísimos documentos inéditos.

13. Mártir, I, 403.

14. Carmen Mena, 59.

15. Mártir, 351.

16. Mártir, 405.

17. Fue pintada por Tiziano. Fue robada por José Bonaparte. Más adelante fue vendida y ahora pertenece a la actriz Elizabeth Taylor.

18. Mártir, I, 404.

19. Citado en Carmen Mena, 98.

20. Las Casas, III, 182.

21. Las Casas, III, 85.

22. Las Casas, III, 84-86.

23. Mena, 135.

24. Mártir, III, 176, 203.

Libro sexto

Capítulo 26

1. Pulgar, 322-323.

2. Lorenzo Vivaldi y Flerigo Centurione, Vincencio Spinola y Pietro Nigrone, Giuliano Calvo y Benedetto Castiglione, así como también Giovanni Matosta de Moneglia y Pietro Giovanni Salvago, y los hermanos Jacopo y Geronimo Grimaldi.

3. GF, I, 117, y Headley, 44.

4. Entre los que invirtieron en una expedición en 1514 estaban los jueces Villalobos (en cuya casa de Santo Domingo se planeó la expedición), Ortiz de Matienzo, el contador real, Gil González Dávila, y Pedro de Ledesma, el secretario de la Audiencia, mientras que Rodrigo de Alburquerque era el responsable del último reparto de territorio, y el contador, Juan García Caballero, invirtió más adelante. Todos ellos eran funcionarios. Entre los mercaderes que también eran inversores en 1514 se contaban Juan Fernández de Varas y Diego Caballero («el mozo»).

5. Los precios no fueron estables en la Castilla de principios del siglo XVI. Tomando como base el período 1521-1530, Earl Hamilton, 189, afirma que los precios estaban en 68,5 en 1501, subieron a 110,6 en 1506 y bajaron a 72,8 en 1512, volviendo a subir a 80,73 en 1516. Las grandes entradas de oro no llegarían hasta 1545.

6. Para un comentario sobre ello véase Fernández Álvarez, 67, nota 5.

7. El testamento fue firmado en presencia del protonotario aragonés Velázquez Climent. Un protonotario era miembro del colegio vaticano de notarios. Véase Fernández Álvarez, 69.

8. Para un comentario véase Haring, 35.

9. Mártir dijo que la casa era «desguarnecida e indecorosa».

10. Manuel Fernández Álvarez, *Corpus documental de Carlos V*, Salamanca 1973, 7 vols., I, 48-49.

11. Harvey, 139, 150.

12. Giménez Fernández, I, 72.

13. Sancho Cota, *Memorias*, ed. Hayward Keniston, Londres 1964, 77: «El príncipe os retiene en su servicio e os da tres vezes más gajes e salario que fasta aquí teníades.» Véase también Keniston, *Francisco de los Cobos*, Pittsburgh 1958, 32.

14. Alonso de Santa Cruz, *Crónica de los Reyes Católicos*, Sevilla 1951, 215, dice que, al saber del nacimiento de Carlos en 1500, la reina Isabel le dijo a Fernando: «Tened por cierto, señor, que éste ha de ser nuestro heredero, y que la suerte ha caydo al reino, como en santo Matías para el apostolado.»

15. Una curiosa excepción a esta regla era Carlos de Valera, hijo del historiador Diego de Valera.

16. J. Huizinga, *The Autumn of the Middle Ages*, nueva tr., Chicago 1996, 75.

17. Las noticias de Pavia llegaron en 1525 a Carlos cuando estaba en Madrid, donde acababa de escribir una nota autobiográfica: deseaba «lesser quelque bon memorye de moy [...]» para «jusque ici n'ay fait chose qui redonde à l'honneur [...]» Deseaba hacer algo «par ou Dieu peust estre servy et que je ne sois à blamer». Para Borgoña y su impacto, véase Bertrand Schnerb, *L'État Bourguignon 1363-1477*, París 1999, y el delicioso *Splendeurs de la cour de Bourgogne*, París 1995.

18. Juan de Sajonia, el joven señor de Balançon, el elector Federico V del Palatinado, Fürstenberg, Max Sforza.

19. Cartas de Manrique y Lanuza según se citan en Giménez Fernández, I, 58.

20. La más famosa frase que Maximiliano le dirigió a Carlos fue «Mon fils, vous allez tromper les Français, et moi, je vais tromper les Anglais».

21. Citado en Federico Chabod, *Carlos Quinto y su imperio*, español traducido del italiano, Madrid 1992, 56.

22. Marino Sanuto, *Diarii*, 55 vols., Venecia 1887, XX, 422; XXX, 324; se trata de una descripción que hizo Lorenzo Pasqualigo en una carta.

23. Está en el Gruuthuse Museum en Brujas. Véase también el excelente retrato en el Fitzwilliam Museum, Cambridge. Véase también Enrique Otte, «El joven Carlos y América», en *Homenaje a Ramón Carande*, Madrid 1963, 155.

24. Una reciente biografía es la de Jean-Pierre Soisson, *Marguerite Princesse de Bourgogne*, París 2002.

25. Giménez Fernández, I, 16. Contarini se hizo después famoso por su estudio de la constitución veneciana, *De Magistralibus Venetorum*.

26. El mejor estudio de la influencia de Chièvres está en Chabod, 55-61.

27. «Celon la raison en manière qu'ils devront raisonablemente contenter.»

28. Hay un retrato anónimo de Croÿ en el Musée des Beaux Arts en Bruselas.

29. Mártir, I, 211, 213.

30. Conde de Cedillo, *El Cardenal Cisneros, gobernador del reino*, 2 vols., Madrid 1921, II, 30-31.

31. Cedillo, II, 87; Alonso de Santa Cruz, *Crónica del emperador*, 106-110.

32. Cedillo, II, 99.

33. Keniston, 26.

34. Joseph Pérez, *Carlos V*, Madrid 1999, usa esa palabra.

35. Chabod, 64: «[...] casi enojado, dijo que no se habia de hacer otra cosa que aceptarlo ni el consentiria...».

36. Sandoval, I, 73-74.

37. Cedillo, II, 136-137.

38. Fernández Álvarez, *Juana la Loca*, 171.

39. Muchos de los hombres que liderarían a la «gente de ordenanza» serían luego los líderes de los comuneros. Un buen ejemplo es Bravo en Toledo.

40. AGI, *Patronato*, leg 252, r. 1. doc. 1.

41. Las Casas, III, 112.

42. Marcel Bataillon, *Estudios sobre Bartolomé de Las Casas*, Barcelona 1976.

43. «[...] en lugar de los indios que había de tener las dichas comunidades sustente S. A., en cada una veinte negros o otros esclavos de las minas, de comida la que hobieren menester, y será muy mayor servicio para S. A. y ganancia, porque se cogerá mucho más oro que se cogerá teniendo doblados indios de los que había de tener en ellas». Giménez Fernández, I, 128.

44. CDI, VII, 14-65. Este memorándum en el Archivo de Indias está escrito de puño y letra de Las Casas. Véase el debate en Hanke, 57.

45. CDI, X, 114.

46. CDI, I, 253.

47. CDI, VII, 428: «[...] todo esto dicen los cristianos para que se piense de los indios que para otra cosa ninguna habilidad tienen sino para sacar oro...»

48. CDI, X, 549-555.

49. AGI, *Patronato*, leg. 252, r. 12, p. 2.

Capítulo 27

1. «[...] religiosos y priores de los más principales monesterios.»

2. Las Casas, III, 115.

3. Véanse sus informes completos en CDI, I, 247-411; también en Las Casas, III, 119.

4. Bartolomé Colón, según lo cita David Henige.

5. AGI, Patronato, 252 r. 2, en CDI, VII, 14-65.

6. CDI, XXIII, 310-331. «E sobre todo lo ya dicho, debéis pensar y mirar lo que mas conviene para el servicio de Dios é instrucción de los indios

en Nuestra Santa Fé para bien dellos e de los pobladores de las dichas Islas; e aquellos que os pareciere que se debe proveer, proveedlo y embiarlo acá, para que visto se os imbien todas las Provisiones que para ello fueren necesarias.»

7. Las Casas, III, 123. La palabra «república» carecía de connotaciones antimonárquicas.

8. Las Casas, III.

9. Fechada el 16 de septiembre de 1516, puede verse en Las Casas, III, 136.

10. Giménez Fernández, I, 220. «Sepades que porque hemos sido informados, de los muchos agravios e sinrazones que los indios desas islas an rescibido e resciben de los cristianos que an estado y estan en ellas, e los clamores que de parte de los dichos indios se an dado y dan diziendo que por muchas maneras an sido y son presos y agravios que se hazen a los dichos indios, como para que las dichas islas e tierra firme se pueblen e abmenten, e los dichos indios sean doctrinados en las cosas de nuestra santa fe católica, e bivan e estén como hombres de razón.»

11. Las Casas, III, 138.

12. Las Casas, III, 138.

13. Gil, III, 226.

14. APS, VII, 237.

15. Probablemente el 29 de agosto de 1506 (véase el documento en APS 379, libro del año 1506, oficio IV, libro II, escribanía Francisco Segura, folio 102-103, sin fecha, pero «las escrituras anterior y posterior estan fechadas el 29 de agosto», citado y, en la edición española, reproducido de forma facsímil en mi *Conquista*).

16. APS, VII, 388.

17. APS, VII, 432.

18. Véanse por ejemplos los registros de la Casa de Contratación, Ladero Quesada, 34-36.

19. APS, VII, 703.

20. APS, I, 178.

21. APS, VII, 793.

22. Otte, 134.

23. Las Casas, III, 144-145.

24. Otte, 133.

25. Las Casas, III, 141.

26. Giménez Fernández, I, 373.

27. Las estadísticas de población se discuten en Henige, especialmente 81.

28. Antonio de Villasante, Andrés de Montemarta y Diego de Alvarado, que habían venido con Colón en 1493; Pedro Romero, que parecía ha-

ber llegado en 1499; Gonzalo de Ocampo y Juan Mosquera, que habían venido con Ovando en 1502, Jerónimo de Agüero, Miguel Pasamonte, Lucas Vázquez de Ayllón y Marcos de Aguilar, que habían venido en los tiempos de Diego Colón, además de los comerciantes, como Antonio Serrano y Juan de Ampiés, y unos pocos hombres de iglesia (fray Bernardo de Santo Domingo, un dominico que había llegado en 1510 con Pedro de Córdoba; y fray Pedro Mexía, provincial de los franciscanos).

29. Giménez Fernández, I, 326, 331.

30. Las Casas, III, 152.

31. Las Casas, III, 79.

32. José Antonio Saco, *Historia de la esclavitud de la raza africana en el nuevo mundo*, 4 vols., La Habana 1938, 75-78.

33. Giménez Fernández, II, 555.

34. AGI, Indif. gen. leg. 419, lib. 7.

35. AGI, Indif. gen. leg. 419, lib. 7, para Portugal, véase Giménez Fernández, II, 35, nota 103.

36. Las Casas, III, 154. «No vaya, porque es una candela que todo lo encenderá.» Zuazo: «Icé, padres, ¿quien le osará impedir su ida siendo clerigo, mayormente teniente cedula del rey en que le da facultad para cada y cuando que bien visto le fuere puede tornar a informar al rey e hacer en el cargo que trujo lo que quisiere?» Otro día Las Casas volvió a verlos y le dijeron: «¡Padre santo, ¿qué nos has dicho? ¿Que os quereis yr a Castilla?» «Sí quería por negociar algunas cosas de las que me cumplen», contestó.

37. AGI, *Justicia*, leg. 43. Véase testimonio de Antonio Cansino.

38. «[...] negociar con él se podía sacar poco fruto.»

39. Las Casas, III, 166.

40. Parece que le ayudaron a embarcarse en este viaje gracias a un crédito de cien mil florines del rey Enrique VIII, que estaba, por supuesto, casado con la tía de Carlos, Catalina. Véase Fernández Álvarez, *Corpus*, I, 50.

41. Un resumen en Giménez Fernández, I, 359-364.

42. «Los muchos herejes y conversos que allá han pasado e creen cada dia pasaran, paresció que por ahora no se debía de enbiar inquisidores e oficiales de acá [...].»

43. «[...] respecto a la importación de esclavos negros a las Indias y dar licencia para llevarlos a los nuevos pobladores no es conveniente abrir la puerta para ello, y habrá que esperar a la llegada de su alteza.»

44. La impresión se acabó en 1517 pero el Papa no dio su autorización para que estuviera disponible hasta 1520. El impresor era Arnao Guillén de Brocar y había publicado a Nebrija, quien se preocupó mucho de la Biblia pero se peleó con todo el mundo. Cisneros pagaba muy bien por manuscritos hebreos. El texto en latín era de Juan de Vergara y Diego López de Zúñiga, el

griego de un cretense, Demetrius Ducas, y de Hernán Núñez de Guzman, el hebreo fue obra de dos conversos, Pablo Coronel y Alfonso de Zamora.

45. Fernández Álvarez [*Corpus*], I, 71-78. «Muchas veces y por diversas partes he sido informado que algunas personas de vuestra casa os ponían en cosas que eran diservicio de la católica reina, mi señora, y mío e daño vuestro.»

46. Zuazo a Cisneros en la colección Muñoz, citado en Giménez Fernández, II, 121, nota 394: «Es gran lástima considerar como toda la isla estando antes de que estos jueces [Ayllón etcétera] viniesen muy poblada y llena de gente, e ahora no parecen sinó choças de pastores, todos los lugares e aun cibdades escepto esta de sancto domingo questa mejor librada; porque salido desta, la mayor cibdad que hay sera de treynta o quarenta vecinos que no tiene sino de el nombre como Obispo de anillo, y todos los pueblos han despoblado...».

47. Parece que Carlos habría adoptado este lema como propio, quitando el «ne» que limitaba su dominio al mundo a este lado de los pilares de Hércules.

48. Kellenbenz, 234. Wolf Haller von Hallerstein (1492-1559) tras 1531, se convirtió en tesorero general de la reina María de Hungría. Su casa en Bruselas estaba en la esquina de la moderna place Royale y la rue de la Régence, el emplazamiento del moderno Musée des Beaux Arts.

49. Lorenzo Vital, *Relación del primer viaje de Carlos V a España*, en J. García Mercadal, 626.

50. Vital, 628.

51. «Se hacian muy soberbios y entraban por la fuerza en las huertas i en las posadas y maltrataban a los huéspedes, mataban a los hombres por los calles sin tener temor alguno de la justicia y finalmente intentaban todo lo que querían y se salían con ello.»

52. Santa Cruz, Crónica, I, 165-167. La palabra «inconversable» sin duda merecía hacer fortuna.

53. Fernández Álvarez, *Corpus*, 80.

54. Vital.

55. Giménez Fernández, I, 405.

Libro séptimo

Capítulo 28

1. Las Casas, III, 167.

2. AGI, *Patronato*, leg. 170, r. 22, citado extensivamente por Giménez Fernández, II, 398, teniendo en cuenta las notas de Fonseca, etcétera.

3. La primera edición española de *Utopía* no vio la luz hasta 1627.

4. *Utopía* publicada en inglés en 1515 y en latín en Basilea en 1518.

5. Hay un buen retrato suyo en el Musée des Beaux Arts en Bruselas, obra de Bernard Van Orley, el pintor de la corte de la archiduquesa Margaritathe, que lo muestra amable, aunque de avanzada edad.

6. Giménez Fernández, II, 34.

7. Las Casas, III, 168: «Varón excelentísimo, prudentísimo, capacísimo para negocios y de grande autoridad y persona, que parecía uno de los que imaginamos senadores de Roma».

8. Entre ellos se incluían Pánfilo de Narváez, el segundo de Velázquez en Cuba; Gonzalo de Guzmán, que también había ido a Cuba aunque todavía tenía una encomienda en La Española; Gonzalo de Badajoz, que había estado en Darién con Nicuesa y luego Pedrarias; Cristóbal de Tapia, el ex alcaide de la fortaleza de Santo Domingo y enemigo de Ovando, que estuvo entre los primeros colonos de La Española en fundar un molino de azúcar, en Vega Real; así como Sancho de Arango, un procurador de Puerto Rico.

9. AGI, *Patronato*, leg. 173, 2, r. 2, doc. 3, f. 5.

10. Bernal Díaz del Castillo, 86. La ruta de regreso fue escogida por el piloto Alaminos. Las Casas, III, 156.

11. Véase capítulo 32.

12. Estos barcos eran el buque insignia, el *San Sebastián*, otra carabela también llamada la *San Sebastián*, un tercero llamado *Trinidad* y un bergantín llamado *Santiago*. Más adelante, el bergantín *Santiago* se cayó y fue reemplazado por la *Santa María de los Remedios*.

13. La descripción que hace del viaje de Grijalva Oviedo, II, 132, es tan detallada que parece probable que tuviera acceso a que se lo contaran de viva voz en privado.

14. Las Casas, III, 173. «Inducido por algunos españoles de los que habían ido de acá y por cobrar la benivolencia y favor de los flamencos andaban solícitos en dalles avisos harto culpables, suplicó al rey le hiciese merced de aquella tierra o isla grande que se había descubierto, que llamaban Yucatán [...] porque él la quería ir o enviar a poblar la gente flamenca de su tierra y se la diese en feudo, recognosciendo siempre a Su Alteza, como vasallo a su señor; y para que mejor que pudiese poblar y proveer de los que conviniese, le diese la gobernación de la isla de Cuba; de donde pareció que el que le dió el aviso había ido de Cuba y sabía bien lo que avisaba...»

15. ¡Y también último obispo! Véase Raphaël de la Vierge Marie, *Description de la belle elise et du convent royal de Brou*, manuscrito de entre 1692 y 1696, y entre 1711 y 1715, Bibliothèque de la Société d'émulation

de l'Ain, Bourg en Bresse. Marie Françoise Poiret reproduce, en su excelente *Le Monastère de Brou*, París 2001, 10, una carta de 1512 del contable jefe Étienne Chivillaird a Gorrevod de enero de 1512 sobre las dificultades que estaba teniendo para satisfacer a todo el mundo.

16. A. Chagny, *Correspondance politique et administrative de Laurent de Gorrevod, 1517-1520*, 2 vols., Lyon, 1913, I, 361.

17. Giménez Fernández, II, 424.

18. CDI, XXXIV, 279-286. La precisión de esa transcripción la debate Giménez Fernández, II, 139, nota 443.

19. «[...] la mejor tierra del mundo donde nunca hay frio ni calor demasiado, ni que dé pena. Siempre verde [...] todo se crea; ninguna se muere [...] cañaverales de azúcar de grandísima tamaño.» Previamente Zuazo había dicho que igual que «Cristo en la paz del tiempo de Octaviano vino a redimir el mundo haya en semejante par venido el Emperador a redimir el Mundo Nuevo». También dijo que el incremento en sus dominios los hacia «superiores á los de Alexandro e romanos. [...] dar licencia general que se traigan negros, gente recia para el trabajo, a reves de los naturales, tan débiles que solo pueden servir en labores de poca reistencia. Cuidar los conucos o haciendas. Es vano el temor de que los negros pueden alzarse. Viuda hay en las islas de Portugal, con ochocientos esclavos; todo está en cómo son gobernados. Yo hallé al venir aquí algunos negros ladrones, otros huidos a monte; eszoté a unos, corté las orejas a otros e ya no ha venido mas queja...»

20. La carta de Zuazo en CDI, I, 292-298.

21. «[...] que fuese comer con el que era manera y uso de flamencos cuando querían negociar.» También había sido tradicional en el rey aragonés Jaume I el Conqueridor tratar los negocios durante las comidas (véase Fernández-Armesto, 15).

22. Las Casas, III, 174.

23. Keniston, 47; Las Casas, III, 170. Conchillos había sido despedido. «El secretario Conchillos salióse tristísimo y viendo que todo el gran favor que con el Rey católico tuvo, se la había del todo acabado, acorde para siempre dejar la corte y se ir a Toledo donde tenía su casa...»

24. Kenniston, 33.

25. Las Casas, 170-171.

26. Francisco López de Gómera, *Annals of Charles V*, textos inglés y español introducidos por R. B. Merriman, Londres 1912, 256.

27. Santa Cruz, I, 170; véase también Cortés, IV, 260.

28. Véase Fernández Álvarez, 58.

29. Chabod, 85.

30. Santa Cruz, I, 169.

31. Citado en Giménez Fernández, II, 434-435.

32. Las Casas, III, 181-182.

33. Las Casas, III, 182.

34. Las Casas, III, 172: «Rex, dominus noster, iubet qued vos et ego apponamus remedia Indiis: faciatis vestra memoralia.»

35. Esto era el 22 de marzo de 1518.

36. En Calatayud, Carlos pasó por una experiencia desconcertante. Al caminar por la calle un trabajador le había gritado: «¡Cierre la boca, Alteza! ¡Las moscas por aquí son de las peores!» Pero cerrar la boca no era algo que un Austria pudiera hacer.

37. Por ejemplo, el *Codex Vindobenesis*, una de las primeras copias de las cartas de Cortés al rey Carlos V.

38. Véase Antonio Rodríguez Villa, *El emperador Carlos V y su corte, según las cartas de don Martín de Salinas*, Madrid 1903.

39. Chabod, 86.

40. Fue publicado por Fabié en un apéndice de su biografía de Las Casas. Véase también Bataillon, 326-331.

41. Citado en Giménez Fernández, II, 444.

42. «[...] para facilitar el aumento de la mano de obra esclava se preconizaba la libertad para la importación de esclavos negros bozales por mercaderes o por vecinos e incluso la organización de la trata de negros por la corona; y que concede igualmente libertad de importación de esclavos indios de las islas lucayos y de tierra firme, se organizen por la Corona la captura y venta de indios caribes, y se autorizase a los vecinos de ciertas villas costeras para ir a buscarlos en tierras aún no descubiertas, organizar la formación de las armadas y traficar con ellos libremente.»

43. Giménez Fernández, II, 156-159.

44. Gil, I, 184. Un marco era una medida que consistía en ocho onzas.

45. Elliott, 137.

46. Esto es lo que afirma Giménez Fernández, II, 209.

47. Charles de Poupet (Popeto) (Laxao), señor de «Poligni», que había estado con Carlos VIII en Nápoles y luego había pasado a apoyar a Felipe el Hermoso. Luego, con Maximiliano, fue preceptor del archiduque Ferdinand. Uno de los instructores de Carlos V, que estaría en su círculo íntimo. En 1523 recomendó que se animara a otras gentes además de españoles a ir a las Indias. Protector de Las Casas hacia 1520. «Cavallero de nuestro consejo», apoyaba a Hernán Cortés hacia 1522. Luego fue embajador de Carlos en Portugal para su matrimonio con Isabel en 1525.

48. Las Casas, III, 187.

49. Las Casas, 185: «[...] vos estabades en las mismas tiranías y pecados.»

50. Las Casas, III, 177.

51. Para la ambición de Gorrevod véase Giménez Fernández, I, 284 y II, 613; también Georges Scelle, *La Traite négrière aux Indes de Castille*, 2 vols., París 1906, I, 149-150.

52. La concesión está en AGI, Indif. gen., leg. 419, lib. 7, 121; Scelle, I, 755, la reproduce: véase Deive, 235.

53. AGI, Indif. gen., 419 l. 7 de 21 de octubre de 1518. Además de las firmas indicadas en el texto, está la nota que sigue a «Yo el Rey», la frase «Señaladas [firmadas por], de Obispo y de Don García de Padilla...» El obispo era, por supuesto, Fonseca. El estudio más serio de este contrato es el realizado por Enrique Otte, «Die Negersklavenlizenz des Laurent de Gorrevod in Spanische Forschungen», Erste Reihe, Band 22, 1964.

54. Chagny, I, 123. «Je ne sache autre chose digne d'écrire.»

55. Véase Carande, II, 85.

56. Destruyeron su tumba en la revolución los radicales que no tenían ni idea de quién era Gorrevod.

57. AGI, 46, 6, If, 58 citado en Scelle, I.

58. Scelle, I, 154-156.

59. El asunto tremendamente complejo de la reventa del contrato se trata de forma magistral en el artículo de Otte citado anteriormente.

60. Rozendo Sampaio Garcia, *Aprovisionamiento de escravos negros na América*, São Paulo, 1962, 8-10. El nombre aparece a veces como Forne, Fornes o Fornis.

61. APS, I, 1 206, 1 245.

62. APS, I, 1 444.

63. Las Casas, III, 274.

64. AGI, 46, 6, I, doc. 95, doc. 5 citado en Scelle, I, 190.

65. CDI, VII, 423 nota, hablando de la concesión.

Capítulo 29

1. Manuel Serrano y Sanz, *Origenes de la dominación española en las Indias*, Madrid 1918, 580-582. Éste incluye el trabajo del autor *Los amigos y protectores aragoneses de Cristóbal Colón*, que recientemente se ha publicado por separado.

2. Según está citado en Hanke, 60.

3. Las Casas, III, 189-190; «[...] la intencion del rey, que era poblar aquestas tierras; lo segundo la felicidad, fertilidad, sanidad y riqueza dellas; lo tercero las mercedes que el rey les hacía [...] con lo cual, los corazones de todas las gentes levantaba, porque, lo uno, todo lo que afirmaba, decía y

con verdad que lo sabía por vista de ojos y por muchos años lo habia experimentado; lo segundo, porque tenía en el hablar gran eficacia...».

4. Las Casas, III, 191-192.
5. Las Casas, III, 190.
6. Íbid., 192.
7. Las Casas, III, 191. ¡Una declaración de lo más sorprendente para el siglo xv!
8. Las Casas, III, 193: «Por Dios, dijo Fonseca, que es gran cosa, gran cosa es».
9. Scheurl, Briefbuch, Aalen 1562, II, 109, citado en Headley, 80. Véase Karl Brandi, *Carlos V*, Madrid 1937, 47.
10. Compara el libro de Richard Haas sobre Estados Unidos en los noventa, *The Reluctant Sherrif*, Nueva York 1992.
11. En Marín Onchaustegui, *Reales cédulas*, Madrid 1858.
12. Hanke, 46.
13. Cadenas, 198.
14. Otte, 162.
15. CDI, 31, 366-368; Las Casas, II, 272.
16. Deive, 157.
17. Sauer, 203.
18. Véase Kellenbrenz, 505. Los banqueros de los Habsburgo, los Fugger, ayudaron a venderlo. Ulrich von Hutten diría que se había curado, primero gracias a Cristo y luego gracias a los Fugger.
19. Véase capítulo 35.
20. Giménez Fernández, II, 638.
21. Giménez Fernández, II, 375.
22. Molins está a unos pocos kilómetros al oeste de Barcelona. Al visitante moderno le costaría mucho encontrar algún signo de la presencia real.
23. Se trataba de Fernández de Velasco, el condestable; Fadrique Enríquez, el almirante; y los duques de Alba, Béjar, Cardona, Nájera, Escalona, Infantado y el marqués de Astorga. El conde de Benavente rechazó el honor diciendo que «era muy castellano y como tal no podía honrarse con órdenes extranjeras».
24. AGI, *Patronato*, 252, r. 3, doc. 1, resumido en Giménez Fernández, II, 730.
25. Léon Schick, *Un grand homme d'affaires au début du XVIe siècle: Jacob Fugger*, París 1957, 170-174.
26. Carta de Valladolid fechada el 24 de abril de 1523, citada por Schick, 161.
27. Para la confirmación del papel de Margarita, véase Kellenbrenz, 77.

28. Este elector le había devuelto también el Estado de Haguenau, del que Federico de Sajonia se había apropiado durante la guerra de sucesión bávara.

29. Brandi, 95; Chabod, 96.

30. Elliott, 137.

31. Giménez Fernández, II, 259. De hecho no había sido Carlomagno quien había dividido el imperio, sino su hijo, Luis el Piadoso.

32. «[...] porque, señor, tan grandes reinos, y provincias tan diversas, con la monarquía imperial, no se pueden conducir ni gobernar bien sin buen orden y buen consejo, que consisten en la elección de las personas, pues se tiene frecuentemente más carestía e gente que de dinero. Es necesario que Vuestra Majestad tenga más ciudado en proveer que los oficios y beneficios sean honrados con personas virtuosas dignas y suficentes que en querer decorar personas indignas e inhabiles mediante oficios, beneficios y dignidades. Porque, Sire, estaréis obligado a responder ante Dios de los males que sobrevengan por la promoción de personas indignas e inhabiles.»

Capítulo 30

1. Richard Levene, «Introducción a la historia del derecho indiano», BRAH, 1924, 56-57.

2. Juan Manzano, *Incorporación de las Indias a la Corona de Castilla*, Madrid 1948.

3. Earl Hamilton, 42. Hamilton fija la cifra en 9 153 220 gramos.

4. I. A.Wright, «The commencements of the cane sugar industry in America», *American Historical Review*, XXI, 1916, 757-758.

5. Hanke, 46.

6. Las Casas, III, 312.

7. Schäfer, I, 35-36, debate el tema.

8. Resumidos en Deive, 173.

9. Otte, 162.

10. Deive, 123.

11. Como los mercaderes Diego Caballero, Juan Fernández de las Varas, Rodrigo de Bastidas y Juan Mosquera.

12. Deive, 17.

13. Santo Tomás y san Juan Bautista, en la costa, cerca de Higuey; Mejorada, cerca de Cotui, y por supuesto llamada así por el monasterio del Prior Figueroa que tanto amaban los Reyes Católicos; y otra, sin nombre, en La Vega.

14. San Juan de Ortega, en Bonao; Villaviciosa, en La Vega; Santiago, en el río Yaque; Verapaz, en Jaragua; los nombres, como era habitual, venían de lugares de la vieja España.

15. AGI, *Justicia*, leg. 47, n.º 1, Jacome de Castellón, hijo ilegítimo de Bernardo Castiglione, un mercader de Génova, e Inés Suárez, de Toledo (Otte, 109, 239; Giménez Fernández, II, 1199). Nacido en 1492, mercader de Santo Domingo, a donde fue en 1510, y hermano de Tomás. Estaba metido en el comercio con los indios indígenas. También trataba con ganaderías y haciendas. En 1513, Castellón había sido compañero de Diego Caballero, el mozo, y de Jerónimo Grimaldi en la trata de esclavos indios. En 1518 seguía manteniendo negocios en la costa norte de América del Sur, mezclando evangelización, comercio (vino y armas, y entre éstas, espadas e incluso lombardas) y trabajo forzado. Véase Deive 157, 374. En 1522, era capitán de una flota propia en la costa de Cumaná, donde se le encargó construir una fortaleza, de la que fue nombrado alcaide en 1524 con un sueldo de 900 pesos. Pero continuó viviendo en Santo Domingo y teniendo a Andrés de Villacorta como lugarteniente. Llevó a cabo numerosas expediciones en busca de esclavos así que fue muy apropiado cuando en 1527, al obtener un escudo de armas, aparecieran en él una fortaleza y cuatro cabezas indias.

16. Antonio Flores, el gobernador (alcaide) de La Vega, se convirtió en el magistrado principal (alcalde) de Cubagua, junto a la costa norte de América del Sur, para evitar que se rompieran esas reglas. Era un amigo de confianza de Figueroa. Pero resultó ser un bruto que escogía a sus propios amigos para los cargos que había por debajo de él: nombró, por ejemplo, alguacil a Juan Martín de Trebejo, un muletero portugués, y a García González Muriel, un veedor de una reciente expedición marítima, lo hizo escribano del juzgado. Las intenciones de Flores eran incrementar la producción de perlas y esclavos, no mejorar la forma en que estos últimos eran obtenidos. Pero por convertirse en «papa y rey y alcalde mayor de Cubagua», por haberse beneficiado personalmente de ambos negocios, así como por haber establecido el feliz principio de que «su mentira vale mas que la verdad de otros», tuvo que huir finalmente en 1520, momento en que lo sucedió Francisco de Vallejo.

17. Deive, 235.

18. Las Casas, III, 337.

19. Juan de Zúñiga y Avellaneda, nacido el 17 de enero de 1488, hijo de Pedro de Zúñiga y Velasco, segundo conde de Miranda, por comenzar con uno de los seguidores de Felipe. Estuvo en Flandes entre 1506 y 1517, ocupando un cargo menor de la casa real. Se convirtió en camarlengo de Carlos V en 1511, luego en camarero, luego en caballero de Santiago, y a

partir de 1535 fue el padrino y consejero de Felipe II: el ayo del príncipe. Carlos V confió siempre en él, le hizo embajador en Portugal después de la guerra de los comuneros, pues muchos de los líderes de la rebelión se refugiaron en ese país. Allí logró atar la boda del rey con Isabel (junto a Laxao). Fue mayordomo de Felipe II desde 1539. Parecía ser buen amigo de Cobos y apoyarle, pero Carlos V dijo que estaba celoso de aquel hombre de Estado y también del duque de Alba. Cobos escribió en una ocasión que «don Juan de Zúñiga trabaja duro para sí mismo. No quiero decir contra mí, a menos que me haga sospechoso por ese comentario. Desea el control completo de todo, sin ningún respeto por la lealtad y el servicio que prestamos el resto, y, para lograrlo, hace todo lo que puede para convertirse en el único consejero privado del rey hasta el punto en que su ambición resulta evidente... La firmeza y el rigor con el que educó al príncipe se ha vuelto toda dulzura y gentileza, y todo surge de la adulación mediante la cual cree que habrá de lograr sus objetivos». (Cobos a Carlos V, Keniston, 271.) Se casó con Estefanía de Requesens y murió el 27 de junio de 1546.

20. Las Casas, III, 337-338.
21. Las Casas, III, 339-340.
22. Véase Fernández Álvarez, 97-99.
23. Las Casas, III, 340.
24. Keniston, 57.
25. Las Casas, III, 343.
26. Bataillon, 232.

Capítulo 31

1. Citado en Chabod, 103.
2. Hubo dos Barbarrojas: Arudj, asesinado por el gobernador español de Orán, el marqués de Gomera, en 1518, y Khayr-al Din, que convirtió Argel en la principal base pirata turca del Mediterráneo. Se convirtió en bey de Argel en 1536.
3. Chabod, 92.
4. Bornate, doc. 420, citado en Headley, 27.
5. La madre de Luis XIV era Ana de Austria, hija de Felipe III de España.
6. Santa Cruz, I, 255: «[...] muy festejado con fiestas, y servido de muchos pescados y vinos y frutas y de todas cosas necesarias».
7. Todavía se puede contemplar esta preciosa sala.
8. Véase la lista en Giménez Fernández, II, 341.
9. Mártir, III, 306.

10. Este discurso fue publicado en Roma por Jacobo Mazochius de Habsburgo, y hubo una edición alemana de Martin Landsberg de Leipzig.

11. Ramón Menéndez-Pidal, *La idea imperial de Carlos V*, Buenos Aires 1941, 10.

12. Debatido en Haring, 20.

13. «Dios crió a los indios libres e no subjetos ni obligados a ninguna servidumbre, que de aquí adelante se guarde lo que sobre ello está acordado e determinado.» Especificaba que en adelante «no se desputen y nombren visitadores con jurisdicción, sino solamente que visiten los indios y hagan pesquisa si han hecho algunas cosas malas contra nuestra fe, para que se aparten y abstengan dellas; y si hallaren algunos haber hecho y cometido algunas cosas ilícitas y prohibidas, las declaren y notifiquen a sus jueces competentes, para que sobre todo puedan debidamente proveer como más convenga».

14. Las Casas, III, 361.

15. Las Casas, III, 361.

16. Las Casas, III, 363. Probablemente Las Casas estaba pensando en gente como Pedro de Rentería, su ex compañero en Arimao, Cuba, pero también en personas como Gabriel de Peñalosa, su tío o Gonzalo de Ocampo o Juan de Villoria, todos los cuales tenían historiales muy respetables de logros humanitarios en el Nuevo Mundo.

17. Hanke, 46.

18. Véase Genealogía 2 en mi obra *La conquista de México*.

19. Hugh Thomas, *La conquista de México*, Londres 1993, 353.

20. Texto de las discusiones en CDI, XVIII, 27, también en CDI, XII, 458. Se discute asimismo el tema en Silvio Zavala, *Las instituciones jurídicas en la conquista de America*, 3.ª ed., México 1988, 524.

21. Sandoval, I, 219.

22. Mártir, III, 334.

Capítulo 32

1. Así lo afirma Karl Brandi, *The Emperor Charles V*, tr. Londres 1949, 169, y también la edición alemana *Kaiser Karl V*, Munich 1937, 145, pero no hay ninguna fuente inglesa que apoye esta afirmación. No se sabe de dónde sacó Brandi su información sobre el tesoro. Como me señaló el profesor Scarisbrook, biógrafo de Enrique VIII, no puede ser que simplemente se inventase la historia.

2. ¿Quizá el cuadro de Lucas van Leyden conocido como *Los jugadores de cartas* es una imagen de Carlos negociando con Wolsey y con su tía

Margarita, en el centro, diciéndole a su sobrino que abandonase Francia? El cuadro está en la Fundación Thyssen en Madrid.

3. Hay un relato de este hecho de Alonso de Valdés a Pietro Martire en Martire, III, 93.

4. Este tema se discute en mi obra *La conquista de México*, 536-537. Durero hizo luego un grabado, *La Reforma en la Ciudad*, que imprimió Poel.

5. Esto fue en el *Concilium Cuiusdam ex animo cupientis esse consultum et Romani Pontificus dignitati et christianiae religionis tranquilati*. Véase Chabod, 111.

6. Chabod, 110.

7. Chabod, 113.

8. Menéndez-Pidal, 17.

9. Headley, 35.

10. Sandoval, II, 123.

11. Joseph Pérez, *Carlos V*, Madrid 1999, 53.

12. Como dijo Péguy: «Tout commence en mystique et se termine en politique.»

13. Gil, I, 286.

14. Véase Gil, III, 195, para saber de la vida de Alcázar y de sus descendientes.

15. Giménez Fernández, II, 967, publica un facsímil de la carta.

16. Gil, I, 289.

17. Véase Cooper, II, 1109.

18. Véase Fernández Álvarez, capítulos 14 y 15.

19. El viejo régimen, sin embargo, continuó al menos en un nivel: el 23 de marzo de 1521, tras un momento de angustia por si algunos de los amotinados trataban de asaltar el castillo de Triana, en Sevilla, y otro momento de ese tipo por si se interrumpían los planes de la Inquisición, hubo ese día un auto «en el que se quemó a tres hombres y dos mujeres, entre los cuales a Alonso Tello, que había sido alcalde ordinario de la ciudad, así como a Beatriz de Albornoz, *La Cochina*, una carnicera. A dos hombres ausentes se les quemó en efigie: Jacques de Valera, que había sido continuo real, y su padre, Álvaro Pérez de Rosales. Ambos habían ido a Fez, en Marruecos, y se habían hecho judíos». Gil, I, 291.

20. Las Casas dijo: «Ad plura tenetur, reverendissima dominatio sua Deo et proximis, quia unicuique mandavit Deus de proximo suo.» Y Adrián le contestó, también en latín: «Ad minus debetis mihi vestras orationes.» Y añadió: «Ego iam dicavi me prorsus obsequio et obedientiae vestrae reverendissimae dominationis, in quo proposito usque ad mortem inclusive perseverabo.» Las Casas, III, 363.

21. Haring, 20.

22. Entre los cuales se encontraban Blas Fernández, Francisco de Soto, Juan de Vagrumen, Alonso Sánchez, Guillermo de la Rocha, Fernán Martín, Pedro Hernández, Gonzalo Escribano y Antonio Blas.

23. Pedro Gutiérrez de Santa Clara, *Historia de las guerras civiles del Peru*, 6 vols., Madrid 1904-1929, I, 36-40.

24. Las Casas, III, 384: «Amaba al dicho Gonzalo de Ocampo y que nunca con él comunicó que no fuese con alegría y riendo, [...] y que jamás tuvo con él dentro de su corazón, ni fuera, por palabra, enojo ni pena, ni se ofreció de qué ni para qué la tuviese [...]; y en suma, el clérigo le era naturalmente aficionado, porque tenía la conversación amigable y en sus dichos y habla era graciosísimo.»

25. Arranz, 543.

26. George Kubler y Martin Soria, *Art and Architecture in Spain and Portugal and in their American Dominions 1500-1800*, Harmondsworth 1959, 63; Peter Boyd Bowman, *Índice geobiográfico de más de 56 mil pobladores de la América Hispánica*, México 1985, I, 127. Es una iglesia de planta de salón, con una fachada norte básicamente gótica, y un portal oeste plateresco. El arquitecto fue Rodrigo Gil de Liendo, de Santander.

27. Las Casas, III, 369.

28. CDI, X, 32-39.

29. Las Casas, III, 376.

30. Las Casas, III, 381.

31. Las Casas, III, 386-387.

32. Oviedo, XXXVI, cap. 1.

33. Santa Cruz, V, 15. Carlos se quedaría esta vez en España durante siete años, el período más largo de tiempo que jamás permanecería en ninguno de sus reinos.

34. Joseph Pérez, *Los comuneros*, Madrid 2001, 137.

35. Véase Francisco Morales Padrón, *Historia de Sevilla, la ciudad del quinientos*, Sevilla 1989, 131.

Libro octavo

Capítulo 33

1. Fray Ángel Garibay, *Historia de la literatura nahuatl*, México 1953, I, 90.

2. Este capítulo fue difícil de escribir, pues hace no tanto tiempo escribí una historia de la conquista de México. El punto de vista sobre la ci-

vilización mexica, que expongo aquí, viene a estar basado en los primeros cinco capítulos de aquel libro, convenientemente corregidos para tener en cuenta los nuevos descubrimientos que se han producido desde entonces.

3. Ahora hay alrededor de 50 lenguas en México. Para la cuestión controvertida del tamaño de la población precolombina, véase el Apéndice I de mi *La conquista de México*, (íbid., 609).

4. Uso la palabra «mexica» para describir a la gente del antiguo México, y no la palabra «aztecas». Ellos se llamaban a sí mismos «mexica». Puede que se hubieran referido a sí mismos como «axtecas» en alguna de las primeras etapas de su historia, pues se decía que venían de Atlán, pero en el siglo XVI nadie usaba esa palabra y no aparece en ninguna memoria o crónica de la época. Tampoco ninguno de los conquistadores o cronistas españoles la utilizó nunca. El uso de «azteca» se hizo común en el siglo XIX y lo popularizaron Jesús Clavijero en su *Historia antigua de México* y norteamericanos como Prescott y Bancroft.

5. Ignacio Bernal, *The Olmec World*, Berkeley 1969, 187.

6. Mary Pohl et al., «Olmec Origins of Mesoamerican writing», Science, 6 de diciembre de 2002.

7. Los olmecas fueron bautizados como tales en 1929 por Marshall Saville, entonces director del Museo de los Indios Americanos. Es posible que ellos mismos no usaran ese nombre.

8. *Scientific American*, marzo de 1977.

9. Tenían la curvatura de la bóveda por la que las dos vertientes se mantienen juntas hasta que puede salvarse el espacio que las separa con piedras angulares.

10. Los llamados *códices* tomaron ese nombre de los conquistadores españoles, a los que la tela doblada entre sus cubiertas les recordaba las listas de medicinas de los farmacéuticos.

11. Quizá para los mexicanos pudiera ser un precedente de la adoración dual que sienten hacia la Virgen de Guadalupe y Cristo.

12. La plaza mayor de Salamanca en el siglo XVI era menor que hoy en día. Tampoco está claro si alguno de los conquistadores había estado alguna vez en Venecia.

13. El hecho de que el maíz fuera conocido en Italia e Inglaterra como *Indian corn* y *gran turc* es otra indicación de lo muy confundidos que estaban los hombres de la Europa del Renacimiento sobre la geografía.

14. Véase el capítulo 15.

15. Hay algunos en el Museo de la Humanidad de Viena.

16. El Museo Británico tiene la mejor colección.

17. Gilberto Freyre, *The Masters and the Slaves*, tr. de Harriet Onis,

Nueva York 1968, 183, afirma que la invención de este deporte tuvo lugar en el actual Brasil.

18. Fray Diego Durán, *Historia de las Indias de la Nueva España*, nueva ed., 2 vols., México 1867-1880, II, 128.

19. CDI, XXXIX, 415: «Un tal Benito González, un valenciano, dijo en 1515 "que el dicho Almirante el postrimero viaje que fizo descobrió una tierra dicha Maya..."»

20. Fray Toribio de Motolinía en Joaquín García Icazbalceta, *Colección de documentos para la historia de México*, nueva ed., 2 vols., México 1980, I, 65.

21. Oviedo, I, 124.

22. Jorge Klor de Alva, «Martín Ocelotl», en D. G. Sweet y Gary B. Nash, *Struggle and Survival in Colonial America*, Berkeley 1981.

23. Mártir, 241, en una carta al Papa León X.

24. Fernando Alvarado Tezozomoc, *Crónica Mexicayotl*, México 1941, 1987, 684.

25. Las Casas, III, 165.

CAPÍTULO 34

1. «Harto amigo mío», dice Las Casas, III, 156.

2. La *Enciclopedia de México*, VII, 3 859, dice que nació en 1475.

3. Probanza de 1522, 189, en BAGN, México 1937, IX, ed. E. O'Gorman: «[...] cuando vinieron y armaron no fué sino para la Isla de los Lucayos, e no para otra parte alguna.»

4. Alaminos en Probanza de 1522.

5. «[...] con tiempo contrario que les dio no pudieron tomar las islas de los Lucayos, do daban, e aportaron en la costa que dicen que es de Yucatán», Probanza de 1522, 189.

6. «[...] tomó en nombre de sus majestades la posesón de la dicha tierra, por él, por su Majestad, e no por otra persona».

7. Díaz del Castillo, 1984.

8. Andrés de Monjaraz dijo en 1522 que «él quería ir a Castilla para hacer saber a sus altezas como él habia descubierto la dichas tierra de Yucatán». (Probanza de 1522, 208.)

9. Un memorial de Antonio Velázquez de Bazán, el heredero de Velázquez, muestra que (CDI, X, 82) Grijalva era de hecho su nieto. Véase también Ángel Bozal, *El descubrimiento de Méjico, una gloria ignorada*, Madrid 1927.

10. «No traía licencia para poblar, sino para bojar e recatar en la dicha tierra.» (Probanza de 1522, 191.)

11. Oviedo, II, 118-148.

12. Véase Ángel Bozal, *El Descubrimiento de Méjico. Una gloria ignorada*, Juan de Grijalva, Madrid 1927.

13. Alaminos dijo que «aún delante de este testigo el dicho Diego Velásquez riñó con el dicho Juan de Grijalva». Probanza de 1522, 232.

14. Mártir, III, 325.

Capítulo 35

1. Bernardino de Sahagún, *Historia General de las Cosas de la Nueva España*, IV, ed. Ángel María Garibay, México 1981, 108.

2. Para estas fechas véase mi obra *La conquista de México*.

3. Estos parentescos se explican en la tabla genealógica que aparece en, 627. La condesa era hija del consejero mayor del rey Enrique IV, Pacheco, y fue descrita por Palencia (38) como una mujer «cruel y corrumpida», que mantuvo a su hijo encerrado un tiempo en un estrecho pozo.

4. En total había unos tres mil miembros, de los cuales solía asistir a esas reuniones un diez por ciento. En 1519 había más de tres millones de ovejas. Véase Klein.

5. Entre los que estuvieron en Salamanca con él estaban fray Diego Lopes de Medellín, que dijo que «habia estudiado algun tiempo en el estudio donde había estudiado el dicho don Hernando» (Audiencia en Truijillo en, BRAH, 1992, 199). Las Casas dio fe de su habilidad con el latín: «Hacia ventaja en ser latino, porque habia estudiado leyes en Salamanca y era de ellas bachiller». (Las Casas, II, 475). Lucio Marineo Siculo comentó que «deleitaba mucho en la lengua latina» (*De los memorables de España*, Alcalá de Henares 1530, CCVIII-CCXIr). Inés Paz era tía de Cortés, que se alojó en su casa en Salamanca.

6. Compartió la alcaldía en 1516 con Alonso de Macuelo, en 1517 con Gonzalo de Guzmán, que luego se convertiría en su enemigo, y en 1518 con Alonso de Mendoza, que más adelante fue su aliado (*Residencia vs Andrés de Duero*, AGI, *Justicia*, leg. 49, folio 204).

7. Véase para un debate sobre esto mi obra *Quién es quién en la conquista de México*, Barcelona 2001, 77-79.

8. Véase la introducción de mi obra *Quién es quién en la conquista de México*, Barcelona 2001, 8.

9. Instrucciones a Cortés de Diego Velázquez en José Luis Martínez, *Documentos Cortesianos*, México 1990, 45-57.

10. Véase mi obra, *Quién es quién en la conquista de México*, Barcelona 2001.

11. En la residencia contra Velázquez, varios testigos confirmaron este hecho. Por ejemplo, Rodrigo de Tamayo, que dijo: «[...] este testigo oyó decir al capitán Hernand Cortés cuando yva a conquistar a la Nueva España quel adelantado le avia dado licencia para llevar de esta isla ciertos indios». (en respuesta a la pregunta 23).

12. Véase la Información de Servicios y Méritos de este individuo que se llevó a cabo en Écija el 7 de enero de 1520 (AGI, leg. 150, n. 2 r. 1). Este documento ha llegado a mi conocimiento gracias a la ayuda de Francisco Morales Padrón.

13. «Y en parte donde el susdicho los mató era casi dos leguas de donde estaba el dicho marqués y su gente, e como el dicho Ángel Tinterero vido al dicho Gerónimo Aguilar aun que estaba mũy desconocido de ser cristiano según el traje que traya, le conosció en la habla porque le habló.» (Declaración de Martín López en la Informacion de Andrés de Rozas, 1572.)

14. Para el compañero de Aguilar, Gonzalo Guerrero, véase Bibiano Torres Ramírez, «La odisea de Gonzalo Guerrero en México», en Congreso, 369.

15. Sahagún, 44.

16. Véase el capítulo 31.

17. «[...] por el mes de noviembre pasado hallo en Sevilla un Portocarrero e Montejo que venian de la tierra nueva que se ha descubierto e que dixeron a este tetigo como el dicho Gironimo de Aguilar hera bibo [...]» (AGI, *Patronato*, leg. 150, n. 2, r. 1).

18. Díaz del Castillo, II, 21.

19. Sahagún, 44.

20. Esta conversación parece que tuvo lugar en enero de 1520.

21. Véase Hugh Thomas, *Conquista*, 328.

22. Véanse sus testimonios en *Conquista*, 324.

23. Así lo afirmó su nieto.

24. Sir John Elliott lo afirma así en su excelente introducción a la edición de Anthony Pagden de las *Cartas de Relación de Cortés a Carlos V*. Véase el Apéndice I para consultar declaraciones inéditas de cinco testigos.

25. Evidencias de Jerónimo de Sepúlveda en la residencia contra Velázquez: «[...] quando fue Pánfilo de Narváez a Yucatan... llevaba muchos indios desta isla las personas que con el ivan que unos dezían que los llevaba con licencia del adelantado e otro sin ella» (pregunta 23).

26. CDI, XXVII, 10: «[...] los que venían, que heran mala xente, vizcaynos...».

27. *Relación breve de la conquista de la Nueva España*, ed. Germán Vázquez. Aguilar se convirtió después en monje y escribió esta crónica para solaz de sus hermanos.

28. Las concesiones de Cortés consistieron en que los tlaxcalas siempre tendrían una guarnición en Tenochtitlan; que se les concedería Cholula; que nunca deberían pagar tributos a quien reinase en Tenochtitlan, incluyendo a los españoles; y que debían compartir el botín que surgiera tras la caída de Tenochtitlan. Nos han llegado pruebas de ello en la *Información de Tlaxcala*, 1565, y es un tema sobre el que me extiendo más en mi obra *Conquista*, en la página 737 nota 57. Antes de esta obra, todas las historias sobre la conquista de México pasaron por alto este tratado.

29. Es decir, que se anexarían la ciudad de Cholula y nunca tendrían que pagar tributo a los españoles en caso de que éstos ganaran, que siempre podrían tener una fortaleza dentro de Tenochtitlan.

30. Partieron hacia Veracruz al menos diez expediciones para ayudar a Cortés, además de la de Narváez: sus comandantes fueron Hernando de Medel, Rodrigo Morejón de Lobera, Juan de Nájera, Francisco de Rosales, Antonio de Carmona, Francisco de Saavedra, Juan Suárez, Julián de Alderete, y Juan de Burgos, así como también algunos hombres que se quedaron allí de la última expedición de Ponce de Leon a Florida. Para tener más detalles, véase *Quién es quién en la conquista de México.*

31. Para las vidas de estos individuos véase *Quién es quién*, 291-294. A Córdoba se refieren tanto Giménez Fernández, II, 963, como Morales Padrón, 111, como el financiador de Cortés, pero ninguno de los dos ofrece ninguna prueba que sustente esta afirmación. He revisado los documentos de Giménez Fernández en el archivo del Ayuntamiento de Sevilla para encontrar alguna prueba pero no he tenido éxito. Véase también Giménez Fernández, «El Alzamiento de Fernando Cortés segun los libros del tesorero de la casa de la Contratacion», en *Revista de la Historia de América*, 31, México, 1-58.

32. Para una discusión de las bajas en esta guerra véase mi obra *La Conquista de México*, 528.

33. Díaz del Castillo, I, 97.

34. Díaz del Castillo, II, 515.

35. Samuel Purchas, *A Discourse of the Diversity of Letters Used by the Divers Nations of the World*, Hakuyt Posthumous, 20 vols., Glasgow 1905, I, 486. Tzvetan Todorov, *La Conquête d'Amérique*, París 1982. Greenblatt, 9, que atrajo nuestra atención a la cita de Purchas, habla de «una tecnología del poder, de la escritura, de instrumentos de navegación, barcos, caballos de guerra, perros de ataque, corazas y armas letales, compleja, bien desarrollada y sobre todo móvil».

36. Para una descripción véase la «Información de Servicios y Méritos» de Francisco de Montano en AGI, *Patronato*, leg. 54, n. 7, r. 1.

37. Véase *La Conquista de México*, 561.

38. Hernán Cortés, *Cartas de Relación*, ed. Ángel Delgado Gómez, Madrid 1993, 450.

39. Mártir escribió la carta el 7 de marzo de 1521,, *Epistolario* IV 143-145.

Capítulo 36

1. Aranda se había casado con Ana Pérez Cisbón, perteneciente a una conocida familia de conversos, y en esos círculos y en aquellos tiempos la exogamia no era algo muy habitual. La hija de Aranda, Juana, se casó con otro mercader de Burgos, Fernando de Castro. Véase Gil, III, 518.

2. Las Casas, III, 175.

3. Véase Oviedo, II, 229; y Antonio Pigafetta, *Primer viaje alrededor del mundo*, ed. Leoncio Carbrero, Madrid 1985, 58, 1, 27. Pigafetta, un italiano de Vicenza pero procedente de una familia de la Toscana, nació entre 1480 y 1491. Todavía se puede ver la casa de su familia en Vicenza, tras la basílica, y en la fachada se puede leer el lema «*Il n'est rose sans épine*». También hay una villa que perteneció a los Pigafetta en Agugliaro, cerca de la Villa Saraceno, que ahora está muy descuidada aunque todavía resulta atractiva. La historia de esa pequeña ciudad está ligada al árbol genealógico de los Pigafetta. El padre de Antonio fue probablemente Marco Pigafetta, un cultivado hombre del Renacimiento. Antonio mismo sirvió en las galeras de la orden de Rodas contra los turcos. Se fue a España siguiendo al nuncio, Francesco Chieragati, llegando primero a Barcelona. Se esforzó por unirse a Magallanes «impulsado por su deseo de nuevas experiencias y de gloria». Lo más probable es que Magallanes, un caballero de Santiago, le diera la bienvenida como pasajero porque era un caballero de Rodas.

4. Morison, 302, sugiere que este mapa, hoy perdido, podría haber sido dibujado por Johannes Schöner de Nuremberg.

5. Las Casas, III, 105.

6. Véase Ferrando, *Naufragios*, 30; también E. Nordenskjold, «The Guarani invasion of Peru in the XVIth century», *The Geographical Review*, Nueva York 1917. Véase CDI, XXII, 46-52, 65.

7. Cadenas, 107-108.

8. Véase Oviedo, II, 229; y Pigafetta, XXIX.

9. Oviedo, II, 217.

10. Carta del 28 de septiembre de 1518, citada en Pigafetta.

11. Navarrete, 421. Parece que uno de los hombres de Magallanes, el contramaestre Andrés, un condestable, era un inglés de Bristol.

12. Véase un trabajo colectivo, *A viagem de Fernão de Magalhães e a*

questão das Molucas, Lisboa 1975. Pero mucho del material que sigue se puede encontrar en Navarrete, II, 417.

13. Morison da a entender que era ilegítimo, 338.

14. Pigafetta, III.

15. Oviedo, II, 237, dijo que era piloto mayor.

16. 594 790 maravedís sobre el vino, 564 188 maravedís sobre las armas y la pólvora. Le agradezco a don Mauricio González el haberme puesto al corriente de estas cifras.

17. Navarrete, II, 415.

18. Navarrete II, 502. Véase también Earl Hamilton, 45. Haro fue después factor de los Fugger, véase Kellenbrenz, 43, 59 etc.

19. Luces eléctricas que se ven a veces en los mástiles de un barco antes o después de una tormenta.

20. Véase la obra de Dryden *The Conquest of Granada*:

I am as free as nature first made man.
Ere the base laws of servitude began,
When wild in woods the noble savage ran.

Soy tan libre como el primer hombre,
antes de que surgieran las viles leyes de servidumbre,
cuando por los bosques vírgenes corría el noble salvaje.

21. Paul Gaffarel, *Histoire du Brésil français au seiziéme siècle*, París 1878, citado en John Hemming Red Gold, Londres 1978, 17.

22. *The Essays of Michel de Montaigne*, trad. al inglés de M. A. Screech, Londres 1987, *On the Cannibals*, 240.

23. John Hemming, 487.

24. Hemming, 281.

25. Mártir, II, 353: «Unos dicen que Magallanes tuvo razón de hacer lo que hizo; otros se lo afean, y atribuyen aquellas ejecuciones a la antigua animosidad general entre castellanos y portugueses».

26. Esta historia de la rebelión de San Julián deriva de Manuel Valls y Merino, *Primer viaje alrededor del mundo...*, Madrid 1899. Se puede consultar la narración del propio Elcano en Pigafetta, 217, pero véase también Navarrete, II, 435, 520, 580. Esta última es una paciente investigación de lo que ocurrió en Valladolid en 1522.

27. La mejor descripción secundaria está en Morison, 380.

28. Pigafetta, 94.

29. Pigafetta, 111. Véase también Navarrete II, 447.

30. Oviedo, II, 223.

31. Pigafetta, 102. Véanse las respuestas de Elcano a un interrogatorio en Navarrete II, 581.

32. Las Casas, III, 175.

33. Pigafetta, 161.

34. Este dato proviene también de don Mauricio González.

Capítulo 37

1. El discurso aparece en este libro como Apéndice III. Se encuentra en el archivo de las Cortes, Cortes de León y Castilla, IV, 285. Lo comenta Fernández Álvarez, 19.

2. Véase el capítulo 4.

3. Galíndez de Carvajal.

4. *Amadís de Gaula*, I, 506.

5. Las Casas, I, 338. La frase dice: «[...] constituyó y cría los dichos Católicos Reyes y a sus sucesores de Castilla y León, príncipes supremos, como emperadores soberanos, sobre todos los reyes y príncipes y reinos de todas estas Indias, islas y tierras firmes, descubiertas y por descubrir.»

6. Citado en Edwards, 223.

7. Citado en Liss, 308.

8. Véase Menéndez Pidal, LL.

9. Para Ruiz de la Mota, véase John Schwaller, «Tres familias mexicanas del siglo XV», en *Historia Mexicana*, 122, 1981, 178. No menciona que hubiera sangre conversa en la familia.

10. Cortés, 161.

11. Cortés, 160.

12. Cortés lo añadió, en su cuarta carta, para demostrar que no había olvidado su propuesta: «[...] creo que con hacer yo esto, no le quedará a vuestra excelsitud más que hacer para ser monarca del mundo». En su quinta carta, Cortés habla de Carlos V como el emperador «en la tierra está [...] a quien el universo por providencia divina obedesce y sirve» (ibídem, 143).

13. Éste es un punto en el que insistió R. B. Merriman en *The Rise of the Spanish Empire*, Nueva York 1918-1934, II, 221.

14. Thomazi, *Les flottes d'or*, París 1956.

15. Véase mi obra *La Conquista de México*, 569.

16. Fernand Braudel citado por Carlos Martínez Shaw, ed. Sevilla, siglo XVII, Madrid 1993, 14.

Capítulo 38

1. Citado en Martínez Shaw, 14.

2. Citado en Morales Padrón, 42. Antoine de Lalaing se dio cuenta cuando estuvo en Sevilla con el archiduque Felipe en 1501 que las calles estaban «*toutes pavées de bricques*» (*Colección*, 202).

3. Para su reubicación véase Julio González, *Repartimiento de Sevilla*, nueva ed., Sevilla 1993.

4. Véase Miguel Ángel Ladero Quesada, *Los señores de Andalucía*, Cádiz 1998, capítulo 1.

5. En 1516, el doctor Juan Calvete, entonces juez de residencia, escribió a Cisneros contándole que «en este cabildo [...] los unos siguían en todo lo que ofrecía la voluntad del Duque e Duquesa de Medina Cidonia y del asistente Juan de Silva [...] y la otra parte de regidores y veintecuatros [...] estavan en favor del Duque de Arcos».

6. Las puertas eran las De la Carne (antes de Minoar, cerca de la cual, en el exterior, había un matadero), Jerez, Carbón, Postigo de Azacanes, Puerta del Aceite, Arenal (cerca de la cual estaba el almacén de sal), Triana (con la puerta de Macarena y la de Carmona, una de las tres puertas a través de las que podían entrar trigo y cebada), Puerta de Goles (una derivación de Puerta de Hércules, más adelante Real), Puerta de San Juan (o del Ingenio), Bib-Ragel (Barqueta o Almenilla) Macarena (Bab Maquarana, una puerta de trigo), Córdoba, Puerta del Sol (Bib Afar), Puerta Osario y Carmona (una puerta de trigo y también la puerta a través de la cual entraba el agua que el acueducto traía de los caños de Carmona).

7. Jaime Esclava Galán en Martínez Shaw, 29.

8. Carmen Mena, 236.

9. Estas cifras proceden de Huguette y Pierre Chaunu, *Séville et l'Atlantique*, 10 vols., París 1955-1959, VI, 1.

10. Otte, 124.

11. Carmen Mena publica cómo el capellán del doctor Matienzo, junto con Benito de Villoria y Juan Ponce, fueron a Villaba del Alcor, de camino a Huelva, y en treinta y ocho días compraron allí 500 pipas de vino a los vinateros del lugar (Juan de Mendizábal, Alonso Martín, Pedro de San Pedro de Manzanilla), llevándolas de vuelta a Sevilla parte en carretas y parte por el río.

12. Morales Padrón, 41.

13. AGI, México, leg. 203, n.º 2. Era «un amigo e persona muy piadosa del dicho don Hernando».

14. Fernando Ruiz añadió en 1568 otro campanario de treinta metros.

15. Navagiero, en García Mercadal, 835.

16. Por ejemplo, Los Negros, tan bien estudiada por Isidoro Moreno. Véase su obra *La antigua Hermandad de los Negros de Sevilla*, Sevilla 1997. La cofradía de los Negros fue fundada en la década de 1390 por el arzobispo Gonzalo Mena y Roelas.

17. Véase la descripción que hace Martínez Shaw en su ensayo «Que la fête commence!» en su *Sevilla*, 179-180.

18. Zúñiga citado en Carlos Álvarez Santaló, *Le diable au corps*, en Martínez Shaw, 149.

19. CDI y otras referencias que se citan en Hugh Thomas, *La Conquista de México*, 680, nota 80.

20. Ladero Quesada, cree que 40 000 «al final de la Edad Media». Compárese con Gil, I, 21.

21. Véase María Teresa López Díaz, *Famines, pestes et inodations*, en Martínez Shaw, 131.

22. Bernáldez, *Memoria del reinado de los Reyes Católicos*.

23. Véase Michel Cavillac, en Martínez Shaw, *Sevilla*, 124.

24. Había once Centurione, doce Gentile, catorce Guistiniani, catorce Sopranis, dieciséis Salvago, diecisiete Pinello, diecinueve Doria, veintiséis Cattaneo, ¡y no menos de veintiocho Spinola! No hay que olvidar que se trata de apellidos de negocios, no necesariamente de apellidos familiares. Entre los productos en los que detentaban prácticamente un monopolio se contaban el arroz y el azúcar. Respecto al primero, por ejemplo, se importaba de Valencia y de las cuarenta y dos ventas registradas sólo dos se hicieron por mercaderes que no fueran genoveses.

25. Véase el ensayo de Verlinden sobre esta obra, publicado como apéndice a su obra *L'Esclavage dans l'Europe médiévale*, I, Brujas 1955.

26. Para la familia Alcázar véase Ruth Pike, *Linajudos and conversos in Seville*, Nueva York 2000, 122.

27. Gil, II, 104-105.

28. Gil, I, 258.

29. Gil, I, 261 y V, 1004.

30. ¿No había sido expiado el pecado de Álvaro por la contribución a la Iglesia de su hijo, Bartolomé del Río, que ocupó cargos importantes en El Vaticano tanto bajo Julio II como bajo León X y que luego se convirtió en obispo de Scala en Roma? Puede que no fuera así, a pesar de que después la construcción de la capilla de Scala en la catedral de Sevilla fuera el inicio de tal expiación.

31. Otte, 29.

32. Otte, 30. Una arroba correspondía, en lo que se refiere a aceitunas, a unos 26 litros.

33. Otte, 35.

34. Otte, 38-39.

35. Oviedo nos ofrece una buena descripción de su efecto en los «naturales» del Yucatán.

36. Otte, 43; Gil, IV, 258, 301.

37. Junto con otros genoveses muy conocidos como Giovanni Tomasso Spinola, Bartolomeo Negroni, Geronimo Salvago y, sobre todo, Melchiore Centurione.

38. Marco Cattaneo, Francesco Pinello, Jacopo Grimaldi y Tomasso de Morteo además de Rondinelli.

39. Los más metidos en el negocio eran Antonio Sopranis, Silvestre Vento, Leonardo Cattaneo, Lorenzo Pinello, Luca Battista Adorno, Franco Leardo, Jacopo y Geronimo Grimaldi, Geronimo Brignole, Nicola Grimaldi, Melchiore Grimaldi y Gaspar Imperiale. Pero también tomaban parte en el comercio de azúcar el sienés Geronimo Buonseni, el burgalés Alonso de Briones y Francisco de Lugo. Otte, 155-156.

40. Véase Iris Origo, *The Merchant of Prato*, Londres 1957, 85, 91.

41. La lista de los comerciantes se puede encontrar en Otte, 160.

42. Otte, *Sevilla*, 161.

43. Véase Irving Leonard, *Books of the Brave*, Nueva York 1949, 96.

44. Vicente Lleó.

45. Citado en Martínez Shaw, 14.

46. Mártir, IV, 121.

47. *Fortuna* es la número 5 de las series, en el Catálogo de Tapices del Patrimonio Nacional, Madrid 1986, 40.

Índice onomástico y analítico